Ami lecteur

Indépendance, compétence et écoute : depuis toujours Le Guide Rouge a placé ces valeurs au cœur de son service aux lecteurs.

L'indépendance pour Le Guide Rouge, c'est celle de ses inspecteurs qui visitent les hôtels et les restaurants et règlent toutes leurs additions, dans un total anonymat. C'est aussi celle du Guide lui-même qui refuse toute forme de publicité dans ses pages.

La compétence du Guide Rouge passe par celle de ses inspecteurs, professionnels passionnés, qui toute l'année explorent, testent, goûtent, apprécient, comme de simples voyageurs particulièrement attentifs.

À la fois complice et conseiller, Le Guide Rouge est continuellement à votre écoute. Des milliers d'appréciations sur les hôtels et les restaurants sont ainsi reçues chaque année et constituent autant de témoignages précieux qui viendront orienter la prochaine édition.

C'est de cette façon que Le Guide Rouge peut vous proposer une sélection toujours fiable, actualisée et adaptée à tous les budgets. Retrouvez-la aujourd'hui sur le site www.michelin-travel.com.

Le Guide Rouge vit et progresse pour vous et grâce à vous : écrivez-nous !

Sommaire

- 3 — Comment se servir du guide
- 10 — Les cartes de voisinage
- 49 — Les langues parlées au Benelux
- 52 — La bière, les vins et les fromages
- 60 — Les établissements à étoiles
- 62 — "Bib Gourmand" (repas soignés à prix modérés)
- 64 — Hôtels et restaurants particulièrement agréables
- 67 — Belgique
- 68 — Cartes des bonnes tables à étoiles (🕸), des "Bib Gourmand" (🍴), des établissements agréables, isolés, très tranquilles
- 71 — Hôtels, restaurants, plans de ville, curiosités
- 327 — Grand-Duché de Luxembourg
- 357 — Pays-Bas
- 574 — Principales Marques Automobiles
- 577 — Jours fériés 2001
- 578 — Indicatifs téléphoniques internationaux
- 580 — Distances
- 584 — Atlas des principales routes
- 588 — Lexique
- 598 — L'Euro

Le choix d'un hôtel, d'un restaurant

Ce guide vous propose une sélection d'hôtels et restaurants établie à l'usage de l'automobiliste de passage. Les établissements, classés selon leur confort, sont cités par ordre de préférence dans chaque catégorie.

Catégories

🏨🏨🏨	XXXXX	*Grand luxe et tradition*
🏨🏨	XXXX	*Grand confort*
🏨	XXX	*Très confortable*
🏨	XX	*De bon confort*
🏨	X	*Assez confortable*
M		*Dans sa catégorie, hôtel d'équipement moderne*
sans rest.		*L'hôtel n'a pas de restaurant*
	avec ch.	*Le restaurant possède des chambres*

Agrément et tranquillité

Certains établissements se distinguent dans le guide par les symboles rouges indiqués ci-après. Le séjour dans ces maisons se révèle particulièrement agréable ou reposant.
Cela peut tenir d'une part au caractère de l'édifice, au décor original, au site, à l'accueil et aux services qui sont proposés, d'autre part à la tranquillité des lieux.

🏨🏨🏨 à 🏨	*Hôtels agréables*
XXXXX à X	*Restaurants agréables*
« Parc fleuri »	*Élément particulièrement agréable*
🦢	*Hôtel très tranquille ou isolé et tranquille*
🦢	*Hôtel tranquille*
≤ mer	*Vue exceptionnelle*
≤	*Vue intéressante ou étendue.*

Les localités possédant des établissements agréables ou très tranquilles sont repérées sur les cartes placées au début de chaque pays traité dans ce guide.
Consultez-les pour la préparation de vos voyages et donnez-nous vos appréciations à votre retour, vous faciliterez ainsi nos enquêtes.

L'installation

Les chambres des hôtels que nous recommandons possèdent, en général, des installations sanitaires complètes. Il est toutefois possible que dans la catégorie 🏠, certaines chambres en soient dépourvues.

30 ch	Nombre de chambres
🛗	Ascenseur
▤	Air conditionné
TV	Télévision dans la chambre
⊁	Établissement en partie réservé aux non-fumeurs
♿	Chambres accessibles aux handicapés physiques
☂	Repas servis au jardin ou en terrasse
⚱	Balnéothérapie, Cure thermale
Fó	Salle de remise en forme
⊼ ⊠	Piscine : de plein air ou couverte
⊆s 🐎	Sauna – Jardin de repos
🚲	Location de vélos
✼ 🐎	Tennis à l'hôtel – Chevaux de selle
🛋 25 à 150	Salles de conférences : capacité des salles
🚗	Garage dans l'hôtel (généralement payant)
[P]	Parking (pouvant être payant)
⚓	Ponton d'amarrage
🐕⃠	Accès interdit aux chiens (dans tout ou partie de l'établissement)
Fax	Transmission de documents par télécopie
mai-oct.	Période d'ouverture, communiquée par l'hôtelier. En l'absence de mention, l'établissement est ouvert toute l'année.
✉ 9411 KL	Code postal de l'établissement (Grand-Duché de Luxembourg et Pays-Bas en particulier)

La table

Les étoiles

*Certains établissements méritent d'être signalés
à votre attention pour la qualité de leur cuisine.
Nous les distinguons par **les étoiles de bonne table**.
Nous indiquons pour ces établissements,
trois spécialités culinaires et,
au Grand-Duché de Luxembourg des vins locaux,
qui pourront orienter votre choix.*

❀❀❀ Une des meilleures tables, vaut le voyage
*On y mange toujours très bien, parfois merveilleusement.
Grands vins, service impeccable, cadre élégant...
Prix en conséquence.*

❀❀ Table excellente, mérite un détour
*Spécialités et vins de choix...
Attendez-vous à une dépense en rapport.*

❀ Une très bonne table dans sa catégorie
*L'étoile marque une bonne étape sur votre itinéraire.
Mais ne comparez pas l'étoile d'un établissement de luxe
à prix élevés avec celle d'une petite maison où à prix
raisonnables, on sert également une cuisine de qualité.*

*Le nom du chef de cuisine figure après la raison
sociale lorsqu'il exploite personnellement l'établissement.
Exemple :* XX ❀ **Panorama** (Martin)...

🍽 Le "Bib Gourmand"

Repas soignés à prix modérés

*Vous souhaitez parfois trouver des tables
plus simples, à prix modérés ; c'est pourquoi
nous avons sélectionné des restaurants proposant,
pour un rapport qualité-prix particulièrement
favorable, un repas soigné.
Ces maisons sont signalées par le* "Bib Gourmand" 🍽
et Repas.

Repas *: environ 1 100 francs belges, 60 florins
ou 1 100 francs luxembourgeois.*

Consultez les cartes des étoiles de bonne table
❀❀❀, ❀❀, ❀ *et des* "Bib Gourmand" 🍽
*placées au début de chaque pays et les listes
signalées au sommaire.
Voir aussi* 🍷 *page suivante.*

Les prix

*Les prix que nous indiquons dans ce guide ont été établis à l'automne 2000 et s'appliquent à la **haute saison**. Ils sont susceptibles de modifications, notamment en cas de variations des prix des biens et services. Ils s'entendent taxes et services compris. Aucune majoration ne doit figurer sur votre note, sauf éventuellement une taxe locale. Les hôtels et restaurants figurent en gros caractères lorsque les hôteliers nous ont donné tous leurs prix et se sont engagés, sous leur propre responsabilité, à les appliquer aux touristes de passage porteurs de notre guide.*
Les week-ends et dans les grandes villes, certains hôtels pratiquent des prix avantageux, renseignez-vous lors de votre réservation.
Les exemples suivants sont donnés en francs belges.
Entrez à l'hôtel le Guide à la main, vous montrerez ainsi qu'il vous conduit là en confiance.

Repas

◖◗	*Établissement proposant un menu simple à moins de* 850 *francs ou* 45 *florins.*
Repas Lunch 700	*Repas servi le midi et en semaine seulement.*

Menus à prix fixe :

Repas 750/2800   *Minimum* 750 *et maximum* 2800 *des menus servis aux heures normales (12 h à 14 h 30 et 19 h à 21 h 30 en Belgique − 12 h à 14 h et 17 h à 21 h aux Pays-Bas).*
Certains menus ne sont servis que pour 2 couverts minimum ou par table entière.

bc   *Boisson comprise (vin)*

Repas à la carte :

Repas carte 1200 à 3000   *Le premier prix correspond à un repas normal comprenant : entrée, plat garni et dessert. Le 2e prix concerne un repas plus complet (avec spécialité) comprenant : deux plats et dessert.*

Chambres

       ⇌ 150   *Prix du petit déjeuner*
(supplément éventuel si servi en chambre).

ch 1500/2500   *Prix minimum* (1500) *pour une chambre d'une personne*
prix maximum (2500) *pour une chambre*
de deux personnes.

suites   *Se renseigner auprès de l'hôtelier.*

29 ch ⇌ 1700/2900   *Prix des chambres petit déjeuner compris.*

Demi-pension

½ P 1600/1800   *Prix minimum et maximum de la demi-pension*
(chambre, petit déjeuner et l'un des deux repas)
par personne et par jour, en saison.
Il est indispensable de s'entendre par avance
avec l'hôtelier pour conclure un arrangement définitif.

Les arrhes

Certains hôteliers demandent le versement d'arrhes.
Il s'agit d'un dépôt-garantie qui engage l'hôtelier
comme le client. Bien faire préciser les dispositions
de cette garantie.

Cartes de crédit

AE ⓓ ⓜⓒ VISA JCB   *Cartes de crédit acceptées par l'établissement :*
American Express – Diners Club – MasterCard (Eurocard)
– Visa – Japan Credit Bureau

Les villes

1000	Numéro postal à indiquer dans l'adresse avant le nom de la localité
✉ 4900 Spa	Bureau de poste desservant la localité
P	Capitale de Province
C Herve	Siège administratif communal
210 T 3 909 ⑤	Numéro de la Carte Michelin et carroyage ou numéro du pli
G. Belgique-Lux.	Voir le guide vert Michelin Belgique-Luxembourg
4 283 h	Population (d'après chiffres du dernier recensement officiel publié)
BX A	Lettres repérant un emplacement sur le plan
⛳ 18	Golf et nombre de trous
✳, ≤	Panorama, point de vue
✈	Aéroport
🚗 ☎ 425214	Localité desservie par train-auto Renseignements au numéro de téléphone indiqué
⛴	Transports maritimes
⛵	Transports maritimes pour passagers seulement
🛈	Information touristique

Les curiosités

Intérêt

★★★	Vaut le voyage
★★	Mérite un détour
★	Intéressant

Situation

Voir	Dans la ville
Env	Aux environs de la ville
Nord, Sud, Est, Ouest	La curiosité est située : au Nord, au Sud, à l'Est, à l'Ouest
②, ④	On s'y rend par la sortie ② ou ④ repérée par le même signe sur le plan du Guide et sur la carte
2 km	Distance en kilomètres

La voiture, les pneus

*Pour vos pneus, consultez les pages bordées de bleu
ou adressez-vous à l'une de nos Agences Régionales.
En fin de guide figure une liste des principales
marques automobiles pouvant éventuellement
vous aider en cas de panne.
Vous pouvez également consulter utilement
les principaux automobiles clubs du Benelux :*

Belgique *Royal Automobile Club de Belgique
(RACB),
FIA, rue d'Arlon 53 – Bte 3,
1040 Bruxelles
℘ 0 2 287 09 11 fax 0 2 230 75 84
Royal Motor Union
boulevard d'Avroy 254 – Bte 1,
4000 Liège
℘ 0 4 252 70 30 fax 0 4 252 83 01
Touring Club Royal de Belgique (TCB)
AIT, rue de la Loi 44, 1040 Bruxelles
℘ 0 2 233 22 11
Vlaamse Automobilistenbond
(VTB-VAB)
Sint-Jakobsmarkt 45, 2000 Antwerpen
℘ 0 3 253 63 63*

Luxembourg *Automobile Club du Grand Duché
de Luxembourg (ACL)
FIA & AIT, route de Longwy 54,
8007 Bertrange
℘ 45 00 45 1 fax 45 04 55*

Pays-Bas *Koninklijke Nederlandse Automobiel
Club (KNAC)
FIA, Wassenaarseweg 220,
2596 EC Den Haag
℘ (070) 383 16 12
fax (070) 383 19 06
Koninklijke Nederlandse Toeristenbond
(ANWB)
AIT, Wassenaarseweg 220,
2596 EC Den Haag
℘ (070) 314 71 47*

Vitesse : Limites autorisées (en km/h)

	Autoroute	*Route*	*Agglomération*
Belgique	*120*	*90*	*50*
GD Luxembourg	*120*	*90*	*50*
Pays-Bas	*100/120*	*80*	*50*

Les cartes de voisinage

Avez-vous pensé à les consulter ?

Vous souhaitez trouver une bonne adresse, par exemple, aux environs de Arnhem ?
Consultez la carte qui accompagne le plan de la ville.
La « carte de voisinage » (ci-contre) attire votre attention sur toutes les localités citées au Guide autour de la ville choisie, et particulièrement celles situées dans un rayon de 30 km (limite de couleur).
Les « cartes de voisinage » vous permettent ainsi le repérage rapide de toutes les ressources proposées par le Guide autour des métropoles régionales.

Nota :

Lorsqu'une localité est présente sur une « carte de voisinage », sa métropole de rattachement est imprimée en BLEU *sur la ligne des distances de ville à ville.*

Vous trouverez EDE sur la carte de voisinage de ARNHEM.

Exemple :

EDE Gelderland **908** / 5 – 98 220 h.
Env. Parc National de la Haute Veluwe★★★
Amsterdam 81 – Arnhem 19 – Apeldoorn 32 – Utrecht 43.

Toutes les « Cartes de voisinage » sont localisées sur l'Atlas en fin de Guide.

Les plans

□ ● *Hôtels*
■ ● *Restaurants*

Curiosités

Bâtiment intéressant
Édifice religieux intéressant

Voirie

Autoroute, route à chaussées séparées
❹ ❹ *échangeur : complet, partiel*
Grande voie de circulation
← ◄ *Sens unique – Rue impraticable, réglementée*
Pasteur *Rue piétonne – Tramway – Rue commerçante*
P *Parking – Parking Relais*
Porte – Passage sous voûte – Tunnel
Gare et voie ferrée
Passage bas (inf. à 4 m 50) – Charge limitée (inf. à 19 t.)
Pont mobile – Bac pour autos

Signes divers

Information touristique
Mosquée – Synagogue
Tour – Ruines – Moulin à vent – Château d'eau

Jardin, parc – Bois – Cimetière – Calvaire
Stade – Golf – Hippodrome – Patinoire
Piscine de plein air, couverte
Vue – Panorama
Monument – Fontaine – Usine – Centre commercial
Port de plaisance – Phare – Embarcadère
Aéroport – Station de métro – Gare routière
Transport par bateau :
passagers et voitures, passagers seulement
③ *Repère commun aux plans et aux cartes Michelin détaillées*
Bureau principal de poste restante, Téléphone
Hôpital – Marché couvert
Bâtiment public repéré par une lettre :
H P *– Hôtel de ville – Gouvernement Provincial*
J *– Palais de justice*
M T *– Musée – Théâtre*
U *– Université, grande école*
POL. G *– Police (commissariat central) – Gendarmerie*

Beste lezer

Onafhankelijkheid, kennis van zaken en luisterbereidheid: sinds jaar en dag staan deze waarden in De Rode Gids centraal.

Onafhankelijkheid betekent voor De Rode Gids dat de inspecteurs – die volledig anoniem hotels en restaurants bezoeken – steeds hun rekeningen betalen en dat elke vorm van publiciteit uit de gids wordt geweerd.

De kwaliteit van De Rode Gids vloeit voort uit de deskundigheid van zijn inspecteurs, gepassioneerde professionals, die het gehele jaar door testen, proeven en beoordelen, net als alle andere veeleisende reizigers.

De Rode Gids helpt, geeft raad en staat steeds open voor uw reacties. Zo ontvangt Michelin jaarlijks talrijke beoordelingen over hotels en restaurants; deze waardevolle getuigenissen helpen bij de voorbereiding van de volgende editie.

Op die manier biedt De Rode Gids u een betrouwbare en actuele selectie, aangepast aan ieders budget. Vandaag vindt u deze ook terug op onze website :
www.michelin-travel.com.

De Rode Gids bestaat voor u en door u: schrijf ons!

Inhoud

15 Het gebruik van deze gids

22 Omgevingskaarten

50 De talen in de Benelux

52 Bier, wijn en kaas

60 De sterrenrestaurants

62 **"Bib Gourmand"** : Verzorgde maaltijden voor een schappelijke prijs

64 Aangename hotels en restaurants

67 België

68 Kaart waarop de sterrenrestaurants (✲), **"Bib Gourmand"** 😊 en de aangename, afgelegen en zeer rustige bedrijven zijn aangegeven

71 Hotels, restaurants, stadsplattegronden, bezienswaardigheden

327 Groothertogdom Luxemburg

357 Nederland

574 Belangrijkste Auto-Importeurs

577 Feestdagen in 2001

578 Internationale landnummers

580 Afstanden

584 Kaarten met de belangrijkste wegen

588 Woordenlijst

598 De Euro

Keuze van een hotel, van een restaurant

*De selectie van hotels en restaurants in deze gids is bestemd voor de automobilist op doorreis.
In de verschillende categorieën, die overeenkomen met het geboden comfort, worden de bedrijven in volgorde van voorkeur opgegeven.*

Categorieën

🏨🏨🏨🏨	XXXXX	*Zeer luxueus, traditioneel*
🏨🏨🏨	XXXX	*Eerste klas*
🏨🏨	XXX	*Zeer comfortabel*
🏨	XX	*Geriefelijk*
🏠	X	*Vrij geriefelijk*
M		*Moderne inrichting*
sans rest.		*Hotel zonder restaurant*
	avec ch.	*Restaurant met kamers*

Aangenaam en rustig verblijf

Bepaalde bedrijven worden in de gids aangeduid met de onderstaande rode tekens. Een verblijf in die bedrijven is bijzonder aangenaam of rustig. Dit kan enerzijds te danken zijn aan het gebouw, aan de originele inrichting, aan de ligging, aan de ontvangst en aan de diensten die geboden worden, anderzijds aan het feit dat het er bijzonder rustig is.

🏨🏨🏨🏨 tot 🏠	*Aangename hotels*
XXXXX tot X	*Aangename restaurants*
« Parc fleuri »	*Bijzonder aangenaam gegeven*
	*Zeer rustig of afgelegen en rustig hotel*
	Rustig hotel
≤ mer	*Prachtig uitzicht*
≤	*Interessant of weids uitzicht*

Voorin elk gedeelte van de gids dat aan een bepaald land gewijd is, staat een kaart met de plaatsen met aangename of zeer rustige bedrijven. Raadpleeg deze kaarten bij het voorbereiden van uw reis en laat ons bij thuiskomst weten wat uw ervaringen zijn. Op die manier kunt u ons behulpzaam zijn.

Inrichting

De hotelkamers die wij aanbevelen, beschikken in het algemeen over een volledige sanitaire voorziening. Het kan echter voorkomen dat deze bij sommige kamers in de hotelcategorieën 🏠 ontbreekt.

30 ch	Aantal kamers
🛗	Lift
▦	Airconditioning
TV	Televisie op de kamer
⌇⇌	Bedrijf dat gedeeltelijk gereserveerd is voor niet-rokers
♿	Kamers toegankelijk voor lichamelijk gehandicapten
🌳	Maaltijden worden geserveerd in tuin of op terras
♨	Balneotherapie, Thalassotherapie, Badkuur
🏋	Fitness
⊼ ⊠	Zwembad : openlucht of overdekt
≘s 🌿	Sauna – Tuin
🚲	Verhuur van fietsen
🎾 🐎	Tennis bij het hotel – Rijpaarden
🏛 25 à 150	Vergaderzalen : aantal plaatsen
🚗	Garage bij het hotel (meestal tegen betaling)
P	Parkeerplaats (eventueel tegen betaling)
⚓	Aanlegplaats
🐕⃠	Honden worden niet toegelaten (in het hele bedrijf of in een gedeelte daarvan)
Fax	Telefonische doorgave van documenten
mai-oct.	Openingsperiode ; door de hotelhouder opgegeven Het ontbreken van deze vermelding betekent, dat het bedrijf het gehele jaar geopend is
✉ 9411 KL	Postcode van het bedrijf (in het bijzonder voor Groothertogdom Luxemburg en Nederland)

Keuken

Sterren

Bepaalde bedrijven verdienen extra aandacht vanwege de kwaliteit van hun keuken.
Wij geven ze aan met één of meer sterren.
Bij deze bedrijven vermelden wij meestal drie culinaire specialiteiten en voor Luxemburg lokale wijnen. Wij adviseren u daaruit een keuze te maken, zowel voor uw eigen genoegen als ter aanmoediging van de kok.

❀❀❀ Uitzonderlijke keuken : de reis waard
Het eten is altijd zeer lekker, soms buitengewoon, beroemde wijnen, onberispelijke bediening, stijlvol interieur... Overeenkomstige prijzen.

❀❀ Verfijnde keuken : een omweg waard
Bijzondere specialiteiten en wijnen...
Verwacht geen lage prijzen.

❀ Een uitstekende keuken in zijn categorie
De ster wijst op een goed rustpunt op uw route.
Maar vergelijk niet de ster van een luxueus bedrijf met hoge prijzen met die van een klein restaurant dat ook een verzorgde keuken biedt tegen redelijke prijzen.

De naam van de chef-kok staat vermeld achter de naam van het bedrijf als hij zelf het etablissement uitbaat.
Voorbeeld : XX ❀ **Panorama** (Martin)...

🐭 De "Bib Gourmand"

Verzorgde maaltijden voor een schappelijke prijs

Soms wenst u iets eenvoudiger te eten, voor een schappelijke prijs. Om die reden hebben wij eetgelegenheden geselecteerd die bij een zeer gunstige prijs-kwaliteit verhouding, een goede maaltijd serveren.
Deze bedrijven worden aangeduid met de
"Bib Gourmand" 🐭 Repas.
Repas : *ongeveer 1 100 Belgische franken, 60 gulden of 1 100 Luxemburgse franken.*

Raadpleeg de kaarten van de sterren ❀❀❀, ❀❀, ❀ *en van de* "Bib Gourmand" 🐭 *voorin elk gedeelte van deze gids dat aan een bepaald land gewijd is en de lijsten vermeld in de inhoud.*
Zie ook 🍴 *op de volgende pagina.*

Prijzen

De prijzen in deze gids werden in het najaar 2000 genoteerd en zijn geldig tijdens **het hoogseizoen**. Zij kunnen gewijzigd worden,
met name als de prijzen van goederen en diensten veranderen. In de vermelde bedragen is alles inbegrepen (bediening en belasting).
Op uw rekening behoort geen ander bedrag te staan, behalve eventueel een plaatselijke belasting.
De naam van een hotel of restaurant is dik gedrukt als de hotelhouder ons al zijn prijzen heeft opgegeven en zich voor eigen verantwoording heeft verplicht deze te berekenen aan toeristen die onze gids bezitten.
Talrijke hotels hebben tijdens het weekend voordelige prijzen (grote steden). Informeer U.
Onderstaande voorbeelden zijn in Belgische franken gegeven.
Als u met de gids in de hand een hotel of restaurant binnen gaat, laat u zien dat wij u dat bedrijf hebben aanbevolen.

Maaltijden

ා | Bedrijf dat een eenvoudig menu serveert van minder dan 850 Belgische franken of 45 gulden.

Repas Lunch 700 | Deze maaltijd wordt enkel 's middags geserveerd en meestal alleen op werkdagen.

Vaste prijzen voor menu's :

Repas 750/2800 | laagste (750) en hoogste (2800) prijs van menu's die op normale uren geserveerd worden (12-14.30 u. en 19-21.30 u. in België – 12-14 u. en 17-21 u. in Nederland).
Sommige menu's worden alleen geserveerd voor minimum 2 personen of per tafel.

bc | Drank inbegrepen (wijn)

Maaltijden « à la carte » :

Repas carte 1200 à 3000 | De eerste prijs betreft een normale maaltijd, bestaande uit een voorgerecht, een hoofdgerecht en een dessert.
De tweede prijs betreft een meer uitgebreide maaltijd (met een specialiteit) bestaande uit : twee gerechten, en een dessert.

Kamers

      ⌑ 150   *Prijs van het ontbijt (mogelijk wordt een extra bedrag gevraagd voor ontbijt op de kamer).*
 ch 1500/2500   *Laagste prijs (1500) voor een eenpersoonskamer en hoogste prijs (2500) voor een tweepersoonskamer.*
     suites   *Zich wenden tot de hotelhouder*
29 ch ⌑ 1700/2900   *Prijzen van de kamers met ontbijt.*

Half pension

½ P 1600/1800   *Laagste en hoogste prijs voor half pension (kamer, ontbijt en één van de twee maaltijden), per persoon en per dag, in het hoogseizoen. Het is raadzaam om van tevoren met de hotelhouder te overleggen en een goede afspraak te maken.*

Aanbetaling

Sommige hotelhouders vragen een aanbetaling. Dit bedrag is een garantie, zowel voor de hotelhouder als voor de gast. Het is wenselijk te informeren naar de bepalingen van deze garantie.

Creditcards

   *Creditcards die door het bedrijf geaccepteerd worden : American Express – Diners Club – MasterCard (Eurocard) – Visa – Japan Credit Bureau*

Steden

1000	Postcodenummer, steeds te vermelden in het adres voor de plaatsnaam
✉ 4900 Spa	Postkantoor voor deze plaats
P	Hoofdstad van de provincie
C Herve	Gemeentelijke administratieve zetel
210 T 3 **909** ⑤	Nummer van de Michelinkaart en graadnet of nummer van het vouwblad
G. Belgique-Lux.	Zie de groene Michelingids België-Luxemburg
4 283 h	Totaal aantal inwoners (volgens de laatst gepubliceerde, officiële telling)
BX A	Letters die de ligging op de plattegrond aangeven
⌐18	Golf en aantal holes
✳, ≤	Panorama, uitzicht
✈	Vliegveld
🚗 ✆ 425214	Plaats waar de autoslaaptrein stopt. Inlichtingen bij het aangegeven telefoonnummer.
🛳	Bootverbinding
⛴	Bootverbinding (uitsluitend passagiers)
🛈	Informatie voor toeristen - VVV

Bezienswaardigheden

Classificatie

★★★	De reis waard
★★	Een omweg waard
★	Interessant

Ligging

Voir	In de stad
Env.	In de omgeving van de stad
Nord, Sud, Est, Ouest	De bezienswaardigheid ligt : ten noorden, ten zuiden, ten oosten, ten westen
②, ④	Men komt er via uitvalsweg ② of ④, die met hetzelfde teken is aangegeven op de plattegrond in de gids en op de kaart
2 km	Afstand in kilometers

Auto en banden

Raadpleeg voor uw banden de bladzijden
met blauwe rand of wendt u tot één
van de Michelin-filialen.
Achter in deze gids vindt u een lijst met
de belangrijkste auto-importeurs die u van dienst
zouden kunnen zijn.
U kunt ook de hulp inroepen
van een automobielclub in de Benelux :

België Vlaamse Automobilistenbond (VTB-VAB)
Sint-Jakobsmarkt 45, 2000 Antwerpen
☎ 0 3 253 63 63
Koninklijke Automobiel Club van
België (KACB)
FIA, Aarlenstraat 53 – Bus 3,
1040 Brussel
☎ 0 2 287 09 11 fax 0 2 230 75 84
Royal Motor Union
boulevard d'Avroy 254 – Bte 1,
4000 Liège
☎ 0 4 252 70 30 fax 0 4 252 83 01
Touring Club van België (TCB)
AIT, Wetstraat 44, 1040 Brussel
☎ 0 2 233 22 11

Luxemburg Automobile Club du Grand Duché de
Luxembourg (ACL)
FIA & AIT, route de Longwy 54,
8007 Bertrange
☎ 45 00 45 1 fax 45 04 55

Nederland Koninklijke Nederlandse Automobiel
Club (KNAC)
FIA, Wassenaarseweg 220,
2596 EC Den Haag
☎ (070) 383 16 12
fax (070) 383 19 06
Koninklijke Nederlandse Toeristenbond
(ANWB)
AIT, Wassenaarseweg 220,
2596 EC Den Haag
☎ (070) 314 71 47

Maximumsnelheden (km/u)

	Autosnelwegen	Wegen	Bebouwde kom
België	120	90	50
Luxemburg	120	90	50
Nederland	100/120	80	50

Omgevingskaarten

Sla ze erop na!

Bent u op zoek naar een hotel of een restaurant in de buurt van bijvoorbeeld Arnhem ?
Gebruik dan de kaart die bij de stadsplattegrond hoort.
Deze kaart (zie hiernaast) geeft de in de Gids vermelde plaatsen aan die zich in de buurt van de geselecteerde stad bevinden.
De plaatsen die binnen een straal van 30 km liggen, bevinden zich binnen de blauwe lijn.
Aan de hand van deze kaarten kan men dadelijk de in de Gids geselecteerde bedrijven in de buurt van de verschillende regionale hoofdplaatsen terugvinden.

N.B. :
Wordt een gemeente of dorp op een kaart van de omgeving in de buurt van een stad aangegeven, dan wordt deze stad in het blauw *vermeld.*

Voorbeeld :

EDE staat vermeld op de kaart van de omgeving van ARNHEM.

EDE Gelderland 9 0 8 / 5 – 98 220 h.
Env. Parc National de la Haute Veluwe★★★
Amsterdam 81 – Arnhem 19 – Apeldoorn 32 – Utrecht 43.

*Alle Kaarten
van de omgeving
in de buurt
van grote steden
worden achter
in de Atlas vermeld.*

Plattegronden

□ ● Hotels
■ ● Restaurants

Bezienswaardigheden

Interessant gebouw
Interessant kerkelijk gebouw

Wegen

Autosnelweg, weg met gescheiden rijbanen
❹ ④ *knooppunt/aansluiting : volledig, gedeeltelijk*
Hoofdverkeersweg
← ◄ ======= *Eenrichtingsverkeer – Onbegaanbare straat, beperkt toegankelijk*
Pasteur *Voetgangersgebied – Tramlijn – Winkelstraat*
🅿 🅿 *Parkeerplaats – Parkeer en Reis*
Poort – Onderdoorgang – Tunnel
Station spoorweg
Vrije hoogte (onder 4 m 50) –
Maximum draagvermogen (onder 19 t.)
⚠ 🅱 *Beweegbare brug – Auto-veerpont*

Overige tekens

🛈 *Informatie voor toeristen*
Moskee – Synagoge
● ○ ∴ ⚙ ☗ *Toren – Ruïne – Windmolen – Watertoren*
Tuin, park – Bos – Begraafplaats – Kruisbeeld
Stadion – Golfterrein – Renbaan – IJsbaan
Zwembad : openlucht, overdekt
Uitzicht – Panorama
Gedenkteken, standbeeld – Fontein
Fabriek – Winkelcentrum
Jachthaven – Vuurtoren – Aanlegsteiger
Luchthaven – Metrostation – Busstation
Vervoer per boot :
passagiers en auto's, uitsluitend passagiers
③ *Verwijsteken uitvalsweg : identiek op plattegronden en Michelinkaarten*
Hoofdkantoor voor poste-restante – Telefoon
Ziekenhuis – Overdekte markt
Openbaar gebouw, aangegeven met een letter :
H P *- Stadhuis – Provinciehuis*
J *- Gerechtshof*
M T *- Museum – Schouwburg*
U *- Universiteit, hogeschool*
POL *- Politie (in grote steden, hoofdbureau) –*
G *- Marechaussee/rijkswacht*

Lieber Leser

Unabhängigkeit, Kompetenz und Aufmerksamkeit: dies waren schon immer die Maximen die Der Rote Michelin in den Mittelpunkt seiner Dienstleistung für den Leser gestellt hat.

Die Unabhängigkeit des Roten Michelin ist die seiner Inspektoren. Sie besuchen Hotels und Restaurants und bezahlen alle ihre Rechnungen, und dies unter Wahrung ihrer vollen Anonymität.

Es ist auch die des Führers selbst, der auf seinen Seiten jede Form der Werbung nach wie vor ablehnt.

Kompetent ist Der Rote Michelin durch seine passionierten und fachlich gut ausgebildeten Inspektoren. Das ganze Jahr über sind sie für Sie unterwegs wie ganz normale, nur etwas aufmerksamere Reisende.

Der Rote Michelin ist Ihnen Begleiter und Berater, hat immer ein offenes Ohr für Sie. Die sehr zahlreichen Zuschriften, die wir jedes Jahr erhalten, liefern wertvolle Hinweise für die jeweils nächste Ausgabe.

Dadurch ist Der Rote Michelin stets in der Lage eine zuverlässige, aktuelle und für alle Budgets passende Auswahl zu bieten. Besuchen Sie auch unsere Homepage: www.michelin-travel.com.

Der Rote Michelin lebt für Sie und entwickelt sich mit Ihrer Hilfe weiter:

Schreiben Sie uns!

Inhaltsverzeichnis

27 Zum Gebrauch dieses Führers

34 Umgebungskarten

50 Die Sprachen im Benelux

53 Biere, Weine und Käse

60 Die Stern-Restaurants

62 "Bib Gourmand" : Sorgfältig zubereitete, preiswerte Mahlzeiten

64 Angenehme Hotels und Restaurants

67 Belgien

68 Karte : Stern-Restaurants (✿), "Bib Gourmand" (☺), angenehme, sehr ruhige, abgelegene Häusern

71 Hotels, Restaurants, Stadtpläne, Sehenswürdigkeiten

327 Großherzogtum Luxemburg

357 Niederlande

574 Wichtigsten Automarken

577 Feiertage im Jahr 2001

578 Internationale Telefon-Vorwahlnummern

580 Entfernungen

584 Atlas der Hauptverkehrsstraßen

588 Lexikon

598 Der Euro

Wahl eines Hotels, eines Restaurants

Die Auswahl der in diesem Führer aufgeführten Hotels und Restaurants ist für Durchreisende gedacht. In jeder Kategorie drückt die Reihenfolge der Betriebe (sie sind nach ihrem Komfort klassifiziert) eine weitere Rangordnung aus.

Kategorien

🏨🏨🏨	XXXXX	*Großer Luxus und Tradition*
🏨🏨	XXXX	*Großer Komfort*
🏨	XXX	*Sehr komfortabel*
🏨	XX	*Mit gutem Komfort*
🏠	X	*Mit Standard Komfort*
M		*Moderne Einrichtung*
sans rest.		*Hotel ohne Restaurant*
	avec ch.	*Restaurant vermietet auch Zimmer*

Annehmlichkeiten

Manche Häuser sind im Führer durch rote Symbole gekennzeichnet (s. unten.) Der Aufenthalt in diesen ist wegen der schönen, ruhigen Lage, der nicht alltäglichen Einrichtung und Atmosphäre sowie dem gebotenen Service besonders angenehm und erholsam.

🏨🏨🏨 bis 🏠	*Angenehme Hotels*
XXXXX bis X	*Angenehme Restaurants*
« Parc fleuri »	*Besondere Annehmlichkeit*
🕊	*Sehr ruhiges, oder abgelegenes und ruhiges Hotel*
🕊	*Ruhiges Hotel*
⇐ mer	*Reizvolle Aussicht*
⇐	*Interessante oder weite Sicht*

Die den einzelnen Ländern vorangestellten Übersichtskarten, auf denen die Orte mit besonders angenehmen oder sehr ruhigen Häusern eingezeichnet sind, helfen Ihnen bei der Reisevorbereitung. Teilen Sie uns bitte nach der Reise Ihre Erfahrungen und Meinungen mit. Sie helfen uns damit, den Führer weiter zu verbessern.

Einrichtung

Die meisten der empfohlenen Hotels verfügen über Zimmer, die alle oder doch zum größten Teil mit Bad oder Dusche ausgestattet sind.
In den Häusern der Kategorie 🏠
kann diese jedoch in einigen Zimmern fehlen.

30 ch	Anzahl der Zimmer
¦$¦	Fahrstuhl
▤	Klimaanlage
TV	Fernsehen im Zimmer
⚐	Haus teilweise reserviert für Nichtraucher
♿	Für Körperbehinderte leicht zugängliche Zimmer
🌿	Garten-, Terrassenrestaurant
♨	Badeabteilung, Thermalkur
🏋	Fitneßraum
⌇ ▭	Freibad – Hallenbad
🜅 🐎	Sauna – Liegewiese, Garten
🚲	Fahrradverleih
🎾 🐎	Hoteleigener Tennisplatz – Reitpferde
👥 25 à 150	Konferenzräume (Mindest- und Höchstkapazität)
🚗	Hotelgarage (wird gewöhnlich berechnet)
P	Parkplatz (manchmal gebührenpflichtig)
⛴	Bootssteg
🐕	Hunde sind unerwünscht (im ganzen Haus bzw. in den Zimmern oder im Restaurant)
Fax	Telefonische Dokumentenübermittlung
mai-oct.	Öffnungszeit, vom Hotelier mitgeteilt Häuser ohne Angabe von Schließungszeiten sind ganzjährig geöffnet
✉ 9411 KL	Angabe des Postbezirks (bes. Niederlande und Großherzogtum Luxemburg)

Küche

Die Sterne

Einige Häuser verdienen wegen ihrer überdurchschnittlich guten Küche Ihre besondere Beachtung. Auf diese Häuser weisen die Sterne hin.

*Bei den mit « **Stern** » ausgezeichneten Betrieben nennen wir drei kulinarische Spezialitäten (mit Landweinen in Luxemburg), die Sie probieren sollten.*

ఘఘఘ **Eine der besten Küchen : eine Reise wert**
Man ißt hier immer sehr gut, öfters auch exzellent, edle Weine, tadelloser Service, gepflegte Atmosphäre... entsprechende Preise.

ఘఘ **Eine hervorragende Küche : verdient einen Umweg**
Ausgesuchte Menus und Weine... angemessene Preise.

ఘ **Eine sehr gute Küche : verdient Ihre besondere Beachtung**
Der Stern bedeutet eine angenehme Unterbrechung Ihrer Reise.

Vergleichen Sie aber bitte nicht den Stern eines sehr teuren Luxusrestaurants mit dem Stern eines kleineren oder mittleren Hauses, wo man Ihnen zu einem annehmbaren Preis eine ebenfalls vorzügliche Mahlzeit reicht.

Wenn ein Hotel oder Restaurant vom Küchenchef selbst geführt wird, ist sein Name (in Klammern) erwähnt. Beispiel : XX ఘ **Panorama** (Martin)...

Der "Bib Gourmand"

Sorgfältig zubereitete, preiswerte Mahlzeiten

Für Sie wird es interessant sein, auch solche Häuser kennenzulernen, die eine etwas einfachere Küche zu einem besonders günstigen Preis/Leistungs-Verhältnis bieten.
Im Text sind die betreffenden Restaurants durch das rote Symbol 🙂 *"Bib Gourmand" und* Repas *vor dem Menupreis kenntlich gemacht.*
Repas *: ungefähr 1 100 belgische Franc, 60 Gulden oder 1 100 luxemburgische Franc.*

Benützen Sie die Übersichtskarten für die Häuser mit ఘఘఘ, ఘఘ, ఘ *und "Bib Gourmand"* 🙂. *Sie befinden sich am Anfang des jeweiligen Landes. Eine zusammenfassende Liste aller Länder finden Sie in der Einleitung.*
Siehe auch 😴 *nächste Seite.*

Preise

Die in diesem Führer genannten Preise wurden uns im Herbst 2000 angegeben, es sind **Hochsaisonpreise***. Sie können sich mit den Preisen von Waren und Dienstleistungen ändern. Sie enthalten Bedienung und MWSt.*
Es sind Inklusivpreise, die sich nur noch durch eine evtl. zu zahlende lokale Taxe erhöhen können. Zahlreiche Hotels im großen Städten bieten sehr günstige Wochenendtarife.
Die Namen der Hotels und Restaurants, die ihre Preise genannt haben, sind **fettgedruckt***. Gleichzeitig haben sich diese Häuser verpflichtet, die von den Hoteliers selbst angegebenen Preise den Benutzern des Michelin-Führers zu berechnen. Die folgenden Beispiele sind in belgischen Francs angegeben.*

Halten Sie beim Betreten des Hotels den Führer in der Hand. Sie zeigen damit, daß Sie aufgrund dieser Empfehlung gekommen sind.

Mahlzeiten

    🍴   *Restaurant, das ein einfaches Menu unter* 850 *belgischen Francs oder* 45 *Gulden anbietet.*
Repas *Lunch* 700   *Menu im allgemeine nur Werktags mittags serviert.*

Feste Menupreise :

Repas 750/2800   *Mindest-* 750 *und Höchstpreis* 2800 *für die Menus (Gedecke), die zu den normalen Tischzeiten serviert werden (12-14.30 Uhr und 19-21.30 Uhr in Belgien, 12-14 Uhr und 17-21 Uhr in den Niederlanden). Einige Menus werden nur tischweise oder für mindestens 2 Personen serviert.*
bc   *Getränke inbegriffen (Wein)*

Mahlzeiten « à la carte » :

Repas carte 1200 à 3000   *Der erste Preis entspricht einer einfachen Mahlzeit und umfaßt Vorspeise, Tagesgericht mit Beilage, Dessert. Der zweite Preis entspricht einer reichlicheren Mahlzeit (mit Spezialität) bestehend aus: zwei Hauptgängen, Dessert.*

Zimmer

🛏 150
ch 1500/2500
suites
29 ch 🛏 1700/2900

Preis des Frühstücks (wenn es im Zimmer serviert wird kann ein Zuschlag erhoben werden).
Mindestpreis (1500) *für ein Einzelzimmer*,
Höchstpreis (2500) *für ein Doppelzimmer*.
Auf Anfrage
Zimmerpreis inkl. Frühstück.

Halbpension

½ P 1600/1800

Mindestpreis und Höchstpreis für Halbpension
(Zimmer, Frühstück und 1 Hauptmahlzeit)
pro Person und Tag während der Hauptsaison.
Es ist ratsam, sich beim Hotelier vor der Anreise
nach den genauen Bedingungen zu erkundigen.

Anzahlung

Einige Hoteliers verlangen eine Anzahlung.
Diese ist als Garantie sowohl für den Hotelier
als auch für den Gast anzusehen.
Es ist ratsam, sich beim Hotelier
nach den genauen Bestimmungen zu enkundigen.

Kreditkarten

AE ⓘ ⓜ VISA JCB

Vom Haus akzeptierte Kreditkarten :
American Express – Diners Club – MasterCard (Eurocard)
– Visa – Japan Credit Bureau

Städte

1000	Postleitzahl, bei der Anschrift vor dem Ortsnamen anzugeben
✉ 4900 Spa	Postleitzahl und zuständiges Postamt
ℙ	Provinzhauptstadt
C Herve	Sitz der Kreisverwaltung
210 T 3 909 ⑤	Nummer der Michelin-Karte mit Koordinaten bzw. Faltseite
G. Belgique-Lux.	Siehe Grünen Michelin-Reiseführer Belgique-Luxembourg
4 283 h	Einwohnerzahl (letzte offizielle Volkszählung)
BX A	Markierung auf dem Stadtplan
⛳ 18	Golfplatz und Lochzahl
✳, ≤	Rundblick, Aussichtspunkt
✈	Flughafen
🚗 ☏ 425214	Ladestelle für Autoreisezüge. Nähere Auskünfte unter der angegebenen Telefonnummer
⛴	Autofähre
⛵	Personenfähre
🛈	Informationsstelle

Sehenswürdigkeiten

Bewertung

★★★	Eine Reise wert
★★	Verdient einen Umweg
★	Sehenswert

Lage

Voir	In der Stadt
Env.	In der Umgebung der Stadt
Nord, Sud, Est, Ouest	Im Norden, Süden, Osten, Westen der Stadt
②, ④	Zu erreichen über die Ausfallstraße ② bzw. ④, die auf dem Stadtplan und auf der Michelin-Karte identisch gekennzeichnet sind
2 km	Entfernung in Kilometern

Das Auto, die Reifen

Hinweise für Ihre Reifen finden Sie auf den blau umrandeten Seiten oder Sie bekommen Sie direkt in einer unserer Niederlassungen.
Am Ende des Führers finden Sie eine Adress-Liste der wichtigsten Automarken, die Ihnen im Pannenfalle eine wertvolle Hilfe leisten kann. Sie können sich aber auch an die wichtigsten Automobilclubs in den Beneluxstaaten wenden :

Belgien *Royal Automobile Club de Belgique (RACB) FIA, rue d'Arlon 53 – Bte 3, 1040 Bruxelles*
 ☏ 0 2 287 09 11 fax 0 2 230 75 84
 Royal Motor Union
 boulevard d'Avroy 254 – Bte 1, 4000 Liège
 ☏ 0 4 252 70 30 fax 0 4 252 83 01
 Touring Club Royal de Belgique (TCB)
 AIT, rue de la Loi 44, 1040 Bruxelles
 ☏ 0 2 233 22 11
 Vlaamse Automobilistenbond (VTB-VAB)
 Sint-Jakobsmarkt 45, 2000 Antwerpen
 ☏ 0 3 253 63 63

Luxemburg *Automobile Club du Grand Duché de Luxembourg (ACL)*
 FIA & AIT, route de Longwy 54, 8007 Bertrange
 ☏ 45 00 45 1 fax 45 04 55

Niederlande *Koninklijke Nederlandse Automobiel Club (KNAC)*
 FIA, Wassenaarseweg 220, 2596 EC Den Haag
 ☏ (070) 383 16 12
 fax (070) 383 19 06
 Koninklijke Nederlandse Toeristenbond (ANWB)
 AIT, Wassenaarseweg 220, 2596 EC Den Haag
 ☏ (070) 314 71 47

Geschwindigkeitsbegrenzung (in km/h)

	Autobahn	Landstraße	Geschlossene Ortschaften
Belgien	*120*	*90*	*50*
Luxemburg	*120*	*90*	*50*
Niederlande	*100/120*	*80*	*50*

Umgebungskarten

Denken sie daran sie zu benutzen

Die Umgebungskarten sollen Ihnen die Suche eines Hotels oder Restaurants in der Nähe der größeren Städte erleichtern.

Wenn Sie beispielsweise eine gute Adresse in der Nähe von Arnhem brauchen, gibt Ihnen die Karte schnell einen Überblick über alle Orte, die in diesem Michelin-Führer erwähnt sind. Innerhalb der in Kontrastfarbe gedruckten Grenze liegen Gemeinden, die im Umkreis von 30 km sind.

Anmerkung :

Auf der Linie der Entfernungen zu anderen Orten erscheint im Ortstext die jeweils nächste größere Stadt mit Umgebungskarte in BLAU.

Beispiel :

Sie finden EDE auf der Umgebungskarte von ARNHEM.

EDE Gelderland 908 / 5 - 98 220 h.
Env. Parc National de la Haute Veluwe★★★
Amsterdam 81 - Arnhem 19 - Apeldoorn 32 - Utrecht 43.

*Alle Umgebungs-
karten sind schema-
tisch im Kartenteil
am Ende des Bandes
eingezeichnet.*

Stadtpläne

□ ● Hotels
■ ● Restaurants

Sehenswürdigkeiten

Sehenswertes Gebäude
Sehenswerter Sakralbau

Straßen

Autobahn, Schnellstraße
Anschlußstelle : Autobahneinfahrt und/oder-ausfahrt,
Hauptverkehrsstraße
Einbahnstraße – Gesperrte Straße, mit
- Verkehrsbeschränkungen
Fußgängerzone – Straßenbahn – Einkaufsstraße
Parkplatz, Parkhaus – Park-and-Ride-Plätze
Tor – Passage – Tunnel
Bahnhof und Bahnlinie
Unterführung (Höhe bis 4,50 m) – Höchstbelastung (unter 19 t.)
Bewegliche Brücke – Autofähre

Sonstige Zeichen

Informationsstelle
Moschee – Synagoge
Turm – Ruine – Windmühle – Wasserturm
Garten, Park – Wäldchen – Friedhof – Bildstock
Stadion – Golfplatz – Pferderennbahn – Eisbahn
Freibad – Hallenbad
Aussicht – Rundblick
Denkmal – Brunnen – Fabrik – Einkaufszentrum
Jachthafen – Leuchtturm – Anlegestelle
Flughafen – U-Bahnstation – Autobusbahnhof
Schiffsverbindungen : Autofähre – Personenfähre
Straßenkennzeichnung (identisch auf Michelin
Stadtplänen und – Abschnittskarten)
Hauptpostamt (postlagernde Sendungen), Telefon
Krankenhaus – Markthalle
Öffentliches Gebäude, durch einen Buchstaben
gekennzeichnet :
H P - Rathaus – Provinzregierung
J - Gerichtsgebäude
M T - Museum – Theater
U - Universität, Hochschule
POL. - Polizei (in größeren Städten Polizeipräsidium)
G - Gendarmerie

Dear Reader

With the principal aim of providing a service to our readers, the strength of The Red Guide has always been our independence, expertise and appreciation.

The independence of The Red Guide is unquestionable:
Firstly, our inspectors visit anonymously and always settle their own bills. Secondly, the Guide retains its impartiality by refusing to include any form of publicity.

The Guide relies on the expertise of our inspectors; dedicated professionals who spend every year travelling inconspicuously around the country seeking out, testing and digesting a wide range of accommodation and cuisine.

And as much as the Guide is written for you, it is also influenced by you. Every year we receive thousands of comments, recommendations and appreciations, all of which contribute to the following year's edition.

These key values mean that every year The Red Guide gives you a reliable, accurate and up-to-date selection to suit every occasion and every pocket.

Look out for us on-line at www.michelin-travel.com.

The Red Guide is influenced by you and is developed for your benefit, which is all the more reason to send us your comments!

Contents

39 *How to use this guide*

46 *Local maps*

51 *Spoken languages in the Benelux*

53 *Beers, wines and cheeses*

60 *Starred establishments*

62 **"Bib Gourmand"** : *Good food at moderate prices*

64 *Particularly pleasant hotels and restaurants*

67 *Belgium*

68 *Maps of star-rated restaurants (✧), **"Bib Gourmand"** (☺) pleasant, secluded and very quiet establishments*

71 *Hotels, restaurants, town plans, sights*

327 *Grand Duchy of Luxembourg*

357 *Netherlands*

574 *Main Car Manufacturers*

577 *Bank Holidays in 2001*

578 *International dialling codes*

580 *Distances*

584 *Atlas of main roads*

588 *Lexicon*

598 *The Euro*

Choosing a hotel or restaurant

This guide offers a selection of hotels and restaurants to help motorists on their travels. In each category establishments are listed in order of preference according to the degree of comfort they offer.

Categories

🏨🏨🏨	XXXXX	*Luxury in the traditional style*
🏨🏨	XXXX	*Top class comfort*
🏨🏨	XXX	*Very comfortable*
🏨	XX	*Comfortable*
🏨	X	*Quite comfortable*
M		*In its class, hotel with modern amenities*
sans rest.		*The hotel has no restaurant*
	avec ch.	*The restaurant also offers accommodation*

Peaceful atmosphere and setting

Certain hotels and restaurants are distinguished in the guide by the red symbols shown below. Your stay in such establishments will be particularly pleasant or restful, owing to the character of the building, its decor, the setting, the welcome and services offered, or simply the peace and quiet to be enjoyed there.

🏨🏨🏨 to 🏨	*Pleasant hotels*
XXXXX to X	*Pleasant restaurants*
« Parc fleuri »	*Particularly attractive feature*
🕊	*Very quiet or quiet, secluded hotel*
🕊	*Quiet hotel*
≤ mer	*Exceptional view*
≤	*Interesting or extensive view*

The maps preceding each country indicate places with such very peaceful, pleasant hotels and restaurants.
By consulting them before setting out and sending us your comments on your return you can help us with our enquiries.

Hotel facilities

In general the hotels we recommend have full bathroom and toilet facilities in each room. This may not be the case, however for certain rooms in categorie 🏠.

30 ch	Number of rooms
🛗	Lift (elevator)
▤	Air conditioning
TV	Television in room
🚭	Hotel partly reserved for non-smokers
♿	Rooms accessible to disabled people
🌳	Meals served in garden or on terrace
⚕	Hydrotherapy
🏋	Exercise room
⛱ 🏊	Outdoor or indoor swimming pool
🧖s 🌿	Sauna – Garden
🚲	Cycle hire
🎾 🐎	Hotel tennis court – Horse-riding
🏛 25 à 150	Equipped conference hall (minimum and maximum capacity)
🚗	Hotel garage (additional charge in most cases)
P	Car park (a fee may be charged)
⚓	Landing stage
🐕‍🦺	Dogs are excluded from all or part of the hotel
Fax	Telephone document transmission
mai-oct.	Dates when open, as indicated by the hotelier Where no date or season is shown, establishments are open all year round
✉ 9411 KL	Postal code (Netherlands and Grand Duchy of Luxembourg only)

Cuisine

Stars

Certain establishments deserve to be brought to your attention for the particularly fine quality of their cooking. **Michelin stars** *are awarded for the standard of meals served. For such establishments we list 3 speciality dishes (and some local wines in Luxembourg). Try them, both for your pleasure and to encourage the chef in his work.*

ಣ ಣ ಣ **Exceptional cuisine, worth a special journey**
One always eats here extremely well, sometimes superbly. Fine wines, faultless service, elegant surroundings. One will pay accordingly!

ಣ ಣ **Excellent cooking, worth a detour**
Specialities and wines of first class quality. This will be reflected in the price.

ಣ **A very good restaurant in its category**
The star indicates a good place to stop on your journey. But beware of comparing the star given to an expensive « de luxe » establishment to that of a simple restaurant where you can appreciate fine cuisine at a reasonable price.

The name of the chef appears between brackets when he is personally managing the establishment. Example : XX ಣ **Panorama** (Martin)...

The "Bib Gourmand"

Good food at moderate prices

You may also like to know of other restaurants with less elaborate, moderately priced menus that offer good value for money and serve carefully prepared meals. In the guide such establishments bear the **"Bib Gourmand"** *and* Repas *just before the price of the meals.*
Repas *: approximately 1 100 Belgian Francs, 60 Guilders or 1 100 Luxembourg Francs.*

Consult the maps of star-rated restaurants ಣಣಣ, ಣಣ, ಣ *and* **"Bib Gourmand"** *preceding each country and lists indicated in the summary.*
See also ⊗ *on next page.*

Prices

*Prices quoted are valid for autumn 2000 and apply to **high season**.*
Changes may arise if goods and service costs are revised. The rates include tax and service and no extra charge should appear on your bill, with the possible exception of a local tax.

Hotels and restaurants in bold type have supplied details of all their rates and have assumed responsibility for maintaining them for all travellers in possession of this Guide.

Many hotels offer reduced prices at weekends (large towns).

The following examples are given in Belgian Francs.

Your recommendation is self evident if you always walk into a hotel Guide in hand.

Meals

✿	*Establishment serving a simple menu for less than 850 Francs or 45 Guilders.*
Repas Lunch 700	*This meal is served at lunchtime and normally during the working week.*

Set meals

Repas 750/2800	*Lowest price 750 and highest price 2800 for set meals served at normal hours (noon to 2.30 pm and 7 to 9.30 pm in Belgium – noon to 2 pm and 5 to 9 pm in the Netherlands). Certain menus are only served for a minimum of 2 people or for an entire table.*
bc	*Wine included*

« A la carte » meals

Repas carte 1200 à 3000	*The first figure is for a plain meal and includes hors-d'œuvre, main dish of the day with vegetables and dessert.* *The second figure is for a fuller meal (with « spécialité ») and includes 2 main courses and dessert.*

Rooms

🖭 150 — *Price of continental breakfast
(additional charge when served in the bedroom).*

ch 1500/2500 — *Lowest price* (1500) *for a single room and highest price* (2500) *for a double.*

suites — *Ask the hotelier*
29 ch 🖭 1700/2900 — *Price includes breakfast.*

Half board

½ P 1600/1800 — *Lowest and highest prices (room, breakfast
and one of two meals), per person,
per day in the season.
It is advisable to agree on terms with the hotelier
before arriving.*

Deposits

*Some hotels will require a deposit, which confirms
the commitment of customer and hotelier alike.
Make sure the terms of the agreement are clear.*

Credit cards

*Credit cards accepted by the establishment
American Express – Diners Club – MasterCard (Eurocard)
– Visa – Japan Credit Bureau*

Towns

1000	Postal number to be shown in the address before the town name
✉ 4900 Spa	Postal number and name of the post office serving the town
P	Provincial capital
C Herve	Administrative centre of the "commune"
210 T 3 909 ⑤	Michelin map number, co-ordinates or fold
G. Belgique-Lux.	See Michelin Green Guide Belgique-Luxembourg
4 283 h	Population (as in publication of most recent official census figures)
BX A	Letters giving the location of a place on the town plan
⛳18	Golf course and number of holes
❋, ≤	Panoramic view, viewpoint
✈	Airport
🚗 ✆ 425214	Place with a motorail connection; further information from telephone number listed
🚢	Shipping line
⛴	Passenger transport only
🛈	Tourist Information Centre

Sights

Star-rating

★★★	Worth a journey
★★	Worth a detour
★	Interesting

Location

Voir	Sights in town
Env.	On the outskirts
Nord, Sud, Est, Ouest	The sight lies north, south, east or west of the town
②, ④	Sign on town plan and on the Michelin road map indicating the road leading to a place of interest
2 km	Distance in kilometres

Car, tyres

*For your tyres, refer to the pages bordered in blue or contact one of the Michelin Branches.
A list of the main Car Manufacturers with a breakdown service is to be found at the end of the Guide.
The major motoring organisations in the Benelux countries are :*

Belgium Royal Automobile Club de Belgique (RACB)
FIA, rue d'Arlon 53 – Bte 3,
1040 Bruxelles
℘ 0 2 287 09 11 fax 0 2 230 75 84
Royal Motor Union
boulevard d'Avroy 254 – Bte 1,
4000 Liège
℘ 0 4 252 70 30 fax 0 4 252 83 01
Touring Club Royal de Belgique (TCB)
AIT, rue de la Loi 44, 1040 Bruxelles
℘ 0 2 233 22 11
Vlaamse Automobilistenbond (VTB-VAB)
Sint-Jakobsmarkt 45, 2000 Antwerpen
℘ 0 3 253 63 63

Luxembourg Automobile Club du Grand Duché de Luxembourg (ACL)
FIA & AIT, route de Longwy 54,
8007 Bertrange
℘ 45 00 45 1 fax 45 04 55

Netherlands Koninklijke Nederlandse Automobiel Club (KNAC)
FIA, Wassenaarseweg 220,
2596 EC Den Haag
℘ (070) 383 16 12
fax (070) 383 19 06
Koninklijke Nederlandse Toeristenbond (ANWB)
AIT, Wassenaarseweg 220,
2596 EC Den Haag
℘ (070) 314 71 47

Maximum speed limits

	Motorways	All other roads	Built-up areas
Belgium	120 km/h (74 mph)	90 km/h (56 mph)	50 km/h (31 mph)
Luxembourg	120 km/h (74 mph)	90 km/h (56 mph)	50 km/h (31 mph)
Netherlands	100 km/h (62 mph) 120 km/h (74 mph)	80 km/h (50 mph)	50 km/h (31 mph)

Local maps

May we suggest that you consult them

Should you be looking for a hotel or restaurant not too far from Arnhem, for example, you can now consult the map along with the town plan.

The local map (opposite) draws your attention to all places around the town or city selected, provided they are mentioned in the Guide. Places located within a range of 30 km are clearly identified by the use of a different coloured background.

The various facilities recommended near the different regional capitals can be located quickly and easily.

Note :

Entries in the Guide provide information on distances to nearby towns. Whenever a place appears on one of the local maps, the name of the town or city to which it is attached is printed in BLUE.

Example :

EDE Gelderland 908 / 5 – 98 220 h.
Env. Parc National de la Haute Veluwe★★★
Amsterdam 81 – Arnhem 19 – Apeldoorn 32 – Utrecht 43.

All local maps are located on the Atlas at the end of the Guide.

Town plans

□ ● Hotels
▪ ● Restaurants

Sights

Place of interest
Interesting place of worship

Roads

Motorway, dual carriageway
❹ ❹ Junction : complete, limited
Major thoroughfare
← ◀ ≡≡≡≡≡ One-way street – Unsuitable for traffic or street subject
– to restrictions
 Pasteur Pedestrian street – Tramway – Shopping street
🅿 🅿 Car park – Park and Ride
Gateway – Street passing under arch – Tunnel
Station and railway
(18) Low headroom (15 ft. max.) – Load limit
(under 19 t.)
⚠ 🅱 Lever bridge – Car ferry

Various signs

🛈 Tourist Information Centre
☪ ✡ Mosque – Synagogue
● ○ ✦ 🗼 Tower – Ruins – Windmill – Water tower
 Garden, park – Wood – Cemetery – Cross
Stadium – Golf course – Racecourse – Skating rink
Outdoor or indoor swimming pool
View – Panorama
Monument – Fountain – Factory – Shopping centre
Pleasure boat harbour – Lighthouse – Landing stage
Airport – Underground station – Coach station
Ferry services :
passengers and cars, passengers only
③ Refence number common to town plans
and Michelin maps
☠ ☏ Main post office with poste restante – Telephone
✚ ⊠ Hospital – Covered market
Public buildings located by letter :
H P - Town Hall – Provincial Government Office
J - Law Courts
M T - Museum – Theatre
U - University, College
POL. - Police (in large towns police headquarters)
G - Gendarmerie

48

Les langues parlées au Benelux

Située au cœur de l'Europe, la Belgique est divisée en trois régions : la Flandre, Bruxelles et la Wallonie. Chaque région a sa personnalité bien marquée. Trois langues y sont utilisées : le néerlandais en Flandre, le français en Wallonie et l'allemand dans les cantons de l'Est. La Région de Bruxelles-Capitale est bilingue avec une majorité francophone. La frontière linguistique correspond à peu près aux limites des provinces. Ce « multilinguisme » a des conséquences importantes sur l'organisation politique et administrative du pays, devenu État Fédéral depuis 1993.

Au Grand-Duché, outre le « Lëtzebuergesch », dialecte germanique, la langue officielle est le français. L'allemand est utilisé comme langue culturelle.

Aux Pays-Bas le néerlandais est la langue officielle. Néanmoins dans la province de Frise, le frison se parle encore couramment.

De talen in de Benelux

In het hartje van Europa ligt België, verdeeld in Vlaanderen, Brussel en Wallonië. Elke regio heeft zijn eigen karakter. Er worden drie talen gesproken : Nederlands in Vlaanderen, Frans in Wallonië en Duits in de Oostkantons. Het Brussels Hoofdstedelijk Gewest is tweetalig met een meerderheid aan Franstaligen. De taalgrens komt ongeveer overeen met de grenzen van de provincies. Het feit dat België een meertalig land is, heeft belangrijke gevolgen voor de politieke en bestuurlijke organisatie. Dit leidde tot de vorming van een Federale Staat in 1993.

In het Groot-Hertogdom wordt het « Lëtzebuergesch », een Duits dialect gesproken. De officiële taal is het Frans. Het Duits is de algemene cultuurtaal.

De officiële taal in Nederland is het Nederlands. In de provincie Friesland wordt nog Fries gesproken.

Die Sprachen im Benelux

Belgien, ein Land im Herzen von Europa, gliedert sich in drei Regionen : Flandern, Brüssel und Wallonien. Jede dieser Regionen hat ihre eigene Persönlichkeit. Man spricht hier drei Sprachen : Niederländisch in Flandern, Französisch in Wallonien und Deutsch in den östlichen Kantonen. Die Gegend um die Haupstadt Brüssel ist zweisprachig, wobei die Mehrheit Französisch spricht. Die Sprachengrenze entspricht in etwa den Provinzgrenzen. Diese Vielsprachigkeit hat starke Auswirkungen auf die politische und verwaltungstechnische Struktur des Landes, das seit 1993 Bundesstaat ist.

Im Grossherzogtum wird ausser dem « Lëtzebuergesch », einem deutschen Dialekt als offizielle Sprache französisch gesprochen. Die deutsche Sprache findet als Sprache der Kultur Verwendung.

In den Niederlanden wird niederländisch als offizielle Sprache gesprochen. Das Friesische wird jedoch in der Provinz Friesland noch sehr häufig gesprochen.

Spoken languages in the Benelux

Situated at the heart of Europe, Belgium is divided
into three regions : Flanders, Brussels and Wallonia.
Each region has its own individual personality.
Three different languages are spoken : Dutch in Flanders,
French in Wallonia and German in the eastern cantons.
The Brussels-Capital region is bilingual, with the majority
of its population speaking French.
The linguistic frontiers correspond more or less to those
of the provinces. The fact that the country,
which has been a Federal State since 1993, is multilingual,
has important consequences on its political
and administrative structures.

In the Grand Duchy, apart from « Lëtzebuergesch »,
a German dialect, the official language is French.
German is used as a cultural language.

In the Netherlands Dutch is the official language.
However, Frisian is still widely spoken in the Friesland province.

La bière en Belgique

La Belgique est le pays de la bière par excellence.
On y brasse environ 400 bières différentes, commercialisées
sous plus de 800 appellations. Une partie se consomme
à la pression, dite « au tonneau ».
On distingue trois types de bières, selon leur procédé
de fermentation : les bières de fermentation spontanée
(type Lambic), haute (type Ale) et basse (type Lager).
Suite à une deuxième fermentation en bouteille, le Lambic
devient ce qu'on appelle la Geuze. La Kriek et la Framboise
ont une saveur fruitée due à l'addition de cerises et de framboises.
Ces bières sont caractéristiques de la région bruxelloise.
En Flandre, on trouve des bières blanches, brunes et rouges,
en Wallonie on brasse des bières spécifiques à certaines saisons.
Partout en Belgique, on trouve des Ales, des bières Trappistes
et des bières d'abbayes. Parmi les bières belges, les fortes dorées
et les régionales aux caractères typés occupent une place spéciale.
La Pils belge, une bière blonde, est une excellente bière de table.
Amères, aigrelettes, acides, fruitées, épicées ou doucerettes, les bières
belges s'harmonisent souvent avec bonheur à la gastronomie locale.

Het Belgische bier

België is het land van het bier bij uitstek. Men brouwt
er ongeveer 400 verschillende biersoorten. Zij worden
onder meer dan 800 benamingen op de markt gebracht.
Sommige bieren worden "van het vat" gedronken.
De bieren kunnen volgens hun gistingsproces in 3 groepen
worden onderverdeeld: bieren met een spontane gisting
(type Lambiek), hoge gisting (type Ale) en lage gisting (type Lager).
Geuze is een op flessen nagegiste Lambiek. Kriek en Framboise
hebben hun fruitige smaak te danken aan de toevoeging
van krieken (kersen) en frambozen. Deze bieren zijn typisch
voor de streek van Brussel.
Vlaanderen is rijk aan witte, bruine en rode bieren.
In Wallonië bereidt men seizoengebonden bieren. Overal in België
brouwt men ales, trappisten- en abdijbieren. De sterke blonde
bieren en de zogenaamde streekbieren nemen een speciale plaats
in onder de Belgische bieren. De Belgische pils, een blond bier,
is een uitstekend tafelbier.
Het Belgische bier met zijn bittere, rinse, zure, zoete smaak
of kruidig aroma, kan zonder problemen bij een gastronomisch
streekgerecht worden gedronken.

Das belgische Bier

Belgien ist das Land des Bieres schlechthin.
In Belgien werden ungefähr 400 verschiedene Biersorten gebraut,
die unter mehr als 800 Bezeichnungen vermarktet werden.
Ein Teil davon wird vom Faß getrunken.
Man unterscheidet drei Biertypen nach ihrer Gärmethode:
Bier mit spontaner Gärung (Typ Lambic), obergärig (Typ Ale)
und untergärig (Typ Lager). Nach einer zweiten Gärung
in der Flasche wird das Lambic zu Geuze. Das Kriek
und das Framboise haben einen fruchtigen Geschmack,
der durch den Zusatz von Kirschen und Himbeeren entsteht.
Diese Biere sind typisch für die Brüsseler Gegend.
In Flandern findet man helles, braunes und rotes Bier, während
die Saisonbiere typisch für Wallonien sind. Überall in Belgien
gibt es verschiedene Sorten Ale, Trappistenbier und Klosterbier.
Unter den belgischen Biersorten nehmen die goldbraunen
Starkbiere und die Biere mit speziellem regionalen Charakter
einen besonderen Platz ein. Das belgische Pils, ein helles Bier,
ist ein exzellentes Tafelbier.
Mit den Geschmacksrichtungen herb, leicht säuerlich, fruchtig,
würzig oder süßlich kann das belgische Bier ein deftiges
regionales Menü begleiten.

The beers of Belgium

Belgium is the country for beer "par excellence".
There are over 800 different brands on sale there today.
The breweries produce approximately 400 different beers.
In the flat country of the Ardennes beer is served
in 35,000 cafes. Some of it is on draught – "from the barrel".
There are three different types of beer dependent upon which
fermentation process is used: spontaneous fermentation (Lambic),
high (Ale) and low (Lager).
Following a second fermentation in the bottle, the Lambic
becomes what is called Geuze. Kriek and Framboise have
a fruity taste due to the addition of cherries and raspberries.
These beers are characteristic of the Brussels region.
In Flanders, pale ale, brown ale and bitter are found.
In Wallonie beers are brewed which are particular to each season.
Throughout Belgium there are Ales, Trappist beers
and Abbey beers. Of all the Belgian beers, the strong golden ones
and the regional ones with their own individual characters
are held in special regard.
Belgian Pils, a light ale, is excellent to have on the table.
Whether bitter, vinegarish, acidic, fruity, spicey or mild, Belgian
beers are the perfect accompaniment to local specialities.

Le vin au Luxembourg

*Le vignoble luxembourgeois produit essentiellement du vin blanc.
Depuis l'époque romaine, l'Elbling, cultivé sur les bords
de la Moselle, donne un vin sec et acidulé.
Ce cépage a été progressivement remplacé par l'Auxerrois,
le Pinot blanc, le Pinot gris, le Gewurztraminer ou le Rivaner.
Habitué des sols calcaires, le Riesling atteint ici la finesse qui le
caractérise. C'est le cépage le plus tardif qui occupe +/- 13 % du
territoire. Actuellement, le Pinot gris est le cépage le plus demandé.
Il donne le vin le plus moelleux et le plus aromatique
et permet une consommation jeune.*

*Le vignoble luxembourgeois couvre environ 1 345 ha.
dans la vallée de la Moselle. Quelques 850 viticulteurs sont groupés
en 5 caves coopératives, qui représentent 70 % de la production.
L'autre partie est vinifiée par une vingtaine de viticulteurs
indépendants. Les vins luxembourgeois sont toujours vendus
sous le nom du cépage ; l'étiquette de ceux bénéficiant
de l'Appellation d'Origine Contrôlée (A.O.C.) mentionne
en outre le nom du village, du lieu et du producteur.
Le canton de Remich (Schengen, Wintrange, Remich)
et le canton de Grevenmacher (Wormeldange, Ahn, Machtum,
Grevenmacher), ont droit à l'appellation "Moselle
Luxembourgeoise" et sont considérés comme étant les plus réputés.
Au Grand-Duché, on produit également des vins mousseux
et des crémants en quantité importante et quelques vins rosés
à partir du cépage Pinot noir.
Pratiquement partout, ces vins jeunes, servis au verre, en carafe
ou à la bouteille, vous feront découvrir un "petit" vignoble
qui mérite votre considération.*

De Luxemburgse wijn

In Luxemburg wordt vooral witte wijn verbouwd. De Elbling, die sinds de oudheid wordt verbouwd langs de oevers van de Moezel, is een droge en lichtelijk zurige wijn. Deze wijnstok werd geleidelijk aan vervangen door de Auxerrois, de Pinot blanc, de Pinot gris, de Gewurztraminer en de Rivaner. De Riesling, die goed gedijt op kalksteenbodems, bereikt hier zijn kenmerkende finesse.
Deze wijnstokvariëteit heeft een late rijping en beslaat ongeveer 13 % van het gebied. De Pinot gris is voor het ogenblik de meest gevraagde wijn. Het is de meest volle en zachte wijn, die jong kan worden gedronken.
Het Luxemburgse wijngebied beslaat in de Moezelvallei ongeveer 1345 ha. Ongeveer 850 wijnbouwers zijn gegroepeerd in 5 coöperatieve wijnkelders. Zij nemen 70 % van de productie voor hun rekening. Een twintigtal onafhankelijke wijnbouwers verbouwt de rest van de wijnproductie. De Luxemburgse wijnen worden steeds onder de naam van de wijnstok verkocht; het etiket van de wijnen, die de benaming "Appellation d'Origine Contrôlée" (gecontroleerde herkomstbenaming) dragen, vermeldt bovendien de naam van het dorp, de plaats en de wijnbouwer. Het kanton Remich (Schengen, Wintrange, Remich) en het kanton Grevenmacher (Wormeldange, Ahn, Machtum, Grevenmacher) mogen de naam "Moselle luxembourgeoise" dragen. Deze kantons worden beschouwd als de meest beroemde.

In het Groot-Hertogdom wordt ook een grote hoeveelheid mousserende en licht mousserende wijnen bereid, evenals enkele roséwijnen op basis van de wijnstok Pinot noir.
Deze jonge wijnen zijn praktisch overal per glas, karaf of fles verkrijgbaar. Op die manier ontdekt u een "kleine" wijnstreek, die meer dan de moeite waard is.

Services et taxes
En Belgique, au Grand-Duché de Luxembourg et aux Pays-Bas, les prix s'entendent service et taxes compris.

Der luxemburgische Wein

Im luxemburgischen Weinbaugebiet wird im wesentlichen Weißwein angebaut. Seit der Zeit der Römer ergibt der Elbling, der an den Ufern der Mosel wächst, einen trockenen und säuerlichen Wein.

Diese Rebsorte wurde nach und nach durch den Auxerrois, den Pinot blanc, den Pinot gris, den Gewürztraminer oder den Rivaner ersetzt. Auf Kalkböden erhält der Riesling die Fenheit die ihn charaktrisiert. Es ist die Rebsorte mit der längsten Reifezeit, +/- 13 % der Rebfläche sind damit bepflanzt. Zur Zeit ist der Pinot gris die gefragteste Rebsorte. Sie ergibt den lieblichsten und aromatischsten Wein, der schon jung getrunken werden kann.

Das luxemburgische Weinbaugebiet umfaßt zirka 1345 Hektar im Moseltal. Ungefähr 850 Winzer haben sich zu 5 Weinbaugenossenschaften zusammengeschlossen, die 70 % der Produktion vertreten. Der übrige Teil wird von etwa 20 Winzern produziert. Die luxemburgischen Weine werden immer unter dem Namen der Rebsorte verkauft, die besondere Appellation d'Origine Contrôlée (geprüfte Herkunftsbezeichnung) nennt auch das Dorf, die Lage und den Produzenten.

Nur das Gebiet des Kantons Remich (Schengen, Wintrange, Remich) und des Kantons Grevenmacher (Wormeldange, Ahn, Machtun, Grevenmacher) haben wegen ihrer besonderen Lage das Recht auf die Bezeichnung "Moselle Luxembourgiose".

Im Großherzogtum werden auch Sekt und Crémant in bedeutenden Mengen sowie einige Roseweine auf der Basis von Pinot noir produziert.

Fast überall lassen diese jungen Weine – im Glas, in der Karaffe oder in der Flasche serviert – Sie ein "kleines" Weinbaugebiet entdecken, das eine größere Bekanntheit verdient.

Halten Sie beim Betreten des Hotels oder des Restaurants den Führer in der Hand
Sie zeigen damit, daß Sie aufgrund dieser Empfehlung gekommen sind.

The wines of Luxembourg

Luxembourg is essentially a white wine producer. The Elbling grape, grown on the banks of the Moselle, has been yielding a dry acidic wine since Roman times.

However, this grape has been gradually replaced by the Auxerrois, the Pinot blanc, the Pinot gris, the Gewurztraminer and the Rivaner. Well adapted to chalky soil, the Riesling grown here develops a distinctive flavour. These late maturing grapes occupy around 13 % of the land. The Pinot gris is currently the most popular. It gives the most mellow, aromatic wine and can be drunk whilst still young.

Vineyards cover approximately 1345 hectares of the Moselle valley. Some 850 wine growers are grouped into 5 cooperative "caves", which overall produce 70 % of the wine, the remainder being made up by another 20 independent wine growers. Wines from Luxembourg are always sold under the name of the grape. The label, which bears the AOC ("Appellation d'Origine Contrôlée), also gives the vintage, producer and location of the vine.

Wine produced in the cantons (districts) of Remich (Schengen, Wintrange, Remich) and Grevenmacher (Warmeldange, Ahn, Machtum, Grevenmacher) is the most reputed and has the right to be called "Moselle Luxembourgeoise".

Sparkling wines and a large number of Crémants are also produced in the Grand Duchy, as well as some rosés based on Pinot noir.

These young wines, served by the glass, carafe or bottle, will usually give you a taste of a little known wine which is well worth trying.

Le fromage en Hollande

La Hollande produit 11 milliards de litres de lait par an dont la moitié est transformée en fromage par environ 110 laiteries. Dans les provinces de Zuid-Holland et d'Utrecht, quelques fermiers préparent encore de façon artisanale le fromage. La fabrication du fromage est le fruit d'une longue tradition, plusieurs musées en retracent l'histoire (Alkmaar, Bodegraven, Arnhem, Wageningen).

Au moyen-âge déjà, le fromage aux Pays-Bas faisait l'objet d'un commerce actif comme en témoignent encore aujourd'hui les marchés pittoresques d'Alkmaar, Purmerend, Gouda, Bodegraven, Woerden et Edam.

On peut distinguer plusieurs catégories de fromages : Le Gouda, parfois aux grains de cumin, l'Edam, le Maasdam, le Leidse, la Mimolette, le Friese aux clous de girofle et le Kernhem.

Selon la durée de la maturation qui va de 4 semaines à plus de 3 ans, on distingue du fromage jeune, mi-vieux et vieux. Quelques fromages de brebis (en général sur les îles) et de chèvre complètent la gamme.

La majorité de ces fromages vous fera terminer un repas en beauté.

De Hollandse kaas

Nederland produceert 11 miljard liter melk per jaar. De helft wordt door zo'n 110 melkerijen bereid tot kaas. In de provincies Zuid-Holland en Utrecht maken nog enkele boeren op ambachtelijke wijze kaas. Het kaasmaken kent een lange traditie, waarvan verschillende musea de geschiedenis illustreren (Alkmaar, Bodegraven, Arnhem, Wageningen).

In de Middeleeuwen werd in Nederland reeds druk kaas verhandeld. Ook nu nog worden er in Alkmaar, Purmerend, Gouda, Bodegraven, Woerden en Edam schilderachtige kaasmarkten gehouden.

Er zijn verschillende soorten kaas: Gouda, soms met komijn, Edam, Maasdam, Leidse kaas, Mimolette, Friese kaas met kruidnagels en Kernhem.

Naargelang de duur van het rijpingsproces (van 4 weken tot meer dan 3 jaren) onderscheidt men jonge, belegen en oude kaas.

Enkele schapenkazen (vooral op de eilanden) en geitenkazen vervolledigen het assortiment.

Met de meeste van deze kazen kan u op passende wijze de maaltijd beëindigen.

Der holländische Käse

Die Niederlande produzieren jährlich 11 milliarden Liter Milch, wovon die Hälfte in zirka 110 Molkereien zu Käse verarbeitet wird. In den Provinzen Zuid-Holland und Utrecht bereiten einige Bauern den Käse noch auf traditionelle Weise zu. Die Käseherstellung hat eine lange Tradition, die in mehreren Museen vergegenwärtigt wird (Alkmaar, Bodegraven, Arnhem, Wageningen).

Schon im Mittelalter wurde in den Niederlanden mit Käse gehandelt, wovon auch heute noch die folkloristischen Märkte in Alkmaar, Purmerend, Gouda, Bodegraven, Woerden und Edam zeugen.

Man unterscheidet verschiedene Käsearten: den Gouda, den es manchmal auch mit Kümmelkörnern gibt, den Edamer, den Maasdamer, den Leidse, den Mimolette, den Friese mit Nelken und den Kernhemer.

Je nach Reifezeit, die von 4 Wochen bis über 3 Jahre dauern kann, unterscheidet man jungen, mittelalten und alten Käse. Einige Sorten Schafs- (meist von den Inseln) und Ziegenkäse ergänzen die Palette.

Die meisten dieser Käsesorten werden für Sie der krönende Abschluß einer gelungenen Mahlzeit sein.

The cheeses of Holland

Holland produces 11 billion litres of milk a year, half of which is made into cheese by approximately 110 dairies. In the provinces of Zuid-Holland and Utrecht, some farmers still make cheese in the old-fashioned way. Cheese-making stems from an age-old tradition, the history of which is documented in several museums (Alkmaar, Bodegraven, Arnham, Wageningen).

In the Middle Ages there was already an active cheese trade in Holland and this can still be seen today in the quaint markets of Alkmaar, Purmerend, Gouda, Badegraven, Woerden and Edam.

There are several different categories of cheese: Gouda, sometimes made with cumin seeds, Edam, Maasdam, Leidse, Mimolette, Friese with cloves and Kernham.

According to the length of maturing, which varies from 4 weeks to more than 3 years, a cheese is identified as young, medium or mature. A few sheeps cheeses (generally on the islands) and goats cheeses complete the selection.

Most of these cheeses will round your meal off beautifully.

Les établissements à étoiles
De sterrenrestaurants
Die Stern-Restaurants
Starred establishments

❁ ❁ ❁

Belgique / België

Brugge Q. Centre	*De Karmeliet*
Bruxelles	*Comme Chez Soi*
Bruxelles	
– Ganshoren	*Bruneau*

❁ ❁

Belgique / België

Antwerpen
– Env. à Kapellen — *De Bellefleur*
Bruxelles *Sea Grill (H. Radisson SAS)*
– Ganshoren — *Claude Dupont*
– Env. à Groot-Bijgaarden — *De Bijgaarden*
Kruishoutem — *Hof van Cleve*
Namur à Lives-sur-Meuse *La Bergerie*
Paliseul — *Au Gastronome*
Pepinster — *Host. Lafarque*
Tongeren à Vliermaal *Clos St. Denis*
Waregem — *'t Oud Konijntje*
Zeebrugge — *'t Molentje*

Grand-Duché de Luxembourg

Echternach à Geyershaff *La Bergerie*

Nederland

Blokzijl — *Kaatje bij de Sluis*
Haarlem — *De Bokkedoorns*
 à Overveen
Kruiningen — *Inter Scaldes (H. Le Manoir)*
Maastricht Q. Centre *Toine Hermsen*
Rotterdam Q. Centre *Parkheuvel*
Sluis — *Oud Sluis*
Vreeland — *De Nederlanden*
Zwolle — *De Librije*

❁

Belgique / België

Amay — *Jean-Claude Darquenne*
Antwerpen Q. Ancien — *'t Fornuis*
– — *De Kerselaar*
– — *De Matelote*
– Env. à Boechout — *De Schone van Boskoop*
Arbre — *L'Eau Vive*
Baillonville — *Le Capucin Gourmand*
Berlare — *'t Laurierblad*
– aux étangs de Donkmeer — *Lijsterbes*
Blaregnies — *Les Gourmands*
Bornem — *Eyckerhof*
Braine-l'Alleud — *Jacques Marit*
– — *Den Gouden Harynck*
– Env. à Varsenare — *Manoir Stuivenberg*

Bruxelles
– Q. des Sablons — *L'Écailler du Palais Royal*
– Q. Palais de Justice — *Maison du Bœuf (H. Hilton)*
– Q. Bois de la Cambre — *Villa Lorraine*
– — *La Truffe Noire*
– Q. Atomium — *Les Baguettes Impériales*
– Anderlecht — *Saint Guidon*
– — *La Brouette*
– Uccle Q. St-Job — *Le Passage*
– Watermael-Boitsfort — *Au Vieux Boitsfort*
– Woluwé-St-Pierre — *Les Deux Maisons*

Bruxelles
- Env. à Groot-Bijgaarden — Michel
- à Hoeilaart — Aloyse Kloos
- à Overijse — Barbizon

Charleroi à Loverval — Le Saint Germain des Prés
Dendermonde — 't Truffeltje
Dinant à Sorinnes — Host. Gilain
Eghezée à Noville-sur-Mehaigne — L'Air du Temps
Elewijt — Kasteel Diependael
Ellezelles — Château du Mylord
Fauvillers — Le Château de Strainchamps
Gent Q. Centre — Jan Van den Bon
Habay-La-Neuve — Les Forges
Hamme — De Plezanten Hof
Hasselt à Lummen — Kasteel St-Paul
- à Stevoort — Domein Scholteshof

Heure — Le Pré Mondain
Houthalen — De Barrier
Keerbergen — The Paddock
Knokke-Heist à Heist — Bartholomeus
Kortrijk — St. Christophe
- au Sud — Gastronomisch Dorp

Lavaux-Ste-Anne — du Château
Leuven — Belle Epoque
- à Heverlee — Arenberg
- Env. à Neuville-en-Condroz — Le Chêne Madame

Malle à Oostmalle — De Eiken
Mechelen — D'Hoogh
Namur à Temploux — L'Essentiel
Ninove — Hof ter Eycken
Noirefontaine — Aub. du Moulin Hideux
Oignies-en-Thiérache — Au Sanglier des Ardennes
Oostende — Au Vigneron (H. Oostendse Compagnie)
Opglabbeek — Slagmolen
De Panne — Host. Le Fox
Reningen — 't Convent
St-Hubert — La Maison Blanche
Sankt-Vith — Zur Post
Spontin à Dorinne — Le Vivier d'Oies
Virton à Torgny — Aub. de la Grappe d'Or
Waasmunster — De Snip
Westouter — Picasso
Zeebrugge — Maison Vandamme
Zwevegem — 't Ovenbuur

Grand-Duché de Luxembourg

Diekirch — Hiertz
Esch-sur-Alzette — Fridrici
Frisange — Lea Linster
Gaichel — La Gaichel
Luxembourg – Centre — Clairefontaine
- — Le Bouquet Garni Salon Saint Michel

Grund — Mosconi
- Périph. patinoire Kockelscheuer — Patin d'Or
- Env. à Hesperange — L'Agath

Moutfort — Le petit Valentin
Schouweiler — La Table des Guilloux

Nederland

Amersfoort — Mariënhof
- — De Rôtisserie

Amsterdam Q. Centre — La Rive (H. Amstel)
- — Christophe
- — Sichuan Food

Apeldoorn
- à Hoog Soeren — Het Jachthuis

Beetsterzwaag — De Heeren van Harinxma (H. Lauswolt)
Bennekom — Het Koetshuis
Borculo — De Stenen Tafel
Delft — De Zwethheul
Drachten — Koriander
Driebergen-Rijsenburg — Lai Sin
Eindhoven — De Karpendonkse Hoeve
Etten-Leur — De Zwaan
Giethoorn — De Lindenhof
Groningen — Muller
- à Aduard — Herberg Onder de Linden

Gulpen — Le Sapiche
Den Haag
- Env. à Rijswijk — 't Ganzenest
- à Voorburg — Savelberg

Hardenberg à Heemse — De Bokkepruik
Heelsum — De Kromme Dissel
Heerlen — De Boterbloem
's-Hertogenbosch — Chalet Royal
Hilvarenbeek — van Groeninge et Brasserie De Egelantier
Hilversum — Spandershoeve
IJmuiden — Imko's
Kampen — De Roggebot
Loenen — Tante Koosje
Maasbracht — Da Vinci
Maastricht Q. Centre — Beluga
- au Sud — Château Neercanne

Middelburg — Het Groot Paradijs
Ootmarsum — De Wanne (H. De Wiemsel)
Overloon — Onder de Boompjes
Purmerend à Neck — Mario Uva
Rijsoord — Hermitage
Rotterdam Q. Centre — De Engel
Schoorl — Merlet
Sint-Oedenrode — Wollerich
Ubachsberg — De Leuf
Uden — Helianthushof
Valkenburg — Juliana (H. Prinses Juliana)
Waddeneilanden / Terschelling
à Oosterend — De Grië
Wittem à Wahlwiller — Der Bloasbalg
Yerseke — Nolet-Het Reymerswale
Zeist à Bosch en Duin — de Hoefslag (H. de Hoefslag)
Zweeloo — Idylle

"Bib Gourmand"

Repas soignés à prix modérés

Verzorgde maaltijden voor een schappelijke prijs

Sorgfältig zubereitete, preiswerte Mahlzeiten

Good food at moderate prices

🍽 Repas

Belgique / België

Antwerpen	
– Q. Ancien	*De Reddende Engel*
– Périph. à Berchem	*Brasserie Marly*
–	*De Troubadour*
Battice	*Vincent cuisinier de campagne*
Bellevaux-Ligneuville	*Du Moulin*
Blankenberge	*Escapade*
–	*Borsalino*
Borgloon	*Ambrozijn*
Bornem à Mariekerke	*De Ster*
Bouillon	*La Ferronnière*
– à Corbion	*Ardennes*
Brugge Q. Centre	*'t Stil Ende*
Bruxelles	
–	*Astrid « Chez Pierrot »*
– Q. Grand'Place	*Aux Armes de Bruxelles*
– Q. Ste-Catherine	*La Belle Maraîchère*
–	*Le Loup Galant*
– Q. des Sablons	*La Clef des Champs*
– Q. Palais de Justice	*J et B*
– Ganshoren	*Cambrils*
– Ixelles	*La Pagode d'Or*
– Q. Boodael	
– Q. Bascule	*La Quincaillerie*
– Q. Louise	*De la Vigne ... à l'Assiette*
– Jette	*Rôtiss. Le Vieux Pannenhuis*
– St-Gilles	*Les Capucines*
– Schaerbeek	*Senza Nome*
– Uccle	*Villa d'Este*
–	*Willy et Marianne*
– Q. St-Job	*Les Menus Plaisirs*
–	*Le pré en bulle*
– Watermael-Boitsfort	*Le Grill*
– Woluwé-St-Lambert	*de Maurice à Olivier*
– Woluwé-St-Pierre	*L'Escoffier*
– Env. à Sterrebeek	*la chasse des princes*
Dinant	
– à Falmignoul	*Les Crétias*
Durbuy	*Le Moulin*
Ecaussinnes-Lalaing	*Le Pilori*
Florenville à Lacuisine	*La Roseraie*
Genk	*'t Konijntje*
Genval	
– à Rixensart	*Le Broceliande*
De Haan	
– à Vlissegem	*Vijfweghe*
Jalhay	*Au Vieux Hêtre*
Jodoigne à Mélin	*La Villa du Hautsart*
Knokke-Heist	
– à Knokke	*'t Kantientje*
– à Albertstrand	*Jardin Tropical*
Kortrijk	
– à Aalbeke	*St-Cornil*
Lasne à Plancenoit	*Le Vert d'Eau*
Leuze-en-Hainaut	*Le Châlet de la Bourgogne*
Liège – Vieille Ville	*Enoteca*
– Périph. à Rocourt	*La Petite Table*
– Env. à Liers	*La Bartavelle*
– Env. à Tilleur	*Chez Massimo*
Lier	*Numerus Clausus*
Ligny	*Le Coupe-Choux*
Marche-en-Famenne	*Aux Menus Plaisirs*
Marcourt	*Le Marcourt*
Marenne	*Les Pieds dans le Plat*
Mons	*Alter Ego*
Mouscron	*Madame*
Oostduinkerke-Bad	*Eglantier (H. Hof ter Duinen)*
Oostende	*Petit Nice*
–	*La Crevette*
De Panne	*@De Braise*
Perwez	*La Frairie*
Profondeville	*La Sauvenière*

Rochefort	
- à Belvaux	*Aub. des Pérées*
St-Hubert	*Le Cor de Chasse*
Sankt-Vith	*Pip Margraff*
Sint-Martens-Latem	*Sabatini*
Soheit-Tinlot	*Le Coq aux Champs*
Stoumont	*Zabonprés*
Tourinnes-St-Lambert	*Au Beurre Blanc*
Vielsalm	
- à Hébronval	*Le Val d'Hébron*
Vresse-sur-Semois	*Le Relais*
Wenduine	*Odette*

Grand-Duché de Luxembourg

Bourscheid-Plage	*Theis*
Luxembourg-Grund	*Kamakura*
- Gare	*Au Quai de la Gare*
- Périph. à Pulvermühl	*L'Espadon et H. la Cascade*
- Env. à Bridel	*Le Rondeau*
Mullerthal	*Le Cigalon*
Wiltz	
- à Winseler	*L'Aub. Campagnarde*

Nederland

Alkmaar	*Bios*
Alphen	*Bunga Melati*
Amsterdam	
- Q. Centre	*Café Roux (H. The Grand)*
-	*Van Vlaanderen*
-	*Bordewijk*
-	*Zuid Zeeland*
Q. Rijksmuseum	*Le Garage*
- Q. Sud et Ouest	*Pakistan*
-	*Le Hollandais*
Amsterdam	
Env. à Amstelveen	*De Jonge Dikkert*
Apeldoorn	*Poppe*
Baarn à Lage-Vuursche	*De Kastanjehof*
Beverwijk	*'t Gildehuys*
Blokzijl	*Hof van Sonoy*
Breda	*de Stadstuin*
Buren	*Brasserie Floris*
Delft	*L'Orage*
Dokkum	*De Regentenkamers*
Drachten à Boornbergum	*Het Spijshuys*
Drunen	*Gelagkamer Busio*
Egmond aan Zee	*La Châtelaine*
Enkhuizen	*Die Drie Haringhe*
's Gravenmoer	*Le Bouc*
Groningen	*De Pauw*
Den Haag	
- Env. à Voorburg	*Papermoon*
- Env. à Wassenaar	*De Keuken van Waarde*
Haarlem à Bloemendaal	*Terra Cotta*
Haren	*Rôtiss. de Rietschans*
Heeze	*Host. Van Gaalen*
Helmond	*De Raymaert*
Hindeloopen	*De Gasterie*
Holten sur le Holterberg	*Bistro de Holterberg*
Houten	*Coco Pazzo*
Leiden	*Anak Bandung*
- à Oegstgeest	*De Moerbei*
Maastricht	*Au Coin des Bons Enfants*
Middelburg	*De Gespleten Arent*
Middelharnis	*Brasserie 't Vingerling*
Middelstum	*Herberg « In de Valk »*
Naarden	*Chef's*
Noordwijk an Zee	
à Noordwijkerhout	*Mangerie Zegers*
Nuth	*In De'n Dillegaard*
Odoorn à Valthe	*De Gaffel*
Oosterwolde	*De Kienstobbe*
Rinsumageest	*Het Rechthuis*
Rotterdam	
- Env. à Schiedam	*Bistrot Hosman Frères*
Tubbergen	*Droste's*
Weert	*Bretelli*
Wervershoof	*d'Entrée*
Yerseke	*Nolet's Vistro*
Zeit	
- à Bosch en Duin	*De Hoefslag (Bistro de Ruif)*
Zwolle	*'t Pestengasthuys*

Hôtels agréables
Aangename Hotels
Angenehme Hotels
Particularly pleasant Hotels

Nederland
Amsterdam Q. Centre *Amstel*

Belgique / België
Bruxelles
– Q. Léopold *Stanhope*
– Woluwé-St-Pierre *Montgomery*

Nederland
Amsterdam Q. Centre *Europe*
Beetsterzwaag *Lauswolt*
Ootmarsum *De Wiemsel*

Belgique / België
Antwerpen Q. Ancien *De Witte Lelie*
Brugge Q. Centre *Die Swaene*
– *Pandhotel*
Bruxelles – St-Gilles *Manos Stephanie*
Comblain-la-Tour *Host. St-Roch*
Genval *Le Manoir du Lac*
Habay-la-Neuve à l'Est *Les Ardillières*
Malmédy à Bévercé *Host. Trôs Marets*
Noirefontaine *Aub. du Moulin Hideux*

Nederland
Drunen *de Duinrand*
Kruiningen *Le Manoir*
Oisterwijk *De Swaen*
Ootmarsum à Lattrop *De Holtweijde*
Valkenburg *Prinses Juliana*
– à Houthem *Château St. Gerlach*
Zeist à Bosch en Duin *de Hoefslag*

Belgique / België
Antwerpen Q. Sud *Firean*
Ave et Auffe *Host. Le Ry d'Ave*
Crupet *Le Moulin des Ramiers*
Vieuxville *Château de Palogne*

Grand-Duché de Luxembourg
Luxembourg
Périphérie à Dommeldange
  Host. du Grünewald

Nederland
Amsterdam Q. Centre *Ambassade*
Blokzijl *Kaatje bij de Sluis*

Restaurants agréables
Aangename Restaurants
Angenehme Restaurants
Particularly pleasant Restaurants

XXXXX

Belgique / België

Bruxelles
– Env. à Groot-Bijgaarden *De Bijgaarden*

Hasselt à Stevoort *Scholteshof (avec ch)*
Tongeren à Vliermaal *Clos St. Denis*

XXXX

Belgique / België

Bruxelles
– Q. Grand'Place *La Maison du Cygne*
– Q. Palais de Justice *Maison du Bœuf (H. Hilton)*
– Q. Bois de la Cambre *Villa Lorraine*
– Env. à Overijse *Barbizon*
Ellezelles *Château du Mylord*
Essene *Bellemolen*
Hasselt à Lummen *Kasteel St-Paul*
Kortrijk à Marke *Marquette (avec ch)*
Namur à Lives-sur-Meuse *La Bergerie*
Reninge *'t Convent (avec ch)*
Verviers *Château Peltzer*
Waregem *'t Oud Konijntje*

Grand-Duché de Luxembourg
Gaichel *La Gaichel (avec ch)*

Nederland
Amsterdam Q. Centre *La Rive (H. Amstel)*
Excelsior (H. Europe)
Beetsterzwaag *De Heeren van Harinxma*
Eindhoven *De Karpendonkse Hoeve*
DEN HAAG
– Env. à Vooburg *Savelberg (avec ch)*
Haarlem à Overveen *De Bokkedoorns*
Kruiningen *Inter Scaldes (H. Le Manoir)*
Valkenburg *Juliana (H. Prinses Juliana)*
Zaandam *De Hoop Op d'Swarte Walvis*
Zeist à Bosch en Duin *de Hoefslag (H. de Hoefslag)*

XXX

Belgique / België

Brugge Q. Centre *De Snippe (avec ch)*
– Env. à Varsenare *Manoir Stuivenberg (avec ch)*
Bruxelles *Comme Chez Soi*
– Woluwé-St-Pierre *Des 3 Couleurs*
Diest *De Proosdij*
Dinant à Lisogne *Moulin de Lisogne (avec ch)*
Elewijt *Kasteel Diependael*
Gavere *Deboeverie*
Habay-la-Neuve à l'Est *Les Forges*
Hasselt *Figaro*
Keerbergen *The Paddock*
Kemmel *Host. Kemmelberg (avec ch)*
Knokke-Heist à Westkapelle *Ter Dycken*
Kortrijk *St-Christophe*
– au Sud *Gastronomisch Dorp (avec ch)*
Kruishoutem *Hof van Cleve*
Menen à Rekkem *La Cravache*
Pepinster *Host. Lafarque (avec ch)*
Yvoir *Host. Henrotte – Au Vachter (avec ch)*

Grand-Duché de Luxembourg
Echternach à Geyershaff *La Bergerie*

Nederland
Apeldoorn à Hoog Soeren *De Echoput*
Delft *De Zwethheul*
Groningen à Aduard *Herberg Onder de Linden (avec ch)*
's-Hertogenbosch *Chalet Royal*
Meppel à De Wijk *Havesathe de Havixhorst (avec ch)*
Ootmarsum *De Wanne (H. De Wiemsel)*
Sluis *Oud Sluis*
Vreeland *De Nederlanden (avec ch)*
Waalre *De Treeswijkhoeve*
Wittem *Kasteel Wittem (avec ch)*
– Wahlwiller *Der Bloasbalg*

Belgique / België
Arbre *L'Eau Vive*
Beernem *di Coylde*
Bornem *Eyckerhof*
Brugge
– Périph. au Sud-Ouest *Herborist (avec ch)*
Bruxelles Q. des Sablons *Trente rue de la Paille*
Crupet *Les Ramiers (H. Le Moulin des Ramiers)*
Gent Q. Centre *Waterzooi*
Tielt *De Meersbloem*
Virton à Torgny *Aub. de la Grappe d'Or (avec ch)*

Grand-Duché de Luxembourg
Schouweiler *La Table des Guilloux*

Nederland
Ubachsberg *De Leuf*

Nederland
Holten sur le Holterberg *Bistro de Holterberg*
Waddeneilanden /
Terschelling à Oosterend *De Grië*

Belgique
België
Belgien

Les prix sont donnés en francs belges.
De prijzen zijn vermeld in Belgische franken.
Die Preise sind in belgischen Francs angegeben.

Les étoiles
De sterren
Die Sterne
The stars

"Bib Gourmand"
Repas 1100 *Repas soignés à prix modérés*
Verzorgde maaltijden voor een schappelijke prijs
Sorgfältig zubereitete preiswerte Mahlzeiten
Good food at moderate prices

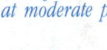
L'agrément
Aangenaam verblijf
Annehmlichkeit
Peaceful atmosphere and setting

Carte de voisinage : voir à la ville choisie
Kaart van de omgeving in de buurt van grote steden
Stadt mit Umgebungskarte
Town with a local map

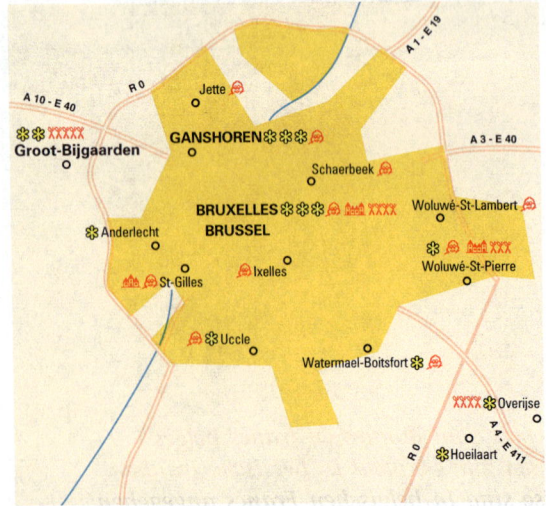

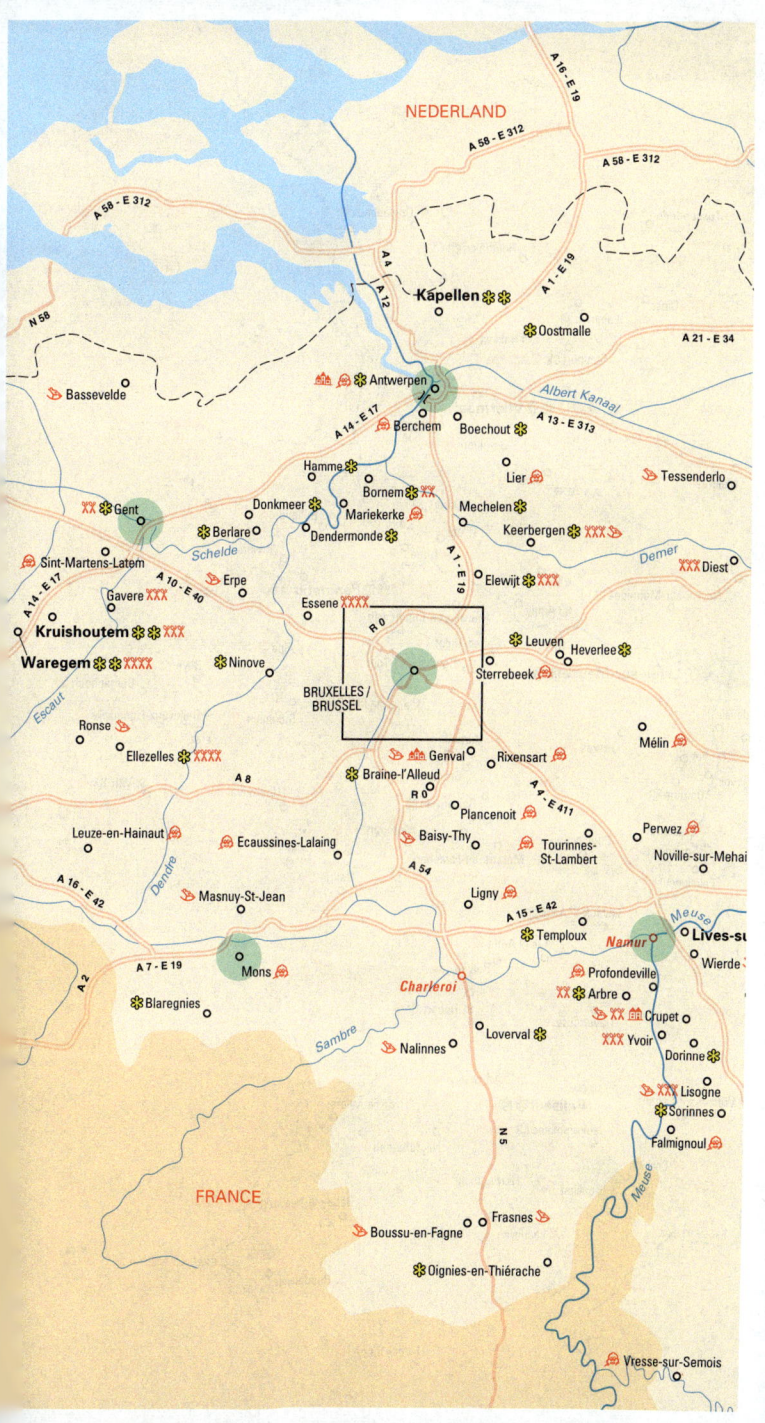

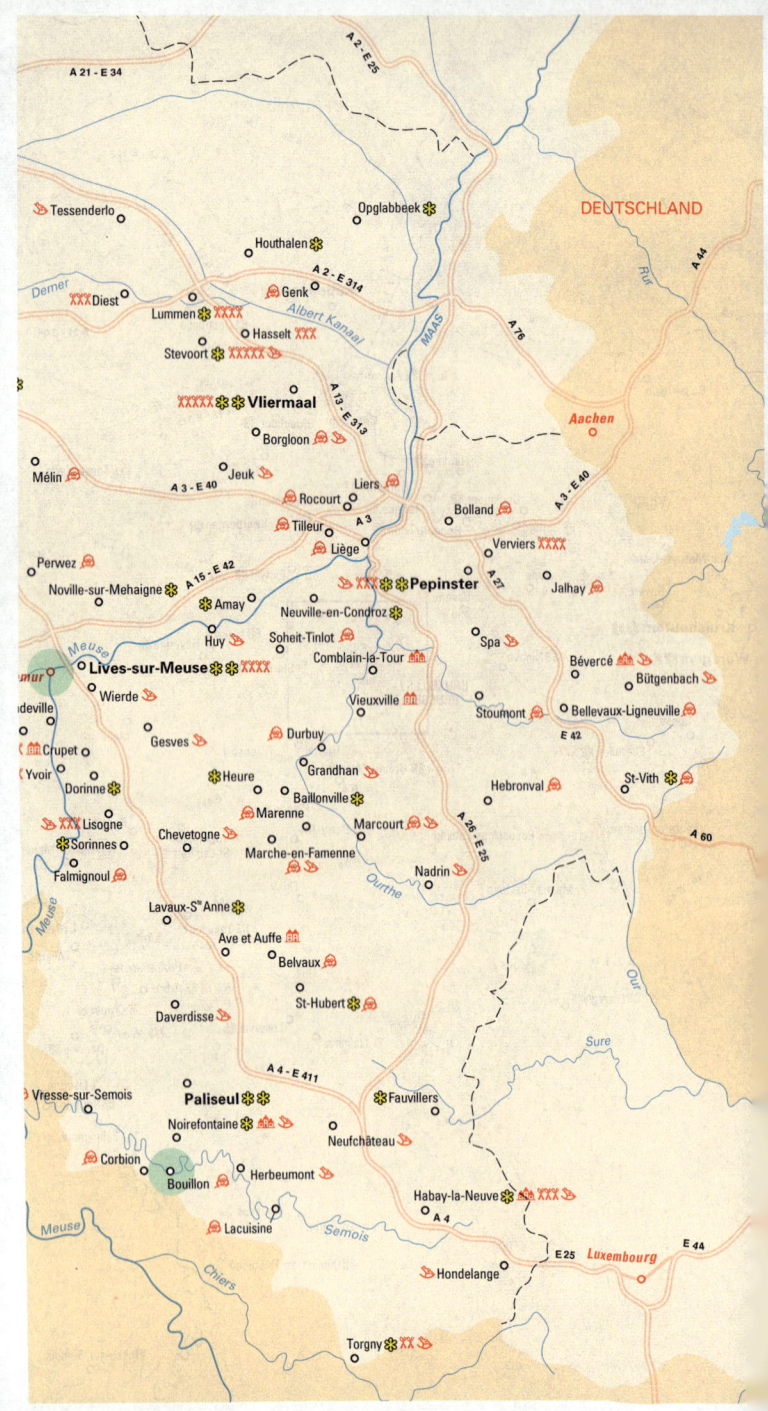

AALBEKE West-Vlaanderen 213 E 18 et 909 C 3 – voir à Kortrijk.

AALST (ALOST) 9300 Oost-Vlaanderen 213 J 17 et 909 F 3 – 76 223 h.

Voir Transept et chevet★, tabernacle★ de la collégiale St-Martin (Sint-Martinuskerk) BY A
– Schepenhuis★ Y B.

🛈 Grote Markt 3 ℘ 0 53 73 22 70, Fax 0 53 73 23 52.

Bruxelles 29 ④ – Antwerpen 52 ① – Gent 33 ⑦

AALST

Albrechtlaan	**AZ** 2
Alfred Nichelstraat	**BZ** 3
Burgemeestersp.	**BZ** 5
Brusselsesteenweg	**AZ** 6
Dendermond- sesteenweg	**AZ** 8
Dirk Martensstraat	**BY** 9
Esplanadepl.	**BY** 10
Esplanadestraat	**BY** 12
Frits de Wolfkaai	**BY** 13
Gentsesteenweg	**AZ** 15
Geraardsbergsestraat	**AZ** 16
de Gheeststraat	**BZ** 17
Graanmarkt	**BY** 19
Grote Markt	**BY** 20
Heilig Hartlaan	**AZ** 21
Houtmarkt	**BZ** 23
Josse Ringoirkaai	**BY** 24
Kapellestraat	**BY** 25
Kattestraat	**BY**
Korte Zoutstraat	**BZ** 26
van Langenhovestraat	**BZ** 28
Lange Zoutstraat	**BY** 29
Leopoldlaan	**AZ** 30
Molendries	**BY** 31
Molenstraat	**BY** 32
Moorselbaan	**AZ** 33
Moutstraat	**BY** 34
Nieuwstraat	**BY**
Priester Daensplein	**BY** 35
Schoolstraat	**BY** 37
Vaartstraat	**BY** 38
Varkensmarkt	**BY** 39
Vlaanderenstraat	**BY** 41
Vredeplein	**BY** 42
Vrijheidstraat	**BY** 43
1 Meistraat	**BY** 45

🏨 **Keizershof** Ⓜ sans rest, Korte Nieuwstraat 15, ℘ 0 53 77 44 11, info@keizershof-h otel.com, Fax 0 53 78 00 97 – 📶 ✯✯ 🔲 📺 🚗 🅿 – 🔬 25 à 130. 🆎 ① 🅜🅔 🆅🅸🆂🅰, ✱
45 ch ⟂ 5050/7200. BY **x**

🏨 **Station** sans rest, A. Liénartstraat 14, ℘ 0 53 77 58 20, Fax 0 53 78 14 69, « Demeure ancienne », 🌡, ☎ – 📶 🔲 📺 🚗. 🆎 ① 🅜🅔 🆅🅸🆂🅰. ✱
15 ch ⟂ 2500/3300. BY **c**

🏨 **Graaf van Vlaanderen**, Stationsplein 37, ℘ 0 53 78 98 51, hotel.gvv@pandora.be, Fax 0 53 78 10 28 – 📶 📺. 🆎 ① 🅜🅔 🆅🅸🆂🅰 BY **a**
Repas (fermé sem. carnaval et 2 dern. sem. sept.) (Ouvert jusqu'à 23 h 30) Lunch 350 – carte env. 1200 – ⟂ 375 – **9 ch** 2600/2900 – ½ P 3400/3900.

🍴🍴🍴 **'t Overhamme**, Brusselsesteenweg 163 (par ③ : 3 km sur N 9), ℘ 0 53 77 85 99, over hamme@planetinternet.be, Fax 0 53 78 70 94, 🍽, « Terrasse et jardin avec volière » – 🅿. 🆎 ① 🅜🅔 🆅🅸🆂🅰 🅹🅲🅱.
fermé 1 sem. Pâques, 15 juil.-15 août, sam. midi, dim. soir et lundi – **Repas** Lunch 1300 – 1750/2100.

AALST

XXX Kelderman, Parklaan 4, ℰ 0 53 77 61 25, Fax 0 53 78 68 05, 😊, Produits de la mer, « Terrasse et jardin » – 🅿. ﷼ ⓞ ⓜ ⓥⓘⓢⓐ ⱼⒸⒷ. ※ BZ e
fermé août, merc. et jeudi – **Repas** Lunch 1150 – carte 1900 à 3000.

XX La Tourbière, Albrechtlaan 15, ℰ 0 53 76 96 10, Fax 0 53 77 25 44, 😊 – 🔳 🅿. ﷼ ⓞ ⓜ ⓥⓘⓢⓐ A a
fermé 1 sem. carnaval, du 1ᵉʳ au 22 août, merc., sam. midi et dim. soir – **Repas** Lunch 1100 – 2975.

XX 't Soethout, Priester Daenspiein 7, ℰ 0 53 77 88 33, 😊 – ⓞ ⓜ ⓥⓘⓢⓐ BY n
fermé sem. carnaval, 2ᵉ quinz. août, mardi soir, merc. et sam. midi – **Repas** Lunch 1150 – 1750/2850 bc.

XX Tang's Palace, Korte Zoutstraat 51, ℰ 0 53 78 77 77, Fax 0 53 71 09 70, Cuisine chinoise, ouvert jusqu'à 23 h – 🔳. ﷼ ⓞ ⓜ ⓥⓘⓢⓐ. ※ BZ h
Repas Lunch 395 – 885/1695.

XX Borse van Amsterdam, Grote Markt 26, ℰ 0 53 21 15 81, Fax 0 53 21 24 80, 😊, Taverne-rest, « Maison flamande du 17ᵉ s. » – ﷼ ⓞ ⓜ ⓥⓘⓢⓐ BY b
fermé 2 sem. carnaval, 2ᵉ quinz. août-prem. sem. sept., merc. soir et jeudi – **Repas** Lunch 350 – 1050.

X Grill Chipka, Molenstraat 45, ℰ 0 53 77 69 79, grill.chipka@proximedia.be, Fax 0 53 77 69 79, 😊, Grillades – ﷼ ⓞ ⓜ ⓥⓘⓢⓐ BY r
fermé 25 août-7 sept., dim. soir et lundi – **Repas** Lunch 320 – carte 1200 à 1700.

à Erondegem par ⑧ : 6 km 🄲 *Erpe-Mere 19 196 h.* – ✉ *9420 Erondegem* :

Host. Bovendael, Kuilstraat 1, ℰ 0 53 80 53 66, jurgen.stallaert@skynet.be, Fax 0 53 80 54 26, 😊 – 📺 🅿. – 🄰 40. ﷼ ⓞ ⓜ ⓥⓘⓢⓐ
Repas (dîner pour résidents seult) – **20 ch** ⊇ 1950/3400 – ½ P 2550.

à Erpe par ⑧ : 5,5 km 🄲 *Erpe-Mere 19 196 h.* – ✉ *9420 Erpe* :

Molenhof 🌿 sans rest, Molenstraat 9 (direction Lede), ℰ 0 53 80 39 61, « Parc ombragé avec pièce d'eau », 😊, ※ – 📺 🅿. ﷼ ⓞ ⓜ ⓥⓘⓢⓐ
fermé 2ᵉ sem. vacances Pâques et vacances Noël – **250 – 12 ch** 1600/2100.

XX Het Kraainest, Kraaineststraat 107 (Ouest : 2 km, direction Erondegem), ℰ 0 53 80 66 40, kraainest@yucom.be, Fax 0 53 80 66 38, 😊, « Jardin » – 🅿. – 🄰 50. ﷼ ⓞ ⓜ ⓥⓘⓢⓐ
fermé carnaval, fin août, lundi soir et mardi – **Repas** Lunch 995 – 1295/1995.

XX Cottem, Molenstraat 13 (direction Lede), ℰ 0 53 80 43 90, Fax 0 53 80 36 26, ≤, « Parc ombragé avec pièce d'eau » – 🅿. ﷼ ⓞ ⓜ ⓥⓘⓢⓐ. ※
fermé sem. carnaval, juil., mardi, sam. midi et dim. soir – **Repas** carte 1400 à 1750.

AALTER 9880 Oost-Vlaanderen 𝟮𝟭𝟯 F 16 et 𝟵𝟬𝟵 D 2 – 18 331 h.
Bruxelles 73 – *Brugge* 28 – *Gent* 24.

Memling sans rest, Markt 11, ℰ 0 9 374 10 13, Fax 0 9 374 70 72 – 📺. ﷼ ⓞ ⓜ ⓥⓘⓢⓐ
fermé du 14 au 30 juil. et 21 déc.-2 janv. – **17 ch** ⊇ 2200/3000.

Capitole sans rest, Stationsstraat 95, ℰ 0 9 374 10 29, daniel.maes74@yucom.be, Fax 0 9 374 77 15 – 📺 🅿. ﷼ ⓞ ⓜ ⓥⓘⓢⓐ ⱼⒸⒷ. ※
fermé janv. – **31 ch** ⊇ 2200/2500.

XX Ter Lake, Venecolaan 1 (1,5 km sur N 44), ℰ 0 9 374 59 34, Fax 0 9 374 59 34, 😊 – 🅿. ﷼ ⓞ ⓜ ⓥⓘⓢⓐ. ※
fermé 1 sem. en fév., 2ᵉ quinz. juil., dim. soir, lundi et mardi soir – **Repas** Lunch 1100 – carte 900 à 1450.

à Lotenhulle Sud : 3 km par N 409 🄲 Aalter – ✉ 9880 Lotenhulle :

XXX Den Ouwe Prins, Prinsenstraat 9, ℰ 0 9 374 46 66, denouweprins@skynet.be, Fax 0 9 374 06 91, 😊, « Environnement champêtre » – 🅿. ⓜ ⓥⓘⓢⓐ. ※
fermé 2 dern. sem. juil., lundi et mardi – **Repas** Lunch 1500 – 2900 bc.

AARLEN Luxembourg belge – voir Arlon.

AARSCHOT 3200 Vlaams-Brabant 𝟮𝟭𝟯 O 17 et 𝟵𝟬𝟵 H 3 – 27 439 h.
🏌 au Sud : 10 km à Sint-Joris-Winge, Leuvensesteenweg 252 ℰ 0 16 63 21 45, Fax 0 16 63 40 53.
Bruxelles 43 – Antwerpen 42 – Hasselt 41.

XX De Gouden Muts, Jan Van Ophemstraat 14, ℰ 0 16 56 26 08, gouden.muts@wanadoo.be, Fax 0 16 57 14 14, 😊 – ﷼ ⓞ ⓜ ⓥⓘⓢⓐ. ※
fermé du 5 au 30 août, 26 déc.-9 janv., mardi et merc. – **Repas** Lunch 1550 bc – 1950.

AARSCHOT

à Langdorp Nord-Est : 3,5 km ⓒ Aarschot – ✉ 3201 Langdorp :

XX **Gasthof Ter Venne**, Diepvenstraat 2, ℘ 0 16 56 43 95, tervenne@wol.be, Fax 0 16 56 79 53, « Environnement boisé » – 🅿 AE ⓪ ⓜ VISA. ⁂
fermé juil.-août, mardi, merc. et dim. soir – **Repas** Lunch 1100 – 1600/2950 bc.

AARTSELAAR Antwerpen 213 L 16 et 909 G 2 – voir à Antwerpen, environs.

AAT Hainaut – voir Ath.

ACHEL Limburg 213 R 15 et 909 J 2 – voir à Hamont-Achel.

ACHOUFFE Luxembourg belge 214 T 22 – voir à Houffalize.

AFSNEE Oost-Vlaanderen 213 H 16 – voir à Gent, périphérie.

ALBERTSTRAND West-Vlaanderen 213 E 14 et 909 C 1 – voir à Knokke-Heist.

ALLE 5550 Namur ⓒ Vresse-sur-Semois 2 804 h. 214 O 23 et 909 H 6.
Bruxelles 163 – Bouillon 25 – Namur 104.

🏨 **Aub. d'Alle**, r. Liboichant 46, ℘ 0 61 50 03 57, contact@aubergedalle.be, Fax 0 61 50 00 66, 🍴, ⁂, ♣, 🚲, ☎ 25. AE ⓪ ⓜ VISA. ⁂
fermé fév.-mars sauf week-end et dern. sem. de chaque mois sauf vacances scolaires – **Repas** carte env. 2000 – **12 ch** ⚏ 2320/3300 – ½ P 2700/3150.

🏨 **Fief de Liboichant**, r. Liboichant 46, ℘ 0 61 50 80 30, mail.to@lefiefdeliboichant, Fax 0 61 50 14 87, 🍴 – 🛗 TV 🅿 AE ⓪ ⓜ VISA JCB
fermé janv.-fév. – **Repas** Lunch 910 – 1210/1515 – **25 ch** ⚏ 2000/2800 – ½ P 2500/2600.

ALOST Oost-Vlaanderen – voir Aalst.

ALSEMBERG Vlaams-Brabant 213 K 18 – ⑤¹ S et 909 G 3 – ㉓ S – voir à Bruxelles, environs.

ALVERINGEM 8690 West-Vlaanderen 213 B 16 et 909 B 2 – 4 735 h.
Bruxelles 144 – Brugge 59 – Ieper 26 – Oostende 37 – Veurne 10.

🏨 **Host. Petrus** ⁂, Oerenstraat 13, ℘ 0 58 28 80 07, Fax 0 58 28 93 81, 🍴, ⁂, 🚲
– ≡ rest, TV ♣, 🅿 – ☎ 25 à 250. AE ⓪ ⓜ VISA
fermé sem. carnaval – **Repas** (fermé merc.) carte env. 1000 – **14 ch** ⚏ 2450/2750 – ½ P 2400/2600.

AMAY 4540 Liège 213 Q 19, 214 Q 19 et 909 I 4 – 13 016 h.
Voir Chasse★ et sarcophage mérovingien★ dans la Collégiale St-Georges.
Bruxelles 95 – Huy 8 – Liège 25 – Namur 40.

XX **Jean-Claude Darquenne**, r. Trois Sœurs 14a (Nord : 3,5 km par N 614), ℘ 0 85
ⓢ 31 60 67, Fax 0 85 31 36 96, 🍴, « Terrasse de style Louisianne » – 🅿 AE ⓪ ⓜ VISA
fermé 18 août-18 sept., 23 déc.-4 janv., dim. soir, lundi et jeudi soir – **Repas** (nombre de couverts limité - prévenir) Lunch 1295 bc – 1600 bc, carte 2250 à 2700
Spéc. St-Jacques en carpaccio aux truffes fraîches (oct.-mai). Blanc de turbot au foie gras et truffes. Poêlée de homard à la vanille.

AMBLÈVE (Vallée de l') ★★ Liège 213 U 20, 214 U 20 et 909 K 4 G. Belgique-Luxembourg.

AMEL (AMBLÈVE) 4770 Liège 213 W 20, 214 W 20 et 909 L 4 – 4 991 h.
Bruxelles 174 – Liège 78 – Malmédy 21 – Luxembourg 96.

XX **Kreusch** avec ch, Auf dem Kamp 179, ℘ 0 80 34 80 50, hotel.kreusch@swing.be, Fax 0 80 34 03 69, 🍴, ⁂ – 🛗 TV 🅿 – ☎ 25 à 80. ⓜ VISA. ⁂
fermé 30 juin-14 juil., du 3 au 7 déc., du 10 au 14 déc. et dim. soir et lundi sauf en juil.-août
– **Repas** Lunch 850 – 1450/2000 – ⚏ 450 – **12 ch** 2700 – ½ P 2350/2950.

ANDENNE 5300 Namur 213 P 20, 214 P 20 et 909 I 4 – 23 425 h.
- Ferme du Moulin, Stud 52 ℘ 0 85 84 34 04, Fax 0 85 84 34 04.
- pl. des Tilleuls 48 ℘ 0 85 84 96 40, Fax 0 85 84 64 49.
- Bruxelles 75 – Namur 22 – Liège 48.

XX **La Ferme Bekaert** avec ch, pl. F. Moinnil 330 (Nord-Ouest : 7 km, lieu-dit Petit-Waret), ℘ 0 85 82 35 50, bekaert@skynet.be, Fax 0 85 82 35 60, 😀, « Jardin », 🚲 – TV – 🅰 25 à 60. AE ⓞ ⓜⓒ VISA
fermé 2ᵉ quinz. août, 2ᵉ quinz. janv., dim. soir, lundi et après 20 h 30 – **Repas** Lunch 1450 bc – 975/1850 – 🍽 250 – **7 ch** 1600/2000 – ½ P 2150.

XX **Le Manoir**, r. Frère Orban 29, ℘ 0 85 84 38 87, Fax 0 85 84 38 87 – ⓜⓒ VISA
fermé sem. carnaval, 3 sem. en juil., jeudis non fériés, dim. soir et lundi soir – **Repas** Lunch 650 – 1300/1950.

ANDERLECHT Région de Bruxelles-Capitale 213 K 17 - � S et 909 F 3 - ㉑ S – voir à Bruxelles.

ANGLEUR Liège 213 S 19, 214 S 19 - ㉕ S et 909 ⑱ S – voir à Liège, périphérie.

ANHÉE 5537 Namur 213 O 21, 214 O 21 et 909 H 5 – 6 709 h.
Env. à l'Ouest : Vallée de la Molignée★.
Bruxelles 85 – Namur 24 – Charleroi 51 – Dinant 7.

🏛 **Les Jardins de la Molignée**, rte de la Molignée 1, ℘ 0 82 61 33 75, reception@jardins.molignee.com, Fax 0 82 61 13 72, 😀, 🅇 – 🍽 ch, TV 📞 – 🅰 50. AE ⓞ ⓜⓒ VISA
Repas Lunch 550 – 995 – 🍽 350 – **32 ch** 2500.

ANS Liège 213 S 19, 214 S 19 - ㉕ N et 909 J 4 - ⑰ N – voir à Liège, environs.

ANSEREMME Namur 213 O 21, 214 O 21 et 909 H 5 – voir à Dinant.

ANTWERPEN – ANVERS

2000 P 213 L 15 - ⑫ S et 909 G 2 - ⑧ S - 447 632 h.

Bruxelles 48 ⑩ – Amsterdam 159 ④ – Luxembourg 261 ⑨ – Rotterdam 103 ④.

Curiosités	p. 3
Carte de voisinage	p. 3
Plans d'Antwerpen	
Agglomération	p. 4 et 5
Antwerpen Centre	p. 6 et 7
Agrandissement partie centrale	p. 8
Liste alphabétique des hôtels et des restaurants	p. 9 et 10
Nomenclature des hôtels et des restaurants	
Ville	p. 11 à 14
Périphérie	p. 15
Environs	p. 16 et 17

OFFICES DE TOURISME

Grote Markt 15 ℘ 0 3 232 01 03, Fax 0 3 231 19 37 – Fédération provinciale de tourisme, Koningin Elisabethlei 16 ⊠ 2018 ℘ 0 3 240 63 73, Fax 0 3 240 63 83.

RENSEIGNEMENTS PRATIQUES

☈ ☇ *par ② : 15,5 km à Kapellen, G. Capiaulei 2 ℘ 0 3 666 84 56, Fax 0 3 666 44 37*
☈ *par ⑩ : 10 km à Aartselaar, Kasteel Cleydael, Cleydaellaan 36 ℘ 0 3 887 00 79, Fax 0 3 887 00 15*
☈ ☇ *par ⑥ : 10 km à Wommelgem, Uilenbaan 15 ℘ 0 3 355 14 31, Fax 0 3 355 14 35*
☈ ☇ *par ⑥ : 13 km par N 116 à Broechem, Kasteel Bossenstein, Moor 16 ℘ 0 3 485 64 46, Fax 0 3 425 78 41*
☇ *par ② et ③ : 11 km à Brasschaat, Miksebaan 248 ℘ 0 3 653 10 84, Fax 0 3 651 37 20*
☇ *par ⑨ : 9 km à Edegem, Drie Eikenstraat 510 ℘ 0 3 228 51 10, Fax 0 3 288 51 07*
☈ ☇ *par ⑤ : 13 km à 's Gravenwezel, St-Jobsteenweg 120 ℘ 0 3 380 12 80, Fax 0 3 384 29 33*

CURIOSITÉS

Voir Autour de la Grand-Place et de la Cathédrale★★★ : Grand-Place★ (Grote Markt) FY, Vlaaikensgang★ FY, Cathédrale★★★ et sa tour★★★ FY, Maison des Bouchers★ (Vleeshuis) : instruments de musique★ FY D – Maison de Rubens★★ (Rubenshuis) GZ – Intérieur★ de l'église St-Jacques GY – Place Hendrik Conscience★ GY – Église St-Charles-Borromée★ (St-Carolus Borromeuskerk) GY – Intérieur★ de l'Église St-Paul (St-Pauluskerk) FY – Jardin zoologique★★ (Dierentuin) DEU – Quartier Zurenborg★★ EV – Le port (Haven) ⚓ FY.

Musées : de la Marine « Steen »★ (Nationaal Scheepvaartmuseum) FY – d'Etnographie★★ (Etnografisch museum) FY M¹ – Plantin-Moretus★★★ FZ – Mayer van den Bergh★★ : Margot l'enragée★★ (De Dulle Griet) GZ – Maison Rockox★ (Rockoxhuis) GY M⁴ – Royal des Beaux-Arts★★★ (Koninklijk Museum voor Schone Kunsten) CV M⁵ – de la Photographie★ (Museum voor Fotografie) CV M⁶ – de Sculpture en plein air Middelheim★ (Openluchtmuseum voor Beeldhouwkunst) BS – Provinciaal Museum Sterckshof - Zilvercentrum★ BR M¹⁰.

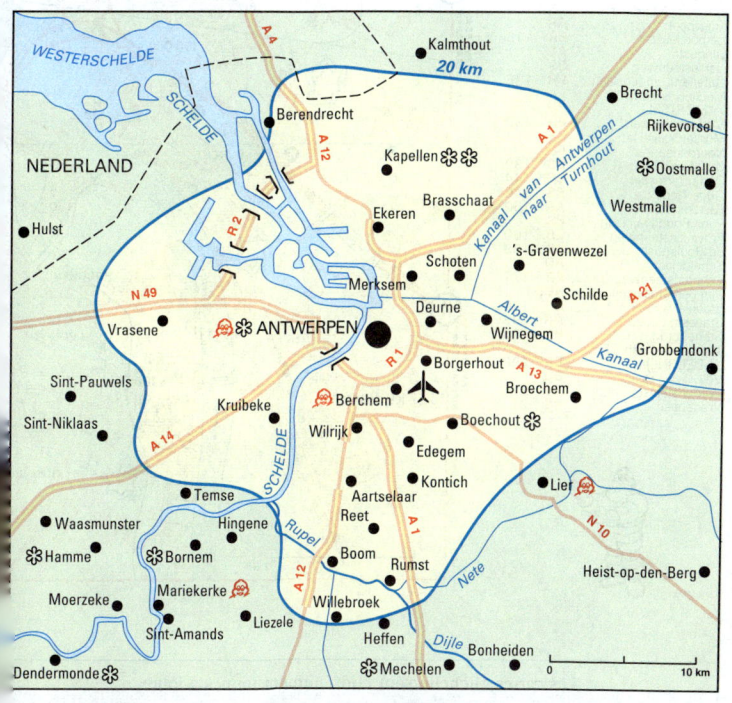

ANTWERPEN

Antwerpsesteeweg	AS	
Antwerpsestr.	BS	7
Aug. van de Wielelei	BR	9
Autolei	BR	10
Beatrijslaan	BR	
Berkenlaan	BS	13
Bisschoppenhoflaan	BR	
Blancefloerlaan	AR	
Boomsesteenweg	BS	
Borsbeeksesteenweg	BS	
Bosuilbaan	BQ	18
Bredabaan	BQ	
de Bruynlaan	BS	28
Calesbergdreef	BQ	30
Charles de Costerlaan	ABR	
Churchilllaan	BQ	34
Delbekelaan	BQ	40
Deurnestr.	BS	42
Doornstraat	BS	
Drakenhoflaan	BS	45
Edegemsestr.	BS	46
Eethuisstr.	BQ	48
Elisabethlaan	BS	49
Frans Beirenslaan	BS	
Gallifortlei	BR	61
Gitschotellei	BS	
Groenenborgerlaan	BS	73
Groenendaallaan	BQ	75
Groot Hagelkruis	BQ	76
Grotesteenweg	BS	
Guido Gezellelaan	BS	78
Herentalsebaan	BR	
Horstebaan	BQ	
Hovestr.	BS	85
Ijzerlaan	BQ	88
Ing. Menneslaan	BQ	
Jan van Rijswijcklaan	BS	93
Jeurissensstr.	BQ	94
Juul Moretuslei	BS	
Kapelsesteenweg	BQ	99
Kapelstr.	AS	100
Koningin Astridlaan	AR	108
Krijgsbaan	AR	
Lakborslei	BR	115
Langestr.	AS	
Liersesteenweg	BS	
Luitenant Lippenslaan	BR	126
Mechelsesteenweg (MORTSEL)	BS	
Merksemsebaan	BR	132
Mussenhoevelaan	BS	
Noorderlaan	BQ	
Oosterveldlaan	BS	139
Oude Barreellei	BQ	144
Oude Godstr.	BS	145
Pastoor Coplaan	AR	150
Prins Boudewijnlaan	BS	
Provinciesteenweg	BS	160
de Robianostr.	BS	169
Scheldelaan	AQ	
Schotensteenweg	BR	177
Sint-Bernardsesteenweg	ABS	
Statielei	BS	190
Statiestr.	AR	192
Stenenbrug	BR	195
Turnhoutsebaan (DEURNE)	BR	198
Veltwijcklaan	BQ	
Vordensteinstr.	BQ	210
Vredebaan	BS	21

Les cartes Michelin sont constamment tenues à jour.

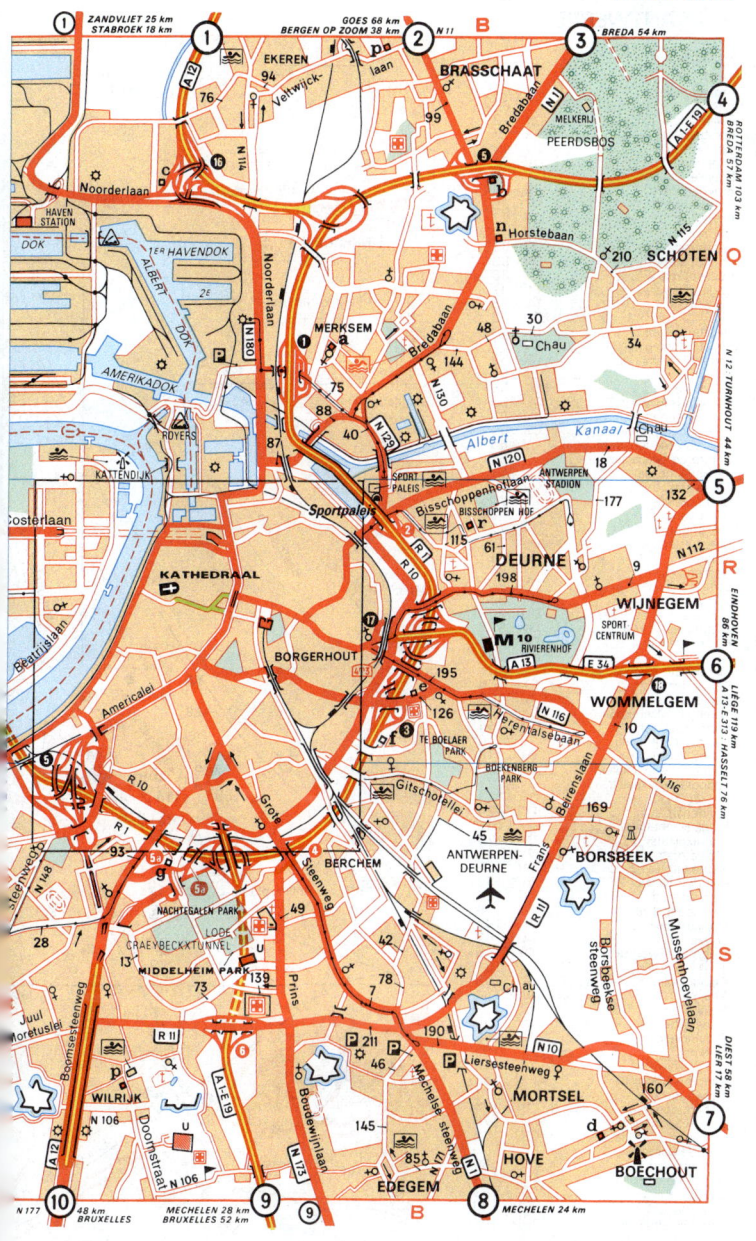

ANTWERPEN

van Aerdtstr.	DT	3
Amsterdamstr.	DT	4
Ankerrui	DT	6
Ballaerstr.	DV	12
Borsbeekbrug	EX	16
van Breestr.	DV	19
Brialmontlei	DV	21
Britselei	DV	22
Broederminstr.	CV	25
Brouwersvliet	DT	25
Brusselstr.	CV	27
Carnotstr.	EU	
Cassiersstr.	DT	31
Charlottalei	DV	33
Cockerillkaai	CV	36
Cogels-Osylei	EV	37
Cuperusstr.	EV	38
Dambruggestr.	ETU	39
Diksmuidelaan	EX	43
Emiel Banningstr.	CV	51
Emiel Vloorsstr.	CX	52
Erwtenstr.	ET	55
Falconplein	DT	58
Franklin Rooseveltpl.	DU	60
Gemeentestr.	DU	63
Gen. Armstrongweg	CX	64
Gen. van Merlenstraat	EV	65
Gérard Le Grellelaan	DX	66
de Gerlachekaai	CV	67
Gillisplaats	CV	69
Gitschotellei	EX	70
Graaf van Egmontstr.	CV	72
Haantjeslei	CDV	79
Halenstr.	ET	81
Hessenplein	DT	84
Jan de Voslei	CX	90
Jan van Gentstr.	CV	91
Jezusstr.	DU	96
Justitiestr.	DV	97
Kasteelpleinstr.	DV	102
de Keyserlei	DU	103
Kloosterstr.	CU	105
Kol. Silvertopstr.	CX	106
Koningin Astridplein	DEU	109
Koningin Elisabethlei	DX	110
Korte Winkelstr.	DTU	114
Lambermontplaats	CV	116
Lange Winkelstr.	DT	118
Léopold de Waelplein	CV	120
Léopold de Waelstr.	CV	121
Leysstr.	DU	123
Londenstr.	DT	124
Maria-Henriettalei	DV	127
Marnixplaats	CV	129
Mercatorstr.	DEV	130
Namenstr.	CV	133
van den Nestlei	EV	135
Offerandestr.	EU	136
Ommeganckstr.	EU	138
Orteliuskaai	DT	141
Osystr.	DU	142
Oude Leeuwenrui	DT	148
Pelikaanstr.	DU	151
Plantinkaai	CU	153
Ploegstr.	EU	154
Posthofbrug	EX	157
Prins Albertlei	DX	159
Provinciestr.	EUV	162
Pyckestr.	CX	163
Quellinstr.	DU	165
Quinten Matsijslei	DUV	166
Rolwagenstr.	EV	171
Schijnpoortweg	ET	174
van Schoonhovestr.	DEU	175
Simonsstr.	DEV	178
Sint-Bernardse steenweg	CX	180
Sint-Gummarusstr.	DT	181
Sint-Jansplein	DT	183
Sint-Jozefsstr.	DV	186
Sint-Michielskaai	CU	187
Turnhoutsebaan (BORGERHOUT)	EU	
Viaduct Dam	ET	202
Visestr.	ET	204
Volkstr.	CV	207
Vondelstr.	DT	208
Waterloostraat	EV	210

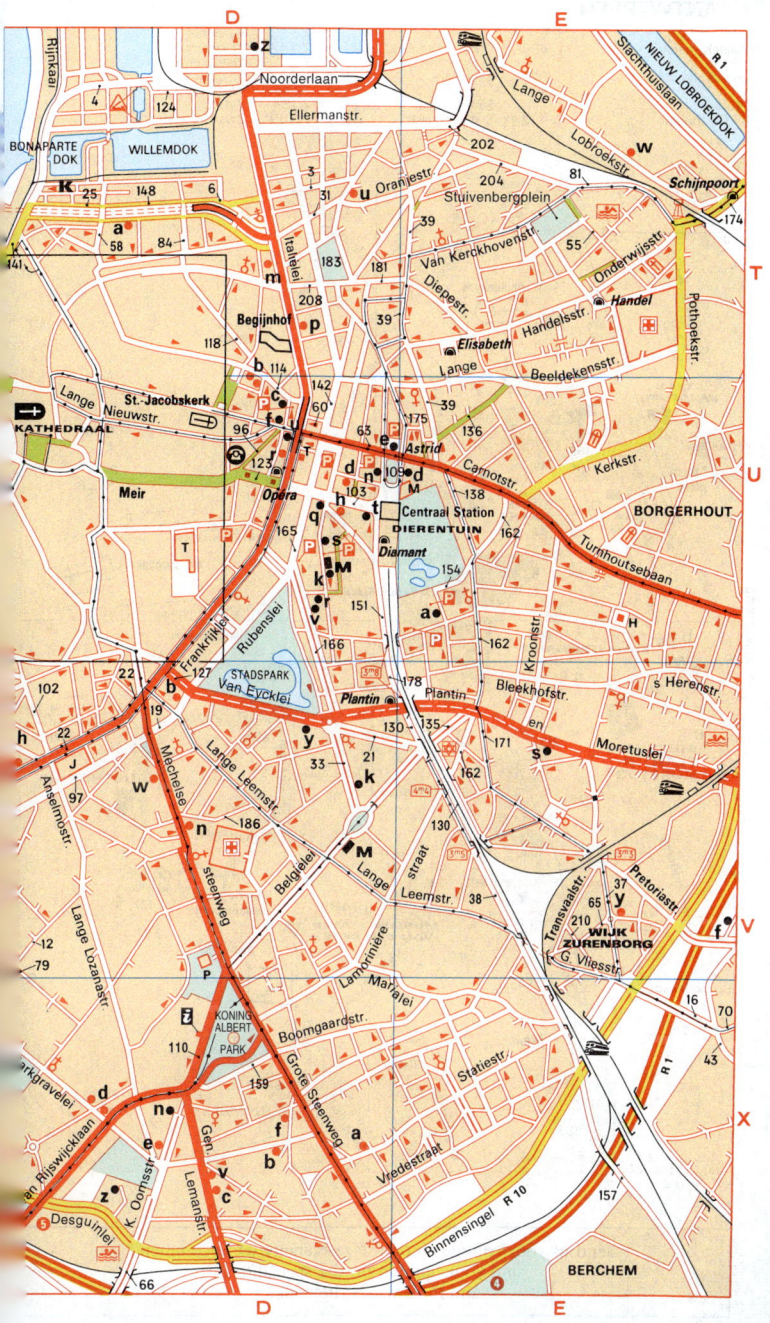

ANTWERPEN p. 7

ANTWERPEN p. 8
ANTWERPEN

Gildekamerstr.	FY 69	Maria Pijpelinckxstr.	GZ 127	Steenhouwersvest	FZ 193
Groenplaats	FZ	Meir	GZ	Twaalf Maandenstr.	GZ 199
Handschoenmarkt	FY 82	Nationalestr.	FZ	Veemarkt	FY 201
Klapdorp	GY	Oude Koornmarkt	FYZ 147	Vlasmarkt	FYZ 205
Korte		Paardenmarkt	GY	Vleeshouwersstr.	FY 206
Gasthuisstr.	GZ 112	Repenstr.	FY 168	Vrijdagmarkt	FZ 213
		Schoenmarkt	FZ	Wisselstr.	FY 214
		Sint-Jansvliet	FZ 184	Zirkstr.	FY 216
		Sint-Rochusstr.	FZ 189	Zwartzusterstr.	FY 217

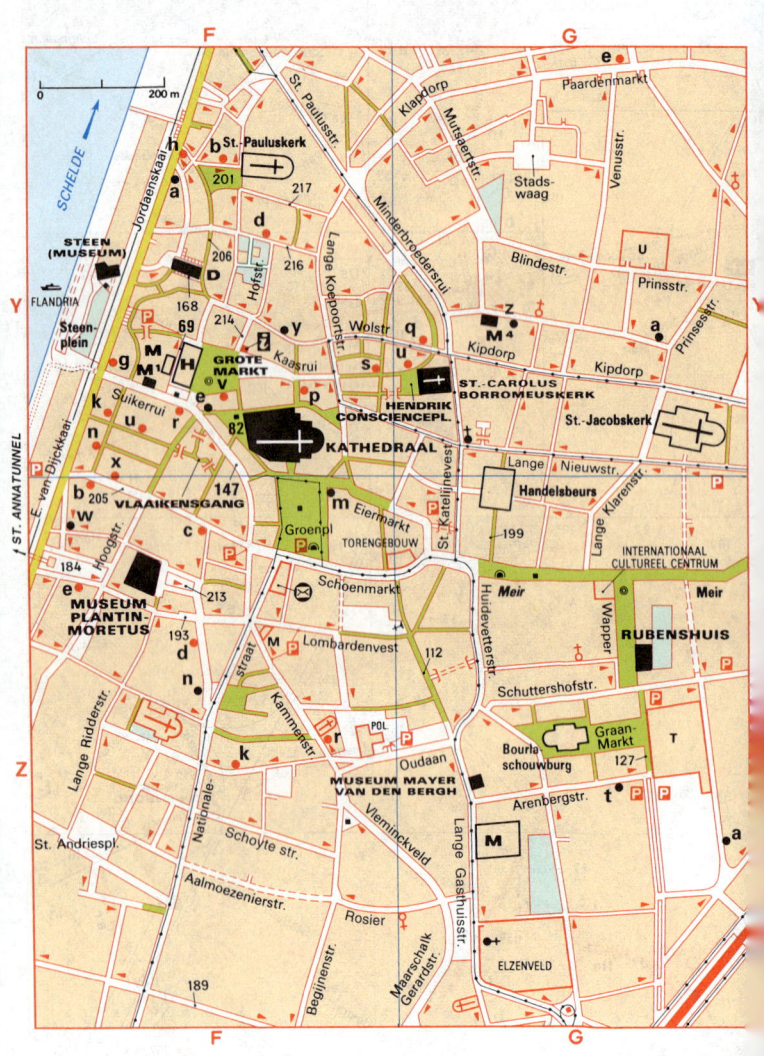

Send us your comments on the restaurants we recommend
and your opinion on the specialities
and local wines they offer.

Liste alphabétique des hôtels et restaurants
Alfabetische lijst van hotels en restaurants
Alphabetisches Hotel- und Restaurantverzeichnis
Alphabetical list of hotels and restaurants

A

- 16 Afspanning De Jachthoorn
- 16 Afspanning De Kroon
- 13 Agora
- 13 Alfa Congress
- 12 Alfa De Keyser
- 13 Alfa Empire
- 11 Alfa Theater
- 13 Alliance
- 11 Antigone
- 13 Antverpia
- 13 Astoria
- 12 Astrid Park Plaza
- 13 Atlanta

B

- 13 Barbarie (De)
- 16 Bellefleur (De)
- 16 Berkemei
- 15 Bistrot
- 12 Bistrot Chez Raoul
- 14 Bizzie-Lizzie
- 13 Blue Phoenix
- 15 Brasserie Marly

C

- 11 Cammerpoorte
- 15 Campanile
- 16 Carême
- 12 Carlton
- 14 Casa Julián
- 17 Caveau (Le)
- 13 Colombus
- 14 Crowne Plaza
- 15 Culinaria

D

- 13 Docklands
- 12 Dock's Café
- 14 Dua

E

- 13 Eden
- 17 Euryanthe
- 15 Euterpia

F

- 14 Firean
- 11 Fornuis ('t)
- 16 Fous (Les)

G

- 14 Gerecht (Het)
- 13 Greens
- 11 Gulden Beer (De)

H

- 16 Hana
- 17 Heerenhuys ('t)
- 11 Hilton
- 15 Hof de Bist
- 15 Holiday Inn
- 11 Huis De Colvenier
- 12 Hyllit

I

- 11 Ibis
- 14 Industrie

K

- 16 Kasteel Cleydael
- 16 Kasteel Solhof

ANTWERPEN P. 10

- 11 Kerselaar (De)
- 17 Kleine Barreel
- 14 Kommilfoo
- 14 Kuala Lumpur Satay House

L

- 13 Lepeleer (De)
- 14 Liang's Garden
- 17 Linde (De)
- 14 Loncin
- 13 Luna (La)

M – N

- 15 Mangerie (De)
- 12 Manie (De)
- 15 Margaux
- 12 Matelote (De)
- 14 Mercure Diamant
- 14 Minerva (H. Firean)
- 16 Molenhof
- 12 Neuze Neuze
- 13 Nieuwe Harmony (De)
- 12 Nieuwe Palinghuis (Het)
- 12 Nouveau Zirk
- 15 Novotel

P – Q

- 16 Pauw (De)
- 14 Pazzo
- 13 Peerd ('t)
- 13 Plaza
- 14 Poterne (De)
- 12 P. Preud'homme
- 11 Prinse
- 12 P'tit Vatelli
- 12 P. Zinc

R

- 11 Rade (La)
- 12 Radisson SAS Park Lane
- 12 Reddende Engel (De)
- 15 Reigershof
- 13 Residence
- 14 Rimini
- 14 River Kwai
- 11 Rubens
- 12 Rucolla (La)

S

- 11 Sandt ('t)
- 16 Schone van Boskoop (De)
- 11 Silveren Claverblat ('t)

T – U

- 15 Tafeljoncker (De)
- 16 Ter Elst
- 17 Ter Vennen
- 12 Tête-à-Tête
- 15 Troubadour (De)
- 17 Uilenspiegel

V

- 13 Veehandel (De)
- 17 Villa Doria
- 11 Villa Mozart
- 16 Villa Verde
- 15 Violin (De)
- 16 Vogelenzang (De)
- 11 Vijfde Seizoen (Het) (H. Hilton)

W – Y – Z

- 15 Willy
- 11 Witte Lelie (De)
- 14 Yamayu Santatsu
- 13 Zeste (De)
- 12 Zoeten Inval (De)

ANTWERPEN p. 11

Quartier Ancien - *plan p. 8 sauf indication spéciale :*

Hilton M, Groenplaats, ℘ 0 3 204 12 12, *hiltongm@planetinternet.be*, Fax 0 3 204 12 13, « Façade d'un ancien grand magasin début 20e s. », 🛎, 🛌 – ⚡ 30 à 1000. ⒶⒺ ⓞ ⓜⓞ 𝗩𝗜𝗦𝗔 𝗝𝗖𝗕
FZ m
Repas voir rest *Het Vijfde Seizoen* ci-après – ☼ 850 – **199 ch** 13600, 12 suites.

De Witte Lelie sans rest, Keizerstraat 16, ℘ 0 3 226 19 66, Fax 0 3 234 00 19, « Ensemble de maisons du 17e s., patio » – ⚡ ⒶⒺ ⓞ ⓜⓞ 𝗩𝗜𝗦𝗔 𝗝𝗖𝗕
GY z
fermé 20 déc.-10 janv. – **7 ch** ☼ 6500/11000, 3 suites.

Alfa Theater M, Arenbergstraat 30, ℘ 0 3 203 54 10, *info@alfatheater.gth.be*, Fax 0 3 233 88 58, 🛎 – ⚡ ⒶⒺ ⓞ ⓜⓞ 𝗩𝗜𝗦𝗔 𝗝𝗖𝗕 – ⚡ 25 à 50. ⒶⒺ ⓞ ⓜⓞ 𝗩𝗜𝗦𝗔
GZ t
Repas *(fermé sam. midi, dim. et jours fériés)* Lunch 650 – 1350 – ☼ 750 – **122 ch** 3950/8500, 5 suites – ½ P 4800.

Rubens sans rest, Oude Beurs 29, ℘ 0 3 222 48 48, *hotel.rubens@glo.be*, Fax 0 3 225 19 40 – ⚡ ⒶⒺ ⓞ ⓜⓞ 𝗩𝗜𝗦𝗔 𝗝𝗖𝗕 – ⚡ 25 à 50. ⒶⒺ ⓞ ⓜⓞ 𝗩𝗜𝗦𝗔 𝗝𝗖𝗕
FY y
35 ch ☼ 6100/7100, 1 suite.

't Sandt, Het Zand 17, ℘ 0 3 232 93 90 et 0 3 231 96 91 (rest), *sandt@village.uunet.be*, Fax 0 3 232 56 13 et 0 3 231 79 01 (rest), « Demeure du 19e s. de style rococo » – ⚡ ⒶⒺ ⓞ ⓜⓞ 𝗩𝗜𝗦𝗔 𝗝𝗖𝗕 – ⚡ 25 à 150. ⒶⒺ ⓞ ⓜⓞ 𝗩𝗜𝗦𝗔 𝗝𝗖𝗕 rest
FZ w
Repas *de kleine Zavel (fermé sam. midi)* Lunch 575 – carte 1000 à 1500 – **16 ch** ☼ 5200/6700, 1 suite.

Prinse sans rest, Keizerstraat 63, ℘ 0 3 226 40 50, *hotel-prinse@skynet.be*, Fax 0 3 225 11 48, 🚲 – ⚡ ⒶⒺ ⓞ ⓜⓞ 𝗩𝗜𝗦𝗔 𝗝𝗖𝗕 – ⚡ 25 à 100. ⒶⒺ ⓞ ⓜⓞ 𝗩𝗜𝗦𝗔 𝗝𝗖𝗕
GY a
34 ch ☼ 4000/6000, 1 suite.

Villa Mozart, Handschoenmarkt 3, ℘ 0 3 231 30 31, *villa.mozart@village.uunet.be*, Fax 0 3 231 56 85, 🛎, 🛌 – ⚡ ⒶⒺ ⓞ ⓜⓞ 𝗩𝗜𝗦𝗔 𝗝𝗖𝗕
FY e
Repas *(Taverne-rest)* Lunch 695 – 850/1795 – ☼ 500 – **25 ch** 3500/5400 – ½ P 2900/3850.

Antigone sans rest, Jordaenskaai 11, ℘ 0 3 231 66 77, Fax 0 3 231 37 71 – ⚡ ⒶⒺ ⓞ ⓜⓞ 𝗩𝗜𝗦𝗔 – ⚡ 30. ⒶⒺ ⓞ ⓜⓞ 𝗩𝗜𝗦𝗔
FY a
18 ch ☼ 3000/3500.

Ibis sans rest, Meistraat 39 (Theaterplein), ℘ 0 3 231 88 30, Fax 0 3 234 29 21 – ⚡ ⒶⒺ ⓞ ⓜⓞ 𝗩𝗜𝗦𝗔 – ⚡ 25 à 80. ⒶⒺ ⓞ ⓜⓞ 𝗩𝗜𝗦𝗔 𝗝𝗖𝗕
GZ a
☼ 300 – **150 ch** 2700/2950.

Cammerpoorte, Nationalestraat 40, ℘ 0 3 231 97 36, Fax 0 3 226 29 68 – ⚡ ⒶⒺ ⓞ ⓜⓞ 𝗩𝗜𝗦𝗔 𝗝𝗖𝗕
FZ n
Repas *(Ouvert jusqu'à minuit)* Lunch 350 – carte env. 1500 – **39 ch** ☼ 2945/3470.

't Fornuis (Segers), Reyndersstraat 24, ℘ 0 3 233 62 70, Fax 0 3 233 99 03, « Maison du 17e s., intérieur rustique » – ⒶⒺ ⓞ ⓜⓞ 𝗩𝗜𝗦𝗔
FZ c
fermé 3 dern. sem. août, 24 déc.-1er janv., sam. et dim. – **Repas** (nombre de couverts limité - prévenir) carte 2450 à 3300
Spéc. Ravioli de homard et pied de porc sauce au curry léger. Croustillant de ris de veau et pommes de terre sauce aux truffes. Sabayon au Champagne.

Huis De Colvenier, St-Antoniusstraat 8, ℘ 0 3 226 65 73, *info@colvenier.be*, Fax 0 3 227 13 14, 🌳, « Demeure fin 19e s., fresques murales et jardin d'hiver » – ⒶⒺ ⓞ ⓜⓞ 𝗩𝗜𝗦𝗔
FZ k
fermé 1 sem. carnaval, août, dim. et lundi – **Repas** Lunch 2500 bc – 3000 bc/4000 bc.

Het Vijfde Seizoen - H. Hilton, Groenplaats, ℘ 0 3 204 12 29, *hiltongm@planetinternet.be*, Fax 0 3 204 12 13 – ⒶⒺ ⓞ ⓜⓞ 𝗩𝗜𝗦𝗔 𝗝𝗖𝗕
FZ m
Repas 1695.

La Rade 1er étage, E. Van Dijckkaai 8, ℘ 0 3 233 37 37, Fax 0 3 233 49 63, « Ancienne loge maçonnique du 19e s. » – ⒶⒺ ⓞ ⓜⓞ 𝗩𝗜𝗦𝗔
FY g
fermé sem. carnaval, du 11 au 31 juil., sam. midi, dim. et jours fériés – **Repas** Lunch 2400 bc – 1500/2500.

De Kerselaar (Michiels), Grote Pieter Potstraat 22, ℘ 0 3 233 59 69, *dekerselaar@wanadoo.be*, Fax 0 3 233 11 49 – ⒶⒺ ⓞ ⓜⓞ 𝗩𝗜𝗦𝗔 𝗝𝗖𝗕
FY n
fermé 2 sem. avant Pâques, 2 prem. sem. sept., sam. midi, dim. et lundi midi – **Repas** Lunch 1650 – carte 2300 à 2700
Spéc. Risotto aux crevettes grises et écrevisses panées aux pistaches. St-Pierre à la poêlée de carottes, lard et truffes. Gâteau au chocolat, coulis d'agrumes.

't Silveren Claverblat, Grote Pieter Potstraat 16, ℘ 0 3 231 33 88, Fax 0 3 231 31 46 – ⒶⒺ ⓞ ⓜⓞ 𝗩𝗜𝗦𝗔
FY k
fermé mardi et sam. midi – **Repas** 1650 bc/2700 bc.

De Gulden Beer, Grote Markt 14, ℘ 0 3 226 08 41, Fax 0 3 232 52 09, 🌳, Avec cuisine italienne – ⒶⒺ ⓞ ⓜⓞ 𝗩𝗜𝗦𝗔
FY v
Repas Lunch 980 – 1400/2500.

ANTWERPEN p. 12

XX **P. Preud'homme,** Suikerrui 28, ☏ 0 3 233 42 00, Fax 0 3 233 42 00, 🍴, Ouvert jusqu'à minuit – 🔲. AE ⓘ ⓜ VISA JCB   FY r
fermé 8 janv.-5 fév. – **Repas** Lunch 990 – carte 1650 à 2500.

XX **Het Nieuwe Palinghuis,** St-Jansvliet 14, ☏ 0 3 231 74 45, Fax 0 3 231 50 53, Produits de la mer – 🔲. AE ⓘ ⓜ VISA JCB   FZ e
fermé juin, 2 dern. sem. janv., lundi et mardi – **Repas** Lunch 1195 – carte 1750 à 2550.

XX **Neuze Neuze,** Wijngaardstraat 19, ☏ 0 3 232 27 97, neuzeneuze@pi.be, Fax 0 3 225 27 38 – AE ⓘ ⓜ VISA JCB   FY s
fermé 2 prem. sem. août, Noël, sam. midi et dim. – **Repas** Lunch 1500 bc – 2100 bc/2600 bc.

XX **De Matelote** (Garnich), Haarstraat 9, ☏ 0 3 231 32 07, Fax 0 3 231 08 13, Produits de
🏵 la mer – 🔲. AE ⓘ ⓜ VISA ⌀   FY u
fermé juin, du 1er au 15 janv., sam. midi, dim., lundi midi et jours fériés – **Repas** carte 2000 à 2750
Spéc. Tarte de tomates, purée d'olives vertes et filets d'anchois au sel (21 juin-21 sept.). Brandade de stockfisch au coulis d'haricots. Barbue au fenouil.

XX **Nouveau Zirk,** Zirkstraat 29, ☏ 0 3 225 25 86, Fax 0 3 226 51 77 – 🅿. AE ⓘ ⓜ VISA, ⌀   FY d
fermé sam. midi, dim. et lundi – **Repas** Lunch 850 – 2000.

XX **De Manie,** H. Conscienceplein 3, ☏ 0 3 232 64 38, Fax 0 3 232 64 38 – AE ⓜ VISA JCB   GY u
fermé du 16 au 31 août, du 8 au 18 janv., merc. et dim. soir – **Repas** Lunch 900 – carte 1600 à 1950.

XX **De Zoeten Inval,** Drukkerijstraat 14, ☏ 0 3 227 14 18, Fax 0 3 233 65 41 – ⓜ VISA JCB   FZ d
Repas Lunch 795 – 995/1495.

X **De Reddende Engel,** Torfbrug 3, ☏ 0 3 233 66 30, Fax 0 3 233 73 79, 🍴 – AE ⓘ
🍲 ⓜ VISA   FY p
fermé 25 fév.-6 mars, 16 août-11 sept., mardi, merc. et sam. midi – **Repas** 975/1250.

X **P'tit Vatelli,** Kammenstraat 75., ☏ 0 3 226 96 46, Fax 0 3 226 96 46, Ouvert jusqu'à 23 h –. AE ⓘ ⓜ VISA JCB, ⌀   FZ r
fermé 2 dern. sem. juil., sam. midi, dim. et lundi – **Repas** Lunch 690 – 1450.

X **Bistrot Chez Raoul,** Vlasmarkt 21, ☏ 0 3 213 09 77, Fax 0 3 213 09 77 – ⌀ FYZ x
fermé 20 août-15 sept., lundi, mardi et jeudi midi – **Repas** carte 1350 à 1800.

X **p. Zinc,** Veemarkt 9, ☏ 0 3 213 19 08, Fax 0 3 213 19 08, 🍴, Ouvert jusqu'à 23 h – AE
VISA
fermé 1 sem. Pâques, 1 sem. en août, sam. midi et jours fériés – **Repas** Lunch 690 – 1350/1750.   FY b

X **Tête-à-Tête,** Vlasmarkt 14, ☏ 0 3 227 37 17, Fax 0 3 227 37 17, « Bistrot artistique » – AE ⓜ VISA   FZ
fermé merc. et jeudi – **Repas** Lunch 1500 bc – carte env. 1700.

X **La Rucolla,** Wolstraat 45, ☏ 0 3 231 89 94, Fax 0 3 231 89 94, Avec cuisine italienne – ⓜ VISA – *fermé dern. sem. juil.-2 prem. sem. août, lundi et mardi* – **Repas** (dîner seult) carte 1350 à 1700.   GY q

X **Dock's Café,** Jordaenskaai 7, ☏ 0 3 226 63 30, info@docks.be, Fax 0 3 226 65 72, Brasserie-écailler, ouvert jusqu'à minuit – AE ⓘ ⓜ VISA JCB. ⌀   FY h
Repas 750/950.

Quartiers du Centre - plans p. 6 et 7 sauf indication spéciale :

🏨 **Radisson SAS Park Lane** M, Van Eycklei 34, ✉ 2018, ☏ 0 3 285 85 85, Fax 0 3 285 85 86, ≤, 🎱, 😌, 🔲, 🚲 – 🔋 🍴 🔲 TV 🚗 – 🏛 25 à 500. AE ⓘ ⓜ VISA JCB
Repas Longchamps *(fermé 15 juil.-15 août, sam. midi et dim.)* 1200 – ⌸ 850 – **164 ch** 7500, 14 suites.   DV y

🏨 **Astrid Park Plaza** M, Koningin Astridplein 7, ✉ 2018, ☏ 0 3 203 12 34, appsales @parkplazahotels.be, Fax 0 3 203 12 51, ≤, 🎱, 😌, 🔲 – 🔋 🍴 🔲 TV 🚗 – 🏛 25 à 500. AE ⓘ ⓜ VISA JCB   DEU e
Repas *(fermé sam. midi)* (en juil.-août dîner seult) 990/1350 – ⌸ 795 – **226 ch** 8500, 3 suites.

🏨 **Carlton,** Quinten Matsijslei 25, ✉ 2018, ☏ 0 3 231 15 15, info@carltonhotel-antwerp.c om, Fax 0 3 225 30 90 – 🔋 🍴 🔲 TV 🚗 – 🏛 25 à 100. AE ⓘ ⓜ VISA JCB   DU v
Repas *(fermé 3 sem. en août et dim. soir)* Lunch 725 – carte env. 1400 – **126 ch** ⌸ 6800/7800, 1 suite.

🏨 **Alfa De Keyser** M, De Keyserlei 66, ✉ 2018, ☏ 0 3 206 74 60, alfa.dekeyser@alfahotels .com, Fax 0 3 232 39 70, 🎱, 😌, 🔲 – 🔋 🍴 🔲 TV – 🏛 25 à 160. AE ⓘ ⓜ VISA
Repas *(fermé sam. midi, dim. et jours fériés)* (Taverne-rest) Lunch 695 – carte env. 1200 – ⌸ 750 – **120 ch** *(fermé du 14 avril, 9 et 10 mai, juil.-août, 28 oct.-4 nov. et 24 déc.-6 janv.)* 6300, 3 suites – ½ P 4450.   DU

🏨 **Hyllit** M sans rest, De Keyserlei 28 (accès par Appelmansstraat), ✉ 2018 ☏ 0 3 202 68 00 et 0 3 227 44 88 (rest), info@hyllithotel.be, Fax 0 3 202 68 90, 🎱, 😌, 🔲 – 🔋 🍴 🚗 – 🏛 30. AE ⓘ ⓜ VISA ⌀   DU
⌸ 600 – **122 ch** ⌸ 6700/7700, 5 suites.

Plaza sans rest, Charlottalei 43, ⊠ 2018, ℰ 0 3 287 28 70, *plaza@plaza.be*, *Fax 0 3 287 28 71* – 🛗 ≼ ▤ 📺 🚘 – 🛎 25. 🆎 ⓪ ⓜ⊘ 𝘝𝘐𝘚𝘈 ✂
80 ch ⊇ 5650. DV k

Alliance sans rest, Copernicuslaan 2, ⊠ 2018, ℰ 0 3 223 40 40, *alliance.reservations@pi.be*, *Fax 0 3 223 40 41* – 🛗 ≼ ▤ 📺 🚘 – 🛎 25 à 1000. 🆎 ⓪ ⓜ⊘ 𝘝𝘐𝘚𝘈
137 ch ⊇ 6250/6750, 3 suites. EU a

Residence sans rest, Molenbergstraat 9, ℰ 0 3 232 76 75, *residence@dema-worldwide.net*, *Fax 0 3 233 73 28* – 🛗 📺 🚘 – 🛎 40. 🆎 ⓪ ⓜ⊘ 𝘝𝘐𝘚𝘈 ✂
48 ch ⊇ 3900/7400. DU c

Antverpia sans rest, Sint-Jacobsmarkt 85, ℰ 0 3 231 80 80, *antverpia@skynet.be*, *Fax 0 3 232 43 43* – 🛗 📺 🚘 🆎 ⓪ ⓜ⊘ 𝘝𝘐𝘚𝘈 𝘑𝘊𝘉 ✂
⊇ 400 - **18 ch** 4000/7000. DU f

Alfa Empire sans rest, Appelmansstraat 31, ⊠ 2018, ℰ 0 3 203 54 00, *alfa.empire@alfahotels.com*, *Fax 0 3 233 40 60* – 🛗 ≼ ▤ 📺 🆎 ⓪ ⓜ⊘ 𝘝𝘐𝘚𝘈 𝘑𝘊𝘉
⊇ 850 - **70 ch** 3400/5600. DU s

Alfa Congress sans rest, Plantin en Moretuslei 136, ⊠ 2018, ℰ 0 3 270 02 10, *Fax 0 3 235 52 31* – 🛗 ≼ ▤ 📺 🚘 🅿 – 🛎 25 à 120. 🆎 ⓪ ⓜ⊘ 𝘝𝘐𝘚𝘈 ✂
⊇ 600 - **66 ch** 3600/4600. EV s

Colombus sans rest, Frankrijklei 4, ℰ 0 3 233 03 90, *colombushotel@skynet.be*, *Fax 0 3 226 09 46*, 𝐿𝐬, ▢ – 🛗 📺 🚘. 🆎 ⓪ ⓜ⊘ 𝘝𝘐𝘚𝘈 𝘑𝘊𝘉 ✂
32 ch ⊇ 3550/4250. DU u

Docklands [M] sans rest, Kempisch Dok Westkaai 84, ℰ 0 3 231 07 26, *info@tiantwerpen.goldentulip.be*, *Fax 0 3 231 57 49* – 🛗 ≼ 📺 – 🛎 25. 🆎 ⓜ⊘ 𝘝𝘐𝘚𝘈 ✂
⊇ 600 - **32 ch** 4100/5100. DT z

Astoria sans rest, Korte Herentalsestraat 5, ⊠ 2018, ℰ 0 3 227 31 30, *info@carltonhotel-antwerp.com*, *Fax 0 3 227 31 34*, 𝐿𝐬 – 🛗 ≼ ▤ 📺 🚘. 🆎 ⓪ ⓜ⊘ 𝘝𝘐𝘚𝘈 ✂ DU r
66 ch ⊇ 5250/6250.

Atlanta sans rest, Koningin Astridplein 14, ⊠ 2018, ℰ 0 3 203 09 19, *atlanta@dema-worldwide.net*, *Fax 0 3 226 37 37* – 🛗 ≼ 📺 – 🛎 30. 🆎 ⓪ ⓜ⊘ 𝘝𝘐𝘚𝘈 ✂ DEU d
60 ch ⊇ 2500/5400.

Eden sans rest, Lange Herentalsestraat 25, ⊠ 2018, ℰ 0 3 233 06 08, *hotel.eden@skynet.be*, *Fax 0 3 233 12 28* – 🛗 📺 🚘. 🆎 ⓪ ⓜ⊘ 𝘝𝘐𝘚𝘈 𝘑𝘊𝘉 DU s
66 ch ⊇ 2950/3450.

Agora sans rest, Koningin Astridplein 43, ⊠ 2018, ℰ 0 3 231 21 21, *agora@dema-worldwide.net*, *Fax 0 3 232 12 02* – 🛗 📺. 🆎 ⓪ ⓜ⊘ 𝘝𝘐𝘚𝘈 DU n
27 ch ⊇ 2300/4900.

XXX **De Barbarie**, Van Breestraat 4, ⊠ 2018, ℰ 0 3 232 81 98, *barbarie@resto.be*, *Fax 0 3 231 26 78*, 🌿, « Collection de pièces d'argenterie de table » – ▤. 🆎 ⓪ ⓜ⊘ 𝘝𝘐𝘚𝘈 ✂
fermé 1 sem. Pâques, 1ʳᵉ quinz. sept., sam. midi, dim. et lundi – **Repas** Lunch 1500 – carte 2400 à 3100. DV b

XX **De Lepeleer**, Lange St-Annastraat 10, ℰ 0 3 225 19 31, *Fax 0 3 231 31 24*, 🌿, « Ensemble de petites maisons dans une impasse du 16ᵉ s. » – ▤ 🅿 – 🛎 25 à 50. 🆎 ⓪ 𝘝𝘐𝘚𝘈 DU b
fermé 21 juil.-17 août, sam. midi, dim. et jours fériés – **Repas** Lunch 995 – 2950 bc.

XX **de nieuwe HARMONY**, Mechelsesteenweg 169, ⊠ 2018, ℰ 0 3 239 70 05, *Fax 0 3 239 63 61* – ▤. 🆎 ⓪ ⓜ⊘ 𝘝𝘐𝘚𝘈 DV n
fermé lundi et sam. midi – **Repas** Lunch 950 – 1800.

XX **De Zeste**, Lange Dijkstraat 36, ⊠ 2060, ℰ 0 3 233 45 49, *Fax 0 3 232 34 18* – ▤. 🆎 ⓪ ⓜ⊘ 𝘝𝘐𝘚𝘈 DT u
fermé 2 dern. sem. juil., merc. soir et dim. – **Repas** Lunch 1200 – 2150.

XX **Blue Phoenix**, Frankrijklei 14, ℰ 0 3 233 33 77, *Fax 0 3 233 88 46*, Cuisine chinoise – ▤. 🆎 ⓜ⊘ 𝘝𝘐𝘚𝘈 DU r
fermé août, lundi et sam. midi – **Repas** Lunch 700 – 1600/1800.

XX **La Luna**, Italiëlei 177, ℰ 0 3 232 23 44, *laluna@info.be*, *Fax 0 3 232 24 41*, Cuisine de différentes nationalités, ouvert jusqu'à 23 h – ▤. 🆎 ⓪ ⓜ⊘ 𝘝𝘐𝘚𝘈
fermé 20 juil.-15 août, sam. midi, dim. soir et lundi – **Repas** carte 1600 à 1900. DT p

XX **'t Peerd**, Paardenmarkt 53, ℰ 0 3 231 98 25, *Fax 0 3 231 59 40*, 🌿 – ▤. 🆎 ⓪ ⓜ⊘ 𝘝𝘐𝘚𝘈 𝘑𝘊𝘉 – *fermé 2 sem. Pâques, 2 sem. en sept., mardi soir et merc.* – **Repas** Lunch 1375 – carte 1600 à 2150. plan p. 8 GY e

X **Greens**, Mechelsesteenweg 76, ⊠ 2018, ℰ 0 3 238 51 51, *Fax 0 3 238 58 18*, 🌿, Brasserie, écailler – ⓜ⊘ 𝘝𝘐𝘚𝘈 DV w
fermé sam. midi et dim. midi – **Repas** Lunch 845 – carte env. 1600.

X **De Veehandel**, Lange Lobroekstraat 61 (face abattoirs), ⊠ 2060, ℰ 0 3 271 06 06, *Fax 0 3 271 06 06*, 🌿 – ▤. 🆎 ⓪ ⓜ⊘ 𝘝𝘐𝘚𝘈 ET w
fermé sam. midi, dim. et jours fériés – **Repas** 950.

ANTWERPEN p. 14

※ **Pazzo,** Oude Leeuwenrui 12, ☏ 0 3 232 86 82, pazzo@skynet.be, Fax 0 3 232 79 34, « Ancien entrepôt aménagé en brasserie contemporaine » – 🍽, AE MC VISA
DT a
fermé dern. sem. juil.-2 prem. sem. août, mi-déc.-début janv., mardi, sam. midi et dim. – **Repas** Lunch 1050 à 1700.

※ **Casa Julián,** Italiëlei 32, ☏ 0 3 232 07 29, Fax 0 3 233 09 53, Cuisine espagnole – 🍽, AE ① MC VISA ✽
DT m
fermé mi-juil.-mi-août, lundi et sam. midi – **Repas** carte env. 1200.

※ **Rimini,** Vestingstraat 5, ⊠ 2018, ☏ 0 3 226 06 08, Cuisine italienne – 🍽, AE MC VISA
DU h
fermé août et merc. – **Repas** carte 1200 à 1650.

※ **Kuala Lumpur Satay House,** Statiestraat 10, ⊠ 2018, ☏ 0 3 225 14 33, Fax 0 3 225 14 33, 🌞, Cuisine asiatique, ouvert jusqu'à minuit – 🍽, AE ① MC VISA JCB
DU d
fermé du 1er au 14 juil. et jeudi – **Repas** Lunch 450 – carte env. 1000.

※ **Yamayu Santatsu,** Ossenmarkt 19, ☏ 0 3 234 09 49, Fax 0 3 234 09 49, Cuisine japonaise – 🍽, AE ① MC VISA JCB
DTU b
fermé 2 sem. en août, dim. midi et lundi – **Repas** Lunch 450 – 1500/1700.

Quartier Sud – *plans p. 6 et 7 sauf indication spéciale :*

🏨 **Crowne Plaza** [M], G. Legrellelaan 10, ⊠ 2020, ☏ 0 3 237 29 00, crowneplaza.antwerp.pi.be, Fax 0 3 216 02 96, 🌞, 🏋, ☎, 🍽 – 📺 ✿ 🍽 TV P – 🛗 25 à 800. AE ① MC VISA, ✽ rest
plan p. 5 BS g
Repas *Nico Central* (Ouvert jusqu'à 23 h) Lunch 900 – carte env. 1800 – ⊇ 750 – **258 ch** 8875, 4 suites.

🏨 **Mercure Diamant,** Desguinlei 94, ⊠ 2018, ☏ 0 3 244 82 11, H1277@accor-hotels.com, Fax 0 3 216 47 12, 🌞, 🏋, ☎ – 📺 ✿ 🍽 TV 🚗 P – 🛗 25 à 550. AE ① MC VISA, ✽ rest
DX z
Repas *Tiffany's* Lunch 1295 – carte 1200 à 1900 – ⊇ 625 – **210 ch** 4200/5200, 5 suites – ½ P 3475/4075.

🏨 **Firean** ⸙, Karel Oomsstraat 6, ⊠ 2018, ☏ 0 3 237 02 60, hotel.firean@skynet.be, Fax 0 3 238 11 68, « Demeure ancienne de style Art Déco », 🚲 – 📺 🍽 TV 🚗, AE ① MC VISA JCB
DX n
fermé dern. sem. juil.-2 prem. sem. août et fin déc.-début janv. – **Repas** voir rest *Minerva* ci-après – **15 ch** ⊇ 4500/5900.

🏨 **Industrie** [M] sans rest, Emiel Banningstraat 52, ☏ 0 3 238 66 00, hotelindustrie@pandora.be, Fax 0 3 238 86 88 – TV, AE ① MC VISA JCB, ✽
CV a
13 ch ⊇ 3000/3500.

✕✕✕ **Loncin,** Markgravelei 127, ⊠ 2018, ☏ 0 3 248 29 89, info@loncinrestaurant.be, Fax 0 3 248 38 66, 🌞 – 🍽 P, AE ① MC VISA, ✽
DX d
fermé 2 sem. en fév., sam. midi et dim. – **Repas** Lunch 1350 – carte 1900 à 2500.

✕✕ **Liang's Garden,** Markgravelei 141, ⊠ 2018, ☏ 0 3 237 22 22, Fax 0 3 248 38 34, Cuisine chinoise – 🍽, AE ① MC VISA
DX d
fermé fin juil.-début août, fin déc. et dim. – **Repas** Lunch 950 – carte 1150 à 1850.

✕✕ **De Poterne,** Desguinlei 186, ⊠ 2018, ☏ 0 3 238 28 24, depoterne@pi.be, Fax 0 3 248 59 67 – AE ① MC VISA
DX u
fermé 21 juil.-15 août, 25 déc.-1er janv., sam. midi, dim. et jours fériés – **Repas** Lunch 1450 – carte 2050 à 2750.

✕✕ **Kommilfoo,** Vlaamse Kaai 17, ☏ 0 3 237 30 00, Fax 0 3 237 30 00 – 🍽, AE ① MC VISA, ✽
CV e
fermé du 1er au 21 juil., sam. midi, dim. et lundi – **Repas** Lunch 1500 bc – carte env. 1600.

✕✕ **Minerva** – H. Firean, Karel Oomsstraat 36, ⊠ 2018, ☏ 0 3 216 00 55, Fax 0 3 216 00 55 – 🍽 – 🛗 25. AE ① MC VISA, ✽
DX e
fermé dern. sem. juil.-2 prem. sem. août, fin déc.-début janv., dim. et lundi – **Repas** Lunch 1350 bc – carte 1550 à 2300.

✕✕ **Het Gerecht,** Amerikalei 20, ☏ 0 3 248 79 28, het.gerecht@advalvas.be, Fax 0 3 238 18 59, 🌞 – AE ① MC VISA, ✽
DV e
fermé 2 prem. sem. sept., sam. midi et dim. – **Repas** Lunch 775 – 1500.

✕ **Dua,** Verbondsstraat 41, ☏ 0 3 237 36 99, 🌞 – AE MC VISA, ✽
DV h
fermé 2 prem. sem. août, sam. midi, dim. et lundi midi – **Repas** Lunch 685 – 1175.

✕ **River Kwai,** Vlaamse Kaai 14, ☏ 0 3 237 46 51, kwai@pandora.be, Fax 0 3 888 46 83, Cuisine thaïlandaise, ouvert jusqu'à 23 h – 🍽, AE MC VISA, ✽
CV r
fermé 23 déc.-2 janv. et merc. – **Repas** carte 1000 à 1450.

✕ **Bizzie-Lizzie,** Vlaamse Kaai 16, ☏ 0 3 238 61 97, bizzielizzie@popmail.com, Fax 0 3 248 30 64, AE ① MC VISA
CV e
fermé dim. – **Repas** Lunch 850 – carte env. 1400.

ANTWERPEN p. 15

Périphérie - *plans p. 4 et 5 sauf indication spéciale :*

au Nord - ✉ *2030 :*

🏨 **Novotel,** Luithagen-haven 6 (Haven 200), ✆ 0 3 542 03 20, H0465@accor-hotels.com, Fax 0 3 541 70 93, 🍽, 🏊, ✶ – 🛗 ⚙ 🖬 📺 🅿 – 🔑 25 à 180. ㉿ ① ⓜ VISA. ✶ rest
BQ c
Repas (Ouvert jusqu'à 23 h) Lunch 495 – carte 1090 à 1500 – ⇌ 500 – **119 ch** 3900.

à Berchem Ⓒ Antwerpen – ✉ *2600 Berchem :*

🏨 **Campanile,** Potvlietlaan 2, ✆ 0 3 236 43 55, hotel.campanile@village.uunet.be, Fax 0 3 236 56 53, 🍽, – 🛗 📺 ⚙ 🅿 – 🔑 25 à 80. ㉿ ① ⓜ VISA
BR f
Repas (Avec buffet) 850 – ⇌ 300 – **130 ch** 2650 – ½ P 3190.

XXX **De Tafeljoncker,** Frederik de Merodestraat 13, ✆ 0 3 281 20 34, detafeljoncker@belgacom.net, Fax 0 3 281 20 34, 🍽 – ⚙ 🅿. ㉿ ① ⓜ VISA
plan p. 7 DX f
fermé dern. sem. fév., du 11 au 26 juil., fin déc., dim. soir, lundi et mardi – **Repas** Lunch 2250 bc – 3100 bc.

XX **Brasserie Marly,** Generaal Lemanstraat 64, ✆ 0 3 281 23 23, info@marly.be, Fax 0 3 281 33 10 – ㉿ ① ⓜ VISA
plan p. 7 DX c
fermé dim. – **Repas** Lunch 500 – 795/1375.

XX **Euterpia,** Generaal Capiaumontstraat 2, ✆ 0 3 235 02 02, euterpia@skynet.be, Fax 0 3 235 58 64, 🍽, « Façade éclectique début 20e s. »
plan p. 7 EV y
fermé Pâques, 3 prem. sem. août, Noël-Nouvel An, lundi et mardi – **Repas** (dîner seult) carte 1900 à 2350.

XX **Margaux,** Terlinckstraat 2, ✆ 0 3 230 55 99, Fax 0 3 230 40 71, 🍽, « Terrasse ombragée » – ⚙. ⓜ VISA. ✶
plan p. 7 DX b
fermé 2 sem. Pâques, 2 prem. sem. sept., dim. et lundi – **Repas** Lunch 1050 – carte 1450 à 2100.

XX **De Troubadour,** Driekoningenstraat 72, ✆ 0 3 239 39 16, Fax 0 3 230 82 71 – ⚙ 🅿. ㉿ ① ⓜ VISA
plan p. 7 DX a
fermé 1 sem. carnaval, 3 prem. sem. juil., dim. et lundi – **Repas** Lunch 895 – 1195.

X **Willy,** Generaal Lemanstraat 54, ✆ 0 3 218 88 07 – ㉿ ① ⓜ VISA. ✶ plan p. 7 DX v
fermé sam. et dim. – **Repas** Lunch 450 bc – carte 850 à 1700.

à Berendrecht par ① : 23 km au Nord Ⓒ Antwerpen – ✉ *2040 Berendrecht :*

XX **Reigershof,** Reigersbosdreef 2, ✆ 0 3 568 96 91, reigershof@planetinternet.be, Fax 0 3 568 71 63 – ㉿ ① ⓜ VISA
fermé du 8 au 29 juil., dim.soir, lundi et mardi soir – **Repas** Lunch 1600 bc – 1800.

à Borgerhout Ⓒ Antwerpen – ✉ *2140 Borgerhout :*

🏨 **Holiday Inn,** Luitenant Lippenslaan 66, ✆ 0 3 235 91 91, info@holiday-inn-antwerp.com, Fax 0 3 235 08 96, 🍽, 🏊 – 🛗 ⚙ 🖬 📺 & 🅿 – 🔑 25 à 230. ㉿ ① ⓜ VISA. ✶
Repas (fermé sam. midi) Lunch 995 – carte 1100 à 1400 – ⇌ 845 – **201 ch** 7300/8300, 3 suites – ½ P 2690/8990.
BR e

à Deurne Ⓒ Antwerpen – ✉ *2100 Deurne :*

XX **De Violin,** Bosuil 1, ✆ 0 3 324 34 04, Fax 0 3 326 33 20, 🍽, « Fermette » – 🅿. ㉿ ① ⓜ VISA. ✶
BR r
fermé 22 août-14 sept., dim. et lundi soir – **Repas** Lunch 1495 bc – carte env. 2000.

à Ekeren Ⓒ Antwerpen – ✉ *2180 Ekeren :*

XX **Hof de Bist,** Veltwijcklaan 258, ✆ 0 3 664 61 30, Fax 0 3 664 67 24, 🍽, « Auberge rustique » – 🅿. ㉿ ① ⓜ VISA
BQ p
fermé Pâques, mi-août-mi-sept., dim., lundi et mardi – **Repas** Lunch 2300 – 2000.

X **De Mangerie,** Kapelsesteenweg 471 (par ②), ✆ 0 3 605 26 26, Fax 0 3 605 24 16, 🍽, « Intérieur d'inspiration marine » – ㉿ ① ⓜ VISA
BQ
fermé sam. midi – **Repas** Lunch 980 – carte 1500 à 1800.

à Merksem Ⓒ Antwerpen – ✉ *2170 Merksem :*

X **Culinaria,** Ryenlanddreef 18, ✆ 0 3 645 77 72, culinaria@pandora.be, Fax 0 3 290 01 25, 🍽 – 🅿. ㉿ ① ⓜ VISA. ✶
BQ a
fermé prem. sem. vacances Pâques, 2 sem. en juil., lundi soir, merc. et sam. midi – **Repas** Lunch 995 – 1795/2000.

à Wilrijk Ⓒ Antwerpen – ✉ *2610 Wilrijk :*

X **Bistrot,** Doornstraat 186, ✆ 0 3 829 17 29 – ㉿ ① ⓜ VISA
BS p
fermé fin juil.-fin août, lundi, mardi et sam. midi – **Repas** 895.

ANTWERPEN p. 16
Environs

à Aartselaar par ⑩ : 10 km – 14 393 h. – ⊠ 2630 Aartselaar :

Kasteel Solhof ⚘ sans rest, Baron Van Ertbornstraat 116, ℘ 0 3 877 30 00, Fax 0 3 877 31 31, « Terrasse sur parc public », 🐎 – 🏢 TV 🅿 – 🕭 25 à 50. AE ⓘ 🅜🅢 VISA. ⚘ fermé Noël-Nouvel An – ⛳ 500 – **24 ch** 5000/8000.

Kasteel Cleydael avec ch, Cleydaellaan 36 (Ouest : direction Hemiksem), ℘ 0 3 887 05 04, mail@kasteel-cleydael.be, Fax 0 3 877 20 18, « Château féodal restauré, entouré de douves et parcours de golf » – TV 🅿 – 🕭 25 à 60. AE ⓘ 🅜🅢 VISA. ⚘ fermé 15 juil.-15 août, 23 déc.-3 janv., dim., lundi et jours fériés – **Repas** Lunch 1750 – 2850 – **6 ch** ⛳ 5500/6500, 1 suite – ½ P 8350/10850.

Villa Verde, Kleistraat 175, ℘ 0 3 887 56 85, info@villaverde.be, Fax 0 3 887 22 56, ≤, 🐎, « Jardin et terrasse » – 🅿. AE ⓘ 🅜🅢 VISA. ⚘ – fermé 26 fév.-4 mars, 15 juil.-5 août, du 1ᵉʳ au 7 janv., sam. midi, dim. soir et lundi – **Repas** Lunch 1200 – 1750/2450.

Berkemei, Antwerpsesteenweg 27, ℘ 0 3 877 25 13, Fax 0 3 877 33 07, 🐎 – 🅿. AE ⓘ 🅜🅢 VISA JCB
fermé 2ᵉ quinz. juil., Noël-Nouvel An et dim. – **Repas** Lunch 895 – carte 1500 à 1850.

Hana, Antwerpsesteenweg 116, ℘ 0 3 877 08 95, hang@tiscalinet.be, Fax 0 3 877 08 95, Cuisine japonaise avec Teppan-Yaki – 🗐. ⚘
Repas Lunch 1000 – 2000.

à Boechout - plan p. 5 – 11 908 h. – ⊠ 2530 Boechout :

De Schone van Boskoop (Keersmaekers), Appelkantstraat 10, ℘ 0 3 454 19 31, Fax 0 3 454 02 10, 🐎, « Intérieur design, pièce d'eau et statues au jardin » – 🅿. AE ⓘ 🅜🅢 VISA. ⚘
fermé 1 sem. Pâques, 3 dern. sem. août, dern. sem. déc., dim. et lundi – **Repas** Lunch 1500 – carte env. 3400
BS d
Spéc. Mille-feuille de St-Jacques, truffes, haricots verts et tomates. Filet pur poché au bouillon de bœuf parfumé à l'anis et à la coriandre. Tête de veau tiède à la sauce tartare épicée.

à Brasschaat - plan p. 5 – 37 223 h. – ⊠ 2930 Brasschaat :

Afspanning De Kroon, Bredabaan 409 (par ③ : 1,5 km), ℘ 0 3 652 09 88, Fax 0 3 653 25 92, 🚲 – 🏢 TV 🅿. AE ⓘ 🅜🅢 VISA
Repas (Ouvert jusqu'à 23 h) carte 1200 à 2400 – **15 ch** ⛳ 4000/5000.

Molenhof, Molenweg 6 (par ② : 1 km, direction Kapellen), ℘ 0 3 665 00 81, Fax 0 3 605 17 44, 🐎 – 🗐 ch, TV 🅿. AE ⓘ 🅜🅢 VISA
Repas (fermé mardi) Lunch 695 – carte 1250 à 1800 – **12 ch** ⛳ 2000/3000.

à Edegem - plan p. 5 – 22 333 h. – ⊠ 2650 Edegem :

Ter Elst, Terelststraat 310 (par Prins Boudewijnlaan), ℘ 0 3 450 90 00 et 0 3 450 90 80 (rest), info@terelst.be, Fax 0 3 450 90 90, 🕭, ≘s, 🅆, ⚘, 🚲 – 🏢 ⇌ 🗐 TV 🚗 🅿 – 🕭 25 à 500. AE ⓘ 🅜🅢 VISA. ⚘
Repas (fermé début juil.-mi-août) 1195/1895 – **53 ch** ⛳ 3900/4400.
BS

à 's Gravenwezel par ⑤ : 13 km © Schilde 19 460 h. – ⊠ 2970 's Gravenwezel :

De Vogelenzang, Wijnegemsteenweg 193, ℘ 0 3 353 62 40, vogelenzang@skynet.be, Fax 0 3 353 33 83, 🐎, Taverne-rest, ouvert jusqu'à minuit – 🗐 🅿. AE ⓘ 🅜🅢 VISA
fermé merc. – **Repas** carte 1250 à 1600.

à Kapellen par ② : 15,5 km – 25 569 h. – ⊠ 2950 Kapellen :

De Bellefleur (Buytaert), Antwerpsesteenweg 253, ℘ 0 3 664 67 19, Fax 0 3 665 02 01, 🐎, « Véranda avec pergola entourée d'un jardin fleuri » – 🅿. AE ⓘ 🅜🅢 VISA
fermé juil., sam. midi, dim. – **Repas** Lunch 1850 bc – 3850 bc, carte 2950 à 4000
Spéc. Navarin de sole aux chanterelles et aux truffes d'été (avril-oct.). Thon rouge au poivre noir à la moelle dans un coulis d'oursins. Selle de chevreuil en persillade.

De Pauw, Antwerpsesteenweg 48, ℘ 0 3 664 22 82, Fax 0 3 605 48 35, 🐎 – 🅿. AE ⓘ 🅜🅢 VISA – fermé lundi, mardi et merc. – **Repas** 550/1195.

à Kontich par ⑧ : 12 km – 19 616 h. – ⊠ 2550 Kontich :

Carême, Koningin Astridlaan 114, ℘ 0 3 457 63 04, restaurant.careme1@yucom.be, Fax 0 3 457 93 02, 🐎 – 🗐 🅿. AE ⓘ 🅜🅢 VISA
fermé 3 prem. sem. juil., lundi et sam. midi – **Repas** Lunch 795 – 2000 bc/3000 bc.

Les Fous, Mechelsesteenweg 2, ℘ 0 3 457 48 31, les.fous@pandora.be, Fax 0 3 457 27 98 – 🗐. AE ⓘ 🅜🅢 VISA. ⚘
fermé carnaval, dern. sem. août-prem. sem. sept., Noël, Nouvel An et lundi – **Repas** Lunch 795 – 1195.

Afspanning De Jachthoorn, Doornstraat 11 (Ouest : 3 km), ℘ 0 3 458 21 21, afspanning.jachthoorn@restevent.be, Fax 0 3 457 93 77, 🐎 – 🅿. – 🕭 25 à 350. AE ⓘ 🅜🅢 VISA
fermé lundi – **Repas** Lunch 695 – carte 1200 à 1700.

ANTWERPEN p. 17

à Schilde par ⑤ : 13 km – 19 460 h. – ✉ 2970 Schilde :

XX **Euryanthe**, Turnhoutsebaan 177, ☎ 0 3 383 30 30, Fax 0 3 383 30 30, 🍴,
« Terrasse » – 🅿 🆎 VISA
fermé 27 fév.-3 mars, 1ʳᵉ quinz. août, dim. et lundi – **Repas** (dîner seult) 1395.

X **Le Caveau**, Turnhoutsebaan 370, ☎ 0 3 385 92 97, marc.pans@pi.be,
Fax 0 3 385 92 97, 🍴 – 🗐. 🆎 VISA
fermé lundi et mardi – **Repas** carte 1450 à 2000.

à Schoten - plan p. 5 – 32 498 h. – ✉ 2900 Schoten :

XXX **Kleine Barreel**, Bredabaan 1147, ☎ 0 3 645 85 84, kleine.barreel@planetinternet.be,
Fax 0 3 645 85 03 – 🗐 🅿 – 🔔 25 à 60. 🅰🅴 ⓞ 🆎 VISA. 🛇   BQ n
Repas Lunch 1225 – 1500/1725.

XX **De Linde**, Alice Nahonlei 92 (Est : 3 km, angle N 113), ☎ 0 3 658 47 43, delinde@onl
ine.be, Fax 0 3 658 11 84, 🍴 – 🅿. 🅰🅴 ⓞ 🆎 VISA
fermé 20 fév.-7 mars, 10 juil.-3 août, mardi et merc. – **Repas** Lunch 1450 bc – 1850.

XX **Villa Doria**, Bredabaan 1293, ☎ 0 3 644 40 10, Cuisine italienne – 🗐 🅿. 🅰🅴 ⓞ 🆎
VISA. 🛇   BQ b
fermé 3 sem. en juil., Noël, Nouvel An et merc. – **Repas** Lunch 995 – carte 1350 à 2200.

XX **Uilenspiegel**, Brechtsebaan 277 (3 km sur N 115), ☎ 0 3 651 61 45, Fax 0 3 652 08 08,
🍴, « Terrasse et jardin » – 🅿. 🅰🅴 ⓞ 🆎 VISA. 🛇
fermé 3 dern. sem. juil., 1 sem. fin janv., lundi et mardi – **Repas** carte 1450 à 1850.

à Wijnegem par ⑤ : 2 km – 8 561 h. – ✉ 2110 Wijnegem :

XXX **Ter Vennen**, Merksemsebaan 278, ☎ 0 3 326 20 60, tervennen@busmail.net, Fax 0 3
326 38 47, 🍴, « Terrasse » – 🅿. 🅰🅴 ⓞ 🆎 VISA
Repas Lunch 1675 bc – 1695 bc/2295 bc.

XX **'t Heerenhuys**, Turnhoutsebaan 313, ☎ 0 3 353 41 61, Fax 0 3 354 03 35 – 🅰🅴 ⓞ
🆎 VISA. 🛇
fermé août, mardi soir, merc. et sam. midi – **Repas** Lunch 950 – carte 1700 à 2200.

ARBRE 5170 Namur © Profondeville 10 632 h. 213 N 20, 214 N 20 et 409 H 4.

Env. à l'Est : 2 km à Attre : Château★.
Bruxelles 81 – Namur 19 – Dinant 16.

XX **L'Eau Vive** (Résimont), rte de Floreffe 37, ☎ 0 81 41 11 51, Fax 0 81 41 40 16, ≤, 🍴,
🏵 « Terrasse en bordure de cascade dans un vallon boisé » – 🅿. 🅰🅴 ⓞ 🆎 VISA
fermé 27 janv.-7 fév., dern. sem. juin, 1ʳᵉ quinz. sept., mardi et merc. – **Repas** Lunch 950
– 1550/2200, carte env. 2100
Spéc. Truite du vivier au bleu. Pigeonneau fumé au foin et romarin, mousseux aux champignons. Mijotée d'asperges aux lardons, croûtons et Muscat (21 mars-21 juin).

ARCHENNES (EERKEN) 1390 Brabant Wallon © Grez-Doiceau 11 699 h. 213 N 18 et 409 H 3.

Bruxelles 35 – Charleroi 52 – Leuven 17 – Namur 39.

X **l'Ecrin des Gourmets**, chaussée de Wavre 153, ☎ 0 10 84 49 69 – 🅿. 🅰🅴 ⓞ 🆎 VISA
🛇
fermé dern. sem. juil.-prem. sem. août et merc. – **Repas** 765/1545.

ARLON (AARLEN) 6700 🅿 Luxembourg belge 214 T 24 et 409 K 6 – 24 685 h.

Musée : Luxembourgeois★ : section lapidaire gallo-romaine★★ Y M.
🅱 r. Faubourgs 2 ☎ 0 63 21 63 60, Fax 0 63 21 63 60.
Bruxelles 187 ① – Luxembourg 31 ③ – Ettelbrück 34 ② – Namur 126 ①

Plan page suivante

🏨 **AC Arlux** 🛇, r. Lorraine (par ⑤ : 3 km), ☎ 0 63 23 22 11, hotel.arlux@autogrill.net,
Fax 0 63 23 22 48, 🍴 – 🛏 📺 🅿 – 🔔 25 à 200. 🅰🅴 ⓞ 🆎 VISA. 🛇 rest
Repas 850/1095 – **78 ch** ⊐ 2500/2700 – ½ P 1945/3095.

XXX **L'Arlequin** 1ᵉʳ étage, pl. Léopold 6, ☎ 0 63 22 28 30, Fax 0 63 22 28 30 – 🅰🅴 🆎 VISA
fermé 1 sem. Pâques, prem. sem. sept., prem. sem. janv., lundi et jeudi soir – **Repas**
Lunch 1750 bc – carte 2000 à 2450.   Z v

XX **L'eau à la bouche**, rte de Luxembourg 317 (par ④ : 2,5 km), ☎ 0 63 23 37 05, Fax 0 63
24 00 56, 🍴, « Villa sur jardin avec terrasse » – 🅿. 🆎 VISA
fermé 2 sem. carnaval, 2 sem. Pâques, fin août-début sept., 24 et 31 déc., prem. sem. janv.,
mardi soir, merc. et sam. midi – **Repas** Lunch 750 – carte 1800 à 2200.

ARLON

Bastion (R. du) ... **Y** 2	Faubourgs (R. des) ... **Y** 12	Michel-Hamelius (R.) ... **Z** 25
Capucins (R. des) ... **Y** 3	Frassem (R. de) ... **Y** 13	Palais-de-Justice ... **Z** 26
Carmes (R. des) ... **Z** 4	Grand'Place ... **YZ** 15	Paul-Reuter (R.) ... **Z** 27
Chasseurs-Ardennais (Pl. des) **Y** 6	Grand'Rue ... **Z** 16	Porte-Neuve (R. de la) ... **Y** 29
Didier (Pl.) ... **Y** 8	Hollenfeltz (Pl. Dr) ... **Y** 17	Remparts (R. des) ... **Z** 30
Diekirch (R. de) ... **Y**	Léopold (Pl.) ... **Z** 19	Saint-Jean (R.) ... **YZ** 32
Etienne-Lenoir (R.) ... **Z** 10	Marché-au-Beurre (R. du) ... **Z** 20	Seymerich (R. de) ... **Y** 34
	Marché-aux-Légumes ... **YZ** 22	Synagogue (R. de la) ... **Z** 35
	Marquisat (R. du) ... **Y** 23	25-Août (R. du) ... **Z** 40

à Hondelange par ④ : 8 km ⓒ Messancy 6 861 h. – ✉ 6780 Hondelange :

🏨 **Les Blés d'Or** ⚘ sans rest, r. Blés d'Or 15, ℘ 0 63 22 52 34, Fax 0 63 23 33 36, ⛿
– ⚐ 📺 ⇌ 🅿, 🆎 💳, ⚘
fermé du 12 au 19 août et 20 déc.-7 janv. – **11 ch** ⊇ 1950/2200.

Jährlich eine neue Ausgabe, jährlich eine Ausgabe, die lohnt :
Aktuellste Informationen, jährlich für Sie !

AS 3665 Limburg 213 S 16 et 909 J 2 – 7 169 h.
Bruxelles 99 – Maastricht 30 – Antwerpen 95 – Hasselt 25 – Eindhoven 58.

🏨 **Host. Mardaga**, Stationsstraat 121, ℘ 0 89 65 62 65, mardaga.hotel@skynet.be, Fax 0 89 65 62 66, ⛿, « Jardin ombragé en lisière de forêt » – 📶, 🍽 rest, 📺 🅿 – ⚐ 25 à 50. 🆎 ⓓ 💳 💳. ⚘
fermé 2 dern. sem. juil. – **Repas** (fermé lundi et sam. midi) Lunch 1250 – 1750 – **18 ch**
⊇ 3400/5500.

ASSE 1730 Vlaams-Brabant 213 K 17 et 909 F 3 – 27 744 h.
Bruxelles 16 – Aalst 12 – Dendermonde 17.

XXX **De Pauw**, Lindendries 3, ℘ 0 2 452 72 45, Fax 0 2 452 72 45, ⛿, « Jardin » – 🅿. 🆎
ⓓ 💳 💳
fermé sem. carnaval, 3 prem. sem. août, mardi soir, merc. et dim. soir – **Repas** Lunch 1150
– 1950.

ASSE

※※ **Hof ten Eenhoorn,** Keierberg 80 (direction Enghien, puis rte à droite), ℘ 0 2 452 95 15, Fax 0 2 452 52 24, 斎, « Ancienne ferme-brasserie dans un site pittoresque » – 🅿 – 🏛 25 à 85. 🆎 ① 🆘 VISA. ✻
fermé 1 sem. carnaval, 3 sem. en juil., dim. soir, lundi et mardi – **Repas** Lunch 1290 bc – 1550.

※ **Canteclaer,** Markt 6a, ℘ 0 2 452 41 40, Fax 0 2 452 36 95, 斎, Ouvert jusqu'à 23 h – 🆎 ① 🆘 VISA
fermé 3 dern. sem. juil., dim. soir, lundi et mardi – **Repas** Lunch 450 – carte env. 1400.

à Kobbegem Sud-Est : 3 km © Asse – ⊠ 1730 Kobbegem :

※※※ **De Plezanten Hof,** Broekstraat 2, ℘ 0 2 452 89 39, restaurant@deplezantenhof.be, Fax 0 2 452 99 11, 斎, – 🔲. 🆎 ① 🆘 VISA – *fermé 1 sem. carnaval, 21 juil.-10 août, mardi soir, merc. et dim. soir* – **Repas** Lunch 1150 – 2450 bc/2950 bc.

ASSENEDE 9960 Oost-Vlaanderen **213** H 15 *et* **909** E 2 – *13 602 h.*
Bruxelles 88 – Gent 22 – Brugge 31 – Sint-Niklaas 38.

※ **Den Hoed,** Kloosterstraat 3, ℘ 0 9 344 57 03, Moules en saison – 🆎 ① 🆘 VISA
fermé carnaval, 3 dern. sem. juin, lundi soir et mardi – **Repas** 1400.

ASTENE Oost-Vlaanderen **213** G 17 – *voir à Deinze.*

ATH (AAT) 7800 Hainaut **213** H 19, **214** H 19 *et* **909** E 4 – *25 296 h.*
Voir *Ducasse*★★ *(Cortège des géants).*
Env. *au Sud-Ouest : 6 km à Moulbaix : Moulin de la Marquise★ – au Sud-Est : 5 km à Attre★ : Château★.*
🛈 r. Nazareth 2 ℘ 0 68 26 92 30, Fax 0 68 26 92 39.
Bruxelles 57 – Mons 25 – Tournai 29.

🏨 **Du Parc** ≫, r. Esplanade 13, ℘ 0 68 28 69 77 *et* 0 68 28 54 85 (rest), motel.parc@skynet.be, Fax 0 68 28 57 63, 🚴 – 📺 – 🏛 25 à 70. 🆎 ① 🆘 VISA JCB. ✻ ch
fermé 2 dern. sem. juil. et prem. sem. janv. – **Repas** *(fermé merc. et dim. soirs non fériés) (dîner seult sauf vend. et sam.)* 1250/1750 – **11 ch** ⊆ 2100/2500 – ½ P 2475/3465.

※ **Le Saint-Pierre,** Marché aux Toiles 18, ℘ 0 68 28 51 74 – 🔲. 🆎 ① 🆘 VISA
fermé 16 juil.-6 août – **Repas** *(déjeuner seult sauf sam.)* 995.

à Ghislenghien (Gellingen) Nord-Est : 8 km © Ath – ⊠ 7822 Ghislenghien :

※※ **Le Relais de la Diligence,** chaussée de Bruxelles 401 (N 7), ℘ 0 68 55 12 41, 斎, 🐚 « Relais du 18e s. » – 🅿. 🆎 ① 🆘 VISA – *fermé du 15 au 31 juil., merc. soir, jeudi et dim. soir* – **Repas** *(fermé après 20 h 30)* Lunch 560 – 850/1100.

※ **Aux Mets Encore,** chaussée de Bruxelles 431 (N 7), ℘ 0 68 55 16 07, Fax 0 68 🐚 55 16 07, 斎, – 🅿. 🆎 ① 🆘 VISA
fermé 1re quinz. août, 2e quinz. janv., mardi soir et merc. – **Repas** Lunch 580 – 850.

AUBEL 4880 Liège **213** U 18 *et* **909** K 3 – *3 847 h.*
Bruxelles 125 – Maastricht 27 – Liège 34 – Verviers 18 – Aachen 20.

🏨 **L'Aub. Aubépine** Ⓜ ≫ sans rest, Bushaye 279 (Sud-Ouest par N 642), ℘ 0 87 68 04 10, Fax 0 87 68 04 11, 🐎, 斎, 🚴 – 📺 🅿. 🆘 VISA. ✻
fermé Noël et Nouvel An – **7 ch** ⊆ 2600/4000.

※ **Le Moulin du Val Dieu,** Val Dieu 298, ℘ 0 87 68 01 70, info@moulinduvaldieu.be, Fax 0 87 68 01 79, 斎, « Face à l'abbaye, terrasse et jardin » – 🅿. 🆎 ① 🆘 VISA
fermé merc., jeudis et dim. soirs non fériés de nov. à mars et lundis et mardis non fériés – **Repas** 1500 bc/2600 bc.

AUDENARDE Oost-Vlaanderen – *voir Oudenaarde.*

AUDERGHEM (OUDERGEM) Région de Bruxelles-Capitale **213** L 18 - ㊷ S *et* **909** G 3 - ㉒ S – *voir à Bruxelles.*

AVE ET AUFFE 5580 Namur © Rochefort *11 767 h.* **214** P 22 *et* **909** I 5.
Bruxelles 114 – Bouillon 49 – Namur 55 – Dinant 29 – Rochefort 10.

🏨 **Host. Le Ry d'Ave,** Sourd d'Ave 5, ℘ 0 84 38 82 20, ry.dave@skynet.be, Fax 0 84 38 93 88, ≤, 斎, « Cadre champêtre », 🏊, 🐎, 🚴 – 📺 🅿. 🆎 ① 🆘 VISA
fermé dern. sem. juin, 1 sem. en sept., prem. sem. janv. et mardis soirs et merc. non fériés sauf en juil.-août – **Repas** Lunch 780 – carte 1800 à 2300 – ⊆ 380 – **12 ch** 1950/2500 – ½ P 3030/3380.

AVELGEM 8580 West-Vlaanderen 213 F 18 et 909 D 3 – 9 101 h.
Bruxelles 72 – Kortrijk 16 – Tournai 23.

※ **Karekietenhof**, Scheldelaan 20 (derrière l'église), ✆ 0 56 64 44 11, Fax 0 56 64 44 11, ≼, Anguilles – P. AE MC VISA
fermé du 16 au 31 août, mardi soir et merc. – **Repas** Lunch 500 – 1200/1750.

AWENNE Luxembourg belge 214 Q 22 et 909 I 5 – *voir à St-Hubert.*

AYWAILLE 4920 Liège 213 T 20, 214 T 20 et 909 K 4 – 9 926 h.
🛈 pl. J. Thiry 9 ✆ 0 4 384 84 84.
Bruxelles 123 – Liège 29 – Spa 16.

XXX **Host. Villa des Roses** avec ch, av. Libération 4, ✆ 0 4 384 42 36, Fax 0 4 384 74 40, 🍽 – TV P. AE ① MC VISA. ≉ ch
fermé 19 fév.-15 mars et du 3 au 20 sept. – **Repas** *(fermé lundis et mardis non fériés et après 20 h 30)* Lunch 1250 – 1600 bc/1900 bc – **9 ch** ⊇ 2700/4000 – ½ P 2300/2800.

BACHTE-MARIA-LEERNE Oost-Vlaanderen 213 G 16 et 909 D 2 – *voir à Deinze.*

BAILLONVILLE 5377 Namur Ⓒ Somme-Leuze 4 082 h. 213 R 21, 214 R 21 et 909 J 5.
Bruxelles 107 – Bastogne 48 – Liège 50 – Namur 34.

XX **Le Capucin Gourmand et Les Fleurs du Capucin** (Mathieu) ≽ avec ch, r. Centre
❀ 16 (Rabozée), ✆ 0 84 31 51 80 et 0 84 31 47 01 (hôtel), hotelcapucin@com, Fax 0 84 31 30 68, 🍽, « Terrasse sur jardin d'herbes aromatiques », 🚲 – TV P – 🕭 25. AE ① MC VISA
fermé 1 sem. carnaval, 1 sem. fin juin, 21 août-6 sept. et 1 sem. Toussaint – **Repas** *(fermé mardi et merc.)* 1950/2400, carte env. 2400 – ⊇ 450 – **6 ch** 2500/2950 – ½ P 3950
Spéc. La pièce de cochon rôtie aux racines. Homard rôti à l'os à moelle. Croquette au chocolat et sabayon au vieux Rhum.

BAISY-THY 1470 Brabant Wallon Ⓒ Genappe 13 657 h. 213 L 19, 214 L 19 et 909 G 4.
🛈 🛈 au Nord : 3 km à Ways, r. E. François 9 ✆ 0 67 77 15 71, Fax 0 67 77 18 33.
Bruxelles 32 – Charleroi 21 – Mons 53 – Namur 35.

XXX **Host. La Falise** ≽ avec ch, r. Falise 7, ✆ 0 67 77 35 11, Fax 0 67 79 04 94, 🍽, « Jardin » – TV P. AE MC VISA
Repas *(fermé 2 sem. fin sept., dim. soir et lundi)* (dîner seult de sept. à avril) Lunch 600 – 1200/1900 – **7 ch** ⊇ 2600/3500 – ½ P 2700/3550.

BALEGEM 9860 Oost-Vlaanderen Ⓒ Oosterzele 13 156 h. 213 H 17 et 909 E 3.
Bruxelles 49 – Gent 23 – Aalst 27 – Oudenaarde 20.

XXX **'t Parksken** avec ch, Geraardsbergsesteenweg 233 (à l'Est sur N 42), ✆ 0 9 362 52 20, Fax 0 9 362 64 17, ≼, 🍽, « Auberge centenaire avec jardin », 🚲 – ▭ rest, TV P – 🕭 30. AE ① MC VISA. ≉
fermé 4 juil.-2 août, du 1ᵉʳ au 10 janv., dim. soir, lundi et mardi – **Repas** Lunch 1350 – 2300 – **4 ch** ⊇ 2850/4450.

BALMORAL Liège 213 U 19, 214 U 19 et 909 K 4 – *voir à Spa.*

BARAQUE DE FRAITURE Luxembourg belge 213 T 21, 214 T 21 et 909 K 5 – *voir à Vielsalm.*

BARBENÇON Hainaut 213 K 21, 214 K 21 et 909 F 5 – *voir à Beaumont.*

BARVAUX 6940 Luxembourg belge Ⓒ Durbuy 9 794 h. 213 R 20, 214 R 20 et 909 J 4.
🛈 rte d'Oppagne 34 ✆ 0 86 21 44 54, Fax 0 86 21 44 49.
🛈 Complexe d'animation touristique "Le Moulin" ✆ 0 86 21 11 65, Fax 0 86 21 19 78.
Bruxelles 121 – Arlon 99 – Liège 47 – Marche-en-Famenne 19.

※ **Au Petit Chef**, r. Basse-Sauvenière 8, ✆ 0 86 21 26 14, Fax 0 86 21 26 14, 🍽 – AE ① MC VISA
fermé 1 sem. en juin, 1 sem. en sept., janv., lundi et mardi – **Repas** 875/1500.

à Bohon Nord-Ouest : 3 km Ⓒ Durbuy – ✉ 6940 Barvaux :

🏠 **Le Relais de Bohon** ≽, pl. de Bohon 50, ✆ 0 86 21 30 49, info@lerelaisdebohon.com, Fax 0 86 21 35 95, 🍽, 🚲 – TV P. AE ① MC VISA
fermé mars, début sept., fin nov et lundis soirs et mardis non fériés – **Repas** (Taverne-rest) 875/1495 – **16 ch** ⊇ 2650/3000 – ½ P 2100/3050.

BASSE-BODEUX Liège 213 U 20, 214 U 20 et 909 K 4 – voir à Trois-Ponts.

BASSENGE (BITSINGEN) 4690 Liège 213 S 18 et 909 J 3 – 8 144 h.
Bruxelles 105 – Maastricht 16 – Hasselt 32 – Liège 16 – Aachen 50.

- **Des Arts** M, r. Marcel de Brogniez 27, ✆ 0 4 286 99 10, Fax 0 4 286 99 01, 🍴, ✕
  – 📺 TV 🅿 AE ⓜ VISA ✕
  Repas (fermé du 1er au 15 oct., lundi et mardi) Lunch 820 bc – 1150 – **6 ch** ⇌ 2300/2900.

BASSEVELDE 9968 Oost-Vlaanderen © Assenede 13 602 h. 213 H 15 et 909 E 2.
Bruxelles 90 – Gent 25 – Brugge 41 – Zelzate 12.

- **'t Westkanterhof** ⅍, Oude Boekhoutestraat 18b, ✆ 0 9 373 82 92, Fax 0 9 373 53 33, « Environnement champêtre », 🐎, 🚲 – TV 🅿 ⓜ VISA
  fermé sem. carnaval et vacances Noël – **Repas** (dîner pour résidents seult) – **7 ch** ⇌ 2200/3300 – ½ P 1750/2250.

BASTOGNE (BASTENAKEN) 6600 Luxembourg belge 214 T 22 et 909 K 5 – 13 246 h.
Voir Intérieur★ de l'église St-Pierre★ – Bastogne Historical Center★ – à l'Est : 3 km, Le Mardasson★.

Env. au Nord : 17 km à Houffalize : Site★.

🛈 pl. Mac Auliffe 24 ✆ 0 61 21 27 11, Fax 0 61 21 27 25.
Bruxelles 148 – Bouillon 67 – Arlon 40 – Liège 88 – Namur 87.

- **Melba** M ⅍ sans rest, av. Mathieu 49, ✆ 0 61 21 77 78, info@hotel-melba.com, Fax 0 61 21 55 68, ♨, ≘s, 🚲 – 📶 TV 🅿 – 🛄 40. AE ⓜ VISA
  fermé 24 et 25 déc., du 1er au 15 janv. et dim. de déc. à mars – **23 ch** ⇌ 2300/3400.

- **Collin** M sans rest, pl. Mac Auliffe 10, ✆ 0 60 21 43 58, Fax 0 61 21 80 83 – 📶 TV AE ⓜ VISA
  16 ch ⇌ 2500/3200.

- **Le Caprice** sans rest, pl. Mac Auliffe 25, ✆ 0 61 21 81 40, Fax 0 61 21 82 01 – 📶 ≡ TV 🚗 AE ① ⓜ VISA
  13 ch ⇌ 2150/2950.

- **Au Coin Fleuri**, chaussée d'Houffalize 5, ✆ 0 61 21 39 13, francis.balaine@belgacom.net, Fax 0 61 21 10 11, 🍴 – 🅿 AE ⓜ VISA
  fermé sem. carnaval, 1 sem. en juin, 1 sem. en sept., lundi soir et mardi – **Repas** 1100.

- **Léo**, r. Vivier 6, ✆ 0 61 21 14 41, restaurant@wagon-leo.com, Fax 0 61 21 65 08, 🍴 – ⓜ VISA
  fermé 25 juin-6 juil., 24 déc.-18 janv., mardi sauf en juil.-août et lundis non fériés – **Repas** Lunch 725 – 795/1150.

BATTICE 4651 Liège © Herve 16 472 h. 213 T 19, 214 T 19 et 909 K 4.
Bruxelles 117 – Maastricht 28 – Liège 27 – Verviers 9 – Aachen 31.

- **Aux étangs de la Vieille Ferme**, Maison du Bois 66 (Sud-Ouest : 7 km, lieu-dit Bruyères), ✉ 4650, ✆ 0 87 67 49 19, Fax 0 87 67 98 65, ≤, 🍴, « Terrasse, environnement champêtre » – ≡ 🅿 AE ⓜ VISA ✕
  fermé 29 oct.-8 nov., du 1er au 12 janv., lundi, mardi, merc. soir et jeudi soir – **Repas** Lunch 1090 – 1490/2290.

- **Les Quatre Bras**, pl. du Marché 31, ✆ 0 87 67 41 56 – AE ① ⓜ VISA ✕
  fermé 15 juil.-15 août, dim. et lundi soir – **Repas** Lunch 1150 – 1350/1650.

- **Au Vieux Logis**, pl. du Marché 25, ✆ 0 87 67 42 53, Fax 0 87 67 42 53 – AE ① ⓜ VISA
  fermé 2 dern. sem. juil., prem. sem. janv., dim., lundi soir et mardi soir – **Repas** Lunch 695 – 895/1895 bc.

à Bolland Nord-Ouest : 2 km © Herve – ✉ 4653 Bolland :

- **Vincent cuisinier de campagne**, Saremont 10, ✆ 0 87 66 06 07, Fax 0 87 66 14 68, 🍴, « Jardin, environnement champêtre » – 🅿 – 🛄 40. AE ① ⓜ VISA
  fermé prem. sem. fév., 1re quinz. juil., dim. soir et lundi, merc. soir – **Repas** Lunch 950 – 1450/1980.

BAUDOUR Hainaut 213 I 20, 214 I 20 et 909 E 4 – voir à Mons.

BEAUMONT 6500 Hainaut **213** K 21, **214** K 21 et **909** F 5 – 6 541 h.
🛈 Grand'Place 10 ℘ 0 71 58 81 91, Fax 0 71 58 81 91.
Bruxelles 80 – Charleroi 26 – Mons 32 – Maubeuge 25.

Le Maleguemme, chaussée F. Deliège 48, ℘ 0 71 58 90 95, Fax 0 71 58 94 83, 😀
– **P.** **MC** **VISA**
fermé 2 sem. début sept., 2 sem. début janv., merc. soir, jeudi et dim. soir – **Repas** Lunch
400 – 1000 bc/1600.

à Barbençon Sud-Est : 4 km ⓒ Beaumont – ✉ 6500 Barbençon :

Le Barbençon, r. Couvent 11, ℘ 0 71 58 99 27, Fax 0 71 58 99 27 – **P.** **MC** **VISA**
fermé 2 sem. début juil., mardis soirs et merc. non fériés – **Repas** Lunch 850 – 1475.

à Grandrieu Sud-Ouest : 7 km ⓒ Sivry-Rance 4 522 h. – ✉ 6470 Grandrieu :

Le Grand Ryeu, r. Goëtte 1, ℘ 0 60 45 52 10, Fax 0 60 45 62 25, 😀, « Ancienne
ferme » – **P.** **AE** **MC** **VISA**
fermé 15 août-début sept., du 1er au 15 janv., mardi et merc. – **Repas** Lunch 975 –
1595/1975.

à Solre-St-Géry Sud : 4 km ⓒ Beaumont – ✉ 6500 Solre-St-Géry :

Host. Le Prieuré Saint-Géry ⚶ avec ch, r. Lambot 9, ℘ 0 71 58 97 00, Fax 0 71
58 96 98, 😀, « Cour intérieure fleurie » – **TV** **P.** **AE** **①** **MC** **VISA**
fermé du 3 au 19 sept., du 8 au 24 janv., dim. soir, lundi et mardi midi – **Repas** Lunch 950
– 1950/2650 – **5 ch** ⛌ 2500/3750, 1 suite – ½ P 3700.

BEAURAING 5570 Namur **214** O 22 et **909** H 5 – 8 006 h.
Voir Lieu de pèlerinage★.
Bruxelles 111 – Bouillon 46 – Namur 48 – Dinant 20 – Givet 10.

L'Aubépine, r. Rochefort 27, ℘ 0 82 71 11 59, info@aubepine.be, Fax 0 82 71 33 54
– 📱, ■ rest, **P.** – 🚗 25 à 180. **AE** **①** **VISA**
avril-déc. ; fermé lundi, mardi et merc. du 15 nov. au 20 déc. – **Repas** Lunch 625 – 850/1100
– **66 ch** ⛌ 1925/2550 – ½ P 1895/2395.

BEAUVOORDE West-Vlaanderen **213** A 16 – voir à Veurne.

BEERNEM 8730 West-Vlaanderen **213** F 16 et **909** D 2 – 14 504 h.
Bruxelles 81 – Brugge 20 – Gent 36 – Oostende 37.

di Coylde, St-Jorisstraat 82 (direction Knesselare), ℘ 0 50 78 18 18, Fax 0 50 78 17 25,
« Manoir entouré de douves » – **P.** – 🚗 40. **AE** **①** **MC** **VISA** 😀
fermé 26 fév.-8 mars, 16 juil.-6 août, sam. midi, dim. soir et lundi – **Repas** Lunch 1250 bc –
carte 1900 à 2200.

Beverhof, Kasteelhoek 37 (Ouest : 4 km), ℘ 0 50 78 90 72, restaurantbeverhof@pi.be,
Fax 0 50 78 90 72, 😀 – **P.** **AE** **①** **MC** **VISA**
fermé du 1er au 15 mars, 30 août-14 sept., mardi et merc. – **Repas** carte env. 2000.

à Oedelem Nord : 4 km ⓒ Beernem – ✉ 8730 Oedelem :

Alain Meessen, Bruggestraat 259, ℘ 0 50 36 37 84, Fax 0 50 36 01 94, 😀 – **P.** **①**
MC **VISA**
fermé 3 sem. en avril, 26 déc.-13 janv., sam. midi, dim. et lundi midi – **Repas** Lunch 1650
– carte 2100 à 2500.

BEERSEL Vlaams-Brabant **213** K 18 - �51 S et **909** F 3 - ㉑ S – voir à Bruxelles, environs.

BEERVELDE Oost-Vlaanderen **213** I 16 et **909** E 2 – voir à Gent, environs.

BELLEGEM West-Vlaanderen **213** E 18 et **909** C 3 – voir à Kortrijk.

BELLEVAUX-LIGNEUVILLE 4960 Liège ⓒ Malmédy 11 060 h. **213** V 20, **214** V 20 et **909** L 4.
Bruxelles 165 – Liège 65 – Malmédy 8,5 – Spa 27.

St-Hubert, Grand'Rue 43 (Ligneuville), ℘ 0 80 57 08 92, Fax 0 80 57 08 94, 🚲 – **TV**
P. – 🚗 60. **MC** **VISA** 😀
fermé du 10 au 20 janv. – **Repas** (fermé merc.) Lunch 615 – 850/1425 – **18 ch**
⛌ 1700/2400 – ½ P 2000/2200.

Du Moulin avec ch, Grand'Rue 28 (Ligneuville), ℘ 0 80 57 00 81, Fax 0 80 57 07 88, 😀,
« Auberge du 19e s. », 😀, 🚲 – **TV** **P.** **AE** **①** **MC** **VISA**
fermé 26 mars-9 avril, 20 août-5 sept. et merc. – **Repas** 1095/2500 – **14 ch**
⛌ 1950/3200 – ½ P 2400/3750.

BELŒIL *7970 Hainaut* **213 H 19, 214 H 19** *et* **909 E 4** – *13 236 h.*
Voir *Château★★ : collections★★★, parc★★, bibliothèque★.*
Bruxelles 70 – Mons 22 – Tournai 28.

Hôtels et restaurants voir : Mons *Sud-Est : 22 km*

BELVAUX *Namur* **214 Q 22** *et* **909 I 5** – *voir à Rochefort.*

BERCHEM *Antwerpen* **213 L 15** - ⑬ S *et* **909 G 2** - ⑨ S – *voir à Antwerpen, périphérie.*

BERCHEM-STE-AGATHE (SINT-AGATHA-BERCHEM) *Région de Bruxelles-Capitale* **213 K 17** - (51) N *et* **909 F 3** - ㉑ N – *voir à Bruxelles.*

BERENDRECHT *Antwerpen* **213 K 14** *et* **909 F 1** - ⑧ N – *voir à Antwerpen, périphérie.*

BERGEN P *Hainaut* – *voir Mons.*

BERLARE *9290 Oost-Vlaanderen* **213 J 16** *et* **909 F 2** – *13 714 h.*
Bruxelles 38 – Antwerpen 43 – Gent 26 – Sint-Niklaas 24.

XXX ✿ **'t Laurierblad** (Van Cauteren) avec ch, Dorp 4, ☎ 0 52 42 48 01, *guy.vancauteren@pi.be, Fax 0 52 42 59 97*, 🍽, « Terrasse avec pièce d'eau », 🚲 – 🛗, ▤ ch, TV P – 🎪 25 à 40. AE ◑ MC VISA
fermé 27 août-14 sept. et du 7 au 13 janv. – **Repas** *(fermé dim. soir, lundi et mardi midi)* Lunch 1800 bc – 2195, carte 2200 à 2900 – **5 ch** ☕ 3160/4800
Spéc. Compression de homard et lentilles au foie gras. Aiguillette de bœuf braisée façon des brasseurs. Brioche perdue aux abricots et crème d'amandes.

aux étangs de Donkmeer *Nord-Ouest : 3,5 km :*

XXX ✿ **Lijsterbes** (Van Der Bruggen), Donklaan 155, ✉ 9290 Uitbergen, ☎ 0 9 367 82 29, *Fax 0 9 367 85 50*, « Terrasse fleurie » – ▤ P. AE ◑ MC VISA
fermé 4 sept.-28 oct., sam. midi, dim. soir et lundi – **Repas** Lunch 1450 – carte 2100 à 3250
Spéc. Carpaccio de langoustines au caviar. Daurade royale en croûte de sel. Misérable au chocolat, framboises au poivre et sorbet à l'orange.

X **Malpertuus,** Donklaan 253, ✉ 9290 Overmere, ☎ 0 9 367 50 23, *Fax 0 9 367 43 72*, ≤, 🍽, Anguilles – P. AE ◑ MC VISA
fermé déc., mardi et merc. – **Repas** carte env. 1100.

BERNEAU *4607 Liège* C *Dalhem 6 117 h.* **213 T 18** *et* **909 K 3.**
Bruxelles 110 – *Maastricht* *14 – Liège 19 – Verviers 26 – Aachen 46.*

X **Le Vercoquin,** r. Warsage 2, ☎ 0 4 379 33 63, *Fax 0 4 379 75 88*, 🍽 – P. AE ◑ MC VISA
fermé 2 sem. en juil., dim. soir et lundi – **Repas** 1200/2800.

BERTRIX *6880 Luxembourg belge* **214 Q 23** *et* **909 I 6** – *8 013 h.*
Bruxelles 149 – *Bouillon* *24 – Arlon 54 – Dinant 73.*

X **Le Péché Mignon,** r. Burhaimont 69, ☎ 0 61 41 47 17, *Fax 0 61 41 47 17*, 🍽 – P. ◑ MC VISA
fermé 1 sem. carnaval, 25 juin-13 juil., lundi soir et merc. – **Repas** Lunch 720 – 900/1400.

BÉVERCÉ *Liège* **213 V 20, 214 V 20** *et* **909 L 4** – *voir à Malmédy.*

BEVEREN-LEIE *8791 West-Vlaanderen* C *Waregem 35 830 h.* **213 F 17** *et* **909 C 3**
Bruxelles 89 – *Kortrijk* *7 – Brugge 49 – Gent 44.*

XX **de Gastronoom,** Kortrijkseweg 215, ☎ 0 56 70 11 10, *Fax 0 56 70 60 88*, 🍽 – ▤ P. AE ◑ MC VISA
fermé 21 juil.-15 août, dim. soir et lundi – **Repas** Lunch 1300 – 1500/2500.

BILZEN *3740 Limburg* **213 S 17** *et* **909 J 3** – *29 125 h.*
Bruxelles 97 – *Maastricht* *16 – Hasselt 17 – Liège 29.*

XX **'t Vlierhof,** Hasseltsestraat 57a, ☎ 0 89 41 44 18, *Fax 0 89 41 44 18*, 🍽 – ▤ P. AE MC VISA. ✗
fermé 3 dern. sem. juil., lundi soir, merc. et sam. midi – **Repas** Lunch 995 – 1450/1900.

XX **Bevershof,** Hasseltsestraat 72, ☎ 0 89 41 23 01, *bevershof@village.uunet.be, Fax 0 89 41 23 01*, 🍽 – ▤ P – 🎪 25 à 250. AE ◑ MC VISA. ✗ – *fermé du 5 au 20 mars, du 8 au 30 oct., lundi et mardi* – **Repas** Lunch 1280 bc – carte 1600 à 2050.

BINCHE 7130 Hainaut 213 J 20, 214 J 20 et 909 F 4 – 32 185 h.

Voir Carnaval★★★ (Mardi gras) – Vieille ville★ Z.
Musée : International du Carnaval et du Masque★ : masques★★ Z M.
Env. au Nord-Est, 10 km par ① : Domaine de Mariemont★★ : parc★, musée★★.
🛈 Hôtel de Ville, Grand'Place ☎ 0 64 33 67 27, Fax 0 64 33 95 37.
Bruxelles 62 ① – Mons 19 ⑤ – Charleroi 20 ② – Maubeuge 24 ④

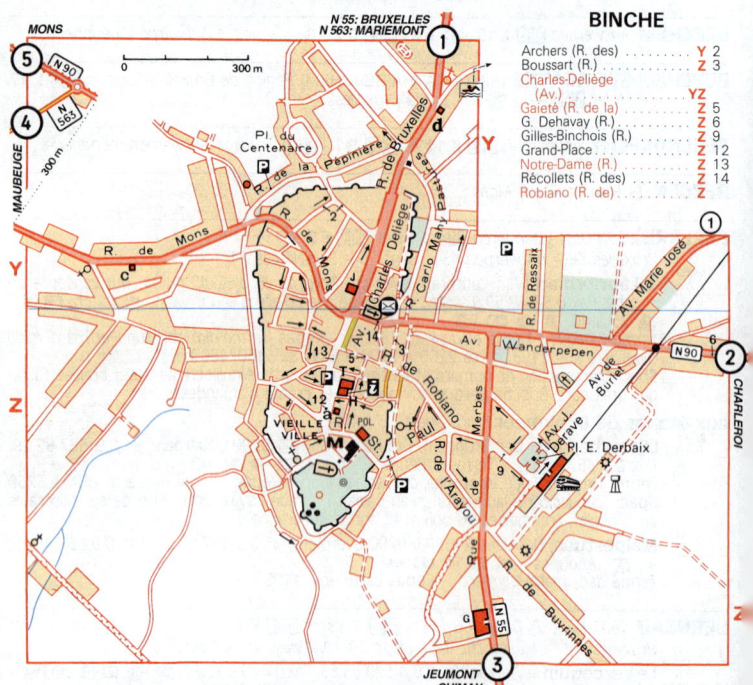

BINCHE

Archers (R. des)	Y 2
Boussart (R.)	Z 3
Charles-Deliège (Av.)	YZ
Gaieté (R. de la)	Z 5
G. Dehavay (R.)	Z 6
Gilles-Binchois (R.)	Z 9
Grand-Place	Z 12
Notre-Dame (R.)	Z 13
Récollets (R. des)	Z 14
Robiano (R. de)	Z

XX **L'Aubade,** r. Bruxelles 37, ☎ 0 64 34 22 73, Fax 0 64 33 37 75 – 🍽 P. AE ⓘ MC VISA
fermé 28 fév.-7 mars, 2 sem. en août, mardi soir, merc. et dim. soir – **Repas** Lunch 950 – 1800 bc.

X **China Town,** Grand'Place 12, ☎ 0 64 33 72 22, Cuisine chinoise, ouvert jusqu'à 23 h 30 – 🍽. AE ⓘ MC VISA   Z a
fermé 2 sem. en août et merc. – **Repas** Lunch 480 – 675/875.

à Waudrez Ouest : 2 km C Binche – ✉ 7131 Waudrez :

X **Eric,** rte de Mons 190, ☎ 0 64 33 25 35 – AE ⓘ MC VISA   Y c
fermé 3 sem. en juil. et lundis, mardis et merc. non fériés – **Repas** Lunch 350 – 895.

BITSINGEN Liège – voir Bassenge.

BLANDEN Vlaams-Brabant 213 N 18 – voir à Leuven.

Les hôtels ou restaurants agréables sont indiqués
dans le guide par un **signe rouge**.
Aidez-nous en nous signalant les maisons où,
par expérience, vous savez qu'il fait bon vivre.
Votre **guide Michelin** sera encore meilleur.

BLANKENBERGE 8370 West-Vlaanderen ⌽⌽⌽ **D 15** et ⌽⌽⌽ **C 2** – 17 458 h. – Station balnéaire★
– Casino Kursaal **A** , Zeedijk 150, ☎ 0 50 43 20 20, Fax 0 50 41 98 40.
฿ Leopold III-plein ☎ 0 50 41 22 27, Fax 0 50 41 61 39.
Bruxelles 111 ② – *Brugge* 15 ② – Knokke-Heist 12 ① – Oostende 21 ③

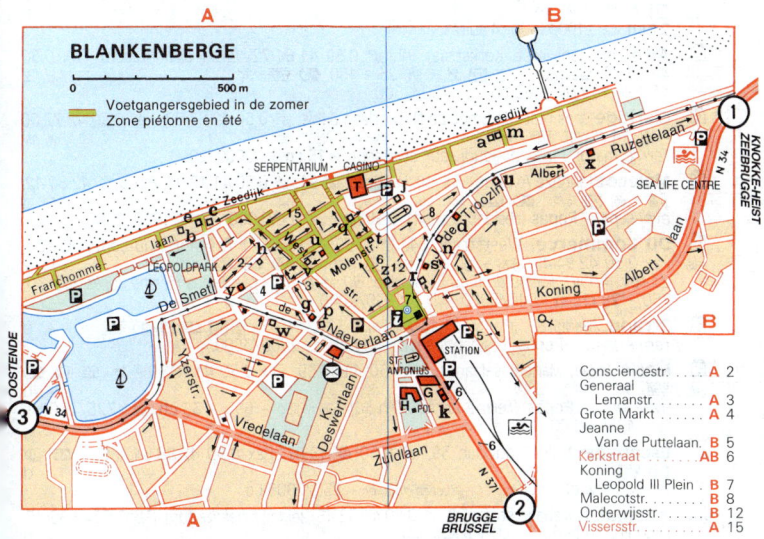

Consciencestr.	**A** 2
Generaal Lemanstr.	**A** 3
Grote Markt	**A** 4
Jeanne Van de Puttelaan	**B** 5
Kerkstraat	**AB** 6
Koning Leopold III Plein	**B** 7
Malecotstr.	**B** 8
Onderwijsstr.	**B** 12
Vissersstr.	**A** 15

🏨 **Beach Palace** 🅼, Zeedijk 77, ☎ 0 50 42 96 64, info@beach-palace.com, Fax 0 50 42 60 49, ≤, 🍽, « Dominant la plage », 🛁, ≘s, 🇿 – 🛗, 🍽 rest, 📺 🚗 🅿 – 🔒 25 à 150. 🆎 ⓞ 🆎 🆎, 🍽 rest
Repas 1150/1950 – **67 ch** 🛏 6375/6700, 3 suites – ½ P 5770/8475.
             A b

🏨 **Azaert** (annexe Aazaert - 21 ch), Molenstraat 31, ☎ 0 50 41 15 99, info@azaert.be, Fax 0 50 42 91 46, 🛁, ≘s, 🇿 – 🛗, 🍽 rest, 📺 🚗 – 🔒 25 à 70. 🆎 🆎 🆎, 🍽 **A** t
Repas (22 fév.-6 nov. ; fermé du 4 au 31 mars, merc. soir et après 20 h 30) (dîner seult sauf dim. et jours fériés) 950/1900 – **51 ch** (fermé du 1er au 22 fév.) 🛏 2350/3950 – ½ P 2450/2875.

🏨 **Helios** 🅼, Zeedijk 92, ☎ 0 50 42 90 20, info@hotel-helios.be, Fax 0 50 42 86 66, ≤, « Aménagement design », 🛁, ≘s – 🛗, 🍽 rest, 📺 🚗 – 🔒 25 à 100. 🆎 ⓞ 🆎 🆎 🆎, 🍽 **A** c
fermé 13 nov.-14 déc. – **Repas Triton** (fermé lundi hors saison) Lunch 590 – 990/1350 – **34 ch** 🛏 4000/5800 – ½ P 2990/3790.

🏨 **Saint Sauveur**, Langestraat 50, ☎ 0 50 42 70 00, hotel@saintsauveur.be, Fax 0 50 42 97 38, ≘s, 🇿 – 🛗, 🍽 rest, 📺 🆎 🆎 🆎, 🍽   **A** q
Repas (résidents seult) – **28 ch** 🛏 4000/4500, 3 suites – ½ P 2400/2950.

🏨 **Riant Séjour**, Zeedijk 188, ☎ 0 50 43 27 00, wauters.jean@skynet.be, Fax 0 50 42 75 54, ≤, « Dominant la plage », 🛁, ≘s – 🛗, 🍽 rest, 📺 🆎 🆎, 🍽 **B** a
fermé du 1er au 17 oct. – **Repas** (fermé mardi, merc. et jeudi d'oct. à mars et après 20 h) Lunch 720 – carte 900 à 1350 – **30 ch** (fermé merc. d'oct. à mars) 🛏 3200/4600, 1 suite.

🏨 **La Providence**, Zeedijk 191, ☎ 0 50 41 11 98, karel.maes@skynet.be, Fax 0 50 41 80 79, ≤, 🛁, ≘s – 🛗, 🍽 rest, 📺 🆎 🆎, 🍽 ch   **B** m
29 mars-5 nov. – **Repas** (fermé merc. et après 20 h) Lunch 550 – 850/1400 – **24 ch** 🛏 2250/3800 – ½ P 2150/2600.

🏨 **Richmond Thonnon**, Van Maerlantstraat 79, ☎ 0 50 42 96 92, hotel.richmond.thonnon@planetinternet.be, Fax 0 50 42 98 72, ≘s, 🚴 – 🛗 📺 🚗 – 🔒 25. 🆎 ⓞ 🆎 🆎, 🍽 **A** p
Repas (résidents seult) – **38 ch** 🛏 3990/4440 – ½ P 2700/2975.

🏨 **Vivaldi**, Koning Leopold III-plein 8, ☎ 0 50 42 84 37 – 🛗 📺 🆎 🆎   **B** r
fermé merc. soir – **Repas** Lunch 350 – carte env. 850 – **28 ch** 🛏 1800/2900, 2 suites – ½ P 1850/1900.

BLANKENBERGE

Moeder Lambic, J. de Troozlaan 93, ☎ 0 50 41 27 54, moeder.lambic@planetintern et.be, Fax 0 50 41 09 44, 🍽 – 🛗 TV AE MC VISA ✶ ch B u
fermé 10 janv.-9 fév. – **Repas** (fermé merc. et jeudi d'oct. à mars) (Ouvert jusqu'à 23 h) Lunch 475 – 750/1175 – **15 ch** ⊇ 2700/3300 – ½ P 2000/2500.

Albatros sans rest, Consciencestraat 45, ☎ 0 50 41 13 49, Fax 0 50 42 86 55, 🛌 – 🛗 TV 🅿 MC VISA ✶ A h
21 ch ⊇ 2100/3600, 4 suites.

Alfa Inn sans rest, Kerkstraat 92, ☎ 0 50 41 81 72, info@alfa-inn.com, Fax 0 50 42 93 24, 🛌, 🚲 – 🛗 TV 🅿 – 🛎 25 à 150. MC VISA ✶ AB z
15 fév.-15 nov. – **65 ch** ⊇ 1750/2500.

Claridge sans rest, de Smet de Naeyerlaan 81bis, ☎ 0 50 42 66 88, Fax 0 50 42 77 00 – 🛗 TV 🅿 MC VISA ✶ A w
fermé mardi, merc. et jeudi sauf avril-sept. – **15 ch** ⊇ 2000/2800.

Malecot (annexe Avenue - 33 ch), Langestraat 91, ☎ 0 50 41 12 07, Fax 0 50 42 80 42, 🛋 – 🛗 TV 🛌, 🗻 MC VISA ✶ rest B j
avril-sept. – **Repas** (résidents seult) – **30 ch** ⊇ 1900/3000 – ½ P 1800/2500.

Du Commerce, Weststraat 64, ☎ 0 50 42 95 35, info@hotel-du-commerce.be, Fax 0 50 42 94 40, 🚲 – 🛗, ■ rest, TV 🛌, AE ① MC VISA ✶ rest A v
23 fév.-4 nov. ; fermé du 5 au 30 mars et 30 sept.-26 oct. – **Repas** (fermé après 20 h 30) 750 – **29 ch** ⊇ 2840/3000 – ½ P 1830/2040.

Strand, Zeedijk 86, ☎ 0 50 41 16 71, Fax 0 50 42 58 67 – 🛗 TV AE ① MC VISA A e
fermé janv. – **Repas** (résidents seult) – **17 ch** ⊇ 2800/3500.

Marie-José, Marie-Josélaan 2, ☎ 0 50 41 16 39, Fax 0 50 41 16 39 – 🛗, AE ① MC VISA. ✶ B n
avril-sept. – **Repas** (fermé après 20 h 30) Lunch 550 – 695 – **36 ch** ⊇ 1725/2300 – ½ P 1750/2900.

Escapade J. de Troozlaan 39, ☎ 0 50 41 15 97, Fax 0 50 42 88 64, 🍽 – AE ① MC VISA B d
fermé janv. et lundi – **Repas** Lunch 1000 bc – 850/2000 bc.

't Zeigat, Notebaertstraat 20, ☎ 0 50 41 32 15, zeigat@belbizz.com, Fax 0 50 41 32 15, Produits de la mer – AE ① MC VISA A g
fermé du 1er au 15 déc., du 15 au 30 janv., mardi soir et merc. – **Repas** Lunch 1200 bc – 1250/1850.

't Karveeltje, Grote Markt 7, ☎ 0 50 41 36 69, Fax 0 50 41 36 69, 🍽 – AE ① MC VISA A y
fermé mardi soir et merc. – **Repas** Lunch 695 – 1700.

St-Hubert, Manitobaplein 15, ☎ 0 50 41 22 42, Fax 0 50 41 22 42, 🍽 – AE MC VISA JCB A u
fermé du 5 au 31 mars et lundi et mardi sauf en juil.-août – **Repas** carte 1150 à 1700.

La Tempête avec ch, A. Ruzettelaan 37, ☎ 0 50 42 94 28, Fax 0 50 42 79 17 – TV 🅿 ① MC VISA ✶ ch B x
fermé du 1er au 24 janv., lundi et merc. en hiver et mardi – **Repas** Lunch 695 – 1100/1490 – **9 ch** ⊇ 2400/3000 – ½ P 1800/1950.

Borsalino, Kerkstraat 159, ☎ 0 50 42 74 89, Fax 0 50 42 74 24, 🍽 – MC VISA B v
fermé lundi sauf en juil.-août et sam. midi – **Repas** Lunch 425 – 950.

Joinville, J. de Troozlaan 5, ☎ 0 50 41 22 69, Fax 0 50 41 22 69 – MC VISA B s
fermé fin oct. et merc. soir et jeudi hors saison – **Repas** Lunch 1350 – carte 1450 à 1900.

Griffioen, Kerkstraat 163, ☎ 0 50 41 34 05, Produits de la mer, ouvert jusqu'à minuit – AE ① MC VISA B k
fermé janv. et lundi et mardi en hiver – **Repas** carte 1250 à 1650.

à Zuienkerke par ② : 6 km – 2 768 h. – ✉ 8377 Zuienkerke :

Butler sans rest, Blankenbergsesteenweg 13a, ☎ 0 50 42 60 72, Fax 0 50 42 61 35 – TV 🅿 – 🛎 25. AE MC VISA
15 ch ⊇ 2200/2800.

De Zilveren Zwaan, Statiesteenweg 12 (Est : près N 371), ☎ 0 50 41 48 19, info @dezilverenzwaan.be, Fax 0 50 41 73 46, 🍽 – 🅿 AE ① MC VISA
fermé 2 dern. sem. juil., dim. soir sauf en juil.-août, lundi soir et mardi – **Repas** Lunch 1750 bc – 2500 bc.

Hoeve Ten Doele, Nieuwesteenweg 1, ☎ 0 50 41 31 04, Fax 0 50 42 63 11, 🍽, « Cadre champêtre » – 🅿 MC VISA ✶
fermé du 12 au 30 mars, du 18 au 22 juin, 24 sept.-12 oct., lundi et mardi – **Repas** 1250 bc/1350 bc.

BLAREGNIES 7040 Hainaut C Quévy 7 394 h. 213 I 20, 214 I 20 et 909 E 4.
Bruxelles 80 – Mons 15 – Bavay 11.

XX **Les Gourmands** (Bernard), r. Sars 15, ✆ 0 65 56 86 32, Fax 0 65 56 74 40 – P. AE MC VISA
£3 fermé dim. soir, lundis midis non fériés, lundi soir et après 20 h 30 – **Repas** Lunch 990 – 1550/2150, carte 2100 à 2600
Spéc. Compression de petits-gris à la tomate et moelle. Poêlée de homard à la vanille. Pigeonneau au Banyuls et à la sauge.

BLÉGNY 4671 Liège 213 T 18, 214 T 18 et 909 K 3 – 12 225 h.
Bruxelles 105 – Maastricht 26 – Liège 12 – Verviers 22 – Aachen 33.

à Housse Ouest : 3 km C Blégny – ⊠ 4671 Housse :

X **Le Jardin de Caroline,** r. Saivelette 8, ✆ 0 4 387 42 11, Fax 0 4 387 42 11, 🍽 – P.
AE ⓘ MC VISA
fermé lundi et mardi – **Repas** Lunch 1750 bc – 1050/1650.

BOCHOLT 3950 Limburg 213 S 15 et 909 J 2 – 11 721 h.
Bruxelles 106 – Hasselt 42 – Antwerpen 91 – Eindhoven 38.

XXX **Kristoffel,** Dorpsstraat 28, ✆ 0 89 47 15 91, restaurant.kristoffel@yucom.be, Fax 0 89 47 15 92, 🍽 – ☰. AE ⓘ MC VISA. ✲
fermé du 9 au 31 juil., du 1er au 10 janv., lundi et mardi – **Repas** Lunch 1075 – 1125/1375.

BOECHOUT Antwerpen 213 L 16 - ㉕ N et 909 G 2 - ⑱ N – voir à Antwerpen, environs.

BOHON Luxembourg belge 214 R 20 – voir à Barvaux.

BOIS-DE-VILLERS 5170 Namur C Profondeville 10 632 h. 213 O 20, 214 O 20 et 909 H 4.
Bruxelles 74 – Namur 13 – Dinant 23.

X **Au Plaisir du Gourmet,** r. Elie Bertrand 75, ✆ 0 81 43 44 12, Fax 0 81 43 44 12, 🍽
– P. MC VISA
fermé fin août et mardis et merc. non fériés – **Repas** 1250.

BOKRIJK Limburg 213 R 17 et 909 J 3 – voir à Genk.

BOLDERBERG Limburg 213 Q 17 et 909 I 3 – voir à Zolder.

BOLLAND Liège 213 T 19 et 214 T 19 – voir à Battice.

BOMAL-SUR-OURTHE 6941 Luxembourg belge C Durbuy 9 794 h. 213 S 20, 214 S 20 et 909 J 4.
Bruxelles 125 – Arlon 104 – Liège 45 – Marche-en-Famenne 24.

à Juzaine Est : 1,5 km C Durbuy – ⊠ 6941 Bomal :

XX **Saint-Denis,** r. Ardennes 164, ✆ 0 86 21 11 79, Fax 0 86 21 46 74, 🍽, « Terrasse et jardin au bord de l'Aisne » – ☰ P. AE ⓘ MC VISA. ✲
fermé janv., dim. soir d'oct. à mai, lundi soir et mardi – **Repas** 1050/1350.

BONCELLES Liège 213 S 19, 214 S 19 - ㉕ S et 909 J 4 - ⑰ S – voir à Liège, environs.

BONHEIDEN Antwerpen 213 M 16 et 909 G 2 – voir à Mechelen.

BONLEZ 1325 Brabant Wallon C Chaumont-Gistoux 10 028 h. 213 N 18, 214 N 18 et 909 H 3.
Bruxelles 34 – Namur 31 – Charleroi 51 – Leuven 24 – Tienen 34.

X **32 Chemin de l'herbe,** Chemin de l'herbe 32, ✆ 0 10 68 89 61, Fax 0 10 68 89 61, 🍽, Avec grillades – P. AE MC VISA
fermé 1 sem. en sept., dim. et lundi – **Repas** Lunch 325 – 1395.

BOOM 2850 Antwerpen 213 L 16 et 909 G 2 – 14 875 h.
Bruxelles 30 – Antwerpen 18 – Gent 57 – Mechelen 16.

XX **Cheng's Garden,** Col. Silvertopstraat 5, ✆ 0 3 844 21 84, Fax 0 3 844 54 46, Avec cuisine chinoise – ☰ P. AE ⓘ MC VISA. ✲
Repas carte 900 à 1500.

BORGERHOUT Antwerpen 📘 **L 15** - ⑬ S et 📙 **G 2** - ⑨ S – voir à Antwerpen, périphérie.

BORGLOON (LOOZ) 3840 Limburg 📘 **R 18** et 📙 **J 3** – 10 078 h.
Bruxelles 74 – Maastricht 29 – Hasselt 28 – Liège 29.

- **Kasteel van Rullingen** 🐾, Rullingen 1 (Ouest : 3 km à Kuttekoven), ☎ 0 12 74 31 46, rullingen@ping.be, Fax 0 12 74 54 86, 🍴, « Style Renaissance mosane, ≤ parc et vergers », 🍴, 🚗 – 📺 🅿 – 🛎 25 à 100. 🅰🅴 ⓓ 🆆 VISA
fermé 2 dern. sem. juil., prem. sem. janv., sam. midi, dim. soir et lundi – **Repas** Lunch 1250 – 1500/2500 – ⛔ 450 – **11 ch** 3500/5000 – ½ P 3900/4450.

- **De Moerbei** sans rest, Tongersesteenweg 26, ☎ 0 12 74 72 82, moerbei@skynet.be, Fax 0 12 74 51 42, 🍴, 🚴 – 📺 🚗. 🆆 VISA. 🛏
6 ch ⛔ 2100/2900.

- **Ambrozijn**, Tongersesteenweg 30, ☎ 0 12 74 72 31, Fax 0 12 74 72 31 – 📺. 🆆 VISA. 🛏
fermé 26 fév.-6 mars, 23 juil.-7 août, mardi et sam. midi – **Repas** Lunch 975 – 1200.

- **Het Klaphuis** avec ch, Kortestraat 2, ☎ 0 12 74 73 25, sarto@assurnet.net, Fax 0 14 36 99 38, 🍴 – 📺 🅿 – 🛎 25 à 60. 🅰🅴 ⓓ 🆆 VISA. 🛏
Repas (fermé du 5 au 19 sept. et merc.) (Taverne-rest) Lunch 750 – carte 1050 à 2200 – **8 ch** ⛔ 1900/2800 – ½ P 2050/2150.

BORGWORM Liège – voir Waremme.

BORNEM 2880 Antwerpen 📘 **K 16** et 📙 **F 2** – 19 879 h.
Bruxelles 36 – Antwerpen 28 – Gent 46 – Mechelen 21.

- **Bornem** sans rest, Rijksweg 58, ☎ 0 3 889 03 40, Fax 0 3 899 00 42 – 📺 🅿 – 🛎 25 à 50. 🅰🅴 ⓓ 🆆 VISA. 🛏
16 ch ⛔ 3500.

- **Eyckerhof** (Debecker), Spuistraat 21 (Eikevliet), ☎ 0 3 889 07 18, eyckerhof@pi.be, Fax 0 3 889 94 05, 🍴, « Auberge dans un cadre champêtre » – 🅿. 🅰🅴 ⓓ 🆆 VISA. 🛏
fermé carnaval, 8 juil.-2 août, sam. midi, dim. soir et lundi – **Repas** (nombre de couverts limité - prévenir) Lunch 1400 bc – 3000 bc, carte 2450 à 2950
Spéc. Salade de pigeon et foie d'oie, carottes marinées aux graines de sésame. Tian de champignons, langoustines et foie d'oie. Risotto de ris de veau au parmesan et truffes.

- **De Notelaer** avec ch, Stationsplein 2, ☎ 0 3 889 13 67, info@denotelaer.be, Fax 0 3 899 13 36, 🍴 – 📺 rest, 📺 🅰🅴 ⓓ 🆆 VISA JCB. 🛏
fermé du 24 au 29 déc. – **Repas** (fermé jeudi et sam. midi) Lunch 995 – 1495/1895 – **12 ch** ⛔ 2500/4000 – ½ P 2925.

à **Mariekerke** Sud-Ouest : 4,5 km 🇨 Bornem – ✉ 2880 Mariekerke :

- **De Ster**, Jan Hammeneckerstraat 141, ☎ 0 52 33 22 89, Fax 0 52 34 24 89, 🍴 – 🅿. 🅰🅴 ⓓ 🆆 VISA. 🛏
fermé 26 fév.-15 mars, 20 août-8 sept., mardi et merc. – **Repas** 1050/1900.

BOUGE Namur 📘 **O 20**, 📗 **O 20** et 📙 **H 4** – voir à Namur.

BOUILLON 6830 Luxembourg belge 📗 **P 24** et 📙 **I 6** – 5 463 h.
Voir Château★★ Z : Tour d'Autriche ≤★★.
Musée : Ducal★ Y M.
Env. par ③ : 8 km à Corbion : Chaire à prêcher ≤★.
🛈 au Château fort, Esplanade Godefroy de Bouillon ☎ 0 61 46 62 57, Fax 0 61 46 42 12 – (en saison) Pavillon, Porte de France ☎ 0 61 46 42 02.
Bruxelles 161 ① – Arlon 64 ② – Dinant 63 ① – Sedan 18 ②.

Plans pages suivantes

- **Le Feuillantin**, r. au-dessus de la Ville 23, ☎ 0 61 46 62 93, feuillantin@panoramah otels.be, Fax 0 61 46 80 74, ≤ ville et château – 📺 🅰🅴 ⓓ 🆆 VISA. 🛏 rest Y c
fermé merc. hors saison sauf vacances scolaires – **Repas** 1150/1650 – **12 ch** ⛔ 2000/3200.

- **La Ferronnière** 🐾, Voie Jocquée 44, ☎ 0 61 23 07 50, laferronniere@skynet.be, Fax 0 61 46 43 18, ≤, 🍴, « Villa de style anglais dominant la vallée de la Semois », – 📺 🅿. 🆆 VISA
 Y a
fermé du 19 au 29 mars et du 2 au 12 juil. – **Repas** (fermé lundi et mardi midi) 1050/1950 – **7 ch** (fermé lundi hors saison) ⛔ 3300/3800 – ½ P 2850/2900.

Poste, pl. St-Arnould 1, ℘ 0 61 46 51 51, info@hotelposte.be, Fax 0 61 46 51 65, ≤ –
⌘ TV ⇔, AE ⓘ MC VISA   Y n
Repas 895/1495 – **66 ch** ☐ 2230/5500 – ½ P 2500/3900.

La Porte de France, Porte de France 1, ℘ 0 61 46 62 66, Fax 0 61 46 89 15, ≤, 🍽
– ⌘ TV – 🚗 25. AE ⓘ MC VISA, ※ rest   Z d
Repas Lunch 690 – 840/1590 – **25 ch** ☐ 2200/3600 – ½ P 2500/3050.

Aub. d'Alsace et H. de France, Faubourg de France 1, ℘ 0 61 46 65 88, Fax 0 61
46 83 21, ≤ – ⌘ TV. AE ⓘ MC VISA, ※   Z k
fermé du 10 au 30 janv. et merc. d'oct. à fin avril – **Repas** 850/1850 – **30 ch**
☐ 2030/3560 – ½ P 2080/2580.

Host. du Cerf, rte de Florenville (Sud-Est par ②) : 9 km sur N 83), ℘ 0 61 46 70 11,
hotel.du.cerf@ping.be, Fax 0 61 46 83 14, 🍽, 🌳, 🚲 – TV P. AE MC VISA.
※ rest
fermé du 18 au 29 juin, 27 août-6 sept. ; ouvert week-end seult et jours fériés d'oct. à
Pâques – **Repas** (fermé après 20 h 30) Lunch 625 – carte env. 1400 – **13 ch** ☐ 1575/2500
– ½ P 2000/2400.

le Mont Blanc, Quai du Rempart 3, ℘ 0 61 46 63 31, Fax 0 61 46 82 74, 🍽 – ≡ rest,
TV. AE ⓘ MC VISA, ※ ch   Y e
fermé prem. sem. mars, du 1er au 15 oct., lundi soir et mardi – **Repas** (Taverne-rest) Lunch
470 – 795 – **6 ch** ☐ 1800/2400 – ½ P 1900.

BOUILLON

Ange-Gardien (R. de l')	Y	2
Augustins (R. des)	Y	3
Brutz (R. du)	Y	4
Collège (R. du)	YZ	
Ducale (Pl.)	Y	5
Écoles (R. des)	Y	6
Faubourg de France	Y	7
France (Pt de)	Z	8
France (Pte de)	Z	9
Godefroi-de Bouillon (Espl.)	Y	10
Hautes-Voies (R. des)	Y	11
Laitte (R. de)	Y	12
Liège (Pt de)	Y	13
Maladrerie (Q. de la)	Y	14
Maladrerie (R. de la)	Y	15
Moulin (R. du)	Y	16
Nord (R. du)	Y	18
Paroisse (All. de la)	Z	19
Petit (R. du)	Y	20
Poste (R. de la)	Z	22
Poulie (Pt de la)	Y	23
Poulie (R. de la)	Y	24
Prison (R. de la)	Y	26
Rempart (Q. du)	YZ	
St-Arnould (Pl.)	Y	27
Saulx (Q. des)	Y	28

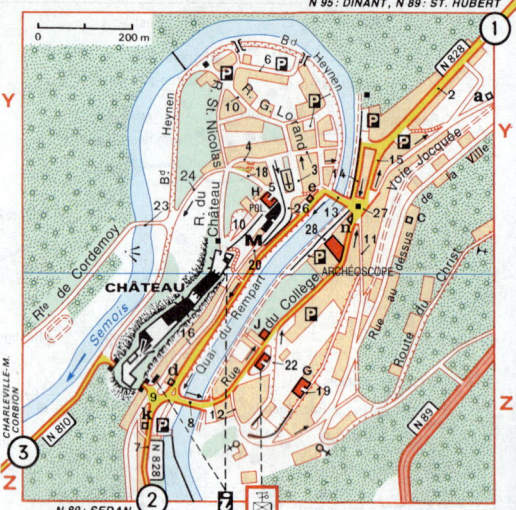

Les plans de villes sont disposés le Nord en haut.

à Corbion par ③ : 7 km C Bouillon – ⊠ 6838 Corbion :

Ardennes ⊗, r. Hate 1, ℰ 0 61 46 66 21, contact@hoteldesardennes.be, Fax 0 61 46 77 30, « Jardin ombragé avec ≤ collines boisées », ⚡, ⚙ – ‖, ≡ rest, TV P – 🛇 25. AE ① MC VISA
mi-mars-1ᵉʳ janv. ; fermé du 24 au 27 sept. – **Repas** 950/1950 – **29 ch** ⊇ 2900/4000 – ½ P 2750/2950.

Le Relais, r. Abattis 5, ℰ 0 61 46 66 13, Fax 0 61 46 89 50, 🍴 – ⚡
fermé fin juin-début juil., 24 août-2 sept., du 10 au 20 sept. et mardi et merc. de nov. à mars sauf vacances scolaires – **Repas** (fermé après 20 h 30) 850/1000 – **11 ch** ⊇ 2200 – ½ P 1900.

à Ucimont par ① : 8,5 km C Bouillon – ⊠ 6833 Ucimont :

du Saule ⊗, r. Fontinelle 9, ℰ 0 61 46 64 42, hoteldusaule@bouillon.net, Fax 0 61 46 85 78, 🍴, ✦, ⚙, ⚡ – ‖ AE ① MC VISA ⚡
fermé du 2 au 9 juil. et du 7 au 18 janv. – **Repas** (fermé merc. midi) Lunch 695 – 895/1895 – **12 ch** ⊇ 2500/3900 – ½ P 2750/3050.

BOURG-LÉOPOLD Limburg – voir Leopoldsburg.

BOUSSU-EN-FAGNE Namur 214 L 22 et 909 G 5 – voir à Couvin.

BOUVIGNES-SUR-MEUSE Namur 213 O 21, 214 O 21 et 909 H 5 – voir à Dinant.

BOVIGNY Luxembourg belge 214 U 21 et 909 K 5 – voir à Vielsalm.

BRAINE-L'ALLEUD (EIGENBRAKEL) 1420 Brabant Wallon 213 L 18, 214 L 18 et 909 G 3 – 34 895 h.
🏌 (2 parcours) 🏌 chaussée d'Alsemberg 1021 ℰ 0 2 353 02 46, Fax 0 2 354 68 75.
Bruxelles 18 – Charleroi 37 – Nivelles 15 – Waterloo 4.

Jacques Marit, chaussée de Nivelles 336 (sur N 27, près R0, sortie ㉕), ℰ 0 2 384 15 01, Fax 0 2 384 10 42, 🍴, « Terrasse dominant jardin et verger » – ≡ P AE ① MC VISA JCB
fermé 1 sem. après Pâques, août, prem. sem. janv., dim. soir de nov. à Pâques, lundi et mardi – **Repas** Lunch 1400 – 1750/2100, carte env. 2500
Spéc. Huîtres au Champagne. Sole poêlée aux tomates confites et artichaut. Carpaccio d'ananas et orange à la turque.

BRAINE-L'ALLEUD

XX **La Graignette**, r. Papyrée 39, ℘ 0 2 385 01 09, Fax 0 2 385 01 09, ≤, 🍴 – 🅿. AE ⓘ ⓜ VISA
fermé 3 sem. fin août, dim. soir, lundi et mardi soir – **Repas** Lunch 690 – 990/1750.

XX **Le Saint Anne**, pl. Ste-Anne 17, ℘ 0 2 387 15 74, Fax 0 2 384 06 68, 🍴 – AE ⓘ ⓜ VISA
fermé sam. midi et dim. soir – **Repas** Lunch 490 – 990 bc/1790 bc.

à Ophain-Bois-Seigneur-Isaac Sud : 2 km © Braine-l'Alleud – ⊠ 1421 Ophain-Bois-Seigneur-Isaac

XX **Le Chabichou**, r. Église 2, ℘ 0 2 387 03 76, Fax 0 2 387 03 20, 🍴, « Ancienne ferme du 16ᵉ s. » – 🅿. AE ⓘ ⓜ VISA
fermé fin fév.-début mars, 21 juil.-15 août, merc. et sam. midi – **Repas** Lunch 525 – 950/1495.

BRAINE-LE-COMTE ('s-GRAVENBRAKEL) 7090 Hainaut 213 J 19, 214 J 19 et 409 F 4 – 18 835 h.
Bruxelles 34 – Mons 28.

X **Au Gastronome**, r. Mons 1, ℘ 0 67 55 26 47, Fax 0 67 55 26 47 – AE ⓘ ⓜ VISA
fermé 1 sem. en juil., dim. soir et lundi – **Repas** Lunch 750 – 895/1195.

BRAS Luxembourg belge 214 R 23 et 409 J 6 – voir à Libramont.

BRASSCHAAT Antwerpen 213 L 15 - ⑬ N et 409 G 2 - ⑨ N - voir à Antwerpen, environs.

BRECHT 2960 Antwerpen 213 M 24 et 409 G 1 – 24 750 h.
Bruxelles 73 – Antwerpen 25 – Turnhout 25.

🏨 **Kasteelhoeve Nottebohm** ⚜, Brasschaatbaan 28 (Sud-Ouest : 6,5 km par N 115, direction Overbroek), ℘ 0 3 633 32 00, Fax 0 3 663 70 40, ≤, 🍴, « Parc », 🏊, 🏓, 🎾 – TV 🅿. 🚴 30. AE ⓘ ⓜ VISA. ✂
fermé 2 sem. en sept. – **Repas** (fermé lundi et mardi) 1095 – ⊇ 300 – **12 ch** 2600/3000 – ½ P 2500.

X **Cuvee Hoeve**, Vaartdijk 4 (Sud : 2,5 km par rte de Westmalle), ℘ 0 3 313 96 60, Fax 0 3 313 73 96, 🍴, Ouvert jusqu'à 23 h – 🖥 🅿. AE ⓘ ⓜ VISA
fermé fév., lundi et mardi – **Repas** Lunch 970 – 1050/1250.

X **E 10 Hoeve**, Kapelstraat 8a (Sud-Ouest : 2 km sur N 115), ℘ 0 3 313 82 85, Fax 0 3 313 73 12, 🍴, Grillades, « Ferme aménagée » – 🅿. 🚴 35 à 500. AE ⓘ ⓜ VISA. ✂
Repas 975/1325.

BREDENE 8450 West-Vlaanderen 213 C 15 et 409 B 2 – 13 870 h.
🛈 Kapellestraat 70 ℘ 0 59 32 09 98, Fax 0 59 33 19 80.
Bruxelles 112 – Brugge 23 – Oostende 6.

à Bredene-aan-Zee Nord : 2 km © Bredene – ⊠ 8450 Bredene :

🏨 **Lusthof** ⚜, Zegelaan 18, ℘ 0 59 33 00 34, hotel.lusthof@proximedia.be, Fax 0 59 32 59 59, 🍴, « Jardin », 🏊, 🚴 – TV. ⓜ – ✂
Repas (fermé merc. et dim. soir sauf en juil.-août et après 20 h 30) Lunch 365 – 850 – **13 ch** ⊇ 1800/2750 – ½ P 1500/2000.

🏨 **de Golf** sans rest, Kapellestraat 73, ℘ 0 59 32 18 22, Fax 0 59 32 48 28 – 📶 TV 🅿. ⓜ VISA. ✂
fermé vacances Noël – **16 ch** ⊇ 1100/2200.

BREE 3960 Limburg 213 S 16 et 409 J 2 – 13 945 h.
Env. au Sud-Est : 4,5 km à Tongerlo : Musée Léonard de Vinci★.
🛈 Kloosterstraat 13 ℘ 0 89 46 94 18, Fax 0 89 47 39 79.
Bruxelles 100 – Antwerpen 86 – Hasselt 33 – Eindhoven 41.

XX **d'Itterpoort**, Opitterstraat 32, ℘ 0 89 46 80 17 – 🖥. AE ⓘ ⓜ VISA. ✂
fermé sem. carnaval, 2 dern. sem. juil.-prem. sem. août, mardi soir, merc. soir et sam. midi – **Repas** Lunch 1350 bc – carte env. 2000.

BROECHEM Antwerpen 213 M 15 et 409 G 2 – voir à Lier.

BRUGGE – BRUGES

8000 P West-Vlaanderen 213 E 15 et 909 C 2 – 115 991 h.

Bruxelles 96 ③ – Gent 45 ③ – Lille 72 ④ – Oostende 28 ⑤.

Carte de voisinage	p. 3
Plans de Brugge	
Agglomération	p. 4 et 5
Brugge Centre	p. 6
Liste alphabétique des hôtels et des restaurants	p. 7 et 8
Nomenclature des hôtels et des restaurants	
Ville	p. 9 à 13
Périphérie et environs	p. 13 à 14

OFFICES DE TOURISME

Burg 11 ℘ 0 50 44 86 86, Fax 0 50 44 86 00 et dans la gare, Stationsplein – Fédération provinciale de tourisme, Kasteel Tillegem ✉ 8200 Sint-Michiels, ℘ 0 50 38 02 96, Fax 0 50 38 02 92.

RENSEIGNEMENTS PRATIQUES

⛳ au Nord-Est : 7 km à Sijsele, Doornstraat 16 ℘ 0 50 35 35 72, Fax 0 50 35 89 25.

CURIOSITÉS

Voir La Procession du Saint-Sang★★★ (De Heilig Bloedprocessie) – Centre historique et canaux★★★ (Historisch centrum en grachten) : Grand-Place★★ (Markt) AU, Beffroi et Halles★★★ (Belfort en Hallen) ≤★★ du sommet AU, Place du Bourg★★ (Burg) AU, Basilique du Saint-Sang★ (Basiliek van het Heilig Bloed) : chapelle basse★ ou chapelle St-Basile (beneden-of Basiliuskapel) AU **B**, Cheminée du Franc de Bruges★ (schouw van het Brugse Vrije) dans le Palais du Franc de Bruges (Paleis van het Brugse Vrije) AU **S**, Quai du Rosaire (Rozenhoedkaai) ≤★★ AU 63, Dijver ≤★★ AU, Pont St-Boniface (Bonifatiusbrug) : cadre★★ AU, Béguinage★★ (Begijnhof) AV – Promenade en barque★★★ (Boottocht) AU – Église Notre-Dame★ (O.-L.-Vrouwekerk) : tour★★, statue de la Vierge et l'Enfant★★, tombeau★★ de Marie de Bourgogne★★ AV **N**.

Musées : Groeninge★★★ (Stedelijk Museum voor Schone Kunsten) AU – Memling★★★ (St-Janshospitaal) AV – Gruuthuse★ : buste de Charles Quint★ (borstbeeld van Karel V) AU M^1 – Arentshuis★ AU M^4 – du Folklore★ (Museum voor Volkskunde) DY M^2.

Env. par ⑥ : 10,5 km à Zedelgem : fonts baptismaux★ dans l'église St-Laurent (St-Laurentiuskerk) – au Nord-Est : 7 km : Damme★.

Les Bonnes Tables

Gourmets...

Nous distinguons à votre intention
certains hôtels (🏠 ... 🏨) et restaurants (✗ ... ✗✗✗✗✗)
par Repas 🍴, ✿, ✿✿ ou ✿✿✿.

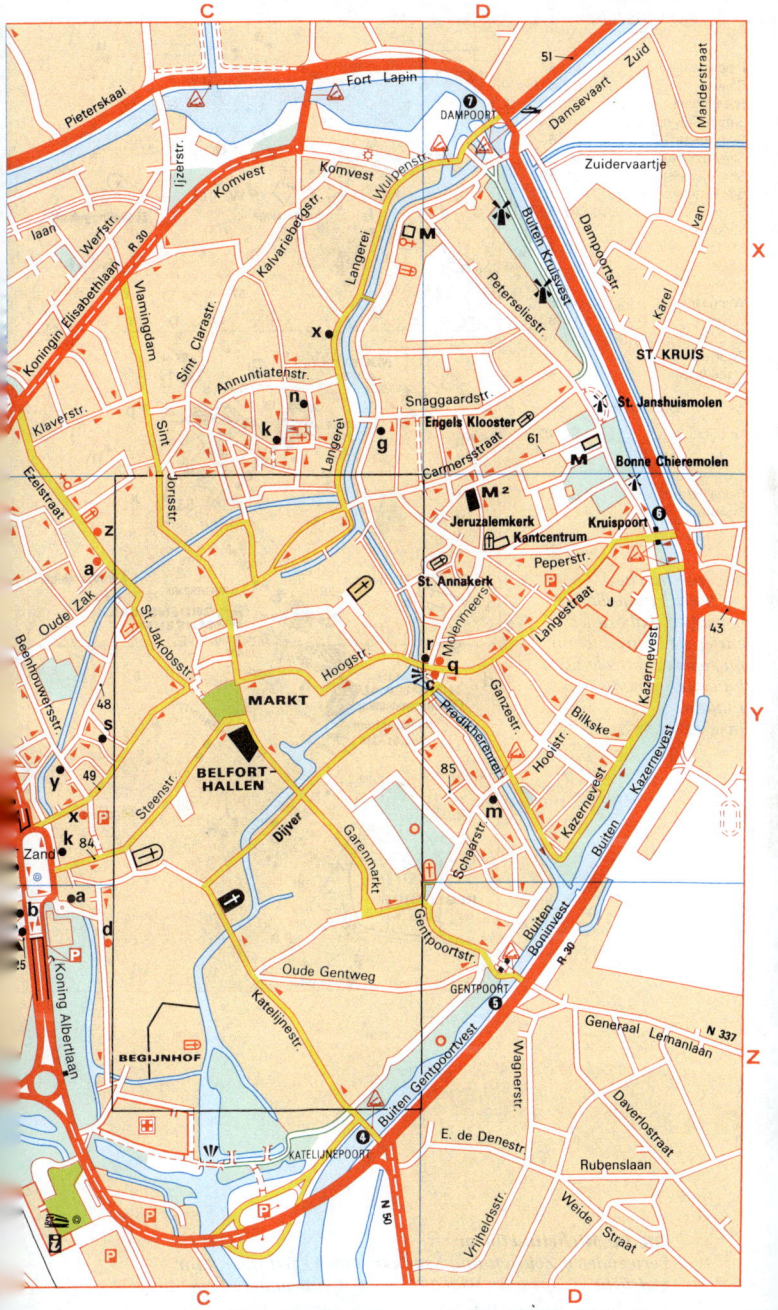

BRUGGE p. 6

INDEX DES RUES
(fin)

Predikherenstr.	**AU**	60
Rolweg	**DX**	61
Rozenhoedkaai	**AU**	63
Simon Stevinpl.	**AU**	64
Sint-Jansstr.	**AT**	66
Sint-Katarinastr.	**ERS**	67
Sint-Michielstr.	**ES**	69
Sint-Pieterskerklaan	**ER**	70
Spanjaardstr.	**AT**	72
Spoorwegstr.	**ES**	73
Steenhouwersdijk	**AU**	76
Steenstr.	**AU**	78
Vlamingstr.	**AT**	79
Wijngaardstr.	**AV**	81
Wollestr.	**AU**	82
Zuidzandstr.	**CY**	84
Zwarte Leer touwersstr.	**DY**	85

OOSTKAMP

Kortrijkstr.	**ES**	40

ZEDELGEM

Heidelbergstr.	**ES**	31
Stationstr.	**ES**	75

*Si vous cherchez
un hôtel tranquille,
consultez d'abord les
cartes de l'introduction
ou repérez dans le texte
les établissements
indiqués
avec le signe ⊗ ou ⊗*

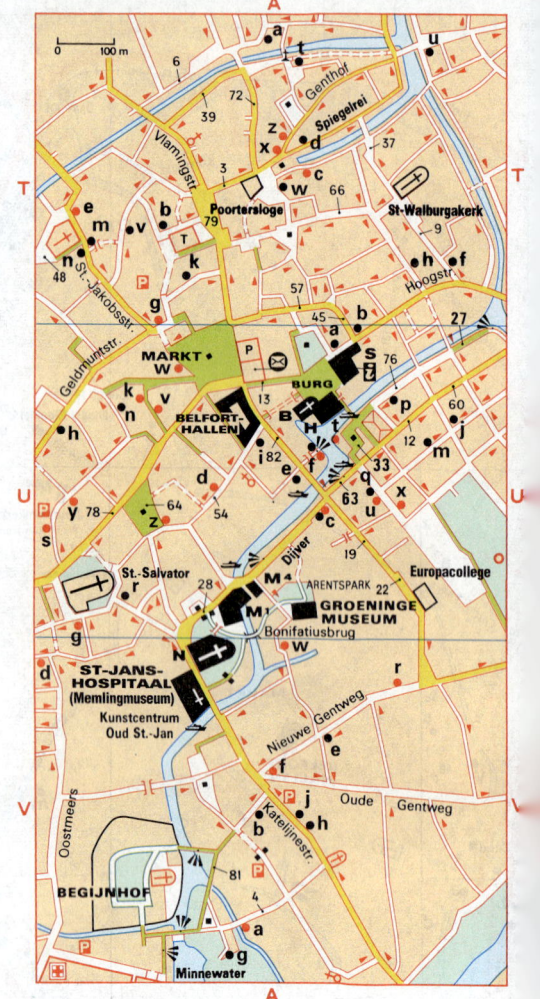

***Die im** Michelin-Führer*
*verwendeten Zeichen und Symbole haben - **fett** oder dünn*
gedruckt, in Rot oder Schwarz - jeweils eine andere Bedeutung.
Lesen Sie daher die Erklärungen aufmerksam durch.

Liste alphabétique des hôtels et restaurants
Alfabetische lijst van hotels en restaurants
Alphabetisches Hotel- und Restaurantverzeichnis
Alphabetical list of hotels and restaurants

A

- 9 Acacia
- 10 Academie
- 10 Adornes
- 10 Albert I
- 12 Ambrosius
- 12 Aneth
- 11 Anselmus
- 13 Apertje ('t)
- 10 Aragon
- 10 Azalea

B

- 12 Bezemtje ('t)
- 12 Bhavani
- 10 Biskajer
- 13 Bloemenhof (het)
- 10 Botaniek
- 11 Boterhuis
- 11 Bourgoensch Hof
- 12 Bourgoensche Cruyce ('t)
- 11 Braamberg (Den)
- 13 Brasserie Raymond
- 10 Bryghia

C

- 13 Cafedraal
- 13 Campanile
- 13 Casserole
- 9 Castillion (De)
- 9 Crowne Plaza

D

- 10 Dante
- 9 de' Medici
- 9 Die Swaene
- 11 Duc de Bourgogne
- 12 Dijver (Den)

E – F

- 10 Egmond
- 11 Fevery

G

- 10 Gd H. Oude Burg
- 11 Gd H. du Sablon
- 11 Gouden Harynck (Den)
- 13 Gouden Korenhalm (De)

H – I

- 10 Hansa
- 10 Hans Memling
- 12 Hemelrycke
- 13 Herborist
- 12 Hermitage
- 13 Huyze Die Maene
- 11 Ibis

J

- 10 Jacobs
- 9 Jan Brito

K

- 12 Kardinaalshof
- 11 Karmeliet (De)
- 10 Karos

L

- 12 Lotteburg (De)

M – N

- 11 Malleberg
- 14 Manderley
- 13 Mange Two
- 14 Manoir Stuivenberg
- 10 Maraboe
- 9 Montanus
- 11 Montovani
- 9 Navarra
- 9 Novotel Centrum

O – P

- 9 orangerie (de)
- 9 Pandhotel
- 11 Pandreitje ('t)
- 13 Pannenhuis (Host.)
- 10 Parkhotel
- 12 Patrick Devos
- 9 Portinari
- 12 Presidentje ('t)
- 9 Prinsenhof
- 10 Putje ('t)

R

- 9 Relais Oud Huis Amsterdam
- 12 René Van Puyenbroeck
- 13 Ronnie Jonkman

S

- 11 Snippe (De)
- 9 Sofitel
- 12 Spinola
- 12 Steenhuyse
- 12 Stil Ende ('t)
- 12 Stove (De)

T

- 12 Tanuki
- 10 Ter Brughe
- 10 Ter Duinen
- 14 Ter Leepe
- 11 ter Reien
- 14 Ter Talinge
- 9 tuilerieën (de)

V – W

- 12 Voermanshuys ('t)
- 9 Walburg
- 13 Weinebrugge
- 13 Wilgenhof
- 11 Witte Poorte (De)

Z

- 13 Zilverberk (De)
- 13 Zonneke ('t)
- 14 Zuidwege

BRUGGE p. 9

Quartiers du Centre :

Crowne Plaza, Burg 10, ℘ 0 50 44 68 44, hotel@crowne-plaza-brugge.com, Fax 0 50 44 68 68, ≤, 佘, « Importants vestiges et objets moyenâgeux en sous-sol », 16, ≦s, ⊠, – ⌷ ≒ ≡ ⎘ & ⇦ 🅿 – 🏛 25 à 400. 🖭 ⓞ ⓜ 🆅🅸🆂🅰 ᴊᴄʙ   AU a
Repas **'t Kapittel** (fermé merc. soir, sam. midi et dim.) Lunch 995 bc – 1550 bc/2450 bc – **De Linde** Lunch 325 – carte 1000 à 1500 – ≏ 695 – **93 ch** 7450/9050, 3 suites.

de tuilerieën sans rest, Dijver 7, ℘ 0 50 34 36 91, info@hoteltuilerieen.com, Fax 0 50 34 04 00, ≤, ≦s, ⊠, ⌁ – ⌷ ≒ ≡ ⎘ ⇦ 🅿 – 🏛 25 à 45. 🖭 ⓞ ⓜ 🆅🅸🆂🅰 ᴊᴄʙ   AU c
≏ 900 – **42 ch** 6950/17500, 2 suites.

Relais Oud Huis Amsterdam sans rest, Spiegelrei 3, ℘ 0 50 34 18 10, info@oha.be, Fax 0 50 33 88 91, ≤, « Demeure du 17ᵉ s., ancien comptoir commercial hollandais », 佘 – ⌷ ≒ ≡ ⎘ ⇦ – 🏛 25. 🖭 ⓞ ⓜ 🆅🅸🆂🅰 ᴊᴄʙ   AT d
32 ch ≏ 5900/9500, 2 suites.

de orangerie sans rest, Kartuizerinnenstraat 10, ℘ 0 50 34 16 49, info@hotelorangerie.com, Fax 0 50 33 30 16, « Demeure ancienne en bordure de canal », ⌁ – ⌷ ≒ ≡ ⎘ & ⇦ 🅿 🖭 ⓞ ⓜ 🆅🅸🆂🅰 ᴊᴄʙ   AU e
≏ 900 – **20 ch** 10950/11950.

Die Swaene, Steenhouwersdijk 1, ℘ 0 50 34 27 98, info@dieswaene-hotel.com, Fax 0 50 33 66 74, ≤, « Ameublement de style », ≦s, ⊠, – ⌷, ≡ rest, ⎘ 🅿 – 🏛 30. 🖭 ⓞ ⓜ 🆅🅸🆂🅰 ᴊᴄʙ   AU p
Repas (fermé 2 sem. en juil., 2 sem. en janv., merc. et jeudi midi) Lunch 1250 – 2000/2700 – **21 ch** ≏ 6500/9250, 1 suite.

de' Medici, Potterierei 15, ℘ 0 50 33 98 33 et 0 50 44 31 31 (rest), demedici.brugge@flanderscoast.be, Fax 0 50 33 07 64 et 0 50 33 05 71 (rest), « Ambiance contemporaine », 16, ≦s – ⌷ ≒ ⎘ & ⇦ – 🏛 25 à 170. 🖭 ⓞ ⓜ 🆅🅸🆂🅰 ᴊᴄʙ. % rest   CX g
Repas Koto (fermé lundi et mardi midi) (Cuisine japonaise avec Teppan-Yaki) Lunch 850 – 1380/2780 – **79 ch** ≏ 6600/7600 – ½ P 4300/4900.

Sofitel, Boeveriestraat 2, ℘ 0 50 44 97 11, H1278@accor-hotels.com, Fax 0 50 44 97 99, 16, ⊠, 🐎 – ⌷ ≒ ≡ ⎘ ⇦ – 🏛 25 à 150. 🖭 ⓞ ⓜ 🆅🅸🆂🅰 ᴊᴄʙ   CZ b
Repas 1350 bc/1900 bc – ≏ 650 – **155 ch** 6050/7600.

Acacia sans rest, Korte Zilverstraat 3a, ℘ 0 50 34 44 11, info@hotel-acacia.com, Fax 0 50 33 88 17, ≦s, ⊠, – ⌷ ⎘ ⇦ 🅿 – 🏛 25 à 40. 🖭 ⓞ ⓜ 🆅🅸🆂🅰 ᴊᴄʙ. %   AU n
fermé du 3 au 18 janv. – **46 ch** ≏ 4450/6450, 2 suites.

Pandhotel sans rest, Pandreitje 16, ℘ 0 50 34 06 66, info@pandhotel, Fax 0 50 34 05 56, « Aménagement cossu d'une maison de caractère » – ⌷ ≡ ⎘ ⇦. 🖭 ⓞ ⓜ 🆅🅸🆂🅰 ᴊᴄʙ   AU q
23 ch ≏ 4490/11990.

Prinsenhof sans rest, Ontvangersstraat 9, ℘ 0 50 34 26 90, info@prinsenhof.com, Fax 0 50 34 23 21, « Aménagement cossu » – ⌷ ≡ ⎘ ⇦ 🅿. 🖭 ⓞ ⓜ 🆅🅸🆂🅰 ᴊᴄʙ. %   CY s
16 ch ≏ 4215/9500.

Novotel Centrum, Katelijnestraat 65b, ℘ 0 50 33 75 33, H1033@accor-hotels.com, Fax 0 50 33 65 56, 佘, ⊠, 🐎 – ⌷ ≒ ≡ ⎘ & – 🏛 50 à 400. 🖭 ⓞ ⓜ 🆅🅸🆂🅰 ᴊᴄʙ   AV h
Repas (dîner seult) 1100 bc – ≏ 500 – **126 ch** 4050/4600.

Navarra sans rest, St-Jakobsstraat 41, ℘ 0 50 34 05 61, reservations@hotelnavarra.com, Fax 0 50 33 67 90, 16, ≦s, ⊠, 🐎 – ⌷ ≡ ⎘ 🅿 – 🏛 25 à 110. 🖭 ⓞ ⓜ 🆅🅸🆂🅰 ᴊᴄʙ   AT n
87 ch ≏ 5400.

Walburg, Boomgaardstraat 13, ℘ 0 50 34 94 14, Fax 0 50 33 68 84, 🐎 – ⌷ ⎘ – 🏛 30. 🖭 ⓞ ⓜ 🆅🅸🆂🅰 ᴊᴄʙ. %   AT f
fermé janv. – **Repas** (fermé dim. et lundi) (dîner seult) 1650 bc/2500 bc – **12 ch** ≏ 4750/9500, 1 suite.

Portinari sans rest, 't Zand 15, ℘ 0 50 34 10 34, info@portinari.be, Fax 0 50 34 41 80 – ⌷ ≒ ≡ ⎘ & ⇦ – 🏛 25 à 80. 🖭 ⓞ ⓜ 🆅🅸🆂🅰 ᴊᴄʙ   CY k
fermé fév. – **40 ch** ≏ 4200/5500.

De Castillion, Heilige Geeststraat 1, ℘ 0 50 34 30 01, castillion@unicall.be, Fax 0 50 33 94 75, 佘, ≦s – ≡ rest, ⎘ 🅿 – 🏛 25 à 50. 🖭 ⓞ ⓜ 🆅🅸🆂🅰 ᴊᴄʙ. % rest   AU r
Repas (fermé dim. soirs, lundis midis et mardis midis non fériés) 1675/2500 – **20 ch** ≏ 5000/10750 – ½ P 3750/6000.

Montanus sans rest, Nieuwe Gentweg 78, ℘ 0 50 33 11 76, info@montanus.be, Fax 0 50 34 09 38, 🐎, ⌁ – ⌷ ≒ ⎘ & ⇦ – 🏛 25 à 40. 🖭 ⓞ ⓜ 🆅🅸🆂🅰 ᴊᴄʙ   AV e
fermé du 2 au 22 janv. – **22 ch** ≏ 4400/10200.

Jan Brito sans rest, Freren Fonteinstraat 1, ℘ 0 50 33 06 01, info@janbrito.com, Fax 0 50 33 06 52, « Façade avec pignons à redans, décoration intérieure 16, 17 et 18ᵉ s. », 🐎 – ⌷ ≡ ⎘ 🅿 – 🏛 25 à 40. 🖭 ⓞ ⓜ 🆅🅸🆂🅰 ᴊᴄʙ   AU j
18 ch ≏ 3430/6055.

BRUGGE p. 10

Hansa M 🦢 sans rest, N. Desparsstraat 11, ℘ 0 50 33 84 44, *information@hansa.be*, Fax 0 50 33 42 05, « Demeure fin 19ᵉ s. », 🛁, 🚭, 🚲 – 📶 🔲 📺 🚗 – 🅿 30. ⓐⓔ ⓞ ⓜⓞ ⓥⓘⓢⓐ 🅹🅲🅱. ✄
16 ch ⌑ 4155/7465, 4 suites.
AT k

Parkhotel sans rest, Vrijdagmarkt 5, ℘ 0 50 33 33 64, *parkhotel@unicall.be*, Fax 0 50 33 47 63 – 📶 🔲 📺 – 🅿 25 à 250. ⓐⓔ ⓞ ⓜⓞ ⓥⓘⓢⓐ
86 ch ⌑ 4520/5730.
CY j

Karos sans rest, Hoefijzerlaan 37, ℘ 0 50 34 14 48, *hotel.karos@compaqnet.be*, Fax 0 50 34 00 91, 🚭, 🔲, 🚲 – 📶 🔲 📺 🅿 ⓐⓔ ⓞ ⓜⓞ ⓥⓘⓢⓐ
fermé 2 janv.-13 fév. – **60 ch** ⌑ 2900/4800.
BY f

Ter Duinen sans rest, Langerei 52, ℘ 0 50 33 04 37, *info@terduinenhotel.be*, Fax 0 50 34 42 16, ≤ – 📶 🔲 📺 🚗 🅿. ⓐⓔ ⓞ ⓜⓞ ⓥⓘⓢⓐ 🅹🅲🅱. ✄
fermé janv. – **20 ch** ⌑ 4950.
CX x

Aragon sans rest, Naaldenstraat 22, ℘ 0 50 33 35 33, *info@aragon.be*, Fax 0 50 34 28 05 – 📶 🔲 📺 🅿 – 🅿 25. ⓐⓔ ⓞ ⓜⓞ ⓥⓘⓢⓐ 🅹🅲🅱. ✄
39 ch ⌑ 4600/5900.
AT v

Gd H. Oude Burg sans rest, Oude Burg 5, ℘ 0 50 44 51 11, Fax 0 50 44 51 00, 🚗 – 📶 🔲 📺 – 🅿 25 à 160. ⓐⓔ ⓞ ⓜⓞ ⓥⓘⓢⓐ. ✄
138 ch ⌑ 5500/6500.
AU i

Adornes sans rest, St-Annarei 26, ℘ 0 50 34 13 06, *hotel.adornes@proximedia.be*, Fax 0 50 34 20 85, ≤, « Caves voûtées d'époque », 🚲 – 📶 🔲 📺 🅿. ⓐⓔ ⓞ ⓜⓞ ⓥⓘⓢⓐ 🅹🅲🅱
fermé janv.-13 fév. – **20 ch** ⌑ 2800/3600.
AT u

Hans Memling sans rest, Kuipersstraat 18, ℘ 0 50 47 12 12, Fax 0 50 47 12 10 – 📶 📺. ⓐⓔ ⓞ ⓜⓞ ⓥⓘⓢⓐ. ✄
36 ch ⌑ 4200/4900.
AT b

Dante, Coupure 29a, ℘ 0 50 34 01 94, *info@hoteldante.be*, Fax 0 50 34 35 39, ≤ – 📶 ✄ 📺 🚗. ⓐⓔ ⓞ ⓜⓞ ⓥⓘⓢⓐ ✄
DY m
Repas *(fermé dim. soir, lundi, mardi et après 20 h 30)* (Cuisine végétarienne) carte env. 1300 – **22 ch** ⌑ 4400/6750.

Biskajer 🦢 sans rest, Biskajersplein 4, ℘ 0 50 34 15 06, *info@hotelbiskajer.com*, Fax 0 50 34 39 11 – 📶 📺. ⓐⓔ ⓞ ⓜⓞ ⓥⓘⓢⓐ
17 ch ⌑ 3600/4400.
AT w

Azalea sans rest, Wulfhagestraat 43, ℘ 0 50 33 14 78, *info@azaleahotel.be*, Fax 0 50 33 97 00, « Terrasse en bordure de canal », 🚲 – 📶 ✄ 📺 🚗 🅿. ⓐⓔ ⓞ ⓜⓞ ⓥⓘⓢⓐ 🅹🅲🅱
fermé du 22 au 28 déc. – **25 ch** ⌑ 4200/6500.
CY y

Ter Brughe sans rest, Oost-Gistelhof 2, ℘ 0 50 34 03 24, *info@hotelterbrughe.be*, Fax 0 50 33 88 73, « Anciennes caves voûtées » – ✄ 📺 🚗. ⓐⓔ ⓞ ⓜⓞ ⓥⓘⓢⓐ
46 ch ⌑ 3000/6900.
AT a

Bryghia sans rest, Oosterlingenplein 4, ℘ 0 50 33 80 59, *info@bryghiahotel.be*, Fax 0 50 34 14 30 – 📶 📺 🚗. ⓐⓔ ⓞ ⓜⓞ ⓥⓘⓢⓐ 🅹🅲🅱. ✄
fév.-9 déc. – **18 ch** ⌑ 2705/5250.
AT t

Botaniek 🦢 sans rest, Waalsestraat 23, ℘ 0 50 34 14 24, *hotel.botaniek@ping.be*, Fax 0 50 34 59 39 – 📶 📺 🅿. ⓐⓔ ⓜⓞ ⓥⓘⓢⓐ 🅹🅲🅱
9 ch ⌑ 2600/3400.
AU m

't Putje (avec annexe), 't Zand 31, ℘ 0 50 33 28 47, *hotelputje@hotelputje.com*, Fax 0 50 34 14 23, 🍽 – 📶 📺. ⓐⓔ ⓞ ⓜⓞ ⓥⓘⓢⓐ. ✄ ch
CZ a
Repas (Taverne-rest, grillades, ouvert jusqu'à 23 h) Lunch 315 – 850/995 – **24 ch** ⌑ 2750/3600 – ½ P 2050/2400.

Egmond 🦢 sans rest, Minnewater 15 (par Katelijnestraat), ℘ 0 50 34 14 45, *info@egmond.be*, Fax 0 50 34 29 40, ≤, « Résidence début 20ᵉ s. sur jardin » – 📺 🅿. ✄
AV g
fermé janv. – **8 ch** ⌑ 4250.

Albert I sans rest, Koning Albert I-laan 2, ℘ 0 50 34 09 30, *hotel@albert1.com*, Fax 0 50 33 84 18 – 📺 🚗. ⓐⓔ ⓞ ⓜⓞ ⓥⓘⓢⓐ 🅹🅲🅱. ✄
fermé du 23 au 26 déc. et du 1ᵉʳ au 15 janv. – **10 ch** ⌑ 2800/3500.
CZ e

Maraboe sans rest, Hoefijzerlaan 9, ℘ 0 50 33 81 55, *hotel@maraboe.be*, Fax 0 50 33 29 28 – 📶 📺 🚗. ⓐⓔ ⓞ ⓜⓞ ⓥⓘⓢⓐ
fermé 5 janv.-6 fév. – **14 ch** ⌑ 2700/3500.
CY f

Academie sans rest, Wijngaardstraat 7, ℘ 0 50 33 22 66, Fax 0 50 33 21 66, « Patio » – 📶 ✄ 🔲 📺 🚗. ⓐⓔ ⓞ ⓜⓞ ⓥⓘⓢⓐ. ✄
65 ch ⌑ 3150/3900.
AV b

Jacobs 🦢 sans rest, Baliestraat 1, ℘ 0 50 33 98 31, *hoteljacobs@glo.be*, Fax 0 50 33 56 94, 🚲 – 📶 📺 🚗. ⓐⓔ ⓞ ⓜⓞ ⓥⓘⓢⓐ
fermé 2 janv.-2 fév. – **25 ch** ⌑ 2500/3000.
CX k

BRUGGE p. 11

- 🏨 **ter Reien** sans rest, Langestraat 1, ☎ 050 34 91 00, hotel.ter.reien@online.be, Fax 0 50 34 40 48 – 📶 📺 AE 🕐 MC VISA
  DY r
  fermé 2 janv.-2 fév. – **26 ch** ☑ 2500/3500.

- 🏨 **Gd H. du Sablon**, Noordzandstraat 21, ☎ 0 50 33 39 02, info@sablon.be, Fax 0 50 33 39 08, « Hall début 20ᵉ s. avec coupole Art Déco » – 📶 📺 – 🔔 25 à 100. AE 🕐 MC VISA
  AU h
  Repas (résidents seult) – **36 ch** ☑ 3100/4200 – ½ P 2750.

- 🏨 **Anselmus** sans rest, Ridderstraat 15, ☎ 0 50 34 13 74, info@anselmus.be, Fax 0 50 34 19 16 – 📺 AE 🕐 MC VISA. ✺
  AT h
  fermé janv. – **10 ch** ☑ 2700/3300.

- 🏨 **Boterhuis** sans rest, St-Jakobsstraat 38, ☎ 0 50 34 15 11, Fax 0 50 34 70 89 – 📺 AE 🕐 MC VISA JCB
  AT m
  6 ch ☑ 2400/3500.

- 🏨 **Montovani** sans rest, Schouwvegerstraat 11, ☎ 0 50 34 53 66, info@montovani.com, Fax 0 50 34 53 67, 🚴 – 📺 AE 🕐 MC VISA. ✺
  BY c
  fermé 24, 25 et 31 déc., 1ᵉʳ janv. et du 7 au 24 janv. – **13 ch** ☑ 1650/2900.

- 🏨 **Ibis**, Katelijnestraat 65a, ☎ 0 50 33 75 75, H1047@accor-hotels.com, Fax 0 50 33 64 19 – 📶 ✺ 📺 🕭 AE 🕐 MC VISA JCB
  AV j
  Repas (dîner seult) 850 – ☑ 300 – **128 ch** 3650/3950.

- 🏨 **Malleberg** sans rest, Hoogstraat 7, ☎ 0 50 34 41 11, Fax 0 50 34 67 69 – 📺 AE 🕐 MC VISA JCB
  ATU b
  fermé fin juin-début juil. – **8 ch** ☑ 2100/3100.

- 🏨 **Bourgoensch Hof**, Wollestraat 39, ☎ 0 50 33 16 45, info@bourgoensch-hof.be, Fax 0 50 34 63 78, ≤ canaux et vieilles maisons flamandes, 🌳, 🚴 – 📶 📺 ⇔ 🅿 MC VISA. ✺
  AU f
  15 mars-15 nov., week-end et jours fériés ; fermé 10 janv.-15 fév. – **Repas** Lunch 1000 – carte env. 1400 – **18 ch** ☑ 2950/5150 – ½ P 2575/3575.

- 🏨 **Fevery** sans rest, Collaert Mansionstraat 3, ☎ 0 50 33 12 69, paul@hotelfevery.be, Fax 0 50 33 17 91 – 📶 📺 🅿 AE 🕐 MC VISA JCB. ✺
  CX n
  fermé du 2 au 11 fév., du 17 au 22 juin et 8 janv.-8 fév. – **11 ch** ☑ 2500/2650.

- 🍴🍴🍴🍴 **De Karmeliet** (Van Hecke), Langestraat 19, ☎ 0 50 33 82 59, Fax 0 50 33 10 11, 🌳, ✪✪✪
  « Ancienne maison patricienne avec œuvres d'art moderne et terrasse clos de murs » – 🅿 AE 🕐 MC VISA
  DY q
  fermé 15 fév.-23 mars, 20 août-6 sept., mardi midi et dim. soir d'oct. à mai, dim. midi et lundi – **Repas** 2600/4200, carte 3350 à 4800
  Spéc. Tuile sucrée et salée aux grosses langoustines rôties. Pavé de cabillaud cuit sur sa peau au bouillon de pommes de terre à l'échalote (avril-oct.). Ravioli à la vanille et pommes caramélisées en chaud-froid.

- 🍴🍴🍴 **De Snippe** 🛏 avec ch, Nieuwe Gentweg 53, ☎ 0 50 33 70 70, de.snippe@flandersc oast.be, Fax 0 50 33 79 62, 🌳, « Maison du 18ᵉ s. avec décorations murales, terrasse ombragée avec fontaine » – 📶, 🍽 ch, 📺 🅿 AE 🕐 MC VISA
  AV r
  Repas (fermé 3 dern. sem. fév., fin nov., dim. et lundi midi) Lunch 1650 – 1950/2650 – **9 ch** (fermé 3 dern. sem. fév. et début de nov. à Pâques) ☑ 5290/6000.

- 🍴🍴🍴 **Den Gouden Harynck** (Serruys), Groeninge 25, ☎ 0 50 33 76 37, goud.harynck@p andora.be, Fax 0 50 34 42 70 – 🅿 AE 🕐 MC VISA ✪
  AUV w
  fermé 1 sem. Pâques, 2 dern. sem. juil.-prem. sem. août, dern. sem. déc., dim. et lundi – **Repas** Lunch 2300 bc – carte env. 2800
  Spéc. Langoustines poêlées, mozarella et basilic. Risotto aux petits légumes à la provençale. Sandre flambé au thym.

- 🍴🍴🍴 **Duc de Bourgogne** avec ch, Huidenvettersplein 12, ☎ 0 50 33 20 38, duc.bourgog ne@ssi.be, Fax 0 50 34 40 37, ≤ canaux, « Cadre rustique et peintures murales de style fin Moyen Age » – 🍽 rest, 📺 AE 🕐 MC VISA JCB
  AU t
  fermé 9 juil.-4 août et 2 janv.-2 fév. – **Repas** (fermé lundi et mardi midi) Lunch 1350 – 1650/2250 – **10 ch** ☑ 4100/5400.

- 🍴🍴🍴 **Den Braamberg**, Pandreitje 11, ☎ 0 50 33 73 70, Fax 0 50 33 99 73 – AE 🕐 MC VISA
  AU q
  fermé du 15 au 30 juil., 25 janv.-5 fév., jeudi et dim. – **Repas** Lunch 1400 – 3500 bc.

- 🍴🍴🍴 **'t Pandreitje**, Pandreitje 6, ☎ 0 50 33 11 90, pandreitje@proximedia.be, Fax 0 50 34 00 70 – AE 🕐 MC VISA JCB
  AU x
  fermé du 7 au 19 avril, du 8 au 22 juil., 28 oct.-4 nov., merc. et dim. – **Repas** Lunch 2500 bc – 3600 bc.

- 🍴🍴🍴 **De Witte Poorte**, Jan Van Eyckplein 6, ☎ 0 50 33 08 83, Fax 0 50 34 55 60, 🌳, « Salles voûtées, jardin intérieur clos de murs » – AE 🕐 MC VISA JCB
  AT x
  fermé 1 sem. carnaval, 2 sem. début juil., 2 sem. en janv. et dim. et lundis non fériés – **Repas** Lunch 1150 – carte 2000 à 2750.

BRUGGE p. 12

XX De Lotteburg, Goezeputstraat 43, ☎ 0 50 33 75 35, *lotteburg@planetinternet.be*, Fax 0 50 33 04 04, 🍴, « Terrasse ombragée » – 🗏. AE ⓞ MO VISA JCB. ✖ AV d
fermé 24 janv.-4 fév., 25 juil.-5 août, lundi et mardi – **Repas** Lunch 1195 – 1650/2100.

XX 't Stil Ende, Scheepsdalelaan 12, ☎ 0 50 33 92 03, Fax 0 50 33 92 03, 🍴, « Intérieur moderne » – 🗏. AE ⓞ MO VISA BX a
🐟 *fermé sam. midi, dim. soir et lundi* – **Repas** 950/2000.

XX 't Bourgoensche Cruyce 🍴 avec ch, Wollestraat 41, ☎ 0 50 33 79 26, *bour.cruyce@ssi.be*, Fax 0 50 34 19 68, ≤ canaux et vieilles maisons flamandes – 🛗, 🗏 rest, 📺. AE ⓞ MO VISA AU f
Repas *(fermé dern. sem. juin, mi-nov.-début déc., mardi et merc.)* 1900/2400 – **7 ch** *(fermé mi-nov.-début déc.)* 🛏 4700/5100.

XX Hermitage, Ezelstraat 18, ☎ 0 50 34 41 73, *restaurant.hermitage@planetinternet.be*, Fax 0 50 34 14 75, « Intérieur cossu » – AE ⓞ MO VISA CY z
fermé 25 juil.-10 août, dim. soir et lundi – **Repas** Lunch 895 bc – carte 1400 à 1700.

XX Kardinaalshof, St-Salvatorskerkhof 14, ☎ 0 50 34 16 91, Fax 0 50 34 20 62 – AE ⓞ MO VISA AUV g
fermé 2 sem. début juil., merc. et jeudi midi – **Repas** Lunch 1250 – 1750/2050.

XX Patrick Devos, Zilverstraat 41, ☎ 0 50 33 55 66, *info@patrickdevos.be*, Fax 0 50 33 58 67, 🍴, « Intérieur Belle Époque, patio » – AE ⓞ MO VISA JCB. ✖ AU y
fermé 21 juil.-10 août, du 21 au 31 déc., sam. midi et dim. – **Repas** Lunch 1100 bc – 1700 bc/3600 bc.

XX Den Dijver, Dijver 5, ☎ 0 50 33 60 69, Fax 0 50 44 62 51, 🍴, Cuisine à la bière – AE MO VISA AU c
fermé fin juin-début juil., fin août-début sept., merc. et jeudi midi – **Repas** Lunch 850 – 1500 bc/1790 bc.

XX Spinola, Spinolarei 1, ☎ 0 50 34 17 85, Fax 0 50 34 13 71, « Rustique » – AE ⓞ MO VISA AT c
fermé dern. sem. janv.-prem. sem. fév., dern. sem. juin-prem. sem. juil., dim. et lundi midi – **Repas** 1395/1980.

XX Ambrosius, Arsenaalstraat 55, ☎ 0 50 34 41 57, Fax 0 50 34 41 57, 🍴, « Rustique » – AE ⓞ MO VISA. ✖ AV a
fermé du 1er au 15 juil., du 1er au 15 déc., mardi et merc. – **Repas** 1695 bc/2995 bc.

XX Aneth, Maria van Bourgondiëlaan 1 (derrière le parc Graaf Visart), ☎ 0 50 31 11 89, *info@aneth.be*, Fax 0 50 32 36 46, Produits de la mer – AE ⓞ MO VISA JCB. ✖ BY g
fermé 2 prem. sem. sept., 2 prem. sem. janv., dim. et lundi – **Repas** Lunch 1350 – 2350/3500 bc.

XX Tanuki, Oude Gentweg 1, ☎ 0 50 34 75 12, Fax 0 50 33 82 42, Cuisine japonaise avec Teppan-Yaki et Sushi-bar – 🗏. AE ⓞ MO VISA JCB AV f
fermé 2 sem. en juil., 1 sem. en janv., lundi et mardi – **Repas** Lunch 530 – 1790/2250.

XX Hemelrycke, Dweersstraat 12, ☎ 0 50 34 83 43, Fax 0 50 67 69 04 – AE ⓞ MO VISA JCB CY x
fermé dern. sem. juin, mardi et merc. – **Repas** 845/1495.

XX 't Voermanshuys, Oude Burg 14, ☎ 0 50 33 71 72, Fax 0 50 34 09 91, « Cave voûtée du 16e s. » – MO VISA AU d
fermé 2 sem. en janv., lundi et mardi – **Repas** Lunch 695 – carte env. 1700.

X Bhavani, Simon Stevinplein 5, ☎ 0 50 33 90 25, *info@bhavani.be*, Fax 0 50 34 89 52, 🍴, Cuisine indienne – AE ⓞ MO VISA. ✖ AU z
Repas Lunch 550 – carte 1150 à 1950.

X 't Presidentje, Ezelstraat 21, ☎ 0 50 33 95 21, Fax 0 50 34 65 23 – AE ⓞ MO VISA JCB CY a
fermé sam. midi, dim. soir, lundi et mardi – **Repas** Lunch 800 bc – 1550 bc/2500 bc.

X René Van Puyenbroeck, St-Jakobsstraat 58, ☎ 0 50 34 12 24, Fax 0 50 31 38 66 – AE MO VISA. ✖ AT e
fermé 3 dern. sem. juil., dim. soir et lundi – **Repas** 850/1350.

X De Stove, Kleine Sint-Amandstraat 4, ☎ 0 50 33 78 35, *restaurant.de.stove@pandora.be*, Fax 0 50 33 79 32 – AE ⓞ MO VISA AU k
fermé 2 sem. en août, 2 sem. en janv., merc. et jeudi – **Repas** 1495.

X 'T bezemtje, Kleine Sint-Amandstraat 1, ☎ 0 50 33 91 68, Fax 0 50 33 04 98 – AE MO VISA AU v
fermé dim. soir et lundi – **Repas** Lunch 995 – 1295.

X Steenhuyse, Westmeers 29, ☎ 0 50 33 32 24, Fax 0 50 38 22 13, « Rustique » – 🗏. AE MO VISA CZ d
fermé 2 dern. sem. juil. et merc. – **Repas** Lunch 795 – 1095/1495.

BRUGGE p. 13

✕ **Mange Two,** Langestraat 16, ℘ 0 50 49 02 25, mangetwo@ibm.net, Fax 0 50 49 02 26 – MC VISA DY c
fermé mi-août-début sept., dim. soir, lundi et mardi midi – **Repas** Lunch 995 – 1250 bc/2495 bc.

✕ **Cafedraal,** Zilverstraat 38, ℘ 0 50 34 08 45, Fax 0 50 33 52 41, 🌿, Ouvert jusqu'à 23 h 30, « Demeure historique avec terrasse intérieure » – AE ⓘ MC VISA JCB AU s
fermé dim. et lundi – **Repas** Lunch 395 – carte 1300 à 1900.

✕ **Huyze Die Maene,** Markt 17, ℘ 0 50 33 39 59, huyzediemaene@pandora.be, Fax 0 50 33 44 60, 🌿, Taverne-rest, ouvert jusqu'à 23 h – 🍴, AE ⓘ MC VISA AU w
Repas Lunch 495 – 595/975.

✕ **Brasserie Raymond,** Eiermarkt 5, ℘ 0 50 33 78 48, Fax 0 50 33 78 48, 🌿, Ouvert jusqu'à 23 h 30 – AE ⓘ MC VISA JCB AT g
fermé fin mars, du 1ᵉʳ au 15 juil., lundi soir et mardi – **Repas** Lunch 525 – 1100 bc.

✕ **'t Zonneke,** Genthof 5, ℘ 0 50 33 07 81, Fax 0 50 34 52 13 – MC VISA AT z
fermé fin janv.-début fév., dim. midi en juil.-août, dim. soir et lundi – **Repas** Lunch 330 – carte 1100 à 1400.

Périphérie :

au Nord-Ouest – ✉ 8000 :

✕✕✕ **De Gouden Korenhalm,** Oude Oostendsesteenweg 79a (Sint-Pieters), ℘ 0 50 31 33 93, de.gouden.korenhalm@skynet.be, Fax 0 50 31 18 96, 🌿, « Fermette de style flamand » – 🅿, AE ⓘ MC VISA ER f
fermé fin fév., fin août, lundi et merc. soir – **Repas** Lunch 1500 bc – 1950 bc/2600 bc.

au Sud – ✉ 8200 :

🏨 **Campanile,** Jagerstraat 20 (Sint-Michiels), ℘ 0 50 38 13 60, Fax 0 50 38 45 42, 🌿, 🚲 – 🍴 TV 🅿 – 🔒 35, AE ⓘ MC VISA JCB ES e
Repas (Avec buffet) Lunch 325 – 595 – ⌑ 290 – **56 ch** 2400 – ½ P 1940/2185.

✕✕✕ **Weinebrugge,** Koning Albertlaan 242 (Sint-Michiels), ℘ 0 50 38 44 40, Fax 0 50 39 35 63, 🌿 – 🅿, AE ⓘ MC VISA, ⚑ ES b
fermé 2 sem. carnaval, 2ᵉ quinz. juil., lundi soir et mardi – **Repas** 1500 bc/1995 bc.

✕✕ **Casserole** (Établissement d'application hôtelière), Groene-Poortdreef 17 (Sint-Michiels), ℘ 0 50 40 30 30, Fax 0 50 40 30 35, 🌿, « Cadre de verdure » – 🅿 – 🔒 25, AE ⓘ MC VISA
fermé vacances scolaires, sam. et dim. – **Repas** (déjeuner seult) 950. ES t

au Sud-Ouest – ✉ 8200 :

🏰 **Host. Pannenhuis** ⚐, Zandstraat 2, ℘ 0 50 31 19 07, hostellerie@pannenhuis, Fax 0 50 31 77 66, ≤, 🌿, « Terrasse et jardin », 🚲 – TV 🅿 – 🔒 25, AE ⓘ MC VISA JCB ER g
Repas (fermé 15 janv.-2 fév., du 2 au 17 juil., mardi soir et merc.) Lunch 1300 – 1650 – **18 ch** (fermé 15 janv.-2 fév.) ⌑ 4150/5150 – ½ P 3750/4700.

✕✕ **Herborist** ⚐ avec ch, De Watermolen 15 (par ⑥ : 6 km puis à droite après E 40 - A 10, Sint-Andries), ℘ 0 50 38 76 00, Fax 0 50 39 31 06, 🌿, « Auberge dans cadre champêtre », 🚲 – 🍴 rest, AE ⓘ MC VISA, ⚑
fermé 26 mars-8 avril, 26 juin-8 juil., 26 sept.-8 oct., 23 déc.-8 janv., dim. soir, lundi et jeudi soir – **Repas** Lunch 2350 bc – 3950 bc – **4 ch** ⌑ 3750/4850.

à Dudzele au Nord par N 376 : 9 km 🅒 Brugge – ✉ 8380 Dudzele :

🏨 **het Bloemenhof** ⚐, Damsesteenweg 96, ℘ 0 50 59 81 34, hetbloemenhof@planetinternet.be, Fax 0 50 59 84 28, 🌿, 🚲 – TV 🅿
Repas (dîner pour résidents seult) – **7 ch** ⌑ 1850/2800 – ½ P 1840/2040.

✕✕ **De Zilverberk,** Westkapelsesteenweg 92, ℘ 0 50 59 90 80, 🌿 – 🅿, AE ⓘ MC VISA, ⚑
fermé dim. soir et lundi – **Repas** Lunch 950 – 1100/1800.

à Sint-Kruis par ② : 6 km 🅒 Brugge – ✉ 8310 Sint-Kruis :

🏰 **Wilgenhof** ⚐ sans rest, Polderstraat 151, ℘ 0 50 36 27 44, Fax 0 50 36 28 21, ≤, « Cadre champêtre des polders », 🚲 – TV 🅿, AE ⓘ MC VISA JCB, ⚑ ER w
6 ch ⌑ 3000/5800.

✕✕✕ **Ronnie Jonkman,** Maalsesteenweg 438, ℘ 0 50 36 07 67, Fax 0 50 35 76 96, 🌿, « Terrasses » – 🅿, AE ⓘ MC VISA, ⚑
fermé 2 sem. Pâques, du 1ᵉʳ au 15 juil., 2 sem. en oct., dim. et lundi – **Repas** Lunch 1850 bc – carte 2000 à 3050.

✕ **'t Apertje,** Damse Vaart Zuid 223, ℘ 0 50 35 00 12, Fax 0 50 37 58 48, ≤, 🌿, Taverne-rest – MC VISA
fermé dern. sem. juin-prem. sem. juil., vacances Noël et lundi – **Repas** Lunch 300 – carte 900 à 1350.

BRUGGE p. 14

Environs

à Hertsberge *au Sud par N 50 : 12,5 km* C *Oostkamp 21 150 h.* – ⊠ *8020 Hertsberge :*

※※※ **Manderley**, Kruisstraat 13, ℘ 0 50 27 80 51, Fax 0 50 27 80 51, 🍽, « Terrasse et jardin » – P. AE ⓪ ⓜ VISA
fermé prem. sem. oct., 3 dern. sem. janv., jeudi soir hors saison, dim. soir et lundi – **Repas** Lunch 1300 – 1800/2200.

à Varsenare C *Jabbeke 13 530 h.* – ⊠ *8490 Varsenare :*

※※※ **Manoir Stuivenberg** (Scherrens frères) avec ch, Gistelsteenweg 27, ℘ 0 50 38 15 02,
❀ info@manoirstuivenberg.be, Fax 0 50 38 28 92, 🍽, 🚴 – ❘❙, ■ rest, TV ⇌ P – 🏛 25 à 400. AE ⓪ ⓜ VISA. ✻
ERS n
fermé du 16 au 31 juil. – **Repas** *(fermé dim. soirs, lundis et mardis soirs non fériés)* Lunch 1485 – 2650, carte 2550 à 3300 – **8 ch** *(fermé dim. soir et lundi)* ⇔ 5250/7000, 1 suite – ½ P 4645/5900
Spéc. Filets de rouget-barbet rôtis à la brunoise de câpres et citron. Poitrine de pigeon en crapaudine. Soufflé chaud à la vanille, sauce au chocolat.

à Waardamme *au Sud par N 50 : 11 km* C *Oostkamp 21 150 h.* – ⊠ *8020 Waardamme :*

※※ **Ter Talinge**, Rooiveldstraat 46, ℘ 0 50 27 90 61, Fax 0 50 28 00 52, 🍽, « Terrasse » – P. AE ⓜ VISA
fermé 23 fév.-13 mars, 28 août-7 sept., merc. et jeudi – **Repas** Lunch 1100 – 1725.

à Zedelgem *par* ⑥ *: 10,5 km – 21 927 h.* – ⊠ *8210 Zedelgem :*

🏨 **Zuidwege**, Torhoutsesteenweg 128, ℘ 0 50 20 13 39, hotel.zuidwege@proximedia.be, Fax 0 50 20 17 39, 🍽, 🚴 – ⇌, ■ ch, TV P. – 🏛 25. AE ⓪ ⓜ VISA. ✻ ch
Repas *(fermé 1 sem. en juin, vacances Noël et sam. midi)* (Taverne-rest) Lunch 310 – carte 950 à 1400 – **16 ch** ⇔ 2000/2700 – ½ P 1650.

※※ **Ter Leepe**, Torhoutsesteenweg 168, ℘ 0 50 20 01 97, Fax 0 50 20 88 54 – ■ P – 🏛 220. AE ⓪ ⓜ VISA
fermé 15 juil.-1er août, 20 janv.-1er fév., merc. soir et dim. – **Repas** Lunch 1400 bc – 2100 bc.

BRUXELLES – BRUSSEL

1000 P *Région de Bruxelles-Capitale – Brussels Hoofdstedelijk Gewest* 213 L 17 – ⑤ S et 909 G 3 – ㉑ S – 954 460 h.

Paris 308 ⑥ *– Amsterdam 204* ⑪ *– Düsseldorf 222* ② *– Lille 116* ⑨ *– Luxembourg 219* ④.

Curiosités	p. 2 et 3
Carte de voisinage	p. 4 et 5
Situation géographique des communes	p. 6 et 7
Plans de Bruxelles	
Agglomération	p. 8 à 11
Bruxelles	p. 12 à 15
Agrandissements	p. 16 et 17
Répertoires des rues	p. 17 à 19
Liste alphabétique des hôtels et des restaurants	p. 20 à 23
Établissements à ✿✿✿, ✿✿, ✿	p. 24
La cuisine que vous recherchez	p. 25 et 26
Nomenclature des hôtels et des restaurants :	
Bruxelles ville	p. 27 à 33
Agglomération	p. 33 à 41
Environs	p. 42 à 46

OFFICES DE TOURISME

TIB Hôtel de Ville, Grand'Place ✉ *1000,* ✆ *0 2 513 89 40, Fax 0 2 514 45 38.*
Office de Promotion du Tourisme (OPT), r. Marché-aux-Herbes 63, ✉ *1000,* ✆ *0 2 504 03 90, Fax 0 2 504 02 70.*
TIB, Gare du Midi, ✉ *1000.*
Toerisme Vlaanderen, Grasmarkt 61, ✉ *1000,* ✆ *0 2 504 03 00, Fax 0 2 513 88 03.*
Pour approfondir votre visite touristique, consultez le *Guide Vert Bruxelles* et le *Plan de Bruxelles n° 44.*

RENSEIGNEMENTS PRATIQUES

BUREAUX DE CHANGE

- *Principales banques : ferment à 16 h 30 et sam., dim.*
- *Près des centres touristiques il y a des guichets de change non-officiels.*

TRANSPORTS

Principales compagnies de Taxis :
Taxis Verts   ℘ 0 2 349 49 49, Fax 0 2 349 49 00
Taxis Oranges ℘ 0 2 349 43 43, Fax 0 2 349 43 00
En outre, il existe les Taxis Tours faisant des visites guidées au tarif du taximètre. Se renseigner directement auprès des compagnies.

Métro :
STIB ℘ 0 2 515 20 00 pour toute information.
Le métro dessert principalement du centre-ville, ainsi que certains quartiers de l'agglomération (Heysel, Anderlecht, Auderghem, Woluwé-St-Pierre). Aucune ligne de métro ne desservant l'aéroport, empruntez le train (SNCB) qui fait halte aux gares du Nord, Central et du Midi.
SNCB ℘ 0 2 555 25 25, Fax 0 2 525 93 13.

Trams et Bus :
En plus des nombreux réseaux quadrillant toute la ville, le tram 94 propose un intéressant trajet visite guidée avec baladeur (3 h). Pour tout renseignement et réservation, s'adresser au TIB (voir plus haut).

🚗 ℘ 0 2 555 25 25 et 555 25 55, Fax 0 2 525 93 13.

COMPAGNIE BELGE DE TRANSPORT AÉRIEN

Sabena bureau, r. Marché-aux-Herbes 110, ✉ 1000, ℘ 0 2 723 89 40, Fax 0 2 723 89 99, liaison directe avec l'aéroport, ℘ 0 2 753 21 11.

CAPITALE VERTE

Parcs : de Bruxelles, Wolvendael, Woluwé, Laeken, Cinquantenaire, Duden. Bois de la Cambre. La Forêt de Soignes.

QUELQUES GOLFS

🏌 🏌 par Tervurenlaan (DN) : 14 km à Tervuren, Château de Ravenstein ℘ 0 2 767 58 01, Fax 0 2 767 28 41 – 🏌 au Nord-Est : 14 km à Melsbroek, Steenwagenstraat 11 ℘ 0 2 751 82 05, Fax 0 2 751 84 25 – 🏌 à Anderlecht, Zone Sportive de la Pede (AN), r. Scholle 1 ℘ 0 2 521 16 87, Fax 0 2 521 51 56 – 🏌 à Watermael-Boitsfort (CN), chaussée de la Hulpe 53a ℘ 0 2 672 22 22, Fax 0 2 675 34 81 – 🏌 par ④ : 16 km à Overijse, Gemslaan 55 ℘ 0 2 687 50 30, Fax 0 2 687 37 68 – 🏌 par ⑧ : 8 km à Itterbeek, J.M. Van Lierdelaan 24 ℘ 0 2 567 00 38, Fax 0 2 567 02 23 – 🏌 au Nord-Est : 20 km à Kampenhout, Wildersedreef 56 ℘ 0 16 65 12 16, Fax 0 16 65 16 80 – 🏌 à l'Est : 18 km à Duisburg, Hertswegenstraat 59 ℘ 0 2 769 45 85, Fax 0 2 767 97 52.

CURIOSITÉS

BRUXELLES VU D'EN HAUT

Atomium★ BK – Basilique du Sacré Cœur★ ABL – Arcades du Musée royal de l'Armée et d'Histoire militaire★ HS M25.

PERSPECTIVES CÉLÈBRES DE BRUXELLES

Palais de Justice ESJ – Cité administrative KY – Place Royale★ KZ.

QUELQUES MONUMENTS HISTORIQUES

Grand-Place★★★ JY – Théâtre de la Monnaie★ JY – Galeries St-Hubert★★ JKY – Maison d'Erasme (Anderlecht)★★ AM – Château et parc de Gaasbeek (Gaasbeek)★★ (Sud-Ouest : 12 km par N 282 AN) – Serres royales (Laeken)★★ BK R.

ÉGLISES

Sts-Michel-et-Gudule★★ KY – *Église N.-D. de la Chapelle*★ JZ – *Église N.-D. du Sablon*★ KZ – *Abbaye de la Cambre (Ixelles)*★★ FGV – *Sts-Pierre-et-Guidon (Anderlecht)*★ AM **D**.

QUELQUES MUSÉES

Musée d'Art ancien★★★ KZ – *Musée du Cinquantenaire*★★★ HS M^{11} – *Musée d'Art moderne*★★ KZ M^2 – *Centre Belge de la BD*★★ KY M^8 – *Autoworld*★★ HS M^3 – *Muséum des Sciences Naturelles*★★ GS M^{29} – *Musée des instruments de Musique*★★★ KZ M^{21} – *Musée Constantin Meunier (Ixelles)*★ FV M^{13} – *Musée communal d'Ixelles (Ixelles)*★★ GT M^{12} – *Musée Charlier*★ FR M^9 – *Bibliotheca Wittockiana (Woluwé-St-Pierre)*★ CM **C** – *Musée royal de l'Afrique centrale (Tervuren)*★★ (par ③) – *Musée Horta (St-Gilles)*★★ EFU M^{20} – *Maison Van Buuren (Uccle)*★ EFV M^6 – *Musées Bellevue*★ KZ M^{28}.

ARCHITECTURE MODERNE

Atomium★ BK – *Centre Berlaymont* GR – *Parlement européen* GS – *Palais des Beaux Arts* KZ Q^1 – *La Cité administrative* KY – *Les cités-jardins Le Logis et Floréal (Watermael-Boitsfort)* DN – *Les Cités-jardins Kapelleveld (Woluwé-St-Lambert)* DM – *Campus de l'UCL (Woluwé-St-Lambert)* DL – *Palais Stoclet (Tervuren/Environs)*★ CM Q^4 – *Swift (La Hulpe/Environs)* – *Vitrine P. Hankar*★ KY **W** – *Maison Communale d'Ixelles* FS K^2 – *Hôtel Van Eetvelde*★ GR 187 – *Maison Cauchie (Etterbeek)*★ HS K^1 – *Old England*★ KZ **N**.

QUARTIERS PITTORESQUES

La Grand-Place★★★ JY – *Le Grand et le Petit Sablon*★★ JZ – *Les Galeries St-Hubert*★★ JKY – *La place du Musée* KZ – *La place Ste-Catherine* JY – *Le vieux centre (Halles St-Géry – voûtement de la Senne – Église des Riches Claires)* ER – *Rue des Bouchers*★ JY – *Manneken Pis*★★ JZ – *Les Marolles* JZ – *La Galerie Bortier* JY.

LE SHOPPING

Grands Magasins : *Rue Neuve* JKY.
Commerces de luxe : *Avenue Louise* BMN, *Avenue de la Toison d'Or* KZ, *Boulevard de Waterloo* KZ, *rue de Namur* KZ.
Antiquités : *Le Sablon et alentours* JKZ.
Marché aux puces : *Place du Jeu de Balles* ES.
Galeries commerçantes : *Basilix, Westland Shopping Center, Woluwé Shopping Center, City 2, Galerie Louise.*

BRUXELLES p. 4

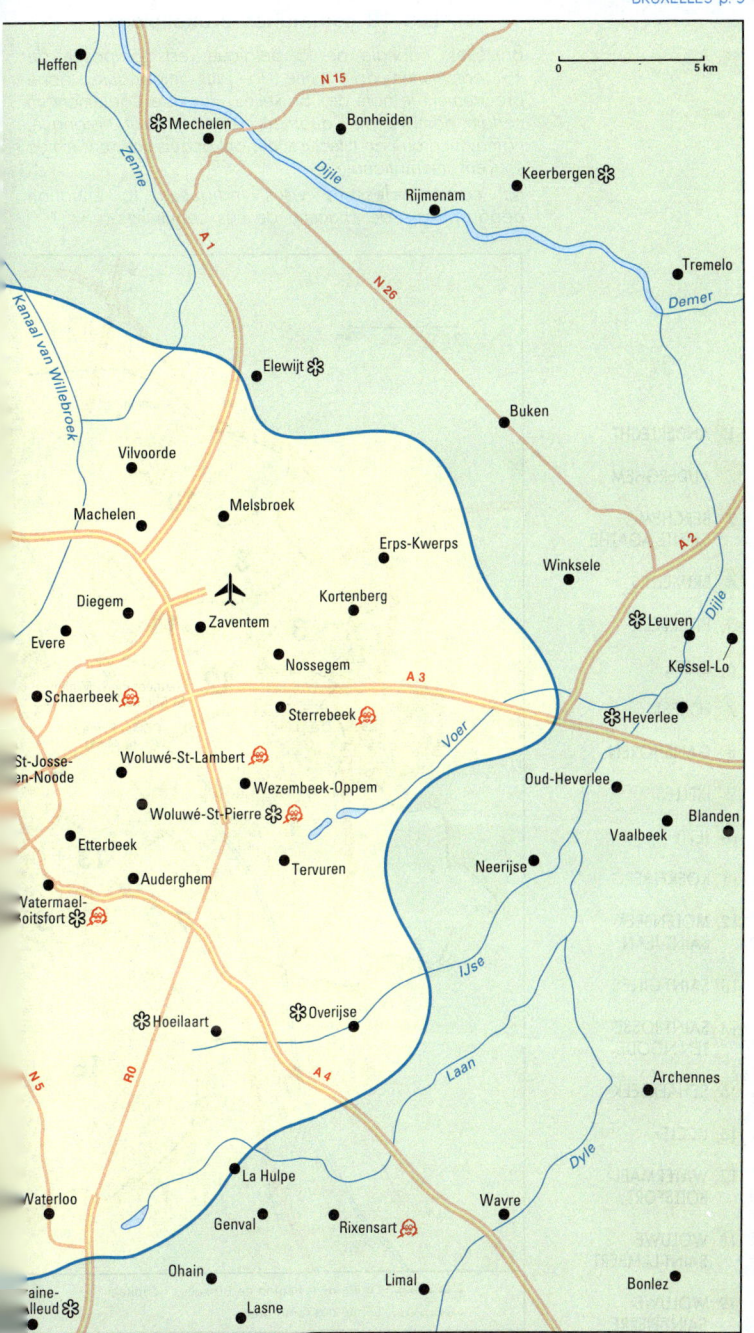

Les 19 communes bruxelloises

Bruxelles, capitale de la Belgique, est composée de 19 communes dont l'une, la plus importante, porte précisément le nom de "Bruxelles". Il existe également un certain nombre de "quartiers" dont l'intérêt historique, l'ambiance ou l'architecture leur ont acquis une renommée souvent internationale.

La carte ci-dessous vous indiquera la situation géographique de chacune de ces communes.

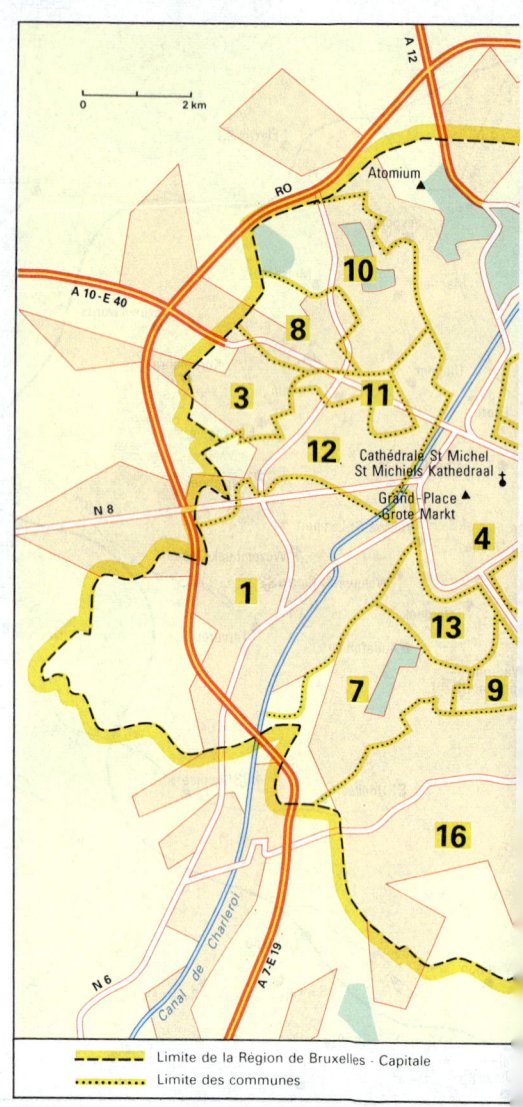

1. ANDERLECHT
2. AUDERGHEM
3. BERCHEM-SAINTE-AGATHE
4. BRUXELLES
5. ETTERBEEK
6. EVERE
7. FOREST
8. GANSHOREN
9. IXELLES
10. JETTE
11. KOEKELBERG
12. MOLENBEEK-SAINT-JEAN
13. SAINT-GILLES
14. SAINT-JOSSE-TEN-NOODE
15. SCHAERBEEK
16. UCCLE
17. WATERMAEL-BOITSFORT
18. WOLUWE-SAINT-LAMBERT
19. WOLUWE-SAINT-PIERRE

De 19 Brusselse gemeenten

Brussel, hoofdstad van België, bestaat uit 19 gemeenten, waarvan de meest belangrijke de naam "Brussel" draagt. Daar zijn een aantal wijken, waar de geschiedenis, de sfeer en de architectuur gezorgd hebben voor de, vaak internationaal, verworven faam.

Onderstaande kaart geeft U een overzicht van de geografische ligging van elk van deze gemeenten.

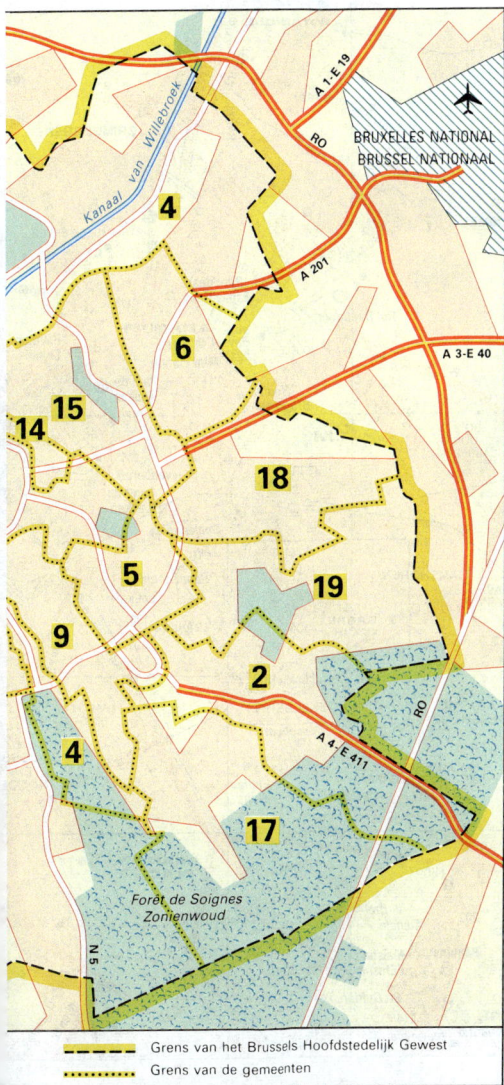

ANDERLECHT 1
OUDERGEM 2
SINT-AGATHA-BERCHEM 3
BRUSSEL 4
ETTERBEEK 5
EVERE 6
VORST 7
GANSHOREN 8
ELSENE 9
JETTE 10
KOEKELBERG 11
SINT-JANS-MOLENBEEK 12
SINT-GILLIS 13
SINT-JOOST-TEN-NODE 14
SCHAARBEEK 15
UKKEL 16
WATERMAAL-BOSVOORDE 17
SINT-LAMBRECHTS-WOLUWE 18
SINT-PIETERS-WOLUWE 19

– – – Grens van het Brussels Hoofdstedelijk Gewest
······· Grens van de gemeenten

BRUXELLES / BRUSSEL

Broqueville (Av. de)	CM	30
Charleroi (Chée de)	BM	34
Croix-du-Feu (Av. des)	BCK	54
Démosthène Poplimont (Av.)	BL	58
Edmond-Parmentier (Av.)	DM	69
Emile-Bockstael (Bd)	BL	75
Emile-Bossaert (Av.)	AL	76
Emile-Vandervelde (Av.)	DM	82
France (R. de)	BM	100
Houba de Strooper (Av.)	BK	121
Jacques-Sermon (Av.)	BL	130
Jean-Sobiesky (Av.)	BK	136
Jules-van-Praet (Av.)	BKL	144
Madrid (Av. de)	BK	166
Meysse (Av. de)	BK	175
Port (Av. du)	BL	198
Prince-de-Liège (Bd)	AM	202
Robiniers (Av. des)	BL	211
Stockel (Chée de)	DM	232
Veeweyde (R. de)	AM	244
Vétérinaires (R. des)	BM	247

BRUXELLES p. 9

ENVIRONS

ASSE
Pontbeeklaan (Zellik) .... **AK** 197
Zuiderlaan (Zellik) ...... **AL** 264

GRIMBERGEN
Antwerpselaan
(Strombeek-Bever) .... **BK** 9

KRAAINEM
Wezembeeklaan .... **DM** 259

VILVOORDE
Parkstraat .... **CK** 192
Stationlei .... **CK** 231
Vuurkruisenlaan .... **CK** 252

ZAVENTEM
(Hector) Henneaulaan .. **DL** 115

Michelin n'accroche pas de panonceau aux hôtels et restaurants qu'il signale.

BRUXELLES
BRUSSEL

Alfred-Madoux (Av.)	**DN**	6
Altitude 100 (Pl. de l')	**BN**	7
Broqueville (Av. de)	**CM**	30
Charleroi (Chée de)	**BM**	34
Charroi (R. du)	**ABN**	36
Delleur (Av.)	**CN**	57
Échevinage (Av. de l')	**BN**	67
Edith-Cavell (R.)	**BN**	68
Edmond-Parmentier (Av.)	**DM**	69
Emile-Vandervelde (Av.)	**DM**	82
Eugène-Flagey (Pl.)	**BN**	88
Fonsny (Av.)	**BN**	94
Foresterie (Av. de la)	**CN**	96
France (R. de)	**BM**	100
Frans van Kalken (Av.)	**AN**	103
Gén. Jacques (Bd)	**CN**	109
Houzeau (Av.)	**BN**	123
Louis-Schmidt (Bd)	**CN**	162
Mérode (R. de)	**BN**	174
Paepsem (Bd)	**AN**	186
Parc (Av. du)	**BN**	190
Plaine (Bd de la)	**CN**	196
Prince-de-Liège (Bd)	**AM**	204
Stockel (Chée de)	**DM**	232
Tervuren (Chée de)	**DN**	235
Th. Verhaegen (R.)	**BN**	237
Triomphe (Bd du)	**CN**	240
Veeweyde (R. de)	**AM**	244
Vétérinaires (R. des)	**BM**	247

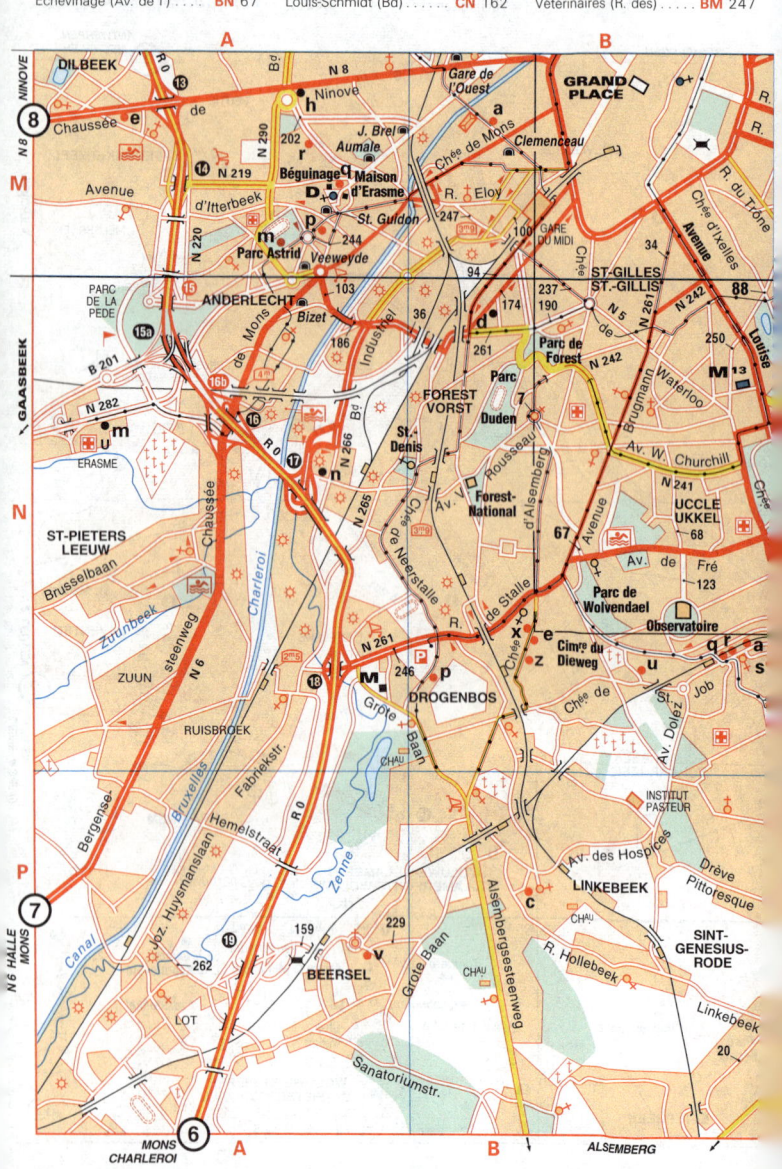

BRUXELLES p. 11

Vleurgat (Chée de) ..... **BN** 250	Schoolstraat .... **AP** 229	ST-GENESIUS-RODE
Wielemans Ceuppens (Av.) .... **BN** 261	Zennestraat (Lot) ..... **AP** 262	Bevrijdingslaan .... **BP** 20
2e Rég.-de-Lanciers (Av. du) .... **CN** 265	**DROGENBOS**	Zonienwoudlaan ...... **CP** 263
	Verlengde Stallestraat ...... **AN** 246	
ENVIRONS		
BEERSEL	KRAAINEM	*Le Guide change,*
Lotsestr. .... **AP** 159	Wezembeek (Av. de) ... **DM** 259	*changez de guide tous les ans.*

BRUXELLES BRUSSEL

Baudouin (Bd) . . . . **EQ** 16	Edouard-de-Thibault (Av.) . **HS** 72	Henri-Jaspar (Av.) . . . . **ES** 117
Bienfaiteurs (Pl. des) . . . . **GQ** 21	Europe (Bd de l') . . . . **ES** 89	Herbert-Hoover (Av.) . . . . . **HR** 118
Brabançonne (Av. de la) . **GR** 28	Frans Courtens (Av.) . . . . **HQ** 102	Industrie (Quai de l') . . . . . **ER** 126
	Frère-Orban (Sq.) . . . . . . **FR** 104	Jan-Stobbaerts (Av.) . . . . . **GQ** 133
	Froissart (R.) . . . . **GS** 106	Jardin Botanique (Bd du) . **FQ** 134
	Gén. Eisenhower (Av.) . . **GQ** 108	Jean-Jacobs (Pl.) . . . . **ES** 135
	Hal (Porte de) . . . . **ES** 114	Jean-Volders (Av.) . . . . . . **ET** 138

BRUXELLES p. 13

Jeu de Balle (Pl. du) .... **ES** 139	Mons (Chée de) .... **ER** 177	Rogier (Pl. Charles) ..... **FQ** 213
Livourne (R. de) .... **FT** 158	Nerviens (Av. des) ...... **GS** 181	Roi Vainqueur (Pl. du) ... **HS** 216
Louise (Galerie) .... **FS** 161	Ninove (Chée de) .... **ER** 183	Saint-Antoine (Pl.) ...... **GT** 220
Luxembourg (R. du) .... **FS** 165	Palmerston (Av.) .... **GR** 187	Scailquin (R.) .... **FR** 228
Marie-Louise (Sq.) ..... **GR** 171	Porte de Hal (Av. de la) .. **ES** 199	Victoria Regina (Av) .... **FQ** 249
Méridien (R. du) .... **FQ** 173	Prince Royal (R. du) .... **FS** 204	Waterloo (Chée de) ..... **ET** 256
Midi (Bd du) .... **ES**	Reine (Av. de la) .... **FQ** 208	9e-de-Ligne (Bd du) .... **EQ** 271

BRUXELLES p. 14

BRUXELLES
BRUSSEL

Américaine (R.)	**FU** 8
Auguste-Rodin (Av.)	**GU** 12
Besme (Av.)	**EV** 18

Boendael (Drève de)	**GX** 22
Cambre (Bd de la)	**GV** 33
Coccinelles (Av. des)	**HX** 40
Congo (Av. du)	**GV** 48
Copernic (R.)	**FX** 51
Doronée (R.)	**FV** 61
Dries	**HX** 63

Emile-de-Beco (Av.)	**GU** 79
Emile-De-Mot (Av.)	**GV** 81
Eperons d'Or (Av. des)	**GU** 85
Everard (av.)	**EV** 91
Hippodrome (Av. de l')	**GU** 120

BRUXELLES p. 15

Invalides (Bd des)	**HV** 127	Louis-Morichar (Pl.)	**EU** 160	Savoie (R. de)	**EU** 226
Jean-Volders (Av.)	**ET** 138	Mutualité (R. de la)	**EV** 180	Tabellion (R. du)	**FU** 234
Jos-Stallaert (R.)	**FV** 141	Nouvelle (Av.)	**GU** 184	Washington (R.)	**FU** 253
Juliette-Wytsman (R.)	**GU** 145	Paul-Stroobant (Av.)	**EX** 193	Waterloo (Chée de)	**ET** 256
Kamerdelle (Av.)	**EX** 147	Saint-Antoine (Pl.)	**GT** 220	2ᵉ Rég-de-Lanciers	
Legrand (Av.)	**FV** 153	Saisons (Av. des)	**GV** 223	(Av. du)	**GHU** 265
Livourne (R. de)	**FT** 158	Saturne (Av. de)	**FX** 225	7-Bonniers (Av. des)	**EV** 270

BRUXELLES
BRUSSEL

Street	Ref
Adolphe-Max (Bd.)	JY 3
Albertine (Pl. de l')	KZ 4
Anspach (Bd)	JY
Assaut (R. d')	KY 10
Baudet (R.)	KZ 15
Beurre (Rue au)	JY 19
Bortier (Galerie)	JKZ 23
Bouchers (Petite rue des)	JY 24
Bouchers (R. des)	JY 25
Bourse (Pl. de la)	JY 27
Briques (Quai aux)	JY 29
Chêne (R. du)	JZ 39
Colonies (R. des)	KY 43
Comédiens (R. des)	KY 45
Commerce (R. du)	KZ 46
Croix-de-Fer (R. de la)	KY 52
Duquesnoy (Rue)	JYZ 66
Ernest-Allard (R.)	JZ 86
Étuve (R. de l')	JZ 87
Europe (Carr. de l')	KY 90
Fossé-aux-Loups (R. du)	JKY 99
Fripiers (R. des)	JY 105
Grand-Sablon (Pl. du)	KZ 112
Impératrice (Bd de l')	KY 124
Ixelles (Chée d')	KZ 129
Laeken (R. de)	JY 151
Lebeau (R.)	JZ 152
Louvain (R. de)	KY 163
Marché-aux-Herbes (R. du)	JY 168
Marché-aux-Poulets (R. du)	JY 169
Mercier (R. du Card.)	KY 172
Midi (R. du)	JYZ
Montagne (Rue de la)	KY 178
Musée (Pl. du)	KZ 179
Neuve (Rue)	JY
Nord (Passage du)	JY 182
Petit-Sablon (Pl. du)	KZ 195
Presse (R. de la)	KY 201
Princes (Galeries des)	JY 205
Ravenstein (R.)	KY 207
Reine (Galerie de la)	JY 210
Roi (Galerie du)	KY 214
Rollebeek (R. de)	JZ 217
Ruysbroeck (R. de)	KZ 219
Sainte-Catherine (Pl.)	JY 221
Sainte-Gudule (Pl.)	KZ 222
Toison d'Or (Av. de la)	KZ 238
Trône (R. du)	KZ 241
Ursulines (R. des)	JZ 243
Waterloo (Bd de)	KZ 255
6-Jeunes-Hommes (R. des)	KZ 268

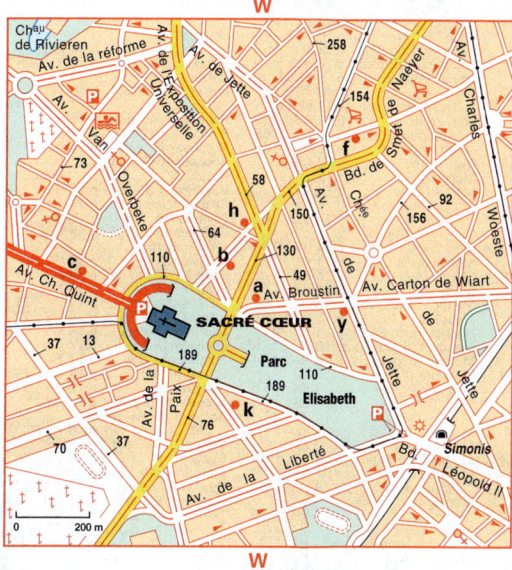

BRUXELLES p. 17

GANSHOREN
JETTE
KOEKELBERG

Basilique (Av. de la). . **W** 13
Château (Av. du) . . . . **W** 37
Constitution (Av. de la) **W** 49
Démosthène
 Poplimont (Av.) . . . **W** 58
Duc Jean (Av. du) . . . **W** 64
Edouard Bénes (Av.) . **W** 70
Eglise St-Martin (R. de l') **W** 73
Emile-Bossaert (Av.) . **W** 76
Firmin-Lechartier (Av.) **W** 92
Gloires Nationales
 (Av. des) . . . . **W** 110
Jacques-Sermon (Av.) **W** 130
Laeken (Av. de) . . . . . **W** 150
Léon-Théodore (R.) . . **W** 154
Levis-Mirepoix (Av. de) **W** 156
Panthéon (Av. du) . . . **W** 189
Wemmel (Chée de) . **W** 258

RÉPERTOIRE DES RUES DU PLAN DE BRUXELLES

Abattoir (Bd de l') . . . . . p.10 **ER**
Adolphe-Buyl (Av.) . . p.13 **GV**
Adolphe-Dupuich (Av.). p.12 **EVX**
Adolphe-Max (Bd) . . p.14 **JY** 3
Albert (Av.) . . . . p.12 **EV**
Albertine (Pl. de l') . . p.14 **KZ** 4
Alexiens (R. des) . . . . p.14 **JZ**
Alfred-Madoux (Av.). . p. 9 **DN** 6
Alsemberg
 (Chée d') . . . . p. 8 **BNP**
Altitude 100
 (Pl. de l') . . . . p. 8 **BN** 7
Ambiorix (Square) . . . p.11 **GR**
Américaine (R.) . . . . . p.12 **FU** 8
Anspach (Bd) . . . . p.14 **JY**
Antoine-Dansaert (R.). p.10 **ER**
Anvers (Bd d') . . . . . . p.10 **EQ**
Armand-Huymans
 (Av.) . . . . p.13 **GV**
Artan (R.) . . . . p.11 **GQ**
van Artevelde (R.) . . . p.10 **ER**
Arts (Av. des) . . . . p.14 **KZ**
Assaut (R. d') . . . . p.14 **KY** 10
Association (R. de l') . p.11 **KY**
Audergem (Av. d') . . . p.11 **GS**
Auguste-Reyers (Bd) . p.11 **HR**
Auguste-Rodin (Av.) . p.13 **GU** 12
Azalées (Av. des) . . . . p.11 **GQ**
Baron-Albert-d'Huart
 (Av.) . . . . p. 7 **DM**
Barthélemy (Bd) . . . . . p.10 **ER**
Basilique (Av. de la) . p.15 **W** 13
Baudet (R.) . . . . p.14 **KZ** 15
Baudouin (Bd) . . . . p.10 **EQ** 16
Belliard (R.) . . . . p.11 **GS**
Berckmans (R.) . . . . . . p.10 **EFT**
Berlaymont (Bd de) . . p.14 **KY**
Besme (Av.) . . . . p.12 **EV** 18
Beurre (Rue au) . . . . . p.14 **JY** 19
Bienfaiteurs (Pl. des) . p.11 **GQ** 21
Blaes (R.) . . . . p.10 **ES**
Boitsfort (Av.) . . . . . . p.13 **GX**
Boitsfort (Chée de) . . p.13 **HX**
Bolivar (Bd Simon) . . p.10 **EFQ**
Bondael (Chée de) . . p.13 **GUV**
Bondael (Drève de) . p.13 **GX** 22
Bortier (Galerie) . . . . p.14 **JKZ** 23
Bouchers
 (Petite rue des) . . . p.14 **JY** 24

Bouchers (R. des) . . p.14 **JY** 25
Bourse (Pl. de la) . . p.14 **JY** 27
Brabançonne
 (Av. de la) . . . . p.11 **GR** 28
Brabant (R. de) . . . . p.10 **FQ**
Brand-Whitlock (Bd) p.11 **HRS**
Briques (Quai aux) . . p.14 **JY** 29
Broqueville (Av. de) . p. 7 **CM** 30
Brouckère (Pl. de) . . p.14 **JY**
Broustin (Av.) . . . . . . p.15 **W**
Brugmann (Av.) . . . . p.12 **EVX**
Cambre (Bd de la) . . p.13 **GV** 33
Canal (R. du) . . . . . . p.10 **EQ**
Carton de Wiart (Av.) p.15 **W**
Casernes (Av. des) . . p.13 **GHU**
Celtes (Av. des) . . . . p.11 **HS**
Cerisiers (Av. des) . . p.11 **HR**
Charleroi (Chée de) . p.10 **EFU**
Charles-Quint (Av.) . p. 6 **AL**
Charles-Woeste (Av.). p. 6 **BL**
Charroi (R. du) . . . . . p. 8 **ABN** 36
Chasse (Av. de la) . . p.11 **HS**
Château (Av. du) . . . p.15 **W** 37
Chazal (Av.) . . . . p.11 **GQ**
Chêne (R. du) . . . . . p.14 **JZ** 39
Clays (Av.) . . . . p.11 **GQ**
Coccinelles (Av. des). p.13 **HX** 40
Coghen (Av.) . . . . . . p.12 **EVX**
Colonel-Bremer (Pl.). p.11 **GQ**
Colonies (R. des) . . . p.14 **KY** 43
Comédiens (R. des) . p.14 **KY** 45
Commerce (R. du) . . p.14 **KZ** 46
Congo (Av. du) . . . . p.13 **GV** 48
Congrès (R. du) . . . . p.14 **KY**
Constitution
 (Av. de la) . . . . p.15 **W** 49
Copernic (R.) . . . . . . p.12 **FX** 51
Cortenbergh (Av. de) p.11 **GR**
Couronne (Av. de la) p.13 **GUV**
Croix-de-Fer (R. de la) p.14 **KY** 52
Croix-du-Feu (Av. des). p. 6 **BCK** 54
Dailly (Av.) . . . . p.11 **GQ**
Dailly (Pl.) . . . . p.11 **GR**
Defacqz (R.) . . . . p.12 **FU**
Delleur (Av.) . . . . p. 9 **CN** 57
Démosthène
 Poplimont (Av.) . . p.15 **W** 58
Derby (Av. du) . . . . . p.13 **GX**
Diamant (Av. du) . . . p.11 **HR**

Diane (Av. de) . . . . . . p.13 **FGX**
Dolez (Av.) . . . . p. 8 **BN**
Dodonée (R.) . . . . . . p.12 **FV** 61
Dries (Av.) . . . . p.13 **HX** 63
Duc Jean (Av. du) . . p.15 **W** 64
Ducale (Rue) . . . . . . p.14 **KZ**
Ducpétiaux (Av.) . . . p.12 **EU**
Duquesnoy (Rue) . . p.14 **JYZ** 66
Echevinage (av. de l') p.12 **EX**
Ecuyer (R. de l') . . . . p.14 **JKY**
Edith-Cavell (R.) . . . p.12 **FX**
Edmond
 Parmentier (Av.) . p. 7 **DM** 69
Edmond-Mesens
 (Av.) . . . . p.11 **HT**
Edouard-Bénes (Av.). p.15 **W** 70
Edouard-de-Thibault
 (Av.) . . . . p.11 **HS** 72
Eglise St-Martin
 (R. de l') . . . . p.15 **W** 73
Eloy (Rue) . . . . p. 6 **BM**
Emile-Bockstael (Bd). p. 6 **BL** 75
Emile-Bossaert (Av.). p.15 **W** 76
Emile-de-Beco (Av.). p.13 **GU** 79
Emile-De-Mot (Av.) . p.13 **GV** 81
Emile-Jacqmain (Bd) p.10 **FQ**
Emile van Becelaere
 (Av.) . . . . p.13 **HX**
Emile-Vandervelde
 (Av.) . . . . p. 7 **DM** 82
Empereur (Bd de l') . p.14 **JZ**
Eperons d'Or
 (Av. des) . . . . p.13 **GU** 85
Epicéas (R. des) . . . p.13 **HX**
Ernest-Allard (R.) . . p.14 **JZ** 86
Etuve (R. de l') . . . . p.14 **JZ** 87
Eugène-Flagey (Pl.) . p. 8 **BN** 88
Eugène-Plasky (Av.). p.11 **HR**
Europe (Bd de l') . . . p.10 **ES** 89
Europe (Carr. de l') . p.14 **KY** 90
Everard (Av.) . . . . . . p.12 **EV** 91
Exposition (Av. de) . p. 6 **AKL**
Exposition Universelle
 (Av. de l') . . . . p.15 **W**
Firmin-Lechartier
 (Av.) . . . . p.15 **W** 92
Flore (Av. de) . . . . . . p.13 **GV**
Floride (Av. de) . . . . p.12 **FX**
Fonsny (Av.) . . . . p. 8 **BN** 94

139

BRUXELLES p. 18

Foresterie (Av. de la) . . . . p. 9 **CN** 96
Forêt (Av. de la) . . . . p.13 **HX**
Fossé-aux-Loups
 (R. du) . . . . . . p.14 **JKY** 99
France (R. de) . . . . . . p. 6 **BM** 100
Franklin-Roosevelt
 (Av.) . . . . p.13 **GVX**
Frans-Courtens (Av.) . p.11 **HQ** 102
Frans van Kalken
 (Av.) . . . . p. 8 **AN** 103
Fré (Av. de) . . . . p.10 **EFX**
Frère-Orban (Sq.) . . . p.10 **FR** 104
Friperies (R. des) . . . p.14 **JY** 105
Froissart (R.) . . . . p.11 **GS** 106
Galilée (Av.) . . . . p.14 **KY**
Gand (Chée de) . . . . p. 6 **ABL**
Gén. Eisenhower
 (Av.) . . . . p.11 **GQ** 108
Gén. Jacques (Bd) . . p.13 **GHU**
Gén. Médecin
 Derache (Av.) . . . . p.13 **GV**
Gén. Wahis (Bd) . . . . p.11 **HQ**
Genève (R. de) . . . . . p.11 **HQ**
Gloires Nationales
 (Av. des) . . . . p.15 **W** 110
Goffart (R.) . . . . p.11 **FGS**
Grand Place . . . . p.14 **JY**
Grand-Sablon (Pl. du) p.14 **KZ** 112
Gray (R.) . . . . p.11 **GST**
Haecht (Chée de) . . . p. 7 **CL**
Hal (Porte de) . . . . . . p.10 **ES** 114
Hamoir (Av.) . . . . p.12 **FX**
Haute (R.) . . . . p.10 **ES**
Henri-Chomé (R.) . . . p.11 **HQ**
Henri-Dunant (Av.) . . p.11 **HQ**
Henri-Jaspar (Av.) . . p.10 **ES** 117
Herbert-Hoover (Av.) p.11 **HR** 118
Hippodrome
 (Av. de l') . . . . p.13 **GU** 120
Hospices (Av. des) . . p. 8 **BP**
Houba de Strooper
 (Av.) . . . . p. 6 **BK** 121
Houzeau (Av.) . . . . . . p.12 **FX**
la Hulpe (Chée de) . . p. 9 **CN**
Impératrice (Bd de l') p.14 **KY** 124
Industrie (Quai de l') p.10 **ER** 126
Industriel (Bd) . . . . . p. 8 **AN**
Invalides (Bd des) . . . p.13 **HV** 127
Italie (Av. d') . . . . p.13 **GHX**
Itterbeck (Av.) . . . . . . p. 6 **AM**
Ixelles (Chée d') . . . . p.10 **FST**
Jacques-Sermon (Av.) p.15 **W** 130
Jan Stobbaerts (Av.) p.11 **GQ** 133
Jardin Botanique
 (Bd du) . . . . p.10 **FQ** 135
Jean-Baptiste-Colyns
 (R.) . . . . p.12 **FV**
Jean-Sobiesky (Av.) . p. 6 **BK** 136
Jean-Volders (Av.) . . p.10 **ET** 138
Jette (Av. de) . . . . p.15 **W**
Jette (Chée de) . . . . . p.15 **W**
Jeu de Balle
 (Pl. du) . . . . p.10 **ES** 139
Joseph-II (Bd) . . . . . . p.11 **GR**
Joseph-Stallaert (Av.) p.12 **FV** 141
Jourdan (Pl.) . . . . p.10 **ET**
Jubilé (Bd du) . . . . . . p.10 **EQ**
Jules-van-Praet (Av.) p. 6 **BKL** 144
Juliette-Wytsman (Av.) p.13 **GU** 145
Kamerdelle (Av.) . . . . p.12 **EX** 147
Kasterlinden (R.) . . . p. 6 **AL**
Laeken (Av. de) . . . . p.15 **W** 150
Laeken (R. de) . . . . . p.10 **EQ**
Laines (R. aux) . . . . . p.14 **JKZ**
Lambermont (Bd) . . . p. 7 **CL**
Lebeau (R.) . . . . p.14 **JZ** 152
Legrand (Av.) . . . . . . p.12 **FV** 153
Léon-Théodore (R.) . p.15 **W** 154
Léopold-II (Bd) . . . . . p.10 **EQ**
Léopold-III (Bd) . . . . p. 7 **CL**
Lesbroussart (Av.) . . p.12 **FU**
Levis Mirepoix
 (Av.) . . . . p.15 **W** 156
Liberté (Av. de la) . . p.15 **W**
Ligne (R. de la) . . . . . p.14 **KY**
Linthout (R. de) . . . . p.11 **HRS**
Livourne (R. de) . . . . p.10 **FT** 158
Loi (R. de la) . . . . p.11 **GRS**
Lombard (R. du) . . . . p.14 **JYZ**
Lorraine (Drève de) . p. 9 **CN**
Louis-Bertrand (Av.) p.11 **GQ**
Louis-Hap (R.) . . . . . . p.11 **GHS**
Louis-Lepoutre (Av.) p.12 **FV**

Louis-Mettewie (Bd) . p. 6 **ALM**
Louis-Morichar (Pl.) . p.12 **EU** 160
Louis-Schmidt (Av.) . p.13 **HU**
Louise (Av.) . . . . p. 8 **BMN**
Louise (Galerie) . . . . p.10 **FS** 161
Louvain (Chée de) . . p.11 **GHQ**
Louvain (R. de) . . . . . p.14 **KY** 163
Luxembourg (R. du) . p.10 **FS** 165
Madrid (Av. de) . . . . . p. 6 **BK** 166
Mai (Av. de) . . . . p. 7 **CM**
Malibran (R.) . . . . p.11 **GT**
Marais (R. du) . . . . . . p.14 **KY**
Marché-aux-Herbes
 (R. du) . . . . p.14 **JY** 168
Marché-aux-Poulets
 (R. du) . . . . p.14 **JY** 169
Marie-Louise (Sq.) . . p.11 **GR** 171
Marnix (Av.) . . . . p.14 **KZ**
Martyrs (Pl. des) . . . . p.14 **KY**
Maurice-Lemonnier
 (Bd) . . . . p.10 **ERS**
Mercier (R. du Card.) p.14 **KY** 172
Méridien (R. du) . . . . p.10 **FQ** 173
Mérode (R. de) . . . . . p. 8 **BN** 174
Messidor (Av. de) . . . p.12 **EV**
Meysse (Av. de) . . . . p. 6 **BK** 175
Midi (Bd du) . . . . p.10 **ES**
Midi (R. du) . . . . p.14 **JYZ**
Minimes (R. des) . . . p.14 **JZ**
Molière (Av.) . . . . p.10 **EFV**
Mons (Chée de) . . . . p. 6 **AMN**
Mont Saint-Jean
 (Route de) . . . . . . p. 9 **DN**
Montagne
 (Rue de la) . . . . . . p.14 **KY** 178
Montgomery
 (Square Maréchal) . p.11 **HS**
Montjoie (Av.) . . . . . . p.12 **FV**
Musée (Pl. du) . . . . . p.14 **KZ** 179
Mutualité (R. de la) . p.12 **EV** 180
Namur (R. de) . . . . . . p.14 **KZ**
Neerstalle (Chée de) p. 8 **AN**
Nerviens (Av. des) . . p.11 **GS** 181
Neuve (Rue) . . . . p.14 **JY**
Nieuport (Bd de) . . . . p.10 **EQ**
Ninove (Chée de) . . . p. 6 **AM**
Nord (Passage du) . . p.14 **JY** 182
Nouvelle (Av.) . . . . . . p.13 **GU** 184
Observatoire
 (Av. de l') . . . . p.12 **FX**
Orient (R. de l') . . . . . p.11 **GS**
van Overbeke (Av.) . p.6 **KY**
Pachéco (Bd) . . . . . . p.14 **KY**
Paepsem (Bd) . . . . . . p. 8 **AN** 186
Paix (Av. de la) . . . . . p.15 **W**
Palais (Pl. des) . . . . . p.14 **KZ**
Palais (R. des) . . . . . p.10 **FQ**
Palmerston (Av.) . . . . p.11 **GR** 187
Panorama (Av. du) . . p.13 **GX**
Panthéon (Av. du) . . . p.15 **W** 189
Parc (Av. du) . . . . p.12 **EU**
Parc Royal (R. du) . . p. 6 **BL**
Patriotes (R. des) . . . p.11 **GR**
Paul-Deschanel (Av.) p.11 **GQ**
Paul-Hymans (Av.) . . p. 7 **CDM**
Paul-Stroobant (Av.) . p.12 **EX** 193
Pavie (R.) . . . . p.11 **GR**
Pesage (Av. du) . . . . p.13 **GVX**
Petit-Sablon (Pl. du) . p.14 **JKZ** 195
Philippe Baucq (R.) . p.11 **GT**
Picard (R.) . . . . p.10 **EQ**
Piers (R.) . . . . p.10 **EQ**
Pittoresque (Drève) . p. 8 **BP**
Plaine (Bd de la) . . . . p.13 **HV**
Poelaert (Pl.) . . . . p.14 **JZ**
Poincaré (Bd) . . . . . . p.10 **ERS**
Port (Av. du) . . . . p.10 **EQ**
Porte de Hal
 (Av. de la) . . . . p.10 **ES** 199
Presse (R. de la) . . . p.14 **KY** 201
Prince-de-Liège (Bd) p. 6 **AM** 202
Prince Royal
 (R. du) . . . . p.10 **FS** 204
Princes (Galeries des) p.14 **JY** 205
Progrès (R. du) . . . . . p.10 **FQ**
Ravenstein (R.) . . . . p.14 **KZ** 207
Réforme (Av. de la) . p.15 **W**
Régence (R. de la) . . p.14 **JKZ**
Régent (Bd du) . . . . . p.14 **KZ**
Reine (Av. de la) . . . p. 6 **BL**
Reine
 (Galerie de la) . . . . p.14 **JY** 210
Relais (R. du) . . . . . . p.13 **HV**

Renaissance
 (Av. de la) . . . . p.11 **HR**
Robiniers (Av. des) . p. 6 **BL** 211
Rogier (Av.) . . . . p.11 **GHQ**
Rogier (Pl. Charles) . p.10 **FQ** 213
Roi (Galerie du) . . . . p.14 **KY** 214
Roi Albert (Av. du) . . p. 6 **AL**
Roi Vainqueur (Pl. du) p.11 **HS** 216
Rollebeek (R. de) . . . p.14 **JZ** 217
Roodebeek (Av. de) . p.11 **HR**
Royale (R.) . . . . p.10 **FQR**
Ruysbroeck (R. de) . p.14 **KZ** 219
Saint-Antoine (Pl.) . . p.11 **GT** 220
Saint-Hubert
 (Drève de) . . . . p. 9 **CP**
Saint-Hubert
 (Galeries) . . . . p.14 **JKY**
Saint-Job (Chée de) p. 8 **BN**
Saint-Michel (Bd) . . . p.11 **HS**
Sainte-Catherine (Pl.) p.14 **JY** 221
Sainte-Gudule (Pl.) . p.14 **KY** 222
Saisons (Av. des) . . . p.13 **GV** 223
Sapinière (Av. de la) p.13 **GX**
Saturne (Av. de) . . . . p.12 **FX** 225
Savoie (R. de) . . . . . p.12 **EU** 226
Scailquin (R.) . . . . . . p.10 **FR** 228
Sceptre (R. du) . . . . . p.11 **GS**
de Smet de Naeyer
 (Bd) . . . . p. 6 **BL**
Stalingrad (Av. de) . . p.10 **ERS**
Stalle (R. de) . . . . p. 8 **BN**
Statuaires (Av. des) . p.12 **EX**
Stockel (Chée de) . . p. 7 **DM** 232
Tabellion (R. du) . . . . p.12 **FU** 234
Tanneurs (R. des) . . . p.10 **ES**
Tervuren (Av. de) . . . p.13 **DMN**
Tervuren (Chée de) . p. 9 **DN** 235
Théodore-Verhaegen
 (R.) . . . . p.10 **ET**
Toison d'Or (Av. de la) p.14 **KY** 238
Trêves (R. de) . . . . . . p.11 **GS**
Triomphe (Bd du) . . . p.13 **HU**
Trône (R. du) . . . . . . p.11 **FGS**
Université (Av. de l') p.13 **GV**
Ursulines (R. des) . . . p.14 **JZ** 243
Vanderkindere
 (R.) . . . . p.12 **EFV**
Veeweyde (R. de) . . . p. 6 **AM** 244
Verdun (Rue de) . . . . p. 7 **CL**
Vergote (Square) . . . p.11 **HR**
Vert Chasseur
 (Av. du) . . . . p.12 **FX**
Verte (Allée) . . . . p. 6 **BL**
Verte (R. de) . . . . p.10 **FQ**
Vétérinaires (R. des) p. 6 **BM** 247
Victoire (R. de la) . . . p.10 **ET**
Victor Rousseau (Av.) p. 8 **BN**
Victoria Regina (Av.) p.10 **FQ** 249
Vilvorde (Av. de) . . . . p. 7 **CK**
Vilvorde (Chée de) . . p. 7 **BCL**
Visé (R. de) . . . . p.13 **HV**
Vleurgat (Chée de) . . p.12 **FUV**
Volontaires (Av. des) p.13 **HU**
Wand (R. de) . . . . p. 6 **BK**
Washington (R.) . . . . p.12 **FU** 253
Waterloo (Bd de) . . . p.10 **FS**
Waterloo (Chée de) . p. 9 **BCN**
Wavre (Chée de) . . . p. 9 **CDN**
Wemmel (Chée de) . . p.15 **W** 258
Wielemans
 Ceuppens (Av.) . . . p. 8 **BN** 26
Willebroeck (Quai de) p.10 **EQ**
Winston-Churchill
 (Av.) . . . . p.12 **FV**
Woluwe (Bd de la) . . p. 7 **DLM**
Wolwendael (Av.) . . . p.12 **EX**
2e Rég.-de-Lanciers
 (Av. du) . . . . p.13 **GHU** 26
6-Jeunes-Hommes
 (R. des) . . . . p.14 **KZ** 26
7-Bonniers (Av. des) p.12 **EV** 27
9e de-Ligne (Bd du) . p.10 **EQ** 27

ENVIRONS

ASSE

Brusselse
 Steenweg (Zellik) . p. 6 **AL**
Pontbeeklaan
 (Zellik) . . . . p. 6 **AK** 19
Zuiderlaan (Zellik) . . p. 6 **AL** 26

BRUXELLES p. 19

BEERSEL
Alsembergse-
  steenweg . . . . p. 8 **BP**
Grote Baan . . . . p. 8 **ABP**
Joz. Huysmans-
  laan (Lot) . . . . p. 8 **AP**
Lotsestraat . . . . p. 8 **AP** 159
Sanatoriumstr.
  (Alsemberg) . . . . p. 8 **AP**
Schoolstraat . . . . . . p. 8 **AP** 229
Zennestraat (Lot) . . p. 8 **AP** 262

DROGENBOS
Grote Baan . . . . p. 8 **ABN**
Verlengde Stallestraat . p. 8 **AN** 246

GRIMBERGEN
Antwerpselaan (Strom-
  beek-Bever) . . . . . p. 6 **BK** 9
Boechoutlaan (Strom-
  beek-Bever) . . . . . p. 6 **BK**
Sint-Annalaan (Strom-
  beek-Bever) . . . . . p. 6 **BK**

HOEILAART
Duboislaan . . . . p. 9 **DP**
Léopold II laan . . . . p. 9 **DP**
Sint-Jansberglaan . . p. 9 **DP**
Terhulpsesteenweg . p. 9 **DP**

KRAAINEM
Wezembeeklaan . . . . p. 7 **DM** 259

LINKEBEEK
Alsembergse-
  steenweg . . . . p. 8 **BP**
Hollebeekstraat . . . . p. 8 **BP**

MACHELEN
Haachtsesteenweg
  (Diegem) . . . . p. 7 **CL**
Holidaystr.
  (Diegem) . . . . p. 7 **DL**
Luchthavenlaan . . . . p. 7 **DK**
Woluwelaan . . . . . . p. 7 **DK**

STEENOKKERZEEL
Haachtsesteenweg
  (Melsbroek) . . . . . p. 7 **DK**

ST-GENESIUS-RODE
Duboislaan . . . . p. 9 **CP**
Bevrijdingslaan . . . . p. 8 **BP** 20
Zonienwoudlaan . . . p. 9 **CP** 263
Linkebeeksedreef . . p. 8 **BCP**

ST-PIETERS-LEEUW
Bergensesteenweg . p. 8 **ANP**
Brusselbaan . . . . p. 8 **AN**
Fabriekstr.
  (Ruisbroek) . . . . . . p. 8 **AN**
Hemelstr.
  (Ruisbroek) . . . . . . p. 8 **AP**

VILVOORDE
Indringingsweg . . . . p. 7 **CK**
Parkstraat . . . . p. 7 **CK** 192
Schaarbeeklei . . . . . p. 7 **CK**
Stationlei . . . . p. 7 **CK** 231
Vuurkruisenlaan . . . . p. 7 **CK** 252

WEMMEL
De Limburg Stirumlaan . p. 6 **ABK**
Frans Robbrechtsstr. . p. 6 **ABK**
Windberg . . . . p. 6 **AK**

ZAVENTEM
Hector Henneaulaan
  Eversestr. (St-
  Stevens-
  Woluwe) . . . . p. 7 **CDL** 115
Leuvensesteenweg
  (St-Stevens-Woluwe) p. 7 **DL**

141

Liste alphabétique des hôtels et restaurants
Alfabetische lijst van hotels en restaurants
Alphabetisches Hotel- und Restaurantverzeichnis
Alphabetical list of hotels and restaurants

A

- 43 Abbey
- 37 Adrienne
- 31 Agenda Louise
- 27 Agenda Midi
- 33 Alain Cornelis
- 27 Alban Chambon (L') (H. Métropole)
- 44 Alfa Rijckendael
- 43 Aloyse Kloos
- 44 Alter Ego (L')
- 39 A'mbriana
- 39 Amici miei
- 28 Amigo
- 41 Amis du Cep (Les)
- 46 Angelus
- 42 Arconati (Host. d')
- 36 Argus
- 28 Aris
- 44 Arlecchino (l') (H. Aub. de Waterloo)
- 29 Armes de Bruxelles (Aux)
- 27 Astoria
- 29 Astrid
- 28 Astrid « Chez Pierrot »
- 32 Atelier (L')
- 31 Atelier de la Truffe Noire (L')
- 27 Atlanta
- 29 Atlas
- 35 Aub. de Boendael (L')
- 45 Aub. de l'Isard (L')
- 43 Aub. Napoléon
- 45 Aub. Saint-Pierre (L')
- 44 Aub. de Waterloo
- 42 Auberg'in (L')

B

- 33 Baguettes Impériales (Les)
- 33 Balade Gourmande (La)
- 32 Balthazar
- 44 Barbizon
- 37 Barolo (Le)
- 31 Barsey Mayfair
- 36 Beaumes de Venise (Aux)
- 36 Beau-Site
- 27 Bedford
- 37 Béguine des Béguines
- 29 Belle Maraîchère (La)
- 35 Belson
- 43 Bijgaarden (De)
- 36 Bistrot Du Mail
- 45 Blink
- 39 Blue Elephant
- 43 Boetfort
- 41 Brasero (Le)
- 34 Brasserie de la Gare (La)
- 39 Brasseries Georges
- 30 Brighton (H. Stanhope)
- 31 Bristol Stephanie
- 33 Brouette (La)
- 35 Bruneau
- 31 Brussels
- 39 Buca di Bacco (La)

C

- 35 Cambrils
- 42 Campanile
- 45 Campanile
- 36 Canne en Ville (La)
- 36 Capital
- 38 Capucines (Les)
- 28 Carrefour de l'Europe
- 37 Cascade
- 30 Castello Banfi
- 29 Cerf (Le)
- 39 Chalet de la Forêt (Le)
- 27 Chambord
- 44 Chasse des Princes (La)
- 37 Chem's (Le)
- 36 Chez Marie
- 30 « Chez Marius » En Provence

37 Chez Soje
39 Cité du Dragon (La)
34 Citronnelle (La)
35 Citron Vert (Le)
35 Claude Dupont
30 Clef des Champs (La)
38 Coimbra
38 Comfort Art H. Siru
28 Comme Chez Soi
31 Conrad
27 Congrès (du)
40 Coq au Vin (Le)
40 Coriandre (Le)
39 County House
33 Croûton (Le)
38 Crowne Plaza

D

38 Dames Tartine (Les)
40 Deux Frères (Les)
41 Deux Maisons (Les)
34 Dionysos
28 Dixseptième (Le)
32 Dome (Le)
31 Dorint
36 Doux Wazoo (Le)
40 Dragon (Le)
42 Drie Fonteinen

E

40 Eau Bénite (L')
30 Écailler du Palais Royal (L')
40 Entre-Temps (L')
33 Erasme
42 Escoffier (L')
28 Etoile d'Or dit le « Rotte Planchei » (L')
32 Europa Inter.Continental
32 Eurovillage
35 Evergreen
42 Express
37 Exquis (L')

F

29 Falstaff Gourmand
38 Faribole (La)
35 Fierlant (De)
36 fils de Jules (Le)

31 Fin de Siècle (La)
28 Floris
37 Forcado (Le)
35 Foudres (Les)
36 Four Points Sheraton
29 François
33 Frascati et Simposio (Le)
37 French Kiss
39 Frères Romano (Les)

G

27 George V
43 Gosset
30 Gourmandin (Le)
38 Gd H. Mercure Royal Crown
27 Grand-Place Arenberg
44 Green Park
34 Grignotière (La)
45 Gril aux herbes d'Evan (Le)
40 Grill (Le)
34 Grillange

H

34 Harry's Place
30 Herbe Rouge (L')
30 Hilton
43 Hof te Linderghem
42 Holiday Inn Airport
42 Hoogveld ('t)
29 Huîtrière (L')
40 Humeur Gourmande (L')

I

30 Idiot du village (L')
37 Inada
45 In de Kroon
28 In 't Spinnekopke
44 Istas
38 I Trulli

J

32 Jardin d'Espagne (Le)
34 Jaspe (Le)
30 J et B
30 Jolly du Grand Sablon

K

42 Kapblok (de)
42 Kasteel Gravenhof

BRUXELLES p. 22

- 29 Kelderke ('t)
- 34 Khaïma (La)
- 43 Koen Van Loven

L

- 41 Lambeau
- 39 Lambermont
- 30 Larmes du Tigre (Les)
- 36 Leopold
- 32 Libertel City Garden
- 44 Lien Zana
- 45 Linde (De)
- 39 Lion (Le)
- 44 Lipsius
- 37 Liseron d'eau (Le)
- 29 Loup-Galant (Le)
- 33 Lychee

M

- 38 Madrileño (El)
- 30 Maison du Bœuf (H. Hilton)
- 28 Maison du Cygne (La)
- 36 Maison Félix
- 31 Maison de Maître (La) (H. Conrad)
- 32 Maison du Dragon
- 38 Manos Residence
- 38 Manos Stephanie
- 28 Manufacture (La)
- 28 Matignon
- 41 Maurice à Olivier (de)
- 41 Medicis
- 31 Meliá
- 40 Menus Plaisirs (Les)
- 35 Mercure
- 28 Méridien (Le)
- 27 Métropole
- 43 Michel
- 44 Michel D
- 34 Mimosa
- 33 Ming Dynasty
- 34 Momotaro
- 41 Mon Manège à Toi
- 35 Mont des Cygnes (Le)
- 41 Montgomery
- 41 Moulin Lindekemale
- 42 Mucha (Le)

N

- 41 Nénuphar (Le)
- 34 New Asia
- 32 New Hotel Charlemagne
- 29 Noga
- 42 Novotel Airport
- 28 Novotel off Grand'Place
- 29 Novotel Tour Noire

O

- 41 Oceanis-L'Annexe
- 37 O' comme 3 Pommes
- 29 Ogenblik (L')
- 45 Oliartes
- 44 Orangeraie Roland Debuyst (L')

P – Q

- 35 Pagode d'Or (La)
- 39 Pain et le Vin (Le)
- 33 Paix (La)
- 31 Palais des Indes (Au)
- 32 Pappa e Citti
- 34 Park
- 40 Passage (Le)
- 40 Pasta Commedia
- 37 Perles de Pluie (Les)
- 43 Petit Coq (Le)
- 39 Petit Cottage (Le)
- 40 Petit Pont (Le)
- 39 Petit Prince (Le)
- 40 Petits Pères (Les)
- 27 Plaza (Le)
- 31 Porte des Indes (La)
- 34 Pousse-Rapière (Le)
- 40 pré en bulle (le)
- 27 President Centre
- 32 President Nord
- 32 President World Trade Center
- 35 Prévot (le)
- 33 Prince de Liège (Le)
- 45 Puur Toeval ('T)
- 43 Pyramid
- 27 Queen Anne
- 36 Quincaillerie (La)

R

- 27 Radisson SAS
- 42 Rainbow Airport
- 42 Relais Delbeccha
- 45 Rembrandt (de)
- 40 Repos des Chasseurs (Au)

34	Reverdie (La)	43	Terborght
45	Roseraie (La)	43	Tissens
29	Roue d'Or (La)	30	Tortue du Zoute (La)
28	Royal Windsor	36	Toucan
38	Rue Royale (Gd H. Mercure Royal Crown)	30	Trente rue de la Paille
		41	Trois Couleurs (Des)
		31	Truffe Noire (La)
		29	Truite d'Argent et H. Welcome (La)
		32	Tulip Inn Boulevard
		38	Tulip Inn City Centre
		38	Turon
		37	Tutto Pepe

S

- 27 Sabina
- 33 Saint Guidon
- 28 Samourai
- 35 San Daniele
- 38 Scandic Albert Premier
- 27 Scandic Grand'Place
- 27 Sea Grill (H. Radisson SAS)
- 39 Senza Nome
- 34 Serpelot (Le)
- 45 Sheraton Airport
- 32 Sheraton Towers
- 41 Sodehotel La Woluwe
- 36 Sofitel
- 42 Sofitel Airport
- 45 Spectrum
- 30 Stanhope
- 39 Stelle (Le)
- 32 Stevin (Le)
- 34 Stirwen
- 45 Stockmansmolen
- 45 Stoveke ('t)
- 34 Stromboli
- 36 Swissôtel

U – V

- 38 Ultieme hallucinatie (De)
- 33 Ustel
- 44 Val Joli
- 33 Van Belle
- 45 Van Gogh
- 32 Vendôme
- 40 Vieux Boitsfort (Au)
- 37 Vieux Pannenhuis (Rôtiss. Le)
- 37 Vigne... à l'Assiette (De la)
- 41 Vignoble de Margot (Le)
- 39 Villa d'Este
- 31 Villa Lorraine
- 29 Vincent
- 34 Viool (Le)

T

- 31 Tagawa
- 32 Take Sushi

W – Y – Z

- 43 Waerboom
- 39 Willy et Marianne
- 35 Yen
- 44 Zilv'ren Uil (Den)

Les établissements à étoiles
Sterrenbedrijven
Die Stern-Restaurants
Starred establishments

✿✿✿

| 35 | XXXX | Bruneau | 28 | XXX | Comme Chez Soi |

✿✿

| 43 | XXXXX | Bijgaarden (De) | 35 | XXX | Claude Dupont |
| 27 | XXXX | Sea Grill (H. Radisson SAS) | | | |

✿

44	XXXX	Barbizon	43	XX	Aloyse Kloos
30	XXXX	Maison du Bœuf (H. Hilton)	33	XX	Baguettes Impériales (Les)
31	XXXX	Villa Lorraine	33	XX	Brouette (La)
30	XXX	Écailler du Palais Royal (L')	41	XX	Deux Maisons (Les)
43	XXX	Michel	40	XX	Vieux Boitsfort (Au)
33	XXX	Saint Guidon	40	X	Passage (Le)
31	XXX	Truffe Noire (La)			

La cuisine que vous recherchez...
Het soort keuken dat u zoekt
Welche Küche, welcher Nation suchen Sie
That special cuisine

A la bière et régionale

- 37 Béguine des Béguines *Molenbeek-St-Jean*
- 42 3 Fonteinen *Env. à Beersel*
- 28 In 't Spinnekopke
- 29 't Kelderke *Q. Grand'Place*

Anguilles

- 43 Tissens *Env. à Hoeilaart*

Buffets

- 37 Adrienne *Ixelles, Q. Louise*
- 32 L'Atelier *Q. de l'Europe*
- 39 La Buca di Bacco *Schaerbeek*
- 42 Campanile *Env. à Drogenbos*
- 45 Campanile *Env. à Vilvoorde*
- 32 Crescendo *H. Sheraton Towers Q. Botanique, Gare du Nord*

Grillades

- 35 L'Aub. de Boendael *Ixelles, Q. Boondael*
- 43 Aub. Napoléon *Env. à Meise*
- 42 l'auberg'in *Woluwé-St-Pierre*
- 37 French Kiss *Jette*
- 40 Le Grill *Watermael-Boitsfort*
- 37 Rôtiss. Le Vieux Pannenhuis *Jette*

Produits de la mer – Crustacés

- 29 La Belle Maraîchère *Q. Ste-Catherine*
- 39 Brasseries Georges *Uccle*
- 30 L'Écailler du Palais Royal *Q. des Sablons*
- 29 François *Q. Ste-Catherine*
- 29 L'Huîtrière *Q. Ste-Catherine*
- 41 Oceanis-L'Annexe *Woluwé-St-Lambert*
- 36 La Quincaillerie *Ixelles Q. Bascule*
- 27 Sea Grill *H. Radisson SAS*
- 45 't Stoveke *Env. à Strombeek-Bever*
- 29 La Truite d'Argent et H. Welcome *Q. Ste-Catherine*
- 41 Le Vignoble de Margot *Woluwé-St-Lambert*

Taverne – Brasserie – Bistrot

- 31 L'Atelier de la Truffe Noire *Q. Louise*
- 34 La Brasserie de la Gare *Berchem-Ste-Agathe*
- 39 Brasseries Georges *Uccle*
- 37 Chez Soje *Jette*
- 38 Comfort Art *H. Siru St-Josse, Q. Botanique*
- 36 Le Doux Wazoo *Ixelles, Q. Boondael*
- 42 3 Fonteinen *Env. à Beersel*
- 40 L'Entre-Temps *Watermael-Boitsfort*
- 33 Erasme *Anderlecht*
- 27 Grand-Place Arenberg
- 44 Istas *Env. à Overijse*
- 42 Kasteel Gravenhof *Env. à Dworp*
- 44 Lien Zana *Env. à Schepdaal*
- 45 Lindbergh Taverne *H. Sheraton Airport, Env. à Zaventem*
- 28 Matignon *Q. Grand'Place*
- 33 La Paix *Anderlecht*
- 43 Le Petit Coq *Env. à Linkebeek*
- 36 La Quincaillerie *Ixelles Q. Bascule*
- 29 La Roue d'Or *Q. Grand'Place*
- 45 Stockmansmolen *Env. à Zaventem*
- 36 Toucan *Ixelles, Q. Bascule*
- 38 Turon *St-Gilles*
- 37 De La Vigne... à l'Assiette *Ixelles, Q. Louise*
- 34 Le Viool *Berchem-Ste-Agathe*

Basque

- 36 Le fils de Jules *Ixelles, Q. Bascule*

Chinoise

- 39 La Cité du Dragon *Uccle*
- 40 Le Dragon *Watermael-Boitsfort*
- 34 Le Jaspe *Etterbeek, Q. Cinquantenaire*
- 39 Le Lion *Uccle*
- 33 Lychee *Q. Atomium*
- 32 Maison du Dragon *Q. Botanique, Gare du Nord*
- 33 Ming Dynasty *Q. Atomium*
- 34 New Asia *Auderghem*

Espagnole

- 34 Grillange *Etterbeek*
- 32 Le Jardin d'Espagne *Q. de l'Europe*
- 38 El Madrileño *St-Gilles*
- 38 Turon *St-Gilles*

Grecque

- 34 Dionysos *Auderghem*

Indienne

- 31 Au Palais des Indes *Q. Louise*
- 31 La Porte des Indes *Q. Louise*

Italienne

- 39 A'mbriana *Uccle*
- 39 Amici miei *Schaerbeek, Q. Meiser*
- 44 l'Arlecchino *H. Aub. de Waterloo Env. à Sint-Genesius-Rode*
- 37 Le Barolo *Jette*
- 39 La Buca di Bacco *Schaerbeek*
- 30 Castello Banfi *Q. des Sablons*
- 31 La Fin de Siècle *Q. Louise*
- 33 Le Frascati et Simposio *Q. Atomium*
- 38 I Trulli *St-Gilles, Q. Louise*
- 42 Le Mucha *Woluwé-St-Pierre*
- 32 Pappa e Citti *Q. de l'Europe*
- 40 Pasta Commedia *Uccle*
- 40 Au Repos des Chasseurs *Watermael-Boitsfort*
- 35 San Daniele *Ganshoren*
- 39 Senza Nome *Schaerbeek*
- 39 Le Stelle *Schaerbeek*
- 34 Stromboli *Berchem-Ste-Agathe*
- 37 Tutto Pepe *Ixelles, Q. Louise*

Japonaise

- 30 L'Herbe Rouge *Q. Sablons*
- 34 Momotaro *Etterbeek, Q. Cinquantenaire*
- 28 Samourai
- 31 Tagawa *Q. Louise*
- 32 Take Sushi *Q. de l'Europe*

Marocaine

- 37 Le Chem's *Ixelles, Q. Louise*
- 34 La Khaïma *Auderghem*

Portugaise

- 38 Coimbra *St-Gilles*
- 37 Le Forcado *St-Gilles*

Thaïlandaise

- 39 Blue Elephant *Uccle*
- 30 Les Larmes du Tigre *Q. Palais de Justice*
- 37 Les Perles de Pluie *Ixelles, Q. Louise*

Vietnamienne

- 33 Les Baguettes Impériales *Q. Atomium*
- 34 La Citronnelle *Auderghem*
- 37 Le Liseron d'Eau *Koekelberg*
- 41 Le Nénuphar *Woluwé-St-Lambert*
- 35 La Pagode d'Or *Ixelles, Q. Bonnda*
- 35 Yen *Ixelles*

BRUXELLES (BRUSSEL) - plan p. 16 sauf indication spéciale :

Radisson SAS M, r. Fossé-aux-Loups 47, ⊠ 1000, ℘ 0 2 219 28 28, info@bruzh.rdsas.com, Fax 0 2 219 62 62, « Patio avec vestiges du mur d'enceinte de Bruxelles - 12e s. », ⨪, ≘s - |≋| ⨳ ▦ TV & ⇔ - 🅰 25 à 420. AE ① ◉◉ VISA JCB   KY f
Repas voir rest *Sea Grill* ci-après – **Atrium** (fermé du 2 au 4 janv. et 5 janv. midi) Lunch 975 – carte env. 1800 – ⊐ 890 – **275 ch** 11000/12000, 6 suites.

Astoria, r. Royale 103, ⊠ 1000, ℘ 0 2 227 05 05, H1154@accor-hotels.com, Fax 0 2 217 11 50, « Demeure début 20e s. de style Belle Epoque », ⨪ - |≋| ⨳ ▦ TV P - 🅰 25 à 180. AE ① ◉◉ VISA JCB   KY b
Repas *Le Palais Royal* (fermé 15 juil.-15 août et week-end) 1600 – ⊐ 900 – **106 ch** 6750/9500, 12 suites.

Le Plaza, bd A. Max 118, ⊠ 1000, ℘ 0 2 227 67 00, reservations@leplaza-brussels.be, Fax 0 2 227 67 20, « Bar-salon sous coupole » - |≋| ⨳ ▦ TV - 🅰 25 à 800. AE ① ◉◉ VISA JCB   plan p. 12 FQ e
Repas (fermé sam. et dim.) 1350 bc – ⊐ 950 – **187 ch** 12250/16500, 6 suites.

Métropole, pl. de Brouckère 31, ⊠ 1000, ℘ 0 2 217 23 00, info@metropolehotel.be, Fax 0 2 218 02 20, « Hall et salons époque fin 19e s. », ⨪, ≘s - |≋| ⨳ ▦ TV ⇔ - 🅰 25 à 400. AE ① ◉◉ VISA JCB. ⨯ rest   JY c
Repas voir rest *L'Alban Chambon* ci-après – **370 ch** ⊐ 10450/16140, 5 suites.

Bedford, r. Midi 135, ⊠ 1000, ℘ 0 2 507 00 00, hotelbedford@pophost.eunet.be, Fax 0 2 507 00 10, ⨪ - |≋| ⨳ ▦ TV ⇔ - 🅰 25 à 250. AE ① ◉◉ VISA JCB. ⨯
Repas Lunch 850 – carte 850 à 1400 – ⊐ 650 – **309 ch** 7800/8600, 12 suites – ½ P 3800/5500.   plan p. 12 ER k

Atlanta, bd A. Max 7, ⊠ 1000, ℘ 0 2 217 01 20, info@gtatlanta.goldentulip.be, Fax 0 2 217 01 20 - |≋| ⨳, ▦ rest, TV ⇔ - 🅰 25 à 50. AE ① ◉◉ VISA. ⨯ ch   JY d
Repas (résidents seult) – ⊐ 750 – **241 ch** 9950/15200, 6 suites.

President Centre sans rest, r. Royale 160, ⊠ 1000, ℘ 0 2 219 00 65, hotelpresident@arcadis.be, Fax 0 2 218 09 10 - |≋| ⨳ ▦ TV ⇔. AE ① ◉◉ VISA JCB. ⨯   KY a
73 ch ⊐ 6900/7900.

Scandic Grand'Place, r. Arenberg 18, ⊠ 1000, ℘ 0 2 548 18 11, info@scandicgrandplacebrussels.be, Fax 0 2 548 18 20, ≘s - |≋| ⨳ ▦ TV & - 🅰 25 à 80. AE ① ◉◉ VISA JCB   KY r
Repas (fermé sam. midi et dim. midi) Lunch 705 – 950 – **100 ch** ⊐ 7500/8500.

Grand-Place Arenberg, r. Assaut 15, ⊠ 1000, ℘ 0 2 501 16 16, info@gtgrandplace.goldentulip.be, Fax 0 2 501 18 18 - |≋| ⨳ ▦ TV ⇔ - 🅰 25 à 75. AE ① ◉◉ VISA JCB
Repas (fermé sam. midi et dim. midi) (Taverne-rest, dîner seult en juil.-août) Lunch 700 – carte env. 1000 – **155 ch** ⊐ 4500/14000 – ½ P 6200/12300.   KY g

Agenda Midi sans rest, bd Jamar 11, ⊠ 1060, ℘ 0 2 520 00 10, midi@hotel-agenda.com, Fax 0 2 520 00 20 - |≋| ⨳ TV. AE ① ◉◉ VISA JCB. ⨯   plan p. 12 ES z
35 ch ⊐ 3400/3900.

Chambord sans rest, r. Namur 82, ⊠ 1000, ℘ 0 2 548 99 10, hotel-chambord@hotel-chambord.be, Fax 0 2 514 08 47 - |≋| TV. AE ① ◉◉ VISA JCB   KZ u
⊐ 650 – **69 ch** 4500/5100.

du Congrès sans rest, r. Congrès 42, ⊠ 1000, ℘ 0 2 217 18 90, Fax 0 2 217 18 97 - |≋| ⨳ TV - 🅰 25. AE ① ◉◉ VISA   KY d
56 ch ⊐ 3590/4190.

Queen Anne sans rest, bd E. Jacqmain 110, ⊠ 1000, ℘ 0 2 217 16 00, Fax 0 2 217 18 38 - |≋| TV. ① ◉◉ VISA   plan p. 12 EFQ a
60 ch ⊐ 4000/4500.

George V sans rest, r. 't Kint 23, ⊠ 1000, ℘ 0 2 513 50 93, reservations@george5.com, Fax 0 2 513 44 93 - |≋| TV P. AE ◉◉ VISA JCB   plan p. 12 ER c
22 ch ⊐ 2600/2700.

Sabina sans rest, r. Nord 78, ⊠ 1000, ℘ 0 2 218 26 37, Fax 0 2 219 32 39 - |≋| TV. AE ① ◉◉ VISA JCB   KY c
24 ch ⊐ 2300/2800.

XXXX **Sea Grill** - H. Radisson SAS, r. Fossé-aux-Loups 47, ⊠ 1000, ℘ 0 2 227 31 20, Fax 0 2 ✿✿ 219 62 62, Produits de la mer – ▦ P. AE ① ◉◉ VISA. ⨯   KY f
fermé du 8 au 16 avril, 21 juil.-20 août, sam. midi, dim. et jours fériés – **Repas** 1825/2650, carte 3800 à 4900
Spéc. St-Jacques à la vapeur d'algues, crème légère au cresson (15 sept.-15 avril). Bar de ligne cuit en croûte de gros sel. Homard à la presse.

XXXX **L'Alban Chambon** - H. Métropole, pl. de Brouckère 31, ⊠ 1000, ℘ 0 2 214 25 25, info@metropolehotel.be, Fax 0 2 218 02 20, « Évocation fin 19e s. » - ▦ P. AE ① ◉◉ VISA JCB. ⨯   JY c
fermé 16 juil.-15 août, sam., dim. et jours fériés – **Repas** 1450 bc/2600.

BRUXELLES p. 28

XXX ✿✿✿ **Comme Chez Soi** (Wynants), pl. Rouppe 23, ⊠ 1000, ℘ 0 2 512 29 21, Fax 0 2 511 80 52, « Atmosphère Belle Époque restituée dans un décor Horta » – ■ 🅿 AE ⓓ ⓜⓞ VISA
plan p. 12 ES m
fermé du 1er au 30 juil., Noël-Nouvel An, dim. et lundi – **Repas** (nombre de couverts limité - prévenir) Lunch 2250 – 3850/4950, carte 2750 à 3600
Spéc. Filets de sole, mousseline au Riesling et aux crevettes grises. Grillade de coucou de Malines et de petits-gris de Namur à la tapenade au basilic. Flan d'abricots soufflé et caramélisé à la vanille, croustillant de pistaches et fruits rouges.

XX **Astrid "Chez Pierrot"**, r. Presse 21, ⊠ 1000, ℘ 0 2 217 38 31, dan.brack@wanadoo.be, Fax 0 2 217 38 31 – AE ⓓ ⓜⓞ VISA JCB
KY e
fermé 15 juil.-15 août et dim. – Repas Lunch 750 – 1000/1600.

X **La Manufacture**, r. Notre-Dame du Sommeil 12, ⊠ 1000, ℘ 0 2 502 25 25, manufacture@skynet.be, Fax 0 2 502 27 15, 😊, Ouvert jusqu'à 23 h, « Brasserie contemporaine aménagée dans un ancien atelier de maroquinerie » – 🅿 AE ⓓ ⓜⓞ VISA
fermé sam. midi et dim. – **Repas** Lunch 500 – carte env. 1300. plan p. 12 ER e

X **Samourai**, r. Fossé-aux-Loups 28, ⊠ 1000, ℘ 0 2 217 56 39, Fax 0 2 771 97 61, Cuisine japonaise – ■ AE ⓓ ⓜⓞ VISA JCB. ✾
JY e
fermé 15 juil.-16 août, mardi et dim. midi – **Repas** Lunch 590 – carte 1600 à 2400.

X **In 't Spinnekopke**, pl. du Jardin aux Fleurs 1, ⊠ 1000, ℘ 0 2 511 86 95, Fax 0 2 513 24 97, 😊, Avec cuisine régionale, ouvert jusqu'à 23 h, « Ancien estaminet bruxellois » – ■ AE ⓓ ⓜⓞ VISA. ✾
plan p. 12 ER d
fermé sam. midi et dim. – **Repas** Lunch 325 – carte env. 1100.

X **L'Etoile d'Or dit le "Rotte Planchei"**, r. Foulons 30, ⊠ 1000, ℘ 0 2 502 60 48, Ouvert jusqu'à 23 h, « Ancien café bruxellois » – AE ⓓ ⓜⓞ VISA. ✾
plan p. 12 ERS b
fermé 15 juil.-15 août, sam. midi, dim. et jours fériés – **Repas** Lunch 450 – carte env. 1000.

Quartier Grand'Place (Ilot Sacré) - plan p. 16 :

🏨🏨🏨 **Royal Windsor**, r. Duquesnoy 5, ⊠ 1000, ℘ 0 2 505 55 55, sales.royalwindsor@warwickhotels.com, Fax 0 2 505 55 00, 🔒, 🛁 – 📶 ✲ ■ 🅣🅥 🚗 🅿 – 🏛 25 à 350. AE ⓓ ⓜⓞ VISA JCB. ✾ rest
JYZ f
Repas *Les 4 Saisons* (fermé août, sam. midi et dim.) Lunch 1200 – carte 2500 à 3200 – ⊇ 950 – **232 ch** 12990/14280, 34 suites.

🏨🏨🏨 **Le Méridien** 🅜 🍃, Carrefour de l'Europe 3, ⊠ 1000, ℘ 0 2 548 42 11, info@meridien.be, Fax 0 2 548 40 80, ≼, 🔒 – 📶 ✲ ■ 🅣🅥 🕏 – 🏛 25 à 200. AE ⓓ ⓜⓞ VISA JCB. ✾
KY h
Repas (fermé sam. midi) Lunch 1350 – 1650 – ⊇ 890 – **217 ch** 14000/15000, 5 suites.

🏨🏨🏨 **Amigo**, r. Amigo 1, ⊠ 1000, ℘ 0 2 547 47 47, hotelamigo@hotelamigo.com, Fax 0 2 513 52 77, « Collection d'œuvres d'art variées » – 📶 ✲ ■ 🅣🅥 🚗 – 🏛 25 à 200. AE ⓓ ⓜⓞ VISA JCB
JY x
Repas Lunch 950 – carte 1500 à 1900 – ⊇ 900 – **152 ch** 13000/14000, 7 suites.

🏨🏨 **Carrefour de l'Europe**, r. Marché-aux-Herbes 110, ⊠ 1000, ℘ 0 2 504 94 00, carrefour@sabenahotels.com, Fax 0 2 504 95 00 – 📶 ✲ ■ 🅣🅥 🚗 – 🏛 25 à 200. AE ⓓ ⓜⓞ VISA JCB
JKY n
Repas (fermé sam. et dim.) carte env. 1300 – ⊇ 850 – **58 ch** 9800/10800, 5 suites.

🏨🏨 **Le Dixseptième** sans rest, r. Madeleine 25, ⊠ 1000, ℘ 0 2 502 57 44, info@ledixseptieme.be, Fax 0 2 502 64 24, « Elégant hôtel particulier » – 📶 ✲ 🅣🅥 – 🏛 25. AE ⓓ ⓜⓞ VISA. ✾
JY
17 ch ⊇ 6000/12000, 7 suites.

🏨 **Novotel off Grand'Place**, r. Marché-aux-Herbes 120, ⊠ 1000, ℘ 0 2 514 33 33, H1030@accor-hotels.com, Fax 0 2 511 77 23 – 📶 ✲ ■ 🅣🅥 – 🏛 25. AE ⓓ ⓜⓞ VISA JCB
Repas (Ouvert jusqu'à minuit) carte env. 1100 – ⊇ 575 – **136 ch** 5950/6150. JKY

🏨 **Aris** sans rest, r. Marché-aux-Herbes 78, ⊠ 1000, ℘ 0 2 514 43 00, stephane.debrun@advalvas.be, Fax 0 2 514 01 19 – 📶 ■ 🅣🅥 🕏. ⓓ ⓜⓞ VISA
JY g
55 ch ⊇

🏨 **Matignon**, r. Bourse 10, ⊠ 1000, ℘ 0 2 511 08 88, Fax 0 2 513 69 27, 😊 – 📶 🅣🅥 AE ⓓ ⓜⓞ VISA. ✾ rest
JY
Repas (fermé 15 janv.-1er mars et lundi) (Taverne-rest) 850 – **37 ch** ⊇ 2900/3400 – ½ P 3600/4000.

🏨 **Floris** sans rest, r. Harengs 6, ⊠ 1000, ℘ 0 2 514 07 60, hotelsema@ping.be, Fax 0 548 90 39 – 📶 🅣🅥. AE ⓓ ⓜⓞ VISA. ✾
JY
11 ch ⊇ 8200/8600.

XXXX **La Maison du Cygne**, Grand'Place 9, ⊠ 1000, ℘ 0 2 511 82 44, lecygne@skynet.be, Fax 0 2 514 31 48, « Ancienne maison de corporation du 17e s. » – ■ 🅿 AE ⓓ ⓜⓞ VISA JCB
JY
fermé 3 prem. sem. août, fin déc., sam. midi et dim. – **Repas** Lunch 1450 – 2500/2800

BRUXELLES p. 29

XX **Aux Armes de Bruxelles**, r. Bouchers 13, ⊠ 1000, ℘ 0 2 511 55 98, arbrux@b
eon.be, Fax 0 2 514 33 81, Ouvert jusqu'à 23 h, « Ambiance bruxelloise » – 🗐. 🗚 ⓘ 💳
💳 JCB   JY t
fermé 18 juin-16 juil. et lundis non fériés – **Repas** Lunch 895 bc – 1100/1795.

XX **Le Cerf**, Grand'Place 20, ⊠ 1000, ℘ 0 2 511 47 91, Fax 0 2 546 09 59 – 🗐. 🗚 ⓘ
💳 💳   JY z
fermé 15 juil.-15 août, sam. et dim. – **Repas** (Ouvert jusqu'à 23 h 30) Lunch 425 –
1850 bc/2150 bc.

X **L'Ogenblik**, Galerie des Princes 1, ⊠ 1000, ℘ 0 2 511 61 51, Fax 0 2 513 41 58, 🍴,
Ouvert jusqu'à minuit, « Intérieur ancien café » – 🗚 ⓘ 💳 💳 JCB   JY p
fermé dim. – **Repas** carte 1800 à 2200.

X **La Roue d'Or**, r. Chapeliers 26, ⊠ 1000, ℘ 0 2 514 25 54, Fax 0 2 512 30 81, Ouvert
jusqu'à minuit, « Ancien café bruxellois avec peintures murales surréalistes » – 🗚 ⓘ
💳 💳   JY y
fermé 15 juil.-15 août – **Repas** Lunch 395 – 1650 bc/2000 bc.

X **Vincent**, r. Dominicains 8, ⊠ 1000, ℘ 0 2 511 26 07, vincent@free-way.net,
Fax 0 2 502 36 93, 🍴, Ouvert jusqu'à 23 h 30, « Ancienne rôtisserie avec fres-
ques en carreaux de céramique peinte, ambiance bruxelloise » – 🗐. 🗚 ⓘ
💳 💳   JY n
fermé du 1er au 18 août et du 2 au 12 janv. – **Repas** Lunch 675 – carte 950 à
1750.

X **Falstaff Gourmand**, r. Pierres 38, ⊠ 1000, ℘ 0 2 512 17 61, Fax 0 2 512 17 61 –
🗐 🗚 ⓘ 💳 💳   JY m
fermé fin juil.-2 prem. sem. août – **Repas** Lunch 400 – carte env. 1200.

X **'t Kelderke**, Grand'Place 15, ⊠ 1000, ℘ 0 2 513 73 44, Fax 0 2 512 30 81, Cuisine
régionale, ouvert jusqu'à 2 h du matin, « Estaminet dans une cave voûtée, ambiance
bruxelloise » – 🗚 ⓘ 💳 💳   JY i
fermé du 1er au 15 juil. – **Repas** carte 850 à 1300.

Quartier Ste-Catherine (Marché-aux-Poissons) - plan p. 16 sauf indication
spéciale :

🏨 **Novotel Tour Noire** Ⓜ, r. Vierge Noire 32, ⊠ 1000, ℘ 0 2 505 50 50, H2122@a
ccor-hotels.com, Fax 0 2 505 50 00, 🏋, 🈷 – 🛗 ⚐ 📺 🅿 ⚕ – 🔔 25 à 220. 🗚 ⓘ
💳 💳   JY r
Repas Lunch 950 – carte env. 1400 – ⊇ 550 – **217 ch** 5950/6150 – ½ P 7025/
7575.

🏨 **Atlas** 🌿 sans rest, r. Vieux Marché-aux-Grains 30, ⊠ 1000, ℘ 0 2 502 60 06,
info@atlas-hotel.be, Fax 0 2 502 69 35 – 🛗 📺 ⚕ – 🔔 30. 🗚 ⓘ 💳
💳, 🌿   plan p. 12 ER a
83 ch ⊇ 5100, 5 suites.

🏨 **Astrid** sans rest, pl. du Samedi 11, ⊠ 1000, ℘ 0 2 219 31 19, astrid@switchon.be,
Fax 0 2 219 31 70 – 🛗 📺 ⚕ ⚕ – 🔔 25 à 80. ⓘ 💳 💳   JY b
100 ch ⊇ 7500.

🏨 **Noga** sans rest, r. Béguinage 38, ⊠ 1000, ℘ 0 2 218 67 63, info@nogahotel.com,
Fax 0 2 218 16 03 – 🛗 📺. 🗚 ⓘ 💳 💳 JCB   JY f
19 ch ⊇ 2950/3300.

XX **La Belle Maraîchère**, pl. Ste-Catherine 11, ⊠ 1000, ℘ 0 2 512 97 59, Fax 0 2
513 76 91, Produits de la mer – 🗐. 🅿. 🗚 ⓘ 💳 💳   JY k
fermé 29 juin-19 juil., merc. et jeudi – **Repas** 1050/1800.

XX **François**, quai aux Briques 2, ⊠ 1000, ℘ 0 2 511 60 89, restofrancois@casynet.be,
Fax 0 2 511 60 53, 🍴, Écailler, produits de la mer – 🗐. 🗚 ⓘ 💳
💳 JCB   JY k
fermé 15 août-15 sept. et lundi – **Repas** Lunch 970 – 1230/1435.

XX **La Truite d'Argent et H. Welcome** avec ch, quai au Bois-à-Brûler 23, ⊠ 1000,
℘ 0 2 219 95 46, info@hotelwelcome.com, Fax 0 2 217 18 87, 🍴 – 🛗, 🗐 rest, 📺.
💳 💳   JY h
Repas (fermé 1 sem. en août, Noël, Nouvel An, sam. midi et dim.) (Produits de la mer, ouvert
jusqu'à 23 h) 1150/2120 – ⊇ 350 – **10 ch** 2250/5900.

XX **Le Loup-Galant**, quai aux Barques 4, ⊠ 1000, ℘ 0 2 219 99 98, loupgalant@resto.be,
Fax 0 2 219 99 98 – 🗚 ⓘ 💳 💳   plan p. 12 EQ u
fermé 1 sem. Pâques, du 1er au 15 août, 1 sem. Noël, dim. et lundi – **Repas** Lunch 750 –
960/1590.

X **L'Huîtrière**, quai aux Briques 20, ⊠ 1000, ℘ 0 2 512 08 66, Fax 0 2 512 12 81, 🍴,
Produits de la mer, ouvert jusqu'à minuit – 🗚 ⓘ 💳 💳 JCB   JY a
Repas Lunch 525 – 995/1495.

151

BRUXELLES p. 30

Quartier des Sablons - plan p. 16 :

Jolly du Grand Sablon [M], r. Bodenbroek 2, ⊠ 1000, ℘ 0 2 518 11 00, info@jollyhotels.be, Fax 0 2 512 67 66, 😊 – 🛗 ⇌ 📺 🚗 – 🔒 25 à 150. 🆎 ⓞ 🞸 VISA, ℅
KZ p
Repas Lunch 590 – 1050 – **196 ch** ⊇ 9000/10000, 5 suites.

L'Écailler du Palais Royal, r. Bodenbroek 18, ⊠ 1000, ℘ 0 2 512 87 51, Fax 0 2 511 99 50, Produits de la mer – 🍽. 🆎 ⓞ 🞸 VISA
KZ r
fermé 26 fév.-3 mars, 30 juil.-1er sept., dim. et jours fériés – **Repas** carte 2650 à 3200
Spéc. Huîtres de Colchester au Champagne (fin sept.-avril). Céteaux farcis aux St-Jacques et beurre de cresson (fin sept.). Tranches de turbot embeurré de chou vert au jus de truffes.

Trente rue de la Paille, r. Paille 30, ⊠ 1000, ℘ 0 2 512 07 15, Fax 0 2 514 23 33 – 🍽. 🆎 ⓞ 🞸 VISA
JZ x
fermé mi-juil.-mi-août, Noël-Nouvel An, sam. et dim. – **Repas** Lunch 1250 – carte 1950 à 2500.

Castello Banfi, r. Bodenbroek 12, ⊠ 1000, ℘ 0 2 512 87 94, Fax 0 2 512 87 94, Avec cuisine italienne – 🍽. 🆎 ⓞ 🞸 VISA
KZ q
fermé sem. Pâques, 3e sem. août, 25 déc.-2 janv., dim. midi en juin-juil., dim. soir et lundi – **Repas** Lunch 995 – 1895.

"Chez Marius" En Provence, pl. du Petit Sablon 1, ⊠ 1000, ℘ 0 2 511 12 08, Fax 0 2 512 27 89, 😊 – 🆎 ⓞ 🞸 VISA, ℅
KZ s
fermé 21 juil.-15 août et dim. – **Repas** Lunch 850 – 1100/2000.

La Clef des Champs, r. Rollebeek 23, ⊠ 1000, ℘ 0 2 512 11 93, laclefdeschamps @resto.be, Fax 0 2 502 42 32, 😊 – 🍽. 🆎 ⓞ 🞸 VISA JCB
JZ k
fermé dim., lundi et jours fériés – **Repas** 1150/1690 bc.

L'Herbe Rouge, r. Minimes 34, ⊠ 1000, ℘ 0 2 512 48 34, Fax 0 2 511 62 88, Cuisine japonaise, ouvert jusqu'à 23 h – 🆎 🞸 VISA JCB
JZ p
fermé 2e quinz. juil. et dim. – **Repas** 850/1250.

La Tortue du Zoute, r. Rollebeek 31, ⊠ 1000, ℘ 0 2 513 10 62, tortue.isabelle@infonie.be, Fax 0 2 381 02 90, 🍽. 🆎 ⓞ 🞸 VISA JCB
JZ k
fermé 1 sem. Pâques, Noël-Nouvel An, mardi et dim. soir – **Repas** Lunch 650 – 990/1690.

Quartier Palais de Justice - plan p. 12 sauf indication spéciale :

Hilton, bd de Waterloo 38, ⊠ 1000, ℘ 0 2 504 11 11 et 0 2 504 13 33 (rest), Fax 0 2 504 21 11, ≤ ville, 🏋, ⇌ – 🛗 ⇌ 📺 🚗 – 🔒 45 à 650. 🆎 ⓞ 🞸 VISA
FS s
Repas voir rest **Maison du Bœuf** ci-après – **Café d'Egmont** (Ouvert jusqu'à minuit) 1190 – ⊇ 975 – **418 ch** 13900/14900, 13 suites.

Maison du Bœuf - H. Hilton, 1er étage, bd de Waterloo 38, ⊠ 1000, ℘ 0 2 504 13 34, ≤ – 🍽 P. 🆎 ⓞ 🞸 VISA, ℅
FS s
Repas Lunch 1950 – 2150/2550, carte env. 3600
Spéc. Côte de bœuf rôtie en croûte de sel. Bar rôti au thym frais, crème d'échalotes. Tartare maison au caviar.

J et B, r. Grand Cerf 24, ⊠ 1000, ℘ 0 2 512 04 84, Fax 0 2 511 79 30 – 🍽. 🆎 ⓞ 🞸 VISA JCB
FS y
fermé mi-juil.-mi-août, sam. midi, dim. et jours fériés – **Repas** Lunch 995 – 1045/1965 bc.

Les Larmes du Tigre, r. Wynants 21, ⊠ 1000, ℘ 0 2 512 18 77, Fax 0 2 502 10 03, 😊, Cuisine thaïlandaise – 🆎 ⓞ 🞸 VISA
ES p
fermé mardi et sam. midi – **Repas** Lunch 425 – carte 900 à 1250.

L'Idiot du village, r. Notre Seigneur 19, ⊠ 1000, ℘ 0 2 502 55 82, Ouvert jusqu'à 23 h – 🆎 ⓞ 🞸 VISA
JZ a
fermé 20 juil.-17 août, 24 déc.-3 janv., sam. et dim. – **Repas** Lunch 500 – carte 1300 à 1800.

Le Gourmandin, r. Haute 152, ⊠ 1000, ℘ 0 2 512 98 92, Fax 0 2 512 98 92 – 🆎 ⓞ 🞸 VISA
plan p. 16 JZ u
fermé 1re quinz. août, sam. midi, dim. soir et lundi soir – **Repas** Lunch 590 – 890/1450.

Quartier Léopold (voir aussi Ixelles) - plan p. 13 sauf indication spéciale :

Stanhope, r. Commerce 9, ⊠ 1000, ℘ 0 2 506 91 11, summithotels@stanhope.be, Fax 0 2 512 17 08, « Hôtel particulier avec terrasse clos de murs », 🏋, ⇌ – 🛗 🍽 📺 ⇌, 🆎 ⓞ 🞸 VISA JCB, ℅
plan p. 16 : KZ v
Repas voir rest **Brighton** ci-après – ⊇ 1100 – **35 ch** 9900/14900, 15 suites.

Brighton - H. Stanhope, r. Commerce 9, ⊠ 1000, ℘ 0 2 506 95 55, summithotels@stanhope.be, Fax 0 2 512 17 08, 😊 – 🍽 P. 🆎 ⓞ 🞸 VISA JCB, ℅ plan p. 16 KZ v
fermé sam. et dim. – **Repas** 1450/2200.

BRUXELLES p. 31

Quartier Louise (voir aussi Ixelles et St-Gilles) - plans p. 12 et 14 :

Conrad, av. Louise 71, ⌂ 1050, ✆ 0 2 542 42 42 et 0 2 542 48 50 (rest), bruhc_gm@hilton.com, Fax 0 2 542 42 00 et 0 2 542 48 42 (rest), « Complexe autour d'un hôtel de maître de style début 20ᵉ s. », Fᵴ, ⇌, ▢ - ▯ ⇔ ■ TV ⇌ - ⌂ 25 à 650. ▣ ① ◯ VISA JCB　　　　　　　　　　　　　　　　　　　　　FS f
Repas voir rest *La Maison de Maître* ci-après – **Café Wiltcher's** Lunch 1150 – carte env. 1600 – ⌂ 990 – **254 ch** 16500/18500, 15 suites.

Bristol Stephanie ▣, av. Louise 91, ⌂ 1050, ✆ 0 2 543 33 11, hotelbristol@bristol.be, Fax 0 2 538 03 07, Fᵴ, ⇌, ▢ - ▯ ⇔ ■ TV ⇌ - ⌂ 25 à 215. ▣ ① ◯ VISA JCB. ※ rest　　　　　　　　　　　　　　　　　　　　　　　　　　　FT g
Repas (fermé 21 juil.-19 août, du 22 au 30 déc., sam. et dim.) Lunch 975 – carte 1400 à 1800 – ⌂ 750 – **140 ch** 11000/13500, 2 suites.

Meliá ▣, r. Châtelain 17, ⌂ 1000, ✆ 0 2 646 00 55, Fax 0 2 646 00 88, Fᵴ - ▯ ⇔ ■ TV ⇌ - ⌂ 25 à 250. ▣ ① ◯ VISA JCB. ※　　　　　　　　　　　　　　　　FU t
Repas (fermé dim.) Lunch 375 – carte env. 1600 – ⌂ 800 – **106 ch** 11000, 2 suites.

Barsey Mayfair sans rest, av. Louise 381, ⌂ 1050, ✆ 0 2 649 98 00, Fax 0 2 640 17 64 - ▯ ⇔ ■ TV ⇌ - ⌂ 40. ▣ ① ◯ VISA JCB　　　　　　　　　　　　　　　　FV a
⌂ 900 – **96 ch** 11900/13900, 3 suites.

Brussels sans rest, av. Louise 315, ⌂ 1050, ✆ 0 2 640 24 15, brussels-hotel@skynet.be, Fax 0 2 647 34 63 - ▯ ⇔ TV ⇌ - ⌂ 30. ▣ ① ◯ VISA JCB　　　　　　FU b
66 ch ⌂ 6900, 1 suite.

Agenda Louise sans rest, r. Florence 6, ⌂ 1000, ✆ 0 2 539 00 31, louise@hotel-agenda.com, Fax 0 2 539 00 63 - ▯ TV ⇌. ▣ ① ◯ VISA JCB　　　　　　　　FT j
38 ch ⌂ 4000/4500.

La Maison de Maître - H. Conrad, av. Louise 77, ⌂ 1050, ✆ 0 2 542 47 16, bruhc_gm@hilton.com, Fax 0 2 542 42 00 – ■ ℙ. ▣ ① ◯ VISA JCB　　　　　　　FS f
fermé août, sam. midi, dim., lundi et jours fériés - **Repas** Lunch 1400 – 1950/2450.

Au Palais des Indes, av. Louise 263, ⌂ 1050, ✆ 0 2 646 09 41, Fax 0 2 646 33 05, Cuisine indienne, ouvert jusqu'à 23 h 30, « Collection de sitars » – ■. ▣ ① ◯ VISA JCB　　　　　　　　　　　　　　　　　　　　　　　　　　　　　　　FU h
fermé sam. midi et dim. midi - **Repas** Lunch 695 – carte 950 à 1450.

La Porte des Indes, av. Louise 455, ⌂ 1050, ✆ 0 2 647 86 51, blueelephant@boxi.a-net.net.th, Fax 0 2 640 30 59, Cuisine indienne, « Décoré d'antiquités du pays » – ■. ▣ ① ◯ VISA. ※　　　　　　　　　　　　　　　　　　　　　　　　FV c
fermé 24 et 25 déc., 1ᵉʳ et 2 janv. et dim. midi - **Repas** Lunch 650 – carte 1050 à 1500.

Tagawa, av. Louise 279, ⌂ 1050, ✆ 0 2 640 50 95, Fax 0 2 648 41 36, Cuisine japonaise – ■. ▣ ① ◯ VISA JCB. ※　　　　　　　　　　　　　　　　　　　　　　　FU e
fermé du 1ᵉʳ au 4 janv., sam. midi et dim. - **Repas** Lunch 420 – 1250/3200.

L'Atelier de la Truffe Noire, av. Louise 300, ⌂ 1050, ✆ 0 2 640 54 55, luigi.cicirello@truffenoire.com, Fax 0 2 648 11 44, « Brasserie contemporaine » – ■. ▣ ① ◯ VISA　　　　　　　　　　　　　　　　　　　　　　　　　　　　　　　FU s
fermé dim. - **Repas** (déjeuner seult) carte 1600 à 2200.

La Fin de Siècle, av. Louise 423, ⌂ 1050, ✆ 0 2 648 80 41, Fax 0 2 644 57 47, ⇌, Avec cuisine italienne, ouvert jusqu'à 23 h – ■. ◯ VISA　　　　　　　　FV n
fermé sam. midi et dim. - **Repas** carte env. 1000.

Quartier Bois de la Cambre - plan p. 15 :

Villa Lorraine (Vandecasseriе), av. du Vivier d'Oie 75, ⌂ 1000, ✆ 0 2 374 31 63, info@villalorraine.be, Fax 0 2 372 01 95, ⇌, « Terrasse ombragée » – ℙ. ▣ ① ◯ VISA JCB. ※　　　　　　　　　　　　　　　　　　　　　　　　　　　　　　　GX w
❀
fermé 3 sem. en juil. et dim. - **Repas** Lunch 1800 – 4500 bc, carte 2500 à 3550
Spéc. Escalope de veau au pistou et à la mozarella. Goujonettes de rouget-barbet et asperges aux aromates. Baisers de Malmédy, compote de fruits.

La Truffe Noire, bd de la Cambre 12, ⌂ 1000, ✆ 0 2 640 44 22, luigi.cicirello@truffenoire.com, Fax 0 2 647 97 04, « Intérieur élégant » – ■. ▣ ① ◯ VISA　　GV x
❀
fermé 28 juil.-16 août, prem. sem. janv., dim. et lundi - **Repas** Lunch 2020 bc – 3430 bc, carte 3300 à 4050
Spéc. Carpaccio aux truffes. St-Pierre aux poireaux et truffes. Soufflé chaud aux noisettes grillées.

Quartier de l'Europe - plan p. 13 :

Dorint ▣, bd Charlemagne 11, ⌂ 1000, ✆ 0 2 231 09 09, info@dorintbru.be, Fax 0 2 230 33 71, « Exposition de photographies contemporaines », Fᵴ, ⇌, ✿ – ▯ ⇔ ■ ⌇ ⇌ - ⌂ 25 à 150. ▣ ① ◯ VISA. ※ rest　　　　　　　　　　　　　　　　GR c
Repas *Au Plaisir* (fermé 20 juil.-26 août, sam. et dim. midi) Lunch 1615 – carte 1800 à 2150 – ⌂ 850 – **210 ch** 12505, 2 suites – ½ P 15975.

153

BRUXELLES p. 32

Europa Inter.Continental, r. Loi 107, ⊠ 1040, ℰ 0 2 230 13 33, Fax 0 2 230 36 82, 余, ⅼδ – ∣≋∣ ⁕ ≣ ⒯⒱ ⟺ 🅿 – 🛆 25 à 350. 🆎 ⓞ ⓜⓞ 𝒱𝐼𝑆𝐴. ⁂   GR d
Repas (fermé août) Lunch 990 – 1650 – ⊇ 800 – **236 ch** 10500, 4 suites – ½ P 10140/12140.

Eurovillage, bd Charlemagne 80, ⊠ 1000, ℰ 0 2 230 85 55, reservation@eurovillage.be, Fax 0 2 230 56 35, 余, ⅼδ, ⇌ – ∣≋∣ ⁕ ≣ ⒯⒱ ⟺ – 🛆 25 à 130. 🆎 ⓞ ⓜⓞ 𝒱𝐼𝑆𝐴 𝐽𝐶𝐵   GR a
Repas (fermé août, sam. et dim. midi) carte env. 1400 – ⊇ 600 – **80 ch** 7200/8600.

New Hotel Charlemagne, bd Charlemagne 25, ⊠ 1000, ℰ 0 2 230 21 35, brusselscharlemagne@new-hotel.be, Fax 0 2 230 25 10, ⅌ – ∣≋∣ ⁕ ⒯⒱ ⟺ – 🛆 30 à 60. 🆎 ⓞ ⓜⓞ 𝒱𝐼𝑆𝐴 𝐽𝐶𝐵. ⁂ rest   GR k
Repas (résidents seult) – ⊇ 650 – **66 ch** 6500/7100.

Libertel City Garden sans rest, r. Joseph II 59, ⊠ 1000, ℰ 0 2 282 82 82, H2740@accor-hotels.com, Fax 0 2 230 64 37 – ∣≋∣ ≣ ⒯⒱ ⟺ – 🛆 25 à 50. 🆎 ⓞ ⓜⓞ 𝒱𝐼𝑆𝐴 𝐽𝐶𝐵   GR v
96 ch ⊇ 6200/6700.

Pappa e Citti, r. Franklin 18, ⊠ 1000, ℰ 0 2 732 61 10, pappaecitti@skynet.be, Fax 0 2 732 57 40, 余, Cuisine italienne – 🆎 ⓞ ⓜⓞ 𝒱𝐼𝑆𝐴. ⁂   GR e
fermé 4 août-3 sept., 22 déc.-6 janv., sam., dim. et jours fériés – **Repas** Lunch 1050 bc – carte 1300 à 1750.

Le Jardin d'Espagne, r. Archimède 65, ⊠ 1000, ℰ 0 2 736 34 49, Fax 0 2 735 17 45, 余, Cuisine espagnole avec tapas-bar – 🆎 ⓞ ⓜⓞ 𝒱𝐼𝑆𝐴   GR s
fermé sam. midi et dim. – **Repas** Lunch 790 – carte 1200 à 1800.

Balthazar, r. Archimède 63, ⊠ 1000, ℰ 0 2 742 06 00, Fax 0 2 735 70 07, 余, Ouvert jusqu'à 23 h – 🆎 ⓜⓞ 𝒱𝐼𝑆𝐴   GR s
fermé sam. midi et dim. – **Repas** Lunch 380 – carte 1100 à 1700.

L'Atelier, r. Franklin 28, ⊠ 1000, ℰ 0 2 734 91 40, atelier.euro@glo.be, Fax 0 2 735 35 98, 余, Avec buffets – 🆎 ⓞ ⓜⓞ 𝒱𝐼𝑆𝐴   GR y
fermé du 6 au 27 août, 24 déc.-2 janv., week-end et jours fériés – **Repas** Lunch 750 – 880/1090 bc.

Le Stevin, r. St-Quentin 29, ⊠ 1000, ℰ 0 2 230 98 47, Fax 0 2 230 04 94, 余 – 🆎 ⓞ ⓜⓞ 𝒱𝐼𝑆𝐴. ⁂   GR r
fermé 30 juil.-26 août, 22 déc.-1ᵉʳ janv., sam., dim. et jours fériés – **Repas** 795/995.

Take Sushi, bd Charlemagne 21, ⊠ 1000, ℰ 0 2 230 56 27, Fax 0 2 231 10 44, 余, Cuisine japonaise avec Sushi-bar – 🆎 ⓞ ⓜⓞ 𝒱𝐼𝑆𝐴 𝐽𝐶𝐵. ⁂   GR z
fermé sam. et dim. midi – **Repas** Lunch 480 – 850/2100.

Quartier Botanique, Gare du Nord (voir aussi St-Josse-ten-Noode) - plan p. 12 :

Sheraton Towers, pl. Rogier 3, ⊠ 1210, ℰ 0 2 224 31 11, reservations_brussels @sheraton.com, Fax 0 2 224 34 56, ⅼδ, ⇌, ⊠ – ∣≋∣ ⁕ ≣ ⒯⒱ ♿ ⟺ – 🛆 25 à 600. 🆎 ⓞ ⓜⓞ 𝒱𝐼𝑆𝐴 𝐽𝐶𝐵. ⁂   FQ n
Repas Crescendo (Avec buffets, ouvert jusqu'à 23 h) Lunch 1200 – 1400 – ⊇ 875 – **486 ch** 12000, 43 suites.

President World Trade Center, bd du Roi Albert II 44, ⊠ 1000, ℰ 0 2 203 20 20, wtc.info@presidenthotels.be, Fax 0 2 203 24 40, ⅼδ, ⇌, ☞ – ∣≋∣ ⁕ ⒯⒱ ⟺ – 🛆 25 à 350. 🆎 ⓞ ⓜⓞ 𝒱𝐼𝑆𝐴 𝐽𝐶𝐵. ⁂ rest   FQ d
Repas Lunch 990 – carte 1700 à 2150 – ⊇ 950 – **283 ch** 10000/12000, 19 suites.

Le Dome avec annexe Le Dome II, bd du Jardin Botanique 12, ⊠ 1000, ℰ 0 2 218 06 80, Fax 0 2 218 41 12, 余 – ∣≋∣ ⁕ , ≣ ch, ⒯⒱ – 🛆 25 à 100. 🆎 ⓞ ⓜⓞ 𝒱𝐼𝑆𝐴. ⁂   FQ m
Repas Lunch 650 – carte env. 1300 – **125 ch** ⊇ 4000/4500 – ½ P 4300/4800.

Tulip Inn Boulevard, av. du Boulevard 17, ⊠ 1210, ℰ 0 2 205 15 11, info.hotel @tulipinnbb.be, Fax 0 2 201 15 15, ⅼδ, ⇌ – ∣≋∣ ⁕ ≣ ⒯⒱ ♿ ⟺ – 🛆 25 à 120. 🆎 ⓞ ⓜⓞ 𝒱𝐼𝑆𝐴 𝐽𝐶𝐵. ⁂   FQ b
Repas (fermé sam. midi) Lunch 350 – 850/2050 – **440 ch** ⊇ 6200/6600, 14 suites – ½ P 3800/7050.

President Nord sans rest, bd A. Max 107, ⊠ 1000, ℰ 0 2 219 00 60, hotelpresident@online.be, Fax 0 2 218 12 69 – ∣≋∣ ≣ ⒯⒱. 🆎 ⓞ ⓜⓞ 𝒱𝐼𝑆𝐴 𝐽𝐶𝐵. ⁂   FQ k
63 ch ⊇ 5900/6900.

Vendôme, bd A. Max 98, ⊠ 1000, ℰ 0 2 227 03 00, hotel-vendome@hotel-vendome.be, Fax 0 2 218 06 83 – ∣≋∣ ⁕ ≣ ⒯⒱ ⟺ – 🛆 25 à 80. 🆎 ⓞ ⓜⓞ 𝒱𝐼𝑆𝐴 𝐽𝐶𝐵. ⁂   FQ c
Repas (fermé mi-juil.-mi-août, 23 déc.-2 janv., sam. midi et dim.) Lunch 485 – 850 – ⊇ 650 – **106 ch** 5250/8650 – ½ P 6100/9450.

Maison du Dragon, bd A. Max 146, ⊠ 1000, ℰ 0 2 218 82 15, hotel.maisondudragon @skynet.be, Fax 0 2 218 18 25 – ∣≋∣ ⒯⒱ – 🛆 25 à 40. 🆎 ⓞ ⓜⓞ 𝒱𝐼𝑆𝐴 𝐽𝐶𝐵   FQ n
Repas (Avec cuisine chinoise, ouvert jusqu'à 23 h 30) Lunch 370 – carte env. 1000 – ⊇ 700 – **48 ch** 7200/8900.

BRUXELLES p. 33

Quartier Atomium (Centenaire - Trade Mart - Laeken - Neder-over-Heembeek) - plan p. 8 :

Les Baguettes Impériales (Mme Ma), av. J. Sobieski 70, ⌧ 1020, ℰ 0 2 479 67 32, Fax 0 2 479 67 32, 🍴, Avec cuisine vietnamienne, « Terrasse » – 🔲. 𝐀𝐄 ⓘ ⓜ⊘ VISA. ⌇
BKL b
fermé 2 sem. Pâques, août, dim. soir, lundi et mardi midi – **Repas** Lunch 1500 – carte env. 2600
Spéc. Mï au homard. Supion farci au foie gras. Pigeonneau farci aux nids d'hirondelle.

Ming Dynasty, Parc des Expositions - av. de l'Esplanade BP 9, ⌧ 1020, ℰ 0 2 475 23 45, Fax 0 2 475 23 50, Cuisine chinoise, ouvert jusqu'à 23 h – 🔲 🅿. 𝐀𝐄 ⓜ⊘ VISA
BK a
fermé 16 juil.-15 août, mardi soir et sam. midi – **Repas** Lunch 760 – carte env. 1000.

Lychee, r. De Wand 118, ⌧ 1020, ℰ 0 2 268 19 14, Fax 0 2 268 19 14, Cuisine chinoise, ouvert jusqu'à 23 h – 🔲. 𝐀𝐄 ⓘ ⓜ⊘ VISA JCB
BK d
fermé 15 juil.-15 août – **Repas** Lunch 335 – carte env. 1100.

Le Frascati et Simposio, bd E. Bockstael 201, ⌧ 1020, ℰ 0 2 426 52 73, Fax 0 2 426 52 73, 🍴, Cuisine italienne, ouvert jusqu'à 23 h – 🔲. 𝐀𝐄 ⓘ ⓜ⊘ VISA JCB
BL u
fermé sam. midi et dim. – **Repas** carte 1200 à 1550.

La Balade Gourmande, av. Houba de Strooper 95, ⌧ 1020, ℰ 0 2 478 94 34, Fax 0 2 479 89 52, 🍴 – 𝐀𝐄 ⓘ ⓜ⊘ VISA
BK v
fermé 2 sem. carnaval, 15 août-7 sept., merc., sam. midi et dim. soir – **Repas** Lunch 510 – 925.

ANDERLECHT - plans p. 8 et 10 sauf indication spéciale :

Le Prince de Liège, chaussée de Ninove 664, ⌧ 1070, ℰ 0 2 522 16 00, prince.de.liege@proximedia.be, Fax 0 2 520 81 85 – 📶, 🔲 ch, 📺 🚗 – 🅰 25. 𝐀𝐄 ⓘ ⓜ⊘ VISA
AM h
Repas *(fermé 9 juil.-8 août)* Lunch 565 – 950/1395 – **32 ch** ⇌ 2800/3350.

Ustel, Square de l'Aviation 6, ⌧ 1070, ℰ 0 2 520 60 53 et 0 2 522 30 25 (rest), hotel.ustel@ping.be, Fax 0 2 520 33 28, 🍴, « Restaurant situé dans la machinerie des écluses » – 📶 ⇌ 🔲 📺 🚗 🅿 – 🅰 25 à 100. 𝐀𝐄 ⓘ ⓜ⊘ VISA plan p. 12 ES q
Repas *(fermé sam. midi et dim.)* (Ouvert jusqu'à 23 h) Lunch 450 – 850/1800 – **94 ch** ⇌ 3000/6800 – ½ P 3050.

Erasme, rte de Lennik 790, ⌧ 1070, ℰ 0 2 523 62 82, comfortinn@skynet.be, Fax 0 2 523 62 83, 🍴 – 📶 ⇌ 🔲 rest, 📺 ♿ 🅿 – 🅰 25 à 80. 𝐀𝐄 ⓘ ⓜ⊘ VISA JCB
AN m
Repas *(fermé du 1er au 15 août)* (Taverne-rest) Lunch 655 – 850 – **52 ch** ⇌ 2950, 1 suite – ½ P 2130.

Van Belle, chaussée de Mons 39, ⌧ 1070, ℰ 0 2 521 35 16, Fax 0 2 527 00 02 – 📶 📺 🚗 🅿 – 🅰 25 à 100. 𝐀𝐄 ⓘ ⓜ⊘ VISA. ⌇ rest plan p. 12 ER f
Repas 840 – **120 ch** ⇌ 2200/3800.

Saint Guidon, 2e étage du stade de football du R.S.C. d'Anderlecht, av. Théo Verbeeck 2, ⌧ 1070, ℰ 0 2 520 55 36, saint-guidon@skynet.be, Fax 0 2 523 38 27 – 🔲 🅿 – 🅰 25 à 500. 𝐀𝐄 ⓘ ⓜ⊘ VISA. ⌇
AM m
fermé 20 juin-21 juil., sam., dim., jours fériés et jours de match du club – **Repas** (déjeuner seult) 1000/1350, carte 2050 à 2700
Spéc. Ravioles de homard aux truffes. Sole meunière à la purée de pommes de terre et carottes au cerfeuil. Côtelettes panées de pigeonneau Rossini (21 juin-21 sept.).

Alain Cornelis, av. Paul Janson 82, ⌧ 1070, ℰ 0 2 523 20 83, Fax 0 2 523 20 83, 🍴 – 𝐀𝐄 ⓘ ⓜ⊘ VISA
AM p
fermé 1 sem. Pâques, 21 juil.-6 août, fin déc., merc. soir, sam. midi, dim. et jours fériés – **Repas** 1000/1650.

La Brouette, bd Prince de Liège 61, ⌧ 1070, ℰ 0 2 522 51 69, Fax 0 2 522 51 69 – 𝐀𝐄 ⓘ ⓜ⊘ VISA
AM r
fermé 15 juil.-15 août, sam. midi, dim. soir et lundi – **Repas** Lunch 750 – 1100/1400
Spéc. Bar aux artichauts et à l'échalote. Coquelet et ris de veau en pot-au-feu truffé. 3 petits pots de mon enfance.

Le Croûton, r. Aumale 22 (près pl. de la Vaillance), ⌧ 1070, ℰ 0 2 520 79 36, 🍴 – 𝐀𝐄 ⓘ ⓜ⊘ VISA JCB
AM q
fermé dern. sem. janv.-prem. sem. fév., du 15 au 31 août, dim. et lundi – **Repas** Lunch 1000 – 1150.

La Paix, r. Ropsy-Chaudron 49 (face abattoirs), ⌧ 1070, ℰ 0 2 523 09 58, Fax 0 2 520 10 39, Taverne-rest – 𝐀𝐄 ⓘ ⓜ⊘ VISA
BM a
fermé 3 dern. sem. juil., sam. et dim. – **Repas** (déjeuner seult sauf vend.) carte 950 à 1300.

BRUXELLES p. 34

AUDERGHEM (OUDERGEM) - *plan p. 11 sauf indication spéciale :*

XX **La Grignotière,** chaussée de Wavre 2041, ⊠ 1160, ℘ 0 2 672 81 85, Fax 0 2
672 81 85 – AE ⓪ ⓜⓞ VISA   DN
fermé août, dim., lundi et jours fériés – **Repas** Lunch 1350 – 1750/2250.

XX **Le Pousse-Rapière,** chaussée de Wavre 1699, ⊠ 1160, ℘ 0 2 672 76 20, Fax 0 2
672 76 20, 🌿 – ■, AE ⓪ ⓜⓞ VISA   CN
fermé 15 juil.-15 août, dim. et lundi – **Repas** 1090/1490.

X **Dionysos,** chaussée de Wavre 1591, ⊠ 1160, ℘ 0 2 672 96 96, Fax 0 2 672 94 63, Avec
cuisine grecque, ouvert jusqu'à 23 h – ■, AE ⓪ ⓜⓞ VISA   CN
fermé du 15 au 31 août – **Repas** Lunch 540 – carte 1200 à 1700.

X **New Asia,** chaussée de Wavre 1240, ⊠ 1160, ℘ 0 2 660 62 06, Fax 0 2 673 40 55,
🌿, Cuisine chinoise – ■, AE ⓪ ⓜⓞ VISA, ✄   plan p. 15   HU
fermé 3 dern. sem. juil. et lundis non fériés – **Repas** Lunch 290 – 480/920.

X **La Khaïma,** chaussée de Wavre 1390, ⊠ 1160, ℘ 0 2 675 00 04, Fax 0 2 675 12 22,
Cuisine marocaine, **« Évocation d'un intérieur berbère sous tente »** – ■, AE ⓪
VISA, ✄   CN
fermé août – **Repas** carte env. 1100.

X **La Citronnelle,** chaussée de Wavre 1377, ⊠ 1160, ℘ 0 2 672 98 43, Fax 0 2
672 98 43, 🌿, Cuisine vietnamienne – AE ⓪ ⓜⓞ VISA   CN
fermé 2ᵉ quinz. août, lundi et sam. midi – **Repas** Lunch 420 – carte env. 1000.

BERCHEM-STE-AGATHE (SINT-AGATHA-BERCHEM) - *plan p. 8 :*

XXX **Stromboli** avec ch, chaussée de Gand 1202, ⊠ 1082, ℘ 0 2 465 66 51, Fax 0 2
465 66 51, 🌿, Avec cuisine italienne, **« Terrasse »** – TV AE ⓪ ⓜⓞ VISA, ✄   AL
fermé 21 août-21 sept. – **Repas** *(fermé mardi et merc.)* Lunch 995 – 2000 – **4 ch** ⊇ 400

X **La Brasserie de la Gare,** chaussée de Gand 1430, ⊠ 1082, ℘ 0 2 469 10 09, Fax 0 2
469 10 09 – ■ P, AE ⓪ ⓜⓞ VISA   AL
fermé sam. midi et dim. – **Repas** Lunch 425 – 975.

X **Mimosa,** av. Josse Goffin 166, ⊠ 1082, ℘ 0 2 465 22 98, Fax 0 2 465 20 28 – ■,
⓪ ⓜⓞ VISA   AL
fermé 3 sem. en juil., lundi soir, mardi et merc. – **Repas** Lunch 450 – 1200.

X **Le Viool,** pl. de l'Église 13, ⊠ 1082, ℘ 0 2 465 73 67, Fax 0 2 465 73 67, 🌿, Bistrot
– AE ⓪ ⓜⓞ VISA   AL
fermé carnaval, 15 juil.-15 août, sam. midi, dim. soir et lundi – **Repas** Lunch 545 – carte env.
1200.

ETTERBEEK - *plan p. 13 :*

XX **Stirwen,** chaussée St-Pierre 15, ⊠ 1040, ℘ 0 2 640 85 41, Fax 0 2 648 43 08 – AE ⓪
ⓜⓞ VISA, ✄   GS
fermé 2 sem. en août, sam. midi et dim. – **Repas** Lunch 1450 bc – carte env. 1600.

XX **Grillange** 1ᵉʳ étage, av. Eudore Pirmez 7, ⊠ 1040, ℘ 0 2 649 26 85, Fax 0 2 647 43 57,
Cuisine espagnole – AE ⓪ ⓜⓞ VISA, ✄   GT
fermé 18 juil.-27 août, sam. midi et lundi – **Repas** Lunch 600 – 1300/1500.

X **La Reverdie,** r. Général Leman 29, ⊠ 1040, ℘ 0 2 640 55 32, Fax 0 2 648 16 58, 🌿
– AE ⓪ VISA   GS
fermé du 1ᵉʳ au 24 août, sam., dim., lundi soir et mardi soir – **Repas** Lunch 520 – 980.

Quartier Cinquantenaire (Montgomery) - *plan p. 13 sauf indication spéciale*

🏨 **Park** sans rest, av. de l'Yser 21, ⊠ 1040, ℘ 0 2 735 74 00, parkhotel.brussels@chello.be,
Fax 0 2 735 19 67, 🍴, 🛌, 🐎 – 🛗 ✄ TV – 🔒 25 à 80. AE ⓪ ⓜⓞ VISA   HS
51 ch ⊇ 8350/11800.

XX **Le Serpolet,** av. de Tervuren 59, ⊠ 1040, ℘ 0 2 736 17 01, Fax 0 2 736 67 85, 🌿
– ■, AE ⓪ ⓜⓞ VISA JCB   HS
fermé sam. midi et dim. soir – **Repas** 995/1995 bc.

X **Harry's Place,** r. Batavés 65, ⊠ 1040, ℘ 0 2 735 09 00, Fax 0 2 735 89 32 – ■, AE
⓪ ⓜⓞ VISA   HS
fermé du 1ᵉʳ au 16 août, 24 déc.-3 janv., sam. midi, dim. et jours fériés – **Repas** Lunch 65
– 1090.

X **Le Jaspe,** bd Louis Schmidt 30, ⊠ 1040, ℘ 0 2 734 22 30, jxlu168@hotmail,
Fax 0 2 734 22 30, Cuisine chinoise – AE ⓪ ⓜⓞ VISA   plan p. 15   HU
fermé lundis non fériés – **Repas** Lunch 360 – 850.

X **Momotaro,** av. d'Auderghem 106, ⊠ 1040, ℘ 0 2 734 06 64, Fax 0 2 734 64 18, Cui-
sine japonaise avec Sushi-bar – AE ⓪ ⓜⓞ VISA, ✄   GS
fermé du 1ᵉʳ au 16 août, sam. et dim. midi – **Repas** Lunch 395 – 890/1850.

BRUXELLES p. 35

EVERE - plan p. 9 :

Belson sans rest, chaussée de Louvain 805, ✉ 1140, ℘ 0 2 705 20 30, info@belson.be, Fax 0 2 705 20 43, ⓕ₆ – 🛗 ✈ ■ 📺 🚗 – 🏊 25. 𝔸𝔼 ⓞ ⓜⓞ 𝕍𝕀𝕊𝔸 ⒿⒸⒷ.
CL z
⊇ 780 – **131 ch** 9500, 3 suites.

Mercure, av. J. Bordet 74, ✉ 1140, ℘ 0 2 726 73 35, H0958@accor-hotels.com, Fax 0 2 726 82 95, 🍽 – 🛗 ✈, ■ rest, 📺 🚗 – 🏊 25 à 120. 𝔸𝔼 ⓞ ⓜⓞ 𝕍𝕀𝕊𝔸
CL a
Repas (fermé sam. midi et dim. midi) carte 1300 à 1800 – ⊇ 600 – **113 ch** 5850, 7 suites.

Evergreen sans rest, av. V. Day 1, ✉ 1140, ℘ 0 2 726 70 15, Fax 0 2 726 62 60 – 📺. 𝔸𝔼 ⓞ ⓜⓞ 𝕍𝕀𝕊𝔸
CL b
20 ch ⊇ 2950/3450.

Le Citron Vert, av. H. Conscience 242, ✉ 1140, ℘ 0 2 241 12 57, Fax 0 2 242 70 05 – ■. 𝔸𝔼 ⓞ ⓜⓞ 𝕍𝕀𝕊𝔸
CL c
fermé 15 juil.-15 août, lundi soir et mardi soir – **Repas** Lunch 350 – 850.

FOREST (VORST) - plan p. 10 sauf indication spéciale :

De Fierlant sans rest, r. De Fierlant 67, ✉ 1190, ℘ 0 2 538 60 70, Fax 0 2 538 91 99 – 🛗 📺. 𝔸𝔼 ⓞ ⓜⓞ 𝕍𝕀𝕊𝔸. ✄
BN d
40 ch ⊇ 2800/3200.

GANSHOREN - plan p. 17 sauf indication spéciale :

Bruneau, av. Broustin 75, ✉ 1083, ℘ 0 2 427 69 78, Fax 0 2 425 97 26, 🍽, « Terrasse » – ■. 𝔸𝔼 ⓞ ⓜⓞ 𝕍𝕀𝕊𝔸
W a
fermé du 1er au 9 fév., août, jeudis fériés, mardi soir et merc. – **Repas** Lunch 1850 – 3750/4950, carte 2800 à 3640
Spéc. Fondant de bar Terre et Mer. Poitrine de coucou de Malines farcie de truffes à la Kieff. Croustillant au café, sauce vanille au caramel.

Claude Dupont, av. Vital Riethuisen 46, ✉ 1083, ℘ 0 2 426 00 00, Fax 0 2 426 65 40 – 𝔸𝔼 ⓞ ⓜⓞ 𝕍𝕀𝕊𝔸
W b
fermé juil., lundi et mardi – **Repas** Lunch 1775 – 2250/3350, carte 2100 à 3000
Spéc. Sashimi de saumon et loup de mer au caviar. Coussinet de barbue soufflé au Champagne (oct.-fin avril). Gibier en saison.

San Daniele, av. Charles-Quint 6, ✉ 1083, ℘ 0 2 426 79 23, Fax 0 2 426 92 14, Avec cuisine italienne – ■. 𝔸𝔼 ⓞ ⓜⓞ 𝕍𝕀𝕊𝔸. ✄
W c
fermé mi-juil.-mi-août, dim., lundi soir et jours fériés – **Repas** carte env. 2000.

Cambrils 1er étage, av. Charles-Quint 365, ✉ 1083, ℘ 0 2 465 50 70, Fax 0 2 465 76 63, 🍽 – ■. 𝔸𝔼 ⓜⓞ 𝕍𝕀𝕊𝔸
plan p. 8 AL f
fermé 15 juil.-15 août, dim., lundi soir et jeudi soir – **Repas** Lunch 1260 bc – 1140/1500.

IXELLES (ELSENE) - plan p. 14 :

Yen, r. Lesbroussart 49, ✉ 1050, ℘ 0 2 649 07 47, 🍽, Cuisine vietnamienne, ouvert jusqu'à 23 h – ✄
FU f
fermé dim. – **Repas** Lunch 320 – carte 850 à 1150.

Quartier Boondael (Université) - plan p. 15 :

L'Aub. de Boendael, square du Vieux Tilleul 12, ✉ 1050, ℘ 0 2 672 70 55, auberge-de-boendael@resto.be, Fax 0 2 660 75 82, 🍽, Grillades, « Rustique » – 🅿. 𝔸𝔼 ⓞ ⓜⓞ 𝕍𝕀𝕊𝔸
HX h
fermé 29 juil.-19 août, 23 déc.-3 janv., sam. et dim. – **Repas** 1575 bc.

Le Mont des Cygnes, r. Jean Paquot 69, ✉ 1050, ℘ 0 2 646 81 00, Fax 0 2 646 81 00 – 𝔸𝔼 ⓜⓞ 𝕍𝕀𝕊𝔸
GU h
fermé 15 juil.-15 août, dim. et lundi – **Repas** Lunch 545 – 975.

le Prévot, r. Victor Greyson 93, ✉ 1050, ℘ 0 2 644 37 78, Fax 0 2 644 12 67, Ouvert jusqu'à 23 h – 𝔸𝔼 ⓜⓞ 𝕍𝕀𝕊𝔸 ⒿⒸⒷ
GU p
fermé 22 juil.-15 août, 23 déc.-2 janv., sam. midi et dim. – **Repas** Lunch 780 – 1500.

Les Foudres, r. Eugène Cattoir 14, ✉ 1050, ℘ 0 2 647 36 36, foudres@skynet.be, Fax 0 2 649 09 86, 🍽, « Ancienne cave à vins » – 🅿. 𝔸𝔼 ⓞ ⓜⓞ 𝕍𝕀𝕊𝔸
GUV j
fermé lundis fériés, sam. midi et dim. – **Repas** 1000/1500.

La Pagode d'Or, chaussée de Boondael 332, ✉ 1050, ℘ 0 2 649 06 56, Fax 0 2 649 06 56, 🍽, Cuisine vietnamienne, ouvert jusqu'à 23 h – 𝔸𝔼 ⓞ ⓜⓞ 𝕍𝕀𝕊𝔸. ✄
GV m
fermé lundi – **Repas** Lunch 350 – 890/1350.

BRUXELLES p. 36

✗ **Chez Marie,** r. Alphonse De Witte 40, ✉ 1050, ✆ 0 2 644 30 31, Fax 0 2 644 27 37, Ouvert jusqu'à 23 h – 🍽, AE MO VISA. ✗
GU a
fermé 20 juil.-15 août, sam. midi et dim. – **Repas** Lunch 590 – carte env. 1500.

✗ **Le Doux Wazoo,** r. Relais 21, ✉ 1050, ✆ 0 2 649 58 52, Bistrot, ouvert jusqu'à 23 h – 🍽, AE MO VISA
HV v
fermé 16 juil.-15 août, 24 déc.-1er janv., sam. midi, dim. et lundi soir – **Repas** Lunch 475 – 975.

Quartier Bascule - plan p. 14 :

🏨 **Capital,** chaussée de Vleurgat 191, ✉ 1050, ✆ 0 2 646 64 20, hotel.capital@skynet.be, Fax 0 2 646 33 14, ☀ – 📶 ✗ 🍽 rest, 📺 🚗 – 🔑 25 à 40. AE ⓘ MO VISA JCB. ✗
FU c
Repas (fermé sam.) (dîner seult) carte 1050 à 1450 – **62 ch** ☑ 4500/4700.

✗✗ **Maison Félix** 1er étage, r. Washington 149 (square Henri Michaux), ✉ 1050, ✆ 0 2 345 66 93, Fax 0 2 344 92 85 – 🍽 AE ⓘ MO VISA. ✗
FV s
fermé dim. et lundi – **Repas** 1290/1900.

✗ **La Quincaillerie,** r. Page 45, ✉ 1050, ✆ 0 2 538 25 53, quinca@skynet.be, Fax 0 2 539 40 95, Brasserie avec écailler, ouvert jusqu'à minuit, « Ancien magasin de style Art Déco » – 🍽 P. AE ⓘ MO VISA JCB
FU z
fermé sam. midi et dim. midi – **Repas** Lunch 495 – 995.

✗ **Le fils de Jules,** r. Page 35, ✉ 1050, ✆ 0 2 534 00 57, info@filsdejules.be, Fax 0 2 534 52 00, ☀, Cuisine basque et landaise, ouvert jusqu'à 23 h – AE ⓘ MO VISA
FU m
fermé du 12 au 18 août, 24 déc.-2 janv., sam. midi, dim. midi et jours fériés midis – **Repas** Lunch 395 – 1350.

✗ **Bistrot Du Mail,** r. Mail 81, ✉ 1050, ✆ 0 2 539 06 97, Fax 0 2 539 06 97 – 🍽. AE ⓘ MO VISA
FU r
fermé sam. midi et dim. – **Repas** Lunch 675 – carte 1400 à 2000.

✗ **Aux Beaumes de Venise,** r. Darwin 62, ✉ 1050, ✆ 0 2 343 82 93, Fax 0 2 346 08 96, ☀ – 🍽. AE ⓘ MO VISA. ✗
EFV x
fermé août, Noël, Nouvel An, dim. et lundi – **Repas** Lunch 595 – 1290.

✗ **Toucan,** av. Louis Lepoutre 1, ✉ 1050, ✆ 0 2 345 30 17, toucan@resto.be, Fax 0 2 345 64 78, Taverne-rest, ouvert jusqu'à 23 h – AE ⓘ MO VISA. ✗
FV z
fermé 24 déc. soir, 25 déc., 31 déc. soir et 1er janv. – **Repas** carte env. 1300.

✗ **La Canne en Ville,** r. Réforme 22, ✉ 1050, ✆ 0 2 347 29 26, canneenville@yucom.be, Fax 0 2 347 69 89, ☀ – AE ⓘ MO VISA
FV q
fermé Noël, Nouvel An, sam. midi en hiver, sam. soir et dim. – **Repas** Lunch 420 – carte env. 1400.

Quartier Léopold (voir aussi Bruxelles) - plan p. 12 :

🏨 **Swissôtel** M, r. Parnasse 19, ✉ 1050, ✆ 0 2 505 29 29, emailus.brussels@swissotel.com, Fax 0 2 505 25 55, 🛁, ⛲, 🏊, – 📶 ✗ 🍽 📺 ♿ 🚗 – 🔑 25 à 360. AE ⓘ MO VISA JCB. ✗
FS e
Repas (fermé sam. et dim. midi) Lunch 690 – carte 1150 à 1650 – ☑ 900 – **238 ch** 13000, 19 suites.

🏨 **Leopold,** r. Luxembourg 35, ✉ 1050, ✆ 0 2 511 18 28, reservations@hotel-leopold.be, Fax 0 2 514 19 39, ☀, ⛲ – 📶 🍽 📺 🚗 – 🔑 25 à 60. AE ⓘ MO VISA. ✗ rest
FS y
Repas (fermé sam. midi, dim. et jours fériés) Lunch 990 – carte 1300 à 1700 – ☑ 500 – **88 ch** 5500 – ½ P 4250/7000.

Quartier Louise (voir aussi Bruxelles et St-Gilles) - plans p. 12 et 14 :

🏨 **Sofitel** sans rest, av. de la Toison d'Or 40, ✉ 1050, ✆ 0 2 514 22 00, H1071@.accor-hotels.com, Fax 0 2 514 57 44, 🛁, – 📶 ✗ 🍽 📺 – 🔑 25 à 120. AE ⓘ MO VISA JCB
FS r
☑ 800 – **166 ch** 12000, 4 suites.

🏨 **Four Points Sheraton,** r. Paul Spaak 15, ✉ 1000, ✆ 0 2 645 61 11, reservations_brussels@sheraton.com, Fax 0 2 646 63 44, ☀, ⛲, 🌳 – 📶 ✗ 🍽 📺 ♿ 🚗 – 🔑 25 à 40. AE ⓘ MO VISA JCB
FU k
Repas (fermé mi-juil.-mi-sept., vend. et sam. soir) (Ouvert jusqu'à 23 h) Lunch 450 – carte env. 1300 – ☑ 600 – **128 ch** 7900.

🏨 **Beau-Site** sans rest, r. Longue Haie 76, ✉ 1000, ✆ 0 2 640 88 89, Fax 0 2 640 16 11 – 📶 ✗ 📺. AE ⓘ MO VISA
FT
38 ch ☑ 3650/4250.

🏨 **Argus** sans rest, r. Capitaine Crespel 6, ✉ 1050, ✆ 0 2 514 07 70, reception@hotel-argus.be, Fax 0 2 514 12 22 – 📶 📺. AE ⓘ MO VISA
FS
41 ch ☑ 3500/3800.

BRUXELLES p. 37

※※ **O' comme 3 Pommes,** pl. du Châtelain 40, ⌧ 1050, ℘ 0 2 644 03 23, resto@oc3pommes.be, Fax 0 2 644 03 23, 🍴 – AE MC VISA   FU q
fermé 2 dern. sem. fév., 2 prem. sem. juil., sam. midi, dim. et lundi midi – **Repas** Lunch 480 – 1890.

※ **De la Vigne... à l'Assiette,** r. Longue Haie 51, ⌧ 1000, ℘ 0 2 647 68 03, Fax 0 2 647 68 03, Bistrot, ouvert jusqu'à 23 h – AE ① MC VISA   FT k
fermé 15 juil.-15 août, sam. midi, dim. et lundi – **Repas** Lunch 495 – 790/1300.

※ **Tutto Pepe,** r. Faider 123, ⌧ 1050, ℘ 0 2 534 96 19, Fax 0 2 534 96 19, Cuisine italienne, ouvert jusqu'à 23 h – 🍽. AE MC VISA. ✕   FU d
fermé 20 juil.-20 août, sam. midi, dim., lundi midi et jours fériés – **Repas** Lunch 1100 – carte env. 2000.

※ **Les Perles de Pluie,** r. Châtelain 25, ⌧ 1050, ℘ 0 2 649 67 23, info@lesperlesdepluie.be, Fax 0 2 644 07 60, Cuisine thaïlandaise – AE ① MC VISA   FU n
fermé du 1er au 15 août, lundi et sam. midi – **Repas** Lunch 495 – 995/1750.

※ **Adrienne,** r. Capitaine Crespel 1a, ⌧ 1050, ℘ 0 2 511 93 39, Fax 0 2 513 69 79, 🍴, Buffets – AE ① MC VISA. ✕   FS r
fermé dim. soir – **Repas** 850.

※ **Le Chem's,** r. Blanche 14, ⌧ 1050, ℘ 0 2 538 14 94, Cuisine marocaine – AE ① MC VISA. ✕   FT q
fermé 15 juil.-15 août, sam. midi, dim. et lundi midi – **Repas** carte 900 à 1350.

JETTE - plan p. 17 sauf indication spéciale :

※※ **Rôtiss. Le Vieux Pannenhuis,** r. Léopold Ier 317, ⌧ 1090, ℘ 0 2 425 83 73, Fax 0 2 425 83 73, 🍴, « Ancien relais rustique du 17e s. avec grillades en salle » – 🍽. AE ① MC VISA   plan p. 8 BL g
fermé juil., sam. midi et dim. – **Repas** Lunch 790 – 1090/1650.

※ **Le Barolo,** av. de Laeken 57, ⌧ 1090, ℘ 0 2 425 45 76, lebarolo@ibelgique.com, Fax 0 2 425 45 76, 🍴, Avec cuisine italienne, ouvert jusqu'à 23 h – AE ① MC VISA   W h
fermé sam. midi, dim. soir et lundi – **Repas** 895/1390.

※ **French Kiss,** r. Léopold Ier 470, ⌧ 1090, ℘ 0 2 425 22 93, Fax 0 2 425 22 93, Avec grillades – 🍽. AE ① MC VISA   W f
fermé 25 juil.-15 août, 25 déc.-2 janv. et lundi – **Repas** 990.

※ **Chez Soje,** av. de Jette 85, ⌧ 1090, ℘ 0 2 426 77 54, « Ancien café bruxellois » – 🍽. MC VISA   W y
fermé dim. et lundi – **Repas** Lunch 495 – carte 1150 à 2050.

KOEKELBERG - plan p. 17 :

※ **Le Liseron d'eau,** av. Seghers 105, ⌧ 1081, ℘ 0 2 414 68 61, Fax 0 2 414 68 61, Cuisine vietnamienne – AE ① MC VISA   W k
fermé août, merc. et sam. midi – **Repas** Lunch 450 – 850/1200.

MOLENBEEK-ST-JEAN (SINT-JANS-MOLENBEEK) - plan p. 8 :

※ **L'Exquis,** bd du Jubilé 99, ⌧ 1080, ℘ 0 2 426 35 78 – AE ① MC VISA. ✕   BL k
fermé juil., dim. soir, lundi, mardi soir et merc. soir – **Repas** Lunch 595 – 1250/1600.

※ **Béguine des Béguines,** r. Béguines 168, ⌧ 1080, ℘ 0 2 414 77 70, Fax 0 2 414 77 70, Avec cuisine à la bière – AE ① MC VISA   AL m
fermé 21 juil.-15 août, sam. midi, dim. soir et lundi – **Repas** Lunch 450 – 990/1350.

ST-GILLES (SINT-GILLIS) - plans p. 12 et 14 :

🏨 **Cascade** M sans rest, r. Berckmans 128, ⌧ 1060, ℘ 0 2 538 88 30, info@cascadehotel.be, Fax 0 2 538 92 79 – 📶 ✕ 🍽 📺 🚗 – 🔒 25. AE ① MC VISA JCB. ✕   ES r
80 ch ⌑ 7100/7600.

※※ **Inada,** r. Source 73, ⌧ 1060, ℘ 0 2 538 01 13, Fax 0 2 538 01 13 – AE MC VISA   ET a
fermé 16 juil.-début août, sam. midi, dim., lundi et jours fériés – **Repas** Lunch 850 – carte 1500 à 2400.

※※ **Le Forcado,** chaussée de Charleroi 192, ⌧ 1060, ℘ 0 2 537 92 20, Fax 0 2 537 92 20, Cuisine portugaise – 🍽. AE ① MC VISA   EFU a
fermé sem. carnaval, août, dim., lundi et jours fériés – **Repas** carte env. 1300.

BRUXELLES p. 38

✗ **Coimbra**, av. Jean Volders 54, ✉ 1060, ℘ 0 2 538 65 35, Fax 0 2 538 65 35, Avec cuisine portugaise, ouvert jusqu'à 23 h – 🅰🅴 🆆, *fermé août et jeudi* – **Repas** Lunch 550 – 1050/1350.
ET r

✗ **Turon**, arrière-salle, r. Danemark 29, ✉ 1060, ℘ 0 2 534 01 74, Taverne-rest, cuisine espagnole – 🆆 ✂, *fermé 15 juil.-15 août et mardi* – **Repas** Lunch 400 – carte env. 1100.
EST c

✗ **El Madrileño**, chaussée de Waterloo 50, ✉ 1060, ℘ 0 2 537 69 82, Café espagnol, ouvert jusqu'à 23 h, *fermé août, merc. soir et jeudi* – **Repas** Lunch 450 – carte env. 1400.
ET u

Quartier Louise *(voir aussi Bruxelles et Ixelles)* - plans p. 12 et 14 :

🏨 **Manos Stephanie** sans rest, chaussée de Charleroi 28, ✉ 1060, ℘ 0 2 539 02 50, manos@manoshotel.com, Fax 0 2 537 57 29, « Hôtel de maître avec intérieur de caractère », – 🏊 🍽 📺 🚗 🅰🅴 🆆 🅹🅲🅱 **50 ch** ⊇ 7250/8250, 5 suites.
FT a

🏨 **Manos Residence**, chaussée de Charleroi 102, ✉ 1060, ℘ 0 2 537 96 82, manos @manoshotel.com, Fax 0 2 539 36 55, 🌳, « Élégant hôtel particulier », 🏋 ≦ 🌺 🚴 – 🍽 📺 🚗 ⓟ – 🏊 25 à 100. 🅰🅴 🆆 🅹🅲🅱 **Repas** (Ouverture prévue) – **45 ch** ⊇ 7250/8250, 5 suites.
FU w

🏨 **Tulip Inn City Centre**, chaussée de Charleroi 17, ✉ 1060, ℘ 0 2 539 01 60, sales@tibrussels.goldentulip.be, Fax 0 2 537 90 11 – 🏊 🍽 📺 🚗 – 🏊 25 à 75. 🅰🅴 🆆 🅹🅲🅱 **Repas** 850 – **246 ch** ⊇ 6500/9500 – ½ P 4250/8000.
FS w

XX **Les Capucines**, r. Jourdan 22, ✉ 1060, ℘ 0 2 538 69 24, capucines@resto.be, Fax 0 2 538 69 24, 🌳, 🅰🅴 🆆, *fermé 2 sem. Pâques, 2ᵉ quinz. août, dim. et lundi soir* – **Repas** Lunch 650 – 995/2050.
FS u

XX **I Trulli**, r. Jourdan 18, ✉ 1060, ℘ 0 2 537 79 30, Fax 0 2 537 79 30, 🌳, Avec cuisine italienne, ouvert jusqu'à 23 h – 🅰🅴 🆆 🅹🅲🅱, *fermé du 10 au 31 juil., 23 déc.-3 janv. et dim.* – **Repas** Lunch 565 – carte 1300 à 2200.
FS c

✗ **La Faribole**, r. Bonté 6, ✉ 1060, ℘ 0 2 537 82 23, Fax 0 2 537 82 23 – 🅰🅴 🆆, *fermé 21 juil.-15 août, sam. et dim.* – **Repas** Lunch 675 – 895.
FT g

ST-JOSSE-TEN-NOODE (SINT-JOOST-TEN-NODE) - plan p. 12 :

Quartier Botanique *(voir aussi Bruxelles)* : plan p. 12 :

🏨 **Gd H. Mercure Royal Crown**, r. Royale 250, ✉ 1210, ℘ 0 2 220 66 11, H1728@accor-hotels.com, Fax 0 2 217 84 44, 🏋 ≦ – 🏊 🍽 📺 🚗 – 🏊 25 à 550. 🅰🅴 🆆 🅹🅲🅱 Repas voir rest **Rue Royale** ci-après – ⊇ 700 – **310 ch** 8500, 5 suites.
FQ r

🏨 **Crowne Plaza**, r. Gineste 3, ✉ 1210, ℘ 0 2 203 62 00, Fax 0 2 203 43 92, 🌳, 🏋 ≦ – 🏊 🍽 📺 – 🏊 25 à 500. 🅰🅴 🆆 🅹🅲🅱 **Repas** *Brasserie du Palace* (*fermé sam. midi et dim. midi*) Lunch 490 – carte 1050 à 1950 – ⊇ 850 – **357 ch** 11000, 1 suite.
FQ v

🏨 **Comfort Art H. Siru**, pl. Rogier 1, ✉ 1210, ℘ 0 2 203 35 80 et 0 2 203 20 03 (rest), art.hotel.siru@skynet.be, Fax 0 2 203 33 03, « Chaque chambre décorée par un artiste belge contemporain » – 🏊 🍽 📺 🚗 – 🏊 25 à 80. 🅰🅴 🆆 🅹🅲🅱 ✂ rest **Repas** (*fermé mi-juil.-mi-août, sam. et dim.*) (Brasserie) Lunch 495 – carte 1150 à 1450 – **101 ch** ⊇ 5500/6200 – ½ P 6450/7450.
FQ p

🏨 **Scandic Albert Premier**, pl. Rogier 20, ✉ 1210, ℘ 0 2 203 31 25, reservations@albertpremier.com, Fax 0 2 203 43 31, 🏋 ≦ – 🏊 🍽 📺 ♿ – 🏊 25 à 60. 🅰🅴 🆆 ✂ **Repas** (Ouverture prévue) – **280 ch** ⊇ 8500, 3 suites – ½ P 6100/7700.
FQ q

XXX **Rue Royale** – Gd H. Mercure Royal Crown, r. Royale 250, ✉ 1210, ℘ 0 2 220 66 11, H1728@accor-hotels.com, Fax 0 2 217 84 44 – 🅿 🅰🅴 🆆 🅹🅲🅱 ✂ *fermé 21 juil.-15 août, sam. midi et jours fériés* – **Repas** Lunch 1400 – carte 1600 à 2050.
FQ r

XX **De Ultieme hallucinatie**, r. Royale 316, ✉ 1210, ℘ 0 2 217 06 14, 🌳, « Intérieur Art Nouveau » – 🅿 – 🏊 40. 🅰🅴 🆆 ✂ *fermé 20 juil.-1 août, sam. midi, dim. et jours fériés* – **Repas** Lunch 1075 – 1450.
FQ t

✗ **Les Dames Tartine**, chaussée de Haecht 58, ✉ 1210, ℘ 0 2 218 45 49, Fax 0 2 218 45 49 – 🆆, *fermé 3 prem. sem. août, sam. midi, dim. et lundi* – **Repas** Lunch 750 – carte 1300 à 1600.
FQ s

BRUXELLES p. 39

SCHAERBEEK (SCHAARBEEK) - plans p. 12 et 13 :

XX **Le Stelle**, av. Louis Bertrand 53, ✉ 1030, ✆ 0 2 245 03 59, Fax 0 2 245 03 59, 🍴, Cuisine italienne avec trattoria Osteria – AE ⓘ MC VISA
fermé sam. midi et dim. – **Repas** Lunch 445 – carte env. 1400. GQ a

X **Senza Nome**, r. Royale Ste-Marie 22, ✉ 1030, ✆ 0 2 223 16 17, Fax 0 2 223 16 17, Cuisine italienne – MC VISA ✂
fermé août, fin déc., sam. midi, dim. et jours fériés – **Repas** Lunch 700 – carte 1250 à 1750. FQ u

X **La Buca di Bacco**, av. Louis Bertrand 65, ✉ 1030, ✆ 0 2 242 42 30, Fax 0 2 245 03 59, 🍴, Cuisine italienne avec buffet, ouvert jusqu'à minuit – MC VISA GQ e
fermé sam. midi et dim. – **Repas** carte env. 1200.

Quartier Meiser : - plan p. 13 :

🏨 **Lambermont** ⚘ sans rest, Allée des Frésias 18, ✉ 1030, ✆ 0 2 246 02 11, info@lambermont-hotel.com, Fax 0 2 246 02 00, Ⅰ₅, 🍴 – 📶 rest, TV 🚗 – 🔥 25. AE ⓘ MC VISA
55 ch ⌂ 3800/4300. GHQ c

X **Amici miei**, bd Gén. Wahis 248, ✉ 1030, ✆ 0 2 705 49 80, Fax 0 2 705 29 65, Cuisine italienne – AE ⓘ MC VISA HQ k
fermé sam. midi et dim. – **Repas** carte 850 à 1450.

UCCLE (UKKEL) - plans p. 14 et 15 sauf indication spéciale :

🏨 **County House**, square des Héros 2, ✉ 1180, ✆ 0 2 375 44 20, countyhouse@skynet.be, Fax 0 2 375 31 22 – 📶 🐾, 🍽 rest, TV 🚗 – 🔥 25 à 150. AE ⓘ MC VISA, ✂
Repas carte 1250 à 1650 – **86 ch** ⌂ 4200/4800, 16 suites. EX b

XXX **Les Frères Romano**, av. de Fré 182, ✉ 1180, ✆ 0 2 374 70 98, Fax 0 2 374 04 18 – 🅿 AE ⓘ MC VISA FX d
fermé 2 sem. Pâques, 3 dern. sem. août, dim. et jours fériés – **Repas** carte 1500 à 2200.

XXX **Villa d'Este**, r. Etoile 142, ✉ 1180, ✆ 0 2 376 48 48, 🍴, « Terrasse entourée de vignes en palissade » – 🅿 AE ⓘ MC VISA plan p. 10 BN p
fermé juil., fin déc., dim. soir et lundi – **Repas** 1100/1750.

XXX **Le Chalet de la Forêt**, Drève de Lorraine 43, ✉ 1180, ✆ 0 2 374 54 16, Fax 0 2 374 35 71, 🍴, « En lisière de la forêt de Soignes » – 🅿 AE ⓘ MC VISA
fermé sam. et dim. – **Repas** Lunch 900 – carte 2050 à 2650. plan p. 11 CN c

XX **Blue Elephant**, chaussée de Waterloo 1120, ✉ 1180, ✆ 0 2 374 49 62, be-bxl@skynet.be, Fax 0 2 375 44 68, Cuisine thaïlandaise, « Décor exotique » – 🍽 🅿 AE ⓘ MC VISA GX j
fermé sam. midi – **Repas** Lunch 480 – carte 1050 à 1650.

XX **Le Pain et le Vin**, chaussée d'Alsemberg 812a, ✉ 1180, ✆ 0 2 332 37 74, painvin @glo.be, Fax 0 2 332 17 40, 🍴 – 🅿 AE MC VISA, ✂ plan p. 10 BN z
fermé Pâques, 23 déc.-7 janv., sam. midi et dim. – **Repas** Lunch 595 – 1085/2295.

XX **Willy et Marianne**, chaussée d'Alsemberg 705, ✉ 1180, ✆ 0 2 343 60 09 – AE MC VISA EX r
fermé 3 sem. carnaval, mi-juil.-mi-août, mardi et merc. – **Repas** Lunch 450 – 1095.

XX **A'mbriana**, r. Edith Cavell 151, ✉ 1180, ✆ 0 2 375 01 56, Fax 0 2 375 84 96, Cuisine italienne – AE ⓘ MC VISA FX f
fermé août, lundi soir, mardi et sam. midi – **Repas** Lunch 345 – 895/1950 bc.

XX **Le Petit Cottage**, r. Cottages 150, ✉ 1180, ✆ 0 2 343 88 09, Fax 0 2 343 88 09, 🍴 – AE MC VISA EV r
fermé 1 sem. carnaval, 2 sem. en juil., sam. midi, dim. et lundi midi – **Repas** Lunch 1090 bc – 1390.

X **La Cité du Dragon**, chaussée de Waterloo 1024, ✉ 1180, ✆ 0 2 375 80 80, Fax 0 2 375 69 77, 🍴, Cuisine chinoise, ouvert jusqu'à 23 h, « Jardin exotique avec pièces d'eau » – 🅿 AE ⓘ MC VISA GX c
Repas Lunch 485 – 850/2350.

X **Le Lion**, chaussée de Waterloo 889, ✉ 1180, ✆ 0 2 374 48 43, Fax 0 2 374 41 97, Cuisine chinoise, ouvert jusqu'à 23 h – AE ⓘ MC VISA FX p
fermé 15 juil.-10 août – **Repas** Lunch 320 – 950/1090.

X **Le Petit Prince**, av. du Prince de Ligne 16, ✉ 1180, ✆ 0 2 374 73 03, Fax 0 2 381 26 50 – 🍽 AE ⓘ MC VISA plan p. 10 BCN s
fermé dim. soir et lundi – **Repas** Lunch 600 – 795/995.

X **Brasseries Georges**, av. Winston Churchill 259, ✉ 1180, ✆ 0 2 347 21 00, info@brasseriesgeorges.be, Fax 0 2 344 02 45, 🍴, Ecailler, ouvert jusqu'à minuit – 🍽 🅿 AE ⓘ MC VISA FV n
Repas Lunch 650 – carte 1250 à 1600.

BRUXELLES p. 40

L'Eau Bénite, av. Brugmann 518, ✉ 1180, ℰ 0 2 347 05 89, Fax 0 2 347 08 18, 🍴 – AE ⓪ ⓜ VISA
EX s
fermé sam. midi et dim. – **Repas** Lunch 450 – 750/1295.

Les Deux Frères, av. Vandercaey 2 (hauteur 810 de la chaussée d'Alsemberg), ✉ 1180, ℰ 0 2 376 76 06, Fax 0 2 332 38 78, Ouvert jusqu'à 23 h – AE ⓪ ⓜ VISA, 🍴
plan p. 10 BN e
fermé 21 juil.-15 août, 24 déc.-1er janv., sam. midi et dim. – **Repas** Lunch 425 – 1095/1395.

Les Petits Pères, r. Carmélites 149, ✉ 1180, ℰ 0 2 345 66 71, Fax 0 2 345 66 71, 🍴, Ouvert jusqu'à 23 h – ▪ AE ⓪ ⓜ VISA
EV s
fermé 2e sem. en août, dim. et lundi – **Repas** Lunch 360 – carte env. 1100.

Le Petit Pont, r. Doynenné 114, ✉ 1180, ℰ 0 2 346 49 49, lepetitpont@tiscalinet.be, Fax 0 2 346 44 38, 🍴, Ouvert jusqu'à minuit – ▪ AE ⓪ ⓜ VISA
BN v
fermé 20 juil.-20 août, lundi et mardi – **Repas** Lunch 410 – 950.

Le Coq au Vin, chaussée d'Alsemberg 897, ✉ 1180, ℰ 0 2 376 43 13, Fax 0 2 376 43 13 – AE ⓜ VISA
plan p. 10 BN x
fermé fin déc., sam. midi et dim. – **Repas** Lunch 980 – 1100/1500.

Quartier St-Job - plan p. 10 :

Les Menus Plaisirs, r. Basse 7, ✉ 1180, ℰ 0 2 374 69 36, mbayet@swing.be, Fax 0 2 331 83 13, 🍴 – AE ⓪ ⓜ VISA
BN u
fermé 2e sem. Pâques, sam. midi, dim. et jours fériés – **Repas** Lunch 450 – 995/1495 bc.

le pré en bulle, av. J. et P. Carsoel 5, ✉ 1180, ℰ 0 2 374 08 80, 🍴 – P. AE ⓜ VISA
BN r
fermé 20 fév.-10 mars, lundi soir et mardi – **Repas** Lunch 460 – 1095/1685 bc.

Le Passage, av. J. et P. Carsoel 13, ✉ 1180, ℰ 0 2 374 66 94, Fax 0 2 374 69 26, 🍴 – P. AE ⓪ ⓜ VISA
BN q
fermé 3 sem. en juil., sam. midi, dim. et jours fériés – **Repas** Lunch 650 – 1680, carte 1800 à 2250
Spéc. Carpaccio au foie gras, jus et brisures de truffes d'été. Noix de ris de veau croustillante sauce au Riesling. Blanc de turbotin cuit au lait et mousseline de crevettes grises.

Pasta Commedia, av. J. et P. Carsoel 3, ✉ 1180, ℰ 0 2 372 06 07, Fax 0 2 372 13 70, 🍴, Cuisine italienne, ouvert jusqu'à minuit – P. AE ⓜ VISA
BN a
Repas Lunch 450 – 980/1180.

WATERMAEL-BOITSFORT (WATERMAAL-BOSVOORDE)
plan p. 11 sauf indication spéciale :

Au Vieux Boitsfort (Gillet), pl. Bischoffsheim 9, ✉ 1170, ℰ 0 2 672 23 32, Fax 0 2 660 22 94, 🍴 – AE ⓪ ⓜ VISA, 🍴
CN z
fermé 3 prem. sem. août, sam. midi et dim. – **Repas** (nombre de couverts limité - prévenir) 1690/2890 bc, carte 2250 à 2750
Spéc. Fleurs de courgettes et langoustines rôties à l'origan, beurre au citron (21 juin-21 sept.). Sandre rôti en écailles de pommes de terre et vinaigrette aux lentilles. Composition de ris de veau et foie d'oie au jus d'agrumes.

Le Grill, r. Trois Tilleuls 1, ✉ 1170, ℰ 0 2 672 95 13, Fax 0 2 660 22 94, Grillades – AE ⓪ ⓜ VISA JCB
CN r
fermé 3 prem. sem. juil., sam. midi et dim. soir – **Repas** 890.

Au Repos des Chasseurs, av. Charles-Albert 11, ✉ 1170, ℰ 0 2 660 46 72, Fax 0 2 672 12 84, 🍴, Avec cuisine italienne, ouvert jusqu'à 23 h – 🕭 25 à 80. AE ⓪ ⓜ VISA
DN m
Repas 850/1495.

Le Dragon, pl. Léopold Wiener 11, ✉ 1170, ℰ 0 2 675 80 89, Cuisine chinoise – AE ⓪ ⓜ VISA JCB
CN a
fermé lundis non fériés – **Repas** Lunch 310 – 480/980.

L'Humeur Gourmande, av. de Visé 30, ✉ 1170, ℰ 0 2 675 85 87, Fax 0 2 675 85 87, Ouvert jusqu'à 23 h. ⓜ VISA
plan p. 15 HV n
fermé sam. midi – **Repas** Lunch 750 – carte 1300 à 1700.

L'Entre-Temps, r. Philippe Dewolfs 7, ✉ 1170, ℰ 0 2 672 87 20, Fax 0 2 672 87 20, 🍴, Brasserie – AE ⓪ ⓜ VISA
CN b
fermé 21 juil.-15 août, mardi soir et merc. – **Repas** Lunch 550 – 800/925.

Le Coriandre, r. Middelbourg 21, ✉ 1170, ℰ 0 2 672 45 65, Fax 0 2 672 47 68 – AE ⓪ ⓜ VISA
CN i
fermé 21 juil.-15 août, dern. sem. janv., dim. et lundi – **Repas** Lunch 550 – 995/1750.

WOLUWÉ-ST-LAMBERT (SINT-LAMBRECHTS-WOLUWE)

plans p. 9 et 10 sauf indication spéciale :

Sodehotel La Woluwe M, av. E. Mounier 5, ⊠ 1200, ℘ 0 2 775 21 11, *sodehotel@sabenahotels.com*, Fax 0 2 770 47 80, 😊 – 🛗 ⚙ 📺 🚗 P – 🎯 25 à 200. AE ⓘ ⓜ VISA. rest
DL e
Repas *Leonard* Lunch 795 – carte 1300 à 1900 – ⊇ 795 – **118 ch** 10200/15200, 8 suites.

Lambeau sans rest, av. Lambeau 150, ⊠ 1200, ℘ 0 2 732 51 70, *hotellambeau@skynet.be*, Fax 0 2 732 54 90 – 🛗 📺 AE ⓘ ⓜ VISA. plan p. 13 HR u
24 ch ⊇ 2750/3000.

Mon Manège à Toi, r. Neerveld 1, ⊠ 1200, ℘ 0 2 770 02 38, Fax 0 2 762 95 80, 😊, « Jardin fleuri » – P. AE ⓘ ⓜ VISA
DM f
fermé sam. midi et dim. – **Repas** carte 2050 à 2850.

Moulin Lindekemale, av. J.-F. Debecker 6, ⊠ 1200, ℘ 0 2 770 90 57, *lindekemale@swing.be*, Fax 0 2 762 94 57, 😊, « Ancien moulin à eau » – P. AE ⓘ ⓜ VISA.
DM a
fermé sem. Pâques, du 1er au 15 août, fin déc., sam. midi, dim. soir et lundi – **Repas** Lunch 1650 bc – carte env. 1800.

le Nénuphar, chaussée de Roodebeek 76, ⊠ 1200, ℘ 0 2 770 08 88, Fax 0 2 770 08 88, 😊, Cuisine vietnamienne, « Terrasses sur jardin » – ■. AE ⓘ ⓜ VISA plan p. 11 DM v
fermé 15 août-1er sept. et sam. midi – **Repas** Lunch 475 – 850/1500.

Oceanis-L'Annexe, r. St-Lambert 202 (dans centre commercial, niveau 0), ⊠ 1200, ℘ 0 2 771 90 24, Fax 0 2 771 91 54, Écailler, produits de la mer – ■ P. ⓜ VISA
DM c
fermé dim. et jours fériés – **Repas** carte env. 1500.

Le Brasero, av. des Cerisiers 166, ⊠ 1200, ℘ 0 2 772 63 94, Fax 0 2 762 57 17, 😊 – AE ⓘ ⓜ VISA. plan p. 11 CM e
fermé 23 déc.-2 janv., lundi et sam. midi – **Repas** Lunch 650 – carte 1050 à 1400.

Les Amis du Cep, r. Th. Decuyper 136, ⊠ 1200, ℘ 0 2 762 62 95, Fax 0 2 771 20 32, 😊 – AE ⓜ VISA.
DL d
fermé 21 juil.-15 août, 23 déc.-3 janv., dim. soir et lundi – **Repas** Lunch 525 bc – carte 1750 à 2050.

de Maurice à Olivier dans l'arrière-salle d'une librairie, chaussée de Roodebeek 246, ⊠ 1200, ℘ 0 2 771 33 98 – ■. AE ⓘ ⓜ VISA.
CM r
fermé du 15 au 31 juil. et dim. – **Repas** Lunch 595 – 1295/1595.

WOLUWÉ-ST-PIERRE (SINT-PIETERS-WOLUWE)

plans p. 9 et 11 sauf indication spéciale :

Montgomery M, av. de Tervuren 134, ⊠ 1150, ℘ 0 2 741 85 11, *hotel@montgomery.be*, Fax 0 2 741 85 00, 🎐, 🕳 – 🛗 🔗 📺 🚗 – 🎯 35. AE ⓘ ⓜ VISA. plan p. 13 HS k
Repas *La Duchesse* (fermé sam. et dim.) Lunch 1290 – 1890 – ⊇ 750 – **61 ch** 11990/13750, 2 suites.

Des 3 Couleurs, av. de Tervuren 453, ⊠ 1150, ℘ 0 2 770 33 21, Fax 0 2 770 80 45, 😊, « Terrasse » – AE ⓜ VISA
DN q
fermé 2 sem. Pâques, du 15 au 31 août, sam. midi, dim. soir et lundi – **Repas** Lunch 1600 bc – carte env. 2200

Le Vignoble de Margot, av. de Tervuren 368, ⊠ 1150, ℘ 0 2 779 23 23, Fax 0 2 779 05 45, ≼, 😊, Avec écailler, « Entouré de vignes, dominant étangs et parc » – ■ P. AE ⓘ ⓜ VISA.
DM r
fermé sam. midi, dim. et jours fériés – **Repas** carte 1900 à 2250.

Les Deux Maisons (Demartin), Val des Seigneurs 81, ⊠ 1150, ℘ 0 2 771 14 47, Fax 0 2 771 14 47, 😊 – AE ⓘ ⓜ VISA
DM e
fermé prem. sem. Pâques, 3 prem. sem. août, Noël-Nouvel An, dim. et lundi – **Repas** 1100/2200, carte 1650 à 2350
Spéc. Bar en croûte de sel. Baron de lapereau à la ratatouille. Tarte Tatin de mangue.

Medicis, av. de l'Escrime 124, ⊠ 1150, ℘ 0 2 779 07 00, Fax 0 2 779 19 24, 😊 – AE ⓘ ⓜ VISA.
DM w
fermé Pâques, sam. midi et dim. – **Repas** Lunch 575 – 1050/1890.

BRUXELLES p. 42

L'Escoffier, r. Paul Wemaere 2, ⊠ 1150, ℘ 0 2 771 88 80, restolescoffier@econop
hone.be, Fax 0 2 771 58 56 – 🖃. 🄰🄴 🄼🄾 VISA
fermé juin, dim. soir, lundi et mardi soir – **Repas** Lunch 580 – 1075/1375 bc. DM u

l'auberg'in, r. au Bois 198, ⊠ 1150, ℘ 0 2 770 68 85, Fax 0 2 770 68 85, 🍽, Grillades,
« Petite auberge avec âtre » – 🄿. 🄰🄴 ① 🄼🄾 VISA
fermé sam. midi, dim. et jours fériés – **Repas** 1150. DM s

Le Mucha, av. Jules Dujardin 23, ⊠ 1150, ℘ 0 2 770 24 14, Fax 0 2 770 24 14, 🍽,
Avec cuisine italienne, ouvert jusqu'à 23 h – 🄰🄴 ① 🄼🄾 VISA
fermé 20 juil.-8 août, dim. et lundi – **Repas** Lunch 460 – 850/1350. DM s

ENVIRONS DE BRUXELLES

à Alsemberg par chaussée d'Alsemberg BP : 12 km - plan p. 10 - Ⓒ Beersel 22 853 h. – ⊠ 1652 Alsemberg :

't Hoogveld, Alsembergsesteenweg 1057, ℘ 0 2 380 30 30, Fax 0 2 381 06 07, 🍽,
« Jardin » – 🄿. 🄰🄴 ① 🄼🄾 VISA
fermé lundi soir, merc. soir et jeudi – **Repas** Lunch 595 – 995/1995.

à Beersel - plan p. 10 – 22 853 h. – ⊠ 1650 Beersel :

3 Fonteinen, Herman Teirlinckplein 3, ℘ 0 2 331 06 52, Fax 0 2 331 07 03, 🍽, Taver-
ne-rest, avec spécialités à la bière régionale, « Brasserie artisanale sur cour intérieure »
– 🄰🄴 🄼🄾 VISA
fermé fin déc.-début janv., mardi et merc. – **Repas** carte env. 1200. AP v

à Diegem par A 201, sortie Diegem - plan p. 9 - Ⓒ Machelen 11 831 h. – ⊠ 1831 Diegem :

Sofitel Airport 🅼, Bessenveldstraat 15, ℘ 0 2 713 66 66, H0548@accor-hotels.com,
Fax 0 2 721 43 45, 🝕, 🏊, – 🝙 🖃 TV 🄿 – 🕿 25 à 300. 🄰🄴 ① 🄼🄾 VISA
🝕 rest DL x
Repas La Pléiade Lunch 1525 – carte env. 2000 – 🛏 800 – **125 ch** 10250/12500.

Holiday Inn Airport, Holidaystraat 7, ℘ 0 2 720 58 65, hibrusselsairport@basshot
els.com, Fax 0 2 720 41 45, 🝕, 🍳, 🏊, 🍽, 🚲 – 🛗 🝙 🖃 TV 🄿 – 🕿 25 à 400. 🄰🄴
① 🄼🄾 VISA. 🝕 rest DL w
Repas (Ouvert jusqu'à 23 h) Lunch 1195 bc – carte env. 1400 – 🛏 795 – **310 ch** 10250.

Novotel Airport, Olmenstraat, ℘ 0 2 725 30 50, H0467@accor-hotels.com,
Fax 0 2 721 39 58, 🍽, 🝕, 🍳, 🏊, – 🛗 🝙 🖃 TV 🄿 – 🕿 25 à 100. 🄰🄴 ① 🄼🄾 VISA
Repas (Ouvert jusqu'à minuit) carte 1050 à 1400 – 🛏 550 – **207 ch** 5750/5950. DK y

Rainbow Airport 🅼, Berkenlaan 4, ℘ 0 2 721 77 77, rainbowbooking@easyacces.be,
Fax 0 2 721 55 96, 🍽 – 🛗 🝕 🖃 TV 🖦 🄿 – 🕿 25 à 80. 🄰🄴 ① 🄼🄾
VISA JCB DL a
Repas Lunch 895 bc – 850 – **100 ch** 🛏 6200 – ½ P 3650/6900.

Express sans rest, Berkenlaan 5, ℘ 0 2 725 33 80, reservation@expressbhiap.com,
Fax 0 2 725 38 10 – 🛗 🝕 TV 🖦 🄿 – 🕿 25 à 50. 🄰🄴 ① 🄼🄾 VISA JCB DL r
85 ch 🛏 5500.

à Dilbeek par ⑧ : 7 km - plans p. 8 et 10 – 37 584 h. – ⊠ 1700 Dilbeek :

Relais Delbeccha 🝖, Bodegemstraat 158, ℘ 0 2 569 44 30, relais.delbeccha@sky
net.be, Fax 0 2 569 75 30, 🍽, 🌳 – TV 🄿 – 🕿 25 à 120. 🄰🄴 ① 🄼🄾 VISA. 🝕
fermé du 8 au 31 juil. – **Repas** (fermé dim. soir) Lunch 1025 – 1125/1850 – **14 ch**
🛏 3500/4500 – ½ P 3000/3275.

Host. d'Arconati 🝖, avec ch, d'Arconatistraat 77, ℘ 0 2 569 35 00, Fax 0 2 569 35 04,
🍽, « Terrasse fleurie », 🌳 – TV 🄿. 🄰🄴 🄼🄾 VISA. 🝕 ch
fermé fév. – **Repas** (fermé dim. soir, lundi et mardi) 1575 – **6 ch** 🛏 3000/3500.

De Kapblok, Ninoofsesteenweg 220, ℘ 0 2 569 31 23, Fax 0 2 569 67 23 – 🄼🄾 VISA
fermé 1 sem. avant Pâques, fin juil.-mi-août, Noël-Nouvel An, dim. et lundi – **Repas** Lunch
675 – 1500. AM e

à Drogenbos - plan p. 10 – 4 722 h. – ⊠ 1620 Drogenbos :

Campanile, av. W.A. Mozart 11, ℘ 0 2 331 19 45, camp.drog@belgacom.net, Fax 0 2
331 25 30, 🍽 – 🝕 TV 🖦 🄿 – 🕿 25 à 50. 🄰🄴 ① 🄼🄾 VISA JCB AN n
Repas (fermé 25 déc.) (Avec buffet) Lunch 495 – 645 – 🛏 290 – **76 ch** 2600 – ½ P 3200.

à Dworp (Tourneppe) par ⑥ : 16 km - plan p. 10 - Ⓒ Beersel 22 853 h. – ⊠ 1653 Dworp :

Kasteel Gravenhof 🝖, Alsembergsesteenweg 676, ℘ 0 2 380 44 99, gravenhof
@hvw.be, Fax 0 2 380 40 60, 🍽, « Château du 17e s. sur parc avec étang », 🌳 – 🛗
TV 🄿 – 🕿 25 à 120. 🄰🄴 ① 🄼🄾 VISA. 🝕 ch
Repas (Taverne-rest) Lunch 650 – carte env. 1200 – 🛏 450 – **26 ch** 4850 – ½ P 4640/4845.

BRUXELLES p. 43

à Grimbergen au Nord par N 202 BK : 11 km - plan p. 8 – 32 746 h. – ✉ 1850 Grimbergen :

Abbey, Kerkeblokstraat 5, ✆ 0 2 270 08 88, Fax 0 2 270 81 88, 🍽, ⚒, 🛌, 🚗, 🚲 – 📶, 🍴 rest, 📺 🅿. – 🔔 30 à 200. АЕ ◉ ⓜ 🆅🆂🅰, ✂ ch
fermé juil. – **Repas 't Wit Paard** *(fermé sam. et mer.)* Lunch 1250 – carte 1900 à 2250 – ⊇ 600 – **28 ch** 4800/5200.

à Groot-Bijgaarden - plan p. 8 - Ⓒ Dilbeek 37 584 h. – ✉ 1702 Groot-Bijgaarden :

Waerboom, Jozef Mertensstraat 140, ✆ 0 2 463 15 00, info@waerboom.com, Fax 0 2 463 10 30, ⚒, 🏊, – 📶 📺 🅿. – 🔔 25 à 270. АЕ ◉ ⓜ 🆅🆂🅰. ✂   AL r
fermé mi-juil.-mi-août – **Repas** (résidents seult) – **35 ch** ⊇ 3800/6500.

Gosset, Gossetlaan 52, ✆ 0 2 466 21 30, info@gosset.be, Fax 0 2 466 18 50, 🍽 – 📶 🍴 📺 🅿. – 🔔 25 à 200. АЕ ◉ ⓜ 🆅🆂🅰. ✂   AL a
fermé du 26 au 31 déc. – **Repas** Lunch 1575 bc – 850 – **48 ch** ⊇ 3500/3950.

De Bijgaarden, I. Van Beverenstraat 20, ✆ 0 2 466 44 85, debijgaarden@skynet.be, Fax 0 2 463 08 11, ≼, 🍽, « Cadre bucolique face au château » – АЕ ◉
ⓜ 🆅🆂🅰   AL c
fermé du 15 au 23 avril, 13 août-3 sept., du 2 au 4 janv., sam. midi, dim. et jours fériés – **Repas** Lunch 2400 – 3500/4750, carte 3300 à 4100
Spéc. Dégustation de foie gras d'oie et de canard en chaud et froid. Huîtres de Colchester au Champagne et crème de cerfeuil (15 sept.-31 mars). Pigeon Royal d'Anjou "à la presse".

Michel (Coppens), Gossetlaan 31, ✆ 0 2 466 65 91, Fax 0 2 466 90 07, 🍽 – 🅿.
ⓜ 🆅🆂🅰   AL d
fermé août, dim. et lundi – **Repas** 1850/2100
Spéc. Meunière de langoustines, champignons sauvages, moules et le beignet de pomme de terre. Miniature de St-Jacques meunière sur purée à la fourchette (oct.-mars). Coucou de Malines au Champagne.

à Hoeilaart - plan p. 11 – 9 727 h. – ✉ 1560 Hoeilaart :

Aloyse Kloos, Terhulpsesteenweg 2 (à Groenendaal), ✆ 0 2 657 37 37, Fax 0 2 657 37 37, 🍽, « En lisière de forêt » – 🅿. ◉ ⓜ 🆅🆂🅰   DP f
fermé août, dim. soir et lundi – **Repas** Lunch 1490 – 2390 bc, carte env. 2000
Spéc. Fricassée de champignons des bois. Écrevisses à la luxembourgeoise (juin-janv.). Mignardises de cailles aux pâtes fraîches et morilles.

Tissens, Groenendaalsesteenweg 105 (à Groenendaal), ✆ 0 2 657 04 09, tissens@yu com.be, Anguilles – 🅿. ◉ ⓜ 🆅🆂🅰   DP k
fermé fin déc.-début janv., merc. et jeudi – **Repas** carte env. 1400.

à Huizingen par ⑥ : 12 km - plan p. 10 - Ⓒ Beersel 22 853 h. – ✉ 1654 Huizingen :

Terborght, Oud Dorp 16 (près E 19 - A 7, sortie ⑳), ✆ 0 2 380 10 10, Fax 0 2 380 10 97, 🍽, « Façade avec pignons à redans, intérieur rustique » – 🍴 🅿. АЕ ◉ ⓜ 🆅🆂🅰. ✂
fermé carnaval, 15 juil.-8 août, dim. soir, lundi et mardi soir – **Repas** Lunch 1750 bc – 1850.

à Kortenberg par ② : 15 km - plan p. 9 – 17 174 h. – ✉ 3070 Kortenberg :

Hof te Lindergem, Leuvensesteenweg 346, ✆ 0 2 759 72 64, Fax 0 2 759 66 10 – 🅿. АЕ ⓜ 🆅🆂🅰
fermé juil., lundi soir et mardi – **Repas** Lunch 1500 bc – carte env. 1800.

à Linkebeek - plan p. 10 – 4 700 h. – ✉ 1630 Linkebeek :

Le Petit Coq, r. St-Sébastien 41, ✆ 0 2 380 93 32, 🍽, Taverne-rest – 🅿. ◉ ⓜ
🆅🆂🅰. ✂   BP c
fermé sam. midi en août, lundi midi et mardi midi – **Repas** Lunch 395 – carte env. 1100.

à Machelen - plan p. 9 – 11 831 h. – ✉ 1830 Machelen :

Pyramid, Heirbaan 210, ✆ 0 2 253 54 56, Fax 0 2 253 47 65, 🍽, « Décor moderne, terrasse avec jardin anglais luxuriant » – 🅿. АЕ ◉ ⓜ 🆅🆂🅰 🅹🅲🅱. ✂   DK m
fermé 1 sem. après Pâques, 2 sem. en juil., 1 sem. fin déc., sam. et dim. – **Repas** Lunch 1300 – 2250/2900.

à Meise par ⑪ : 14 km - plan p. 8 – 18 153 h. – ✉ 1860 Meise :

Aub. **Napoléon**, Bouchoutlaan 1, ✆ 0 2 269 30 78, Fax 0 2 269 79 98, Grillades – 🅿. ✂.

Koen Van Loven, Brusselsesteenweg 11, ✆ 0 2 270 05 77, Fax 0 2 270 05 46, 🍽 – 🔔 25 à 150. АЕ ◉ ⓜ 🆅🆂🅰. ✂
fermé 2 sem. Pâques, 3 dern. sem. juil., dim. soir et lundi – **Repas** Lunch 1475 bc – 1475/1895.

à Melsbroek - plan p. 9 – Ⓒ Steenokkerzeel 10 411 h. – ✉ 1820 Melsbroek :

Boetfort, Sellaerstraat 42, ✆ 0 2 751 64 00, Fax 0 2 751 62 00, 🍽, « Château du 17ᵉ s., parc » – 🅿. – 🔔 25 à 40. АЕ ◉ ⓜ 🆅🆂🅰   DK p
fermé sem. carnaval, merc. soir, sam. midi et dim. – **Repas** 1350/1950.

BRUXELLES p. 44

à Nossegem par ② : 13 km - plan p. 9 - [C] Zaventem 26 826 h. – ⌧ 1930 Nossegem :

XXX **L'Orangeraie Roland Debuyst**, Leuvensesteenweg 614, ℰ 0 2 757 05 59, Fax 0 2 759 50 08, 🍴, « Terrasse » – 🅿 – 🔒 35. 🆎 ① ⓂⓄ 🆅🅸🆂🅰
fermé 1 sem. Pâques, 2 prem. sem. août, dim. et lundi – **Repas** Lunch 2090 bc – 2050/2550.

à Overijse par ④ : 16 km - plan p. 11 – 23 765 h. – ⌧ 3090 Overijse :

🛈 *Justus Lipsiusplein 9, ℰ 687 64 23, Fax 687 77 22*

XXXX **Barbizon** (Deluc), Welriekendedreef 95 (à Jezus-Eik), ℰ 0 2 657 04 62, Fax 0 2
✿ 657 40 66, 🍴, « Villa de style normand, terrasse et jardin en lisière de forêt » – 🅿 🆎
ⓂⓄ 🆅🅸🆂🅰
DN n
fermé mi-fév.-mi-mars, fin juil.-début août, mardi et merc. – **Repas** Lunch 1425 – 2500/3475,
carte 2400 à 3850
Spéc. Croustillant de langoustines aux morilles, glace de crustacés. Cabillaud en croûte de
pommes de terre au jus de coques. Gibier (sept.-janv.).

XX **Lipsius**, Brusselsesteenweg 671 (à Jezus-Eik), ℰ 0 2 657 34 32, Fax 0 2 657 31 47 – 🆎
① ⓂⓄ 🆅🅸🆂🅰
DN r
fermé vacances Pâques, 12 juil.-10 août, vend. midi, sam. midi, dim. soir et lundi – **Repas**
Lunch 1150 – carte 1800 à 2300.

XX **Den Zilv'ren Uil**, Brusselsesteenweg 505 (Nord-Ouest : 2 km à Jezus-Eik), ℰ 0 2
657 28 75, Fax 0 2 657 28 75 – 🅿. 🆎 ⓂⓄ 🆅🅸🆂🅰
fermé du 25 au 31 mai, du 1er au 14 août, merc. et jeudi – **Repas** 850/1800.

X **Istas**, Brusselsesteenweg 652 (à Jezus-Eik), ℰ 0 2 657 05 11, Fax 0 2 688 30 53, 🍴,
Taverne-rest – 🅿. ⓂⓄ 🆅🅸🆂🅰
DN s
fermé merc. et jeudi – **Repas** carte 850 à 1400.

à Schepdaal par ⑧ : 12 km - plans p. 8 et 10 - [C] Dilbeek 37 584 h. – ⌧ 1703 Schepdaal :

🏠 **Lien Zana**, Ninoofsesteenweg 1022, ℰ 0 2 569 65 25, lienzana@wol.be, Fax 0 2
569 64 64, 🍴, 🅢 – 🔔, 🗐 rest, 📺 🅿 – 🔒 25 à 150. 🆎 ① ⓂⓄ 🆅🅸🆂🅰
Repas *(fermé lundi midi, mardi midi et merc. midi)* (Taverne-rest) carte env. 950 – **27 ch**
⊡ 4600.

à Sint-Genesius-Rode *(Rhode-St-Genèse)* par ⑤ : 13 km - plan p. 11 – 18 039 h. – ⌧ 1640
Sint-Genesius-Rode :

🏨 **Aub. de Waterloo**, chaussée de Waterloo 212, ℰ 0 2 358 35 80, *aubergewaterl
oo@skynet.be*, Fax 0 2 358 38 06, 🛁, 🅢 – 🔔 🛏 🗐 📺 🅿 – 🔒 25 à 70. 🆎 ①
ⓂⓄ 🆅🅸🆂🅰
Repas voir rest *l'Arlecchino* ci-après – **85 ch** ⊡ 5350/7850.

XX **l'Arlecchino** - H. Aub. de Waterloo, chaussée de Waterloo 212, ℰ 0 2 358 34 16, Fax 0 2
358 28 96, 🍴, Cuisine italienne, avec trattoria – 🗐 🅿. 🆎 ① ⓂⓄ 🆅🅸🆂🅰. ✂
fermé août – **Repas** 1250/1550 bc.

XX **Michel D**, r. Station 182, ℰ 0 2 381 20 66, Fax 0 2 380 45 80, 🍴 – 🅿. 🆎 ① ⓂⓄ 🆅🅸🆂🅰
fermé 19 juil.-10 août, merc., sam. midi et dim. soir – **Repas** Lunch 990 – 1100/2250.

X **L'Alter Ego**, Parvis Notre-Dame 15, ℰ 0 2 358 29 15, Fax 0 2 358 29 15, 🍴 – 🆎 ①
ⓂⓄ 🆅🅸🆂🅰 🅹🅲🅱
fermé août, dim. et lundi – **Repas** *(déjeuner seult sauf vend. et sam.)* Lunch 400 – carte 1000
à 1300.

à Sint-Pieters-Leeuw *Sud-Ouest* : 13 km par Brusselbaan AN - plan p. 10 – 29 849 h. – ⌧ 1600
Sint-Pieters-Leeuw :

🏨 **Green Park** [M], V. Nonnemanstraat 15, ℰ 0 2 331 19 70, Fax 0 2 331 03 11, 🍴, « Au
bord d'un étang », 🛁, 🌊, 🚴 – 🔔 📺 🅿 – 🔒 25 à 100. 🆎 ① ⓂⓄ 🆅🅸🆂🅰 🅹🅲🅱. ✂ rest
fermé juil. – **Repas** Lunch 450 – carte 1150 à 1550 – **18 ch** ⊡ 4000/4500.

à Sterrebeek par ② : 13 km - plan p. 9 [C] Zaventem 26 826 h. – ⌧ 1933 Sterrebeek :

X **la chasse des princes**, Hypodroomlaan 141, ℰ 0 2 731 19 64, Fax 0 2 731 09 68 –
🆎 ① ⓂⓄ 🆅🅸🆂🅰
fermé du 15 au 31 juil., dern. sem. janv., lundi et mardi – **Repas** Lunch 495 – 890/1600.

à Strombeek-Bever - plan p. 8 - [C] Grimbergen 32 746 h. – ⌧ 1853 Strombeek-Bever :

🏨 **Alfa Rijckendael** [M] ✤, Luitberg 1, ℰ 0 2 267 41 24, *annpascale.klerckx@alfarijck
endael.gth.be*, Fax 0 2 267 94 01, 🍴, 🅢 – 🔔 🛏 📺 🚗 🅿 – 🔒 25 à 40. 🆎 ①
ⓂⓄ 🆅🅸🆂🅰
BK c
Repas Lunch 880 – carte 1700 à 2350 – ⊡ 600 – **49 ch** 4800/5600.

XX **Val Joli**, Leestbeekstraat 16, ℰ 0 2 460 65 43, *valjoli@euronet.be*, Fax 0 2 460 04 00,
🍴, « Terrasse et jardin avec pièce d'eau » – 🅿 – 🔒 25 à 40. 🆎 ①
ⓂⓄ 🆅🅸🆂🅰
BK p
fermé 2 sem. en juin, fin oct.-début nov., lundi et mardi – **Repas** Lunch 490 – 895/1290.

BRUXELLES p. 45

XX 't Stoveke, Jetsestraat 52, ℘ 0 2 267 67 25, 😀, Produits de la mer – AE ⓞ
ⓂⓄ VISA   BK q
fermé 3 sem. en juin, Noël-Nouvel An, dim., lundi et jours fériés – **Repas** Lunch 1190 – carte 1900 à 3050.

X Blink, Sint-Amandsstraat 52, ℘ 0 2 267 37 67, setcompany@skynet.be, Fax 0 2 267 37 67, 😀 – AE ⓞ ⓂⓄ VISA. ⚫   BK h
fermé 20 juil.-15 août, sam. midi, dim. et lundi – **Repas** Lunch 750 – 1500.

à Tervuren par ③ : 14 km - *plan p. 11* – 20 130 h. – ✉ 3080 Tervuren :

XX De Linde, Kerkstraat 8, ℘ 0 2 767 87 42, 😀 – AE ⓞ VISA. ⚫
fermé 2 sem. en juil., 2 sem. en janv., lundi, mardi et sam. midi – **Repas** Lunch 520 – 980/1795.

à Vilvoorde *(Vilvorde) - plans p. 8 et 9* – 34 538 h. – ✉ 1800 Vilvoorde :

🏨 Campanile, Luchthavenlaan 2, ℘ 0 2 253 97 67, Fax 0 2 253 97 69, 😀 – 🛗 📺
♿ P – 🔸 25 à 160. AE ⓞ ⓂⓄ VISA JCB   DK a
Repas (Avec buffet) Lunch 595 – 850 – ☕ 290 – **85 ch** 2600 – ½ P 3485.

XX de Rembrandt, Lange Molensstraat 60, ℘ 0 2 251 04 72, « Dans une tour de guet du 15ᵉ s. » – AE ⓞ ⓂⓄ VISA   CK c
fermé 16 juil.-16 août et sam. – **Repas** (déjeuner seult sauf mardi et jeudi) Lunch 1650 bc – carte env. 1800.

X 'T Puur Toeval, Rooseveltlaan 18, ℘ 0 2 253 68 39, Fax 0 2 253 68 38, 😀 – AE ⓞ
ⓂⓄ VISA   CDK s
fermé sam. midi, dim., lundi et jours fériés – **Repas** Lunch 795 – 1295/1450.

X Spectrum, Romeinsesteenweg 220 (Koningslo), ℘ 0 2 267 00 45, spectrum.barbay@wanadoo.be, Fax 0 2 267 00 45, 😀 – AE ⓞ ⓂⓄ VISA   BK f
fermé 1ʳᵉ sem. vacances Pâques, sam. midi et dim. – **Repas** 995.

à Vlezenbeek Ouest : 11 km par N 282 AN - *plan p. 10* - [C] Sint-Pieters-Leeuw 29 849 h. – ✉ 1602 Vlezenbeek :

XX In de Kroon, Dorp 49, ℘ 0 2 569 05 25, Fax 0 2 569 05 25, 😀 – AE ⓞ ⓂⓄ VISA. ⚫
fermé mardi soir, merc. et sam. midi – **Repas** Lunch 950 – 1550/1850.

X Van Gogh, Dorp 21, ℘ 0 2 532 22 09, Fax 0 2 532 26 95, 😀 – AE ⓞ ⓂⓄ VISA
Repas Lunch 350 – 1250/1750 bc.

à Wemmel - *plan p. 8* – 13 872 h. – ✉ 1780 Wemmel :

🏨 La Roseraie, Limburg Stirumlaan 213, ℘ 0 2 456 99 10 et 0 2 460 51 34 (rest), Fax 0 2 460 83 20, 😀 – 🟰 📺 P. AE ⓞ ⓂⓄ VISA JCB   AK r
Repas *(fermé sam. midi, dim. soir et lundi)* Lunch 790 – 1090/1550 – ☕ 250 – **8 ch** 4050/4700.

XXX Le Gril aux herbes d'Evan, Brusselsesteenweg 21, ℘ 0 2 460 52 39, Fax 0 2 461 19 12, 😀 – AE ⓞ ⓂⓄ VISA   AK t
fermé du 1ᵉʳ au 21 juil., 24 déc.-1ᵉʳ janv., mardi, merc. et sam. midi – **Repas** Lunch 995 – 1750/2350.

XX L'Aub. de l'Isard, Romeinsesteenweg 964, ℘ 0 2 479 85 64, Fax 0 2 479 16 49, 😀
– P. – 🔸 25. AE ⓞ ⓂⓄ VISA   BK u
fermé 20 juil.-15 août, dim. soir et lundi – **Repas** Lunch 995 – 1995 bc/2350 bc.

XX Oliartes, Parklaan 7, ℘ 0 2 460 42 89, Fax 0 2 460 25 10, 😀, « Terrasse sur parc public » – P. AE ⓞ ⓂⓄ VISA   AK s
fermé dim. soir et lundi – **Repas** Lunch 1250 bc – 1600/2800 bc.

à Wezembeek-Oppem - *plan p. 9* – 13 571 h. – ✉ 1970 Wezembeek-Oppem :

XX L'Aub. Saint-Pierre, Sint-Pietersplein 8, ℘ 0 2 731 21 79, Fax 0 2 731 28 28, 😀 –
🟰. AE ⓞ ⓂⓄ VISA   DL n
fermé 15 juil.-15 août, sam. midi, dim. et jours fériés – **Repas** Lunch 980 – carte env. 2000.

à Zaventem - *plan p. 9* – 26 826 h. – ✉ 1930 Zaventem :

🏨 Sheraton Airport, à l'aéroport (Nord-Est par A 201), ℘ 0 2 725 10 00, *reservation s_brussels@sheraton.com*, Fax 0 2 710 80 80, 🏋 – 🛗 📺 ♿ 🚗 P – 🔸 25 à
600. AE ⓞ ⓂⓄ VISA JCB. ⚫ rest   DK a
Repas *Concorde* (fermé sam. midi) Lunch 1550 – carte 2250 à 2700 – **Lindbergh Taverne** (Ouvert jusqu'à 1 h du matin) carte 1050 à 1650 – ☕ 890 – **297 ch** 15000/16000, 2 suites.

XX Stockmansmolen 1ᵉʳ étage, H. Henneaulaan 164, ℘ 0 2 725 34 34, Fax 0 2 725 75 05, Avec taverne-rest, « Ancien moulin à eau » – 🟰 P. AE ⓞ ⓂⓄ VISA   DL c
fermé 2 dern. sem. juil.-prem. sem. août, Noël, Nouvel An, sam. et dim. – **Repas** Lunch 1800 – carte 2350 à 2800.

BRUXELLES p. 46

à Zellik par ⑩ : 8 km - plan p. 8 - © Asse 27 744 h. – ⊠ 1731 Zellik :

XX **Angelus,** Brusselsesteenweg 433, ℘ 0 2 466 97 26, Fax 0 2 466 83 84, 🈯 – 🅿. 🖭 ⓪ 🚇 VISA
AL e
fermé 16 juil.-16 août, lundi et jeudi soir – **Repas** Lunch 895 – 995/1595.

S.A. MICHELIN BELUX, Quai de Willebroek 33 EQ – ⊠ 1000, ℘ 0 2 274 42 11, Fax 0 2 274 42 12

BUKEN 1910 Vlaams-Brabant © Kampenhout 10 787 h. 213 M 17 - ⑬ S.
Bruxelles 28 – Antwerpen 42 – Leuven 10 – Liège 68 – Namur 64 – Turnhout 74.

XX **de notelaar,** Bukenstraat 142, ℘ 0 16 60 52 69, Fax 0 16 60 69 09, 🈯 – ▭ 🅿. 🖭 ⓪ 🚇 VISA
fermé 19 fév.-18 mars, 16 juil.-10 août, mardi, merc. et jeudi – **Repas** Lunch 950 – 1075/1750.

BÜLLINGEN (BULLANGE) 4760 Liège 213 W 20, 214 W 20 et 909 L 4 – 5 221 h.
Bruxelles 169 – Liège 77 – Aachen 57.

X **Kreutz,** Hauptstr. 131, ℘ 0 80 64 79 03, Fax 0 80 64 26 05 – ▭ 🅿. 🚇 VISA
fermé 15 juil.-1ᵉʳ août, du 28 au 30 oct., lundi soir et merc. soir – **Repas** Lunch 850 – carte env. 1400.

BURG-REULAND 4790 Liège 213 V 21, 214 V 21 et 909 L 5 – 3 789 h.
Voir Donjon ≤★.
Bruxelles 184 – Liège 95.

🏨 **Val de l'Our** 🔸, Dorfstr. 150, ℘ 0 80 32 90 09, val.de.lour@skynet.be, Fax 0 80 32 97 00, « Environnement boisé », 🏋, 🈯, 🈯, 🏊, 🎾, 🚴 – ▭ rest, 📺 🅿 – 🔔 25. 🚇 VISA. 🈯
fermé prem. sem. juil. et vacances Noël – **Repas** (dîner seult jusqu'à 20 h sauf dim. et jours fériés) carte 1200 à 1850 – **15 ch** 🛏 3450 – ½ P 2775/3025.

🏨 **Paquet** 🔸, Lascheid 43 (Sud-Ouest : 1 km, lieu-dit Lascheid), ℘ 0 80 32 96 24, Fax 0 80 32 98 22, ≤ campagne vallonnée – 📺 🅿. 🖭 ⓪ 🚇 VISA. 🈯
fermé 25 juin-8 juil. et dim. soir et lundi hors saison – **Repas** (résidents seult) – **19 ch** 🛏 1800/2900 – ½ P 1750/2250.

à Ouren Sud : 9 km © Burg-Reuland – ⊠ 4790 Burg-Reuland :

🏨 **Dreiländerblick** 🔸, Dorfstr. 29, ℘ 0 80 32 90 71, Fax 0 80 32 93 88, ≤, 🈯, « Terrasse », 🈯 – 🈯
fermé du 1ᵉʳ au 15 oct., du 1ᵉʳ au 20 janv. et mardi sauf en juil.-août – **Repas** (fermé après 20 h) Lunch 650 – carte env. 1400 – **17 ch** 🛏 2100/2700, 1 suite – ½ P 2100/2200.

🏨 **Rittersprung** 🔸, Dorfstr. 19, ℘ 0 80 32 91 35, Fax 0 80 32 93 61, ≤, 🈯, 🈯 – 🅿. 🚇 VISA. 🈯
fermé 10 déc.-20 janv. et lundis non fériés – **Repas** (résidents seult) – **16 ch** 🛏 2100/3200 – ½ P 2100/2500.

BÜTGENBACH 4750 Liège 213 W 20, 214 W 20 et 909 L 4 – 5 495 h.
🅱 Centre Worriken 1 (au lac) ℘ 0 80 44 63 58, Fax 0 80 44 70 89.
Bruxelles 164 – Liège 72 – Aachen 52.

🏨 **Bütgenbacher Hof** 🔸, Marktplatz 8, ℘ 0 80 44 42 12, Fax 0 80 44 48 77, 🈯, « Terrasse », 🏋, 🈯 – 🛗 📺 🅿 – 🔔 40. 🖭 ⓪ 🚇 VISA. 🈯
fermé 2 sem. Pâques et 2 sem. en juil. – **Repas** (fermé lundi, mardi et après 20 h 30) Lunch 1100 – carte 1350 à 1700 – **21 ch** 🛏 2200/3500, 2 suites – ½ P 2700/3400.

🏨 **Lindenhof** 🔸 sans rest, Neuerweg 1 (Ouest : 3 km, lieu-dit Weywertz), ℘ 0 80 44 50 86, Fax 0 80 44 48 26 – 📺 🅿. 🈯
fermé du 1ᵉʳ au 15 déc. – **12 ch** 🛏 1900/3000.

🏨 **du Lac,** Seestr. 53, ℘ 0 80 44 64 13, hotel.du.lac.butgenbach@skynet.be, Fax 0 80 44 44 55, 🈯, 🈯 – 🛗 📺 🅿. 🚇 VISA. 🈯
de nov. à mai ouvert uniquement week-end sauf vacances scolaires et jours fériés – **Repas** (résidents seult) – **26 ch** 🛏 2200/3200 – ½ P 1800/2950.

🏨 **Seeblick** 🔸, Zum Konnenbusch 24 (Nord-Est : 3 km, lieu-dit Berg), ℘ 0 80 44 53 86, ≤ lac, 🏋, 🈯, 🈯 🈯
Repas (dîner pour résidents seult) – **12 ch** 🛏 1250/2200 – ½ P 1500/1600.

XX **La Belle Époque,** Bahnhofstr. 85 (Ouest : 3 km, lieu-dit Weywertz), ℘ 0 80 44 55 43 – 🅿. 🖭 ⓪ 🚇 VISA
fermé 2 sem. en mars, 2 sem. en sept. et merc. – **Repas** Lunch 500 – 1000/1700.

168

BÜTGENBACH

※ **Vier Jahreszeiten** ⑤, avec ch, Bermicht 8 (Nord : 3 km, lieu-dit Nidrum), ℘ 0 80 44 56 04, Fax 0 80 44 49 30, 🍴, « Intérieur de style autrichien », 🌳 - 🅿. ⚡
fermé 1ʳᵉ quinz. juil., 1ʳᵉ quinz. janv. et merc. sauf vacances scolaires – **Repas** 800/1400 – **15 ch** ⚌ 1550/2600 – ½ P 1800/2600.

La CALAMINE Liège - voir Kelmis.

CASTEAU Hainaut 213 J 19, 214 J 19 et 909 F 4 - voir à Soignies.

CELLES Namur 213 P 21, 214 P 21 et 909 I 5 - voir à Houyet.

CERFONTAINE 5630 Namur 214 L 21 et 909 G 5 - 4306 h.
Bruxelles 100 - Charleroi 38 - Dinant 45 - Maubeuge 44.

à Soumoy Nord-Est : 3 km © Cerfontaine - ⊠ 5630 Soumoy :

🏨 **Relais du Surmoy** ⑤, r. Bironfosse 38, ℘ 0 71 64 32 13, Fax 0 71 64 47 09, ≊s, 🚲
- 📺 🅿. - 🅰 25 à 80. 🆎 ⓜ◎ 💳
Repas (fermé merc. d'oct. à mi-mars) Lunch 750 - carte env. 1000 - **24 ch** ⚌ 2075/2400 – ½ P 1560/1950.

CHAMPLON 6971 Luxembourg belge © Tenneville 2436 h. 214 S 22 et 909 J 5.
Bruxelles 127 - Bouillon 58 - Arlon 61 - Namur 66 - La Roche-en-Ardenne 15.

※※ **Host. de la Barrière**, rte de la Barrière 31, ℘ 0 84 45 51 55, Fax 0 84 45 59 22, 🍴
- 🅿. 🆎 ⓪ ⓜ◎ 💳
fermé 22 janv.-4 fév., du 2 au 15 juil., mardi soir et merc. - **Repas** Lunch 850 - 1000/2150.

CHARLEROI

6000 Hainaut 213 L 20, 214 L 20 – ㉔ S et 909 G 4 – 202 020 h.

Bruxelles 61 ① – Liège 92 ③ – Lille 123 ① – Namur 38 ③.

Plan de Charleroi	p. 2
Nomenclature des hôtels et des restaurants	p. 3 et 4

RENSEIGNEMENTS PRATIQUES

🛈 par ⑤ à Marcinelle, Maison communale annexe, av. Mascaux 100 ℘ 0 71 86 61 52, Fax 0 71 86 61 57 – Pavillon, Square de la Gare du Sud ℘ 0 71 31 82 18.

⛳ au Nord : 13 km à Frasnes-lez-Gosselies (Les-Bons-Villers), Chemin du Grand Pierpont 1 ℘ 0 71 85 17 75, Fax 0 71 85 15 43.

CURIOSITÉS

Musées : *du verre*★ **BYZ M** – *par* ⑤ *à Mont-sur-Marchienne : de la Photographie*★.
Env. *par* ⑤ *: 13 km à l'Abbaye d'Aulne*★ *: chevet et transept*★★ *de l'église abbatiale.*

CHARLEROI p. 2

RÉPERTOIRE DES RUES DU PLAN DE CHARLEROI

Rue	Ref	Rue	Ref	Rue	Ref
Albert-1er (Pl.)	ABZ	Général-Michel (Av.)	BZ	Montigny (R. de)	BZ
Alliés (Av. des)	AZ	Grand-Central (R. du)	AZ	Neuve (R.)	BY 48
Arthur-Decoux (R.)	AY	Grand'Rue	BY	Olof-Palme (Pont)	AZ 49
Audent (Bd)	ABZ	G.-Roullier (Bd)	BY	Orléans (R. d')	BZ 50
Baudouin (Pont)	AZ 3	Heigne (R. de)	AY	Paix (R. de la)	BZ
Brabant (Quai de)	ABZ	Isaac (R.)	BY	Paul-Janson (Bd)	BY
Brigade-Piron (R.)	BZ	Jacques-Bertrand (Bd)	ABY	Paul-Pastur (Av.)	AZ
Broucheterre (R. de la)	ABY	Jean-Monnet (R.)	AZ 35	P.-J.-Lecomte (R.)	AY
Bruxelles (Chée de)	AY	Joseph-Hénin (Bd)	BY 37	Pont-Neuf (R. du)	ABZ
Charleroi (Chée de)	BZ	Joseph-Tirou (Bd)	ABZ	Régence (R. de la)	BY 58
Charles-II (Pl.)	BZ 10	Joseph-Wauters (R.)	AY	Roton (R. du)	ABY
Defontaine (R.)	BYZ	Joseph-II (Bd)	BY	Saint-Charles (R.)	BZ
Digue (Pl. de la)	AZ	Jules-Destrée (R.)	BY	Science (R. de la)	BYZ
Écluse (R. de l')	BZ 21	Lebeau (R.)	BY 38	Solvay (Bd)	BY 61
Émile-Buisset (Pl.)	AZ 23	Léon-Bernus (R.)	BY	Spinois (R.)	AZ
Émile-Devreux (Bd)	BZ 24	Mambourg (R. du)	BY	Turenne (R.)	AZ
Émile-Tumelaire (R.)	BZ	Manège (Pl. du)	BY 41	Villette (R. de la)	AZ
Europe (Av. de l')	AYZ	Marcinelle (R. de)	BZ 43	Waterloo (Av. de)	BY 69
Flandre (Quai de)	AZ 25	Mayence (Bd P.)	BZ 44	Willy-Ernst (R.)	BZ
Fort (R. du)	ABY	Mons (Route de)	AZ	Yser (Bd de l')	BZ
Fr.-Dewandre (Bd)	BY 30	Montagne (R. de la)	ABZ 45	Zenobe-Gramme (R.)	BY 73
Gare du Sud (Quai de la)	AZ			Zoé-Dryon (Bd)	BY

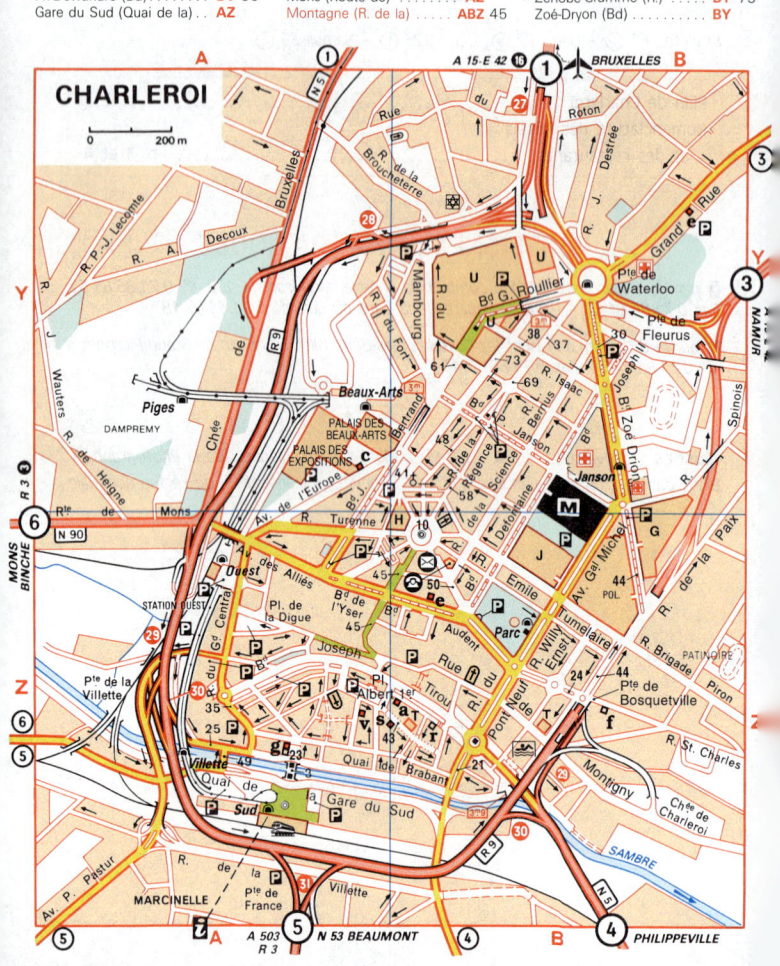

CHARLEROI p. 3

Socatel, bd Tirou 96, ☎ 0 71 31 98 11, sotel@skynet.be, Fax 0 71 30 15 96 – 📶 📺 🍴 – 🛎️ 50. 🆎 ⓘ 🆎 VISA
BZ r
Repas Lunch 495 – carte 900 à 1300 – ⌧ 475 – **64 ch** 3395/6045, 1 suite – ½ P 3395/6045.

Holiday Inn Garden Court, bd Mayence 1a, ☎ 0 71 30 24 20, nathalie-henri@sky net.be, Fax 0 71 30 49 49, 🍴, 🍽️ – 📶 🛏️ 📺 🅿️ – 🛎️ 25 à 60. 🆎 ⓘ 🆎 VISA JCB
BZ f
Repas (Buffet) Lunch 350 – 795 – ⌧ 575 – **57 ch** 3850 – ½ P 3045/4920.

Ibis Ⓜ sans rest, quai de Flandre 12, ☎ 0 71 20 60 60, ibis@skypro.be, Fax 0 71 70 21 91 – 📶 🛏️ 📺 🅿️ 🆎 ⓘ 🆎 VISA
AZ g
⌧ 300 – **49 ch** 2795.

Le D'Agnelli, bd Audent 23a, ☎ 0 71 30 90 96, Fax 0 71 30 90 96, 🍴, Cuisine italienne – 🆎 ⓘ 🆎 VISA, 🍽️
BZ t
fermé sem. carnaval, 2 sem. en août, fin déc., merc. et dim. soir – **Repas** 890/1990.

La Mirabelle 1ᵉʳ étage, r. Marcinelle 7, ☎ 0 71 33 39 88 – 🎛 🆎 ⓘ 🆎 VISA
ABZ s
fermé 1 sem. carnaval, du 15 au 30 août et dim. – **Repas** (déjeuner seult sauf vend. et sam.) Lunch 850 – 1200/1550.

Le Square Sud, bd Tirou 70, ☎ 0 71 32 16 06, Fax 0 71 30 44 05, « Caves voûtées du 17ᵉ s. » – 🆎 ⓘ 🆎 VISA
BZ a
fermé 1 sem. carnaval, 1 sem. Pâques, 21 juil.-17 août, sam. midi, dim. et jours fériés – **Repas** Lunch 950 – 1600 bc/2500 bc.

A la Tête de Bœuf, pl. de l'Abattoir 5 (par ③ : 2 km), ☎ 0 71 48 77 64, Fax 0 71 42 27 04 – 🆎 ⓘ 🆎 VISA, 🍽️
fermé 2 sem. Pâques, 15 août-1ᵉʳ sept., sam. midi, dim. et lundi soir – **Repas** carte 1050 à 1600.

Au Provençal, r. Puissant 10, ☎ 0 71 31 28 37, jcbarral01@infonie.be, Fax 0 71 31 28 37 – 🎛 🆎 ⓘ 🆎 VISA
AZ v
fermé 15 juil.-15 août, 24 déc.-3 janv., dim. et jours fériés – **Repas** Lunch 1500 bc – carte 1100 à 1900.

La Bruxelloise, pl. E. Buisset 9, ☎ 0 71 32 29 69, Fax 0 71 32 29 69, Moules en saison, ouvert jusqu'à 23 h 30 – 🎛 🅿️ 🆎 ⓘ 🆎 VISA, 🍽️
AZ g
Repas carte 950 à 1700.

L'Amusoir, av. de l'Europe 7, ☎ 0 71 31 61 64, Fax 0 71 31 61 64 – 🆎 ⓘ 🆎 VISA AY c
Repas Lunch 625 – 850/1550.

Piccolo Mondo, Grand'Rue 87, ☎ 0 71 42 00 17, 🍴, Cuisine italienne – 🅿️ 🆎 VISA
BY e
fermé du 15 au 31 juil., sam. midi, dim. et jours fériés – **Repas** carte 850 à 1150.

à Châtelet par ④ : 8 km – 35 542 h. – ⌧ 6200 Châtelet :

Le Premier Empire, r. Sablières 2 (pl. St-Roch), ☎ 0 71 38 91 66, Fax 0 71 38 91 66 – 🆎 VISA
fermé lundis soirs, mardis soirs et merc. soirs non fériés – **Repas** 1290/1690.

à Couillet par ④ : 3 km Ⓒ Charleroi – ⌧ 6010 Couillet :

Le Clos du Marmiton, r. Jean Jaurès 11, ☎ 0 71 43 81 35, Fax 0 71 43 81 35, 🍴 – 🅿️ – 🛎️ 25 à 40. 🆎 ⓘ 🆎 VISA
fermé dern. sem. juil.-2 prem. sem. août, 1 sem. en janv., lundi soir en juil.-août, mardi et dim. soir – **Repas** Lunch 980 – 1680/2580.

à Gerpinnes par ④ : Sud Est 13 km – 11 853 h. – ⌧ 6280 Gerpinnes :

Le Clos de la Rochette, r. Anrys 16, ☎ 0 71 50 11 40, clos.de.la.rochette@skynet.be, Fax 0 71 50 30 33, 🍴, « Demeure ancienne sur jardin clos de murs » – 🅿️ – 🛎️ 35. 🆎 ⓘ 🆎 VISA
fermé du 15 au 31 août, lundis non fériés, merc. soir et dim. soir – **Repas** Lunch 950 – 1520/1990.

à Gilly par ③ : 3 km Ⓒ Charleroi – ⌧ 6060 Gilly :

Dario, chaussée de Fleurus 127, ☎ 0 71 41 49 38, Fax 0 71 41 49 38, Avec cuisine italienne – 🎛 🆎 VISA, 🍽️
fermé août, 27 déc.-8 janv., dim. soir, lundi soir, mardi et merc. soir – **Repas** carte env. 1100.

Il Pane Vino, chaussée de Fleurus 125, ☎ 0 71 41 53 36, Trattoria, Cuisine italienne – 🎛 🆎 ⓘ 🆎 VISA JCB, 🍽️
fermé 15 juil.-20 août, merc. et dim. soir – **Repas** carte 950 à 1400.

à Gosselies par ① : 6 km sur N 5 Ⓒ Charleroi – ⌧ 6041 Gosselies :

Le Piersoulx, r. Grand Piersoulx 8 (Gosselies I - douane), ☎ 0 71 35 66 87, Fax 0 71 35 70 03 – 🎛 rest, 📺 🅿️ – 🛎️ 40. 🆎 ⓘ 🆎 VISA
Repas Lunch 790 – 850/1290 – ⌧ 275 – **14 ch** 3000/3950.

CHARLEROI p. 4

XX **Le Saint-Exupéry,** chaussée de Fleurus 181 (près du champ d'aviation), ℘ 0 71 35 59 62, Fax 0 71 37 35 96, 🍽, « Terrasse avec ≤ pistes » – 🅿 – 🅰 25. AE ⊙ MC VISA
fermé 26 fév.-2 mars, 23 juil.-13 août et sam. midi – **Repas** (déjeuner seult sauf vend. et sam.) Lunch 1450 – 2000/3000.

à Loverval par ④ : 4 km C Gerpinnes 11 853 h. – ✉ 6280 Loverval :

XX **Le Saint Germain des Prés** (Durieux), rte de Philippeville 62 (sur N 5), ℘ 0 71 43 58 12, Fax 0 71 43 58 12, 🍽 – 🅿. AE ⊙ MC VISA
❀ *fermé du 9 au 25 juil., 22 déc.-10 janv., sam. midi, dim. soir et lundi* – **Repas** 1550, carte 1800 à 2250
Spéc. Carpaccio de St-Jacques aux truffes (nov.-mars). Raviole de homard à la crème de cambonzola. Bar rôti en croûte de sel et beurre blanc.

à Marcinelle par ⑤ : 3 km par N 53 C Charleroi – ✉ 6001 Marcinelle :

XX **Le Château de la Villette,** r. Vital Françoisse 315 (zoning industriel, par Ring sortie ㉙ - direction Beaumont par N 53), ℘ 0 71 47 54 30, Fax 0 71 43 39 21, 🍽, « Maison bourgeoise de fonction du 19ᵉ s. dans un parc » – 🅿 – 🅰 25. AE MC VISA
fermé 3 sem. en juil., 1 sem. fin déc., dim. soir et lundi – **Repas** Lunch 890 – carte env. 2000.

à Montignies-sur-Sambre Sud-Est : 4 km par chaussée de Charleroi BZ C Charleroi – ✉ 6061 Montignies-sur-Sambre :

X **Adriatica Star,** pl. Albert Iᵉʳ 43, ℘ 0 71 32 10 20, Fax 0 71 32 10 20 – 🍴. ❀
Repas carte 1000 à 1450.

à Mont-sur-Marchienne par ⑤ : 5 km C Charleroi – ✉ 6032 Mont-sur-Marchienne :

XXX **La Dacquoise,** r. Marcinelle 181 (par R3, sortie Les Haies), ℘ 0 71 43 63 90, ladacquoise@freegates.be, Fax 0 71 47 45 01, 🍽 – 🍴 🅿. AE MC VISA
fermé 9 juil.-9 août, 26 déc.-4 janv., mardi soir, merc. et dim. soir – **Repas** Lunch 1050 – 1550/2050.

à Nalinnes par ④ : 10 km C Ham-sur-Heure-Nalinnes 13 165 h. – ✉ 6120 Nalinnes :

🏨 **Laudanel** ❀, sans rest, r. Vallée 117 (Nord-Est : 2,5 km, lieu-dit Le Bultia), ℘ 0 71 21 93 40, laudanel@swing.be, Fax 0 71 21 93 37, 🖂, 🐎 – 📺 🅿. AE ⊙ MC VISA. ❀
fermé du 14 au 30 janv. – ☐ 420 – **6 ch** 3600/4400.

CHÂTELET Hainaut 213 M 20, 214 M 20 - ㉔ S et 909 G 4 – *voir à Charleroi.*

CHAUDFONTAINE 4050 Liège 213 S 19, 214 S 19 – ㉖ S et 909 J 4 - ⑱ S – 20 596 h. – Casino, Esplanade 1 ℘ 0 4 365 07 41, Fax 0 4 365 37 62.
🛈 Maison Sauveur, Parc des Sources ℘ 0 4 361 56 30, Fax 0 4 361 56 40.
Bruxelles 104 – Liège 10 – Verviers 22.

🏨 **Il Castellino,** av. des Thermes 147, ℘ 0 4 365 75 08, fscavone@il.castellinoisabel.be, Fax 0 4 367 41 53, 🍽 – 📺 🅿 – 🅰 25 à 300. AE ⊙ MC VISA JCB. ❀ ch
Repas (fermé mardis non fériés) (Avec cuisine italienne) Lunch 615 – carte env. 900 – **8 ch** ☐ 2050/3100.

CHENÉE Liège 213 S 19, 214 S 19 - ㉕ S et 909 ⑱ S – *voir à Liège, périphérie.*

CHEVETOGNE 5590 Namur C Ciney 14 555 h. 213 P 21, 214 P 21 et 909 I 5.
Voir *Domaine provincial Valéry Cousin★.*
Bruxelles 90 – *Namur 43* – Dinant 29 – Liège 73.

🏨 **Les Rhodos** ❀, dans le Domaine provincial, ℘ 0 83 68 89 00, benval@village.uunet.be, Fax 0 83 68 90 75, 🍽, ❀, 🐎 – 📺 🅿 – 🅰 30. MC VISA. ❀ ch
fermé janv. – **Repas** *(fermé mardi sauf en juil.-août)* Lunch 750 – 990/1450 – **16 ch** ☐ 2150 – ½ P 1520/2550.

CHIMAY 6460 Hainaut 214 K 22 et 909 F 5 – 9 755 h.
Env. *au Nord-Est : 3 km, Étang★ de Virelles.*
Bruxelles 110 – Charleroi 50 – Dinant 61 – Mons 56 – Hirson 25.

X **Le Froissart,** pl. Froissart 8, ℘ 0 60 21 26 19, Fax 0 60 21 42 45, 🍽 – AE ⊙ MC VISA JCB
fermé du 20 au 31 août, vend. non fériés, dim. soir et lundi – **Repas** 850/1190.

CHIMAY

à l'étang de Virelles Nord-Est : 3 km ⓒ Chimay – ⊠ 6461 Virelles :

    XX **Chez Edgard et Madeleine,** r. Lac 35, ℘ 0 60 21 10 71, Fax 0 60 21 52 47, 🍽, ⓜⓒ VISA
    fermé 2 sem. en sept., 2 sem. en janv. et lundis soirs et mardis non fériés – **Repas** 1600/1975.

à Lompret Nord-Est : 7 km sur N 99 ⓒ Chimay – ⊠ 6463 Lompret :

    🏨 **Franc Bois** ⃰ sans rest, r. courtil aux Martias 18, ℘ 0 60 21 44 75, Fax 0 60 21 51 40 – TV, AE ⓞ ⓜⓒ VISA. ⃰
    8 ch ⊇ 2800/3000.

à Momignies Ouest : 12 km – 5 176 h. – ⊠ 6590 Momignies :

    🏨 **Host. du Gahy** ⃰, r. Gahy 2, ℘ 0 60 51 10 93, Fax 0 60 51 28 79, ≤, 🍽, « Demeure ancienne », 🚗 – TV P – 🛁 30. AE ⓞ ⓜⓒ VISA. ⃰
    fermé dim. soir, lundi et merc. soir – **Repas** (fermé après 20 h 30) Lunch 650 – 1000 – **6 ch** ⊇ 3000/3300 – ½ P 2550/3300.

CINEY 5590 Namur ²¹³ **P 21,** ²¹⁴ **P 21** et ⁹⁰⁹ **I 5** – 14 555 h.
Bruxelles 86 – Namur 30 – Dinant 16 – Huy 31.

    🏨 **Surlemont** ⃰ sans rest, r. Surlemont 9, ℘ 0 83 23 08 68, hotel.surlemont@skynet.be, Fax 0 83 23 08 69, 🚗 – TV P – 🛁 80 à 150. VISA. ⃰
    fermé du 1er au 15 janv. et dim. – **14 ch** ⊇ 2050/3600.

    XX **L'Alexandrin,** r. Commerce 121, ℘ 0 83 21 75 95, Fax 0 83 21 79 12, 🍽 – AE ⓞ ⓜⓒ VISA
    fermé 1 sem. carnaval, 2 sem. début sept., dim. soir d'oct. à mars, jeudi et sam. midi – **Repas** Lunch 900 – 1050/1500.

CLERMONT Liège ²¹³ **U 19,** ²¹⁴ **U 19** et ⁹⁰⁹ **J 4** – voir à Thimister.

COMBLAIN-LA-TOUR 4180 Liège ⓒ Hamoir 3 496 h. ²¹³ **S 20,** ²¹⁴ **S 20** et ⁹⁰⁹ **J 4.**
Env. au Nord à Comblain-au-Pont, grottes⋆.
Bruxelles 122 – Liège 32 – Spa 29.

    🏨 **Host. St-Roch,** r. Parc 1, ℘ 0 4 369 13 33, hostelleriesaintroch@skynet.be, Fax 0 4 369 31 31, ≤, 🍽, « Terrasse fleurie au bord de l'Ourthe », 🚗 – TV P – 🛁 25. AE ⓞ ⓜⓒ VISA
    16 mars-3 janv. – **Repas** (fermé lundi et merc. midi sauf mi-juil.-fin août et mardi) Lunch 1250 – 1850/2600 – **10 ch** (fermé lundi et mardi sauf mi-juil.-fin août) ⊇ 4500/6600, 5 suites – ½ P 4000/5300.

COO Liège ²¹³ **U 20,** ²¹⁴ **U 20** et ⁹⁰⁹ **K 4** – voir à Stavelot.

CORBION Luxembourg belge ²¹⁴ **P 24** et ⁹⁰⁹ **I 6** – voir à Bouillon.

CORROY-LE-GRAND 1325 Brabant Wallon ⓒ Chaumont-Gistoux 10 028 h. ²¹³ **N 19,** ²¹⁴ **N 19** et ⁹⁰⁹ **H 4.**
Bruxelles 35 – Namur 35 – Charleroi 38 – Tienen 29.

    XX **Le Grand Corroy** avec ch, r. Eglise 13, ℘ 0 10 68 98 98, adi@megasite.be, Fax 0 10 68 94 78, 🍽, « Ancienne ferme brabançonne avec caveaux voûtés » – TV P, AE ⓞ ⓜⓒ VISA
    fermé du 2 au 8 avril, du 17 au 25 sept., 23 déc.-8 janv., sam. midi, dim. soir et lundi – **Repas** Lunch 1100 – 1650/2400 – **4 ch** ⊇ 4000.

COUILLET Hainaut ²¹³ **L 20,** ²¹⁴ **L 20** - ㉔ **S** et ⁹⁰⁹ **G 4** – voir à Charleroi.

COURTRAI West-Vlaanderen – voir Kortrijk.

COURT-SAINT-ETIENNE 1490 Brabant Wallon ²¹³ **M 19,** ²¹⁴ **M 19** et ⁹⁰⁹ **G 4** – 8 680 h.
Bruxelles 33 – Namur 38 – Charleroi 34.

    XX **Les Ailes,** av. des Prisonniers de Guerre 3, ℘ 0 10 61 61 61, Fax 0 10 61 46 32, 🍽 – P, AE ⓞ ⓜⓒ VISA JCB
    fermé du 7 au 12 mars, du 8 au 23 août, dim. soir, lundi et mardi – **Repas** Lunch 750 – 1100/1650.

COUVIN 5660 Namur ᴆᴀᴀ L 22 et ᴨᴥᴥ G 5 – 13 193 h.
  Voir Grottes de Neptune★.
  🛈 r. Falaise 3 ℘ 0 60 34 01 40.
  Bruxelles 104 – Charleroi 44 – Dinant 47 – Namur 64 – Charleville-Mézières 46.

à Boussu-en-Fagne Nord-Ouest : 4,5 km ᴄ Couvin – ✉ 5660 Boussu-en-Fagne :

  Manoir de la Motte ⚘, r. Motte 21, ℘ 0 60 34 40 13, Fax 0 60 34 67 17, ≤, 🍽,
  « Demeure du 14ᵉ s. », 🐾 – 🅿. AE ⓘ ᴍᴏ VISA, ⚘
  fermé janv., dim. soir et lundi – **Repas** 990/1750 – **7 ch** ⇌ 2400/2900 – ½ P 2250/2650.

à Frasnes Nord : 5,5 km par N 5 ᴄ Couvin – ✉ 5660 Frasnes :

  Le Tromcourt ⚘ avec ch, lieu-dit Géronsart 15, ℘ 0 60 31 18 70, eric.patigny@pi.be,
  Fax 0 60 31 32 02, 🍽, « Ferme-château », 🐾 – 📺 🅿. AE ⓘ ᴍᴏ VISA.
  ⚘ rest
  fermé mars, du 20 au 31 août, début janv. et mardis et merc. non fériés – **Repas**
  (fermé après 20 h 30) Lunch 880 – 1690/2200 – **9 ch** ⇌ 2600/3500 – ½ P 2500/3000.

CRUPET 5332 Namur ᴄ Assesse 5 945 h. ᴆᴀᴈ O 20, ᴆᴀᴀ O 20 et ᴨᴥᴥ H 4.
  Bruxelles 79 – Namur 27 – Dinant 16.

  Le Moulin des Ramiers ⚘, r. Basse 31, ℘ 0 83 69 90 70, info@moulins.ramiers.be,
  Fax 0 83 69 98 68, « Ancien moulin à eau du 18ᵉ s. », 🐾 – 📺 🅿. AE ⓘ
  ᴍᴏ VISA
  fermé du 5 au 22 mars, du 2 au 10 juil., du 8 au 18 janv., lundi soir et mardi – **Repas** voir
  rest **Les Ramiers** ci-après – ⇌ 350 – **6 ch** 3950/4950 – ½ P 3475/3750.

  Les Ramiers - H. Le Moulin des Ramiers, r. Basse 32, ℘ 0 83 69 90 70, info@moulin
  s.ramiers.be, Fax 0 83 69 98 68, 🍽, « Terrasse, ≤ cadre de verdure » – 🅿. AE ⓘ
  ᴍᴏ VISA
  fermé du 5 au 22 mars, du 2 au 10 juil., du 8 au 18 janv., lundi midi du 20 nov. à fin mars,
  lundi soir et mardi – **Repas** Lunch 1650 bc – 1800/2450.

CUSTINNE Namur ᴆᴀᴈ P 21, ᴆᴀᴀ P 21 et ᴨᴥᴥ I 5 – voir à Houyet.

DADIZELE 8890 West-Vlaanderen ᴄ Moorslede 10 756 h. ᴆᴀᴈ D 17 et ᴨᴥᴥ C 3.
  Bruxelles 111 – Kortrijk 18 – Brugge 41.

  Host. Daiseldaele, Meensesteenweg 201, ℘ 0 56 50 94 90, Fax 0 56 50 99 36, 🐾
  – 📺 🅿. AE ⓘ ᴍᴏ VISA, ⚘
  Repas (fermé 16 juil.-10 août, mardi et après 20 h 30) Lunch 460 – 850/1650 – **9 ch**
  ⇌ 1475/2500.

DAMME 8340 West-Vlaanderen ᴆᴀᴈ E 15 et ᴨᴥᴥ C 2 – 11 010 h.
  Voir Hôtel de Ville★ (Stadhuis) – Tour★ de l'église Notre-Dame (O.L. Vrouwekerk).
  🚗 au Sud-Est : 7 km à Sijsele, Doornstraat 16 ℘ 0 50 35 35 72, Fax 0 50 35 89 25.
  🛈 Jacob van Maerlantstraat 3 ℘ 0 50 35 33 19, Fax 0 50 37 00 21.
  Bruxelles 103 – Brugge 7 – Knokke-Heist 12.

  De Lieve, Jacob van Maerlantstraat 10, ℘ 0 50 35 66 30, Fax 0 50 35 21 69, 🍽 – ᴍᴏ
  VISA. ⚘
  fermé janv., lundi soir et mardi – **Repas** Lunch 1275 bc – 1850.

  Gasthof Maerlant, Kerkstraat 21, ℘ 0 50 35 29 52, Fax 0 50 37 11 86, 🍽 – AE ⓘ
  ᴍᴏ VISA JCB
  fermé 2ᵉ quinz. nov., mardi soir et merc. – **Repas** 950.

  De Damsche Poort, Kerkstraat 29, ℘ 0 50 35 32 75, Fax 0 50 35 32 75, 🍽 – AE ⓘ
  ᴍᴏ VISA JCB
  fermé 21 déc.-5 janv., dim. soir et lundi – **Repas** carte 1500 à 2050.

  Le Rêve avec ch, Damse Vaart Zuid 12, ℘ 0 50 35 42 17, Fax 0 50 37 17 20, 🍽 –
  VISA. ⚘
  fermé 2 dern. sem. juin, 3 dern. sem. janv., lundi et mardi – **Repas** Lunch 2050 bc –
  2450 bc/3395 bc – **8 ch** ⇌ 2100/2500 – ½ P 2700/2900.

  De Bonheur, Kerkstraat 26, ℘ 0 50 37 49 23, Fax 0 50 37 49 23, 🍽, Ouvert jusqu'à
  23 h – VISA
  fermé mardi – **Repas** 975.

  Eethuis de Zuidkant, Jacob van Maerlantstraat 6, ℘ 0 50 37 16 76, 🍽 –
  ᴍᴏ VISA
  fermé merc. et jeudi – **Repas** carte 1350 à 1850.

DAMME

à Hoeke Nord-Est : 6 km par rive du canal ⓒ Damme – ✉ 8340 Hoeke :

Welkom sans rest, Damse Vaart Noord 34 (près N 49), ℘ 0 50 60 24 92, Fax 0 50 62 30 31, 🚲 – 📺 🅿 AE ⓘ ⓂⓄ VISA, ⋘
8 ch ⇌ 1600/2400.

Laagland, Oude Westkapellestraat 2 (près N 49), ℘ 0 50 50 08 26, desmidt.laagland @planetinternet.be, Fax 0 50 50 08 26, 🌳 – 🅿 AE ⓘ ⓂⓄ VISA JCB, ⋘
fermé dern. sem. fév.-2 prem. sem. mars, merc. et jeudi – **Repas** Lunch 1000 – carte 1550 à 2250.

à Oostkerke Nord-Est : 5 km par rive du canal ⓒ Damme – ✉ 8340 Oostkerke :

Siphon, Damse Vaart Oost 1 (Sud : 2 km), ℘ 0 50 62 02 02, siphon@ping.be, Fax 0 50 63 09 38, ≤, 🌳, Anguilles et grillades – 🅿 ⋘
fermé du 1ᵉʳ au 15 fév., du 1ᵉʳ au 15 oct., jeudi et vend. – **Repas** carte 850 à 1200.

de Krinkeldijk, Monnikenredestraat 6, ℘ 0 50 62 51 52, Fax 0 50 61 12 11, 🌳, « Terrasse et pièce d'eau dans un environnement champêtre » – 🅿 ⓘ ⓂⓄ VISA
fermé 1 sem. en fév., 3 sem. en oct., merc. et jeudi – **Repas** carte 1300 à 1850.

DAVE Namur 213 O 20, 214 O 20 et 909 H 4 – voir à Namur.

DAVERDISSE 6929 Luxembourg belge 214 P 22 et 909 I 5 – 1 360 h.
Bruxelles 122 – Bouillon 37 – Arlon 72 – Dinant 41 – Marche-en-Famenne 35 – Neufchâteau 36.

Le Moulin 🌿, r. Lesse 61, ℘ 0 84 38 81 83, info@daverdisse.com, Fax 0 84 38 97 20, 🌳, « Environnement boisé », 🐎, 🚲 – 🛗 📺 🅿 – 🛋 25. AE ⓘ ⓂⓄ VISA, ⋘ rest
fermé fin avril, début déc., janv. et merc. hors saison – **Repas** Lunch 1100 – carte 1300 à 1900 – **18 ch** ⇌ 2600/3900 – ½ P 5500/5900.

Le Trou du Loup, Chemin du Corray 2, ℘ 0 84 38 90 84, Fax 0 84 38 90 84, 🌳, « Environnement boisé » – 🅿 ⓂⓄ VISA
fermé 26 juin-6 juil., 27 sept.-5 oct., du 2 au 22 janv., mardi midi sauf 15 juil.-15 août, mardi soir et merc. – **Repas** Lunch 890 – 1350/1550.

De – voir au nom propre.

DEERLIJK 8540 West-Vlaanderen 213 F 17 et 909 D 3 – 11 390 h.
Bruxelles 83 – Kortrijk 8 – Brugge 49 – Gent 38 – Lille 39.

Gino Decock, Waregemstraat 650, ℘ 0 56 70 50 60, Fax 0 56 70 57 41, 🌳, « Terrasse, ≤ campagne » – 🅿 AE ⓘ ⓂⓄ VISA
fermé 2 sem. en fév., 2 sem. en août, mardi soir, merc. et dim. soir – **Repas** Lunch 1500 bc – 2000 bc/2500 bc.

Severinus, Hoogstraat 137, ℘ 0 56 70 41 11, severinus@resto.be, Fax 0 56 72 20 15, 🌳, « Jardin d'hiver » – AE ⓂⓄ VISA
fermé 21 juil.-15 août, dim. soir, lundi et mardi soir – **Repas** Lunch 1150 – 1575 bc/2350 bc.

't Schuurke, Pontstraat 111, ℘ 0 56 77 77 94, Fax 0 56 77 48 33, 🌳 – 🅿 AE ⓂⓄ VISA, ⋘
fermé 21 juil.-15 août, mardi soir, merc. et jeudi soir – **Repas** 1800.

DEINZE 9800 Oost-Vlaanderen 213 G 17 et 909 D 3 – 27 486 h.
Bruxelles 67 – Brugge 44 – Gent 21 – Kortrijk 26.

D'Hulhaege - Kasteel Ten Bosse avec ch, Karel Picquélaan 140, ℘ 0 9 386 56 16, d.hulhaege.deinze@online.be, Fax 0 9 380 05 06, 🌳 – 🛗 📺 🅿 – 🛋 25 à 250. AE ⓘ ⓂⓄ VISA JCB
Repas (fermé 2 dern. sem. juil.-prem. sem. août, dim. soir et lundi) Lunch 495 – carte 1200 à 1850 – ⇌ 300 – **8 ch** 2100/2500.

à Astene sur N 43 : 2,5 km ⓒ Deinze – ✉ 9800 Astene :

Savarin, Emiel Clauslaan 77, ℘ 0 9 386 19 33, Fax 0 9 380 29 43 – 🅿 AE ⓘ ⓂⓄ VISA
fermé sem. carnaval, 3 prem. sem. juil., merc. et jeudi – **Repas** Lunch 1575 bc – carte 1700 à 2350.

Gasthof Halifax, Emiel Clauslaan 143, ℘ 0 9 282 72 97, Fax 0 9 282 91 35, ≤, 🌳, Grillades, ouvert jusqu'à minuit, « Ancienne fermette, terrasse au bord de la Lys (Leie) », 🛋 – 🅿 AE ⓘ ⓂⓄ VISA
fermé 15 juil.-1ᵉʳ août, 24 déc.-1ᵉʳ janv., sam. midi, dim. et jours fériés – **Repas** Lunch 450 – 995/1500.

DEINZE

à Bachte-Maria-Leerne Nord-Est : 3 km © Deinze – ✉ 9800 Bachte-Maria-Leerne :

※※ **Vosselaere Put,** Leernsesteenweg 87, ℘ 0 9 386 11 35, Fax 0 9 380 16 52, 😊,
« Terrasse avec ≤ Lys (Leie) » – 🅿. ⓘ ⓜ VISA
fermé 19 fév.-7 mars, 10 sept.-3 oct., lundi et mardi – **Repas** Lunch 850 – 1350/2100.

à Grammene Ouest : 3,5 km © Deinze – ✉ 9800 Grammene :

※ **Westaarde,** Westaarde 40, ℘ 0 9 386 99 59, Fax 0 9 386 99 59, 😊, Grillades – 🅿. 🝭
ⓜ VISA
fermé du 15 au 30 juil., du 24 au 31 déc. et sam. – **Repas** (dîner seult jusqu'à minuit) carte env. 1500.

à Sint-Martens-Leerne Nord-Est : 6,5 km © Deinze – ✉ 9800 Sint-Martens-Leerne :

※※ **D'Hoeve,** Leernsesteenweg 218, ℘ 0 9 282 48 89, Fax 0 9 282 24 31, 😊 – 🅿. 🝭 ⓘ
ⓜ VISA
fermé lundi soir et mardi – **Repas** Lunch 1550 – 1695/3595.

DENDERMONDE (TERMONDE) 9200 Oost-Vlaanderen 213 J 16 et 909 F 2 – 42 994 h.
 Voir Oeuvres d'art★ dans l'église Notre-Dame★★ (O.L. Vrouwkerk).
 🛈 Stadhuis, Grote Markt ℘ 0 52 21 39 56, Fax 0 52 22 19 40.
 Bruxelles 32 – Antwerpen 41 – Gent 34.

🏨 **City** sans rest, Oude Vest 121, ℘ 0 52 20 35 40, Fax 0 52 20 35 50 – 📺, 🝭 ⓘ ⓜ
 VISA. ✻
 12 ch ⌂ 1900/2900.

※※ **'t Truffeltje** (Mariën), Bogaerdstraat 20, ℘ 0 52 22 45 90, truffeltje@compaqnet.be,
 Fax 0 52 21 93 35, 😊 – 🝭 ⓘ ⓜ VISA. ✻
 fermé 1 sem. après Pâques, dern. sem. juil.-2 prem. sem. août, sam. midi, dim. soir et lundi
 – **Repas** Lunch 1200 – 2075, carte env. 2400
 Spéc. Dim Sum aux langoustines et poireaux, vinaigrette à la truffe. Ris de veau lardé
 de sa langue et pomme de terre à la truffe. Profiteroles à la glace pralinée, sauce au chocolat.

DENÉE 5537 Namur © Anhée 6 709 h. 213 N 21, 214 N 21 et 909 H 5.
 Bruxelles 94 – Namur 29 – Dinant 21.

※ **Le Relais de St. Benoit,** r. Maredsous 4 (Sud : 2 km), ℘ 0 82 69 96 81 – 🅿. 🝭 ⓘ
 ⓜ VISA
 fermé 20 déc.-10 janv., lundi et mardi – **Repas** Lunch 650 – 850/1200.

DESTELBERGEN Oost-Vlaanderen 213 H 16 et 909 E 2 – voir à Gent, environs.

DEURLE Oost-Vlaanderen 213 G 16 et 909 D 2 – voir à Sint-Martens-Latem.

DEURNE Antwerpen 213 L 15 - ⑬ S et 909 G 2 - ⑨ S – voir à Antwerpen, périphérie.

DIEGEM Vlaams-Brabant 213 L 17 - ㊸ N et 909 G 3 - ㉒ N – voir à Bruxelles, environs.

DIEST 3290 Vlaams-Brabant 213 P 17 et 909 I 3 – 22 046 h.
 Voir Oeuvres d'art★ dans l'église St-Sulpice (St-Sulpitiuskerk) AZ – Béguinage★★ (Begijnhof) BY.
 Musée : Communal★ (Stedelijk Museum) AZ H.
 Env. par ⑤ : 8 km, Abbaye d'Averbode★ : église★.
 🛈 Stadhuis, Grote Markt 1 ℘ 0 13 35 32 73, Fax 0 13 32 23 06.
 Bruxelles 59 ③ – Antwerpen 60 ① – Hasselt 25 ②.

 Stadtplan siehe gegenüberliegende Seite

🏨 **The Lodge** ⚘, Refugiestraat 23, ℘ 0 13 35 09 35, lodge-diest@cameleon.net,
 Fax 0 13 35 09 34, ⓘ, « Ancien entrepôt à grains de l'abbaye de Tongerlo », 🚲 – 📳
 ✻ 📺 🛏 – 🚗 25 à 40. 🝭 ⓜ VISA   AY v
 Repas (Taverne-rest) Lunch 360 – 850 – **16 ch** ⌂ 3100/4100.

🏨 **De Fransche Croon,** Leuvensestraat 26, ℘ 0 13 31 45 40, Fax 0 13 33 71 59, 🚲 –
 📳, ■ ch, 📺 🛏 – 🚗 40. 🝭 ⓘ ⓜ VISA JCB. ✻   AZ e
 fermé fin déc. – **Repas** (fermé sam. midi et dim.) Lunch 1500 bc – 1550 – **22 ch** ⌂ 2950/4000
 – ½ P 2850.

DIEST

Botermarkt	**AZ** 2	Grote Markt	**AZ** 7	Pesthuizenstraat	**BY** 15
Delphine Alenuslaan	**AZ** 3	Guido Gezellestr.	**BZ** 8	Refugiestraat	**AY** 16
Ed. Robeynslaan	**BZ** 4	H. Verstappenplein	**BZ** 9	St. Jan	
F. Moonsstraat	**AZ** 5	Kattenstraat	**BZ** 10	Berchmansstr.	**AZ** 17
Graanmarkt	**BZ** 6	Ketelstraat	**AZ** 12	St. Janstraat	**BZ** 18
		Koestraat	**BZ** 13	Schotelstraat	**AZ** 19
		Koning Albertstr.	**BY**	Vestenstraat	**BY** 21
		Overstraat	**BY** 14	Wolvenstraat	**BY** 22

※※※ **De Proosdij**, Cleynaertstraat 14, ☏ 0 13 31 20 10, Fax 0 13 31 23 82, 🍽, « Ancienne maison bourgeoise avec jardin clos de murs » – 🅿, AE ⓘ 🆎 VISA   AZ **c**
fermé 2 sem. en juil., sam. midi, dim. soir et lundi – **Repas** Lunch 1300 – 1600/2500.

✕ **Dyosta**, Michel Theysstraat 5, ☏ 0 13 32 68 84, Fax 0 13 32 68 85 – AE ⓘ 🆎
VISA 🛇   AY **a**
fermé du 21 au 31 août et mardi – **Repas** Lunch 650 – 1200/1450.

> Don't get lost, use Michelin Maps which are kept up to date.

DIKSMUIDE (DIXMUDE) 8600 West-Vlaanderen 👁‍🗨 C 16 et 👁‍🗨 B 2 – 15 494 h.
  Voir Tour de l'Yser (IJzertoren) ※★.
  🛈 Markt 28 ℘ 0 51 51 91 46, Fax 0 51 51 91 48.
  Bruxelles 118 – Brugge 44 – Gent 72 – Ieper 23 – Oostende 27 – Veurne 19.

  Pax M sans rest, Heilig Hartplein 2, ℘ 0 51 50 00 34, Fax 0 51 50 00 35, 🚲 – 🛗 TV.
  AE ⓘ 🆆 VISA
  fermé 2e sem. déc. – **37 ch** ⇌ 2800/4400.

  De Vrede, Grote Markt 35, ℘ 0 51 50 00 38, *pax.devrede@wanadoo.be*, Fax 0 51 51 06 21, 🍴, 🌿, 🚲 – 🛗 TV 🔧 – 🏛 25 à 150. AE ⓘ 🆆 VISA
  fermé vacances carnaval, 1 sem. en déc. et merc. – **Repas** Lunch 295 – carte env. 1100 – **17 ch** ⇌ 1500/3200 – ½ P 1900.

  Polderbloem, Grote Markt 8, ℘ 0 51 50 29 05, *polderbloem@pi.be*, Fax 0 51 50 29 06, 🍴 – TV AE 🆆 VISA
  fermé 1 sem. carnaval et 1 sem. Toussaint – **Repas** *(fermé mardi)* (Taverne-rest) Lunch 295 – 1000 – **9 ch** ⇌ 1195/2095 – ½ P 1500/1800.

à Stuivekenskerke Nord-Ouest : 7 km ⓒ Diksmuide – ✉ 8600 Stuivekenskerke :

  Kasteelhoeve Viconia ⚘, Kasteelhoevestraat 2, ℘ 0 51 55 52 30, *viconia@skynet.be*, Fax 0 51 55 55 06, 🌿 – TV – 🏛 25. 🆆 VISA ⚘
  Repas (dîner pour résidents seult) – **23 ch**.

In this guide,
*a symbol or a character, printed in red or **black**, in **bold** or light type,*
does not have the same meaning.

Please read the explanatory pages carefully.

DILBEEK Vlaams-Brabant 👁‍🗨 K 17 - ⑤ S et 👁‍🗨 F 3 – voir à Bruxelles, environs.

DILSEN 3650 Limburg ⓒ Dilsen-Stokkem 18 069 h. 👁‍🗨 T 16 et 👁‍🗨 K 2.
  Bruxelles 110 – Maastricht 33 – Hasselt 44 – Roermond 31.

à Lanklaar Sud : 2 km ⓒ Dilsen-Stokkem – ✉ 3650 Lanklaar :

  Host. La Feuille d'Or ⚘ avec ch, Hoeveweg 145 (Est : 5,5 km par N 75), ℘ 0 89 65 97 12, Fax 0 89 65 97 22, 🍴, « Environnement boisé, terrasse avec pièce d'eau », 🌿, 🚲 – TV P. AE 🆆 VISA
  Repas *(fermé 2 dern. sem. juil.-2 prem. sem. août, 2 prem. sem. janv., lundi, mardi et sam. midi)* Lunch 1375 bc – 1675 – **6 ch** ⇌ 2500/3000 – ½ P 3750.

DINANT 5500 Namur 👁‍🗨 O 21, 👁‍🗨 O 21 et 👁‍🗨 H 5 – 12 661 h. – Casino, r. Grande 29, Esplanade du Casino ℘ 0 82 22 58 94, Fax 0 81 47 00 54.
  Voir Site★★ – Citadelle★ ≤★★ M – Grotte la Merveilleuse★ B – par ② : Rocher Bayard★ – par ⑤ : 2 km à Bouvignes : Château de Crèvecœur ≤★★ – par ② : 3 km à Anseremme : site★.
  Env. Cadre★★ du domaine de Freÿr (château★, parc★) – par ② : 6 km, Rochers de Freÿr★ – par ① : 8,5 km à Foy-Notre-Dame : plafond★ de l'église – par ② : 10 km à Furfooz : ≤★ an Anseremme, Parc naturel de Furfooz★ – par ② : 12 km à Vêves : château★ – par ② : 10 km à Celles : dalle funéraire★ dans l'église romane St-Hadelin.
  Exc. Descente de la Lesse★ en kayak ou en barque : ≤★ et ※★.
  🚂 par ② : 18,5 km à Houyet, Tour Léopold-Ardenne 6 ℘ 0 82 66 62 28, Fax 0 82 66 74 53.
  🛈 r. Grande 37 (près du casino) ℘ 0 82 22 28 70, Fax 0 82 22 77 88.
  Bruxelles 93 ⑤ – Namur 29 ⑤ – Liège 75 ① – Charleville-Mézières 78 ③.

  Le Jardin de Fiorine, r. Cousot 3, ℘ 0 82 22 74 74, Fax 0 82 22 74 74, 🍴 – AE ⓘ 🆆 VISA
  fermé 2 sem. carnaval, 2 prem. sem. juil., merc. et dim. soir – **Repas** Lunch 1000 bc – 1100 bc/1600 bc.

  Les Baguettes du Mandarin, av. Winston Churchill 3, ℘ 0 82 22 36 62, Cuisine asiatique – 🖥. ⚘
  fermé mardis et merc. non fériés – **Repas** Lunch 385 – 785/1250.

  Le Grill, r. Rivages 88 (par ② : près du Rocher Bayard), ℘ 0 82 22 69 35, Fax 0 82 22 54 36, Grillades – 🆆 VISA
  fermé 1 sem. fin juin, mi-sept.-début oct., 1 sem. fin janv., lundi soir et mardi – **Repas** carte env. 1300.

DINANT

DINANT

Adolphe-Sax (R.)	
J.-B.-Culot (Quai)	9
Albeau (Pl. d')	2
Palais (Pl. du)	10
Albert-1er (Pl.)	3
Reine-Astrid (Pl.)	12
Armes (Pl. d')	4
Bribosia (R.)	5
Station (R. de la)	16
Cousot (R.)	6
Grande (R.)	7
Winston-Churchill (Av.)	17
Huybrechts (R.)	8

à Anseremme par ② : 3 km ⓒ Dinant – ✉ 5500 Anseremme :

🏨 **Mercure** ♨, rte de Walzin 36, ✆ 0 82 22 28 44, H0512@accor-hotels.com, Fax 0 82 22 63 03, 😋, « Parc », ≦s, 🏊, ✂, 🚲, 🐎, – 🕍 📺 ♿ 🅿 – 🛎 25 à 80. 🆎 ⓞ ⓜ⓬ 🆅🅸🆂🅰
Repas Lunch 850 – 990/1600 – **79 ch** ☐ 3050/4500, 1 suite – ½ P 2700/4600.

🍴🍴 **Host. Le Freyr** ♨, avec ch, chaussée des Alpinistes 22 (au Sud : 2 km sur N 95, direction Beauraing), ✆ 0 82 22 25 75, Fax 0 82 22 70 42, 😋, 🐷, ✂ – 📺 🅿 – 🛎 30. ♿ 🆅🅸🆂🅰
fermé mardi et merc. – **Repas** *(fermé après 20 h 30)* 1290/2200 – **6 ch** ☐ 2500/2900 – ½ P 2800.

à Bouvignes-sur-Meuse par ⑤ : 4 km ⓒ Dinant – ✉ 5500 Bouvignes-sur-Meuse :

🍴🍴 **Aub. de Bouvignes** avec ch, r. Fétis 112 (N 96, rive gauche de la Meuse), ✆ 0 82 61 16 00, raphael.l agneau@wanadoo.be, Fax 0 82 61 30 93, 🚲, 🟦 – 🅿. 🆎 ⓜ⓬ 🆅🅸🆂🅰
fermé du 5 au 12 sept. et du 1er au 11 janv. – **Repas** *(fermé merc. et jeudis midis non fériés sauf en juil.-août)* Lunch 940 – 1290/2800 bc – **5 ch** *(fermé mardis soirs et merc. soirs non fériés sauf en juil.-août)* ☐ 2400/3100 – ½ P 2400/3500.

à Falmignoul par ② : 9 km ⓒ Dinant – ✉ 5500 Falmignoul :

🍴🍴 **Les Crétias** ♨ avec ch, r. Crétias 99, ✆ 0 82 74 42 11, Fax 0 82 74 40 56, 😋, « Jardin paysagé » – 📺 🅿. 🆎 ⓜ⓬ 🆅🅸🆂🅰 ✂ ch
fermé du 18 au 28 juin, 24 sept.-4 oct., 8 janv.-1er fév., mardi sauf en juil.-août et lundi – **Repas** 990/2890bc – **10 ch** ☐ 1800/2600 – ½ P 2300/2800.

à Furfooz par ② : 8 km ⓒ Dinant – ✉ 5500 Furfooz :

🏨 **La Ferme des Belles Gourmandes** ♨, r. Camp Romain 20, ✆ 0 82 22 55 25, Fax 0 82 22 55 25, 😋, 🚲 – 📺 🅿. 🆎 ⓞ ⓜ⓬ 🆅🅸🆂🅰 ✂ rest
Repas *(fermé mardi en janv.-fév., dim. soirs et lundis non fériés et après 20 h 30)* 850/1050 – **7 ch** ☐ 1700/1850 – ½ P 1500/2000.

à Lisogne par ⑥ : 7 km ⓒ Dinant – ✉ 5501 Lisogne :

🍴🍴🍴 **Moulin de Lisogne** ♨ avec ch, r. Lisonnette 60, ✆ 0 82 22 63 80, Fax 0 82 22 21 47, 😋, « Ensemble en pierres du pays dans le vallon boisé de la Leffe » – 📺 🅿. 🆎 ⓞ ⓜ⓬ 🆅🅸🆂🅰 ✂ ch
15 fév.-7 déc. ; fermé du 1er au 12 sept., dim. soir et lundi – **Repas** Lunch 990 – 1550/1950 – **10 ch** ☐ 2825/4035 – ½ P 2890/3850.

à Sorinnes par ① : 10 km ⓒ Dinant – ✉ 5503 Sorinnes :

🍴🍴🍴 **Host. Gilain** ♨ avec ch, r. Aiguigeois 1 (près E 411 – A 4, sortie ㉑, lieu-dit Liroux), ✆ 0 83 21 57 42, Fax 0 83 21 12 38, ≤, 😋, « Verrière dans cadre champêtre » – 📺 🅿. 🆎 ⓞ ⓜ⓬ 🆅🅸🆂🅰
fermé 21 fév.-9 mars, 20 août-7 sept. et lundis et mardis non fériés – **Repas** Lunch 1000 – 1550/2170, carte env. 2200 – **6 ch** ☐ 3200/3600 – ½ P 3000/3900
Spéc. Ravioles d'écrevisses façon Bonne-Maman Clémentine (août-déc.). Mignon de veau en tartuffata (avril-juil.). Nougat glacé au pralin, cannelle et chocolat.

DIXMUDE West-Vlaanderen – voir Diksmuide.

DONKMEER Oost-Vlaanderen 213 I 16 et 909 E 2 – voir à Berlare.

DOORNIK Hainaut – voir Tournai.

DORINNE Namur 213 O 21, 214 O 21 et 909 H 5 – voir à Spontin.

DROGENBOS Vlaams-Brabant 213 K 18 - ⑤① S et 909 ㉑ S – voir à Bruxelles, environs.

DUDZELE West-Vlaanderen 213 E 15 et 909 C 2 – voir à Brugge, périphérie.

DUINBERGEN West-Vlaanderen 213 E 14 et 909 C 1 – voir à Knokke-Heist.

DURBUY 6940 Luxembourg belge 213 R 20, 214 R 20 et 909 J 4 – 9 794 h.
  Voir Site★.
  ᴛ̵ɢ à l'Est : 5 km à Barvaux, rte d'Oppagne 34 ✆ 0 86 21 44 54, Fax 0 86 21 44 49.
  🇧 pl. aux Foires 25 ✆ 0 86 21 24 28, Fax 0 86 21 36 81.
  Bruxelles 119 – Arlon 99 – Huy 34 – Liège 51 – Marche-en-Famenne 19.

  🏨🏨 **Au Vieux Durbuy** [M], r. Jean de Bohême, 6, ✆ 0 86 21 32 62, reservation@sanglie
  r-des-ardennes.be, Fax 0 86 21 24 65, « Intérieur de caractère » – |‡| 📺 – ⚐ 25. 🆎 ⓘ
  🝆 VISA JCB
  fermé du 1ᵉʳ au 7 janv. – **Repas** voir rest **Le Sanglier des Ardennes** ci-après – ⏍ 450
  – **12 ch** 4200/5200 – ½ P 3750.

  🏨🏨 **Jean de Bohême**, pl. aux Foires 2, ✆ 0 86 21 28 82, reservation@jean-de-boheme.be,
  Fax 0 86 21 11 68, 🈁 – |‡| 📺 – ⚐ 25 à 250. 🆎 ⓘ 🝆 VISA JCB
  Repas 1350/1800 – ⏍ 450 – **24 ch** 2500/4000 – ½ P 2900/3150.

  🏨 **du Vieux Pont**, Grand'Place 26, ✆ 0 86 21 28 08, Fax 0 86 21 82 73, 🈁 – 📺 🝆
  VISA. 🈪 ch
  fermé du 7 au 31 janv. et merc. sauf vacances scolaires – **Repas** (Taverne-rest) Lunch 590
  – carte 950 à 1600 – **13 ch** ⏍ 2300/3000 – ½ P 2000/3000.

  XXX **Le Sanglier des Ardennes** avec ch, (annexe 🏨🏨 **Château Cardinal** 🈁 - 🈁), r.
  Comte Th. d'Ursel 14, ✆ 0 86 21 32 62, reservation@sanglier-des-ardennes.be, Fax 0 86
  21 24 65, ≤, 🈁, « Cave à vins remarquable et collection d'Armagnac » – 📺 📧 – ⚐ 25
  à 140. 🆎 ⓘ 🝆 VISA JCB
  Repas (fermé janv. et jeudis non fériés) Lunch 1850 bc – 1950/2500 – ⏍ 450 – **15 ch** (fermé
  du 1ᵉʳ au 7 janv.) 4200/5200, 2 suites – ½ P 3750.

  XX **Le Moulin**, pl. aux Foires 17, ✆ 0 86 21 29 70, Fax 0 86 21 00 84, 🈁, « Terrasse »
  – 🆎 ⓘ 🝆 VISA
  fermé du 15 au 29 mars et lundi – **Repas** Lunch 795 – 1050/1780 bc.

  XX **Clos des Recollets** avec ch, r. Prévôté 9, ✆ 0 86 21 29 69, clos-des-recollets@swi
  ng.be, Fax 0 86 21 36 85, 🈁 – 📺 📧 🆎 ⓘ 🝆 VISA
  fermé janv. – **Repas** (fermé mardi et merc.) Lunch 695 – 895/1950 – **13 ch** ⏍ 2650/3375.

  X **Le Saint Amour**, pl. aux Foires 18, ✆ 0 86 21 25 92, Fax 0 86 21 46 80, 🈁 – 🆎 ⓘ
  🝆 VISA
  fermé du 15 au 31 janv. et merc. hors saison – **Repas** Lunch 790 – carte 1000 à 1400.

à Grandhan Sud-Ouest : 6 km ⒸDurbuy – ✉ 6940 Grandhan :

  🏨🏨 **La Passerelle**, r. Chêne à Han 1, ✆ 0 86 32 21 21, Fax 0 86 32 36 20, 🈁, « Au bord
  de l'Ourthe », 🈁, 🚴 – 🈪 📺 📧 🈪 ch
  fermé janv. – **Repas** (fermé jeudis non fériés sauf vacances scolaires) 850/1100 – **23 ch**
  ⏍ 2290/2540.

  🏨🏨 **Host. Le Parvis** sans rest, 🈁, Vieux-Mont 15 (Est : 3 km, lieu-dit Petit Han),
  ✉ 6940 Durbuy, ✆ 0 86 21 42 40, Fax 0 86 21 43 13, « Cadre champêtre au bord de
  l'Ourthe », 🈁 – 📺 📧 🆎 ⓘ 🝆 VISA
  fermé 2 sem. en sept. et 2 sem. en janv. – **7 ch** ⏍ 3500/3900.

DWORP (TOURNEPPE) Vlaams-Brabant 213 K 18, 214 K 18 et 909 F 3 – voir à Bruxelles, environs.

ÉCAUSSINNES-LALAING 7191 Hainaut Ⓒ Écaussinnes 9 533 h. 213 K 19, 214 K 19 et
909 F 4.
Bruxelles 42 – Mons 29.

  XX **Le Pilori**, r. Pilori 10, ✆ 0 67 44 23 18, Fax 0 67 44 26 03, 🈁 – 🆎 ⓘ 🝆 VISA
  fermé 2 sem. Pâques, 23 juil.-10 août, 26 déc.-4 janv., lundi soir, mardi soir, merc. et sam.
  midi – **Repas** Lunch 850 – 980/2200.

EDEGEM Antwerpen 213 L 16 - 25 N et 909 G 2 - 18 N – voir à Antwerpen, environs.

EDINGEN Hainaut – voir Enghien.

EEKLO 9900 Oost-Vlaanderen 213 G 15 et 909 D 2 – 19 015 h.
Bruxelles 89 – Brugge 29 – Gent 21 – Antwerpen 66.

Shamon sans rest, Gentsesteenweg 28, ✆ 0 9 378 09 50, hotelshamon@pi.be, Fax 0 9 378 09 50, « Rez-de-chaussée Art Nouveau », 🚗, 🚲, – TV P – 🛁 25. 🆎 VISA
8 ch ☑ 2500/3500.

Hof ter Vrombaut, Vrombautstraat 139, ✆ 0 9 377 25 77, Fax 0 9 377 25 77, 🌿 – P – 🛁 30. 🆎 ① 🆎 VISA. ✂
fermé 2 sem. en juil., merc., sam. midi et dim. soir – **Repas** Lunch 800 – 1850 bc.

EERKEN Brabant Wallon – voir Archennes.

ÉGHEZÉE 5310 Namur 213 O 19, 214 O 19 et 909 H 4 – 13 260 h.
Bruxelles 55 – Namur 16 – Charleroi 55 – Hasselt 62 – Liège 53 – Tienen 30.

à Noville-sur-Mehaigne Nord-Ouest : 2 km ⓒ Éghezée – ✉ 5310 Noville-sur-Mehaigne :

L'Air du Temps (Degeimbre), chaussée de Louvain 181 (N 91), ✆ 0 81 81 30 48, Fax 0 81 81 28 76 – 🆎 VISA
fermé 1 sem. Pâques, 3 sem. en août, fin déc., merc. et jeudi – **Repas** Lunch 750 – 2200 bc/2900 bc, carte env. 2000
Spéc. St-Jacques aux tomates et sirop de balsamico (sept.-fin mai). Risotto de homard et jus de volaille aux herbes aromatiques. Pigeonneau au jus de réglisse.

EIGENBRAKEL Brabant Wallon – voir Braine-l'Alleud.

EINE Oost-Vlaanderen 213 G 17 et 909 D 3 – voir à Oudenaarde.

EISDEN Limburg 213 T 17 et 909 K 3 – voir à Maasmechelen.

EKEREN Antwerpen 213 L 15 - 13 N et 909 G 2 - 9 N – voir à Antwerpen, périphérie.

ELENE Oost-Vlaanderen 213 H 17 – voir à Zottegem.

ELEWIJT 1982 Vlaams-Brabant ⓒ Zemst 20 414 h. 213 M 17 et 909 G 3.
🏌 au Sud-Est : 6 km à Kampenhout, Wildersedreef 56 ✆ 0 16 65 12 16, Fax 0 16 65 16 80.
Bruxelles 23 – Antwerpen 32 – Leuven 26.

Kasteel Diependael (Neckebroeck), Tervuursesteenweg 511, ✆ 0 15 61 17 71, kasteeldiependaal@online.be, Fax 0 15 61 68 97, ≤, 🌿, « Verrières dans un parc » – P – 🛁 30. 🆎 ① 🆎 VISA. ✂
fermé carnaval, 3 sem. en août, sam. midi, dim. soir, lundi et jours fériés soirs – **Repas** Lunch 1360 – 1960/2400, carte 2850 à 3650
Spéc. Spaghetti mariné au crabe, langoustines et jambon sec. Râble de lièvre au chou rouge, pommes Pont-Neuf. Mignon d'agneau et homard aux petits légumes du Sud.

ELLEZELLES (ELZELE) 7890 Hainaut 213 H 18, 214 H 18 et 909 E 3 – 5 557 h.
Bruxelles 55 – Gent 44 – Kortrijk 39.

Château du Mylord (Thomaes), r. St-Mortier 35, ✆ 0 68 54 26 02, chateaudumylord@pi.be, Fax 0 68 54 29 33, 🌿, « Gentilhommière dans un parc » – P. 🆎 ① 🆎 VISA
fermé du 2 au 10 avril, du 20 au 29 août, 24 déc.-9 janv., dim. soir, lundis midis non fériés et lundi soir – **Repas** Lunch 2250 bc – 2300/3800, carte 2400 à 3100
Spéc. Compotée de chou-fleur aux dés de saumon fumé et caviar. Homard aux épices, lentins et jambon. Gibier (sept.-déc.).

ELLIKOM Limburg 213 S 16 – voir à Meeuwen.

ELSENE Brussels Hoofdstedelijk Gewest – voir Ixelles à Bruxelles.

ELZELE Hainaut – voir Ellezelles.

EMBOURG Liège 213 S 19, 214 S 19 - 25 S et 909 J 4 - 18 S – voir à Liège, environs.

ENGHIEN (EDINGEN) 7850 Hainaut 213 J 18, 214 J 18 et 909 F 3 – 10 751 h.
Voir Parc★.
Bruxelles 38 – Aalst 30 – Mons 32 – Tournai 50.

XX **Aub. du Vieux Cèdre** ⓢ avec ch, av. Elisabeth 1, ℘ 0 2 397 13 00, info@auberg
eduvieuxcedre.com, Fax 0 2 397 23 19, ≤, « Villa avec pièce d'eau », 🚗 – 📺 🅿. 🆎
🆎 VISA
Repas (fermé 16 fév.-2 mars, 23 juil.-6 août, 21 déc.-4 janv., vend., sam. midi et dim. soir)
Lunch 850 – 1250/1995 – **14 ch** ⇌ 3350/3800 – ½ P 3000.

X **Les Délices du Parc**, pl. P. Delannoy 32, ℘ 0 2 395 47 89, Fax 0 2 395 47 89 – 🆎
① 🆎 VISA
fermé 2ᵉ quinz. fév., 2ᵉ quinz. juin, mardi soir et merc. – **Repas** Lunch 495 – 1390 bc/1795 bc.

EPRAVE Namur 214 Q 22 et 909 I 5 – voir à Rochefort.

EREZÉE 6997 Luxembourg belge 213 S 21, 214 S 21 et 909 J 5 – 2 675 h.
Bruxelles 127 – Liège 60 – Namur 66.

XX **Le Liry** avec ch, r. Combattants 3, ℘ 0 86 47 72 65, leliry@ibelgique.com, Fax 0 86 47
74 41, 🌿 – 📺 🅿. 🆎 🆎 VISA. 🛇 ch
fermé mi. et lundi. – **Repas** (dîner seult d'oct. au 15 avril) 1590/2000 – **9 ch** ⇌ 2900
– ½ P 2500/2900.

à Fanzel Nord : 6 km ⓒ Erezée – ✉ 6997 Erezée :

XX **Aub. du Val d'Aisne** ⓢ avec ch, r. Aisne 15, ℘ 0 86 49 92 08, Fax 0 86 49 98 73,
≤, 🌿, « Rustique, environnement champêtre », 🚗, 🚴 – 🅿. 🆎 VISA. 🛇 rest
fermé janv. et mardis, merc. et jeudis non fériés – **Repas** 1000/1650 – **7 ch**
⇌ 2500/3500, 1 suite – ½ P 2500/2750.

ERMETON-SUR-BIERT 5564 Namur ⓒ Mettet 11 100 h. 213 N 21, 214 N 21 et 909 H 5.
Bruxelles 84 – Namur 32 – Dinant 20.

XX **Le Molign'Art**, r. Maredret 11, ℘ 0 71 72 57 89, Fax 0 71 72 60 00, 🌿, « Ancien
moulin à eau réaménagé » – 🅿. 🆎 ① 🆎 VISA JCB
fermé du 15 au 28 fév., merc. midi sauf en juil.-août, mardi soir et merc. soir – **Repas** Lunch
670 – 875/1575.

ERONDEGEM Oost-Vlaanderen 213 I 17 - ⑬ S – voir à Aalst.

ERPE Oost-Vlaanderen 213 I 17 et 909 E 3 – voir à Aalst.

ERPS-KWERPS 3071 Vlaams-Brabant ⓒ Kortenberg 17 174 h. 213 M 17 et 909 G 3.
Bruxelles 19 – Leuven 6 – Mechelen 19.

XX **Rooden Scilt**, Dorpsplein 7, ℘ 0 2 759 94 44, Fax 0 2 759 74 45, 🌿 – 🅿. 🆎 ①
🆎 VISA
fermé 15 fév.-1ᵉʳ mars, dim. soir, lundi et merc. soir – **Repas** Lunch 1650 bc –
2450 bc/2950 bc.

ERTVELDE 9940 Oost-Vlaanderen ⓒ Evergem 30 964 h. 213 H 15 et 909 E 2.
Bruxelles 86 – Gent 15 – Brugge 38 – Sint-Niklaas 36.

XX **Paddenhouck**, Holstraat 24, ℘ 0 9 344 55 56, Fax 0 9 344 55 56 – 🅿. 🆎 ① 🆎 VISA
fermé 25 mars-2 avril, du 2 au 17 sept., du 25 au 30 déc., dim. et lundi – **Repas** Lunch 950
– 1250/1550.

ESSENE 1790 Vlaams-Brabant ⓒ Affligem 11 741 h. 213 J 17 et 909 F 3.
Bruxelles 19 – Aalst 6.

XXXX **Bellemolen**, Stationsstraat 9 (près E 40 - A 10, sortie ⑲ a), ℘ 0 53 66 62 38, lutgard
e.bellemolen@skynet.be, Fax 0 53 68 12 90, 🌿, « Moulin à eau du 12ᵉ s.,
cadre champêtre » – 🖬 🅿. 🆎 ① 🆎 VISA. 🛇
fermé 9 juil.-2 août, 24 déc.-2 janv., dim. et lundi – **Repas** Lunch 1750 – 2850.

ESTAIMBOURG 7730 Hainaut ⓒ Estaimpuis 9 595 h. 213 E 18, 214 E 18 et 909 D 3.
Bruxelles 100 – Kortrijk 20 – Mons 62 – Tournai 12 – Lille 34.

XXX **La Ferme du Château**, pl. de Bourgogne 2, ℘ 0 69 55 72 13, Fax 0 69 55 98 29, 🌿,
« Terrasse et jardin » – 🆎 VISA
fermé 2 sem. carnaval, 3 sem. en août, dim. soir, lundi soir, mardi et merc. – **Repas**
1195/1950.

ETTERBEEK Région de Bruxelles-Capitale 213 ⑤¹ S et 909 ②¹ S – voir à Bruxelles.

EUPEN 4700 Liège 213 V 19, 214 V 19 et 909 L 4 – 17 429 h.

   Voir Carnaval★★ (défilé : veille du Mardi gras) – par ② : 5 km, Barrage de la Vesdre★ (Talsperre).

   Env. par ③ : Hautes Fagnes★★, Signal de Botrange ⩽★, Sentier de découverte nature★ – Les Trois Bornes★ (Drielandenpunt) : de la tour Baudouin ⁎★, rte de Vaals (Pays-Bas) ⩽★.

   🛈 Marktplatz 7 ✆ 0 87 55 34 50, Fax 0 87 55 66 39.

   Bruxelles 131 ⑥ – Maastricht 46 ⑥ – Liège 40 ⑥ – Verviers 15 ⑤ – Aachen 17 ①

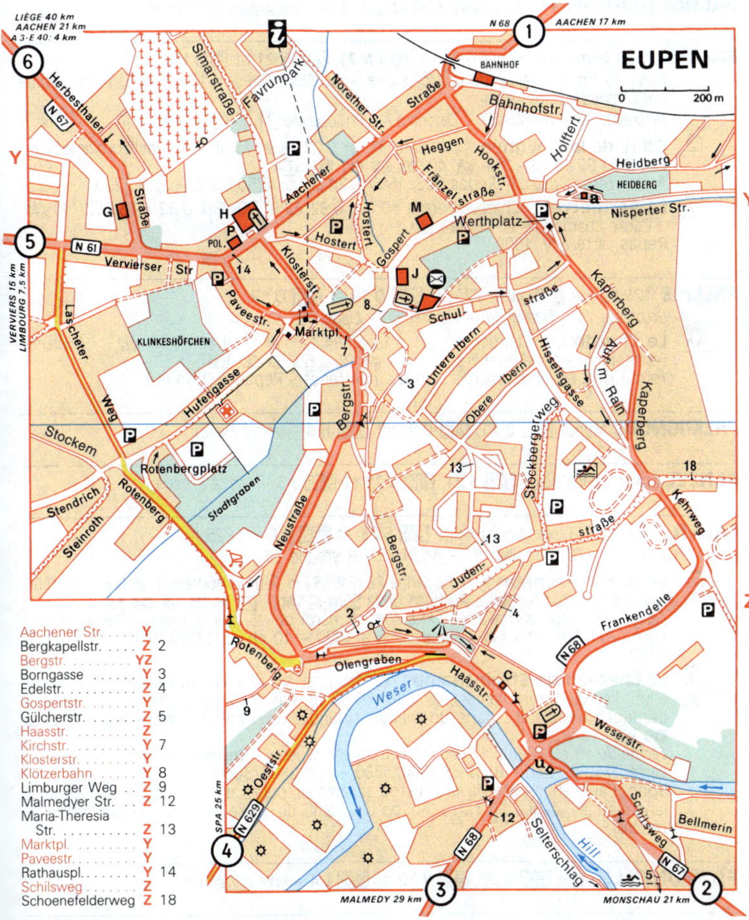

Aachener Str.	Y
Bergkapellstr.	Z 2
Bergstr.	YZ
Borngasse	Y 3
Edelstr.	Z 4
Gosperstr.	Y
Gülcherstr.	Z 5
Haasstr.	Z
Kirchstr.	Y 7
Klosterstr.	Y
Klötzerbahn	Y 8
Limburger Weg	Z 9
Malmedyer Str.	Z 12
Maria-Theresia Str.	Z 13
Marktpl.	Y
Paveestr.	Y
Rathauspl.	Y 14
Schilsweg	Z
Schoenefelderweg	Z 18

 Ambassador, Haasstr. 81, ✆ 0 87 74 08 00, ambassador.bosten@skynet.be, Fax 0 87 74 48 41 – 📶, 🍽 rest, 📺 🖙 – 🔒 25 à 300. AE ⓞ ⓜⓞ VISA. ⚒. Z u
Repas *Le Gourmet* Lunch 975 – 1400/2100 – **28 ch** ⌂ 3250/4750 – ½ P 2675/5050.

 XX **Langesthaler Mühle**, Langesthal 58 (par ② : 2 km, puis à gauche vers le barrage), ✆ 0 87 55 32 45, Fax 0 87 55 32 45, 🌿, « Cadre de verdure » – 🅿. AE ⓞ ⓜⓞ VISA
fermé 1 sem. carnaval, sam. midi, dim. soir et lundi – **Repas** Lunch 1090 – carte 1600 à 2300.

EUPEN

※ **Vier Jahreszeiten**, Haasstr. 38, ℰ 0 87 55 36 04, Fax 0 87 55 36 04, 🍴 – AE ⓜ VISA
Z c
fermé 2e quinz. août, 1 sem. Toussaint, jeudi soir d'oct. à mars, mardi et sam. midi – **Repas** Lunch 950 – 1395.

※ **Delcoeur**, Gospertstr. 22, ℰ 0 87 56 16 66, delcoeur@skynet.be, Fax 0 87 56 16 96 –
AE ⓞ ⓜ VISA
V a
fermé 2 prem. sem. janv., jeudi et sam. midi – **Repas** 900/1850.

EVERE Région de Bruxelles-Capitale 213 L 17 - ㊶ N et 909 ㉑ N – voir à Bruxelles.

FAGNES (Hautes) ★★ Liège 213 V 20 et 909 L 4 G. Belgique-Luxembourg.

FALAËN 5522 Namur Ⓒ Onhaye 2 944 h. 213 N 21, 214 N 21 et 909 H 5.
Env. au Nord : Vallée de la Molignée★ – au Nord-Ouest : 15 km à Furnaux : fonts baptismaux★ dans l'église.
Bruxelles 94 – Namur 37 – Dinant 12 – Philippeville 21.

🏠 **Gd H. de la Molignée** ⚘, r. Gare 87, ℰ 0 82 69 91 73, lens.pissens@proximedia.be, Fax 0 82 69 96 13 – 📺 – 🛏 40. AE ⓞ ⓜ VISA JCB
fermé fév. et merc. – **Repas** 895/1500 – **24 ch** ☐ 1750/2250 – ½ P 2270.

※ **La Fermette**, r. Château-Ferme 30, ℰ 0 82 69 91 90, Fax 0 82 69 81 67, ≤, 🍴,
« Cadre champêtre » – 📺 ⓜ VISA
Repas carte env. 1000.

FALLAIS 4260 Liège Ⓒ Braives 5 293 h. 213 Q 19 et 214 Q 19.
Bruxelles 73 – Namur 26 – Hasselt 50 – Liège 30.

※※ **Le Chardon**, r. Chardon 10, ℰ 0 19 69 94 12, Fax 0 19 69 94 12, 🍴, « Ancienne ferme hesbignonne du 17e s. » – 📺 – 🛏 25 à 60. AE ⓜ VISA
fermé janv. et lundis, mardis et merc. non fériés – **Repas** 1090/1750.

FALMIGNOUL Namur 213 O 21, 214 O 21 et 909 H 5 – voir à Dinant.

FANZEL Luxembourg belge 213 S 21, 214 S 21 et 909 J 5 – voir à Erezée.

FAUVILLERS 6637 Luxembourg belge 214 S 23 et 909 K 6 – 1 825 h.
Bruxelles 172 – Bouillon 61 – Arlon 28 – Bastogne 23.

🏠 **Le Martin Pêcheur** ⚘, r. Bodange 28 (Est : 3 km, lieu-dit Bodange), ℰ 0 63 60 00 66, Fax 0 63 60 08 06, 🍴, « Au bord de la Sûre », 🚗 – 📺 📡 AE ⓞ
fermé fév. sauf carnaval et lundi soir et mardi du 15 nov. à mars – **Repas** (fermé après 20 h 30) Lunch 950 – carte 1350 à 1900 – **10 ch** ☐ 1720/3580 – ½ P 2070/2780.

※※ **Le Château de Strainchamps** (Vandeputte) ⚘ avec ch, Strainchamps 12 (Nord : 6 km, lieu-dit Strainchamps), ℰ 0 63 60 08 12, Fax 0 63 60 12 28, 🍴, « Ancienne demeure avec parc dans un village typique ardennais », 🚗 – 📺 📡 AE ⓞ ⓜ VISA
fermé du 1er au 20 juil., 17 déc.-11 janv., merc. et jeudi – **Repas** Lunch 1100 – 1750/2550, carte 3250 à 2250 – **8 ch** ☐ 2800/3800 – ½ P 2500/3000
Spéc. Caille en croûte de graines de sésame et purée d'artichauts. Croustillant de langoustines, sauce au curry. Soupe de pêche de vigne et figues rôties, glace au fenouil.

FAYMONVILLE Liège 213 V 20, 214 V 20 et 909 L 4 – voir à Waimes.

FELUY 7181 Hainaut Ⓒ Seneffe 10 487 h. 213 K 19, 214 K 19 et 909 F 4.
Bruxelles 39 – Charleroi 31 – Mons 28.

※※ **Les Peupliers**, Chemin de la Claire Haie 109 (Sud : E 19 - A 7, sortie ㉔), ℰ 0 67 87 82 05, Fax 0 67 87 82 05, 🍴 – 📺 AE ⓞ ⓜ VISA
fermé 15 août-15 sept., Noël, Nouvel An et lundi – **Repas** (déjeuner seult) Lunch 950 – carte 1250 à 2000.

FLEMALLE-HAUTE Liège 213 R 19, 214 R 19 - ㉔ S et 909 J 4 - ⑰ S – voir à Liège, environs.

FLEURUS 6220 Hainaut 213 M 20, 214 M 20 - 24 N et 909 G 4 - 22 366 h.
Bruxelles 62 - Namur 26 - Charleroi 12 - Mons 48.

- **Ibis Charleroi Aéroport** sans rest, chaussée de Charleroi 590, ℘ 0 71 81 01 30, Fax 0 71 81 23 44 - 🔟 📺 🅿 - 🔏 30. 🕮 ⓘ 🚾 𝓥𝓘𝓢𝓐
  ⇌ 300 - **43 ch** 2795.

- **Les Tilleuls**, rte du Vieux Campinaire 85 (Sud : 3 km par N 29 puis N 568), ℘ 0 71 81 18 10, Fax 0 71 81 37 52, 🍽 - 🅿. 🕮 ⓘ 🚾 𝓥𝓘𝓢𝓐
  fermé du 15 au 30 juil., sam. midi, dim. soir et lundi - **Repas** Lunch 650 - 1380.

- **Le Relais du Moulin**, chaussée de Charleroi 199, ℘ 0 71 81 34 50
  fermé du 19 au 28 fév., 16 août-5 sept., mardi et merc. - **Repas** carte 850 à 1250.

FLORENVILLE 6820 Luxembourg belge 214 Q 24 et 909 I 6 - 5600 h.
Env. au Nord : 6,5 km et 10 mn à pied, Route de Neufchâteau ≤★ sur le défilé de la Semois - à l'Ouest : 5 km, Route de Bouillon ≤★ sur Chassepierre.
Exc. au Nord : 5 km, parcours de 8 km, Descente en barque★ de Chiny à Lacuisine.
🛈 Pavillon, pl. Albert I*er* ℘ 0 61 31 12 29, Fax 0 61 31 32 12.
Bruxelles 183 - Bouillon 25 - Arlon 39 - Sedan 38.

à Izel Est : 5 km © Chiny 4817 h. - ✉ 6810 Izel :

- **Le Nid d'Hirondelles**, av. Gilson 97, ℘ 0 61 32 10 24, m.van.den.broeck@skynet.be, Fax 0 61 32 09 65, 🍽, 🌳 - 🔟 📺 🅿. 🕮 ⓘ 🚾 𝓥𝓘𝓢𝓐. ※
  fermé 29 mars-1er avril, du 13 au 16 déc., lundi, mardi et merc. - **Repas** 1250 - **10 ch** ⇌ 2800/3000 - ½ P 2750.

à Lacuisine Nord : 3 km © Florenville - ✉ 6821 Lacuisine :

- **La Roseraie** ⅏, rte de Chiny 2, ℘ 0 61 31 10 39, laroseraie.le@skynet.be, Fax 0 61 31 49 58, ≤, 🍽, « Jardin au bord de la Semois », 🏋, 🛋 - 🔟 📺 🅿. 🕮 ⓘ 🚾 𝓥𝓘𝓢𝓐. ※ rest
  fermé du 12 au 25 mars et 27 sept.-7 oct. - Repas Lunch 1350 - 810/2175 - **14 ch** ⇌ 2990/3990 - ½ P 3245/4240.

FOREST (VORST) Région de Bruxelles-Capitale 213 K 18 - 51 S et 909 21 S - voir à Bruxelles.

FOSSES-LA-VILLE 5070 Namur 213 N 20, 214 N 20 et 909 H 4 - 8702 h.
Bruxelles 78 - Namur 19 - Charleroi 22 - Dinant 30.

- **Le Castel** ⅏ avec ch, r. Chapitre 10, ℘ 0 71 71 18 12, lecastel@lecastel.be, Fax 0 71 71 23 96, 🍽 - 🔟 📺 🅿. 🕮 ⓘ 🚾 𝓥𝓘𝓢𝓐
  fermé 1re quinz. mars - **Repas** (fermé sam. midi, dim. soir et lundi) Lunch 1300 bc - 2150 bc/2550 bc - **9 ch** ⇌ 3100/4700 - ½ P 2800/3750.

FOURON-LE-COMTE Limburg - voir 's Gravenvoeren.

FRAHAN Luxembourg belge 214 P 23 et 909 I 6 - voir à Poupehan.

FRAMERIES Hainaut 213 I 20, 214 I 20 et 909 E 4 - voir à Mons.

FRANCORCHAMPS 4970 Liège © Stavelot 6501 h. 213 U 20, 214 U 20 et 909 K 4.
Exc. au Sud : parcours★ de Francorchamps à Stavelot.
Bruxelles 146 - Liège 47 - Spa 9.

- **Moderne**, rte de Spa 129, ℘ 0 87 27 50 26, Fax 0 87 27 55 27, « Cour intérieure » - 📺 🛏 🕮 ⓘ 🚾 𝓥𝓘𝓢𝓐
  fermé 2 sem. en mars, 2 sem. en oct. et merc. - **Repas** (résidents seult) - **12 ch** ⇌ 3500 - ½ P 2900/3000.

- **Host. Le Roannay** avec ch (annexe 🏠 - 8 ch), rte de Spa 155, ℘ 0 87 27 53 11, info@roannay.com, Fax 0 87 27 55 47, 🛋, 🏊, 🍽, 🚲 - ▤ rest, 📺 🛏 🅿 - 🔏 25. 🕮 ⓘ 🚾 𝓥𝓘𝓢𝓐. ※
  fermé du 5 au 22 mars, 26 nov.-21 déc. et mardi - **Repas** 1690/2650 - **12 ch** ⇌ 2950/6900 - ½ P 3800/4900.

FRASNES Namur 214 M 22 et 909 G 5 - voir à Couvin.

FROYENNES Hainaut 213 F 19, 214 F 19 et 909 D 4 – voir à Tournai.

FURFOOZ Namur 213 O 21, 214 O 21 et 909 H 5 – voir à Dinant.

FURNES West-Vlaanderen – voir Veurne.

GAND Oost-Vlaanderen – voir Gent.

GANSHOREN Région de Bruxelles-Capitale 213 K 17 - ⑤① N et 909 F 3 - ㉑ N – voir à Bruxelles.

GAVERE 9890 Oost-Vlaanderen 213 G 17 et 909 D 3 – 11 767 h.
Bruxelles 75 – Gent 19 – Oudenaarde 14.

XXX **Deboeverie**, Baaigemstraat 1, ℘ 0 9 384 33 76, Fax 0 9 384 75 46, 😊, « Jardin d'hiver et terrasse paysagée » – P. AE ⓞ ⓜⓔ VISA. ⚘
fermé merc., jeudi et sam. midi – **Repas** Lunch 1200 – 2500/3500.

GEEL 2440 Antwerpen 213 O 15 et 909 H 2 – 33 655 h.
Voir Mausolée★ dans l'église Ste-Dymphne (St-Dimfnakerk).
🛈 Markt 1 ℘ 0 14 57 09 50, Fax 0 14 59 15 57.
Bruxelles 66 – Antwerpen 43 – Hasselt 38 – Turnhout 18.

XX **De Cuylhoeve**, Hollandsebaan 7 (Sud : 3 km, lieu-dit Winkelomheide), ℘ 0 14 58 57 35, cuylhoeve@innet.be, Fax 0 14 58 24 08, 😊, « Fermette avec terrasse rustique en lisière de bois » – P. ⓜⓔ VISA
fermé 1 sem. en mars, juil., Noël-Nouvel An, merc., sam. midi et dim. – **Repas** Lunch 1200 – 2050/2600.

XX **De Waag**, Molseweg 2 (Est : 1 km sur N 71), ℘ 0 14 58 62 20, Fax 0 14 58 62 20, 😊 – AE ⓜⓔ VISA
fermé du 1ᵉʳ au 8 mai, 15 sept.-1ᵉʳ oct., dim. soir et lundi – **Repas** Lunch 1250 bc – 1950.

GELDENAKEN Brabant Wallon – voir Jodoigne.

GELLINGEN Hainaut – voir Ghislenghien à Ath.

GELUWE 8940 West-Vlaanderen Ⓒ Wervik 17 859 h. 213 D 18 et 909 C 3.
Bruxelles 109 – Kortrijk 19 – Ieper 20 – Lille 27.

XX **Oud Stadhuis**, St-Denijsplaats 7, ℘ 0 56 51 66 49, Fax 0 56 51 79 12 – AE ⓞ ⓜⓔ VISA
fermé prem. sem. mars, 21 juil.-15 août, mardi soir, merc. et dim. soir – **Repas** Lunch 1100 bc – 2450 bc/2750 bc.

GEMBLOUX 5030 Namur 213 N 19, 214 N 19 et 909 H 4 – 20 294 h.
Env. au Sud : 4 km à Corroy-le-Château : château féodal★.
🛏 au Sud : 8 km à Mazy, Ferme-château de Falnuée, r. Emile Pirson 55 ℘ 0 81 63 30 90, Fax 0 81 63 37 64.
Bruxelles 44 – Namur 18 – Charleroi 26 – Tienen 34.

🏨 **Les 3 Clés**, chaussée de Namur 17 (N 4), ℘ 0 81 61 16 17, hotel@3cles.be, Fax 0 81 61 41 13 – ❘❘, ■ rest, 📺 P. – 🛐 25 à 220. AE ⓞ ⓜⓔ VISA
Repas 675/1575 – ☷ 340 – **45 ch** 2100/3300.

XXX **Le Prince de Liège**, chaussée de Namur 96b (N 4), ℘ 0 81 61 12 44, leprincedelieg e@yucom.be, Fax 0 81 61 42 44, 😊 – ■ P. AE ⓞ ⓜⓔ VISA
fermé 15 fév.-1ᵉʳ mars, du 16 au 30 août, dim. soir et lundi – **Repas** Lunch 850 – 1050/2850 bc.

X **Le Chalutier**, r. Théo Toussaint 10, ℘ 0 81 61 46 58, lechalutier@belgacom.net, Fax 0 81 61 46 58, 😊, Produits de la mer – ■. ⓞ ⓜⓔ VISA
fermé lundi, merc. midi et sam. midi – **Repas** carte 1050 à 1500.

Les hôtels ou restaurants agréables sont indiqués
dans le guide par un signe rouge.
Aidez-nous en nous signalant les maisons où,
par expérience, vous savez qu'il fait bon vivre.
Votre guide Michelin sera encore meilleur.

GENAPPE 1470 Brabant Wallon 213 **L 19** et 909 **G 4** – 13657 h.
Bruxelles 35 – Charleroi 24 – Nivelles 12.

à Ways Est : 1,5 km ⓒ Genappe - ✉ 1474 Ways :

- **Le Relais du Lothier**, r. Emile Marcq 3 (N 5), ℘ 0 67 77 37 98, relaisdulothier@wa nadoo.be, Fax 0 67 77 37 98, 🍽 – AE ⓞ ⓜⓔ VISA
  fermé du 1er au 15 mars, week-end 15 août, dim. soir d'oct. à avril, mardi soir et merc.
  – **Repas** Lunch 495 – 1190/1490.

Sur la route :

la signalisation routière est rédigée

dans la langue de la zone linguistique traversée.

Dans ce guide,

les localités sont classées selon leur nom officiel :

Antwerpen pour Anvers, **Mechelen** pour Malines.

GENK 3600 Limburg 213 **S 17** et 909 **J 3** – 62654 h.

Voir à l'Ouest : 5 km, Domaine provincial de Bokrijk★ : Musée de plein air★★ (Openluchtmuseum), Domaine récréatif★ : arboretum★.

🏌 Wiemesmeerstraat 109 ℘ 0 89 35 96 16, Fax 0 89 36 41 84.
🛈 Gemeentehuis, Dieplaan 2 ℘ 0 89 30 95 62, Fax 0 89 30 51 68.
Bruxelles 97 ⑤ – Maastricht 24 ③ – Hasselt 21 ④

Stadtplan siehe gegenüberliegende Seite

- **Alfa Molenvijver** Ⓜ, Albert Remansstraat 1, ℘ 0 89 36 41 50, info@gtgenk.golde ntulip.be, Fax 0 89 36 41 51, ≤, 🍽, « Parc avec étang », 🛋, 🏊, 🚴 – 📶 ✂ 📺 🛌 🎧 – 🏊 25 à 200. AE ⓞ ⓜⓔ VISA. 🌿 X e
  Repas carte 1400 à 1800 – ☐ 550 – **81 ch** 4700/5700, 2 suites – ½ P 5450/6450.

- **Golfhotel La Résidence** 🌿, Wiemesmeerstraat 105 (Spiegelven), ℘ 0 89 35 58 28, info@golfhotel-la-residence.com, Fax 0 89 35 58 03, ≤, 🍽, 🏋, 🛋, 🚴 – 📶 ✂ 📺 🛌 – 🏊 25 à 250. AE ⓞ ⓜⓔ VISA Z d
  Repas Lunch 1050 – 1380/1880 – **70 ch** ☐ 3300/3900 – ½ P 2950.

- **Atlantis** 🌿, Fletersdel 1, ℘ 0 89 35 65 51, Fax 0 89 35 35 29, 🍽, 🏋, 🛋 – ✂, 🚫 rest, 📺 🛌 – 🏊 35. AE ⓞ ⓜⓔ VISA. 🌿 Z a
  fermé 24 déc.-15 janv. – **Repas** *(fermé sam. midi et dim.)* Lunch 875 – 1250 – **24 ch** *(fermé dim.)* ☐ 2750/4950.

- **Ecu** sans rest, Europalaan 46, ℘ 0 89 35 42 44, bw-hotel-ecu@skynet.be, Fax 0 89 36 42 50 – 📶 🛌 📺 🛌 AE ⓞ ⓜⓔ VISA X r
  50 ch ☐ 3800/5100.

- **Europa**, Sledderloweg 85, ℘ 0 89 35 42 74, info@europa-horecaservice.com, Fax 0 89 35 75 79, 🍽, 🌿, 🚴 – 🛌 📺 🛌 – 🏊 25 à 100. AE ⓞ ⓜⓔ VISA. 🌿 Z b
  Repas *(fermé dim.)* carte env. 1200 – **19 ch** ☐ 2100/3000.

- **Da Vinci**, Pastoor Raeymaekersstraat 3, ℘ 0 89 30 60 59, Fax 0 89 30 60 56 – 🛌 📺 AE ⓞ ⓜⓔ VISA JCB. 🌿 X v
  fermé carnaval, 21 juil.-15 août, mardi soir, sam. midi et dim. – **Repas** Lunch 1395 – 1495/1795.

- **St. Maarten**, Stationsstraat 13, ℘ 0 89 35 26 57, Fax 0 89 30 31 87, 🍽 – AE ⓞ ⓜⓔ VISA. 🌿 X h
  fermé 2 sem. en mars, 2 prem. sem. août, lundi et sam. midi – **Repas** Lunch 1200 – carte env. 1600.

- **Double Dragons**, Hasseltweg 214 (Ouest : 2 km sur N 75), ℘ 0 89 35 96 90, Fax 0 89 36 44 28, Cuisine asiatique, ouvert jusqu'à minuit – 🛌 📺 AE ⓞ ⓜⓔ VISA. 🌿
  Repas 2050.

- **'t Konijntje**, Vennestraat 74 (Winterslag), ℘ 0 89 35 26 45, Fax 0 89 30 53 18, Moules en saison – AE ⓞ ⓜⓔ VISA. 🌿 Y c
  fermé 15 juin-8 juil., mardi soir et merc. – **Repas** 595/995.

- **De Zeeduivel**, Hasseltweg 346 (Ouest : 3,5 km sur N 75), ℘ 0 89 35 25 77, Produits de la mer, ouvert jusqu'à 23 h – 🛌. AE ⓞ ⓜⓔ VISA. 🌿
  fermé 21 juil.-10 août, lundi, mardi et sam. midi – **Repas** carte env. 1500.

dans le domaine provincial de Bokrijk *Ouest : 5 km* :

- **'t Koetshuis**, Bokrijklaan (près du château), ℘ 0 11 26 54 07, Fax 0 11 26 54 07, Avec taverne, « Rustique flamand » – AE ⓞ ⓜⓔ VISA
  fermé mardi de sept. à avril – **Repas** Lunch 750 – 850/2095.

GENK

André Dumontlaan	Y	3
Bergbeemdstraat	Y	4
Berglaan	X	6
Camerlo	Y	7
Eindgracht	X	9
Emiel van Dorenlaan	Y	10
Europalaan	YZ	12
Evence Coppéelaan	Y	13
Fletersdel	Z	15
Fruitmarkt	X	16
Genkerweg (ZUTENDAAL)	Z	18
Gildelaan	Z	19
Guill. Lambertlaan	Y	21
Hasseltweg	Y	22
Hoevenzavellaan	Y	24
Hoogstraat	Z	25
Hooiplaats	X	27
Jaarbeurslaan	X	28
Kempenseweg (ZUTENDAAL)	Z	30
Klokstraat	X	31
Koerweg	Y	33
Kolderbosstraat	Z	34
Langerloweg	Z	36
Maaseikerbaan	Y	37
Markstraat	X	39
Marktplein	Y	40
Mispadstraat	Y	42
Molenblookstraat (ZUTENDAAL)	Z	43
Mooselerlaan	Y	45
Nieuwstraat	Y	46
Noordlaan	Y	48
Onderwijslaan	Y	49
Pastoor Raeymaekersstraat	X	51
Rozenkranslaan	Z	52
Schietboomstraat	X	54
Sint-Martinusplein	X	55
Sledderloweg	Z	57
Stalenstraat	Y	58
Stoffelbergstraat	X	60
Swinnenweyerweg	Z	61
Terboekt	Z	63
Vennestraat	YZ	64
Westerring	YZ	66
Wiemesmeerstraat	YZ	67
Winterslagstraat	XY	69
Zuiderring	Z	70

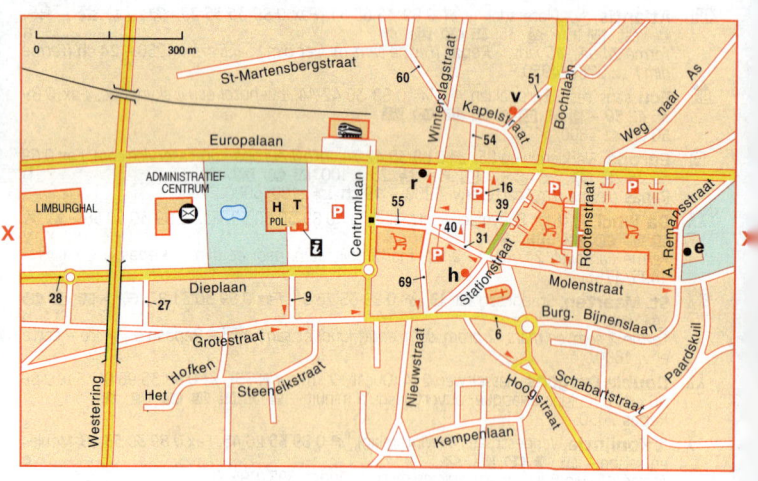

Ne confondez pas :
- Confort des hôtels
- Confort des restaurants
- Qualité de la table : ⊛⊛⊛, ⊛⊛, ⊛, Repas

GENT — GAND

9000 ⓟ Oost-Vlaanderen **213** H 16 et **909** E 2 — 224 074 h.

Bruxelles 55 ③ – Antwerpen 60 ② – Lille 71 ⑤.

Carte de voisinage	p. 2
Plans de Gent	
Agglomération	p. 3
Centre	p. 4
Agrandissement partie centrale	p. 5
Nomenclature des hôtels et des restaurants	
Ville	p. 6 et 7
Périphérie et environs	p. 7 et 8

RENSEIGNEMENTS PRATIQUES

🛈 *Raadskelder Belfort, Botermarkt 17 a* ☎ *0 9 266 52 22, Fax 0 9 225 62 88 – Fédération provinciale de tourisme, Woodrow Wilsonplein 3* ☎ *0 9 267 70 20, Fax 0 9 267 71 99.*

🏌 *au Sud-Ouest : 9 km à Sint-Martens-Latem, Latemstraat 120* ☎ *0 9 282 54 11, Fax 0 9 282 90 19.*

CURIOSITÉS

Voir *Vieille ville*★★★ *(Oude Stad) – Cathédrale St-Bavon*★★ *(St-Baafskathedraal)* FZ *: Polyptyque*★★★ *de l'Adoration de l'Agneau mystique par Van Eyck (Veelluik de Aanbidding van Het Lam Gods), Crypte*★ *: triptyque du Calvaire*★ *par Juste de Gand (Calvarietriptiek van Justus van Gent)* FZ *– Beffroi et Halle aux Draps*★★★ *(Belfort en Lakenhalle)* FY *– Pont St-Michel (St-Michielsbrug)* ≤★★★ EY *– Quai aux Herbes*★★★ *(Graslei)* EY *– Château des Comtes de Flandre*★★ *(Gravensteen) :* ≤★ *du sommet du donjon* EY *– St-Niklaaskerk*★ EY *– Petit béguinage*★ *(Klein Begijnhof)* DX *– Réfectoire*★ *des ruines de l'abbaye St-Bavon (Ruïnes van de St-Baafsabdij)* DV M⁵.
Musées : *du Folklore*★ *(Huis van Alijn) : cour*★ *intérieure de l'hospice des Enfants Alyn (Alijnsgodshuis)* EY M¹ *– des Beaux-Arts*★★ *(Museum voor Schone Kunsten)* CX M² *– de la Byloke*★★ *(Oudheidkundig Museum van de Bijloke)* CX M³ *– des Arts décoratifs et du Design*★ *(Museum voor Sierkunst en Vormgeving)* EY M⁴ *– d'Art contemporain*★★ *(S.M.A.K.) (Stedelijk Museum voor Actuele Kunst)* CX *– d'Archéologie Industrielle et du Textile*★ *(MIAT) (Museum voor Industriële Archeologie en Textiel)* DV X.

GENT p. 2

De taal die u ziet op de borden langs de wegen,
is de taal van de streek waarin u zich bevindt.

In deze gids zijn de plaatsen vermeld onder hun officiële naam :
Liège voor Luik, **Huy** voor Hoei.

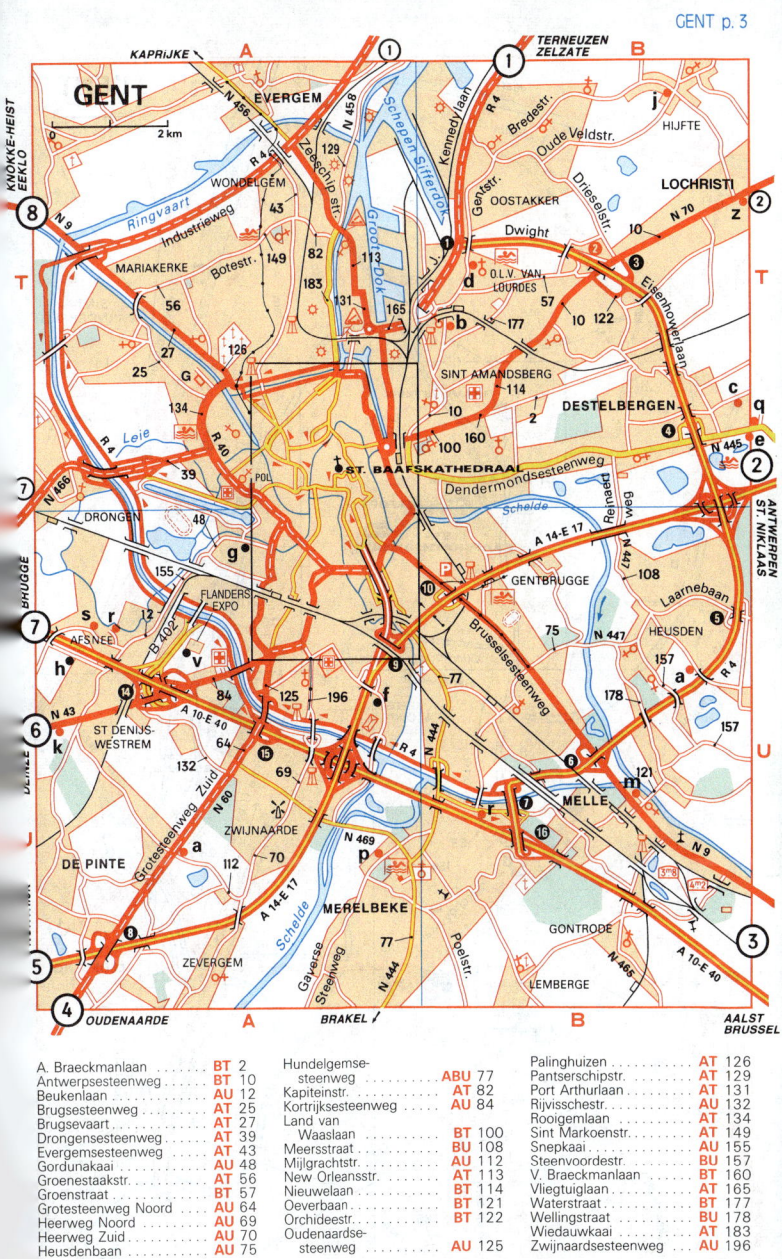

A. Braeckmanlaan	BT	2
Antwerpsesteenweg	BT	10
Beukenlaan	AU	12
Brugsesteenweg	AT	25
Brugsevaart	AT	27
Drongensesteenweg	AT	39
Evergemsesteenweg	AT	43
Gordunakaai	AU	48
Groenestaakstr.	AT	56
Groenstraat	BT	57
Grotesteenweg Noord	AU	64
Heerweg Noord	AU	69
Heerweg Zuid	AU	70
Heusdenbaan	AU	75
Hundelgemsesteenweg	ABU	77
Kapiteinstr.	AT	82
Kortrijksesteenweg	AU	84
Land van Waaslaan	BT	100
Meersstraat	BU	108
Mijlgrachtstr.	AU	112
New Orleansstr.	AT	113
Nieuwelaan	BT	114
Oeverbaan	BT	121
Orchideestr.	BT	122
Oudenaardsesteenweg	AU	125
Palinghuizen	AT	126
Pantserschipstr.	AT	129
Port Arthurlaan	AT	131
Rijvisschestr.	AU	132
Rooigemlaan	AT	134
Sint Markoenstr.	AT	149
Snepkaai	AU	155
Steenvoordestr.	BU	157
V. Braecklaan	BT	160
Vliegtuiglaan	AT	165
Waterstraat	BT	177
Wellingstraat	BU	178
Wiedauwkaai	AT	183
Zwijnaardsesteenweg	AU	196

*Benutzen Sie die Grünen Michelin-Reiseführer,
wenn Sie eine Stadt oder Region kennenlernen wollen.*

195

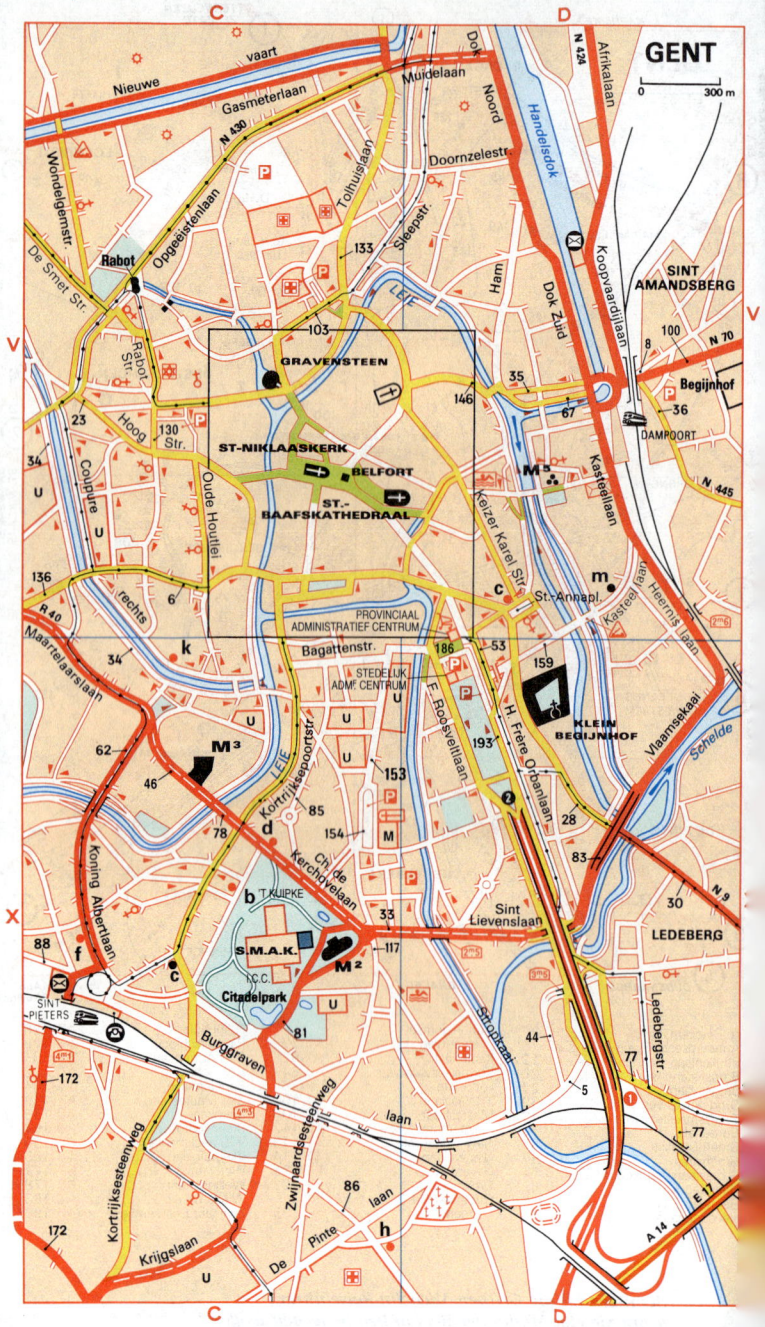

GENT

A. Heyndrickxlaan	DX	5
Annonciadenstr.	CV	6
Antwerpenplein	DV	8
Botermarkt	FY	19
Brugsepoortstr.	CV	23
Brusselsepoortstr.	DX	28
Brusselsesteenweg	DX	30
Cataloniëstr.	EY	32
Citadellaan	CDX	33
Coupure links	CVX	34
Dampoortstr	DV	35
Dendermonde- steenweg	DV	36
Emile Braunplein	EFY	41
Gaston Crommenlaan	DX	44
Gebr. Vandeveldestr.	EZ	45
Godshuizenlaan	CX	46
Gouvernementstr.	FZ	51
Graaf van Vlaanderenplein	DX	53
Grasbrug	EY	54
Groot Brittanniëlaan	CX	62
Hagelandkaai	DV	67
Hoofdbrug	EY	76
Hundelgemse steenweg.	DX	77
IJzerlaan	CX	78
Joz. Wauterstr	CX	81
Keizervest	CX	83
K. van Hulthemstr.	CX	85
Koekoeklaan	CX	86
Koningin Fabiolalaan	CX	88
Korenmarkt	CX	89
Kortemunt	EY	92
Land van Waaslaan	DV	100
Langemunt	EY	
Lange Steenstr.	CV	103
Limburgstraat	FZ	104
Noordstraat	CV	116
Normaalschoolstr.	CX	117
Peperstr.	CV	130
Rodelijvekensstr.	CV	133
Rozemarijnstr	CV	136
Schouwburgstr.	EZ	137
Sint Baafsplein	FYZ	140
Sint Joriskaai	DV	146
Sint Michielsplein en -straat	EY	151
Sint Pietersnieuwstr.	CX	153
Sint Pietersplein	CX	154
Tweebruggenstr.	DVX	159
Veldstraat	EZ	
Vleeshuisbrug	EY	163
Vogelmarkt	FZ	167
Voskenslaan	CX	172
Woodrow Wilsonpl.	DX	186
Zuidparklaan	DX	193

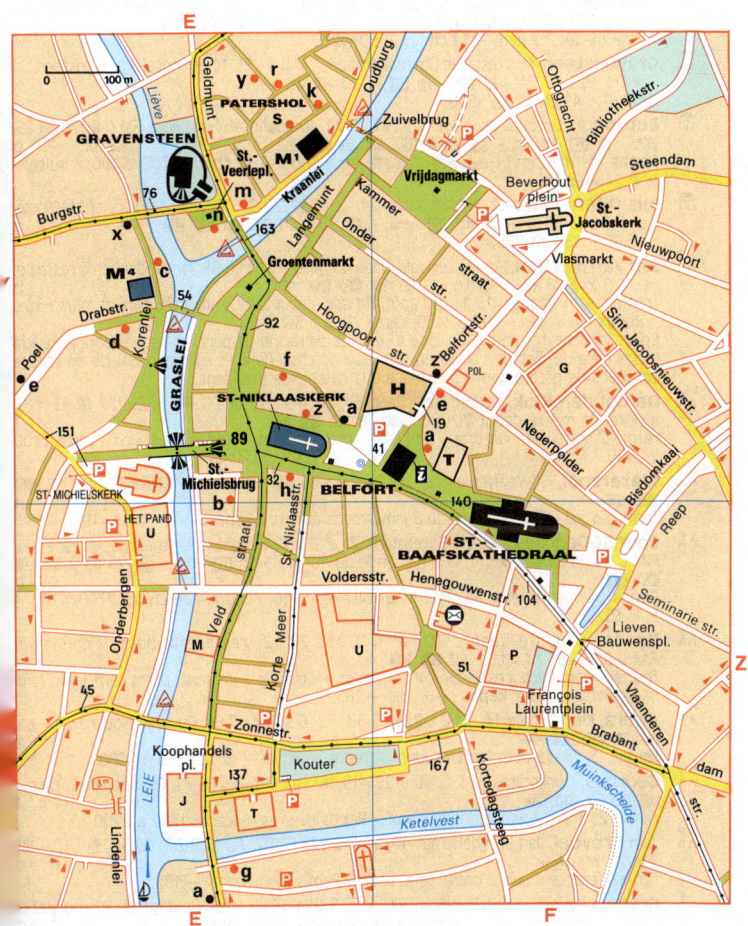

*Si vous cherchez un hôtel tranquille ou isolé,
consultez d'abord les cartes de l'introduction
ou repérez dans le texte les établissements indiqués avec le signe 🛏 ou 🛏*

GENT p. 6

Quartiers du Centre - plans p. 4 et 5 sauf indication spéciale :

Sofitel Belfort, Hoogpoort 63, ☎ 0 9 233 33 31, H1673@accor-hotels.com, Fax 0 9 233 11 02, 🍽, 🛋, ≈ – 📶 🍴 🍽 TV 🚗 – 🛎 25 à 400. AE ① MC VISA 🛠
Repas *De Drake* – 🍽 700 – **126 ch**, 1 suite.
FY z

Novotel Centrum, Gouden Leeuwplein 5, ☎ 0 9 224 22 30, H0840@accor-hotels.com, Fax 0 9 224 32 95, 🍽, ≈, ⌐ – 📶 🍴 🍽 TV 🚗 – 🛎 25 à 150. AE ① MC VISA
Repas Lunch 495 – carte 1150 à 1550 – 🍽 525 – **113 ch** 4950/5150, 4 suites.
EY a

Castelnou, Kasteellaan 51, ☎ 0 9 235 04 11, info@castelnou.be, Fax 0 9 235 04 04 – 📶, ≡ rest, 🍽 🚗 – 🛎 30. AE ① MC VISA
Repas (Taverne-rest) Lunch 1000 bc – carte env. 1000 – **39 ch** 🍽 2990/3455 – ½ P 2040.
DV m

Chamade sans rest, Blankenbergestraat 2, ☎ 0 9 220 15 15, chamade@unicall.be, Fax 0 9 221 97 66 – 📶 🍴 TV 🚗. AE ① MC VISA JCB 🛠
fermé 23 déc.-2 janv. – **36 ch** 3100/3450.
CX c

Erasmus ♣ sans rest, Poel 25, ☎ 0 9 224 21 95, hotel.erasmus@proximedia.be, Fax 0 9 233 42 41, « Maison du 16ᵉ s. », 🍽 – TV. AE MC VISA, 🛠
fermé mi-déc.-mi-janv. – **11 ch** 2950/4200.
EY e

Gravensteen sans rest, Jan Breydelstraat 35, ☎ 0 9 225 11 50, hotel@gravensteen.be, Fax 0 9 225 18 50, 🍽, ≈ – 📶 TV 🅿. AE ① MC VISA
🍽 450 – **49 ch** 4700/5550.
EY x

Europa, Cordunakaai 25, ☎ 0 9 222 60 71, europahotel@unicall.be, Fax 0 9 220 06 09, 🍽 – 📶 TV 🚗 🅿 – 🛎 25 à 180. AE ① MC
Repas (fermé dim.) Lunch 850 – carte env. 1400 – **37 ch** 🍽 2700/3400, 1 suite – ½ P 2400/3300.
plan p. 3 AU g

Ibis Opera sans rest, Nederkouter 24, ☎ 0 9 225 07 07, H1455@accor-hotels.com, Fax 0 9 223 59 07 – 📶 🍴 TV 🚗 – 🛎 25 à 50. AE ① MC VISA
🍽 300 – **134 ch** 2750.
EZ a

Jan Van den Bon, Koning Leopold II laan 43, ☎ 0 9 221 90 85, janvandenbon@resto.be, Fax 0 9 245 08 92, « Jardin » – AE ① MC VISA, 🛠
fermé 1 sem. Pâques, 15 juil.-10 août, fin déc.-début janv., sam. midi, dim. et jours fériés – **Repas** Lunch 1550 – 1970/2450, carte 2000 à 3050
Spéc. Tranchettes de bar de ligne à l'étuvée de racine de persil et oseille fondue. Salade maraîchère de filet de volaille en brunoise de chou-fleur et estragon. Salade de fraises enrobées de pâte à gaufres et glace à la cassonade (mai-sept.).
CX b

De Gouden Klok, Koning Albertlaan 3, ☎ 0 9 222 99 00, Fax 0 9 222 10 92, 🍽, « Hôtel de maître début 20ᵉ s. » – 📶 🅿. AE ① MC VISA
fermé 2 dern. sem. juil.-prem. sem. août, merc. et dim. – **Repas** Lunch 1400 – carte 2100 à 2550.
CX f

Waterzooi, St-Veerleplein 2, ☎ 0 9 225 05 63, Fax 0 9 225 03 63 – AE ① MC VISA JCB
fermé 31 juil.-23 août, du 1ᵉʳ au 8 janv., merc. et dim. – **Repas** Lunch 1650 bc – 1850/2350.
EY n

Cour St-Georges avec ch, Botermarkt 2, ☎ 0 9 224 24 24, courstgeorges@skynet.be, Fax 0 9 224 26 40, 🍽, « Salle flamande du 13ᵉ s. » – 📶 TV 🚗 – 🛎 25 à 60. AE MC VISA
Repas (fermé fin déc. et dim.) Lunch 1450 bc – 1100/2100 – **28 ch** 🍽 2700/4700 – ½ P 3520.
FY e

Basile, Coupure Rechts 70, ☎ 0 9 233 26 12, restaurant.basile@online.be, Fax 0 9 233 55 74, 🍽 – AE MC VISA, 🛠
fermé 2ᵉ sem. vacances Pâques, 2 dern. sem. août-prem. sem. sept., prem. sem. janv., sam. midi, dim. et lundi – **Repas** Lunch 1050 – 1650.
CX k

Agora, Klein Turkije 14, ☎ 0 9 225 25 58, Fax 0 9 224 17 88, Ouvert jusqu'à 23 h – ≡. AE ① MC VISA, 🛠
fermé 15 juil.-15 août, dim. et lundi – **Repas** Lunch 545 – carte 1350 à 2000.
EY z

Georges, Donkersteeg 23, ☎ 0 9 225 19 18, Fax 0 9 225 68 71, Produits de la mer – ≡. AE ① MC VISA
fermé 23 mai-14 juin, lundi et mardi – **Repas** Lunch 695 – carte 1300 à 2200.
EY f

Jan Breydel, Jan Breydelstraat 10, ☎ 0 9 225 62 87, Fax 0 9 269 05 34, 🍽, 🅿. AE ① MC VISA JCB
fermé 3 sem. juil.-2 prem. sem. août – **Repas** Lunch 1500 bc – 1850.
EY c

Grade, Charles de Kerchovelaan 81, ☎ 0 9 224 43 85, restaurant.grade@pandora.be, Fax 0 9 233 11 29, 🍽, « Brasserie moderne » – AE MC VISA
fermé vacances Pâques, 2ᵉ quinz. août, dim. et lundi – **Repas** carte 1100 à 1550.
CX

Pakhuis, Schuurkenstraat 4, ☎ 0 9 223 55 55, info@pakhuis.be, Fax 0 9 225 71 05, Brasserie-écailler, ouvert jusqu'à minuit, « Ancien entrepôt » – 🅿. AE ① MC VISA
fermé dim. – **Repas** Lunch 395 – 750/1050.
EYZ

✗ **Italia Grill**, St-Annaplein 16, ℘ 0 9 224 30 42, Cuisine italienne, ouvert jusqu'à minuit – ㏂ ⓘ ㏍ VISA. ※
DV c
fermé 20 juil.-11 août et lundi – **Repas** carte 1200 à 1700.

✗ **Central-Au Paris**, Botermarkt 10, ℘ 0 9 223 97 75, central.au.paris@busmail.net, Fax 0 9 233 69 30, 🍴 – ㏂ ⓘ ㏍ VISA. ※
FY a
fermé du 24 au 27 fév., du 16 au 31 août, merc. et dim. soir – **Repas** Lunch 950 – 1450.

✗ **Chez Jean**, Cataloniëstraat 3, ℘ 0 9 223 30 40, antel@pandora.be, Fax 0 9 330 00 01, 🍴 – ㏍ VISA
EY h
fermé 25 juil.-21 août, dim., lundi et jours fériés – **Repas** Lunch 450 – carte 1150 à 1550.

✗ **Het Blauwe Huis**, Drabstraat 17, ℘ 0 9 233 10 05, Fax 0 9 233 51 81, 🍴, Brasserie – ㏂ ⓘ ㏍ VISA. ※
EY d
Repas carte env. 1200.

✗ **Othello**, Ketelvest 8, ℘ 0 9 233 00 09, Fax 0 9 233 00 09, 🍴 – ㏂ ㏍ VISA. ※
EZ g
fermé 2e quinz. juil., sam. midi, dim. et lundi soir – **Repas** carte env. 1800.

Quartier Ancien (Patershol) - plan p. 5 :

✗✗ **De Blauwe Zalm**, Vrouwebroersstraat 2, ℘ 0 9 224 08 52, Fax 0 9 234 18 98, 🍴, Produits de la mer – ㏂ ⓘ ㏍ VISA. ※
EY r
fermé dern. sem. juil.-2 prem. sem. août, sam. midi, dim. et lundi midi – **Repas** Lunch 980 – 1950.

✗ **Le Baan Thaï**, Corduwaniersstraat 57, ℘ 0 9 233 21 41, Fax 0 9 233 20 09, Cuisine thaïlandaise – ▤. ㏂ ⓘ ㏍ VISA
EY s
fermé lundi – **Repas** (dîner seult sauf dim.) 1200.

✗ **'t Buikske Vol**, Kraanlei 17, ℘ 0 9 225 18 80, Fax 0 9 223 04 31, 🍴 – ㏂ ㏍ VISA. ※
EY m
fermé sam. midi et dim. – **Repas** Lunch 975 – carte 1200 à 1600.

✗ **Karel de Stoute**, Vrouwebroersstraat 5, ℘ 0 9 224 17 35, Fax 0 9 224 17 35, 🍴 – ▤. ㏂ ㏍ VISA. ※
EY y
fermé 1 sem. en mars, 1re quinz. sept., merc. et sam. midi – **Repas** Lunch 975 – carte env. 1400.

✗ **'t Klokhuys**, Corduwaniersstraat 65, ℘ 0 9 223 42 41, Fax 0 9 223 04 31, Ouvert jusqu'à 23 h – ㏂ ㏍ VISA
EY k
fermé 1er janv. et lundi midi – **Repas** Lunch 875 – carte 850 à 1450.

Périphérie - plan p. 3 sauf indication spéciale :

au Nord-Est - ✉ 9000 :

✗✗ **Ter Toren**, St-Bernadettestraat 626, ℘ 0 9 251 11 29, Fax 0 9 251 11 29, 🍴, « Parc ombragé » – 🅿. ㏂ ⓘ ㏍ VISA. ※
BT b
fermé sept., dim. soir, lundi et merc. soir – **Repas** Lunch 950 – carte 1350 à 2000.

au Sud - ✉ 9000 :

🏨 **Holiday Inn**, Akkerhage 2, ℘ 0 9 222 58 85, hotel@holiday-inn-gentuz.com, Fax 0 9 220 12 22, ☒, – 🛗 ⇌ ▤ 📺 ♿ 🅿 – 🔔 25 à 360. ㏂ ⓘ ㏍ VISA JCB. ※ rest
AU f
Repas 1095 bc/1250 bc – ⊂ 700 – **140 ch** 6000/6500.

✗ **Aton**, Corneel Heymanslaan, ℘ 0 9 221 69 26, Fax 0 9 221 19 13, 🍴 – 🅿. ㏂ ⓘ ㏍ VISA JCB
plan p. 4 CX h
fermé sem. carnaval, du 14 au 31 juil. et sam. – **Repas** (déjeuner seult) Lunch 325 – 975.

à Afsnee 🅲 Gent - ✉ 9051 Afsnee :

🏨 **Charl's Inn** sans rest, Autoweg Zuid 4 (près E 40 - A 10, sortie ⑭), ℘ 0 9 220 30 93, Fax 0 9 221 26 19, « Villa avec jardin », 🚲 – 📺 🅿. ㏂ ⓘ ㏍ VISA
AU h
9 ch ⊂ 2500/3000.

✗✗✗ **Nenuphar**, Afsneedorp 28, ℘ 0 9 222 45 86, Fax 0 9 221 22 32, ≤, 🍴, « Au bord de la Lys (Leie) », ▣ – ▤ – 🔔 40. ㏂ ⓘ ㏍ VISA. ※
AU r
fermé 2e quinz. août, 2 dern. sem. déc., mardi soir, merc. et dim. soir – **Repas** Lunch 1200 – 1700/2300.

✗✗ **de Fontein Kerse**, Broekkantstraat 52, ℘ 0 9 221 53 02, Fax 0 9 221 53 02, 🍴 – 🅿. ㏂ ⓘ ㏍ VISA. ※
AU s
fermé 2 dern. sem. juil., 2 dern. sem. janv., mardi soir, merc. et dim. soir – **Repas** Lunch 1100 bc – 1650/1900.

à Oostakker 🅲 Gent - ✉ 9041 Oostakker :

✗✗ **'t Boerenhof**, Gentstraat 2, ℘ 0 9 251 03 14, info@boerenhof.be, Fax 0 9 251 07 72, 🍴 – 🅿 – 🔔 25 à 500. ㏂ ⓘ ㏍ VISA JCB
BT d
fermé 25 oct.-6 nov., du 27 au 30 déc., lundi soir, mardi soir et merc. – **Repas** 1195 bc/2500 bc.

GENT p. 8

à Sint-Denijs-Westrem Ⓒ Gent - ✉ 9051 Sint-Denijs-Westrem :

Holiday Inn Expo, Maaltekouter 3, ☏ 0 9 220 24 24, reserveringen@holiday-inn-ho telsgent.com, Fax 0 9 222 66 22, 😊, 🖾 – 🛏 ✿ 🖅 ⓣⓥ 🕹 🄿 – 🄰 25 à 200. 🄰🄴 ⓞ 🄼🄾 🆅🄸🆂🄰, ⁂ rest
AU v
Repas 1250 bc – ⊇ 700 – **133 ch** 6400/6900, 1 suite.

Oranjehof, Kortrijksesteenweg 1177, ☏ 0 9 222 79 07, Fax 0 9 222 74 06, 😊 – 🄿. 🄰🄴 ⓞ 🄼🄾 🆅🄸🆂🄰, ⁂
AU k
fermé 2ᵉ quinz. août, sam. midi et dim. – **Repas** *(déjeuner seult sauf vend. et sam.)* Lunch 990 – 1350/1950 bc.

à Zwijnaarde Ⓒ Gent - ✉ 9052 Zwijnaarde :

De Klosse, Grotesteenweg Zuid 49 (sur N 60), ☏ 0 9 222 21 74, Fax 0 9 222 21 74, « Auberge » – 🄿. 🄰🄴 ⓞ 🄼🄾 🆅🄸🆂🄰, ⁂
AU a
fermé 24 fév.-7 mars, 16 juil.-8 août, sam. midi, dim. soir et lundi – **Repas** Lunch 950 – carte env. 1900.

Environs

à Beervelde - plan p. 4 - Ⓒ Lochristi 18 852 h. - ✉ 9080 Beervelde :

Renardeau, Dendermondsesteenweg 19, ☏ 0 9 355 77 77, Fax 0 9 355 11 00, 😊 – 🄿. 🄰🄴 ⓞ 🄼🄾 🆅🄸🆂🄰
BT q
fermé 22 juil.-16 août et dim., lundis et mardis non fériés – **Repas** Lunch 2000 bc – carte env. 2300.

à Destelbergen - plan p. 4 - 17 234 h. - ✉ 9070 Destelbergen :

't Molenhof, Molenstraat 97, ☏ 0 9 355 96 36, n_lauria@uptomail.com, 😊, Avec cuisine italienne – 🄿. 🄰🄴 ⓞ 🄼🄾 🆅🄸🆂🄰, ⁂
BT c
fermé du 12 au 31 août, mardi soir et merc. – **Repas** 990/1750.

à Heusden - plan p. 4 - Ⓒ Destelbergen 17 234 h. - ✉ 9070 Heusden :

Rooselaer, Berenbosdreef 18 (par R4, sortie ⑤), ☏ 0 9 231 55 13, Fax 0 9 231 07 32, 😊, « Jardin fleuri » – 🄿. 🄰🄴 ⓞ 🄼🄾 🆅🄸🆂🄰
BU a
fermé dern. sem. août-prem. sem. sept. et merc. – **Repas** Lunch 975 – 1450/2150.

La Fermette, Dendermondsesteenweg 822, ☏ 0 9 355 60 24, 😊 – 🄿. 🄰🄴 ⓞ 🄼🄾 🆅🄸🆂🄰
BT e
fermé 20 août-5 sept., dim. soir et lundi – **Repas** Lunch 1300 – carte 1350 à 1950.

à Lochristi - plan p. 4 - 18 852 h. - ✉ 9080 Lochristi :

Leys, Dorp West 89 (N 70), ☏ 0 9 355 86 20, Fax 0 9 356 86 26, 😊 – 🄿. 🄰🄴 ⓞ 🄼🄾 🆅🄸🆂🄰, ⁂
BT z
fermé 1 sem. carnaval, 2 sem. en août, dim. soir, lundi et merc. soir – **Repas** Lunch 950 – 1990/2800 bc.

't Wethuis, Hijfte-Center 1, ☏ 0 9 355 28 02, Fax 0 9 356 88 68, 😊 – 🄿. 🄼🄾 🆅🄸🆂🄰, ⁂
BT j
fermé lundi, mardi et sam. midi – **Repas** Lunch 950 – 1550/1850.

à Melle - plan p. 4 - 10 289 h. - ✉ 9090 Melle :

De Branderij, Wezenstraat 34, ☏ 0 9 252 41 66, Fax 0 9 252 41 66, 😊 – 🄰🄴 ⓞ 🄼🄾 🆅🄸🆂🄰, ⁂
BU m
fermé 26 fév.-9 mars, 19 août-6 sept., sam. midi, dim. soir et lundi – **Repas** 1050/1650.

à Merelbeke - plan p. 4 - 21 600 h. - ✉ 9820 Merelbeke :

Torenhove, Fraterstraat 214, ☏ 0 9 231 61 61, Fax 0 9 231 61 61, 😊 – 🄿. 🄰🄴 ⓞ 🄼🄾 🆅🄸🆂🄰
BU r
fermé mardi et sam. midi – **Repas** Lunch 1050 – 1150/1790.

De Blauwe Artisjok, Gaversesteenweg 182, ☏ 0 9 231 79 28, de.blauwe.artisjok@pandora.be, Fax 0 9 230 12 54, 😊 – 🄿. 🄰🄴 ⓞ 🄼🄾 🆅🄸🆂🄰
AU p
fermé prem. sem. mars, dern. sem. juil.-2 prem. sem. août, lundi, mardi soir et merc. soir – **Repas** Lunch 1000 – 1800 bc/2000 bc.

GENVAL 1332 Brabant Wallon Ⓒ Rixensart 21 251 h. **213** L 18, **214** L 18 et **909** G 3.
Bruxelles 22 – Charleroi 42 – Namur 52.

Château du Lac 🅼 ⚘, av. du Lac 87, ☏ 0 2 655 71 11, cdl@martins-hotels.com, Fax 0 2 655 74 44, ≤ lac et vallon boisé, 𝄞, 😊, 🖾, ✕, 🚲 – 🛏 ✿ 🖅 ⓣⓥ 🚗 🄿 – 🄰 30 à 1000. 🄰🄴 ⓞ 🄼🄾 🆅🄸🆂🄰
Repas voir rest **Le Trèfle à 4** ci-après – **120 ch** ⊇ 12200/15800, 1 suite.

Le Manoir du Lac ⚘, av. Hoover 4, ☏ 0 2 655 63 11, mdl@martins-hotels.com, Fax 0 2 655 64 55, ≤, « Parc », 𝄞, 😊, 🖾, ✕, 🚲 – ⓣⓥ 🄿 – 🄰 25 à 60. 🄰🄴 ⓞ 🄼🄾 🆅🄸🆂🄰
Repas voir rest **Le Trèfle à 4** ci-après – **13 ch** ⊇ 8500/9700.

GENVAL

XXX **Le Trèfle à 4** - H. Château du Lac, av. du Lac 87, ℘ 0 2 654 07 98, Fax 0 2 653 31 31, ≤ lac et vallon boisé, 😊 – 🔲 🅿. AE ⓘ ⓜ VISA JCB
fermé 2 sem. en janv., dim. soir, lundi et mardi midi – **Repas** Lunch 1100 – 2000/2600.

XX **L'Amandier**, r. Limalsart 9 (près du lac), ℘ 0 2 653 06 71, 😊 – 🔲 🅿. AE ⓘ ⓜ VISA
fermé 2 sem. en août, 2 sem. en janv., merc., sam. midi et dim. soir – **Repas** Lunch 750 – carte env. 1700.

X **l'Echalote**, av. Albert Iᵉʳ 26, ℘ 0 2 653 31 57, Cuisine du Sud-Ouest – 🔲 🅿. AE ⓘ ⓜ VISA
fermé du 1ᵉʳ au 25 juil., lundi soir et mardi – **Repas** Lunch 780 – 1200.

à Rixensart Est : 4 km – 21 251 h. – ✉ 1330 Rixensart :

🏨 **Le Lido** sans rest, r. Limalsart 20 (près du lac de Genval), ℘ 0 2 654 05 05, lelido @martins-hotels.com, Fax 0 2 654 06 55, ≤, 🌳, 📺 🅿 – 🛢 25 à 80. AE ⓘ ⓜ VISA
27 ch ⊑ 3700/4700.

X **Le Brocéliande**, av. de Mérode 114, ℘ 0 2 652 13 07, Fax 0 2 652 13 07, 😊 – ⓜ VISA
fermé merc., sam. midi et dim. soir – **Repas** Lunch 500 – 860/1500.

GERAARDSBERGEN (GRAMMONT) 9500 Oost-Vlaanderen 213 I 18 et 909 E 3 – 30 825 h.
Voir Site★.
🛈 Stadhuis ℘ 0 54 43 72 89, Fax 0 54 41 75 79.
Bruxelles 43 – Aalst 29 – Gent 44 – Oudenaarde 25.

X **'t Grof Zout**, Gasthuisstraat 20, ℘ 0 54 42 35 46, grof.zout@wanadoo.be, Fax 0 54 42 35 47, 😊 – ⓜ VISA
fermé prem. sem. mars, 1ʳᵉ quinz. sept., dim. soir et lundi – **Repas** Lunch 1050 – carte env. 1700.

GERPINNES Hainaut 213 M 20, 214 M 20 et 909 G 4 – voir à Charleroi.

GESVES 5340 Namur 213 P 20, 214 P 20 et 909 I 4 – 5636 h.
Bruxelles 81 – Namur 29 – Dinant 30 – Liège 53 – Marche-en-Famenne 31.

🏨 **Host. La Pichelotte** , r. Pichelotte 5, ℘ 0 83 67 78 21, lapichelotte@lapichelott e.be, Fax 0 83 67 70 53, 😊, 🔳, 🌳, 🍴, 🚲 – 🛗 📺 🅿 – 🛢 25 à 414. AE ⓘ ⓜ VISA
Repas Lunch 1600 bc – 1295/3450 bc – **53 ch** ⊑ 3300/7250, 7 suites – ½ P 3100/5570.

XX **L'Aubergesves** avec ch, Pourrain 4, ℘ 0 83 67 74 17, Fax 0 83 67 81 57, 😊, « Rustique » – 📺 🅿. AE ⓘ ⓜ VISA
fermé merc. soir et jeudi soir de janv. à mars, lundi et mardi midi – **Repas** Lunch 1000 – 1350/2100 – ⊑ 400 – **6 ch** 3500/4500 – ½ P 3500/3850.

X **La Pineraie**, r. Pineraie 2, ℘ 0 83 67 73 46, Fax 0 83 67 73 46, 😊 – 🅿. AE ⓜ VISA
fermé sem. carnaval, 20 août-6 sept., lundi et mardi – **Repas** Lunch 1000 bc – 1200/1590.

GHISLENGHIEN (GELLINGEN) Hainaut 213 I 19, 214 I 19 et 909 E 4 – voir à Ath.

GILLY Hainaut 213 L 20, 214 L 20 - ㉔ S et 909 G 4 – voir à Charleroi.

GISTEL West-Vlaanderen 213 C 16 et 909 B 2 – voir à Oostende.

GITS West-Vlaanderen 213 D 17 et 909 C 3 – voir à Roeselare.

GLABAIS 1473 Brabant Wallon Ⓒ Genappe 13 657 h. 213 L 19, 214 L 19 et 909 G 4.
Bruxelles 29 – Charleroi 26 – Nivelles 12.

XXX **Michel Close**, chaussée de Bruxelles 44, ℘ 0 67 77 17 54, Fax 0 67 79 01 52, 😊, « Villa avec jardin » – 🅿. AE ⓜ VISA
fermé 16 août-16 sept., 23 déc.-1ᵉʳ janv., merc. et jeudi – **Repas** Lunch 1400 – 1680/2100.

X **La Bonne Ferme**, chaussée de Bruxelles 41, ℘ 0 67 77 21 07, Fax 0 67 79 00 95, Taverne-rest – 🅿. AE ⓘ ⓜ VISA
fermé du 5 au 27 juil., du 2 au 8 janv., lundis non fériés et dim. soir – **Repas** 850/1350.

GODINNE 5530 Namur C Yvoir 7809 h. 213 O 20, 214 O 20 et 909 H 4.
  Voir sur rte de Profondeville ≤* sur le prieuré.
  Bruxelles 82 – Namur 18 – Dinant 11.

à Mont Nord-Est : 1 km C Yvoir – ⊠ 5530 Mont :

- **Le Pré des Manants,** r. Tienne de Mont 29, ☎ 0 81 41 11 18, Fax 0 81 41 41 45, ≤, 😊, « Verger » – 🅿, AE ⓘ MO VISA
  fermé vacances Noël, lundi soir, mardi et merc. – **Repas** Lunch 795 – carte 900 à 1450.

GOETSENHOVEN (GOSSENCOURT) Vlaams-Brabant 213 O 18 – voir à Tienen.

GOOIK 1755 Vlaams-Brabant 213 J 18 et 909 F 3 – 8785 h.
  Bruxelles 24 – Aalst 22 – Mons 45 – Tournai 66.

- **'t Krekelhof,** Drie Egyptenbaan 11 (par N 285, puis direction Neigem), ☎ 0 54 33 48 57, hof@krekelhof.be, Fax 0 54 33 41 96, 😊, « Véranda et terrasse » – 🍴 🅿 – 🔔 40. AE ⓘ MO VISA
  fermé 20 oct.-10 nov., mardi et merc. – **Repas** Lunch 1250 – 950/2450 bc.

GOSSELIES Hainaut 213 L 20, 214 L 20 - ㉓ N et 909 G 4 – voir à Charleroi.

GOSSENCOURT Vlaams-Brabant – voir Goetsenhoven.

GOYER Limburg – voir Jeuk.

GRAMMENE Oost-Vlaanderen 213 F 17 – voir à Deinze.

GRAMMONT Oost-Vlaanderen – voir Geraardsbergen.

GRAND-HALLEUX Luxembourg belge 213 U 21, 214 U 21 et 909 K 5 – voir à Vielsalm.

GRANDHAN Luxembourg belge 213 R 21, 214 R 21 et 909 J 5 – voir à Durbuy.

GRAND-LEEZ 5031 Namur C Gembloux 20294 h. 213 N 19 et 909 H 4.
  Bruxelles 46 – Namur 22 – Charleroi 36 – Tienen 33.

- **Luc Bellings,** r. Petit-Leez 129 (au château de Petit-Leez), ☎ 0 81 65 60 00, Fax 0 81 65 90 00, « Dans les dépendances du château » – 🅿, AE ⓘ MO VISA
  fermé du 1er au 14 mars, du 1er au 15 sept., 25 déc., 1er janv., lundi et mardi – **Repas** 1550/2200.

GRANDRIEU Hainaut 214 K 21 et 909 F 5 – voir à Beaumont.

GRANDVOIR Luxembourg belge 214 R 23 et 909 J 6 – voir à Neufchâteau.

's GRAVENBRAKEL Hainaut – voir Braine-le-Comte.

's GRAVENVOEREN (FOURON-LE-COMTE) 3798 Limburg C Voeren 4297 h. 213 T 18 et 909 K 3.
  🛈 Kerkplein 216, ☎ 0 4 381 07 36, Fax 0 4 381 21 59.
  Bruxelles 102 – Maastricht 15 – Liège 23.

- **De Kommel** ⟨, Kerkhofstraat 117d, ☎ 0 4 381 01 85, paul.princen@skynet.be, Fax 0 4 381 23 30, ≤, 😊, 🚴 – TV 🅿 – 🔔 30. MO VISA rest
  Repas (fermé lundi midi) Lunch 950 – 750/1800 – **11 ch** ⊇ 2200/3000 – ½ P 2000/2300.

- **Gasthof Blanckthys,** Plein 197b, ☎ 0 4 381 24 66, blanckthys@online.be, Fax 0 4 381 24 67, 😊 – TV 🅿 AE ⓘ MO VISA JCB
  fermé janv. sauf weekends – **Repas** (fermé merc. sauf en juil.-août) (Taverne-rest) carte env. 1000 – **11 ch** ⊇ 2200/3000 – ½ P 2250.

- **The Golden Horse,** Hoogstraat 242, ☎ 0 4 381 02 29, Fax 0 4 381 20 44, 😊 – 🅿, AE ⓘ MO VISA
  fermé 2 sem. en sept., jeudi, vend. midi et sam. midi – **Repas** Lunch 950 – 1250/2000.

's GRAVENWEZEL *Antwerpen* 213 M 15 et 909 G 2 – *voir à Antwerpen, environs.*

GRIMBERGEN *Vlaams-Brabant* 213 L 17 - ⑤① N et 909 G 3 - ㉑ N – *voir à Bruxelles, environs.*

GROBBENDONK *Antwerpen* 213 N 15 et 909 H 2 – *voir à Herentals.*

GROOT-BIJGAARDEN *Vlaams-Brabant* 213 K 17 - (51) N et 909 F 3 - ㉑ N – *voir à Bruxelles, environs.*

GULLEGEM *West-Vlaanderen* 213 E 17 et 909 C 3 – *voir à Wevelgem.*

HAALTERT *9450 Oost-Vlaanderen* 213 J 17 et 909 F 3 – *17 265 h.*

Bruxelles 29 – Aalst 6 – Gent 36 – Mons 59.

Apriori, Sint-Goriksplein 19, ☎ 0 53 83 89 54, *restaurant.apriori@pandora.be, Fax 0 53 83 89 54,* « Terrasse » – VISA.
fermé 3 sem. en août, mardi soir, merc. et sam. midi – **Repas** Lunch 1090 – 1500/1900.

De HAAN *8420 West-Vlaanderen* 213 D 15 et 909 C 2 – *11 242 h. – Station balnéaire.*

Koninklijke baan 2 ☎ 0 59 23 32 83, Fax 0 59 23 37 49.

Gemeentehuis, Leopoldlaan 24 ☎ 0 59 24 21 34, Fax 0 59 24 21 36 – (Pâques-sept. et vacances scolaires) Tramstation ☎ 0 59 24 21 35.

Bruxelles 113 – Brugge 21 – Oostende 12.

Aub. des Rois-Beach H., Zeedijk 1, ☎ 0 59 23 30 18, *Fax 0 59 23 60 78,* ≤, – P. VISA.
ouvert du 22 au 28 fév., 30 mars-20 oct. et 21 déc.-3 janv. – **Repas** *(fermé merc.)* carte 1650 à 2150 – **22 ch** 3410/4860, 6 suites – ½ P 3120/3850.

Les Dunes sans rest, Leopoldplein 5, ☎ 0 59 23 31 46, *Fax 0 59 23 31 46,* – P. VISA.
10 fév.-2 nov. – **20 ch** 4250.

Manoir Carpe Diem, Prins Karellaan 12, ☎ 0 59 23 32 20, *manoir.carpe.diem.r@skynet.be, Fax 0 59 23 33 96,* – P – 25. VISA.
fermé du 3 au 28 janv. – **Repas** ***Le Manoir*** *(fermé mardi du 2 nov. à mars et merc.)* Lunch 1250 – carte 1650 à 2200 – **12 ch** 4435/5500, 2 suites – ½ P 3250/4000.

Arcato M sans rest, Nieuwe Steenweg 210, ☎ 0 59 23 57 77, *Fax 0 59 23 88 66,* – P. VISA
14 ch 2000/2950.

Azur M sans rest, Koninklijke Baan 37, ☎ 0 59 23 83 16, *Fax 0 59 23 83 17,* – P. VISA.
16 ch 2000/2950.

Duinhof sans rest, Ringlaan Noord 40, ☎ 0 59 24 20 20, *Fax 0 59 24 20 39,* – P – 25 à 60. VISA
10 ch 3600.

Belle Epoque, Leopoldlaan 5, ☎ 0 59 23 34 65, *belle.epoque@ping.be, Fax 0 59 23 38 14,* – VISA
fermé 12 nov.-26 déc. – **Repas** *(fermé lundi et mardi)* (Taverne-rest) Lunch 495 – carte 1000 à 1400 – **15 ch** 2250/2950, 4 suites – ½ P 1750/2375.

Rubens sans rest, Rubenslaan 3, ☎ 0 59 24 22 00, *Fax 0 59 23 72 98,* – VISA.
fermé du 15 au 31 janv. – **11 ch** 2200/3100.

Gd H. Belle Vue, Koninklijk Plein 5, ☎ 0 59 23 34 39, *grandhotelbellevue@yahoo.com, Fax 0 59 23 75 22,* – P. VISA. rest
25 fév.-16 oct. ; fermé 4 mars-1er avril – **Repas** Lunch 650 – 1150/1300 – **43 ch** 2200/3500 – ½ P 2250/2600.

Internos, Leopoldlaan 12, ☎ 0 59 23 35 79, *Fax 0 59 23 54 43* – rest, P. AE VISA
Repas *(avril-oct. ; fermé merc.)* Lunch 550 – 995 – **19 ch** 2100/3100 – ½ P 2125.

De Gouden Haan sans rest, B. Murillolaan 1, ☎ 0 59 23 32 32, *Fax 0 59 23 74 92* – P.
8 ch 2100/3100.

De HAAN

- **Bon Accueil**, Montaignelaan 2, ✆ 0 59 23 31 14, lebonaccueil@pi.be, Fax 0 59 23 31 14, 🚗, 🚲 – 🍽 rest, 📺 🅿 🆆 🆅 %= rest
  fév.-oct. ; fermé merc. soir d'avril à nov. – **Repas** (dîner pour résidents seult) – **14 ch** ☞ 2000/2800 – ½ P 1700/2000.

- **des Familles**, Koninklijke Baan 30, ✆ 0 59 23 33 86, Fax 0 59 23 70 41 – 🛗 📺 🅿 🆃 🆆 🆅 %= rest
  Repas (dîner pour résidents seult) – **24 ch** ☞ 2200/3300 – ½ P 2400.

- **Bilderdijk** sans rest, Bilderdijklaan 4, ✆ 0 59 23 62 00, Fax 0 59 23 95 37 – 📺 🅿
  8 ch ☞ 2300/2600.

- **Lotus** ⚘ avec ch, Tollenslaan 1, ✆ 0 59 23 34 75, yves.lotus@skynet.be, Fax 0 59 23 76 34, 🚗, ☕, ≋, – 📺 🅿 🆃 🅾 🆆 🆅 %= rest
  mars-nov. ; fermé merc. et dim. soir – **Repas** (dîner seult) 1450 – **10 ch** ☞ 3800 – ½ P 2200/2400.

- **Au Bien Venu**, Driftweg 14, ✆ 0 59 23 32 54, Fax 0 59 23 32 54 – 🆆 🆅
  fermé mardi et merc. midi – **Repas** Lunch 790 – 850/1875.

- **Cocagne**, Stationsstraat 9, ✆ 0 59 23 93 28 – 🆆 🆅
  fermé 2 sem. en mars, 2 sem. en déc., merc. soir sauf en juil.-août et jeudi – **Repas** Lunch 550 – 1095/1850.

- **Casanova**, Zeedijk 15, ✆ 0 59 23 45 55, ≤, 🚗 – 🆆 🆅
  fermé 2 sem. en janv. et jeudi sauf vacances scolaires – **Repas** Lunch 495 – 950.

à Klemskerke Sud : 5,5 km ⓒ De Haan – ✉ 8420 Klemskerke :

- **de Kruidenmolen**, Dorpsstraat 1, ✆ 0 59 23 51 78, 🚗, Taverne-rest, « Moulin à vent du 18ᵉ s. avec structure en bois » – 🅿
  fermé 15 fév.-1ᵉʳ mars, du 14 au 29 nov. et merc. – **Repas** carte env. 1300.

à Vlissegem Sud-Est : 6,5 km ⓒ De Haan – ✉ 8421 Vlissegem :

- **Vijfwege**, Brugsebaan 12 (N 9), ✆ 0 59 23 31 96, 🚗, Anguilles – 🅿
  fermé 2 sem. carnaval, 15 sept.-15 oct., mardi et merc. – **Repas** 995.

- **Lepelem**, Brugsebaan 16 (N 9), ✆ 0 59 23 57 49, 🚗 – 🅿 🆆 🆅 %=
  fermé 3 sem. en fév., 3 sem. en sept., merc. et jeudi – **Repas** 950/1900.

HABAY-LA-NEUVE 6720 Luxembourg belge ⓒ Habay 6 910 h. 214 S 24 et 409 J 6.
Bruxelles 185 – Bouillon 55 – Arlon 14 – Bastogne 37 – Neufchâteau 22 – Luxembourg 40.

- **Tante Laure**, r. Emile Baudrux 6, ✆ 0 63 42 23 63, Fax 0 63 42 35 91, 🚗, Avec grillades – 🆃 🅾 🆆 🆅
  fermé 15 fév.-7 mars, 20 sept.-10 oct., merc. soir et jeudi – **Repas** Lunch 480 – 860.

à l'Est : 2 km par N 87, lieu-dit Pont d'Oye :

- **Les Ardillières** ⚘, r. Pont d'Oye 6, ✆ 0 63 42 22 43, lesforges@lesforges.be, Fax 0 63 42 28 52, ≤, « Environnement boisé », 🧖, 🚗, – 📺 🅿 🆃 🆆 🆅
  fermé du 1ᵉʳ au 25 janv. – **Repas** voir rest **Les Forges** ci-après – **9 ch** ☞ 3700/4200, 1 suite.

- **Château** ⚘, r. Pont d'Oye 1, ✆ 0 63 42 01 30, info@chateaudupontdoye.be, Fax 0 63 42 01 36, ≤, « Demeure du 18ᵉ s. dans un parc bordé d'étangs », 🚗, 🚲 – 🅿 – 🚗 25 à 100. 🆃 🅾 🆆 🆅 %= rest
  fermé 18 fév.-6 mars et dim. soirs et lundis non fériés sauf en juil.-août – **Repas** 980 – 1350/1950 – **8 ch** ☞ 3000/5600, 2 suites – ½ P 2500/3500.

- **Les Forges** (Thiry frères), r. Pont d'Oye 6, ✆ 0 63 42 22 43, lesforges@lesforges.be, Fax 0 63 42 28 52, ≤, « Jardin fleuri avec cascades » – 🅿 🆃 🅾 🆆 🆅
  fermé 25 juin-12 juil., mardi et merc. midi – **Repas** Lunch 1350 – carte 3050 à 3500
  Spéc. Ormeaux et berniques rôtis meunière, souris de jambon et sauce diable. Deux foies gras de canard fin confit, l'autre poêlé. Gibier en saison.

- **Les Plats Canailles de la Bleue Maison**, r. Pont d'Oye 7, ✆ 0 63 42 42 70, Fax 0 63 42 43 17, ≤, 🚗, « Petite auberge en bordure de rivière » – 🅿 🆆 🆅
  fermé du 1ᵉʳ au 20 sept., du 1ᵉʳ au 25 janv., lundi et mardi midi – **Repas** Lunch 980 – carte env. 1400.

HAINE-ST-PAUL Hainaut 213 K 20, 214 K 20 et 409 F 4 – voir à La Louvière.

Service and taxes

In Belgium, Luxembourg and Netherlands prices include service and taxes.

HALLE (HAL) 1500 Vlaams-Brabant 213 K 18, 214 K 18 et 909 F 3 – 33 529 h.
   Voir Basilique★★ (Basiliek) X.
   🛈 Historisch Stadhuis, Grote Markt 1 ℘ 0 2 356 42 59, Fax 0 2 361 33 50.
   Bruxelles 17 ① – Charleroi 47 ② – Mons 41 ④ – Tournai 67 ⑤

HALLE

Albertstr.	Z 2
Basiliekstr.	Y
Beestenmarkt	X 3
Bergensesteenweg	Y, Z 4
Bevrijdingspl.	Y 7
Brusselsesteenweg	X, Z 8
Dekenstr.	X 12
Edingensesteenweg	Z 13
E. Nerincxstr.	Z 15
Grote Markt	Y 16
Jean Jacminstr.	Z 17
Jean Laroystr.	Z 19
Jozef Michelstr.	X 20
Klinkaert	X 21
Kluisbos	Z 23
Leopoldstr.	Z 24
Louis van Beverenstr.	X 25
Louis Theunckensstr.	Y 27
Maandagmarkt	Y 29
van de Maelestr.	X 28
Melkstr.	X 31
Mgr Senciestr.	X 32
Nederhem	X, Z 33
Nijverheidstr.	Y 34
O. de Kerchove d'Exaerdestr.	Z 35
Oudstrijderspl.	Y 36
v. d. Peereboomstr.	Z 37
Possozpl.	Y 38
R. Deboecklaan	Y 39
Rodenemweg	Z 40
St. Rochusstr.	Y 41
V. Baetensstr.	Y 44
Vondel	Y 45
Vuurkruisenstr.	Y 47
Zuster Bernardastr.	X 49

🏨 **Alsput,** Alsputweg 108 (Nord : 2 km par Jean Jacminstraat), ℘ 0 2 356 76 47, hotel@alsput.com, Fax 0 2 360 12 10, 🍽, 🚲 – ⫲, 🍴 rest, 📺, 🛁 40. 🅰🅴 ⓘ 🅼🅾 🆅🅸🆂🅰 🅹🅲🅱
✧ ch
Repas (Taverne-rest) Lunch 420 – carte env. 1000 – **11 ch** ⊇ 2250/5880 – ½ P 2000/4000.

🍴🍴🍴 **Les Eleveurs** avec ch, Basiliekstraat 136, ℘ 0 2 361 13 40, eleveurs@be.packardbell.org, Fax 0 2 361 24 62, 🍽 – 📺 🅿 – 🛁 25. 🅰🅴 ⓘ 🅼🅾 🆅🅸🆂🅰   Y a
fermé vend., sam. midi, dim. soir, lundis fériés et jours fériés soir – **Repas** Lunch 1250 – 1850/2250 – **18 ch** ⊇ 3000/4100.

🍴🍴 **Kinoo,** Albertstraat 70, ℘ 0 2 356 04 89, bkinoo@yahoo.fr, Fax 0 2 361 53 50 – 🅰🅴 ⓘ
🅼🅾 🆅🅸🆂🅰   Z e
fermé 22 juil.-20 août, 26 déc.-2 janv., dim. soir et lundi – **Repas** Lunch 1800 – 1725/2175.

🍴 **Peking Garden,** Bergensesteenweg 50, ℘ 0 2 360 31 20, Fax 0 2 360 31 20, Cuisine chinoise – 🅿. 🅰🅴 ⓘ 🅼🅾 🆅🅸🆂🅰 ✧   Y c
fermé 2 dern. sem. août et merc. – **Repas** Lunch 380 – 1100/2500 bc.

HALMA Luxembourg belge 214 P 22 et 909 I 5 – voir à Wellin.

HAM 3945 Limburg 213 P 16 et 909 I 2 – 9 284 h.
Bruxelles 78 – Antwerpen 50 – Hasselt 25.

XX **Host. The Fox** ⓢ avec ch, Genendijkerveld 5 (Sud-Est : 4 km, lieu-dit Genendijk), ☎ 0 13 66 48 50, Fax 0 13 67 28 33, 🍴, 🏊, 🌳, 🚲 – ⇔ TV P. AE ⓓ MC VISA. ✱
Repas (fermé mars, sept., lundi midi, mardi midi et sam. midi) 1450 bc/2550 bc – **8 ch** 🛏 2500/3300 – ½ P 1990/3475.

HAMME 9220 Oost-Vlaanderen 213 N 18 et 909 F 2 – 22 721 h.
Bruxelles 38 – Antwerpen 29 – Gent 36.

XXX **De Plezanten Hof** (Putteman), Driegoten 97 (près de l'Escaut-Schelde), ☎ 0 52 47 58 50, plezantenhof.hamme@skynet.be, Fax 0 52 47 86 56, 🍴, « Terrasse et jardin » – P. AE ⓓ MC VISA
fermé 2 sem. en sept., fin déc.-début janv., mardi de sept. à mai, dim. soir et lundi – **Repas** Lunch 2200 – 2900 bc/3400 bc, carte env. 2900
Spéc. Trilogie d'agneau. St-Jacques soufflées à la langouste et aux huîtres (sept.-mars). Risotto de homard cuit dans sa carapace.

XX **Ter Schroeven**, Dendermondse Steenweg 15, ☎ 0 52 47 61 31, Fax 0 52 47 61 31, 🍴 – P. MC VISA. ✱
fermé mardi, merc. et sam. midi – **Repas** Lunch 1100 – 1900/2600.

X **'t Spaans Hof**, Drapstraat 34, ☎ 0 52 48 10 18, jurgen.vandevoorde@wanadoo.be, Fax 0 52 48 10 18, 🍴 – P. AE ⓓ MC VISA. ✱
fermé prem. sem. vacances Pâques, 1re quinz. sept., lundi et mardi – **Repas** 1300 bc/2000 bc.

à Moerzeke Sud-Est : 4 km C Hamme – ✉ 9220 Moerzeke :

XX **Wilgenhof**, Bootdijkstraat 90, ☎ 0 52 47 05 95, wilgenhof@proximedia.be, Fax 0 52 48 03 92, 🍴 – 🍽 P. AE ⓓ MC VISA
fermé 2 sem. carnaval, 2 dern. sem. août, lundi et mardi – **Repas** Lunch 995 – 850/1750.

HAMOIR 4180 Liège 213 S 20, 214 S 20 et 909 J 4 – 3 496 h.
Bruxelles 111 – Huy 28 – Liège 44.

XX **La Bonne Auberge**, pl. Delcour 10, ☎ 0 86 38 82 08, Fax 0 86 38 82 08, 🍴 – AE ⓓ MC VISA
fermé du 1er au 15 avril, du 1er au 15 oct., merc. et dim. soir – **Repas** Lunch 900 bc – 1500.

HAMONT-ACHEL 3930 Limburg 213 S 15 et 909 J 2 – 13 580 h.
Bruxelles 107 – Eindhoven 28 – Hasselt 43.

à Achel Ouest : 4 km C Hamont-Achel – ✉ 3930 Achel :

🏨 **Koeckhofs**, Michielsplein 4, ☎ 0 11 64 31 81, info@koeckhofs.be, Fax 0 11 66 24 42, 🍴 – 📶 ⇔ TV – 🅿 25 à 55. AE ⓓ MC VISA JCB. ✱ rest
Repas (fermé du 12 au 19 août, 27 déc.-10 janv., dim. et lundi) Lunch 1350 – carte env. 2100 – **16 ch** (fermé 27 déc.-5 janv. et dim.) 🛏 2800/3500 – ½ P 2500.

HAM-SUR-HEURE 6120 Hainaut C Ham-sur-Heure-Nalinnes 13 165 h. 213 L 21, 214 L 21 et 909 G 5.
Bruxelles 75 – Beaumont 17 – Charleroi 16 – Mons 49.

XX **Le Pré Vert**, r. Folie 24, ☎ 0 71 21 56 09, Fax 0 71 21 50 15, 🍴 – P. MC VISA JCB
fermé fin août-début sept., lundi et mardi – **Repas** 985/1695.

HANNUT (HANNUIT) 4280 Liège 213 P 18, 214 P 18 et 909 I 3 – 13 092 h.
🅱 rte de Grand Hallet 19a ☎ 0 19 51 30 66, Fax 0 19 51 30 66.
Bruxelles 60 – Namur 32 – Hasselt 38 – Liège 43.

XX **Les Comtes de Champagne**, chaussée de Huy 23, ☎ 0 19 51 24 28, Fax 0 19 51 31 10, 🍴, « Parc » – P. – 🅿 25 à 200. AE ⓓ MC VISA. ✱
fermé du 15 au 30 août, merc. et dim. soir – **Repas** Lunch 800 – 1250/1800.

HANSBEKE 9850 Oost-Vlaanderen C Nevele 10 986 h. 213 G 16 et 909 D 2.
Bruxelles 75 – Brugge 37 – Gent 18.

XX **'t Oud Gemeentehuis**, Vaartstraat 2, ☎ 0 9 371 47 10, Fax 0 9 371 88 51, 🍴
Ouvert jusqu'à 23 h, « Terrasse ombragée » – P. AE ⓓ MC VISA
fermé du 15 au 31 juil., 24 déc.-2 janv., sam. midi et jours fériés – **Repas** Lunch 50 – carte 1200 à 1650.

HAN-SUR-LESSE Namur 214 Q 22 et 909 I 5 – voir à Rochefort.

HARELBEKE 8530 West-Vlaanderen 213 E 17 et 909 C 3 – 26 378 h.
Bruxelles 86 – Kortrijk 4 – Brugge 46 – Gent 42.

Shamrock, Gentsesteenweg 99, ℘ 0 56 70 21 16, shamrock@village.uunet.be, Fax 0 56 70 46 24, 🌳 – 📺 🅿 AE ⓘ ⓜⓞ VISA. ❀
fermé du 1er au 16 août – **Repas** Lunch 975 – carte 1600 à 2000 – **8 ch** ⊆ 2200/3000 – ½ P 2500.

HARZÉ 4920 Liège C Aywaille 9 926 h. 213 T 20, 214 T 20 et 909 K 4.
Bruxelles 128 – Bastogne 59 – Liège 34.

XX **La Cachette**, Paradis 3 (Sud : 3 km par N 30), ℘ 0 86 43 32 66, Fax 0 86 43 37 25, 🌳 – 🅿 AE ⓘ ⓜⓞ VISA
fermé 17 sept.-6 oct., 17 déc.-4 janv., mardi sauf en juil.-août et merc. – **Repas** 1360/1960.

HASSELT 3500 P Limburg 213 Q 17 et 909 I 3 – 67 777 h.
Musée : national du genièvre★ (Nationaal Jenevermuseum) Y M'.

Exc. par ⑦ : Domaine provincial de Bokrijk★ par ⑦.

🏌 Vissenbroekstraat 15 ℘ 0 11 26 34 82, Fax 0 11 26 34 83 – 🏌 par ⑤ : 9 km à Lummen, Golfweg 1b ℘ 0 13 52 16 64, Fax 0 13 52 17 69 - 🏌 par ① : 12,5 km à Houthalen, Golfstraat 1 ℘ 0 89 38 35 43, Fax 0 89 84 12 08.

🛈 Stadhuis, Lombaardstraat 3 ℘ 0 11 23 95 40, Fax 0 11 22 50 23 – Fédération provinciale de tourisme, Universiteitslaan 1 ℘ 0 11 23 74 50, Fax 0 11 23 74 66.

Bruxelles 82 ⑥ – Maastricht 33 ④ – Antwerpen 77 ⑧ – Liège 42 ④ – Eindhoven 59 ①

Plan page ci-contre

Holiday Inn, Kattegatstraat 1, ℘ 0 11 24 22 00, hotel@holiday-inn-hasselt.com, Fax 0 11 22 39 35, 💪, 🌳, 🔲 – 🛗 ❀ 📺 ⚙ 🚗 – 🏛 25 à 300. AE ⓘ ⓜⓞ VISA JCB. ❀ rest　　　　　　　　　　　　　　　　　　　　　　　　　　Y a
Repas (Avec buffets) 995 – **107 ch** ⊆ 6900/7950.

Hassotel, St-Jozefstraat 10, ℘ 0 11 23 06 55, Fax 0 11 22 94 77, 🌳 – 🛗, 🍽 rest, 📺 🚗 – 🏛 25 à 190. AE ⓘ ⓜⓞ VISA, ❀　　　　　　　　　　　　　　　Z d
Repas carte 850 à 1200 – **30 ch** ⊆ 3415/4740 – ½ P 3035.

Portmans, Minderbroedersstraat 12 (Walputsteeg), ℘ 0 11 26 32 80, Fax 0 11 26 32 81, 🌳 – 🛗 📺 🍽 – 🏛 50. AE ⓘ　　　　　　　　　　　　　　　　　　　Y r
Repas De Orangerie (Taverne-rest) Lunch 345 – carte 1050 à 1350 – **De Pasta** (Cuisine italienne) carte 1050 à 1400 – **14 ch** ⊆ 3100/3800.

Parkhotel sans rest, Genkersteenweg 350 (par ② : 4 km sur N 75), ℘ 0 11 21 16 52, parkhotel.hasselt@skynet.be, Fax 0 11 22 18 14, 💪, 🌳, 🚲 – 📺 🅿 – 🏛 25 à 120. AE ⓘ ⓜⓞ VISA JCB
fermé 23 déc.-4 janv. – **29 ch** ⊆ 2400/3200.

Ibis sans rest, Thonissenlaan 52, ℘ 0 11 23 11 11, Fax 0 11 24 33 23 – 🛗 ❀ 📺 ⚙ – 🏛 30. AE ⓘ ⓜⓞ VISA　　　　　　　　　　　　　　　　　　　　　　Y e
59 ch ⊆ 3250.

Century, Leopoldplein 1, ℘ 0 11 22 47 99, hotel@century.be, Fax 0 11 23 18 24, 🌳 – 📺, AE ⓘ ⓜⓞ VISA　　　　　　　　　　　　　　　　　　　　　　　　　Z f
Repas (Taverne-rest, ouvert jusqu'à 23 h) Lunch 350 – carte 950 à 1300 – **14 ch** ⊆ 1700/2800 – ½ P 1750/3000.

XXX **Figaro**, Mombeekdreef 38, ℘ 0 11 27 25 56, figaro@figaro.be, Fax 0 11 27 31 77, ≤, 🌳, « Jardins et patio avec pièce d'eau » – 🅿 – 🏛 25. AE ⓘ ⓜⓞ VISA　　　　X a
fermé du 1er au 20 août, lundi et merc. – **Repas** Lunch 1300 – carte env. 2400.

XXX **'t Claeverblat**, Lombaardstraat 34, ℘ 0 11 22 24 04, Fax 0 11 23 33 31 – ▭. AE ⓘ ⓜⓞ VISA. ❀　　　　　　　　　　　　　　　　　　　　　　　　　　Y r
fermé jeudi, sam. midi et dim. – **Repas** Lunch 1250 – carte 1800 à 2600.

XX **l'Aubergine**, Luikersteenweg 358, ℘ 0 11 27 17 77 – 🅿. AE ⓘ ⓜⓞ VISA　　X c
fermé prem. sem. janv., mardi et sam. midi – **Repas** Lunch 850 – 1400.

X **'t Kleine Genoegen**, Raamstraat 3, ℘ 0 11 22 57 03, Fax 0 11 22 57 03 – ▭ 🅿. AE ⓜⓞ VISA　　　　　　　　　　　　　　　　　　　　　　　　　　　　Y t
fermé 3 sem. en juil., dim. et lundi – **Repas** Lunch 475 – 1150/1500.

X **De Egge**, Walputstraat 23, ℘ 0 11 22 49 51, Fax 0 11 22 49 51 – AE ⓘ ⓜⓞ VISA　　　　　　　　　　　　　　　　　　　　　　　　　　　　　Y u
fermé 2 dern. sem. juil., sam. midi et dim. – **Repas** 1250.

HASSELT

Badderijstr.	Y	2
Banneuxstr.	V	3
Boerenkrijgsingel	X	6
Botermarkt	Y	7
Demerstr.	Y	
Diesterstr.	YZ	8
Dorpstraat	Y	10
Genkersteenweg	V	12
Gouverneur Roppesingel	X	15
Gouverneur Verwilghensingel	V	16
Grote Markt	Z	
Havermarkt	Z	18
Hendrik van Veldekesingel	V	19
Herkenrodesingel	V	21
Hoogstr.	Y	22
Kapelstr.	Z	23
Kempische Steenweg	VY	24
Kolonel Dusartpl.	Y	26
Koning Albertstr.	Z	27
Koning Boudewijnlaan	VY	28
Koningin Astridlaan	VY	30
Kuringersteenweg	V	31
Kunstlaan	Z	32
Lombaardstr.	Y	34
Maastrichtersteenweg	VY	35
Maastrichterstr.	YZ	36
Prins Bisschopsingel	X	38
Ridder Portmanstr.	Z	39
Runkstersteenweg	V	40
Salvatorstr.	X	42
de Schiervellaan	Z	43
St. Jozefstr.	Z	44
St. Lambrechts Herkstraat	X	46
St. Truidersteenweg	X	47
Universiteitslaan	V	49
Windmolenstraat	Z	50
Zuivelmarkt	Y	51

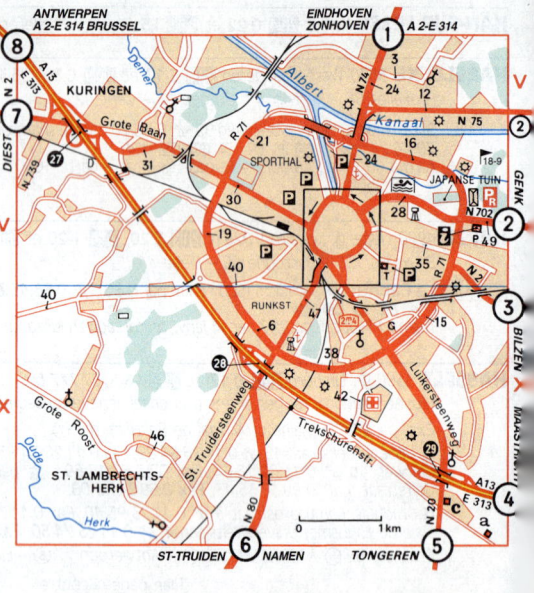

Pour visiter
la Belgique
utilisez
le guide vert
Michelin
Belgique
Grand-Duché de
Luxembourg

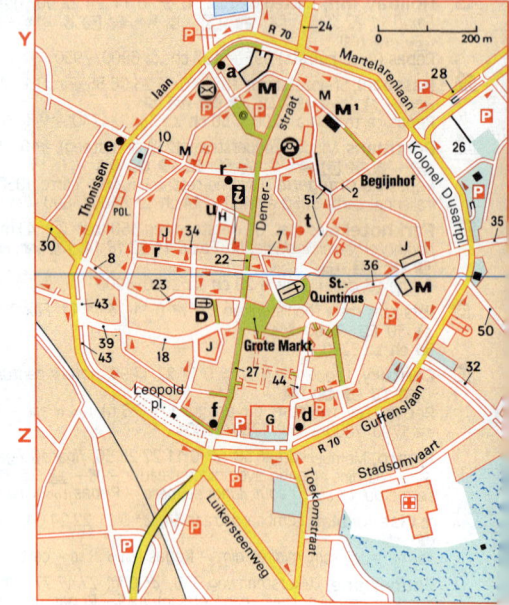

Send us your comments on the restaurants we recommend
and your opinion on the specialities
and local wines they offer.

HASSELT

à Herk-de-Stad (Herck-la-Ville) par ⑦ : 12 km – 11 574 h. – ⌧ 3540 Herk-de-Stad :

Rôtiss. De Blenk, Endepoelstraat 50 (Sud : 1 km par rte de St-Truiden, puis rte de Rummen), ℘ 0 13 55 46 64, deblenk@pi.be, 😀, « Fermette avec jardin d'hiver et terrasse » – 🏠 P. AE ⓘ ✉ VISA. ✂
fermé 15 août-3 sept., du 20 au 31 déc., jeudi, sam. midi et dim. – **Repas** Lunch 1250 – carte env. 2000.

à Lummen par ⑧ : 9 km – 13 500 h. – ⌧ 3560 Lummen :

Intermotel, Klaverbladstraat 7 (près de l'échangeur E 314 - A 2 / E 313 - A 13), ℘ 0 13 52 16 16, info@intermotel.be, Fax 0 13 52 20 78, 😀, 🚲 – 🏠 TV P – 🛄 25 à 120. AE ⓘ ✉ VISA. ✂
Repas Lunch 1400 – carte 1100 à 1500 – **48 ch** ⇌ 2400/3500 – ½ P 2750/3900.

Kasteel St-Paul (Robyns), Lagendal 3 (Sud-Est : 3 km), ℘ 0 13 52 18 09, stpaul@mail.dma.be, Fax 0 13 52 33 66, ≤, « Demeure du 19e s. dans un parc avec pièce d'eau » – 🏠 P. AE ⓘ ✉ VISA. ✂
fermé 2e quinz. juil., 1re quinz. janv., lundi, mardi, jeudi soir et sam. midi – **Repas** Lunch 1950 – 2595/3495, carte 2700 à 3350
Spéc. Foie d'oie sur toast et sa marmelade d'abricots parfumée à l'estragon(juin-sept.). St-Jacques au pesto sur lit d'haricots blancs aux truffes (oct.-mars). Terrine de pommes de terre légèrement fumées aux queues de langoustines.

à Romershoven Sud-Est : 10 km Ⓒ Hoeselt 9 078 h. – ⌧ 3730 Romershoven :

Ter Beuke, Romershovenstraat 148, ℘ 0 89 51 18 81, Fax 0 89 51 11 06, ≤, 😀, « Terrasse dans cadre champêtre » – P. AE ⓘ ✉ VISA. ✂
fermé 29 juil.-18 août, merc. et sam. midi – **Repas** Lunch 1650 bc – 1700/2100.

à Stevoort par ⑦ : 5 km jusqu'à Kermt, puis rte à gauche Ⓒ Hasselt – ⌧ 3512 Stevoort :

Domein Scholteshof (Souvereyns) 🐾 avec ch, Kermtstraat 130, ℘ 0 11 25 02 02, info@scholteshof.be, Fax 0 11 25 43 28, ≤, 😀, « Ferme du 18e s. avec vignes, potager, verger et jardins dans un cadre champêtre », ✂ – TV P – 🛄 25 à 60. AE ⓘ ✉ VISA
fermé 22 janv.-8 fév.. – **Repas** (*fermé mardi en juil.-août et merc.*) Lunch 2000 – 4500/5000 bc, carte env. 4200 – ⇌ 600 – **11 ch** 6000, 7 suites
Spéc. Rouget-barbet à la gremolata, couscous de chou-fleur à l'huile vierge. Homard rôti en carapace et croustillant de pommes de terre. Prélude de veau du Limousin, pain d'épices en mille-feuille de rognons.

*Michelin brengt bij de hotels en restaurants
die zij vermeldt geen reclameborden op de gevels aan.*

HASTIÈRE-LAVAUX 5540 Namur Ⓒ Hastière 4 944 h. 213 N 21, 214 N 21 et 909 H 5.
Bruxelles 100 – Namur 42 – Dinant 10 – Philippeville 25 – Givet 9.

Le Chalet des Grottes, r. Anthée 52, ℘ 0 82 64 41 86, Fax 0 82 64 57 55, « Environnement boisé » – P. AE ⓘ ✉ VISA
fermé 1 sem. en oct., janv., lundi soir et mardi – **Repas** Lunch 1600 – 1750/2500.

La Meunerie, r. Larifosse 17, ℘ 0 82 64 51 33, Fax 0 82 64 51 33, 😀, « Moulin à eau » – 🛄 25. AE ⓘ ✉ VISA. ✂
fermé janv.-10 fév., 16 août-13 sept., merc. sauf en juil.-août et mardi – **Repas** Lunch 895 – 1195/1895.

HAUTE-BODEUX Liège 213 T 20, 214 T 20 et 909 K 4 – voir à Trois-Ponts.

HAVELANGE 5370 Namur 213 Q 20, 214 Q 20 et 909 I 4 – 4 526 h.
🏌 à l'Est : 9 km à Méan, Ferme du Grand Scley ℘ 0 86 32 32 32, Fax 0 86 32 30 11.
Bruxelles 98 – Namur 39 – Dinant 30 – Liège 40.

Le Petit Criel, Malihoux 1, ℘ 0 83 63 76 33, jfluzin@swing.be, Fax 0 83 63 76 60, 😀, « Environnement champêtre » – P. AE ⓘ ✉ VISA. ✂
fermé 20 juin-10 juil. et mardis et merc. non fériés – **Repas** 495/1195.

HÉBRONVAL Luxembourg belge 213 T 21 et 214 T 21 – voir à Vielsalm.

HEFFEN Antwerpen 213 L 16 – voir à Mechelen.

HEIST West-Vlaanderen 213 E 14 et 909 C 1 – voir à Knokke-Heist.

HEIST-OP-DEN-BERG 2220 Antwerpen 213 N 16 et 909 H 2 – 37 342 h.

Bruxelles 48 – Antwerpen 30 – Diest 32 – Mechelen 18.

XX **Ter Bukbosch,** Liersesteenweg 203 (Sud-Est : 3 km, Mylène Center), ℘ 0 15 24 47 80, Fax 0 15 24 24 26, ≤, 🌿, « Terrasse et jardin » – 🅿 – 🔔 25 à 450. 🆎 ⓞ VISA. ⌘
fermé 15 juil.-15 août – **Repas** (déjeuner seult) Lunch 2000 – carte 1450 à 2050.

XX **Het Anker,** Bergstraat 7, ℘ 0 15 25 13 48, geerts.andre@worldonline.be, Fax 0 15 24 52 12 – 🅿 – 🔔 25 à 225. 🆎 ⓞ ⓜ VISA. ⌘
fermé 1 sem. en juil., prem. sem. sept, lundi, mardi soir, merc. soir et sam. midi – **Repas** Lunch 950 – 1100/1575.

HEKELGEM 1790 Vlaams-Brabant C Affligem 11 741 h. 213 J 17 et 909 F 3.

Bruxelles 23 – Aalst 6 – Charleroi 75 – Mons 79.

XXX **Anobesia,** Brusselbaan 216 (sur N 9), ℘ 0 53 68 07 69, Fax 0 53 66 59 25, 🌿, – 🅿. 🆎 ⓞ ⓜ VISA JCB. ⌘
fermé 2 dern. sem. fév., lundi soir, mardi et sam. midi – **Repas** Lunch 1300 – 1850/2400.

HENRI-CHAPELLE (HENDRIK-KAPELLE) 4841 Liège C Welkenraedt 8 753 h. 213 U 18, 214 U 18 et 909 K 3.

Voir Cimetière américain : de la terrasse ✽★.

🏌 18 rue du Vivier 3 ℘ 0 87 88 19 91, Fax 0 87 88 36 55 - 🏌 au Nord-Ouest : 11 km à Gemmenich, r. Terstraeten 254 ℘ 0 87 78 92 80, Fax 0 87 78 75 55.
Bruxelles 124 – Maastricht 33 – Eupen 11 – Liège 34 – Verviers 16 – Aachen 16.

XX **Le Vivier,** Vivier 22 (Est : 1,5 km), ℘ 0 87 88 04 12, Fax 0 87 88 04 12, 🌿, « Parc avec étang » – 🅿. 🆎 ⓞ ⓜ VISA. ⌘
fermé 2 sem. carnaval, 2 sem. fin juil., dim. soir, lundi et après 20 h 30 – **Repas** Lunch 1200 – 1685.

HERBEUMONT 6887 Luxembourg belge 214 Q 24 et 909 I 6 – 1 436 h.

Voir Château : du sommet ≤★★.

Env. à l'Ouest : 11 km, Roches de Dampiry ≤★ – au Nord-Ouest : 12 km, Variante par Auby : au mont Zatron ≤★.
Bruxelles 170 – Bouillon 24 – Arlon 55 – Dinant 78.

🏠 **Host. du Prieuré de Conques** ⚑, r. Conques 2 (Sud : 2,5 km), ✉ 6820 Florenville, ℘ 0 61 41 14 17, Fax 0 61 41 27 03, ≤, 🌿, « Dans un parc au bord de la Semois », 🌿, 🚲 – 📺 🅿. 🆎 ⓞ ⓜ VISA. ⌘
15 mars-2 janv. ; fermé 27 août-6 sept. et mardi – **Repas** Lunch 1600 bc – 1150/2100 – **18 ch** ⛌ 3500/5700 – ½ P 3200/3950.

🏠 **La Châtelaine,** Grand-Place 8, ℘ 0 61 41 14 22, Fax 0 61 41 22 04, ⚐s, 🏊, 🌿, 🚲 – 📺 🅿. 🔔 25. 🆎 ⓞ ⓜ VISA JCB. ⌘ rest
16 mars-janv. ; fermé dern. sem. juin-prem. sem. juil. et dern. sem. août-prem. sem. sept – **Repas** (fermé merc., dim. soir et après 20 h 30) Lunch 875 – 850/1485 – **30 ch** ⛌ 1950/3300 – ½ P 2200/3200.

's-HERENELDEREN Limburg 213 S 18 et 909 J 3 – voir à Tongeren.

HERENTALS 2200 Antwerpen 213 O 15 et 909 H 2 – 25 427 h.

Voir Retable★ de l'église Ste-Waudru (St-Waldetrudiskerk).

🏌 au Nord : 8 km à Lille, Haarlebeek 3 ℘ 0 14 55 19 30, Fax 0 14 55 19 31 - 🏌 au Sud 5 km à Noorderwijk, Witbos ℘ 0 14 26 21 71, Fax 0 14 26 60 48.
🛈 Grote Markt 41, ℘ 0 14 21 90 88, Fax 0 14 22 28 56.
Bruxelles 70 – Antwerpen 30 – Hasselt 48 – Turnhout 24.

X **'t Ganzennest,** Watervoort 68 (direction Lille : 1 km, puis à droite), ℘ 0 14 21 64 5 Fax 0 14 21 82 36, 🌿, Taverne-rest, « Cadre champêtre » – 🅿. VISA
fermé prem. sem. mars, 2 dern. sem. août-prem. sem. sept., lundi et mardi – **Repas** 82

à Grobbendonk Ouest : 4 km – 10 424 h. – ✉ 2280 Grobbendonk :

🏠 **Aldhem,** Jagersdreef 1 (près E 313 - A 13, sortie ⑳), ℘ 0 14 50 10 01, info@aldhem.b Fax 0 14 50 10 13, 🌿, ⚐s, 🏊, ⚒, – 🛗, 🍴 rest, 📺 🅿 – 🔔 25 à 640. 🆎 ⓞ VISA. ⌘
Repas (Cuisine italienne) 900/1850 – **65 ch** ⛌ 4550/5150 – ½ P 2875/3475.

HERK-DE-STAD (HERCK-LA-VILLE) Limburg 213 Q 17 et 909 I 3 – voir à Hasselt.

HERNE 1540 Vlaams-Brabant 213 J 18, 214 J 18 et 909 F 3 – 6 429 h.
Bruxelles 42 – Aalst 27 – Mons 31 – Tournai 52.

XXX **Kokejane**, Van Cauwenberghelaan 3, ℘ 0 2 396 16 28, Fax 0 2 396 02 40, 常, « Terrasse et jardin » – 🅿 – 🔏 25 à 40. AE ◉ ⓜ VISA
fermé 23 juil.-9 août, du 7 au 24 janv. et lundis et mardis non fériés – **Repas** Lunch 1475 bc – 1775/2880.

HERSEAUX Hainaut 213 E 18 et 909 C 3 – voir à Mouscron.

HERSELT 2230 Antwerpen 213 O 16 et 909 H 2 – 13 594 h.
Bruxelles 51 – Antwerpen 43 – Diest 17 – Turnhout 35.

XX **Agter de Weyreldt**, Achter de Wereldstraat 2 (Sud-Ouest : 4 km par N 19), ℘ 0 16 69 98 51, Fax 0 16 69 98 53, 常, « Cadre champêtre » – 🅿 – 🔏 30. AE ◉ ⓜ VISA. ⁂
fermé sam. midi, dim. soir et lundi – **Repas** Lunch 1350 – 1950.

HERTSBERGE West-Vlaanderen 213 E 16 et 909 C 2 – voir à Brugge, environs.

Het – voir au nom propre.

HEURE 5377 Namur © Somme-Leuze 4 082 h. 213 Q 21, 214 Q 21 et 909 I 5.
Bruxelles 102 – Dinant 35 – Liège 54 – Namur 41.

XX **Le Pré Mondain** (Van Lint), rte de Givet 24, ℘ 0 86 32 28 12, Fax 0 86 32 39 02, 常,
❀ « Auberge rustique avec terrasse et jardin fleuri » – 🅿 ⓜ VISA
fermé 1 sem. Pâques, 19 juin-10 juil., du 18 au 31 déc., du 1er au 25 janv., dim., lundi et jeudi soir – **Repas** Lunch 1050 – 2100 bc, carte 1150 à 1550
Spéc. Anguilles parfumées aux herbes du jardin. Boudin noir rôti "en baudruche" aux pommes caramélisées. Pain perdu aux pommes caramélisées et parfait à la vanille.

HEUSDEN Limburg 213 Q 16 et 909 I 2 – voir à Zolder.

HEUSDEN Oost-Vlaanderen 213 H 16 et 909 E 2 – voir à Gent, environs.

HEUSY Liège 213 U 19, 214 U 19 et 909 K 4 – voir à Verviers.

HEVERLEE Vlaams-Brabant 213 N 17 et 909 H 3 – voir à Leuven.

HEYD 6941 Luxembourg belge © Durbuy 9 794 h. 213 S 20, 214 S 20 et 909 J 4.
Bruxelles 122 – Arlon 103 – Liège 52 – La Roche-en-Ardenne 37.

X **La Vouivre**, Ninane 1 (Nord : 2 km sur N 806, lieu-dit Ninane-Aisne), ℘ 0 86 49 95 06, Fax 0 86 49 95 06 – 🅿 ⓜ VISA
fermé du 1er au 15 juil., du 1er au 15 janv. et dim. soirs, lundis midis et merc. non fériés – **Repas** 920/1450.

HINGENE 2880 Antwerpen © Bornem 19 879 h. 213 K 16 et 909 F 2.
Bruxelles 35 – Antwerpen 27 – Gent 46 – Mechelen 22.

XX **Symfonie**, Schoonaardestraat 11, ℘ 0 3 889 36 69, Fax 0 3 889 36 69, 常, « Fermette avec jardin d'hiver » – 🅿 AE ◉ ⓜ VISA
fermé 3 sem. en juil., mardi et merc. – **Repas** Lunch 1000 – 1600/2100.

HOEGAARDEN 3320 Vlaams-Brabant 213 O 18 et 909 H 3 – 5 991 h.
Bruxelles 47 – Charleroi 58 – Hasselt 44 – Liège 56 – Namur 43 – Tienen 5.

X **Op de Wallen van Alpaïde**, Gemeenteplein 25, ℘ 0 16 76 64 69, Fax 0 16 76 69 66, 常, « Maison historique avec fondations du 10e s. » – 🔏 35. AE ◉ ⓜ VISA
fermé 31 mars-13 avril, 28 août-8 sept., lundi et mardi – **Repas** Lunch 950 – carte env. 1300.

HOEI Liège – voir Huy.

HOEILAART Vlaams-Brabant 213 L 18 - ㉒ S et 909 G 3 - ㉒ S - voir à Bruxelles, environs.

211

HOEKE West-Vlaanderen 213 F 15 – voir à Damme.

HONDELANGE Luxembourg belge 214 U 25 et 909 K 7 – voir à Arlon.

HOOGLEDE West-Vlaanderen 213 D 17 et 909 C 3 – voir à Roeselare.

HOOGSTRATEN 2320 Antwerpen 213 N 14 et 909 H 1 – 17585 h.
🛈 Stadhuis, Vrijheid 149 ✆ 0 3 340 19 55, Fax 0 3 340 19 66.
Bruxelles 88 – Antwerpen 37 – Turnhout 18.

XXX **Noordland**, Lodewijk De Konincklaan 276, ✆ 0 3 314 53 40, dk@noordland.be, Fax 0 3 314 83 32, 😊, « Jardin » – 🔲 🅿 🆎 ⓘ ⓜ VISA. ✂
fermé fin janv.-début fév., 13 juil.-2 août, merc. et jeudi – **Repas** Lunch 1250 – carte env. 1300.

XX **Host. De Tram** avec ch, Vrijheid 192, ✆ 0 3 314 65 65, Fax 0 3 314 70 06 – TV 🅿 🆎 ⓜ VISA. ✂
fermé sem. carnaval et 2ᵉ quinz. août – **Repas** (fermé lundi et mardi) Lunch 850 – carte 1650 à 2150 – **5 ch** ⊇ 3950/4200.

XX **Begijnhof**, Vrijheid 108, ✆ 0 3 314 66 25, Fax 0 3 314 84 13 – 🔲. 🆎 ⓜ VISA. ✂
fermé du 12 au 30 juil., mardi et merc. – **Repas** Lunch 895 – 1200/1595.

HOTTON 6990 Luxembourg belge 213 R 21, 214 R21 et 909 J 5 – 4836 h.
Voir Grottes★★.
🛈 r. Haute 4 ✆ 0 84 46 61 22, Fax 0 84 46 76 98.
Bruxelles 116 – Liège 60 – Namur 55.

🏨 **La Commanderie** ⚘, r. Haute 44, ✆ 0 84 46 78 77, Fax 0 84 46 75 89, ♨, 🚗 – TV 🅿 🆎 ⓜ VISA
avril-10 janv. ; fermé lundi et mardi sauf en juil.-août – **Repas** Lunch 750 – 900/1200 – **15 ch** ⊇ 1700/2500 – ½ P 2000/2300.

🏨 **La Besace** ⚘, r. Monts 9 (Est : 4,5 km, lieu-dit Werpin), ✆ 0 84 46 62 35, info@labesace.be, Fax 0 84 46 70 54, 😊 – TV 🅿 ♨ 25. ⓜ VISA. ✂ rest
Repas (dîner pour résidents seult) – **9 ch** ⊇ 1950/2800 – ½ P 2095/2695.

HOUDENG-AIMERIES Hainaut 213 J 20, 214 J 20 et 909 F 4 – voir à La Louvière.

HOUFFALIZE 6660 Luxembourg belge 214 T 22 et 909 K 5 – 4494 h.
🛈 pl. Janvier 45 ✆ 0 61 28 81 16, Fax 0 61 28 95 59.
Bruxelles 164 – Luxembourg 95 – Arlon 63 – Liège 71 – Namur 97.

à Achouffe Nord-Ouest : 6 km ⓒ Houffalize – ✉ 6666 Houffalize :

🏨 **L'Espine** ⚘, Achouffe 19, ✆ 0 61 28 81 82, espine@caramail.com, Fax 0 61 28 90 82, « Cadre champêtre » – TV 🅿 ⓜ VISA
fermé du 1ᵉʳ au 15 juil. et du 1ᵉʳ au 15 janv. – **Repas** (dîner seult) carte 1250 à 1850 – **11 ch** ⊇ 2500/3700 – ½ P 2400.

à Wibrin Nord-Ouest : 9 km ⓒ Houffalize – ✉ 6666 Wibrin :

🏨 **Le Cœur de l'Ardenne** ⚘, r. Tilleul 7, ✆ 0 61 28 93 15, Fax 0 61 28 91 67, 😊 – TV 🅿 ⓜ VISA. ✂
fermé 27 août-13 sept. et du 7 au 17 janv. – **Repas** (dîner pour résidents seult) – **5 ch** ⊇ 2550/3900 – ½ P 2625/2950.

HOUSSE Liège 213 T 18, 214 T 18 - ㉖ N et 909 ⑱ N – voir à Blégny.

HOUTAIN-LE-VAL 1476 Brabant Wallon ⓒ Genappe 13657 h. 213 L 19, 214 L 19 et 909 G 4
Bruxelles 41 – Charleroi 33 – Mons 46 – Nivelles 11.

X **La Meunerie**, r. Patronage 1a, ✆ 0 67 77 28 16, la_meunerie@swing.be, Fax 0 6 77 33 37, 😊 – 🅿 🆎 ⓘ ⓜ VISA JCB
fermé 22 juil.-14 août, sam. midis non fériés, dim. soir et lundi – **Repas** Lunch 795 – 1150/1650.

HOUTHALEN *3530 Limburg* © *Houthalen-Helchteren 29 105 h.* **213 R 16** et **909 J 2.**

Golfstraat 1 ☎ 0 89 38 35 43, Fax 0 89 84 12 08.

Grote Baan 112a ☎ 0 11 60 05 40, Fax 0 11 60 05 03.

Bruxelles 83 – Maastricht 40 – Diest 28 – Hasselt 12.

XXXX ✿ **De Barrier** (Vandersanden), Grote Baan 9 (près E 314 - A 2, sortie ㉙), ☎ 0 11 52 55 25, *info@debarrier.be, Fax 0 11 52 55 45,* , « Terrasse et jardin paysagé avec pièce d'eau » – P. AE ① MC VISA
fermé 25 fév.-5 mars, du 15 au 30 juil., dim. midi d'oct. à fév., dim. soir et lundi – **Repas** Lunch 1650 – 2500/3250, carte 2800 à 3650
Spéc. Carpaccio de langoustines à la crème de chou-fleur au caviar (15 mai-15 sept.). Filet de turbot aux chanterelles et mousseline d'artichaut (15 sept.-fév.). Noisettes de chevreuil aux mûres et airelles (15 mai-25 sept.).

XXX **Abdijhoeve,** Kelchterhoef 7 (Est : 5,5 km), ☎ 0 89 38 01 69, *Fax 0 89 38 01 69,* , Avec taverne, « Ferme restaurée dans un parc public » – P. – 25 à 400. AE MC VISA
fermé lundi – **Repas** 1600 bc.

X **ter Laecke,** Daalstraat 19 (Nord : 2 km par N 74 à Laak), ☎ 0 11 52 67 44, *Fax 0 11 52 59 15,* , « Jardin » – P. AE ① MC VISA.
fermé sem. carnaval, sem. Toussaint, mardi et merc. – **Repas** Lunch 1450 bc – 995/1950.

HOUYET *5560 Namur* **214 P 21** et **909 I 5** – *4 395 h.*

Env. *au Nord : 10 km à Celles : dalle funéraire★ dans l'église romane St-Hadelin.*

Tour Léopold-Ardenne 6 ☎ 0 82 66 62 28, Fax 0 82 66 74 53.

Bruxelles 110 – Bouillon 66 – Dinant 34 – Namur 54 – Rochefort 23.

Host. d'Hérock , Hérock 14 (près E 411 - A 4, sortie ㉒), ☎ 0 82 66 64 03, *herock-sa@swing.be, Fax 0 82 66 65 14,* , , , , – TV P. AE ① MC VISA. rest
fermé lundi – **Repas** Lunch 590 – carte env. 1000 – **15 ch** 1600/2300 – ½ P 1700/1900.

à Celles *Nord : 10 km* © *Houyet* – ✉ *5561 Celles :*

Aub. de la Lesse, Gare de Gendron 1 (N 910, lieu-dit Gendron), ☎ 0 82 66 73 02, *Fax 0 82 66 76 15,* , – TV P. MC VISA JCB
Repas *(fermé lundi soir et mardi sauf vacances scolaires)* (Taverne-rest) carte 850 à 1300 – **10 ch** 1680/2500 – ½ P 2000/2630.

XX **La Clochette** avec ch, r. Vêves 1, ☎ 0 82 66 65 35, *Fax 0 82 66 77 91* – P. AE MC VISA
fermé 19 fév.-8 mars et 18 juin-5 juil. – **Repas** *(fermé lundis midis et merc. non fériés d'oct. à avril)* 850/1500 – **7 ch** *(fermé merc. non fériés sauf en juil.-août)* 1850/2300 – ½ P 2200/2400.

à Custinne *Nord-Est : 7 km* © *Houyet* – ✉ *5562 Custinne :*

Host. "Les Grisons" , rte de Neufchâteau 23, ☎ 0 82 66 79 84, *Fax 0 82 66 79 85,* – TV P. AE ① MC VISA
fermé du 14 au 22 mai, du 17 au 27 sept., du 1er au 9 janv., sam. midis non fériés d'oct. à déc. et lundis midis et mardis non fériés – **Repas** 1290 – **4 ch** 2600/3200, 4 suites – ½ P 5800/6800.

X **Le Grand Virage,** rte de Neufchâteau 22 (N 94), ☎ 0 82 66 63 64, *Fax 0 82 66 63 64,* – P. MC VISA
fermé du 1er au 15 sept., dim. soir et lundi – **Repas** 950/1250.

HUISE *Oost-Vlaanderen* **213 G 17** et **909 D 3** – *voir à Zingem.*

HUIZINGEN *Vlaams-Brabant* **213 K 18** - (51) S et **909 F 3** – *voir à Bruxelles, environs.*

La HULPE (TERHULPEN) *1310 Brabant Wallon* **213 L 18, 214 L 18** et **909 G 3** – *6 868 h.*

Voir *Parc★ du domaine Solvay.*

Bruxelles 20 – Charleroi 44 – Namur 54.

XXX **La Salicorne,** r. P. Broodcoorens 41, ☎ 0 2 654 01 71, *Fax 0 2 653 71 23,* , « Terrasse » – P. AE ① MC VISA JCB
fermé carnaval, 2 sem. en juil., Toussaint, dim. et lundi – **Repas** Lunch 950 – 1480/2180.

X **L'Artgoût,** av. Reine Astrid 81, ☎ 0 2 652 08 43, *Fax 0 2 652 28 98,* , Brasserie – P. ① MC VISA
fermé dim. et lundi – **Repas** Lunch 425 – carte 1100 à 1650.

HUY (HOEI) 4500 Liège 213 O 19, 214 O 19 et 409 I 4 – 18 816 h.

Voir Collégiale Notre-Dame* : trésor* Z – Fort* : ≤** Z.

Musée : communal* Z M.

Env. par N 617 : 7,5 km à Amay : chasse* et sarcophage mérovingien* dans la Collégiale St-Georges – par N 617 : 10 km à Jehay-Bodegnée : collections* dans le château* de Jehay.

⛳ par ④ : 11 km à Andenne, Ferme du Moulin, Stud 52 ℘ 0 85 84 34 04, Fax 0 85 84 34 04.

🛈 Quai de Namur 1 ℘ 0 85 21 29 15, Fax 0 85 23 29 44.

Bruxelles 83 ⑤ – Namur 35 ④ – Liège 33 ①

Autrebande (Quai d') . . . . Y 2	Joseph-Lebeau (Av.) . . . . . . Y 10	St-Denis (Pl.) . . . . Z 19
Condroz (Av. du) . . . . Z 3	Namur (Quai de) . . . . Z 13	St-Pierre (R.) . . . . Y
Foulons (R. des) . . . . Z 6	Neuve (R.) . . . . Y	St-Séverin (Pl.) . . . . Z 21
Haut-Chêne (R. du) . . . . . . Z 7	Pont (R. du) . . . . Y 15	Sous-le-Château (R.) . . . . Z 22
Hoyoux (Av. du) . . . . Z 9	Reine (R. de la) . . . . Z 16	Verte (Place) . . . . Z 24
	Rôtisseurs (R. des) . . . . . . Z 18	Vieux Pont (R. du) . . . . . . Z 25

🏨 **Sirius** sans rest, quai de Compiègne 47 (par ① : 1,5 km), ℘ 0 85 21 24 00, fraico@kynet.be, Fax 0 85 21 24 01 – 📶 📺 & 🅿 – 🔸 25 à 75. AE ⓘ ⓜ VISA. ✻ fermé 24 déc.-6 janv. – **24 ch** 🖙 2750/3200, 2 suites.

🍴🍴 **La ferme de gabelle** 🌿, chemin de Gabelle 6 (par ② : 3 km, lieu-dit La Sarte), ℘ 0 8 25 51 60, Fax 0 85 23 65 46, 🌳, « Ancienne ferme rénovée » – 🅿. AE ⓘ ⓜ VISA. ✻ fermé du 15 au 31 août, 24 déc.-10 janv., dim. soir, lundi et merc. soir – **Repas** 1150/180

🍴 **Philippe Lefèbvre**, quai de Namur 15, ℘ 0 85 21 14 06 – VISA   Z
fermé 3 sem. en sept., lundi et sam. midi – **Repas** 1240.

🍴 **Les Colombes**, r. L'Apleit 9, ℘ 0 85 25 15 72, 😊 – 🅿. ⓜ VISA   YZ
fermé 20 août-7 sept., du 24 au 30 déc., lundi et merc. – **Repas** 720/1290.

🍴 **Le Sorgho Rouge** 1ᵉʳ étage, quai d'Autrebande 1/01, ℘ 0 85 21 41 8
Fax 0 75 25 35 75, ≤, Cuisine chinoise – 🅿. AE ⓘ ⓜ VISA. ✻   Z
fermé 3 dern. sem. juil. et mardi – **Repas** Lunch 450 – carte env. 1000.

IEPER (YPRES) 8900 West-Vlaanderen 213 C 17 et 909 B 3 – 35 128 h.

Voir Halles aux draps★ (Lakenhalle) ABX.
Musée : In Flanders Fields Museum★★ ABX M⁴.

🚌 au Sud-Est : 7 km à Hollebeke, Eekhofstraat 14 ℰ 0 57 20 04 36, Fax 0 57 21 89 58 -
🚂 Industrielaan 24 ℰ 0 57 21 66 88, Fax 0 57 21 82 10.
🛈 Stadhuis ℰ 0 57 22 85 84, Fax 0 57 22 85 89.
Bruxelles 125 ② – Brugge 52 ① – Kortrijk 32 ② – Dunkerque 48 ⑥.

IEPER

Adj. Masscheleinlaan . . . . . **BX** 2	Hoge Wieltjesgracht . . . . **BX** 10	Meenseweg . . . . **BX** 27
Arsenaalstr. . . . . **AY** 4	J. Capronstr. . . . . **AX** 12	de Montstr. . . . . **AY** 29
A. Stoffelstr. . . . . **BX** 5	J. Coomansstr. . . . . **AX** 14	Oude Houtmarktstr. . . . . . **BX** 30
A. Vandenpeere-	Kalfvaartstr. . . . . **BX** 15	Patersstr. . . . . **AX** 31
boompl. . . . . **AX** 6	Kanonweg . . . . **BY** 17	Poperingseweg . . . . **AX** 32
Bollingstr. . . . . **BX** 7	Kauwekijnstr. . . . . **BX** 18	Rijselsestr. . . . . **BXY**
Boterstraat . . . . **AX** 8	Lange Torhoutstr. . . . . . . **BX** 22	Rijselseweg . . . . **BY** 33
Diksmuidestr. . . . . **BX**	Maarschalk Fochlaan . . . . **AX** 23	Stationsstraat . . . . **AXY** 35
G. de Stuersstr. . . . . **AX**	Maarschalk Frenchlaan . . . . **BX** 24	Surmont de Volsbergestr. . . . . . **ABX** 36
Grote Markt . . . . **BX** 9	Meensestr. . . . . **BX** 26	Tempelstr. . . . . **AX** 38
		Wateringsstr. . . . . **BY** 40

🏨 **Ariane** ⌂, Slachthuisstraat 58, ℰ 0 57 21 82 18, ariane@unicall.be, Fax 0 57 21 87 99, 🍴 – 📶 📺 🅿 – 🛄 25. AE ⓘ ⓜⓞ VISA ✕
AX e
Repas (fermé dern. sem. déc.-prem. sem. janv. et sam. midi) Lunch 350 – carte 850 à 1600
– **36 ch** ⌂ 2825/3650 – ½ P 2325/3325.

🏨 **The Rabbit Inn** ⌂, Industrielaan 19 (par ① : 2,5 km), ℰ 0 57 21 70 00, tri@inline.be, Fax 0 57 21 94 74, 🍴 – 📶 📺 🅿 – 🛄 25 à 120. AE ⓘ ⓜⓞ VISA
Repas Tybaert (fermé 10 juil.-16 août et dim. soir) Lunch 545 – 850/1650 ⌂ 345 – **39 ch** 2400/3000 – ½ P 2390/3290.

IEPER

- **Regina**, Grote Markt 45, ℘ 0 57 21 88 88, info@hotelregina.be, Fax 0 57 21 90 20 – 🛗, ■ rest, 📺 – 🎿 25. 🖅 ⓜ 𝗩𝗜𝗦𝗔 BX **a**
  Repas (fermé 23 juil.-3 août, vend. et dim. soir) Lunch 950 – 1500/2450 – **17 ch** ⇌ 3000 – ½ P 3500/4500.

- **Host. St-Nicolas**, G. de Stuersstraat 6, ℘ 0 57 20 06 22, Fax 0 57 20 06 22, 🍽 – 🖅 ⓞ ⓜ 𝗩𝗜𝗦𝗔. ※ AX **d**
  fermé 16 juil.-7 août, du 2 au 10 janv., dim. soir et lundi – **Repas** 1650 bc/3200 bc.

- **Ter Thuyne**, G. de Steursstraat 19, ℘ 0 57 21 52 06, Fax 0 57 21 52 07, 🍽 – 🎿 25. ⓜ 𝗩𝗜𝗦𝗔. ※ AX **b**
  fermé du 2 au 9 avril, 2 dern. sem. août, sam. midi, dim. soir et lundi – **Repas** Lunch 1500 bc – 1750/2380 bc.

- **Dikkebusvijver**, Dikkebusvijverdreef 31 (par Dikkebusseweg : 4 km), ℘ 0 57 20 00 85, Fax 0 57 21 81 09, ≤, Taverne-rest, anguilles – ■ 🅿 🖅 ⓞ ⓜ 𝗩𝗜𝗦𝗔 AY
  fermé fév. et merc. sauf en juil.-août – **Repas** Lunch 1150 bc – 1475/1600.

à Zillebeke par ③ : 3 km 🅲 Ieper – ✉ 8902 Zillebeke :

- **de steenen HAENE**, Komensweg 21, ℘ 0 57 20 54 86, Fax 0 57 21 50 42, 🍽, « Rustique » – 🅿 ⓜ 𝗩𝗜𝗦𝗔
  fermé 22 fév.-7 mars, du 15 au 29 août, mardi soir et merc. – **Repas** Lunch 1000 – 995/1950.

ITTRE (ITTER) 1460 Brabant Wallon 𝟮𝟬𝟯 K 19, 𝟮𝟬𝟰 K 19 et 𝟵𝟬𝟵 F 4 – 5 588 h.
Bruxelles 32 – Nivelles 10 – Soignies 21.

- **L'Abreuvoir**, r. Basse 2, ℘ 0 67 64 67 06, Fax 0 67 64 85 71 – ■. 🖅 ⓞ ⓜ 𝗩𝗜𝗦𝗔. ※
  fermé du 1er au 6 janv., lundi soir, mardi et jeudi soir – **Repas** 895/995.

IVOZ-RAMET Liège 𝟮𝟬𝟯 R 19, 𝟮𝟬𝟰 R 19 - ㉔ S et 𝟵𝟬𝟵 J 4 - ⑰ S – voir à Liège, environs.

IXELLES (ELSENE) Région de Bruxelles-Capitale 𝟮𝟬𝟯 ㊶ S et 𝟵𝟬𝟵 ㉑ S – voir à Bruxelles.

IZEGEM 8870 West-Vlaanderen 𝟮𝟬𝟯 E 17 et 𝟵𝟬𝟵 C 3 – 26 584 h.
Bruxelles 103 – Kortrijk 13 – Brugge 36 – Roeselare 7.

- **Ter Weyngaerd**, Burg. Vandenbogaerdelaan 32, ℘ 0 51 30 95 41, terweyngaerd@online.be, Fax 0 51 31 96 52, 🍽 – 🖅 ⓞ ⓜ 𝗩𝗜𝗦𝗔 ᴊᴄʙ
  fermé 1 sem. en fév., fin juil.-début août, mardi soir, merc. et dim. soir – **Repas** Lunch 625 – 1050/2375 bc.

- **Retro**, Meensestraat 159, ℘ 0 51 30 03 06, retro.restaurant@skynet.be, Fax 0 51 30 03 06 – ■. 🖅 ⓞ ⓜ 𝗩𝗜𝗦𝗔
  fermé du 19 au 26 fév., 30 juil.-17 août, dim. soir et lundi – **Repas** Lunch 1250 – 850/2125

- **Bistro d'Halve Maan**, Melkmarkt 12, ℘ 0 51 31 84 22, Fax 0 51 31 84 22, 🍽 – ⓜ 𝗩𝗜𝗦𝗔
  fermé 10 juil.-4 août, 1 sem. en janv., lundi et mardi – **Repas** carte 850 à 1250.

IZEL Luxembourg belge 𝟮𝟬𝟰 R 24 – voir à Florenville.

JABBEKE 8490 West-Vlaanderen 𝟮𝟬𝟯 D 15 et 𝟵𝟬𝟵 C 2 – 13 530 h.
Musée : Permeke* (Provinciaal Museum Constant Permeke).
Bruxelles 102 – Brugge 13 – Kortrijk 57 – Oostende 17.

- **Haeneveld**, Krauwerstraat 1, ℘ 0 50 81 27 00, haeneveld@yahoo.com, Fax 0 5 81 12 77, 🍽, « Cadre de verdure », 🌳, 🚴 – 📺 🅿. 𝗩𝗜𝗦𝗔. ※ rest
  fermé du 15 au 28 fév. et 24 sept.-1er oct. – **Repas** (fermé mardi et merc. soir) Lunch 1100 – 1350/2350 bc – **8 ch** ⇌ 2750/4300 – ½ P 3000/4500.

à Snellegem Sud-Est : 3 km 🅲 Jabbeke – ✉ 8490 Snellegem :

- **'t Oosthof**, Oostmoerstraat 1, ℘ 0 50 81 16 53, mail@oosthof.be, Fax 0 50 81 46 5 🍽, « Ancienne ferme fortifiée » – 🅿. 🖅 ⓞ ⓜ 𝗩𝗜𝗦𝗔
  fermé 19 fév.-7 mars, du 2 au 25 juil., du 3 au 7 déc., lundi soir et merc. – **Repas** Lun 800 – 1050/2450 bc.

à Stalhille Nord : 3 km 🅲 Jabbeke – ✉ 8490 Stalhille :

- **Hove Ter Hille** sans rest, Nachtegaalstraat 46 (sur N 377), ℘ 0 50 81 11 97, Fax 0 81 45 17, 🚴 – 📺 🅿.
  14 ch ⇌ 1400/2300.

JALHAY 4845 Liège 213 U 19, 214 U 19 et 909 K 4 – 7 351 h.
Bruxelles 130 – Eupen 12 – Liège 40 – Spa 13 – Verviers 8.

- **La Crémaillère**, r. Fagne 17, ℘ 0 87 64 73 14, info@la-cremaillere.be, Fax 0 87 64 70 20, 🍽, 🚴, – TV P AE ⓪ ⓜ VISA. ※ rest
  fermé du 3 au 19 juil. et 21 déc.-7 janv. – **Repas** (fermé mardi et merc.) Lunch 750 – carte 1100 à 1600 – **8 ch** ⇌ 1750/2750 – ½ P 2125/2500.

- **Au Vieux Hêtre** avec ch, rte de la Fagne 18, ℘ 0 87 64 70 92, Fax 0 87 64 78 54, 🍽, « Jardin avec pièce d'eau et volière », 🚴 – TV P ⓜ VISA. fermé du 15 au 30 juin, 26 nov., du 16 au 26 déc. et lundi, mardi et merc. sauf en juil.-août – **Repas** Lunch 720 – 900/1500 bc – **12 ch** ⇌ 2700/3000 – ½ P 2200/3000.

- **La Ferme des Vieux Prés**, chemin des Vieux Prés 27 (Est : 1 km, lieu-dit Werfat), ℘ 0 87 64 71 35, Fax 0 87 64 70 88, 🍽, Grillades, « Cadre champêtre » – P AE ⓜ VISA. ※
  fermé 3 sem. en sept., lundi, mardi et sam. midi – **Repas** 1200/1700.

- **La Ferme du Hélivy** avec ch, Champs de Foir 89a (Nord-Est : 3,5 km sur N 672), ℘ 0 87 64 73 64, Fax 0 87 64 73 64, 🍽, 🌳 – TV P AE ⓪ ⓜ VISA. ※ ch
  Repas (fermé 2 prem. sem. sept., lundi soir et mardi) Lunch 900 bc – 850/1600 – **6 ch** ⇌ 1800/2600 – ½ P 2600.

JETTE Région de Bruxelles-Capitale 213 K 17 - ⑤ N et 909 ㉑ N – voir à Bruxelles.

JEUK (GOYER) 3890 Limburg © Gingelom 7 572 h. 213 Q 18 et 909 I 3.
Bruxelles 79 – Namur 54 – Liège 38 – Sint-Truiden 10.

- **Clos St Georges** 🌿, Hundelingenstraat 42, ℘ 0 11 48 56 94, Fax 0 11 48 46 94, « Ferme-château du 18ᵉ s. avec parc », 🌳 – TV P – 🔔 25 à 100. ⓜ VISA. ※ rest
  fermé du 1ᵉʳ au 15 janv. – **Repas** (dîner pour résidents seult) – ⇌ 350 – **5 ch** 2550/3700.

JODOIGNE (GELDENAKEN) 1370 Brabant Wallon 213 O 18 et 909 H 3 – 11 354 h.
Bruxelles 50 – Namur 36 – Charleroi 52 – Hasselt 50 – Liège 61 – Tienen 12.

à Mélin (Malen) Nord-Ouest : 5 km © Jodoigne – ✉ 1370 Mélin :

- **La Villa du Hautsart**, r. Hussompont 29, ℘ 0 10 81 40 10, villa.hautsart@lavilladuh autsart.com, Fax 0 10 81 44 34, 🍽 – P AE ⓪ ⓜ VISA
  fermé 2 sem. en janv., dim. soir, lundi et mardi – **Repas** 950/1600.

JUPILLE Luxembourg belge 214 S 21 – voir à La Roche-en-Ardenne.

JUPILLE-SUR-MEUSE Liège 213 S 19, 214 S 19 - ㉕ S et 909 J 4 - ⑱ N – voir à Liège, périphérie.

JUZAINE Luxembourg belge 214 S 20 – voir à Bomal-sur-Ourthe.

KALMTHOUT 2920 Antwerpen 213 L 14 - ⑬ N et 909 G 1 - ⑨ N – 17 288 h.
Bruxelles 76 – Antwerpen 22 – Roosendaal 20 – Turnhout 42.

- **Keienhof**, Putsesteenweg 133 (Sud-Ouest : 2 km sur N 111, De Kalmthoutse Heide), ℘ 0 3 666 25 50, info@keienhof, Fax 0 3 666 25 56, 🍽, « Gentilhommière dans un environnement boisé » – P ⓜ VISA
  fermé du 10 au 15 avril, du 7 au 30 août, dim. et lundi – **Repas** Lunch 1000 – 950/1950.

KANNE 3770 Limburg © Riemst 15 648 h. 213 T 18 et 909 K 3.
Bruxelles 118 – Maastricht 6 – Hasselt 37 – Liège 30.

- **Huize Poswick** 🌿 sans rest, Muizenberg 7, ℘ 0 12 45 71 27, Fax 0 12 45 81 05, « Ancienne demeure en pierres de la région », 🌳 – TV P AE ⓪ ⓜ VISA JCB
  ⇌ 365 – **6 ch** 4100.

- **Limburgia**, Op 't Broek 4, ℘ 0 12 45 46 00, Fax 0 12 45 66 28 – TV P – 🔔 25 à 75. AE ⓪ ⓜ VISA. ※
  fermé du 4 au 9 mars, du 25 au 31 déc. et merc. – **Repas** (résidents seult) – **19 ch** ⇌ 2500/3250.

KAPELLEN Antwerpen 213 L 15 - ⑬ N et 909 G 2 - ⑨ N – voir à Antwerpen, environs.

KASTERLEE 2460 Antwerpen 213 O 15 et 909 H 2 – 17 526 h.

🛈 Gemeentehuis ℘ 0 14 85 99 15, Fax 0 14 85 07 77.
Bruxelles 77 – Antwerpen 49 – Hasselt 47 – Turnhout 9.

De Watermolen ⬚, Houtum 61 (par Geelsebaan), ℘ 0 14 85 23 74, info@waterm
olen.be, Fax 0 14 85 23 70, ≤, 🌿, « Ancien moulin au bord de la Petite Nèthe (Kleine
Nete) », 🚗, 🚲, – TV P – 🅰 25. AE ⓞ ⓜⓞ VISA
fermé 20 août-8 sept. et du 7 au 26 janv. – **Repas** Lunch 1375 – 1825/2290 – ⌂ 375 –
18 ch 3030/3950 – ½ P 3600/5000.

Den en Heuvel, Geelsebaan 72, ℘ 0 14 85 04 97, denenheuvel@innet.be, Fax 0 14
85 04 96, 🌿, 🚲 – TV P – 🅰 25 à 100. AE ⓞ ⓜⓞ VISA
fermé 22 juil.-4 août et du 1er au 15 janv. – **Repas** 1199/1699 – ⌂ 300 – **24 ch**
2300/3400 – ½ P 2800/3000.

Kastelhof, Lichtaartsebaan 33 (Sud-Ouest sur N 123), ℘ 0 14 85 18 43, Fax 0 14
85 31 25, 🌿, « Terrasse et jardin » – P. AE ⓞ ⓜⓞ VISA
fermé du 10 au 26 juil., du 1er au 9 janv., mardi, merc. et sam. midi – **Repas** Lunch 1900 bc
– 1850/3850 bc.

Potiron, Geelsebaan 73, ℘ 0 14 85 04 25, Fax 0 14 85 04 26, 🌿 – 🍽 P. AE ⓜⓞ
VISA. ⌘
fermé 12 fév.-1er mars, 26 juin-11 juil., merc. et sam. midi – **Repas** 995.

à Lichtaart Sud-Ouest : 6 km ⓒ Kasterlee – ✉ 2460 Lichtaart :

De Pastorie, Plaats 2, ℘ 0 14 55 77 86, depastorie@belgacom.net, Fax 0 14 55 77 94,
🌿, « Presbytère du 17e s. réaménagé avec terrasse et jardin » – P. AE ⓞ ⓜⓞ VISA. ⌘
fermé 3 prem. sem. mars, 3 prem. sem. oct., lundi et mardi – **Repas** Lunch 1550 bc –
1700/2100.

Host. Keravic avec ch, Herentalsesteenweg 72, ℘ 0 14 55 78 01, Fax 0 14 55 78 16,
🚗, 🚲 – TV P – 🅰 25. AE ⓞ ⓜⓞ VISA. ⌘
fermé 2 dern. sem. juil.-prem. sem. août et fin déc.-début janv. – **Repas** (fermé sam. midi,
dim. et lundi midi) Lunch 2050 bc – 1250/1950 – **9 ch** (fermé dim.) ⌂ 3000/4000 – ½ P 3050.

KEERBERGEN 3140 Vlaams-Brabant 213 M 16 et 909 G 2 – 11 804 h.

🛈 Vlieghavenlaan 50 ℘ 0 15 23 49 61, Fax 0 15 23 57 37.
Bruxelles 34 – Antwerpen 36 – Leuven 20.

The Paddock, R. Lambertslaan 4, ℘ 0 15 51 19 34, thepaddock@skynet.be, Fax 0 15
52 90 08, 🌿, « Villa avec terrasse ombragée » – P. AE ⓞ ⓜⓞ VISA
fermé 5 fév.-7 mars, 20 août-5 sept., mardi et merc. – **Repas** Lunch 1325 – 2600, carte env.
2400
Spéc. Asperges régionales, sauce au Champagne (avril-23 juin). Poulette landaise à la crème
d'estragon, petite poêlée d'aubergines et tomates au basilic. Moelleux au chocolat, crème
anglaise aux pistaches.

Host. Berkenhof ⬚ avec ch, Valkeniersdreef 5, ℘ 0 15 73 01 01, Fax 0 15 73 02 02,
🌿, « Terrasse et jardin dans un cadre boisé » – TV P – 🅰 25. AE ⓞ ⓜⓞ VISA JCB
Repas (fermé 17 déc.-janv., dim. soir et lundi) 1550/2950 – **10 ch** ⌂ 3950/6000 –
½ P 4000/7000.

Hof van Craynbergh, Mechelsebaan 113, ℘ 0 15 51 65 94, craynbergh@pandora.be,
Fax 0 15 51 65 94, 🌿, « Villa dans un parc » – P. AE ⓞ ⓜⓞ VISA. ⌘
fermé 3 dern. sem. juil., dern. sem. août, du 18 au 24 déc., du 26 au 30 déc., sam. midi,
dim. soir et lundi – **Repas** Lunch 1200 – 2500 bc/3100 bc.

Ming Dynasty, Haachtsebaan 20, ℘ 0 15 52 03 79, Fax 0 15 52 87 22, 🌿, Cui-
sine chinoise, ouvert jusqu'à 23 h – 🍽. AE ⓞ ⓜⓞ VISA
fermé mardi – **Repas** Lunch 760 – carte 850 à 1150.

KELMIS (La CALAMINE) 4720 Liège 213 V 18 et 909 L 3 – 10 060 h.

Bruxelles 132 – Maastricht 34 – Eupen 13 – Liège 40 – Aachen 8.

Park, r. Carabiniers 2, ℘ 0 87 63 95 30, park.hotel@contactonline.net,
Fax 0 87 65 34 28, 🌿, ⌘s, 🚲 – 🛗 TV ⓖ 🔒 P – 🅰 50. AE ⓞ ⓜⓞ VISA. ⌘
Repas carte env. 1300 – **16 ch** ⌂ 2200/2900.

KEMMEL 8956 West-Vlaanderen ⓒ Heuvelland 8 424 h. 213 B 18 et 909 B 3.

🛈 Reningelststraat 11 ℘ 0 57 45 04 55, Fax 0 57 44 89 99.
Bruxelles 133 – Brugge 63 – Ieper 11 – Lille 33.

Host. Kemmelberg ⬚ avec ch, Berg 4, ℘ 0 57 45 21 60, host.kemmelberg@pi.be,
Fax 0 57 44 40 89, ≤ plaine des Flandres, 🌿 – TV P – 🅰 25. AE ⓞ ⓜⓞ VISA
fermé 5 fév.-15 mars, 16 juil.-2 août, dim. soir et lundi – **Repas** 1500/2450 – **16**
⌂ 2400/4400 – ½ P 3000/3700.

KESSEL-LO Vlaams-Brabant 213 N 17 et 909 H 3 – voir à Leuven.

KLEMSKERKE West-Vlaanderen 213 D 15 et 909 C 2 – voir à De Haan.

KLERKEN 8650 West-Vlaanderen C Houthulst 8 922 h. 213 C 17 et 909 B 3.
Bruxelles 113 – Brugge 48 – Kortrijk 41 – Oostende 44 – Lille 56.

XX **'t Rozenhof**, Stokstraat 2, ℘ 0 51 50 16 58, Fax 0 51 50 16 58, 斧 – ■ P. ⓜ VISA. ※
fermé du 6 au 23 juin et merc. – **Repas** (déjeuner seult) Lunch 1250 – 1600/2100.

KLUISBERGEN 9690 Oost-Vlaanderen 213 G 18 et 909 D 3 – 6 113 h.
Bruxelles 67 – Kortrijk 24 – Gent 39 – Valenciennes 75.

XXX **Te Winde**, Parklaan 17 (Berchem), ℘ 0 55 38 92 74, olivia.vdb@village.uunet.be, 斧 – P. AE ⓞ ⓜ VISA
fermé 2 sem. carnaval, 22 juil.-10 août, dim. soir, lundi et mardi soir – **Repas** Lunch 2000 – 1500/3000.

sur le Kluisberg (Mont de l'Enclus) Sud : 4 km C Kluisbergen – ⊠ 9690 Kluisbergen :

🏨 **La Sablière**, Bergstraat 40, ℘ 0 55 38 95 64, Fax 0 55 38 78 11, 斧 – 🛗 TV P. AE ⓜ VISA ※
fermé dern. sem. août, déc. et vend. – **Repas** 2000 – ⊇ 300 – **9 ch** 2500 – ½ P 2500/4300.

KNOKKE-HEIST 8300 West-Vlaanderen 213 E 14 et 909 C 1 – 32 936 h. – Station balnéaire★★ – Casino AY, Zeedijk-Albertstrand 509 ℘ 0 50 63 05 00, Fax 0 50 61 20 49.
Voir le Zwin★ : réserve naturelle (flore et faune) EZ.
🏌 (2 parcours) à Het Zoute, Caddiespad 14 ℘ 0 50 60 12 27, Fax 0 50 62 30 29.
🛈 Zeedijk 660 (Lichttorenplein) à Knokke ℘ 0 50 63 03 80, Fax 0 50 63 03 90 – (avril-sept., vacances scolaires et week-end) Tramhalte, Heldenplein à Heist ℘ 0 50 63 03 80, Fax 0 50 63 03 90.
Bruxelles 108 ① – Brugge 18 ① – Gent 49 ① – Oostende 33 ③

Plans pages suivantes

à Knokke – ⊠ 8300 Knokke-Heist :

🏨🏨 **des Nations** M, Zeedijk 704, ℘ 0 50 61 99 11, Fax 0 50 61 99 99, ≤, ≦s – 🛗, ■ rest, TV ⇌ – 🔔 25. AE ⓞ ⓜ VISA. ※ BY f
fermé fin nov.-début déc. – **Repas** (dîner pour résidents seult) – **29 ch** ⊇ 7250/8500, 3 suites.

🏨 **Figaro** sans rest, Dumortierlaan 127, ℘ 0 50 62 00 62, Fax 0 50 62 53 28 – 🛗 TV. ※
début fév.-mi-nov. et vacances Noël – **18 ch** ⊇ 2700/4100. BY x

🏨 **Adagio** sans rest, Van Bunnenlaan 12, ℘ 0 50 62 48 44, hotel.adagio@ping.be, Fax 0 50 62 59 36, ≦s – 🛗 TV ⇌ – 🔔 25. VISA. ※ BY q
20 ch ⊇ 3100/3950.

🏨 **Van Bunnen** sans rest, Van Bunnenlaan 50, ℘ 0 50 62 93 63, Fax 0 50 62 29 66 – 🛗 TV P. AE ⓜ VISA BY u
18 ch ⊇ 3600/4100.

🏨 **Eden** sans rest, Zandstraat 18, ℘ 0 50 61 13 89, Fax 0 50 61 07 62, 🚲 – 🛗 TV. ⓜ VISA BY n
19 ch ⊇ 1900/3100.

🏨 **Prins Boudewijn** sans rest, Lippenslaan 35, ℘ 0 50 60 10 16, info@prinsboudewijn.be, Fax 0 50 62 35 46 – 🛗 TV. AE ⓜ VISA ABY g
44 ch ⊇ 2300/2900.

XX **La Croisette**, Van Bunnenplein 24, ℘ 0 50 61 28 39, luc.de.jonghe@skynet.be, Fax 0 50 61 63 47 – ■. AE ⓞ ⓜ VISA BY q
fermé mardi hors saison et merc. – **Repas** Lunch 750 – 1700.

XX **Panier d'Or**, Zeedijk 659, ℘ 0 50 60 31 89, Fax 0 50 60 31 89, ≤, 斧 – ■. AE ⓞ ⓜ VISA BY a
fermé mi-nov.-mi-déc., mardi sauf en juil.-août et lundi soir, merc. et jeudi soir d'oct. à mars – **Repas** Lunch 695 – 830/1695 bc.

XX **Le P'tit Bedon**, Zeedijk 672, ℘ 0 50 60 06 64, Fax 0 50 60 06 64, 斧, Avec grillades – ■. AE ⓞ ⓜ VISA BY s
fermé 15 nov.-15 déc. et merc. sauf vacances scolaires – **Repas** 850/1695.

219

KNOKKE-HEIST

- XXX **De Savoye,** Dumortierlaan 18, ☎ 0 50 62 23 61, de.savoye@village.uunet.be, Fax 0 50 62 60 30, Produits de la mer – 🍽️ ⓘ ⓜⓒ 𝐕𝐈𝐒𝐀 BY v
  fermé merc. soir hors saison et jeudi – **Repas** Lunch 675 – 1350/1750.

- XX **Open Fire,** Zeedijk 658, ☎ 0 50 60 17 26, Fax 0 50 60 17 26, ≤, 🍴 – 🍽️ ⓐⓔ ⓘ ⓜⓒ 𝐕𝐈𝐒𝐀 BY a
  fermé 19 nov.-7 déc. et mardi soir et merc. sauf en juil.-août – **Repas** 850/1750 bc.

- X **L'Orchidée,** Lippenslaan 130, ☎ 0 50 62 38 84, Fax 0 50 62 51 88, Cuisine thaïlandaise, ouvert jusqu'à 1 h du matin – 🍽️ ⓐⓔ ⓘ ⓜⓒ 𝐕𝐈𝐒𝐀 AY t
  fermé du 6 au 21 mars, 13 nov.-12 déc. et merc. – **Repas** (dîner seult sauf dim. et jours fériés) 1400/1700 bc.

- X **Ciccio,** Dumortierlaan 64, ☎ 0 50 60 96 61, 🍴, Avec cuisine italienne – ⓜⓒ 𝐕𝐈𝐒𝐀 BY b
  fermé Noël-Nouvel An, merc. en hiver et jeudi – **Repas** Lunch 790 – carte env. 2000.

- X **Il Punto,** Dumortierlaan 94a, ☎ 0 50 60 07 66, Fax 0 50 61 26 70, 🍴, Avec cuisine italienne, ouvert jusqu'à 23 h – 🍽️ ⓐⓔ ⓘ ⓜⓒ 𝐕𝐈𝐒𝐀 BY r
  fermé 8 janv.-1er fév. et mardi – **Repas** carte 1100 à 1700.

KNOKKE-HEIST

- **New Alpina**, Lichttorenplein 12, ☎ 0 50 60 89 85, *Fax 0 50 60 89 85* – **MC**
  VISA.
  fermé du 1er au 15 déc., lundi soir et mardi – **Repas** Lunch 595 – 945/1450.
  BY **a**

- **Da Luigi**, Dumortierlaan 30, ☎ 0 50 60 46 36, 🌿, Avec cuisine italienne – **AE ① MC VISA**
  fermé mi-nov.-mi-déc, lundi de mi-nov. à mi-mars et mardi sauf en juil.-août – **Repas** carte 1000 à 1550.
  BY **w**

- **Le Chardonnay**, Swolfsstraat 5, ☎ 0 50 62 04 39, *chruyt@skynet.be, Fax 0 50 62 58 52* – **AE ① MC VISA JCB**
  fermé jeudi d'oct. à Pâques et merc. – **Repas** Lunch 675 – 995/1675.
  BY **h**

- **'t Kantientje**, Lippenslaan 103, ☎ 0 50 60 54 11, *dominique.pille@pi.be, Fax 0 50 61 63 76*, 🌿, Moules en saison – 📷.
  ABY **e**
  fermé 23 avril-9 mai, 12 nov.-11 déc., lundi soir sauf en juil.-août et mardi – **Repas** Lunch 395 – 700/1600.
  ABY **e**

- **Castel Normand**, Swolfsstraat 13, ☎ 0 50 61 14 84, *Fax 0 50 61 14 84* – **AE ① MC VISA**
  fermé 25 sept.-10 oct., mardi soir et merc. – **Repas** Lunch 450 – 995.
  BY **h**

KNOKKE-HEIST

Acacialaan	CZ 2
Albertplein	BY 3
Anemonenlaan	BZ 4
Arkadenlaan	CZ 6
Bergdreef	BZ 7
Bondgenotenlaan	AZ 9
Van Bunnenlaan	BY 10
Burgemeester Frans Desmidtplein	BY 12
Van Cailliedreef	BZ 13
Canada Square	AY 14
Charles de Costerlaan	BY 15
Driehoeksplein	BY 18
Duinbergenlaan	BZ 19
Dumortierlaan	BY

DUINBERGEN

Graff Leon Lippensdreef	EZ 20
Graaf d'Urselaan	AZ 21
Heldenplein	AZ 22
Hermans-Lybaertstr.	AZ 23
Jozef Nellenslaan	CZ 24
Kapellaan	CZ 25
Kerkstraat	AZ 27
Konijnendreef	EZ 28
Koningslaan	AZ 29
Koudekerkelaan	AZ 31
Krommedijk	BZ 32
Kursaalstraat	AZ 33
Kustlaan	BCY 34
Leeuwerikenlaan	CZ 35
Lekkerbekhelling	EZ 36
Lichttorenplein	BY 38

ALBERTSTRAND

Lippenslaan	ABY
Louis Parentstr.	AZ 39
Magere Schorre	DZ 40
Marktstraat	AZ 41
Maurice Lippensplein	AY 43
Meerminlaan	AY 44
Oosthoekplein	EZ 47
Pastoor Opdedrinckplein	AY 48
Patriottenstraat	BZ 49
Poststraat	BZ 51
Rubensplein	AY 53
Theresialaan	CZ 56
Vissershuldeplein	AZ 60
Vlamingstraat	AZ 61
De Wandelaar	BZ 62
Zeegrasstraat	BZ 63

HET ZOUTE

KNOKKE-HEIST

à Het Zoute – ✉ 8300 Knokke-Heist :

Manoir du Dragon sans rest, Albertlaan 73, ☎ 0 50 63 05 80, *manoir.du.drago n@vanhollebeke.com*, Fax 0 50 63 05 90, ≤ golf, 🌳, ⊕ – 🚗 📺 🅿. 🆎 ⓞ ⓜⓞ 𝕍𝕀𝕊𝔸. ✄
fermé du 2 au 21 déc. – **15 ch** ☑ 6500/15000, 2 suites.
BY m

Approach M, Kustlaan 172, ☎ 0 50 61 11 30, Fax 0 50 61 16 28, 🌳, 🚗 – 📱, ≡ ch, 📺 🚗 🅿 – 🔒 25 à 45. 🆎 ⓞ ⓜⓞ 𝕍𝕀𝕊𝔸. ✄
CY e
Repas carte 1600 à 2750 – ☑ 1100 – **29 ch** 12500, 2 suites – ½ P 3900/14000.

Lugano, Villapad 14, ☎ 0 50 63 05 30, Fax 0 50 63 05 20, « Jardin » – 📱 📺 🅿 – 🔒 25.
✄
BY p
30 ch.

Alfa Belfry, Kustlaan 84, ☎ 0 50 61 01 28, *alfa.belfry@bigfoot.com*, Fax 0 50 61 15 33, 🌳, 🏋, ≦s, ▦ – 📱 📺 🚗 – 🔒 25 à 40. 🆎 ⓞ ⓜⓞ 𝕍𝕀𝕊𝔸. ✄
BY p
Repas *(fermé dim.)* 1050 – ☑ 100 – **35 ch** 5900/7800, 13 suites – ½ P 6700/8600.

Britannia sans rest, Elizabetlaan 85, ☎ 0 50 62 10 62, *britannia@vanhollebeke.com*, Fax 0 50 62 00 63 – 📱 📺 – 🔒 25. 🆎 ⓞ ⓜⓞ 𝕍𝕀𝕊𝔸
BY c
30 ch ☑ 2800/5500.

Rose de Chopin sans rest, Elizabetlaan 94, ☎ 0 50 62 08 88, Fax 0 50 62 04 13, 🌳, ⊕ – 📺 🅿. 🆎 ⓞ ⓜⓞ 𝕍𝕀𝕊𝔸
BY k
avril-déc. et week-end ; fermé 12 nov.-fin déc. – **11 ch** ☑ 4500/7800.

Duc de Bourgogne - Golf, Zoutelaan 175, ☎ 0 50 61 16 14, Fax 0 50 62 15 90, 🌳, « Terrasse », ⊕ – 📱 📺 🅿 – 🔒 25. 🆎 ⓞ ⓜⓞ 𝕍𝕀𝕊𝔸. ✄
EZ n
fermé 13 janv.-13 fév. – **Repas** *(fermé merc.)* Lunch 850 – 1200 – **22 ch** ☑ 3300/4600 – ½ P 4300.

Andrews sans rest, Kustlaan 72, ☎ 0 50 61 08 47, Fax 0 50 61 04 90 – 📱 📺 🚗 🅿.
𝕍𝕀𝕊𝔸. ✄
BY p
fermé 3 janv.-fév. – **10 ch** ☑ 4000/6000.

Locarno sans rest, Generaal Lemanpad 5, ☎ 0 50 63 05 60, Fax 0 50 63 05 70 – 📱 📺 🅿. ✄
BY p
15 ch.

The Tudor sans rest, Elizabetlaan 22, ☎ 0 50 62 59 69, Fax 0 50 62 59 99, ⊕ – 📱 📺 🅿. 🆎 ⓞ 𝕍𝕀𝕊𝔸
BY d
14 ch ☑ 6100/6500.

Aub. St-Pol sans rest, Bronlaan 23, ☎ 0 50 60 15 21, Fax 0 50 62 17 60, 🌳, « Terrasse » – 📺 🅿 – 🔒 25. ✄
EZ o
16 ch.

Gasthof Katelijne, Kustlaan 166, ☎ 0 50 60 12 16, *gabriella.voet@skynet.be*, Fax 0 50 61 51 90, 🌳, « Auberge rustique », – 📺 🅿. 🆎 ⓞ ⓜⓞ 𝕍𝕀𝕊𝔸
CY m
Repas *(fermé mardi hors saison et jours fériés)* carte 1450 à 2700 – **13 ch** ☑ 3500/4900 – ½ P 3200/3900.

Les Arcades sans rest, Elizabetlaan 50, ☎ 0 50 60 10 73, Fax 0 50 60 49 98 – 📺 🅿
ⓜⓞ 𝕍𝕀𝕊𝔸
BY
carnaval-11 nov. et Noël-Nouvel An – **11 ch** ☑ 2000/3600.

Villa Verdi sans rest, Elizabetlaan 8, ☎ 0 50 62 35 72, Fax 0 50 62 11 46, 🌳 – 📱 📺 🅿. 🆎 ⓞ ⓜⓞ 𝕍𝕀𝕊𝔸 JCB. ✄
BY
fermé 2 dern. sem. nov.-prem. sem. déc. – **8 ch** ☑ 3950/4950.

Charl's, Albertplein 18, ☎ 0 50 60 90 51, Fax 0 50 61 55 98, 🌳, ⊕ – 📱, ≡ rest, 📺
– 🔒 25. 🆎 ⓞ ⓜⓞ 𝕍𝕀𝕊𝔸
BY
Repas (Taverne-rest) Lunch 425 – carte env. 1700 – **25 ch** ☑ 4500 – ½ P 2800/5350

XXX **Aquilon**, Elizabetlaan 6, ☎ 0 50 60 12 74, *aquilon@resto.be*, Fax 0 50 62 09 72, 🌳
≡ 🅿. 🆎 ⓞ ⓜⓞ 𝕍𝕀𝕊𝔸. ✄
BY
fermé 15 janv.-13 fév., 1re quinz. déc., merc. sauf en juil.-août et mardi – **Repas** Lunch 9 – 1450/2500 bc.

XXX **De Oosthoek**, Oosthoekplein 25, ☎ 0 50 62 23 33, Fax 0 50 62 25 13, 🌳 – 🆎 ⓞ
ⓜⓞ 𝕍𝕀𝕊𝔸
EZ
fermé sem. carnaval, du 1er au 15 déc., mardi en hiver et merc. – **Repas** Lunch 745 1595/1950.

XXX **La Sapinière**, Oosthoekplein 7, ☎ 0 50 60 22 71, Fax 0 50 62 54 82, 🌳, « Terrasse – 🅿. ⓜⓞ 𝕍𝕀𝕊𝔸
EZ
fermé merc. et jeudi – **Repas** Lunch 1250 bc – carte 1650 à 2450.

XX **L'Echiquier** 1er étage, De Wielingen 8, ☎ 0 50 60 88 82, Fax 0 50 60 88 82, 🌳 –
🆎 ⓞ ⓜⓞ 𝕍𝕀𝕊𝔸. ✄
CY
fermé 1 sem. en oct., 2 sem. en janv., lundi soir, mardi et merc. – **Repas** 1700 b 1900 bc.

KNOKKE-HEIST

XX **Gabriella,** Kustlaan 279, ☎ 0 50 62 82 22, Fax 0 50 62 58 65, 🍴, Cuisine italienne – AE ① ⓂⓄ VISA
CY r
fermé 13 nov.-6 déc. et merc. – **Repas** carte env. 1400.

XX **Si Versailles** avec ch, Zeedijk 795, ☎ 0 50 60 28 50, Fax 0 50 62 58 65, 🍴 – 📶 TV. AE ① ⓂⓄ VISA. ⚡ ch
CY a
fermé 13 nov.-15 déc. – **Repas** *(fermé merc.)* (Moules en saison) carte 1400 à 1800 – **7 ch** ☐ 4300.

X **Cantharel,** Sparrendreef 98, ☎ 0 50 60 40 90 – AE ① ⓂⓄ VISA
CY z
fermé lundi soir de nov. à avril, merc. soir sauf en juil.-août, mardi midi et merc. midi – **Repas** *Lunch 700* – 1650.

X **Marie Siska** avec ch, Zoutelaan 177, ☎ 0 50 60 17 64, Fax 0 50 62 32 00, 🍴, 🌳 – TV P. AE ① VISA JCB. ⚡ ch
EZ g
avril-sept., week-end et vacances scolaires – **Repas** *Lunch 395* – carte 1300 à 1800 – **7 ch** ☐ 2800/4200.

X **Lady Ann,** Kustlaan 301, ☎ 0 50 60 96 77, Fax 0 50 62 44 09, 🍴, Taverne-rest – 🍽. AE ① VISA JCB
CY n
fermé 2ᵉ quinz. mars, 1ʳᵉ quinz. déc., jeudi hors saison et merc. – **Repas** 895/1195.

à Albertstrand – ✉ 8300 Knokke-Heist :

🏨 **La Réserve,** Elizabetlaan 160, ☎ 0 50 61 06 06, info@la-reserve.be, Fax 0 50 60 37 06, 🍴, « Terrasse avec ≤ lac », 🎾, 🏊, ♨, ✂, 🚴 – 📶 TV P – 🔱 25 à 350. AE ① ⓂⓄ VISA. ⚡ rest
AY c
Repas *La Sirène* 1575 bc/2890 bc – **110 ch** ☐ 7000/13900.

🏨 **Binnenhof** M sans rest, Jozef Nellenslaan 156, ☎ 0 50 62 55 51, info@binnenhof.be, Fax 0 50 62 55 50 – 📶 TV ♿ P – 🔱 25 à 40. AE ⓂⓄ VISA
AY r
25 ch ☐ 4000/5000.

🏨 **Parkhotel,** Elizabetlaan 204, ✉ 8301, ☎ 0 50 60 09 01, Fax 0 50 62 36 08, 🍴 – 📶, 🍽 rest, TV 🚗. ⓂⓄ VISA. ⚡
CZ e
Repas *(avril-déc. ; fermé mardi soir et jeudi)* carte 1350 à 2150 – **12 ch** *(fermé janv.-9 fév. et mardi, merc. et jeudi de nov. à avril sauf vacances scolaires)* ☐ 2500/5000 – ½ P 2550/3450.

🏨 **Atlanta,** Jozef Nellenslaan 162, ☎ 0 50 60 55 00, Fax 0 50 62 28 66, 🍴 – 📶 TV P. AE ⓂⓄ VISA. ⚡ rest
AY r
fermé 9 janv.-8 fév. – **Repas** (dîner pour résidents seult) – **30 ch** ☐ 2400/3800 – ½ P 2400/2800.

🏨 **Lido,** Zwaluwenlaan 18, ☎ 0 50 60 19 25, lido.hotel.knokke@vt4.net, Fax 0 50 61 04 57, 🚴 – 📶 TV P – 🔱 30. ⓂⓄ VISA. ⚡ rest
AY r
Pâques-sept., week-end et vacances scolaires – **Repas** (résidents seult) – **40 ch** ☐ 3500/4000 – ½ P 2200/2600.

🏨 **Nelson's,** Meerminlaan 36, ☎ 0 50 60 68 10, nelson@hotel.isobel.be, Fax 0 50 61 18 38 – 📶, 🍽 rest, TV – 🔱 25. AE ① ⓂⓄ VISA. ⚡ rest
AY z
fermé mardi, merc. et jeudi d'oct. à mars sauf vacances scolaires – **Repas** (résidents seult) – **48 ch** ☐ 3000/3400 – ½ P 2400/2500.

🏨 **Albert Plage** sans rest, Meerminlaan 22, ☎ 0 50 60 59 64, nelson@hotel.isobel.be, Fax 0 50 61 18 38 – 📶 TV. AE ① ⓂⓄ VISA
AY w
fermé déc. – **16 ch** ☐ 3000.

XXX **Esmeralda,** Jozef Nellenslaan 161, ☎ 0 50 60 33 66, Fax 0 50 60 33 66, 🍴 – 🍽. AE ① ⓂⓄ VISA
AY p
fermé 15 nov.-7 déc., 15 janv.-7 fév., lundi hors saison et mardi – **Repas** *Lunch 900* – 1900.

XX **Olivier,** Jozef Nellenslaan 159, ☎ 0 50 60 55 70, Fax 0 50 60 55 70 – 🍽. AE ① ⓂⓄ VISA
AY v
fermé merc. hors saison – **Repas** *Lunch 745* – 1395.

XX **Jardin Tropical,** Zwaluwenlaan 12, ☎ 0 50 61 07 98, Fax 0 50 61 07 98, « Jardin d'hiver » – AE ① ⓂⓄ VISA
AY n
fermé fin fév., 2 sem. fin nov., merc. soir et jeudi soir sauf en juil.-août, merc. midi et jeudi midi – **Repas** *Lunch 795* – 1295/1795.

XX **Lispanne,** Jozef Nellenslaan 201, ☎ 0 50 60 05 93, Fax 0 50 62 64 92 – 🍽. AE ① ⓂⓄ VISA JCB
AY z
fermé du 1ᵉʳ au 11 oct., 13 janv.-1ᵉʳ fév., mardi soir sauf vacances scolaires et merc. – **Repas** *Lunch 635* – 745/1595.

X **Jean,** Sylvain Dupuisstraat 14, ☎ 0 50 61 49 57, Fax 0 50 61 49 57, Bistrot, ouvert jusqu'à 23 h – 🍽. AE ① ⓂⓄ VISA
AY u
fermé du 15 au 30 juin, mardi et merc. – **Repas** *Lunch 795* – carte 1400 à 2500.

KNOKKE-HEIST

à Duinbergen — Knokke-Heist — 8301 Heist :

Monterey sans rest, Bocheldreef 4, ☏ 0 50 51 58 65, monterey@vt4.net, Fax 0 50 51 01 65, « Villa aménagée » – 📺 🅿️ 🆎 VISA JCB   BZ p
fermé 13 nov.-16 déc. – **8 ch** ⇌ 2900/3900.

Pauls sans rest, Elizabetlaan 305, ☏ 0 50 51 39 32, Fax 0 50 51 67 40 – |≡| 📺 🅿️ AE ① ⓜ VISA. ⁂   BZ f
Pâques-sept., week-end et vacances scolaires – **14 ch** ⇌ 3200/4400.

Du Soleil, Patriottenstraat 15, ☏ 0 50 51 11 37, hotel.du.soleil@compaqnet.be, Fax 0 50 51 69 14, 😀, 🚲 – |≡| 📺. AE ① ⓜ VISA. ⁂ rest   BZ n
fermé 15 nov.-15 déc. – **Repas** Lunch 550 – 850/1400 – **27 ch** ⇌ 2800/3950 – ½ P 1900/2600.

Edelweiss sans rest, Zomerpad 8, ☏ 0 50 51 50 00, Fax 0 50 51 58 08 – 📺. AE ① ⓜ VISA   BCZ s
avril-15 nov. et vacances scolaires – **8 ch** ⇌ 2500/3300.

XX Den Baigneur, Elizabetlaan 288, ☏ 0 50 51 16 81 – AE ① ⓜ VISA JCB   BZ r
fermé dim. soir et lundi – **Repas** 2500.

à Heist — Knokke-Heist — 8301 Heist :

Beau Séjour-Ter Duinen, Duinenstraat 13, ☏ 0 50 51 19 71, ter.duinen@planetinternet.be, Fax 0 50 51 08 40, 😀 – |≡| 📺. AE ① ⓜ VISA JCB   AZ t
Repas (fermé lundi et mardi sauf en juil.-août) (dîner seult sauf dim.) 850/1450 – **32 ch** ⇌ 2400/2800 – ½ P 2200/2950.

Bristol, Zeedijk 291, ☏ 0 50 51 12 20, Fax 0 50 51 15 54, ≤ – |≡|, ≡ rest, 📺 🅿️ ⓜ VISA. ⁂   AZ u
avril-sept. – **Repas** (fermé après 20 h 30) Lunch 1050 – 950/1450 – **27 ch** ⇌ 4050/4300 – ½ P 2800/2900.

Sint-Yves [M], Zeedijk 204, ☏ 0 50 51 10 29, Fax 0 50 51 63 87, ≤, 😀 – |≡|, ≡ rest, 📺. ① ⓜ VISA. ⁂ rest   AZ a
fermé 3 sem. en janv. – **Repas** (fermé lundi soir hors saison et mardi) Lunch 675 – 990/1450 – **8 ch** ⇌ 2900/4250 – ½ P 2500/3000.

XX Bartholomeus (Desmidt), Zeedijk 267, ☏ 0 50 51 75 76, Fax 0 50 51 75 76, ≤ – ≡. AE ① ⓜ VISA. ⁂   AZ e
✸ fermé du 17 au 23 juin, du 5 au 24 sept., 6 janv.-2 fév., merc. et jeudi – **Repas** Lunch 750 – 1600/2200, carte 2200 à 2850
Spéc. Foie d'oie poché aux navets. Tronçon de turbot au four. Riz condé aux pêches et genoise au rhum.

XX Old Fisher, Heldenplein 33, ☏ 0 50 51 11 14, Fax 0 50 51 71 51, 😀 – ≡. AE ① ⓜ VISA   AZ c
fermé 2 dern. sem. janv., mardi soir sauf en juil.-août et merc. – **Repas** 995/1600.

XX Waterlijn, Zeedijk 173, ☏ 0 50 51 35 28, Fax 0 50 51 15 16, 😀 – ⓜ VISA   AZ b
fermé du 1er au 15 sept., mardi et merc. – **Repas** Lunch 1395 bc – 1895 bc.

X Cargo, Parkstraat 7, ☏ 0 50 51 10 10 – AE ① ⓜ VISA. ⁂   AZ v
fermé 2 dern. sem. janv.-prem. sem. fév., prem. sem. déc., merc. soir hors saison, mardi et merc. midi – **Repas** 1700.

à Westkapelle par ① : 3 km — Knokke-Heist — 8300 Westkapelle :

Ter Zaele, Oostkerkestraat 40, ☏ 0 50 60 12 37, terzaele@skynet.be, Fax 0 50 61 19 73, ≤, 😀, « Jardin », 😀, 🏊, 🚲 – 📺 🅿️ – 🅿️ 25 à 40. AE ⓜ VISA
fermé 2 sem. en oct. et fin déc. – **Repas** (fermé mardi, merc. et jeudi sauf vacances scolaires) 850/1550 – **19 ch** ⇌ 2700/3500 – ½ P 2200/2600.

XXX Ter Dycken, Kalvekeetdijk 137, ☏ 0 50 60 80 23, terdycken@planetinternet.be, Fax 0 50 61 40 55, 😀, « Terrasse et jardin » – ≡ 🅿️. AE ① ⓜ VISA
fermé du 1er au 11 nov., du 7 au 26 janv., mardi sauf 15 juil.-15 août et lundi – **Repas** Lunch 1995 bc – 3500 bc/4950 bc.

KOBBEGEM Vlaams-Brabant 213 K 17 – ⑤① N et 909 F 3 – voir à Asse.

KOEKELBERG Brabant 213 ⑤① N et 909 ㉑ N – voir à Bruxelles.

> **Bedienungsgeld und Gebühren**
>
> In Belgien, im Großherzogtum Luxemburg und in den Niederlanden gelten Inklusivpreise, sie enthalten Bedienungsgeld und MWSt.

KOKSIJDE 8670 West-Vlaanderen 218 A 16 et 909 A 2 – 19 618 h. – *Station balnéaire.*
Bruxelles 135 ① – Brugge 50 ① – Oostende 31 ① – Veurne 7 ② – Dunkerque 27 ③

Plan page suivante

à Koksijde-Bad Nord : 1 km © Koksijde – ✉ 8670 Koksijde.
🛈 Zeelaan 24 (Casino) ✆ 0 58 53 21 21, Fax 0 58 52 25 77 :

Terlinck, Terlinckplaats 17, ✆ 0 58 52 00 00, hotel.terlinck@skynet.be, Fax 0 58 51 76 15, ≤, – 🛗, 🍽 rest, 🖵 🅿 – 🔄 25 à 40. 🆎 ① 🆒 VISA C a
fermé mi-nov.-janv. – **Repas** *(fermé merc. non fériés hors saison)* 850/1625 – **37 ch** 🍽 2200/4500 – ½ P 2450/3250.

Apostroff 🈲 sans rest (avec annexe 🏨 - 15 ch), Lejeunelaan 38, ✆ 0 58 52 06 09, info@apostroff.be, Fax 0 58 52 07 09, 🛁, 🈴, 🏊, 🌳, 🍴, 🚲 – 🛗 🖵 🚗 🅿 – 🔄 25.
🆎 ① 🆒 VISA JCB C c
40 ch 🍽 2635/4800.

Digue, Zeedijk 331, ✆ 0 58 51 14 15, Fax 0 58 52 27 44, ≤ – 🛗 🖵 🚗 🅿 C m
fermé 5 nov.-9 déc. – **Repas** *(résidents seult)* – **21 ch** 🍽 2500/3500 – ½ P 2300/2600.

Chalet Week-End, Zeelaan 136, ✆ 0 58 51 12 06, chalet.weekend@skynet.be, Fax 0 58 52 09 00, 🛋, 🌳, 🚲 – 🖵 🅿 🆎 ① 🆒 VISA C h
fermé 15 nov.-15 déc. – **Repas** *Lunch* 600 – carte env. 1000 – **9 ch** 🍽 2350/2600 – ½ P 2800.

Rivella, Zouavenlaan 1, ✆ 0 58 51 31 67, rivella@compaqnet.be, Fax 0 58 52 27 90 – 🛗 🖵. VISA. 🈲 rest C b
Pâques-sept. et vacances scolaires – **Repas** *(résidents seult)* – **28 ch** 🍽 2300/3000 – ½ P 2000/2200.

Penel, Koninklijke Baan 157, ✆ 0 58 51 73 23, Fax 0 58 51 02 03 – 🛗 🖵 🅿 🆎 ① 🆒 VISA. 🈲 ch C u
25 mars-11 nov. et vacances scolaires – **Repas** *Lunch* 450 – 850/1500 – **11 ch** 🍽 2600/3200 – ½ P 2100/2600.

Host. Le Régent avec ch, A. Blieckslaan 10, ✆ 0 58 51 12 10, Fax 0 58 51 66 47, 🛋 – 🛗, 🍽 rest, 🖵 🅿 🆎 ① 🆒 VISA. 🈲 ch C f
fermé du 7 au 26 oct. et dim. soir et lundi sauf vacances scolaires – **Repas** *Lunch* 1295 – 1750/2450 – **10 ch** 🍽 3000/3850 – ½ P 2595/2895.

Bel-Air avec ch, Koninklijke Baan 95, ✆ 0 58 51 77 05, Fax 0 58 51 16 93, 🛋 – 🖵 🆎 ① 🆒 VISA. 🈲 C p
fermé du 25 au 29 juin, du 19 au 28 sept., 12 nov.-7 déc., jeudi sauf 15 juil.-15 août et merc. – **Repas** *Lunch* 1100 bc – 1700/2700 bc – **4 ch** 🍽 2500/3950 – ½ P 2775/3275.

Sea Horse avec ch, Zeelaan 254, ✆ 0 58 52 32 80, Fax 0 58 52 32 75, 🚲 – 🍽 rest, 🖵 🆎 ① 🆒 VISA C q
fermé 20 nov.-6 déc. et merc. du 15 sept. au 15 juin sauf vacances scolaires – **Repas** *Lunch* 750 – 950/1800 – **6 ch** 🍽 2100/2600 – ½ P 3100.

Oxalis et Résid. Loxley Cottage avec ch, Lejeunelaan 12, ✆ 0 58 52 08 79, oxalis@advalvas.be, Fax 0 58 51 06 34, 🛋, 🌳, 🚲 – 🖵 🅿 🆎 ① 🆒 VISA. 🈲 rest C g
fermé 20 nov.-15 déc. – **Repas** *(fermé merc. et jeudi)* *Lunch* 750 – carte 1700 à 2400 – **7 ch** 🍽 2400/3000 – ½ P 2300.

La Charmette, Zeelaan 196, ✆ 0 58 51 44 70, Fax 0 58 52 05 30 – 🆎 ① 🆒 VISA C d
fermé 15 nov.-10 déc. et merc. et jeudi sauf en juil.-août – **Repas** carte 1150 à 1800.

De Huifkar, Koninklijke Baan 142, ✆ 0 58 51 16 68, Fax 0 58 52 45 71, 🛋 – 🖵 🅿 🆎 ① 🆒 VISA C e
fermé 2 sem. en oct., 2 sem. en janv., merc. soir hors saison et jeudi – **Repas** *Lunch* 490 – 1290/2000.

Bistro Pinot Blanc, Mariastraat 2, ✆ 0 58 51 53 10, Fax 0 58 51 53 10, 🛋 – 🆒 VISA C k
fermé 10 nov.-10 déc., mardi midi de nov. à Pâques, mardi soir et merc. – **Repas** 1080.

Sint-Idesbald © Koksijde – ✉ 8670 Koksijde.
🛈 *(Pâques-sept. et vacances scolaires)* Koninklijke Baan 330, ✆ 0 58 51 39 99 :

Soll Cress, Koninklijke Baan 225, ✆ 0 58 51 23 32, sollcress@koksijde.be, Fax 0 58 51 91 32, 🛋, 🛁, 🈴, 🏊 – 🛗, 🍽 rest, 🖵 🚗 🅿 – 🔄 25 à 65. 🆒 VISA. 🈲 ch AX r
fermé du 2 au 26 oct. – **Repas** *(fermé lundi soir et mardi du 15 sept. au 15 juin)* *Lunch* 395 – 695/985 – **41 ch** 🍽 2250/3000 – ½ P 2000/2200.

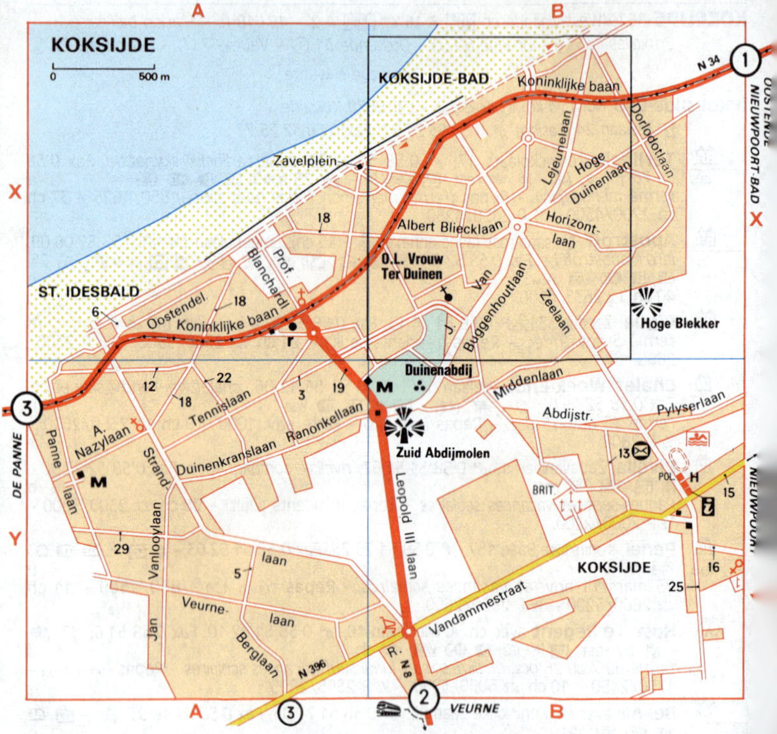

KOKSIJDE

Begonialaan		C 2
Brialmontlaan		AY 3
Dageraadstr.		AY 5
George Grardplein		AX 6
Gulden Vlieslaan		C 9
Henri Christiaenlaan		AY 12
Hostenstr.		BY 13
Houtsaegerlaan		BY 15
Kerkstraat		BY 16
Koninginnelaan		AX 18
Koninklijkebaan		ABX
Koninklijke Prinslaan		AXY 19
Majoor d'Hoogelaan		AY 22
Verdedigingslaan		C 23
Veurnestr.		BY 25
Vlaanderenstr.		C 27
W. Elsschotlaan		AY 29
Zeelaan		BXY

Dans ce guide un même symbole, un même mot, imprimés en noir ou en rouge, en maigre ou en gras n'ont pas tout à fait la même signification.

Lisez attentivement les pages explicatives.

KONTICH Antwerpen 213 L 16 et 909 G 2 – voir à Antwerpen, environs.

KORTEMARK 8610 West-Vlaanderen 213 D 16 et 909 C 2 – 12 234 h.
Bruxelles 103 – Brugge 33 – Kortrijk 38 – Oostende 34 – Lille 52.

✗ **'t Fermetje**, Staatsbaan 3, ☎ 0 51 57 01 94, Fax 0 51 57 01 94 – P. AE MC VISA
fermé mardi soir, merc. et jeudi – **Repas** 1450 bc/2500 bc.

KORTENBERG Vlaams-Brabant 213 M 17 - ㊶ N et 909 G 3 - ㉒ N – voir à Bruxelles, environs.

KORTRIJK (COURTRAI) 8500 West-Vlaanderen 213 E 18 et 909 C 3 – 75 099 h.
Voir Hôtel de Ville (Stadhuis) : salle des Échevins★ (Schepenzaal), salle du Conseil★ (Oude Raadzaal) CZ **H** – Église Notre-Dame★ (O.L. Vrouwekerk) : statue de Ste-Catherine★, Élévation de la Croix★ DY – Béguinage★ (Begijnhof) DZ.
Musée : National du Lin et de la Dentelle★ (Nationaal Vlas-, Kant- en Linnenmuseum) BX **M**.
🛈 St-Michielsplein 5 ☎ 0 56 23 93 71, Fax 0 56 23 93 72.
Bruxelles 90 ② – Brugge 51 ⑥ – Gent 45 ② – Oostende 70 ⑥ – Lille 28 ⑤

Broel, Broelkaai 8, ☎ 0 56 21 83 51, infobroel@hotelbroel.be, Fax 0 56 20 03 02,
« Intérieur cossu de caractère ancien », ₤₅, ≘s, ◻ – 🛗 ▤ TV 🚗 – 🛎 25 à 800. AE
① MC VISA
fermé 21 juil.-10 août – **Repas** *Castel (fermé sam. et dim. non fériés)* Lunch 950 – DY **e**
1695/2300 bc – **71 ch** ⌂ 4450/5950.

Damier, Grote Markt 41, ☎ 0 56 22 15 47, info@hoteldamier.be, Fax 0 56 22 86 31,
≘s – 🛗 ▤ TV P – 🛎 25 à 80. AE ① MC VISA, ⚔
fermé 22 juil.-13 août – **Repas** *(fermé sam., dim. et jours fériés)* (dîner seult) 1050 – **48 ch** CZ **a**
⌂ 3900/5300, 1 suite.

Aalbeeksesteenweg . . . **ABV** 2	Elleboogstraat . . . . **BX** 14	Kortrijksesteenweg . . . . . . **BV** 2
Ambassadeur Baertlaan . . **BX** 3	Gentsesteenweg . . . . **BY** 16	Kortrijksstraat . . . . **AV** 2
Baliestraat . . . . **AX** 4	Guido Gezellelaan . . . . . . **AV** 17	Moorseelsestraat . . . . **AV** 2
Beneluxlaan . . . . **BX** 5	Gullegemsesteenweg . . . . **AV** 18	Oude Ieperseweg . . . . **AV** 3
Burgemeester	Gullegemsesteenweg . . . . **AV** 20	Oudenaardse-
Gillonlaan . . . . **BX** 8	Harelbeeksestraat . . . . . . **BV** 21	steenweg . . . . **BVX** 3
Cannaertstraat . . . . **ABX** 9	Hellestraat . . . . **AX** 22	President
Deerlijksestraat . . . . **BV** 10	Kloosterstraat . . . . **AX** 24	Kennedylaan . . . . **BX** 3
Doornikserijksweg . . . . . . **BX** 12	Koning	Stasegemsesteenweg . . . . **BV** 3
Doorniksesteenweg . . . . . **BX** 13	Leopold III laan . . . . . . **BV** 25	Torkonjestraat . . . . **AX** 3

Parkhotel, Stationsplein 2, ℘ 0 56 22 03 03, info.parkhotel@parkhotel.be, Fax 0 5 22 14 02, ⌘ – ⫽ ☎ TV ⍟ – 🛇 25 à 80. AE ⓘ ⓜⓞ VISA CZ
Repas Four Seasons (fermé 29 juil.-17 août et dim. soir) 1650 bc – **98 ch** ⛛ 4200 4600.

Belfort, Grote Markt 52, ℘ 0 56 22 22 20, hotel.belfort@ping.be, Fax 0 56 20 13 0 ☎ – ⫽ ☎ rest, TV. AE ⓘ ⓜⓞ VISA CZ
Repas (fermé dim. soir) (Taverne-rest) Lunch 500 – carte env. 1300 – **29 ch** ⛛ 2900/370 – ½ P 2300/2995.

Center Broel, Graanmarkt 6, ℘ 0 56 21 97 21, cbh@skynet.be, Fax 0 56 20 03 66, ⌘ ☎ – ⫽ ☎ rest, TV. AE ⓘ ⓜⓞ VISA CZ
fermé 2 sem. début janv. – **Repas** (Taverne-rest) carte 1050 à 1550 – ⛛ 350 – **26** 2000/2800.

Aalbeeksesteenweg ..... **CZ** 2	Gentsestr. .... **DY** 12	Nijverheidskaai ..... **CY** 18
Begijnhofstr. .... **DZ** 4	Grote Markt .... **CDZ**	O.L. Vrouwestr. ...... **DY** 20
Budastr. .... **CY**	H. Consciencestr. ..... **CY** 13	Romeinselaan .... **DZ** 22
Burg.	Koning	Rijselsestr. .... **CZ** 23
Reynaertstr. .... **CZ** 5	Leopold III laan ..... **DY** 14	Schouwburgpl. ...... **CDZ** 25
Doorniksestr. .... **DZ** 7	Lange Meersstr. ..... **DZ** 15	Steenpoort .... **DZ** 27
Doorniksewijk .... **DZ** 8	Lange Steenstr. ..... **DZ** 16	Voorstr. .... **DZ** 28
Fabriekskaai .... **CY** 9	Leiestr. .... **CYZ**	Wandelingstr. .... **DZ** 30

🍴🍴🍴 **St.-Christophe** (Pélissier), Minister Tacklaan 5, ☎ 0 56 20 03 37, Fax 0 56 20 01 95, 🌳,
❄ « Ancienne demeure bourgeoise avec terrasse ombragée » – AE ◎ VISA   DZ m
fermé 1 sem. en avril, 1ʳᵉ quinz. août, 1 sem. en janv., dim. soir, lundi et mardi soir – **Repas**
1800 bc/2950 bc, carte 2100 à 2700
Spéc. Queues de langoustines et witlof aux épices douces. Pigeonneau rosé au poivre noir
et échalotes confites. Craquelin aux pommes, figues fraîches et vanille.

🍴🍴 **Boerenhof**, Walle 184, ☎ 0 56 21 31 72, boerenhof@tijd.com, Fax 0 56 22 87 01,
« Fermette » – P. AE ◎ VISA   BX a
fermé 2 sem. carnaval, 20 juil.-16 août et mardi – **Repas** *(déjeuner seult sauf vend. et
sam.)* Lunch 1350 bc – carte 1750 à 2050.

🍴🍴 **Akkerwinde**, Doorniksewijk 12, ☎ 0 56 22 82 33, restaurant.akkerwinde@pandora.be,
🌳, « Maison bourgeoise fin 19ᵉ s. » – AE ◎ VISA   DZ x
fermé 2 sem. avant Pâques, 20 juil.-20 août, merc., jeudi soir et sam. midi – **Repas** Lunch
1250 bc – 1600 bc/2450 bc.

🍴🍴 **Mamma mia**, Koning Albertstraat 13, ☎ 0 56 20 02 92, Fax 0 56 25 90 93, Cuisine
italienne – 🍽. AE ◎ VISA   CZ u
fermé 25 juil.-15 août, fin déc., lundi soir, mardi et sam. midi – **Repas** Lunch 1095 bc –
1895.

🍴 **Bistro Aubergine**, Groeningestraat 18, ☎ 0 56 25 79 80, vincent.beernaert@pi.be,
Fax 0 56 20 18 97, 🌳, Ouvert jusqu'à 23 h – ◎ VISA   DY s
fermé lundi et sam. midi – **Repas** Lunch 500 bc – 1200 bc.

🍴 **De Open Haard**, Zwevegemsestraat 65, ☎ 0 56 21 19 33, Fax 0 56 25 93 82, Grillades,
« Rustique » – 🍽. AE ◎ VISA   DZ n
fermé 21 juil.-15 août et mardi – **Repas** Lunch 900 bc – 1100 bc/1600 bc.

KORTRIJK

Bistro Botero, Schouwburgplein 12, ✆ 0 56 21 11 24, Fax 0 56 21 33 67, 🐦 – 🔲. **MC VISA** CZ v
fermé 27 juil.-16 août, dim. et jours fériés – **Repas** Lunch 450 – 1250 bc.

Huyze Decock, Louis Verweestraat 1, ✆ 0 56 25 28 54, huyzedecock@pandora.be, Fax 0 56 25 61 16 – **MC VISA** CZ d
fermé fin janv.-début fév., 2 dern. sem. juil.-prem. sem. août, lundi soir et mardi – **Repas** Lunch 595 – 1650 bc.

Brasserie César, Grote Markt 2, ✆ 0 56 22 22 60, Fax 0 56 37 21 75, 🐦, Taverne-rest – 🔲. **AE MC VISA** CZ f
fermé 21 juil.-15 août et mardi – **Repas** Lunch 495 – carte 950 à 1350.

au Sud :

Gastronomisch Dorp (Vandekerckhove) Ⓜ avec ch, St-Anna 9, ✆ 0 56 22 47 56, Fax 0 56 21 71 70, 🐦, « Serre avec jardin exotique et pièce d'eau », 🐦 – TV P – 🛏 25. **AE ⓘ MC VISA** AX b
fermé 2 sem. en août – **Repas** (*fermé dim. soir et lundi*) Lunch 2600 bc – 4000 bc, carte env. 3400 – **7 ch** ⇌ 3500/4750.
Spéc. Salade de homard et foie d'oie poêlé. "Belle de Fontenay" aux langoustines et caviar. Navarin de turbot et homard à la nage de cresson.

Host. Klokhof Ⓜ avec ch, St-Anna 2, ✆ 0 56 22 97 04, info@klokhof.be, Fax 0 56 25 73 25, « Ferme aménagée », 🐦 – 🔲 TV P – 🛏 25 à 250. **AE ⓘ MC VISA** ❋ ch
fermé 22 juil.-10 août et janv.-6 fév. – **Repas** (*fermé dim. soir et lundi*) Lunch 1550 bc – 3000 bc – **10 ch** ⇌ 3500/3750. AX a

à Aalbeke par ⑤ : 7 km © Kortrijk – ✉ 8511 Aalbeke :

St-Cornil, Plaats 15, ✆ 0 56 41 35 23, Fax 0 56 40 29 09, Grillades
fermé août, sam., dim. et jours fériés – **Repas** 1100 bc.

à Bellegem par ④ : 5 km © Kortrijk – ✉ 8510 Bellegem :

Troopeird, Doorniksesteenweg 74, ✆ 0 56 22 26 85, Fax 0 56 22 33 63, 🐦, 🏋, ⚓, 🐦 – ♿ TV P. **MC VISA**
fermé 23 déc.-4 janv. – **Repas** (résidents seult) – **14 ch** ⇌ 2625/3225.

à Kuurne par ① : 3,5 km – 12 773 h. – ✉ 8520 Kuurne :

Bourgondisch Kruis, Brugsesteenweg 400, ✆ 0 56 70 24 55, het.bourgondisch.kruis@proximedia.be, Fax 0 56 70 56 65 – 🔲 P. **AE ⓘ MC VISA**
fermé 1 sem. en mars, 2 sem. en sept., mardi soir, merc. et dim. soir – **Repas** Lunch 1690 bc – 2450 bc.

à Marke © Kortrijk – ✉ 8510 Marke :

Marquette avec ch, Kannaertstraat 45, ✆ 0 56 20 18 16, orys@marquette.isabel.be, Fax 0 56 20 14 37, 🐦, « Collection de vins à vue en caveau », ⚓, 🐦 – TV P – 🛏 25 à 100. **AE ⓘ MC VISA** AX d
fermé 21 juil.-21 août – **Repas** (*fermé dim. et lundi*) 2000 – carte env. 2400 – ⇌ 350 – **10 ch** 3450/4500.

Ten Beukel, Markekerkstraat 19, ✆ 0 56 21 54 69, martens.vanhauwaert@attglobal.net, Fax 0 56 22 52 90 – **AE ⓘ MC VISA JCB** AX e
fermé 26 fév.-5 mars, 19 août-11 sept., dim. soir et lundi – **Repas** Lunch 1500 bc – 1750/2500 bc.

Het Vliegend Tapijt, Pottelberg 189, ✆ 0 56 22 27 45, st.francois@skynet.be, Fax 0 56 22 27 45 – P. **MC VISA** AX y
fermé dim. et lundi – **Repas** 1500 bc.

à Rollegem par ⑤ : 9 km © Kortrijk – ✉ 8510 Rollegem :

Scalini, Lampestraat 89, ✆ 0 56 40 35 00, Fax 0 56 40 35 00, 🐦 – P.
fermé 21 juil.-15 août, lundi et sam. midi – **Repas** Lunch 1350 bc – 2000 bc.

KRUIBEKE 9150 Oost-Vlaanderen **213** K 15 - ⑫ S et **909** F 2 - ⑧ S – 14 493 h.
Bruxelles 49 – Antwerpen 12 – Gent 53 – Sint-Niklaas 19.

De Ceder, Molenstraat 1, ✆ 0 3 774 30 52, restaurant.deceder@pandora.be, Fax 0 3 774 30 52, 🐦, « Jardin d'hiver » – 🔲 P. **AE ⓘ MC VISA** ❋
fermé 2 dern. sem. juil., dim. soir et lundi – **Repas** Lunch 1050 – 1175/1880.

Do not use yesterday's maps for today's journey.

KRUISHOUTEM 9770 Oost-Vlaanderen 213 G 17 et 909 D 3 – 7 844 h.
Bruxelles 73 – Gent 29 – Kortrijk 25 – Oudenaarde 9.

XXXX ❄❄ **Hof van Cleve** (Goossens), Riemegemstraat 1 (près N 459, autoroute E 17 - A 14, sortie ⑥), ℘ 0 9 383 58 48, hofvancleve@skynet.be, Fax 0 9 383 77 25, ≤, 💐, « Fermette au milieu des champs » – 🅿. 𝔸𝔼 ⓞ ⓜ⒪ VISA. ⌀
fermé 1 sem. Pâques, 3 sem. en août, fin déc.-début janv., dim. et lundi – **Repas** Lunch 2100 – 2950/4250, carte 2650 à 3650
Spéc. Ravioli ouvert de girolles et joue de bœuf braisée, sabayon à l'estragon. Pigeonneau au lard croustillant, parmentière aux truffes et Banyuls. Moelleux au chocolat, coulis de griottes et glace au thé vert.

KUURNE West-Vlaanderen 213 E 17 et 909 C 3 – voir à Kortrijk.

La – voir au nom propre.

LAARNE 9270 Oost-Vlaanderen 213 I 16 909 E 2 – 11 581 h.
Voir Château★ : collection d'argenterie★.
Bruxelles 51 – Gent 14 – Aalst 29.

XX **Dennenhof**, Eekhoekstraat 62, ℘ 0 9 230 09 56, info@dennenhof.com, Fax 0 9 231 23 96, 💐 – 🅿. 𝔸𝔼 ⓜ⒪ VISA
fermé du 12 au 22 mars, 23 juil.-13 août, lundi et jeudi soir – **Repas** Lunch 1195 – 1395/2350.

XX **Gasthof van het Kasteel**, Eekhoekstraat 7 (dans les dépendances du château), ℘ 0 9 230 71 78, Fax 0 9 230 33 05, 💐, « Terrasse avec ≤ château du 14ᵉ s. » – 🅿. 𝔸𝔼 ⓞ ⓜ⒪ VISA
fermé 3 dern. sem. juil., prem. sem. janv., lundi et mardi – **Repas** Lunch 950 – 1400/2800 bc.

LACUISINE Luxembourg belge 214 Q 24 et 909 I 6 – voir à Florenville.

LAETHEM-ST-MARTIN Oost-Vlaanderen 213 G 16 et 909 D 2 – voir Sint-Martens-Latem.

LAFORET Namur 214 O 23 – voir à Vresse-sur-Semois.

LANAKEN 3620 Limburg 213 S 17 et 909 J 3 – 23 508 h.
🛈 Jan Rosierlaan 28 ℘ 0 89 72 24 67, Fax 0 89 72 25 30.
Bruxelles 108 – Maastricht 8 – Hasselt 29 – Liège 34.

🏨 **Eurotel**, Koning Albertlaan 264 (Nord : 2 km sur N 78), ℘ 0 89 72 28 22, eurotel@skynet.be, Fax 0 89 72 28 24, 💐, 𝐋𝜹, ≘s, 🅇, ⚲, – 🛗 📺 🅿. 🅰 25 à 140. 𝔸𝔼 ⓞ ⓜ⒪ VISA. ⌀
Repas *Arte* (fermé sam. midi) Lunch 750 – 1490 – **76 ch** ⊇ 2600/5000 – ½ P 2100/3300.

🏨 **Slot Pietersheim** ⊛, Waterstraat 54, ℘ 0 89 71 03 60, Fax 0 89 71 40 94, ≤, 💐, « Ancienne demeure sur parc public » – 🛗 📺 🅿. 🅰 25 à 40. 𝔸𝔼 ⓞ ⓜ⒪ VISA. ⌀
Repas carte 1000 à 2000 – **10 ch** ⊇ 3090/4190 – ½ P 2920.

XX **Kokanje**, Stationsstraat 218, ℘ 0 89 71 62 57, Fax 0 89 71 62 57, 💐 – 𝔸𝔼 ⓞ ⓜ⒪ VISA. ⌀
fermé mardi et sam. midi – **Repas** 1100/1595.

à Neerharen Nord : 3 km sur N 78 © Lanaken – ⊠ 3620 Neerharen :

🏨 **Host. La Butte aux Bois** ⊛, Paalsteenlaan 90, ℘ 0 89 72 12 86, info@labutteauxbois.be, Fax 0 89 72 16 47, 💐, « Environnement boisé », ≘s, 🅇, 🐎, ⚲, – 🛗 📺 🅿. 🅰 25 à 350. 𝔸𝔼 ⓞ ⓜ⒪ VISA
Repas Lunch 1180 bc – 1350/2080 – ⊇ 475 – **39 ch** 3500/7000, 1 suite.

à Rekem Nord : 6 km sur N 78 © Lanaken – ⊠ 3621 Rekem :

X **Vogelsanck**, Steenweg 282, ℘ 0 89 71 72 50, Fax 0 89 74 87 69 – 🟰 🅿. ⓜ⒪ VISA
fermé prem. sem. juil., prem. sem. sept., prem. sem. janv., mardi et sam. midi – **Repas** Lunch 445 – 1095.

LANGDORP Vlaams-Brabant 213 O 17 et 909 H 3 – voir à Aarschot.

LANKLAAR Limburg 213 T 16 – voir à Dilsen.

231

LASNE 1380 Brabant Wallon 213 L 18, 214 L 18 et 409 G 3 – 13 534 h.
ᵣ₁₈ (2 parcours) ᵣ₅ au Nord : 1 km à Ohain, Vieux Chemin de Wavre 50 ℘ 0 2 633 18 50, Fax 0 2 633 28 66.
Bruxelles 27 – Charleroi 41 – Mons 54 – Nivelles 20.

✗ **Le Caprice des Deux**, r. Genleau 8, ℘ 0 2 633 65 65, capricedesdeux@swing.be, Fax 0 2 633 65 65 – AE ① ⓜ VISA. ⌀
fermé fin sept., 2 sem. en avril, dim. soir et lundi – **Repas** Lunch 850 – 1400/1500.

✗ **Le Four à Pain**, r. Genleau 70, ℘ 0 2 633 13 70, Fax 0 2 633 13 70, 😊, « Auberge » – 🅿. AE ① ⓜ VISA
fermé sem. carnaval, 15 août-7 sept., Noël, Nouvel An, lundi et mardi – **Repas** carte env. 1100.

à Plancenoit Sud-Ouest : 5 km ⓒ Lasne – ⊠ 1380 Plancenoit :

✗✗ **Le Vert d'Eau**, r. Bachée 131, ℘ 0 2 633 54 52, Fax 0 2 633 54 52, 😊 – AE ⓜ VISA
fermé 2 sem. Pâques, 2 sem. en sept., lundi soir, mardi et sam. midi – **Repas** Lunch 495 – 895/1850.

LATOUR Luxembourg belge 214 S 25 et 409 J 7 – voir à Virton.

LAUWE 8930 West-Vlaanderen ⓒ Menen 32 155 h. 213 E 18 et 409 C 3.
Bruxelles 100 – Kortrijk 10 – Lille 22.

✗✗✗ **'t Hoveke** avec ch, Larstraat 206, ℘ 0 56 41 35 84, Fax 0 56 41 55 11, 😊, « Ferme du 18ᵉ s. entourée de douves » – 🔲 🅿. – 🍴 25 à 150. AE ① ⓜ VISA. ⌀ ch
Repas (fermé 6 août-4 sept., du 2 au 14 janv., dim. soir, lundi soir et mardi) Lunch 1600 bc – carte env. 2100 – **4 ch** (fermé lundi soir et mardi) 🛏 3000/4500 – ½ P 5650/7500.

✗✗✗ **Ter Biest**, Lauwbergstraat 237, ℘ 0 56 41 47 49, Fax 0 56 42 13 86, 😊, « Cadre champêtre » – 🔲 🅿. AE ⓜ VISA
fermé mardi soir, merc. et dim. soir – **Repas** Lunch 1600 bc – carte env. 1900.

✗✗ **de Mangerie**, Wevelgemsestraat 37, ℘ 0 56 42 00 75, Fax 0 56 42 42 62, 😊, « Jardin d'hiver » – ① ⓜ VISA. ⌀
fermé fin fév.-début mars, 2 dern. sem. août, sam. midi, dim. soir et lundi – **Repas** Lunch 1095 bc – 1450/1745.

LAVAUX-SAINTE-ANNE 5580 Namur ⓒ Rochefort 11 767 h. 214 P 22 et 409 I 5.
Bruxelles 112 – Bouillon 64 – Dinant 34 – Namur 50 – Rochefort 16.

🏨 **Maison Lemonnier** 🌿, r. Baronne Lemonnier 82, ℘ 0 84 38 72 17, Fax 0 84 38 72 20, « En Famenne, au centre du village », 😊 – 📺 🅿. AE ① ⓜ VISA
fermé du 5 au 15 juin, 27 août-7 sept., 17 déc.-26 janv., lundi et mardi – **Repas** voir rest **du Château** ci-après – 🛏 350 – **8 ch** 3500/4500.

✗✗✗ **du Château** (Martin) - H. Maison Lemonnier, r. Château 10, ℘ 0 84 38 88 83, Fax 0 84 ❀ 38 88 95, 😊, « Dans dépendances du 17ᵉ s. » – 🅿. AE ① ⓜ VISA
fermé du 5 au 15 juin, 27 août-7 sept., du 27 au 31 déc., lundi et mardi – **Repas** Lunch 1000 – 1775/2200, carte 1950 à 2900
Spéc. Cromesqui de tomate et homard en chaud-froid. Mille-feuille de foie gras de canard et carpaccio de bœuf. Galette croustillante de pied de porc sous un émincé de truffes d'été (juil.-août).

Le – voir au nom propre.

LÉAU Vlaams-Brabant – voir Zoutleeuw.

LEBBEKE 9280 Oost-Vlaanderen 213 J 16 et 409 F 3 – 17 323 h.
Bruxelles 27 – Antwerpen 41 – Gent 37.

✗✗ **Rembrandt**, Laurierstraat 6, ℘ 0 52 41 04 09, Fax 0 52 41 45 75 – 🔲. AE ① ⓜ VIS.
fermé 3 dern. sem. juil., lundi soir et mardi – **Repas** 1750.

LEISELE 8691 West-Vlaanderen ⓒ Alveringem 4 735 h. 213 A 17 et 409 A 3.
Bruxelles 143 – Brugge 67 – Ieper 27 – Oostende 45 – Veurne 20.

🏠 **De Zoeten Inval** 🌿, Lostraat 7, ℘ 0 58 29 99 64, hotel.zoeten.inval@unicall.be Fax 0 58 29 80 55, 😊, « Cadre champêtre », 🌿, 🚲 – 🔲 ch, 📺 🅿. AE ① ⓜ VISA. ⌀
fermé janv. – **Repas** (dîner pour résidents seult) – **8 ch** 🛏 1800/4000 – ½ P 2250/325

LEMBEKE
9971 Oost-Vlaanderen © Kaprijke 6 187 h. **213** G 15 et **909** D 2.
Bruxelles 75 – *Gent* 19 – Antwerpen 63 – Brugge 35.

- **Host. Ter Heide**, Tragelstraat 2, ☎ 0 9 377 19 23, Fax 0 9 377 51 34,
« Terrasse et jardin », 🚲 – 📺 🅿 – 🔒 25 à 100. 🆎 ⓘ ⓜ 🆅🅸🆂🅰
fermé du 24 au 31 déc. – **Repas** *(fermé lundi)* Lunch 980 bc – carte env. 1700 – ☐ 450 – **9 ch** 3250/3500 – ½ P 3250.

LENS
7870 Hainaut **213** I 19, **214** I 19 et **909** E 4 – 3 793 h.
Bruxelles 55 – *Mons* 13 – Ath 13.

- **Aub. de Lens** avec ch, r. Calvaire 23 (Nord-Ouest : 1,5 km), ☎ 0 65 22 90 41, ≤,
« Terrasse et jardin » – 📺 🅿 ⓜ 🆅🅸🆂🅰
fermé mi-déc.-mi-janv. – **Repas** *(fermé dim. soir et lundi)* Lunch 595 – carte 850 à 1700 – ☐ 200 – **6 ch** 1495/1995 – ½ P 1550/1995.

LEOPOLDSBURG (BOURG-LÉOPOLD)
3970 Limburg **213** Q 16 et **909** I 2 – 13 703 h.
Bruxelles 83 – Antwerpen 64 – Liège 71 – Eindhoven 44 – Maastricht 59

- **'t Merenhuys**, Vander Elststraat 22, ☎ 0 11 34 53 91, martin-verbeeck@hotmail.com, Fax 0 11 34 53 91, 🍴 – 🆎 ⓘ ⓜ 🆅🅸🆂🅰 🆈🅲🅱
fermé 2 sem. en fév., 2 sem. en sept., lundi, mardi et merc. – **Repas** Lunch 450 – carte 1050 à 1550.

LESSINES (LESSEN)
7860 Hainaut **213** I 18, **214** I 18 et **909** E 3 – 17 020 h.
Voir N.-D.-à la Rose★.
🅱 Grand'Place 11 ☎ 0 68 33 36 90, Fax 0 68 33 36 90.
Bruxelles 57 – Aalst 35 – Gent 49 – Mons 35 – Tournai 45.

- **Le Napoléon**, r. Lenoir Scaillet 25, ☎ 0 68 33 39 39 – ⓘ ⓜ 🆅🅸🆂🅰
fermé 20 août-13 sept., 22 janv.-9 fév. et merc. – **Repas** *(déjeuner seult sauf sam.)* Lunch 300 – 850.

LEUVEN (LOUVAIN)
3000 🅿 Vlaams-Brabant **213** N 17 et **909** H 3 – 88 245 h.
Voir Hôtel de Ville★★★ *(Stadhuis)* BYZ H – Collégiale St-Pierre★ *(St-Pieterskerk)* : musée d'Art religieux★★, Cène★★, Tabernacle★, Tête de Christ★, Jubé★ BY A – Grand béguinage★★ *(Groot Begijnhof)* BZ – Plafonds★ de l'Abbaye du Parc *(Abdij van't Park)* DZ B – Façade★ de l'église St-Michel *(St-Michielskerk)* BZ C.
Musée : communal Vander Kelen - Mertens★ *(Stedelijk Museum)* BY M.
Env. Korbeek-Dijle : retable★ de l'église St-Barthélemy *(St-Batholomeüskerk)* par N 253 : 7 km DZ.
✈ au Sud-Ouest : 15 km à Duisburg, Hertsstraatweg 59 ☎ 0 2 769 45 85, Fax 0 2 767 97 52 – 🚂 par ② : 13 km à Sint-Joris-Winge par ② : 13 km, Leuvensesteenweg 252, ☎ 0 16 63 40 53, Fax 0 16 63 21 40.
🅱 Grote Markt 9 ☎ 0 16 21 15 39, Fax 0 16 21 15 49 – Fédération provinciale de tourisme, Diestsesteenweg 52, ✉ 3010 Kessel-Lo, ☎ 0 16 26 76 20, Fax 0 16 26 76 76.
Bruxelles 27 ⑥ – Antwerpen 48 ⑨ – Liège 74 ④ – Namur 53 ⑤ – Turnhout 60 ①

Plans pages suivantes

- **Begijnhof** sans rest, Tervuursevest 70, ☎ 0 16 29 10 10, info@begijnhofcongresho tel.be, Fax 0 16 29 10 22, 🏋, 😌, 🍴, – 🔋 📺 🅿 🆎 ⓘ ⓜ 🆅🅸🆂🅰 🍴 BZ g
63 ch ☐ 5400/5900, 4 suites.

- **Holiday Inn Garden Court**, A. Smetsplein 7, ☎ 0 16 31 76 00, HICGCLeuven@ALLIANCE-HOTELLERIE.fr, Fax 0 16 31 76 01, 🏋, – 🔋 ✄ ≡ 📺 ♿ 🚗 – 🔒 25 à 55.
🆎 ⓘ ⓜ 🆅🅸🆂🅰 🆈🅲🅱 BZ a
Repas Lunch 475 – carte 850 à 1350 – ☐ 550 – **100 ch** 5500 – ½ P 6650/7550.

- **Binnenhof** sans rest, Maria-Theresiastraat 65, ☎ 0 16 20 55 92, binnenhof.hotel@p andora.be, Fax 0 16 23 69 26 – 🔋 📺 🅿 – 🔒 25 à 50. 🆎 ⓘ ⓜ 🆅🅸🆂🅰. 🍴 CY a
54 ch ☐ 4000/4450.

- **New Damshire** Ⓜ sans rest, Pater Damiaanplein-Schapenstraat 1, ☎ 0 16 23 21 15, reservations@newdamshire.com, Fax 0 16 23 32 08 – 🔋 ✄ 📺 🅿 🆎 ⓘ ⓜ 🆅🅸🆂🅰. 🍴
fermé 24 déc.-3 janv. – **22 ch** ☐ 3550/4650. BZ m

- **Theater**, Bondgenotenlaan 20, ☎ 0 16 22 28 19, theaterhotel@chello.be, Fax 0 16 28 49 39 – 🔋, ≡ ch, 📺 🅿 🆎 ⓜ 🆅🅸🆂🅰. 🍴 ch BY v
Repas (Petite restauration) – **21 ch** *(fermé 24 déc.-2 janv.)* ☐ 4300/5200.

- **Ibis** sans rest, Brusselsestraat 52, ☎ 0 16 29 31 11, H1457@accor-hotels.com, Fax 0 16 23 87 92 – 🔋 ✄ 📺 🅿 🆎 ⓘ ⓜ 🆅🅸🆂🅰 🆈🅲🅱 BY b
☐ 300 – **71 ch** 3200.

XXX	**Sire Pynnock**, Hogeschoolplein 10, ☎ 0 16 20 25 32, sire.pynnock@ping.be, Fax 0 16 20 11 26 – 🅿 – 🏛 30. 🆎 ① 🆔 VISA. ❄ fermé 3 sem. en août, sam. midi, dim. soir et lundi – **Repas** Lunch 1990 bc – 2150/3150 BZ
XXX ✿	**Belle Epoque** (Tubee), Bondgenotenlaan 94, ☎ 0 16 22 33 89, Fax 0 16 22 37 42, 🍽 – 🆎 ① 🆔 VISA CY fermé carnaval, 22 juil.-16 août, dim. et lundi – **Repas** Lunch 1200 – 2050/3100 bc, cart 2100 à 3300 **Spéc.** Tournedos de langoustines rôties à la ''mozzarelle di bufala''. Rouget-barbet au pâtes fraîches et huile au basilic. Pigeon de Bresse à l'essence de truffes.
XX	**Ming Dynasty**, Oude Markt 9, ☎ 0 16 29 20 20, Fax 0 16 29 44 04, 🍽, Cu sine chinoise, ouvert jusqu'à 23 h – 📧 🆎 ① 🆔 VISA BYZ fermé mardi – **Repas** Lunch 760 – 980/1950.
XX	**Ramberg Hof**, Naamsestraat 60, ☎ 0 16 29 32 72, Fax 0 16 20 10 90, 🍽, « Jard d'hiver » – 🆎 ① 🆔 VISA. ❄ BZ fermé du 3 au 15 sept., du 26 au 30 déc., dim. soir et lundi – **Repas** Lunch 800 – 1350/155

LEUVEN

Aarschotsesteenweg	**BY** 2		Karel v. Lotharingenstr.	**BY** 24
Bierbeekpleindreef	**DZ** 3		Leopoldstr. I	**BY** 27
Bondgenotenlaan	**BCY** 5		Leopold Vanderkelenstr.	**BY** 28
Borstelstr.	**DZ** 6		Maarschalk Fochpl.	**BY** 29
Boudewijnlaan	**DZ** 7		Margarethapl.	**BY** 30
Brusselsestr.	**AY**		Martelarenpl.	**CY** 31
Celestijnenlaan	**DZ** 8		Mgr Ladeuzepl.	**BY** 33
Diestsesteenweg	**DZ** 9		Muntstr.	**BY** 34
Dirk Boutslaan	**BY** 10		Naamsesteenweg	**DZ** 35
Eenmeilaan	**DZ** 11		Naamsestr.	**BZ**
Fonteinstraat	**DZ** 12		Nieuwe Mechelsesteenweg	**DZ** 36
Geldenaaksebaan	**DZ** 15		Oude Markt	**BZ** 37
Grote Markt	**BY** 16		Pakenstr.	**DZ** 39
Grote Molenweg	**DZ** 18		Petermannenstr.	**AY** 40
Holsbeeksesteenweg	**DZ** 19		Redingenstr.	**ABZ** 41
Jean Baptiste van Monsstr.	**BCY** 20		Rijschoolstr.	**BY** 42
Kapeldreef	**DZ** 21		Smolderspl.	**BY** 44
Kapucijnenvoer	**AZ** 22		Tiensesteenweg	**DZ** 45
Kard. Mercierlaan	**DZ** 23		Tiensestr.	**BCY**
			Vaartstr.	**BY** 47
			Vismarkt	**BY** 48
			Vital Decoterstr.	**BY** 50
			Waversebaan	**DZ** 51

Si vous cherchez un hôtel tranquille ou isolé, consultez d'abord les cartes de l'introduction ou repérez dans le texte les établissements indiqués avec le signe 🐾 ou 🐾

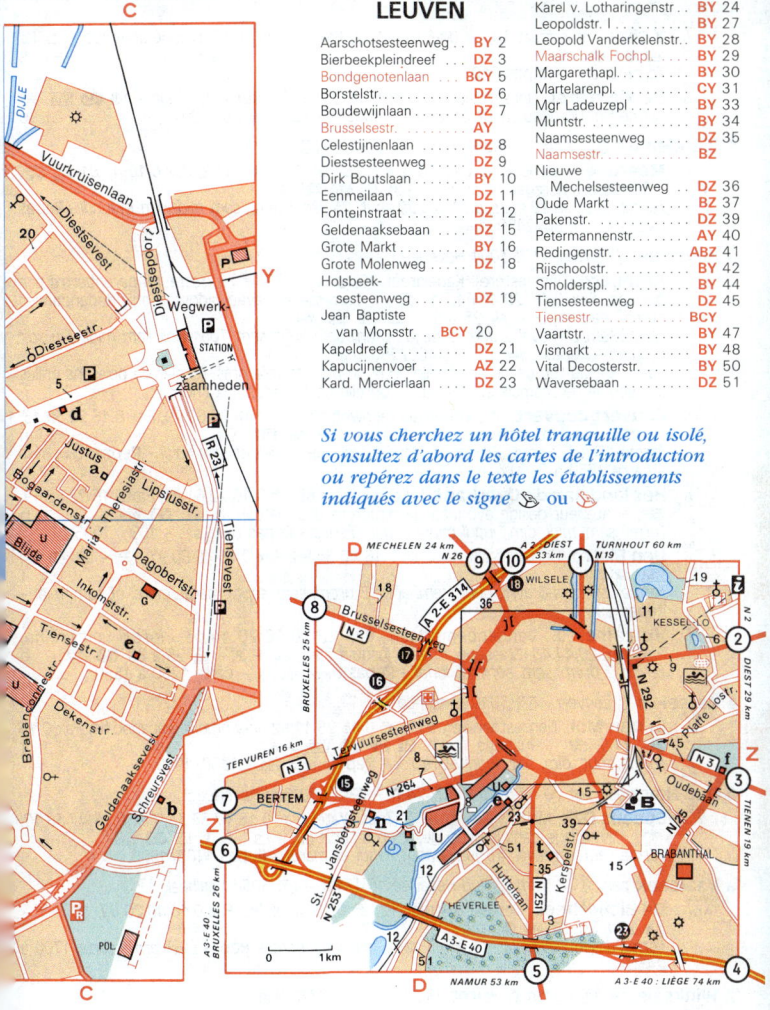

XX **Dumont,** Hogeschoolplein 15, ✆ 0 16 23 75 75, salonsgeorges@planetinternet.be, Fax 0 16 20 76 20 – AE ⓘ MC VISA **BZ** u
fermé du 1er au 16 août et dim. – **Repas** 950/1750.

XX **Beluga,** Krakenstraat 12, ✆ 0 16 23 43 93, Fax 0 16 20 51 76, Produits de la mer – 🔲 AE MC VISA, ✦ **BYZ** q
fermé 2 sem. en août, 1 sem. fin déc., sam. midi, dim. et lundi midi – **Repas** Lunch 995 – carte 1800 à 3350.

X **Oesterbar,** Muntstraat 23, ✆ 0 16 20 28 38, info@oesterbar.be, Fax 0 16 20 54 84, 🌿, Produits de la mer – AE ⓘ MC VISA, ✦ **BYZ** p
fermé 2 dern. sem. avril, 2 dern. sem. sept., prem. sem. janv., dim. et lundi – **Repas** Lunch 885 – carte 1200 à 2200.

X **'t Zwart Schaap,** Boekhandelstraat 1, ✆ 0 16 23 24 16, Fax 0 16 23 24 16 – AE MC VISA **BY** e
fermé sem. carnaval, 15 juil.-15 août, dim., lundi et jours fériés – **Repas** Lunch 660 bc – carte 1000 à 1850.

LEUVEN

Y-Sing, Parijsstraat 18, ℘ 0 16 22 80 52, Fax 0 16 23 40 47, Cuisine asiatique – 🍽, AE ① ⓜ VISA. ※
BY s
fermé merc. – **Repas** 810.

De Rijsttafel, Tiensestraat 181, ℘ 0 16 22 50 46, Cuisine asiatique – ① ⓜ VISA. ※
fermé fin juil.-début août et lundi – **Repas** Lunch 280 – 850/1280.
CZ e

à Blanden par ⑤ : 7 km © Oud-Heverlee 10 474 h. – ⌧ 3052 Blanden :

Meerdael, Naamsesteenweg 90 (sur N 25), ℘ 0 16 40 24 02, Fax 0 16 40 81 37, 🌿,
« Terrasse ombragée et jardin » – P. AE ⓞ ⓜ VISA. ※
fermé du 20 au 29 mars, du 14 au 29 août, 25 déc.-3 janv., sam. midi, dim. et lundi – **Repas**
Lunch 950 – 1750/2450.

à Heverlee © Leuven – ⌧ 3001 Heverlee :

Arenberg (Demeestere), Kapeldreef 46, ℘ 0 16 22 47 75, restaurant.arenberg@pan
dora.be, Fax 0 16 29 40 64, ≤, 🌿, « Terrasse enclavée, adossée aux dépendances
du château » – 🕯 – 🛎 25 à 125. AE ⓞ ⓜ VISA
DZ r
*fermé sem. carnaval, 2 dern. sem. juil.-prem. sem. août, sem. Toussaint, sam. midi, dim. soir
et lundi* – **Repas** Lunch 1250 – 1400/2500 bc
Spéc. Pot-au-feu gélifié de volaille, joue de porc et foie gras. Attelet de poissons grillés
au taboulé de scampis et calamars. Tourelle de mousses aux chocolats.

Couvert couvert, St-Jansbergsesteenweg 171, ℘ 0 16 29 69 79, Fax 0 16 29 59 15,
≤, 🌿, « Architecture intérieure design » – P. ⓜ VISA
DZ n
fermé 17 juil.-7 août, 24 déc.-2 janv., mardi, merc. midi et sam. midi – **Repas** Lunch 1150
– carte 1750 à 2150.

Het land aan de Overkant, L. Scheursvest 89, ℘ 0 16 22 61 81, Fax 0 16 22 59 69,
🌿, « Intérieur design évoquant la structure d'un bateau » – 🍽. ⓜ VISA
CZ b
fermé sam. midi, dim., lundi midi et jours fériés – **Repas** Lunch 925 – 1095/2095.

Den Bistro, Hertogstraat 160, ℘ 0 16 40 54 88, Fax 0 16 40 80 91, 🌿 – 🍽 ① ⓜ
VISA. ※
DZ t
fermé 27 mars-6 avril, dern. sem. août-2 prem. sem. sept., mardi, merc. et sam. midi –
Repas 995.

Voltaire, J. Vandenbemptlaan 6a, ℘ 0 16 20 44 43, info@voltaire.nu,
Fax 0 16 20 44 43, Brasserie, ouvert jusqu'à 23 h, 🌿 – P. – 🛎 25 à 80. ⓜ VISA DZ e
fermé 2 prem. sem. sept. et lundi – **Repas** Lunch 1100 bc – carte 1200 à 1550.

à Kessel-Lo © Leuven – ⌧ 3010 Kessel-Lo :

In Den Mol, Tiensesteenweg 331, ℘ 0 16 25 11 82, indenmol@wanadoo.be, Fax 0 16
26 22 65, 🌿, « Rustique » – P. AE ① ⓜ VISA JCB
DZ f
fermé août, dim. soir, lundi et mardi – **Repas** Lunch 950 – 1350/1980.

à Oud-Heverlee par ⑤ : 7,5 km – 10 474 h. – ⌧ 3050 Oud-Heverlee :

Spaans Dak, Maurits Noëstraat 2 (Zoet Water), ℘ 0 16 47 33 33, Fax 0 16 47 38 12,
🌿, « Aménagé dans les vestiges d'un manoir du 16ᵉ s. » – P. AE ⓞ ⓜ VISA
fermé sem. carnaval, 16 juil.-2 août, lundi et mardi – **Repas** 1100/1900.

à Vaalbeek par ⑤ : 6,5 km © Oud-Heverlee 10 474 h. – ⌧ 3054 Vaalbeek :

De Bibliotheek, Gemeentestraat 12, ℘ 0 16 40 05 58, Fax 0 16 40 20 69, 🌿 – P. –
🛎 25 à 70. AE ⓞ ⓜ VISA
fermé 1 sem. carnaval, 16 juil.-3 août, mardi et merc. – **Repas** Lunch 850 – carte 1700 à
2450.

à Winksele par ⑧ : 5 km © Herent 18 693 h. – ⌧ 3020 Winksele :

De Pachtenhoef, Dorpsstraat 29b, ℘ 0 16 48 85 41 – 🍽 P. AE ⓞ ⓜ VISA. ※
fermé 2 dern. sem. juin-prem. sem. juil., lundi, mardi et merc. – **Repas** 1000/1800.

LEUZE-EN-HAINAUT 7900 Hainaut 213 G 19, 214 G 19 et 909 D 4 – 13 090 h.
Bruxelles 70 – Gent 56 – Mons 35 – Tournai 16.

La Cour Carrée, chaussée de Tournai 5, ℘ 0 69 66 48 25, Fax 0 69 66 18 82, 🛋 –
TV P. – 🛎 25 à 40. AE ⓞ ⓜ VISA. ※
Repas (fermé sam. midi et dim. soir) Lunch 550 – 1000 – **9 ch** ⌷ 1750/2250 – ½ P 2300.

Le Châlet de la Bourgogne, chaussée de Tournai 1, ℘ 0 69 66 19 78, Fax 0 69
66 19 78 – P. AE ⓞ ⓜ VISA
fermé 26 fév.-9 mars, du 9 au 27 juil., mardi soir, merc. et jeudi soir – **Repas** 950/1300

Gute Küchen

haben wir für Feinschmecker

durch ❀❀❀, ❀❀, ❀ oder **Repas** 🍴 kenntlich gemacht.

LIBRAMONT 6800 Luxembourg belge © Libramont-Chevigny 9 251 h. **214** R 23 et **909** J 6.
Bruxelles 143 – Bouillon 33 – Arlon 52 – Dinant 68 – La Roche-en-Ardenne 43.

à Bras Nord : 7 km © Libramont-Chevigny – ⊠ 6800 Bras :

XX **La Michaudière,** Vieux Chemin 9 (Bras-Haut), ℘ 0 61 61 23 91, Fax 0 61 61 31 53 – P. AE ⦿ VISA
fermé 1 sem. fin juin, du 10 au 20 sept., 2 sem. début janv., dim. soir, lundi et mardi –
Repas Lunch 1350 bc – 1600 bc/2550 bc.

à Recogne Sud-Ouest : 1 km © Libramont-Chevigny – ⊠ 6800 Recogne :

L'Amandier, av. de Bouillon 70, ℘ 0 61 22 53 73, hotel.l.amandier@skynet.be, Fax 0 61 22 57 10, ₤₆, ≘s, ⊛ – ⊟ TV P. – 🛎 25 à 200. AE ⦾ ⦿ VISA. ✲ rest
Repas (fermé dim. soir et lundi) – 750/1650 – **24 ch** ⊐ 2150/2700 – ½ P 2100/2900.

LICHTAART Antwerpen **213** O 15 et **909** H 2 – voir à Kasterlee.

LICHTERVELDE West-Vlaanderen **213** D 16 et **909** C 2 – voir à Torhout.

LIÈGE – LUIK

4000 P 213 S 19, 214 S 19 – ㉕ S et 909 J 4 – ⑰ N – 187 538 h.

Bruxelles 97 ⑨ – Amsterdam 242 ① – Antwerpen 119 ⑫ – Köln 122 ② – Luxembourg 159 ⑤ – Maastricht 32 ①.

Plans de Liège	
Agglomération	p. 2 et 3
Liège Centre	p. 4
Agrandissement partie centrale	p. 5
Répertoire des rues	p. 6
Nomenclature des hôtels et des restaurants	
Ville	p. 7 et 8
Périphérie et environs	p. 8 et 9

OFFICES DE TOURISME

En Féronstrée 92 ℘ 0 4 221 92 21, Fax 0 4 221 92 22 et Gare des Guillemins ℘ 0 4 252 44 19 – Fédération provinciale de tourisme, bd de la Sauvenière 77 ℘ 0 4 232 65 10, Fax 0 4 232 65 11.

RENSEIGNEMENTS PRATIQUES

▸9 r. Bernalmont 2 (BT) ℘ 0 4 227 44 66, Fax 0 4 227 91 92 – ▸18 par ⑥ : 8 km à Angleur, rte du Condroz 541 ℘ 0 4 336 20 21, Fax 0 4 337 20 26 – ▸18 par ⑤ : 18 km à Gomzé-Andoumont, Sur Counachamps, r. Gomzé 30 ℘ 0 4 360 92 07, Fax 0 4 360 92 06.

🚗 ℘ 0 4 342 52 14, Fax 0 4 229 27 33.

CURIOSITÉS

Voir Citadelle ≤** DW, Parc de Cointe ≤* CX – Vieille ville** : Palais des Princes-Évêques* : grande cour** EY, Le perron* EY A, Cuve baptismale*** dans l'église St-Barthélemy FY, Trésor** de la Cathédrale St-Paul : reliquaire de Charles le Téméraire** EZ – Église St-Jacques** : voûtes de la nef** EZ – Retable* dans l'église St-Denis EY – Statues* en bois du calvaire et Sedes Sapientiae* de l'église St-Jean EY – Aquarium* FZ **D**.

Musées : d'Art Moderne et d'Art Contemporain* DX M⁷ – de la Vie wallonne** EY – d'Art religieux et d'Art mosan* FY M⁵ – Curtius et musée du Verre* (Musées d'Archéologie et d'Arts décoratifs) : Évangéliaire de Notger***, collection d'objets de verre* FY M¹ – d'Armes* FY M³ – d'Ansembourg* FY M².

Env. par ① : 20 km : Blégny-Trembleur** – par ⑥ : 27 km : Fonts baptismaux* dans l'église* de St-Séverin – par ① : 17 km à Visé : Châsse de St-Hadelin* dans l'église collégiale.

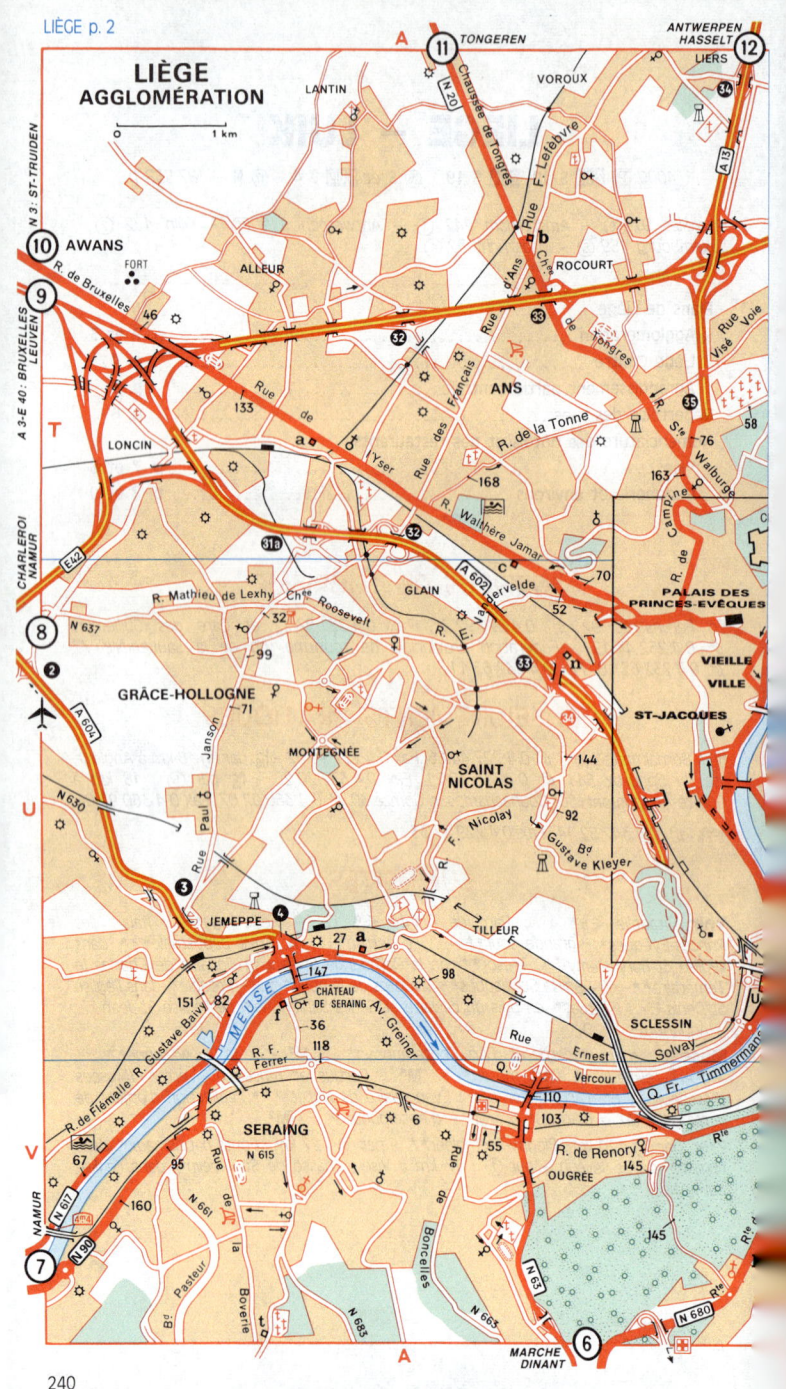

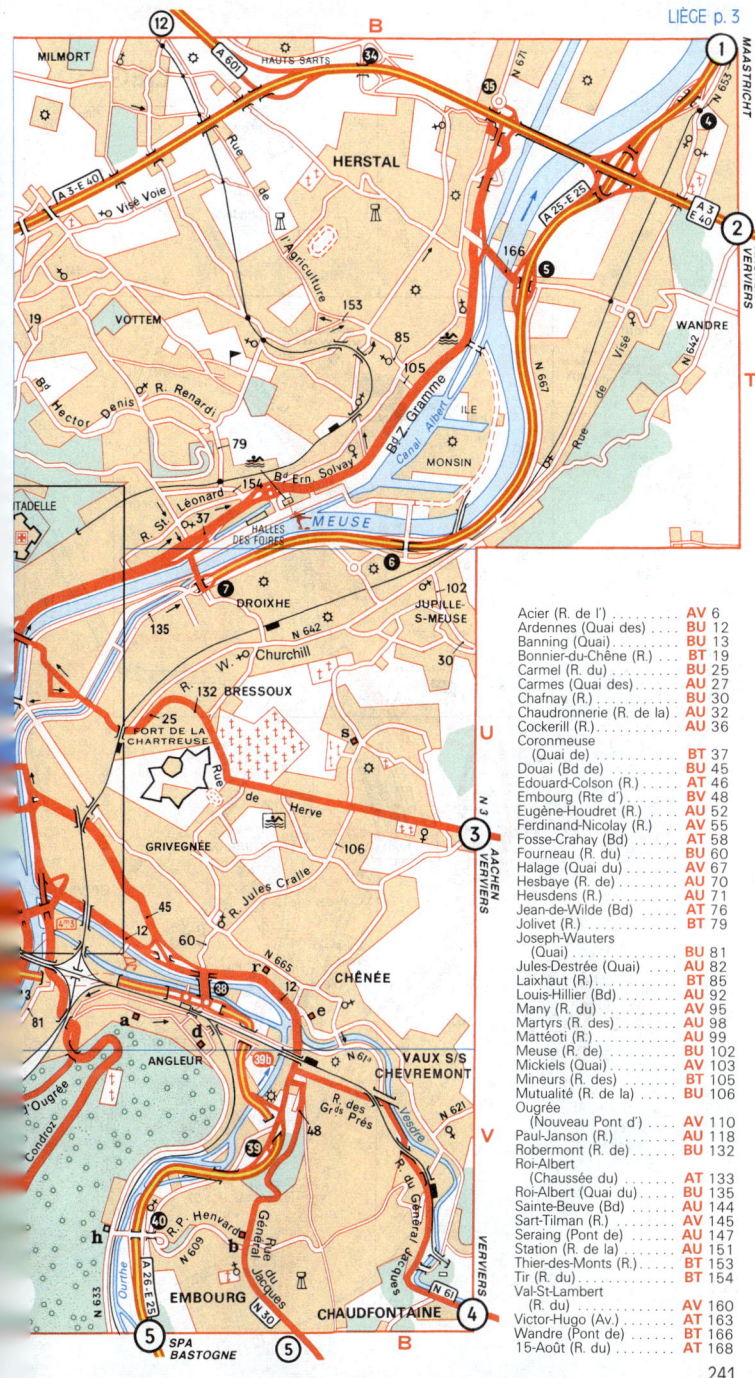

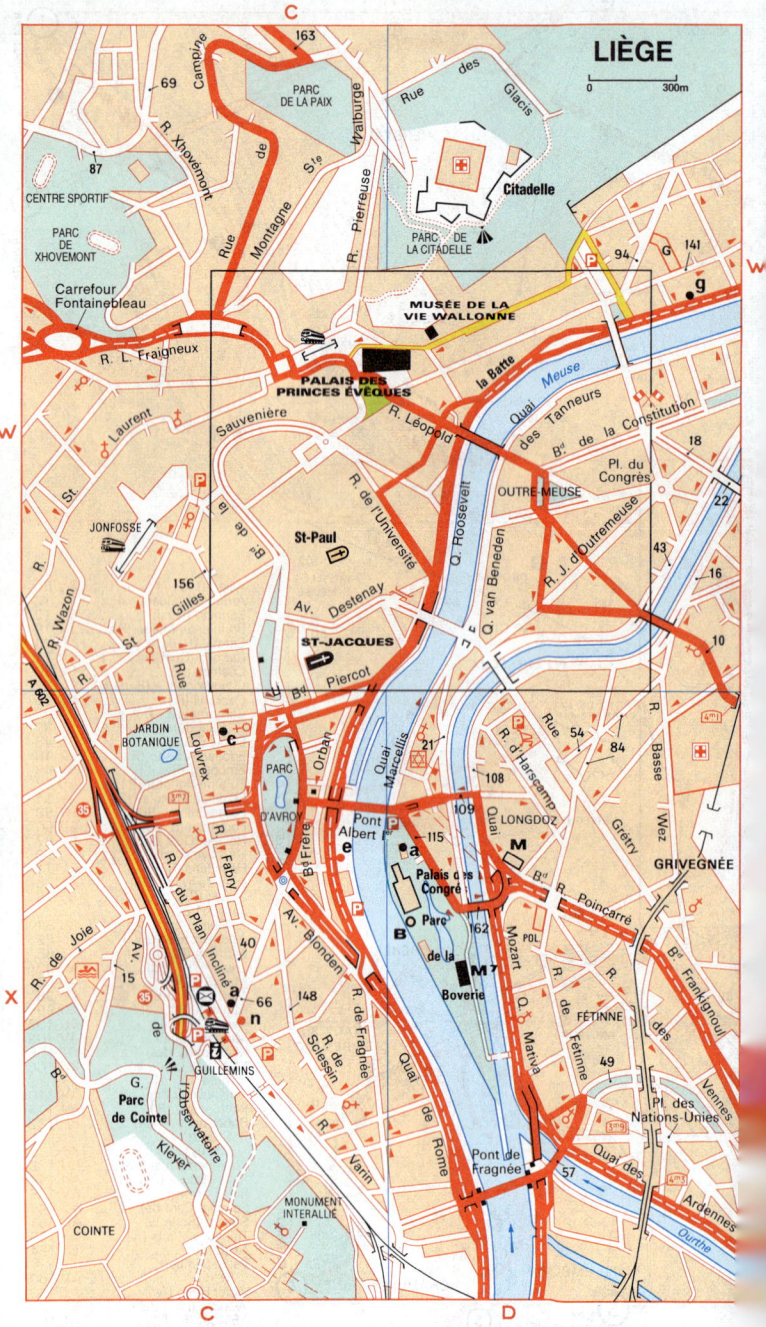

LIÈGE p. 5

Académie (R. de l') . . . . . . **EY** 4	Fétinne (Pont de) . . . . . **DX** 57	Parc (R. du) . . . . **DX** 115
Adolphe-Maréchal (R.) . . . . **FY** 7	Georges-Simenon (R.) . . . **FZ** 61	Pitteurs (R. des) . . . . **FZ** 120
Amercoeur (Pont d') . . . . . **DW** 9	Gérardrie (R.) . . . . **EY** 63	Pont d'Avroy (R.) . . . . **EZ** 121
Amercoeur (R. d') . . . . **DW** 10	Goffe (Quai de la) . . . . . . **FY** 64	Pont d'Île . . . . **EY** 123
Bois-l'Evêque (R.) . . . . **CX** 15	Guillemins (R. des) . . . . . **CX** 66	Prémontrés (R. des) . . . . . **EZ** 124
Bonaparte (Quai) . . . . **DW** 16	Hauteurs (Bd des) . . . . . . **CW** 69	Puits-en-Soc (R.) . . . . **FZ** 126
Bonnes-Villes (R. des) . . . . **DW** 18	van Hoegaerden (Quai) . **EFZ** 73	Ransonnet (R.) . . . . **FY** 127
Boverie (Quai de la) . . . . . **DX** 21	Joffre (R.) . . . . **EY** 75	Régence (R. de la) . . . . . **EYZ** 129
Bressoux (Pont de) . . . . . . **DW** 22	Lairesse (R.) . . . . **DX** 84	Rép. Française (Pl.) . . . . . **EY** 130
Bruxelles (R. de) . . . . **EY** 24	Léon-Philippet (Bd) . . . . . **CW** 87	Saint-Gilles (R.) . . . . **EZ**
Casquette (R. de la) . . . . . **EYZ** 28	Léopold (R.) . . . . **EFY**	Saint-Hubert (R.) . . . . **EY** 136
Cathédrale (R. de la) . . . . **EZ**	Liberté (R. de la) . . . . **FZ** 88	Saint-Lambert (Pl.) . . . . . . **EY** 138
Charles-Magnette (R.) . . . **EZ** 31	Longdoz (Pont de) . . . . . . **FZ** 90	Saint-Léonard (R.) . . . . . . **FY** 139
Churchill (Quai) . . . . **FZ** 33	Longdoz (Quai de) . . . . . . **FZ** 91	Saint-Léonard (Quai) . . . **DW** 141
Clarisses (R. des) . . . . **EZ** 34	Maastricht (Quai de) . . . . **FY** 93	Saint-Pholien (R. et Pl.) . . **FY** 142
Croisiers (R. des) . . . . **EZ** 39	Maghin (R.) . . . . **DW** 94	Serbie (R. de) . . . . **CX** 148
Dartois (R.) . . . . **CX** 40	Marché (Pl. du) . . . . **EY** 96	Trappé (R.) . . . . **CW** 156
Déportés (Pl. des) . . . . **FY** 42	Notger (Square) . . . . **EY** 107	Université (R. de l') . . . . **EYZ** 157
Dérivation (Quai de la) . . . **DW** 43	Orban (Quai) . . . . **DX** 108	Ursulines (Imp. des) . . . . . **FY** 159
Emile de Laveleye (Bd) . . . **DX** 49	Orban ou de Huy	Vennes (Pont des) . . . . . . **DX** 162
En Féronstrée . . . . **FY**	(Pont d') . . . . **DX** 109	Victor-Hugo (Av.) . . . . **CW** 163
Est (Bd de l') . . . . **FYZ** 51	Ourthe (Quai de l') . . . . . **FZ** 112	Vinâve d'Île (R.) . . . . **EZ**
Fer (R. du) . . . . **DX** 54	Palais (R. du) . . . . **EY** 114	20-Août (Pl. du) . . . . **EZ** 169

Sur la route :

la signalisation routière est rédigée

dans la langue de la zone linguistique traversée.

Dans ce guide,

les localités sont classées selon leur nom officiel :
Antwerpen pour Anvers, **Mechelen** por Malines.

243

RÉPERTOIRE DES RUES DE LIÈGE

Nom	Plan	N°
Abattoir (R. de l')	p.3 BT	3
Académie (R. de l')	p.5 EY	4
Acier (R. de l')	p.2 AV	6
Adolphe-Maréchal (R.)	FY	7
Agriculture (R. de l')	p.3 BT	
Albert-Ier (Pont)	p.4 CX	
Amercœur (Pont d')	p.4 DW	9
Amercœur (R. d')	p.4 DW	10
Ans (R. d')	p.2 AT	
Arches (Pont des)	p.5 FY	
Ardenne (Voie de l')	p.3 BV	
Ardennes (Quai des)	p.4 DX	
Avroy (Bd d')	p.5 EZ	
Banning (Quai)	p.3 BU	13
Basse Wez (R.)	p.4 DX	
Batte (Quai de la)	p.5 FY	
van Beneden (Quai)	p.5 FZ	
Blonden (Av.)	p.4 CX	
Bois-l'Evêque (R.)	p.4 CX	15
Bonaparte (Quai)	p.4 DW	16
Boncelles (R. de)	p.2 AV	
Bonnes-Villes (R. des)	p.4 DW	18
Bonnier-du-Chêne (R.)	p.3 BT	19
Boverie (Quai de la)	p.4 DX	21
Boverie (R. de la)	p.4 AV	
Bressoux (Pont de)	p.4 DW	22
Bruxelles (R. de)	p.5 EY	24
Bruxelles (R. de) (AWANS)	p.2 AT	
Campine (R. de)	p.4 CW	
Carmel (R. du)	p.3 BU	25
Carmes (Quai des)	p.2 AU	27
Casquette (R. de la)	p.5 EYZ	28
Cathédrale (R. de la)	p.5 EZ	
Chafnay (R.)	p.3 BU	30
Charles-Magnette (R.)	p.5 EZ	31
Chaudronnerie (R. de la)	p.2 AU	32
Churchill (Quai)	p.5 FZ	33
Clarisses (R. des)	p.5 EZ	34
Cockerill (R.)	p.2 AU	36
Condroz (Rte du)	p.3 BV	
Congrès (Pl. du)	p.4 DW	
Constitution (Bd de la)	p.5 FY	
Coronmeuse (Quai de)	p.3 BT	37
Croisiers (R. des)	p.5 EZ	39
Dartois (R.)	p.4 CX	40
Delcourt (Pl.)	p.5 FZ	
Déportés (Pl. des)	p.5 FY	42
Dérivation (Quai de la)	p.4 DW	43
Destenay (Av.)	p.5 EZ	
Douai (Bd de)	p.3 BU	45
Edouard-Colson (R.)	p.2 AT	46
Embourg (Rte d')	p.3 BV	48
Emile de Laveleye (Bd)	p.4 DX	49
Emile-Vandervelde (R.)	p.2 AU	
Emile-Zola (Quai)	p.2 AV	
En Féronstrée	p.5 FY	
En Hors Château	p.5 FY	
Ernest-Solvay (Bd)	p.3 BT	
Ernest-Solvay (R.)	p.2 AU	
Est (Bd de l')	p.5 FYZ	51
Eugène-Houdret (R.)	p.2 AU	52
Fabry (R.)	p.4 CX	
Fer (R. du)	p.4 DX	54
Ferdinand-Nicolay (R.) (SERAING)	p.2 AV	55
Ferdinand-Nicolay (R.) (ST-NICOLAS)	p.2 AU	
Fétinée (Pont de)	p.4 DX	57
Fétinée (R. de)	p.4 DX	
Flémalle (R. de)	p.4 AV	
Fontainebleau (Carrefour)	p.4 CW	
Fosse-Crahay (Bd)	p.2 AT	58
Fourneau (R. du)	p.3 BU	60
Fragnée (Pont de)	p.4 DX	
Fragnée (R. de)	p.4 CX	
Français (R. des)	p.2 AT	
Francisco-Ferrer (R.)	p.2 AUV	
François-Lefebvre (R.)	p.2 AT	
Frankignoul (Bd)	p.4 DX	
Frère-Orban (Bd)	p.4 CX	
De Gaulle (Quai)	p.5 FZ	
Général-Jacques (R. du)	p.3 BV	
Georges-Simenon (R.)	p.5 FZ	
Gérardrie (R.)	p.5 EY	63
Glacis (R. des)	p.4 DW	
Goffe (Quai de la)	p.5 FY	64
Gramme (Bd)	p.3 BT	
Grands-Prés (R. des)	p.3 BV	
Grétry (R.)	p.4 DX	
Greiner (Av.)	p.2 AU	
Guillemins (R. des)	p.4 CX	66
Gustave-Baivy (R.)	p.2 AV	
Gustave-Kleyer (Bd)	p.2 AU	
Halage (Quai du)	p.4 AV	67
Harscamp (R. d')	p.4 DX	
Hauteurs (Bd des)	p.4 CW	69
Hector-Denis (Bd)	p.3 BT	
Herve (R. de)	p.3 BU	
Hesbaye (R. de)	p.2 AU	70
Heusdens (R.)	p.2 AU	71
van Hoegaarden (Quai)	p.5 EZ	73
Jean-d'Outremeuse (R.)	p.5 FZ	
Jean-de-Wilde (Bd)	p.2 AT	76
Jehan le Bel (Pl.)	p.5 FY	
Joffre (R.)	p.5 EY	
J.F.-Kennedy (Pont)	p.5 EY	
Joie (R. de)	p.4 CX	78
Jolivet (R.)	p.3 BT	79
Joseph-Wauters (Quai)	p.3 BU	81
Jules-Cralle (R.)	p.3 BU	
Jules-Destrée (Quai)	p.2 AU	82
Lairesse (R.)	p.4 DX	84
Laixhaut (R.)	p.3 BT	85
Léon-Philippet (Bd)	p.4 CW	87
Léopold (R.)	p.5 EFY	
Liberté (Pl. de la)	p.5 FY	88
Longdoz (Pont de)	p.5 FZ	90
Longdoz (Quai du)	p.5 FZ	91
Louis-Fraigneux (R.)	p.4 CW	
Louis-Hillier (Bd)	p.2 AU	92
Louis-Jamme (R.)	p.5 FY	
Louvrex (R.)	p.4 CX	
Maastricht (Quai des)	p.5 FY	93
Maghin (R.)	p.4 DW	94
Many (R. du)	p.2 AV	95
Marcellis (Quai)	p.4 DX	
Marché (Pl. du)	p.5 EY	96
Martyrs (R. des)	p.2 AU	98
Mathieu-de-Lexhy (R.)	p.2 AU	
Mativa (Quai)	p.4 DX	
Mattéoti (R.)	p.2 AU	99
Méan (R.)	p.5 FZ	100
Meuse (Quai sur)	p.5 FZ	
Meuse (R. de)	p.3 BU	102
Mickiels (Quai)	p.2 AV	103
Mineurs (R. des)	p.3 BT	105
Mont Saint-Martin	p.5 EY	
Montagne Ste-Walburge	p.4 CW	
Mozart (Quai)	p.4 DX	
Mutualité (R. de la)	p.3 BU	106
Nations Unies (Pl. des)	p.4 DX	
Notger (Square)	p.5 EY	107
Observatoire (Av. de l')	p.4 CX	
Orban (Quai)	p.4 DX	108
Orban ou de Huy (Pont d')	p.4 DX	109
Ougrée (Nouveau Pont d')	p.2 AV	110
Ougrée (R.)	p.3 BV	
Ourthe (Quai de l')	p.5 FZ	112
Palais (R. du)	p.5 EY	114
Parc (R. du)	p.4 DX	115
Pasteur (R.)	p.2 AU	117
Paul-Janson (R.) (GRACE-HOLLOGNE)	p.2 AU	
Paul-Janson (R.) (SERAING)	p.2 AU	118
Pierre-Henvard (R.)	p.3 BV	
Pierreuse (R.)	p.4 CW	
Pitteurs (R. des)	p.5 FZ	120
Plan Incliné (R. du)	p.4 CX	
Pont d'Ile	p.5 EY	123
Pont (R. du)	p.5 FY	
Pont d'Avroy (R.)	p.5 EZ	121
Pot d'Or (R. du)	p.5 EZ	
Prémontrés (R. des)	p.5 EZ	124
Puits-en-Soc (R.)	p.5 FY	126
Ransonnet (R.)	p.5 FY	127
Raymond-Poincaré (Bd)	p.4 DX	129
Régence (R. de la)	p.5 EYZ	
Rénardi (R.)	p.3 BT	
Renory (R. de)	p.2 AV	
Rép. Française (Pl.)	p.5 EY	130
Robermont (R. de)	p.3 BU	132
Rogier (Av.)	p.5 EZ	
Roi-Albert (Chaussée du)	p.2 AT	133
Roi-Albert (Quai du)	p.3 BU	135
Rome (Quai de)	p.4 DX	
Roosevelt (Chaussée)	p.2 AU	
Roosevelt (R.)	p.5 FZ	
Saint-Gilles (R.)	p.4 CW	
Saint-Hubert (R.)	p.5 EY	136
Saint-Lambert (Pl.)	p.5 EY	138
Saint-Laurent (R.)	p.4 CX	
Saint-Léonard (Pont)	p.5 FY	
Saint-Léonard (Quai)	p.5 FY	139
Saint-Léonard (R.)	p.4 DW	141
Saint-Pholien (R. et Pl.)	p.5 FY	142
Sainte-Barbe (Quai)	p.5 FY	
Sainte-Beuve (Bd)	p.2 AU	144
Sainte-Walburge (R.)	p.2 AT	
Sart-Tilman (R.)	p.2 AV	145
Saucy (Bd)	p.5 FZ	
Sauvenière (Bd de la)	p.5 EZ	
Sclessin (R. de)	p.4 CX	
Seraing (Pont de)	p.2 AU	147
Serbie (R. de)	p.4 CX	148
Station (R. de la)	p.2 AU	151
Surlet (R.)	p.5 FZ	
Tanneurs (Quai des)	p.5 FY	
Thier-des-Monts (R.)	p.3 BT	153
Timmermans (Quai)	p.3 BT	
Tir (R. du)	p.3 BT	154
Tongres (Chée de)	p.2 AT	
Tonne (R. de la)	p.2 AT	
Trappé (R.)	p.4 CW	156
Université (R. de l')	p.5 EYZ	157
Ursulines (Imp. des)	p.5 FY	159
Val-St-Lambert (R. du)	p.2 AV	160
Varin (R.)	p.4 CX	
Vennes (Pont des)	p.4 DX	162
Vennes (R. des)	p.4 DX	
Vercour (Quai)	p.2 AV	
Victor-Hugo (Av.)	p.4 CW	163
Vinâve d'Ile (R.)	p.5 EZ	
Visé (R. de)	p.3 BT	
Walthère-Jamar (R.)	p.2 AT	
Wandre (Pont de)	p.3 BT	166
Wason (R.)	p.4 CW	
Winston-Churchill (R.)	p.3 BU	
Yser (Pl. de l')	p.5 FZ	
Yser (R. de l')	p.2 AU	
15-Août (R. du)	p.2 AT	168
20-Août (Pl. du)	p.5 EZ	169

plan p. 4 sauf indication spéciale :

🏨 **Bedford** M, quai St-Léonard 36, ℘ 0 4 228 81 11, hotelbedford@pophost.eunet.be, Fax 0 4 227 45 75, 🌿, « Jardin intérieur », ⌘ – 🛗 ⌘ 📺 🛏 🚿, ⇔ 🅿 – 🔔 25 à 220. AE ⓘ ⓜⓞ 𝘝𝘐𝘚𝘈   DW g
Repas Lunch 990 – carte 950 à 1350 – **147 ch** ⊃ 8450/8950, 2 suites – ½ P 2100/5100.

🏨 **Campanile**, r. Jules de Laminne 18 (par A 602, sortie Burenville), ℘ 0 4 224 02 72, Fax 0 4 224 03 80 – 🛗 ⌘, 🍽 rest, 📺 🅿 – 🔔 25 à 50. AE ⓘ ⓜⓞ 𝘝𝘐𝘚𝘈   plan p. 2 AU n
Repas (Avec buffet) Lunch 495 – 850 – ⊃ 290 – **48 ch** 2400.

XX **Le bateau ivre**, bd Frère Orban (bord de Meuse), ℘ 0 4 252 13 21, Fax 0 4 252 57 50, ≤, 🌿, Écailler – 🅿. AE ⓘ ⓜⓞ 𝘝𝘐𝘚𝘈   CX e
fermé sam. midi, dim., lundi et jours fériés – **Repas** carte 1450 à 2050.

Vieille Ville *- plan p. 5 :*

🏨 **Mercure**, bd de la Sauvenière 100, ℘ 0 4 221 77 11, mercureliege@alliancehotellerie.fr, Fax 0 4 221 77 01 – 🛗 ⌘ 🍽 📺 🚿 – 🔔 25 à 100. AE ⓘ ⓜⓞ 𝘝𝘐𝘚𝘈. 🍽 rest   EY t
Repas *(fermé sam. midi et dim. soir)* 890 – **105 ch** ⊃ 5450/5950.

🏨 **Ibis Opera** sans rest, pl. de la République Française 41, ℘ 0 4 230 33 33, Fax 0 4 223 04 81 – 🛗 ⌘ 🍽 📺 🚿 – 🔔 25 à 40. AE ⓘ ⓜⓞ 𝘝𝘐𝘚𝘈   EY k
⊃ 300 – **78 ch** 3000.

XXX **Au Vieux Liège**, quai Goffe 41, ℘ 0 4 223 77 48, Fax 0 4 223 78 60, « Maison du 16ᵉ s. » – 🍽. AE ⓘ ⓜⓞ 𝘝𝘐𝘚𝘈   FY a
fermé mi-juil.-mi-août, merc. soir, dim. et jours fériés – **Repas** 990/2050 bc.

XXX **Max**, pl. Verte 2, ℘ 0 4 222 08 59, Fax 0 4 222 90 02, 🌿, Produits de la mer et écailler, ouvert jusqu'à 23 h, « Élégante brasserie décorée par Luc Genot » – 🅿 – 🔔 25. AE ⓘ ⓜⓞ 𝘝𝘐𝘚𝘈   EY a
fermé sam. midi et dim. non fériés – **Repas** carte 1350 à 1650.

XX **Robert Lesenne**, r. Boucherie 9, ℘ 0 4 222 07 93, Fax 0 4 222 92 33, « Atrium avec tour de guet d'un ancien hospice » – 🍽. AE ⓘ ⓜⓞ 𝘝𝘐𝘚𝘈   FY m
fermé 1 sem. Pâques, 3 sem. en août, sam. midi et dim. – **Repas** 1890.

XX **Le Shanghai** 1ᵉʳ étage, Galeries Cathédrale 104, ℘ 0 4 222 22 63, Fax 0 4 223 00 50, Cuisine chinoise – 🍽. AE ⓘ ⓜⓞ 𝘝𝘐𝘚𝘈   EZ r
fermé sam. midi en fév., 3 sem. en juil. et mardi – **Repas** Lunch 550 – 695/1720.

XX **Septime**, r. St-Paul 12, ℘ 0 4 221 03 06, Fax 0 4 221 02 04, Rôtisserie, ouvert jusqu'à 23 h – 🅿. AE ⓘ ⓜⓞ 𝘝𝘐𝘚𝘈   EZ c
Repas carte env. 1100.

XX **La Parmentière**, pl. Cockerill 10, ℘ 0 4 222 43 59, Fax 0 4 222 43 59 – 🍽. AE ⓘ ⓜⓞ 𝘝𝘐𝘚𝘈   EZ a
fermé du 1ᵉʳ au 15 mai, du 15 au 30 août, dim. et lundi – **Repas** Lunch 940 – 1190/1490.

XX **Folies Gourmandes**, r. Clarisses 48, ℘ 0 4 223 16 44, 🌿, « Maison début 20ᵉ s. avec jardin-terrasse » – AE ⓘ ⓜⓞ 𝘝𝘐𝘚𝘈   EZ q
fermé 1 sem. Pâques, 20 août-6 sept., dim. soir et lundi – **Repas** 1250.

XX **Asti**, r. Madeleine 22, ℘ 0 4 223 29 89, Fax 0 4 221 20 50, Avec cuisine italienne, ouvert jusqu'à 23 h – AE ⓘ ⓜⓞ 𝘝𝘐𝘚𝘈   EY f
fermé août et merc. – **Repas** carte env. 1200.

X **L'Écailler**, r. Dominicains 26, ℘ 0 4 222 17 49, Fax 0 4 387 63 74, 🌿, Produits de la mer – 🍽. AE ⓘ ⓜⓞ 𝘝𝘐𝘚𝘈 JCB   EY n
fermé 2 sem. en juil. – **Repas** Lunch 1300 – carte en 1500.

X **Enoteca**, r. Casquette 5, ℘ 0 4 222 24 64, enoteca@proximedia.be, Fax 0 4 222 24 64 – 🍽. ⓜⓞ 𝘝𝘐𝘚𝘈   EY g
fermé sam. midi, dim. et jours fériés – **Repas** Lunch 750 – 1250.

X **La Cigale et la Fourmi**, r. Méry 22, ℘ 0 4 221 32 65, Fax 0 4 221 32 65 – AE ⓜⓞ 𝘝𝘐𝘚𝘈   EZ p
fermé 1 sem. carnaval, fin juil.-début août, sam. midi, dim. et lundi – **Repas** Lunch 850 bc – 1190/1350.

X **Le Danieli**, r. Hors-Château 46, ℘ 0 4 223 30 91, Avec cuisine italienne, ouvert jusqu'à 23 h – 𝘝𝘐𝘚𝘈   FY b
fermé 1 sem. Pâques, 10 juil.-6 août, 2 sem. Noël-Nouvel An, dim. et lundi – **Repas** 695.

X **Lalo's Bar**, r. Madeleine 18, ℘ 0 4 223 22 57, lalos@wanadoo.be, Fax 0 4 223 22 57, Cuisine italienne – 🍽. AE ⓘ ⓜⓞ 𝘝𝘐𝘚𝘈 JCB   EY d
fermé sam. midi et dim. – **Repas** Lunch 690 – 1250.

X **As Ouhès**, pl. du Marché 19, ℘ 0 4 223 32 25, Fax 0 4 237 03 77, 🌿, Brasserie – AE ⓘ ⓜⓞ 𝘝𝘐𝘚𝘈   EY e
Repas carte 900 à 1200.

X **L'Eau À La Bouche**, Rampe André Dumont 10, ℘ 0 4 223 37 05, Fax 0 4 223 37 09 – 🍽. AE ⓘ ⓜⓞ 𝘝𝘐𝘚𝘈   EZ s
fermé du 25 au 31 déc., dim. soir et lundi soir – **Repas** 990/1290.

X **Le Bistrot d'en face**, r. Goffe 8, ℘ 0 4 223 15 84, Fax 0 4 223 15 86, 🌿 – AE ⓘ ⓜⓞ 𝘝𝘐𝘚𝘈   FY h
fermé lundi et sam. midi – **Repas** carte env. 1200.

LIÈGE p. 8

Guillemins - plan p. 4 :

L'Univers sans rest, r. Guillemins 116, ℘ 0 4 254 55 55, *comfort.inn.liege@skynet.be*, Fax 0 4 254 55 00 – 🛗 ⚜ 📺 🅿. – 🔒 25 à 80. 🆎 ⓘ 🆎 VISA
⇌ 280 – **47 ch** 2000/2200. CX a

Le Cygne d'Argent sans rest, r. Beeckman 49, ℘ 0 4 223 70 01, *cygne@cybernet.be*, Fax 0 4 222 49 66 – 🛗 📺 ⇌ 🅿. 🆎 ⓘ 🆎 VISA
⇌ 300 – **22 ch** 2400/2950. CX c

Le Duc d'Anjou, r. Guillemins 127, ℘ 0 4 252 28 58, Moules en saison, ouvert jusqu'à 23 h 30 – 🗐. 🆎 ⓘ 🆎 VISA
Repas 820. CX n

Rive droite (Outremeuse - Palais des Congrès) - plans p. 4 et 5 sauf indication spéciale :

Holiday Inn sans rest, Esplanade de l'Europe 2, ⌧ 4020, ℘ 0 4 342 60 20, *hiliege@alliancehotellerie.fr*, Fax 0 4 343 48 10, ≤, 佘, 𝐅𝟔, ⇌, ☒, – 🛗 ⚜ 🗐 📺 & ⇌ 🅿. – 🔒 25 à 70. 🆎 ⓘ 🆎 VISA
214 ch ⇌ 6800/8100, 5 suites. DX a

Simenon, bd de l'Est 16, ⌧ 4020, ℘ 0 4 342 86 90, Fax 0 4 344 26 69 – 🛗 📺. 🆎 ⓘ 🆎 VISA
fermé du 1er au 14 janv. – **Repas** (fermé dim., lundi, mardi et merc.) (Grillades) carte env. 1000 – ⇌ 400 – **9 ch** 2000/7000. FZ x

Passerelle sans rest, chaussée des Prés 24, ⌧ 4020, ℘ 0 4 341 20 20, Fax 0 4 344 36 43 – 🛗 📺 ⇌. 🆎 ⓘ 🆎 VISA
fermé 24 déc.-2 janv. – ⇌ 280 – **15 ch** 2200/2500. FZ z

Les Cyclades, r. Ourthe 4, ⌧ 4020, ℘ 0 4 342 25 86 – 🆎 VISA. ⚜
fermé 3 dern. sem. août-début sept., merc. et jeudi – **Repas** Lunch 850 – carte 1250 à 1550. FZ d

Périphérie - plans p. 2 et 3 :

à Angleur ⒸⒸ Liège – ⌧ 4031 Angleur :

Le Val d'Ourthe sans rest, rte de Tilff 412, ℘ 0 4 365 91 71, Fax 0 4 365 62 89 – 🗐 📺 ⇌. 🅿. 🆎 VISA
⇌ 350 – **12 ch** 3300/3800. BV h

L'Orchidée Blanche, rte du Condroz 457 (N 680), ℘ 0 4 365 11 48, Fax 0 4 367 09 16, 佘 – 🅿. 🆎 ⓘ 🆎 VISA
fermé 1 sem. en fév., 3 dern. sem. juil., mardi soir et merc. – **Repas** Lunch 1000 – 1695 bc/1995 bc. AV h

La Devinière, r. Tilff 39, ℘ 0 4 365 00 32, Fax 0 4 365 00 32 – 🆎 ⓘ 🆎 VISA
fermé 15 juil.-6 août, jeudi soir, sam. midi et dim. – **Repas** 1280. BU d

Maison Guillaume, r. Vaudrée 143, ℘ 0 4 365 72 08 – 🆎 VISA
fermé 2 sem. vacances Pâques, 1re quinz. juil., lundi et sam. midi – **Repas** 850/1750. BU a

à Chênée ⒸⒸ Liège – ⌧ 4032 Chênée :

Le Gourmet, r. Large 91, ℘ 0 4 365 87 97, Fax 0 4 365 38 12, 佘, « Jardin d'hiver » – 🅿. 🆎 ⓘ 🆎 VISA
fermé 2 sem. en juil., 2 prem. sem. janv., mardi et merc. – **Repas** 1500 bc/2300 bc. BU r

Le Vieux Chênée, r. Gravier 45, ℘ 0 4 367 00 92, Fax 0 4 367 59 15, Moules en saison – 🆎 ⓘ 🆎 VISA
fermé jeudi – **Repas** Lunch 890 – 980/1250. BU e

à Jupille-sur-Meuse ⒸⒸ Liège – ⌧ 4020 Jupille-sur-Meuse :

Donati, r. Bois de Breux 264, ℘ 0 4 365 03 49, Fax 0 4 365 03 49, Cuisine italienne – ⓘ 🆎 VISA. ⚜
fermé 22 juil.-15 août, sam. midi, dim. et lundi – **Repas** Lunch 690 – carte env. 1100. BU s

à Rocourt ⒸⒸ Liège – ⌧ 4000 Rocourt :

La Petite Table, pl. Reine Astrid 3, ℘ 0 4 239 19 00, Fax 0 4 239 19 77 – ⓘ 🆎 VISA
fermé du 16 au 30 avril, du 20 au 30 août, 24 déc.-4 janv., lundi et mardi – **Repas** Lunch 995 – 1300. AT b

Environs

à Ans - plan p. 2 – 27 642 h. – ⌧ 4430 Ans :

Le Marguerite, r. Walthère Jamar 171, ℘ 0 4 226 43 46, Fax 0 4 226 38 35, 佘 – 🆎 ⓘ 🆎 VISA
fermé 3 dern. sem. juil., fin déc., sam. midi, dim. et lundi – **Repas** Lunch 980 – 1450. AU c

La Fontaine de Jade, r. Yser 321, ℘ 0 4 246 49 72, Fax 0 4 263 69 53, Cuisine chinoise, ouvert jusqu'à 23 h – 🗐. 🆎 ⓘ 🆎 VISA
fermé 3 sem. en juil. et mardi – **Repas** Lunch 485 – carte env. 1000. AT a

LIÈGE p. 9

à Boncelles par ⑥ : 10 km 🄲 Seraing 60 800 h. – ✉ 4100 Boncelles :

Les Grillades de Boncelles, rte du Condroz 94, ✆ 0 4 336 74 65, Fax 0 4 365 38 12, 😊, 🍽, Avec buffet – 🅿. ⓐ ⓜ🅂 🆅🅸🆂🅰
fermé 2 sem. en juil., 1 sem. en janv. et lundi – **Repas** Lunch 590 – 850.

à Embourg - plan p. 3 🄲 Chaudfontaine 20 596 h. – ✉ 4038 Embourg :

Robertissimo, voie de l'Ardenne 58, ✆ 0 4 365 72 12, Fax 0 4 365 74 77, 🍽 – ▦. 🅰🅴 🆅🅸🆂🅰 🅹🅲🅱. %
Repas carte env. 1000.
BV b

à Flémalle par ⑦ : 16 km – 25 936 h. – ✉ 4400 Flémalle :

La Ciboulette, chaussée de Chokier 96, ✆ 0 4 275 19 65, Fax 0 4 275 05 81, 🍽 – ▦. 🅰🅴 ⓞ ⓜ🅂 🆅🅸🆂🅰 – fermé du 7 au 20 août, du 2 au 14 janv., sam. midi, dim. soir, lundi et merc. soir – **Repas** 1590/2590.

Le Gourmet Gourmand, Grand-Route 411, ✆ 0 4 233 07 56, Fax 0 4 233 19 21, 🍽 – ▦. 🅰🅴 ⓞ ⓜ🅂 🆅🅸🆂🅰
fermé lundi, mardi soir, merc. soir, jeudi soir et sam. midi – **Repas** Lunch 1100 – 1750.

Jacques Koulic, chaussée de Chockier 82, ✆ 0 4 275 53 15, 🍽 – 🅰🅴 ⓞ ⓜ🅂 🆅🅸🆂🅰 %
fermé 15 sept.-1er oct., mardi et sam. midi – **Repas** 1600/2500.

à Ivoz-Ramet par ⑦ : 16 km 🄲 Flémalle 25 936 h. – ✉ 4400 Ivoz-Ramet :

Chez Cha-Cha, pl. François Gérard 10, ✆ 0 4 337 18 43, Fax 0 4 337 18 43, 🍽, Grillades – 🅿. 🅰🅴 ⓞ ⓜ🅂
fermé du 15 au 31 août, sam. midi, dim., lundi soir et mardi soir – **Repas** carte env. 1300.

à Liers par ⑫ : 8 km 🄲 Herstal 36 296 h. – ✉ 4042 Liers :

La Bartavelle, r. Provinciale 138, ✆ 0 4 278 51 55, la.bartavelle@skynet.be, Fax 0 4 278 51 57, 🍽, « Terrasse ombragée » – 🅿. 🅰🅴 ⓞ ⓜ🅂 🆅🅸🆂🅰 🅹🅲🅱
fermé carnaval, 2e quinz. juil. et sam. midi – **Repas** (déjeuner seult sauf week-end) 995/1195.

à Neuville-en-Condroz par ⑥ : 18 km 🄲 Neupré 9 448 h. – ✉ 4121 Neuville-en-Condroz :

Le Chêne Madame (Mme Tilkin), av. de la Chevauchée 70 (Sud-Est : 2 km, dans le bois de Rognac), ✆ 0 4 371 41 27, Fax 0 4 371 29 43, 🍽, « Relais de campagne » – 🅿. 🅰🅴 ⓞ ⓜ🅂 🆅🅸🆂🅰
fermé sem. après Pâques, août, Noël-Nouvel-An, dim. soir, lundi et jeudi soir – **Repas** Lunch 1450 – 2900, carte env. 2600
Spéc. Turban de langoustines et son coulis. Sandre en croûte et beurre blanc. Gibier (sept.-déc.).

à Rotheux-Rimière par ⑥ : 16 km 🄲 Neupré 9 448 h. – ✉ 4120 Rotheux-Rimière :

Le Vieux Chêne, r. Bonry 146 (près N 63), ✉ 4122 Neupré, ✆ 0 4 371 46 51 – 🅿. 🅰🅴 ⓞ ⓜ🅂 🆅🅸🆂🅰
fermé août, lundi soir, mardi soir et merc. – **Repas** carte 1150 à 1750.

à Seraing - plan p. 2 – 60 800 h. – ✉ 4100 Seraing :

Le Moulin à Poivre, r. Plainevaux 30, ✆ 0 4 336 06 13, Fax 0 4 338 28 95, 🍽 – 🅰🅴 ⓞ ⓜ🅂 🆅🅸🆂🅰
fermé 1 sem. carnaval, 2e quinz. août, lundi et mardi soir – **Repas** Lunch 850 – carte 1400 à 2150.
AV t

La Table d'Hôte, quai Sadoine 7, ✆ 0 4 337 00 66, Fax 0 4 336 98 27, 🍽 – 🅰🅴 ⓞ ⓜ🅂 🆅🅸🆂🅰
fermé juin, fin déc., sam. midi, dim. soir et lundi – **Repas** Lunch 895 – 1350/1850.
AU f

à Tilff au Sud : 12 km par N 633 🄲 Esneux 13 161 h. – ✉ 4130 Tilff :

Le Casino, pl. du Roi Albert 3, ✆ 0 4 388 22 89, Fax 0 4 388 22 89, ≤, 🍽, « Terrasse au bord de l'Ourthe » – 🅰🅴 ⓞ ⓜ🅂 🆅🅸🆂🅰. %
fermé 1 sem. carnaval, 2 sem. en oct., lundi et sam. midi – **Repas** 1090/1490.

La Mairie, r. Blandot 15, ✆ 0 4 388 24 24, Fax 0 4 388 24 24, 🍽 – 🅿. 🅰🅴 ⓞ ⓜ🅂 🆅🅸🆂🅰 %
fermé 19 fév.-10 mars, 27 août-9 sept., dim. soir, lundi et merc. soir – **Repas** Lunch 1500 bc – 980/1400.

à Tilleur - plan p. 2 🄲 St-Nicolas 23 108 h. – ✉ 4420 Tilleur :

Chez Massimo, quai du Halage 78, ✆ 0 4 233 69 27, Fax 0 4 234 00 31, 🍽, Cuisine italienne – ⓜ🅂 🆅🅸🆂🅰
fermé sam. midi, dim. midi et lundi – **Repas** Lunch 890 – 990/1250.
AU a

247

LIER (LIERRE) 2500 Antwerpen 213 M 16 et 909 G 2 – 32 064 h.

Voir Église St-Gommaire★★ (St-Gummaruskerk) : jubé★★, verrière★ Z – Béguinage★ (Begijnhof) Z – Horloge astronomique★ de la tour Zimmer (Zimmertoren) Z A.

🛪 ┌₁₈ ┐₉ au Nord : 10 km à Broechem, Kasteel Bossenstein, Moor 16 ℘ 0 3 485 64 46, Fax 0 3 425 78 41.

🛈 Stadhuis, Grote Markt 57 ℘ 0 3 488 38 88, Fax 0 3 488 12 76.

Bruxelles 45 ④ – *Antwerpen* 22 ⑤ – Mechelen 15 ④.

Aarschotsesteenweg	Z 2	Gasthuisvest	Z 12	Koning Albertstr	YZ 22
Antwerpsestr.	Y	Grote Markt	Z	Netelaan	Z 24
Arthur V.D. Poortenlaan	Z 3	Heilige Geeststr.	Z 13	Rechtestr.	Z 25
Berlaarsestr.	Z 5	de Heydertstr.	Z 14	Sint-Gummarusstr.	Z 27
Berlarij	Z	Huibrechtstr	Y 16	Veemarkt	Z 28
Eikelstraat	Z 6	Kard. Mercierplein	Z 17	Vismarkt	Z 29
Felix Timmermans-		Kluizeplein	Z 18	Volmolenstr.	Z 31
plein	Z 7	Kluizestraat	Z 19	Waterpoortstr.	Y 32
Fl. Van Cauwenberghstr.	Z 9	Kolveniersvest	Y 21	Zimmerplein	Z 33

🏨 **Hof van Aragon** ⌘ sans rest, Aragonstraat 6, ℘ 0 3 491 08 00, info@hofvanaragon.be, Fax 0 3 491 08 10 – 🛗 📺 – 🔒 25 à 250. 🆎 ⓘ ⓜⓞ 💳. ⌘ Z b
16 ch ⌘ 2745/3310.

XX **Symforosa**, Kesselsesteenweg 11 (direction Herentals : 1 km), ℘ 0 3 480 06 86, Fax 0 3 480 06 86, 🍴 – ⓜⓞ 💳. ⌘
fermé lundi et mardi – **Repas** Lunch 995 – 1295/1600.

XX **De Werf**, Werf 17, ℘ 0 3 480 71 90, Fax 0 3 480 71 90 – 🆎 ⓜⓞ 💳. ⌘ Z e
fermé du 3 au 30 août, merc., jeudi et sam. midi – **Repas** Lunch 1200 – 1300/1950.

XX **Numerus Clausus**, Keldermansstraat 2, ℘ 0 3 480 51 62, Fax 0 3 480 51 62, 🍴
🆎 ⓜⓞ 💳. ⌘ Z c
fermé du 8 au 16 juin, sam. midi, dim. et lundi – **Repas** Lunch 990 – 1090.

LIER

- ✗ **'t Cleyn Paradijs,** Heilige Geeststraat 2, ℘ 0 3 480 78 57, karel.smekens@pandora.be, Fax 0 3 480 78 57 – 🚗 🚙, ※ Z a
  fermé 2 sem. en août, mardi et merc. – **Repas** 990/2050.

- ✗ **Land van Belofte,** Begijnhofstraat 7, ℘ 0 3 488 22 56, Fax 0 3 482 37 34 – 🆎 🚗 🚙, ※ Z s
  fermé 1 sem. en juil., 1 sem. en août, 1 sem. en janv., lundi et mardi – **Repas** (dîner seult) 1200/1600.

à Broechem Nord : 10 km C Ranst 17 492 h. – ✉ 2520 Broechem :

- 🏛 **Bossenstein,** Moor 16 (Nord : 2 km, direction Oelegem), ℘ 0 3 485 64 46, Fax 0 3 485 78 41, 🍴, « Parc avec golf autour d'un château médiéval », ※ – 📺 🅿 – 🏊 35. 🆎 ⓞ 🚗 🚙, ※
  fermé 25 déc.-fin janv. – **Repas** (fermé lundi) Lunch 950 – 1350 – **16 ch** ⚏ 4000/8000 – ½ P 5000.

LIERS 4042 Liège 🔲 S 18, 🔲 S 18 - ㉕ N et 🟨 ⑱ N – voir à Liège, environs.

LIEZELE Antwerpen 🔲 K 16 – voir à Puurs.

LIGNEUVILLE Liège – voir Bellevaux-Ligneuville.

LIGNY 5140 Namur C Sombreffe 7 179 h. 🔲 M 19, 🔲 M 19 et 🟨 G 4.
Bruxelles 57 – Namur 25 – Charleroi 22 – Mons 51.

- ✗ **Le Coupe-Choux,** r. Pont Piraux 23 (centre Général Gérard), ℘ 0 71 88 90 51, Fax 0 71 88 90 51 – 🅿. 🆎 ⓞ 🚙
  fermé 2 sem. en mars, du 16 au 30 août, lundi soir, mardi soir, merc., jeudi soir et après 20 h 30 – **Repas** Lunch 790 – 1150/1450.

LILLOIS-WITTERZÉE 1428 Brabant Wallon C Braine-l'Alleud 34 895 h. 🔲 L 19, 🔲 L 19 et 🟨 G 4.
Bruxelles 30 – Mons 47 – Namur 43.

- ✗✗ **Georges Tichoux,** Grand'Route 491, ℘ 0 67 21 65 33, ≤, 🍴, « Terrasse » – 🅿. 🆎 ⓞ 🚗 🚙
  fermé 15 juil.-8 août et sam. midi – **Repas** Lunch 800 bc – 1450 bc/1800.

LIMAL 1300 Brabant Wallon C Wavre 30 656 h. 🔲 M 18, 🔲 M 18 et 🟨 G 3.
Bruxelles 26 – Namur 39 – Charleroi 43 – Wavre 4.

- ✗ **La mère pierre,** r. Charles Jaumotte 3, ℘ 0 10 41 16 42, 🍴, « Jardin fleuri » – 🅿. 🆎 ⓞ 🚗 🚙
  fermé mardi soir – **Repas** Lunch 660 – carte 1150 à 1600.

LIMBOURG (LIMBURG) 4830 Liège 🔲 U 19, 🔲 U 19 et 🟨 K 4 – 5 492 h.
Bruxelles 126 – Maastricht 48 – Eupen 8 – Liège 36 – Verviers 8 – Aachen 23.

- ✗✗ Aub. Le Dragon ⌘ avec ch, pl. St-Georges 31 (au centre historique), ℘ 0 87 76 23 10, Fax 0 87 76 44 23 – 🏊 25. 🆎 ⓞ 🚗 🚙
  5 ch.

- ✗✗ **Le Casino,** av. Reine Astrid 7 (sur N 61 à Dolhain), ℘ 0 87 76 23 74, casino.la@world online.be, Fax 0 87 76 44 27 – 🅿. 🆎 ⓞ 🚗 🚙, ※
  fermé 3 sem. en août, lundi, mardi, jeudi soir et sam. midi – **Repas** Lunch 700 – 1100.

LIMELETTE 1342 Brabant Wallon C Ottignies-Louvain-la-Neuve 26 974 h. 🔲 M 18, 🔲 M 18 et 🟨 G 3.
🏰 à l'Est : 1 km à Louvain-la-Neuve, r. A. Hardy 68 ℘ 0 10 45 05 15, Fax 0 10 45 44 17.
Bruxelles 29 – Namur 40 – Charleroi 41.

- 🏛 **Château de Limelette** ⌘, r. Ch. Dubois 87, ℘ 0 10 42 19 99, chateau-de-limelet te@chateau-de-limelette.be, Fax 0 10 41 57 59, ≤, 🍴, « Terrasses et jardins avec cascades », 🎾, 🏊, ⚏, 🏊 – 🏊 25 à 600. 🆎 ⓞ 🚗 🚙 🅹🅲🅱 ※ rest
  Repas Saint-Jean-des-Bois (fermé 24 déc. soir) Lunch 1450 – 2000/2395 – **89 ch** ⚏ 5600/7950 – ½ P 4420/6045.

249

LINKEBEEK Vlaams-Brabant 213 L 18 - 51 S et 909 G 3 - 21 S – *voir à Bruxelles, environs.*

LISOGNE Namur 213 O 21, 214 O 21 et 909 H 5 – *voir à Dinant.*

LISSEWEGE 8380 West-Vlaanderen C Brugge 115 991 h. 213 E 15 et 909 C 2.
Voir Grange abbatiale★ de l'ancienne abbaye de Ter Doest.
Bruxelles 107 – Brugge 11 – Knokke-Heist 12.

XXX **De Goedendag**, Lisseweegsvaartje 2, ℘ 0 50 54 53 35, *luc.goedendag@yucom.be*, Fax 0 50 54 57 68, Ouvert jusqu'à 23 h, « Rustique » – 🍽 P. AE ⓘ VISA
fermé merc. – **Repas** Lunch 1395 bc – 2755 bc.

X **Hof Ter Doest**, Ter Doeststraat 4 (Sud : 2 km, à l'ancienne abbaye), ℘ 0 50 54 40 82, Fax 0 50 54 40 82, ≤, 😊, Grillades, « Ancienne ferme abbatiale avec grange du 12ᵉ s. » – P. AE ⓘ VISA
Repas carte 1400 à 2000.

LIVES-SUR-MEUSE Namur 213 O 20 et 214 O 20 – *voir à Namur.*

LOBBES 6540 Hainaut 213 K 20, 214 K 20 et 909 F 4 – 5 499 h.
Env. au Nord-Ouest : 3 km à Thuin : site★.
Bruxelles 60 – Mons 29 – Charleroi 22 – Maubeuge 35.

🏨 **Le Relais Thudinien**, r. Fontaine Pépin 12 (au site Avigroup), ℘ 0 71 59 59 83 et 0 71 59 59 84 (rest), Fax 0 71 59 59 85, 😊, 🐟, – 🍽 rest, TV & P. AE ⓘ MO VISA
Repas *(fermé du 1ᵉʳ au 21 janv. et lundis non fériés)* 650 – **15 ch** ⌂ 2350/2650 – ½ P 3000/3300.

LOCHRISTI Oost-Vlaanderen 213 I 16 et 909 E 2 – *voir à Gent, environs.*

LOKEREN 9160 Oost-Vlaanderen 213 J 16 et 909 E 2 – 36 439 h.
🛈 Markt 2 ℘ 0 9 340 94 74, Fax 0 9 340 94 77.
Bruxelles 41 – Gent 28 – Aalst 25 – Antwerpen 38.

🏨 **PB Hotel** sans rest, Dijkstraat 9 (près E 17 - A 14), ℘ 0 9 348 49 20, Fax 0 9 349 29 93 – 🍽 TV P. – 🔑 25 à 160. AE ⓘ MO VISA
fermé fin déc. – **38 ch** ⌂ 2100/3100.

🏨 **Bonneville** sans rest, Zeelaan 120 (près E 17 - A 14), ℘ 0 9 349 33 30, Fax 0 9 349 33 88 – TV P. AE ⓘ MO VISA. 🐟
fermé 22 déc.-6 janv. et sam. – **12 ch** ⌂ 2250/3000.

XXX **'t Vier Emmershof**, Krommestraat 1 (par Karrestraat 3 km), ℘ 0 9 348 63 98, Fax 0 9 348 00 02, 😊, « Terrasse et jardin » – P. AE ⓘ MO VISA
fermé 2 sem. en sept., dim. soir, lundi et mardi – **Repas** Lunch 1150 – 1800/2100.

XXX **'t Groothof**, Oosteindestraat 15 (près E 17 - A 14), ℘ 0 9 348 31 78, Fax 0 9 349 45 58, 😊, – 🍽 P. VISA. 🐟
fermé août, Noël, Nouvel An, dim. soir, lundi et mardi – **Repas** Lunch 1800 bc – 1850/2200.

XXX **Brouwershof**, Zeelaan 100 (près E 17 - A 14), ℘ 0 9 348 33 33, Fax 0 9 348 95 28, « Villa de style flamand » – P. AE ⓘ MO VISA
fermé 15 juil.-15 août, fin déc., lundi et mardi – **Repas** Lunch 1600 bc – carte env. 1600.

XX **La Barakka** avec ch, Kerkplein 1, ℘ 0 9 340 56 86, *labarakka.nv@skynet.be*, Fax 0 9 340 56 80, 😊 – 🍽 rest, TV. AE ⓘ MO VISA. 🐟 ch
Repas *(fermé jeudi)* 850/1500 bc – ⌂ 250 – **13 ch** 2150/2700.

X **Vienna**, Stationsplein 6, ℘ 0 9 349 03 02, Fax 0 9 349 30 28, 😊, Brasserie – MO VISA
fermé 2 sem. début mars, 3 sem. en sept., lundi et mardi – **Repas** Lunch 695 – 950/1595.

LOMMEL 3920 Limburg 213 Q 15 et 909 I 2 – 30 150 h.
🛈 Dorp 56 ℘ 0 11 54 02 21, Fax 0 11 55 22 66.
Bruxelles 93 – Eindhoven 30 – Hasselt 37.

🏨 **die Prince** 🐟 sans rest, Mezenstraat 1, ℘ 0 11 54 44 61, Fax 0 11 54 64 12 – P. AE ⓘ MO VISA. 🐟
⌂ 150 – **29 ch** 2200/2600.

🏨 **Carré**, Dorperheide 31 (Ouest : 3 km sur N 712), ℘ 0 11 54 60 23, Fax 0 11 55 42 42, 😊, 🐟 – 🍽 rest, TV P. – 🔑 25 à 120. AE ⓘ MO VISA. 🐟
Repas *(fermé lundi)* Lunch 1000 – carte env. 1100 – **12 ch** ⌂ 1750/2250 – ½ P 1725/2725

🏨 **Lommel Broek** 🐟 sans rest, Kanaalstraat 91 (Sud : 9 km, lieu-dit Kerkhoven), ℘ 0 11 39 10 34, Fax 0 11 39 10 74, 🚴 – TV P. MO VISA
fermé 2 sem. en sept. – **7 ch** ⌂ 2000/3000.

LOMMEL

XXX **St. Jan,** Koning Leopoldlaan 94, ℘ 0 11 54 10 34, *Fax 0 11 54 62 22,* « Décor style Art Nouveau » – 🍽 P. AE ⓞ MC VISA. ℘
fermé dern. sem. juil.-2 prem. sem. août et jeudis soirs et dim. non fériés – **Repas** Lunch 1090 – 1280/1850.

XX **den Bonten Oss,** Dorp 33, ℘ 0 11 54 15 97, *restaurant.den.bonten.oss@skynet.be, Fax 0 11 54 47 47,* 🍴 – P. AE ⓞ MC VISA
fermé fév., lundi et sam. midi – **Repas** 990.

LOMPRET Hainaut 214 L 22 *et* 909 G 5 – *voir à Chimay.*

LONDERZEEL 1840 Vlaams-Brabant 213 K 16 *et* 909 F 2 – 17 293 h.
Bruxelles 22 – Antwerpen 28 – Gent 60 – Mechelen 20.

XX **Ter Wilgen,** Molenhoek 21 (Nord : 3 km près A 12), ℘ 0 52 30 26 12, *Fax 0 52 30 36 04,* ≼, 🍴, – P. MC VISA. ℘
fermé mardi soir, merc. et après 20 h 30 – **Repas** Lunch 695 – carte 1250 à 1800.

XX **'t Notenhof,** Meerstraat 113, ℘ 0 52 31 15 00, *Fax 0 52 31 14 44,* 🍴, « Terrasse » – P. AE ⓞ VISA JCB
fermé 29 janv.-9 fév., 26 août-14 sept., mardi soir, merc. et sam. midi – **Repas** Lunch 495 – 1350 bc/2700 bc.

à Malderen *Nord-Ouest : 6 km* 🄲 *Londerzeel* – ✉ *1840 Malderen :*

XX **'t Vensterke,** Leopold Van Hoeymissenstraat 29, ℘ 0 52 34 57 67, *vensterke@pi.be, Fax 0 52 34 39 89,* 🍴 – P. AE MC VISA. ℘
fermé dim. soir, lundi et mardi – **Repas** Lunch 1200 – 1580/2100.

LOOZ Limburg – *voir Borgloon.*

LOTENHULLE Oost-Vlaanderen 213 F 16 *et* 909 D 2 – *voir à Aalter.*

LOUVAIN Vlaams-Brabant – *voir Leuven.*

LOUVAIN-LA-NEUVE Brabant Wallon 213 M 18, 214 M 18 *et* 909 G 3 – *voir à Ottignies.*

La LOUVIÈRE 7100 Hainaut 213 K 20, 214 K 20 *et* 909 F 4 – 76 859 h.
Env. à l'Ouest : 6 km à Strépy-Thieu, Canal du Centre : les Ascenseurs hydrauliques★.
🅱 pl. Mansart 17 ℘ 0 64 26 15 00, Fax 0 64 21 51 25.
Bruxelles 52 – Mons 28 – Binche 10 – Charleroi 26.

XXX **Aub. de la Louve,** r. Bouvy 86, ℘ 0 64 22 87 87, *Fax 0 64 28 20 53,* « Intérieur cossu » – 🍽 P. AE ⓞ MC VISA. ℘
fermé 15 juil.-15 août, janv., dim. soir, lundi et merc. soir – **Repas** Lunch 1100 – 2900 bc.

X **Osteria d'Elsa,** r. Hamoir 2, ℘ 0 64 26 22 92, *Fax 0 64 21 49 73,* Cuisine italienne – 🅰 50. MC VISA
fermé lundi et sam. midi – **Repas** Lunch 595 – 1495/1895.

à Haine-St-Paul *Sud-Ouest : 2 km* 🄲 *La Louvière* – ✉ *7100 Haine-St-Paul :*

XX **La Villa d'Este** avec ch, r. Déportation 63, ℘ 0 64 22 81 60, *Fax 0 64 26 16 46,* 🍴 – 🍽 rest, 📺 P. AE ⓞ MC VISA. ℘
Repas *(fermé dim. soir et lundi)* Lunch 1090 – 850/1790 – **8 ch** ⚏ 1950/2450 – ½ P 1900/2600.

à Houdeng-Aimeries *Ouest : 2 km* 🄲 *La Louvière* – ✉ *7110 Houdeng-Aimeries :*

XX **Le Damier,** r. Hospice 59, ℘ 0 64 22 28 70, *ledamier@swing.be, Fax 0 64 22 28 70,* 🍴 – P. AE ⓞ MC VISA
fermé mi-juil.-mi-août, lundis non fériés, merc. soir et dim. soir – **Repas** Lunch 1150 – 1700.

Besonders angenehme Hotels oder Restaurants
sind im Führer rot gekennzeichnet.

Sie können uns helfen, wenn Sie uns die Häuser angeben,
in denen Sie sich besonders wohl gefühlt haben.

Jährlich erscheint eine komplett überarbeitete Ausgabe
aller Roten Michelin-Führer.

LOVERVAL Hainaut 213 L 20, 214 L 20 - ㉔ S et 909 G 4 – voir à Charleroi.

LUBBEEK 3210 Vlaams-Brabant 213 O 17 et 909 H 3 – 13 592 h.
Bruxelles 32 – Antwerpen 57 – Liège 71 – Namur 59.

- XX **Maelendries,** Hertbosweg 5 (Sud : 3 km), ℘ 0 16 73 48 60, Fax 0 16 73 46 16, ≼, 佘, « Fermette, cadre champêtre » – 🅿. 𝔸𝔼 ⓞ 𝕄𝕠 𝕍𝕀𝕊𝔸. ✤
  fermé 3 prem. sem. août, fin déc., merc., sam. midi et dim. soir – **Repas** Lunch 1400 bc – carte env. 1500.

- XX **De Esdoren,** Geestbeek 6 (Nord-Ouest : 3 km), ℘ 0 16 62 15 21, Fax 0 16 62 20 37, 佘 – 🅿 𝕄𝕠 𝕍𝕀𝕊𝔸. ✤
  fermé 2 dern. sem. août, lundi, mardi et sam. midi – **Repas** Lunch 995 – 1400/1650.

LUIK Liège – voir Liège.

LUMMEN Limburg 213 Q 17 et 909 I 3 – voir à Hasselt.

MAASEIK 3680 Limburg 213 T 16 et 909 K 2 – 22 673 h.
🛈 Stadhuis, Markt 1 ℘ 0 89 56 63 72, Fax 0 89 56 60 23.
Bruxelles 118 – Hasselt 41 – Maastricht 33 – Roermond 20.

- 🏨 **Kasteel Wurfeld** ♕, Kapelweg 60, ℘ 0 89 56 81 36, Fax 0 89 56 87 89, 佘, « Parc », 🏊 – 📺 🅿 – 🔔 25 à 100. 𝔸𝔼 ⓞ 𝕄𝕠 𝕍𝕀𝕊𝔸. ✤ rest
  Repas (fermé lundi midi, mardi midi et sam. midi) Lunch 1075 – 1050/1995 bc – **14 ch** ☑ 3100/3900 – ½ P 2850.

- 🏨 **Ter Eyckerpoorte,** Venlosesteenweg 3, ℘ 0 89 56 67 57, Fax 0 89 56 26 56, ≊s, 🔲, 🏊 – 📺 🅿 – 🔔 25 à 200. 𝔸𝔼 ⓞ 𝕄𝕠 𝕍𝕀𝕊𝔸
  Repas (fermé lundi) (dîner seult) carte env. 1000 – **16 ch** ☑ 1700/2900 – ½ P 1750/1850.

- 🏨 **Aldeneikerhof** sans rest, Hamontweg 103 (Est : 2 km, lieu-dit Aldeneik), ℘ 0 89 56 67 77, Fax 0 89 56 67 78, 佘, 🚲 – 📺 🅿 𝕄𝕠 𝕍𝕀𝕊𝔸. ✤
  fermé 2 prem. sem. janv., lundi, mardi soir et lundi – **8 ch** ☑ 2430/3380.

- XX **Tiffany's,** Markt 19, ℘ 0 89 56 40 89 – 𝔸𝔼 𝕄𝕠 𝕍𝕀𝕊𝔸. ✤
  fermé lundi et sam. midi – **Repas** 995/1185.

- XX **de Loteling,** Willibrordusweg 5 (Est : 2 km, lieu-dit Aldeneik), ℘ 0 89 56 35 89, Fax 0 89 56 35 89, 佘 – 🅿 𝕄𝕠 𝕍𝕀𝕊𝔸
  fermé mardi soir, merc. et après 20 h 30 – **Repas** Lunch 1150 – 1495.

- XX **Caravaggio,** Boomgaardstraat 2, ℘ 0 89 36 72 49, Fax 0 89 36 72 49 – 𝔸𝔼 𝕄𝕠 𝕍𝕀𝕊𝔸. ✤
  fermé sept., merc. et sam. midi – **Repas** carte env. 1700.

- X **Vivendum,** Markt 20, ℘ 0 89 57 28 60, Avec cuisine italienne – 🔲. 𝕄𝕠 𝕍𝕀𝕊𝔸 𝕁𝕔𝕓
  fermé mardi d'oct. à mars et merc. – **Repas** Lunch 950 – carte env. 1600.

à Neeroeteren Ouest : 7 km par N 773 © Maaseik – ✉ 3680 Neeroeteren :

- XX **La Cloche,** Maaseikerlaan 36, ℘ 0 89 86 54 05, info@lacloche.be, Fax 0 89 86 13 89, 佘, Produits de la mer – 🅿. 𝔸𝔼 ⓞ 𝕄𝕠 𝕍𝕀𝕊𝔸. ✤
  fermé 26 fév.-6 mars, du 8 au 23 oct., lundi, mardi et sam. midi – **Repas** Lunch 2000 bc – 1560/2250.

à Opoeteren Sud-Ouest : 12 km par N 778 © Maaseik – ✉ 3680 Opoeteren :

- 🏨 **Oeterdal,** Neeroeterenstraat 41, ℘ 0 89 86 37 17, Fax 0 89 86 73 70, 佘, 🚲 – 📺 🅿 – 🔔 25 à 80. 𝔸𝔼 ⓞ 𝕄𝕠 𝕍𝕀𝕊𝔸
  fermé 24 déc.-2 janv. – **Repas** (dîner pour résidents seult) – **24 ch** ☑ 2150/3100 – ½ P 2450/2700.

MAASMECHELEN 3630 Limburg 213 T 17 et 909 K 3 – 35 400 h.
Bruxelles 106 – *Maastricht* 15 – Hasselt 30 – Aachen 42.

- XX **Valentin,** Hermanslaan 9, ℘ 0 89 77 69 90, Fax 0 89 77 69 91, 佘 – 🅿. 𝔸𝔼 ⓞ 𝕄𝕠 𝕍𝕀𝕊𝔸. ✤
  fermé 2 prem. sem. juil., 1 sem. Toussaint, du 27 au 30 déc. et lundi – **Repas** (dîner seult sauf dim.) 1450 bc/2750 bc.

à Eisden Nord : 3 km © Maasmechelen – ✉ 3630 Eisden :

- 🏨 **Lika** sans rest, Pauwengraaf 2, ℘ 0 89 76 01 26, Fax 0 89 76 55 72, ≊s, 🔲, 🚲 – 📺 🚗 – 🔔 25 à 150. 𝔸𝔼 𝕄𝕠 𝕍𝕀𝕊𝔸
  42 ch ☑ 2650/4450.

MAASMECHELEN

à Vucht Nord : 1,5 km par N 78 © Maasmechelen – ✉ 3630 Vucht :

XX **Henri F.**, Rijksweg 263a (transfert prévu Daalbroekstraat 76, Opgrimbie), ℘ 0 89 76 53 78, Fax 0 89 77 30 41, 🍴 – 🅿. AE ⓘ ⓜ VISA
fermé dern. sem. juil.-2 prem. sem. août, mardi soir, jeudi soir et sam. midi – **Repas** Lunch 595 – carte 1300 à 2050.

MACHELEN Vlaams-Brabant 213 L 17 - ㉒ N et 909 G 3 - ㉒ N – voir à Bruxelles, environs.

MAISSIN 6852 Luxembourg belge © Paliseul 4 991 h. 214 Q 23 et 909 I 6.
Bruxelles 135 – Bouillon 26 – Arlon 65 – Dinant 49 – St-Hubert 19.

🏨 **Chalet-sur-Lesse**, av. Bâtonnier Braun 1, ℘ 0 61 65 53 91, info@chalet-sur-lesse.be, Fax 0 61 65 56 88, 🍴, ≘s, 🏊, 🚴 – 🛗 🅿. ⓘ ⓜ VISA. ⁂ rest
Pâques-déc. et week-end ; fermé janv.-9 fév. – **Repas** (dîner pour résidents seult) – **28 ch** ⌂ 2475/3950, 1 suite – ½ P 2475/2875.

X **Le Clair Val**, Our 25 (Ouest : 4 km, lieu-dit Our), ✉ 6852 Opont, ℘ 0 61 53 32 75, Fax 0 61 53 32 75, 🍴, Avec grillades, « Auberge ardennaise » – ⓜ VISA
fermé sem. carnaval, 2ᵉ quinz. sept. et mardi – **Repas** Lunch 950 – carte 1300 à 1850.

MALDEGEM 9990 Oost-Vlaanderen 213 F 15 et 909 D 2 – 21 965 h.
Bruxelles 89 – Brugge 23 – Antwerpen 73 – Gent 29.

XX **Beukenhof**, Brugse Steenweg 200, ℘ 0 50 71 55 95, Fax 0 50 71 55 95, 🍴 – 🅿. AE ⓜ VISA
fermé 26 fév.-8 mars, 2ᵉ quinz. juil., mardi et merc. – **Repas** 1200/1700.

MALDEREN Vlaams-Brabant 213 K 16 et 909 F 2 – voir à Londerzeel.

MALEN Brabant Wallon – voir Mélin.

MALINES Antwerpen – voir Mechelen.

MALLE 2390 Antwerpen 213 N 15 et 909 H 2 – 13 885 h.
Bruxelles 75 – Antwerpen 30 – Turnhout 18.

à Oostmalle Est : 2 km © Malle – ✉ 2390 Oostmalle :

XX **De Eiken** (Smets), Lierselei 173 (Sud : 2 km sur N 14), ℘ 0 3 311 52 22, Fax 0 3 311 69 45,
❀ ≤, 🍴, « Pièce d'eau, environnement boisé » – 🅿. AE ⓘ ⓜ VISA. ⁂
fermé 2 sem. carnaval, 13 juil.-10 août, sam. midi, dim. et lundi – **Repas** Lunch 1350 – 2350, carte 2150 à 2950
Spéc. Pigeonneau au risotto, foie d'oie, citron vert et truffes. Salade riche de homard au foie d'oie, langoustine, artichauts, lentilles et vinaigrette au basilic (avril-août). Filet de porc du terroir cuit au foin, à la trappiste locale.

à Westmalle Ouest : 2 km © Malle – ✉ 2390 Westmalle :

🏨 **De Witte Lelie**, Antwerpsesteenweg 333, ℘ 0 3 309 09 61, Fax 0 3 309 01 55, 🍴
– 🟰 rest, 📺 🅿. ⓜ VISA
Repas (Taverne-rest) Lunch 995 – carte 850 à 1750 – ⌂ 300 – **14 ch** 1850/2600.

MALMÉDY 4960 Liège 213 V 20, 214 V 20 et 909 L 4 – 11 060 h.
Voir Site★ – Carnaval★ (dimanche avant Mardi-gras).
Env. au Nord : Hautes Fagnes★★, Signal de Botrange ≤★, Sentier de découverte nature★
– au Sud-Ouest : 6 km, Rocher de Falize★ – au Nord-Est : 6 km, Château de Reinhardstein★.
🛈 Ancienne Abbaye, pl. du Châtelet 10 ℘ 0 80 33 02 50, Fax 0 80 77 05 88.
Bruxelles 156 – Eupen 29 – Liège 57 – Clervaux 57.

🏨 **Le Chambertin**, Chemin-rue 46, ℘ 0 80 33 03 14, Fax 0 80 77 03 38 – 🛗 📺. AE ⓘ ⓜ VISA. ⁂ ch
fermé lundis non fériés – **Repas** (Taverne-rest) Lunch 480 – carte env. 900 – **10 ch** ⌂ 1700 – ½ P 2000.

🏨 **La Forge** sans rest, r. Devant-les-Religieuses 31, ℘ 0 80 79 95 95, laforge@skynet.be, Fax 0 80 79 95 98 – 📺. AE ⓘ ⓜ VISA JCB. ⁂
7 ch ⌂ 1800/1950.

MALMÉDY

Plein Vent avec ch, rte de Spa 44 (Ouest : 7 km, lieu-dit Burnenville), ✆ 0 80 33 05 54, Fax 0 80 33 70 60, ≤ vallées, 🍴 – ■ rest, TV P. AE ① MC VISA. ❀
fermé 2 sem. en juil., 18 déc.-10 janv., lundi soir et mardi – **Repas** 980/2450 – **7 ch** ☐ 1700/3900 – ½ P 2200/2550.

Albert Ier avec ch, pl. Albert Ier 40, ✆ 0 80 33 04 52, club.vinitaly@skynet.be, Fax 0 80 33 06 16, 🍴 – ■ ch, TV. AE ① MC VISA. ❀
fermé carnaval, du 1er au 15 juil., merc. soir et jeudi – **Repas** Lunch 1200 – carte 1550 à 2150 – **5 ch** ☐ 2200/3000 – ½ P 2700.

Au Petit Louvain, Chemin-rue 47, ✆ 0 80 33 04 15, mauricecolinet3@yucom.be, Fax 0 80 57 10 46 – ■. AE ① MC VISA
fermé 28 juin-8 juil., lundi soir et merc. – **Repas** 750/1300.

à Bévercé Nord : 3 km C Malmédy – ✉ 4960 Bévercé :

Host. Trôs Marets ❀, rte des Trôs Marets 2 (N 68), ✆ 0 80 33 79 17, tros.marets@freebel.net, Fax 0 80 33 79 10, ≤ vallées, 🍴, 🏊 – TV P. AE ① MC VISA. ❀ rest
fermé du 5 au 22 mars et du 3 au 20 déc. – **Repas** Lunch 1750 – 2750 – **7 ch** ☐ 3500/8300, 4 suites – ½ P 3950/5900.

Du Tchession ❀, r. Renier de Brialmont 1 (Nord-Est : 5 km, lieu-dit Xhoffraix), ✆ 0 80 33 00 87, info@hoteltchession.com, Fax 0 80 33 79 68, ≤, 🍴, 🏊 – TV & P. AE MC VISA
Repas (fermé merc. et après 20 h 30) 1100/1500 – **16 ch** ☐ 2600/3250 – ½ P 2700/3250.

Maison Géron (annexe 🏠 Géronprés - 6 ch) sans rest, Bévercé-Village 29, ✆ 0 80 33 00 06, geron@busmail.net, Fax 0 80 77 03 17, « Terrasse et jardin », 🚲 – TV P. AE MC VISA. ❀
10 ch ☐ 1800/3000.

Le Grand Champs ❀ (annexe 🏠 - 10 ch ☐ 1510/2420), Bévercé-Village 39, ✆ 0 80 33 72 98, Fax 0 80 77 05 69, ≤ vallées, 🚲 – TV P – 🔔 25 à 80. AE ① MC VISA. ❀ ch
Repas voir rest **Ferme Libert** ci-après – **16 ch** ☐ 1940/2880 – ½ P 2130/2275.

Host. de la Chapelle avec ch, Bévercé-Village 30, ✆ 0 80 33 08 65, Fax 0 80 33 98 66, 🍴, « Terrasse fleurie », 🚲 – TV P – 🔔 30. AE ① MC VISA. ❀
Repas (fermé dim. soir et lundi) Lunch 1000 – carte env. 1700 – **5 ch** ☐ 3500 – ½ P 2900.

Ferme Libert – H. Le Grand Champs, avec ch, Bévercé-Village 26, ✆ 0 80 33 02 47, Fax 0 80 33 98 85, ≤ vallées, 🍴, 🚲 – TV P. MC VISA. ❀
Repas (fermé après 20 h 30) (Taverne-rest) Lunch 920 – carte 1050 à 1800 – **12 ch** ☐ 1785/2570 – ½ P 2150/2305.

MALONNE Namur 213 N 20, 214 N 20 et 909 H 4 – voir à Namur.

MANAGE 7170 Hainaut 213 K 19, 214 K 19 et 909 F 4 – 21 778 h.
Bruxelles 47 – Charleroi 24 – Mons 25.

Le Petit Cellier, Grand'rue 88, ✆ 0 64 55 59 69, Fax 0 64 55 56 07, 🍴 – P. AE ① MC VISA JCB
fermé 23 juil.-20 août, dim. soir et lundi – **Repas** 1800 bc/2890 bc.

MARCHE-EN-FAMENNE 6900 Luxembourg belge 213 R 21, 214 R 21 et 909 J 5 – 16 310 h.
🛈 r. Brasseurs 7 ✆ 0 84 31 21 35, Fax 0 84 32 31 09.
Bruxelles 107 – Arlon 80 – Liège 56 – Namur 46.

Quartier Latin, r. Brasseurs 2, ✆ 0 84 32 17 13, contact@quartier-latin.be, Fax 0 84 32 17 12, 🍴, 🏋, ≘s, 🚲 – 🛗 ■ TV 🚗 P – 🔔 25 à 100. AE ① MC VISA
Repas (Brasserie) Lunch 490 – 890/1550 – ☐ 350 – **45 ch** 2700/4500, 6 suites – ½ P 2700/3450.

Château d'Hassonville ❀, rte d'Hassonville 105 (Sud-Ouest : 4 km par N 836), ✆ 0 84 31 10 25, Fax 0 84 31 60 27, ≤, « Demeure du 17e s. dans un vaste parc », 🚲, 🚲 – 🛗 P – 🔔 30. AE ① MC VISA. ❀
fermé 2 sem. début janv. – Repas voir rest **Grand Pavillon** ci-après – **20 ch** ☐ 4600/7200 – ½ P 10500/16500.

Grand Pavillon – H. Château d'Hassonville, rte d'Hassonville 105 (Sud-Ouest : 4 km par N 836), ✆ 0 84 31 10 25, Fax 0 84 31 60 27, ≤, 🍴, « Orangerie avec sa cave à vins à vue » – ■ P. AE ① MC VISA. ❀
fermé 2 sem. en janv. – **Repas** Lunch 1350 – 2850.

MARCHE-EN-FAMENNE

Aux Menus Plaisirs avec ch, r. Manoir 2, ☎ 0 84 31 38 71, Fax 0 84 31 52 81, 😊, « Jardin d'hiver » – 🍴 rest, 📺 🅿 AE ① MC VISA. ❄ ch
Repas (fermé dim. soir et lundi) Lunch 700 – 980/1580 – 😊 200 – **6 ch** 2500/3900 – ½ P 2800.

Les 4 Saisons, rte de Bastogne 108 (Sud-Est : 2 km, lieu-dit Hollogne) ☎ 0 84 32 18 10, Fax 0 84 32 18 81, 😊 – 🅿 MC VISA
fermé du 1er au 20 juil. et dim. non fériés – **Repas** Lunch 750 bc – 890/1350.

des Arts 1er étage, pl. du Roi Albert Ier 21, ☎ 0 84 31 61 81, Fax 0 84 31 61 81 – AE ① MC VISA. ❄
fermé dern. sem. déc. et dim. soirs et lundis non fériés – **Repas** 1150/1850.

Le Yang-Tsé, r. Neuve 3, ☎ 0 84 31 26 88, Fax 0 84 31 26 88, Cuisine chinoise, ouvert jusqu'à minuit – AE ① MC VISA
Repas Lunch 290 – carte env. 850.

MARCINELLE Hainaut 213 L 20, 214 L 20 - ㉔ S et 909 G 4 – voir à Charleroi.

MARCOURT 6987 Luxembourg belge Ⓒ Rendeux 2 194 h. 213 S 21, 214 S 21 et 909 J 5.
Bruxelles 126 – Arlon 84 – Marche-en-Famenne 19 – La Roche-en-Ardenne 9.

Aub. La Grande Cure ⚘, Les Planesses 12, ☎ 0 84 47 73 69, info@lagrandecure.be, Fax 0 84 47 83 13, ≤, 😊, 🌲 – 🅿 MC VISA. ❄ rest
fermé janv. et dim. soir et lundi sauf en juil.-août – **Repas** Lunch 1075 – 1250/2050 – **10 ch** 😊 2500/3450 – ½ P 2750.

Le Marcourt avec ch, Pont de Marcourt 7, ☎ 0 84 47 70 88, Fax 0 84 47 70 88, 😊, 🌲 – 🅿 MC VISA. ❄
fermé 25 juin-5 juil., du 3 au 28 sept., 31 déc.-janv., merc. sauf 15 juil.-15 août et jeudi – **Repas** (fermé après 20 h 30) 1050/2100 – **9 ch** 😊 2700 – ½ P 2600.

MARENNE 6990 Luxembourg belge Ⓒ Hotton 4 836 h. 213 R 21, 214 R 21 et 909 J 5.
Bruxelles 109 – Dinant 44 – Liège 55 – Namur 53 – La Roche-en-Ardenne 22.

Les Pieds dans le Plat, r. Centre 3, ☎ 0 84 32 17 92, Fax 0 84 32 36 92, 😊, « Cadre champêtre » – 🅿. ❄
fermé fin déc., lundi, mardi, merc. soir et jeudi soir – **Repas** Lunch 850 – 950/1500.

MARIAKERKE West-Vlaanderen 213 C 15 et 909 B 2 – voir à Oostende.

MARIEKERKE Antwerpen 213 K 16 et 909 F 2 – voir à Bornem.

MARILLES 1350 Brabant Wallon Ⓒ Orp-Jauche 7 320 h. 213 O 18, 214 O 18 et 909 H 3.
Bruxelles 57 – Namur 43 – Liège 50 – Tienen 19.

La Bergerie, Grand-Route 1 (sur N 240), ☎ 0 19 63 32 41, Fax 0 19 63 23 07, « Cadre champêtre » – 🅿 AE ① MC VISA
fermé août, lundi, mardi et sam. midi – **Repas** Lunch 650 – carte 1450 à 1850.

MARKE West-Vlaanderen 213 E 18 et 909 C 3 – voir à Kortrijk.

MARTELANGE 6630 Luxembourg belge 214 T 24 et 909 K 6 – 1 453 h.
Bruxelles 168 – Luxembourg 53 – Arlon 18 – Bastogne 21 – Diekirch 40 – Ettelbrück 36.

Host. An der Stuff avec ch (annexe 🏠), r. Roche Percée 1 (Nord : 2 km sur N 4), ☎ 0 63 60 04 28, Fax 0 63 60 13 92, ≤, 😊, « Environnement boisé » – 📺 🅿 AE MC VISA. ❄
fermé du 10 au 31 janv. et dim. soirs et lundis non fériés sauf en juil.-août – **Repas** Lunch 1250 – carte 1800 à 2100 – **11 ch** 😊 2400/3350 – ½ P 2450.

MASNUY-ST-JEAN Hainaut 213 I 19, 214 I 19 et 909 E 4 – voir à Mons.

MASSEMEN 9230 Oost-Vlaanderen Ⓒ Wetteren 22 778 h. 213 I 17 et 909 E 3.
Bruxelles 45 – Gent 19 – Antwerpen 65.

Geuzenhof, Lambroekstraat 90, ☎ 0 9 369 80 34, info@geuzenhof.be, Fax 0 9 368 20 68, 😊 – 🅿 – 🔔 25 à 120. AE ① MC VISA. ❄
fermé Pâques, Toussaint, dim. soir, lundi, mardi soir et merc. soir – **Repas** Lunch 1100 – carte 1700 à 2100.

MATER Oost-Vlaanderen 213 H 17 – voir à Oudenaarde.

MECHELEN (MALINES) 2800 Antwerpen 213 L 16 et 909 G 2 – 75 418 h.

Voir Tour★★★ de la cathédrale St-Rombaut★★ (St. Romboutskathedraal) AY – Grand-Place★ (Grote Markt) ABY 26 – Hôtel de Ville★ (Stadhuis) BY H – Pont du Wollemarkt (Marché aux laines) ≤★ AY F.

Musée : Manufacture Royale de Tapisseries Gaspard De Wit★ (Koninklijke Manufactuur van Wandtapijten Gaspard De Wit) AY M¹.

Env. par ③ : 3 km à Muizen : Parc zoologique de Plankendael★★.

🛈 Stadhuis, Grote Markt 21 ℘ 0 15 29 76 55, Fax 0 15 29 76 53.

Bruxelles 30 ④ – Antwerpen 26 ⑥ – Leuven 24 ③

MECHELEN

Antwerpsesteenweg	C 2
Battelsesteenweg	C 4
Brusselsesteenweg	C 12
Colomalaan	C 14
Eikestraat	C 20
Europalaan	C 23
Hanswijkvaart	C 30
Hombeeksesteenweg	C 32
Liersesteenweg	C 47
Postzegellaan	C 57
Steppeke	C 66
Stuivenbergbaan	C 67
Tervuursesteenweg	C 69

BELGIQUE GRAND-DUCHÉ
DE LUXEMBOURG

Un guide Vert Michelin

Paysages, monuments
Routes touristiques
Géographie
Histoire, Art
Plans de villes
et de monuments

Alfa Alba, Korenmarkt 24, ℘ 0 15 42 03 03, info@gtmechelen.goldentulip.be, Fax 0 15 42 37 88 – 📳 ⥳ 📺 🚗 – 🔥 25. 🆎 ① 🆎 𝐕𝐈𝐒𝐀. ⋇
AZ s
Repas (fermé lundi) (Grillades, dîner seult) carte env. 1300 – ⊡ 600 – **43 ch** 3000/7500.

Gulden Anker, Brusselsesteenweg 2, ℘ 0 15 42 35 35, info@guldenanker.be, Fax 0 15 42 34 99, 🏖, 🈴 – 📳, 🍽 rest, 📺 🅿 – 🔥 25 à 120. 🆎 ① 🆎 𝐕𝐈𝐒𝐀
AZ u
Repas (fermé du 2 au 22 juil., sam. midi et dim. soir) Lunch 1225 bc – carte 1150 à 1800 – **34 ch** ⊡ 2200/4400 – ½ P 4150.

Montreal, Duivenstraat 56, ℘ 0 15 20 40 77, Fax 0 15 20 34 30, ≤, « Pièce d'eau » – 📺 🅿 – 🔥 25 à 200. 🆎 ① 🆎 𝐕𝐈𝐒𝐀
C a
Repas (Ouvert jusqu'à 23 h) carte 850 à 1550 – **20 ch** ⊡ 3400/4425 – ½ P 3500/5800.

Hobbit sans rest, Battelsesteenweg 455 F, ℘ 0 15 27 20 27, Fax 0 15 27 20 28 – ⥳ 🍽 📺 ⊥. 🅿. 🆎 ① 🆎 𝐕𝐈𝐒𝐀. ⋇
C t
⊡ 240 – **21 ch** 1790.

Egmont sans rest, Oude Brusselstraat 50, ℘ 0 15 42 13 99, Fax 0 15 41 34 98 – 📳 📺 ⥸. 🆎 ① 🆎 𝐕𝐈𝐒𝐀
BZ e
fermé 24 et 31 déc. et 1ᵉʳ janv. – **19 ch** ⊡ 2650/3700.

D'Hoogh, 1ᵉʳ étage, Grote Markt 19, ℘ 0 15 21 75 53, dhoogh@pandora.be, Fax 0 15 21 67 30, « Demeure début 20ᵉ s. au cœur de la ville » – 🍽. 🆎 ① 🆎 𝐕𝐈𝐒𝐀 𝐉𝐂𝐁. ⋇ BY r
fermé 1 sem. Pâques, 3 sem. en août, sam. midi, dim. soir et lundi – **Repas** (nombre de couverts limité - prévenir) Lunch 1850 bc – 1800/2200, carte 2300 à 2750
Spéc. Gibier en saison (oct.-janv.). Asperges régionales (mai-juin). Ragoût de ris et pieds de veau aux truffes.

Folliez, Korenmarkt 19, ℘ 0 15 42 03 02, Fax 0 15 42 03 02 – 🅿. 🆎 🆎 𝐕𝐈𝐒𝐀 AZ f
fermé fin fév.-début mars, fin juil.-début août, sam. midi, dim. et lundi – **Repas** Lunch 1350 – 1850/2350.

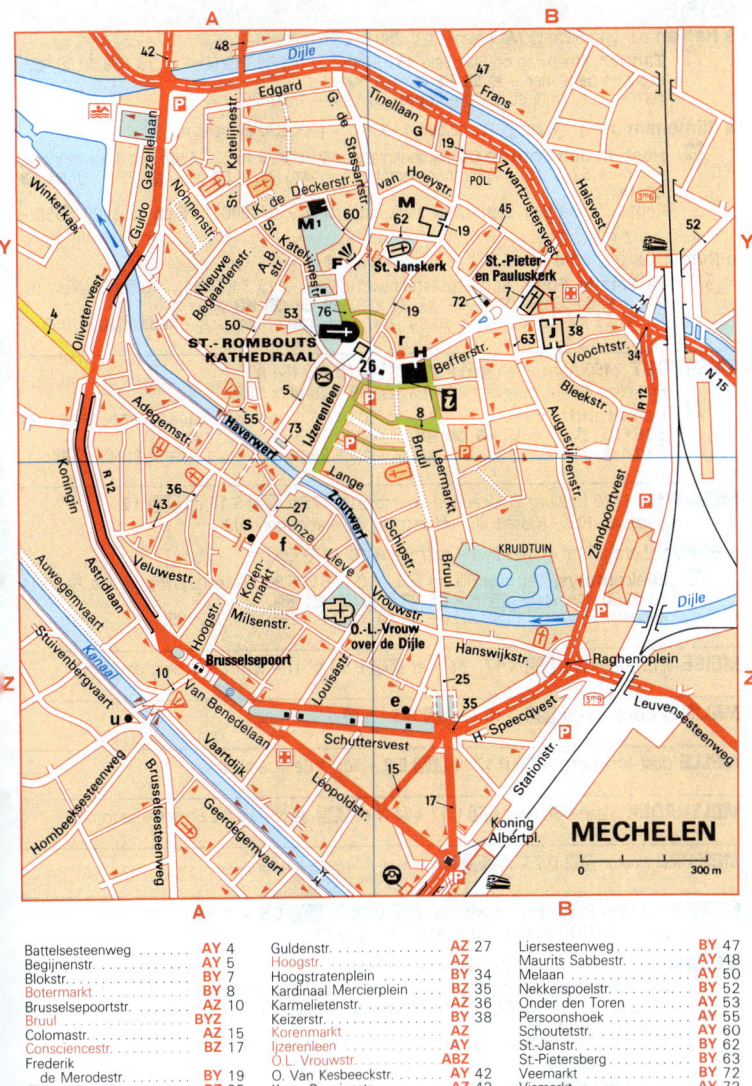

Battelsesteenweg	**AY** 4	Guldenstr.	**AZ** 27	Liersesteenweg	**BY** 47
Begijnenstr.	**AY** 5	Hoogstr.	**AZ**	Maurits Sabbestr.	**AY** 48
Blokstr.	**BY** 7	Hoogstratenplein	**BY** 34	Melaan	**AY** 50
Botermarkt	**BY** 8	Kardinaal Mercierplein	**BZ** 35	Nekkerspoelstr.	**AY** 52
Brusselsepoortstr.	**AZ** 10	Karmelietenstr.	**AZ** 36	Onder den Toren	**AY** 53
Bruul	**BYZ**	Keizerstr.	**BY** 38	Persoonshoek	**AY** 55
Colomastr.	**AZ** 15	Korenmarkt	**AZ**	Schoutetstr.	**AY** 60
Consciencestr.	**BZ** 17	IJzerenleen	**AY**	St.-Janstr.	**BY** 62
Frederik		O.L. Vrouwstr.	**ABZ**	St.-Pietersberg	**AY** 63
de Merodestr.	**BY** 19	O. Van Kesbeeckstr.	**AY** 42	Veemarkt	**BY** 72
Gr. van Egmontstr.	**BZ** 25	Korte Penninestr.	**AZ** 43	Vismarkt	**AY** 73
Grote Markt	**ABY** 26	Lange Heergracht	**BY** 45	Wollemarkt	**AY** 76

à Bonheiden par ② : 6 km – 13 955 h. – ✉ 2820 Bonheiden :

't Wit Paard, Rijmenamseweg 85, ℘ 0 15 51 32 20, ☆, « Terrasse » – 🅿 AE ⓘ ⓜⓢ
VISA. ※
fermé 2 sem. en mars, 2 sem. en sept., mardi et merc. – **Repas** Lunch 1150 – carte 1300 à 1750.

Zellaer, Putsesteenweg 229, ℘ 0 15 55 07 55, Fax 0 15 55 07 55, ☆ – 🅿 AE ⓘ ⓜⓢ
VISA. ※
fermé merc. et sam. midi – **Repas** Lunch 950 – 1450.

MECHELEN

à Heffen par ⑤ : 6 km © Mechelen – ⊠ 2801 Heffen :

XX **Zander,** Steenweg op Blaasveld 131 (N 16), ℘ 0 3 866 10 60, Fax 0 3 866 10 60, 😊 Produits de la mer – 🅿 🖼 ⓘ 🚇 VISA, ※
fermé sept., lundi et mardi – **Repas** Lunch 880 – 1380/2530.

à Rijmenam par ② : 8 km © Bonheiden 13 955 h. – ⊠ 2820 Rijmenam :

🏠 **Host. In den Bonten Os,** Rijmenamseweg 214, ℘ 0 15 52 04 50, info@bontenos.be Fax 0 15 52 07 19, « Environnement boisé », 🚗, 🚲 – 📺 🅿 – 🛎 25 à 40. 🖼 ⓘ 🚇 VISA
Repas *(fermé dim. soir) (dîner seult sauf dim.)* 950/2800 – **25 ch** ⊑ 3200/5350 ½ P 2900/3500.

à Rumst par ⑥ : 8 km – 14 595 h. – ⊠ 2840 Rumst :

XXX **La Salade Folle,** Antwerpsesteenweg 84, ℘ 0 15 31 53 41, info@saladefolle.be Fax 0 15 31 08 28, 😊 – 🛎 25 à 70. 🖼 ⓘ 🚇 VISA JCB ※
fermé 23 juil.-12 août, du 2 au 14 janv., sam. midi et dim. soir – **Repas** 1200/1950.

MEERHOUT 2450 Antwerpen 📘 P **16** et 📘 I **2** – 9 184 h.
Bruxelles 79 – Antwerpen 47 – Hasselt 39 – Turnhout 28.

XX **Rembrandt,** Meiberg 10, ℘ 0 14 30 81 03, chris.sas@village.uunet.be, Fax 0 14 30 81 03, 😊 – 🅿 🖼 ⓘ 🚇 VISA
fermé du 15 au 31 août, dim. soir et lundi – **Repas** Lunch 1575 – carte 1650 à 2000.

MEEUWEN 3670 Limburg © Meeuwen-Gruitrode 12 473 h. 📘 S **16** et 📘 J **2.**
Bruxelles 105 – Hasselt 26 – Maastricht 42 – Roermond 42.

à Ellikom Nord : 3 km © Meeuwen-Gruitrode – ⊠ 3670 Ellikom :

🏠 **Ellekenhuys,** Weg naar Ellikom 286, ℘ 0 11 61 06 80, ellekenhuys@gijbels.be, Fax 0 11 63 61 80, 😊, 🚲 – 📺 🅿 – 🛎 25 à 80. 🖼 ⓘ 🚇 VISA, ※
Repas Lunch 1295 – 1550/2225 – **11 ch** ⊑ 2500/2950 – ½ P 2995.

MEISE Vlaams-Brabant 📘 K **17** - ㊱ N et 📘 F **3** - ㉑ N – *voir à Bruxelles, environs.*

MÉLIN Brabant Wallon 📘 O **18** et 📘 H **3** – *voir à Jodoigne.*

MELLE Oost-Vlaanderen 📘 H **17** et 📘 E **2** – *voir à Gent, environs.*

MELSBROEK Vlaams-Brabant 📘 L **17** - ㊷ N et 📘 ㉒ N – *voir à Bruxelles, environs.*

MEMBRE Namur 📘 O **23** et 📘 H **6** – *voir à Vresse-sur-Semois.*

MENEN (MENIN) 8930 West-Vlaanderen 📘 D **18** et 📘 C **3** – 32 155 h.
Bruxelles 105 – *Kortrijk* 13 – Ieper 24 – Lille 23.

à Rekkem Est : 4 km © Menen – ⊠ 8930 Rekkem :

XXX **La Cravache,** Gentstraat 215 (Est : 4 km sur N 43), ℘ 0 56 42 67 87, info@lacravache.com, Fax 0 56 42 67 97, 😊, « Villa avec terrasse dans un écrin de verdure » – 🖥 🅿 – 🛎 30. 🖼 🚇 VISA
fermé du 2 au 13 avril, du 3 au 14 sept., sam. midi, dim. soir et lundi – **Repas** Lunch 1350 bc – 1850/2600 bc.

XX **Culinair,** Moeskroenstraat 700, ℘ 0 56 42 67 33, Fax 0 56 41 14 21, 😊 – 🅿 🖼 🚇 VISA
fermé prem. sem. mars, 2 prem. sem. sept., sam. midi, dim. soir et lundi – **Repas** Lunch 1350 bc – 1890 bc/2190 bc.

MERELBEKE Oost-Vlaanderen 📘 H **17** et 📘 E **3** – *voir à Gent, environs.*

MERENDREE 9850 Oost-Vlaanderen © Nevele 10 986 h. 📘 G **16** et 📘 D **2.**
Bruxelles 71 – *Brugge* 42 – *Gent* 13.

XXX **De Waterhoeve,** Durmenstraat 6, ℘ 0 9 371 59 42, Fax 0 9 371 94 46, ≼, « Environnement champêtre, jardin paysagé avec pièce d'eau » – 🖥 🅿 🖼 ⓘ 🚇 VISA, ※
fermé 26 fév.-2 mars, 16 juil.-10 août, merc., sam. midi, dim. soir et lundi – **Repas** Lunch 1450 – 2600 bc.

MERKSEM Antwerpen 213 L 15 - ⑬ S et 909 G 2 - ⑨ S – voir à Antwerpen, périphérie.

MEULEBEKE 8760 West-Vlaanderen 213 E 17 et 909 C 3 – 11 009 h.
Bruxelles 84 – Kortrijk 15 – Brugge 36 – Gent 39.

XX **'t Gisthuis**, Baronielaan 28, ℘ 0 51 48 76 02, gisthuis@freegates.be, Fax 0 51 48 76 02, 斧, « Terrasse » – P. AE ⓪ ⓜ VISA JCB
fermé merc. soir et jeudi – **Repas** Lunch 1500 – 2500 bc/3000 bc.

MEUSE NAMUROISE (Vallée de la) ★★ Namur 213 O 21 - Q 19, 214 O 21 - Q 19 et 909 H 5 - K 3 G. Belgique-Luxembourg.

MIDDELKERKE 8430 West-Vlaanderen 213 B 15 et 909 B 2 – 16 426 h. – Station balnéaire –
Casino Kursaal, Zeedijk ℘ 0 59 30 05 03, Fax 0 59 30 52 84.
🖪 Dr J. Casselaan 4 ℘ 0 59 30 03 68, Fax 0 59 31 11 95.
Bruxelles 124 – Brugge 37 – Oostende 8 – Dunkerque 43.

🏨 **Were-Di**, P. de Smet de Naeyerstraat 19, ℘ 0 59 30 11 88, hotelweredi@planetinter.net.be, Fax 0 59 31 02 41, ≦, – ⑥ 🗹 P. AE ⓜ VISA. ⚹ ch
fermé 2 dern. sem. mars et 3 dern. sem. oct. – **Repas** (fermé lundi et merc.) 850/1495 – **18 ch** ⋍ 2000/2900 – ½ P 2250.

🏨 **Excelsior**, A. Degreefplein 9a, ℘ 0 59 30 18 31, Fax 0 59 31 27 02, ≦s – ⑥ 🗹 AE ⓪ ⓜ VISA. ⚹
28 mars-13 nov. et week-end – **Repas** (dîner pour résidents seult) – **32 ch** ⋍ 2150/3000 – ½ P 1700/2100.

🏨 **Isaura** sans rest, Koninginnelaan 86, ℘ 0 59 30 38 13, Fax 0 59 31 04 11, ⚲ – 🗹 P. AE ⓪ ⓜ VISA. ⚹
fermé fin nov. et fin janv. – **10 ch** ⋍ 2100/2700.

XX **La Tulipe**, Leopoldlaan 81, ℘ 0 59 30 53 40, Fax 0 59 30 61 39 – AE ⓪ ⓜ VISA
fermé fin fév.-début mars, 2 prem. sem. oct. et lundi soir et mardi hors saison – **Repas** 750/1750.

XX **De Vlaschaard**, Leopoldlaan 246, ℘ 0 59 30 18 37, Fax 0 59 31 40 40 – ▪. AE ⓪ ⓜ VISA
fermé 3 sem. en nov. et merc. – **Repas** 890/1550.

X **Bistrot Renty**, L. Logierlaan 51 (près du château d'eau Krokodil), ℘ 0 59 31 20 77, Fax 0 59 30 07 54, 斧 – P. ⓜ VISA. ⚹
fermé du 12 au 23 mars, du 17 au 24 déc. et merc. et jeudi sauf vacances scolaires – **Repas** (de déc. à avril déjeuner seult sauf week-end) Lunch 495 – 795.

MILLEN Limburg 213 S 18 et 909 J 3 – voir à Riemst.

MIRWART 6870 Luxembourg belge © St-Hubert 5 737 h. 214 Q 22 et 909 I 5.
Bruxelles 129 – Bouillon 55 – Arlon 71 – Marche-en-Famenne 26 – Namur 68 – St-Hubert 11.

🏨 **Beau Site** ⚘ sans rest, pl. Communale 5, ℘ 0 84 36 62 27, Fax 0 84 36 71 18, ≤, « Rustique », ⚲ – 🗹 P. ⓜ VISA
fermé mardis non fériés de sept. à avril – **10 ch** ⋍ 1900/2400.

XX **Aub. du Grandgousier** ⚘ avec ch, r. Staplisse 6, ℘ 0 84 36 62 93, Fax 0 84 36 65 77, 斧, « Rustique », ⚙ – 🗹 P. ⓜ
fermé 18 juin-5 juil., 23 août-13 sept., 2 janv.-13 fév., mardi midi de janv. à juin et mardi soir et merc. sauf en juil.-août – **Repas** 995/2000 – **13 ch** ⋍ 1900/2600 – ½ P 2300.

MODAVE 4577 Liège 213 Q 20, 214 Q 20 et 909 I 4 – 3 551 h.
Voir Château★ : ≤★ de la terrasse de la chambre du Duc de Montmorency.
Env. au Sud : 6 km à Bois-et-Borsu, fresques★ dans l'église romane.
Bruxelles 97 – Liège 38 – Marche-en-Famenne 25 – Namur 46.

XXX **La Roseraie**, rte de Limet 80, ℘ 0 85 41 13 60, Fax 0 85 41 13 60, « Parc ombragé avec terrasse » – P. AE ⓜ VISA. ⚹
fermé sem. carnaval, 1 sem. en août, dim. soir, lundi soir, mardi, merc. et après 20 h 30 – **Repas** 1550/1950.

X **Le Pavillon du Vieux Château**, Vallée du Houyoux 9 (Sud-Ouest : 2 km, lieu-dit Pont de Vyle), ℘ 0 85 41 13 43, 斧 – P. AE ⓪ ⓜ VISA
fermé du 4 au 15 sept., lundis non fériés sauf en juil.-août et mardis non fériés – **Repas** Lunch 690 – 1150/1550 bc.

MOERBEKE 9180 Oost-Vlaanderen 213 I 15 et 909 E 2 – 5 759 h.
Bruxelles 54 – Gent 26 – Antwerpen 38.

XX **'t Molenhof**, Heirweg 25, ℘ 0 9 346 71 22, Fax 0 9 346 71 22, 🌳, « Fermette, cadre champêtre » – 🅿. 🆎 🕘 VISA
fermé 2ᵉ quinz. sept., 2ᵉ quinz. déc., merc. soir en hiver, sam. midi, dim. soir et lundi – **Repas** Lunch 1450 – carte 1500 à 1900.

MOERZEKE Oost-Vlaanderen 213 J 16 et 909 F 2 – voir à Hamme.

MOESKROEN Hainaut – voir Mouscron.

MOL 2400 Antwerpen 213 P 15 et 909 I 2 – 31 394 h.
🛝 Goorstraat (Achterbos) ℘ 0 11 39 17 80, Fax 0 11 39 11 70 - 🛝 Kiezelweg 78 (Rauw) ℘ 0 14 81 62 34, Fax 0 14 81 62 78 - 🛝 Steenovens 89 (Postel) ℘ 0 14 37 36 61, Fax 0 14 37 36 62.
🅱 Markt 1a ℘ 0 14 33 07 85, Fax 0 14 33 07 87.
Bruxelles 78 – Antwerpen 54 – Hasselt 42 – Turnhout 23.

XXX **Hippocampus** 🍃, avec ch, St-Jozeflaan 79 (Est : 7 km à Wezel), ℘ 0 14 81 08 08, chef@hippocampus.be, Fax 0 14 81 45 90, 🌳, « Demeure ancienne dans un parc avec pièce d'eau », 🐎, 🚴 – 📺 🅿. 🆎 🕘 🚘 VISA. 🛇
Repas (fermé dern. sem. août, dim. soir et lundi) Lunch 1500 – 1650/3200 bc – **4 ch** ☐ 3800/4400 – ½ P 3450.

XX **'t Zilte**, Martelarenstraat 74, ℘ 0 14 32 24 33, Fax 0 14 32 13 27, 🌳 – 🅿. 🆎 🕘 🚘 VISA. 🛇
fermé mardi et sam. midi – **Repas** Lunch 1050 – 1650/1895.

XX **De Partituur**, Corbiestraat 59, ℘ 0 14 31 94 82, Fax 0 14 32 36 05 – 🆎 🕘 VISA. 🛇
fermé sam. midi, dim. et lundi midi – **Repas** Lunch 1300 – carte 1700 à 2100.

MOLENBEEK-ST-JEAN (SINT-JANS-MOLENBEEK) Région de Bruxelles-Capitale 213 ㊶ S et 909 ㉑ S – voir à Bruxelles.

MOMIGNIES Hainaut 214 J 22 et 909 F 5 – voir à Chimay.

MONS (BERGEN) 7000 🅿 Hainaut 213 I 20, 214 I 20 et 909 E 4 – 91 187 h.
Voir Collégiale Ste-Waudru★★ CY – Beffroi★ CY D.
Musées : de la Vie montoise★ (Maison Jean Lescarts) DY M¹ – Collection de pendules★★ dans le Musée François Duesberg★ CY Mˢ.
Env. par ① : 15 km à Strépy-Thieu, Canal du Centre : les Ascenseurs hydrauliques★.
🛝 🛝 par ① : 6 km à Erbisoeul, Chemin de la Verrerie 2 ℘ 0 65 22 96 10, Fax 0 65 22 02 09 - 🛝 par ⑥ : 6 km à Baudour, r. Mont Garni 3 ℘ 0 65 62 27 19, Fax 0 65 62 34 10.
🅱 Grand'Place 22 ℘ 0 65 33 55 80, Fax 0 65 35 63 36 – Fédération provinciale de tourisme, r. Clercs 31 ℘ 0 65 36 04 64, Fax 0 65 33 57 32.
Bruxelles 67 ① – Charleroi 36 ② – Namur 72 ① – Tournai 48 ⑤ – Maubeuge 20 ③.

Plan page ci-contre

🏨 **Lido** 🅼 sans rest, r. Arbalestriers 112, ℘ 0 65 32 78 00, info@lido.be, Fax 0 65 84 37 22, ⛲ – 📺 🚗 – 🔔 50 à 300. 🆎 🕘 🚘 VISA JCB. 🛇
67 ch ☐ 3200/4300. DY **b**

🏨 **Infotel** sans rest, r. Havré 32, ℘ 0 65 40 18 30, syc@infonie.be, Fax 0 65 35 62 24 – 📺 🆎 🕘 🚘 VISA. 🛇
22 ch ☐ 2650/3550. DY **s**

XXX **Devos**, r. Coupe 7, ℘ 0 65 35 13 35, Fax 0 65 35 37 71, « Ancienne hostellerie sur cour intérieure » – 🪑. 🆎 🕘 🚘 VISA DY **r**
fermé du 19 au 25 fév., 16 juil.-14 août, dim. soir, lundi soir et merc. – **Repas** Lunch 950 – 1950.

XXX **Le Vannes**, chaussée de Binche 177 (par ②), ℘ 0 65 35 14 43, Fax 0 65 35 57 58, 🌳 – 🅿. – 🔔 40. 🆎 🕘 🚘 VISA
fermé 16 août-5 sept. et merc. – **Repas** Lunch 975 – carte env. 1700.

XXX **Chez John**, av. de l'Hôpital 10, ℘ 0 65 33 51 21, john@proximedia.be, Fax 0 65 33 76 87 – 🔔 25. 🆎 🕘 🚘 VISA. 🛇 DY
fermé 21 août-4 sept., dim. soir, lundi et mardi soir – **Repas** carte 2700 à 3400.

XX **Marchal**, Rampe Ste-Waudru 4, ℘ 0 65 31 24 02, Fax 0 65 36 24 69, 🌳 – 🅿. – 🔔 45. 🆎 🕘 🚘 VISA CY
fermé dim. soirs, lundis et mardis non fériés – **Repas** Lunch 780 – 950/1750.

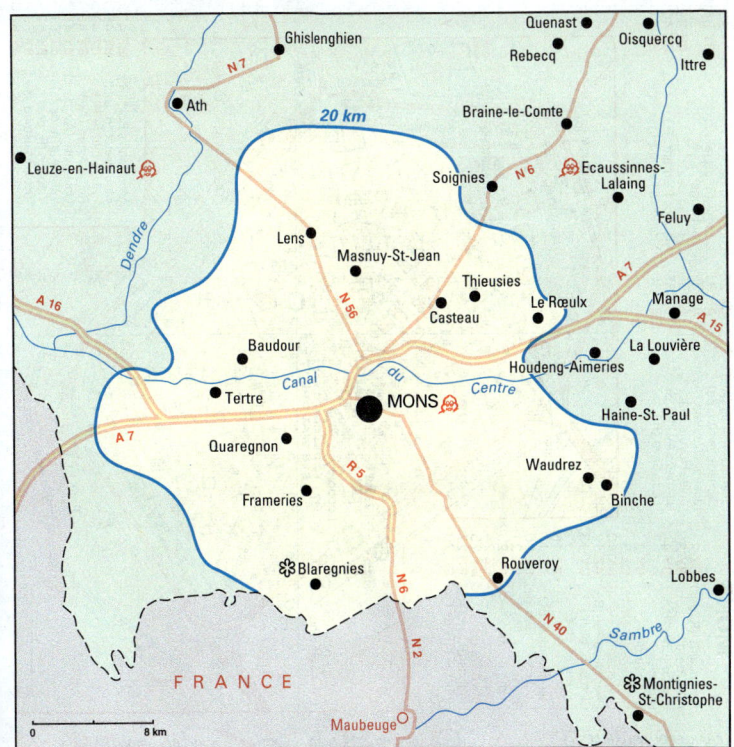

    ✕ **La Table des Matières,** r. Grand Trou Oudart 16, ✆ 0 65 84 17 06, Fax 0 65 84 91 45,
☎, Cuisine italienne, ouvert jusqu'à 23 h, « Maison du 18ᵉ s. » – 🆎 VISA, ✲ CZ e
fermé 1 sem. Pâques, 21 juil.-15 août, sem. Toussaint, dim. soir en juil.-août, merc. et sam.
midi – **Repas** Lunch 890 – 1400/2500.

    ✕ **Alter Ego,** r. Nimy 6, ✆ 0 65 35 52 60, Fax 0 65 35 16 70 – AE ⓘ 🆎 VISA DY c
fermé 15 juil.-15 août, dim., lundi, mardi soir, merc. soir et jeudi soir – **Repas** carte 850
à 1300.

    ✕ **La Coquille St-Jacques,** r. Poterie 27, ✆ 065 84 36 53, Fax 0 65 84 36 53 – 🆎 VISA
fermé 22 juil.-13 août et dim. soirs et lundis non fériés – **Repas** 800.   CY h

à Baudour par ⑥ : 6 km ⓒ Saint-Ghislain 22 097 h. – ✉ 7331 Baudour :

    ✕✕ **Chez Fernez,** pl. de la Résistance 1, ✆ 0 65 64 44 67, Fax 0 65 60 07 74 – 🛋 40. AE
ⓘ 🆎 VISA
fermé mardi soir, merc. et dim. soir – **Repas** Lunch 1920 bc – 1480.

    ✕ **Le Faitout,** av. Louis Goblet 161, ✆ 0 65 64 48 57, Fax 0 65 60 07 74, ☎ – 🛋 30.
🆎 VISA
fermé lundi midi de nov. à mai et lundi soir – **Repas** carte 1050 à 1600.

à Frameries par ⑩ : 6 km – 20 807 h. – ✉ 7080 Frameries :

    ✕✕✕ **L'Assiette au beurre,** r. Industrie 278, ✆ 0 65 67 76 73, simonet@proximedia.be,
Fax 0 65 66 43 87 –, 🅿 – 🛋 30. AE ⓘ 🆎 VISA
fermé dim. soir, lundis midis non fériés, lundi soir et merc. soir – **Repas** Lunch 1350 – 1990.

à Masnuy-St-Jean par ⑦ : 6 km ⓒ Jurbise 9 138 h. – ✉ 7020 Masnuy-St-Jean :

    🏨 **La Forêt** ☘, chaussée de Brunehault 3, ✆ 0 65 72 36 85, Fax 0 65 72 41 44, ≤, ☎,
« Cadre de verdure », 🛎, ⚘, – 📺 🛋 25 à 80. AE ⓘ 🆎 VISA, ✲ rest
Repas (fermé août, sam. et dim.) Lunch 995 – 1190 – **50 ch** ⚲ 3400/4500 –
½ P 3050/3400.

MONT Namur 213 O 20, 214 O 20 et 909 H 4 – voir à Godinne.

MONTAIGU Vlaams-Brabant – voir Scherpenheuvel.

MONTIGNIES-ST-CHRISTOPHE 6560 Hainaut © Erquelinnes 9 711 h. 213 K 21, 214 K 21 et 909 F 5.
Bruxelles 70 – Charleroi 30 – Mons 25 – Maubeuge 20.

XX **La Villa Romaine,** chaussée de Mons 52, ℘ 0 71 55 56 22, Fax 0 71 55 62 03, 🌿 –
☰ 🅿 AE ⓪ ⓶ VISA
fermé 1 sem. carnaval, du 3 au 24 sept., lundis non fériés et dim. soir – **Repas** Lunch 1600 bc
– 1500/2500.

MONTIGNIES-SUR-SAMBRE Hainaut 213 L 20, 214 L 20 - ㉔ S et 909 G 4 – voir à Charleroi.

MONT-ST-AUBERT Hainaut 213 F 19 et 909 D 4 – voir à Tournai.

MONT-SUR-MARCHIENNE Hainaut 213 L 20, 214 L 20 - ㉓ S et 909 G 4 – voir à Charleroi.

MOUSCRON (MOESKROEN) 7700 Hainaut 213 E 18, 214 E 18 et 909 C 3 – 52 482 h.
🛈 pl. Gérard Kasiers 15b ℘ 0 56 86 03 70, Fax 0 56 86 03 71.
Bruxelles 101 ③ – Kortrijk 13 ④ – Mons 71 ⑤ – Tournai 23 ⑤ – Lille 23 ③

XX **Au Petit Château,** bd des Alliés 243 (par ⑤ : 2 km sur N 58), ✉ 7700 Luingne, ℘ 0 56
33 22 07, Fax 0 56 84 02 11 – ☰ 🅿 AE ⓪ ⓶ VISA
fermé dim. soir, lundi soir, mardi soir et merc. – **Repas** Lunch 980 bc – 1195/
1795.

MOUSCRON

Madame, r. Roi Chevalier 17, ℘ 0 56 34 43 53, 🍴 – ⓪ ⓜ 𝑉𝐼𝑆𝐴   A c
fermé 23 juil.-14 août, lundis non fériés et dim. soir – **Repas** Lunch 750 – 950/2200 bc.

l'Escapade, Grand'Place 34, ℘ 0 56 84 13 13, Fax 0 56 84 36 46, 🍴, Produits de la mer – 🍽. AE ⓪ ⓜ 𝑉𝐼𝑆𝐴   B a
fermé 2 sem. en juil., dim. soir, lundi soir et mardi soir – **Repas** Lunch 810 – 920/1350.

Les Roses, av. Reine Astrid 111, ℘ 0 56 34 84 73, Fax 0 56 84 24 14, 🍴 – AE ⓪ ⓜ 𝑉𝐼𝑆𝐴   B r
fermé 2ᵉ quinz. août, merc. et dim. soir – **Repas** 1050/1250.

Au Jardin de Pékin, r. Station 9, ℘ 0 56 33 72 88, Fax 0 56 33 77 88, Cuisine chinoise, ouvert jusqu'à 23 h – 🍽. AE ⓪ ⓜ 𝑉𝐼𝑆𝐴. ✼   B u
fermé lundis non fériés – **Repas** Lunch 300 – carte env. 1000.

l'Aquarelle, r. Menin 185, ℘ 0 56 34 55 36, Fax 0 56 34 55 36 – ⓜ 𝑉𝐼𝑆𝐴   B s
fermé 2 sem. en mars, 3 sem. en sept., mardi soir et merc. – **Repas** 1095 bc/1595 bc.

La Cloche, r. Tournai 9, ℘ 0 56 85 50 30, Fax 0 56 85 50 33, Brasserie, ouvert jusqu'à 23 h – 🍽. AE ⓪ ⓜ 𝑉𝐼𝑆𝐴   B h
fermé 24 déc. soir – **Repas** Lunch 420 – 660/1050.

Le Galion, r. Courtils 1a, ℘ 0 56 34 54 37, Fax 0 56 48 46 12 – AE ⓪ ⓜ 𝑉𝐼𝑆𝐴 JCB   B d
fermé lundis non fériés – **Repas** Lunch 470 bc – 895/1150 bc.

à Herseaux par ⑤ : 4 km © Mouscron – ✉ 7712 Herseaux :

La Broche de Fer, r. Broche de Fer 273, ℘ 0 56 33 15 16, Fax 0 56 34 10 54 – 🅿. 𝑉𝐼𝑆𝐴
fermé 15 juil.-15 août, mardi, merc. et jeudi soir – **Repas** Lunch 890 – 990/1500.

MULLEM Oost-Vlaanderen ⟪213⟫ G 17 – voir à Oudenaarde.

NADRIN 6660 Luxembourg belge © Houffalize 4494 h. ⟪214⟫ T 22 et ⟪409⟫ K 5.
Voir Belvédère des Six Ourthe**, Le Hérou**.
Bruxelles 140 – Bouillon 82 – Arlon 68 – Bastogne 29 – La Roche-en-Ardenne 13.

Les Ondes, r. Villa Romaine 21, ℘ 0 84 44 41 11, Fax 0 84 44 41 11, « Jardin ombragé », ✕ – 🅿. ⓜ 𝑉𝐼𝑆𝐴. ✼ rest
fermé mi-août-début sept. et 2 sem. en janv. – **Repas** (fermé merc.) 975/1725 – **12 ch** ⊇ 2100/3200 – ½ P 2425/2725.

Le Cabri ⧉ avec ch, rte du Hérou 45, ℘ 0 84 44 41 85, Fax 0 84 44 50 76, 🍴, « Villa-auberge rustique, élégante avec ≤ vallées boisées », 🌳 – TV 🅿. AE ⓪ ⓜ 𝑉𝐼𝑆𝐴. ✼ ch
fermé du 4 au 13 mars, 25 juin-17 juil., du 10 au 18 déc., lundi, mardi et dim. soir – **Repas** (fermé après ch 30) Lunch 1350 bc – 1580/2250 – **8 ch** ⊇ 2950/3250 – ½ P 2800.

Host. du Panorama ⧉ avec ch, rte du Hérou 41, ℘ 0 84 44 43 24, Fax 0 84 44 46 63, ≤ vallées boisées, 🍴, 🌳, 🚲 – TV 🅿. AE ⓜ 𝑉𝐼𝑆𝐴. ✼
fermé janv. – **Repas** (sem. avant Pâques-15 nov. ; fermé merc.) 1000/2000 – ⊇ 300 – **13 ch** 1650/1950 – ½ P 2500/3500.

La Plume d'Oie, pl. du Centre 3, ℘ 0 84 44 44 36, Fax 0 84 44 47 74, 🍴 – AE ⓜ 𝑉𝐼𝑆𝐴
fermé 2 prem. sem. juil. et mardi soir et merc. sauf 20 juil.-20 août – **Repas** 990/1890.

Au Vieux Chêne, r. Villa Romaine 4, ℘ 0 84 44 41 14, Fax 0 84 44 46 04, 🍴 – 🅿. AE ⓜ 𝑉𝐼𝑆𝐴
fermé fin juin-début juil., 2 sem. en sept., 2 sem. en janv., mardi et merc. – **Repas** Lunch 650 – 850/1275.

NALINNES Hainaut ⟪213⟫ L 21, ⟪214⟫ L 21 et ⟪409⟫ G 5 – voir à Charleroi.

NAMUR – NAMEN

5000 P 213 O 20, 214 O 20 et 909 H 4 – 104 994 h.

Bruxelles 64 ① – Charleroi 38 ⑥ – Liège 61 ① – Luxembourg 158 ③.

Carte de voisinage	p. 3
Plan de Namur	p. 4 et 5
Nomenclature des hôtels et des restaurants	p. 3 à 6

RENSEIGNEMENTS PRATIQUES

Casino BZ, av. Baron de Moreau 1 ℘ 0 81 22 30 21, Fax 0 81 24 11 05.

🛈 Square de l'Europe Unie ℘ 0 81 24 64 49, Fax 0 81 24 71 28 et (en saison) Chalet, pl. du Grognon ℘ 0 81 24 64 48 – Fédération provinciale de tourisme, av. Reine Astrid 22, ℘ 0 81 74 99 00, Fax 0 81 74 99 29.

CURIOSITÉS

Voir Citadelle★ ⁂★★ BZ – Trésor★★ du prieuré d'Oignies aux sœurs de Notre-Dame BCZ **K** – Église St-Loup★ BZ – Le Centre★.

Musées : Archéologique★ BZ **M²** – des Arts Anciens du Namurois★ BY **M³** – Diocésain et trésor de la cathédrale★ BYZ **M⁴** – de Groesbeek de Croix★ BZ **M⁵**.

Env. par ⑤ : 11 km à Floreffe : stalles★ de l'église abbatiale.

Quartiers du Centre :

L'Espièglerie avec ch, r. Tanneries 13, ℰ 0 81 24 00 24, info@tanneurs.com, Fax 0 81 24 00 25, « Intérieur rustique » – 📺 📺 🅿 – 🔔 25 à 100. ⓓ ⓜⓞ 𝐕𝐈𝐒𝐀. ※ CZ x
Repas (fermé 16 juil.-13 août, dim. sauf 1er du mois et sam. midi) Lunch 1150 bc – 1395/2000
– ☐ 300 – **30 ch** 1500/8500 – ½ P 2600/3395.

Chez Chen, r. Borgnet 8, ℰ 0 81 22 48 22, Fax 0 81 24 12 46, Cuisine chinoise, ouvert
jusqu'à 23 h – 🔳. 🄰🄴 ⓓ ⓜⓞ 𝐕𝐈𝐒𝐀. ※ BY r
fermé 3 prem. sem. juil. et mardi – **Repas** 695/1550.

La Petite Fugue, pl. Chanoine Descamps 5, ℰ 0 81 23 13 20, fugue@lycosmail.com,
Fax 0 81 23 13 20, 🍴. 𝐕𝐈𝐒𝐀 BZ f
fermé 2 sem. Pâques, 2 sem. Toussaint, lundi et sam. midi – **Repas** Lunch 750 – 895/1450 bc.

La Bruxelloise, av. de la Gare 2, ℰ 0 81 22 09 02, Fax 0 81 22 09 02, Moules en saison,
ouvert jusqu'à 23 h 30 – 🔳 🅿. 🄰🄴 ⓓ ⓜⓞ 𝐕𝐈𝐒𝐀 BY a
Repas carte 1000 à 1550.

Brasserie Henry, pl. St-Aubain 3, ℰ 0 81 22 02 04, Fax 0 81 22 05 66, 🍴, Ouvert
jusqu'à minuit – 🄰🄴 ⓓ 𝐕𝐈𝐒𝐀 BZ s
fermé 2e quinz. juil. – **Repas** Lunch 540 – 850/995.

direction Citadelle :

Château de Namur ※ (Établissement d'application hôtelière), av. Ermitage 1, ℰ 0 81
72 99 00, chateau.namur@province.namur.be, Fax 0 81 72 99 99, ≤, 🍴, ※ – 📺 🅿
– 🔔 25 à 150. 🄰🄴 ⓓ ⓜⓞ 𝐕𝐈𝐒𝐀 𝐉𝐂𝐁 AZ b
Repas Lunch 1295 bc – 1500 bc/2350 bc – ☐ 500 – **30 ch** 3950/4650 – ½ P 5100.

NAMUR p. 4

🏨 **Beauregard** sans rest, av. Baron de Moreau 1, ℘ 0 81 23 00 28, hotel.beauregard@s
kynet.be, Fax 0 81 24 12 09, 🚴 – 🛗 📺 🚗 – 🔔 25 à 200. AE ① ⓂⓄ
🆅🅸🆂🅰. ✂.
47 ch ⇌ 3500/4000.
BZ e

🍴 **Biétrumé Picar,** Tienne Maquet 16 (par ④ : 3 km sur N 92, La Plante), ℘ 0 81 23 07 39,
bietrume.picar@proximedia.be, Fax 0 81 23 10 32, 🌳 – 🔔 25. AE ① ⓂⓄ 🆅🅸🆂🅰
fermé dern. sem. juil.-prem. sem. août, prem. sem. janv., dim. soir et lundi – **Repas** Lunch
1300 bc – 2000 bc/2700 bc.

NAMUR p. 5

NAMUR

Ange (R.de l')	**BZ**	2
Armes (Pl. d')	**BZ**	4
Baron-L.-Huart (Bd.)	**BZ**	7
Baron-de-Moreau (Av.)	**BZ**	8
Bas-de-la-Place (R.)	**BZ**	9
Bord-de-l'Eau (R. du)	**ABZ**	12
Borgnet (R.)	**BY**	13
Bourgeois (R. des)	**CY**	14
Brasseurs (R des)	**BZ**	16
Cardinal-Mercier (Av.)	**AY**	17
Carmes (R. des)	**BY**	18
Célestines (Pl. des)	**CY**	19
Collège (R. du)	**BZ**	20
Combattants (Av. des)	**AY**	22
Croisiers (R. des)	**BZ**	23
Croix-du-Feu (Av. des)	**AY**	25
Dewez (R.)	**BCY**	26
Emile-Cuvelier (R.)	**BYZ**	27
Ernest-Mélot (Bd.)	**BY**	28
Fernand-Golenvaux (Av.)	**BZ**	31
Fer (R. de)	**BY**	30
Fumal (R.)	**BZ**	34
Gare (Av. de la)	**BY**	36
Gembloux (R. de)	**AY**	37
Général-Michel (R.)	**CY**	39
Godefroid (R.)	**BY**	40
Gravière (R. de)	**CZ**	41
Hastedon (Pl. d')	**AY**	43
Ilon (Pl. l')	**CZ**	44
J.-B.-Brabant (R.)	**CY**	46
Joséphine-Charlotte (Pl.)	**CZ**	48
Joseph-Saintraint (R.)	**BZ**	49
Julie-Billiard (R)	**BZ**	51
Lelièvre (R.)	**BY**	52
Léopold (Pl.)	**BY**	54
Léopold-II (Av.)	**AY**	55
Lombard (R. du)	**CYZ**	56
Lucien-Namèche (R.)	**BY**	57
Marchovelette (R. de)	**BZ**	59
Merckem (Bd de)	**AY**	60
Omalius (Pl. d')	**AY**	61
Plante (Av. de la)	**BZ**	63
Pont (R. du)	**BZ**	64
Reine-Elisabeth (Pl.)	**CY**	65
Rupplémont (R.)	**BZ**	67
St-Aubain (Pl.)	**BZ**	68
St-Jacques (R)	**BY**	70
St-Nicolas (R.)	**CY**	71
Square-Léopold (Av. du)	**BY**	72
Stassart (Av.)	**AY**	73
Station (Pl. de la)	**BY**	75
Tanneries (R. des)	**CYZ**	76
Vierge (Rempart de la)	**AY**	78
Waterloo (chaussée de)	**AY**	79
Wiertz (Pl.)	**AZ**	81
1er-Lanciers (R. du)	**BY**	82
4-Fils-Aymon (R. des)	**CZ**	85

Michelin n'accroche pas de panonceau aux hôtels et restaurants qu'il signale.

XX **L'Olivier,** av. Jean Ier 5 (rte des panoramas), ℘ 0 81 74 41 41, Fax 0 81 73 98 44 – 🅿. AE ① ⓜⓞ VISA
AZ a
fermé 1 sem. Pâques, 1 sem. fin déc., dim. et lundi – **Repas** Lunch 850 – 1640/2090.

X **Au Trois Petits Cochons,** av. de la Plante 4, ℘ 0 81 22 70 10, Fax 0 81 22 70 10, 🈴 – VISA
BZ m
fermé 3 prem. sem. mars, dern. sem. août-prem. sem. sept., sam. midi, dim. et lundi – **Repas** carte env. 1500.

NAMUR p. 6

à Bouge par ② : 3 km ⓒ Namur – ✉ 5004 Bouge :

La Ferme du Quartier, pl. Ste Marguerite 4, ℘ 0 81 21 11 05, Fax 0 81 21 59 18, 斎, 룏 – 🅿 – 🔏 25 à 160. 🆎 ⓞ ⓜⓞ 🆅🅸🆂🅰. ✹
fermé juil., du 22 au 31 déc., et dim. soir – **Repas** Lunch 975 – carte 1050 à 1350 – **14 ch** 🖼 1000/1550 – ½ P 1500/1700.

à Dave par N 947 : 7 km *BCZ* ⓒ Namur – ✉ 5100 Dave :

Le Beau Rivage, r. Rivage 6, ℘ 0 81 40 18 97, Fax 0 81 40 26 81, ≤, 斎, « En bord de Meuse » – 🅿. 🆎 ⓞ ⓜⓞ 🆅🅸🆂🅰. ✹
fermé sem. carnaval, 3 prem. sem. sept., mardi de sept. à juin, lundi et sam. midi – **Repas** Lunch 590 – 1190/1500.

à Lives-sur-Meuse par ③ : 9 km ⓒ Namur – ✉ 5101 Lives-sur-Meuse :

New Hotel de Lives, chaussée de Liège 1178, ℘ 0 81 58 05 13, francis40@infonie.be, Fax 0 81 58 15 77 – 📺 🅿 – 🔏 35. 🆎 ⓞ ⓜⓞ 🆅🅸🆂🅰. ✹ rest
Repas (résidents seult) – **10 ch** 🖼 2200/2800 – ½ P 2770.

La Bergerie (Lefevere), r. Mosanville 100, ℘ 0 81 58 06 13, marc@bergerielives.be, ✹✹ Fax 0 81 58 19 39, « Élégante demeure bordée de pièces d'eau dans un cadre de verdure luxuriant » – 🅿. 🆎 ⓞ ⓜⓞ 🆅🅸🆂🅰.
fermé 2ᵉ quinz. fév., 2ᵉ quinz. août, dim. soir, lundi et mardi – **Repas** Lunch 1950 bc – 3150 bc/4175 bc, carte 2350 à 2900
Spéc. Truites de notre vivier. Agneau rôti "Bergerie". Le gâteau de crêpes soufflées.

à Malonne par ⑤ : 8 km ⓒ Namur – ✉ 5020 Malonne :

Alain Peters, Trieux des Scieurs 22, ℘ 0 81 44 03 32, Fax 0 81 44 60 20, 斎, « Terrasse avec pièce d'eau » – 🍽 🆎 ⓜⓞ 🆅🅸🆂🅰
fermé du 12 au 30 juil., du 3 au 17 janv., lundi soir de sept. à mai, mardi et merc. – **Repas** Lunch 1250 bc – carte 1300 à 2250.

Le Relais du Roy Louis, Allée de la Maison Blanche 18 (par N 90), ℘ 0 81 44 48 47, Fax 0 81 44 61 85, 斎 – 🅿. 🆎 ⓞ ⓜⓞ 🆅🅸🆂🅰 🆂🅲🅱
fermé 2 prem. sem. sept., 1 sem. en janv., lundi soir, merc. soir, jeudi et après 20 h 30 – **Repas** Lunch 850 – 1300 bc/3250 bc.

à Temploux par ⑥ : 7 km ⓒ Namur – ✉ 5020 Temploux :

L'Essentiel (Gersdorff), r. Roger Clément 32 (2,5 km par Chemin du Moustier) 32, ℘ 0 81 ✹ 56 86 16, Fax 0 81 56 86 36, 斎, « Cadre champêtre, terrasse avec pièce d'eau » – 🅿 – 🔏 25 à 40. 🆎 ⓞ ⓜⓞ 🆅🅸🆂🅰
fermé 1 sem. Pâques, 22 juil.-6 août, 22 déc.-7 janv., dim. et lundi – **Repas** 1680/1880
Spéc. Pithivier de St-Jacques, vinaigrette aux aromates (oct.-avril). Ragoût de homard et poularde aux petits légumes. Croustillant de riz au lait à la vanille et glace aux framboises.

à Thon par ③ : 11 km ⓒ Andenne 23 425 h. – ✉ 5300 Thon :

Léon et Les Jardins du Luxembourg, rte de Liège 2 (N 90), ℘ 0 81 58 86 51, Fax 0 81 58 07 62, ≤, 斎 – 🅿. 🆎 ⓞ ⓜⓞ 🆅🅸🆂🅰
fermé 1 sem. carnaval, 22 juil.-7 août, mardi soir et merc. – **Repas** Lunch 1000 bc – 1100/2000.

à Wépion par ④ : 4,5 km ⓒ Namur – ✉ 5100 Wépion :

Villa Gracia ⓢ sans rest, chaussée de Dinant 1455, ℘ 0 81 41 43 43, hotel@villagracia.com, Fax 0 81 41 12 25, ≤, « Demeure mosanne en bord de Meuse (Maas) », 斎, 🅸 – 🅿 🅿 – 🔏 30. 🆎 ⓞ ⓜⓞ 🆅🅸🆂🅰 🆂🅲🅱
🖼 380 – **8 ch** 3800/6200.

Novotel, chaussée de Dinant 1149, ℘ 0 81 46 08 11, h0594@accor-hotel.com, Fax 0 81 46 19 90, ≤, 🎧, 🅸, 🚲, 🅿 – 🥢, 🍽 rest, 📺 🅿 – 🔏 25 à 270. 🆎 ⓞ ⓜⓞ 🆅🅸🆂🅰 🆂🅲🅱 ✹ rest
Repas Lunch 1100 bc – carte 850 à 1150 – 🖼 500 – **110 ch** 3590/3990 – ½ P 2795.

La Petite Marmite, chaussée de Dinant 683, ℘ 0 81 46 09 06, Fax 0 81 46 02 06, ≤ Meuse (Maas), 🅸 – 🅿. 🆎 ⓞ ⓜⓞ 🆅🅸🆂🅰
fermé 26 mars-6 avril, 3 prem. sem. oct., jeudi soir sauf en juil.-août et dim. soirs et lundis non fériés – **Repas** Lunch 1000 – 1300/1600.

à Wierde par ③ : 9 km ⓒ Namur – ✉ 5100 Wierde :

Le Petit Marais ⓢ avec ch, r. Lambaitienne 7, ℘ 0 81 40 25 65, le.petit.marais@reebel.net, Fax 0 81 40 20 72, ≤, 斎, « Environnement champêtre », 斎, 🚲 – 📺 🅿 ⓜⓞ 🆅🅸🆂🅰. ✹ ch
fermé mardi et merc. – **Repas** Lunch 890 – 1690/2090 – 🖼 395 – **4 ch** 2950 – ½ P 2760/4235.

NANINNE 5100 Namur C Namur 104 994 h. 213 O 20, 214 O 20 et 909 H 4.
Bruxelles 70 – Namur 13 – Marche-en-Famenne 38.

Clos St-Lambert, r. Haie Lorrain 2, ℘ 0 81 40 06 30, Fax 0 81 40 14 61, Avec grillades – P. AE ⓘ MC VISA
fermé 29 janv.-14 fév., 15 août-1er sept., mardi et merc. – **Repas** Lunch 1200 bc – 1380/2150 bc.

NASSOGNE 6950 Luxembourg belge 214 R 22 et 909 J 5 – 4 701 h.
Bruxelles 121 – Bouillon 56 – Dinant 45 – Liège 71 – Namur 62.

Beau Séjour ⚘, r. Masbourg 30, ℘ 0 84 21 06 96, hotelbeauséjour@skynet.be, Fax 0 84 21 40 62, ≘s, ⌧, ☞ – TV P – 🛁 25. AE MC VISA. ✽ rest
fermé 28 juin-5 avril, du 11 au 28 sept., du 11 au 20 fév., du 9 au 18 janv., merc. et jeudi midi – **Repas** 960/1695 – **25 ch** ⇆ 2400/2700 – ½ P 2900/4000.

La Gourmandine avec ch, r. Masbourg 2, ℘ 0 84 21 09 28, Fax 0 84 21 09 23, 🌿, ☞ – TV P. AE MC VISA
fermé du 6 au 20 mars et du 4 au 18 septembre – **Repas** (fermé lundi sauf en juil.-août, mardi et après 20 h 30) Lunch 1350 – carte env. 2100 – **6 ch** ⇆ 2500/3600 – ½ P 3600.

NAZARETH 9810 Oost-Vlaanderen 213 G 17 et 909 D 3 – 10 830 h.
Bruxelles 65 – Gent 18 – Kortrijk 34 – Oudenaarde 16.

Nazareth, Autostrade E 17 -A 14, ℘ 0 9 385 60 83, hotel-nazareth@tiscalinet.be, Fax 0 9 385 70 43, 🌿, 🚴 – 🛗 ✽ TV P – 🛁 25 à 250. AE ⓘ MC VISA
Repas (Ouvert jusqu'à minuit) Lunch 950 – carte 1000 à 1400 – **80 ch** ⇆ 2665/2915 – ½ P 2000/3000.

NEDERZWALM 9636 Oost-Vlaanderen C Zwalm 7 670 h. 213 H 17 et 909 E 3.
Bruxelles 51 – Gent 26 – Oudenaarde 9.

't Kapelleke, Neerstraat 39, ℘ 0 55 49 85 29, Fax 0 55 49 66 97, 🌿, « Terrasse » – P. AE MC VISA
fermé dern. sem. juil.-prem. sem. août, dim. soir, lundi et jeudi soir – **Repas** Lunch 1200 bc – 2150 bc.

NEERHAREN Limburg 213 T 17 et 909 K 3 – voir à Lanaken.

NEERIJSE 3040 Vlaams-Brabant C Huldenberg 8 989 h. 213 M 18 et 909 G 3.
Bruxelles 29 – Charleroi 58 – Leuven 10 – Namur 56.

Kasteel van Neerijse ⚘, Lindenhoflaan 1, ℘ 0 16 47 28 50, info@kasteelvannee rijse.be, Fax 0 16 47 23 80, 🌿, « Parc », 🍽, ✽, 🚴 – 🛗 TV P – 🛁 25 à 90. AE ⓘ MC VISA. ✽
Repas (fermé sam. midi et dim. soir) 1490 bc/2250 bc – **27 ch** ⇆ 3950/4400 – ½ P 3125/3350.

NEEROETEREN Limburg 213 T 16 et 909 K 2 – voir à Maaseik.

NEERPELT 3910 Limburg 213 R 15 et 909 J 2 – 15 301 h.
Bruxelles 108 – Eindhoven 24 – Antwerpen 86 – Hasselt 40.

Au Bain Marie, Heerstraat 34, ℘ 0 11 66 31 17, Fax 0 11 80 25 61 – ☐. AE MC VISA. ✽
fermé 26 fév.-2 mars, du 2 au 13 avril, mardi midi en juil.-août, mardi soir et merc. – **Repas** 1950 bc.

't Oud Klooster, Kloosterstraat 23, ℘ 0 11 66 59 97, oud-klooster@hotmail.com, Fax 0 11 64 10 13 – MC VISA. ✽
fermé merc. et sam. midi – **Repas** carte 1100 à 1450.

NEUFCHÂTEAU 6840 Luxembourg belge 214 R 23 et 909 J 6 – 6 193 h.
Bruxelles 153 – Bouillon 41 – Arlon 36 – Dinant 71.

La Potinière, r. Bataille 3, ℘ 0 61 27 70 71, luc.miest@potiniere.be, Fax 0 61 27 13 62, 🌿, « Jardin », 🚴 – TV 🚗. AE ⓘ MC VISA JCB. ✽
Repas (dîner pour résidents seult) – **500 – 5 ch** ⇆ 2000/2300 – ½ P 2150/2300.

Au Coin du Feu, pl. de la Foire 9, ℘ 0 61 27 81 32, 🌿 – AE MC VISA
fermé prem. sem. fév., dern. sem. juin, fin déc., mardi et merc. – **Repas** 995/1250.

NEUFCHÂTEAU

à Grandvoir Nord-Ouest : 7 km – Neufchâteau – ⊠ 6840 Grandvoir :

Cap au Vert ⑤, ℰ 0 61 27 97 67, geers@capauvert.be, Fax 0 61 27 97 57, ≤, 斎, « Vallon boisé avec étang », 斎, ♣ – TV P – 🅰 25. AE ⓘ ⓜ VISA. ⋇
fermé du 1er au 19 sept. et du 4 au 17 janv. – **Repas Les Claytones du Cap** (fermé dim. soirs et lundis non fériés hors saison) Lunch 1350 – carte 1550 à 1900 – **12 ch** ⊇ 3200/4100 – ½ P 3500/3650.

NEUVILLE Namur 2⁰⁴ M 21 et 9⁰⁹ G 5 – voir à Philippeville.

NEUVILLE-EN-CONDROZ Liège 2¹³ R 19, 2¹⁴ R 19 - ㉔ S et 9⁰⁹ J 4 - ⑰ S – voir à Liège, environs.

NIEUWERKERKEN Limburg 2¹³ Q 17 et 9⁰⁹ I 3 – voir à Sint-Truiden.

NIEUWPOORT 8620 West-Vlaanderen – Nieuwpoort 10 259 h. 2¹³ B 16 et 9⁰⁹ B 2 – Station balnéaire.

🛈 Stadhuis, Marktplein 7 ℰ 0 58 22 44 44, Fax 0 58 22 44 48.
Bruxelles 131 – Brugge 44 – Oostende 19 – Veurne 13 – Dunkerque 31.

Clarenhof ⑤, Hoogstraat 4, ℰ 0 58 22 48 00, clarenhof@restofun.com, Fax 0 58 22 48 01, « Ancien couvent avec jardin intérieur », ≘s – TV P – 🅰 25. AE ⓘ ⓜ VISA
Repas (fermé lundi, mardi et merc.) (Buffets, dîner seult) 950/1150 – **26 ch** ⊇ 2650/3000.

Martinique, Brugse Steenweg 7 (à l'écluse), ℰ 0 58 24 04 08, Fax 0 58 24 04 07, 斎, ♣ – TV P – 🅰 25. AE ⓘ ⓜ VISA. ⋇ ch
Repas (fermé mardi et merc.) 950/1600 – **5 ch** ⊇ 3000 – ½ P 2000/2200.

De Vierboete, Halve Maanstraat 2a (Nord-Est : 2 km au port de plaisance), ℰ 0 58 23 34 33, f.devierboete@worldonline.be, Fax 0 58 23 81 61, ≤, 斎, 🖼 – P – 🅰 25 à 80. AE ⓘ ⓜ VISA. ⋇
fermé 15 janv.-9 fév. et merc. – **Repas** 1250/1750.

't Vlaemsch Galjoen 1er étage, Watersportlaan 11 (Nord-Est : 1 km), ℰ 0 58 23 54 95, gilbert.vueghs@ping.be, Fax 0 58 23 99 73, ≤ port de plaisance, 🖼 – AE ⓘ ⓜ VISA
fermé 15 janv.-15 fév. – **Repas** (d'oct. à Pâques déjeuner seult sauf week-end) Lunch 525 – 625/1250.

Café de Paris, Kaai 16, ℰ 0 58 24 04 80, Fax 0 58 24 03 90, Taverne-rest avec produits de la mer, ouvert jusqu'à 23 h – AE ⓘ ⓜ VISA
fermé du 18 au 28 juin, 19 nov.-13 déc., lundi sauf vacances scolaires et mardi – **Repas** carte 1400 à 2300.

à Nieuwpoort-Bad : (Nieuport-les-Bains) N : 1 km – Nieuwpoort – ⊠ 8620 Nieuwpoort :

Cosmopolite (avec annexe 🏠, 20 ch), Albert I-laan 141, ℰ 0 58 23 33 66, info@cosmopolite.be, Fax 0 58 23 81 35 – 🛗, 🞹 rest, TV P – 🅰 25 à 150. AE ⓘ ⓜ VISA
Repas Lunch 585 – 850/1495 – **58 ch** ⊇ 2200/3800 – ½ P 2150/2650.

Duindomein, Albert I-laan 101, ℰ 0 58 23 31 54, Fax 0 58 24 27 55, 斎, ≘s, 🖼, 斎 – 🛗, 🞹 rest, TV ⟺ P – 🅰 25 à 150. AE ⓘ ⓜ VISA
avril-sept., vacances scolaires et week-end – **Repas** (Grillades, ouvert jusqu'à 23 h) Lunch 595 – 850/995 – **38 ch** ⊇ 1900/3700 – ½ P 2000/2400.

Gérard, Albert I-laan 253, ℰ 0 58 23 90 33, luc.gerard@pi.be, Fax 0 58 23 07 17 – 🞏. AE ⓘ ⓜ VISA JCB
fermé janv., merc. soir sauf vacances scolaires, mardi et merc. midi – **Repas** Lunch 980 – 1800/2400.

De Tuin, Zeedijk 6, ℰ 0 58 23 91 00, Fax 0 58 23 91 00, 斎, Taverne-rest – ⓜ VISA
fermé 15 nov.-15 déc., mardi soir hors saison et merc. – **Repas** Lunch 425 – carte env. 1200.

NIJVEL Brabant Wallon – voir Nivelles.

NIL-ST-VINCENT-ST-MARTIN 1457 Brabant Wallon – Walhain 5 361 h. 2¹³ N 19, 2¹⁴ N 19 et 9⁰⁹ H 4.
Bruxelles 39 – Namur 30.

Le Provençal, rte de Namur 11 (sur N 4), ℰ 0 10 65 51 84, Fax 0 10 65 51 75 – 🞏. AE ⓘ ⓜ VISA
fermé 30 janv.-13 fév., 24 juil.-9 août, dim. soir et lundi – **Repas** 1000.

NINOVE 9400 Oost-Vlaanderen 213 J 17 et 909 F 3 – 34 614 h.

Voir Boiseries★ dans l'église abbatiale.
🛈 Geraardsbergsestraat 80, ℰ 0 54 33 78 57, Fax 0 54 31 92 77.
Bruxelles 24 – Aalst 15 – Gent 46 – Mons 47 – Tournai 58.

De Croone, Geraardsbergsestraat 49, ℰ 0 54 33 30 03, Fax 0 54 32 55 88, ⇌ – 🛗
🍽 TV – 🅿 25 à 200. AE ① ⓒ VISA. ※ rest
Repas (fermé 15 juil.-15 août, lundi midi et sam. midi) Lunch 350 – 1095 – **19 ch**
🍽 2400/3000 – ½ P 1930/3495.

Hof ter Eycken (Vanheule), Aalstersesteenweg 298 (Nord-Est : 2 km par N 405, 2ᵉ feu
à droite), ℰ 0 54 33 70 81, Fax 0 54 32 81 74, « Dans les dépendances d'un ancien haras,
terrasse sur jardin » – 🅿. AE ① ⓒ VISA. ※
fermé 26 fév.-6 mars, mi-juin-mi-juil., mardi soir, merc. et sam. midi – **Repas** 1895/2350,
carte 2300 à 2800
Spéc. Salade de homard, vinaigrette au basilic. Asperges sautées à cru et poêlées de langoustines à l'huile d'olives (avril-début juil.). Ris de veau et épinards en branche aux truffes.

De Hommel, Kerkplein 2, ℰ 0 54 33 31 97, 🍽 – AE ① ⓒ VISA. ※
fermé 1 sem. carnaval et juil. – **Repas** 1300/2300 bc.

NISMES 5670 Namur © Viroinval 5 605 h. 214 M 22 et 909 G 5.
Bruxelles 113 – Charleroi 51 – Couvin 6 – Dinant 42 – Charleville-Mézières 50.

Le Melrose ⑤, r. Albert Grégoire 33, ℰ 0 60 31 23 39, Fax 0 60 31 10 13, 🍽, 🌿
– TV 🅿 – 🅿 40. AE ① ⓒ VISA
fermé sem. carnaval – **Repas** (fermé dim. soir, lundi et après 20 h 30) Lunch 1000 bc –
850/990 – **8 ch** 🍽 1500/1850.

NIVELLES (NIJVEL) 1400 Brabant Wallon 213 L 19, 214 L 19 et 909 G 4 – 23 714 h.
Voir Collégiale Ste-Gertrude★★.
Env. Plan incliné de Ronquières★ O : 9 km.
🏌 (2 parcours) Chemin de Baudemont 23 ℰ 0 67 89 42 66, Fax 0 67 21 95 17 - 🏌 au
Nord-Est : 10 km à Vieux-Genappe, Bruyère d'Hulencourt 15 ℰ 0 67 79 40 40, Fax
0 67 79 40 48.
🛈 Waux-Hall, pl. Albert Iᵉʳ ℰ 0 67 21 54 13, Fax 0 67 21 57 13.
Bruxelles 34 – Charleroi 28 – Mons 35.

Nivelles-Sud, chaussée de Mons 22 (E 19 - A 7, sortie ⑲), ℰ 0 67 21 87 21, motel.n
ivelles.sud@skynet.be, Fax 0 67 22 10 88, 🍽, 🏊, – 🛗 ⇌ TV 🅿 – 🅿 25 à 450. AE ①
ⓒ VISA
Repas (Ouvert jusqu'à 23 h) Lunch 325 – 850/995 – 🍽 350 – **115 ch** 2600 –
½ P 1500/3450.

Ferme de Grambais ⑤, chaussée de Braine-le-Comte 102 (Ouest : 3 km sur N 533),
ℰ 0 67 22 01 18, Fax 0 67 84 13 07, 🍽 – TV 🅿 – 🅿 25 à 85. AE ① ⓒ VISA
fermé du 2 au 15 janv. – **Repas** (fermé dim. soir et lundi) (Taverne-rest) 990/1095 – **10 ch**
🍽 1750/2000.

Le Clocheton, r. Namur 124, ℰ 0 67 84 01 20, Fax 0 67 84 01 20 – AE ⓒ VISA. ※
fermé 15 août-7 sept. et lundi – **Repas** Lunch 750 – 1850 bc.

Le Champenois, r. Brasseurs 14, ℰ 0 67 21 35 00, Fax 0 67 21 35 00 – ⓒ VISA
fermé 15 août-1ᵉʳ sept., 15 janv.-1ᵉʳ fév., merc., sam. midi et dim. soir – **Repas** Lunch 650 – 1100.

à Petit-Rœulx-lez-Nivelles Sud : 7 km © Seneffe 10 487 h. – ✉ 7181 Petit-Rœulx-lez-Nivelles :

Aub. St. Martin, r. Grinfaux 44, ℰ 0 67 87 73 80, Fax 0 67 87 73 80, 🍽 – 🅿. AE ①
ⓒ VISA
fermé 2 sem. carnaval, 2ᵉ quinz. juil., mardi soir, merc., sam. midi et dim. soir – **Repas** Lunch
995 – 1600/2200 bc.

NIVEZÉ Liège 214 U 20 – voir à Spa.

NOIREFONTAINE 6831 Luxembourg belge © Bouillon 5 463 h. 214 P 24 et 909 I 6.
Env. à l'Ouest : 7 km, Belvédère de Botassart ⩽★★.
Bruxelles 154 – Bouillon 8 – Arlon 67 – Dinant 59.

Aub. du Moulin Hideux ⑤, rte de Dohan 1 (Sud-Est : 2,5 km par N 865), ℰ 0 61
46 70 15, moulinhideux@skynet.be, Fax 0 61 46 72 81, ⩽, 🍽, « Ancien moulin réaménagé dans un environnement boisé, terrasse », 🏊, 🌿, ※ – TV 🅿. AE ① ⓒ VISA. ※ rest
15 mars-nov. – **Repas** (fermé merc. soir et jeudi midi de mars à juil. et merc. midi)
2200/2900, carte 2450 à 2900 – **10 ch** 🍽 6500/8500, 2 suites – ½ P 6000/7000
Spéc. Bar rôti, étuvée de légumes croquants aux olives. Gibier en saison. Marbré de filet
de bœuf et foie gras aux morilles, sauce au Madère.

NOSSEGEM Brabant 213 M 17 - 52 N et 909 G 3 - 22 N – voir à Bruxelles, environs.

NOVILLE-SUR-MEHAIGNE Namur 213 O 19 et 214 O 19 – voir à Éghezée.

OCQUIER 4560 Liège ⓒ Clavier 4 040 h. 213 R 20, 214 R 20 et 909 J 4.
Bruxelles 107 – Dinant 40 – Liège 41 – Marche-en-Famenne 21.

XXX **Le Castel du Val d'Or** avec ch, Grand'Rue 62, ✆ 0 86 34 41 03, castel@castel-vald or.be, Fax 0 86 34 49 56, 🍽, 🚲, – 📺 🅿 – 🏊 25 à 200. AE ① ⓜⓞ VISA JCB.
Repas (fermé prem. sem. juil., 2 sem. en janv. et mardi) Lunch 795 – 1500/2950 bc – **15 ch** 🛏 2500/4600 – ½ P 2850/4000.

OEDELEM West-Vlaanderen 213 F 15 et 909 D 2 – voir à Beernem.

OHAIN 1380 Brabant Wallon ⓒ Lasne 13 534 h. 213 L 18, 214 L 18 et 909 G 3.
🏌18 (2 parcours) 🏌 Vieux Chemin de Wavre 50 ✆ 0 2 633 18 50, Fax 0 2 633 28 66.
Bruxelles 23 – Charleroi 39 – Nivelles 17.

XX **Le Dernier Tri**, r. Try Bara 33, ✆ 0 2 633 34 20, dernier.tri@skynet.be, Fax 0 2 633 57 41, 🍽 – AE ① ⓜⓞ VISA
fermé du 9 au 25 oct., dim. soir et lundi – **Repas** Lunch 425 – 990.

X **Aub. de la Roseraie**, rte de la Marache 4, ✆ 0 2 633 13 74, Fax 0 2 633 54 67, 🍽,
🍃 « Fermette avec terrasse paysagée » – 🅿 AE ① ⓜⓞ VISA
fermé du 15 au 31 août, Noël-Nouvel An et merc. – **Repas** Lunch 395 – 750/1850.

OIGNIES-EN-THIÉRACHE 5670 Namur ⓒ Viroinval 5 605 h. 214 M 22 et 909 G 5.
Bruxelles 120 – Chimay 30 – Dinant 42 – Namur 81 – Charleville-Mézières 40.

XX **Au Sanglier des Ardennes** (Buchet) avec ch, r. J.-B. Périquet 4, ✆ 0 60 39 90 89,
✿ Fax 0 60 39 02 83 – 🍽 rest, 🅿 AE VISA. 🍽
fermé fév.-10 mars, du 1er au 10 sept., lundi et mardi – **Repas** Lunch 1600 bc – 2100, carte env. 2200 – 🛏 400 – **10 ch** 1500/2700 – ½ P 2900
Spéc. Foie gras d'oie en terrine. Gibier en saison. Raviole de pied de porc et queue de bœuf truffée.

OISQUERCQ Brabant Wallon 213 K 18 et 214 K 18 – voir à Tubize.

OLEN 2250 Antwerpen 213 O 16 et 909 H 2 – 10 864 h.
🏌 à l'Ouest : 1,5 km à Noorderwijk, Witbos ✆ 0 14 26 21 71, Fax 0 14 26 60 48.
Bruxelles 67 – Antwerpen 33 – Hasselt 46 – Turnhout 27.

XXX **Doffenhof**, Geelseweg 28a (Nord-Est : 5 km sur N 13), ✆ 0 14 22 35 28, Fax 0 14 23 29 12, 🍽, « Ancienne maison à colombages reconstituée avec terrasse » – 🅿 AE ⓜⓞ VISA. 🍽
fermé vacances bâtiment, 25 déc.-9 janv., mardi, merc. et sam. midi – **Repas** Lunch 1600 – 2800.

OLSENE 9870 Oost-Vlaanderen ⓒ Zulte 14 401 h. 213 F 17 et 909 D 3.
Bruxelles 73 – Gent 30 – Kortrijk 18.

XXX **Eikenhof**, Kasteelstraat 20, ✆ 0 9 388 95 46, Fax 0 9 388 40 33, 🍽 – 🅿 AE ①
ⓜⓞ VISA. 🍽
fermé dern. sem. janv.-2 prem. sem. fév., mardi soir, merc. et dim. soir – **Repas** Lunch 900 – carte 1450 à 2150.

O.L.V. LOMBEEK Vlaams-Brabant ⓒ Roosdaal 10 499 h. 213 J 18 et 909 F 3 – ✉ 1760 Roosdaal.
Bruxelles 23 – Halle 16 – Ninove 8.

XX **De Kroon**, Koning Albertstraat 191, ✆ 0 54 33 23 81, Fax 0 54 32 62 19, « Relais du 18e s., rustique » – 🅿 ① ⓜⓞ VISA. 🍽
fermé 11 juil.-4 août, 22 janv.-2 fév., lundi, mardi et sam. midi – **Repas** 1595.

OOSTAKKER Oost-Vlaanderen 213 H 16 et 909 E 2 – voir à Gent, périphérie.

OOSTDUINKERKE 8670 West-Vlaanderen © Koksijde 19 618 h. 213 B 16 et 909 B 2.
   🛈 Oud-Gemeentehuis, Leopold II-laan ℘ 0 58 53 21 21, Fax 0 58 53 21 22.
   Bruxelles 133 – Brugge 48 – Oostende 24 – Veurne 8 – Dunkerque 34.

à Oostduinkerke-Bad Nord : 1 km © Koksijde – ✉ 8670 Oostduinkerke.
   🛈 (Pâques-sept.) Albert I-laan 78a, ℘ 0 58 51 13 89 :

🏨 **Britannia Beach**, Zeedijk 435, ℘ 0 58 51 11 77, Fax 0 58 52 15 77, ≤, 🛁 – 🛗 TV 🚗 – 🔒 30. ⓜ VISA. ⁄ ch
fermé 15 nov.-15 déc. et mardi sauf en juil.-août – **Repas** (fermé après 20 h 30) (Tavernerest) carte 850 à 1550 – **29 ch** ⌕ 2850/4100 – ½ P 2200/2750.

🏨 **Artan Beach** sans rest, IJslandplein 12 (Zeedijk), ℘ 0 58 52 11 70, artan.beach.hotel
@advalvas.be, Fax 0 58 52 07 83, ≤, 🛁, ◻, – 🛗 TV 🚗 🅿 AE ⓞ ⓜ VISA
fermé 3 dern. sem. nov. – **16 ch** ⌕ 2730/3900.

🏨 **Hof ter Duinen**, Albert I-laan 141, ℘ 0 58 51 32 41, info@hofterduinen.be, Fax 0 58 52 04 21, 🛁, 🍽, 🚴 – 🛗 TV 🅿 – 🔒 25. AE ⓞ ⓜ VISA JCB. ⁄ rest
fermé 26 fév.-8 mars, du 1ᵉʳ au 11 oct. et 2 janv.-3 fév. – **Repas** voir rest **Eglantier**
ci-après – **21 ch** ⌕ 4000/4750 – ½ P 1800/3025.

🏨 **Argos** ≽, Rozenlaan 20, ℘ 0 58 52 11 00, Fax 0 58 52 12 00, 🍽, 🚴 – TV 🅿 AE ⓞ ⓜ VISA. ⁄ rest
fermé du 15 au 30 nov. et du 15 au 30 janv. – **Repas Bécassine** (fermé merc., jeudi et après 20 h 30) 1000/1600 – **6 ch** ⌕ 2000/3000 – ½ P 2000/2300.

🏨 **Albert I** sans rest, Astridplein 11, ℘ 0 58 52 08 69, Fax 0 58 52 09 04 – 🛗 TV 🚗.
ⓜ VISA
22 ch ⌕ 2850/3500.

🏨 **Vanneuville**, Albert I-laan 109, ℘ 0 58 51 26 20, Fax 0 58 51 26 20 – TV. ⓜ VISA. ⁄ ch
Repas (fermé vacances Noël, dim. soir hors saison et après 20 h 30) 975/1400 – **12 ch**
⌕ 2050/2900 – ½ P 1850/2100.

XX **Eglantier** - H. Hof ter Duinen, Albert I-laan 141, ℘ 0 58 51 32 41, Fax 0 58 52 04 21
– 🅿 AE ⓞ ⓜ VISA JCB. ⁄
fermé 26 fév.-8 mars, du 1ᵉʳ au 11 oct., lundi soir et mardi sauf vacances scolaires et après 20 h 30 – **Repas** 950/1800.

OOSTENDE (OSTENDE) 8400 West-Vlaanderen 213 C 15 et 909 B 2 – 67 304 h. – Station balnéaire – Casino Kursaal CYZ, Oosthelling ℘ 0 59 70 51 11, Fax 0 59 70 85 86.
🛫 par ① : 9 km à De Haan, Koninklijke baan 2 ℘ 0 59 23 32 83, Fax 0 59 23 37 49.
🚢 Liaison maritime Oostende-Dover : Hover Speed Fast Ferries, Natiënkaai 9,
℘ 0 59 55 99 11, Fax 0 59 80 94 17.
🛈 Monacoplein 2 ℘ 0 59 70 11 99, Fax 0 59 70 34 77.
Bruxelles 115 ③ – *Brugge* 27 ③ – Gent 64 ③ – Dunkerque 55 ⑤ – Lille 81 ④

Plans pages suivantes

🏨 **Andromeda**, Kursaal Westhelling 5, ℘ 0 59 80 66 11, andromedahotel@pophost.eu
net.be, Fax 0 59 80 66 29, ≤, 🍽, 🏋, 🛁, ◻, 🏊 – 🛗 TV 🚗 – 🔒 25 à 80. AE ⓞ ⓜ VISA. ⁄ rest   CZ t
Repas 1200/1900 – ⌕ 400 – **90 ch** 3500/7800.

🏨 **Oostendse Compagnie** ≽, Koningstraat 79, ℘ 0 59 70 48 16, stephanedaue@h
otmail.com, Fax 0 59 80 53 16, ≤, « Villa dominant plage et mer », 🍽 – 🛗 TV 🚗 🅿
– 🔒 25. AE ⓞ ⓜ VISA JCB   A b
fermé oct. – **Repas** voir rest **Au Vigneron** ci-après – ⌕ 450 – **10 ch** 3750/5500, 3 suites.

🏨 **Thermae Palace** ≽, Koningin Astridlaan 7, ℘ 0 59 80 66 44, thermae.palace@ads
leisure.com, Fax 0 59 80 52 74, ≤, 🏋, 🛁 – 🛗 ⁄ TV 🅿 – 🔒 25 à 650. ⓞ ⓜ VISA.
⁄ rest   A
Repas Lunch 930 – 1615 bc/2000 bc – ⌕ 565 – **159 ch** 7465.

🏨 **Tulip Inn Bero** sans rest, Hofstraat 1a, ℘ 0 59 70 23 35, hotel.bero@oostende.net,
Fax 0 59 70 25 91, 🛁, ◻, 🚴 – 🛗 TV 🚗 🅿 – 🔒 25 à 80. AE ⓞ ⓜ VISA   CY t
53 ch ⌕ 4000/4500.

🏨 **Tulip Inn**, Hertstraat 15, ℘ 0 59 80 37 73, Fax 0 59 80 23 90, ◻, 🚴 – 🛗, ≡ ch, TV
🚗 – 🔒 25 à 80. AE ⓞ ⓜ VISA. ⁄   CY d
Repas (de sept. à mai dîner seult) 850/1250 – **95 ch** ⌕ 3950/4900 – ½ P 4750.

🏨 **Holiday Inn Garden Court**, Leopold II-laan 20, ℘ 0 59 70 76 63, hotel@holiday-␣
n-oostende.com, Fax 0 59 80 84 06, 🚴 – 🛗 ⁄ ≡ TV ♿ – 🔒 25. AE ⓞ ⓜ VISA
JCB. ⁄   CZ b
Repas (dîner seult) 850 – ⌕ 400 – **90 ch** 4500 – ½ P 2400/3200.

🏨 **Acces**, Van Iseghemlaan 21, ℘ 0 59 80 40 82, info@hotelacces.be, Fax 0 59 80 88 39,
🏋, 🛁, 🚴 – 🛗 ⁄, ≡ rest, TV 🚗 – 🔒 60. AE ⓞ ⓜ VISA. ⁄ rest   CY a
Repas (résidents seult) – ⌕ 300 – **63 ch** 2900/3800 – ½ P 2400/2800.

275

OOSTENDE

Acacialaan	A	2
Blauwkasteelstraat	B	3
Derbylaan	A	5
Fortstraat	B	6
Mariakerkelaan	AB	8
Paul Michielslaan	A	9
Nieuwelangestr.	B	10
Oprit	B	12
Prins Albertlaan	B	13
Sint-Catharinaplein	A	15
Slijkensesteenweg	B	16
Troonstraat	A	18
Zandvoorde-schorredijkstr.	B	20
Zandvoordestr.	A	22

🏨 **Strand,** Visserskaai 1, ℘ 0 59 70 33 83, strandhotel@busmail.net, Fax 0 59 80 36 78, ≼ – 🛗, 🍽 rest, 📺 AE ① ⓜ VISA. ✵ ch CZ r
fermé déc.-11 janv. – **Repas** (Produits de la mer) 875/1500 – **21 ch** ⇌ 2750/4000 – ½ P 2525/3625.

🏨 **Burlington,** Kapellestraat 90, ℘ 0 59 55 00 30, Fax 0 59 70 81 93, 🚴, – 🛗, 🍽 rest, 📺 🚗 – 🕿 25 à 90. AE ① ⓜ VISA. ✵ ch CZ c
fermé 26 nov.-14 déc. – **Repas** (Taverne-rest) Lunch 350 – carte 850 à 1300 – **40 ch** ⇌ 2400/3500 – ½ P 2450/3850.

🏨 **Glenmore,** Hofstraat 25, ℘ 0 59 70 20 22, info@hotelglenmore.be, Fax 0 59 70 47 08, 🧖, ≈, 🚴, ♥, – 🛗, 🍽 rest, 📺 🚗 – 🕿 25. AE ① ⓜ VISA. ✵ rest CY x
fermé du 2 au 11 fév. – **Repas** (résidents seult) – **40 ch** ⇌ 2300/3000 – ½ P 1850/2800.

🏨 **Pacific,** Hofstraat 11, ℘ 0 59 70 15 07, info@pacifichotel.com, Fax 0 59 80 35 66, 🧖, ≈, 🚴, ♥, – 🛗, 🍽 rest, 📺 🚗 AE ① ⓜ VISA JCB CY t
Repas (dîner pour résidents seult) – **50 ch** ⇌ 2600/4500 – ½ P 2100/3050.

🏨 **Prado** sans rest, Leopold II-laan 22, ℘ 0 59 70 53 06, Fax 0 59 80 87 35 – 🛗 📺 🚗. AE VISA. CZ b
28 ch ⇌ 2200/3200.

🏨 **Old Flanders** sans rest, Jozef II-straat 49, ℘ 0 59 80 66 03, old.flanders@pi.be, Fax 0 59 80 16 95 – 📺 🚗. AE ① ⓜ VISA CZ h
15 ch ⇌ 2050/3500.

🏠 **Royal Astrid,** Wellingtonstraat 1, ℘ 0 59 51 51 55, info@royalastrid.com, Fax 0 59 51 51 56, 🧖, ≈ – 🛗 ✶ 📺 🚗 – 🕿 25 à 60. ⓜ VISA AB x
Repas (résidents seult) – **85 ch** ⇌ 2575/2850.

🏠 **die Prince** sans rest, Albert I Promenade 41, ℘ 0 59 70 65 07, info@hotel-dieprince.be, Fax 0 59 80 78 51, ≼ – 🛗 📺 🅿. – 🕿 25. AE ① ⓜ VISA JCB. ✵ CY n
60 ch ⇌ 2000/4000.

OOSTENDE

Adolf Buylstr. **CY** 2	Graaf de Smet de Naeyerlaan **CZ** 9	Oesterbankstr. **CZ** 24
Alfons Pieterslaan **CZ**	Groentemarkt **CY** 10	St-Petrus-en-Paulusplein **CZ** 25
Edith Cavellstr. **CZ** 4	Hendrik Serruyslaan **CZ** 13	Sir Winston Churchill Kaai **CY** 27
Ernest Feyspl. **CZ** 6	Kanunnik Dr. Louis Colensstr. **CZ** 14	Stockholmstr. **CZ** 28
Filip Van Maestrichtpl. **CZ** 8	Kapellestr. **CZ**	Vlaanderenstr. **CY** 30
	Koninginnelaan **CZ** 18	Wapenpl. **CZ** 32
	Nieuwpoortsesteenweg **CZ** 22	Warschaustr. **CZ** 33
		Wellingtonstr. **CZ** 35
		Wittenonnenstr. **CZ** 36

🏨 **Europe**, Kapucijnenstraat 52, ✆ 0 59 70 10 12, info@europehotel.be, Fax 0 59 80 99 79, 🛁, ⇌, 🚲, – 🛗 ✳ TV 🚗 P – 🔒 25. AE ⓘ ⓜ VISA JCB. ✳ restCY q
Repas (dîner pour résidents seult) – **62 ch** ⇌ 2200/4800 – ½ P 1750/2950.

🏨 **Pick's**, Wapenplein 13, ✆ 0 59 70 28 97, Fax 0 59 50 68 62, 🍽 – 🛗 TV. AE ⓘ ⓜ VISA CY w
Repas (fermé mardi d'oct. à Pâques) (Taverne-rest) Lunch 450 – 895 – **15 ch** ⇌ 2150/2750 – ½ P 2700.

🏨 **Melinda** sans rest, Mercatorlaan 21, ✆ 0 59 80 72 72, Fax 0 59 80 74 25 – 🛗 TV P – 🔒 25 à 80. AE ⓘ ⓜ VISA CZ z
38 ch ⇌ 3250/4850.

OOSTENDE

Impérial sans rest, Van Iseghemlaan 76, ℘ 0 59 80 67 67, info.imperial@skynet.be, Fax 0 59 80 78 38 – 🛗 📺 AE ⓞ ⓜⓞ VISA
60 ch ⇌ 2000/2600.   CZ **a**

Louisa sans rest, Louisastraat 8b, ℘ 0 59 50 96 77, Fax 0 59 51 37 55 – 🛗 📺 AE ⓞ ⓜⓞ VISA 🏵
15 ch ⇌ 1900/3200.   CY **b**

Lido 2000, L. Spilliaertstraat 1, ℘ 0 59 70 08 06, Fax 0 59 80 40 07 – 🛗 📺 🚗 AE ⓞ ⓜⓞ VISA JCB 🏵 rest
Repas (dîner pour résidents seult) – **65 ch** ⇌ 2150/3600 – ½ P 1775/2250.   CZ **m**

Danielle, IJzerstraat 5, ℘ 0 59 70 63 49, Fax 0 59 24 23 90 – 🛗 📺 🚗 – 🅿 25. ⓜⓞ VISA
Repas (déjeuner pour résidents seult) – **24 ch** ⇌ 2300/2700 – ½ P 1800/2200.   CZ **u**

Du Parc sans rest, Marie-Joséplein 3, ℘ 0 59 70 16 80, Fax 0 59 80 08 79, ⇔s – 🛗 📺 AE ⓞ ⓜⓞ VISA JCB
fermé 15 janv.-1er fév. – **44 ch** ⇌ 2300/2950.   CZ **v**

Au Vigneron (Daue) - H. Oostendse Compagnie, Koningstraat 79, ℘ 0 59 70 48 16, step hanedaue@hotmail.com, Fax 0 59 80 53 16, ≤, 🍴, Produits de la mer – 🅿 AE ⓞ ⓜⓞ VISA JCB
fermé oct., merc. soir hors saison, dim. soir et lundi – **Repas** 2150/2750, carte 2750 à 3200
Spéc. Langoustines à l'infusion de pommes vertes. Turbotin en croûte de sel, crème de fenouil au caviar. Crêpe normande caramélisée.   A **b**

Villa Maritza, Albert I Promenade 76, ℘ 0 59 50 88 08, villamaritza@freegates.be, Fax 0 59 70 08 40, ≤, « Villa du 19e s. avec intérieur d'époque » – 🅿 AE ⓞ ⓜⓞ VISA
fermé 2e quinz. juin, mardis et dim. soirs non fériés d'oct. à juin et lundis non fériés – **Repas** Lunch 995 – 1950/2950.   CZ **s**

Auteuil, Albert I Promenade 54, ℘ 0 59 70 00 41, Fax 0 59 70 00 41, ≤ – AE ⓞ ⓜⓞ VISA JCB
fermé du 16 au 25 nov., merc. soir et jeudi – **Repas** Lunch 1090 – 1500/1900.   CY **p**

't Vistrapje avec ch, Visserskaai 37, ℘ 0 59 80 23 82, Fax 0 59 80 95 68, ≤, 🍴 – 🍽 rest, 📺 ⓜⓞ VISA
Repas (fermé lundi soir d'oct. à mai) 1000/1700 – **6 ch** ⇌ 1800/2800 – ½ P 2600.   CY **m**

Le Grillon, Visserskaai 31, ℘ 0 59 70 60 63 – 🍽. AE ⓞ ⓜⓞ VISA JCB
fermé du 3 au 27 oct. et jeudi – **Repas** 980/1430.   CY **s**

Old Fisher, Visserskaai 34, ℘ 0 59 50 17 68, Fax 0 59 51 13 90 – 🍽. AE ⓞ ⓜⓞ VISA
fermé 19 juin-4 juil., 20 nov.-5 déc., mardi soir sauf en juil.-août et merc. – **Repas** Lunch 1095 – 850/1695.   CY **h**

Lusitania, Visserskaai 35, ℘ 0 59 70 17 65, Fax 0 59 51 55 50, ≤, « Collection de tableaux » – 🍽. AE ⓞ ⓜⓞ VISA
fermé vend. – **Repas** 950/1450.   CY **u**

Petit Nice, Albert I Promenade 62b, ℘ 0 59 80 39 28, Fax 0 59 80 96 44, ≤, 🍴 – 🍽. AE ⓞ ⓜⓞ VISA 🏵
fermé 1 sem. après carnaval, prem. sem. oct., fin nov.-2 prem. sem. déc., lundi soir hors saison et merc. – **Repas** 890/1690.   CZ **h**

David Dewaele, Visserskaai 39, ℘ 0 59 70 42 26, Fax 0 59 70 42 26 – 🍽. AE ⓜⓞ VISA
fermé du 11 au 18 juin, 2 dern. sem. janv.-prem. sem. fév. et lundi sauf en juil.-août – **Repas** 995/1950.   CY **h**

La Crevette, Christinastraat 21, ℘ 0 59 70 71 83, Fax 0 50 70 71 83 – 🍽. AE ⓞ ⓜⓞ VISA
fermé jeudi – **Repas** 890/2880 bc.   CY **g**

Richard, A. Buylstraat 9, ℘ 0 59 70 32 37, Fax 0 59 51 43 34 – ⓞ ⓜⓞ VISA   CY **e**
fermé 15 juin-1er juil., 15 janv.-1er fév., merc. de nov. à juin et mardi – **Repas** 1250.

Freddy's Must, Albert I Promenade 67f, ℘ 0 59 70 49 47, 🍴 – AE ⓞ ⓜⓞ VISA
fermé 1 sem. en fév., 2 sem. en oct., lundi midi et mardi – **Repas** Lunch 525 – 995/2250 bc.   CZ **d**

Groeneveld avec ch, Torhoutsesteenweg 655 (par ④), ℘ 0 59 80 86 51, Fax 0 59 50 02 81, 🍴, 🚲 – 📺 🚗 🅿 ⓜⓞ VISA 🏵
Repas (fermé merc.) Lunch 750 – carte env. 1200 – **7 ch** ⇌ 1500/2600 – ½ P 1600/1850.

Cardiff avec ch, St-Sebastiaanstraat 4, ℘ 0 59 70 28 98, Fax 0 59 51 46 27 – AE ⓞ ⓜⓞ VISA 🏵   CY **h**
fermé 15 nov.-15 déc. et mardi hors saison – **Repas** (fermé après 20 h 30) 630/950 – **14 ch** ⇌ 2550 – ½ P 1350/1875.

OOSTENDE

✗ **L'Hermitage,** Vindictivelaan 25c, ✆ 0 59 80 50 98, Fax 0 59 80 50 98, 🍽 – AE ⓘ
 MC VISA CZ f
 Repas Lunch 495 – carte env. 1500.

✗ **Adelientje,** Bonenstraat 9, ✆ 0 59 70 13 67, Produits de la mer – MC VISA CY r
 fermé du 1er au 15 déc., lundi et après 20 h – **Repas** carte 1250 à 1700.

à Gistel par ④ : 12 km – 11 001 h. – ✉ 8470 Gistel :

🏨 **Ten Putte,** Stationsstraat 9, ✆ 0 59 27 70 44, hotel@tenputte.com, Fax 0 59 27 35 03,
 🍽, 🚲 – TV P – 🛋 25 à 450. AE MC VISA ✂ rest
 Repas (fermé lundi, mardi et après 20 h 30) Lunch 650 – 950 – **10 ch** ⊇ 2000/3000 –
 ½ P 2000/2700.

à Mariakerke Ⓒ Oostende – ✉ 8400 Oostende :

🏨 **Royal Albert,** Zeedijk 167, ✆ 0 59 70 42 36, royal.albert.oostende@flanderscoast.be,
 Fax 0 59 80 61 09, ≤ – 🛗, 🍽 rest, TV – 🛋 25. AE ⓘ MC VISA JCB ✂ rest A e
 vacances Pâques-10 nov. – **Repas** (fermé après 20 h) 850/1250 – **22 ch** ⊇ 2450/4000
 – ½ P 2500/3150.

🏨 **Glenn,** Aartshertogstraat 78, ✆ 0 59 70 26 72, Fax 0 59 70 50 26, 🍽, « Patio fleuri »,
 🚲 – 🛗 TV. AE ⓘ MC VISA A r
 fermé mi-sept.-mi-oct. et prem. sem. janv. – **Repas** (fermé après 20 h 30) 1200 bc – **22 ch**
 ⊇ 1850 – ½ P 2200/2400.

✗✗ **Au Grenache,** Aartshertogstraat 80, ✆ 0 59 70 76 85 – AE ⓘ MC VISA A r
 fermé 26 fév.-1er mars et mardi – **Repas** 2975.

OOSTERZELE 9860 Oost-Vlaanderen 213 H 17 et 909 E 3 – 13 156 h.
 Bruxelles 57 – Gent 19 – Aalst 28.

✗✗ **De Bareel,** Geraardsbergsesteenweg 54, ✆ 0 9 362 82 28, Fax 0 9 363 01 95, 🍽 – P.
 MC VISA ✂
 fermé du 2 au 6 avril, 3 dern. sem. août, mardi soir, merc. et dim. soir – **Repas** Lunch 990
 – 1490/1690.

OOSTKERKE West-Vlaanderen 213 E 15 et 909 C 2 – voir à Damme.

OOSTMALLE Antwerpen 213 N 15 et 909 H 2 – voir à Malle.

OOSTROZEBEKE 8780 West-Vlaanderen 213 F 17 et 909 D 3 – 7 294 h.
 Bruxelles 85 – Kortrijk 15 – Brugge 41 – Gent 41.

✗✗ **Swaenenburg** avec ch, Ingelmunstersteenweg 173, ✆ 0 56 66 33 44, Fax 0 56
 66 33 55, 🍽, 🍽 – TV P. AE MC VISA
 fermé sem. carnaval, 2 dern. sem. juil.-prem. sem. août, merc. et dim. soir – **Repas** Lunch
 1200 – carte env. 1900 – **6 ch** ⊇ 2200/3200 – ½ P 2075/2300.

OPGLABBEEK 3660 Limburg 213 S 16 et 909 J 2 – 9 045 h.
 🚲 Nijverheidslaan 1558 ✆ 0 89 81 02 70, Fax 0 89 85 37 27.
 Bruxelles 94 – Maastricht 36 – Antwerpen 79 – Hasselt 25 – Eindhoven 53.

✗✗ **Slagmolen** (Meewis), Molenweg 177 (Nord-Est : 3 km, direction Opoeteren), ✆ 0 89
 ✿ 85 48 88, Fax 0 89 81 27 82, 🍽, « Ancien moulin à eau dans un cadre champêtre » –
 P. MC VISA
 fermé 26 fév.-8 mars, du 13 au 30 août, mardi, merc. et sam. midi – **Repas** Lunch 1400 –
 3950 bc, carte 2550 à 3050
 Spéc. Salade de homard aux pommes. Turbot grillé, sauce dijonnaise. Râble de lièvre Arlequin (15 oct.-déc.).

OPHAIN-BOIS-SEIGNEUR-ISAAC Brabant Wallon 213 L 19 et 909 G 3 – voir à Braine-l'Alleud.

OPOETEREN Limburg 213 S 16 et 909 J 2 – voir à Maaseik.

ORROIR 7750 Hainaut Ⓒ Mont-de-l'Enclus 3 110 h. 213 F 18 et 909 D 3.
 Bruxelles 73 – Kortrijk 22 – Gent 48 – Valenciennes 45.

✗✗ **Le Bouquet,** Enclus du Haut 5 (au Mont-de-l'Enclus), ✆ 0 69 45 45 86, Fax 0 69
 45 41 58, 🍽, Ouvert jusqu'à 23 h – 🍽 P. AE ⓘ MC VISA
 fermé mardi – **Repas** Lunch 1600 bc – 1300/1900.

ORVAL (Abbaye d') ★★ Luxembourg belge 214 R 25 et 909 J 7 G. Belgique-Luxembourg.

OTTIGNIES 1340 Brabant Wallon C Ottignies-Louvain-la-Neuve 26 974 h. 213 M 18, 214 M 18 et 909 G 3.

Env. à l'Est : 8 km à Louvain-la-Neuve★, dans le musée : legs Charles Delsemme★.
à l'Est : 8 km à Louvain-la-Neuve, r. A. Hardy 68 ℘ 0 10 45 05 15, Fax 0 10 45 44 17.
Bruxelles 31 – Namur 39 – Charleroi 36.

Château Balzat (annexe 8 studios), av. des Villas 14, ℘ 0 10 41 10 08, Fax 0 10 41 98 15, ≤, « Villa début 20e s. avec parc », 全, ☒, 斎 – ⚡ TV 🚗 🅿 – 🅰 25. AE ⓓ ⓜⓞ VISA
Repas (dîner pour résidents seult) – **9 ch** ⇌ 3500/5500.

Le Chavignol, r. Invasion 99, ℘ 0 10 45 10 40, lechavignol@ciuro.com, Fax 0 10 45 54 19, 斎 – AE ⓓ ⓜⓞ VISA
fermé mardi, merc. et dim. soir – **Repas** Lunch 450 – carte 1450 à 1750.

à Louvain-la-Neuve Est : 8 km C Ottignies-Louvain-la-Neuve – ⊠ 1348 Louvain-la-Neuve :

Relais Mercure, av. de Lauzelle 61, ℘ 0 10 45 07 51, H2200@accor-hotels.com, Fax 0 10 45 09 11, 斎 – ⚡ ⇌ TV 🅿 – 🅰 25 à 250. AE ⓓ ⓜⓞ VISA
Repas (Taverne-rest) Lunch 750 – carte env. 900 – **77 ch** ⇌ 3050/3400 – ½ P 3750/4250.

Il Doge, Agora 22, ℘ 0 10 45 30 63, Fax 0 10 45 30 86, Avec cuisine italienne, ouvert jusqu'à minuit – AE ⓓ ⓜⓞ VISA
Repas carte env. 1100.

OUDENAARDE (AUDENARDE) 9700 Oost-Vlaanderen 213 G 17 et 909 D 3 – 27 560 h.

Voir Hôtel de Ville★★★ (Stadhuis) Z – Église N.-D. de Pamele★ (O.L. Vrouwekerk van Pamele) Z.
par ④ : 5 km à Wortegem-Petegem, Kortrijkstraat 52 ℘ 0 55 31 41 61, Fax 0 55 31 98 49.
🅱 Stadhuis, Markt ℘ 0 55 33 72 51, Fax 0 55 30 92 48.
Bruxelles 61 ② – Gent 29 ⑥ – Kortrijk 28 ④ – Valenciennes 61 ③

Plan page ci-contre

de Rantere ⌘ (et annexe - 9 ch M), Jan Zonder Vreeslaan 8, ℘ 0 55 31 89 88, de.r antere.hotel@skynet.be, Fax 0 55 33 01 11, 斎, 全 – ⚡ TV – 🅰 25 à 40. AE ⓓ ⓜⓞ VISA   Z e
Repas (fermé 14 juil.-6 août et dim.) Lunch 950 – 1200/2100 – **27 ch** ⇌ 2900/4000.

de Zalm, Hoogstraat 4, ℘ 0 55 31 13 14, Fax 0 55 31 84 40, 🚴 – ⚡ ▣ TV 🚗 – 🅰 25 à 150. AE ⓓ ⓜⓞ VISA, ⛛   Z a
fermé 15 juil.-6 août et du 20 au 29 janv. – **Repas** (fermé dim. soir et lundi) Lunch 450 – carte env. 1200 – **7 ch** ⇌ 2800/3500 – ½ P 2350/3400.

Da Vinci sans rest, Gentstraat 58 (par ⑥), ℘ 0 55 31 13 05, Fax 0 55 31 15 03, 🚴 – TV. AE ⓓ ⓜⓞ VISA, ⛛
5 ch ⇌ 2700/3500, 1 suite.

Wijnendael sans rest, Berchemweg 13 (par ②, sur N 8), ℘ 0 55 30 49 90, wijnenda el@tijd.com, Fax 0 55 31 84 95, 🚴 – TV 🅿. AE ⓓ ⓜⓞ VISA
8 ch ⇌ 2500/3300.

Host. La Pomme d'Or avec ch, Markt 62, ℘ 0 55 31 19 00, Pomme-Dor@USA.NET, Fax 0 55 30 08 44, « Ancien relais postal du 15e s. », ☒ – ⚡ TV – 🅰 25 à 60. AE ⓓ ⓜⓞ VISA, ⛛ ch   Z z
Repas (fermé août, 23 déc.-1er janv., dim. soir et lundi) Lunch 950 – 1485/2150 – **8 ch** (fermé 23 déc.-1er janv.) ⇌ 2900/3900.

à Eine par ⑥ : 5 km C Oudenaarde – ⊠ 9700 Eine :

't Craeneveldt, Serpentstraat 61a, ℘ 0 55 31 72 91, rest.craeneveld@online.be, Fax 0 55 33 01 82, 斎, « Ancienne fermette » – 🅿. AE ⓓ ⓜⓞ VISA
fermé du 9 au 27 juil., prem. sem. janv., merc., sam. midi et dim. soir – **Repas** Lunch 1290 b – 1080/1990.

à Mater par ② : 4 km sur N 8, puis à gauche C Oudenaarde – ⊠ 9700 Mater :

Zwadderkotmolen, Zwadderkotstraat 2, ℘ 0 55 49 84 95, Fax 0 55 49 84 95, 斎, « Ancien moulin à eau, rustique » – 🅿. AE ⓜⓞ
fermé 16 août-9 oct., 18 déc.-12 janv., mardi et merc. – **Repas** 1450 bc/2100 bc.

à Mullem par ⑥ : 7,5 km sur N 60 C Oudenaarde – ⊠ 9700 Mullem :

Moriaanshoofd avec ch, Moriaanshoofd 27, ℘ 0 9 384 37 87, Fax 0 9 384 67 25, 斎, 斎 – TV 🅿. ⓓ ⓜⓞ VISA, ⛛
Repas (Ouvert jusqu'à minuit) Lunch 1200 bc – carte 850 à 1400 – **12 ch** ⇌ 1400/2300 – ½ P 1545.

OUDENAARDE

Street	Ref	No
Aalststraat	Z	
Achterburg	Z	2
Achter de Wacht	Y	3
Baarstraat	Z	
Bekstraat	Y	
Bergstraat	Z	
Beverestraat	Y	4
Bourgondiëstraat	Z	7
Broodstraat	Z	9
Burg	Z	10
Burgschelde	Z	14
Dijkstraat	Y	
Doornikstraat	Z	
Fortstraat	Y	
Gevaertsdreef	Y	
Grote Markt	Z	
Hoogstraat	YZ	17
Jezuietenplein	Z	18
Kasteelstraat	Z	21
Kattestraat	Y	
Krekelput	Z	23
Louise-Mariekaai	Z	26
Margaretha van Parmastr.	Z	32
Marlboroughlaan	YZ	
Matthijs Casteleinstr.	Z	
Minderbroedersstr.	Z	33
Nederstraat	YZ	35
Parkstraat	Y	
Prins Leopoldstraat	Y	
Remparden	Z	
Stationsstraat	Y	
Tacambaroplein	Y	38
Tussenbruggen	Z	40
Tussenmuren	Z	
Voorburg	Y	42
Wijngaardstraat	Y	46
Woeker	Y	

OUDENBURG 8460 West-Vlaanderen 213 D 15 et 909 C 2 – 8 739 h.
Bruxelles 109 – *Brugge* 19 – Oostende 8.

🏨 **Abdijhoeve**, Marktstraat 1, ℘ 0 59 26 51 67, abdijhoeve@adsleisure.com, Fax 0 59 26 53 10, 😊, 👟, 🍴, 🐎, 🚲 – 📺 🅿 – 🛎 25 à 250. 🆎 ⓞ ⓜⓞ 𝐕𝐈𝐒𝐀. ⌇ rest
Repas (fermé dim. soir et lundi) (Taverne-rest) 1150/1850 – **24 ch** ⌑ 2900/4200 – ½ P 2700/2900.

à **Roksem** Sud-Est : 4 km © Oudenburg – ✉ 8460 Roksem :

🏨 **De Stokerij** Ⓜ ⌇, Hoge dijken 2, ℘ 0 59 26 83 80, hoteldestokerij@village.uunet.be, Fax 0 59 26 89 35, 😊, 🐎 – 📺 & 🅿. ⓜⓞ 𝐕𝐈𝐒𝐀
fermé 2 sem. en nov. – **Repas** voir rest **Jan Breydel** ci-après – **9 ch** ⌑ 2950/5950 – ½ P 2250/3250.

🍽🍽 **Ten Daele**, Brugsesteenweg 65, ℘ 0 59 26 80 35, 😊, « Cadre champêtre » – 🅿.
ⓜⓞ 𝐕𝐈𝐒𝐀
fermé 18 juin-12 juil., lundi soir de déc. à mars, mardi soir, merc., dim. soir et après 20 h 30
– **Repas** Lunch 1500 bc – carte 1850 à 2550.

🍽 **Jan Breydel** - H. De Stokerij, Brugsesteenweg 108, ℘ 0 59 26 82 97, hoteldestokeri j@village.uunet.be, Fax 0 59 26 89 35, 😊, Produits de la mer – 🖥 🅿. 🆎 ⓞ ⓜⓞ 𝐕𝐈𝐒𝐀
fermé 2 sem. en nov. et mardi – **Repas** Lunch 985 – 1150.

OUDERGEM Brussels Hoofdstedelijk Gewest – voir Auderghem à Bruxelles.

OUD-HEVERLEE Vlaams-Brabant 213 N 17 et 909 H 3 – voir à Leuven.

OUD-TURNHOUT Antwerpen 213 O 15 et 909 H 2 – voir à Turnhout.

OUREN Liège 213 V 22, 214 V 22 et 909 L 5 – voir à Burg-Reuland.

OVERIJSE Vlaams-Brabant 213 M 18 - ⑤② S et 909 G 3 - ㉒ S – voir à Bruxelles, environs.

PALISEUL 6850 Luxembourg belge 214 P 23 et 909 I 6 – 4 991 h.
Bruxelles 146 – Bouillon 18 – Arlon 65 – Dinant 55.

XXX **Au Gastronome** (Libotte) avec ch, r. Bouillon 2 (Paliseul-Gare), ✆ 0 61 53 30 64, Fax 0 61 53 38 91, « Hostellerie ardennaise, jardin fleuri avec 🌿 » – 📺 P. AE MO VISA
fermé dern. sem. juin-prem. sem. juill., janv.-7 fév., dim. soir, lundi et mardi midi – **Repas** Lunch 1400 – 2100/3350, carte 2450 à 3350 – **8 ch** ⊇ 3600/5200 – ½ P 3500/5000
Spéc. Langoustines poêlées aux piments d'Espelette, tarte Tatin de pied de porc caramélisée. Turbot rôti à l'ail, coriandre et aubergines. Canette de Barbarie croustillante aux amandes, sauce à l'hydromel (fév.-oct.).

XX **à la hutte Lurette** avec ch, r. Station 64, ✆ 0 61 53 33 09, lysiane@ping.be, Fax 0 61 53 52 79, 🍽, 🚗 – 📺 P. AE ① MO VISA
fermé 19 fév.-23 mars – **Repas** (fermé mardi soir et merc.) Lunch 650 – 780/1750 – **7 ch** (fermé merc. soir) ⊇ 2000/2300 – ½ P 2100/2200.

De PANNE (LA PANNE) 8660 West-Vlaanderen 213 A 16 et 909 A 2 – 9 760 h. – Station balnéaire.
Voir Plage★.
🅱 Gemeentehuis, Zeelaan 21, ✆ 0 58 42 18 18, Fax 0 58 42 16 17.
Bruxelles 143 ① – Brugge 55 ① – Oostende 31 ① – Veurne 6 ② – Dunkerque 20 ③

Plan page ci-contre

🏨 **Donny** ⸰, Donnylaan 17, ✆ 0 58 41 18 00, info@hoteldonny.com, Fax 0 58 42 09 78, ≤, 🍽, 🦽, ⇌, 🎱, ♨, 🚗, 🚲 – 📶 ⤓, 🍽 rest, 📺 ⚒ P. – 🅿 25 à 80. AE MO VISA. 🚫 rest
A d
fermé 1ʳᵉ quinz. janv. et du 20 au 26 déc. – **Repas** (fermé dim.) Lunch 500 – 950/1450 – **43 ch** ⊇ 3300/3700, 2 suites – ½ P 2475/3450.

🏨 **Iris**, Duinkerkelaan 41, ✆ 0 58 41 51 41, Fax 0 58 42 11 77, 🍽, 🦽, ⇌, 🚗 – 📶, 🍽 ch, 📺 ⇌ P. – 🅿 35. MO VISA. 🚫 ch
A n
Repas Lunch 595 – carte 1050 à 1700 – **23 ch** ⊇ 2600/4650.

🏨 **Host. Sparrenhof** ⸰, Koninginnelaan 26, ✆ 0 58 41 13 28, sparrenhof@proximecia.be, Fax 0 58 42 08 19, 🍽, « Jardin avec 🌿 », ⇌ – 📶 📺 ⚒ P. – 🅿 25. AE ①
B
MO VISA
fermé 26 nov.-14 déc. et 7 janv.-7 fév. – **Repas** (fermé merc. et jeudi midi d'oct. à mai, 995/1950 – **22 ch** ⊇ 2200/4300, 2 suites – ½ P 2475/3125.

🏨 **Terlinck**, Zeelaan 175, ✆ 0 58 42 01 08, Fax 0 58 42 05 86, ≤, 🍽, 🚲 – 📶 📺 🚗
P. MO VISA. 🚫
A c
15 fév.-15 sept. – **Repas** (fermé après 20 h 30) (Taverne-rest) Lunch 790 – 990/1695 – **64 ch** ⊇ 2000/3000 – ½ P 2100/3000.

🏨 **Lotus**, Duinkerkelaan 83, ✆ 0 58 42 06 44, lotus@proximedia.be, Fax 0 58 42 07 09 – 📺 P. AE MO VISA. 🚫 ch
A
fermé dern. sem. janv.-prem. sem. fév. et 12 nov.-12 déc. – **Repas** (fermé dim. soirs no fériés d'oct. à Pâques et merc. non fériés sauf vacances scolaires) Lunch 900 – carte 140 à 1900 – **8 ch** ⊇ 2200/3000 – ½ P 2100/2300.

🏨 **Ambassador**, Duinkerkelaan 43, ✆ 0 58 41 16 12, hotel.ambassador@yucom.be ⇌ Fax 0 58 42 18 84, 🍽 – 📶 📺 ⚒ P. MO VISA. 🚫
A
carnaval-mi-nov.. – **Repas** (fermé merc. sauf vacances scolaires) 575/1200 – **28 c** ⊇ 2100/2850 – ½ P 1725/2150.

🏨 **Cajou**, Nieuwpoortlaan 42, ✆ 0 58 41 13 03, cajou.depanne@online.be, Fax 0 5 42 01 23, 🚲 – 📶, 🍽 rest, 📺 ⇌ – 🅿 35. AE MO VISA. 🚫
B
fermé début janv.-début fév. et 2 prem. sem. déc. – **Repas** (fermé dim. soir et lundi sa vacances scolaires) Lunch 400 – 850/1695 bc – **32 ch** ⊇ 1700/2900 – ½ P 1825/207

🏨 **Royal**, Zeelaan 178, ✆ 0 58 41 11 16, Fax 0 58 41 10 16, 🦽 – 📶 📺 ⚒
VISA. 🚫
fermé du 15 au 20 nov. et 5 janv.-1ᵉʳ fév. – **Repas** (résidents seult) – **20 ch** ⊇ 2100/42
– ½ P 2600/3100.

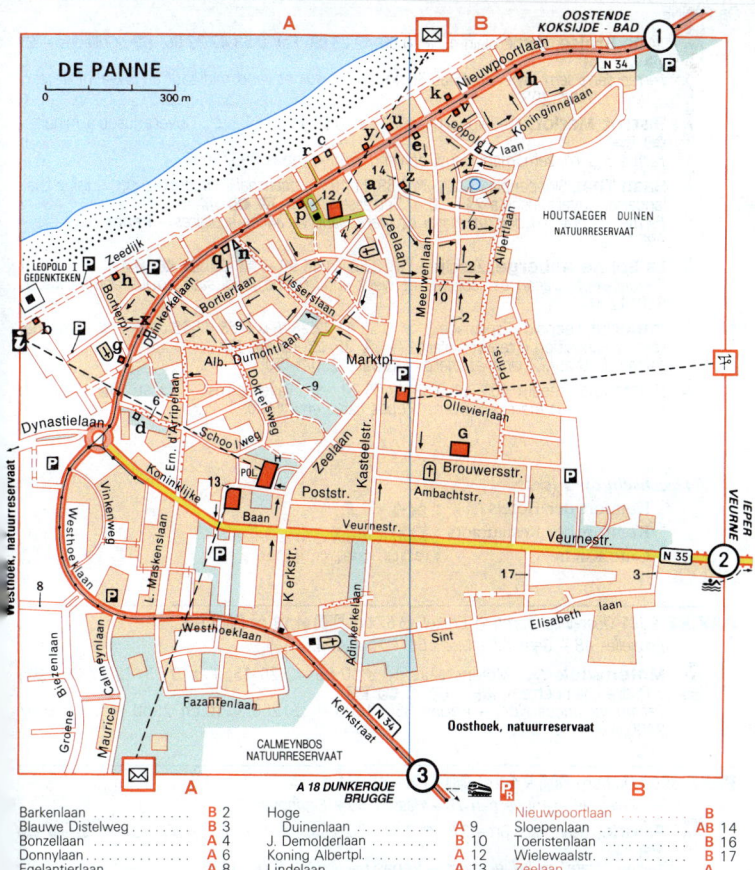

Barkenlaan	**B** 2	Hoge		Nieuwpoortlaan	**B**
Blauwe Distelweg	**B** 3	Duinenlaan	**A** 9	Sloepenlaan	**AB** 14
Bonzellaan	**A** 4	J. Demolderlaan	**B** 10	Toeristenlaan	**B** 16
Donnylaan	**A** 6	Koning Albertpl.	**A** 12	Wielewaalstr.	**B** 17
Egelantierlaan	**A** 8	Lindelaan	**A** 13	Zeelaan	**A**

XXX **Host. Le Fox** (Buyens) avec ch, Walckiersstraat 2, ✆ 0 58 41 28 55, Fax 0 58 41 58 79
✿ – ⌘ TV ⇔, ΑΕ ⓪ ⓜⓒ 𝓥𝓘𝓢𝓐
A u
fermé du 23 au 27 avril, 30 sept.-18 oct., du 14 au 24 janv., lundi et mardi midi – **Repas**
1895 bc/3700 bc, carte 2400 à 2800 – ⌒ 350 – **14 ch** 1800/3200
Spéc. Ragoût de solettes et de homard aux pommes de terre. Préparations aux jets de houblon (fév.-mars). Blanc de turbotin, tapenade de truffes et sauce vierge.

XX **Le Flore**, Duinkerkelaan 19b, ✆ 0 58 41 22 48, Fax 0 58 41 53 36 – 𝐏 ΑΕ
ⓜⓒ 𝓥𝓘𝓢𝓐
A p
fermé fin fév., fin nov.-mi-déc., merc. hors saison et mardi – **Repas** Lunch 1090 – 1295/2095.

XX **Host. Avenue**, Nieuwpoortlaan 56, ✆ 0 58 41 13 70, Fax 0 58 42 12 21 – 𝐏 ΑΕ ⓪
ⓜⓒ 𝓥𝓘𝓢𝓐
B v
fermé 20 janv.-10 fév., mardi et merc. sauf vacances scolaires – **Repas** 1100/2500 bc.

XX **Trio's**, Nieuwpoortlaan 75, ✆ 0 58 41 13 78, rudy.tommelein@ping.be, Fax 0 58 42 04 16 – ≡ 𝐏 ΑΕ ⓪ ⓜⓒ 𝓥𝓘𝓢𝓐
B k
fermé du 12 au 30 nov., mardi soir et dim. soir sauf en juil.-août et merc. – **Repas** 1095/1800.

XX **La Coupole**, Nieuwpoortlaan 9, ✆ 0 58 41 54 54, Fax 0 58 42 05 49, ⛱ – ≡. ΑΕ ⓪
⇔ ⓜⓒ 𝓥𝓘𝓢𝓐
A y
fermé 2 sem. en janv., merc. de nov. à fév., jeudi et vend. – **Repas** Lunch 545 – 850/1795.

De PANNE

XX **@ De Braise**, Bortierplein 1, ℘ 0 58 42 23 09, Fax 0 58 42 29 86, 😊, Grillades – AE ⓘ ⓜⓔ VISA   A g
fermé dern. sem. sept., du 15 au 30 nov., merc. soir et vend. midi sauf en juil.-août et jeudi – **Repas** 995/1295.   A g

X **Bistrot Merlot**, Nieuwpoortlaan 70, ℘ 0 58 41 40 61, 😊, Ouvert jusqu'à minuit – ⓜⓔ VISA   B h
fermé 3 dern. sem. mars, jeudi et vend. midi – **Repas** 895/1695.

X **Baan Thai**, Sloepenplaats 22, ℘ 0 58 41 49 76, baanthai@yucom.be, 😊, Cuisine thaï-landaise, ouvert jusqu'à 23 h 30, « Terrasse » – AE ⓘ ⓜⓔ VISA   AB z
fermé 20 nov.-20 déc. et mardi et merc. sauf vacances scolaires – **Repas** Lunch 545 – 995/1595.

X **La Bonne Auberge**, Zeedijk 3, ℘ 0 58 41 13 98 – 📺. AE ⓘ ⓜⓔ VISA   A r
Pâques-sept., vacances scolaires et week-end ; fermé jeudi sauf en juil.-août – **Repas** 850/1200.

X **Imperial**, Leopold I Esplanade 9, ℘ 0 58 41 42 28, Fax 0 58 41 33 61, ≤, 😊, Taverne-rest, « Exposition d'œuvres d'art » – 🍴 25. AE ⓘ ⓜⓔ VISA   A b
fermé du 8 au 22 janv. et merc. – **Repas** 1250/1450.

X **Parnassia**, Zeedijk 103, ℘ 0 58 42 05 20, 😊, Taverne-rest – ⓘ ⓜⓔ VISA   A h
fermé mardi et merc. en hiver – **Repas** carte env. 1400.

Verwechseln Sie nicht :
   Komfort der Hotels   : 🏨🏨 ... 🏠
   Komfort der Restaurants : XXXXX ... X
   Gute Küche   : ❀❀❀, ❀❀, ❀, Repas 🍴

PARIKE 9661 Oost-Vlaanderen C Brakel 13 671 h. 213 H 18 et 909 E 3.
Bruxelles 48 – Gent 47 – Mons 55 – Tournai 42.

🏠 **Molenwiek** ♤, Molenstraat 1, ℘ 0 55 42 26 15, Fax 0 55 42 77 29, 😊, « Cadre champêtre », 🚴 – 📺 P. ⓜⓔ VISA
fermé vacances Noël – **Repas** 850/1800 – ⌑ 200 – **10 ch** 2000 – ½ P 1800/2400.

PEER 3990 Limburg 213 R 16 et 909 J 2 – 15 081 h.
Bruxelles 99 – Antwerpen 78 – Hasselt 30 – Eindhoven 33.

XX **Fleurie**, Baan naar Bree 27, ℘ 0 11 63 26 33, Fax 0 11 63 26 33 – 🞏 P. AE ⓘ ⓜⓔ VISA. ❀
fermé 2 sem. en juil. et merc. – **Repas** Lunch 950 – 1200/1850.

PEPINSTER 4860 Liège 213 T 19, 214 T 19 et 909 K 4 – 9 238 h.
Env. au Sud-Ouest : Tancrémont, Statue★ du Christ dans la chapelle.
Bruxelles 126 – Liège 26 – Verviers 6.

XXX **Host. Lafarque** ♤ avec ch, Chemin des Douys 20 (Ouest : 4 km par N 61, lieu-dit Goffontaine), ℘ 0 87 46 06 51, lafarque@relaischateaux.com, Fax 0 87 46 97 28, ≤, 😊, ❀❀❀ « Parc », 😊 – 📺 P. AE ⓘ ⓜⓔ VISA. ❀ ch
fermé 14 mars-5 avril, du 3 au 27 sept., lundi et mardi – **Repas** (fermé après 20 h 30) Lunch 1750 – carte 2900 à 3550 – ⌑ 450 – **6 ch** 3500/5500 – ½ P 4750/5000
Spéc. Foie d'oie poêlé, mousseline de dattes et jus à l'infusion de cacao. Ris de veau braisé aux pamplemousses. Gibier en saison.

X **Au Pot de Beurre**, r. Neuve 116, ℘ 0 87 46 06 43, Fax 0 87 46 06 43 – 🞏. AE ⓘ ⓜⓔ VISA
fermé 26 août-7 sept., du 6 au 15 janv., mardi soir et merc. – **Repas** Lunch 475 bc – 975/1275.

PERWEZ (PERWIJS) 1360 Brabant Wallon 213 N 19, 214 N 19 et 909 H 4 – 6 961 h.
Bruxelles 46 – Namur 27 – Charleroi 42 – Leuven 35 – Tienen 27.

XX **La Frairie**, av. de la Roseraie 9, ℘ 0 81 65 87 30, Fax 0 81 65 87 30, 😊, « Terrasse » – P. AE ⓘ ⓜⓔ VISA
fermé 2 sem. en mars, fin août-début sept., dim. soir, lundi et mardi – **Repas** 1600 bc/2500 bc.

PETIT-ROEULX-LEZ-NIVELLES Hainaut 213 K 19, 214 K 19 et 909 F 4 – voir à Nivelles.

PHILIPPEVILLE 5600 Namur 214 M 21 et 909 G 5 – 7 889 h.

🏨 au Nord-Est : 10 km à Florennes, r. Henri de Rohan Chabot 120 ✆ 0 71 68 22 61, Fax 0 71 68 26 41.

🛈 r. Religieuses 2 ✆ 0 71 66 89 85.

Bruxelles 88 – Charleroi 26 – Dinant 29 – Namur 44.

XXX **La Côte d'Or** avec ch, r. Gendarmerie 1, ✆ 0 71 66 81 45, Fax 0 71 66 67 97, 🍴, 🚗 – 📺 🚗 – 🛗 25 à 80. AE ⓞ MC VISA
Repas (fermé dim. soir, lundi et merc. soir) Lunch 990 – 1370/2200 – **8 ch** ☐ 1900/3200 – ½ P 1890/2390.

X **Aub. des 4 Bras**, r. France 49, ✆ 0 71 66 72 38, Fax 0 71 66 93 59, 🍴 – 🅿. AE ⓞ MC VISA
fermé 2ᵉ quinz. fév., 1ʳᵉ quinz. sept., dim. soir sauf en juil.-août et lundi – **Repas** Lunch 425 – 875/1450.

à Neuville Sud-Ouest : 3 km © Philippeville – ✉ 5600 Neuville :

X **Chez Grand Mère**, rte de Mariembourg 45 (Sud-Est : 4 km sur N 5), ✆ 0 71 66 78 34, Fax 0 71 66 78 34, 🍴 – 🅿. MC VISA
avril-déc. et week-end ; fermé janv.-13 fév. et dim. soirs, lundis et mardis non fériés – **Repas** Lunch 400 – 895/1295.

PLANCENOIT Brabant Wallon 213 L 19, 214 L 19 et 909 G 4 – voir à Lasne.

POPERINGE 8970 West-Vlaanderen 213 B 17 et 909 B 3 – 19 258 h.

🛈 Stadhuis ✆ 0 57 34 66 76, Fax 0 57 33 57 03.

Bruxelles 134 – Brugge 64 – Kortrijk 41 – Oostende 54 – Lille 45.

🏨 **Amfora**, Grote Markt 36, ✆ 0 57 33 88 66, amfora@proximedia.be, Fax 0 57 33 88 77, 🍴, « Terrasse » – 📺 🚗. AE ⓞ MC VISA JCB
fermé du 2 au 11 avril et 12 déc.-2 janv. – **Repas** (fermé merc.) Lunch 325 – 1500 bc/1995 bc – **7 ch** ☐ 2400/2950 – ½ P 2250.

🏨 **Belfort**, Grote Markt 29, ✆ 0 57 33 88 88, uixwerk@pi.be, Fax 0 57 33 74 75, 🚴 – 📺 🚗 🅿 – 🛗 200. MC VISA
fermé 12 nov.-4 déc. et lundi – **Repas** (Taverne-rest) Lunch 325 – 1100 – **12 ch** ☐ 1900/2700 – ½ P 2100.

XXX **D'Hommelkeete**, Hoge Noenweg 3 (Sud : 3 km par Zuidlaan), ✆ 0 57 33 43 65, Fax 0 57 33 65 74, ≤, 🍴, « Fermette sur jardin avec pièce d'eau » – 🅿. AE ⓞ MC VISA
fermé 21 juil.-16 août, 20 déc.-6 janv., dim soir, lundi et merc. soir – **Repas** Lunch 1350 – 1750.

XX **De Kring** avec ch, Burg. Bertenplein 7, ✆ 0 57 33 38 61, info@dekring.be, Fax 0 57 33 92 20, 🍴 – 📺 – 🛗 25 à 200. AE ⓞ MC VISA. ✂ ch
fermé sem. carnaval et 23 juil.-10 août – **Repas** (fermé dim. soir et lundi) Lunch 725 – 995/1350 – **7 ch** ☐ 1900/2700 – ½ P 2100/2200.

X **Palace** avec ch, leperstraat 34, ✆ 0 57 33 30 93, palace.hotel@planetinternet.be, Fax 0 57 33 35 35 – 📺 🅿 – 🛗 25 à 70. AE ⓞ MC VISA. ✂ rest
fermé fin juil.-15 août, merc. et dim. soir – **Repas** Lunch 320 bc – 850 – **11 ch** ☐ 1900/2700 – ½ P 2100.

POUPEHAN 6830 Luxembourg belge © Bouillon 5 463 h. 214 P 24 et 909 I 6.

Bruxelles 165 – Bouillon 12 – Arlon 82 – Dinant 69 – Sedan 23.

à Frahan Nord : 5 km © Bouillon – ✉ 6830 Poupehan :

🏨 **Aux Roches Fleuries** 🌿, r. Crêtes 32, ✆ 0 61 46 65 14, Fax 0 61 46 72 09, ≤, « Terrasse et jardin dans un vallon boisé », 🚴 – 📺 🅿. AE ⓞ MC VISA
fermé du 4 au 29 mars et 7 janv.-1ᵉʳ fév. – **Repas** 750/1950 – ☐ 375 – **14 ch** 2975 – ½ P 2750/2920.

🏨 **Beau Séjour** 🌿, r. Tabac 7, ✆ 0 61 46 65 21, Fax 0 61 46 78 80, 🍴, 🚗 – 📺 🅿. AE ⓞ MC VISA. ✂
fermé 18 juin-5 juil. et 10 déc.-30 janv. – **Repas** (fermé merc.) Lunch 750 – carte 1100 à 1500 – **15 ch** ☐ 1500/2800 – ½ P 2300/2500.

PROFONDEVILLE 5170 Namur 213 O 20, 214 O 20 et 909 H 4 – 10 632 h.

Voir Site★.

Env. au Sud-Ouest : 5 km à Annoye-Rouillon : Parc★★ du Domaine et intérieur★ du château – à l'Est : 5 km à Lustin : Rocher de Frênes★, ≤★.

🏌 Chemin du Beau Vallon 45 ☏ 0 81 41 14 18, Fax 0 81 41 21 42.
Bruxelles 74 – Namur 14 – Dinant 17.

XX **La Source Fleurie**, av. Général Gracia 11, ☏ 0 81 41 22 28, Fax 0 81 41 21 86, 🍽,
« Jardin fleuri » – 🅿. AE ⓘ ⓜ VISA
fermé mardi soir et merc. – **Repas** Lunch 850 – 1550/1900.

XX **La Sauvenière**, chaussée de Namur 57, ☏ 0 81 41 33 03, benoit.urbain@win.be,
Fax 0 81 57 02 43, 🍽 – 🅿. ⓜ VISA
fermé dern. sem. août-prem. sem. sept. et lundis non fériés – **Repas** 890/1980.

PUURS 2870 Antwerpen 213 K 16 et 909 F 2 – 15 715 h.
Bruxelles 32 – Antwerpen 29 – Gent 50 – Mechelen 18.

à Liezele Sud : 1,5 km C Puurs – ⬚ 2870 Liezele :

XX **Hof ten Broeck**, Liezeledorp 3, ☏ 0 3 899 28 00, Fax 0 3 899 38 10, ≤, « Ancienne demeure entourée de douves, jardin fleuri » – 🅿. VISA 🍽
fermé 16 août-14 sept., lundi, mardi et après 20 h 30 – **Repas** Lunch 1000 – carte env. 1600.

QUAREGNON 7390 Hainaut 213 I 20, 214 I 20 et 909 E 4 – 19 275 h.
Bruxelles 77 – Mons 11 – Tournai 37 – Valenciennes 30.

XXX **Dimitri**, pl. du Sud 27 (Lourdes), ☏ 0 65 66 69 69, Fax 0 65 66 09 65 – 🔲. AE ⓘ ⓜ
VISA JCB. 🍽
fermé août, dim. soir et lundi – **Repas** Lunch 1600 bc – 1490/1950.

QUENAST 1430 Brabant Wallon C Rebecq 9854 h. 213 J 18, 214 J 18 et 909 F 3.
Bruxelles 28 – Charleroi 51 – Mons 40.

XX **La Ferme du Faubourg**, r. Faubourg 2, ☏ 0 67 63 69 03, Fax 0 67 63 69 03, 🍽,
« Ferme brabançonne » – 🅿. AE ⓘ ⓜ VISA
fermé du 3 au 13 sept., du 2 au 31 janv., lundi et mardi – **Repas** Lunch 1380 bc – 980/1950.

RANCE 6470 Hainaut C Sivry-Rance 4522 h. 214 K 22 et 909 F 5.
Bruxelles 92 – Charleroi 39 – Chimay 12 – Mons 44.

XXX **La Braisière**, rte de Chimay 13, ☏ 0 60 41 10 83, Fax 0 60 41 10 83, 🍽 – 🅿. AE ⓘ
ⓜ VISA JCB
fermé du 19 au 28 mars, du 18 au 27 juin, 20 août-7 sept., mardis et merc. non fériés et après 20 h 30 – **Repas** (déjeuner seult sauf vend. et sam.) 1290/1690.

à Sautin Nord-Ouest : 4 km C Sivry-Rance – ⬚ 6470 Sautin :

🏠 **Le Domaine de la Carrauterie** 🍽 sans rest, r. Station 11, ☏ 0 60 45 53 52, carrauterie@bmedia.be, Fax 0 60 45 66 96, « Style cottage », 🍽, 🏊, 🌳 – 📺 🅿. AE ⓘ ⓜ
VISA. 🍽
5 ch ⬚ 2600/2950.

REBECQ 1430 Brabant Wallon 213 J 18, 214 J 18 et 909 F 4 – 9854 h.
Bruxelles 33 – Charleroi 50 – Mons 40.

XX **Nouveau Relais d'Arenberg**, pl. de Wisbecq 30 (par E 429 - A 8, sortie ㉔, lieu-dit Wisbecq), ☏ 0 67 63 60 82, Fax 0 67 63 72 03, 🍽, « Jardin » – 🅿 – 🔧 25. AE ⓘ ⓜ
VISA. 🍽
fermé sem. carnaval, 2ᵉ quinz. août et dim. soirs et lundis non fériés sauf midi – **Repas**
Lunch 590 – 995.

RECOGNE Luxembourg belge 214 R 23 et 909 J 6 – voir à Libramont.

REET 2840 Antwerpen C Rumst 14 595 h. 213 L 16 et 909 G 2.
Bruxelles 32 – Antwerpen 17 – Gent 56 – Mechelen 11.

XXX **Pastorale**, Laarstraat 22, ☏ 0 3 844 65 26, Fax 0 3 844 73 47, 🍽, « Presbytère d
19ᵉ s. sur parc public » – 🔲 🅿. – 🔧 45. AE ⓘ ⓜ VISA
fermé du 2 au 13 avril, 13 août-7 sept. et sam. midi – **Repas** Lunch 1450 – 1800/2250

La REID Liège 213 T 20, 214 T 20 et 909 K 4 – voir à Spa.

REKEM Limburg 213 T 17 et 909 K 3 – voir à Lanaken.

REKKEM West-Vlaanderen 213 D 18 et 909 C 3 – voir à Menen.

REMOUCHAMPS Liège – voir Sougné-Remouchamps.

RENAIX Oost-Vlaanderen – voir Ronse.

RENDEUX 6987 Luxembourg belge 213 S 21, 214 S 21 et 909 J 5 – 2 194 h.
Bruxelles 119 – Arlon 83 – Marche-en-Famenne 15 – La Roche-en-Ardenne 11.
- **Au Moulin de Hamoul,** r. Hotton 86 (lieu-dit Rendeux-Bas), ℰ 0 84 47 81 81, moul in.de.hamoul@proximedia.be, Fax 0 84 47 81 85, 🍽 – 🅿. AE ① ⦿ VISA
  fermé fin août, dim. soir, lundis non fériés et après 20 h 30 – **Repas** Lunch 850 bc – 820/1800.

RENINGE 8647 West-Vlaanderen ⒸLo-Reninge 3 211 h. 213 B 17 et 909 B 3.
Bruxelles 131 – Brugge 54 – Ieper 22 – Oostende 53 – Veurne 21.
- **'t Convent** (De Volder) 🌿 avec ch, Halve Reningstraat 1 (Ouest : 3 km, direction Oostvleteren), ℰ 0 57 40 07 71, convent@itinera.be, Fax 0 57 40 11 27, ≤, 🍽, « Hostellerie isolée dans les polders, entourée d'une vigne, truffière et jardin fleuri », 🛋, ⇌, 🏊, 🚴 – 🏢, 🍴 ch, TV 🅿 – 🚗 25. AE ① ⦿ VISA
  fermé 20 fév.-14 mars et dern. sem. août – **Repas** (fermé merc.) Lunch 2400 bc – 3300/5700, carte env. 3600 – ⇌ 600 – **11 ch** 3950/6950, 4 suites – ½ P 6200/10000
  Spéc. Carpaccio de poulet de grains régional, foie d'oie et champignons de Paris. Pomme de terre des polders à la purée de truffes et langoustines. Préparations aux truffes Melanosporum.

RESTEIGNE 6927 Luxembourg belge Ⓒ Tellin 2 211 h. 214 Q 22 et 909 I 5.
Bruxelles 116 – Bouillon 49 – Dinant 35 – Namur 57.
- **Host. de la Lesse** 🌿, Grand'rue 25, ℰ 0 84 38 81 29, info@lesse.com, Fax 0 84 38 83 82, 🍽, « Décoration intérieure soignée », 🌳, 🚴 – TV 🅿. AE ① ⦿ VISA
  fermé lundis soirs et mardis non fériés sauf en juil.-août – **Repas** Lunch 1300 – carte env. 1400 – **10 ch** ⇌ 2500/3150 – ½ P 2300/3800.
- **Le Relet** 🌿 sans rest, r. Focroule 151, ℰ 0 84 38 81 90, Fax 0 84 31 55 06, « Parc », ⇌ – 🅿. AE VISA 🍽
  fermé 27 août-7 sept. et mardi sauf vacances scolaires – **6 ch** ⇌ 2200/3200.

RETIE 2470 Antwerpen ⒸOud-Turnhout 12 424 h. 213 P 15 et 909 I 2.
Bruxelles 89 – Eindhoven 38 – Antwerpen 51 – Turnhout 12.
- **Postel Ter Heyde** 🌿, Postelsebaan 74 (Est : 4 km sur N 123), ℰ 0 14 37 23 21, Fax 0 14 37 23 31, 🍽, 🚴 – 🚗 25. AE ⦿ VISA
  fermé déc. – **Repas** (fermé lundi sauf en juil.-août) Lunch 995 – carte env. 1300 – **10 ch** ⇌ 2200/2750 – ½ P 1925/2420.
- **De Pas,** Passtraat 11, ℰ 0 14 37 80 35, depas@online.be, Fax 0 14 37 33 36, 🍽, « Aménagement cossu » – AE ⦿ VISA 🍽
  fermé lundi, mardi et sam. midi – **Repas** Lunch 1100 – carte 2300 à 2900.

RHODE-ST-GENÈSE Région de Bruxelles-Capitale – voir Sint-Genesius-Rode à Bruxelles, environs.

RIEMST 3770 Limburg 213 S 18 et 909 J 3 – 15 648 h.
Bruxelles 111 – Maastricht 9 – Hasselt 30 – Liège 24.

à Millen Sud : 3 km ⒸRiemst – ✉ 3770 Millen :
- **Hoeve Dewalleff,** Tikkelsteeg 13, ℰ 0 12 23 70 89, info@hoeve-dewalleff.be, Fax 0 12 26 25 30, 🍽, « Ferme du 17ᵉ s. avec cour intérieure fleurie » – 🅿 – 🚗 25 à 450. AE ① ⦿ VISA
  fermé mardi, merc. et dim. soir – **Repas** 950/1750.

RIJKEVORSEL 2310 Antwerpen 213 N 14 et 909 H 1 – 10 376 h.
Bruxelles 80 – Antwerpen 34 – Turnhout 16 – Breda 41.
- **Waterschoot,** Bochtenstraat 11, ℰ 0 3 314 78 78, rest.waterschoot@belcast.be, Fax 0 3 314 78 78, 🍽, ⦿ VISA 🍽
  fermé vacances carnaval, 3 dern. sem. août, dim. et lundi – **Repas** Lunch 1200 – 995/1795.

RIJMENAM Antwerpen 213 M 16 et 909 G 2 – voir à Mechelen.

RIXENSART Brabant Wallon 213 M 18, 214 M 18 et 909 G 3 – voir à Genval.

ROBERTVILLE 4950 Liège C Waimes 6 473 h. 213 V 20, 214 V 20 et 909 L 4.

Voir Lac★, ≤★.
🛈 r. Centrale 53 ℘ 0 80 44 64 75.
Bruxelles 154 – Liège 58 – Malmédy 14 – Aachen 40.

- **des Bains**, Lac de Robertville 2 (rte de Waimes, Sud : 1,5 km), ✉ 4950 Waimes, ℘ 0 80 67 95 71, hotel.bain@online.be, Fax 0 80 67 81 43, ≤ lac, ☆, « Jardin au bord de l'eau », ≘s, 🏊, – 📶 TV 🅿 – 🔔 25 à 40. AE ⓄⒸ VISA. ❀
  fermé 28 fév.-fin mars et 4 au 18 janv. – **Repas** (fermé merc. non fériés) 1350/2850 – **Briscot d'Art** (fermé merc.) 795/950 – **14 ch** ⌂ 3100/6150 – ½ P 3780/5000.

- **Domaine des Hautes Fagnes** ⚐, r. Charmilles 67 (lieu-dit Ovifat), ℘ 0 80 44 69 87, hotel@domaine-hautes-fagnes.com, Fax 0 80 44 69 19, ≘s, 🏊, ♨, ✗, ♝ – 📶 TV 🅿 – 🔔 25 à 130. AE Ⓞ ⓄⒸ
  Repas Le Tetras Lyre Lunch 1000 – 1200/1800 – **69 ch** ⌂ 3900/5900, 1 suite – ½ P 3950/4900.

- **La Chaumière du Lac**, r. Barrage 23 (lieu-dit Ovifat), ℘ 0 80 44 63 39, ch-lac@sky net.be, Fax 0 80 44 46 01, ☆, 🅿 – TV 🅿 ⓄⒸ VISA. ❀
  fermé début juil. et lundis et mardis non fériés sauf vacances scolaires – **Repas** (fermé après 20 h) 650/1400 – **10 ch** ⌂ 2000/3200 – ½ P 2200/2850.

- **Résidence du Lac** sans rest, r. Barrage 5, ℘ 0 80 44 46 94, Fax 0 80 44 77 52, 🏊, ☆ – 📶 🅿. ❀
  fermé du 5 au 20 juin et merc. – **8 ch** ⌂ 1500/2600.

- **Aub. du Lac**, r. Lac 24, ℘ 0 80 44 41 59, Fax 0 80 44 58 20, ≘s – TV. ⓄⒸ VISA. ❀ rest
  fermé du 17 au 26 avril, 25 juin-12 juil., mardi et mercr. hors saison – **Repas** (Taverne-rest) carte env. 1100 – **6 ch** ⌂ 1250/2000.

- **International**, r. Lac 41, ℘ 0 80 44 62 58, Fax 0 80 44 76 93, ☆ – 🔔 25. AE Ⓞ ⓄⒸ VISA. ❀ rest
  fermé du 12 au 30 mars, 25 juin-6 juil., 17 sept.-5 oct., mardi et merc. – **Repas** (fermé après 20 h 30) 900/1660 – **11 ch** ⌂ 1700/2700 – ½ P 2250.

- **du Barrage**, r. Barrage 46, ℘ 0 80 44 62 61, Fax 0 80 44 88 47, ☆, « Terrasse avec ≤ lac » – 🅿. ⓄⒸ VISA
  fermé 26 mars-6 avril, du 20 au 30 août, 12 nov.-6 déc., lundi soir et mardi – **Repas** 900/1300.

La ROCHE-EN-ARDENNE 6980 Luxembourg belge 214 S 21 et 909 J 5 – 4 031 h.

Voir Site★★ – Chapelle Ste-Marguerite ❊★★ A B.
Env. par ② : 14,5 km, Belvédère des Six Ourthe★★, le Hérou★★ – Point de vue des Crestelles★.
🛈 pl. du Marché 15 ℘ 0 84 41 13 42, Fax 0 84 41 23 43 – Fédération provinciale de tourisme, Quai de l'Ourthe 9 ℘ 0 84 41 10 11, Fax 0 84 41 24 39.
Bruxelles 127 ⑤ – Bouillon 69 ④ – Arlon 75 ④ – Liège 77 ① – Namur 66 ⑤.

Plan page ci-contre

- **Host. Linchet**, rte de Houffalize 11, ℘ 0 84 41 13 27, hostellerie.linchet@skynet.be, Fax 0 84 41 24 10, ≤, ☆, « Aménagement cossu » – 🅿 ⇔ 🅿 AE ⓄⒸ VISA. ❀ ch
  fermé 12 mars-5 avril, 14 juin-19 juil., lundi, mardi et merc. – **Repas** (déjeuner seult sauf en juil.-août et week-end ; fermé après 20 h 30) Lunch 1100 – 1600 bc/2100 – **11 ch** ⌂ 2500/4200 – ½ P 2750/3400. A

- **La Claire Fontaine**, rte de Hotton 64 (par ⑤ : 2 km), ℘ 0 84 41 24 70, clairefon aine@skynet.be, Fax 0 84 41 21 11, ≤, ☆, « Jardin ombragé au bord de l'Ourthe », ♝ – 📶 TV 🅿 – 🔔 25 à 80. AE ⓄⒸ VISA
  Repas 720 – 950/2300 – **28 ch** ⌂ 3000/4200 – ½ P 2300/4000.

- **Moulin de la Strument** ⚐, Petite Strument 62, ℘ 0 84 41 15 07, strument@s ynet.be, Fax 0 84 41 10 80, ☆, « Aménagé dans les dépendances d'un ancien moulin à eau du 19ᵉ s. » – TV 🅿. AE ⓄⒸ VISA. ❀ A
  fermé janv. et lundis, mardis et merc. non fériés sauf en juil.-août – **Repas** Lunch 690 – carte env. 1100 – **8 ch** ⌂ 2500/2700 – ½ P 2250/3400.

- **Le Chalet**, r. Chalet 61, ℘ 0 84 41 24 13, lechalet@skynet.be, Fax 0 84 41 13 38, ≤, ☆ – TV 🅿. AE ⓄⒸ VISA. ❀ B
  fermé 20 juin-3 juil., 30 nov.-22 déc., 2 janv.-12 fév., lundi et mardi sauf vacances scolaires – **Repas** (dîner seult jusqu'à 20 h 30) 1450/1980 – **17 ch** ⌂ 2525/2950 – ½ P 2850/3875.

LA ROCHE-EN-ARDENNE

Bastogne (Rte de)	A	2
Beausaint (R. de)	B	3
Beausaint (Vlle Rte de)	A	4
Bon-Dieu-de-Maka (R.)	B	7
Châlet (R. du)	B	8
Chamont (R.)	B	10
Champlon (Rte de)	A	12
Chanteraine (Pl.)	B	13
Chanteraine (R. de)	B	14
Chats (R. des)	B	15
Cielle (Rte de)	A	16
Église (R. de l')	B	17
Faubourg (Pont du)	B	18
Gare (R. de la)	B	20
Gravier (Pt du)	B	21
Gravier (Q. du)	B	22
Hospice (R. de l')	B	24
Hotton (Rte de)	A	25
Marché (Pl. du)	B	27
Moulin (R. du)	B	28
Nulay (R.)	B	30
Ourthe (Q. de l')	B	32
Pafy (Ch. du)	B	33
Presbytère (R. du)	B	35
Purnalet (R. du)	B	36
Rompré (R.)	B	37
Val-du-Pierreux	A	39

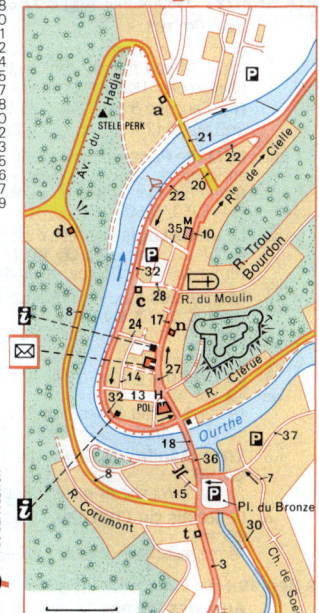

🏨 **Les Genêts** ⚘, Corniche de Deister 2, ℰ 0 84 41 18 77, lesgenets@skynet.be, Fax 0 84 41 18 93, ≤ vallée de l'Ourthe et ville, 🍴, 🏊 – TV AE ① ⓂⓈ VISA   A   f
fermé du 1ᵉʳ au 15 juil., du 10 au 20 déc., 3 sem. en janv. et jeudi hors saison – **Repas** (dîner seult jusqu'à 20 h 30) 980/1400 – **8 ch** ⇌ 2500/2750 – ½ P 2450/3300.

🏨 **Le Midi**, r. Beausaint 6, ℰ 0 84 41 11 38, charles.racot@skynet.be, Fax 0 84 41 22 38 – TV AE ① ⓂⓈ VISA   B   t
fermé dern. sem. juin-prem. sem. juil. et 2ᵉ quinz. janv. – **Repas** 595/1475 bc – **8 ch** ⇌ 1700/2350 – ½ P 1800/2100.

🏨 **Le Luxembourg** sans rest, av. du Hadja 1a, ℰ 0 84 41 14 15, Fax 0 84 41 19 71 – TV P. AE ① ⓂⓈ VISA   B   a
8 ch ⇌ 1500/1800.

🏨 **Beau Rivage** sans rest, Quai de l'Ourthe 26, ℰ 0 84 41 12 41, Fax 0 84 41 12 42 – TV AE ⓂⓈ VISA ⚘   B   c
fermé dern. sem. août, 2 dern. sem. nov. et merc. hors saison – **8 ch** ⇌ 1950/2500.

🍴🍴 **La Huchette**, r. Église 6, ℰ 0 84 41 13 33, Fax 0 84 41 13 33, 🍴 – AE ⓂⓈ VISA   B   n
fermé 2 sem. en janv., lundi soir de déc. à avril et mardi soir et merc. hors saison – **Repas** 780/2000.

Jupille par ⑤ : 6 km 🅒 Rendeux 2 194 h. – ✉ 6987 Hodister :

🏨 **Host. Relais de l'Ourthe**, r. Moulin 3, ℰ 0 84 47 76 88, relais@ping.be, Fax 0 84 47 70 85, 🍴, « Jardin » – 🛏 ch, TV P. AE ⓂⓈ VISA ⚘ rest
fermé du 4 au 12 mars, du 2 au 20 janv. et merc. – **Repas** (fermé merc.) Lunch 750 – 1520 bc/2950 bc – **9 ch** (fermé mardi soir) ⇌ 2600, 1 suite – ½ P 2100/2250.

🍴🍴 **Les Tilleuls** ⚘ avec ch, Clos Champs 11, ℰ 0 84 47 71 31, reservation@les-tilleuls.be, Fax 0 84 47 79 55, 🍴, « Villa sur jardin avec ≤ vallée de l'Ourthe », 🚴 – TV P. – 🛎 25. AE ⓂⓈ
fermé du 1ᵉʳ au 12 fév., du 2 au 31 janv. et dim. soirs, lundis et mardis non fériés sauf vacances scolaires – **Repas** (fermé après 20 h 30) Lunch 690 – 1000/2100 – **8 ch** (hors saison ouvert week-end seult) ⇌ 1500/3200 – ½ P 2190/3200.

ROCHEFORT 5580 Namur 214 Q 22 et 909 I 5 – 11 767 h.

Voir Grotte★.

Env. au Sud-Ouest : 6 km à Han-sur-Lesse, Grotte★★★ - Safari★ - Fragment de diplôme★ (d'un vétéran romain) dans le Musée du Monde souterrain – au Nord-Ouest : 15 km à Chevetogne, Domaine provincial Valéry Cousin★.

🛈 r. Behogne 5 ✆ 0 84 21 25 37, Fax 0 84 22 13 74.

Bruxelles 117 – Bouillon 52 – Dinant 32 – Liège 71 – Namur 58.

- **La Malle Poste**, r. Behogne 46, ✆ 0 84 21 09 87, Fax 0 84 22 11 13, ≤, 😀, « Demeure ancienne, terrasse et jardin » – 📺 🅿 – 🏛 25. 🅰🅴 ⓘ 🆆🅾 VISA
  fermé fév.-mars, merc. et jeudi – **Repas** Lunch 650 – 975/1975 – **12 ch** ⊇ 2350/2850 – ½ P 3250/3650.

- **Le Vieux Logis** sans rest, r. Jacquet 71, ✆ 0 84 21 10 24, Fax 0 84 22 12 30, « Demeure fin 17e s. », 🌳 – 📺. 🆆🅾 VISA
  fermé du 1er au 15 fév. et du 16 au 30 sept. – **10 ch** ⊇ 1900/2300.

- **Les Falizes** avec ch, r. France 90, ✆ 0 84 21 12 82, Fax 0 84 22 10 86, « Terrasse » – 📺 🅿. 🅰🅴 🆆🅾 VISA
  fermé fin janv.-début mars, lundis soirs non fériés sauf en juil.-août et mardis non fériés – **Repas** Lunch 975 – 1350/2100 – ⊇ 300 – **6 ch** 2000/2200 – ½ P 2900/3100.

- **Le Limbourg** avec ch, pl. Albert Ier 21, ✆ 0 84 21 10 36, Fax 0 84 21 44 23 – 📺. 🅰🅴 🆆🅾 VISA
  fermé du 1er au 10 sept., du 15 au 31 janv. et merc. – **Repas** Lunch 625 – 850/1650 – **6 ch** ⊇ 1575/2050 – ½ P 1900/2100.

- **Trou Maulin**, rte de Marche 19, ✆ 0 84 21 32 40, Fax 0 84 21 32 40, 😀 – 📺 🅿. 🆆🅾 VISA
  fermé mardi soir et merc. – **Repas** Lunch 595 – 1100.

- **Le Relais du Château**, r. Jacquet 22, ✆ 0 84 21 09 81, Fax 0 84 21 09 81 – 🅰🅴 ⓘ 🆆🅾 VISA
  fermé merc. soir et jeudi sauf en juil.-août – **Repas** Lunch 595 – 1100/1390.

à Belvaux Sud-Ouest : 9 km ℂ Rochefort – ✉ 5580 Belvaux :

- **Aub. des Pérées** ⌁, avec ch, r. Pairées 37, ✆ 0 84 36 62 77, perees@be.tf, Fax 0 84 36 72 05, 😀, « Terrasse fleurie », 🌳 – 📺 🅿. 🆆🅾 VISA. ⌀
  fermé mi-janv.-début fév., 26 sept.-12 oct., mardi soir sauf en juil.-août, mardi midi et merc. – Repas (fermé après 20 h 30) 950/1550 – **6 ch** ⊇ 2250 – ½ P 2400.

à Eprave Sud-Ouest : 7 km ℂ Rochefort – ✉ 5580 Eprave :

- **Aub. du Vieux Moulin** ⌁, avec ch en annexe, r. Aujoule 51, ✆ 0 84 37 73 18, auberge@eprave.com, Fax 0 84 37 84 60, 😀, 🌳 – 📺 🅿. 🏛 25. 🅰🅴 ⓘ 🆆🅾 VISA. ⌀
  fermé du 13 au 21 juin, du 11 au 26 sept., du 23 au 31 janv. et mardis et merc. sauf vacances scolaires – **Repas** 975/1575 – ⊇ 200 – **13 ch** 1950/2500 – ½ P 2250/2950.

à Han-sur-Lesse Sud-Ouest : 6 km ℂ Rochefort – ✉ 5580 Han-sur-Lesse :

- **Ardennes 2**, r. Grottes 6, ✆ 0 84 37 72 20, Fax 0 84 37 80 62, 😀, 🌳, 🚴 – 📺 🅿 – 🏛 40. 🅰🅴 ⓘ 🆆🅾 VISA
  Repas (fermé du 3 au 31 janv. et merc.) 725/1525 – **14 ch** ⊇ 2695/2995 – ½ P 2495/2895.

- **Host. Henry IV** ⌁, r. Chasseurs Ardennais 59 (Nord : 1 km), ✆ 0 84 37 72 21, Fax 0 84 37 81 78, 😀, 🌳 – 🅿. 🆆🅾 VISA. ⌀
  Repas (fermé jeudi) (dîner seult sauf week-end, jours fériés et en juil.-août) 1400/2800 – ⊇ 300 – **8 ch** 1800 – ½ P 1750/1900.

ROCHEHAUT 6830 Luxembourg belge ℂ Bouillon 5 463 h. 214 P 23 et 909 I 6.

Voir ≤★★.

🛈 r. Cense 37 ✆ 0 61 46 69 70, Fax 0 61 46 69 70.

Bruxelles 159 – Bouillon 20 – Arlon 76 – Dinant 63 – Sedan 26.

- **L'Aub. de la Ferme** (avec annexes), r. Cense 12, ✆ 0 61 46 10 00, contact@auberge delaferme.be, Fax 0 61 46 10 01, 😀, « Ambiance ardennaise », 🌳, 🚴 – 📺 🅿 – 🏛 50. ⌀
  fermé du 8 au 25 janv. – **Repas** (fermé dim. soir, lundi hors saison et après 20 h 30) 1000/2200 – **53 ch** ⊇ 1800/3400, 2 suites – ½ P 2400/3800.

- **Les Tonnelles**, pl. Marie Howet 5, ✆ 0 61 46 40 18, tonnelles@swing.be, Fax 0 61 46 40 12, 😀 – ⇌ 🅿. ⓘ 🆆🅾 VISA. ⌀ rest
  Repas (fermé après 20 h 30) carte 900 à 1300 – **17 ch** ⊇ 1700/2200 – ½ P 1900.

- **L'An 1600** avec ch, r. Palis 7, ✆ 0 61 46 40 60, an1600@an1600.be, Fax 0 61 46 83 87, 😀, « Cadre rustique ardennais », 🌳, 🚴 – 📺 🅿. 🅰🅴 🆆🅾 VISA
  avril-20 nov. et week-end, fermé 2 janv.-14 fév. et 23 juin-15 juil. – Repas (fermé après 20 h 30) Lunch 690 – 850/1800 – **10 ch** ⊇ 2600/3800 – ½ P 2600.

ROCOURT Liège 213 S 18, 214 S 18 - ㉕ N et 909 J 3 - ⑰ N – *voir à Liège, périphérie.*

ROESELARE (ROULERS) 8800 West-Vlaanderen 213 D 17 et 909 C 3 – 54 002 h.
🛈 Zuidstraat 3 ✆ 0 51 26 24 50, Fax 0 51 26 24 60.
Bruxelles 111 ③ – *Kortrijk* 20 ③ – Brugge 34 ① – Lille 45 ③

🏠 **Parkhotel** (annexe Flanders Inn - 19 ch), Vlamingstraat 8, ✆ 0 51 26 31 31, parkhotel-roeselare@pandora.be, Fax 0 51 26 31 13, 🍴, 🚴, – 📺 🅿 – 🏊 25 à 50. AE ⓘ
🅶 VISA   BY **a**
Repas *Lunch 450* – carte 1650 à 2050 – **42 ch** ⌂ 3350/4200, 5 suites.

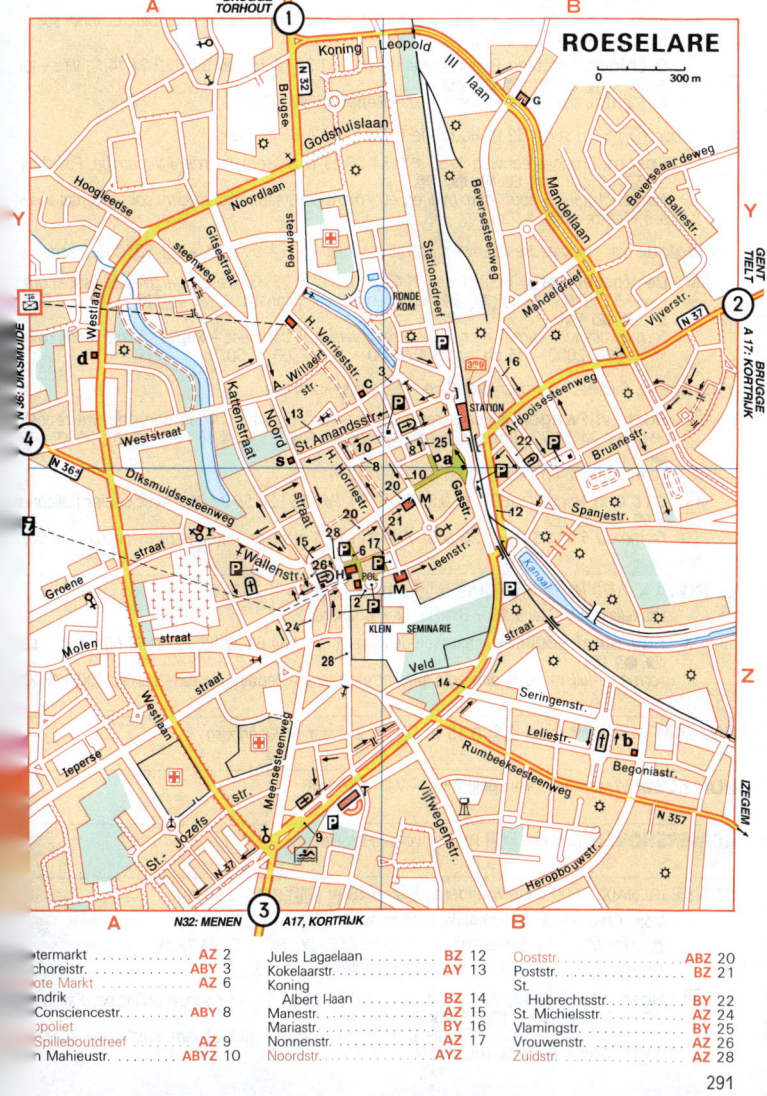

termarkt . . . . **AZ** 2	Jules Lagaelaan . . . . **BZ** 12	Ooststr. . . . . **ABZ** 20
choreistr. . . . . **ABY** 3	Kokelaarstr. . . . . **AY** 13	Poststr. . . . . **BZ** 21
ote Markt . . . . **AZ** 6	Koning	St.
ndrik	Albert Haan . . . . **BZ** 14	Hubrechtsstr. . . . . **BY** 22
Consciencestr. . . . . **ABY** 8	Manestr. . . . . **AZ** 15	St. Michielsstr. . . . . **AZ** 24
opoliet	Mariastr. . . . . **BY** 16	Vlamingstr. . . . . **BY** 25
Spilleboutdreef . . . . **AZ** 9	Nonnenstr. . . . . **AZ** 17	Vrouwenstr. . . . . **AZ** 26
n Mahieustr. . . . . **ABYZ** 10	Noordstr. . . . . **AYZ**	Zuidstr. . . . . **AZ** 28

ROESELARE

XXX Savarin avec ch, Westlaan 359, ☎ 0 51 22 59 16, *Fax 0 51 22 07 99*, 😊, 🌿 – 📺 📞 – 🅰 25 à 60. 🆎 ⓞ ⓜ 🆅🆂🅰 AY d
Repas *(fermé 21 juil.-15 août, prem. sem. janv., dim. soir et lundi)* Lunch 1350 – carte 2200 à 2500 – **11 ch** *(fermé prem. sem. janv.)* ⌦ 2450/3200.

XXX De Ooievaar, Noordstraat 91, ☎ 0 51 20 54 86, *Fax 0 51 24 46 76*, 😊, « Terrasse » – 📞 🆎 ⓞ ⓜ 🆅🆂🅰 AY s
fermé 1 sem. en fév., 2 dern. sem. juil.-prem. sem. août, dim. soir et lundi – **Repas** Lunch 1100 – 1350/3100 bc.

XX Den Haselt, Diksmuidsesteenweg 53, ☎ 0 51 22 52 40, den.haselt@skynet.be, *Fax 0 51 24 10 64*, 😊 – 🆎 ⓞ ⓜ 🆅🆂🅰 AZ r
fermé mardi soir, merc. et sam. midi – **Repas** Lunch 850 – carte env. 1900.

X Bistro Novo, Hugo Verrieststraat 12, ☎ 0 51 24 14 77, bistronovo@pi.be, *Fax 0 51 24 14 77*, ▪. ⓜ 🆅🆂🅰 AY c
fermé 1 sem. fin avril, fin juil.-début août, 1 sem. fin déc., sam. midi, dim. et lundi soir – **Repas** carte 1450 à 2000.

X Orchidee 12ᵉ étage, Begoniastraat 9, ☎ 0 51 21 17 23, *Fax 0 51 20 01 14*, ≤ ville - 🛗 ▪ 📞 – 🅰 25. 🆎 ⓞ ⓜ 🆅🆂🅰 BZ b
fermé dim. soir, lundi et merc. soir – **Repas** 1750/2750.

à Gits par ① : 5 km sur N 32 © Hooglede 9 720 h. – ✉ 8830 Gits :

XX Epsom, Bruggesteenweg 175, ☎ 0 51 20 25 10, epsom.dujardin@yucom.be, *Fax 0 51 20 52 43*, 😊 – 📞 🆎 ⓞ ⓜ 🆅🆂🅰
fermé 21 juil.-15 août, dim. midi en été, merc. soir, sam. midi et dim. soir – **Repas** Lunch 950 – carte 1650 à 2200.

à Hooglede par Hoogleedsesteenweg Nord-Est : 7 km - AY – 9 720 h. – ✉ 8830 Hooglede :

🏨 De Vossenberg, Hogestraat 194, ☎ 0 51 70 25 83, vossenberg@adsleisure.com, *Fax 0 51 70 06 42*, ≤, 😊, « Environnement campagnard », ⚒ – 📺 📞 – 🅰 25 à 800. 🆎 ⓞ ⓜ 🆅🆂🅰
fermé vacances carnaval et 2 dern. sem. vacances bâtiment – **Repas** *(fermé lundi)* Lunch 325 – 850/2000 – **15 ch** ⌦ 2500/3500 – ½ P 2500/3250.

à Rumbeke Sud-Est : 3 km © Roeselare – ✉ 8800 Rumbeke :

🏡 Host. Vijfwegen Ⓜ sans rest, Groene Herderstraat 171 (au domaine Sterrebos), ☎ 0 51 24 34 72, hotel-vijfwegen@mdr.be, *Fax 0 51 24 16 74* – ▪ 📺 📞 🆎 ⓞ ⓜ 🆅🆂🅰
fermé 1 sem. fin juil.. – **11 ch** ⌦ 2490/2990.

XX Cá d'Oro, Hoogstraat 97, ☎ 0 51 24 71 81, *Fax 0 51 24 56 27*, 😊, Avec cuisine italienne – 🆎 ⓞ ⓜ 🆅🆂🅰
fermé du 5 au 23 mars, 20 août-7 sept., mardi et merc. – **Repas** Lunch 1100 bc – 1300.

Le ROEULX 7070 Hainaut 213 J 19, 214 J 19 et 909 F 4 – 7 884 h.
Bruxelles 55 – Mons 19 – Binche 12 – Charleroi 27.

X Aub. Saint-Feuillien, chaussée de Mons 1, ☎ 0 64 66 22 85, *Fax 0 64 66 22 85* – 🆎 ⓞ ⓜ 🆅🆂🅰
fermé mi-juil.-mi-août, dim. soir, lundi et merc. soir – **Repas** Lunch 880 – carte 1400 à 1800

ROKSEM West-Vlaanderen 213 D 15 et 909 C 2 – voir à Oudenburg.

ROLLEGEM West-Vlaanderen 213 E 18 – voir à Kortrijk.

ROMERSHOVEN Limburg 213 R 17 – voir à Hasselt.

RONSE (RENAIX) 9600 Oost-Vlaanderen 213 G 18 et 909 D 3 – 23 941 h.
Voir Crypte★ de la Collégiale St-Hermès.
🇮 Hoge Mote, De Biesestraat 2, ☎ 0 55 23 28 16, *Fax 0 55 23 28 19*.
Bruxelles 57 – Kortrijk 34 – Gent 38 – Valenciennes 49.

🏨 Host. Lou Pahou, Zuidstraat 25, ☎ 0 55 21 91 11, loupahou@online.be, *Fax 0 55 20 91 04*, 🌿, 🚴 – 📺 🆎 ⓞ ⓜ 🆅🆂🅰 ⚒
fermé 13 juil.-7 août. – **Repas** *(fermé mardi, merc. midi et dim. soir)* Lunch 600 bc – 1100/1995 – **6 ch** ⌦ 1850/2500 – ½ P 2450/3100.

RONSE

XXX Host. Shamrock ⊗ avec ch, Ommegangstraat 148 (Louise-Marie, Nord-Est : 7 km par N 60 et N 425), ⊠ 9681 Maarkedal, ℘ 0 55 21 55 29, host.shamrock@unicall.be, Fax 0 55 21 56 83, ≤, 綜, « Manoir de style anglais avec terrasse sur parc », 舞 – TV P. AE ⓪ ⓜⓞ VISA. ※
fermé 18 juil.-1er août et lundis et mardis non fériés – **Repas** Lunch 2500 bc – 1950/3750 – **4 ch** ⊇ 6200/7500, 1 suite – ½ P 5350/6600.

XXX Beau Séjour, Viermaartlaan 109, ℘ 0 55 21 33 65, dominique.vangrembergen@ping.be, Fax 0 55 21 92 65, 綜 – ≣ P. AE ⓜⓞ VISA
fermé 1 sem. en fév., 2 dern. sem. juil.-prem. sem. août, dim. soir, lundi et merc. soir – **Repas** Lunch 1100 bc – 1350/1700.

XX Bois Joly, Hogerlucht 7, ℘ 0 55 21 10 17, Fax 0 55 21 10 17, 綜 – P. ⓜⓞ VISA
fermé 2 sem. en août, 1 sem. en janv., mardi soir et merc. – **Repas** Lunch 350 – 1350 bc/1550.

RONSELE Oost-Vlaanderen 213 G 16 – *voir à Zomergem*.

ROTHEUX-RIMIÈRE Liège 213 R 19, 214 R 19 et 909 J 4 – *voir à Liège, environs*.

ROULERS West-Vlaanderen – *voir Roeselare*.

ROUVEROY 7120 Hainaut © Estinnes 7 534 h. 213 J 20, 214 J 20 et 909 F 4.
Bruxelles 74 – *Mons* 17 – Charleroi 33 – Maubeuge 21.

🏠 Les Ramiers sans rest, Barrière d'Aubreux 2 (rte de Mons), ℘ 0 64 77 12 61, Fax 0 64 77 12 61 – TV P. AE ⓪ ⓜⓞ VISA. ※
fermé dim. et jours fériés – ⊇ 250 – **6 ch** 2100/2300.

X La Brouette, Barrière d'Aubreux 4 (rte de Mons), ℘ 0 64 77 13 42, Fax 0 64 77 13 42, 綜 – P. AE ⓪ ⓜⓞ VISA JCB. ※
fermé du 1er au 15 fév., mardi soir en hiver, merc. et après 20 h 30 – **Repas** Lunch 800 – carte env. 1200.

RUISELEDE 8755 West-Vlaanderen 213 F 16 et 909 D 2 – 5 076 h.
Bruxelles 79 – *Brugge* 31 – Gent 29.

XX Lindenhof, Tieltstraat 29, ℘ 0 51 68 75 39, lindenhof@online.be, Fax 0 51 68 62 15, 綜 – P. AE ⓪ ⓜⓞ VISA. ※
fermé 26 fév.-4 mars, du 16 au 26 juil., mardi soir et merc. – **Repas** Lunch 495 – carte 1500 à 2600.

RUMBEKE West-Vlaanderen 213 D 17 et 909 C 3 – *voir à Roeselare*.

RUMST Antwerpen 213 L 16 et 909 G 2 – *voir à Mechelen*.

SAINTE-CÉCILE 6820 Luxembourg belge © Florenville 5 600 h. 214 Q 24 et 909 I 6.
Bruxelles 171 – *Bouillon* 18 – Arlon 46 – Neufchâteau 30.

🏠 Host. Sainte-Cécile ⊗, r. Neuve 1, ℘ 0 61 31 31 67, mail@awex.wallonie.be, Fax 0 61 31 50 04, 綜, « Élégante demeure avec jardin au bord de l'eau » – TV P. AE ⓪ ⓜⓞ VISA. ※ rest
fermé 26 fév.-15 mars, prem. sem. sept. et du 10 au 31 janv. – **Repas** (fermé dim. soirs et lundis non fériés sauf en juil.-août) Lunch 850 – 1800/2100 – ⊇ 350 – **14 ch** 2500/2800 – ½ P 2850/3700.

ST-GEORGES-SUR-MEUSE 4470 Liège 213 R 19, 214 R 19 et 909 J 4 – 6 879 h.
Bruxelles 87 – Liège 20 – Marche-en-Famenne 60 – Namur 43.

XX Philippe Fauchet, r. Warfée 62 (lieu-dit Verlaine), ℘ 0 4 259 59 39, Fax 0 4 259 59 39, 綜 – P. ⓜⓞ VISA
fermé 2 sem. en fév., 2 sem. en sept., lundi, jeudi soir et sam. midi – **Repas** Lunch 950 – 1150/1850.

ST-GILLES (SINT-GILLIS) Région de Bruxelles-Capitale 213 ㉛ S et 909 ㉑ S – *voir à Bruxelles*.

ST-HUBERT 6870 Luxembourg belge 214 R 22 et 909 J 5 – 5737 h.

Voir Intérieur★★ de la Basilique St-Hubert★.

Exc. au Nord : 7 km à Fourneau-St-Michel★★ : Musée du Fer et de la Métallurgie ancienne★ Musée de la Vie rurale en Wallonie★★.

🛈 r. St-Gilles 12 ✆ 0 61 61 30 10, Fax 0 61 61 37 27.

Bruxelles 137 – Bouillon 44 – Arlon 60 – La Roche-en-Ardenne 25 – Sedan 59.

du Luxembourg, pl. du Marché 7, ✆ 0 61 61 10 93, Fax 0 61 61 32 20 – TV P AE MC VISA. ⌀ ch
fermé 2 sem. en juin, 2 sem. en janv. et merc. soir et jeudi sauf vacances scolaires – **Repas** Lunch 1000 bc – 675/1350 – **18 ch** ⌧ 1900/2750 – ½ P 2500/2900.

La Maison Blanche (Hollebeke), r. Rogations 2, ✆ 0 61 61 13 51, Fax 0 61 61 13 51 –
fermé fin juin-début juil., fin août-début sept., merc. soir et jeudi – **Repas** Lunch 1200 – 1600, carte env. 2300
Spéc. Salade de foie d'oie aux pommes de terre grillées. Filet de turbot à la purée de tourteau, beurre au vinaigre. Petit lard croustillant de porcelet à la truffe et légumes poêlés.

Le Cor de Chasse avec ch, av. Nestor Martin 3, ✆ 0 61 61 16 44, Fax 0 61 61 33 15 – TV. MC VISA
fermé 1re quinz. mars, 2e quinz. juin, 2e quinz. sept. et lundi et mardi sauf en juil.-août – **Repas** Lunch 400 – 850/1370 – **11 ch** ⌧ 2100/2260 – ½ P 1915/2900.

à Awenne Nord-Ouest : 9 km C St-Hubert – ✉ 6870 Awenne :

L'Aub. du Sabotier et Les 7 Fontaines ⌀, Grand'rue 21, ✆ 0 84 36 65 23 et 0 84 36 65 04 (rest), Fax 0 84 36 63 68, « Rustique ardennais », 🌳 – TV P AE ⓞ MC VISA. ⌀ rest
fermé du 2 au 12 avril, 26 juin-12 juil., mardi et merc. – **Repas** Lunch 900 – 1250/1900 – **15 ch** ⌧ 2550/2800 – ½ P 2400/3300.

ST-JOSSE-TEN-NOODE (SINT-JOOST-TEN-NODE) Région de Bruxelles-Capitale 213 ⑤ N et 909 ㉑ N – voir à Bruxelles.

ST-NICOLAS Oost-Vlaanderen – voir Sint-Niklaas.

ST-SAUVEUR 7912 Hainaut C Frasnes-lez-Anvaing 10 799 h. 213 G 18, 214 G 18 et 909 D 3.
Bruxelles 73 – Kortrijk 40 – Gent 48 – Tournai 20 – Valenciennes 45.

Les Marronniers, r. Vertes Feuilles 7, ✆ 0 69 76 99 58, Fax 0 69 76 99 58, ≤, 🌳
« Auberge dominant une vallée verdoyante » – P. MC VISA
fermé 2 sem. en mars, 2 sem. en sept., lundi, mardi et merc. – **Repas** 1090.

ST-TROND Limburg – voir Sint-Truiden.

ST-VITH Liège – voir Sankt-Vith.

SALMCHÂTEAU Luxembourg belge 213 U 21, 214 U 21 et 909 K 5 – voir à Vielsalm.

SANKT-VITH (ST-VITH) 4780 Liège 213 V 21, 214 V 21 et 909 L 5 – 8971 h.
🛈 Mühlenbachstr. 2 ✆ 0 80 22 11 37, Fax 0 80 22 16 22.
Bruxelles 180 – Liège 78 – La Roche-en-Ardenne 51 – Clervaux 36.

Pip-Margraff, Hauptstr. 7, ✆ 0 80 22 86 63, Fax 0 80 22 87 61, 🌳, ↯, ≘s – TV ⌂ 25 à 80. AE MC VISA. ⌀
fermé 26 mars-12 avril et 25 juin-6 juil. – **Repas** (fermé lundi et après 20 h 30) Lunch 70 – 1000/2000 – **25 ch** ⌧ 2400/4000, 3 suites – ½ P 2100/3000.

Am Steineweiher ⌀, Rodter Str. 32, ✆ 0 80 22 72 70, Fax 0 80 22 91 53, 🌳
« Terrasse au bord de l'eau », 🌳 – TV P AE ⓞ MC VISA
Repas Lunch 700 – 1180 – **15 ch** ⌧ 1800/3000 – ½ P 1850/2350.

Zur Post (Pankert) avec ch, Hauptstr. 39, ✆ 0 80 22 80 27, Fax 0 80 22 93 10 – TV. ⓞ MC VISA
fermé 2 prem. sem. juin, janv. et dim. soirs, lundis et mardis midis non fériés – **Repas** 1800/3750, carte 2500 à 3000 – **8 ch** ⌧ 2700/4200 – ½ P 3900
Spéc. Fond d'artichaut farci d'une poêlée de foie d'oie aux épinards. Bouillabaisse clai à l'orientale aux langoustines royales grillées. Mignonettes de chevreuil à la sauce au v d'Arbois et sureau (15 sept.-déc.).

Le Luxembourg arrière-salle, Hauptstr. 71, ✆ 0 80 22 80 22 – MC VISA. ⌀
fermé 2 sem. après carnaval, 2 sem. début juil., merc. soir et jeudi – **Repas** Lunch 1200 2500.

SART Liège 213 U 19, 214 U 19 et 909 K 5 – voir à Spa.

SAUTIN Hainaut 214 K 22 et 909 F 5 – voir à Rance.

SCHAERBEEK (SCHAARBEEK) Région de Bruxelles-Capitale 213 L 17 - ⑤¹ N et 909 ㉑ N – voir à Bruxelles.

SCHEPDAAL Vlaams-Brabant 213 K 18 et 909 F 3 – voir à Bruxelles, environs.

SCHERPENHEUVEL (MONTAIGU) 3270 Vlaams-Brabant © Scherpenheuvel-Zichem 21 725 h. 213 O 17 et 909 H 3.
Bruxelles 52 – Antwerpen 52 – Hasselt 31.

XX **De Zwaan** avec ch, Albertusplein 12, ℘ 0 13 77 13 69, Fax 0 13 78 17 77 – ⇌, ☰ rest, TV ☎ P - 🛆 25. AE ⓞ ⓜⓞ VISA. ※
Repas (fermé sam. de sept. à avril) Lunch 950 – 1400/2000 – **9 ch** ⇌ 1700/2850 – ½ P 2700.

SCHILDE Antwerpen 213 M 15 et 909 G 2 – voir à Antwerpen, environs.

SCHOONAARDE 9200 Oost-Vlaanderen © Dendermonde 42 994 h. 213 J 17 et 909 F 2.
Bruxelles 39 – Aalst 11 – Dendermonde 7 – Gent 26.

X **het Palinghuis**, Oude Brugstraat 16, ℘ 0 52 42 32 46, Anguilles – ☰ ☎. AE ⓜⓞ VISA. ※
fermé déc., vend. et sam. midi – **Repas** carte 850 à 1450.

SCHOTEN Antwerpen 213 L 15 - ⑬ S et 909 G 2 - ⑨ S – voir à Antwerpen, environs.

SEMOIS (Vallée de la) ★★ Luxembourg belge et Namur 214 P 24 - T 24 909 J 7 - H 6 G. Belgique-Luxembourg.

SERAING Liège 213 S 19, 214 S 19 - ㉕ S et 909 J 4 - ⑰ S – voir à Liège, environs.

SILENRIEUX 5630 Namur © Cerfontaine 4 306 h. 213 L 21, 214 L 21 et 909 G 5.
Env. au Sud : Barrages de l'Eau de l'Heure★ – Barrage de la Plate-Taille★.
Bruxelles 77 – Charleroi 25 – Dinant 39 – Maubeuge 40.

XX **La Plume d'Oie** avec ch, r. par delà l'Eau 6, ℘ 0 71 63 35 35, Fax 0 71 63 38 22, 🍴 – TV P. AE ⓞ ⓜⓞ VISA. ※ rest
fermé fin juin-début juil. – **Repas** (fermé dim. soir, lundi et mardi soir) Lunch 695 – 895/1800 – **6 ch** ⇌ 2600/2900 – ½ P 3400.

SINT-AGATHA-BERCHEM Brussels Hoofdstedelijk Gewest – voir Berchem-Ste-Agathe à Bruxelles.

SINT-AMANDS 2890 Antwerpen 213 K 16 et 909 F 2 – 7 534 h.
Bruxelles 40 – Antwerpen 32 – Mechelen 23.

X **'t Kombuis**, Kaai 24, ℘ 0 52 33 40 80, Fax 0 52 34 00 03, ≤, 🍴, Produits de la mer – AE ⓞ ⓜⓞ VISA
fermé du 15 au 28 fév., déc., merc., jeudi et après 20 h 30 – **Repas** carte 1450 à 1800.

X **De Veerman**, Kaai 26, ℘ 0 52 33 32 75, Fax 0 52 33 25 70, ≤, 🍴, Taverne-rest – ☰. AE ⓞ ⓜⓞ VISA
fermé 2 sem. en oct. et lundis et mardis non fériés – **Repas** 1150/1750.

SINT-DENIJS-BOEKEL 9630 Oost-Vlaanderen © Zwalm 7 670 h. 213 H 17 et 909 E 3.
Bruxelles 54 – Gent 29 – Oudenaarde 13.

X **Ter Maelder**, Molenberg 8 (direction Horebeke : 3 km), ℘ 0 55 49 83 26, 🍴, « Cadre champêtre » – P. ※
fermé 27 fév.-1er mars, 28 août-7 sept., merc., jeudi et après 20 h 30 – **Repas** Lunch 1650 bc – 2000 bc.

SINT-DENIJS-WESTREM Oost-Vlaanderen 213 H 16 et 909 D 2 – voir à Gent, périphérie.

SINT-ELOOIS-VIJVE West-Vlaanderen 213 F 17 et 909 D 3 – voir à Waregem.

SINT-GENESIUS-RODE Vlaams-Brabant 213 L 18 et 909 G 3 – voir à Bruxelles, environs.

SINT-GILLIS Brussels Hoofdstedelijk Gewest – voir St-Gilles à Bruxelles.

SINT-HUIBRECHTS-LILLE 3910 Limburg C Neerpelt 15 301 h. 213 R 15 et 909 J 2.
Bruxelles 113 – Eindhoven 23 – Antwerpen 84.

XXX **Sint-Hubertushof**, Broekkant 23, ℘ 0 11 66 27 71, Fax 0 11 66 28 83, 斎, « Ancien relais de halage » – P. AE ⓞ ⓜⓞ VISA
fermé 2 sem. après carnaval, du 12 au 28 août, lundi, mardi et sam. midi – **Repas** Lunch 1350 – carte 2400 à 2900.

SINT-IDESBALD West-Vlaanderen 213 A 16 et 909 A 2 – voir à Koksijde-Bad.

SINT-JAN-IN-EREMO Oost-Vlaanderen 213 G 15 et 909 D 2 – voir à Sint-Laureins.

SINT-JANS-MOLENBEEK Brussels Hoofdstedelijk Gewest – voir Molenbeek-St-Jean à Bruxelles.

SINT-JOOST-TEN-NODE Brussels Hoofdstedelijk Gewest – voir St-Josse-Ten-Noode à Bruxelles.

SINT-KRUIS West-Vlaanderen 213 E 15 et 909 C 2 – voir à Brugge, périphérie.

SINT-LAMBRECHTS-WOLUWE Brussels Hoofdstedelijk Gewest – voir Woluwé-St-Lambert à Bruxelles.

SINT-LAUREINS 9980 Oost-Vlaanderen 213 G 15 et 909 D 2 – 6 517 h.
Bruxelles 98 – Brugge 31 – Gent 30 – Antwerpen 70.

X **Slependamme**, Lege Moerstraat 26 (Sud-Est : 5,5 km sur N 434), ℘ 0 9 377 78 31, Fax 0 9 377 78 31, 斎 – ≡ P. AE ⓜⓞ VISA
fermé 20 août-7 sept., merc. et jeudi midi – **Repas** Lunch 990 – 1700.

à Sint-Jan-in-Eremo Nord-Est : 5,5 km C Sint-Laureins – ✉ 9982 Sint-Jan-in-Eremo :

XXX **De Warande**, Warande 10 (Bentille), ℘ 0 9 379 00 51, warande@de-warande.be, Fax 0 9 379 03 77, ≤, 斎, « Jardin fleuri avec pièce d'eau » – P. AE ⓜⓞ VISA
fermé 21 fév.-10 mars, 26 août-7 sept., lundi soir et merc. – **Repas** Lunch 1200 – 1750.

XX **'t Schuurke**, St-Jansstraat 56 (Bentille), ℘ 0 9 379 86 61, Fax 0 9 379 08 00 – P.
ⓜⓞ VISA
fermé 2e quinz. oct., lundi et mardi – **Repas** – carte 1350 à 1700.

SINT-MARTENS-LATEM (LAETHEM-ST-MARTIN) 9830 Oost-Vlaanderen 213 G 16 et 909 D 2 – 8 349 h.
🛈 Latemstraat 120 ℘ 0 9 282 54 11, Fax 0 9 282 90 19.
Bruxelles 65 – Gent 13 – Antwerpen 70.

XX **Sabatini**, Kortrijksesteenweg 114, ℘ 0 9 282 80 35, Fax 0 9 282 80 35, Avec cuisine italienne – ≡ P. AE ⓞ ⓜⓞ VISA
fermé 15 juil.-15 août, 24 déc.-1er janv., merc. et sam. midi – **Repas** Lunch 1250 bc – 1190/1590.

XX **Eric Goossens**, Kortrijksesteenweg 198, ℘ 0 9 281 11 00 – AE ⓞ ⓜⓞ VISA
fermé prem. sem. mars, 2 prem. sem. sept., sam. midi, dim. soir et lundi – **Repas** 1000 bc/3000 bc.

XX **Meersschaut**, Kortrijksesteenweg 134, ℘ 0 9 282 38 56, Fax 0 9 282 02 14, Produits de la mer – ≡ P. AE ⓞ ⓜⓞ VISA
fermé 12 août-10 sept., dim. et lundi – **Repas** Lunch 980 – 1250/2100.

XX **d'Oude Schuur**, Baarle Frankrijkstraat 1, ℘ 0 9 282 33 65, Fax 0 9 282 89 21, 斎 –
AE ⓞ ⓜⓞ VISA. ✕
fermé du 15 au 30 mars, du 15 au 30 sept., merc. et jeudi – **Repas** 1000/1850.

X **Brasserie Latem**, Kortrijksesteenweg 9, ℘ 0 9 282 36 17, petervandenbossche@b rasserielatem.be, Fax 0 9 281 06 23, 斎, Ouvert jusqu'à minuit – P. ⓜⓞ VISA. ✕
fermé vacances Pâques, dern. sem. août-prem. sem. sept., vacances Noël et mardi – **Repas** Lunch 900 – carte 1500 à 1850.

X **Tampopo**, Kortrijksesteenweg 17, ℘ 0 9 282 82 85, Fax 0 9 282 91 90, Cuisine chinoise – ≡ P. ⓞ ⓜⓞ VISA. ✕
fermé Pâques, juil., mardi et merc. – **Repas** Lunch 595 – 885/1185.

SINT-MARTENS-LATEM

à Deurle Est : 2 km ⓒ Sint-Martens-Latem – ✉ 9831 Deurle :

Aub. du Pêcheur, Pontstraat 41, ✆ 0 9 282 31 44, info@auberge-du-pecheur.be, Fax 0 9 282 90 58, ≤, 佘, « Terrasse et jardin au bord de la Lys (Leie) », 🚲, 🛋 – 🛗, ▤ rest, ☎ 🅿 – 🚻 25 à 80. ▣ ⦿ ⦾ 𝖵𝖨𝖲𝖠
Repas *Orangerie* (fermé 2e quinz. déc., sam., dim. soir et lundi) Lunch 1100 – 1800/2400
– **The Green** (fermé 25 déc.) (Taverne-rest) Lunch 425 – 800/1750 – ⊇ 390 – **26 ch** (fermé du 24 au 30 déc.) 3200/4400, 1 suite.

de Meander, Pontstraat 96, ✆ 0 9 282 20 11, Fax 0 9 281 04 67, 佘, – 🅿. ▣ ⦿ ⦾ 𝖵𝖨𝖲𝖠
fermé sem. carnaval, dern. sem. août-prem. sem. sept., mardi soir, merc. et sam. midi
Repas Lunch 995 – 1850.

SINT-MARTENS-LEERNE Oost-Vlaanderen 𝟮𝟭𝟯 G 16 – voir à Deinze.

SINT-NIKLAAS (ST-NICOLAS) 9100 Oost-Vlaanderen 𝟮𝟭𝟯 J 15 et 𝟵𝟬𝟵 F 2 – 68 119 h.
🛈 Grote Markt 45 ✆ 0 3 777 26 81 et 0 3 776 27 48.
Bruxelles 47 ② – Antwerpen 25 ② – Gent 39 ③ – Mechelen 32 ②

Serwir, Koningin Astridlaan 57, ✆ 0 3 778 05 11, info@serwir.be, Fax 0 3 778 13 73, 佘 – 🛗, ▤ rest, ☎ 🅿 – 🚻 25 à 400. ▣ ⦿ ⦾ 𝖵𝖨𝖲𝖠. ⌀ rest   BZ
Repas (fermé du 20 au 31 déc., vend., sam. midi et dim. soir) Lunch 1225 – 2250 bc/2700 bc – **37 ch** ⊇ 2800/4400.

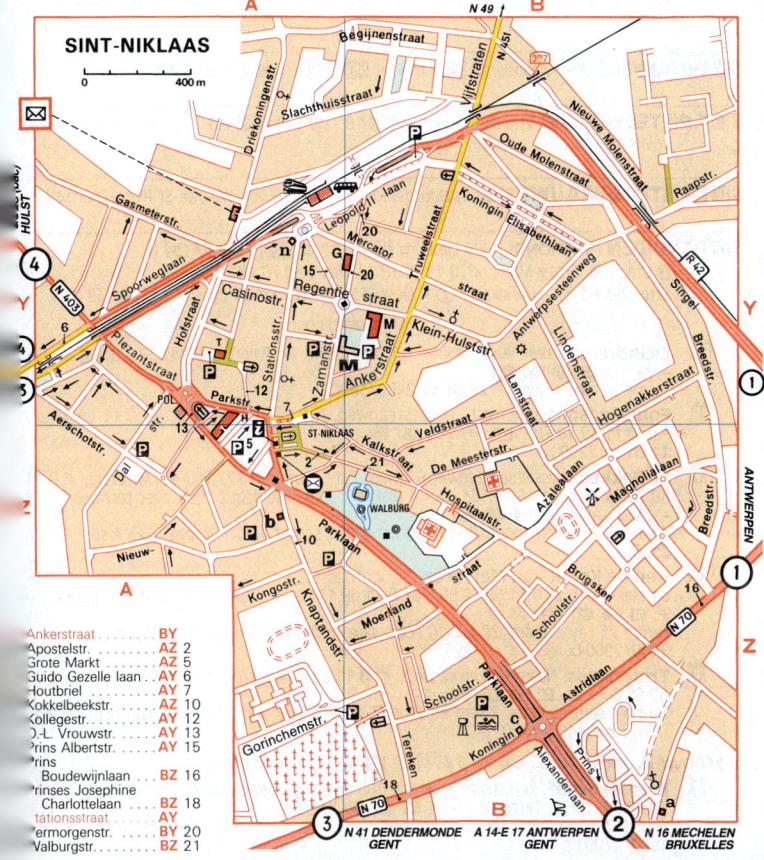

Ankerstraat	BY
Apostelstr.	AZ 2
Grote Markt	AZ 5
Guido Gezelle laan	AY 6
Houtbriel	AY 7
Kokkelbeekstr.	AZ 10
Kollegestr.	AY 12
O.-L. Vrouwstr.	AY 13
Prins Albertstr.	AY 15
Prins Boudewijnlaan	BZ 16
Prinses Josephine Charlottelaan	BZ 18
...tationsstraat	AY
...ermorgenstr.	BY 20
Walburgstr.	BZ 21

SINT-NIKLAAS

Des Flandres, Stationsplein 5, ℘ 0 3 777 10 02, Fax 0 3 777 05 96 – 🛗 📺 – 🔼 25 à 60. 𝔸𝔼 ⓞ ⓜⓞ 𝕍𝕀𝕊𝔸, ✄ rest
AY n
fermé 2 sem. en juil., Noël et Nouvel An – **Repas** (dîner pour résidents seult) – **19 ch** ⊇ 2750/3300.

Den Silveren Harynck, Grote Baan 51 (par ①: 5 km sur N 70), ℘ 0 3 777 50 62, Fax 0 3 766 67 61, Produits de la mer – 🍴 𝔼. 𝔸𝔼 𝕍𝕀𝕊𝔸
fermé 3 dern. sem. juil., 26 déc.-3 janv., sam. midi, dim. soir et lundi – **Repas** Lunch 1175 – 1750/2750 bc.

't Mezennestje, De Meulenaerstraat 2, ℘ 0 3 776 28 73, Fax 0 3 766 24 61, ⛱, « Villa avec jardin et terrasse » – 𝔼
BZ a
fermé 27 fév.-9 mars, du 9 au 27 juil., du 11 au 21 sept., mardi et merc. – **Repas** Lunch 890 – 1400/2600.

't Begijnhofken, Kokkelbeekstraat 73, ℘ 0 3 776 38 44, Fax 0 3 778 19 50 – 𝔼 – 🔼 25. 𝔸𝔼 ⓞ ⓜⓞ 𝕍𝕀𝕊𝔸
AZ b
fermé 20 juil.-10 août, merc. soir et dim. – **Repas** Lunch 1325 – 1675/1875.

Gasthof Malpertus, Beeldstraat 10 (par ①: 5 km, près du parc récréatif), ℘ 0 3 776 73 44, Fax 0 3 766 50 18, ⛱ – 𝔼 – 🔼 25 à 150. 𝔸𝔼 ⓞ ⓜⓞ 𝕍𝕀𝕊𝔸
fermé prem. sem. fév., 3 prem. sem. juil., mardi et merc. – **Repas** Lunch 850 – 1350.

à Sint-Pauwels par ④: 7 km © Sint-Gillis-Waas 17 176 h. – ✉ 9170 Sint-Pauwels :

De Rietgaard, Zandstraat 221 (sur N 403), ℘ 0 3 779 55 48, Fax 0 3 779 55 48, ⛱ – 𝔼. 𝔸𝔼 𝕍𝕀𝕊𝔸. ✄
fermé prem. sem. mars, 2 dern. sem. août, lundi soir et mardi – **Repas** Lunch 795 – 1050/1750.

SINT-PAUWELS Oost-Vlaanderen ❷⓵❸ J 15 et ❾⓿❾ F 2 – voir à Sint-Niklaas.

SINT-PIETERS-LEEUW Vlaams-Brabant ❷⓵❸ K 18 – ㊿ S et ❾⓿❾ F 3 – ㉑ S – voir à Bruxelles, environs.

SINT-PIETERS-WOLUWE Brussels Hoofdstedelijk Gewest – voir Woluwé-St-Pierre à Bruxelles.

SINT-TRUIDEN (ST-TROND) 3800 Limburg ❷⓵❸ Q 17 et ❾⓿❾ I 3 – 37 134 h.
🅱 Stadhuis, Grote Markt ℘ 0 11 70 18 18, Fax 0 11 70 18 20.
Bruxelles 63 ⑥ – Hasselt 17 ② – Liège 35 ④ – Namur 50 ⑤ – Maastricht 39 ③

Plan page ci-contre

Cicindria sans rest, Abdijstraat 6, ℘ 0 11 68 13 44, Fax 0 11 67 41 38 – 🛗 📺 🚗 𝔼 – 🔼 30. 𝔸𝔼 ⓞ ⓜⓞ 𝕍𝕀𝕊𝔸
A s
fermé 22 déc.-8 janv. – **25 ch** ⊇ 2400/3800.

Four Seasons sans rest, Tiensesteenweg 264 (par ⑥ sur N 3), ℘ 0 11 69 42 28, Fax 0 11 69 16 78 – 📺 🚗. 𝔸𝔼 ⓜⓞ 𝕍𝕀𝕊𝔸
11 ch ⊇ 2250.

De Fakkels, Hasseltsesteenweg 61 (Nord-Est : 2 km sur N 722, lieu-dit Melveren), ℘ 0 11 68 76 34, Fax 0 11 68 67 63, ⛱, « Maison bourgeoise début 20ᵉ s. avec terrasse » – 𝔼 – 🔼 25 à 40. 𝔸𝔼 ⓞ ⓜⓞ 𝕍𝕀𝕊𝔸. ✄
fermé 3 dern. sem. août, 2 sem. en janv., dim. soir et lundi – **Repas** Lunch 1250 – 1750/2100.

Aen de Kerck van Melveren, St-Godfriedstraat 15 (Nord-Est : 3 km par N 722, lieu-dit Melveren), ℘ 0 11 68 39 65, Fax 0 11 69 13 05, ≤, « Environnement champêtre » – 𝔼. 𝔸𝔼 ⓞ ⓜⓞ 𝕍𝕀𝕊𝔸. ✄
fermé 25 fév.-5 mars, 22 juil.-10 août, sam. midi, dim. soir et lundi – **Repas** Lunch 1200 – 2100/2900 bc.

Truiershuis, Naamsesteenweg 42, ℘ 0 11 67 31 44, truiershuis@online.be, Fax 0 11 69 55 80 – 🍴. 𝔸𝔼 ⓞ ⓜⓞ 𝕍𝕀𝕊𝔸. ✄
B b
fermé 1 sem. en mars, 2 sem. en sept., 2 sem. en janv., lundi, mardi et sam. midi – **Repas** Lunch 980 – 1400/1750.

à Nieuwerkerken Nord : 6 km – 6 432 h. – ✉ 3850 Nieuwerkerken :

Kelsbekerhof, Kerkstraat 2, ℘ 0 11 69 13 87, gkelsbekerhof@hotmail.com, Fax 0 11 69 13 87, ⛱, « Terrasse » – 𝔼. 𝔸𝔼 ⓞ ⓜⓞ 𝕍𝕀𝕊𝔸. ✄
fermé 2 prem. sem. sept., prem. sem. janv., mardi et merc. – **Repas** Lunch 1350 bc – 1600/2700 bc.

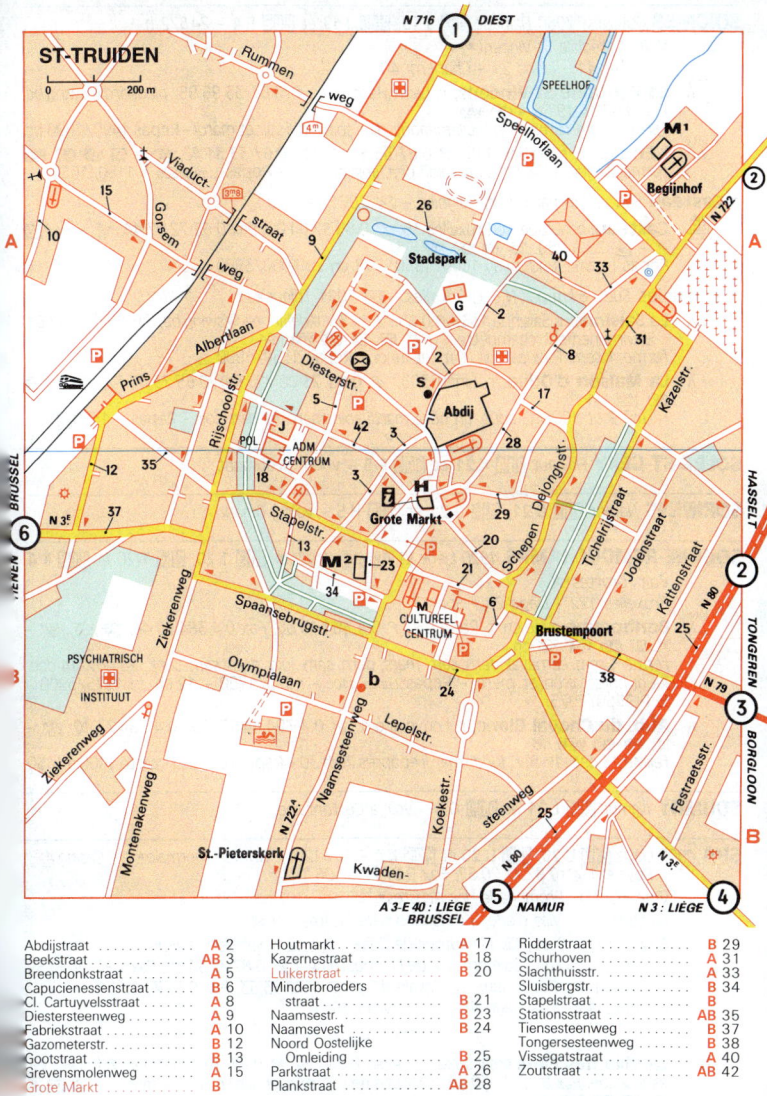

Abdijstraat	**A** 2	Houtmarkt	**A** 17	Ridderstraat	**B** 29
Beekstraat	**AB** 3	Kazernestraat	**B** 18	Schurhoven	**A** 31
Breendonkstraat	**A** 5	Luikerstraat	**B** 20	Slachthuisstr.	**A** 33
Capucienessenstraat	**B** 6	Minderbroeders		Sluisbergstr.	**B** 34
Cl. Cartuyvelsstraat	**A** 8	straat	**B** 21	Stapelstraat	**B**
Diestersteenweg	**A** 9	Naamsestr.	**B** 23	Stationsstraat	**AB** 35
Fabriekstraat	**A** 10	Naamsevest	**B** 24	Tiensesteenweg	**B** 37
Gazometerstr.	**B** 12	Noord Oostelijke		Tongersesteenweg	**B** 38
Gootstraat	**B** 13	Omleiding	**B** 25	Vissegatstraat	**A** 40
Grevensmolenweg	**A** 15	Parkstraat	**A** 26	Zoutstraat	**AB** 42
Grote Markt	**B**	Plankstraat	**AB** 28		

SNELLEGEM West-Vlaanderen 213 D 16 et 409 C 2 – voir à Jabbeke.

SOHEIT-TINLOT 4557 Liège © Tinlot 2 125 h. 213 R 20, 214 R 20 et 409 J 4.
Bruxelles 96 – Huy 13 – Liège 29.

XX **Le Coq aux Champs**, r. Montys 33, ℘ 0 85 51 20 14, « Auberge ardennaise le long d'une route de campagne boisée » – ℗. AE ⓄⒹ ⓂⓄ VISA
fermé 1ʳᵉ quinz. juil., 3 dern. sem. déc., lundi et mardi – Repas 1400/2000.

SOIGNIES (ZINNIK) 7060 Hainaut 213 J 19, 214 J 19 et 909 F 4 – 24 572 h.

Voir *Collégiale St-Vincent*★★.

Bruxelles 41 – *Mons* 21 – Charleroi 40.

XX **La Fontaine St-Vincent**, r. Léon Hachez 7, ✆ 0 67 33 95 95, pleonard@swing.be, Fax 0 67 33 19 56 – MC VISA
fermé 1 sem. carnaval, mi-juil.-mi-août, dim. soir, lundi soir et mardi – **Repas** 1490/2890 bc.

XX **L'Embellie**, r. Station 115, ✆ 0 67 33 31 48, Fax 0 67 33 31 48, 🌳 – AE ① MC VISA
fermé 22 juil.-13 août, sam. midi, dim. soir et lundi – **Repas** Lunch 800 – 1180/1650.

à Casteau Sud : 7 km par N 6 © Soignies – ✉ 7061 Casteau :

🏨 **Casteau**, chaussée de Bruxelles 38, ✆ 0 65 32 04 00, Fax 0 65 72 87 44, 🍴 – ⇔ TV 🅿 – 🔒 25 à 250. AE ① MC VISA
Repas (fermé lundi midi) 1600/1950 – **71 ch** ⊇ 3000/3900.

à Thieusies Sud : 6 km par N 6 © Soignies – ✉ 7061 Thieusies :

XX **La Saisinne**, r. Saisinne 133, ✆ 0 65 72 86 63, b.delaunois@swing.be, Fax 0 65 73 02 61, « Environnement champêtre » – 🅿. AE ① MC VISA. 🌸
fermé 1 sem. Pâques, juil., dim. et lundi – **Repas** 1350/1800.

X **La Maison d'Odile**, r. Sirieu 303, ✆ 0 65 73 00 72, Fax 0 65 73 00 72, 🌳 – ①
MC VISA
fermé 9 et 10 avril, août, fin déc., mardi soir, merc. et dim. soir – **Repas** – 1450/1850.

SOLRE-ST-GÉRY Hainaut 214 K 21 et 909 F 5 – voir à Beaumont.

SORINNES Namur 213 O 21, 214 O 21 et 909 H 5 – voir à Dinant.

SOUGNÉ-REMOUCHAMPS 4920 Liège © Aywaille 9 926 h. 213 T 20, 214 T 20 et 909 K 4.

Voir *Grottes*★★.

Bruxelles 122 – Liège 28 – Spa 13.

XX **Bonhomme** avec ch, r. Reffe 26, ✆ 0 4 384 40 06, Fax 0 4 384 59 46, 🌳, 🏊, 🍴 – 🅿. AE MC VISA. 🌸 ch
fermé 1 sem. carnaval, dern. sem. mars, dern. sem. juin, dern. sem. sept., 28 nov.-14 déc., jeudi hors saison et merc. – **Repas** Lunch 1100 – 1375/1750 – **12 ch** ⊇ 1975/3200 – ½ P 2550/2975.

X **Aub. du Cheval Blanc**, r. Louveigné 1, ✆ 0 4 384 44 17, Fax 0 4 384 73 10, 🌳 – AE ① MC VISA. 🌸
fermé 15 déc.-1er fév., lundi, mardi et après 20 h 30 – **Repas** Lunch 550 – carte 1000 à 1450.

SOUMOY Namur 214 L 21 et 909 G 5 – voir à Cerfontaine.

SPA 4900 Liège 213 U 20, 214 U 20 et 909 K 4 – 10 312 h. – Station thermale★★ – Casino AY, r. Royale 4 ✆ 0 87 77 20 52, Fax 0 87 77 02 06.

Voir par ② : *Promenade des Artistes*★.

Musée : *de la Ville d'eaux : collection*★ *de "jolités"* AY M.

Env. par ③ : 9 km, *Circuit autour de Spa*★ - *Parc à gibier de la Reid*★.

🏇 par ① : 2,5 km à Balmoral, av. de l'Hippodrome 1 ✆ 0 87 79 30 30, Fax 0 87 79 30 39.
🛈 Pavillon des Petits Jeux, pl. Royale 41 ✆ 0 87 79 53 53, Fax 0 87 79 53 54.

Bruxelles 139 ③ – Liège 38 ③ – Verviers 16 ③.

Plan page ci-contre

🏨 **La Villa des Fleurs** sans rest, r. Albin Body 31, ✆ 0 87 79 50 50, info@hotel-villadesfleurs.be, Fax 0 87 79 50 60, « Maison de maître avec jardin clos de murs » – 📺 🅿.
AE ① MC VISA JCB   AY e
fermé janv. – **12 ch** ⊇ 2800/4900.

🏨 **La Heid des Pairs** 🌸 sans rest, av. Prof. Henrijean 143 (Sud-Ouest : 1,5 km), ✆ 0 87 77 43 46, christian.depreter@pi.be, Fax 0 87 77 06 44, « Villa sur jardin », 🏊 🅿. MC
VISA. 🌸   par av. Clémentine   AZ
8 ch ⊇ 3900/5600.

🏨 **L'Auberge**, pl. du Monument 3, ✆ 0 87 77 44 10, auberge.spa@online.be, Fax 0 87 77 48 40 – 🍴, 🍽 rest, 📺. AE ① MC VISA. 🌸   AY a
Repas (fermé 15 nov.-15 déc.) Lunch 895 – carte 1400 à 1750 – ⊇ 295 – **20 ch** 2100/4500 – 10 suites – ½ P 3300/4050.

🏨 **Le Pierre** 🌸, av. Reine Astrid 86, ✆ 0 87 77 52 10, lepierre@hotellepierre.be, Fax 0 87 77 52 20, 🌳, 🌸 – 📺 🅿. AE ① MC VISA   AY
fermé janv. – **Repas** (dîner pour résidents seult) – **14 ch** ⊇ 2350/3300 – ½ P 2450/3150.

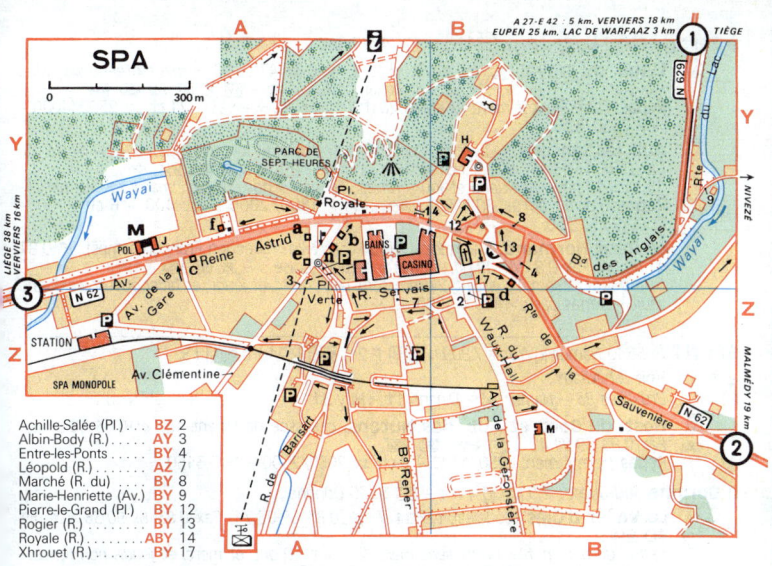

SPA

Achille-Salée (Pl.) . . . **BZ** 2
Albin-Body (R.) . . . . **AY** 3
Entre-les-Ponts . . . . **BY** 4
Léopold (R.) . . . . . . **AZ** 7
Marché (R. du) . . . . **BY** 8
Marie-Henriette (Av.) . **BY** 9
Pierre-le-Grand (Pl.) . **BY** 12
Rogier (R.) . . . . . . **BY** 13
Royale (R.) . . . . . . **ABY** 14
Xhrouet (R.) . . . . . . **BY** 17

Le Relais, pl. du Monument 22, ☎ 0 87 77 11 08, fr.viteux@skynet.be, Fax 0 87 77 25 93, 🍴 – TV. AE ① MC VISA JCB AY b
fermé 26 nov.-14 déc. – **Repas** 650/1500 – **12 ch** ⊇ 2150/2650 – ½ P 1570/1920.

L'art de vivre, av. Reine Astrid 53, ☎ 0 87 77 04 44, Fax 0 87 77 17 43, 🐾 – AE ①
MC VISA. ⛔ AY f
fermé mardi et merc. – **Repas** Lunch 1100 – carte 1800 à 2550.

La Brasserie du Grand Maur, r. Xhrouet 41, ☎ 0 87 77 36 16, Fax 0 87 77 46 13,
🍴, « Maison du 18e s. » – AE ① MC VISA BYZ d
fermé 2 sem. fin déc. et lundi - **Repas** Lunch 1100 – carte 1250 à 2000.

La Belle Epoque, pl. du Monument 15, ☎ 0 87 77 54 03, Fax 0 87 77 54 03 – AE ①
MC VISA AY n
fermé 2 sem. en juin, 2 sem. en déc., lundi et mardi – **Repas** Lunch 495 – 850/1495.

La Source de Barisart, rte de Barisart 295 (Sud : 3 km), ☎ 0 87 77 09 88, Fax 0 87
77 64 28, 🍴, Taverne-rest, « Terrasse, environnement boisé » – P. AE ①
MC VISA AZ
fermé mardi et merc. – **Repas** Lunch 785 bc – 780/1100.

à Balmoral par ① : 3 km ℂ Spa – ✉ 4900 Spa :

Balmoral M, av. Léopold II 40, ☎ 0 87 79 21 41, info@balmoral-hotel-spa.com, Fax 0 87
79 21 51, 🍴, 𝄞, ≋, ▨, 🐾, ✘, ♣ – 🛗 ✱ TV 🚻 P – 🚗 25 à 180. AE ① MC
VISA. ⛔
Repas Lunch 1500 bc – 1300 – **50 ch** ⊇ 5500/8800, 38 suites – ½ P 4950/8700.

Dorint, rte de Balmoral 33, ☎ 0 87 79 32 50, dorintspa@dorintspa.be, Fax 0 87
77 41 74, ≤, 🍴, « Environnement boisé », 𝄞, ≋, ▨, 🐾, ✘, ♣ – 🛗 TV P – 🚗 25
à 200. AE ① MC VISA. ⛔ rest
Repas Lunch 1000 – 1100/1800 – **98 ch** ⊇ 5400/8400 – ½ P 5500/8500.

à Nivezé par rte de la Sauvenière, puis à gauche ℂ Spa – ✉ 4900 Spa :

La Fontaine du Tonnelet, rte du Tonnelet 82, ☎ 0 87 77 26 03, Fax 0 87 77 03 64,
Cuisine italienne – P. AE ① MC VISA
fermé 20 déc.-19 janv., mardi et merc. – **Repas** 1380.

à la Reid par ③ : 9 km ℂ Theux 11 003 h. – ✉ 4910 La Reid :

Le Menobu ⛔, rte de Menobu 546, ☎ 0 87 37 60 42, Fax 0 87 37 69 35, 🍴, 🐾 –
TV P. AE MC VISA
fermé janv. – **Repas** (fermé mardi et merc.) Lunch 950 – carte env. 1100 – **6 ch** ⊇ 2200
– ½ P 1850.

SPA

à Sart par ① : 7 km © Jalhay 7 351 h. – ⊠ 4845 Sart :

- **L'Aub. du Wayai** ⑤, rte du Stockay 2, ℘ 0 87 47 53 93, info@motel-du-wayai.be, Fax 0 87 47 53 95, ≤, 佘, « Cadre champêtre », 🛏 – TV 🚗 P. AE ① ⑩ VISA
 Repas (fermé mardi, merc. et après 20 h 30) Lunch 750 bc – 995 – **21 ch** ⊃ 2500/4000 – ½ P 2550/3250.

- XX **Aub. les Santons** ⑤ avec ch, Cokaifagne 47 (rte de Francorchamps), ℘ 0 87 47 43 15, Fax 0 87 47 43 16, 佘, « Terrasse et jardin » – TV 🚗 P. ⑩ VISA. ⁂
 15 avril-19 nov., week-end et jours fériés ; fermé 19 nov.-20 déc., mardi soir et merc. –
 Repas (fermé après 20 h 30) Lunch 1450 – 1800/2000 – ⊃ 400 – **6 ch** 2500 – ½ P 2250/2750.

- X **Le Petit Normand**, r. Roquez 47 (Sud-Est : 3 km, direction Francorchamps), ℘ 0 87 47 49 04, Fax 0 87 47 49 04, « Environnement boisé » – P. ⑩ VISA
 fermé sept., 2 sem. Toussaint, 2 prem. sem. janv., merc. et jeudi ; en hiver ouvert week-end seult – **Repas** carte 1400 à 1800.

SPONTIN 5530 Namur © Yvoir 7 809 h. 218 P 21, 214 P 21 et 909 I 5.

Voir Château★.

Bruxelles 83 – Namur 24 – Dinant 11 – Huy 31.

- **Host. du Bocq et Aub. des Nutons**, chaussée de Dinant 13, ℘ 0 83 69 91 42, Fax 0 83 69 91 42 – TV 🚗. ⑩ VISA
 Repas (fermé merc.) 850/1700 – **6 ch** ⊃ 2050/2500 – ½ P 3150.

à Dorinne Sud-Ouest : 2,5 km © Yvoir – ⊠ 5530 Dorinne :

- XXX **Le Vivier d'Oies** (Godelet), r. État 7, ℘ 0 83 69 95 71, Fax 0 83 69 90 36 – P. AE ⑩ VISA
 fermé dern. sem. fév.-prem. sem. mars, 25 sept.-10 oct. et merc. et jeudis non fériés –
 Repas Lunch 1010 – 1600/2200, carte 1950 à 2400
 Spéc. Fond d'artichaut aux queues d'écrevisses, coulis à l'estragon (juin-nov.). Quenelles de brochet aux petits-gris de Namur et au cresson. Croquant d'amandes aux fruits caramélisés et glace au miel de lavande.

SPRIMONT 4140 Liège 218 T 19, 214 T 19 et 909 JK 4 – 12 272 h.

Bruxelles 112 – Liège 19 – Spa 12.

- X **La Maison des Saveurs**, r. Grand Bru 27 (sur N 30, direction Liège), ℘ 0 4 382 35 60, Fax 0 4 382 35 63, 佘 – P. ⑩ VISA
 fermé 2 sem. fin août, 1 sem. fin déc., lundi et mardi – **Repas** Lunch 1050 – carte 1400 à 2000.

STALHILLE West-Vlaanderen 218 D 15 et 909 C 2 – voir à Jabbeke.

STAVELOT 4970 Liège 218 U 20, 214 U 20 et 909 K 4 – 6 501 h.

Voir Carnaval du Laetare★★ (3e dim. avant Pâques) – Châsse de St-Remacle★★ dans l'église St-Sébastien.

Musée : religieux régional dans l'Ancienne Abbaye : section des Tanneries★.

Env. à l'Ouest : Vallée de l'Amblève★★ de Stavelot à Comblain-au-Pont – à l'Ouest : 8,5 km : Cascade★ de Coo, Montagne de Lancre ⁂★.

🛈 Musée de l'Ancienne Abbaye, Cour de l'Hôtel de Ville ℘ 0 80 86 27 06, Fax 0 80 86 27 06.

Bruxelles 158 – Bastogne 64 – Liège 59 – Malmédy 9 – Spa 18.

- **d'Orange**, Devant les Capucins 8, ℘ 0 80 86 20 05, info@hotel-orange.be, Fax 0 80 86 42 92, 佘, « Ancien relais postal du 18e s. », 🚲 – TV 🚗 – 🔔 25. AE ① ⑩ VISA
 avril-nov., vacances scolaires et week-end – **Repas** (fermé après 20 h 30) 620/1750 –
 17 ch ⊃ 3000/3600 – ½ P 2400/3400.

- XXX **Le Val d'Amblève** avec ch, rte de Malmédy 7, ℘ 0 80 86 23 53, leval.dambleve@ ate71.be, Fax 0 80 86 41 21, ≤, 佘, « Jardin », ⁂ – ▤ rest, TV 🚗 P. – 🔔 35. AE ① ⑩ VISA
 fermé 3 prem. sem. janv. – **Repas** (fermé lundis non fériés) Lunch 1350 – 1750/1975 – **12 ch** ⊃ 3000/4500.

à la cascade de Coo Ouest : 8,5 km © Stavelot – ⊠ 4970 Stavelot :

- **Val de la Cascade**, Petit-Coo 1, ℘ 0 80 68 40 78, Fax 0 80 68 49 80, 佘 – 🛗 TV P. 🔔 30. ⁂
 20 ch.

- X **Au Vieux Moulin**, Petit-Coo 2, ℘ 0 80 68 40 41, Fax 0 80 68 40 41, ≤ – AE ⑩ VISA
 fermé début sept. et mardis soirs et merc. non fériés sauf en juil.-août – **Repas** 800/120

STEKENE 9190 Oost-Vlaanderen 213 J 15 et 909 F 2 – 16 580 h.
Bruxelles 59 – Antwerpen 30 – Gent 32.

X **'t Oud Gelaag,** Nieuwstraat 66b, ℘ 0 3 779 82 94, lucdegrieck@yucom.be, Fax 0 3 779 82 94 – VISA
fermé 3 prem. sem. oct., merc. soir, jeudi et vend. midi – **Repas** Lunch 1300 – carte 1150 à 1500.

STERREBEEK Vlaams-Brabant 213 L 17 - ⑤② N et 909 G 3 - ㉒ N – voir à Bruxelles, environs.

STEVOORT Limburg 213 Q 17 et 909 I 3 – voir à Hasselt.

STOUMONT 4987 Liège 213 T 20, 214 T 20 et 909 K 4 – 2856 h.
Env. à l'Ouest : Belvédère "Le Congo" ≤★ - Site★ du Fonds de Quareux.
Bruxelles 139 – Liège 45 – Malmédy 24.

X **Zabonprés,** Zabonprés 3 (Ouest : 4,5 km sur N 633, puis route à gauche), ℘ 0 80 78 56 72, zabonpres@swing.be, Fax 0 80 78 61 41, 余, « Fermette au bord de l'Amblève » – 🅿. AE ⓞ ⓜⓞ VISA
ouvert 21 mars-21 sept., week-end et jours fériés ; fermé carnaval, sem. Toussaint, Noël-Nouvel An, lundi soir sauf en juil.-août et mardi – Repas 900/1350.

STROMBEEK-BEVER Vlaams-Brabant 213 L 17 - ㊿ N et 909 G 3 – voir à Bruxelles, environs.

STUIVEKENSKERKE West-Vlaanderen 213 C 16 – voir à Diksmuide.

TAMISE Oost-Vlaanderen – voir Temse.

TEMPLOUX Namur 213 N 20, 214 N 20 et 909 H 4 – voir à Namur.

TEMSE (TAMISE) 9140 Oost-Vlaanderen 213 K 16 et 909 F 2 – 25 409 h.
🄱 De Watermolen, Wilfordkaai 23 ℘ 0 3 771 51 31, Fax 0 3 711 94 34.
Bruxelles 40 – Antwerpen 26 – Gent 41 – Mechelen 25 – Sint-Niklaas 7,5.

🏨 **Belle Vue,** Wilfordkaai 37, ℘ 0 3 711 08 08, Fax 0 3 771 57 58, 余 – 📶, ■ rest, 📺. AE ⓞ ⓜⓞ VISA
Repas (fermé du 15 au 31 déc. et vend.) Lunch 990 – 1790 – **11 ch** ⊇ 2300/2700 – ½ P 1950/2250.

XX **La Provence,** Doornstraat 252 (Nord : 2 km, lieu-dit Velle), ℘ 0 3 711 07 63, Fax 0 3 711 07 63, 余, « Ancienne ferme avec terrasse » – 🅿. AE ⓞ ⓜⓞ VISA
fermé 15 fév.-1er mars, 27 août-20 sept., mardi et merc. – **Repas** 1075/1850.

XX **de Sonne,** Markt 10, ℘ 0 3 771 37 73, Fax 0 3 771 37 73, 余 – AE ⓞ ⓜⓞ VISA
fermé sem. carnaval, 12 juil.-5 août, merc. et jeudi – **Repas** Lunch 1050 – 1550/1900.

X **De Pepermolen,** Nijverheidsstraat 1 (près N 16), ℘ 0 3 771 12 41, Fax 0 3 771 12 41 – 🅿. AE ⓜⓞ VISA, ⋘
fermé 1 sem. en fév., 2e quinz. juil., mardi soir et merc. – **Repas** Lunch 450 – 1200 bc.

TERHULPEN Brabant Wallon – voir La Hulpe.

TERMONDE Oost-Vlaanderen – voir Dendermonde.

TERTRE 7333 Hainaut © St-Ghislain 22 097 h. 213 H 20, 214 H 20 et 909 E 4.
🔹 au Nord-Est : 4 km à Baudour, r. Mont Garni 3 ℘ 0 65 62 27 19, Fax 0 65 62 34 10.
Bruxelles 77 – Mons 12 – Tournai 37 – Valenciennes 30.

XX **Le Vieux Colmar,** rte de Tournai 197 (N 50), ℘ 0 65 62 26 79, Fax 0 65 62 36 14, 余, « Jardin fleuri » – 🅿. AE ⓞ ⓜⓞ VISA
fermé 2 sem. carnaval, 17 juil.-4 août et mardi – **Repas** (déjeuner seult sauf vend. et sam.) Lunch 1450 bc – 2150 bc/2750 bc.

XX **La Cense de Lalouette,** rte de Tournai 188 (N 50), ℘ 0 65 62 08 70, Fax 0 65 62 35 58, 余, « Rustique » – 🅿. AE ⓞ ⓜⓞ VISA
fermé 2e quinz. août-1re quinz. sept., 1re quinz. janv. et lundis et sam. midis non fériés – **Repas** (déjeuner seult sauf sam.) Lunch 1550 bc – 935/1850.

TERVUREN
Vlaams-Brabant 213 M 18 - ⑫ S et 909 G 3 - ㉒ S – voir à Bruxelles, environs.

TESSENDERLO
3980 Limburg 213 P 16 et 909 I 2 – 15 512 h.

Voir Jubé★ de l'église St-Martin (St-Martinuskerk).
🛈 Gemeentehuis, Markt ℘ 0 13 66 17 15, Fax 0 13 67 36 93.
Bruxelles 66 – Antwerpen 57 – Liège 70.

- **Lindehoeve**, Zavelberg 12 (Ouest : 3,5 km, lieu-dit Schoot), ℘ 0 13 66 31 67, Fax 0 13 67 16 95, ≼, 🍽, « Environnement boisé », ≘s, ⤵, 🐎, TV 🅿 ⌀
6 ch.

- **La Forchetta**, Stationsstraat 69, ℘ 0 13 66 40 14, Fax 0 13 66 40 14, 🍽, « Terrasse fleurie » – 🅿 AE ⓞ ⓜ VISA
fermé sem. carnaval, début août, sam. midi, dim. soir et lundi – **Repas** carte env. 1900.

TEUVEN
3793 Limburg Ⓒ Voeren 4 297 h. 213 U 18 et 909 K 3.

Bruxelles 134 – Maastricht 22 – Liège 43 – Verviers 26 – Aachen 22.

- **Hof de Draeck** ⑊ avec ch, Hoofstraat 6, ℘ 0 4 381 10 17, hofdedraeck@pi.be, Fax 0 4 381 11 88, 🍽, « Ferme-château », 🐎 – TV 🅿 AE ⓞ ⓜ VISA ⌀
fermé 12 fév.-2 mars et du 13 au 30 août – **Repas** (fermé lundi et mardi midi) Lunch 1550 bc – 1390/1890 – **11 ch** ⇌ 2150/3300 – ½ P 2300.

THEUX
4910 Liège 213 T 19, 214 T 19 et 909 K 4 – 11 003 h.

Bruxelles 131 – Liège 31 – Spa 7 – Verviers 12.

- **Le Relais du Marquisat**, r. Hocheporte 13, ℘ 0 87 54 21 38, Fax 0 87 53 01 39, « Maisonnette restaurée » – AE ⓞ ⓜ VISA ⌀
fermé août, lundi et merc. soir – **Repas** 895/1650.

- **L'Aubergine**, chaussée de Spa 87, ℘ 0 87 53 02 59, Fax 0 87 53 02 59 – 🅿 ⓞ ⓜ VISA
fermé 18 juin-5 juil., mardi soir et merc. – **Repas** Lunch 900 – 1250.

THIEUSIES
Hainaut 213 J 19, 214 J 19 et 909 F 4 – voir à Soignies.

THIMISTER
4890 Liège Ⓒ Thimister-Clermont 5 024 h. 213 U 19, 214 U 19 et 909 K 4.

Bruxelles 121 – Maastricht 34 – Liège 29 – Verviers 12 – Aachen 22.

à Clermont Est : 2 km Ⓒ Thimister-Clermont – ✉ 4890 Clermont :

- **Le Charmes-Chambertin**, Crawhez 40, ℘ 0 87 44 50 37, lecharmeschambertin@skynet.be, Fax 0 87 44 71 61 – 🅿 AE ⓞ ⓜ VISA
fermé 1 sem. Pâques, fin juil.-début août, fin déc.-début janv., mardi soir, merc. et dim. soir – **Repas** Lunch 950 – 1600/2100.

THON
Namur 213 P 20, 214 P 20 et 909 I 4 – voir à Namur.

TIELT
8700 West-Vlaanderen 213 F 17 et 909 D 2 – 19 241 h.

Bruxelles 85 – Brugge 34 – Kortrijk 21 – Gent 32.

- **Shamrock**, Euromarktlaan 24 (près rte de ceinture), ℘ 0 51 40 15 31, info@shamrock.be, Fax 0 51 40 40 92, 🍽, ≘s, 🐎 – 🛗, 🍴 rest, TV 🅿 – 🕿 25 à 250. AE ⓞ ⓜ VISA
fermé 2 dern. sem. juil.-prem. sem. août et dim. – **Repas** (fermé dim. et lundi) carte env 1400 – **27 ch** ⇌ 2400/3500 – ½ P 2800.

- **De Meersbloem**, Polderstraat 3 (Nord-Est : 4,5 km, direction Ruiselede, puis rte à gauche), ℘ 0 51 40 25 01, Fax 0 51 40 77 52, ≼, 🍽, « Jardin » – 🅿 AE ⓞ ⓜ VISA
fermé du 15 au 31 août, Noël-Nouvel An, mardi soir, merc. et dim. soir – **Repas** Lunch 110 – 1900.

TIENEN
(TIRLEMONT) 3300 Vlaams-Brabant 213 O 18 et 909 H 3 – 31 481 h.

Voir Église N.-D.-au Lac★ (O.L. Vrouw-ten-Poelkerk) : portails★ ABY D.
Env. par ② : 3 km à Hakendover, retable★ de l'église St-Sauveur (Kerk van de Goddelijk Zaligmaker) – à l'Est : 15 km à Zoutleeuw, Église St-Léonard★★ (St-Leonarduskerk) intérieur★★ (musée d'art religieux, tabernacle★★).
🛈 Grote Markt 4 ℘ 0 16 80 56 86, Fax 0 16 81 04 79.
Bruxelles 46 ④ – Charleroi 60 ④ – Hasselt 35 ② – Liège 57 ④ – Namur 47 ④

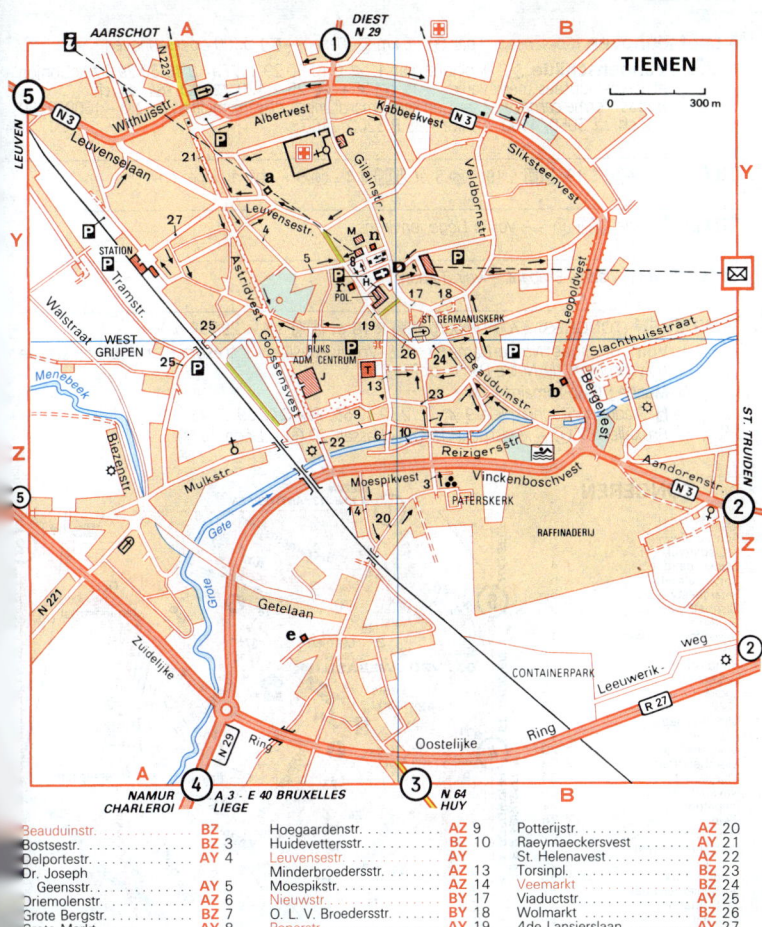

Beaudiunstr.	**BZ**	Hoegaardenstr.	**AZ** 9	Potterijstr.	**AZ** 20
Bostsestr.	**BZ** 3	Huidevettersstr.	**BZ** 10	Raeymaeckersvest	**AY** 21
Delportestr.	**AY** 4	Leuvensestr.	**AY**	St. Helenavest	**AZ** 22
Dr. Joseph		Minderbroedersstr.	**AZ** 13	Torsinpl.	**BZ** 23
Geensstr.	**AY** 5	Moespikstr.	**AZ** 14	Veemarkt	**BZ** 24
Driemolenstr.	**AZ** 6	Nieuwstr.	**BY** 17	Viaductstr.	**AY** 25
Grote Bergstr.	**BZ** 7	O. L. V. Broederstr.	**BY** 18	Wolmarkt	**BZ** 26
Grote Markt	**AY** 8	Peperstr.	**AY** 19	4de Lansierslaan	**AY** 27

Alpha, Leuvensestraat 95, ☎ 0 16 82 28 00, Fax 0 16 82 24 54, 🍽, 🚲 – 📶 📺 🅿️ AE
ⓂⒸ VISA   **AY** a
Repas (fermé sam. et dim.) Lunch 500 – 700/995 – ⊇ 300 – **18 ch** 2400/2800 –
½ P 2200/3200.

De Fidalgo, Outgaardenstraat 23 (Bost), ☎ 0 16 81 73 58, Fax 0 16 82 28 17, 🍽,
« Jardin avec étang » – 🅿️ AE ⓄⒸ VISA. ✂   **AZ** e
fermé 2 dern. sem. juil.-prem. sem. août, prem. sem. janv., sam. midi, dim. soir et lundi –
Repas Lunch 1200 – 1500/1850.

Vigiliae, Grote Markt 10, ☎ 0 16 81 77 03, Fax 0 16 82 12 68, 🍽, Ouvert jusqu'à 23 h
– 🎚. AE ⓂⒸ VISA   **AY** n
fermé 2 dern. sem. juil.-prem. sem. août et lundis non fériés – **Repas** 1280.

Casa Al Parma, Grote Markt 40, ☎ 0 16 81 68 55, Fax 0 16 82 26 56, 🍽, Avec cuisine
italienne, ouvert jusqu'à 23 h – 🎚. AE Ⓞ VISA   **AY** r
fermé merc. non fériés – **Repas** Lunch 995 – carte 1150 à 1450.

De Refugie, Kapucijnenstraat 75, ☎ 0 16 82 45 32, Fax 0 16 81 45 23, 🍽 – AE Ⓞ
ⓂⒸ VISA   **BZ** b
fermé 1 sem. carnaval, 21 juil.-prem. sem. août, mardi soir, merc. et sam. midi – **Repas**
Lunch 690 – 1250.

TIENEN

à Goetsenhoven (Gossencourt) par ③ : 6 km 🄲 Tienen – ✉ 3300 Goetsenhoven :

 Vandenschilde, Doolhofstraat 1, ✆ 0 16 80 29 11, Fax 0 16 80 29 00, « Donjon et caves voûtées médiévaux » – 📺 🅿 – 🛋 25 à 120. 🆎 ⓜ 💳. ch
Repas (fermé carnaval, 2 sem. en sept., mardi, merc. et sam. midi) Lunch 1250 – 1600/2250 – **8 ch** ⥮ 3050/4100, 1 suite – ½ P 3200/7100.

TILFF Liège 213 S 19, 214 S 19 – ㉕ S et 409 J 4 – ⑱ S – voir à Liège, environs.

TILLEUR Liège 409 ⑰ S – voir à Liège, environs.

TIRLEMONT Vlaams-Brabant – voir Tienen.

TONGEREN (TONGRES) 3700 Limburg 213 R 18 et 409 J 3 – 29 798 h.

Voir Basilique Notre-Dame★★ (O.L. Vrouwebasiliek) : trésor★★, retable★, statue polychrome★ de Notre-Dame, cloître★ Y.

Musée : Gallo-romain★ Y M¹.

🛈 Stadhuis, Stadhuisplein 9 ✆ 0 12 39 02 55, Fax 0 12 39 11 43.
Bruxelles 87 ④ – Maastricht 19 ② – Hasselt 20 ⑤ – Liège 19 ③.

TONGEREN

Achttiende-Oogstwal	Y 2
Clarissenstraat	Y 4
Corverstraat	YZ 5
Eeuwfeestwal	Y 6
Elisabethwal	Z 9
Grote Markt	Y
Hasseltsesteenweg	Y 10
Hemelingenstraat	Y 12
Hondsstraat	Y 14
Luikerstraat	Z 15
Looierstraat	Y
Maastrichterstraat	Y 18
Minderbroederstraat	Z 19
Moerenstraat	Y 20
Momberstraat	Z 23
Muntstraat	Z 24
Nevenstraat	Y 25
Piepelpoel	Y 27
Plein	Z 28
Pliniuswal	Y 30
Predikherenstraat	Y 31
Regulierenplein	Z 34
Ridderstraat	Y 35
de Schiervelstraat	Y 37
St. Catharinastraat	Z 38
St. Jansstraat	Z 39
St. Maternuswal	Y 41
St. Truidenstraat	Y 42
Stationslaan	Y 44
Vermeulenstraat	Y 46
11 Novemberwal	Y 47

🏨 **Ambiotel**, Veemarkt 2, ✆ 0 12 26 29 50, Fax 0 12 26 15 42, 🌳 – 📺 🅿 – 🛋 25 à 50. 🆎 ⓞ ⓜ 💳.
Repas (Taverne-rest, ouvert jusqu'à 23 h) carte 1200 à 1650 – **22 ch** ⥮ 3700/4400 – ½ P 2800/3700.

🍴 **Biessenhuys**, Hemelingenstraat 23, ✆ 0 12 23 47 09, Fax 0 12 23 83 76, 🌳, « Demeure ancienne, jardin » – 🅿. 🆎 ⓞ ⓜ 💳.
fermé 25 fév.-8 mars, 16 juil.-9 août, mardi soir et merc. – **Repas** Lunch 1500 bc – 1575/2150.

à 's-Herenelderen Nord-Est : 4 km par N 758, direction Mopertingen 🄲 Tongeren – ✉ 370. 's-Herenelderen :

🏨 **Bavershof**, Elderenstraat 133, ✆ 0 12 23 43 18, Fax 0 12 39 25 18, 🌳 –
Repas (fermé mi-août-début sept. et merc.) (Taverne-rest, dîner seult sauf week-en carte env. 1000 – **9 ch** ⥮ 1400/2000 – ½ P 1395/1795.

TONGEREN

à Vliermaal par ⑤ : 5 km 🅲 Kortessem 8 080 h. – ✉ 3724 Vliermaal :

XXXXX **Clos St. Denis** (Denis), Grimmertingenstraat 24, ✆ 0 12 23 60 96, stdenis@relaischa
❀❀ teaux.fr, Fax 0 12 26 32 07, « Ferme-château du 17ᵉ s., terrasse ombragée et jardin » –
🅿 ᴀᴇ ⓞ ⓜⓞ 𝗩𝗜𝗦𝗔, ⌘
fermé du 3 au 11 avril, 16 juil.-1ᵉʳ août, 30 oct.-7 nov., 26 déc.-9 janv., mardi et merc.
– **Repas** Lunch 1850 – 3650/4950, carte 3350 à 4100
Spéc. Homard haché à cru, préparé comme un tartare. St-Jacques et artichauts en poivrade, bouillon de volaille aromatisé aux truffes. Cœur de ris de veau doré à la broche, parfumé au romarin.

TORGNY Luxembourg belge 𝟮𝟭𝟰 R 25 et 𝟵𝟬𝟵 J 7 – voir à Virton.

TORHOUT 8820 West-Vlaanderen 𝟮𝟭𝟯 D 16 et 𝟵𝟬𝟵 C 2 – 18 822 h.
🅸 Kasteel Ravenhof ✆ 0 50 22 07 70, Fax 0 50 22 15 04.
Bruxelles 107 – *Brugge* 23 – Oostende 25 – Roeselare 13.

🏨 **d'Aertrycke** Ⓜ ⌘ sans rest, Zeeweg 42, ✆ 0 50 22 07 70, hotel.daertrycke@pi.be,
Fax 0 50 22 02 33, ≤, « Dans les dépendances du château au milieu d'un parc avec étangs », 🛏, 🚴, ⛴ 📺 🅿 – 🚗 25 à 60. ᴀᴇ ⓞ ⓜⓞ 𝗩𝗜𝗦𝗔
20 ch ⇌ 3700/5300.

🏨 **Host. 't Gravenhof**, Oostendestraat 343 (Nord-Ouest : 3 km à Wijnendale), ✆ 0 50
21 23 14, tgravenhof@online.be, Fax 0 50 21 69 36, 🍽, 🛏, 🚴, – ⛴ 📺 🅿 – 🚗 25 à
320. ᴀᴇ ⓞ ⓜⓞ 𝗩𝗜𝗦𝗔. ⌘ rest
Repas (fermé 15 fév.-5 mars, mardi et merc.) Lunch 1450 bc – 2000/2700 – **10 ch**
⇌ 2500/4000 – ½ P 3400/3900.

XX **Forum**, Rijksweg 42 (Sud-Ouest : 7 km sur N 35 à Sint-Henricus), ✆ 0 51 72 54 85, info
@restaurantforum.be, Fax 0 51 72 63 57 – ⛴ 🅿 ᴀᴇ ⓞ ⓜⓞ 𝗩𝗜𝗦𝗔
fermé du 15 au 22 fév., du 15 au 31 août, dim. soir et lundi – **Repas** Lunch 1200 bc –
1750 bc/2500 bc.

X **De Zwaan**, Oostendestraat 3, ✆ 0 50 21 26 58, Fax 0 50 22 15 50 – ⛴ 🅿 ᴀᴇ
ⓜⓞ 𝗩𝗜𝗦𝗔
fermé 28 juil.-16 août, dim. soir et lundi – **Repas** Lunch 400 – 700/1250.

X **'t Heuvelhof**, Oostendestraat 394 (Nord-Ouest : 3 km à Wijnendale), ✆ 0 50 21 50 01,
tgravenhof@online.be, Fax 0 50 21 69 36, 🍽, Taverne-rest, ouvert jusqu'à 23 h – 🅿
ⓜⓞ 𝗩𝗜𝗦𝗔
fermé 15 fév.-4 mars, lundi et mardi – **Repas** Lunch 350 – 1250 bc.

à Lichtervelde Sud : 7 km – 8 297 h. – ✉ 8810 Lichtervelde :

🏨 **De Voerman**, Koolskampstraat 105 (par E 403 - A 17, sortie ⑨), ✆ 0 51 74 67 67,
Fax 0 51 74 80 80, 🍽 – ⛴ rest, 📺 🚗 🅿 ⓜⓞ 𝗩𝗜𝗦𝗔, ⌘
fermé du 15 au 30 sept. et du 24 au 31 déc. – **Repas** (fermé lundi) Lunch 265 – carte env.
850 – **10 ch** ⇌ 1400/2100.

XXX **De Bietemolen**, Hogelaanstraat 3 (direction Ruddervoorde : 3 km à Groenhove), ✆ 0 50
21 38 34, Fax 0 50 22 07 60, ≤, 🍽, « Terrasse fleurie et jardin » – ⛴ 🅿 ᴀᴇ ⓞ
ⓜⓞ 𝗩𝗜𝗦𝗔
fermé 3 dern. sem. août, 2 prem. sem. janv., dim. soir et lundi – **Repas** 2390 bc/2990 bc.

TOURINNES-ST-LAMBERT 1457 Brabant Wallon 🅲 Walhain 5 361 h. 𝟮𝟭𝟯 N 19, 𝟮𝟭𝟰 N 19 et
𝟵𝟬𝟵 H 4.
Bruxelles 43 – *Namur* 26 – Charleroi 39.

X **Au Beurre Blanc**, r. Nil 8, ✆ 0 10 65 03 65, beurreblanc@swing.be, Fax 0 10 65 05 68
– 🅿 ᴀᴇ ⓞ ⓜⓞ 𝗩𝗜𝗦𝗔
fermé fin août-début sept., Noël-Nouvel An, dim. soir et lundi – **Repas** Lunch 550 –
1100/1600.

TOURNAI (DOORNIK) 7500 Hainaut 𝟮𝟭𝟯 F 19, 𝟮𝟭𝟰 F 19 et 𝟵𝟬𝟵 D 4 – 67 611 h.
Voir Cathédrale Notre-Dame★★★ : trésor★★ C – Pont des Trous★ : ≤★ AY – Beffroi★ C.
Musées : des Beaux-Arts★ (avec peintures anciennes★) C M² – d'histoire et d'archéologie :
sarcophage en plomb gallo-romain★ C M³.
Env. au Nord : 6 km à Mont-St-Aubert ⌘★ AY.
🅸 Vieux Marché-aux-Poteries 14 (au pied du Beffroi) ✆ 0 69 22 20 45, Fax 0 69 21 62 21.
Bruxelles 86 ② – *Kortrijk* 29 ⑥ – Charleroi 93 ② – Gent 70 ⑥ – Mons 48 ② –
Lille 28 ⑥

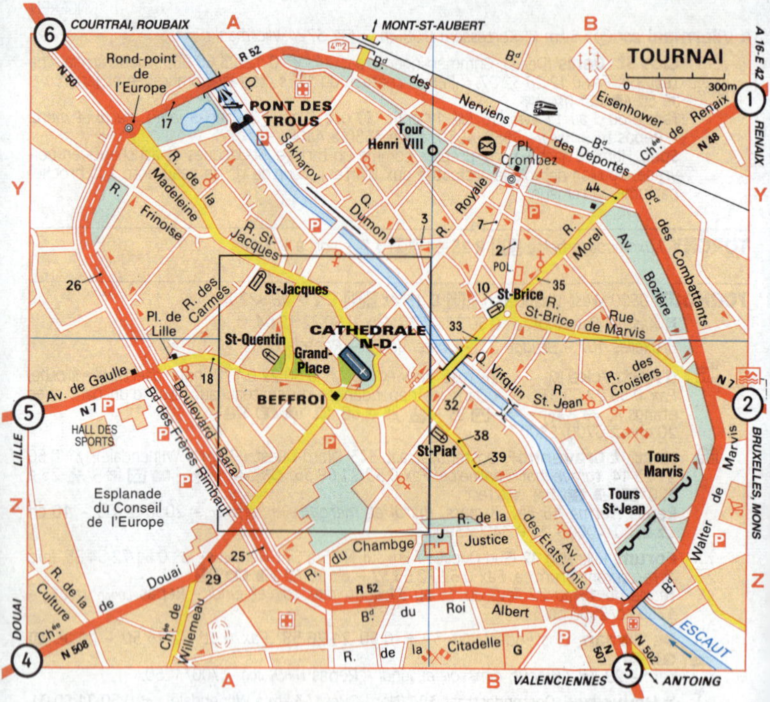

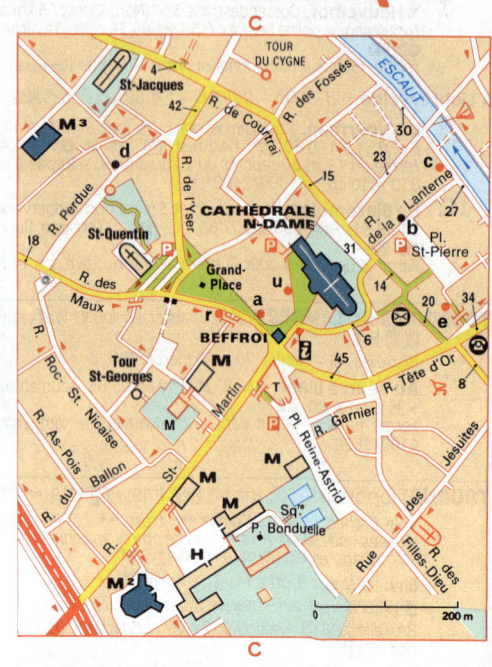

TOURNAI

Street	Grid
Athénée (R. de l')	BY 2
Becquerelle (R. du)	AY 3
Bourdon-St-Jacques (R. du)	C 4
Chapeliers (R. des)	C 6
Childeric (R.)	BY 7
Clairisses (R. des)	C 8
Clovis (Pl.)	BY 10
Cordonnerie (R. de la)	C 14
Curé-N.-Dame (R. du)	C 15
Delwart (Bd)	AY 17
Dorez (R.)	AZ 18
Gallait (R.)	AZ 20
Grand-Place	C
Hôpital-Notre-Dame (R. de l')	C 23
Lalaing (Bd)	AZ 25
Léopold (R.)	AY 26
Marché-au-Poisson (Quai du)	C 27
Montgomery (Av.)	AZ 29
Notre-Dame (Quai)	C 30
Paul-E.-Janson (Pl.)	C 31
Poissonsceaux (Quai des)	BZ 32
Pont (R. de)	BYZ 33
Puits-d'Eau (R. des)	C 34
Quesnoy (R. du)	BY 35
Royale (R.)	BY
Saint-Piat (R.)	BZ 38
Sainte-Catherine (R.)	BZ 39
Tête-d'Argent (R.)	C 42
Volontaires (R. des)	BY 44
Wallonie (R. de la)	C 45

308

TOURNAI

Cathédrale, pl. St-Pierre 2, ℘ 0 69 21 50 77, hotelcathedrale@tournai.be, Fax 0 69 21 50 78, 🍴 – 🛗 ⏣ TV ♿ – 🔔 25 à 180. ÆE ① ⓜⓞ VISA JCB. ※ rest   **C b**
Repas *(fermé sam. midi et dim. soir)* Lunch 450 – 850 – ☑ 420 – **59 ch** 3300 – ½ P 4320/4800.

d'Alcantara Ⓜ ⋟ sans rest, r. Bouchers St-Jacques 2, ℘ 0 69 21 26 48, Fax 0 69 21 28 24, « Maison patricienne du 18ᵉ s. », 🚲 – TV 🅿 – 🔔 25 à 40. ÆE ① ⓜⓞ VISA. ※   **C d**
fermé du 24 au 30 déc. – **15 ch** ☑ 2905/4195.

Le Carillon, Grand'Place 64, ℘ 0 69 21 18 48, Fax 0 69 21 33 79 – 🔳. ÆE ① ⓜⓞ VISA JCB   **C r**
fermé du 7 au 29 août, sam. midi, dim. soir et lundi – **Repas** Lunch 695 – 1100/1650.

Charles-Quint, Grand'Place 3, ℘ 0 69 22 14 41, Fax 0 69 22 14 41 – 🔳. ÆE ① ⓜⓞ VISA JCB
fermé carnaval, 10 juil.-5 août, merc. soir, jeudi soir, dim. soir et lundi – **Repas** Lunch 1100 – carte 1200 à 1900.   **C a**

Le Pressoir, Vieux Marché aux Poteries 2, ℘ 0 69 22 35 13, le.pressoir@infonie.be, Fax 0 69 22 35 13, « Maison du 17ᵉ s., terrasse fleurie avec ≤ cathédrale » – 🔔 70. ÆE ① ⓜⓞ VISA   **C u**
fermé 26 fév.-4 mars et 13 août-4 sept. – **Repas** (déjeuner seult sauf vend. et sam.) Lunch 995 – 1160.

Giverny, quai du Marché au Poisson 6, ℘ 0 69 22 44 64, Fax 0 69 22 44 64 – ÆE ① ⓜⓞ VISA   **C c**
fermé 15 juil.-15 août, sam. midi, dim. soir et lundi – **Repas** Lunch 950 bc – 1350/1900.

L'Écurie d'Ennetières, ruelle d'Ennetières 7, ℘ 0 69 21 56 89, Fax 0 69 21 56 89, 🍴 – ÆE ① ⓜⓞ VISA   **C e**
fermé sem. carnaval, du 9 au 31 juil., lundi et mardi soir – **Repas** Lunch 795 – carte env. 1000.

à Froyennes par ⑥ : 4 km ℂ Tournai – ✉ 7503 Froyennes :

l'Oustau du Vert Galant, chaussée de Lannoy 106, ℘ 0 69 22 44 84, Fax 0 69 23 54 46 – 🅿 – 🔔 60. ÆE ① ⓜⓞ VISA
fermé 2 sem. en juil., dim. soir, lundi, mardi et merc. soir – **Repas** Lunch 850 – 1250/1450.

à Mont-St-Aubert Nord : 6 km par r. Viaduc AY ℂ Tournai – ✉ 7542 Mont-St-Aubert :

Le Manoir de Saint-Aubert avec ch, r. Crupes 14, ℘ 0 69 21 21 63, Fax 0 69 84 27 05, 🍴, « Parc avec pièce d'eau » – TV 🅿 ⓜⓞ VISA. ※
fermé 2ᵉ quinz. août, 1ʳᵉ quinz. janv., dim. soir et lundi – **Repas** Lunch 1400 bc – 990/1750 – **7 ch** ☑ 2500/4500 – ½ P 2500.

TOURNEPPE Vlaams-Brabant – voir Dworp à Bruxelles, environs.

TRANSINNE 6890 Luxembourg belge ℂ Libin 4 298 h. 214 Q 23 et 909 I 6.
Voir *Euro Space Center*★.
Bruxelles 129 – *Bouillon* 32 – Arlon 64 – Dinant 44 – Namur 73.

Host. du Wezerin ⋟, r. Couvent 50, ℘ 0 61 65 58 74, Fax 0 61 65 57 92, ≤, 🍴, « Cadre champêtre » – TV 🅿 ÆE ① ⓜⓞ VISA. ※ rest
Repas *(fermé merc. hors saison)* Lunch 850 – 1250/1500 – **12 ch** ☑ 1850/2500 – ½ P 2500/2700.

La Barrière avec ch, r. Barrière 2 (carrefour N 899 et N 40), ℘ 0 61 65 50 37, Fax 0 61 65 55 32, 🍴, 🌳 – TV 🅿 – 🔔 25. ÆE ① ⓜⓞ VISA. ※ rest
12 ch ☑ 2900/3300.

TREMELO 3120 Vlaams-Brabant 213 N 17 et 909 H 3 – 13 132 h.
Bruxelles 37 – Antwerpen 44 – Leuven 25.

't Riet, Grote Bollostraat 195, ℘ 0 16 53 63 00, Fax 0 16 52 00 36, 🍴 – 🅿 ÆE ① ⓜⓞ VISA. ※
fermé 2 sem. carnaval, fin août-début sept., fin déc., lundi, mardi et sam. midi – **Repas** Lunch 950 – carte 1700 à 2050.

TROIS-PONTS 4980 Liège 213 U 20, 214 U 20 et 909 K 4 – 2 315 h.
Exc. *Circuit des panoramas*★.
🅱 pl. Communale 10 ℘ 0 80 68 40 45, Fax 0 80 68 52 68.
Bruxelles 152 – Liège 54 – Stavelot 6.

à Basse-Bodeux Sud-Ouest : 4 km ℂ Trois-Ponts – ✉ 4983 Basse-Bodeux :

Aub. Père Boigelot, r. Pèlerin 1, ℘ 0 80 68 43 22, Fax 0 80 68 43 11, 🍴, « Jardin » – ⏣ ♿ 🅿 ÆE ① ⓜⓞ VISA. ※
fermé janv. – **Repas** *(fermé mardis non fériés d'oct. au 15 avril, merc. non fériés et après 20 h 30)* Lunch 750 – 850/1500 – **12 ch** ☑ 1900/2500 – ½ P 1950/2100.

TROIS-PONTS

à Haute-Bodeux Sud-Ouest : 7 km ⓒ Trois-Ponts – ⊠ 4983 Haute-Bodeux :

Host. Doux Repos ⓢ, Haute-Bodeux 34, ℰ 0 80 68 42 07, hoteldouxrepos@skynet.be, Fax 0 80 68 42 82, ≤, 余, ⪻, 🚴 – TV P. AE ① ⓜⓞ VISA
fermé du 11 au 30 mars, du 24 au 29 juin, 26 nov.-20 déc., mardi et merc. – **Repas** Lunch 1600 bc – 950/2100 – **15 ch** ⌴ 2200/3500 – ½ P 2200/3000.

à Wanne Sud-Est : 6 km ⓒ Trois-Ponts – ⊠ 4980 Wanne :

La Métairie, Wanne 4, ℰ 0 80 86 40 89, lametairie@skynet.be, Fax 0 80 88 08 37 – AE ① ⓜⓞ VISA
fermé 2 sem. en mars, fin sept.-début oct., lundi soir et mardi – **Repas** Lunch 990 – carte 1050 à 1600.

Sur la route :

la signalisation routière est rédigée

dans la langue de la zone linguistique traversée.

Dans ce guide,

les localités sont classées selon leur nom officiel :

Antwerpen pour Anvers, **Mechelen** pour Malines.

TROOZ 4870 Liège 213 T 19, 214 T 19 et 909 K 4 – 7 605 h.
Bruxelles 110 – Liège 16 – Verviers 18.

Château Bleu, r. Rys-de-Mosbeux 52, ℰ 0 4 351 74 57, Fax 0 4 351 73 43, « Demeure du 19ᵉ s. », ℔, ≦s, 🞐, ⪻ – 🛗 TV P. – 🛎 25. ⓜⓞ VISA. ⚭
fermé du 1ᵉʳ au 12 juil., du 2 au 14 janv. et jeudis et dim. non fériés sauf vacances scolaires – **Repas** (dîner seult) 950/1750 – **12 ch** ⌴ 2500/4500 – ½ P 2350/2600.

TUBIZE (TUBEKE) 1480 Brabant Wallon 213 K 18, 214 K 18 et 909 F 3 – 21 377 h.
Bruxelles 24 – Charleroi 47 – Mons 36.

Le Pivert, r. Mons 183, ℰ 0 2 355 29 02, Fax 0 2 355 29 02 – AE ① ⓜⓞ VISA
fermé 1 sem. Pâques, 3 sem. en août, dim. soir, lundi soir et mardi – **Repas** Lunch 550 – 750/1695.

à Oisquercq Sud-Est : 4 km ⓒ Tubize – ⊠ 1480 Oisquercq :

La Petite Gayolle, r. Bon Voisin 79, ℰ 0 67 64 84 44, Fax 0 67 64 66 28, 余, « Terrasse fleurie » – P. AE ① ⓜⓞ VISA
fermé 2 prem. sem. sept., dim. soir, lundi et jeudi soir – **Repas** Lunch 750 – 850/1300.

TURNHOUT 2300 Antwerpen 213 O 15 et 909 H 2 – 38 518 h.
🛈 Grote Markt 44 ℰ 0 14 44 33 55, Fax 0 14 44 33 54.
Bruxelles 84 ⑤ – Antwerpen 45 ⑤ – Liège 99 ④ – Breda 37 ① – Eindhoven 44 ③ – Tilburg 28 ②

Plan page ci-contre

Corsendonk Viane, Korte Vianenstraat 2, ℰ 0 14 41 47 48, info@corsendonkviane.be, Fax 0 14 41 53 43, 🞐, 🚴 – 🛗 ⚭ TV ⇦ – 🛎 25 à 580. AE ① ⓜⓞ VISA. ⚭ rest
Repas (dîner seult) 950/1450 – **80 ch** ⌴ 3785/4615 – ½ P 4535.   Z a

Ter Driezen avec ch, Herentalsstraat 18, ℰ 0 14 41 87 57, Fax 0 14 42 03 10, 余, « Terrasse » – TV ⇦. AE ① ⓜⓞ VISA   Z c
Repas (fermé 3 sem. en juil., fin déc., sam. midi et dim.) Lunch 1375 – 2050/2600 – **10 ch** (fermé Noël-Nouvel An) ⌴ 3050/4500.

La Gondola, Patersstraat 9, ℰ 0 14 42 43 81, lagondola@pandora.be, Fax 0 14 43 87 00, 余, Cuisine italienne – AE ① ⓜⓞ VISA
fermé du 11 au 27 août, du 23 au 31 déc., dim. et lundi – **Repas** Lunch 1550 bc – 2700 bc.   Y e

Boeket, Klein Engeland 67 (Nord : 5 km, direction Breda), ℰ 0 14 42 70 28, boeket@compaquet.be, Fax 0 14 42 70 28, 余 – P. AE ① ⓜⓞ VISA
fermé 1 sem. en juin, 1 sem. en sept., prem. sem. janv., merc., jeudi midi et sam. midi – **Repas** nov.-avril 1250.

d'Achterkeuken, Baron Fr. du Fourstraat 4 (Bloemekensgang), ℰ 0 14 43 86 42, dachterkeuken@proximedia.be, Fax 0 14 43 86 42 – ⓜⓞ VISA   Z n
fermé mardi – **Repas** Lunch 900 – carte env. 1400.

TURNHOUT

Baron Fr. Du Fourstr	Y 2
Beekstr.	Y 3
Deken Adamsstr.	Z 5
Druivenstr.	Z 6
Gasthuisstr.	Z 7
Guldensporenlei	Y 9
Hannuitstr.	Y 12
Hofpoort	Z 13
Kasteelstr.	Y 14
Koningin Elisabethlei	Y 16
Korte Gasthuisstr.	Z 17
Kwakkelstr.	Z 18
Mermansstr.	Z 19
Otterstr.	Z 21
Oude Vaartstr.	Y 22
Renier Sniedersstr.	Z 23
Sint Antoniusstr.	Z 25
Spoorwegstr.	Z 26
Veldstr.	Z 28
Victoriestr.	Z 29
Wezenstr.	Y 31

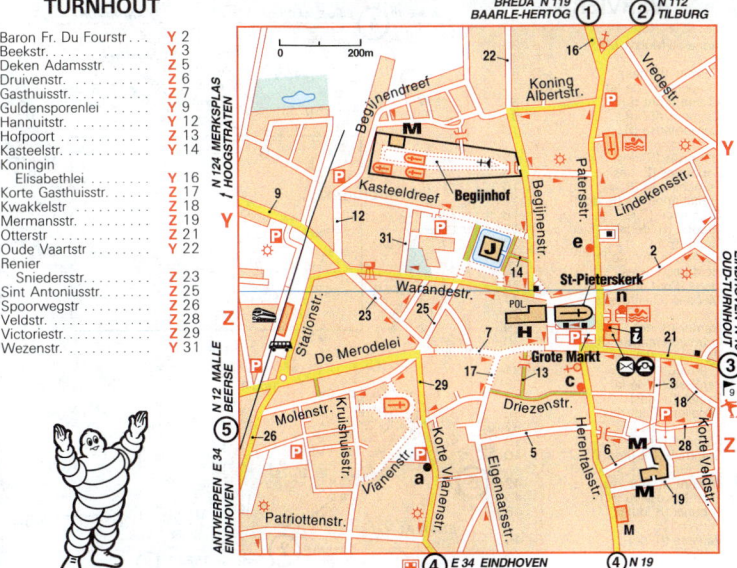

à Oud-Turnhout par ③ : 4 km – 12 424 h. – ✉ 2360 Oud-Turnhout :

Priorij Corsendonk, Corsendonk 5 (près E 34 - A 21, sortie ㉕), ✆ 0 14 46 28 00, info@corsendonk.be, Fax 0 14 46 28 99, 🏊, 🦌, ✳, 🚴 – 📺 🅿 – 🅰 25 à 250. 🅰🅴 🆘 🆅🅸🆂🅰, ❀ rest
Repas (résidents seult) – ⊇ 410 – **71 ch** 2890/4325 – ½ P 4500/6015.

't Vrouwenhuys, Corsendonk 5a (près E 34 - A 21, sortie ㉕), ✆ 0 14 46 28 97, Fax 0 14 45 03 96, 🌿, « Dépendance d'un prieuré du 17ᵉ s. avec jardin » – 🅿. 🆘 🆅🅸🆂🅰. ✳
fermé 1 sem. en août, 1 sem. en janv., lundi, mardi et sam. midi – **Repas** Lunch 1850 bc – 2600 bc/3400 bc.

UCCLE (UKKEL) Région de Bruxelles-Capitale ⓶⓵⓷ L 18 - ㊶ S et ⓽⓪⓽ G 3 - ㉑ S – voir à Bruxelles.

UCIMONT Luxembourg belge ⓶⓵⓸ P 24 et ⓽⓪⓽ I 6 – voir à Bouillon.

VAALBEEK Vlaams-Brabant ⓶⓵⓷ N 18 – voir à Leuven.

VARSENARE West-Vlaanderen ⓶⓵⓷ D 15 et ⓽⓪⓽ C 2 – voir à Brugge, environs.

VAUX-et-BORSET Liège ⓶⓵⓷ Q 19, ⓶⓵⓸ Q 19 et ⓽⓪⓽ I 4 – voir à Villers-le-Bouillet.

VENCIMONT 5575 Namur © Gedinne 4 356 h. ⓶⓵⓸ O 22 et ⓽⓪⓽ H 5.
Bruxelles 129 – Bouillon 38 – Dinant 35.

Le Barbouillon, r. Grande 25, ✆ 0 61 58 82 60, Fax 0 61 58 82 60, 🌿 – 🅿. 🆘 🆅🅸🆂🅰
fermé 25 juin-12 juil., du 27 au 30 août, du 15 au 26 janv. et merc. non fériés – **Repas** 1000/2000.

VERVIERS 4800 Liège ⓶⓵⓷ U 19, ⓶⓵⓸ U 19 et ⓽⓪⓽ K 4 – 53 065 h.
Musées : des Beaux-Arts et de la Céramique★ D M¹ – d'Archéologie et de Folklore : dentelles★ D M².
Env. par ③ : 14 km, Barrage de la Gileppe★★, ≤★★.
🛏 par ③ : 16 km à Gomzé-Andoumont, Sur Counachamps, r. Gomzé 30 ✆ 0 4 360 92 07, Fax 0 4 360 92 06.
🅱 r. Xhavée 61 ✆ 0 87 33 02 13, Fax 0 87 33 70 63.
Bruxelles 122 ④ – Liège 32 ④ – Aachen 36 ④.

VERVIERS

Anne-de-Molina (R.)	B	3
Brou (R. du)	B	4
Carmes (R. des)	D	6
Chapelle (R. de la)	D	7
Chêne (Pont du)	B	8
Clément XIV (R.)	B	9
Coronmeuse (R.)	D	10
Crapaurue	D	
Déportés (R. des)	B	12
Fabriques (R. des)	B	15
Franchimont (R. des)	B	16
Franchimontois (R. des)	B	17
Grandjean (R.)	C	18
Grappe (R. de la)	B	19
Grétry (R.)	B	20
Harmonie (Av. de l')	C	22
Heid des Fawes	B	
Lions (Pont aux)	D	25
Maçons (Quai des)	D	27
Martyr (Pl. du)	C	28
Namur (R. de)	C	29
Ortmans-Hauzeur (R.)	D	30
Palais de Justice (Pl. du)	D	31
Paroisse (R. de la)	D	33
Raines (R. des)	D	34
Récollets (Pont des)	C	36
Saint-Laurent (Pont)	D	37
Sommeleville (Pl.)	D	39
Sommeleville (Pont)	D	40
Spintay (R.)	C	
Théâtre (R. du)	D	42
Thier-Mère-Dieu (R.)	D	43
Tribunal (R. du)	D	45
Verte (Pl.)	C	
Verviers (R. de)	B	46

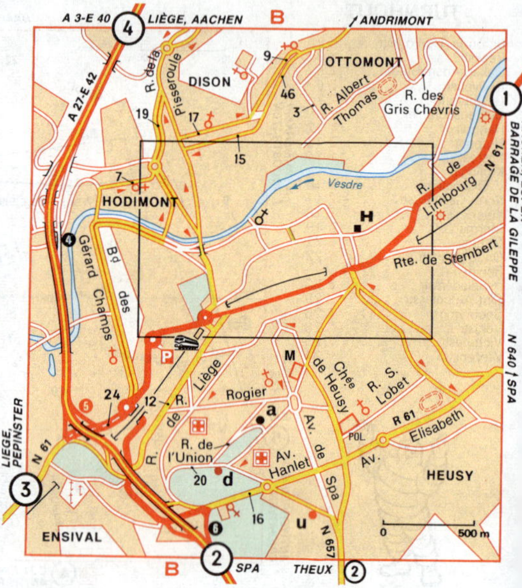

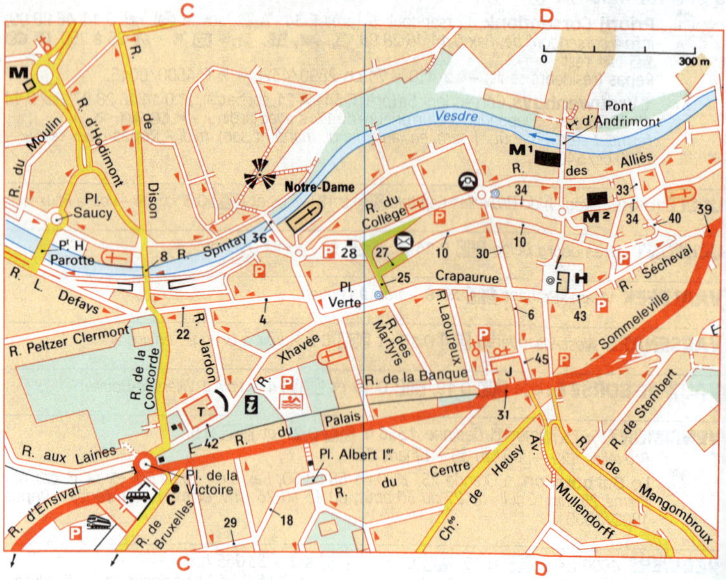

Ne confondez pas :

Confort des hôtels
Confort des restaurants
Qualité de la table : ✤✤✤, ✤✤, ✤, Repas

VERVIERS

- **Amigo**, r. Herla 1, ℘ 0 87 22 11 21, Fax 0 87 23 03 69, 😊, 🍸, 🖼, 🚗 – 📞 📺 📧 – 🚗 25 à 80. 💳 ⓘ ⓜ 💳, 🎀 rest **B a**
  Repas Lunch 1050 – 1200/2500 – **50 ch** ☕ 3400/6200 – ½ P 2550/3860.

- **des Ardennes** sans rest, pl. de la Victoire 15, ℘ 0 87 22 39 25, Fax 0 87 23 17 09 – 📺. ⓜ 💳. 🎀 **C c**
  ☕ 190 – **10 ch** 1100/2000.

- **Château Peltzer**, r. Grétry 1, ℘ 0 87 23 09 70, jean.t@skynet.be, Fax 0 87 23 08 71, 😊, « Dans un parc centenaire » – 📞. 💳 ⓘ ⓜ 💳. 🎀 **B d**
  fermé 3 sem. en janv., dim. soir, lundi et mardi – **Repas** Lunch 1500 – 2350/3500.

à Heusy C – Verviers – ✉ 4802 Heusy :

- **La Croustade**, r. Hodiamont 13 (par N 657), ℘ 0 87 22 68 39, Fax 0 87 22 79 21, 😊, « Jardin » – 📞. 💳 ⓘ ⓜ 💳 **B**
  fermé 24 fév.-3 mars, 16 juil.-14 août, 24 déc.-4 janv., sam. midi, dim. soir et lundi – **Repas** Lunch 1050 – 1600 bc/2600 bc.

- **La Toque d'Or**, av. Nicolaï 43, ℘ 0 87 22 11 11, fernand.laschet@skynet.be, Fax 0 87 22 94 59, 😊, « Jardin » – 📞. 💳 ⓘ ⓜ 💳 **B u**
  fermé dim. soir, lundi soir et merc. soir – **Repas** 1200/2500.

VEURNE (FURNES) 8630 West-Vlaanderen 213 B 16 et 909 B 2 – 11 764 h.

Voir Grand-Place★★ (Grote Markt) – Procession des Pénitents★★ (Boetprocessie) – Cuirs★ à l'intérieur de l'Hôtel de Ville (Stadhuis).

Env. à l'Est : 10 km à Diksmuide, Tour de l'Yser (IJzertoren) ⁂★.

🅱 Grote Markt 29 ℘ 0 58 33 05 31, Fax 0 58 33 05 96.

Bruxelles 134 – Brugge 47 – Oostende 26 – Dunkerque 21.

- **Host. Croonhof** M, Noordstraat 9, ℘ 0 58 31 31 28, croonhof@online.be, Fax 0 58 31 56 81 – 📞 📺. 💳 ⓘ ⓜ 💳
  fermé du 15 au 30 sept. et dim. soir sauf en juil.-août – **Repas** (fermé dim. soir sauf en juil.-août et lundi) 1100/2100 – **14 ch** ☕ 2300/3800 – ½ P 2675/2975.

- **de Loft** sans rest, Oude Vestingstraat 36, ℘ 0 58 31 59 49, deloft@pi.be, Fax 0 58 31 68 12 – 📺. 🚗 25. ⓜ 💳
  8 ch ☕ 2100/2500.

- **Ibis**, Grote Markt 10, ℘ 0 58 31 37 00, Fax 0 58 31 74 26 – 💳 ⓘ ⓜ 💳
  fermé mardi soir, merc. et dim. soir – **Repas** 650/1400.

- **Onder den Toren**, Sint-Niklaaspleintje 1, ℘ 0 58 31 65 66, odt@vt4.net, Fax 0 58 31 65 66, 😊
  fermé lundi soir et mardi – **Repas** 995 bc/2995 bc.

- **Olijfboom**, Noordstraat 3, ℘ 0 58 31 70 77, Fax 0 58 31 42 08, 😊, ⓜ 💳
  fermé 2 dern. sem. janv. et dim. et lundi sauf en juil.-août – **Repas** 845/1645.

à Beauvoorde Sud-Ouest : 8 km C – Veurne – ✉ 8630 Veurne :

- **Driekoningen** avec ch, Wulveringemstraat 40, ℘ 0 58 29 90 12, info@driekoningen.be, Fax 0 58 29 80 22, 😊, 🚲 – 📺 📞 – 🚗 120. 💳 ⓘ ⓜ 💳
  fermé 14 janv.-2 fév., du 27 au 31 août, du 8 au 19 oct., lundi soir et mardi midi de nov. à fin mars, mardi soir sauf en juil.-août et merc. – **Repas** Lunch 980 – 1290/1950 – **7 ch** ☕ 1900/2450 – ½ P 2300/2400.

VICHTE 8570 West-Vlaanderen C Anzegem 13 703 h. 213 F 18 et 909 D 3.

Bruxelles 83 – Kortrijk 13 – Brugge 49 – Gent 38 – Lille 37.

- **Rembrandt**, Oudenaardestraat 22, ℘ 0 56 77 73 55, Fax 0 56 77 57 04, 🚗 – 📺 – 🚗 25 à 280. 💳 ⓜ 💳. 🎀
  fermé du 1er au 15 août et dim. soir – **Repas** Lunch 1500 bc – carte 1250 à 1600 – **17 ch** ☕ 2000/3000.

VIELSALM 6690 Luxembourg belge 213 U 21, 214 U 21 et 909 K 5 – 7076 h.

🅱 r. Chasseurs Ardennais 1 ℘ 0 80 21 50 52, Fax 0 80 21 74 62.

Bruxelles 171 – Arlon 86 – Malmédy 28 – Clervaux 40.

- **Belle Vue**, r. Jean Bertholet 5, ℘ 0 80 21 62 61, hotelbellevue@swing.be, Fax 0 80 21 62 01, ≤ lac, 😊, 🚗 – 📺. 💳 ⓘ ⓜ 💳. 🎀
  fermé juin-14 juil., 1 sem. début sept., du 1er au 14 janv. et dim. soirs et lundis non fériés sauf vacances scolaires – **Repas** 865/1495 – **14 ch** ☕ 2250/2650 – ½ P 1975/2400.

313

VIELSALM

à **Baraque de Fraiture** Ouest : 15 km 🅲 Vielsalm – ✉ 6690 Vielsalm :

Aub. du Carrefour, Baraque de Fraiture 2, ✆ 0 80 41 87 47, Fax 0 80 41 88 60, 🐎, 🚲 – 📺 🅿 – 🛁 25. 🅰🅴 🅼🅾 🆅🅸🆂🅰
fermé 2 sem. en mars, 2 sem. en sept. et merc. – **Repas** *(fermé mardi soir, merc. et après 20 h 30)* Lunch 480 bc – 850/1350 – **15 ch** ⊇ 1200/2600 – ½ P 1650.

à **Bovigny** Sud : 7 km 🅲 Gouvy 4 507 h. – ✉ 6671 Bovigny :

Le St-MARTIN, Courtil 5, ✆ 0 80 21 55 42, Fax 0 80 21 77 46, 🐎 – 📺 🅿 🅼🅾 🆅🅸🆂🅰
fermé du 1ᵉʳ au 12 avril et du 1ᵉʳ au 18 janv. – **Repas** *(fermé dim. soir et après 20 h)* Lunch 600 – 800/1850 bc – ⊇ 300 – **12 ch** 1600/2000 – ½ P 1600/1800.

à **Grand-Halleux** Nord : 5 km 🅲 Vielsalm – ✉ 6698 Grand-Halleux :

Host. Les Linaigrettes, Rocher de Hourt 60, ✆ 0 80 21 59 68, Fax 0 80 21 46 64, 🐎 – 📺 🅿 🅰🅴 🅾 🅼🅾 🆅🅸🆂🅰. ✂
fermé 25 août-15 sept., merc. et jeudi – **Repas** 1300/1750 – **10 ch** ⊇ 1700/2600 – ½ P 1900/2700.

L'Ecurie, av. de la Résistance 30, ✆ 0 80 21 59 54, Fax 0 80 21 76 43, ≤, 🌳, Avec cuisine italienne, ouvert jusqu'à 23 h – 🅿. 🅰🅴 🅾 🅼🅾 🆅🅸🆂🅰
fermé lundis et mardis midis non fériés sauf vacances scolaires – **Repas** 1595.

à **Hébronval** Ouest : 10 km 🅲 Vielsalm – ✉ 6690 Vielsalm :

Le Val d'Hébron, Hébronval 10, ✆ 0 80 41 88 73, Fax 0 80 41 80 73, 🐎 – 📺 🅿 – 🛁 25. 🅰🅴 🅾 🅼🅾 🆅🅸🆂🅰. ✂ rest
fermé 1 sem. en mars et 16 août-2 sept. – Repas *(fermé mardi)* Lunch 700 – 980/1500 – ⊇ 250 – **12 ch** 1200/1800 – ½ P 1800.

à **Salmchâteau** Sud : 2 km 🅲 Vielsalm – ✉ 6690 Vielsalm :

Résidence du Vieux Moulin ⊛, rte de Cierreux 41 (sur N 68), ✆ 0 80 21 68 45, Fax 0 80 21 58 79, 🌳, 🐎 – 📺 🅿 🅰🅴 🅾 🅼🅾 🆅🅸🆂🅰 🅹🅲🅱 –
fermé mi-mars-début avril, mi-sept.-début oct. et mardi midi et merc. sauf en saison – **Repas** Lunch 650 – carte 1100 à 1550 – **12 ch** ⊇ 2045/3330 – ½ P 2200.

VIERVES-SUR-VIROIN 5670 Namur 🅲 Viroinval 5 605 h. **214** M 22 et **909** G 5.

Bruxelles 121 – Charleroi 59 – Chimay 26 – Dinant 35 – Namur 65 – Charleville-Mézières 56.

La Bergerie 1880 sans rest, r. Centre 2, ✆ 0 60 39 00 62, Fax 0 60 39 06 49, 🐎
5 ch ⊇ 900/1800.

VIEUXVILLE 4190 Liège 🅲 Ferrières 4 150 h. **213** S 20, **214** S 20 et **909** J 4.

🅱 Ferme de la Bouverie, r. Bouverie 1 ✆ 0 86 21 30 88.
Bruxelles 120 – Liège 42 – Marche-en-Famenne 27 – Spa 30.

Château de Palogne ⊛ sans rest, rte du Palogne 3, ✆ 0 86 21 38 74, Fax 0 86 21 38 76, « Demeure ancienne, parc », 🐎 – 📺 🅿 🅼🅾 🆅🅸🆂🅰 🅹🅲🅱
fermé janv. – ⊇ 450 – **11 ch** 5500.

Au Vieux Logis, rte de Logne 1, ✆ 0 86 21 14 60, Fax 0 86 21 14 60 – 🍽 🅿. 🅰🅴 🅾 🅼🅾 🆅🅸🆂🅰
fermé fin août-début sept., jeudis non fériés d'oct. à mars et mardis et merc. non fériés – **Repas** Lunch 1250 – 1550/2150.

VILLERS-LA-VILLE 1495 Brabant Wallon **213** M 19, **214** M 19 et **909** G 4 – 9 116 h.

Voir Ruines de l'abbaye★★.
🅶 r. Châtelet 62 ✆ 0 71 87 77 65, Fax 0 71 87 77 83 - 🅶 au Sud-Ouest : 3 km à Sart-Dames-Avelines, r. Jumerée 1 ✆ 0 71 87 72 67, Fax 0 71 87 43 38.
🅱 r. Abbaye 53 ✆ 0 71 87 98 98.
Bruxelles 36 – Charleroi 28 – Namur 33.

le Cigalon, av. Arsène Tournay 40, ✆ 0 71 87 85 54, cigalon@swing.be, Fax 0 71 87 53 63, 🌳 – 🅿. 🅰🅴 🅾 🅼🅾 🆅🅸🆂🅰. ✂
fermé sam. midi, dim. soir et lundi – **Repas** Lunch 550 – 850/1450.

VILLERS-LE-BOUILLET 4530 Liège **213** Q 19, **214** Q 19 et **909** I 4 – 5 532 h.

Bruxelles 86 – Namur 37 – Huy 8 – Liège 25.

à **Vaux-et-Borset** Nord : 5 km sur N 65 🅲 Villers-le-Bouillet – ✉ 4530 Vaux-et-Borset :

Le Grandgagnage, pl. Grandgagnage 5, ✆ 0 19 56 70 18 – 🅰🅴 🅾 🅼🅾 🆅🅸🆂🅰
fermé merc. – **Repas** carte 950 à 1300.

VILLERS-SUR-LESSE 5580 Namur C Rochefort 11 767 h. 214 P 22 et 909 I 5.
Bruxelles 115 – Bouillon 53 – Dinant 25 – Namur 54 – Rochefort 9.

- **Château de Vignée**, r. Montainpré 27 (Ouest : 3,5 km près E 411 - A 4 sortie ㉒, lieu-dit Vignée), ℘ 0 84 37 84 05, Fax 0 84 37 84 26, 😊, « Dans un parc avec terrasse ≤ Lesse et campagne », ≘s, 🚲 – TV P – 🛁 25 à 180. AE ⓓ ⓜⓒ VISA
  fermé lundi soir et mardi – **Repas** Lunch 980 bc – 1800 – ⊊ 350 – **13 ch** 3600/5500, 2 suites – ½ P 4930/7650.

- **Beau Séjour**, r. Platanes 16, ℘ 0 84 37 71 15, hotel.beau.sejour@skynet.be, Fax 0 84 37 81 34, ≤, 😊, 🛁, 🌳 « Jardin fleuri », 🚲 – ch
  fermé 14 janv.-8 fév., 24 juin-4 juil., 1 sem. en sept., mardis non fériés sauf en juil.-août et merc. – **Repas** (fermé après 20 h 30) 1600/1800 – ⊊ 400 – **12 ch** 2815/3230 – ½ P 2585/3465.

VILVOORDE (VILVORDE) Vlaams-Brabant 213 L 17 - ㊿ N et 909 G 3 - ㉒ N – voir à Bruxelles, environs.

VIRELLES Hainaut 214 K 22 et 909 F 5 – voir à Chimay.

VIRTON 6760 Luxembourg belge 214 S 25 et 909 J 7 – 11 038 h.
🄱 Pavillon, r. Grasses Oies 2b ℘ 0 63 57 89 04, Fax 0 63 57 71 14.
Bruxelles 221 – Bouillon 53 – Arlon 29 – Longwy 32 – Montmédy 15.

- **Le Franc Gourmet**, r. Roche 13, ℘ 0 63 57 01 36, Fax 0 63 58 17 19, 😊 – AE ⓓ ⓜⓒ VISA
  fermé 24 fév.-4 mars, 26 août-3 sept., dim. soir et lundi – **Repas** 850/1750.

à Latour Est : 4 km C Virton – ✉ 6761 Latour :

- **Le Château de Latour**, r. 24 Août 1, ℘ 0 63 57 83 52, Fax 0 63 57 83 52, ≤, 😊, « Dans les ruines d'une demeure ancienne », 🚲 – TV P AE ⓓ ⓜⓒ VISA rest
  Repas (fermé 20 août-2 sept., du 1er au 25 janv., dim. soir et lundi) 950/1850 – ⊊ 250 – **14 ch** 2200/2450 – ½ P 3200/4500.

à Torgny Sud : 6 km C Rouvroy 1 896 h. – ✉ 6767 Torgny :

- **Aub. de la Grappe d'Or** (Boulanger) avec ch, r. Ermitage 18, ℘ 0 63 57 70 56, Fax 0 63 57 03 44, « Maison du 19e s. dans un village gaumais typique », 😊 – ▣ rest, TV P AE ⓓ ⓜⓒ VISA rest
  fermé dern. sem. janv.-prem. sem. fév., dern. sem. août-prem. sem. sept., dim. soir, lundi et mardi midi – **Repas** Lunch 1050 – 1650/2050, carte 2200 à 2700 – **10 ch** ⊊ 3250/4200 – ½ P 3850/4150
  Spéc. Foie gras mariné à la vinaigrette de noix en mille-feuille. Magret de canette sur un croustillant de légumes, la cuisse en hachis Parmentier. Dessert tout café.

VLEZENBEEK Vlaams-Brabant 213 K 18 et 909 F 3 – voir à Bruxelles, environs.

VLIERMAAL Limburg 213 R 17 et 909 J 3 – voir à Tongeren.

VLISSEGEM West-Vlaanderen 213 D 15 et 909 C 2 – voir à De Haan.

VORST Brussels Hoofdstedelijk Gewest – voir Forest à Bruxelles.

VRASENE 9120 Oost-Vlaanderen C Beveren 45 121 h. 213 K 15 et 909 F 2.
Bruxelles 55 – Antwerpen 13 – Gent 49 – Sint-Niklaas 8.

- **Villa de Bergeyck**, Hogenakker 1 (sur N 451), ℘ 0 3 755 17 75, info@villadebergeyck.be, Fax 0 3 755 17 36, 😊, « Terrasse » – P ⓜⓒ VISA
  fermé sem. carnaval, 16 juil.-4 août, mardi soir, jeudi et sam. midi – **Repas** Lunch 1200 – 1600/2550.

VRESSE-SUR-SEMOIS 5550 Namur 214 O 23 et 909 H 6 – 2 804 h.
Env. au Nord-Est : Gorges du Petit Fays★ – Route de Membre à Gedinne ≤★★ sur "Jambon de la Semois", 6,5 km.
🄱 r. Albert Raty 112 ℘ 0 61 50 08 27.
Bruxelles 154 – Bouillon 29 – Namur 95 – Charleville-Mézières 30.

- **Le Relais**, r. Albert Raty 72, ℘ 0 61 50 00 46, le.relais.vresse@skynet.be, Fax 0 61 50 02 26, 😊, – ▣ rest, TV P ⓜⓒ VISA
  avril-déc. – **Repas** (fermé merc., jeudi et après 20 h 30) Lunch 720 – 950/1600 – **21 ch** ⊊ 1500/2800 – ½ P 1700/2200.

VRESSE-SUR-SEMOIS

XX **Pont St. Lambert** avec ch, r. Ruisseau 8, ☎ 0 61 50 04 49, Fax 0 61 50 16 93, ≤, 😊
- AE ⓘ MC VISA
fermé 26 mars-13 avril, 18 juin-6 juil., 24 sept.-5 oct. et mardi soir et merc. sauf en juil.-août
- **Repas** *(fermé après 20 h 30)* Lunch 650 – 1390 - **7 ch** ⊇ 1700/2200 – ½ P 1550/1800.

à Laforêt *Sud : 2 km* ⓒ *Vresse-sur-Semois* – ✉ *5550 Laforêt :*

🏠 **Aub. du Moulin Simonis** ⊗, rte de Charleville 42 (sur N 935), ☎ 0 61 50 00 81,
Fax 0 61 50 17 41, « Environnement boisé », 😊 – 📶 P. MC VISA. ✕ rest
fermé janv.-carnaval, prem. sem. juil., prem. sem. sept. et merc. hors saison - **Repas**
700/1650 - **20 ch** ⊇ 2100/5000 - ½ P 1800/2100.

à Membre *Sud : 3 km* ⓒ *Vresse-sur-Semois* – ✉ *5550 Membre :*

🏠 **Des Roches**, rte de Vresse 93, ☎ 0 61 50 00 51, Fax 0 61 50 20 67 – P. MC VISA.
fermé janv.-carnaval, dern. sem. juin et merc. hors saison - **Repas** *(fermé après 20 h 30)*
800/1300 - **14 ch** ⊇ 2000/2200 – ½ P 1700/1800.

VROENHOVEN 3770 Limburg ⓒ Riemst 15 648 h. 213 S 18 et 909 J 3.
Bruxelles 106 – *Maastricht* 6 – Hasselt 37 – Liège 26 – Aachen 42.

XX **Mary Wong**, Maastrichtersteenweg 242, ☎ 0 12 45 57 57, info@mary-wong.com,
Fax 0 12 45 72 90, 😊, Cuisine chinoise – AE ⓘ MC VISA
fermé 20 août-5 sept. et merc. - **Repas** 890/2300.

VUCHT Limburg 213 T 17 – *voir à Maasmechelen.*

WAARDAMME West-Vlaanderen 213 E 16 et 909 C 2 – *voir à Brugge, environs.*

WAARMAARDE 8581 West-Vlaanderen ⓒ Avelgem 9 101 h. 213 F 18 et 909 D 3.
Bruxelles 64 – *Kortrijk* 20 – Gent 42 – Tournai 26.

XXX **De Gouden Klokke**, Trappelstraat 25, ☎ 0 55 38 85 60, degoudenklokke@wol.be,
Fax 0 55 38 79 29, 😊 – P. AE ⓘ MC VISA. ✕
fermé sem. carnaval, 12 août-7 sept., dim. soir, lundi et mardi soir - **Repas** Lunch 1180 – 1880/2380.

WAASMUNSTER 9250 Oost-Vlaanderen 213 J 16 et 909 F 2 – 10 150 h.
Bruxelles 39 – *Antwerpen* 29 – Gent 31.

XXX **Zilverberk**, Veldstraat 32 (Est : 2 km, lieu-dit Sombeke), ☎ 0 52 46 16 47, kristof.va
nroyen@advalvas.be, Fax 0 52 46 13 61, 😊 – P. – 🅰 35. AE ⓘ MC VISA
fermé 25 fév.-2 mars, 2 dern. sem. juil.-prem. sem. août, sam. midi, dim. soir et lundi –
Repas 1450/1950.

XXX **Pichet**, Belselestraat 4 (sur E 17 - A 14, sortie ⑬), ☎ 0 52 46 00 29, Fax 0 52 46 34 59,
😊 – AE ⓘ MC VISA. ✕
fermé 19 fév.-1ᵉʳ mars, 20 août-13 sept., lundi soir, mardi et sam. midi – **Repas** Lunch 1100 – 2250.

XX **De Snip**, Schrijberg 122 (carrefour N 446 et N 70), ☎ 0 3 772 20 81, de.snip@skynet.be,
Fax 0 3 722 06 95, 😊, « Villa avec terrasse et pièce d'eau » – P. AE ⓘ MC VISA
*fermé 2 sem. avant Pâques, 3 dern. sem. juil., 21 déc.-7 janv., dim. midis et lundis midis
non fériés, dim. soir et lundi soir* – **Repas** Lunch 1320 – 1400/2350.

WAIMES (WEISMES) 4950 Liège 213 V 20, 214 V 20 et 909 L 4 – 6 473 h.
Bruxelles 164 – Liège 65 – Malmédy 8 – Spa 27.

🏨 **Hotleu**, r. Hottleux 106 (Ouest : 2 km), ☎ 0 80 67 97 05, hotleu@freesun.be, Fax 0 80
67 84 62, 😊, « Terrasse avec ≤ vallée », 🛌, 😊, ✕ – TV P – 🅰 25 à 80. AE ⓘ MC
VISA. ✕
fermé 2 sem. en juil., 2 sem. en août, 2 sem. en janv. et merc. non fériés – **Repas** Lunch 950 – carte 1350 à 1650 – **12 ch** ⊇ 1650/2950 – ½ P 2000/3275.

XX **Cyrano** avec ch, r. Chanteraine 11, ☎ 0 80 67 99 89, info@cyrano.be, Fax 0 80 67 83 85,
😊 – TV P – 🅰 25 à 120. AE MC VISA
Repas *(fermé 1 sem. en janv., dern. sem. oct., merc. et sam. soir)* Lunch 990 – carte env. 2100 – **10 ch** ⊇ 1600/3600 – ½ P 2490/3950.

X **Aub. de la Warchenne** avec ch, r. Centre 20, ☎ 0 80 67 93 63, Fax 0 80 67 84 59
– TV P. AE ⓘ MC VISA
Repas *(fermé merc.)* 825/1350 – **7 ch** ⊇ 1650/2700 – ½ P 1875.

WAIMES

à Faymonville Est : 2 km 🇨 Waimes - ✉ 4950 Faymonville :

XXX **Au Vieux Sultan** 🌿 avec ch, r. Wemmel 12, ☏ 0 80 67 91 97, auvieuxsultan@hotmail.com, Fax 0 80 67 81 28, 🍴 – 🛏 rest, 📺 🚗 🅿 – 🔧 30. AE ⓪ ⓜ⓪ VISA 🚭
fermé fin juin-mi-juil., mardi de sept. à mai et lundi – **Repas** Lunch 850 – 1180/1850 – **8 ch** 🍽 1850/2600 – ½ P 2000/2300.

WALCOURT 5650 Namur 213 L 21, 214 L 21 et 909 G 5 – 16 667 h.

Voir Basilique St-Materne★ : jubé★, trésor★.
Env. au Sud : 6 km, Barrage de l'Eau d'Heure★, Barrage de la Plate Taille★.
🅱 Grand'Place 25 ☏ 0 71 61 25 26.
Bruxelles 81 – Charleroi 21 – Dinant 43 – Namur 53 – Maubeuge 44.

XX **Host. Dispa** 🌿 avec ch, r. Jardinet 7, ☏ 0 71 61 14 23, Fax 0 71 61 11 04, 🌳, « Jardin d'hiver » – 📺 🅿. AE ⓪ VISA. 🛏 ch
fermé 15 fév.-15 mars, 1 sem. en juin, 1 sem. en sept., mardi soir et merc. soir sauf en juil.-août et merc. – **Repas** Lunch 890 – 1100/1950 – **6 ch** 🍽 1900/3200 – ½ P 2500.

WANNE Liège 213 U 20, 214 U 20 et 909 K 4 – voir à Trois-Ponts.

WAREGEM 8790 West-Vlaanderen 213 F 17 et 909 D 3 – 35 830 h.

🅱 Bergstraat 41 ☏ 0 56 60 88 08, Fax 0 56 61 29 42.
Bruxelles 79 – Kortrijk 16 – Brugge 47 – Gent 34.

🏠 **St-Janshof**, Anzegemseweg 26 (Sud : 3 km, près E 17 - A 14, sortie ⑤), ☏ 0 56 61 08 88, Fax 0 56 60 34 45 – 📺 🅿 – 🔧 25 à 40. AE ⓜ⓪ VISA JCB. 🚭
Repas (dîner pour résidents seult) – **21 ch** 🍽 2395/3030 – ½ P 2500.

🏠 **De Peracker**, Caseelstraat 45 (Ouest : 5 km sur rte de Desselgem, puis rte à gauche), ☏ 0 56 60 03 31, deperacker@pandora.be, Fax 0 56 60 03 25, 🌳, « Étang », 🍴 – 📺 🚗 🅿 – 🔧 40 à 100. AE ⓜ⓪ VISA. 🚭
Repas (dîner pour résidents seult) – **14 ch** 🍽 2420/3430 – ½ P 3025/4035.

XXXX **'t Oud Konijntje** (Mmes Desmedt), Bosstraat 53 (Sud : 2 km près E 17 - A 14), ☏ 0 56
❀❀ 60 19 37, info@oudkonijntje.be, Fax 0 56 60 92 12, 🌳, « Terrasse avec fontaine et jardin fleuri » – 🅿. AE ⓪ ⓜ⓪ VISA
fermé 29 mars-6 avril, 21 juil.-11 août, Noël-début janv., jeudi soir, vend. et dim. soir – **Repas** 1950/3950, carte 2900 à 3600
Spéc. Carpaccio de pommes d'amour aux langoustines. Suprême de bar, émulsion au jus de truffes et noisettes. Ris de veau braisé en crépinette et son jus de carottes.

à Sint-Eloois-Vijve Nord-Ouest : 3 km 🇨 Waregem – ✉ 8793 Sint-Eloois-Vijve :

XX **De Houtsnip**, Posterijstraat 56, ☏ 0 56 61 13 77, 🌳 – 🅿. AE ⓪ ⓜ⓪ VISA
fermé 26 juil.-14 août, prem. sem. janv., merc. soir, jeudi et dim. soir – **Repas** 1600 bc/2650 bc.

X **Anna's Place** avec ch, Gentseweg 606, ☏ 0 56 60 11 72, Fax 0 56 61 45 86 – 📺 🅿.
ⓜ⓪ VISA
Repas (fermé lundi midi et merc.) 1395 – **8 ch** 🍽 2300/3900.

X **bistro desanto**, Gentseweg 558, ☏ 0 56 60 24 13, Fax 0 56 61 17 84, 🌳, Ouvert jusqu'à 23 h – 🅿. ⓜ⓪ VISA
fermé 21 juil.-16 août, 22 déc.-2 janv., sam. midi, dim. et jours fériés – **Repas** Lunch 590 – carte 1050 à 1700.

WAREMME (BORGWORM) 4300 Liège 213 Q 18, 214 Q 18 et 909 I 3 – 13 104 h.

Bruxelles 76 – Namur 47 – Liège 28 – Sint-Truiden 19.

XX **Le Petit Axhe**, r. Petit-Axhe 12 (Sud-Ouest : 2 km, lieu-dit Petit Axhe), ☏ 0 19 32 37 22, Fax 0 19 32 88 92, 🌳, « Jardin » – 🅿. AE ⓪ ⓜ⓪ VISA
fermé prem. sem mars, 2e quinz juil., prem. sem. oct. et lundis et mardis non fériés – **Repas** Lunch 990 – 1550/1950.

XX **Armand Bollingh**, av. G. Joachim 25, ☏ 0 19 32 23 32, 🌳, « Terrasse » – ⓜ⓪ VISA
fermé du 16 au 22 avril, 21 août-9 sept., prem. sem. janv., sam. midi, dim. soir, lundi et après 20 h 30 – **Repas** Lunch 995 – 1500 bc/2400 bc.

Send us your comments on the restaurants we recommend
and your opinion on the specialities
and local wines they offer.

WATERLOO 1410 Brabant Wallon 213 L 18, 214 L 18 et 909 G 3 – 28 958 h.

🛈 (2 parcours) 🛈 à l'Est : 5 km à Ohain, Vieux Chemin de Wavre 50 ℰ 0 2 633 18 50, Fax 0 2 633 28 66 – 🛈 (2 parcours) 🛈 au Sud-Ouest : 5 km à Braine-l'Alleud, chaussée d'Alsemberg 1021 ℰ 0 2 353 02 46, Fax 0 2 354 68 75.

🛈 chaussée de Bruxelles 149 ℰ 0 2 354 99 10, Fax 0 2 354 22 23 – Fédération provinciale de tourisme, chaussée de Bruxelles 218 ℰ 0 2 351 12 00, Fax 0 2 351 13 00.

Bruxelles 17 – Charleroi 37 – Nivelles 15.

🏨 **Grand H.** M, chaussée de Tervuren 198, ℰ 0 2 352 18 15, ghw@martins-hotels.com Fax 0 2 352 18 88, 🍽, 🏋 – 🛗 ⇌ 📺 P – 🅿 25 à 85. AE ⓘ ⓜ VISA
Repas (fermé sam. midi et dim. midi) carte env. 1100 – **79 ch** ⇌ 8500/11700 – ½ P 5550/9800.

🏨 **Le Côté Vert** 🌿, chaussée de Bruxelles 200g, ℰ 0 2 354 01 05, Fax 0 2 354 08 60 – 🛗 📺 P – 🅿 50. AE ⓘ ⓜ VISA
fermé Nouvel An – **Repas** voir rest **La Cuisine "au Vert"** ci-après – **29 ch** ⇌ 4380/4980.

🏨 **Le 1815**, rte du Lion 367 (Sud : 3 km), ℰ 0 2 387 00 60, info@1815.com, Fax 0 2 387 12 92, 🍽, 🚗 – ⇌, 🍴 rest, 📺 P – 🅿 25 à 60. AE ⓘ ⓜ VISA JCB, ✳
fermé 2 dern. sem. déc.-prem. sem. janv. – **Repas** 850/950 – **15 ch** ⇌ 2950/4500 – ½ P 3500/5500.

🏨 **Le Joli-Bois** 🌿 sans rest, r. Ste-Anne 59 (Sud : 2 km à Joli-Bois), ℰ 0 2 353 18 18, hotel.jolibois@horest.be, Fax 0 2 353 05 16, 🚗 – 🛗 📺 P. AE ⓘ ⓜ VISA
fermé 23 déc.-7 janv. – **14 ch** ⇌ 2950/3800.

🍴🍴🍴 **La Maison du Seigneur**, chaussée de Tervuren 389 (Nord-Ouest : 3,5 km sur R0), ℰ 0 2 354 07 50, Fax 0 2 353 11 34, 🍽, « Ancienne ferme brabançonne du 17ᵉ s. » – P – 🅿 80. AE ⓘ ⓜ VISA
fermé fév., 2 dern. sem. août, lundi et mardi – **Repas** Lunch 1400 bc – 1800/2300 bc.

🍴🍴 **The Winds**, chaussée de Bruxelles 212b, ℰ 0 2 351 48 20, stevrard@freegates.be, Fax 0 2 351 48 55, 🍽 – 🍴. AE ⓘ ⓜ VISA
fermé mardi et sam. midi – **Repas** Lunch 590 – 990.

🍴🍴 **L'Asie Impériale**, chaussée de Bruxelles 30, ℰ 0 2 354 15 16, Fax 0 2 353 11 64, 🍽, Cuisine chinoise – 🍴 P. AE ⓘ ⓜ VISA
fermé juil., lundi et sam. midi – **Repas** Lunch 450 – carte env. 1200.

🍴🍴 **Rêve Richelle**, Drève Richelle 96, ℰ 0 2 354 82 24, Fax 0 2 354 82 24, 🍽 – P. ⓜ VISA
fermé 1 sem. Pâques, 3 sem. en août, 1 sem. Toussaint, sam. midi, dim. soir et lundi – **Repas** Lunch 650 – 1095/1590.

🍴🍴 **La Cuisine "au Vert"** – H. Le Côté Vert, chaussée de Bruxelles 200g, ℰ 0 2 354 88 73, Fax 0 2 354 08 60, 🍽 – P. AE ⓘ ⓜ VISA
fermé 28 juil.-20 août, 22 déc.-6 janv., sam. et dim. – **Repas** Lunch 690 – 1490.

🍴 **Le Jardin des Délices**, chaussée de Bruxelles 253, ℰ 0 2 354 80 33, Fax 0 2 354 80 33, 🍽 – P. AE ⓘ ⓜ VISA
fermé 3 prem. sem. sept., dim. soir et lundi – **Repas** Lunch 490 – 950/1250 bc.

🍴 **La Tonnelle des Délices**, rte du Lion 379 (Sud : 3 km), ℰ 0 2 387 33 34, Fax (0) 2 387 33 34, 🍽 – P. AE ⓘ ⓜ VISA
fermé sam. midi et dim. soir – **Repas** Lunch 495 – 1295 bc/1600 bc.

WATERMAEL-BOITSFORT (WATERMAAL-BOSVOORDE) Région de Bruxelles-Capitale 213 L 18 – ㉛ S et 909 ㉒ S – voir à Bruxelles.

WAUDREZ Hainaut 213 J 20 et 214 J 20 – voir à Binche.

WAVRE (WAVER) 1300 P Brabant Wallon 213 M 18, 214 M 18 et 909 G 3 – 30 656 h.

🛈 chaussée du Château de la Bawette 5 ℰ 0 10 22 33 32, Fax 0 10 22 90 04 – 🛈 au Nord-Est : 10 km à Grez-Doiceau, Les Gottes 3 ℰ 0 10 84 15 01, Fax 0 10 84 55 95.

🛈 Hôtel de Ville, r. Nivelles 1 ℰ 0 10 23 03 52, Fax 0 10 23 03 56.

Bruxelles 27 – Namur 37 – Charleroi 45 – Liège 87.

🏨 **Novotel**, r. Wastinne 45 (près E 411 - A 4, sortie ⑥), ✉ 1301, ℰ 0 10 41 13 63, H1645-GM@accor-hotels.com, Fax 0 10 41 19 22, 🍽, 🏊, 🚗 – 🛗 ⇌ 📺 ♿ P – 🅿 25 à 120. AE ⓘ ⓜ VISA
Repas (fermé sam. midi) Lunch 495 – carte 1100 à 1550 – ⇌ 500 – **102 ch** 3800/4000.

🏨 **Le Domaine des Champs**, Chemin des Charrons 14 (N 25), ℰ 0 10 22 75 25, Fax 0 10 24 17 31, ≤, 🍽 – P – 🅿 25 à 50. AE ⓘ ⓜ VISA JCB
Repas La Cuisine des Champs (fermé 2 sem. Pâques, dim. et lundi) Lunch 840 – 1200 – ⇌ 300 – **18 ch** 2200/2800, 1 suite.

WAVRE

AC Hotel Wavre-Nord, av. Lavoisier 12 (Nord-Ouest : 2 km sur N 4), ℘ 0 10 22 60 50, hotel.wavre@autogrill.net, Fax 0 10 22 57 01 – 📶 📺 – 🛁 25 à 80. AE ⓘ ⓜ VISA. ✗
Repas (fermé dim. et lundi midi) 850 – **64 ch** ⊇ 2100/2300.

Wavre, r. Manil 91, ✉ 1301, ℘ 0 10 24 33 34, Fax 0 10 24 36 80, 🌳 – ✾ 📺 🅿 – 🛁 25 à 45. AE ⓘ ⓜ VISA
Repas (fermé 1re quinz. août, sam. midi et dim.) Lunch 495 – 850 – **72 ch** ⊇ 3550 – ½ P 2000/3500.

Carte Blanche, av. Reine Astrid 8, ℘ 0 10 24 23 63, Fax 0 10 24 23 63, 🌳 – AE ⓘ ⓜ VISA
fermé 21 juil.-14 août, sam. midi, dim. soir, lundi et après 20 h 30 – **Repas** Lunch 650 – 850/1450.

Le Bateau Ivre, Ruelle Nuit et Jour 17, ℘ 0 10 24 37 64, Fax 0 10 24 37 64, 🌳, « Cour intérieure avec terrasse » – AE ⓘ ⓜ VISA
Repas Lunch 590 – carte env. 1200.

La Rôtisserie des Fontaines, r. Fontaines 60, ℘ 0 10 24 54 54, Fax 0 10 24 43 85, 🌳 – AE ⓘ ⓜ VISA ✗
Repas Lunch 590 – carte env. 1300.

WAYS Brabant Wallon 213 L 19 – voir à Genappe.

WEELDE 2381 Antwerpen Ⓒ Ravels 12 988 h. 213 O 14 et 909 H 1.
Bruxelles 94 – Antwerpen 44 – Turnhout 11 – Breda 38 – Eindhoven 47 – Tilburg 20.

de Groes, Meir 1, ℘ 0 14 65 64 84, de.groes@proximedia.be, Fax 0 14 65 64 84, 🌳, « Rustique » – 🅿. AE ⓘ ⓜ VISA. ✗
fermé vacances bâtiment sauf week-end, 2 prem. sem. janv., mardi soir, merc. et sam. midi – **Repas** Lunch 1050 – carte 1400 à 1900.

WEISMES Liège – voir Waimes.

WELLIN 6920 Luxembourg belge 214 P 22 et 909 I 5 – 2 787 h.
Bruxelles 110 – Bouillon 44 – Dinant 34 – Namur 53 – Rochefort 14.

La Papillote, r. Station 59, ℘ 0 84 38 88 16, Fax 0 84 38 70 46 – ⓜ VISA
fermé 1 sem. en mars, 1 sem. en juil., 1 sem. en janv., mardi soir, merc. et dim. soir – **Repas** Lunch 750 – carte 1300 à 1600.

à Halma Sud-Est : 3 km Ⓒ Wellin – ✉ 6922 Halma :

Le père Finet avec ch, r. Libin 75 (lieu-dit Neupont), ℘ 0 84 38 81 35, perefinet@euronet.be, Fax 0 84 38 82 12, 🌳, 🐎, 🚲 – 🅿. ⓘ ⓜ VISA
fermé 1 sem. en mars, 1 sem. en sept., 1 sem. en janv., dim. soir et lundi midi en hiver et lundis soirs et mardis non fériés sauf vacances scolaires – **Repas** Lunch 1295 bc – 895/1695 – **10 ch** ⊇ 1995/2595 – ½ P 2295/2895.

WEMMEL Vlaams-Brabant 213 K 17 - ⑤ N et 909 F 3 - ㉑ N – voir à Bruxelles, environs.

WENDUINE 8420 West-Vlaanderen Ⓒ De Haan 11 242 h. 213 D 15 et 909 C 2.
Bruxelles 111 – Brugge 17 – Oostende 16.

Les Mouettes, Zeedijk 7, ℘ 0 50 41 15 14, Fax 0 50 43 54 70, ≤, ≘ – 📶 📺. ⓜ VISA. ✗ rest
fermé 23 fév.-4 mars, du 23 au 26 avril et 6 nov.-24 déc. – **Repas** (résidents seult) – **30 ch** ⊇ 1475/2900 – ½ P 1575/1775.

Odette, Kerkstraat 34, ℘ 0 50 41 36 90, info@gastronome.be, Fax 0 50 42 81 34 – 📺. AE ⓘ ⓜ VISA
fermé mardi et merc. – **Repas** 775/1950.

Rita, Kerkstraat 6, ℘ 0 50 41 19 09, Fax 0 50 41 19 09, 🌳 – VISA
fermé 15 nov.-15 déc. et lundi – **Repas** 850/1350.

Ensor-Inn, Zeedijk 63, ℘ 0 50 41 41 59, fernand.thibaut@ping.be, Fax 0 50 42 87 24, ≤, 🌳 – ▬. AE ⓘ ⓜ VISA JCB
fermé mi-janv.-mi-fév. et jeudi sauf vacances scolaires – **Repas** Lunch 650 – 875/1200.

VÉPION Namur 213 O 20, 214 O 20 et 909 H 4 – voir à Namur.

WESTENDE 8434 West-Vlaanderen ⓒ Middelkerke 16 426 h. 213 B 16 et 909 B 2 – Station balnéaire.
Bruxelles 127 – Brugge 40 – Oostende 11 – Veurne 14 – Dunkerque 40.

à Westende-Bad Nord : 2 km ⓒ Middelkerke – ✉ 8434 Westende :

Roi Soleil, Charles de Broquevillelaan 17, ℘ 0 59 30 08 08, Fax 0 59 31 50 74, 😊, « Terrasse », 🚲 – 📺 🅿 ⓘ ⓜ VISA
fermé mi-nov.-mi-déc. et du 15 au 31 janv. – **Repas** (fermé merc. sauf vacances Pâques et juil.-août et mardi) carte env. 1500 – **6 ch** ⇌ 3000/3500.

St-Laureins 🏊, Strandlaan 12 (Ouest : 1 km, Sint-Laureinsstrand), ℘ 0 58 23 39 58, info@st-laureins.be, Fax 0 58 23 08 99, ≤ plage et dunes, 😊 – 🛏 rest, 📺 🅿 VISA
fermé 15 nov.-15 déc. – **Repas** (fermé merc. hors saison et après 20 h 30) (Taverne-rest) Lunch 500 – 850/1600 – **9 ch** ⇌ 2000/2750 – ½ P 2125.

Splendid, Meeuwenlaan 20, ℘ 0 59 30 00 32, Fax 0 59 31 09 17 – 🛗 📺 AE ⓘ ⓜ VISA. 🍴 ch
avril-sept. – **Repas** (fermé lundi soir et mardi soir) Lunch 475 – 850/1350 – **18 ch** ⇌ 2000/2900 – ½ P 2200/2500.

Isba, Henri Jasparlaan 148, ℘ 0 59 30 23 64, Fax 0 59 31 06 26, 🐢, 🚲 – 📺 🅿 AE ⓘ ⓜ VISA
15 mars-15 oct. et vacances scolaires – **Repas** (dîner pour résidents seult) – **6 ch** ⇌ 1800/3800 – ½ P 2600.

Host. Melrose avec ch, Henri Jasparlaan 127, ℘ 0 59 30 18 67, Fax 0 59 31 02 35, 😊 – 📺 🅿 AE ⓘ ⓜ VISA
Repas (fermé du 1ᵉʳ au 15 mars, merc., dim. soir et après 20 h 30) Lunch 1580 bc – 1050/1950 – **10 ch** ⇌ 2125/3150 – ½ P 2525/3075.

Nelson, Priorijlaan 30, ℘ 0 59 30 23 07, Fax 0 59 30 25 22 – AE ⓘ ⓜ VISA
fermé 28 sept.-6 oct., 1ᵉʳ déc.-3 janv. et mardi soir et merc. hors saison sauf vacances scolaires – **Repas** Lunch 790 – carte 1200 à 1650.

Marquize, Henri Jasparlaan 175, ℘ 0 59 31 11 11, Fax 0 59 30 65 83, 😊 – ⓜ VISA
fermé du 25 au 30 juin, du 13 au 30 nov., 21 janv.-1ᵉʳ fév. et jeudis non fériés sauf 15 juil.-15 août – **Repas** 1295/1795.

La Plage, Meeuwenlaan 4, ℘ 0 59 30 11 90 – 🛏. AE ⓘ ⓜ
fermé 15 nov.-15 déc., 12 janv.-1ᵉʳ fév. et jeudi sauf vacances scolaires – **Repas** carte 850 à 1550.

WESTERLO 2260 Antwerpen 213 O 16 et 909 H 2 – 21 799 h.
Env. au Nord : 2 km à Tongerlo, Musée Léonard de Vinci★.
🅱 Boerenkrijglaan 25 ℘ 0 14 54 54 28, Fax 0 14 54 76 56.
Bruxelles 57 – Antwerpen 46 – Diest 20 – Turnhout 30.

Vivaldi, Bell Telephonelaan 4 (près E 313 - A 13, sortie ㉓), ℘ 0 14 58 10 03, info@vivaldi-hotel.com, Fax 0 14 58 11 20, 🚲 – 🛗 😊 📺 🅿 – 🛎 25 à 80. AE ⓘ ⓜ VISA
Repas Lunch 350 – carte 900 à 1250 – **64 ch** ⇌ 2450/3100 – ½ P 2050/2950.

Geerts avec ch, Grote Markt 50, ℘ 0 14 54 40 17, info@hotel-geerts.be, Fax 0 14 54 18 80, 😊, « Jardin », 🚲 – 🛗, 🛏 rest, 📺 🅿 AE ⓘ ⓜ VISA. 🍴 ch
fermé 21 fév.-8 mars et 16 août-7 sept. – **Repas** (fermé merc. et dim. soir) Lunch 1300 – 1900/3200 – **18 ch** ⇌ 2950/3900 – ½ P 2300/3450.

't Kempisch Pallet, Bergveld 120 (Ouest : 4 km sur N 152), ℘ 0 14 54 70 97, kempisch.pallet@pi.be, Fax 0 14 54 70 57, 😊, « Cadre de verdure » – 🅿 AE ⓘ ⓜ VISA. 🍴
fermé jeudi et dim. soir – **Repas** 1200/1850.

WESTKAPELLE West-Vlaanderen 213 E 15 et 909 C 2 – voir à Knokke-Heist.

WESTMALLE Antwerpen 213 N 15 et 909 H 2 – voir à Malle.

WESTOUTER 8954 West-Vlaanderen ⓒ Heuvelland 8 424 h. 213 B 18 et 909 B 3.
Bruxelles 136 – Brugge 66 – Ieper 14 – Lille 39.

Picasso (Van Kerckhove), Rodebergstraat 69, ℘ 0 57 44 69 08, Fax 0 57 44 69 08, ≤, 😊, « Fermette avec ≤ plaine des Flandres » – 🅿 AE ⓘ ⓜ VISA. 🍴
fermé dern. sem. juin-prem. sem. juil., du 2 au 18 janv., mardi et merc. – **Repas** Lunch 1200 – 1800/3300, carte env. 2500
Spéc. Suprême de turbot au "stoemp" d'épinards. Joues de porcelet à la bière régionale. Préparations aux jets de houblon (fin fév.-10 avril).

Berkenhof, Bellestraat 53 (à la frontière), ℘ 0 57 44 44 26, berkenhof.restaurant@illage.uunet.be, Fax 0 57 44 75 21, 😊, Taverne-rest – ⓜ VISA
fermé 15 janv.-15 fév., lundi et mardi – **Repas** Lunch 450 – 850/1500.

WEVELGEM 8560 West-Vlaanderen 213 E 18 et 909 C 3 – 31 270 h.
Bruxelles 99 – Kortrijk 8 – Brugge 54 – Lille 23.

Cortina, Lauwestraat 59, ℘ 0 56 41 25 22, info@hotel-cortina.be, Fax 0 56 41 45 67 – TV P. 25 à 600. AE ① ⓪ VISA
fermé 21 juil.-15 août – **Repas** voir rest **Pinogri** ci-après – **26 ch** ⊇ 3000/3950.

Bell-X sans rest, Kortrijkstraat 351, ℘ 0 56 37 17 71, Fax 0 56 35 92 82 – |≡| TV P. AE ① ⓪ VISA. ※
14 ch ⊇ 2700/3500.

Pinogri – H. Cortina, Lauwestraat 59, ℘ 0 56 42 41 41, Fax 0 56 41 45 67 – ≡ P. ⓪ VISA
fermé 21 juil.-15 août et jours fériés soirs – **Repas** Lunch 990 bc – carte env. 1200.

à Gullegem Nord : 5 km © Wevelgem – ⌧ 8560 Gullegem :

Gouden Kroon, Koningin Fabiolastraat 41, ℘ 0 56 40 04 76, Fax 0 56 42 83 66, 斎 – P. 25. AE ⓪ VISA
fermé du 10 au 13 avril, 23 juil.-9 août, lundi, merc. soir et dim. soir – **Repas** Lunch 1500 bc – 2000 bc/2950 bc.

WEZEMBEEK-OPPEM Vlaams-Brabant 213 L 17 - ㊷ S et 909 G 3 - ㉒ S – voir à Bruxelles, environs.

WIBRIN Luxembourg belge 214 T 22 et 909 K 5 – voir à Houffalize.

WIERDE Namur 213 O 20, 214 O 20 et 909 H 4 – voir à Namur.

WIJNEGEM Antwerpen 213 M 15 - ⑬ S et 909 G 2 - ⑨ S – voir à Antwerpen, environs.

WILLEBROEK 2830 Antwerpen 213 L 16 et 909 G 2 – 22 511 h.
Bruxelles 29 – Antwerpen 22 – Mechelen 10 – Sint-Niklaas 22.

Breendonck, Dendermondsesteenweg 309 (près du fort), ℘ 0 3 886 61 63, breendonck@planetinternet.be, Fax 0 3 886 25 40, 斎 – ≡ P. AE ① ⓪ VISA
fermé juil. – **Repas** Lunch 395 – 1350/1850.

WILRIJK Antwerpen 213 L 16 - ⑬ S et 909 G 2 - ⑨ S – voir à Antwerpen, périphérie.

WINKSELE Vlaams-Brabant 213 M 17 et 909 H 3 – voir à Leuven.

WOLUWÉ-ST-LAMBERT (SINT-LAMBRECHTS-WOLUWE) Région de Bruxelles-Capitale 213 L 17 - ㊷ S et 909 G 3 - ㉒ S – voir à Bruxelles.

WOLUWÉ-ST-PIERRE (SINT-PIETERS-WOLUWE) Région de Bruxelles-Capitale 213 L 18 - ㊷ S et 909 G 3 - ㉒ S – voir à Bruxelles.

WORTEGEM-PETEGEM 9790 Oost-Vlaanderen 213 G 17 et 909 D 3 – 6 074 h.
18 19 Kortrijkstraat 52 ℘ 0 55 33 41 61, Fax 0 55 31 98 49.
Bruxelles 81 – Kortrijk 21 – Gent 36 – Oudenaarde 8.

Bistronoom, Waregemseweg 155 (Wortegem), ℘ 0 56 61 11 22, claessens.bernard@proximedia.be, Fax 0 56 60 38 11, 斎 – P. AE ⓪ VISA
fermé 22 fév.-8 mars, 2 prem. sem. août, merc. soir et jeudi – **Repas** Lunch 950 bc – carte 1250 à 1650.

YPRES West-Vlaanderen – voir Ieper.

YVES-GOMEZÉE 5650 Namur © Walcourt 16 667 h. 213 L 21, 214 L 21 et 909 G 5.
Bruxelles 89 – Charleroi 27 – Dinant 36 – Namur 49.

La botte d'Yves, chaussée de Charleroi 3 (N 5), ℘ 0 71 65 52 75, Fax 0 71 65 52 75 – P. AE ⓪ VISA
fermé mardis et merc. non fériés – **Repas** Lunch 1290 – 1090/1980.

YVOIR 5530 Namur 213 O 21, 214 O 21 et 909 H 5 – 7809 h.

Env. à l'Ouest : Vallée de la Molignée★.

☒ au Nord : 10 km à Profondeville, Chemin du Beau Vallon 45 ✆ 0 81 41 14 18, Fax 0 81 41 21 42.

Bruxelles 92 – Namur 22 – Dinant 8.

XXX **Host. Henrotte - Au Vachter** avec ch, chaussée de Namur 140, ⊠ 5537 Anhée, ✆ 0 82 61 13 14, hotelvachter@skynet.be, Fax 0 82 61 28 58, ≤, 😀, « Jardin au bord de la Meuse (Maas) », 🍴 – 📺 🅿 - 🛁 25. AE ⓞ ⓜⓞ VISA. ✂ ch
fermé 15 déc.-12 fév., dim. soir et lundi – **Repas** Lunch 1450 – 1990/2900 bc – **10 ch** ⊇ 3100/3900 – ½ P 3450.

XX **Le Pré Fleuri**, r. Fostrie 1 (Sud-Est : 2 km par N 937), ✆ 0 82 61 17 75, Fax 0 82 61 43 39, 😀 – 🅿 AE ⓞ ⓜⓞ VISA
fermé 29 janv.-2 mars, 27 août-14 sept. et lundis soirs et mardis non fériés – **Repas** Lunch 850 – 1500/2100 bc.

X **La Tonnelle**, r. Fenderie 41, ✆ 0 82 61 13 94, Fax 0 82 61 13 94, 😀 – 🅿 AE ⓞ ⓜⓞ VISA
fermé 1 sem. carnaval, 2e quinz. sept., mardi soir et merc. – **Repas** Lunch 800 – carte 1050 à 1600.

Si vous cherchez un hôtel tranquille ou isolé,
consultez d'abord les cartes de l'introduction
ou repérez dans le texte les établissements indiqués avec le signe 🌿 ou 🌿

ZAVENTEM Vlaams-Brabant 213 L 17 - ㊾ N et 909 G 3 - ㉒ N – *voir à Bruxelles, environs.*

ZEDELGEM West-Vlaanderen 213 D 16 et 909 C 2 – *voir à Brugge, environs.*

ZEEBRUGGE West-Vlaanderen © Brugge 115 991 h. 213 E 14 et 909 C 1 - ⊠ 8380 Zeebrugge (Brugge).

🚢 Liaison maritime Zeebrugge-Hull : P and O North Sea Ferries, Leopold II Dam 13 (Kaaien 106-108) ✆ 0 50 54 34 30, Fax 0 50 54 71 12.

Bruxelles 111 ② – Brugge 15 ② – Knokke-Heist 8 ① – Oostende 25 ③

Plan page ci-contre

🏨 **Monaco**, Baron de Maerelaan 26, ✆ 0 50 54 44 37, Fax 0 50 54 44 85, 😀 – 📶 📺 - 🛁 25. AE ⓞ ⓜⓞ VISA. ✂ ch
A r
Repas *(fermé vend.)* carte 1050 à 1400 – **15 ch** ⊇ 2500/3000 – ½ P 2100/2400.

🏨 **Maritime** sans rest, Zeedijk 6, ✆ 0 50 54 40 66, Fax 0 50 54 66 08, ≤ – 📶 📺 🅿 AE ⓞ ⓜⓞ VISA
A e
12 ch ⊇ 2600/3500.

🏨 **Atlas** sans rest, Brusselstraat 15, ✆ 0 50 55 74 00, Fax 0 50 55 06 44 – 📶 📺 🅿 AE ⓞ ⓜⓞ VISA JCB. ✂
A b
16 ch ⊇ 2600/2900.

XXX **Maison Vandamme**, Tijdokstraat 7, ✆ 0 50 55 13 51, Fax 0 50 55 01 79, ≤, Produits
❀ de la mer – 🍽 AE ⓞ ⓜⓞ VISA
B g
fermé 2 prem. sem. juil., 2 prem. sem. oct., 2 prem. sem. janv., mardi et merc. – **Repas** Lunch 1650 bc – 3245 bc/4495 bc, carte 2350 à 3250
Spéc. Loumpia de saumon au gingembre et poivrons en dés. Goujonettes de sole et St-Jacques à la truffe et champignons des bois (sept.-mai). Pigeonneau au thym, sauce à la bière de cerises.

XXX **De Barcadère**, Tijdokstraat 8, ✆ 0 50 54 49 69, Fax 0 50 54 40 05, 😀, Produits de la mer – 🍽 AE ⓜⓞ VISA. ✂
B v
fermé 18 mars-1er avril, du 4 au 25 nov., dim. et lundi – **Repas** Lunch 1495 bc – carte 1650 à 2450.

XX **Le Chalut**, Rederskaai 26, ✆ 0 50 54 41 15, Fax 0 50 54 53 62, ≤, 😀, Produits de la mer, « Décor maritime design » – AE ⓞ ⓜⓞ VISA
B d
fermé 1 sem. en sept., 2 dern. sem. janv.-prem. sem. fév., mardi soir sauf en juil.-août et merc. – **Repas** Lunch 1350 bc – carte 2100 à 3300.

XX **Slipway**, Rederskaai 42, ✆ 0 50 54 44 45, Fax 0 50 55 17 16, 😀, Produits de la mer – 🍽 AE ⓞ ⓜⓞ VISA
B c
fermé 2 sem. en fév., 3 sem. en oct., merc. soir et jeudi – **Repas** Lunch 1500 bc – 1600/2100

X **Michel's**, Baron de Maerelaan 18, ✆ 0 50 54 57 86, rest_michel@hotmail.com, Fax 0 50 54 64 50 – AE ⓞ ⓜⓞ VISA
A a
fermé dim. en hiver et merc. soir – **Repas** 1100/1595 bc.

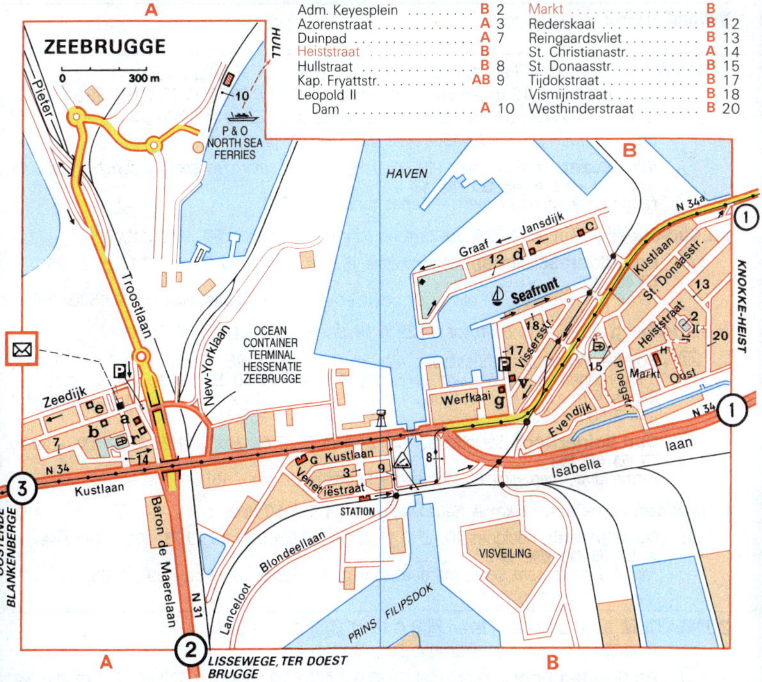

par ② : *2 km sur N 31 :*

XX ✿✿ **'t Molentje** (Horseele), Baron de Maerelaan 211, ☎ 0 50 54 61 64, *Fax 0 50 54 79 94,* ☂, « Fermette avec décor personnalisé » – P. AE MC VISA. ✗
fermé du 5 au 15 mars, du 18 au 24 juin, 9 sept.-3 oct., du 1er au 6 janv. et merc. et dim. non fériés – **Repas** (nombre de couverts limité - prévenir) *Lunch 1700 bc* – carte 2500 à 3150
Spéc. St-Jacques aux épices orientales et étuvée de poireaux. Bar au fenouil, confit de tomates et basilic. L'Abstrait de dame blanche.

ZELLIK *Vlaams-Brabant* **213 K 17** - (51) N *et* **909 F 3** - ㉑ N – *voir à Bruxelles, environs.*

ZELZATE *9060 Oost-Vlaanderen* **213 H 15** *et* **909 E 2** – *12 177 h.*
Bruxelles 76 – Gent 20 – Brugge 44.

XX **Den Hof** avec ch, Stationsstraat 22b, ☎ 0 9 345 60 48, *info@denhof, Fax 0 9 342 93 60,* ☂, ☂ – TV P – 🏛 25 à 50. AE MC VISA. ✗ ch
fermé 1 sem. Pâques, 3 dern. sem. juil. et 2 sem. Noël-Nouvel An – **Repas** *(fermé jeudi soir, dim. et après 20 h 30) Lunch 1100* – carte 1300 à 1600 – **10 ch** ☕ 2450/3100 – ½ P 2100/2850.

ZILLEBEKE *West-Vlaanderen* **213 C 18** *et* **909 B 3** – *voir à Ieper.*

ZINGEM *9750 Oost-Vlaanderen* **213 G 17** *et* **909 D 3** – *6 594 h.*
Bruxelles 57 – Gent 23 – Kortrijk 35 – Oudenaarde 9.

à Huise *Ouest : 2,5 km* C *Zingem* – ✉ *9750 Huise :*

🏠 **Gasthof 't Peerdeke,** Gentsesteenweg 45 (N 60), ☎ 0 9 384 55 11, *motel@peerdeke.be, Fax 0 9 384 26 16,* ☂ – TV P – 🏛 25 à 50. AE MC VISA. ✗
Repas *(fermé 2 dern. sem. juil.-prem. sem. août, 24, 25 et 31 déc., 1er janv., sam. midi et dim.) (Ouvert jusqu'à 23 h) Lunch 1100* – 850/2300 – **15 ch** ☕ 2800/3460 – ½ P 3000/3300.

ZINNIK Hainaut – voir Soignies.

ZOLDER 3550 Limburg C Heusden-Zolder 29 849 h. 🗾 Q 16 et 🗾 I 2.
🛈 au Nord-Est : 10 km à Houthalen, Golfstraat 1 ℘ 0 89 38 35 43, Fax 0 89 84 12 08.
🛈 au Nord-Ouest : 6 km à Heusden, Terlaemenlaan 1 ℘ 0 11 53 86 64.
Bruxelles 77 – Maastricht 46 – Diest 22 – Hasselt 12.

XX **Villa Buzet,** Stationstraat 110, ℘ 0 11 57 13 34, marc.fransen@yucom.be, Fax 0 11 57 31 01 – 🝰 🖲 🐠 VISA. ⌀
  fermé lundi, mardi et merc. – **Repas** carte env. 1500.

au Sud-Ouest : 7 km par N 729, sur Omloop (circuit) Terlamen – ⊠ 3550 Zolder :

XXX **De Gulden Schalmei,** Sterrenwacht 153, ℘ 0 11 25 17 50, Fax 0 11 25 38 75 – 🝰 AE 🖲 🐠 VISA
  fermé 2ᵉ quinz. fév., 2ᵉ quinz. juil., jeudi et dim. soir – **Repas** Lunch 1100 – 1500/1950.

à Bolderberg Sud-Ouest : 8 km sur N 729 C Heusden-Zolder – ⊠ 3550 Zolder :

🏨 **Soete Wey** ⌀, Kluisstraat 48, ℘ 0 11 25 20 66, Fax 0 11 87 10 59, 🐾,
  « Environnement boisé », 🏕, 🐕, 🖺 🖻 – 🧗 25 à 60. AE 🖲 🐠 VISA. ⌀ rest
  Repas *(fermé 23 juil.-6 août, du 24 au 30 déc. et dim.)* 975/2500 – **20 ch** ⌀ 2800/3950
  – ½ P 3000/3850.

XX **Oud Bolderberg,** St-Jobstraat 83, ℘ 0 11 25 33 66, Fax 0 11 25 33 92, 🐾 – 🝰 🖲 AE 🖲 🐠 VISA
  fermé lundi, merc. soir et sam. midi – **Repas** Lunch 1200 – 1650.

à Heusden Nord-Ouest : 6 km C Heusden-Zolder – ⊠ 3550 Heusden :

XX **De Wijnrank,** Kooidries 10, ℘ 0 11 42 55 57, Fax 0 11 43 29 73, 🐾, « Terrasse » –
  🝰 AE 🖲 🐠 VISA. ⌀
  fermé 3 prem. sem. sept., mardi et sam. midi – **Repas** Lunch 625 – 995/1895.

ZOMERGEM 9930 Oost-Vlaanderen 🗾 G 16 et 🗾 D 2 – 8 255 h.
Bruxelles 77 – Gent 21 – Brugge 38 – Roeselare 53.

XX **De Gouden Poort,** Kerkstraat 1, ℘ 0 9 372 63 02, Fax 0 9 372 63 02 – 🝰 🐠 VISA
  fermé lundi soir et mardi – **Repas** Lunch 500 – 1500/1850.

à Ronsele Nord-Est : 3,5 km C Zomergem – ⊠ 9932 Ronsele :

XX **Landgoed Den Oker,** Stoktevijver 36, ℘ 0 9 372 40 76, « Jardin » – 🝰 – 🧗 25. 🐠 VISA. ⌀
  fermé dern. sem. fév.-prem. sem. mars, 2 prem. sem. sept., dim. soir et lundi – **Repas** Lunch 1100 – 2000.

ZONHOVEN 3520 Limburg 🗾 R 17 et 🗾 J 3 – 18 908 h.
Bruxelles 86 – Maastricht 42 – Diest 31 – Hasselt 7.

XX **De 4 Jaargetijden,** Houthalenseweg 32, ℘ 0 11 82 11 04, de4jaargetijden@hotmail.com, Fax 0 11 82 11 04, 🐾 – 🝰 🐠 VISA. ⌀
  fermé merc. et sam. midi – **Repas** 1250 bc/3000 bc.

ZOTTEGEM 9620 Oost-Vlaanderen 🗾 H 17 et 🗾 E 3 – 24 631 h.
Bruxelles 46 – Gent 29 – Aalst 24 – Oudenaarde 18.

à Elene Nord : 2 km C Zottegem – ⊠ 9620 Elene :

XXX **In den Groenen Hond,** Leopold III straat 1, ℘ 0 9 360 12 94, Fax 0 9 361 08 03, 🐾,
  « Ancien moulin à eau » – 🝰 AE 🖲 🐠 VISA. ⌀
  fermé 26 janv.-8 fév., 17 août-6 sept., merc. soir, jeudi et dim. soir – **Repas** Lunch 1690 bc – 2000 bc/2980 bc.

HET ZOUTE West-Vlaanderen C Knokke-Heist 🗾 E 14 et 🗾 C 1 – voir à Knokke-Heist.

ZOUTLEEUW (LÉAU) 3440 Vlaams-Brabant 🗾 P 18 et 🗾 I 3 – 7 767 h.
Bruxelles 59 – Sint-Truiden 8 – Tienen 14.

🏨 **Boyenhov** ⌀ sans rest, Louis Claeslaan 4 (Booienhoven), ℘ 0 11 78 21 31, Fax 0 11 78 90 46, « Jardin avec étang », 🚲 – 🖻. VISA. ⌀
  4 ch ⌀ 2300/4000.

ZUIENKERKE West-Vlaanderen 213 D 15 et 909 C 2 – voir à Blankenberge.

ZUTENDAAL 3690 Limburg 213 S 17 et 909 J 3 – 6619 h.
🛈 Oosterzonneplein 1, ℘ 0 89 61 17 51, Fax 0 89 61 37 32.
Bruxelles 104 – Maastricht 16 – Hasselt 20 – Liège 38.

🏨 **De Klok,** Daalstraat 9, ℘ 0 89 61 11 31, Fax 0 89 61 24 70, 😀, 🚴 – 📺. 🅰🅴 ⓞ 🆖 VISA JCB. 💱 rest
Repas (fermé merc. et sam. midi) Lunch 1650 bc – carte 2150 à 3050 – **11 ch** ☑ 2150/3800.

ZWEVEGEM 8550 West-Vlaanderen 213 F 18 et 909 D 3 – 23 509 h.
Bruxelles 91 – Kortrijk 6 – Brugge 48 – Gent 46 – Lille 31.

🏨 **Sachsen** M sans rest, Avelgemstraat 23, ℘ 0 56 75 94 75, Fax 0 56 75 50 66 – 📶 📺
📵 – 🛁 60. 🅰🅴 ⓞ 🆖 VISA
19 ch ☑ 2500/3300.

🍴🍴 **'t Ovenbuur** (Winne), Bellegemstraat 48 (Sud-Ouest : 3 km par Avelgemstraat), ℘ 0 56
75 64 40, Fax 0 56 75 64 65, ≤, 😀, « Collection d'œuvres d'art contemporain » – 🍽 📵.
🅰🅴 ⓞ 🆖 VISA
fermé 22 juil.-19 août, dim., lundi soir et merc. soir – **Repas** Lunch 1850 bc – 2450/3050 bc,
carte 2050 à 2800
Spéc. Moules au Champagne (juil.-mars). Blanc de turbot aux écailles de pommes de terre,
beurre au Pomerol. Râble de lièvre, sauce smitane (15 oct.-déc.).

🍴🍴 **Molenberg,** Kwadepoelstraat 51, ℘ 0 56 75 93 97, Fax 0 56 75 93 97, 😀, « Auberge
dans un cadre champêtre » – 📵. 🅰🅴 ⓞ 🆖 VISA JCB
fermé 23 juil.-11 août, merc, sam. midi et dim. soir – **Repas** Lunch 1650 bc – 2150/3250 bc.

ZWIJNAARDE Oost-Vlaanderen 213 H 17 et 909 E 2 – voir à Gent, périphérie.

Grand-Duché de Luxembourg

Lëtzebuerg

*Les prix sont donnés en francs luxembourgeois
(les francs belges sont également utilisés au Gd. Duché).*

Les étoiles
De sterren
Die Sterne
The stars

   "Bib Gourmand"

Repas 1100 *Repas soignés à prix modérés*
Verzorgde maaltijden voor een schappelijke prijs
Sorgfältig zubereitete preiswerte Mahlzeiten
Good food at moderate prices

L'agrément
Aangenaam verblijf
Annehmlichkeit
Peaceful atmosphere and setting

Carte de voisinage : voir à la ville choisie
Kaart van de omgeving in de buurt van grote steden
Stadt mit Umgebungskarte
Town with a local map

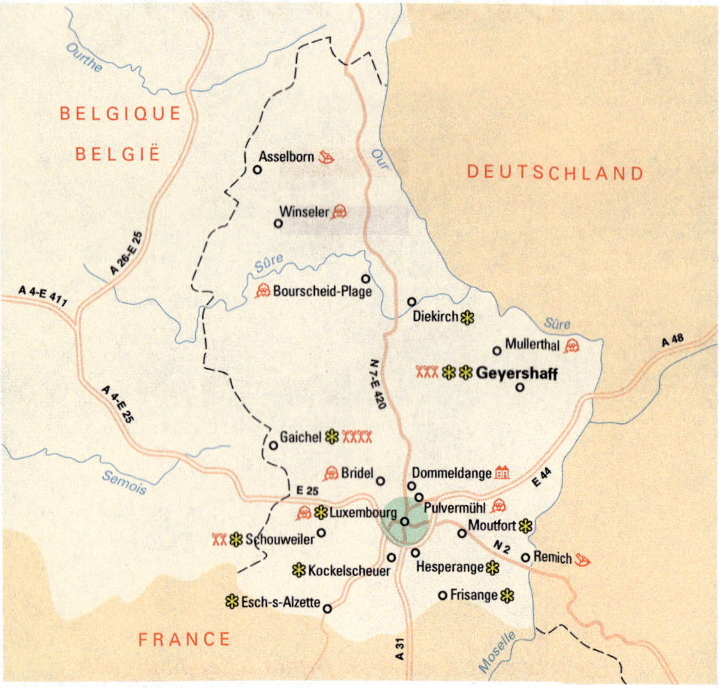

AHN (OHN) — Wormeldange 2271 h. 924 X 25 et 909 M 7.

Luxembourg 36 – Ettelbrück 51 – Remich 15 – Trier 27.

Mathes, rte du Vin 37, ⊠ 5401, ℘ 76 01 06, Fax 76 06 45, ≤, 斎, « Terrasse et jardin », 🅹 – 🅿. 🆎 ⓘ ⓜⓞ 🆅🅸🆂🅰
fermé 26 déc.-13 janv., lundi et mardi – **Repas** Lunch 1250 – 1550/1950.

ASSELBORN (AASSELBUR) — Wincrange 3071 h. 924 U 22 et 909 K 5.

Luxembourg 75 – Clervaux 13 – Ettelbrück 47 – Bastogne 26.

Vieux Moulin Luxembourg ⓢ, Maison 158, ⊠ 9940, ℘ 99 86 16, vmoulin@pt.lu, Fax 99 86 17, 斎, « Musée, cadre de verdure », 🚲 – 📺 🅿 – 🅰 25. 🆎 ⓜⓞ 🆅🅸🆂🅰. ⚡ rest
fermé 14 nov.-1er déc. et 9 janv.-2 fév. – **Repas** Lunch 1250 – carte env. 1700 – **15 ch** ⏛ 1850/3000 – ½ P 2650/2950.

BASCHARAGE (NIDDERKÄERJHÉNG) 924 U 25 et 909 K 7 – 6163 h.

Luxembourg 19 – Esch-sur-Alzette 14 – Arlon 21 – Longwy 17.

Le Pigeonnier, av. de Luxembourg 211, ⊠ 4940, ℘ 50 25 65, Fax 50 53 30, « Grange rustique aménagée » – 🆎 ⓘ ⓜⓞ 🆅🅸🆂🅰
fermé fin août-début sept., début janv., lundi et mardi – **Repas** Lunch 1200 – carte 1800 à 2200.

BASCHLEIDEN (BASCHELT) 924 T 23 – voir à Boulaide.

BEAUFORT (BEFORT) 924 W 23 et 909 L 6 – 1353 h.

Voir *Ruines du château*★ – au Sud-Est : 4 km et 30 mn AR à pied, Gorges du Hallerbach★.
🛈 r. Église 9, ⊠ 6315, ℘ 83 60 81, Fax 86 91 08.
Luxembourg 38 – Diekirch 15 – Echternach 15 – Ettelbrück 25.

Meyer ⓢ, Grand-Rue 120, ⊠ 6310, ℘ 83 62 62, homeyer@pt.lu, Fax 86 90 85, 斎, « Jardin avec terrasse », 🅵🅰, 🆂, 🅻, 🚲 – 🛗, ▦ rest, 📺 🚗 🅿 – 🅰 30. 🆎 ⓘ ⓜⓞ 🆅🅸🆂🅰. ⚡
31 mars-2 janv. – **Repas** *(fermé après 20 h 30)* 1400/1750 – **33 ch** ⏛ 3450/4150 – ½ P 2575/3075.

Aub. Rustique, r. Château 55, ⊠ 6313, ℘ 83 60 86, info@aubergerustique.lu, Fax 86 92 22, 斎 – ▦ rest, 📺. ⓜⓞ 🆅🅸🆂🅰
20 fév.-13 nov. et du 16 au 30 déc. – **Repas** *(fermé après 20 h 30)* Lunch 490 – 1260 – **9 ch** ⏛ 1600/2500 – ½ P 1690.

BELAIR – voir à Luxembourg, périphérie.

BELVAUX (BIELES) — Sanem 12676 h. 924 U 25 et 909 K 7.

Luxembourg 21 – Esch-sur-Alzette 5 – Arlon 31 – Longwy 21.

St. Laurent, r. Alliés 24, ⊠ 4412, ℘ 59 10 80, Fax 59 21 82 – 🆎 ⓘ ⓜⓞ 🆅🅸🆂🅰 🅹🅲🅱
fermé sept., janv., lundi soir, mardi et merc. – **Repas** Lunch 400 – 800/1300.

BERDORF (BÄERDREF) 924 X 24 et 909 M 6 – 997 h.

Voir *au Nord-Ouest : Ile du Diable*★★ – au Nord : *Plateau des Sept Gorges*★ (Sieweschluff), *Kasselt*★ – au Sud : 2 km, *Werschrumschluff*★.
Exc. *Promenade à pied*★★ : Perekop.
🛈 r. Laach 7, ⊠ 6550, ℘ 79 06 43, Fax 79 91 82.
Luxembourg 38 – Diekirch 24 – Echternach 6 – Ettelbrück 31.

Parc ⓢ, rte de Grundhof 16, ⊠ 6550, ℘ 79 01 95, parcber@pt.lu, Fax 79 02 23, 斎, « Parc ombragé avec 🅿 », 🚗, 🚲 – 🛗 ⚡ 📺 🚗 🅿. 🆎 ⓜⓞ 🆅🅸🆂🅰. ⚡
Pâques-oct. – **Repas** *(fermé après 20 h 30)* 850/1600 – **20 ch** ⏛ 2000/4900 – ½ P 2400/3400.

Bisdorff ⓢ, r. Heisbich 39, ⊠ 6551, ℘ 79 02 08, hotelbisdorff@pt.lu, Fax 79 06 29, « Cadre de verdure », 🆂, 🅻, 🚲 – 🛗 📺 🅿 – 🅰 25. ⓘ ⓜⓞ 🆅🅸🆂🅰. ⚡ rest
12 avril-12 nov. et 21 déc.-2 janv. – **Repas** *(fermé lundi, mardi et après 20 h 30)* 850/2000 – **27 ch** ⏛ 2000/4000 – ½ P 2200/2600.

Kinnen avec ch, rte d'Echternach 2, ⊠ 6550, ℘ 79 01 83, kinneng@pt.lu, Fax 79 90 02, 斎, 🚲 – 🛗 ⚡ 📺. 🆎 ⓜⓞ 🆅🅸🆂🅰
avril-13 nov. – **Repas** *(fermé après 20 h 30)* 750/1150 – **26 ch** ⏛ 1720/3000 – ½ P 1920/2270.

BOLLENDORF-PONT (BOLLENDORFER BRÉCK) C Berdorf 997 h. 924 X 23 et 909 M 6.
Luxembourg 40 – Diekirch 21 – Echternach 7 – Ettelbrück 27.

André, rte de Diekirch 23, ✉ 6555, ℘ 72 03 93, Fax 72 87 70, 🍽, ⇌s, 🚴 – 🛗 TV
P. ⓜ VISA. ✻
mars-nov. – **Repas** *(fermé lundi et après 20 h 30)* carte 1000 à 1500 – **22 ch**
⇌ 2100/3400 – ½ P 2200/2300.

BOULAIDE (BAUSCHELT) 924 T 23 et 909 K 6 – 672 h.
Luxembourg 65 – Ettelbrück 35 – Arlon 30 – Bastogne 27.

Hames, r. Curé 2, ✉ 9640, ℘ 99 30 07, laboulle@pr.lu, Fax 99 36 49, ⇌s, 🍽 – TV
P. ⓜ VISA. ✻ rest
fermé janv., mardi soir et merc. – **Repas** *Lunch 420* – carte 900 à 1750 – **10 ch**
⇌ 1400/2600 – ½ P 1700/1750.

à Baschleiden *(Baschelt)* Nord : 1 km C Boulaide :

An der Flébour ♦, r. Principale 45, ✉ 9633, ℘ 99 35 04, Fax 99 30 03, 🍽,
« Ancienne ferme », 🚴 – TV P. VISA. ✻ rest
fermé 2 prem. sem. sept., 2 prem. sem. janv. et lundi et mardi sauf en juil.-août – **Repas**
carte env. 1300 – **12 ch** ⇌ 1690/2580 – ½ P 1890.

BOUR (BUR) C Tuntange 898 h. 924 V 24 et 909 L 6.
Luxembourg 16 – Ettelbrück 27 – Mersch 12 – Arlon 18.

Gwendy, rte de Luxembourg 3, ✉ 7412, ℘ 308 88 81, hotelgwendy@online.lu,
Fax 30 79 99, 🍽 – TV P – 🏛 25. ① ⓜ VISA
Repas *(fermé jeudi)* (Ouvert jusqu'à 23 h) *Lunch 350* – carte env. 1100 – ⇌ 280 – **12 ch**
2300/2800.

Janin, r. Arlon 2, ✉ 7412, ℘ 30 03 78, Fax 30 79 02, 🍽 – P. ⓜ VISA
fermé mi-sept.-mi-oct., lundi et mardi midi – **Repas** carte 1750 à 2500.

BOURGLINSTER (BUERGLËNSTER) C Junglinster 5516 h. 924 W 24 et 909 L 6.
Luxembourg 20 – Echternach 25 – Ettelbruck 29.

La Distillerie, r. Château 8, ✉ 6162, ℘ 787 87 81, mail@bourglinster.lu, Fax 78 81 84,
≤, « Dans un château-fort dominant la ville » – P – 🏛 25 à 100. AE ① ⓜ
VISA. ✻
fermé du 4 au 26 fév., sam. midi, dim. soir et lundi – **Repas** 1850/2450.

BOURSCHEID (BUURSCHENT) 924 V 23 et 909 L 6 – 1057 h.
Voir *Route du château* ≤★★ – *Ruines*★ *du château*★, ≤★.
Luxembourg 47 – Diekirch 14 – Ettelbrück 18 – Wiltz 22.

St-Fiacre, Groussgaass 4, ✉ 9140, ℘ 99 00 23, stfiacre@pt.lu, Fax 99 06 66, ≤, 🍽,
🚴 – 🛗 TV P. AE ① ⓜ VISA. ✻
15 mars-déc. – **Repas** *(fermé mardi soir, merc. et après 20 h 30)* *Lunch 650* – 1250/1450
– **19 ch** ⇌ 1875/2800 – ½ P 2060/2300.

Host. de Bourscheid avec ch, Groussgaass 9, ✉ 9140, ℘ 99 00 08, Fax 90 80 17
– P. AE ① ⓜ VISA
fermé lundi soir et mardi – **Repas** *Lunch 1400 bc* – carte env. 1900 – ⇌ 350 – **8 ch**
1800/2500 – ½ P 1950.

à Bourscheid-Moulin *(Buurschenter-millen)* Est : 4 km :

du Moulin ♦, Maison 1, ✉ 9164, ℘ 99 00 15, dumoulin@pt.lu, Fax 99 07 40, ≤, ⇌s,
🍽 – 🛗 TV P. ⓜ VISA
mars-15 nov. – **Repas** *(fermé lundi, mardi et après 20 h 30)* *Lunch 950* – 900/1250 – **13 ch**
⇌ 2500/3000 – ½ P 2200/2500.

à Bourscheid-Plage Est : 5 km :

Theis ♦, ✉ 9164, ℘ 99 00 20, info@hotel-theis.com, Fax 99 07 34, ≤, « Au bord de
la Sûre », 🍽, ⇌s, 🍽, ✻ – 🛗, ▬ rest, TV ⇌ P – 🏛 30. ① ⓜ VISA. ✻
fin mars-mi-nov. – **Repas** *(fermé jeudi)* 1100 – **19 ch** ⇌ 2400/3600 – ½ P 2150/
2600.

BRIDEL (BRIDDEL) 924 V 25 – voir à Luxembourg, environs.

CANACH (KANECH) – Lenningen 1 109 h. **924** W 25 et **909** L 7.

Scheierhaff, ⊠ 5412, ℘ 35 61 35, Fax 35 74 50.
Luxembourg 16 – Mondorf-les-Bains 19 – Saarbrücken 88.

Mercure M, Scheierhaff (Sud : 2,5km), ⊠ 5412, ℘ 26 35 41, H2898@accor-hotels.com, Fax 26 35 44 44, ≤, 佘, « Dans un vallon champêtre avec parcours de golf », ₤₆, ≦s, ⬜, 洲 – ⫴ ⫿, ⬛ ch, TV P – 🔒 25 à 220. AE ① ⑩ VISA. ⬚ rest
Repas *Lunch* 550 – carte env. 1300 – ⫤ 450 – **72 ch** 4100/4900, 2 suites – ½ P 3650/5000.

CAPELLEN (KAPELLEN) – Mamer 6 678 h. **924** U 25 et **909** K 7.

Luxembourg 15 – Ettelbrück 37 – Mondorf-les-Bains 37 – Arlon 18 – Longwy 30.

Drive-In sans rest, rte d'Arlon 1, ⊠ 8310, ℘ 30 91 53, Fax 30 73 53 – TV P. AE ① ⑩ VISA
fermé 23 déc.-10 janv. – ⫤ 250 – **22 ch** 1900/3400.

CLERVAUX (KLIERF) **924** V 22 et **909** L 5 – 1 704 h.

Voir *Site*★★ – Château★ : *exposition de maquettes*★ – au Sud : route de Luxembourg ≤★★.

au Nord-Ouest : 3 km à Eselborn, Mecherwee, ⊠ 9748, ℘ 92 93 95, Fax 92 94 51.
🛈 *(avril-oct.)* Château, ⊠ 9712, ℘ 92 00 72, Fax 92 93 12.
Luxembourg 62 – Diekirch 30 – Ettelbrück 34 – Bastogne 28.

International, Grand-rue 10, ⊠ 9710, ℘ 92 93 91, mail@interclervaux.lu, Fax 92 04 92, 佘, ₤₆, ≦s, ⬜ – ⫴, ⬛ rest, TV ⇔ – 🔒 25 à 50. AE ① ⑩ VISA. ⬚ rest
Repas *Lunch* 790 – 890/1550 – **51 ch** ⫤ 2000/6800, 2 suites – ½ P 2700/3700.

Koener, Grand-rue 14, ⊠ 9710, ℘ 92 10 02, Fax 92 08 26, 佘, ₤₆, ≦s, ⬜ – ⫴ TV P. AE ① ⑩ VISA
fermé 29 janv.-22 fév. – **Repas** *(fermé après 20 h 30)* 640/1350 – **28 ch** ⫤ 1900/2900 – ½ P 1950/2200.

Le Claravallis, r. Gare 3, ⊠ 9707, ℘ 92 10 34, info@claravallis.lu, Fax 92 90 89, 佘, ≦s – ⫴ TV P. AE ① ⑩ VISA JCB
fermé 20 déc.-janv. – **Repas** *(fermé jeudi hors saison)* *Lunch* 600 – 950/1580 – **28 ch** ⫤ 1950/4500 – ½ P 2400/3000.

du Commerce, r. Marnach 2, ⊠ 9709, ℘ 92 91 81, hotelcom@pt.lu, Fax 92 91 08, ₤₆, ≦s, ⬜, 洲 – ⫴ TV P – 🔒 60. ⑩ VISA. ⬚ rest
23 mars-nov. ; fermé merc. hors saison – **Repas** *(fermé après 20 h 30)* *Lunch* 350 – 650/1350 – **54 ch** ⫤ 2300/3650 – ½ P 2080/2400.

du Parc, r. Parc 2, ⊠ 9708, ℘ 92 06 50, hduparc@pt.lu, Fax 92 10 68, ≤, ≦s – TV P. ⑩ VISA
fermé janv. – **Repas** *(fermé mardi et sam. midi)* *Lunch* 1300 bc – carte env. 1300 – **7 ch** ⫤ 1650/2600 – ½ P 2150.

du Vieux Château 1er étage, Montée du Château 4, ⊠ 9712, ℘ 92 00 12, Fax 92 05 52, 佘, Taverne-rest, « Ancienne tour de garde » – AE ① ⑩ VISA
15 mars-7 janv. ; fermé 15 nov.-15 déc., mardi et merc. midi – **Repas** *Lunch* 800 – carte env. 1500.

à Eselborn (Eselbuer) Nord-Ouest : 3 km – Clervaux :

du Golf, Mecherwee, ⊠ 9748, ℘ 92 99 09, Fax 92 99 10, 佘, « Sur le parcours de golf avec ≤ collines boisées », ≦s – TV P – 🔒 60. ① ⑩ VISA. ⬚ rest
fermé janv.-mi-fév. – **Repas** *(fermé merc. hors saison)* 850 – **10 ch** ⫤ 2100/3400 – ½ P 2550/3800.

à Reuler (Reiler) Est : 1 km par N 18 – Clervaux :

St-Hubert, ⊠ 9768, ℘ 92 04 32, sthubert@pt.lu, Fax 92 93 04, ≤, « Chalet fleuri », ≦s, 洲, ✕ – ⫴ TV P. AE ① ⑩ VISA. ⬚
fermé mi-déc.-mi-fév. et mardi – **Repas** *(fermé après 20 h 30)* carte 950 à 1350 – **19 ch** ⫤ 1900/3000 – ½ P 2000.

Roder (Roeder) Est : 4,5 km – Munshausen 762 h :

Kasselslay, avec ch, Maison 21, ⊠ 9769, ℘ 92 12 55, kasselslay@cmdnet.lu, Fax 92 91 13 – P. AE ① ⑩ VISA. ⬚
fermé mi-nov.-mi-déc., 31 déc. soir, lundi soir et mardi – **Repas** *(fermé après 20 h 30)* carte env. 1300 – **10 ch** ⫤ 1125/2550 – ½ P 1575/1975.

CONSDORF (KONSDRËF) 924 X 24 et 909 M 6 – 1599 h.

Luxembourg 33 – Echternach 11 – Ettelbrück 34.

Domaine Moulin de Consdorf ⑤, avec ch, r. Moulin 2, ✉ 6211, ℘ 79 00 02, odumont@lupackardbell.org, Fax 79 95 06, 🍽, « Auberge dans une vallée boisée », 🚗 – 🅿. 🆗 VISA
fermé 2 janv.-carnaval – **Repas** (fermé merc. sauf en juil.-août) Lunch 310 – 720/1800 – **11 ch** ☑ 1750/2500 – ½ P 1700/1900.

DIEKIRCH (DIKRECH) 924 V 23 et 909 L 6 – 5641 h.

Env. au Nord : 8 km et 15 mn AR à pied, Falaise de Grenglay ⇐★★.

🛈 Esplanade 1, ✉ 9227, ℘ 80 30 23, Fax 80 27 86.
Luxembourg 33 – Clervaux 30 – Echternach 28 – Ettelbrück 5 – Bastogne 46.

du Parc, av. de la Gare 28, ✉ 9233, ℘ 803 47 21, info@hotel-du-parc.lu, Fax 80 98 61 – 🛗 🙽 📺 🅿. 🆗 VISA
fermé déc.-janv et mardi – **Repas** Lunch 850 – carte 1150 à 1600 – **40 ch** ☑ 2500/3300 – ½ P 2300/2450.

Hiertz (Pretti) avec ch, r. Clairefontaine 1, ✉ 9220, ℘ 80 35 62, Fax 80 88 69, ❀
« Terrasse et jardin suspendus, fleuris » – 🍽 rest, 📺. 🆎 ⓞ 🆗 VISA
fermé 2ᵉ quinz. août, fin déc.-début janv., lundi et mardi – **Repas** (nombre de couverts limité - prévenir) 2800, carte 1950 à 2400 – **9 ch** ☑ 2300/2900 – ½ P 3200
Spéc. Ravioli de bœuf braisé au Chianti, pâtes aux cèpes. Blanc de St-Pierre sauce vierge. Escalopes de foie d'oie poêlées aux pommes caramélisées. **Vins** Auxerrois, Pinot noir.

DIFFERDANGE (DÉIFFERDANG) 924 U 25 et 909 K 7 – 16 773 h.

Luxembourg 25 – Esch-sur-Alzette 9 – Arlon 27 – Longwy 19.

Au Petit Casino, pl. du Marché 10, ✉ 4621, ℘ 582 30 11, Fax 58 38 91, 🍽 – 🛗 📺 – 🛎 40. ⋘
24 ch.

DOMMELDANGE (DUMMELDÉNG) 924 V 25 – voir à Luxembourg, périphérie.

DUDELANGE (DIDDELENG) 924 V 26 et 909 L 7 – 16 377 h.

Luxembourg 16 – Esch-sur-Alzette 13 – Thionville 17.

1900, r. Commerce 10, ✉ 3450, ℘ 51 28 48, hotel1900@yahoo.com, Fax 51 28 48 41, 🍽 – 🛗 📺 – 🛎 25. 🆎 ⓞ 🆗 VISA. ⋘ ch
Repas (fermé lundi) carte 1200 à 1550 – ☑ 200 – **15 ch** 1800 – ½ P 2650.

Parc Le'h, r. Parc (par A 4, sortie centre, 1ʳᵉ rue à droite en arrivant dans le rond-point), ✉ 3542, ℘ 51 99 90, parcleh@pt.lu, Fax 51 16 90, 🍽, « Environnement boisé » – 🅿. 🆎 ⓞ 🆗 VISA
fermé lundi soir et mardi – **Repas** Lunch 410 – 1600 bc/2100.

ECHTERNACH (IECHTERNACH) 924 X 24 et 909 M 6 – 4371 h.

Voir Place du Marché★ Y 10 - Abbaye★ X – à l'Ouest : Gorge du Loup★★ (Wolfsschlucht), ⇐★ du belvédère de Trooskneppchen Z.

🛈 Porte St-Willibrord, Parvis de la Basilique, ✉ 6401, ℘ 72 02 30, Fax 72 75 24.
Luxembourg 36 ② – Diekirch 28 ③ – Ettelbrück 30 ③ – Bitburg 21 ①

Plan page ci-contre

Eden au Lac ⑤, au-dessus du lac, ✉ 6474, ℘ 72 82 83, edenlac@pt.lu, Fax 72 81 44, ⇐ ville et vallée boisée, 🍽, 🎾, ⋘, 🏊, 🚲, 🛗, 🍽 rest, 📺 🅿 – 🛎 40 à 80. 🆎 🆗 VISA. ⋘
Z m
15 mars-2 janv.. – **Repas** (fermé sam. soir) (dîner seult sauf week-end et jours fériés) 2850/3000 – **60 ch** ☑ 3550/6900, 3 suites – ½ P 3100/4300.

Bel Air ⑤, rte de Berdorf 1, ✉ 6409, ℘ 72 93 83, belair@pt.lu, Fax 72 86 94, ⇐, « Parc avec pièce d'eau dans la vallée boisée de la Sûre », 🚗, ⋘, 🚲 – 🛗 🙽 📺 🚗 🅿 – 🛎 2 à 100. 🆎 ⓞ 🆗 VISA. ⋘
Z
Repas 1650/2450 – **31 ch** ☑ 3950/6300, 8 suites – ½ P 3500/4650.

Grand H., rte de Diekirch 27, ✉ 6430, ℘ 72 96 72, grandhot@pt.lu, Fax 72 90 62, ⇐, ⋘, 🏊, 🚲 – 🛗 🚗 🅿. 🆎 ⓞ 🆗 VISA. ⋘
Z
4 avril-27 nov. – **Repas** (fermé après 20 h) 1500 – **32 ch** ☑ 3660/4320, 8 suites – ½ P 2600/3000.

ECHTERNACH

Street	Ref	
Bénédictins (R. des)	Y	2
Bons Malades (R. des)	Y	3
Breilekes (R.)	Y	
Duchscher (R. André)	Y	
Ermesinde (R.)	X	5
Gare (R. de la)	X	
Gibraltar (R.)	Y	
Haut-Ruisseau (R.)	X	6
Hoovelek	Y	
Hôpital (R. de l')	Y	
Luxembourg (R. de)	Y	9
Marché (Pl. du)	Y	10
Maximilien	XY	
Merciers (R. des)	X	12
Montagne (R. de la)	Y	13
Pont (R. du)	XY	
Remparts (R. des)	Y	
Sigefroi (R. Comte)	Y	15
Sûre (R. de la)	Y	
Val des Roses	X	
Wasserbillig (R. de)	Y	17

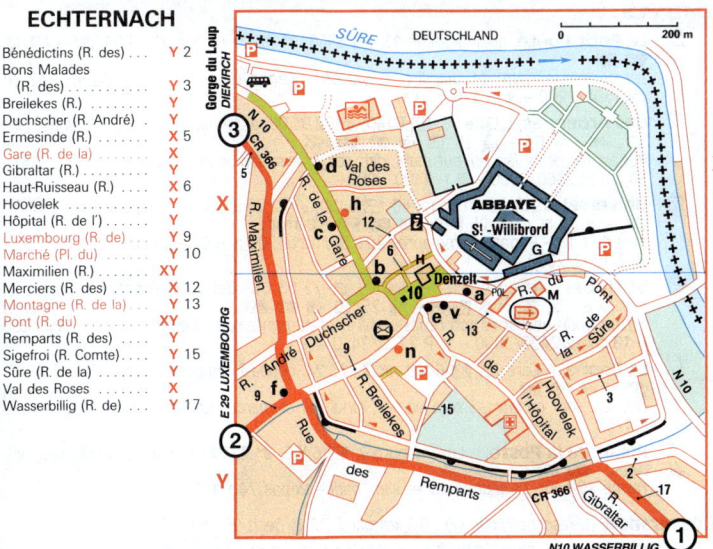

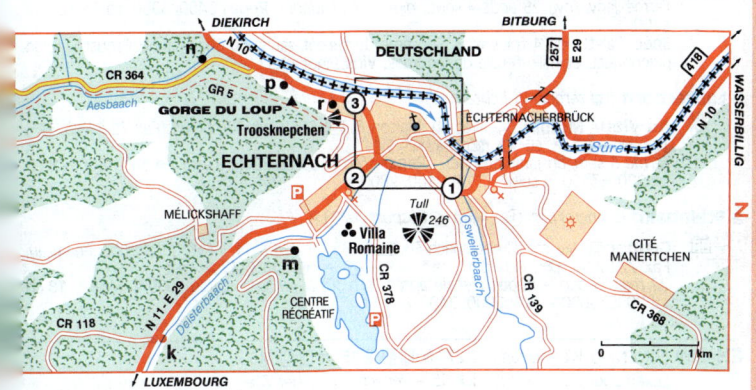

- **Welcome**, rte de Diekirch 9, ⊠ 6430, ✆ 72 03 54, thijssen@pt.lu, Fax 72 85 81, ⚑, ⇌, ⚲ – ⎕ ⎕ ⎕ – 🅿 25. ⎯ ⎯ ⎯ ⎯   Z r
  23 fév.-nov. – **Repas** (fermé merc. et après 20 h 30) 850/1400 – **26 ch** ⇌ 2400/3500 – ½ P 1950/2400.

- **Host. de la Basilique**, pl. du Marché 7, ⊠ 6460, ✆ 72 94 83, info@hotel-basilique.lu, Fax 72 88 90, ⚑, ⚑, ⚲ – ⎕ ⎕ ⎕ ⎯ ⎯ ⎯ ⎯ ⎯   Y a
  avril-12 nov. – **Repas** (fermé merc. en avril et de sept. au 12 nov.) 850 – **14 ch** ⇌ 3000/3500 – ½ P 2250/3775.

- **Le Pavillon**, r. Gare 2, ⊠ 6440, ✆ 72 98 09, diedling@pt.lu, Fax 72 86 23, ⚑ – ⎕ ⎯ ⎯ ⎯ ⎯   XY b
  Repas (fermé merc. en hiver) Lunch 375 – 850/1650 – **9 ch** ⇌ 2100/2700 – ½ P 2400/2700.

- **du Commerce**, pl. du Marché 16, ⊠ 6460, ✆ 72 03 01, chactour@pt.lu, Fax 72 87 90, ⚑, ⚑, ⚑, ⚑ – ⎕ 🅿 25 à 80. ⎯ ⎯ ⎯   Y e
  fermé du 3 au 20 déc. et janv.-23 fév. – **Repas** Lunch 420 – 750/980 – **44 ch** ⇌ 1800/2800 – ½ P 1900/2050.

ECHTERNACH

Le Petit Poète, pl. du Marché 13, ⊠ 6460, ℘ 72 00 72, Fax 72 74 83, — Y v
fermé déc.-mi-janv. et mardi hors saison – **Repas** Lunch 350 – 490/1290 – **13 ch** ⊇ 1500/2200 – ½ P 1700/2000.

des Ardennes, r. Gare 38, ⊠ 6440, ℘ 72 01 08, ardennes@pt.lu, Fax 72 94 80, X d
Repas (fermé mi-janv.-début mars, dim. soir hors saison et jeudi) Lunch 600 – 900/1500 – **30 ch** ⊇ 2300/2900 – ½ P 2100/2200.

Universel, rte de Luxembourg 40, ⊠ 6450, ℘ 72 99 91, hoteluni@pt.lu, Fax 72 87 87, Y f
avril-15 nov. – **Repas** (fermé après 20 h 30) carte 900 à 1400 – **45 ch** ⊇ 2200/3000 – ½ P 1900/2000.

St-Hubert, r. Gare 21, ⊠ 6440, ℘ 72 03 06, debourcy@hotelst-hubert.lu, Fax 72 87 72, X c
fermé lundis et mardis non fériés en hiver et au printemps – **Repas** Lunch 350 – 850/980 – **18 ch** ⊇ 2400/3000 – ½ P 2250/2450.

La Coppa, r. Gare 22, ⊠ 6440, ℘ 72 73 24, coppa@compuserve.com, Fax 72 76 07, X h
fermé 2 sem. en mars, 3 sem. en oct., lundi soir et mardi – **Repas** Lunch 350 – carte 1350 à 1750.

Relais de la Poste, r. Luxembourg 7, ⊠ 6450, ℘ 72 74 26, Fax 72 74 24, Avec grillades – Y n
fermé 20 août-13 sept., lundi et sam. midi – **Repas** 740/1100.

à Geyershaff (Geieschhaff) par ② : 6,5 km par E 27 C Bech 902 h :

La Bergerie (Phal),, ⊠ 6251, ℘ 79 04 64, Fax 79 07 71, ≤, , « Cadre champêtre, abords fleuris »
fermé janv.-fév., 28 août-7 sept., dim. soir et lundi – **Repas** 3450/3950, carte 3200 à 3700
Spéc. Palette de 4 foies gras. Suprême de turbot sauce au Champagne. Croustillant de pigeonneau et mille-feuille de légumes. **Vins** Pinot gris.

à Lauterborn (Lauterbur) C Echternach :

Au Vieux Moulin , avec ch, Maison 6, ⊠ 6562, ℘ 720 06 81, Fax 72 71 25, Z k
fermé 3 sem. en janv. et lundi – **Repas** (fermé après 20 h 30 sauf en été) 1600 – **8 ch** ⊇ 2200/3100, 1 suite – ½ P 2100/2800.

à Steinheim (Stenem) par ① : 4 km C Rosport 1 701 h :

Gruber M , rte d'Echternach 36, ⊠ 6585, ℘ 72 04 33, info@hotelgruber.ename.lu, Fax 72 87 56, , « Jardin »,
22 mars-3 déc. – **Repas** (fermé après 20 h 30) Lunch 500 – carte 1000 à 1450 – **18 ch** ⊇ 2000/3000 – ½ P 2000/2400.

EHNEN (ÉINEN) C Wormeldange 2 271 h. 924 X 25 et 909 M 7.

Luxembourg 31 – Ettelbrück 55 – Remich 10 – Trier 32.

Bamberg's, rte du Vin 131, ⊠ 5416, ℘ 76 00 22, bamberg@pt.lu, Fax 76 00 56, ≤
fermé déc.-15 janv. et mardi – **Repas** carte 1650 à 2100 – **12 ch** ⊇ 2400/3400 – ½ P 2400.

Simmer avec ch, rte du Vin 117, ⊠ 5416, ℘ 76 00 30, Fax 76 03 06, ≤, , « Terrasse »,
fermé fév. – **Repas** 1650/1880 – **15 ch** ⊇ 2200/2700 – ½ P 2700/3050.

Besonders angenehme Hotels oder Restaurants sind im Führer rot gekennzeichnet.

Sie können uns helfen, wenn Sie uns die Häuser angeben, in denen Sie sich besonders wohl gefühlt haben.

Jährlich erscheint eine komplett überarbeitete Ausgabe aller Roten Michelin-Führer.

EICH (EECH) – voir à Luxembourg, périphérie.

ELLANGE (ELLÉNG) 924 W 25 – voir à Mondorf-les-Bains.

ERNZ NOIRE (Vallée de l') (MULLERTHAL-MËLLERDALL) ★★★ 924 W 24 et 909 L 6 G. Belgique-Luxembourg.

ERPELDANGE (IERPELDÉNG) 924 V 23 et 909 L 6 – voir à Ettelbruck.

ESCHDORF (ESCHDUERF) C Heiderscheid 1 071 h. 924 U 23 et 909 K 6.
   Env. *au Sud : 4,5 km à Rindschleiden : Église paroissiale*★.
   Luxembourg 46 – Diekirch 22 – Ettelbrück 17 – Bastogne 17.

   Braas, an Haesbich 1, ✉ 9150, ✆ 83 92 13, Fax 83 95 78, 🚲 – 🛗 📺 🅿. ⓜ VISA. % rest
   fermé 2 janv.-15 fév. – **Repas** *(fermé lundi soir et mardi)* Lunch 350 – carte env. 1400 – **15 ch** ⇋ 1700/2700 – ½ P 1900/2090.

ESCH-SUR-ALZETTE (ESCH-UELZECHT) 924 U 26 et 909 K 7 – 24 606 h.
   🛈 *Hôtel de Ville,* ✉ 4004, ✆ 54 73 83 (ext. 246), Fax 54 26 27.
   Luxembourg 18 ① *– Longwy 26* ① *– Thionville 32* ③

   Plan page suivante

   Mercure Renaissance ⌀, pl. Boltgen 2, ✉ 4044, ✆ 54 19 91, mercren@pt.lu, Fax 54 19 90, 🍴 – 🛗 ⇔, 🍽 rest, 📺 ⇌ – ⚿ 25 à 100. Æ ⓞ ⓜ VISA
   Repas *(fermé sam. et dim. soir de nov. à mars)* Lunch 420 – carte env. 1300 – **41 ch** ⇋ 3200/4200 – ½ P 3580/3800.
   BZ t

   Topaz M sans rest, r. Remparts 5, ✉ 4303, ✆ 531 44 11, Fax 53 14 54 – 🛗 📺 🅿. Æ ⓜ VISA. %
   22 ch ⇋ 2400/3400.
   BZ r

   Acacia, r. Libération 10, ✉ 4210, ✆ 54 10 61, Fax 54 35 02 – 🛗, 🍽 rest, 📺. Æ ⓞ ⓜ VISA
   fermé 24 déc.-1ᵉʳ janv. – **Repas** *(fermé dim. et jours fériés)* carte 1400 à 1850 – **23 ch** ⇋ 2000/3300 – ½ P 2400/3000.
   BZ b

   Fridrici, rte de Belvaux 116, ✉ 4026, ✆ 55 80 94, Fax 57 33 35 – Æ ⓞ ⓜ VISA. %
   fermé carnaval, août, mardi et sam. midi – **Repas** Lunch 1600 – 1800/2000, carte 2150 à 2500
   Spéc. Cabillaud poêlé et pommes de terre étuvées à la truffe blanche. Pain perdu aux écrevisses et son jus de carottes à la coriandre (21 juin-21 sept.). Gibier (15 oct.-15 janv.).
   Vins Riesling, Pinot gris.
   AY d

   Aub. Royale Favaro, r. Remparts 19, ✉ 4303, ✆ 542 72 31, Fax 54 27 23 20, Avec cuisine italienne – ⚿ 40. Æ ⓞ ⓜ VISA. %
   fermé 26 mars-5 avril, du 10 au 26 sept., sam. midi, dim. soir et lundi – **Repas** Lunch 1480 – 2000/2800.
   BZ a

   Postkutsch, r. Xavier Brasseur 8, ✉ 4040, ✆ 54 51 69, magninclaude@hotmail.com, Fax 54 82 35 – 🍽. Æ ⓞ ⓜ VISA
   fermé dim. soir de juin à sept., lundi et sam. midi – **Repas** Lunch 720 – 1150/2500.
   BZ f

   Le Pavillon, Parc Galgeberg (au-dessus du stade Emile Mayrisch), ✉ 4142, ✆ 54 02 28, Fax 54 74 28, 🍴, « Décor original » – 🅿. Æ ⓞ ⓜ VISA
   fermé du 1ᵉʳ au 20 janv., dim. soir de sept. à mars et lundi – **Repas** Lunch 620 – 1600/2700.
   BZ

   Bec Fin, pl. Norbert Metz 15, ✉ 4239, ✆ 54 33 22, Fax 54 00 99 – Æ ⓞ ⓜ VISA
   fermé 2 sem. en août, dim. soir et lundi – **Repas** carte 950 à 1350.
   BZ s

à Foetz (Féitz) par ① : 5 km C Mondercange 5 936 h :

   De Foetz, r. Avenir 1 (dans zoning commercial), ✉ 3895, ✆ 57 25 45, Fax 57 25 65 – 📺 🅿 – ⚿ 40. ⓞ ⓜ VISA. %) *fermé jours fériés)* 850 – **40 ch** *(fermé 22 déc.-8 janv.)* ⇋ 1700/2500 – ½ P 1600/2000.

ESCH-SUR-ALZETTE

Alzette (R. de l')	**ABZ**	Hôtel-de-Ville (Pl. de l')	**BZ** 18	Sacrifiés 1940-45 (Pl. des)	**AY** 33
Boltgen (Pl.)	**BZ** 8	Joseph-Wester (R.)	**AY** 20	St-Michel (Pl.)	**BZ** 34
Commerce (R. du)	**BZ** 12	Léon-Jouhaux (R.)	**AY** 21	St-Vincent (R.)	**BZ** 36
Charbons (R. des)	**AZ** 13	Léon-Weirich (R.)	**AYZ** 23	Sidney-Thomas (R.)	**AYZ** 37
Dellhe'h (R.)	**BY** 14	Libération (R. de la)	**BZ** 24	Stalingrad (R.)	**AZ** 39
Gare (Av. de la)	**BZ** 15	Mathias-Koener (R.)	**BY** 25	Synagogue (Pl. de la)	**BZ** 40
Grand-Rue	**BZ** 16	Norbert-Metz (R.)	**BZ** 26	Wurth-Paquet (R.)	**BY** 42
		Remparts (Pl. des)	**BZ** 29	Xavier-Brasseur (R.)	**BZ** 43
		Remparts (R. des)	**BZ** 30	Zénon-Bernard (R.)	**ABZ** 44
		Résistance (Pl. de la)	**AZ** 32	10-Septembre (R. du)	**ABZ** 45

For Gourmets

We distinguish for your use
certain hotels (🏨 ... 🏠) and restaurants (XXXXX ... X)
by awarding them « ❀❀❀ », « ❀❀ », « ❀ » or « 🍴 »

ESCH-SUR-SÛRE (ESCH SAUER) 924 U 23 et 909 K 6 – 189 h.

Voir Site★ – Tour de Guet ≤★.

Env. à l'Ouest : rte de Kaundorf ≤★ – à l'Ouest : Lac de la Haute-Sûre★, ≤★ – au Sud-Ouest : Hochfels★.

🛈 Maison du Parc Naturel de la Haute-Sûre, rte de Lultzhausen 15, ⌂ 9650, ℘ 89 93 31, Fax 89 95 20.

Luxembourg 48 – Diekirch 24 – Ettelbrück 19 – Bastogne 27.

🏨 **de la Sûre** (avec annexe - 14 ch), r. Pont 1, ⌂ 9650, ℘ 83 91 10, info@hotel-de-la-sure.lu, Fax 89 91 01, ≤, 🍴, 🚲 – 📺 AE ⓜ VISA
fermé 16 déc.-15 janv. – **Repas Comte de Godefroy** Lunch 450 – 850/2100 – **9 ch** ⌂ 2000/4600 – ½ P 1795/3100.

🏨 **Le Postillon**, r. Eglise 1, ⌂ 9650, ℘ 89 90 33, conrad@lepostillon.lu, Fax 89 90 34, 🛌, ≤s, 🍴 – 📶 📺 AE ⓜ VISA. 🍴
fermé janv. – **Repas** (fermé après 20 h 30) 960/2200 – **24 ch** ⌂ 2000/3000 – ½ P 2500.

🏨 **du Moulin**, r. Moulin 6, ⌂ 9650, ℘ 83 91 07, Fax 89 91 37, 🍴 – 📺 🅿. ⓞ ⓜ VISA. 🍴
mars-nov. ; fermé lundi et jeudi soir en mars, oct. et nov. – **Repas** (fermé après 20 h 30) Lunch 810 – 850/1700 – **25 ch** ⌂ 1980/3520 – ½ P 2000/2200.

ESELBORN (ESELBUER) 924 U 22 – voir à Clervaux.

ETTELBRÜCK (ETTELBRÉCK) 924 V 23 et 909 L 6 – 7 358 h.

Env. au Nord-Est : 2,5 km à Erpeldange : cadre★.

🛈 pl. de la Gare 1, ⌂ 9044, ℘ 81 20 68, Fax 81 98 39.

Luxembourg 28 – Clervaux 34 – Bastogne 41.

🏨 **Central**, r. Bastogne 25, ⌂ 9010, ℘ 81 21 16, Fax 81 21 38, 🍴 – 📶 📺 AE ⓞ ⓜ VISA. 🍴
fermé vacances carnaval – **Repas** voir rest **Le Châteaubriand** ci-après – **15 ch** ⌂ 1950/3250 – ½ P 2500/2700.

🏨 **Lanners**, r. Gare 1, ⌂ 9044, ℘ 812 12 71, 🍴 – 📶 📺 AE ⓜ VISA. 🍴
fermé 16 août-10 sept. et 25 déc.-6 janv. – **Repas** (fermé sam.) Lunch 480 – carte 1450 à 1950 – **11 ch** ⌂ 1900/2500 – ½ P 1900.

🍴🍴 **Le Châteaubriand** - H. Central, 1ᵉʳ étage, r. Bastogne 25, ⌂ 9010, ℘ 81 21 16, Fax 81 21 38 – AE ⓞ ⓜ VISA JCB. 🍴
fermé vacances carnaval, dim. soir et lundi – **Repas** Lunch 950 – 1490/2300.

🍴 **Le Navarin**, r. Prince Henri 15, ⌂ 9047, ℘ 81 80 82, navarin@pt.lu, Fax 81 13 12 – AE ⓞ ⓜ VISA
fermé du 1ᵉʳ au 20 mars, lundi soir et mardi – **Repas** Lunch 400 – 850/1400.

à Erpeldange (Ierpeldéng) Nord-Est : 2,5 km par N 27 – 1 972 h.

🏨 **Dahm**, Porte des Ardennes 57, ⌂ 9145, ℘ 816 25 51, dahm@pt.lu, Fax 816 25 52 02, 🍴, « Jardin fleuri », 🚲 – 📶 📺 ⓫ 🚗 🅿. – 🕭 25 à 120. AE ⓞ ⓜ VISA. 🍴 rest
fermé 17 déc.-18 janv. – **Repas** (fermé lundi et jeudi soir) Lunch 600 – 850/1800 – **25 ch** ⌂ 2300/3450 – ½ P 2280/2475.

FOETZ (FÉITZ) 924 V 25 – voir à Esch-sur-Alzette.

FRISANGE (FRÉISENG) 924 W 25 et 909 L 7 – 2 588 h.

Luxembourg 12 – Thionville 20.

🏨 **de la Frontière**, r. Robert Schuman 52 (au poste frontière), ⌂ 5751, ℘ 66 84 05, hotfront@pt.lu, Fax 66 17 53, 🍴, 🍴 – 📺 🅿. AE ⓞ ⓜ VISA. 🍴 rest
fermé fin fév., fin sept., du 26 au 31 déc., lundi et mardi midi – **Repas** carte 850 à 1250 – **18 ch** ⌂ 1700/2700 – ½ P 1900/2000.

🍴🍴🍴 **Lea Linster**, rte de Luxembourg 17, ⌂ 5752, ℘ 66 84 11, Fax 67 64 47, ≤, 🍴 – 🅿. AE ⓞ ⓜ VISA. 🍴
fermé 2 dern. sem. août, 23 déc.-9 janv., lundi et mardi – **Repas** 2800, carte env. 2800
Spéc. 3 œufs en surprise. Agneau en croûte de pomme de terre. Fleurs de courgettes farcies au saumon à la cardamome (juin-sept.). **Vins** Pinot gris, Pinot noir.

GAICHEL (GÄICHEL) C Hobscheid 2 395 h. 924 U 24 et 909 K 6.
🕿 ℘ 39 71 08, Fax 39 00 75.
Luxembourg 35 – Diekirch 35 – Arlon 5.

La Gaichel ⚘ avec ch, Maison 5, ✉ 8469 Eischen, ℘ 39 01 29, info@lagaichel.lu, Fax 39 00 37, ≤, 🍽, « Parc ombragé avec 🕿 », ≋, 🐎, ✕ – 📺 🅿 – 🅐 30. AE MC VISA ⌀
fermé 7 janv.-8 fév., du 19 au 30 août, dim. soir et lundi – **Repas** Lunch 1600 – 2150/2700, carte 2250 à 2750 – **12 ch** ⌑ 4250/5500 – ½ P 7500
Spéc. Salade de St-Jacques grillées à l'huile de truffes et champignons blancs. Blanc de turbot à la fondue d'asperges vertes. Canard nantais laqué au miel de thym. **Vins** Riesling Koeppchen, Pinot blanc.

Host. La Bonne Auberge ⚘ avec ch, Maison 7, ✉ 8469 Eischen, ℘ 39 01 40, gaichel2@pt.lu, Fax 39 71 13, ≤, « Parc avec pièce d'eau », 🐎, 🚴 – 📺 🅿 AE ① MC VISA
Repas *(fermé mardi et sam. midi)* Lunch 650 – 1050/1950 – **17 ch** ⌑ 2250/3500 – ½ P 2575.

GASPERICH (GAASPERECH) – voir à Luxembourg, périphérie.

GEYERSHAFF (GEIESCHHAFF) – voir à Echternach.

GONDERANGE (GONNERÉNG) C Junglinster 5 516 h. 924 W 24 et 909 L 6.
🕿 au Nord : 3 km à Junglinster, Domaine de Behlenhaff, ✉ 6141, ℘ 78 00 68, Fax 78 71 28.
Luxembourg 16 – Echternach 22 – Ettelbrück 30.

Euro, rte de Luxembourg 11, ✉ 6182, ℘ 78 85 51, eurohotel@vo.lu, Fax 78 85 50 – |≡|, ⌷ rest, 📺 & 🅿 – 🅐 25 à 100. AE ① MC VISA
Repas Lunch 310 – 980/1950 – **50 ch** ⌑ 2500/3100 – ½ P 2000/2750.

GORGE DU LOUP (WOLLEFSSCHLUCHT) ★★ 924 X 24 et 909 M 6 G. Belgique-Luxembourg.

GRUNDHOF (GRONDHAFF) C Beaufort 1 353 h. 924 W 23 et 909 L 6.
Luxembourg 37 – Diekirch 18 – Echternach 10 – Ettelbrück 24.

Brimer, rte de Beaufort, ✉ 6360, ℘ 83 62 51, info@hotel-brimmer.com, Fax 83 62 12, 🛎, ≋, ⌷, 🚴 – |≡| 📺 🅿 AE ① MC VISA ⌀
mars-15 nov. – **Repas** *(fermé après 20 h 30)* 1475/1675 – **23 ch** ⌑ 3300/4000 – ½ P 2475/2900.

Ferring sans rest, rte de Beaufort 4, ✉ 6360, ℘ 83 60 15, Fax 86 91 40 – |≡| 📺 🅿 AE ① MC VISA ⌀
10 avril-5 nov. – **25 ch** ⌑ 1750/2700.

L'Ernz Noire avec ch, rte de Beaufort 2, ✉ 6360, ℘ 83 60 40, Fax 86 91 51, 🚴 – 📺 🅿 AE ① MC VISA ⌀
fermé 2 janv.-carnaval – **Repas** Lunch 980 – carte env. 2100 – **11 ch** ⌑ 2400/3600 – ½ P 2300/2700.

HALLER (HALER) C Waldbillig 952 h. 924 W 24 et 909 L 6.
Voir *Gorges du Hallerbach★ : 30 mn AR à pied.*
Luxembourg 35 – Echternach 20 – Ettelbrück 20 – Mersch 19.

Hallerbach ⚘, r. Romains 2, ✉ 6370, ℘ 83 65 26, aulner@hallerbach.com, Fax 83 61 51, 🍽, « Terrasse ombragée, jardin avec pièce d'eau », 🛎, ≋, ⌷, ✕ – |≡| 📺 🅿 – 🅐 25. AE ① MC VISA ⌀ rest
fermé janv. – **Repas** *(fermé lundi et mardi midi sauf en juil.-août et après 20 h 30)* 1550/1800 – **25 ch** ⌑ 3000/3500 – ½ P 2200/2500.

HAUT-MARTELANGE (UEWER-MAARTEL) C Rambrouch 3 002 h. 924 T 24 et 909 K 6.
Luxembourg 53 – Diekirch 38 – Ettelbrück 38 – Bastogne 22.

à Rombach-Martelange *(Rombech-Maartelèng)* Nord : 1,5 km C Rambrouch :

Maison Rouge, rte d'Arlon 5, ✉ 8832, ℘ 64 00 06, Fax 64 90 14, 🍽, « Jardin d'hiver » – ⌷ 🅿 AE ① MC VISA ⌀
fermé 15 fév.-15 mars, 27 août-8 sept., lundi soir, merc. soir et jeudi – **Repas** Lunch 95⦸ – carte 1000 à 1650.

HESPERANGE (HESPER) 924 **V 25** et 909 **L 7** – voir à Luxembourg, environs.

HOSCHEID (HOUSCHENT) 924 **V 23** et 909 **L 6** – 381 h.
Luxembourg 42 – Clervaux 19 – Ettelbrück 15 – Vianden 14.

Des Ardennes, Haaptstr. 33, ✉ 9376, ℘ 99 00 77, Fax 99 07 19 – 📺 P. ⓪ ⓶ VISA
fermé 27 déc.-3 fév. – **Repas** Lunch 325 – carte 1100 à 1600 – **24 ch** ⊇ 1475/2700 – ½ P 1700/1925.

HOSTERT (HUESCHERT) 924 **W 25** – voir à Luxembourg, environs.

HULDANGE (HULDANG) ⓒ Troisvierges 2249 h. 924 **V 22** et 909 **L 5**.
Luxembourg 75 – Clervaux 22 – Ettelbrück 47.

Knauf avec ch, r. Stavelot 67 (Est : sur N 7), ✉ 9964, ℘ 97 90 56, resknauf@pt.lu, Fax 99 75 16, Grillades – 📺 P. AE ⓪ ⓶ VISA
fermé 24 et 25 déc., 1ᵉʳ et 2 janv. et lundis non fériés – **Repas** (fermé après 20 h 30) 760/1390 – **10 ch** ⊇ 1000/1700.

KAUNDORF (KAUNEREF) ⓒ Lac Haute-Sûre 1270 h. 924 **U 23** et 909 **K 6**.
Luxembourg 52 – Diekirch 28 – Ettelbrück 23 – Bastogne 24.

Naturpark-H. Zeimen, Am Enneschtduerf 2, ✉ 9662, ℘ 83 91 72, Fax 83 95 73, 🚲 – 📺 P. ⓶ VISA. ⌀ rest
Repas (fermé mardi) Lunch 350 – 1050/1220 – **11 ch** ⊇ 1750/2600 – ½ P 2000/2100.

KAUTENBACH (KAUTEBAACH) 924 **V 23** et 909 **L 6** – 272 h.
Luxembourg 56 – Clervaux 24 – Ettelbrück 28 – Wiltz 11.

Hatz ⌀ Maison 24, ✉ 9663, ℘ 95 85 61, Fax 95 81 31, 🍴 – 📺 P. ⓶ VISA. ⌀ rest
2 mars-28 déc. – **Repas** (fermé merc. et jeudi midi) 695/1475 – ⊇ 300 – **18 ch** 1700/2600, 1 suite – ½ P 1910/2190.

KOPSTAL (KOPLESCHT) 924 **V 24** et 909 **L 7** – voir à Luxembourg, environs

LAROCHETTE (an der FIELS) 924 **W 24** et 909 **L 6** – 1437 h.
Voir à l'Ouest : 5 km, Nommerlayen★.
🛈 Hôtel de Ville, ✉ 7619, ℘ 83 76 76 ax 87 96 46.
Luxembourg 27 – Diekirch 12 – Echternach 20 – Ettelbrück 17 – Arlon 35.

du Château, r. Medernach 1, ✉ 7619, ℘ 83 70 09, visser@hotels.lu, Fax 87 96 36, 🍴 – 📺 – 🅰 40. AE ⓪ ⓶ VISA. ⌀ rest
Repas Lunch 500 – 850/1200 – **38 ch** ⊇ 2500/3150 – ½ P 2300/2475.

Résidence, r. Medernach 14, ✉ 7619, ℘ 83 73 91, visser@hotels.lu, Fax 87 94 42, 🍴 – 📺 P. AE ⓪ ⓶ VISA. ⌀ rest
15 fév.-15 nov. – **Repas** Lunch 500 – carte env. 1200 – **20 ch** ⊇ 2500/3150 – ½ P 2300/2475.

Aub. Op der Bleech avec ch, pl. Bleech 4, ✉ 7610, ℘ 87 80 58, bleech@pt.lu, Fax 87 97 25, 🍴 ⌀ – 📺. AE ⓪ ⓶ VISA
fermé 4 au 15 sept. et du 20 au 31 déc. – **Repas** (fermé mardi et merc. hors saison) carte env. 1300 – **9 ch** ⊇ 2000/2850.

LAUTERBORN (LAUTERBUR) 924 **X 24** – voir à Echternach.

LIMPERTSBERG (LAMPERTSBIERG) – voir à Luxembourg, périphérie.

LIPPERSCHEID (LËPSCHT) ⓒ Bourscheid 1057 h. 924 **V 23** et 909 **L 6**.
Voir à l'Est : 2 km et 15 mn AR à pied, Falaise de Grenglay ≤★★.
Luxembourg 45 – Clervaux 24 – Diekirch 10 – Ettelbrück 18.

Leweck, contrebas E 421, ✉ 9378, ℘ 99 00 22, cleweck@pt.lu, Fax 99 06 77, « Jardin avec pièce d'eau et ≤ vallée », 🏋, ⌀, 🏊, 🍴, 🎾 – 🛗 📺 🛏 – 🅰 25 à 100. AE ⓪ ⓶ VISA
fermé 19 fév.-18 mars – **Repas** 1250/1850 – **47 ch** ⊇ 2750/4500 – ½ P 2600/3500.

LUXEMBOURG – LËTZEBUERG

924 V 25 et 909 L 7 – 79 500 h.

Amsterdam 391 ⑧ - Bonn 190 ③ - Bruxelles 219 ⑧.

Carte de voisinage	p. 2
Plans de Luxembourg	
Luxembourg Agglomération	p. 3
Centre	p. 4 et 5
Nomenclature des hôtels et des restaurants	p. 6 à 10

OFFICES DE TOURISME

pl. d'Armes, ⊠ *2011*, ℰ *22 28 09, Fax 46 70 70*
Air Terminus, gare centrale, ⊠ *1010*, ℰ *42 82 82 20, Fax 42 82 82 30.*
Aérogare à Findel ℰ *42 82 82 21*

RENSEIGNEMENTS PRATIQUES

BUREAUX DE CHANGE

La ville de Luxembourg est connue pour la multitude de banques qui y sont représentées, et vous n'aurez donc aucune difficulté à changer de l'argent.

TRANSPORTS

Il est préférable d'emprunter les bus (fréquents) qui desservent quelques parkings périphériques.
Principale compagnie de Taxi : Taxi Colux ℰ *48 22 33, Fax 40 26 80 16.*
Transports en commun : Pour toute information ℰ *47 96 29 75, Fax 29 68 08.*

COMPAGNIES DE TRANSPORT AÉRIEN

Renseignements départs-arrivées ℰ *47 98 50 50 et 47 98 50 51. Findel par E 44 : 6 km* ℰ *42 82 82 1 – Aérogare : pl. de la Gare* ℰ *48 11 99.*

GOLF

▸ *Hoehenhof (Senningerberg) près de l'Aéroport, rte de Trèves 1,* ⊠ *2633,* ℰ *34 00 90, Fax 34 83 91.*

LE SHOPPING

Grand'Rue et rues piétonnières autour de la Place d'Armes F – *Quartier de la Gare* CDZ.

CURIOSITÉS

POINTS DE VUE

Place de la Constitution★★ F – *Plateau St-Esprit*★★ G – *Chemin de la Corniche*★★ G – *Le Bock*★★ G – *Boulevard Victor Thorn*★ G 121 – *Les Trois Glands*★ DY.

MUSÉE

Musée national d'Histoire et d'Art★ *: section gallo-romaine*★ *et section Vie luxembourgeoise (arts décoratifs, arts et traditions populaires)*★★ G **M¹** – *Musée d'Histoire de la Ville de Luxembourg*★ G **M³**.

AUTRES CURIOSITÉS

Les Casemates du Bock★★ G – *Palais Grand-Ducal*★ G – *Cathédrale Notre-Dame*★ F – *Pont Grande-Duchesse Charlotte*★ DY.

ARCHITECTURE MODERNE

Sur le plateau de Kirchberg : Centre Européen DEY.

LUXEMBOURG p. 2

Besonders angenehme Hotels oder Restaurants
sind im Führer **rot** gekennzeichnet.

Sie können uns helfen, wenn Sie uns die Häuser angeben,
in denen Sie sich besonders wohl gefühlt haben.

Jährlich erscheint eine komplett überarbeitete Ausgabe
aller **Roten** Michelin-Führer.

LUXEMBOURG

Arlon (Rte d')	AV
Auguste-Charles (R.)	BX 10
Beggen (R. de)	ABV
Carrefours (R. des)	AV 18
Cents (R.)	BV 19
Cimetière (R. du)	BX 25
Echternach (Rte d')	BV
Eich (R. d')	BV 36
Général-Patton (Bd du)	BV 51
Guillaume (Av.)	AV 55
Hamm (R. de)	BVX
Hamm (Val de)	BV
Hespérange (R. d')	BX 61
Itzig (R. d')	BX
Kohlenberg	AX
Kopstal (Rte de)	AV
Longwy (Rte de)	AVX
Merl (R. de)	AX 76
Mulhenbach (R. de)	AV 79
Neudorf (R. de)	BV
Rollingergrund (R. de)	AV 102
Strassen (R. de)	AV 112
Thionville (Rte de)	BX
10-Septembre (Av. du)	AV 127

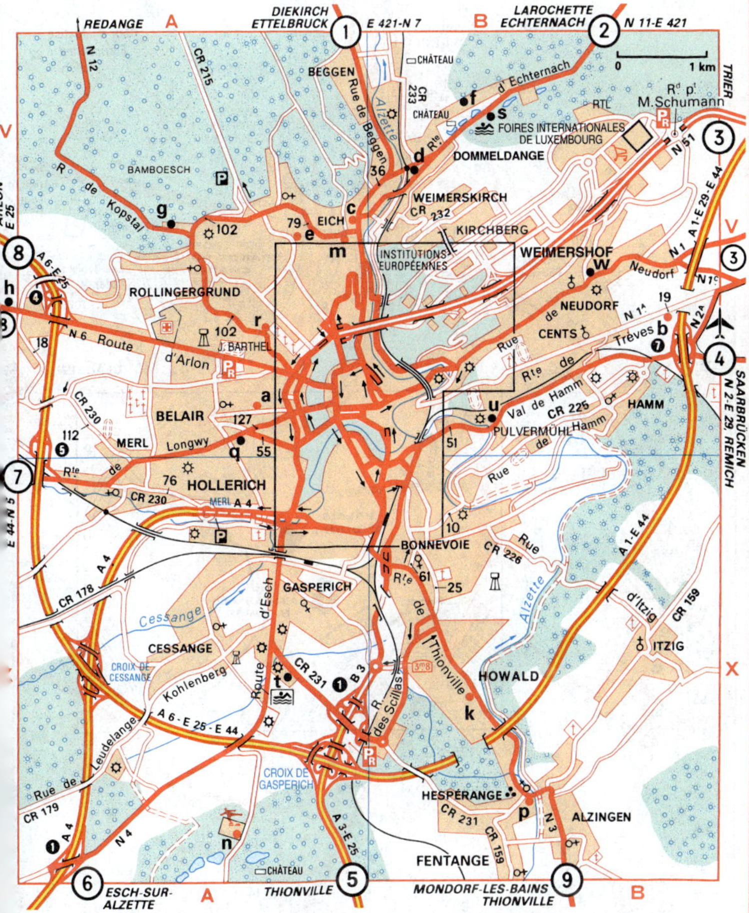

Sur la route :
la signalisation routière est rédigée
dans la langue de la zone linguistique traversée.

Dans ce guide,
les localités sont classées selon leur nom officiel :
Antwerpen pour Anvers, **Mechelen** pour Malines.

LUXEMBOURG p. 5

Street	Ref
Adames (R.)	CY 3
Albert-Wehrer (R.)	EY 4
Alcide-de-Gasperi (R.)	EY 6
Aldringen (R.)	F 7
Athénée (R. de l'Ancien)	F 9
Auguste-Lumière (R.)	DZ 12
Bains (R. des)	F 13
Bonnevoie (R. de)	DZ 14
Boucherie (R. de la)	G 15
Bruxelles (Pl. de)	F 16
Capucins (R. des)	F
Cerisiers (R. des)	CY 21
Charles-Léon-Hammes (R.)	DY 22
Chimay (R.)	F 24
Clairefontaine (Pl.)	FG 27
Clausen (R. de)	EY 28
Commerce (R. du)	CDZ 30
Curé (R. du)	F
Dicks (R.)	CDZ 31
Eau (R. de l')	G 33
Ermesinde (R.)	CY 37
Etats-Unis (R. des)	CZ 39
Fort Neipperg (R. du)	DZ 40
Fort Niedergrünewald (R. du)	DY 42
Fort Thüngen (R. du)	EY 43
Fort Wedell (R. du)	CDZ 45
Fossé (R. du)	F 46
Franklin-Roosevelt (Bd)	F 48
Gare (Av. de la)	DZ 49
Gaulle (Av. du Gén.-de)	DZ 50
Grand-Rue	F
Guillaume (Av.)	CZ 55
Guillaume-Schneider (R.)	CY 60
Jean-Baptiste-Merkels (R.)	CZ 63
Jean-Ulveling (Bd)	FG 64
J.P.-Probst (R.)	CY 66
Jules-Wilhem (R.)	EY 67
Laboratoire (R. du)	EY 69
Léon-Hengen (R.)	EY 70
Liberté (Av. de la)	CDZ
Marché (Pl. du)	G 72
Marché-aux-Herbes (R. du)	FG 73
Martyrs (Pl. des)	CZ 75
Michel-Rodange (R.)	CZ 78
Münster (R.)	G 79
Nancy (Pl. de)	CZ 81
Nassau (R. de)	CZ 82
Notre-Dame (R.)	F 84
Paris (Pl. de)	DZ 85
Patton (Bd du Général)	DZ 86
Paul-Eyschen (R.)	CY 87
Pescatore (Av.)	CY 88
Pfaffenthal (Montée de)	FG 90
Philippe-II (R.)	F 91
Pierre-de-Mansfeld (Allée)	DY 93
Pierre-et-Marie-Curie (R.)	DZ 94
Pierre-Hentges (R.)	DZ 96
Porte-Neuve (Av. de la)	CY
Prague (R. de)	DZ 97
Robert-Schuman (Bd)	CY 99
Robert-Schuman (Rond-Point)	CY 100
Sainte-Zithe (R.)	CZ 103
Scheffer (Allée)	CY 105
Semois (R. de)	CZ 106
Sigefroi (R.)	G 108
Sosthène Weis (R.)	G 109
Stavelot (R.)	DY 110
Strasbourg (R. de)	CDZ
Théâtre (Pl. du)	F 114
Tour Jacob (Av. de la)	EY 115
Trois-Glands (R. des)	DY 117
Vauban (Pont)	DY 118
Verger (R. du)	DZ 120
Victor-Thorn (Bd)	G 121
Willy-Georgen (R.)	F 123
Wilson (R.)	CZ 124
Winston-Churchill (Pl.)	CZ 126
10-Septembre (Av. du)	CZ 127

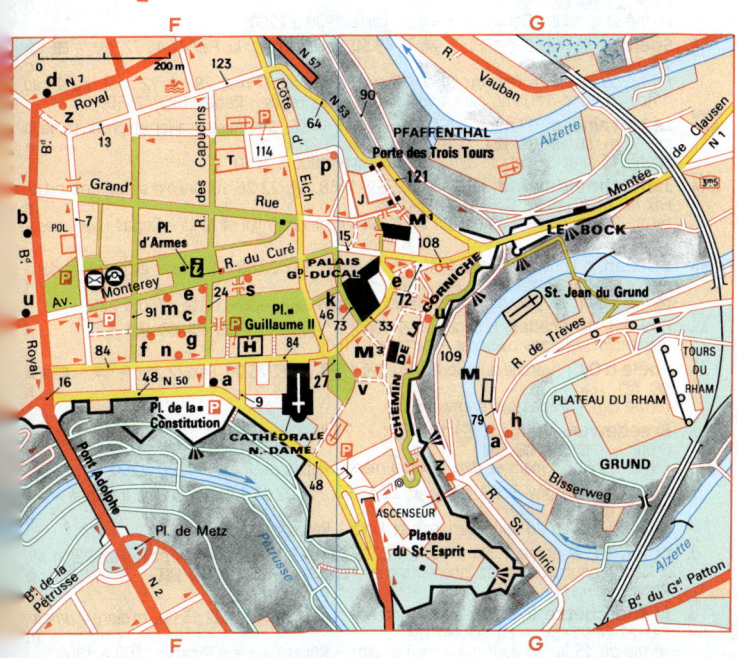

345

LUXEMBOURG p. 6

Luxembourg-Centre - *plan p. 5 sauf indication spéciale :*

Le Royal, bd Royal 12, ✉ 2449, ✆ 241 61 61, *reservations@hotelroyal.lu*, Fax 22 59 48, 🍽, 🛁, ≘s, 🔲, 🚴, – 🛗 🍽 📺 🛏 – 🚗 – 🏎 25 à 350. AE ⓪ ⓜⓞ VISA JCB   F d
Repas voir rest **La Pomme Cannelle** ci-après – **Le Jardin** Lunch 1080 – carte 1250 à 1800
– **185 ch** ⊇ 10200/11200, 20 suites.

Gd H. Cravat, bd Roosevelt 29, ✉ 2450, ✆ 22 19 75, *contact@hotelcravat.lu*,
Fax 22 67 11 – 🛗 ⚒ 🍽 📺 🛏 🚗 🏎 25. AE ⓪ ⓜⓞ VISA. ✗   F a
Repas (Taverne-rest) Lunch 490 – 950/1250 – **58 ch** ⊇ 8550.

Domus M sans rest, av. Monterey 37, ✉ 2163, ✆ 467 87 81, *info@domus.lu*,
Fax 46 78 79 – 🛗 🔲 📺 🚗 🏎. AE ⓪ ⓜⓞ VISA. ✗   F u
⊇ 400 – **39 ch** 4300/4800, 1 suite.

Rix sans rest, bd Royal 20, ✉ 2449, ✆ 47 16 66, *rixhotel@cmdnet.lu*, Fax 22 75 35, 🚴
– 🛗 📺 🅿. ⓜⓞ VISA. ✗   F b
fermé 21 déc.-5 janv. – **21 ch** ⊇ 5380/5980.

Parc-Belle-Vue ⚘, av. Marie-Thérèse 5, ✉ 2132, ✆ 45 61 61, *bellevue@hpb.lu*,
Fax 456 14 12 22, ≤, 🍽, 🚴 – 🛗 🍽 📺 🚗 🅿 – 🏎 25 à 400. AE ⓪ ⓜⓞ VISA
Repas (Avec buffet et grillades) carte 850 à 1350 – **54 ch** ⊇ 3500/4000 –
½ P 2750/4250.   plan p. 4 CZ p

XXXX **Clairefontaine** (Tintinger), pl. de Clairefontaine 9, ✉ 1341, ✆ 46 22 11, Fax 47 08 21,
☃ 🍽 – ☰. AE ⓪ ⓜⓞ VISA   G v
fermé du 13 au 28 août, sam. midi, dim. et jours fériés – **Repas** Lunch 1850 – 2700, carte
2300 à 3400
Spéc. Foie gras d'oie et gelée au Porto. Poularde de Bresse en vessie, sauce Albufera.
Homard rôti embeurré de pommes de terre et sauce au corail à l'estragon. **Vins** Pinot gris,
Riesling.

XXX **Le Bouquet Garni Salon Saint Michel** (Duhr), r. Eau 32, ✉ 1449, ✆ 26 20 06 20,
☃ Fax 26 20 09 11 – AE ⓪ ⓜⓞ VISA   G e
fermé fin août-début sept., fin déc.-début janv., sam. midi, dim. et jours fériés – **Repas**
carte 2450 à 4000
Spéc. Terrine de foie gras, julienne de champignons au Porto. Blanc de St-Pierre rôti au
jus de viande. Croustillants de pruneaux à l'Armagnac.

XXX **La Pomme Cannelle** - H. Le Royal, bd Royal 12, ✉ 2449, ✆ 241 61 67 87, *caterin
g@hotelroyal.lu*, Fax 22 59 48, « Évocation d'un intérieur de style Empire des Indes » –
☰ 🅿. AE ⓪ ⓜⓞ VISA JCB   F d
fermé sam. midi – **Repas** Lunch 1450 – carte 1900 à 2200.

XXX **Speltz**, r. Chimay 8, ✉ 1333, ✆ 47 49 50, *speltz@resto.lu*, Fax 47 46 77, 🍽 – AE ⓪
ⓜⓞ VISA   F c
*fermé du 24 au 26 fév., du 14 au 22 avril, du 24 au 27 mai, 28 juil.-12 août, du 1er au
4 nov., 22 déc.-1er janv., sam. midi, dim. et jours fériés* – **Repas** 1550/2550.

XXX **La Lorraine**, pl. d'Armes 7, ✉ 1136, ✆ 47 14 36, 🍽, Avec écailler et produits de la
mer – ☰. AE ⓪ ⓜⓞ VISA   F e
fermé 15 août-3 sept. et dim. – **Repas** carte 1900 à 2650.

XXX **Jan Schneidewind**, r. Curé 20, ✉ 1368, ✆ 22 26 18, *info@schneidewind.lu*,
Fax 46 24 40, 🍽 – AE ⓪ ⓜⓞ VISA. ✗   F s
fermé 2 sem. en fév., 2 sem. en sept., sam. midi, dim. midi et lundi – **Repas** Lunch 1280 –
1980.

XX **L'Océan**, r. Louvigny 7, ✉ 1946, ✆ 22 88 66, Fax 22 88 67, Écailler et produits de la
mer – ☰. AE ⓪ ⓜⓞ VISA   F f
fermé 3 sem. en juil., dim. soir et lundi – **Repas** Lunch 1650 – carte 1750 à 2250.

XX **Iwwert de Steiler**, r. Loge 2, ✉ 1945, ✆ 46 08 42 – AE ⓪ ⓜⓞ VISA   G e
fermé dim. – **Repas** Lunch 980 – carte env. 1600.

XX **Poêle d'Or**, r. Marché-aux-Herbes 20, ✉ 1728, ✆ 22 26 06, Fax 22 26 05, 🍽 – AE ⓪
ⓜⓞ VISA JCB   G k
fermé dim. – **Repas** carte env. 1500.

X **Breedewee**, r. Large 9, ✉ 1917, ✆ 22 26 96, Fax 46 77 20, 🍽, « Terrasse avec ≤
Grund » – AE ⓪ ⓜⓞ VISA   G u
fermé 25 fév.-4 mars et dim. d'oct. à mars – **Repas** Lunch 420 – 1200/2200.

X **Roma**, r. Louvigny 5, ✉ 1946, ✆ 22 36 92, Fax 22 03 30, 🍽, Cuisine italienne – ☰.
AE ⓪ ⓜⓞ VISA   F g
fermé du 10 au 28 août, dim. soir et lundi – **Repas** carte env. 1400.

X **Chiggeri**, 2e étage, r. Nord 15, ✉ 2229, ✆ 22 99 36, *chiggeri@pt.lu*, Fax 22 81 35,
« Maison bourgeoise avec intérieurs personnalisés » – AE ⓪ ⓜⓞ VISA   F p
Repas carte 610 – 1680.

X **la fourchette à droite**, av. Monterey 5, ✉ 2163, ✆ 22 13 60, *m.diore@gms.lu*,
Fax 22 24 95, 🍽 – AE ⓪ ⓜⓞ VISA   F m
fermé du 15 au 28 août, sam. midi et dim. – **Repas** Lunch 520 – carte 1300 à 1900.

La Table de François, bd Royal 25, ✉ 2449, ☎ 46 58 88, Fax 26 20 02 22 – ⓂⓄ VISA. ※
F z
fermé 20 août-10 sept., mardi soir, sam. midi et dim. – **Repas** Lunch 450 – carte env. 1500.

Caves Gourmandes, r. Eau 32, ✉ 1449, ☎ 46 11 24, Fax 46 11 24, 🌳, « Ancienne cave voûtée » – 🍽. ÆⒺ ⓂⓄ VISA
G e
fermé sam. midi et dim. – **Repas** Lunch 340 – carte 1300 à 1900.

Yamayu Santatsu, r. Notre-Dame 26, ✉ 2240, ☎ 46 12 49, Fax 46 05 71, Cuisine japonaise avec Sushi-bar – ÆⒺ ⓄⓂ ⓂⓄ VISA
F n
fermé 3 prem. sem. août, dim. midi et lundi – **Repas** Lunch 450 – 850/1550.

Luxembourg-Grund - *plan p. 5* :

Mosconi, r. Munster 13, ✉ 2160, ☎ 54 69 94, Fax 54 00 43 – ÆⒺ ⓄⓂ ⓂⓄ VISA JCB
G a
fermé 25 fév.-5 mars, 12 août-3 sept., 23 déc.-1ᵉʳ janv., dim. et lundi – **Repas** Lunch 1350 – carte 1900 à 2750.
Spéc. Crème de pois chiches aux cappelletti et romarin. Risotto aux truffes blanches (oct.-déc.). Fiorentina (bœuf) au Chianti. **Vins** Vin de la barrique, Pinot gris.

Kamakura, r. Münster 4, ✉ 2160, ☎ 47 06 04, kamakura@pe.lu, Fax 46 73 30, Cuisine japonaise – ÆⒺ ⓄⓂ ⓂⓄ VISA. ※
G h
fermé 2 sem. en août, jours fériés midis, sam. midi et dim. – **Repas** Lunch 380 – 755/1050.

Thai Céladon, Montée du Grund 28, ✉ 1645, ☎ 47 49 34, 🌳, Cuisine thaïlandaise – ÆⒺ ⓄⓂ ⓂⓄ VISA. ※
G z
fermé du 1ᵉʳ au 15 janv., sam. midi et dim. – **Repas** Lunch 590 – carte 1200 à 1600.

Luxembourg-Gare - *plan p. 4* :

Gd H. Mercure Alfa, r. de la Gare 16, ✉ 1616, ☎ 490 01 11, H2058@accor-hotels.com, Fax 49 00 09 – 📶 ※ 🍽 📺. ÆⒺ ⓄⓂ ⓂⓄ VISA. ※
DZ z
Repas 720/950 – ⊠ 650 – **140 ch** 5600/7500, 1 suite.

President, pl. de la Gare 32, ✉ 1024, ☎ 48 61 61, president@pt.lu, Fax 48 61 80 – 📶 ※ 🍽 📺 – 🔧 40. ÆⒺ VISA JCB. ※ rest
DZ v
Repas *(fermé 15 juil.-1ᵉʳ août, dim. et jours fériés)* (dîner seult) 1480 – **35 ch** ⊠ 5000/7500.

City 🇲 sans rest, r. Strasbourg 1, ✉ 2561, ☎ 29 11 22, mail@cityhotel.lu, Fax 29 11 33 – 📶 📺 ⌬ – 🔧 25 à 100. ÆⒺ ⓄⓂ ⓂⓄ VISA
DZ k
35 ch ⊠ 4000/6000.

Christophe Colomb sans rest, r. Anvers 10, ✉ 1130, ☎ 408 41 41, mail@christophe-colomb.lu, Fax 40 84 08 – 📶, 🍽 rest, 📺 – 🔧 25. ÆⒺ ⓄⓂ ⓂⓄ VISA
CZ h
24 ch ⊠ 4275/4675.

International, pl. de la Gare 20, ✉ 1616, ☎ 48 59 11, info@hotelinter.lu, Fax 49 32 27 – 📶 ※, 🍽 rest, 📺 – 🔧 25 à 50. ÆⒺ ⓄⓂ ⓂⓄ VISA
DZ z
Repas *(fermé 22 déc.-9 janv.)* Lunch 985 – 850/1450 – **48 ch** ⊠ 4250/5250, 1 suite – ½ P 3315/5100.

Central Molitor, av. de la Liberté 28, ✉ 1930, ☎ 48 99 11, molitor@pt.lu, Fax 48 33 82, 🌳 – 📶, 🍽 rest, 📺 – 🔧 35. ÆⒺ ⓄⓂ ⓂⓄ VISA. ※ rest
CDZ x
Repas *(fermé août, Noël, sam. et dim. soir)* Lunch 345 – 875 – **36 ch** ⊠ 5000/6000.

Marco Polo sans rest, r. Fort Neipperg 27, ✉ 2230, ☎ 406 41 41, mail@marco-polo.lu, Fax 40 48 84 – 📶 📺 ⌬. ÆⒺ ⓄⓂ ⓂⓄ VISA
DZ d
18 ch ⊠ 4275/4675.

Le Châtelet sans rest (en annexe 🏠 - 9 ch), bd de la Pétrusse 2, ✉ 2320, ☎ 40 21 01, maggy.lorang@chatelet.lu, Fax 40 36 66 – 📶 📺 🅿. ÆⒺ ⓄⓂ ⓂⓄ VISA
CZ e
36 ch ⊠ 3300/3700.

Nobilis, av. de la Gare 47, ✉ 1611, ☎ 49 49 71, Fax 40 31 01 – 📶 🍽 📺 🅿 – 🔧 50. ÆⒺ ⓄⓂ ⓂⓄ VISA. ※ rest
DZ a
Repas carte env. 900 – ⊠ 450 – **47 ch** 3150/4800 – ½ P 2600/3100.

Delta, r. Ad. Fischer 74, ✉ 1521, ☎ 493 09 61, Fax 40 43 20, 🌳, 🏋, 🈯 – 📶, 🍽 ch, 📺 🅿 – 🔧 25. ÆⒺ ⓄⓂ ⓂⓄ VISA
CZ g
fermé 15 août-4 sept. – **Repas** *(fermé sam., dim., lundi soir et jours fériés)* Lunch 480 – 985 – **18 ch** ⊠ 3100/4500, 3 suites – ½ P 3825.

Arpège, r. Sainte Zithe 29, ✉ 2763, ☎ 48 88 08, Fax 48 88 20, 🌳 – 🍽. ⓂⓄ VISA
CZ s
fermé 19 août-2 sept., 26 déc.-7 janv. et dim. – **Repas** Lunch 750 – 850/1350.

Italia avec ch, r. Anvers 15, ✉ 1130, ☎ 486 62 61, italia@euro.lu, Fax 48 08 07, 🌳, Avec cuisine italienne – 📺. ÆⒺ ⓄⓂ ⓂⓄ VISA
CZ f
Repas carte 1100 à 1700 – **20 ch** ⊠ 2625/3255.

Au Quai de la Gare, pl. de la Gare 13 (1ᵉʳ étage dans la gare), ✉ 1616, ☎ 40 67 67, Fax 40 67 66, Ouvert jusqu'à 23 h – ÆⒺ ⓄⓂ ⓂⓄ VISA
DZ b
fermé 2 sem. en août, sam. midi et dim. – **Repas** Lunch 700 – 900/1500 bc.

LUXEMBOURG p. 8

Périphérie - *plan p. 3 sauf indication spéciale :*

à l'Aéroport *par ③ : 8 km :*

Sheraton Aérogolf ⚜, rte de Trèves 1, ⊠ 1019, ℘ 34 05 71, sheraton-luxembourg@sheraton.com, *Fax 34 02 17* – 📶 ⌇ ☰ 📺 🅿 – 🛏 25 à 120. ℀ ⓘ 💳 𝑽𝑰𝑺𝑨
Repas *Le Montgolfier* (Ouvert jusqu'à minuit) Lunch 1050 – carte 1300 à 1900 – ☐ 690 – **144 ch** 9900/10400, 1 suite.

Ibis, rte de Trèves, ⊠ 2632, ℘ 43 88 01, H0974@accor-hotels.com, *Fax 43 88 02*, ≼ – 📶 ☰ 📺 🅿 – 🛏 25 à 80. ℀ ⓘ 💳 𝑽𝑰𝑺𝑨
Repas Lunch 400 – 850 – **120 ch** ☐ 2950/4000.

Campanile, rte de Trèves 22, ⊠ 2633, ℘ 34 95 95, *Fax 34 94 95*, 🌿 – 📶 ⌇
♿ 🅿 – 🛏 25 à 90. ℀ ⓘ 💳 𝑽𝑰𝑺𝑨
Repas (Avec buffet) Lunch 495 – 850 – ☐ 290 – **108 ch** 2600 – ½ P 3100.

Trust Inn sans rest, r. Neudorf 679 (par rte de Trèves), ⊠ 2220, ℘ 423 05 11, trustinn@pt.lu, *Fax 42 30 56*, 🚲 – ☰ 📺 🅿. ℀ ⓘ 💳 𝑽𝑰𝑺𝑨
– **7 ch** ☐ 2500/2950.

Le Grimpereau, r. Cents 140, ⊠ 1319, ℘ 43 67 87, *Fax 42 60 26*, 🌿 – 🅿. ℀ 💳 𝑽𝑰𝑺𝑨, ⌇
fermé 1 sem. carnaval, 3 sem. en août, prem. sem. nov., lundi et mardi – **Repas** 1250.
BV b

à Belair ⓒ Luxembourg :

Albert Premier ⚜ sans rest, r. Albert Ier 2a, ⊠ 1117, ℘ 442 44 21, hotel-albert-premier@resto.lu, *Fax 44 74 41*, « Intérieur cossu de style anglais », ♨, ☎ – 📶 📺 🚗,
℀ ⓘ 💳 𝑽𝑰𝑺𝑨, ⌇
☐ 450 – **14 ch** 8000/14000.
plan p. 4 CZ c

Parc Belair Ⓜ ⚜, av. du X Septembre 109, ⊠ 2551, ℘ 44 23 23, paribel@hpb.lu, *Fax 44 44 84*, ≼, 🌿, ♨, ☎, 🚲 – 📶 ⌇ ☰ rest, 📺 🚗 – 🛏 25 à 400. ℀ ⓘ
💳 𝑽𝑰𝑺𝑨
Repas (dîner seult sauf dim.) carte 1350 à 1750 – **46 ch** ☐ 7600/8300, 6 suites – ½ P 5150/11000.
AV q

Astoria, av. du X Septembre 44, ⊠ 2550, ℘ 44 62 23, *Fax 45 82 96*, 🌿 – ☰ – 🛏 25.
℀ ⓘ 💳 𝑽𝑰𝑺𝑨
fermé 24 fév.-3 mars, du 1er au 17 août, sam., dim. soir et lundi soir – **Repas** carte 1300 à 1950.
plan p. 4 CZ a

Thailand, av. Gaston Diderich 72, ⊠ 1420, ℘ 44 27 66, Cuisine thaïlandaise – ℀ ⓘ
💳 𝑽𝑰𝑺𝑨, ⌇
fermé 15 août-4 sept., lundi et sam. midi – **Repas** carte env. 1300.
AV a

à Dommeldange *(Dummeldéng)* ⓒ Luxembourg :

Inter.Continental ⚜, r. Jean Engling 12, ⊠ 1466, ℘ 4 37 81, luxembourg@interconti.com, *Fax 43 60 95*, ≼, ♨, ☎, ⛱, 🚲 – 📶 ⌇ ☰ 📺 🅿 – 🛏 25 à 360. ℀ ⓘ
💳 𝑽𝑰𝑺𝑨 🇯𝒞𝐵, ⌇ rest
Repas voir rest *Les Continents* ci-après – *Café Stiffchen* (Ouvert jusqu'à 23 h 30) Lunch 1050 – 1250 – ☐ 750 – **306 ch** 11050, 31 suites.
BV f

Parc, rte d'Echternach 120, ⊠ 1453, ℘ 43 56 43, *Fax 43 69 03*, 🌿, ♨, ☎, ⛱, 🏞,
⌇ – 📶, ☰ rest, 📺 🅿 – 🛏 25 à 1500. ℀ ⓘ 💳 𝑽𝑰𝑺𝑨
Repas (Ouvert jusqu'à 23 h 30) Lunch 750 – carte 1200 à 1600 – **268 ch** ☐ 3800/5600, 3 suites.
BV s

Host. du Grünewald, rte d'Echternach 10, ⊠ 1453, ℘ 43 18 82 et 42 03 14 (rest), hostgrun@pt.lu, *Fax 42 06 46 et 42 03 14 (rest)*, 🏞 – 📶, ☰ rest, 📺 🅿 – 🛏 25 à 40.
℀ ⓘ 💳 𝑽𝑰𝑺𝑨, ⌇ rest
Repas (fermé du 11 au 22 août, du 1er au 23 janv., sam. midi, dim. et jours fériés) Lunch 1690 – carte 1900 à 2450 – **26 ch** ☐ 4000/5000, 2 suites.
BV d

Les Continents – H. Inter.Continental, 1er étage, r. Jean Engling 12, ⊠ 1466, ℘ 4 37 81, luxembourg@interconti.com, *Fax 43 60 95*, ≼, 🌿 – ☰ 🅿. ℀ ⓘ 💳 𝑽𝑰𝑺𝑨
🇯𝒞𝐵, ⌇
fermé août-prem. sem. sept., sam. midi, dim. et lundi – **Repas** Lunch 1500 – carte 2200 à 2700.
BV f

à Eich *(Eech)* ⓒ Luxembourg :

La Mirabelle, pl. d'Argent 9, ⊠ 1413, ℘ 42 22 69, *Fax 42 22 69*, 🌿, Ouvert jusqu'à 23 h – ☰. ℀ ⓘ 💳 𝑽𝑰𝑺𝑨
fermé sam. midi et dim. – **Repas** Lunch 980 bc – carte 1750 à 2150.
AV c

Chez Omar, r. Mühlenbach 136 (pl. d'Argent), ⊠ 2168, ℘ 42 09 09, *Fax 42 00 14*, 🌿,
Cuisine algérienne – 💳 𝑽𝑰𝑺𝑨
fermé août, fin déc., dim. et lundi – **Repas** (dîner seult) carte env. 1500.
AV m

348

LUXEMBOURG p. 9

à Gasperich *(Gaasperech)* C Luxembourg :

Inn Side M sans rest, r. Henri Schnadt 1 (Zone d'activité Cloche d'Or), ✉ 2530, ℘ 490 00 61, luxembourg@innside.com, Fax 49 06 80, ☕, « Architecture design », 🛎, ⇔s – 🛗 ⇄ TV ♿ ⇌ – 🏛 25 à 200. ÆE ① ⓜ VISA
158 ch ⧈ 5900/6600. AX t

au plateau de Kirchberg *(Kiirchbierg)* :

Sofitel M ⇲, r. Fort Niedergrünewald 6 (Centre Européen), ✉ 2015, ℘ 43 77 61, H1314-FB@accor-hotels.com, Fax 42 50 91 – 🛗 ⇄ ▤ TV ♿ ⇌ P – 🏛 25 à 75. ÆE ① ⓜ VISA. ⇲
plan p. 5 EY a
Repas *Oro e Argento* (fermé août et sam.) Lunch 1450 – carte 1700 à 2350 – ⧈ 750 – **100 ch** 11000, 4 suites.

Novotel ⇲, r. Fort Niedergrünewald 6 (Centre Européen), ✉ 2015, ℘ 429 84 81, H1930@accor-hotels.com, Fax 43 86 58, ☕, ⇔s, 🞯, – 🛗 ⇄ ▤ TV ♿ P – 🏛 25 à 300. ÆE ① ⓜ VISA. ⇲ rest
plan p. 5 EY a
Repas (Ouvert jusqu'à minuit) 850 – ⧈ 500 – **260 ch** 5100.

à la patinoire de Kockelscheuer *(Kockelscheier)* :

Patin d'Or (Berring), rte de Bettembourg 40, ✉ 1899, ℘ 22 64 99, Fax 40 40 11 – ▤
❀ P. ÆE ① ⓜ VISA. ⇲ AX n
fermé 1 sem. début sept., Noël-Nouvel An, sam., dim. et jours fériés – **Repas** 2000, carte 2300 à 2950
Spéc. Terrine de légumes confits au chèvre frais. Daurade royale rôtie, pommes écrasées aux olives. Tartelette aux quetsches et mirabelles (fin juil.-sept.). **Vins** Pinot gris, Riesling.

à Limpertsberg *(Lampertsbierg)* C Luxembourg :

Bouzonviller, r. A. Unden 138, ✉ 2652, ℘ 47 22 59, Fax 46 43 89, ≤, ☕ – ▤. ÆE ⓜ VISA
AV e
fermé 1 sem. Pâques, 3 sem. en août, 1 sem. Noël, sam. et dim. – **Repas** Lunch 1600 – carte 1800 à 2150.

à Neudorf *(Neiduerf)* C Luxembourg :

Ponte Vecchio sans rest, r. Neudorf 271, ✉ 2221, ℘ 424 72 01, vecchio@pt.lu, Fax 424 72 08 88 – 🛗 ▤ TV ⇌. ÆE ① ⓜ VISA
BV w
19 ch ⧈ 3400/4400.

à Pulvermühl *(Polfermillen)* C Luxembourg :

L'Espadon et H. la Cascade avec ch, r. Pulvermühl 2, ✉ 2356, ℘ 42 87 36, Fax 42 47 88, ☕, « Villa fin 19ᵉ s. avec terrasse au bord de l'Alzette » – ▤ TV P. ÆE ①
ⓜ VISA BV u
fermé dim. – **Repas** 1100/1600 – **7 ch** ⧈ 3250/4550 – ½ P 3850/4850.

à Rollingergrund *(Rolléngergronn)* C Luxembourg :

Sieweburen, r. Septfontaines 36, ✉ 2534, ℘ 44 23 56, siewebur@pt.lu, Fax 44 23 53, ≤, ☕, « Environnement boisé », ⇲ – TV P. ÆE ⓜ VISA AV g
fermé 25 déc.-10 janv. – **Repas** (fermé merc.) (Taverne-rest) Lunch 380 – 1060/1390 – **14 ch** ⧈ 2950/3950.

Théâtre de l'Opéra, r. Rollingergrund 100, ✉ 2440, ℘ 25 10 33, Fax 25 10 29, ☕ – ÆE ① ⓜ VISA AV r
fermé sam. midi et dim. – **Repas** Lunch 460 – carte 1550 à 1950.

Himalaya, r. Rollingergrund 8 (pl. de l'Étoile), ✉ 2440, ℘ 25 23 85, Fax 45 61 19, Cuisine indienne – ÆE ① ⓜ VISA plan p. 4 CY m
fermé dim. – **Repas** Lunch 330 – carte env. 900.

Environs

▶ **Bridel** *(Briddel)* par N 12 : 7 km – AV – C Kopstal 2 936 h :

Le Rondeau, r. Luxembourg 82, ✉ 8140, ℘ 33 94 73, Fax 33 37 46, ☕ – P. ÆE ①
ⓜ VISA
fermé 2 sem. en mars, 3 sem. en août, lundi soir et mardi – **Repas** 980/2100.

Brideler Stuff, r. Strassen 1, ✉ 8156, ℘ 33 87 34, bridstuf@pt.lu, Fax 33 90 64, ☕ – P. ÆE ⓜ VISA
fermé du 18 au 24 juin, 27 déc.-mi-janv. et lundi – **Repas** Lunch 420 – carte 1250 à 1850.

LUXEMBOURG p. 10

à Hesperange (Hesper) - plan p. 4 – 10 265 h.

L'Agath (Steichen), rte de Thionville 274 (Howald), ⌧ 5884, ℘ 48 86 87, Fax 48 55 05, 🍽 – 🅿. 🔒 60. AE ⓘ ⓜ VISA   BX k
fermé du 1er au 20 août, du 1er au 15 janv., sam. midi, dim. soir et lundi – **Repas** Lunch 1700 – 1950, carte 2450 à 2850
Spéc. Carpaccio de filet de bœuf infusé à la truffe aux copeaux de foie gras. Sole aux cocos, poireaux et jus de crevettes grises. Souris d'agneau de sept heures au citron confit. **Vins** Pinot gris, Riesling.

Le Jardin Gourmand, rte de Thionville 432, ⌧ 5886, ℘ 36 08 42, Fax 36 08 43, 🍽 – AE ⓜ VISA   BX p
fermé 1 sem. Pâques, 3 sem. en sept., du 1er au 10 janv., sam. midi, dim. soir et lundi – **Repas** Lunch 390 – 990.

à Hostert (Hueschert) par ③ : 12 km C Niederanven 5 415 h :

Le Gastronome, r. Andethana 90, ⌧ 6970, ℘ 34 00 39, belnoup@pt.lu, Fax 26 34 01 06, 🍽 – 🅿. ⓜ VISA
fermé 1 sem. Pâques, 2 sem. en août, sam. midi, dim., jours fériés et après 20 h 30 – **Repas** Lunch 1150 – carte env. 2000.

à Kopstal (Koplescht) par N 12 : 9 km - AV – 2 936 h.

Weidendall avec ch, r. Mersch 5, ⌧ 8181, ℘ 30 74 66, weidendall@resto.lu, Fax 30 74 67 – 📺. AE ⓘ ⓜ VISA
Repas (*fermé 2 sem. carnaval, 2 prem. sem. sept. et mardi*) Lunch 380 – 980/1380 – **9 ch** ⌂ 1800/2600 – ½ P 1950/2450.

à Sandweiler par ④ : 7 km – 2 250 h.

Hoffmann, r. Principale 21, ⌧ 5240, ℘ 35 01 80, Fax 35 79 36, 🍽 – 🅿. AE ⓘ ⓜ VISA. ✻
fermé 2 sem. en fév., 3 sem. en août, dim. soir, lundi et mardi soir – **Repas** 1350/1750.

à Strassen (Stroossen) - plan p. 4 – 5 847 h.

L'Olivier avec appartements, rte d'Arlon 140, ⌧ 8008, ℘ 31 36 66, lolivier@mail.lu, Fax 31 36 66 – 📶 📺 🔒 ⇔ 🅿 – 🔒 25 à 50. AE ⓘ ⓜ VISA. ✻   AV h
Repas voir rest *La Cime* ci-après – **38 ch** ⌂ 6100/7400 – ½ P 4500/5000.

Mon Plaisir sans rest, rte d'Arlon 218 (par ⑧ : 4 km), ⌧ 8010, ℘ 31 15 41, Fax 31 61 44 – 📶 📺 🅿. AE ⓘ ⓜ VISA
fermé 25 déc. et 1er janv. – **26 ch** ⌂ 2750/2950.

La Cime - H. L'Olivier, rte d'Arlon 140a, ⌧ 8008, ℘ 31 88 13, lolivier@mail.lu, Fax 31 36 27, 🍽 – 🅿. AE ⓘ ⓜ VISA   AV h
fermé sam. soir et dim. en juil.-août et sam. midi – **Repas** Lunch 750 – 990/1795.

Le Nouveau Riquewihr, rte d'Arlon 373 (par ⑧ : 5 km), ⌧ 8011, ℘ 31 99 80, eb008@dialup.nacamar.lu, Fax 31 97 05, 🍽 – 🅿. AE ⓘ ⓜ VISA
fermé dim. et jours fériés – **Repas** 1150.

à Walferdange (Walfer) par ① : 5 km – 6 280 h.

Moris, pl. des Martyrs, ⌧ 7201, ℘ 330 10 51, contact@morishotel.lu, Fax 33 30 70, 🍽 – 📶 ▤ rest, 📺 🅿 – 🔒 50. AE ⓘ ⓜ VISA
fermé 26 déc.-2 janv. – **Repas** (*fermé lundi du 15 juil. au 15 sept.*) Lunch 650 bc – 1100/1500 – **24 ch** ⌂ 3500/4500.

l'Etiquette, rte de Diekirch 50, ⌧ 7220, ℘ 33 51 68, Fax 33 51 69, 🍽 – 🅿. AE ⓘ ⓜ VISA
fermé 20 août-2 sept., 27 déc.-5 janv. et dim. soir – **Repas** Lunch 650 – 800/1450.

MACHTUM (MIECHTEM) C Wormeldange 2 271 h. 924 X 25 et 909 M 7.

Luxembourg 31 – Ettelbrück 46 – Grevenmacher 4 – Mondorf-les-Bains 29.

Aub. du Lac, rte du Vin 77, ⌧ 6841, ℘ 75 02 53, Fax 75 88 87, <, 🍽 – 🅿. AE ⓘ ⓜ VISA
fermé 15 déc.-20 janv. et mardi – **Repas** Lunch 1200 – 1180/1900.

MERSCH (MIERSCH) 924 V 24 et 909 L 6 – 6 790 h.

Voir Vallée de l'Eisch★ de Koerich à Mersch.

Env. au Sud-Ouest : 4 km, Hunnebour : cadre★.

🅱 Hôtel de Ville (Château), ⌧ 7501, ℘ 32 50 23.

Luxembourg 18 – Diekirch 20 – Ettelbrück 12 – Bastogne 53.

Host. Val Fleuri, r. Lohr 28, ⌧ 7545, ℘ 329 89 10, kops@pt.lu, Fax 32 61 09, 🍽 ⇔ – 📶 📺 ⇔ 🅿. ⓜ VISA. ✻ rest
Repas (*fermé sam.*) Lunch 420 – 850/1400 – **13 ch** ⌂ 2250/3250 – ½ P 2475/3100.

MERTERT (MÄERTERT) 924 X 24 et 909 M 6 – 3 125 h.

Luxembourg 32 – Ettelbrück 46 – Thionville 56 – Trier 15.

Goedert avec ch, pl. de la Gare 4, ⊠ 6674, ℘ 74 84 89, Fax 74 84 71, 😊 – 🗏 rest, 📺 🅿 🝿 🝿 🝿
fermé 2 sem. en août, janv. et lundis et mardis non fériés – **Repas** Lunch 950 – 1550/1900 – **8 ch** ⊆ 2200/3000 – ½ P 2500/2600.

Paulus, r. Haute 1, ⊠ 6680, ℘ 74 00 70, restpaulus@euro.lu, Fax 74 84 02 – 🗏. 🝿 🝿 🝿
fermé sem. carnaval, août, lundi soir et mardi – **Repas** Lunch 320 – carte 1200 à 1500.

MONDORF-LES-BAINS (MUNNERÉËF) 924 W 25 et 909 L 7 – 3 419 h. – Station thermale – Casino 2000, r. Flammang, ⊠ 5618, ℘ 661 01 01, Fax 661 01 02 29.

Voir Parc★ – Mobilier★ de l'église St-Michel.

Env. à l'Est : Vallée de la Moselle Luxembourgeoise★ de Schengen à Wasserbillig.

🛈 av. des Bains 26, ⊠ 5610, ℘ 66 75 75, Fax 66 16 17.

Luxembourg 19 – Remich 11 – Thionville 22.

Parc 🝿, Domaine thermal, av. Dr E. Feltgen, ⊠ 5601, ℘ 661 21 25 55, domaine@mondorf.lu, Fax 66 10 93, 😊, 🝿, 🝿, 🝿, 🝿, 🝿, 🝿 – 🝿 📺 🝿 🝿 🅿 – 🝿 25 à 150. 🅰 ⓞ 🝿 🝿 🝿 🝿
fermé prem. sem. janv. – **Repas** *De Jangeli* Lunch 900 – carte 1300 à 1650 – **117 ch** ⊆ 4700/6800, 17 suites – ½ P 4750/5350.

Casino 2000, r. Flammang, ⊠ 5618, ℘ 661 01 01, info@casino2000.lu, Fax 661 01 02 29, 😊 – 🝿 🗏 📺 🅿 – 🝿 25 à 700. 🅰 ⓞ 🝿 🝿 🝿 rest
Repas *Les Roses* (fermé août, 24 déc. et lundis et mardis non fériés) 1150/2420 – **28 ch** (fermé 23 et 24 déc.) ⊆ 3950/4800, 3 suites – ½ P 4350/5100.

Grand Chef 🝿, av. des Bains 36, ⊠ 5610, ℘ 66 80 12, granchef@pt.lu, Fax 66 15 10, 🝿, 🝿, 🝿 – 🝿 📺 🝿 🅿 – 🝿 30. 🅰 ⓞ 🝿 🝿 🝿 rest
23 mars-nov. – **Repas** Lunch 880 – 1170/1450 – **34 ch** ⊆ 2400/3800, 2 suites – ½ P 2450/2950.

Windsor, av. François Clément 58, ⊠ 5612, ℘ 661 55 31, Fax 661 55 33 33, 😊 – 🝿 📺 🅿 – 🝿 30. 🝿 🝿
Repas (fermé 24 déc. et 1er janv.) carte env. 1100 – **17 ch** ⊆ 2500/3300, 6 suites – ½ P 2400/3300.

Beau Séjour, av. Dr Klein 3, ⊠ 5630, ℘ 66 81 08, Fax 66 08 89 – 📺. 🅰 🝿 🝿 🝿
fermé 15 déc.-15 janv. et jeudi – **Repas** Lunch 800 – 850/1750 – **10 ch** ⊆ 2450/3400 – ½ P 2500/2700.

à Ellange-gare (Elléng) Nord-Ouest : 2,5 km ⓒ Mondorf-les-Bains :

La Rameaudière, r. Gare 10, ⊠ 5690, ℘ 66 10 63, la_rameaudiere@internet.lu, Fax 66 10 64, 😊, « Terrasse et verger » – 🅿. 🅰 ⓞ 🝿 🝿 🝿
fermé 1 sem. en juin, 2 sem. en sept., janv. et lundis et mardis non fériés – **Repas** 1400/2300.

MOUTFORT (MUTFERT) ⓒ Contern 2 965 h. 924 W 5 et 909 L 7.

Luxembourg 12 – Mondorf-les-Bains 12 – Saarbrücken 88.

Le Petit Valentin (Santilli), rte de Remich 57, ⊠ 5330, ℘ 35 98 60, Fax 35 98 60, 😊 – 🅿. 🅰 ⓞ 🝿 🝿 🝿
fermé 26 fév.-5 mars, du 6 au 31 août, lundi et mardi midi – **Repas** Lunch 550 – carte env. 2200
Spéc. Soupe légère d'écrevisses aux herbes du jardin. Fricassée de sole au Sauvignon. Noisettes d'agneau à la crème de champignons.

MULLERTHAL (MËLLERDALL) ⓒ Waldbillig 952 h. 924 W 24 et 909 L 6.

Voir Vallée des meuniers★★★ (Vallée de l'Ernz Noire).

🏠 au Sud-Ouest : 2 km à Christnach, ⊠ 7641, ℘ 87 83 83, Fax 79 93 90.

Luxembourg 30 – Echternach 14 – Ettelbrück 31.

Le Cigalon avec ch, r. Ernz Noire 1, ⊠ 6245, ℘ 79 94 95, le-cigalon@internet.lu, Fax 79 93 83, 😊, « Terrasse », 🝿, 🝿, 🝿 – 📺 🅿. 🅰 ⓞ 🝿 🝿 🝿 rest
fermé janv.-fév. – **Repas** (fermé mardi) 1080/2200 – **13 ch** ⊆ 2400/3200 – ½ P 2500.

NEUDORF (NEIDUERF) – voir à Luxembourg, périphérie.

NIEDERANVEN (NIDDERANWEN) 924 W 25 et 909 L 7 – 5 415 h.
Luxembourg 13 – Ettelbrück 36 – Grevenmacher 16 – Remich 19.

XX **Host. de Niederanven,** r. Munsbach 2, ✉ 6941, ℰ 34 00 61, Fax 34 93 92 – AE ⓪
VISA. ⚘
fermé 2ᵉ quinz. août et merc. – **Repas** Lunch 550 – 1285/1450.

OUR (Vallée de l') (URDALL) ★★ 924 V 22 - W 23 et 909 L 5 - L 6 G. Belgique-Luxembourg.

PERLÉ (PÄREL) © Rambrouch 3 002 h. 924 T 24 et 909 K 6.
Luxembourg 52 – Ettelbrück 36 – Arlon 16 – Bastogne 25.

X **Aub. La Perle d'Or,** r. Neuve 4, ✉ 8824, ℰ 64 96 11, orperle@pt.lu, Fax 64 00 51,
☂ – 🅿 AE ⓪ ⓪ VISA JCB
fermé du 12 au 21 fév., 20 août-5 sept. et merc. – **Repas** Lunch 330 bc – 950 bc/1200 bc.

X **Roder** ⚘ avec ch, r. Église 13, ✉ 8826, ℰ 64 00 32, Fax 64 91 42, ☂ – TV 🅿 ⓪
⓪ VISA
fermé 26 août-12 sept. et mardi – **Repas** Lunch 350 – carte 1200 à 1600 – ☺ 350 – **8 ch**
2100 – ½ P 1850.

PÉTANGE (PÉITÉNG) 924 U 25 et 909 K 7 – 13 339 h.
Luxembourg 22 – Esch-sur-Alzette 15 – Arlon 18 – Longwy 14.

🏨 **Threeland,** r. Pierre Hamer 52, ✉ 4737, ℰ 50 59 50, Fax 50 59 54, ☂ – 🛗 TV 🅿 –
🔑 25 à 300. AE ⓪ ⓪ VISA
Repas *(fermé sam. midi)* Lunch 950 – 1500 – **60 ch** ☺ 2700/2900.

POMMERLOCH (POMMERLACH) © Winseler 713 h. 924 U 23 et 909 K 6.
Luxembourg 56 – Diekirch 37 – Ettelbrück 7 – Wiltz 7 – Bastogne 12.

🏨 **Motel Bereler Stuff** sans rest, rte de Bastogne 6, ✉ 9638, ℰ 95 79 09, Fax 95 79 08
– TV 🅿 ⓪ ⓪ VISA
18 ch ☺ 1100/1650.

PULVERMÜHL (POLFERMILLEN) – voir à Luxembourg, périphérie.

REMICH (RÉIMECH) 924 X 25 et 909 M 7 – 2 747 h.
Voir *Vallée de la Moselle Luxembourgeoise*★ *de Schengen à Wasserbillig.*
⛳ au Nord-Ouest : 12 km à Canach, Scheierhaff, ✉ 5412, ℰ 35 61 35, Fax 35 74 50.
🛈 *(juil.-août)* Maison (gare routière), ✉ 5533, ℰ 69 84 88.
Luxembourg 22 – Mondorf-les-Bains 11 – Saarbrücken 77.

🏨 **Saint Nicolas,** Esplanade 31, ✉ 5533, ℰ 26 66 30, hotel@pt.lu, Fax 26 66 36 66, ≤,
☂, ≘, ⚘, 🚴 – 🛗 ※ TV – 🔑 80. AE ⓪ ⓪ VISA JCB. ⚘ ch
Repas *Lohengrin* 1160/1850 – **40 ch** ☺ 2800/4600 – ½ P 2650/3250.

🏨 **des Vignes** ⚘, rte de Mondorf 29, ✉ 5552, ℰ 69 91 49, Fax 69 84 63, ≤ vignoble
et vallée de la Moselle, ☂ – 🛗, ■ rest, TV 🅿 – 🔑 25 à 40. AE ⓪ ⓪ VISA
fermé 20 déc.-10 janv. – **Repas** 1290/1850 – **24 ch** ☺ 2800/3500 – ½ P 2550/3600

🏨 **Domaine la Forêt,** rte de l'Europe 36, ✉ 5531, ℰ 699 99 91 et 66 94 73 (rest)
laforet@pt.lu, Fax 69 98 98 et 69 77 02 (rest), ≤, ☂, 🏊, ≘, 🚴 – 🅿 AE ⓪ ⓪ VISA
⚘
Repas *(fermé 2 sem. en nov., 2 sem. en janv. et lundis non fériés)* 1190/1800 – **14 ch**
☺ 2500/3800 – ½ P 2400/2800.

🏨 **Esplanade,** Esplanade 5, ✉ 5533, ℰ 66 91 71, esplanade@pt.lu, Fax 69 89 24, ≤, ☂
– TV ⓪ VISA. ⚘ rest
fermé déc.-janv. et lundi sauf 15 juin-15 sept. – **Repas** 625/1495 – **18 ch** ☺ 2000/290
– ½ P 2000/2100.

REULAND © Heffingen 784 h. 924 W 24 et 909 L 6.
Luxembourg 24 – Diekirch 18 – Echternach 19 – Ettelbrück 24.

XX **Reilander Millen,** Est : 2 km sur rte Junglinster-Müllerthal, ✉ 7639, ℰ 83 72 5
Fax 87 97 43, ☂, « Moulin du 18ᵉ s., intérieur rustique » – 🅿 ⓪ VISA. ⚘
fermé 2 sem. en fév., 2 sem. en sept., lundi et mardi midi – **Repas** carte 1600 à 195

REULER (REILER) 924 V 22 – voir à Clervaux.

RODER (ROEDER) 924 V 22 – voir à Clervaux.

ROLLINGERGRUND (ROLLÉNGERGRONN) – voir à Luxembourg, périphérie.

ROMBACH-MARTELANGE (ROMBECH-MAARTELÉNG) 924 T 24 – voir à Haut-Martelange.

SAEUL (SËLL) 924 U 24 et 909 K 6 – 473 h.
Luxembourg 21 – Ettelbrück 22 – Mersch 11 – Arlon 14.

XX **Maison Rouge**, r. Principale 10, ✉ 7470, ✆ 63 02 21, Fax 63 07 58
fermé 3 sem. en fév., 3 dern. sem. août, lundi et mardi – **Repas** 1650/1850.

SANDWEILER 924 W 25 et 909 L 7 – voir à Luxembourg, environs.

SCHEIDGEN (SCHEEDGEN) © Consdorf 1599 h. 924 X 24 et 909 M 6.
Luxembourg 35 – Echternach 8 – Ettelbrück 36.

🏨 **de la Station** ⚘, rte d'Echternach 10, ✉ 6250, ✆ 79 08 91, stationhotel@gmx.net, Fax 79 91 64, ≤, ≘s, 🐎, 🚲 – 📶 📺 ⇔ 🅿 – 🔒 25 à 40. ⓐⓔ 🆅🅸🆂🅰 🅹🅲🅱. 🈸
avril-nov. – **Repas** (fermé lundi et mardi sauf en juil.-août) carte 1200 à 1700 – **25 ch** ⚌ 1700/2800 – ½ P 1950/2200.

SCHENGEN © Remerschen 1327 h. 924 X 26 et 909 M 7.
Luxembourg 26 – Remich 10 – Thionville 23.

XX **Côté Moselle**, rte du Vin 3, ✉ 5445, ✆ 26 66 62, Fax 26 66 50 05, ≤, 🐎, « Pavillon moderne avec terrasse dominant la Moselle » – 📶 🅿 ⓐⓔ 🅼🅲 🆅🅸🆂🅰
fermé 21 déc.-6 janv. et mardi – **Repas** Lunch 350 – carte 1150 à 1550.

SCHOUWEILER (SCHULLER) © Dippach 3068 h. 924 U 25 et 909 K 7.
Luxembourg 14 – Mondorf-les-Bains 29 – Arlon 20 – Longwy 18.

XX **La Table des Guilloux**, r. Résistance 17, ✉ 4996, ✆ 37 00 08, Fax 37 11 61, 🐎, ❀ « Ferme-auberge avec terrasse » – 🅿
fermé du 7 au 15 mai, 30 juil.-15 août, lundi, mardi et sam. midi – **Repas** carte 1550 à 2200
Spéc. Salade pleine mer au jus d'étrilles. Ravioles de homard sauce coraline. Queue de bœuf farcie au foie gras. **Vins** Pinot blanc, Riesling.

XX **La Chaumière**, r. Gare 65, ✉ 4999, ✆ 37 05 66, Fax 37 11 05, 🐎 – 🅿 ⓞ 🅼🅲 🆅🅸🆂🅰
fermé 1 sem. carnaval, 3 sem. en août, lundi soir et mardi – **Repas** 1550.

X **Toit pour toi**, r. IX Septembre 2, ✉ 4996, ✆ 26 37 02 32, 🐎, « Ancienne grange avec rôtissoire » – 🅿 🆅🅸🆂🅰
fermé du 1er au 16 août, du 7 au 15 mai, 24 déc.-4 janv. et jeudi – **Repas** (dîner seult jusqu'à 23 h) carte env. 1500.

SENNINGEN (SENNÉNG) © Niederanven 5415 h. 924 W 25 et 909 L 7.
Luxembourg 13 – Ettelbrück 33 – Grevenmacher 19 – Mondorf-les-Bains 31.

XX **Host. du Château**, rte de Trèves 122, ✉ 6960, ✆ 34 83 28, duguet@pt.lu, Fax 34 91 46, – 🅿 ⓐⓔ ⓞ 🅼🅲 🆅🅸🆂🅰
fermé dim. soir et lundi – **Repas** Lunch 345 – 850/1750.

SEPTFONTAINES (SIMMER) 924 U 24 et 909 K 6 – 748 h.
Luxembourg 24 – Diekirch 32 – Ettelbrück 28 – Arlon 13.

XXX **Host. du Vieux Moulin**, Léisbech (Est : 1 km), ✉ 8363, ✆ 30 50 27, ≤, 🐎, « Au creux d'un vallon boisé » – 📶 🅿 🅼🅲 🆅🅸🆂🅰
fermé 10 janv.-10 fév., mardis soirs non fériés du 15 sept. à avril et lundis et mardis midis non fériés – **Repas** 1950.

SOLEUVRE (ZOLWER) © Sanem 12676 h. 924 U 25 et 909 K 7.
Luxembourg 22 – Esch-sur-Alzette 8 – Arlon 27 – Longwy 22.

XX **La Petite Auberge**, r. Aessen 1, ✉ 4411, ✆ 59 44 80, Fax 59 53 51 – 🅿 ⓐⓔ 🅼🅲 🆅🅸🆂🅰 🈸
fermé fin août-début sept., fin déc.-début janv., dim. et lundi – **Repas** Lunch 450 – carte 1650 à 1950.

STADTBREDIMUS (STADBRIEDEMES) 924 X 25 et 909 M 7 – 1213 h.
Env. au Nord : rte de Greiveldange ≤★.
Luxembourg 25 – Mondorf-les-Bains 14 – Saarbrücken 80.

l'Écluse, rte du Vin 29, ⊠ 5450, ℰ 66 95 46, Fax 69 76 12, 🍴, 🌳 – 📺 🚗 🅿 AE ⓂⓄ VISA, ❦ rest
fermé 2 sem. Noël-Nouvel An et 2 sem. en juin – **Repas** (fermé jeudi) (Taverne-rest) carte 850 à 1300 – **16 ch** ⊇ 1800/2400 – ½ P 1700.

STEINHEIM (STENEM) 924 X 24 – voir à Echternach.

STRASSEN (STROOSSEN) 924 V 25 et 909 L 7 – voir à Luxembourg, environs.

SUISSE LUXEMBOURGEOISE (Petite) ★★★ 924 W 24 - X 24 et 909 L 6 - M 6 G. Belgique-Luxembourg.

SÛRE (Vallée de la) (SAUERDALL) ★★ 924 T 23 – Y 24 et 909 K 6 G. Belgique-Luxembourg.

TROISVIERGES (ELWEN) 924 U 22 et 909 L 5 – 2 249 h.
Luxembourg 75 – Clervaux 19 – Bastogne 28.

Aub. Lamy avec ch, r. Asselborn 51, ⊠ 9907, ℰ 99 80 41, lamysa@pt.lu, Fax 97 80 72, ≤, 🍴 – 📶 📺 🅿 AE ⓂⓄ VISA
fermé 24 et 31 déc. et mardis non fériés – **Repas** Lunch 780 – 1450 bc/1650 – **6 ch** ⊇ 1200/1900.

VIANDEN (VEIANEN) 924 W 23 et 909 L 6 – 1 448 h.
Voir Site★★, ≤★★, ❋★★ par le télésiège – Château★★ : chemin de ronde ≤★ – au Nord-Ouest : 4 km, Bassins supérieurs du Mont St-Nicolas (route ≤★★ et ≤★) – au Nord : 3,5 km à Bivels : site★.
Exc. au Nord : Vallée de l'Our★★.
🛈 r. Vieux Marché 1, ⊠ 9417, ℰ 83 42 57, Fax 84 90 81.
Luxembourg 44 – Clervaux 31 – Diekirch 11 – Ettelbrück 16.

Oranienburg, Grand-Rue 126, ⊠ 9411, ℰ 83 41 53, Fax 83 43 33, « Terrasse », 🌳 – 📶 📺 – 🔔 25 à 40. AE ⓘ ⓂⓄ VISA
15 mars-15 nov. – **Repas** voir rest **Le Châtelain** ci-après – **12 ch** ⊇ 1950/4000, 2 suites – ½ P 2150/2800.

Host. des Remparts, Grand-Rue 77, ⊠ 9411, ℰ 83 45 74, chateau@pt.lu Fax 83 47 20, 🍴 – 📶 📺 🅿 VISA
fermé 3 déc.-25 janv. – **Repas** (fermé jeudi) (Taverne-rest, grillades) 395 – **13 ch** ⊇ 2100/2900 – ½ P 1750/1900.

Heintz, Grand-Rue 55, ⊠ 9410, ℰ 83 41 55, hoheintz@pt.lu, Fax 83 45 59, 🍴, 🌳, 🚴 – 📶 📺 🅿 AE ⓘ ⓂⓄ VISA
13 avril-13 nov. – **Repas** (fermé merc. midi et jeudi midi sauf en juil.-août) Lunch 550 – 790/1200 – **30 ch** ⊇ 2000/2900 – ½ P 1650/2100.

Le Châtelain - H. Oranienburg, Grand-Rue 126, ⊠ 9411, ℰ 83 41 53, Fax 83 43 33, 🍴 – 🔲. AE ⓘ ⓂⓄ VISA
15 mars-15 nov. – **Repas** (fermé lundi et mardi) 980/1650.

Aub. du Château avec ch, Grand-Rue 74, ⊠ 9401, ℰ 83 45 74, chateau@pt.lu Fax 83 47 20, 🍴, 🌳 – 📺 🅿 ⓂⓄ VISA, ❦ rest
fermé 3 déc.-25 janv. – **Repas** (fermé merc.) 895/1775 – **26 ch** ⊇ 2100/2900, 3 suites – ½ P 1750/1900.

Aub. Aal Veinen "Beim Hunn" avec ch, Grand-Rue 114, ⊠ 9411, ℰ 83 43 68, a.h nn@pt.lu, Fax 83 40 84, 🍴, « Rustique » – 📺 ⓂⓄ VISA
Repas (fermé lundi soir et mardi hors saison) (Grillades) Lunch 350 – 500/1095 – **8 ch** ⊇ 1850/2200 – ½ P 1750.

WALFERDANGE (WALFER) 924 V 25 et 909 L 7 – voir à Luxembourg, environs.

WASSERBILLIG (WAASSERBËLLEG) Ⓒ Mertert 3 125 h. 924 X 24 et 909 M 6.
Luxembourg 33 – Ettelbrück 48 – Thionville 58 – Trier 18.

Kinnen avec ch, rte de Luxembourg 32, ⊠ 6633, ℰ 74 00 88, Fax 74 01 08, 🍴 – 📺 🅿 ⓂⓄ VISA, ❦
fermé du 1er au 15 fév., du 15 au 31 juil. et merc. – **Repas** carte 1350 à 2150 – **10 ch** ⊇ 1500/2200.

WEILERBACH (WEILERBAACH) ⓒ Berdorf 997 h. 924 X 23 et 909 M 6.
Luxembourg 39 – Diekirch 24 – Echternach 5 – Ettelbrück 29.

Schumacher, rte de Diekirch 1, ✉ 6590, ℘ 72 01 33, Fax 72 87 13, ≼, 🕾s, 🚗, 🚲 – 🛗 TV 🅿 ⓜ VISA. ※
15 mars-nov. – **Repas** (fermé jeudi et après 20 h 30) 1250 – **25 ch** ☐ 2350/3100 – ½ P 1950/2150.

WEISWAMPACH (WÄISWAMPECH) 924 V 22 et 909 L 5 – 1 108 h.
Luxembourg 69 – Clervaux 16 – Diekirch 36 – Ettelbrück 41.

Keup, rte de Stavelot 143 (sur N 7), ✉ 9991, ℘ 997 59 93 00, keup@keup.lu, Fax 997 59 94 40 – 🛗, 🍽 rest, TV ♿ 🅿 – 🔔 40. AE ⓞ ⓜ VISA JCB
fermé merc. – **Repas** Lunch 310 – 850/1800 – **25 ch** ☐ 1625/2400 – ½ P 1965.

Host. du Nord avec ch, rte de Stavelot 113, ✉ 9991, ℘ 99 83 19, hostnord@pt.lu, Fax 99 74 61, 🌿, 🚗, 🚲 – 🛗 TV 🅿 ⓜ VISA
fermé 2 prem. sem. sept. – **Repas** (fermé lundi soir et mardi) carte env. 1500 – **11 ch** ☐ 1250/2050 – ½ P 1650/1450.

WELSCHEID (WELSCHENT) ⓒ Bourscheid 1 057 h. 924 V 23 et 909 L 6.
Luxembourg 38 – Diekirch 13 – Ettelbrück 8.

Reuter 🌿, Waark stroos 2 (centre village), ✉ 9191, ℘ 81 91 38, infos@hotel-reuter.lu, Fax 81 73 09, 🌿, 🚲 – 🛗, 🍽 rest, TV 🅿 ⓜ VISA. ※
fermé 4 fév.-14 mars, 12 nov.-15 déc., lundi soir de nov. à avril et mardi – **Repas** 1100/1900 bc – **17 ch** ☐ 2430/2830 – ½ P 2150/2665.

WILTZ (WOLZ) 924 U 23 et 909 K 6 – 4 306 h.
🎫 Château, ✉ 9501, ℘ 95 74 44, Fax 95 75 56.
Luxembourg 55 – Clervaux 21 – Ettelbrück 26 – Bastogne 21.

Aux Anciennes Tanneries 🌿, r. Jos Simon 42a, ✉ 9550, ℘ 95 75 99, tannerie@pt.lu, Fax 95 75 95, 🌿, « Terrasse en bordure de rivière » – TV ♿ 🅿 – 🔔 25 à 80. ⓜ VISA
fermé du 15 au 27 déc. – **Repas** (fermé merc. soir et jeudi) 850 – **14 ch** ☐ 2300/3000 – ½ P 2500.

du Commerce, r. Tondeurs 9, ✉ 9570, ℘ 95 82 20, Fax 95 78 06 – ↯ TV – 🔔 25 à 80. ⓜ VISA. ※
fermé 2 sem. en mars et 2 sem. en oct. – **Repas** (fermé dim. soir, lundi et après 20 h) Lunch 800 – carte 1100 à 1600 – **13 ch** ☐ 2000/3000 – ½ P 2000/2200.

du Vieux Château 🌿, avec ch, Grand-Rue 1, ✉ 9530, ℘ 958 01 81, Fax 95 77 55, 🌿, « Terrasse ombragée », 🚗 – TV 🅿 AE ⓞ ⓜ VISA ※ ch
fermé 3 prem. sem. août et 2 prem. sem. janv. – **Repas** Lunch 750 – carte 1400 à 2000 – **7 ch** ☐ 3500, 1 suite – ½ P 3400.

Host. des Ardennes, Grand-Rue 61, ✉ 9530, ℘ 95 81 52, Fax 95 94 47, ≼ – AE ⓜ VISA. ※
fermé 18 fév.-11 mars, du 5 au 26 août, sam. et après 20 h 30 – **Repas** carte 1350 à 1950.

à Winseler (Wanseler) Ouest : 3 km – 713 h.

L'Aub. Campagnarde, Duerfstrooss 12, ✉ 9696, ℘ 95 84 71, Fax 95 84 71, 🌿 – ⓜ VISA. ※
fermé 6 fév.-6 mars, 26 août-15 sept., lundi soir et mardi – Repas Lunch 1080 – 1150/1420.

WILWERDANGE (WILWERDANG) ⓒ Troisvierges 2 249 h. 924 V 22 et 909 L 5.
Luxembourg 71 – Diekirch 41 – Ettelbrück 43 – Bastogne 31.

L'Ecuelle, r. Principale 15, ✉ 9980, ℘ 99 89 56, ecuellew@pt.lu, Fax 97 93 44, 🌿 – 🅿 AE ⓜ VISA. ※
fermé dern. sem. juill., 25 déc.-25 janv., mardi soir et merc. – **Repas** Lunch 320 – 1100/1300.

WILWERWILTZ (WËLWERWOLZ) 924 V 23 et 909 L 6 – 582 h.
Luxembourg 64 – Clervaux 11 – Ettelbrück 11 – Wiltz 11 – Bastogne 32.

Host. La Bascule, r. Principale 24, ✉ 9776, ℘ 92 14 15, Fax 92 10 88 – TV 🅿 ⓜ VISA. ※
fermé 20 déc.-17 janv. – **Repas** (fermé lundi, mardi et après 20 h 30) 695 – **12 ch** ☐ 1700/2950 – ½ P 2100/2300.

VINSELER (WANSELER) 924 U 23 et 909 K 6 – voir à Wiltz.

Nederland
Pays-Bas

*Het is gebruikelijk, dat bepaalde restaurants
in Nederland pas geopend zijn vanaf 16 uur,
vooral in het weekend.
Reserveert u daarom uit voorzorg.
De prijzen zijn vermeld in guldens.*

*L'usage veut que certains restaurants aux Pays-Bas
n'ouvrent qu'à partir de 16 heures,
en week-end particulièrement.
Prenez donc la précaution de réserver en conséquence.
Les prix sont donnés en florins (guldens).*

 *Les étoiles*
De sterren
Die Sterne
The stars

"Bib Gourmand"

Repas 60 *Repas soignés à prix modérés*
Verzorgde maaltijden voor een schappelijke prijs
Sorgfältig zubereitete preiswerte Mahlzeiten
Good food at moderate prices

 *L'agrément*
Aangenaam verblijf
Annehmlichkeit
Peaceful atmosphere and setting

● *Carte de voisinage :*
voir à la ville choisie
Kaart van de omgeving in de buurt van grote steden
Stadt mit Umgebungskarte
Town with a local map

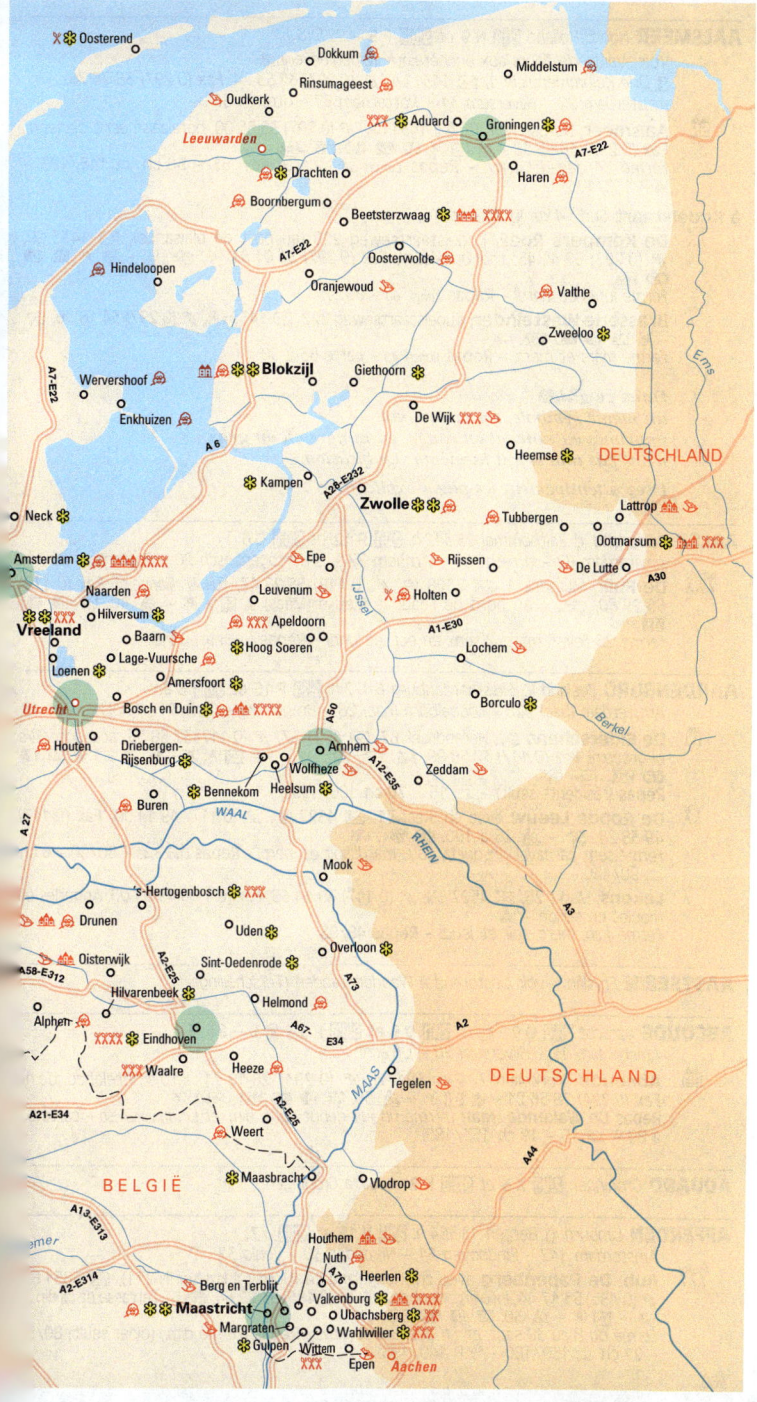

AALSMEER Noord-Holland 211 N 9 et 908 F 5 – 22 513 h.

Voir Vente de fleurs aux enchères★★ (Bloemenveiling).

🛈 Drie Kolommenplein 1, ✉ 1431 LA, ✆ (0 297) 32 53 74, Fax (0 297) 38 76 76.

Amsterdam 22 – Hilversum 31 – Rotterdam 59 – Utrecht 36.

Aalsmeer, Dorpsstraat 15, ✉ 1431 CA, ✆ (0 297) 38 55 00, hotelaalsmeer@planet.nl, Fax (0 297) 38 55 38 – 📶 📺 P. 🝠 🕿 🝠 VISA JCB
fermé 24 déc.-1er janv. – **Repas** Lunch 38 – carte env. 65 – **58 ch** ⊆ 145/185 – ½ P 130/183.

à Kudelstaart Sud : 4 km © Aalsmeer :

De Kempers Roef, Kudelstaartseweg 228 (au port de plaisance), ✉ 1433 GR, ✆ (0 297) 32 41 45, roef@xs4all.nl, Fax (0 297) 36 01 81, ≤, 🍴, 🝠 – 🟰 P. 🝠 🕿 VISA
fermé lundi et mardi – **Repas** Lunch 60 – 85/93.

Brasserie Westeinder, Kudelstaartseweg 222, ✉ 1433 GR, ✆ (0 297) 34 18 36, 🍴 – P. 🝠 🕿 🝠 VISA. ✂
fermé mars et merc. – **Repas** Lunch 45 – carte 55 à 90.

Dans ce guide
un même symbole, un même mot,
imprimés en **noir** *ou en* rouge*, en maigre ou en* **gras**
n'ont pas tout à fait la même signification.
Lisez attentivement les pages explicatives.

AALST Gelderland © Zaltbommel 25 312 h. 211 P 12 et 908 G 6.
Amsterdam 82 – Utrecht 51 – Arnhem 77 – 's-Hertogenbosch 20 – Rotterdam 68.

De Fuik, Maasdijk 1, ✉ 5308 JA, ✆ (0 418) 55 22 47, fuik@alliance.nl, Fax (0 418) 55 29 80, 🍴, « Au bord de l'eau, ≤ Meuse (Maas) », 🝠 – P. – 🝠 40. 🝠 🕿 🝠 VISA. ✂
fermé 26 fév.-5 mars, 2 sem. en oct. et lundi – **Repas** Lunch 85 – 110.

AARDENBURG Zeeland © Sluis-Aardenburg 6 477 h. 211 F 15 et 908 B 8.
Amsterdam (bac) 226 – Middelburg (bac) 28 – Brugge 26 – Gent 37 – Knokke-Heist 16.

De Elderschans 🍴, Herendreef 67, ✉ 4527 AZ, ✆ (0 117) 37 58 53, acapooter@sbi-groep.nl, Fax (0 117) 37 58 99, 🎋, 🝠, 🍴, 🝠 – 🝠 📺 🝠 P. – 🝠 25 à 150. 🝠 🝠 VISA JCB. ✂
Repas (résidents seult) – ⊆ 15 – **70 ch** 100/150.

De Roode Leeuw avec ch, Kaai 31, ✉ 4527 AE, ✆ (0 117) 49 14 00, Fax (0 117) 49 38 28, 🍴 – 🝠 25 à 100. 🝠 VISA. ✂
fermé sem. carnaval, 1re quinz. nov., mardi soir et merc. – **Repas** Lunch 43 – 80/90 – **6 ch** ⊆ 90/130.

Lekens, Markt 25, ✉ 4527 CN, ✆ (0 117) 49 14 35, Fax (0 117) 49 31 00, Anguilles et moules en saison – 🟰
fermé juin, merc. soir et jeudi – **Repas** 48/95.

AASTEREIN Fryslân – voir Oosterend à Waddeneilanden (Terschelling).

ABCOUDE Utrecht 210 O 9 - ㉙ S, 211 O 9 et 908 F 5 - ㉘ S – 8 535 h.
Amsterdam 15 – Hilversum 20 – Utrecht 25.

Abcoude, Kerkplein 7, ✉ 1391 GJ, ✆ (0 294) 28 12 71, info@hotelabcoude.n Fax (0 294) 28 56 21 – 📶 📺 P. 🝠 🕿 🝠 VISA JCB. ✂
Repas *De Wakende Haan* (fermé fin juil.-début août, dim. et lundi) Lunch 50 – carte 6 à 80 – ⊆ 15 – **19 ch** 153/185.

ADUARD Groningen 210 X 3 et 908 K 2 – voir à Groningen.

AFFERDEN Limburg © Bergen 13 364 h. 211 V 13 et 908 J 7.
Amsterdam 142 – Eindhoven 61 – Nijmegen 30 – Venlo 32.

Aub. De Papenberg avec ch, Hengeland 1a (Nord : 1 km sur N 271), ✉ 5851 E ✆ (0 485) 53 17 44, info@papenberg.nl, Fax (0 485) 53 22 64, 🍴, « Terrasse et jardin 🝠 – 📺 P. – 🝠 30. 🝠 🝠 🝠 VISA. ✂
fermé du 8 au 30 sept. et fin déc.-début janv. – **Repas** (fermé dim.) (dîner seult) 80/ – **21 ch** ⊆ 130/180 – ½ P 140/195.

AFSLUITDIJK (DIGUE DU NORD) ★★ *Fryslân et Noord-Holland* 210 Q 4 *et* 908 G 3 *G. Hollande.*

AKERSLOOT *Noord-Holland* 210 N 7 *et* 908 F 4 – *4 856 h.*
Amsterdam 30 – Alkmaar 13 – Haarlem 23.

🏨 **Akersloot**, Geesterweg 1a (près A 9), ✉ 1921 NV, ✆ (0 251) 31 91 02, akersloot@v alk.nl, Fax (0 251) 31 45 08, 🍽, ↯, ⇌, 🔲, ※, 🚲 – 📶, ▭ rest, 📺 📞 – 🅿 25 à 600. 🆎 ① ⓜ ⓥⓘⓢⓐ. ※
Repas Lunch 28 – carte 50 à 90 – ⇆ 17 – **220 ch** 135/150.

🍴 **The Flying Dragon,** De Crimpen 2, ✉ 1921 BW, ✆ (0 251) 31 09 49, Cuisine chinoise – ▭ 📞. 🆎 ① ⓜ ⓥⓘⓢⓐ
fermé du 5 au 13 mars, 15 oct.-1ᵉʳ nov. et lundis non fériés – **Repas** (dîner seult) carte 63 à 90.

AKKRUM *Fryslân* 🄲 *Boarnsterhim 18 101 h.* 210 U 4 *et* 908 I 2.
Amsterdam 137 – Leeuwarden 23 – Groningen 60 – Zwolle 74.

🏨 **De Oude Schouw,** Oude Schouw 6 (Nord-Ouest : 3 km), ✉ 8491 MP, ✆ (0 566) 65 21 25, oudeschouw@silencehotel.nl, Fax (0 566) 65 21 02, ≤, 🍽, « Terrasse au bord de l'eau », ※, 🚲, 🎣 – 📞 – 🅿 25 à 80. 🆎 ① ⓜ ⓥⓘⓢⓐ
Repas 45/68 – **16 ch** ⇆ 180 – ½ P 143.

ALBERGEN *Overijssel* 210 Z 8 *et* 908 L 4 – *voir à Tubbergen.*

ALBLASSERDAM *Zuid-Holland* 211 N 11 *et* 908 F 6 – *18 036 h.*
Voir *au Nord : 5 km, Moulins de Kinderdijk★★, ≤★ (de la rive gauche du Lek).*
Amsterdam 92 – Rotterdam 20 – Arnhem 101 – Breda 45 – Den Haag 46 – Utrecht 59.

🏨 **Het Wapen van Alblasserdam,** Dam 24, ✉ 2952 AB, ✆ (0 78) 691 47 11, wape nalb@worldonline.nl, Fax (0 78) 691 61 16, 🚲 – ▭ rest, 📺 📞 – 🅿 40 à 170. 🆎 ① ⓜ ⓥⓘⓢⓐ ⓙⓒⓑ
Repas Lunch 29 – 65 – **21 ch** ⇆ 120/165 – ½ P 111/149.

🏠 **Kinderdijk,** West-Kinderdijk 361 (Nord-Ouest : 3 km), ✉ 2953 XV, ✆ (0 78) 691 24 25, Fax (0 78) 691 50 71, ≤ moulins et rivière Noord, 🍽 – ▭ rest, 📺. 🆎 ⓜ ⓥⓘⓢⓐ. ※ ch
Repas carte 45 à 60 – **12 ch** ⇆ 120/140.

ALDTSJERK *Fryslân* – *voir Oudkerk à Leeuwarden.*

ALKMAAR *Noord-Holland* 210 N 7 *et* 908 F 4 – *92 902 h.*
Voir *Marché au fromage★★ (Kaasmarkt) sur la place du Poids public (Waagplein)* Y 34 – *Grandes orgues★, petit orgue★ dans la Grande église ou église St-Laurent (Grote of St. Laurenskerk)* Y A.

🏌 Sluispolderweg 7, ✉ 1817 BM, ✆ (0 72) 515 68 07, Fax (0 72) 515 68 07.
🛈 Waagplein 3, ✉ 1811 JP, ✆ (0 72) 511 42 84, Fax (0 72) 511 75 13.
Amsterdam 39 ③ – *Haarlem 31* ③ – *Leeuwarden 109* ②

Plan page suivante

🍴🍴 **Bios** 1ᵉʳ étage, Gedempte Nieuwesloot 54a, ✉ 1811 KT, ✆ (0 72) 512 44 22, Fax (0 72) 512 44 99, « Brasserie moderne dans une demeure historique » – ▭. 🆎 ① ⓜ ⓥⓘⓢⓐ   Y a
fermé 2 dern. sem. août et lundi – **Repas** Lunch 55 – 63/88.

🍴 **Het Paleis,** Verdronkenoord 102, ✉ 1811 BH, ✆ (0 72) 520 20 00, het.paleis@planet.nl, Fax (0 72) 520 20 21, Taverne-rest – ▭. 🆎 ① ⓜ ⓥⓘⓢⓐ ⓙⓒⓑ   Z b
Repas Lunch 50 – 70.

🍴 **'t Stokpaardje,** Vrouwenstraat 1, ✉ 1811 GA, ✆ (0 72) 512 88 70, Fax (0 72) 511 28 58 – ▭. 🆎 ① ⓜ ⓥⓘⓢⓐ   Z e
fermé 7 août-1ᵉʳ sept., du 1ᵉʳ au 15 janv., mardi et merc. – **Repas** (dîner seult) carte env. 85.

Noord-Scharwoude *Nord : 8 km* 🄲 *Langedijk 23 591 h :*

🏠 **De Buizerd** ⚘, Spoorstraat 124, ✉ 1723 NG, ✆ (0 226) 31 23 88, Fax (0 226) 31 76 27, 🍽, 🎣 – ▭ rest, 📺 – 🅿 80. ⓜ ⓥⓘⓢⓐ
fermé 25, 26 et 31 déc. – **Repas** Lunch 35 – carte 45 à 90 – **12 ch** ⇆ 80/150 – ½ P 110.

Appelsteeg	Y 3	Gasthuisstr.	Y 6	Houttil	Y 7
Boterstr.	Z 4	Gedempte		Huigbrou-	
Dijk	Y 5	Nieuwesloot	Y 8	werstr.	Z 9

Juliana van
 Stolberglaan ..... Z 10
Kooltuin .... Z 13
Laat .... Z
Langestr. .... Z
Luttik Oudorp ...... Y 15
Mient .... Z 18
Nieuwe Schermerweg Y 19
Paternosterstr. ..... Y 22
Payglop .... Y 24
Randersdijk .... Y 26
Ridderstr. .... Z 27
Ritsevoort .... Z 28
Scharlo .... Y 30
Schoutenstr. .... Y 31
Waagpl. .... Y 33
Wageweg .... Y 34
Zevenhuizen .... Y 36
Zilverstr. .... Z 37

ALMELO Overijssel 210 Z 8, 211 Z 8 et 908 K 4 – 66 080 h.

à l'Ouest : 4 km à Wierden, Rijssensestraat 142a, ✉ 7642 NN, ✆ (0 546) 57 61 50, Fax (0 546) 57 81 09.

🛈 Centrumplein 2, ✉ 7607 SB, ✆ (0 546) 81 87 65, Fax (0 546) 82 30 12.

Amsterdam 146 – Enschede 23 – Zwolle 48.

🏨 **Theater**, Schouwburgplein 1, ✉ 7607 AE, ✆ (0 546) 81 00 61, info@theaterhotel.n
Fax (0 546) 82 16 65, 斉, 🛋, 🌊, 🚴 – 🛏 TV 🚗 🅿 – 🔔 25 à 750. 🆎 ⓘ ⓜ VIS
Repas Lunch 18 – carte env. 45 – 🍽 15 – **112 ch** 120/135 – ½ P 163/275.

ALMEN Gelderland © Gorssel 13 189 h. 211 W 10 et 908 J 5.

Amsterdam 119 – *Apeldoorn* 32 – Arnhem 42 – Enschede 52.

🏨 **De Hoofdige Boer**, Dorpsstraat 38, ✉ 7218 AH, ✆ (0 575) 43 17 44, hoofdigebo
r@tref.nl, Fax (0 575) 43 15 67, 斉, « Terrasse et jardin », 🚴 – TV 🛁 🅿 – 🔔 25 à 10
🆎 ⓘ ⓜ VISA. ⚡
fermé du 1er au 11 janv. – **Repas** (fermé après 20 h 30) 55/80 – **23 ch** 🍽 135/195
½ P 132/147.

ALMERE Flevoland 210 Q 8, 211 Q 8 et 908 G 4 – 136 157 h.

 Watersnipweg 21, ✉ 1341 AA, ℘ (0 36) 538 44 74, Fax (0 36) 538 44 35.
 Spoordreef 20 (Almere-Stad), ✉ 1315 GP, ℘ (0 36) 533 46 00, Fax (0 36) 534 36 65.
Amsterdam 30 – Apeldoorn 86 – Lelystad 34 – Utrecht 46.

à Almere-Haven C Almere :

XX **Gasterie Rivendal**, Kruisstraat 33, ✉ 1357 NA, ℘ (0 36) 531 90 00, res.rivendal@scarlet.nl, Fax (0 36) 531 90 00 – ■. AE ① ◎ VISA.
 fermé lundi – **Repas** (dîner seult) 50/55.

X **Bestevaer**, Sluiskade 16, ✉ 1357 NX, ℘ (0 36) 531 15 57, 😊 – AE ① ◎ VISA
fermé du 1er au 21 nov., lundi et mardi – **Repas** 57/65.

à Almere-Stad C Almere :

 Bastion, Audioweg 1 (près A 6, sortie ③, Almere-West), ✉ 1322 AT,
℘ (0 36) 536 77 55, bastion@bastionhotel.nl, Fax (0 36) 536 70 09 – 📺 🅿. AE ① ◎
VISA.
Repas (Grillades, ouvert jusqu'à 23 h) 45 – ☐ 18 – **40 ch** 150.

ALPHEN Noord-Brabant C Alphen-Chaam 9 385 h. 211 O 14 et 908 H 6.
Amsterdam 122 – Breda 25 – 's-Hertogenbosch 37 – Tilburg 14.

XX **Bunga Melati**, Oude Rielseweg 2 (Nord-Est : 2 km), ✉ 5131 NR, ℘ (0 13) 508 17 28,
Fax (0 13) 508 19 63, Cuisine indonésienne, « Terrasse et jardin » – ■ 🅿. AE ① ◎ VISA
JCB.
Repas Lunch 25 – 45/58.

ALPHEN AAN DEN RIJN Zuid-Holland 211 M 10 et 908 F 5 – 69 322 h.

 Kromme Aarweg 5, ✉ 2403 NB, ℘ (0 172) 47 45 67, Fax (0 172) 49 46 60.
 Wilhelminalaan 1, ✉ 2405 EB, ℘ (0 172) 49 56 00, Fax (0 172) 47 33 53.
Amsterdam 36 – Rotterdam 41 – Den Haag 32 – Utrecht 38.

 Toor, Stationsplein 2, ✉ 2405 BK, ℘ (0 172) 49 01 00, hotel@toor.nl – 🛗, ■ rest, 📺
🅿 – 🔏 25 à 200. AE ① ◎ VISA. ch
Repas Lunch 20 – 45 – **57 ch** ☐ 160/180.

 Avifauna, Hoorn 65, ✉ 2404 HG, ℘ (0 172) 48 75 75, avifauna@valk.nl, Fax (0 172)
48 75 76, 😊, « Parc ornithologique », 🏊, 🎣, 🚴, 🐎, 🛶 – 🛗, ■ rest, 📺 🅿 – 🔏 25
à 400. AE ① ◎ VISA
Repas (Ouvert jusqu'à 23 h) carte 58 à 83 – ☐ 18 – **94 ch** 125/150 – ½ P 178/255.

AMELAND (Ile de) Fryslân 210 T 2 - U 2 et 908 I 1 – voir à Waddeneilanden.

AMERONGEN Utrecht 211 R 10 et 908 H 5 – 7 256 h.
Amsterdam 71 – Utrecht 29 – Arnhem 38.

X **Herberg Den Rooden Leeuw**, Drostestraat 35, ✉ 3958 BK, ℘ (0 343) 45 40 55,
Fax (0 343) 45 77 65 – 🅿. AE ① ◎ VISA
fermé mardi et merc. – **Repas** (dîner seult) carte env. 80.

AMERSFOORT Utrecht 211 R 10 et 908 H 5 – 123 367 h.
Voir Vieille Cité★ : Maisons de rempart★ (muurhuizen) BYZ – Tour Notre-Dame★ (O.-L.-Vrouwetoren) AZ S – Koppelpoort★ AY.
Env. au Sud : 14 km à Doorn : Collection d'objets d'art★ dans le château (Huis Doorn).
 au Sud-Est : 4 km à Leusden, Appelweg 4, ✉ 3832 RK, ℘ (0 33) 461 69 44, Fax (0 33)
465 29 21.
 Stationsplein 9, ✉ 3818 LE, ℘ 0 900-112 23 64, Fax (0 33) 465 01 08.
Amsterdam 51 ① – Utrecht 21 ④ – Apeldoorn 46 ① – Arnhem 51 ③

Plan page suivante

 Berghotel, Utrechtseweg 225, ✉ 3818 EG, ℘ (0 33) 422 42 22, info@berghotel.nl,
Fax (0 33) 465 05 05, 😊, 🛋, 🏊, 🚴 – 🛗 🔄 📺 ♿ 🅿 – 🔏 25 à 160. AE ① ◎ VISA.
 rest AX a
Repas carte 70 à 90 – ☐ 28 – **90 ch** 235/270.

 Campanile, De Brand 50 (Nord-Est : 4 km près A 1, sortie ⑬), ✉ 3823 LM, ℘ (0 33)
455 87 57, Fax (0 33) 456 26 20, 😊 – 🛗 🔄 📺 ♿ 🅿 – 🔏 25 à 50. AE ①
◎ VISA
Repas (Avec buffet) 45 – ☐ 15 – **75 ch** 120.

AMERSFOORT

Arnhemseweg	AZ	3
Arnhemsestr.	AZ	4
Bergstraat	BX	5
Bloemendalse Binnenpoort	ABY	6
van Campenstr.	AX	8
Everard Meysterweg	BX	9
Gasthuislaan	BX	10
Groenmarkt	BY	12
Grote Spui	AY	14
Herenstr.	BZ	15
Kersenbaan	ABX	16
Kleine Spui	AY	17
Krankeledenstr.	AZ	18
Krommestr.	AY	20
Kwekersweg	AX	21
Langestr.	ABZ	
Lieve Vrouwekerkhof	AZ	23
Lieve Vrouwestr.	AZ	24
Utrechtsestr.	AZ	26
Varkensmarkt	AZ	27
Vondellaan	AX	29
Windsteeg	BY	30
Zielhorsterweg	BX	32

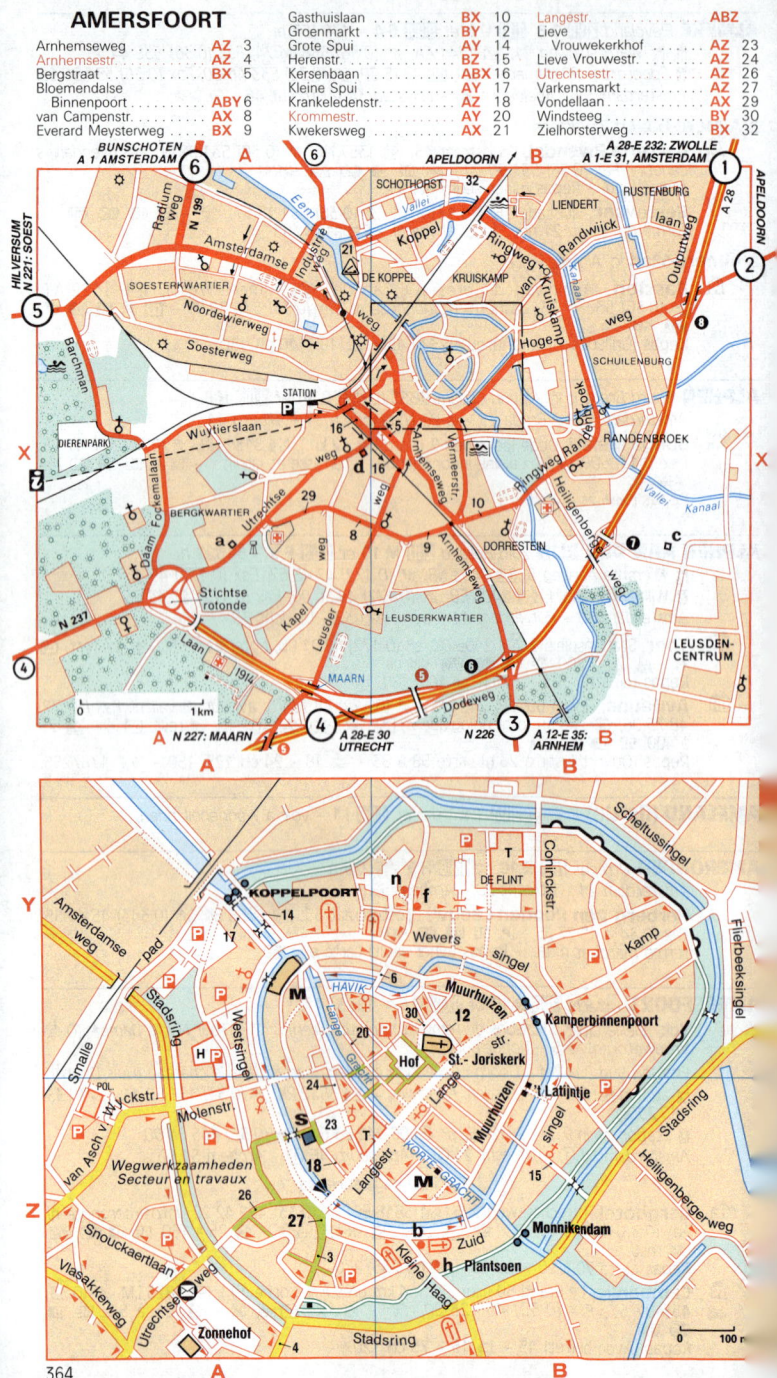

364

AMERSFOORT

Mariënhof, Kleine Haag 2, ✉ 3811 HE, ℘ (0 33) 463 29 79, Fax (0 33) 465 51 26, 😀, « Dans un couvent-musée, jardin intérieur » – 🗏 🅿 🆎 ⓞ ⓜ 🆅 BZ h
fermé 23 juil.-17 août, dim. et lundi – **Repas** Lunch 70 – 135/155, carte 125 à 185
Spéc. Champignons des bois confits, magret de canard séché et St-Jacques crues. Consommé d'anguille et sa mousse fumée en ravioli. Canard de Bresse à la rôtissoire et salade d'épinards.

De Rôtisserie (Mme de Jong), Kleine Haag 2 (dans le complexe Mariënhof), ✉ 3811 HE, ℘ (0 33) 463 29 79, Fax (0 33) 465 51 26, 😀, « Rôtissoire en salle » – 🗏 – 🍴 40. 🆎 ⓞ ⓜ 🆅 BZ b
fermé 23 juil.-17 août, dim. et lundi – **Repas** (dîner seult) 70/85, carte env. 100
Spéc. Tourelle de saumon Balik et lapin confit. Rôti de cochon de lait mariné et laqué au miel. Assortiment de glaces.

Tollius, Utrechtseweg 42, ✉ 3818 EM, ℘ (0 33) 465 17 93, tollius@xs4all.nl, 😀 – 🆎 ⓜ 🆅 ABX d
fermé 2 sem. en août et dim. – **Repas** Lunch 60 – 85.

Dorloté, Bloemendalsestraat 24, ✉ 3811 ES, ℘ (0 33) 472 04 44, Fax (0 33) 475 35 18, 😀 – 🆎 ⓞ ⓜ 🆅 BY n
fermé 24 déc.-3 janv. et lundi – **Repas** Lunch 63 – carte 80 à 105.

't Bloemendaeltje, Bloemendalsestraat 3, ✉ 3811 EP, ℘ (0 33) 475 00 01, t.bloemendaeltje@wolmail.nl, Fax (0 33) 475 00 01 – 🆎 ⓞ ⓜ 🆅. ✖ BY f
fermé dern. sem. fév.-prem. sem. mars, 3 prem. sem. août et dim. – **Repas** Lunch 60 – carte env. 85.

à Leusden Sud-Est : 4 km – 28 488 h.

Leusden, Philipsstraat 18, ✉ 3833 LC, ℘ (0 33) 434 53 45, Fax (0 33) 434 53 00, 😀 – 🛗, 🗏 rest, 📺 🕭 🅿 – 🍴 25 à 350. 🆎 ⓞ ⓜ 🆅 BX c
Repas Lunch 25 – 45 – **170 ch** ⚏ 178/198, 7 suites – ½ P 213/268.

Ros Beyaart, Hamersveldseweg 55, ✉ 3833 GL, ℘ (0 33) 494 31 27, info@rosbeyaart.nl, Fax (0 33) 432 12 48, 😀 – 🗏 🅿 – 🍴 25 à 100. 🆎 ⓞ ⓜ 🆅
fermé dern. sem. juil.-prem. sem. août – **Repas** Lunch 58 – 68/85.

AMMERZODEN Gelderland Ⓒ Maasdriel 22 934 h. 211 Q 12 et 908 G 6.

Amsterdam 81 – Utrecht 49 – 's-Hertogenbosch 8.

't Oude Veerhuis, Molendijk 1, ✉ 5324 BC, ℘ (0 73) 599 13 42, Fax (0 73) 599 44 02, ≤, 😀, « Terrasse », 🗓 – 🅿 🆎 ⓞ ⓜ 🆅 🇯🇨🇧
fermé 27 déc.-20 janv. et lundi – **Repas** Lunch 55 – carte 70 à 100.

AMSTELVEEN Noord-Holland 210 O 9 - ㉘ S, 211 O 9 et 908 F 5 - ㉗ S – voir à Amsterdam, environs.

AMSTERDAM

Noord-Holland 210 O 8 - ㉘ ㉙, 211 O 8 et 908 G 4 - ㉗ S - 727 053 h.

Bruxelles 204 ③ - Düsseldorf 227 ③ - Den Haag 60 ④ - Luxembourg 419 ③ - Rotterdam 76 ④.

Curiosités	p. 2
Carte de voisinage	p. 3
Plans d'Amsterdam	
Agglomération	p. 4 à 7
Amsterdam Centre	p. 8 et 9
Agrandissement partie centrale	p. 10 et 11
Répertoire des rues	p. 12
Liste alphabétique des hôtels et des restaurants	p. 13 et 14
La cuisine que vous recherchez	p. 15 et 16
Nomenclature des hôtels et des restaurants	p. 17 à 25

OFFICE DE TOURISME

V.V.V. Amsterdam, Stationsplein 10. ✉ 1012 AB ✆ 0 900-400 40 40, Fax (020) 625 28 69.
Pour approfondir votre visite touristique, consultez le *Guide Vert Amsterdam* et le Plan d'Amsterdam n° 36.

RENSEIGNEMENTS PRATIQUES

TRANSPORTS

Un réseau étendu de transports publics (tram, bus et métro) dessert toute la ville, et le "canalbus" couvre toute la ceinture des canaux grâce à une série d'embarcadères. Les taxis sur l'eau ou "Water Taxi" sont également très rapides.
Le soir, il est préférable et conseillé de se déplacer en taxi.

AÉROPORT

À Schiphol (p. 6 AQR) : 9,5 km ✆ (020) 601 91 11, Fax (020) 604 14 75.

QUELQUES GOLFS

$\overline{\mathsf{18}}$ par ⑥ à Halfweg, Machineweg 1b, ✉ 1165 NB, ✆ (023) 513 29 39, Fax (023) 513 29 35 - $\overline{\mathsf{9}}$ à Duivendrecht (CQ), Zwarte Laantje 4, ✉ 1099 CE, ✆ (020) 694 36 50, Fax (020) 663 46 21 - $\overline{\mathsf{18}}$ par ①, Buikslotermeerdijk 141, ✉ 1027 AC, ✆ (020) 632 56 50, Fax (020) 634 35 06 - $\overline{\mathsf{18}}$ à Holendrecht (DR), Abcouderstraatweg 46, ✉ 1105 AA, ✆ (0294) 28 12 41, Fax (0294) 28 63 47 - $\overline{\mathsf{18}}$ Bauduinlaan 35, ✉ 1047 HK, ✆ (0 20) 497 78 66, Fax (0 20) 497 59 66.

LE SHOPPING

Grands Magasins :
Centre piétonnier, Shopping Center et Magna Plaza.

Commerces de luxe :
Beethovenstraat FU – P.C. Hooftstraat JKZ – Van Baerlestraat.

Marché aux fleurs★ (Bloemenmarkt) KY.

Marché aux puces (Vlooienmarkt) :
Waterlooplein LXY.

Antiquités et Objets d'Art :
Autour du Rijksmuseum et du Spiegelgracht.

CASINO

Holland Casino KY, Max Euweplein 62, ✉ 1017 MB (près Leidseplein) ℘ (020) 521 11 11, Fax (020) 521 11 10.

CURIOSITÉS

POINTS DE VUE

Keizersgracht★★ KVY – du Pont-écluse Oudezijds Kolk-Oudezijds Voorburgwal★ LX.

QUELQUES MONUMENTS HISTORIQUES

Dam : Palais Royal★ (Koninklijk Paleis) KX – Béguinage★★ (Begijnhof) KX – Maisons Cromhout★ (Cromhouthuizen) KY **A⁴** – Westerkerk★ KX – Nieuwe Kerk★★ KX – Oude Kerk★ LX.

MUSÉES HISTORIQUES

Musée Historique d'Amsterdam★★ (Amsterdams Historisch Museum) KX – Musée Historique Juif★ (Joods Historisch Museum) LY – Musée Allard Pierson★ : collections archéologiques LXY – Maison d'Anne Frank★★ KX – Musée d'Histoire maritime des Pays-Bas★★ (Nederlands Scheepvaart Museum) MX – Musée des Tropiques★ (Tropenmuseum) HT – Musée Van Loon★ LY – Musée Willet-Holthuysen★ LY.

COLLECTIONS CÉLÈBRES

Rijksmuseum★★★ KZ – Museum Van Gogh★★★ JZ – Musée Municipal★★★ (Stedelijk Museum) : art moderne JZ – Amstelkring "Le Bon Dieu au Grenier"★ (Museum Amstelkring Ons' Lieve Heer op Solder) : ancienne chapelle clandestine LX – Maison de Rembrandt★ (Rembrandthuis) : oeuvres graphiques du maître LX – Cobra★ (art moderne) BR **M⁵**.

ARCHITECTURE MODERNE

Logements sociaux dans le quartier Jordaan et autour du Nieuwmarkt – Créations contemporaines à Amsterdam Zuid-Oost (banque ING).

QUARTIERS PITTORESQUES ET PARCS

Vieil Amsterdam★★★ – Herengracht★★★ KVY – Les canaux★★★ (Grachten) avec bateaux-logements (Amstel) – Le Jordaan (Prinsengracht★★, Brouwersgracht★, Lijnbaansgracht, Looiersgracht, Egelantiersgracht★, Bloemgracht★) KX-JKY – Reguliersgracht★ LY – Realeneiland BN – Dam★ KX – Pont Maigre★ (Magere Brug) LY – De Walletjes★★ (Quartier chaud) LX – Sarphatipark GU – Oosterpark HT – Vondelpark JZ – Artis (jardin zoologique)★ MY – Singel★★ KY.

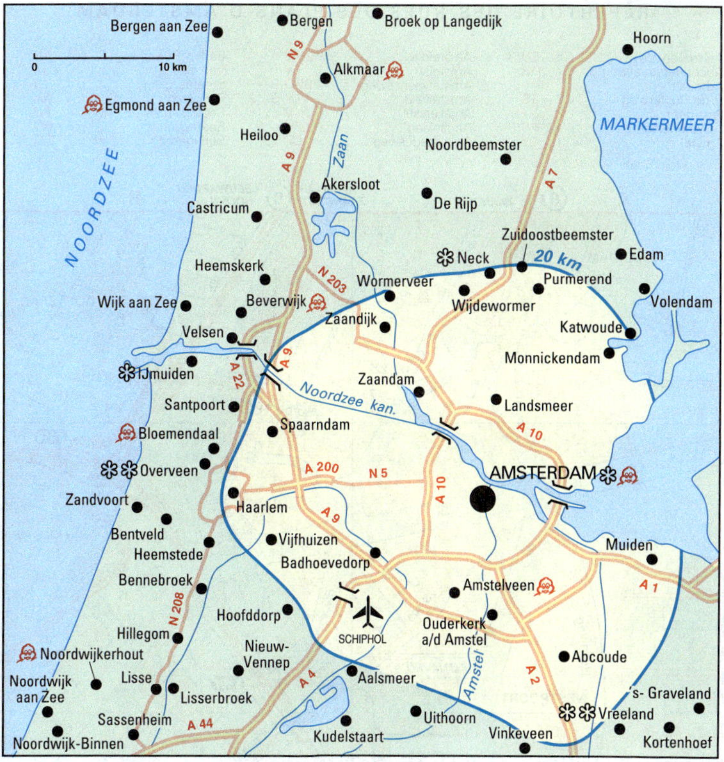
Bergen aan Zee
Bergen
Broek op Langedijk
Hoorn
0
10 km
N 9
Alkmaar
Egmond aan Zee
MARKERMEER
Heiloo
Noordbeemster
NOORDZEE
A 9
Zaan
A 7
Akersloot
De Rijp
Castricum
Zuidoostbeemster
Edam
Neck
20 km
Heemskerk
N 203
Wormerveer
Purmerend
Volendam
Wijk aan Zee
Beverwijk
Wijdewormer
Zaandijk
Katwoude
Velsen
A 9
Monnickendam
IJmuiden
A 22
Zaandam
Noordzee kan.
Landsmeer
Santpoort
Spaarndam
A 10
Bloemendaal
A 200
N 5
Overveen
AMSTERDAM
A 10
Zandvoort
Haarlem
A 9
Bentveld
Vijfhuizen
Muiden
Heemstede
Badhoevedorp
Bennebroek
Amstelveen
A 1
N 208
Hoofddorp
Ouderkerk a/d Amstel
Hillegom
SCHIPHOL
Nieuw-Vennep
Noordwijkerhout
Abcoude
Amstel
Noordwijk aan Zee
Lisse
A 4
Aalsmeer
A 2
's- Graveland
Lisserbroek
Vreeland
Sassenheim
A 44
Uithoorn
Noordwijk-Binnen
Kudelstaart
Vinkeveen
Kortenhoef

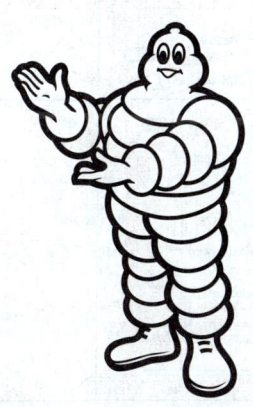

RÉPERTOIRE DES RUES DES PLANS D'AMSTERDAM

Aalsmeerweg	p.8	**EU** 3	Amsteldijk	p.9	**GHU**	Baden Powellweg	p.4	**AP**
Abcouderstraatweg	p.7	**DR**	Amstelstr.	p.11	**LY**	Van Baerlestr.	p.10	**JZ** 13
Admiraal de Ruyterweg	p.8	**ES**	Amstelveenseweg	p.4	**BPQ** 8	Barentszplein	p.4	**BN** 14
President Allendelaan	p.4	**AP** 6	Amstelveld	p.11	**LY** 9	Basisweg	p.4	**AN**
			Anjeliersstr.	p.10	**JKV**	Beethovenstr.	p.8	**FU**
			Apollolaan	p.8	**EFU**	Beethovenstr.	p.6	**BQ** 15
Amstel	p.11	**LY**	Archimedesweg	p.5	**CP** 12	Berlagebrug	p.7	**CQ** 16

AMSTERDAM p. 5

Bernard Zweerskade .p.8 **FU** 18	Bosboom Toussaintstr . . . . . p.10 **JY**	Cornelis Douwesweg . . . . . . p.4 **BM** 33
Beukenweg . . . . p.9 **HU**	Bos en Lommerweg . . . . . . p.4 **BN** 25	Cornelis Krusemanstr . . . . . p.4 **BP** 34
Beursplein . . . . p.11 **LX** 19	Buiksloterweg . . . . . . p.9 **GS**	Cornelis Lelylaan . . . . . p.4 **AP**
Bijlmerdreef . . . . p.7 **DQ** 21	Buitenveldertselaan . p.6 **BQ** 28	Cornelis Schuytstr . . . p.8 **EFU**
Bilderdijkkade . . . . . . p.8 **ET**	Ceintuurbaan . . . . . . p.9 **GU**	Cruquiusweg . . . . . . p.5 **CP** 37
Bilderdijkstr . . . . p.10 **JXY**	Churchilllaan . . . . . . p.6 **BQ** 30	Daalwijkdreef . . . . . p.7 **DQ** 39
Binnenkant . . . . p.11 **MX** 22	De Clercqstr . . . . . . p.10 **JX**	Dam . . . . p.10 **KX**
Blauwbrug . . . . p.11 **LY**	Constantijn Huygensstr. (1e) .p.10 **JY**	Damrak . . . . p.11 **LX**
Bloemd-warsstr. (1e). . . . . .p.10 **JX** 24		Damstr . . . . p.11 **LX** 40
Bloemgracht . . . . . . p.10 **JKX**		

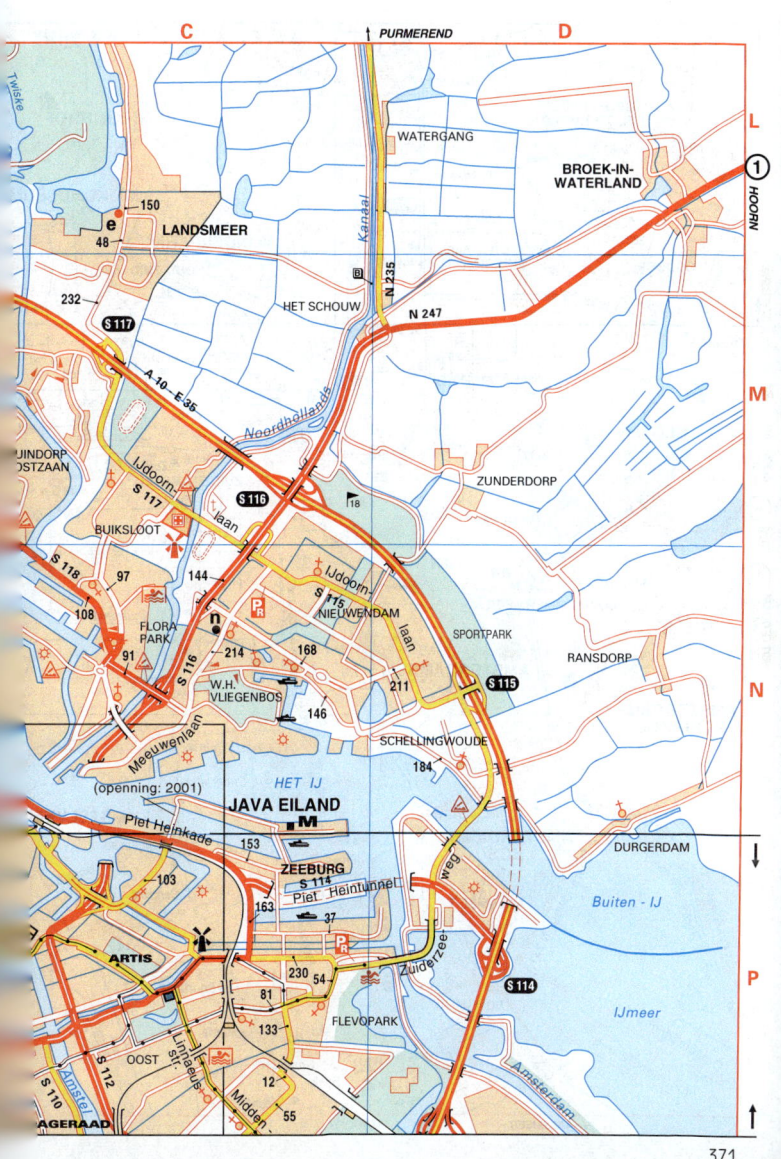

371

AMSTERDAM p. 6

Van Diemenstr . . . . . p.4 **BN** 42	Ferdinand Bolstr . . . . . p.9 **GU**	Haarlemmermeerstr . . p.4 **BP** 61
Diepenbrockstr . . . . . p.8 **FU** 44	Flevoweg . . . . p.5 **CP** 54	Haarlemmerweg . . . . . p.4 **ABN**
Dolingadreef . . . . p.7 **CQ** 46	Frederik Hendrikstr . p.10 **JVX**	Hartenstr . . . . p.10 **KX**
Van Eeghenstr . . . . . . p.8 **EFU**	Frederikspl . . . . p.11 **LZ**	Hazenstr . . . . p.10 **JX** 66
Egelantiersgracht . . . p.10 **JKX**	Galileiplantsoen . . . . . p.5 **CP** 55	Heiligeweg . . . . p.10 **KY** 67
Egelantiersstr . . . . . p.10 **JVX**	Geerbaan . . . . p.4 **AP** 57	Hekelveld . . . . p.11 **LV** 69
Elandsgracht . . . . . . p.10 **JX** 50	Gerrit v. d. Veenstr . . p.8 **EFU**	van der Helststr. (2e) . p.9 **GU**
Elandsstr . . . . p.10 **JX**	Gooiseweg . . . . p.7 **CDQ**	Herengracht . . . . . . p.10 **KVY**
Elsrijkdreef . . . . p.7 **DQ** 51	's-Gravelandseveer . . p.11 **LY** 58	Van Hilligaertstr . . . . . p.8 **FU** 70
Entrepotdok . . . . p.11 **MXY**	Haarlemmer	Hobbemakade . . . . . . p.8 **FU**
Europaboulevard . . . . p.6 **BQ** 52	Houttuinen . . . . p.8 **FGS**	Hogesluis-Brug . . . . . p.11 **LZ**

AMSTERDAM p. 7

Holendrechtdreef	p.7	**DR** 72	Jachthavenweg	p.6 **BQ** 84	Johan van
Holterbergweg	p.7	**CQ**	Jacob Obrechtstr	p.8 **FU** 85	Hasseltweg ....p.5 **CN** 91
Hondsrugweg	p.7	**CR** 75	Jacob van		Kadijksplein ....p.11 **MX** 93
Hoofddorpweg	p.8	**EU** 76	Lennepstr	p.10 **JY**	Kalfjeslaan ....p.6 **BQ** 94
Hoofdweg	p.4	**BP**	Jan Evertsenstr	p.8 **ET**	Kalverstr ....p.10 **KXY** 96
Hornweg	p.4	**AM**	Jan Pieter Heijestr	p.8 **ET** 87	Kamperfoelieweg ..p.5 **CN** 97
Hugo de			Jan van Galenstr	p.4 **BP**	Karspeldreef ....p.7 **DR** 99
Grootstr. (2e)	p.10	**JX**	Jodenbreestr	p.11 **LX** 88	Karthuizersstr ....p.10 **JKV** 100
Hugo de Vrieslaan	p.7	**CQ** 78	Joh. M. Coenenstr	p.8 **FU**	Kattenburgergracht ..p.9 **HT** 102
Insulindeweg	p.5	**CP** 81	Johan		Kattenburgerstr ....p.5 **CP** 103
Jaagpad	p.6	**ABQ** 82	Huizingalaan	p.4 **APQ** 90	Kattengat ....p.11 **LV** 105

373

AMSTERDAM p. 8

AMSTERDAM p. 10

AMSTERDAM p. 12

Street	Page	Ref	No
Keizersgracht	p.10	KVY	
President Kennedylaan	p.7	CQ	106
Kerkstr.	p.10	KLY	
Kinkerstr	p.10	JY	
Klaprozenweg	p.5	CN	108
Koenenkade	p.6	ABQ	109
Koninginneweg	p.8	EU	
Krugerpl	p.9	HU	
De Lairessestr	p.8	EFU	
Langbroekdreef	p.7	DR	114
Langebrugsteeg	p.11	LX	115
Langsomlaan	p.6	AQ	117
Laurierstr	p.10	JX	
Leidsegracht	p.10	KY	
Leidseplein	p.10	KY	
Leidsestr	p.10	KY	
Van Leijenberghlaan	p.6	BQ	118
Leliegracht	p.10	KX	
Lijnbaansgracht	p.10	JVX	
Lindengracht	p.10	JKV	
Linnaeusstr	p.9	HTU	
Looiersdwars- str. (1e)	p.10	JX	120
Loosdrechtdreef	p.7	DR	121
Lutmastr	p.9	GU	
Magerebrug	p.11	LY	
Maritzsrtr	p.9	HU	124
Marnixstr	p.10	JVY	
Martelaarsgracht	p.11	LV	126
Mauritskade	p.11	MYZ	
Meer en Vaart	p.4	AP	127
Meerkerkdreef	p.7	DR	129
Meeuwenlaan	p.5	CN	
Meibergdreef	p.7	DR	130
Middenweg	p.5	CPQ	
Molenaarsweg	p.4	BM	132
Molukkenstr	p.5	CP	133
Muntbergweg	p.7	CR	136
Muntplein	p.11	LY	
Nassaukade	p.10	JVY	
Nieuwe Achtergracht	p.11	MY	
Nieuwe Amstelstr	p.11	LY	139
Nieuwe Doelenstr	p.11	LY	141
Nieuwe Hemweg	p.4	BMN	
Nieuwe Herengracht	p.11	LMY	
Nieuwe Hoogstr	p.11	LX	142
Nieuwe Keizersgracht	p.11	LMY	
Nieuwe Leeuwarderweg	p.5	CN	144
Nieuwe Leliestr	p.10	JKX	
Nieuwe Prinsengracht	p.11	LMY	
Nieuwe Spiegelstr	p.10	KY	145
Nieuwendammerdijk	p.5	CN	146
Nieuwendijk	p.11	LVX	
Nieuwezijds Voorburgwal	p.10	KLX	147
Nieuwmarkt	p.11	LX	
Van Nijenrodeweg	p.6	BQ	148
Nobelweg	p.9	HU	
Noordermarkt	p.10	KV	
Noordzeeweg	p.4	AN	151
Olympiaweg	p.8	EU	
Ookmeerweg	p.4	AP	
Oosteinde	p.11	LY	
Oostelijke Handelskade	p.5	CP	153
Oostenburgerstr	p.9	HT	154
Oosterdokskade	p.11	MX	156
Oosterparkstr. (1e)	p.9	HU	
Oude Doelenstr	p.11	LX	157
Oude Hoogstr	p.11	LX	159
Oude Schans	p.11	LMX	
Oude Turfmarkt	p.11	LY	160
Oudebrugsteeg	p.11	LX	162
Overtoom	p.10	JY	
Panamalaan	p.5	CP	163
Parnassusweg	p.6	BQ	165
Paulus Potterstr	p.10	JKZ	
Piet Heinkade	p.5	CNP	
Pieter Calandlaan	p.4	AP	
Pieter Com Hooftstr	p.10	JKZ	
Plantage Kerklaan	p.11	MY	166
Plantage Middenlaan	p.11	MY	
Plesmanlaan	p.4	AP	
Postjesweg	p.8	ET	
Pretoriusstr	p.9	HU	
Prins Bernhardpl	p.9	HU	
Prins Hendrikkade	p.11	MX	
Prinsengracht	p.10	KVY	
Purmerweg	p.5	CN	168
Raadhuisstr	p.10	KX	
Reestraat	p.10	KX	169
Reguliersbreestr	p.11	LY	171
Reguliersdwarsstr	p.11	LY	172
Reijnier Vinkeleskade	p.8	FU	
Rembrandtplein	p.11	LY	
Rhijnspoorpl	p.9	HT	
Rijnstr	p.9	GU	
Robert Fruinlaan	p.4	AP	175
Burg. Roellstr	p.4	AP	177
Roelof Hartstr	p.8	FU	178
Roeterssrr	p.11	MY	
Rokin	p.11	LY	
Rooseveltlaan	p.6	BQ	181
Rozengracht	p.10	JX	
De Ruijterkade	p.11	LV	
Runstr	p.10	KX	
Ruyschstr	p.11	MZ	
Ruysdaelkade	p.8	FU	
Sarphatistr	p.11	LMZ	
Schalk Burgerstr	p.9	HU	183
Scheldestr	p.9	GU	
Schellingwouderdijk	p.5	DN	184
Schoonhovendreef	p.7	DR	
Singel	p.10	KXY	
Sint Antoniesbreestr	p.11	LX	186
Sint Luciënsteeg	p.10	KX	187
Slotermeerlaan	p.4	AN	189
Sloterweg	p.6	AQ	
Spaarndammerdijk	p.4	BN	190
Spaklerweg	p.7	CQ	192
Van Speijkstr	p.8	ET	
Spui	p.10	KXY	
Spuistr	p.10	KX	
Stadhouderskade	p.10	JKY	
Stadionkade	p.8	EFU	
Stadionpl	p.8	EU	
Stadionweg	p.8	EU	
Stationsplein	p.11	LV	
Stavangerweg	p.4	BN	193
Stromarkt	p.11	LV	195
Surinamepl	p.8	ET	
Tafelbergweg	p.7	CDR	
Tasmanstr	p.4	BN	196
Thorbeckeplein	p.11	LY	198
Transformatorweg	p.4	BN	199
Treublaan	p.9	HU	201
Tussen Meer	p.4	AP	202
Utrechtsestr	p.11	LY	
Valkenburgerstr	p.11	MX	
Verlengde Stellingweg	p.4	BL	204
Victoriepein	p.7	CQ	207
Mr. Visser Plein	p.11	MY	
Vijzelgracht	p.10	KYZ	
Vijzelstr	p.10	KY	208
Burg. de Vlugtlaan	p.4	AN	210
Volendammerweg	p.5	DN	211
Vondelstr	p.10	JY	
Vrijheidslaan	p.7	CQ	213
Waddenweg	p.5	CN	214
Warmoesstr	p.11	LX	215
Waterlooplein	p.11	LXY	
Weesperstr	p.11	MY	
Weesperzijde	p.9	HU	
Van Weldammelaan	p.6	BQ	216
Westeinde	p.11	LZ	
Westerdoksdijk	p.4	BN	217
Westermarkt	p.10	KX	219
Westerstr	p.10	KV	
Weteringplantsoen	p.10	KZ	
Weteringschans	p.10	KYZ	
Wibautstr	p.11	MZ	
Wielingenstr	p.8	FU	224
Wilhelminastr	p.8	ET	
Willem de Zwijgerlaan	p.8	ES	
Willemsparkweg	p.8	FU	
Wittenburgergracht	p.9	HT	226
Wolvenstr	p.10	KX	
Van Woustr	p.9	GU	
IJdoornlaan	p.5	CMN	
Zaanstr	p.4	BN	228
Zandhoek	p.4	BN	229
Zeeburgerdijk	p.5	CP	230
Zeeburgerstr	p.9	HT	231
Zeedijk	p.11	LX	
Zeilstr	p.8	EU	
Zuiderzeeweg	p.5	DP	
Zwanenburgwal	p.11	LXY	

AALSMEER

Street	Page	Ref	No
Aalsmeerderweg	p.6	AR	
Bosrandweg	p.6	AR	
Oosteinderweg	p.6	AR	

AMSTELVEEN

Street	Page	Ref	No
Amsterdamseweg	p.6	BQR	10
Beneluxlaan	p.6	BQR	
Bovenkerkerweg	p.6	ABR	27
Burg. Colijnweg	p.6	AR	31
Mr. G. Groen v. Prinstererlaan	p.6	BR	60
Handweg	p.6	BR	63
Van der Hooplaan	p.6	BR	
Keizer Karelweg	p.6	BR	
Laan Nieuwer Amstel	p.6	BR	110
Laan Walcheren	p.6	ABR	112
Legmeerdijk	p.6	AR	
Oranjebaan	p.6	BR	
Rembrandtweg	p.6	BR	174
Sportlaan	p.6	BR	
Startbaan	p.6	BR	

DIEMEN

Street	Page	Ref	No
Hartveldseweg	p.7	DQ	64
Muiderstraatweg	p.7	DQ	135
Weteringweg	p.7	DQ	220

HAARLEMMERMEER

Street	Page	Ref	No
Burg. Amersfoordtlaan	p.6	AQ	7
Fokkerweg	p.6	AR	
Schipholdijk	p.6	AR	
Schipholweg	p.6	AQ	

LANDSMEER

Street	Page	Ref	No
Dorpsstr	p.5	CL	48
Noordeinde	p.5	CL	150
Zuideinde	p.5	CM	232

OOSTZAAN

Street	Page	Ref	No
Kerkbuurt	p.4	BL	
Kolkweg	p.4	BL	
Zuideinde	p.4	BL	
De Zuiderlaaik	p.4	BL	

OUDER AMSTEL

Street	Page	Ref	No
Holendrechterweg	p.7	CR	73
Van der Madeweg	p.7	CQ	123
Middenweg	p.7	CR	
Rondehoep-Oost	p.7	CR	180
Burg. Stramanweg	p.7	CR	

ZAANSTAD

Street	Page	Ref	No
Albert Heijnweg	p.4	AL	4
Den Huylweg	p.4	AL	79
Kepplerstr	p.4	AL	
Poelenburg	p.4	BL	
Thorbeckeweg	p.4	BL	
Vermiljoenweg	p.4	AL	205
Wibautstr	p.4	AL	222

Service and taxes

In Belgium, Luxembourg and Netherlands prices include service and taxes.

AMSTERDAM p. 13

Liste alphabétique des hôtels et restaurants
Alfabetische lijst van hotels en restaurants
Alphabetisches Hotel- und Restaurantverzeichnis
Alphabetical list of hotels and restaurants

A

- 24 AC Hotel
- 18 Ambassade
- 17 American
- 17 Amstel
- 19 Amstel Botel
- 18 Amsterdam
- 19 Asterisk
- 22 Atlas
- 23 Aujourd'hui
- 19 Avenue

B

- 17 Barbizon Palace
- 24 Bastion Amstel
- 24 Bastion Noord
- 23 Bastion Zuid-West
- 21 Belhamel (De)
- 24 Belle Auberge (La)
- 23 Bilderberg Garden
- 17 Blakes
- 20 Bordewijk
- 21 Borgmann Villa
- 23 Bosch (Het)
- 22 Brasserie Beau Bourg
- 23 Brasserie Richard
- 22 Brasserie van Baerle
- 20 Breitner

C

- 20 Café Roux (H. The Grand Sofitel Demeure)
- 18 Canal Crown
- 18 Canal House
- 18 Caransa
- 23 Casaló (La)
- 24 Castheele (De)
- 21 Chez Georges
- 19 Christophe
- 23 Ciel Bleu (H. Okura)
- 19 Citadel
- 22 Cobra
- 18 Cok City
- 21 Cok Hotels
- 18 Compagnie (De)
- 21 Compagnon (De)
- 22 Concert Inn
- 17 Crowne Plaza City Centre

D

- 25 Da Pasquale
- 23 Delphi
- 18 Dikker en Thijs Fenice
- 18 Doelen
- 25 Dorint
- 19 Dynasty

E – F – G

- 18 Eden
- 21 Edo and Kyo (Gd H. Krasnapolsky)
- 18 Estheréa
- 22 Europa 92
- 17 Europe
- 19 Excelsior (H. Europe)
- 22 Filosoof (De)
- 21 Fita
- 22 Garage (Le)
- 21 Golden Tulip Centre
- 20 Gouden Reael (De)
- 24 Grand Hotel
- 17 Gd H. Krasnapolsky
- 17 Grand Sofitel Demeure (The)

H – I – J

- 21 Haesje Claes
- 25 Herbergh (De)
- 22 Hilton
- 25 Hilton Schiphol
- 24 Holiday Inn
- 23 Hollandais (Le)
- 20 Hosokawa
- 20 Indrapura
- 18 Inntel
- 25 Jagershuis ('t)
- 17 Jolly Carlton
- 24 Jonge Dikkert (De)

379

AMSTERDAM p. 14

K – L

- 23 Kaiko
- 22 Keyzer
- 25 Klein Paardenburg
- 21 Lairesse
- 19 Lancaster
- 20 Long Pura
- 21 Lucius

M – N

- 20 Manchurian
- 23 Mangerie De Kersentuin (H. Bilderberg Garden)
- 21 Marriott
- 21 Memories of India
- 21 Memphis
- 24 Mercure Airport
- 23 Mercure a/d Amstel
- 18 Mercure Arthur Frommer
- 23 Meridien Apollo (Le)
- 19 Nes
- 19 Nicolaas Witsen
- 24 Novotel

O – P – Q – R

- 20 Oesterbar
- 22 Okura
- 25 Paardenburg
- 23 Pakistan
- 20 Pêcheur (Le)
- 24 Pescadou (Le)
- 22 Piet Hein
- 18 Port van Cleve (Die)
- 22 Prinsen
- 17 Pulitzer
- 23 Quartier Sud Chez Denise
- 20 Quatre Canetons (Les)
- 22 Radèn Mas
- 17 Radisson SAS
- 25 Radisson SAS Airport
- 24 Ravel
- 19 Rembrandt
- 17 Renaissance
- 24 Résidence Fontaine Royale (H. Grand Hotel)
- 23 Richelle (La)
- 19 Rive (La) (H. Amstel)
- 25 Ron Blaauw
- 24 Rosarium

S – T

- 21 Sampurna
- 18 Schiller
- 20 Sea Palace
- 18 Seven One Seven
- 25 Sheraton Airport
- 20 Sichuan Food
- 19 Singel
- 18 Sofitel
- 22 Spring
- 19 Swarte Schaep ('t)
- 17 Swissôtel
- 20 Takens
- 21 Tempo doeloe
- 21 Terdam
- 20 theeboom (d')
- 18 Toren
- 21 Toro
- 18 Tulip Inn
- 24 Tulip Inn Tropen
- 20 Tuynhuys (Het)

V – W – Y – Z

- 23 VandeMarkt
- 20 Van Vlaanderen
- 23 Veranda (de)
- 19 Vermeer (H. Barbizon Palace)
- 17 Victoria
- 25 Voetangel (De)
- 21 Vondel
- 19 Vijff Vlieghen (d')
- 22 Washington
- 19 Wiechmann
- 23 Yamazato (H. Okura)
- 22 Zandbergen
- 21 ! Zest
- 20 Zuidlande
- 20 Zuid Zeeland

La cuisine que vous recherchez...
Het soort keuken dat u zoekt
Welche Küche, welcher Nation suchen Sie
That special cuisine

Buffets

25 Greenhouse *H. Hilton Schiphol, Env. à Schiphol*

Grillades

24 Bastion Amstel *Q. Sud-Est*
24 Bastion Noord *Q. Nord*
23 Bastion Zuid-West *Q. Sud et Ouest*

Produits de la mer

21 Lucius *Q. Centre*
23 Le Meridien Apollo *Q. Sud et Ouest*
20 Oesterbar *Q. Centre*
20 Le Pêcheur *Q. Centre*
24 Le Pescadou *Env. à Amstelveen*

Taverne – Brasserie – Bistrot

17 American *Q. Centre*
17 The Amstel Bar and Brasserie *H. Amstel Q. Centre*
22 Brasserie Beau Bourg *Q. Rijksmuseum*
22 Brasserie Le Camelia *H. Okura, Q. Sud et Ouest*
17 Brasserie De Palmboom *H. Radisson SAS, Q. Centre*
23 Brasserie Richard *Q. Sud et Ouest*
22 Brasserie van Baerle *Q. Rijksmuseum*
20 Café Roux *H. The Grand, Sofitel Demeure Q. Centre*
18 Eden *Q. Centre*
22 Le Garage *Q. Rijksmuseum*
22 Keyzer *Q. Rijksmuseum*
18 Die Port van Cleve *Q. Centre*
23 Quartier Sud Chez Denise *Q. Sud et Ouest*
24 Ravel *Q. Buitenveldert*
18 Schiller *Q. Centre*
18 Tulip Inn *Q. Centre*
21 ! Zest *Q. Centre*

Américaine

24 Vermont *H. Holiday Inn, Q. Buitenveldert*

Asiatique

25 East West *H. Hilton Schiphol, Env. à Schiphol*
17 Blakes *Q. Centre*
20 Sea Palace *Q. Centre*

Chinoise

20 Sichuan Food *Q. Centre*

Hollandaise régionale

17 Dorrius *Crowne Plaza City Centre, Q. Centre*
18 De Roode Leeuw *H. Amsterdam, Q. Centre*

AMSTERDAM p. 16

Indienne

21 Memories of India *Q. Centre*
23 Pakistan *Q. Sud et Ouest*

Indonésienne

20 Indrapura *Q. Centre*
20 Long Pura *Q. Centre*
22 Radèn Mas *Q. Rijksmuseum*
21 Sampurna *Q. Centre*
21 Tempo doeloe *Q. Centre*

Italienne

17 Caruso *H. Jolly Carlton, Q. Centre*
25 Da Pasquale *Env. à Landsmeer*
25 Radisson SAS Airport *Env. à Schiphol*
22 Roberto's *H. Hilton, Q. Sud et Ouest*
17 Swissôtel *Q. Centre*
17 Talavera *H. Radisson SAS Q. Centre*
18 Tulip Inn *Q. Centre*

Japonaise

22 Cobra *Q. Rijksmuseum*
21 Edo and Kyo *H. Gd H. Krasnapolsky Q. Centre*
20 Hosokawa *Q. Centre*
23 Kaiko *Q. Sud et Ouest*
22 Sazanka *H. Okura, Q. Sud et Ouest*
23 Yamazato *H. Okura, Q. Sud et Ouest*

Orientale

19 Dynasty *Q. Centre*
20 Manchurian *Q. Centre*

AMSTERDAM p. 17

Quartiers du Centre - *plans p. 10 et 11 sauf indication spéciale :*

Amstel, Prof. Tulpplein 1, ⊠ 1018 GX, ℘ (0 20) 622 60 60, *amstel@interconti.com*, Fax *(0 20) 622 58 08*, ≤, 🍴, ₣₆, ≋, 🖼, 🛁, – 🛏 ✻ 🍽 📺 🅿 – 🚗 25 à 180. 🅰🅴 ⓘ 🆎 🆅🅸🆂🅰 ✂
Repas voir rest *La Rive* ci-après – *The Amstel Bar and Brasserie* (Ouvert jusqu'à 23 h 30) carte 80 à 105 – ⊇ 63 – **64 ch** 995, 15 suites.
MZ a

The Grand Sofitel Demeure, O.Z. Voorburgwal 197, ⊠ 1012 EX, ℘ (0 20) 555 31 11, *hotel@thegrand.nl*, Fax *(0 20) 555 32 22*, « Immeuble historique, salons Art Nouveau authentiques, jardin intérieur », ≋, 🖼, ≋, 🚲, 🛁, – 🛏 ✻ 🍽 📺 🚗 – 🚗 25 à 300. 🅰🅴 ⓘ 🆎 🆅🅸🆂🅰 🅹🅲🅱 ✂
Repas voir rest *Café Roux* ci-après – ⊇ 53 – **169 ch** 825, 13 suites.
LX b

Europe, Nieuwe Doelenstraat 2, ⊠ 1012 CP, ℘ (0 20) 531 17 77, *hotel@leurope.nl*, Fax *(0 20) 531 17 78*, ≤, 🍴, « Lounge fin 19ᵉ s., collection de tableaux de paysagistes néerlandais », ₣₆, 🖼, 🚲, 🛁, – 🛏 🍽 📺 🅿 – 🚗 25 à 80. 🅰🅴 ⓘ 🆎 🆅🅸🆂🅰 🅹🅲🅱 ✂
Repas voir rest *Excelsior* ci-après – *Le Relais* (Ouvert jusqu'à 23 h) Lunch 49 – 59/75 – ⊇ 48 – **94 ch** 590/945, 6 suites.
LY c

Barbizon Palace, Prins Hendrikkade 59, ⊠ 1012 AD, ℘ (0 20) 556 45 64, *sales@gtbpalace.goldentulip.nl*, Fax *(0 20) 624 33 53*, ₣₆, ≋, 🛁, – 🛏 ✻ 🍽 📺 🚗 – 🚗 25 à 300. 🅰🅴 ⓘ 🆎 🆅🅸🆂🅰 ✂
Repas voir rest *Vermeer* ci-après – *Hudson's Terrace and Restaurant* (Ouvert jusqu'à 23 h) Lunch 61 – carte 75 à 95 – ⊇ 22 – **271 ch** 583/782, 3 suites.
LV

Gd H. Krasnapolsky, Dam 9, ⊠ 1012 JS, ℘ (0 20) 554 91 11, Fax *(0 20) 622 86 07*, « Jardin d'hiver 19ᵉ s. », ≋, 🛁, – 🛏 ✻, 🍽 ch, 📺 🚗 – 🚗 25 à 750. 🅰🅴 ⓘ 🆎 🆅🅸🆂🅰 ✂
Repas voir rest *Edo and Kyo* ci-après – *Le Reflet* (fermé sam. midi et dim. midi) (ouvert jusqu'à 23 h) carte env. 90 – ⊇ 47 – **423 ch** 551/628, 6 suites.
LX k

Radisson SAS 🅼, Rusland 17, ⊠ 1012 CK, ℘ (0 20) 623 12 31, *info@amszh.rdsas.com*, Fax *(0 20) 520 82 00*, « Atrium avec presbytère du 18ᵉ s. », ₣₆, ≋, 🛁, – 🛏 ✻ 🍽 📺 🚗 – 🚗 25 à 300. 🅰🅴 ⓘ 🆎 🆅🅸🆂🅰 🅹🅲🅱 ✂
Repas *Talavera* (Cuisine italienne, dîner seult jusqu'à 23 h) carte env. 75 – *Brasserie De Palmboom* (déjeuner seult) Lunch 58 – carte env. 100 – ⊇ 38 – **242 ch** 480/515, 1 suite.
LX h

Crowne Plaza City Centre, N.Z. Voorburgwal 5, ⊠ 1012 RC, ℘ (0 20) 620 05 00 et 420 22 24 (rest), *info@crowneplaza.nl*, Fax *(0 20) 620 11 73*, ≋, 🖼, – 🛏 ✻ 🍽 📺 🛁 🚗 – 🚗 25 à 250. 🅰🅴 ⓘ 🆎 🆅🅸🆂🅰 🅹🅲🅱 ✂
Repas *Dorrius* (Avec cuisine hollandaise, dîner seult jusqu'à 23 h) carte env. 45 – ⊇ 44 – **268 ch** 607/673, 2 suites.
LV g

Pulitzer, Prinsengracht 323, ⊠ 1016 GZ, ℘ (0 20) 523 52 35, Fax *(0 20) 627 67 53*, 🍴, « Façade composée de 24 maisons du 17 et 18ᵉ s. », ≋, 🛁, – 🛏 ✻ 🍽 📺 🚗 – 🚗 25 à 150. 🅰🅴 ⓘ 🆎 🆅🅸🆂🅰 🅹🅲🅱 ✂
Repas (Ouvert jusqu'à 23 h) Lunch 30 – carte env. 80 – ⊇ 48 – **222 ch** 830/990, 2 suites.
KX m

Renaissance, Kattengat 1, ⊠ 1012 SZ, ℘ (0 20) 621 22 23, *renaissance.amsterdam@renaissancehotels.com*, Fax *(0 20) 627 52 45*, ₣₆, ≋, 🚲, 🛁, – 🛏 ✻ 🍽 📺 🛁 🚗 – 🚗 25 à 400. 🅰🅴 ⓘ 🆎 🆅🅸🆂🅰 🅹🅲🅱 ✂ rest
Repas Lunch 49 – carte env. 100 – ⊇ 38 – **382 ch** 408/774, 6 suites.
LV e

Victoria, Damrak 1, ⊠ 1012 LG, ℘ (0 20) 623 42 55, *victoria@euronet.nl*, Fax *(0 20) 625 29 97*, ₣₆, ≋, 🖼, – 🛏 ✻ 🍽 📺 🛁 🚗 – 🚗 30 à 150. 🅰🅴 ⓘ 🆎 🆅🅸🆂🅰 🅹🅲🅱 ✂ LV j
Repas carte env. 50 – ⊇ 37 – **295 ch** 540/615, 10 suites.

Blakes 🅼, Keizersgracht 384, ⊠ 1016 GB, ℘ (0 20) 530 20 10, *hotel@blakes.nl*, Fax *(0 20) 530 20 30*, 🍴, « Ancienne demeure, design d'inspiration orientale », 🚲, 🛁, – 🛏 🍽 ch, 📺 🅰🅴 ⓘ 🆎 🆅🅸🆂🅰 ✂
Repas (fermé sam. midi et dim. soir) (Avec cuisine asiatique) carte env. 130 – ⊇ 32 – **24 ch** 750/950, 1 suite.
KX a

American, Leidsekade 97, ⊠ 1017 PN, ℘ (0 20) 556 30 00, *american@basshotels.com*, Fax *(0 20) 556 30 01*, 🍴, ₣₆, ≋, 🛁, – 🛏 ✻ 🍽 ch, 📺 🚗 – 🚗 25 à 150. 🅰🅴 ⓘ 🆎 🆅🅸🆂🅰 🅹🅲🅱 ✂
Repas (Taverne-rest Art Déco, ouvert jusqu'à 23 h) carte 60 à 75 – ⊇ 43 – **186 ch** 600/675, 2 suites.
JY q

Jolly Carlton, Vijzelstraat 4, ⊠ 1017 HK, ℘ (0 20) 622 22 66 et 623 83 20 (rest), *everyone@jollycarlton.nl*, Fax *(0 20) 626 61 83* – 🛏 ✻ 🍽 📺 🛁 🚗 – 🚗 25 à 180. 🅰🅴 ⓘ 🆎 🆅🅸🆂🅰 ✂
Repas *Caruso* (fermé 25 déc.) (Cuisine italienne, dîner seult jusqu'à 23 h) 69/125 – ⊇ 33 – **224 ch** 590.
LY n

Swissôtel 🅼, Damrak 96, ⊠ 1012 LP, ℘ (0 20) 522 30 00, *reservations.amsterdam@swissotel.com*, Fax *(0 20) 522 32 23* – 🛏 ✻ 🍽 📺 🛁 – 🚗 25 à 60. 🅰🅴 ⓘ 🆎 🆅🅸🆂🅰 🅹🅲🅱 ✂
Repas (Avec cuisine italienne) carte 52 à 86 – ⊇ 33 – **109 ch** 550/650 – ½ P 355.
LX s

383

AMSTERDAM p. 18

Sofitel, N.Z. Voorburgwal 67, ✉ 1012 RE, ✆ (0 20) 627 59 00, *h1159@accor-hotels.com*, Fax (0 20) 623 89 32, 🛁, 🍴, – 🛗 ⚐ 📺 ♿ – 🚗 25 à 70. 🆎 ① ⓜ 💳 ✂
Repas (dîner seult) carte 45 à 76 – ♨ 34 – **148 ch** 475 – ½ P 518. KX q

Doelen, Nieuwe Doelenstraat 24, ✉ 1012 CP, ✆ (0 20) 554 06 00, *sales@gtdoelen.goldentulip.nl*, Fax (0 20) 622 10 84, ≤, « Demeure du 19ᵉ s. le long de l'Amstel », 🛁 – ⚐ 📺 – 🚗 25 à 150. 🆎 ① ⓜ 💳 ꝘⲤ ✂
Repas (dîner seult) carte 55 à 75 – ♨ 33 – **85 ch** 485. LY z

Toren ⚜ sans rest, Keizersgracht 164, ✉ 1015 CZ, ✆ (0 20) 622 63 52, *hotel.toren@tip.nl*, Fax (0 20) 626 97 05, 🌿 – ⚐ 📺 – 🚗 25. 🆎 ① ⓜ 💳 KV w
♨ 20 – **40 ch** 260/425.

Canal Crown sans rest, Herengracht 519, ✉ 1017 BV, ✆ (0 20) 420 00 55, Fax (0 20) 420 09 93 – ⚐ 📺. 🆎 ① ⓜ 💳 LY d
♨ 25 – **57 ch** 480.

Ambassade sans rest, Herengracht 341, ✉ 1016 AZ, ✆ (0 20) 555 02 22, *info@ambassade-hotel.nl*, Fax (0 20) 555 02 77, ≤, « Ensemble de maisons typiques du 17ᵉ s. », 🚲 – ⚐ 📺. 🆎 ① ⓜ 💳 KX x
♨ 30 – **52 ch** 320/380, 7 suites.

Seven One Seven ⚜ sans rest, Prinsengracht 717, ✉ 1017 JW, ✆ (0 20) 427 07 17, *info@717hotel.nl*, Fax (0 20) 423 07 17, 🛁 – 📺 🚗. 🆎 ① ⓜ 💳 ꝘⲤ ✂ KY c
8 ch ♨ 575/975.

Schiller, Rembrandtplein 26, ✉ 1017 CV, ✆ (0 20) 554 07 00, *sales@gtschiller.goldentulip.nl*, Fax (0 20) 624 00 98, 🍸 – ⚐ 📺 🆎 ① ⓜ 💳 ꝘⲤ ✂ LY x
Repas (Brasserie, ouvert jusqu'à 23 h) carte 70 à 90 – ♨ 40 – **91 ch** 397/485, 1 suite.

Caransa sans rest, Rembrandtplein 19, ✉ 1017 CT, ✆ (0 20) 554 08 00, *sales@gtcaransa.goldentulip.nl*, Fax (0 20) 626 68 31 – ⚐ 📺 – 🚗 25 à 200. 🆎 ① ⓜ 💳 ꝘⲤ ✂ LY v
♨ 40 – **66 ch** 451/540.

Inntel M sans rest, Nieuwezijdskolk 19, ✉ 1012 PV, ✆ (0 20) 530 18 18, *info@hotelinntel.com*, Fax (0 20) 422 19 19 – ⚐ 📺. 🆎 ① ⓜ 💳 ꝘⲤ LVX a
♨ 30 – **236 ch** 575.

Tulip Inn, Spuistraat 288, ✉ 1012 VX, ✆ (0 20) 420 45 45, *sales@tiamsterdam.goldentulip.nl*, Fax (0 20) 420 43 00, 🛁 – ⚐ 📺 🚗. 🆎 ① ⓜ 💳 KX g
✂ rest
Repas (Taverne-rest avec cuisine italienne) carte 40 à 65 – ♨ 25 – **209 ch** 397/419.

Eden, Amstel 144, ✉ 1017 AE, ✆ (0 20) 530 78 78, *res.eden@edenhotelgroup.com*, Fax (0 20) 623 32 67, 🛁 – ⚐ 📺. 🆎 ① ⓜ 💳 ꝘⲤ ✂ LY r
Repas (Taverne-rest) 45/75 – ♨ 25 – **327 ch** 234/390.

Mercure Arthur Frommer sans rest, Noorderstraat 46, ✉ 1017 TV, ✆ (0 20) 622 03 28, *frommer@mercure-hotels.com*, Fax (0 20) 620 32 08 – ⚐ 📺 🚗. 🆎 ① ⓜ 💳 ꝘⲤ LYZ j
♨ 28 – **90 ch** 270/310.

Estheréa sans rest, Singel 305, ✉ 1012 WJ, ✆ (0 20) 624 51 46, *estherea@xs4all.nl*, Fax (0 20) 623 90 01 – ⚐ 📺. 🆎 ① ⓜ 💳 ꝘⲤ ✂ KX y
♨ 28 – **70 ch** 420/495.

Cok City M sans rest, N.Z. Voorburgwal 50, ✉ 1012 SC, ✆ (0 20) 422 00 11, *reserver@cokhotels.nl*, Fax (0 20) 664 53 04, 🚲 – ⚐ 📺. 🆎 ① ⓜ 💳 ꝘⲤ LV f
106 ch ♨ 329.

De Compagnie sans rest, Vijzelstraat 49, ✉ 1017 HE, ✆ (0 20) 530 62 00, *info@compagnie-hotel.nl*, Fax (0 20) 530 62 99, 🚲 – ⚐ 📺. 🆎 ① ⓜ 💳 ꝘⲤ ✂ LY g
72 ch ♨ 245/335.

Canal House ⚜ sans rest, Keizersgracht 148, ✉ 1015 CX, ✆ (0 20) 622 51 82, *info@canalhouse.nl*, Fax (0 20) 624 13 17, « Intérieur avec mobilier de style », 🌿 – ⚐ ① ⓜ 💳 ꝘⲤ ✂ KV k
26 ch ♨ 325/395.

Die Port van Cleve, N.Z. Voorburgwal 178, ✉ 1012 SJ, ✆ (0 20) 624 48 60, *dieportvancleve.amsterdam@wxs.nl*, Fax (0 20) 622 02 40 – ⚐, 📺 rest, 📺 – 🚗 25 à 45. 🆎 ① ⓜ 💳 ꝘⲤ ✂ ch KX w
Repas (Brasserie) Lunch 48 – carte 60 à 87 – ♨ 35 – **119 ch** 405/425, 1 suite – ½ P 268.

Amsterdam, Damrak 93, ✉ 1012 LP, ✆ (0 20) 555 06 66, *info@hotelamsterdam.nl*, Fax (0 20) 620 47 16 – ⚐ 📺. 🆎 ① ⓜ 💳. ✂ rest LX s
Repas *De Roode Leeuw* (Avec cuisine régionale hollandaise) 58/68 – ♨ 30 – **80 ch** 350/450 – ½ P 260/290.

Dikker en Thijs Fenice sans rest, Prinsengracht 444, ✉ 1017 KE, ✆ (0 20) 626 77 21, *info@dtfh.nl*, Fax (0 20) 625 89 86, 🛁 – ⚐ 📺 – 🚗 25. 🆎 ① ⓜ 💳 ꝘⲤ KY v
42 ch ♨ 415/750.

AMSTERDAM p. 19

🏨 **Avenue** sans rest, N.Z. Voorburgwal 27, ✉ 1012 RD, ℘ (0 20) 530 95 30, *info@aven ue-hotel-nl, Fax (0 20) 530 95 99* – 🛗 📺 AE ⓘ ⓜ VISA JCB. ✄
80 ch ⯀ 160/305. LV z

🏨 **Rembrandt** sans rest, Herengracht 255, ✉ 1016 BJ, ℘ (0 20) 622 17 27, *info@re mbrandtresidence.nl, Fax (0 20) 625 06 30*, 🛗 – 🛗 ✄ 📺 – 🛁 25. AE ⓘ ⓜ VISA
111 ch ⯀ 225/275. KX t

🏨 **Citadel** sans rest, N.Z. Voorburgwal 100, ✉ 1012 SG, ℘ (0 20) 627 38 82, *lempereur @wxs.nl, Fax (0 20) 627 46 84* – 🛗 📺 AE ⓘ ⓜ VISA JCB. ✄
38 ch ⯀ 285. KX k

🏨 **Wiechmann** sans rest, Prinsengracht 328, ✉ 1016 HX, ℘ (0 20) 626 33 21, *Fax (0 20) 626 89 62* – 📺 ⓜ VISA. ✄
37 ch ⯀ 225/450. KX d

🏨 **Lancaster** sans rest, Plantage Middenlaan 48, ✉ 1018 DH, ℘ (0 20) 535 68 88, *res.l ancaster@edenhotelgroup.com, Fax (0 20) 535 68 89* – 🛗 📺 AE ⓘ ⓜ VISA. ✄MY e
⯀ 27 – 93 ch 188/327.

🏨 **Singel** sans rest, Singel 15, ✉ 1012 VC, ℘ (0 20) 626 31 08, *lempereur@wxs.nl, Fax (0 20) 620 37 77* – 🛗 📺 AE ⓘ ⓜ VISA JCB. LV h
32 ch ⯀ 285.

🏨 **Asterisk** sans rest, Den Texstraat 16, ✉ 1017 ZA, ℘ (0 20) 626 23 96, *Fax (0 20) 638 27 90* – 🛗 📺 ⓜ VISA LZ d
37 ch ⯀ 150/205.

🏨 **Nicolaas Witsen** sans rest, Nicolaas Witsenstraat 4, ✉ 1017 ZH, ℘ (0 20) 623 61 43, *Fax (0 20) 620 51 13* – 🛗 📺 AE ⓘ ⓜ VISA. ✄ LZ b
29 ch ⯀ 135/240.

🏨 **Nes** sans rest, Kloveniersburgwal 137, ✉ 1011 KE, ℘ (0 20) 624 47 73, *info@hotelnes.nl, Fax (0 20) 620 98 42* – 🛗 📺 AE ⓘ ⓜ VISA LY f
39 ch ⯀ 295/325.

🏨 **Amstel Botel** sans rest, Oosterdokskade 2, ✉ 1011 AE, ℘ (0 20) 626 42 47, *Fax (0 20) 639 19 52*, « Bateau amarré » – 🛗 📺 AE ⓘ ⓜ VISA JCB. ✄ MX x
⯀ 15 – 176 ch 169.

XXXX **La Rive** - H. Amstel, Prof. Tulpplein 1, ✉ 1018 GX, ℘ (0 20) 622 60 60, *amstel@inte rconti.com, Fax (0 20) 622 58 08*, ≤, 🍽, « Au bord de l'Amstel », 🛗 – 🛗 🅿 AE ⓘ ⓜ VISA JCB. ✄ MZ a
fermé 23 juil.-5 août, 31 déc.-6 janv., sam. midi et dim. – **Repas** Lunch 75 – 165/195, carte 165 à 195
Spéc. Terrine de jambon "Jabugo" et foie d'oie au poivre de Sechuan. Turbot et truffe enrobés de pommes de terre, blettes et léger jus de veau. Gâteau chaud au chocolat pur, glace à l'anis étoilé.

XXXX **Excelsior** - H. Europe, Nieuwe Doelenstraat 2, ✉ 1012 CP, ℘ (0 20) 531 17 77, *hote l@leurope.nl, Fax (0 20) 531 17 78*, ≤, 🍽, Ouvert jusqu'à 23 h, « Terrasse au bord de l'Amstel », 🛗 – 🛗 🅿 AE ⓘ ⓜ VISA JCB LY c
fermé du 1ᵉʳ au 8 janv., dim. midi d'oct.-15 avril et sam. midi – **Repas** Lunch 85 – carte 122 à 161.

XXX **Vermeer** - H. Barbizon Palace, Prins Hendrikkade 59, ✉ 1012 AD, ℘ (0 20) 556 48 85, *vermeer@gtbpalace.goldentulip.nl, Fax (0 20) 556 48 58*, 🛗 – 🛗 🅿 AE ⓘ ⓜ VISA JCB LV d
fermé 15 juil.-12 août, 26 déc.-6 janv., sam. midi et dim. – **Repas** Lunch 59 – carte 130 à 170.

XXX **Christophe** (Royer), Leliegracht 46, ✉ 1015 DH, ℘ (0 20) 625 08 07, *info@christop he.nl, Fax (0 20) 638 91 32* – 🛗 AE ⓘ ⓜ VISA KVX c
fermé 23 déc.-2 janv., dim. et lundi – **Repas** (dîner seult) 95/125, carte 125 à 150
Spéc. Galette d'anchois frais aux aubergines. Fricassée de homard aux haricots coco, piments et coriandre. Pain perdu à la compote d'oranges sanguines.

XXX **d'Vijff Vlieghen**, Spuistraat 294, ✉ 1012 VX, ℘ (0 20) 624 83 69, *restaurants@d -vijfvlieghen.com, Fax (0 20) 623 64 04*, 🍽, « Maisonettes du 17ᵉ s. », 🛗 – AE ⓘ ⓜ VISA JCB KX p
fermé 25 déc.-1ᵉʳ janv. – **Repas** (dîner seult) carte 94 à 114.

XXX **Dynasty**, Reguliersdwarsstraat 30, ✉ 1017 BM, ℘ (0 20) 626 84 00, *Fax (0 20) 622 30 38*, 🍽, Cuisine orientale, ouvert jusqu'à 23 h, « Terrasse » – 🛗. AE ⓘ ⓜ VISA. ✄ KY q
fermé janv. et mardi – **Repas** (dîner seult jusqu'à 23 h) 70/125.

XXX **'t Swarte Schaep** 1ᵉʳ étage, Korte Leidsedwarsstraat 24, ✉ 1017 RC, ℘ (0 20) 622 30 21, *Fax (0 20) 624 82 68*, Ouvert jusqu'à 23 h, « Intérieur vieil hollandais du 17ᵉ s. » – 🛗. AE ⓘ ⓜ VISA JCB KY n
fermé 25, 26 et 31 déc. et 1ᵉʳ janv. – **Repas** Lunch 55 – carte 100 à 118.

AMSTERDAM p. 20

XX **Het Tuynhuys,** Reguliersdwarsstraat 28, ⊠ 1017 BM, ℘ (0 20) 627 66 03, Fax (0 20) 423 59 99, 🍴, « Terrasse » – 🗏. 𝔸𝔼 ① 🆗 𝕍𝕀𝕊𝔸 𝕁ℂ𝔹, KY q
fermé sam. midi et dim. midi – **Repas** *Lunch* 58 – carte 75 à 95.

XX **Café Roux** - H. The Grand Sofitel Demeure, O.Z. Voorburgwal 197, ⊠ 1012 EX, ℘ (0 20) 555 35 60, caferoux@thegrand.nl, Fax (0 20) 555 32 22, 🍴 – 🗏 🅿. 𝔸𝔼 ① 🆗 𝕍𝕀𝕊𝔸 𝕁ℂ𝔹. ✂ LX b
Repas *Lunch* 55 – 65.

XX **Les Quatre Canetons,** Prinsengracht 1111, ⊠ 1017 JJ, ℘ (0 20) 624 63 07, Fax (0 20) 638 45 99, 🍴. 𝔸𝔼 ① 🆗 𝕍𝕀𝕊𝔸 𝕁ℂ𝔹 LY m
fermé sam. midi et dim. – **Repas** *Lunch* 65 – 75/115.

XX **Le Pêcheur,** Reguliersdwarsstraat 32, ⊠ 1017 BM, ℘ (0 20) 624 31 21, Fax (0 20) 624 31 21, 🍴, Produits de la mer – 𝔸𝔼 ① 🆗 𝕍𝕀𝕊𝔸 𝕁ℂ𝔹. ✂ KY w
fermé dim. – **Repas** *Lunch* 64 bc – 73.

XX **Sichuan Food,** Reguliersdwarsstraat 35, ⊠ 1017 BK, ℘ (0 20) 626 93 27, Fax (0 20) 627 72 81, Cuisine chinoise – 🗏. 𝔸𝔼 ① 🆗 𝕍𝕀𝕊𝔸. ✂ KY u
fermé 31 déc. – **Repas** (dîner seult, nombre de couverts limité - prévenir) 63/88, carte 65 à 90
Spéc. Dim Sum. Canard laqué à la pékinoise. Huîtres sautées maison.

XX **Van Vlaanderen,** Weteringschans 175, ⊠ 1017 XD, ℘ (0 20) 622 82 92, 🍴, 🈁 – 🗏. 𝔸𝔼 🆗 𝕍𝕀𝕊𝔸 KZ k
fermé du 8 au 30 juil., du 24 au 31 déc., dim. et lundi – **Repas** (dîner seult) 63/75.

XX **Takens,** Runstraat 17d, ⊠ 1016 GJ, ℘ (0 20) 627 06 18, Fax (0 20) 624 28 61 – 𝔸𝔼 ① 🆗 𝕍𝕀𝕊𝔸 KX s
fermé 2 prem. sem. août – **Repas** (dîner seult jusqu'à 23 h) carte 87 à 112.

XX **Breitner,** Amstel 212, ⊠ 1017 AH, ℘ (0 20) 627 78 79, Fax (0 20) 330 29 98 – 𝔸𝔼 ① 🆗 𝕍𝕀𝕊𝔸 LY p
fermé fin juil.-début août, 23 déc.-3 janv., sam. midi, dim. et lundi – **Repas** *Lunch* 60 – carte 78 à 103.

XX **Manchurian,** Leidseplein 10a, ⊠ 1017 PT, ℘ (0 20) 623 13 30, Fax (0 20) 626 21 05, Cuisine orientale – 🗏. 𝔸𝔼 ① 🆗 𝕍𝕀𝕊𝔸 𝕁ℂ𝔹. ✂ KY x
fermé 31 déc. – **Repas** carte env. 65.

XX **Indrapura,** Rembrandtsplein 42, ⊠ 1017 CV, ℘ (0 20) 623 73 29, info@indrapura.nl, Fax (0 20) 624 90 78, Cuisine indonésienne – 🗏. 𝔸𝔼 ① 🆗 𝕍𝕀𝕊𝔸 LY h
Repas (dîner seult) carte 64 à 94.

XX **Hosokawa,** Max Euweplein 22, ⊠ 1017 MB, ℘ (0 20) 638 80 86, info@hosokawa.nl, Fax (0 20) 638 22 19, Cuisine japonaise avec Teppan-Yaki – 𝔸𝔼 ① 🆗 𝕍𝕀𝕊𝔸 𝕁ℂ𝔹. ✂ KY a
fermé 30 juil.-19 août – **Repas** (dîner seult) carte 95 à 120.

XX **Oesterbar,** Leidseplein 10, ⊠ 1017 PT, ℘ (0 20) 626 34 63, Fax (0 20) 623 21 99, Produits de la mer, ouvert jusqu'à 1 h du matin – 🗏. 𝔸𝔼 ① 🆗 𝕍𝕀𝕊𝔸. ✂ KY x
fermé 25 et 26 déc. – **Repas** *Lunch* 70 – carte 86 à 144.

XX **Sea Palace,** Oosterdokskade 8, ⊠ 1011 AE, ℘ (0 20) 626 47 77, Fax (0 20) 620 42 66, Cuisine asiatique, « Restaurant flottant avec ≤ ville », 🈁 – 🗏. 𝔸𝔼 ① 🆗 𝕍𝕀𝕊𝔸 𝕁ℂ𝔹. ✂ MX b
Repas *Lunch* 60 – 45.

XX **d' theeboom,** Singel 210, ⊠ 1016 AB, ℘ (0 20) 623 84 20, theeboom@xs4all.nl, Fax (0 20) 421 25 12, 🍴 – 𝔸𝔼 ① 🆗 𝕍𝕀𝕊𝔸 𝕁ℂ𝔹 KX b
fermé 24 déc.-5 janv., sam. midi, dim. et lundi midi – **Repas** 55.

X **Bordewijk,** Noordermarkt 7, ⊠ 1015 MV, ℘ (0 20) 624 38 99, Fax (0 20) 420 66 03, 🍴, « Trendy ambiance amstellodamoise » – 𝔸𝔼 ① 🆗 𝕍𝕀𝕊𝔸. ✂ plan p. 8 KV b
fermé mi-juil.-mi-août, 27 déc.-4 janv. et lundi – **Repas** (dîner seult) 70/90.

X **De Gouden Reael,** Zandhoek 14, ⊠ 1013 KT, ℘ (0 20) 623 38 83, 🍴, « Maison du 17ᵉ s. dans un site typique », 🈁 – 𝔸𝔼 ① 🆗 𝕍𝕀𝕊𝔸. ✂ plan p. 4 BN a
fermé fin déc. et dim. – **Repas** *Lunch* 55 – 65/80.

X **Zuid Zeeland,** Herengracht 413, ⊠ 1017 BP, ℘ (0 20) 624 31 54, Fax (0 20) 428 31 71, 🍴, Ouvert jusqu'à 23 h – 𝔸𝔼 🆗 𝕍𝕀𝕊𝔸 KY e
fermé sam. midi et dim. midi – **Repas** (en juil.-août dîner seult) 60/70.

X **Zuidlande,** Utrechtsedwarsstraat 141, ⊠ 1017 WE, ℘ (0 20) 620 73 93, Fax (0 20) 620 73 93, 🍴 – 𝔸𝔼 🆗 𝕍𝕀𝕊𝔸 LY s
fermé dern. sem. juil.-2 prem. sem. août, prem. sem. janv., dim. et lundi – **Repas** (dîner seult) carte env. 95.

X **Long Pura,** Rozengracht 46, ⊠ 1016 ND, ℘ (0 20) 623 89 50, longpura@hotmail-cc m.nl, Fax (0 20) 623 46 54, Cuisine indonésienne, « Décor exotique » – 🗏. 𝔸𝔼 ① 🆗 𝕍𝕀𝕊𝔸 ✂ JX c
fermé 25, 26 et 31 déc. et 1ᵉʳ janv. – **Repas** (dîner seult jusqu'à 23 h) carte 60 à 88.

AMSTERDAM p. 21

✗ **Chez Georges**, Herenstraat 3, ✉ 1015 BX, ✆ (0 20) 626 33 32 – 🍽. AE ⓘ ⓜ VISA
fermé 2 dern. sem. juil.-prem. sem. août, dern. sem. janv., merc. et dim. – **Repas** (dîner
seult) 58/75.   KV   n

✗ **Tempo doeloe**, Utrechtsestraat 75, ✉ 1017 VJ, ✆ (0 20) 625 67 18, Fax (0 20)
639 23 42, Cuisine indonésienne – 🍽. AE ⓘ ⓜ VISA. ✵   LY   t
fermé 24, 25 et 31 déc. – **Repas** (dîner seult jusqu'à 23 h 30) 85.

✗ **De Compagnon**, Guldehandsteeg 17, ✉ 1012 RA, ✆ (0 20) 620 42 25, info@deco
mpagnon.nl, Fax (0 20) 420 51 50 – AE ⓘ ⓜ VISA JCB   LX   c
fermé 23 juil.-7 août, 24 déc.-3 janv., dim. et jours fériés – **Repas** Lunch 55 – 65/90.

✗ **Haesje Claes**, Spuistraat 275, ✉ 1012 VR, ✆ (0 20) 624 99 98, Fax (0 20) 627 48 17,
⊜ « Ambiance amstellodamoise » – AE ⓘ ⓜ VISA JCB. ✵   KX   f
Repas 38/58.

✗ **Memories of India**, Reguliersdwarsstraat 88, ✉ 1017 BN, ✆ (0 20) 623 57 10,
Fax (0 20) 638 75 84, 🍴, Cuisine indienne – 🍽. AE ⓘ ⓜ VISA. ✵   LY   a
Repas (dîner seult jusqu'à 23 h 30) carte 45 à 65.

✗ **Lucius**, Spuistraat 247, ✉ 1012 VP, ✆ (0 20) 624 18 31, seafood@lucius.nl, Fax (0 20)
627 61 53, Produits de la mer – AE ⓘ ⓜ VISA   KX   r
Repas (dîner seult jusqu'à minuit) 53.

✗ **De Belhamel**, Brouwersgracht 60, ✉ 1013 GX, ✆ (0 20) 622 10 95, stijn.vd.linden
@belhamel.nl, Fax (0 20) 623 88 40, 🍴 – AE ⓜ VISA. ✵   KV   p
Repas (dîner seult) carte env. 75.

✗ **! Zest**, Prinsenstraat 10, ✉ 1015 DC, ✆ (0 20) 428 24 55, Fax (0 20) 428 24 66, Bistrot
– AE ⓜ VISA. ✵   KV   r
fermé 25 déc.-1er janv. et dim. – **Repas** (dîner seult jusqu'à 23 h 30) 63.

✗ Edo and Kyo - Gd H. Krasnapolsky, Dam 9, ✉ 1012 JS, ✆ (0 20) 554 60 96, Fax (0 20)
639 91 66, Cuisine japonaise avec Teppan-Yaki – 🍽. ✵   LX   k

✗ **Sampurna**, Singel 498, ✉ 1017 AX, ✆ (0 20) 625 32 64, sampurna@digiface.nl,
Fax (0 20) 659 44 51, 🍴, Cuisine indonésienne – 🍽. AE ⓘ ⓜ VISA. ✵   KY   t
Repas Lunch 27 – 55.

Quartier Rijksmuseum (Vondelpark) - plans p. 8 et 10 :

🏨 **Marriott**, Stadhouderskade 12, ✉ 1054 ES, ✆ (0 20) 607 55 55, Fax (0 20) 607 55 11,
🛗, ≋, ♿ – 📱 ⇥ 🛏 TV 🍽 – 🅿 25 à 500. AE ⓘ ⓜ VISA. ✵   JY   f
Repas (Petite restauration ouvert jusqu'à 1 h du matin) – ⊒ 34 – **387 ch** 717, 5 suites.

🏨 **Golden Tulip Centre** Ⓜ, Stadhouderskade 7, ✉ 1054 ES, ✆ (0 20) 685 13 51, info
@gtacentre.goldentulip.nl, Fax (0 20) 685 16 11, 🛗, ≋ – 📱 ⇥ 🛏 TV ♿ – 🅿 25 à
280. AE ⓘ ⓜ VISA JCB. ✵ rest   JY   p
Repas (Ouvert jusqu'à 23 h) carte 57 à 75 – ⊒ 38 – **233 ch** 618/684, 2 suites.

🏨 **Memphis** sans rest, De Lairessestraat 87, ✉ 1071 NX, ✆ (0 20) 673 31 41, info@m
emphishotel.nl, Fax (0 20) 673 73 12, 🛗 – 📱 ⇥ TV – 🅿 25 à 60. AE ⓘ ⓜ VISA
JCB. ✵   FU   g
⊒ 35 – **74 ch** 325/425.

🏨 **Toro** ⌂ sans rest, Koningslaan 64, ✉ 1075 AG, ✆ (0 20) 673 72 23, Fax (0 20)
675 00 31, « Terrasse au bord de l'eau, face au parc » – 📱 TV. AE ⓘ ⓜ
VISA JCB   EU   m
22 ch ⊒ 255/308.

🏨 **Lairesse** sans rest, De Lairessestraat 7, ✉ 1071 NR, ✆ (0 20) 671 95 96, info@ams.nl,
Fax (0 20) 671 17 56 – 📱 🛏 TV. AE ⓘ ⓜ VISA JCB. ✵   FU   h
⊒ 25 – **34 ch** 320/340.

🏨 **Cok Hotels** sans rest, Koninginneweg 34, ✉ 1075 CZ, ✆ (0 20) 664 61 11, reserver
@cokhotels.nl, Fax (0 20) 664 53 04, ♿ – 📱 ⇥ 🛏 TV – 🅿 25 à 80. AE ⓘ ⓜ VISA
JCB   EU   k
143 ch ⊒ 307.

🏨 **Vondel** (avec annexe) sans rest, Vondelstraat 28, ✉ 1054 GE, ✆ (0 20) 612 01 20, vond
el@bhs.nl, Fax (0 20) 685 43 21, « Intérieur cossu », 🌳 – 📱 TV. AE ⓘ
ⓜ VISA   JY   m
⊒ 30 – **70 ch** 425/495.

🏨 Terdam sans rest, Tesselschadestraat 23, ✉ 1054 ET, ✆ (0 20) 612 68 76, hotelterda
m@bestwestern.nl, Fax (0 20) 683 83 13 – 📱 🛏 TV. AE ⓘ ⓜ VISA JCB. ✵   JY   a
89 ch.

🏨 **Borgmann Villa** ⌂ sans rest, Koningslaan 48, ✉ 1075 AE, ✆ (0 20) 673 52 52,
Fax (0 20) 676 25 80, ♿ – 📱 TV. AE ⓘ ⓜ VISA JCB. ✵   EU   n
15 ch ⊒ 195/295.

🏨 **Fita** sans rest, Jan Luykenstraat 37, ✉ 1071 CL, ✆ (0 20) 679 09 76, info@fita.nl,
Fax (0 20) 664 39 69 – 📱 TV. AE ⓘ ⓜ VISA. ✵   JZ   s
16 ch ⊒ 270/285.

AMSTERDAM p. 22

🏨 **De Filosoof** 🍽 sans rest, Anna van den Vondelstraat 6, ✉ 1054 GZ, ☏ (0 20) 683 30 13, *filosoof@XSyall.nl*, Fax *(0 20) 685 37 50*, « Décor inspiré de thèmes culturels ou philosophiques » – 📶 📺 – 🚲 25. 🆎 🆗 🅲 🅼. ET a
27 ch ⊇ 225/255.

🏨 **Atlas**, Van Eeghenstraat 64, ✉ 1071 GK, ☏ (0 20) 676 63 36, *receptie@atlashotel.nl*, Fax *(0 20) 671 76 33* – 📶 📺. 🆎 ⓞ 🆗 🅲 🅼 🅹🅲🅱. ⚡ rest JZ t
Repas (dîner seult) carte env. 60 – 23 ch ⊇ 220/250.

🏨 **Europa 92** sans rest, 1ᵉ Constantijn Huygensstraat 103, ✉ 1054 BV, ☏ (0 20) 618 88 08, *info@europa92.nl*, Fax *(0 20) 683 64 05* – 📶 📺. 🆎 ⓞ 🆗 🅲 🅼
JY b
32 ch ⊇ 225/250.

🏨 **Concert Inn** sans rest, De Lairessestraat 11, ✉ 1071 NR, ☏ (0 20) 305 72 72, *info@concert-inn.nl*, Fax *(0 20) 305 72 71*, 🚲 – 📶 📺. 🆎 ⓞ 🆗 🅲 🅼 🅹🅲🅱. ⚡ FU r
25 ch ⊇ 315.

🏨 **Prinsen** sans rest, Vondelstraat 36, ✉ 1054 GE, ☏ (0 20) 616 23 23, *manager@prinsenhotel.demon.nl*, Fax *(0 20) 616 61 12*, 🌳 – 📶 📺. 🆎 ⓞ 🆗 🅲 🅼. ⚡ JY e
45 ch ⊇ 225/275.

🏨 **Zandbergen** sans rest, Willemsparkweg 205, ✉ 1071 HB, ☏ (0 20) 676 93 21, *info@hotel-zandbergen.com*, Fax *(0 20) 676 18 60* – 📺. 🆎 ⓞ 🆗 🅲 🅼. ⚡ EU s
fermé 20 déc.-10 janv. – **18 ch** ⊇ 195/265.

🏨 **Washington** sans rest, Frans van Mierisstraat 10, ✉ 1071 RS, ☏ (0 20) 679 67 54, Fax *(0 20) 673 44 35* – 📺. 🆎 ⓞ 🆗 🅲 🅼. ⚡ FU n
17 ch ⊇ 150/250.

🏨 **Piet Hein** sans rest, Vossiusstraat 53, ✉ 1071 AK, ☏ (0 20) 662 72 05, *info@hotelpiethein.nl*, Fax *(0 20) 662 15 26* – 📶 📺. 🆎 ⓞ 🆗 🅲 🅼 🅹🅲🅱. ⚡ JZ g
37 ch ⊇ 205/245.

🍴🍴🍴 **Radèn Mas**, Stadhouderskade 6, ✉ 1054 ES, ☏ (0 20) 685 40 41, Fax *(0 20) 685 39 81*, Cuisine indonésienne, ouvert jusqu'à 23 h – 🍽. 🆎 ⓞ 🆗 🅲 🅼 🅹🅲🅱. ⚡ JY k
Repas *Lunch* 40 – carte env. 90.

🍴🍴 **Le Garage**, Ruysdaelstraat 54, ✉ 1071 XE, ☏ (0 20) 679 71 76, *reserveren@restgarage.nl*, Fax *(0 20) 662 22 49*, Ouvert jusqu'à 23 h, « Ambiance artistique dans une brasserie actuelle, cosmopolite » – 🆎 ⓞ 🆗 🅲 🅼
FU y
fermé dern. sem. juil.-2 prem. sem. août – **Repas** *Lunch* 55 – 60/80.

🍴🍴 **Brasserie Beau Bourg** 1ᵉʳ étage, Emmalaan 25, ✉ 1075 AT, ☏ (0 20) 664 01 55, Fax *(0 20) 664 01 51*, 🌳, Ouvert jusqu'à 23 h 30 – 🍽. 🆎 ⓞ 🆗 🅲 🅼 🅹🅲🅱.
EU x
Repas *Lunch* 55 – 65.

🍴🍴 **Keyzer**, Van Baerlestraat 96, ✉ 1071 BB, ☏ (0 20) 671 14 41, Fax *(0 20) 673 73 53*, 🌳, Taverne-rest, ouvert jusqu'à 23 h 30, « Ambiance amstellodamoise » – 🆎 🆗 🅲 🅼 🅹🅲🅱. FU a
Repas 73.

🍴 **Spring**, Willemsparkweg 177, ✉ 1071 GZ, ☏ (0 20) 675 44 21, Fax *(0 20) 676 94 14*, 🌳, « Brasserie contemporaine » – 🍽. 🆎 ⓞ 🆗 🅲 🅼 FU w
fermé dim. – **Repas** *Lunch* 50 – carte env. 110.

🍴 **Cobra**, Hobbemastraat 18, ✉ 1071 ZB, ☏ (0 20) 470 01 11, Fax *(0 20) 470 01 14*, 🌳, Avec Sushi-bar, « Pavillon moderne avec décoration dans l'esprit du groupe artistique » – 🍽. 🆎 ⓞ 🆗 🅲 🅼
KZ d
Repas carte env. 75.

🍴 **Brasserie van Baerle**, Van Baerlestraat 158, ✉ 1071 BG, ☏ (0 20) 679 15 32, Fax *(0 20) 671 71 96*, 🌳, Taverne-rest, ouvert jusqu'à 23 h – 🆎 ⓞ 🆗 🅲 🅼. ⚡ FU b
fermé 25 déc.-1ᵉʳ janv. et sam. – **Repas** *Lunch* 59 – 63.

Quartiers Sud et Ouest - *plans p. 8 et 9 sauf indication* spéciale :

🏨🏨🏨 **Okura** 🅼 🍽, Ferdinand Bolstraat 333, ✉ 1072 LH, ☏ (0 20) 678 71 11, *sales@okura.nl*, Fax *(0 20) 671 23 44*, ≤, 🏋, 🛁, 🏊, 🧖 – 📶 ♿ 🍽 📺 ♿ ▦ 🅿 – 🚲 25 à 650. 🆎 ⓞ 🆗 🅲 🅼 🅹🅲🅱. ⚡
GU c
Repas voir rest **Ciel Bleu** et **Yamazato** ci-après – **Sazanka** (Cuisine japonaise avec Teppan-Yaki) *Lunch* 55 – 90/155 – **Brasserie Le Camelia** (Ouvert jusqu'à 23 h) *Lunch* 45 – 90/135 – ⊇ 49 – **358 ch** 669/738, 12 suites.

🏨🏨🏨 **Hilton** 🅼, Apollolaan 138, ✉ 1077 BG, ☏ (0 20) 710 60 00, *sal-amsterdam@hilton.com*, Fax *(0 20) 710 60 80*, 🌳, « Jardin et terrasses le long d'un canal », 🏋, 🛁, 🏊, 📶 ♿ – 📺 🅿 – 🚲 25 à 350. 🆎 ⓞ 🆗 🅲 🅼. ⚡
FU f
Repas Roberto's (Cuisine italienne) 63 – ⊇ 43 – **267 ch** 620/650, 4 suites.

AMSTERDAM p. 23

🏨 **Bilderberg Garden** Ⓜ, Dijsselhofplantsoen 7, ✉ 1077 BJ, ℰ (0 20) 664 21 21, *gard en@bilderberg.nl, Fax (0 20) 679 93 56* – 🛗 ⚠ ≡ 📺 🅿. – 🅰 25 à 150. 🅰🅴 ① ⓜⓞ 🆅🅸🆂🅰 🅹🅲🅱. ❄ FU d
Repas voir rest **Mangerie De Kersentuin** ci-après – ⌴ 40 – **122 ch** 585/675, 2 suites.

🏨 **Le Meridien Apollo**, Apollolaan 2, ✉ 1077 BA, ℰ (0 20) 673 59 22, *info@meridien.nl, Fax (0 20) 570 57 44*, 🍽, « Terrasse avec ⬇ canal », 🅵🅰, 🚿 – 🛗 ⚠ ≡ ch, 📺 🅿. – 🅰 25 à 200. 🅰🅴 ① ⓜⓞ 🆅🅸🆂🅰 🅹🅲🅱. FU e
Repas *La Sirène* (Produits de la mer) Lunch 63 – carte 77 à 98 – ⌴ 43 – **216 ch** 525/595, 2 suites.

🏨 **Mercure a/d Amstel**, Joan Muyskenweg 10, ✉ 1096 CJ, ℰ (0 20) 665 81 81, *h1244@accor-hotels.com, Fax (0 20) 694 87 35*, 🅵🅰, 🚿, 🅹 – 🛗 ⚠ ≡ 📺 🅿. – 🅰 25 à 450. 🅰🅴 ① ⓜⓞ 🆅🅸🆂🅰. ❄ plan p. 7 CQ
Repas carte 64 à 81 – ⌴ 34 – **178 ch** 325/465 – ½ P 250/300.

🏨 **Delphi** sans rest, Apollolaan 105, ✉ 1077 AN, ℰ (0 20) 679 51 52, *delphi-hotel@tref.nl, Fax (0 20) 675 29 41* – 🛗 📺. 🅰🅴 ① ⓜⓞ 🆅🅸🆂🅰 🅹🅲🅱. ❄ FU q
49 ch ⌴ 215/315.

🏨 **La Casaló** 🚿 sans rest, Amsteldijk 862 (Rivierenbuurt), ✉ 1079 LN, ℰ (0 20) 642 36 80, *Fax (0 20) 644 74 09*, ⬇, « Hôtel flottant sur l'Amstel », 🅹 – 📺. ⌴ plan p. 7 CQ b
4 ch ⌴ 220/275.

🏨 **Bastion Zuid-West**, Nachtwachtlaan 11, ✉ 1058 EV, ℰ (0 20) 669 16 21, *bastion@bastionhotel.nl, Fax (0 20) 669 16 31*, 🍽 – 🛗 📺 🅿. 🅰🅴 ① ⓜⓞ 🆅🅸🆂🅰. ❄ plan p. 6 BP c
Repas (Grillades, ouvert jusqu'à 23 h) 45 – ⌴ 18 – **80 ch** 170.

🏨 **La Richelle** 🚿 sans rest, Holbeinstraat 41, ✉ 1077 VC, ℰ (0 20) 671 79 71, *Fax (0 20) 671 05 41* – 📺. 🅰🅴 ① ⓜⓞ 🆅🅸🆂🅰 FU k
fermé 25 et 26 déc. – ⌴ 25 – **15 ch** 225/395.

🍴🍴🍴 **Ciel Bleu** - H. Okura, 23e étage, Ferdinand Bolstraat 333, ✉ 1072 LH, ℰ (0 20) 678 71 11, *sales@okura.nl, Fax (0 20) 671 23 44*, ⬇ ville, 🅹 – 🛗 ≡ 🅿. 🅰🅴 ① ⓜⓞ 🆅🅸🆂🅰 🅹🅲🅱. ❄ GU c
Repas (dîner seult) 85/128.

🍴🍴 **Aujourd'hui**, C. Krusemanstraat 15, ✉ 1075 NB, ℰ (0 20) 679 08 77, *Fax (0 20) 676 76 27*, 🍽. 🅰🅴 ① ⓜⓞ 🆅🅸🆂🅰 🅹🅲🅱. ❄ – **Repas** Lunch 55 – 75. EU p
fermé 24 déc.-1er janv., sam. et dim.

🍴🍴 **Mangerie De Kersentuin** - H. Bilderberg Garden, Dijsselhofplantsoen 7, ✉ 1077 BJ, ℰ (0 20) 664 21 21, *garden@bilderberg.nl, Fax (0 20) 679 93 56*, 🍽 – ≡ 🅿. 🅰🅴 ① ⓜⓞ 🆅🅸🆂🅰 🅹🅲🅱. ❄ FU d
fermé sam. midi et dim. – **Repas** 68/88.

🍴🍴 **Het Bosch**, Jollenpad 10, ✉ 1081 KC, ℰ (0 20) 644 58 00, *hetbosch@planet.nl, Fax (0 20) 644 19 64*, ⬇, 🍽, « Terrasse au bord du lac », 🅹 – 🅿. 🅰🅴 ① ⓜⓞ 🆅🅸🆂🅰. ❄ plan p. 6 BQ d
fermé prem. sem. janv., sam. et dim. – **Repas** Lunch 58 – carte 93 à 115.

🍴🍴 **Yamazato** - H. Okura, Ferdinand Bolstraat 333, ✉ 1072 LH, ℰ (0 20) 678 71 11, *sales@okura.nl, Fax (0 20) 671 23 44*, Cuisine japonaise, 🅹 – ≡ 🅿. 🅰🅴 ① ⓜⓞ 🆅🅸🆂🅰 🅹🅲🅱. ❄ GU c
Repas Lunch 65 – 110/200.

🍴 **Quartier Sud Chez Denise**, Olympiaplein 176, ✉ 1076 AM, ℰ (0 20) 675 39 90, *Fax (0 20) 675 42 60*, Brasserie – 🅰🅴 ⓜⓞ 🆅🅸🆂🅰 EU z
fermé 25 déc.-2 janv., sam. et dim. – **Repas** carte 73 à 93.

🍴 **Pakistan**, Scheldestraat 100, ✉ 1078 GP, ℰ (0 20) 675 39 76, *Fax (0 20) 675 39 76*, Cuisine indienne – 🅰🅴 ① ⓜⓞ 🆅🅸🆂🅰 GU s
Repas (dîner seult jusqu'à 23 h) 50/70.

🍴 **de Veranda**, Amstelveenseweg 764, ✉ 1081 JK, ℰ (0 20) 644 58 14, *Fax (0 20) 661 37 89*, 🍽 – 🅿. – 🅰 25 à 45. 🅰🅴 ⓜⓞ 🆅🅸🆂🅰 plan p.6 BQ h
fermé 31 déc. – **Repas** Lunch 68 – carte env. 65.

🍴 **Brasserie Richard**, Scheldestraat 23, ✉ 1078 GD, ℰ (0 20) 675 78 08, *Fax (0 20) 662 33 85*, 🍽 – 🅰🅴 ⓜⓞ 🆅🅸🆂🅰 GU b
fermé 2 prem. sem. août – **Repas** (dîner seult) carte env. 75.

🍴 **Le Hollandais**, Amsteldijk 41, ✉ 1074 HV, ℰ (0 20) 679 12 48 – ≡. ⓜⓞ 🆅🅸🆂🅰 🅹🅲🅱. GU f
fermé dim. – **Repas** (dîner seult) 60.

🍴 **VandeMarkt**, Schollenbrugstraat 8, ✉ 1091 EZ, ℰ (0 20) 468 69 58, *Fax (0 20) 463 04 54*, 🍽, « Brasserie contemporaine » – 🅰🅴 ⓜⓞ 🆅🅸🆂🅰. ❄ HU r
fermé 2 sem. en juil. et dim. – **Repas** (dîner seult) 65.

🍴 **Kaiko**, Jekerstraat 114 (angle Maasstraat), ✉ 1078 MJ, ℰ (0 20) 662 56 41, *Fax (0 20) 676 54 66*, Cuisine japonaise avec Sushi-bar – ≡. 🅰🅴 ⓜⓞ 🆅🅸🆂🅰 🅹🅲🅱. ❄ GU a
fermé dern. sem. juil.-2 prem. sem. août, dern. sem. déc., jeudi et dim. – **Repas** (dîner seult) 45/110.

AMSTERDAM p. 24

Quartier Buitenveldert (RAI) - plan p. 6 :

Holiday Inn, De Boelelaan 2, ✉ 1083 HJ, ✆ (0 20) 646 23 00, *reservations@holiday-inn.nl*, Fax (0 20) 646 47 90, ⓕ⁶ – 🏚 ⚓ 🍽 📺 ♿ 🅿 – 🚣 25 à 350. 🆎 ⓘ ⓜ VISA
BQ e
Repas *Vermont* (Cuisine américaine, ouvert jusqu'à 23 h) Lunch 53 – carte 75 à 100 – 🍽 38 – **256 ch** 625/685, 2 suites – ½ P 618/718.

Novotel, Europaboulevard 10, ✉ 1083 AD, ✆ (0 20) 541 11 23, *h0515@accor-hotels.com*, Fax (0 20) 646 28 23, 🚲 – 🏚 ⚓ 🍽 📺 ♿ 🅿 – 🚣 25 à 225. 🆎 ⓘ ⓜ VISA
Repas (Ouvert jusqu'à minuit) Lunch 38 – 45 – 🍽 36 – **596 ch** 380/410, 4 suites. BQ f

Rosarium, Amstelpark 1, ✉ 1083 HZ, ✆ (0 20) 644 40 85, *info@rosarium.net*, Fax (0 20) 646 60 04, 🍴, « Rotonde sur parc » – 🚣 25 à 400. 🆎 ⓘ ⓜ VISA. ✂
BQ q
fermé sam. et dim. – **Repas** Lunch 60 – carte 88 à 113.

De Castheele, Kastelenstraat 172, ✉ 1082 EJ, ✆ (0 20) 644 72 67, Fax (0 20) 644 72 67, 🍴 – 🆎 ⓘ ⓜ VISA
BQ j
fermé dern. sem. juil.-2 prem. sem. août, dim. et lundi – **Repas** Lunch 38 – 63.

Ravel, Gelderlandplein 233 (dans centre commercial), ✉ 1082 LX, ✆ (0 20) 644 16 43, Fax (0 20) 642 86 84, Taverne-rest – 🔳 🅿 🆎 ⓘ ⓜ VISA. ✂
BQ k
fermé dim. midi – **Repas** Lunch 60 – carte 63/78.

Quartier Nord - plan p. 5 :

Bastion Noord, Rode Kruisstraat 28 (par Nieuwe Purmerweg), ✉ 1025 KN, ✆ (0 20) 632 31 31, *bastion@bastionhotel.nl*, Fax (0 20) 634 44 96 – 📺 🅿. 🆎 ⓘ ⓜ VISA. ✂
CN n
Repas (Grillades, ouvert jusqu'à 23 h) 45 – 🍽 18 – **40 ch** 170.

Quartier Sud-Est - plan p. 7 sauf indication spéciale :

AC Hotel, Provincialeweg 38 (sur A 9, sortie S 113), ✉ 1108 AB, ✆ (0 20) 312 14 16, *amsterdam@autogrill.nl*, Fax (0 20) 312 14 65, ≤, 🍴, ✂, 🏊 – 🏚 ⚓ 📺 🅿 – 🚣 25 à 60. 🆎 ⓘ ⓜ VISA. ✂ ch
DQR n
Repas Lunch 35 – 45 – **192 ch** 🍽 215/320 – ½ P 250/308.

Tulip Inn Tropen, Linnaeusstraat 2c, ✉ 1092 CK, ✆ (0 20) 692 51 11, *sales@titropen.goldentulip.nl*, Fax (0 20) 663 09 79, ≤ – 🏚 ⚓ 📺 🅿 – 🚣 80. 🆎 ⓘ VISA. ✂
plan p. 9 HT r
Repas (fermé week-end et après 20 h) Lunch 25 – carte env. 50 – 🍽 22 – **80 ch** 247/280.

Bastion Amstel, Verlengde van Marwijk Kooystraat 30 (sur A 10, sortie S 111), ✉ 1096 BX, ✆ (0 20) 663 45 67, *bastion@bastionhotel.nl*, Fax (0 20) 663 31 16 – 🚗. 🆎 ⓘ ⓜ VISA. ✂
CQ e
Repas (Grillades, ouvert jusqu'à 23 h) 45 – 🍽 18 – **80 ch** 170.

par autoroute de Den Haag (A 4) - plan p. 6 :

Mercure Airport, Oude Haagseweg 20 (sur A 4, sortie S 107), ✉ 1066 BW, ✆ (0 20) 617 90 05, *h1315-gm@accor-hotels.com*, Fax (0 20) 615 90 27 – 🏚 ⚓ 🍽 📺 ♿ 🅿 – 🚣 25 à 300. 🆎 ⓘ ⓜ VISA. ✂
AQ p
Repas Lunch 38 – carte 63 à 80 – 🍽 34 – **152 ch** 430.

Environs

à Amstelveen - plans p. 4 et 6 – 77 737 h.

ℹ Thomas Cookstraat 1, ✉ 1181 ZS, ✆ (0 20) 441 55 45, Fax (0 20) 647 19 66

Grand Hotel 🅼 🌿, Bovenkerkerweg 81 (Sud : 2,5 km, direction Uithoorn), ✉ 1187 XC, ✆ (0 20) 645 55 58, *reservering@grand-hotel-amstelveen.nl*, Fax (0 20) 641 21 21, ✂, 🚲 – 🏚 ⚓ 🍽 📺 ♿ 🅿 🆎 ⓘ ⓜ VISA. ✂
AR q
Repas voir rest *Résidence Fontaine Royale* ci-après, par navette – 🍽 28 – **81 ch** 325/365, 10 suites.

De Jonge Dikkert, Amsterdamseweg 104a, ✉ 1182 HG, ✆ (0 20) 643 33 33, Fax (0 20) 645 91 62, 🍴, « Moulin à vent du 17ᵉ s. » – 🅿. 🆎 ⓘ ⓜ VISA
BR r
fermé 31 déc. – **Repas** 68/78.

Résidence Fontaine Royale - H. Grand Hotel, Dr Willem Dreesweg 1 (Sud : 2 km, direction Uithoorn), ✉ 1185 VA, ✆ (0 20) 640 15 01, *reservering@fontaine.royale.nl*, Fax (0 20) 640 16 61, 🍴 – 🚣 25 à 225. 🆎 ⓘ ⓜ VISA
ABR x
fermé 27 déc.-2 janv. et dim. – **Repas** Lunch 55 – carte env. 90.

Le Pescadou, Amsterdamseweg 448, ✉ 1181 BW, ✆ (0 20) 647 04 43, Produits de la mer – 🔳. 🆎 ⓘ ⓜ VISA JCB
BQ s
fermé 20 juil.-10 août, 23 déc.-8 janv. – **Repas** (dîner seult) carte 81 à 120.

La Belle Auberge, Kostverlorenhof 54 (dans un centre commercial), ✉ 1183 HG, ✆ (0 20) 643 31 00 – 🔳. 🆎 ⓜ VISA. ✂
BR t
fermé 21 juil.-14 août, 22 déc.-4 janv., sam. et dim. – **Repas** carte 74 à 93.

AMSTERDAM p. 25

à Badhoevedorp par *Schipholweg* AQ - Haarlemmermeer *109 377 h* :

Dorint M, Sloterweg 299, ⊠ 1171 VB, ℘ (0 20) 658 81 11, *sales@dha.dorint.nl*, *Fax (0 20) 658 81 00*, 😊, 🏊, 🚲 – 🛗 ⚒, 🍽 ch, 📺 ♿ 🅿 – 🚗 25 à 150. AE ⓞ ⓜⓞ VISA, ⚒
Repas (Ouvert jusqu'à 23 h) Lunch 40 – 50 – ⊇ 35 – **216 ch** 517/583.

De Herbergh avec ch, Sloterweg 259, ⊠ 1171 CP, ℘ (0 20) 659 26 00, *postbus@hotelherbergh.demon.nl*, *Fax (0 20) 659 83 90*, 🌳 – 🍽 rest, 📺 🅿 – 🚗 25 à 80. AE ⓞ ⓜⓞ VISA, ⚒ ch
Repas *(fermé sam. midi et dim. midi)* – 48/85 – ⊇ 22 – **15 ch** 195/210.

à Landsmeer Nord : 9 km - *plan p. 5* - *10 321 h*.

Da Pasquale, Dorpsstraat 40a, ⊠ 1121 BX, ℘ (0 20) 482 23 25, *Fax (0 20) 482 45 84*, 🌳, Cuisine italienne – AE ⓜⓞ VISA   CL e
fermé lundi – **Repas** *(dîner seult)* carte 61 à 80.

à Ouderkerk aan de Amstel - *plans p. 6 et 7* - Amstelveen *77 737 h* :

Paardenburg, Amstelzijde 55, ⊠ 1184 TZ, ℘ (0 20) 496 12 10, *Fax (0 20) 496 40 17*, 🌳, « Peintures murales du 19er s., terrasse au bord de l'eau », 🍽 – 🅿 – 🚗 25 à 200. AE ⓞ ⓜⓞ VISA JCB, ⚒   BCR
fermé dim. – **Repas** Lunch 75 – 95/150.

't Jagershuis avec ch, Amstelzijde 2, ⊠ 1184 VA, ℘ (0 20) 496 20 20, *Fax (0 20) 496 45 41*, ≤, 🌳, « Auberge avec terrasse au bord de l'Amstel », 🍽 – 🍽 📺 🅿 – 🚗 30. AE ⓞ ⓜⓞ VISA, ⚒ ch   BCR u
Repas Lunch 65 – 75/115 – ⊇ 28 – **12 ch** 335/550.

Klein Paardenburg, Amstelzijde 59, ⊠ 1184 TZ, ℘ (0 20) 496 13 35, *Fax (0 20) 496 16 90*, 🌳, « Terrasse au bord de l'eau » – AE ⓞ ⓜⓞ VISA   BCR u
fermé dern. sem. déc.-1er janv., dim. et jours fériés – **Repas** Lunch 70 – carte env. 105.

Ron Blaauw, Kerkstraat 56, ⊠ 1191 JE, ℘ (0 20) 496 19 43, *ron.blaauw@worldonline.nl*, *Fax (0 20) 496 57 01*, 🌳 – AE ⓞ ⓜⓞ VISA, ⚒   CR v
fermé 24 déc.-3 janv. et dim. – **Repas** Lunch 70 – carte 123 à 178.

De Voetangel, Ronde Hoep Oost 3 (Sud-Est : 3 km), ⊠ 1191 KA, ℘ (0 294) 28 13 73, *voetang@euronet.nl*, *Fax (0 294) 28 49 39*, ≤, 🌳 – 🅿. AE ⓞ ⓜⓞ VISA
fermé 25 juil.-16 août, merc. et jeudi – **Repas** Lunch 43 – carte 51 à 74.

à Schiphol (Aéroport international) - par A4-E19 ④ - Haarlemmermeer *109 377 h* : – Casino, Luchthaven Schiphol, Terminal Centraal AQR, ℘ (0 23) 574 05 74, *Fax (0 23) 571 62 26*

Sheraton Airport M, Schiphol bd 101, ⊠ 1118 BG, ℘ (0 20) 316 43 00, *Fax (0 20) 316 43 99*, 💪, 😊, 🏊 – 🛗 ⚒ 🍽 📺 ♿ ⇋ – 🚗 25 à 500. AE ⓞ ⓜⓞ VISA JCB
Repas *Voyager* (Ouvert jusqu'à 23 h) 85 – ⊇ 45 – **400 ch** 800, 8 suites.

Hilton Schiphol, Herbergierstraat 1, ⊠ 1118 CA, ℘ (0 20) 710 40 00, *Schiphol@cistron.nl*, *Fax (0 20) 710 40 90*, 💪, 😊, 🏊 – 🛗 ⚒ 🍽 📺 ♿ 🅿 – 🚗 25 à 60. AE ⓞ ⓜⓞ VISA JCB, ⚒ rest
Repas *East West* (Avec cuisine asiatique, dîner seult jusqu'à 23 h) carte 94 à 134 – **Greenhouse** (Buffets, ouvert jusqu'à 23 h 30) 65/75 – ⊇ 45 – **279 ch** 660/725, 1 suite.

Radisson SAS Airport M ⚒, Boeing Avenue 2 (Sud : 4 km par N 201 à Rijk), ⊠ 1119 PB, ℘ (0 20) 655 31 31, *info@amszh.rdsas.com*, *Fax (0 20) 655 31 00*, 🌳 – 💪, 😊 – 🛗 ⚒ 🍽 📺 ♿ 🅿 – 🚗 25 à 600. AE ⓞ ⓜⓞ VISA JCB, ⚒
Repas *(Cuisine italienne)* carte env. 85 – ⊇ 38 – **277 ch** 440/475, 2 suites.

ANNA PAULOWNA *Noord-Holland* **210** N 5 et **908** F 3 – *13 670 h*.
Amsterdam 71 – Alkmaar 32 – Den Helder 15 – Hoorn 43.

La Première, Smidsweg 4, ⊠ 1761 BJ, ℘ (0 223) 53 19 66, *premiere@tref.nl*, *Fax (0 223) 53 41 65*, 🌳 – AE ⓞ ⓜⓞ VISA
fermé 2 sem. en juil., 1 sem. en janv. et merc. – **Repas** *(dîner seult)* carte env. 90.

APELDOORN *Gelderland* **211** U 9 et **908** I 5 – *152 860 h*.
Voir Musée-Palais (Nationaal Museum Paleis) Het Loo★★★ : appartements★★★, porte★★★ vers la terrasse, jardins★★ X.

🏌 à l'Ouest : 6 km à Hoog Soeren, Hoog Soeren 57, ⊠ 7346 AC, ℘ (0 55) 519 12 75, *Fax (0 55) 519 11 26* – 🏌 au Sud : 4 km à Lieren, Albaweg 43, ⊠ 7364 CB, ℘ (0 55) 505 12 62, *Fax (0 55) 505 23 88* – 🏌 par ④ : 10 km au Domaine de Bussloo, Bussloselaan 6, ⊠ 7383 RP, ℘ (0 571) 26 19 55, *Fax (0 571) 26 20 89*.

🚉 Stationsstraat 72, ⊠ 7311 MH, ℘ 0 900-168 16 36, *Fax (0 55) 521 12 90*.
Amsterdam 90 ⑦ – Arnhem 33 ⑥ – Enschede 73 ④ – Groningen 335 ② – Utrecht 72 ⑦.

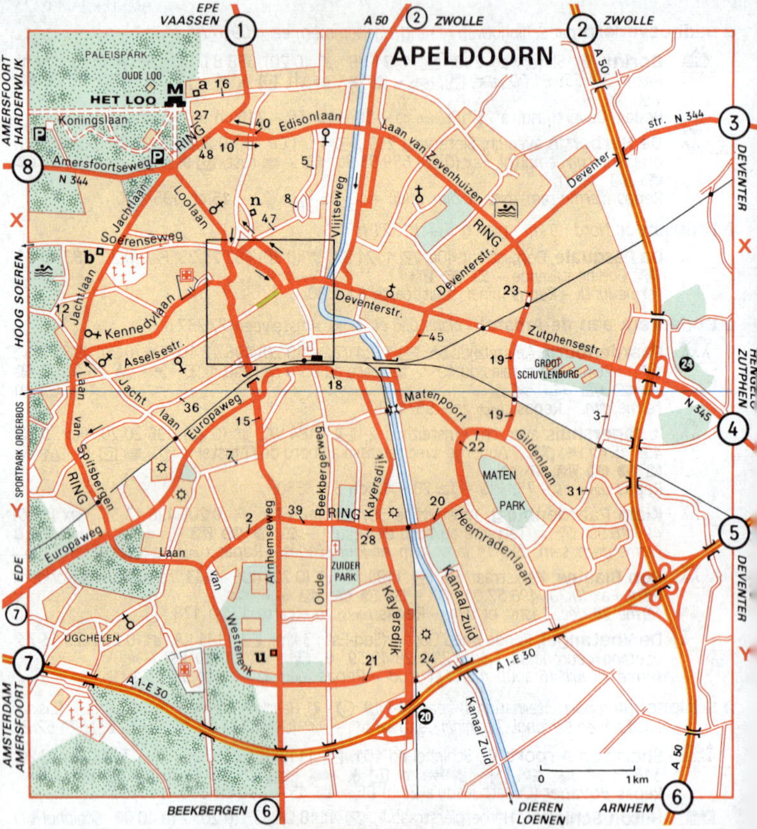

APELDOORN

Aluminiumweg	Y	2
Barnewinkel	Y	3
Boerhaavestr.	X	5
Eendrachtstr.	Y	7
Gen. van Heutszlaan	Y	8
Hertenlaan	X	10
Hoofdstr.	Z	
J. C. Wilslaan	X	12
Kapelstr.	Z	13
Koning Stadhouderlaan	Z	15
Koningstr.	Y	16
Korenstr.	Z	17
Laan van de Mensenrechten	X	18
Laan van Erica	XY	19
Laan van Kuipershof	Y	20
Laan van Malkenschoten	Y	21
Laan van Maten	Y	22
Laan van Osseveld	X	23
Lange Amerikaweg	X	24
Loseweg	X	27
Marchantstr.	Y	28
Marktpl.	Z	30
Marskramersdonk	Y	31
Molenstr.	Z	32
Mr. van Rhemenslaan	Z	34
Paul Krügerstr.	Z	35
Prins W. Alexanderlaan	Y	36
Ravenweg	Y	39
Reeënlaan	X	40
Sprengenweg	Z	43
Stationspl.	Z	44
Wapenrustlaan	X	45
Wilhelminapark	X	47
Zwolseweg	X	48

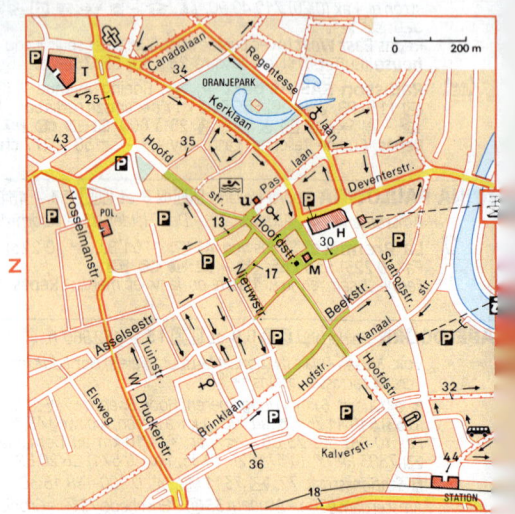

392

APELDOORN

De Keizerskroon, Koningstraat 7, ⊠ 7315 HR, ℘ (0 55) 521 77 44, info@keizerskroon.nl, Fax (0 55) 521 47 37, 😀, 🎿, ≤s, 🏊, 🚲 – 📱 ✄, 🍴 rest, 📺 & ⇔ 🅿 – 🚗 25 à 220. ㏂ ⓘ ⓜ⊘ 🟦 ✄ rest
fermé 31 déc. – **Repas** Lunch 55 – 65 – ⊃ 35 – **94 ch** 305/345, 3 suites.
X a

De Cantharel, Van Golsteinlaan 20 à Ugchelen (Sud-Ouest : par Europaweg, près A 1), ⊠ 7339 GT, ℘ (0 55) 541 44 55, cantharel@valk.com, Fax (0 55) 533 41 07, 😀, ≤s, 🎿, 🍴, 🚲 – 📱, 🍴 rest, 📺 🅿 – 🚗 50 à 500. ㏂ ⓘ ⓜ⊘ 🟦 ✄ rest
Repas (Ouvert jusqu'à 23 h) carte 45 à 96 – ⊃ 25 – **92 ch** 125/400 – ½ P 180/310.
Y

Apeldoorn, Soerenseweg 73, ⊠ 7313 EH, ℘ (0 55) 355 45 55, info@hotelapeldoorn.nl, Fax (0 55) 355 73 61, 😀, 🚲 – 📱 📺 🅿 – 🚗 25 à 225. ㏂ ⓘ ⓜ⊘ 🟦 JCB. ✄ ch
Repas Lunch 25 – carte 58 à 88 – **38 ch** ⊃ 150/175 – ½ P 190.
X b

Astra, Bas Backerlaan 14, ⊠ 7316 DZ, ℘ (0 55) 522 30 22, info@hotelastra.nl, Fax (0 55) 522 30 21, 🎿 – 📺 🅿. ㏂ ⓘ ⓜ⊘ 🟦. ✄
fermé 21 déc.-2 janv. – **Repas** (dîner pour résidents seult) – **28 ch** ⊃ 130/180 – ½ P 95/120.
X n

Aub. Navet, Arnhemseweg 350, ⊠ 7334 AC, ℘ (0 55) 541 86 64, Fax (0 55) 533 60 93, 😀 – 🅿. ㏂ ⓜ⊘ 🟦
fermé mardi – **Repas** 70.
Y u

Poppe, Paslaan 7, ⊠ 7311 AH, ℘ (0 55) 522 32 86, restaurant.poppe.apeldoorn@worldonline.nl, Fax (0 55) 578 51 73, 😀 – 🅿. ㏂ ⓜ⊘ 🟦
Repas (dîner seult) 58/80.
Z u

à Beekbergen par ⑥ : 5 km © Apeldoorn :

Landgoed de Wipselberg ≤, Wipselbergweg 30 (Sud-Est : 3 km), ⊠ 7361 TK, ℘ (0 55) 506 26 26, info@gtwipselberg.goldentulip.nl, Fax (0 55) 506 31 49, 😀, « Pavillons dans un vaste parc », ≤s, 🏊, 🍴, 🍴, 🚲 – ✄ 📺 🅿 – 🚗 25 à 80. ㏂ ⓘ ⓜ⊘ 🟦 JCB. ✄
Repas Lunch 36 – carte env. 80 – **90 ch** ⊃ 266/353 – ½ P 145/176.

Engelanderhof, Arnhemseweg 484, ⊠ 7361 CM, ℘ (0 55) 506 33 18, hr.engelanderhof@chello.nl, Fax (0 55) 506 32 20, 😀, 🍴, 🍴 – 📺 🅿. ㏂ ⓘ ⓜ⊘ 🟦. ✄
Repas (fermé dim. de mi-oct. à mars) 30/80 – **17 ch** ⊃ 115/180 – ½ P 135/210.

à Hoog Soeren Ouest : 6 km par Soerenseweg X © Apeldoorn :

Oranjeoord ≤, Hoog Soeren 134, ⊠ 7346 AH, ℘ (0 55) 519 12 27, Fax (0 55) 519 14 51, 😀, « Dans les bois », 🍴, 🚲 – 📺 🅿 – 🚗 25. ㏂ ⓘ ⓜ⊘ 🟦 JCB. ✄ rest
Repas (fermé après 20 h 30) 60 – ⊃ 15 – **34 ch** 155/195, 1 suite – ½ P 155/180.

De Echoput, Amersfoortseweg 86 (par ⑧ : 5 km), ⊠ 7346 AA, ℘ (0 55) 519 12 48, info@echoput.nl, Fax (0 55) 519 14 09, 😀, « Terrasse et jardin » – 🍴 🅿. ㏂ ⓘ ⓜ⊘ 🟦
fermé 27 déc.-10 janv., lundi et sam. midi – **Repas** Lunch 99 – 125/185 bc.

Het Jachthuis, Hoog Soeren 55, ⊠ 7346 AC, ℘ (0 55) 519 13 97, Fax (0 55) 519 18 06, 😀, « Petite auberge au milieu des bois » – 🅿. ㏂ ⓘ ⓜ⊘ 🟦 ✿
fermé 4 mai, 17 juil.-5 août et lundi – **Repas** Lunch 75 – 98, carte 100 à 125
Spéc. Bar sur risotto safrané. Canard sauvage au vinaigre de framboise (août-janv.). Tarte aux pommes maison.

APPELSCHA Fryslân © Ooststellingwerf 25 602 h. 210 W 5 et 908 K 3.
Amsterdam 190 – Groningen 49 – Assen 19 – Leeuwarden 55.

Appelscha, Boerestreek 2, ⊠ 8426 BP, ℘ (0 516) 43 15 93, appelscha@hollandinn.nl, Fax (0 516) 43 26 63 – 📱 📺 🅿 – 🚗 50. ㏂ ⓘ ⓜ⊘ 🟦 JCB. ✄ rest
Repas (fermé après 20 h 30) Lunch 12 – carte 45 à 73 – **34 ch** ⊃ 130/165 – ½ P 97/102.

Bijzonder aangename hotels of restaurants worden in de gids in het rood aangeduid.

Help ons. Maak ons attent op bedrijven, waarvan u uit ervaring weet dat zij aangenaam zijn.

Uw Michelingids zal dan nog beter zijn.

APPINGEDAM Groningen 210 AA 3 et 908 L 2 – 12 235 h.

Voir ≤ ★ de la passerelle (Smalle brug).

Env. au Nord-Ouest : 20 km à Uithuizen★ : Château Menkemaborg★.

🛈 Wijkstraat 38, ✉ 9901 AJ, ✆ (0 596) 62 03 00, Fax (0 596) 62 82 51.
Amsterdam 208 – Groningen 26.

- **Landgoed Ekenstein** ≫, Alberdaweg 70 (Ouest : 3 km), ✉ 9901 TA, ✆ (0 596) 62 85 28, info@ekenstein.nl, Fax (0 596) 62 06 21, 🍴, 🐾, 🚲, 🅟 – 🛏 TV 🅿 – 🏛 25 à 200. AE ① ⓜ VISA JCB. ⁇ rest
fermé 1er janv. – **Repas** Lunch 35 – carte env. 70 – **28 ch** ⚏ 145/175 – ½ P 130/140.

- **Het Wapen van Leiden**, Wijkstraat 44, ✉ 9901 AJ, ✆ (0 596) 62 29 63, Fax (0 596) 62 41 85 – TV. AE ① ⓜ VISA JCB. ⁇ rest
Repas Lunch 30 – carte 45 à 80 – **28 ch** ⚏ 110/145.

Nos guides hôteliers, nos guides touristiques et nos cartes routières sont complémentaires. Utilisez-les ensemble.

ARCEN Limburg © Arcen en Velden 9 071 h. 211 W 14 et 908 J 7.

🛈 Wal 26, ✉ 5944 AW, ✆ (0 77) 473 12 47, Fax (0 77) 473 30 19.
Amsterdam 167 – Maastricht 88 – Nijmegen 53 – Venlo 13.

- **Rooland**, Roobeekweg 1 (Nord : 3 km sur N 271), ✉ 5944 EZ, ✆ (0 77) 473 66 66, info@rooland.nl, Fax (0 77) 473 29 15, 🍴, 🐾, 🚲, 🅟 – 🛏 TV 🅿 – 🏛 25 à 250. AE ① ⓜ VISA
Repas Lunch 30 – 45 – **54 ch** ⚏ 135/185 – ½ P 103/115.

- **De Maasparel**, Schans 3, ✉ 5944 AE, ✆ (0 77) 473 12 96, maasparel@hetnet.nl, Fax (0 77) 473 13 35, 🍴, 🐾, 🚲 – TV 🅿. ⓜ VISA. ⁇ ch
fermé sem. carnaval – **Repas** (fermé merc. de nov. à mars) (dîner seult) carte 63 à 79 – **10 ch** ⚏ 110/140 – ½ P 105/120.

ARNHEM 🅟 Gelderland 211 U 11 et 908 I 6 – 137 222 h.

Voir Parc de Sonsbeek★ (Sonsbeek Park) CY – Burgers' Zoo★★.

Musées : Néerlandais de plein air★★ (Het Nederlands Openluchtmuseum) AV – Musée d'art moderne★ (Museum voor Moderne Kunst) AVX M – Historique Het Burgerweeshuis★ DZ M¹.

Env. au Nord-Est : Parc National (Nationaal Park) Veluwezoom★, route de Posbank ⁂★ par ②.

🏌 Papendallaan 22, ✉ 6816 VD, ✆ (0 26) 482 12 82, Fax (0 26) 482 13 48 et 🏌 Apeldoornseweg 450, ✉ 6816 SN, ✆ (0 26) 442 39 27, Fax (0 26) 351 11 96 - 🏌 au Sud-Ouest : 8 km à Elst, Grote Molenstraat 173, ✉ 6661 NH, ✆ (0 481) 37 65 91, Fax (0 481) 37 70 55.

🛈 Willemsplein 8, ✉ 6811 KL, ✆ 0 900-202 40 75, Fax (0 26) 442 26 44.
Amsterdam 100 ⑥ – Apeldoorn 27 ① – Essen 110 ③ – Nijmegen 19 ④ – Utrecht 64 ⑥.

Plans pages suivantes

- **Landgoed Groot Warnsborn** ≫, Bakenbergseweg 277, ✉ 6816 VP, ✆ (0 26) 445 57 51, info@grootwarnsborn.nl, Fax (0 26) 443 10 10, ≤, 🍴, « Environnement boisé », 🐾, – 🛏 TV 🅿 – 🏛 25 à 100. AE ① ⓜ VISA. ⁇   AV e
fermé 27 déc.-13 janv. – **Repas** (fermé dim. midi) Lunch 60 – carte 83 à 102 – **30 ch** ⚏ 200/405 – ½ P 210/273.

- **Rijnhotel**, Onderlangs 10, ✉ 6812 CG, ✆ (0 26) 443 46 42, info@rijnhotel.nl, Fax (0 26) 445 48 47, ≤, 🍴, « Au bord du Rhin (Rijn) » – 🛏 🛜 TV – 🏛 25 à 80. AE ① ⓜ VISA JCB   AX a
Repas Le Saumon Lunch 48 – 50/85 – **67 ch** ⚏ 250/415, 1 suite – ½ P 160/245.

- **Haarhuis**, Stationsplein 1, ✉ 6811 KG, ✆ (0 26) 442 74 41, haarhuis@bart.nl, Fax (0 26) 442 74 49, 🗜, ≋ – 🛏, ■ rest, TV 🅿 – 🏛 25 à 600. AE ① ⓜ VISA   CZ f
Repas Lunch 33 – 43/115 – **84 ch** ⚏ 185/340 – ½ P 220/295.

- **Molendal** sans rest, Cronjéstraat 15, ✉ 6814 AG, ✆ (0 26) 442 48 58, info@hotel-molendal.nl, Fax (0 26) 443 66 14 – TV. AE ① ⓜ VISA   CY p
17 ch ⚏ 200/250.

- **Mercure H. Postiljon**, Europaweg 25 (près A 12), ✉ 6816 SL, ✆ (0 26) 357 33 33, h2105@accor-hotels.com, Fax (0 26) 357 33 61, 🍴, 🚲 – 🛏 🛜 TV 🖧 🅿 – 🏛 25 à 500. AE ① ⓜ VISA. ⁇   ABV c
Repas Lunch 28 – carte env. 60 – ⚏ 24 – **82 ch** 152/200 – ½ P 110/144.

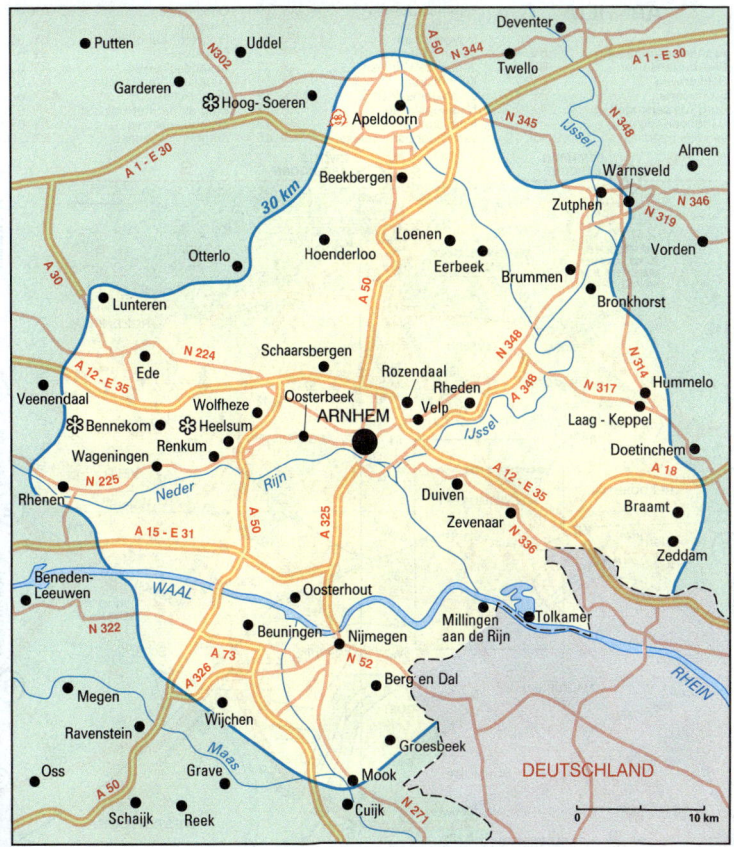

🏨 **Blanc** sans rest, Coehoornstraat 4, ✉ 6811 LA, ✆ (0 26) 442 80 72, Fax (0 26) 443 47 49 – 🛗 📺 🚗 – 🛁 25. 🆎 ① ⓜⓞ 💳. 🦞
ferm é 24 déc.-début janv. – **22 ch** 🍽 147/203.
CZ c

🏨 **Old Dutch** sans rest, Stationsplein 8, ✉ 6811 KG, ✆ (0 26) 442 07 92, info@old-dut ch.nl, Fax (0 26) 445 78 30 – 🛗 📺. 🆎 ① ⓜⓞ 💳 JCB. 🦞
21 ch 🍽 157/203.
CZ k

🍴🍴 **De Steenen Tafel**, Weg achter het Bosch 1, ✉ 6822 LV, ✆ (0 26) 443 53 13, Fax (0 26) 442 16 59, 🌿 – 🅿. 🆎 ① ⓜⓞ 💳. 🦞
fermé 25 fév.-13 mars, 22 juil.-14 août et dim. – **Repas** Lunch 63 – 83/125.
AV h

🍴🍴 **Zilli en Zilli**, Mariënburgstraat 1, ✉ 6811 CS, ✆ (0 26) 442 48 95, da.zilli@wxs.nl, Fax (0 26) 442 48 95, Cuisine italienne avec trattoria – 🆎 ⓜⓞ 💳. 🦞
fermé du 1er au 30 août et lundi – **Repas** 48/58.
CZ u

🍴🍴 **La Rusticana**, Bakkerstraat 58, ✉ 6811 EJ, ✆ (0 26) 351 56 07, info@rusticana.nl, Fax (0 26) 351 56 07, 🌿, Cuisine italienne – 🆎 ① ⓜⓞ 💳
fermé mardi – **Repas** (dîner seult) carte 59 à 85.
CZ m

🍴🍴 **CocoLinie**, Rijnkade 39, ✉ 6811 HA, ✆ (0 26) 442 66 64, restaurant@cocolinie.nl, Fax (0 26) 442 32 63, 🌿, Ouvert jusqu'à 23 h – 🆎 ① ⓜⓞ 💳
fermé 27 déc.-10 janv. et mardi – **Repas** Lunch 48 – 55/95.
CZ n

à Duiven par ③ : 10 km – 24 609 h.

🏨 **Duiven**, Nieuwgraaf 3 (sur A 12, sortie ㉗), ✉ 6921 RJ, ✆ (0 26) 311 11 50, Fax (0 26) 311 74 60, 🌿 – 🛌 📺 🅿. 🆎 ① ⓜⓞ 💳. 🦞
Repas (fermé dim.) (dîner seult) carte env. 55 – 🍽 13 – **40 ch** 99/164.

ARNHEM

Arnhemsestraatweg .... **BV** 4	Heijenoordseweg .... **AV** 19	Onderlangs .... **AX** 46
Beekhuizenseweg .... **BV** 6	Hulksteinseweg .... **AX** 22	Parkweg .... **AV** 49
Beukenweg .... **BV** 7	Huygenslaan .... **BV** 24	President Kennedylaan .... **AV** 52
Bronbeeklaan .... **BV** 10	Jacob Marislaan .... **AV** 27	Ringallee .... **BV** 54
Burg Matsersingel .... **AX** 12	Johan de Wittlaan .... **AX** 33	Rosendaalseweg .... **AV** 57
Cattepoelseweg .... **AV** 13	Koppelstraat .... **AX** 36	Thomas a Kempislaan .... **AV** 58
van Heemstralaan .... **AV** 18	Lerensteinselaan .... **BV** 37	Voetiuslaan .... **ABX** 64
	Nijmeegseweg .... **AV** 42	Weg achter het Bos .... **AV** 67
	Nordlaan .... **AV** 43	Zijpendaalseweg .... **AV** 69
	van Oldenbarneveldtstr. .... **AX** 45	Zutphensestraatweg .... **BV** 70

à Rozendaal – *1266 h* :

Hunting Lodge, Beekhuizenseweg 1, ⊠ 6891 CZ, ℘ (0 26) 361 15 97, info@reside nceroosendaal.nl, Fax (0 26) 364 70 63, 😊, « Terrasse avec ≤ parc et château Rosendael » – 🅿. AE ⓞ ⓜⓞ VISA
Repas Lunch 55 – carte env. 75.
BV **b**

à Schaarsbergen 10 km par Kemperbergerweg AV ⓒ Arnhem :

Rijzenburg, Koningsweg 17 (à l'entrée du parc national), ⊠ 6816 TC, ℘ (0 26) 443 67 33, restaurant@rijzenburg.nl, Fax (0 26) 443 77 07, 😊, – 🗏 🅿. AE ⓞ ⓜⓞ VISA JCB, ❀
fermé fév., lundi et après 20 h – **Repas** carte 70 à 95.

à Velp ⓒ Rheden 44 320 h :

Velp, Pres. Kennedylaan 102, ⊠ 6883 AX, ℘ (0 26) 364 98 49, arnhem-velp@bilderb erg.nl, Fax (0 26) 364 24 27, 😊, 🎧, 🎿, 🚲 – 📺 🅿 – 🕭 25 à 150. AE ⓞ ⓜⓞ VISA JCB, ❀ rest
Repas Lunch 45 – 70/90 – ⊇ 30 – **74 ch** 180/270 – ½ P 149/180.
BVX **m**

de Rozenhoek, Rozendaalselaan 60, ⊠ 6881 LE, ℘ (0 26) 364 72 90, Fax (0 26) 361 75 88, 😊 – 📺 🅿. AE ⓞ ⓜⓞ VISA, ❀ ch
Repas 45 – **8 ch** ⊇ 110/162.
BV **g**

ARNHEM

Apeldoornsestr.	**DY**	3
Bouriciusstraat	**CY**	9
Eusebiusbinnensingel	**DZ**	16
Heuvelink Bd.	**DZ**	21
Ir. J. P. van Muylwijkstr.	**DZ**	25
Jansbinnensingel	**CZ**	28
Jansplein	**CZ**	30
Janstraat	**CZ**	31
Ketelstraat	**CDZ**	34
Looierstraat	**DZ**	39
Oranjewachtstr.	**DZ**	48
Rijnstraat	**CZ**	
Roggestraat	**DZ**	55
Velperbinnensingel	**DZ**	60
Velperbuitensingel	**DZ**	61
Vijzelstraat	**CZ**	63
Walburgstraat	**DZ**	66

Bijzonder aangename hotels of restaurants worden in de gids in het rood aangeduid.

U kunt helpen door ons attent te maken op bedrijven, waarvan u uit ervaring weet dat zij aangenaam zijn.

Uw Michelingids zal dan nog beter zijn.

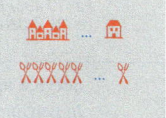

397

ASSEN ⓟ Drenthe 210 Y 5 et 908 K 3 – 57 376 h.

Voir Musée de la Drenthe★ (Drents Museum) : section archéologique★ – Ontvangershuis★ Y M¹.

Env. au Nord-Ouest à Midwolde, monument funéraire★ dans l'église – à l'Est à Eexterhalte, hunebed★ (dolmen).

🛈 Marktstraat 8, ✉ 9401 JH, ℘ (0 592) 31 43 24, Fax (0 592) 31 73 06.

Amsterdam 187 ③ – Groningen 27 ① – Zwolle 76 ③

 Assen, Balkenweg 1 (par ④ : 2 km), ✉ 9405 CC, ℘ (0 592) 85 15 15, info@assen.valk.nl Fax (0 592) 85 15 16, 🍴, 🚴 – 📶 ✳ TV ♿ 🅿 – 🛎 25 à 500. AE ⓘ ⓜ VISA JCB

Repas (Ouvert jusqu'à 23 h) Lunch 20 – carte 45 à 80 – ☐ 15 – **136 ch** 120/135 – ½ P 113.

ASSEN

Brinkstr.	Y 3
Burg. Jollesstr.	Z 4
Ceresstr.	Y 5
Collardslaan	Z 6
van de Feltzpark	Z 12
Gedemptesingel	Y 13
Havenkade	Y 18
Julianastr.	Y 22
Kloekhorststr.	Y 23
Kloosterstr.	YZ 24
Koopmansplein	Y 25
Kruisstr.	Y 27
Marktstr.	Y 30
Minervalaan	Y 31
Neptunusplein	Y 32
Nieuwe Huizen	Y 33
Noordersingel	Y 34
Oudestr.	Y 36
Oude Molenstr.	Y 37
Parkstr.	Z 39
Prinses Beatrixlaan	Z 40
Singelpassage	Y 43
Torenlaan	Z 48
Zuidersingel	Z 57

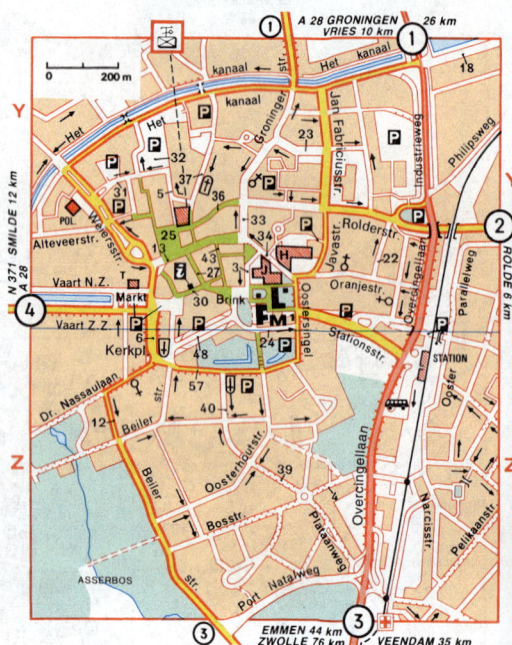

ASTEN Noord-Brabant 211 T 14 et 908 I 7 – 15 872 h.

Musée : National du Carillon★ (Nationaal Beiaardmuseum).

Env. au Sud-Est : De Groote Peel★ (réserve naturelle d'oiseaux).

Amsterdam 152 – Eindhoven 26 – Helmond 14 – 's-Hertogenbosch 63 – Venlo 33.

Nobis, Nobisweg 1 (près A 67), ✉ 5721 VA, ℘ (0 493) 69 68 00, receptie@nobis.nl Fax (0 493) 69 10 58, 🍴, 🚴 – TV 🅿 – 🛎 25 à 400. AE ⓘ ⓜ VISA JCB ✳ ch

Repas (Taverne-rest) 39 – ☐ 18 – **46 ch** 135/157 – ½ P 99/160.

In 't Eeuwig Leven, Pr. Bernhardstraat 22, ✉ 5721 GC, ℘ (0 493) 69 35 62, Fax (0 493) 69 53 17, 🍴 – AE ⓘ ⓜ VISA ✳ fermé 2 dern. sem. vacances bâtiment et merc. – **Repas** Lunch 36 – carte 73 à 92.

Service and taxes

In Belgium, Luxembourg and Netherlands prices include service and taxes.

AXEL Zeeland 211 I 15 et 908 C 8 – 12 017 h.

🛏 Justaasweg 4, ✉ 4571 NB, ℰ (0 115) 56 44 67, Fax (0 115) 56 48 51.
Amsterdam (bac) 193 – Middelburg (bac) 50 – Antwerpen 42 – Gent 29.

XXX **Zomerlust,** Boslaan 1, ✉ 4571 SW, ℰ (0 115) 56 16 93, Fax (0 115) 56 36 45, 🌤,
« Terrasse et jardin au bord de l'eau » – 🅿. 💳 ① 🅜🅞 **VISA**. ❌
fermé 15 janv.-13 fév. et lundi – **Repas** Lunch 78 – 88/120.

X **in d'Ouwe Baencke,** Kerkstraat 10, ✉ 4571 BC, ℰ (0 115) 56 33 73, Fax (0 115) 56 33 73, 🌤 – 💳 ① 🅜🅞 **VISA**. ❌
fermé dern. sem. juil.-prem. sem. août, 31 déc.-6 janv., mardi et merc. – **Repas** Lunch 50 – carte 61 à 77.

à Zuiddorpe Sud : 3 km © Axel :

X **Onder de Linden,** Dorpsplein 12, ✉ 4574 RD, ℰ (0 115) 60 82 95, onderdelinden @zeelandnet.nl, Fax (0 115) 60 84 63, 🌤 – 📧. 💳 🅜🅞 **VISA**. ❌
fermé 25 fév.-3 mars, 20 juin-20 juil., 24 déc.-2 janv., mardi soir et merc. – **Repas** carte 58 à 94.

BAARLE-NASSAU Noord-Brabant 211 O 14 et 908 F 7 – 6 092 h.

🛈 Nieuwstraat 16, ✉ 5111 CW, ℰ (0 13) 507 99 21, Fax (0 13) 507 31 08.
Amsterdam 126 – Breda 23 – Eindhoven 54 – 's-Hertogenbosch 43 – Antwerpen 57.

XX **Den Engel** avec ch, Singel 3, ✉ 5111 CD, ℰ (0 13) 507 93 30, info@engel-schaluinen.nl, Fax (0 13) 507 82 69, 🌤, 🚲 – 📧 rest, 📺. 💳 ① 🅜🅞 **VISA** **JCB**
Repas (Avec taverne-rest) Lunch 43 – carte 65 à 90 – ☐ 18 – **7 ch** 110/160.

BAARN Utrecht 211 Q 9 et 908 G 5 – 24 370 h.

🛈 Stationsplein 7, ✉ 3743 KK, ℰ (0 35) 541 32 26, Fax (0 35) 543 08 28.
Amsterdam 38 – Utrecht 26 – Apeldoorn 53.

🏛 **Kasteel De Hooge Vuursche** 🌳, Hilversumsestraatweg 14 (Ouest : 2 km), ✉ 3744 KC, ℰ (0 35) 541 25 41, h2114@accor-hotels.com, Fax (0 35) 542 32 88, ≼, 🌤, « Parc en terrasse et fontaines », 🌿, 🚲 – 🛗, 📧 rest, 📺 🅿 – 🛎 25 à 100. 💳 ① 🅜🅞 **VISA** **JCB**. ❌
fermé janv. – **Repas** Lunch 50 – 79/200 – ☐ 40 – **25 ch** 205/485 – ½ P 290/315.

XX **La Promenade** avec ch, Amalialaan 1, ✉ 3743 KE, ℰ (0 35) 541 29 13, lapromenad e@wxs.nl, Fax (0 35) 541 57 75, 🌤, 🚲 – 📺 🅿 – 🛎 25 à 70. 💳 ① 🅜🅞 **VISA** **JCB**. ❌
Repas (fermé dim.) Lunch 55 bc – carte env. 85 – ☐ 25 – **22 ch** 135/155.

à Lage-Vuursche Sud-Ouest : 7 km © Baarn :

XXX **De Kastanjehof** 🌳 avec ch, Kloosterlaan 1, ✉ 3749 AJ, ℰ (0 35) 666 82 48, kast anj@worldonline.nl, Fax (0 35) 666 84 44, 🌤, « Terrasses et jardin fleuri » – 📺 🅿 – 🛎 30. 💳 ① 🅜🅞 **VISA**
fermé 24, 25 et 31 déc. et 1er janv. – **Repas** Lunch 58 – 63/125 – **10 ch** ☐ 185/215.

BADHOEVEDORP Noord-Holland 210 N 8 - ㊳ S, 211 N 8 et 908 F 4 - ㉗ S – voir à Amsterdam, environs.

BALK Fryslân © Gaasterlân-Sleat 9 961 h. 211 S 5 et 908 H 3.
Amsterdam 119 – Groningen 84 – Leeuwarden 50 – Zwolle 63.

à Harich Nord-Ouest : 1 km © Gaasterlân-Sleat :

🏨 **Welgelegen** 🌳, Welgelegen 15, ✉ 8571 RG, ℰ (0 514) 60 50 50, Fax (0 514) 60 51 99, 🚲 – 📺 🅿 – 🛎 200. 💳 ① 🅜🅞 **VISA** **JCB**. ❌ rest
Repas (résidents seult) – **20 ch** ☐ 132/240 – ½ P 108/153.

BALLUM Fryslân 210 T 2 et 908 I 1 – voir à Waddeneilanden (Ameland).

BARCHEM Gelderland 211 X 10 et 908 K 5 – voir à Lochem.

BARENDRECHT Zuid-Holland 211 M 11 - ㊵ S et 908 E 6 - ㉕ S – voir à Rotterdam, environs.

BAVEL Noord-Brabant 211 O 13 – voir à Breda.

BEEK Limburg 211 T 17 et 908 I 9 – voir à Maastricht.

BEEKBERGEN Gelderland 211 U 10 et 908 I 5 – voir à Apeldoorn.

BEEK EN DONK
Noord-Brabant © Laarbeek 21 508 h. 211 S 13 et 908 H 7.
Amsterdam 116 – Eindhoven 20 – Nijmegen 54.

✗ **Woo Ping**, Piet van Thielplein 10 (Donk), ⊠ 5741 CP, ℘ (0 492) 46 22 13, Fax (0 492) 46 57 98, 😊, Cuisine asiatique – AE ⓞ ⓜⓒ VISA. ✁
fermé lundi – **Repas** (dîner seult) carte 45 à 70.

BEETSTERZWAAG
(BEETSTERSWEACH) Fryslân © Opsterland 28 676 h. 211 V 4 et 908 J 2.
⊓ van Harinxmaweg 8a, ⊠ 9244 CJ, ℘ (0 512) 38 25 94, Fax (0 512) 38 37 39.
Amsterdam 143 – Groningen 41 – Leeuwarden 34.

🏨 **Lauswolt** ⚲ (avec annexe), Van Harinxmaweg 10, ⊠ 9244 CJ, ℘ (0 512) 38 12 45, lauswolt@bilderberg.nl, Fax (0 512) 38 14 96, « Demeure du 19ᵉ s. sur parc », ⇌, ☒,
✗, 🚴 – 🕭 TV 🅿 – 🛄 25 à 80. AE ⓞ ⓜⓒ VISA
Repas voir rest *De Heeren van Harinxma* ci-après – ⊇ 38 – **63 ch** 295/380, 2 suites – ½ P 333/500.

🏨🏨🏨🏨 **De Heeren van Harinxma** - H. Lauswolt, Van Harinxmaweg 10, ⊠ 9244 CJ, ℘ (0 512)
❀ 38 12 45, lauswolt@bilderberg.nl, Fax (0 512) 38 14 96, 😊 – 🅿 AE ⓞ ⓜⓒ VISA. ✁
Repas *Lunch* 90 – 125/160, carte env. 140
Spéc. Crème mousseuse de langoustines. Canard de Barbarie au sirop de pommes. Pomme au four et crème brûlée au Calvados.

✗✗ **Prins Heerlijck**, Hoofdstraat 23, ⊠ 9244 CL, ℘ (0 512) 38 24 55, info@prinsheerli jk.nl, Fax (0 512) 38 33 71, 😊, « Terrasse » – 🅿 AE ⓞ ⓜⓒ VISA JCB
fermé fin déc. – **Repas** 60/81 bc.

à Olterterp *Nord-Est : 2 km* © *Opsterland :*

✗✗ **Het Witte Huis** avec ch, van Harinxmaweg 20, ⊠ 9246 TL, ℘ (0 512) 38 22 22, witt ehuis@cybercomm.nl, Fax (0 512) 38 23 07, 😊 – TV 🅿 – 🛄 25 à 75. AE ⓞ ⓜⓒ VISA
✁ rest
Repas 63/80 – **8 ch** ⊇ 95/160 – ½ P 125/140.

BEILEN
Drenthe © Midden-Drenthe 32 130 h. 211 Y 5 et 908 K 3.
Amsterdam 169 – Assen 17 – Groningen 44 – Leeuwarden 70 – Zwolle 59.

à Spier *Sud-Ouest : 5 km* © *Middenveld :*

🏨 **De Woudzoom**, Oude Postweg 2, ⊠ 9417 TG, ℘ (0 593) 56 26 45, woudzoom@w xs.nl, Fax (0 593) 56 25 50, 😊, « Terrasse », 🅵✁, ⇌, 🚴 – TV 🅿 – 🛄 25 à 250. AE ⓞ ⓜⓒ VISA. ✁
fermé 28 déc.-14 janv. – **Repas** *Lunch* 45 – carte env. 75 – **37 ch** ⊇ 150/190 – ½ P 195/235.

BELFELD
Limburg 211 V 15 et 908 J 8 – 5 417 h.
Amsterdam 172 – Eindhoven 61 – Maastricht 67 – Roermond 17.

🏨 **De Krekelberg**, Parallelweg 11 (Sud-Ouest : 2 km sur N 271), ⊠ 5951 AP, ℘ (0 77) 475 12 66, Fax (0 77) 475 35 05 – TV 🅿 – 🛄 100. AE ⓞ ⓜⓒ VISA. ✁
Repas carte 45 à 78 – **8 ch** ⊇ 98/130.

BENEDEN-LEEUWEN
Gelderland © West Maas en Waal 17 928 h. 211 S 11 et 908 H 6.
Amsterdam 90 – Arnhem 42 – 's-Hertogenbosch 34 – Nijmegen 30.

🏨 **De Twee Linden**, Zandstraat 100, ⊠ 6658 CX, ℘ (0 487) 59 12 34, info@detweeli nden.nl, Fax (0 487) 59 42 24, 🚴 – TV 🅿 – 🛄 25 à 350. AE ⓜⓒ VISA JCB. ✁
fermé 27 déc.-5 janv. – **Repas** *Lunch* 18 – 50/65 – **14 ch** ⊇ 120/155 – ½ P 113/155.

✗✗ **Brouwershof**, Brouwersstraat 1, ⊠ 6658 AD, ℘ (0 487) 59 40 00, info@brouwers hof.nl, Fax (0 487) 59 40 40, 😊 – 🅿 – 🛄 25 à 100. AE ⓞ ⓜⓒ VISA JCB
fermé 24 fév.-3 mars, 17 juil.-2 août, dim. et lundi – **Repas** *Lunch* 50 – carte 80 à 135.

BENNEBROEK
Noord-Holland 210 M 9, 211 M 9 et 908 E 5 – 5 083 h.
Voir au Nord : 1,5 km à Vogelenzang ≤★ : Tulipshow★.
Amsterdam 27 – Den Haag 37 – Haarlem 8 – Rotterdam 62.

✗✗ **De Geleerde Man**, Rijksstraatweg 51, ⊠ 2121 AB, ℘ (0 23) 584 87 32, Fax (0 23) 584 87 33, 😊 – 🅿 AE ⓜⓒ VISA
fermé 29 juil.-14 août, 31 déc.-15 janv. et lundi – **Repas** *Lunch* 43 – 80.

✗✗ **Les Jumeaux**, Bennebroekerlaan 19b, ⊠ 2121 GP, ℘ (0 23) 584 63 34, info@lesju meaux.nl, Fax (0 23) 584 96 83, 😊 – 🗐. AE ⓞ ⓜⓒ VISA
fermé mardi – **Repas** *Lunch* 50 – 60/85 bc.

BENNEKOM Gelderland [C] Ede 101 542 h. **211** T 10 et **908** I 5.
Amsterdam 83 – *Arnhem* 21 – Apeldoorn 45 – Utrecht 45.

- **Het Koetshuis** (Löhr), Panoramaweg 23a (Est : 3 km), ✉ 6721 MK, ✆ (0 318) 41 73 70, Fax (0 318) 42 01 16, 🍴, « Demeure à toit de chaume à la lisière des bois, terrasses » – 🅿. AE ⓘ ⓜ VISA JCB
  fermé 31 déc. et 1er janv. – **Repas** Lunch 68 – carte 95 à 115
  Spéc. Salade de homard et foie gras à la truffe. Agneau à la tomate confite et sariette. Bar cuit sur sa peau, calamars et cèpes.

BENTVELD Noord-Holland **211** M 8 et **211** M 8 – voir à Zandvoort.

BERGAMBACHT Zuid-Holland **211** N 11 et **908** F 6 – 9 208 h.
Amsterdam 64 – *Rotterdam* 25 – Gouda 11 – Utrecht 34.

- **De Arendshoeve**, Molenlaan 14 (Ouest : par N 207), ✉ 2861 LB, ✆ (0 182) 35 10 00 et 35 13 00 (rest), info@worldonline.nl, Fax (0 182) 35 11 55 et 35 39 69 (rest), 🍴, Fà, ≦s, 🔲, 🌿, 🎾, 🚴, – 🛗 🈁, ■ rest, 📺 🅿. – 🔏 25 à 150. AE ⓘ ⓜ VISA JCB. 🌿
  voir aussi **Puccini** ci-après – **Onder de Molen** Lunch 55 – carte 69 à 83 – ⊊ 25 – **24 ch** 250/300, 3 suites.

- **Puccini** - H. De Arendshoeve, Molenlaan 14 (Ouest : par N 207), ✉ 2861 LB, ✆ (0 182) 35 10 00, info@worldonline.nl, Fax (0 182) 35 11 55, 🍴, – ■ 🅿. AE ⓘ ⓜ VISA JCB. 🌿
  fermé dim. et lundi – **Repas** Lunch 63 – carte 104 à 134.

BERGEN Noord-Holland **211** N 6 et **908** F 3 – 13 892 h.
🛈 Plein 1, ✉ 1861 JX, ✆ (0 72) 581 21 24, Fax (0 72) 581 38 90.
Amsterdam 43 – Alkmaar 6 – Haarlem 38.

- **Parkhotel**, Breelaan 19, ✉ 1861 CC, ✆ (0 72) 589 78 67, Fax (0 72) 589 74 35, 🍴 – 🛗 📺 – 🔏 30 à 70. AE ⓘ ⓜ VISA JCB
  Repas carte 45 à 68 – **26 ch** ⊊ 125/175 – ½ P 105/155.

- **Het Witte Huis**, Ruïnelaan 15, ✉ 1861 LK, ✆ (0 72) 581 25 30, info@hotel-hetwitt ehuis.nl, Fax (0 72) 581 39 57, 🍴, 🚴 – 🛗 📺 🅿. – 🔏 25 à 60. AE ⓘ ⓜ VISA. 🌿
  Repas 80 – **31 ch** ⊊ 150/185 – ½ P 138/233.

- **Sans Souci** 🌿, sans rest, Hoflaan 7, ✉ 1861 CP, ✆ (0 72) 581 80 55, « Jardin » – 📺 🅿. 🌿
  6 ch ⊊ 130/170.

- **Duinpost** 🌿, sans rest, Kerkelaan 5, ✉ 1861 EA, ✆ (0 72) 581 21 50, Fax (0 72) 589 96 96, 🌿, 🚴 – 📺 🅿. 🌿
  mars-nov. – **14 ch** ⊊ 75/130.

- **Het Huis met de Pilaren**, Raadhuisstraat 10, ✉ 1861 KS, ✆ (0 72) 581 21 87, Fax (0 72) 589 91 23, « Intérieur rustique hollandais » – AE ⓘ ⓜ VISA
  fermé mardi – **Repas** carte env. 85.

- **De Kleine Prins**, Oude Prinsweg 29, ✉ 1861 CS, ✆ (0 72) 589 69 69 – ■. AE ⓘ ⓜ VISA. 🌿
  fermé lundi et mardi – **Repas** (dîner seult) carte env. 80.

à Bergen aan Zee Ouest : 5 km [C] Bergen – Station balnéaire.
🛈 Van der Wijckplein 8, ✉ 1865 AP, ✆ (0 72) 581 24 00, Fax (0 72) 581 31 73

- **Nassau Bergen**, Van der Wijckplein 4, ✉ 1865 AP, ✆ (0 72) 589 75 41, info@hote l-nassau.nl, Fax (0 72) 589 70 44, ≦, Fà, 🔲, – 🛗 📺 🅿. – 🔏 25 à 60. AE 🌿 rest
  fermé 24 déc.-3 janv. – **Repas** (dîner pour résidents seult) – **40 ch** ⊊ 165/315 – ½ P 143/208.

- **Victoria**, Zeeweg 33, ✉ 1865 AB, ✆ (0 72) 581 23 58, Fax (0 72) 589 60 01, ≦s, 🎾, 🚴 – ■ rest, 📺 🅿. – 🔏 25. AE ⓘ ⓜ VISA JCB
  Repas (Taverne-rest) carte env. 50 – **30 ch** ⊊ 125/280 – ½ P 163/193.

- **Prins Maurits**, Van Hasseltweg 7, ✉ 1865 AL, ✆ (0 72) 581 23 64, hotel@prins-ma urits.nl, Fax (0 72) 581 82 98, 🚴 – 📺 ⇌ 🅿. AE ⓘ ⓜ VISA. 🌿
  mars-oct. – **Repas** (dîner pour résidents seult) – **22 ch** ⊊ 185 – ½ P 115/125.

BERG EN DAL Gelderland **211** U 12 et **908** I 6 – voir à Nijmegen.

BERG EN TERBLIJT Limburg **211** T 16 et **908** I 9 – voir à Valkenburg.

BERGEN OP ZOOM Noord-Brabant **211** K 14 et **908** D 7 – 64 663 h.
Voir Markiezenhof★ AY M¹.
🛈 ② : 9 km, Zoomvlietweg 66, ✉ 4624 RP, ✆ (0 165) 37 71 05, Fax (0 165) 37 71 01.
🛈 Stationsstraat 4, ✉ 4611 CC, ✆ 0 900-202 03 36, Fax (0 164) 24 60 31.
Amsterdam 143 ② – Breda 40 ② – 's-Hertogenbosch 90 ② – Rotterdam 70 ② – Antwerpen 39 ③

BERGEN OP ZOOM

Antwerpsestraatweg	BZ 3
Arn. Asselbergsstr.	BY 4
Auvergnestr.	AZ 6
Blauwehandstr.	BY 7
Boutershemstr.	AZ 8
Burg. Stulemeijerlaan	AY 9
Burg. van Hasseltstr.	BZ 10
Fortuinstr.	AY 13
Glymesstr.	AZ 14
Grote Markt	AY 15
Halsterseweg	AY 16
Kerkstr.	BZ 20
Kloosterstr.	BZ 22
Kortemeestr.	AY 23
Kremerstr.	AY 24
Lange Parkstr.	BY 25
Lieve Vrouwestr.	AY 26
Minderbroedersstr.	ABY 28
van Overstratenlaan	AY 30
van der Rijtstr.	BY 32
St. Josephstr.	BYZ 34
Stationsstr.	BY 36
Steenbergsestr.	AY 37
Rooseveltlaan	BZ 39
Wouwsestraatweg	BY 41
Zuivelstr.	BY 43

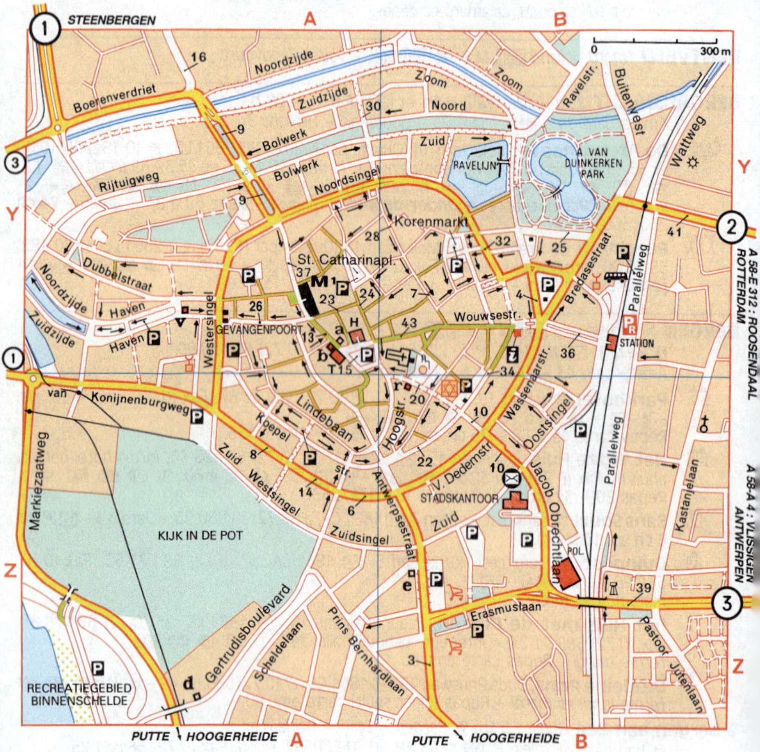

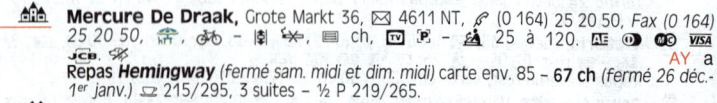

🏨 **Mercure De Draak**, Grote Markt 36, ✉ 4611 NT, ✆ (0 164) 25 20 50, Fax (0 164) 25 20 50, 🍴, 🚲 – 🛗 ⚡, 🍽 ch, 📺 🅿 – 🔔 25 à 120. AE ⓘ ⓜⓞ VISA JCB. ⚜
AY a
Repas Hemingway (fermé sam. midi et dim. midi) carte env. 85 – **67 ch** (fermé 26 déc.-1er janv.) ⚭ 215/295, 3 suites – ½ P 219/265.

🏨 Golden Tulip, Gertrudisboulevard 200, ✉ 4615 MA, ✆ (0 164) 26 02 02, Fax (0 164) 26 03 03, 🍴, 🚲 – 🛗 🍽 🅿 – 🔔 25 à 350. ⚜
AZ d
51 ch.

🏨 **Tulip Inn De Schelde** sans rest, Antwerpsestraat 56, ✉ 4611 AK, ✆ (0 164) 26 52 65, info@tulipinndeschelde.nl, Fax (0 164) 26 65 24 – 🍽 📺. AE ⓘ ⓜⓞ VISA ⚜
BZ e
63 ch ⚭ 170/205.

🍽🍽🍽 **Moerstede**, Vogelenzang 5 (Moerstraatsebaan, Nord : 2 km), ✉ 4614 PP, ✆ (0 164) 25 88 00, moerstede@planet.nl, Fax (0 164) 25 99 21, 🍴, « Cadre de verdure » – 🍽 🅿 – 🔔 40. AE ⓜⓞ
par Ravelstraat BY
fermé lundi – **Repas** Lunch 75 bc – carte 89 à 102.

🍽🍽 **De Fortuyn**, Molstraat 1, ✉ 4611 NL, ✆ (0 164) 23 43 40, plop@netmail.nl, Fax (0 164) 26 53 82 – 🍽. AE ⓜⓞ VISA JCB
AY b
fermé 1 sem. carnaval, lundi et mardi – **Repas** carte 72 à 105.

BERGEN OP ZOOM

※※ **'t Spuihuis**, Spui 1, ✉ 4611 CX, ✆ (0 164) 23 31 96, Fax (0 164) 24 63 80, 斎 – 歴 ① ⑩ 瓦 匝. ※
AY v
fermé sem. carnaval, 31 déc.-1er janv., sam. midi et dim. midi – **Repas** Lunch 55 – carte 67 à 85.

※※ **De Bloemkool**, Wouwsestraatweg 146 (par ②), ✉ 4623 AS, ✆ (0 164) 23 30 45, Fax (0 164) 21 01 22, 斎 – 🅿. 歴 ① ⑩ 瓦. ※
fermé mardi, sam. midi et dim. midi – **Repas** Lunch 50 – 55/85.

※ **Napoli**, Kerkstraat 10, ✉ 4611 NV, ✆ (0 164) 24 37 04, napolibox@planet.nl, Cuisine italienne, ouvert jusqu'à 23 h – 歴 ① ⑩ 瓦. ※
BZ r
fermé 1 sem. carnaval, 24 et 31 déc., 1er janv. et dim. – **Repas** 60/98.

In het voorjaar 2002 is deze gids verlopen.
Koop de nieuwe uitgave.

BERKEL-ENSCHOT Noord-Brabant 211 P 13 et 908 G 7 – voir à Tilburg.

BEST Noord-Brabant 211 R 13 et 908 H 7 – 25 448 h.
🏌 Golflaan 1, ✉ 5683 RZ, ✆ (0 499) 39 14 43, Fax (0 499) 39 32 21.
Amsterdam 111 – Eindhoven 11 – Breda 53 – 's-Hertogenbosch 22.

🏨 **Tulip Inn**, De Maas 2 (Sud : 2 km par A 58, sortie ⑦), ✉ 5684 PL, ✆ (0 499) 39 01 00, dynke.van.den.hurk@tibest.goldentulip.nl, Fax (0 499) 39 16 50, 🗂, 🔲, 🚴 – 🔼 🔁 📺 🕭. 🅿 – 🔨 25 à 200. 歴 ① ⑩ 瓦. ※
Repas 46 – **68 ch** ⛌ 220/253.

※※ **Le Bouquet** 1er étage, Golflaan 1 (Sud-Est : 2 km, au golf), ✉ 5683 RZ, ✆ (0 499) 39 33 74, Fax (0 499) 39 30 59, < parcours de golf, 斎 – ▤ 🅿 – 🔨 25 à 125. 歴 ① ⑩ 瓦. ※
fermé lundi de nov. à mai – **Repas** Lunch 45 – 55.

※ **Qu4tre Bras**, Nieuwstraat 79, ✉ 5683 KB, ✆ (0 499) 37 14 50, info@quatrebras.nl, Fax (0 499) 39 05 20, 斎 – 🅿 – 🔨 25 à 100. 歴 ① ⑩ 瓦. ※
Repas Lunch 48 – carte 63 à 85.

BEUNINGEN Gelderland 211 T 11 et 908 I 6 – voir à Nijmegen.

BEUNINGEN Overijssel 210 AB 8 – voir à Denekamp.

BEVERWIJK Noord-Holland 210 M 8 et 908 E 4 – 35 737 h.
Amsterdam 28 – Alkmaar 22 – Haarlem 13.

※※※ **'t Gildehuys**, Baanstraat 32, ✉ 1942 CJ, ✆ (0 251) 22 15 15, info@gildehuys.nl, Fax (0 251) 21 38 66, 斎 – 瓦
fermé du 9 au 13 août, 24 déc.-3 janv. et lundi – **Repas** (dîner seult) 53/75.

※ **De Hoge Heren** 1er étage, Meerstraat 82, ✉ 1941 JD, ✆ (0 251) 21 18 77, Fax (0 251) 21 44 67 – ▤. 歴 ① ⑩ 瓦 匝. ※
fermé du 1er au 14 août et lundi – **Repas** Lunch 48 – 70/85.

※ **de Halewijn**, Duinwijklaan 46, ✉ 1942 GC, ✆ (0 251) 22 08 59, 斎 – 歴 ① ⑩ 瓦 匝. ※
fermé mardi – **Repas** Lunch 50 – 60.

BIDDINGHUIZEN Flevoland ⓒ Dronten 34 588 h. 210 T 8 et 908 I 4.
🏌 Strandgaperweg 30, ✉ 8256 PZ, ✆ (0 321) 33 11 38, Fax (0 321) 33 10 57.
Amsterdam 70 – Apeldoorn 58 – Utrecht 74 – Zwolle 41.

🏨 **Dorhout Mees** 🐾, Strandgaperweg 30 (Sud : 6 km, direction Veluwemeer), ✉ 8256 PZ, ✆ (0 321) 33 11 38, info@dorhoutmees.nl, Fax (0 321) 33 10 57, 斎, 🛋, 🏌 – 🔨 🔁 📺 🅿 – 🔨 25 à 600. ① ⑩ 瓦
fermé 25 et 31 déc. et 1er janv. – **Repas** Lunch 33 – carte 80 à 100 – **42 ch** ⛌ 175/256.

De BILT Utrecht 211 P 10 et 908 G 5 – 32 797 h.
Amsterdam 49 – Utrecht 7 – Apeldoorn 65.

🏨 **Motel De Biltsche Hoek**, De Holle Bilt 1 (sur N 225), ✉ 3732 HM, ✆ (0 30) 220 58 11, biltschehoek@valk.nl, Fax (0 30) 220 28 12, 斎, 🔲, ※, 🚴 – 🔨 📺 🅿 – 🔨 25 à 200. 歴 ① ⑩ 瓦. ※ ch
Repas 45 – ⛌ 18 – **102 ch** 135/145.

403

BILTHOVEN Utrecht C De Bilt 32 797 h. 211 Q 10 et 908 G 5.

Amsterdam 48 – Utrecht 10 – Apeldoorn 65.

- **Heidepark** ⌘, Jan Steenlaan 22, ✉ 3723 BV, ✆ (0 30) 228 24 77, heidepark@wxs.nl, Fax (0 30) 229 21 84, 🍴 – 🛏 rest, TV 📞 – 🚗 25 à 180. AE ⓘ ⓜ VISA
  Repas *Rib Room* (fermé dim.) (Cuisine internationale) carte env. 85 – 🍽 23 – **20 ch** 185/245.

- **De Kuuk**, Soestdijkseweg-Noord 492 (Nord : 2 km), ✉ 3723 HM, ✆ (0 30) 225 00 52, Fax (0 30) 225 00 35, 🍴 – 🛏 📞 AE ⓘ ⓜ VISA. ⌘
  fermé 23 juil.-12 août, 27 déc.-7 janv. et lundi – **Repas** Lunch 55 – carte 75 à 88.

BLADEL Noord-Brabant C Bladel 18 958 h. 211 Q 14 et 908 G 7.

🛈 Markt 20, ✉ 5531 BA, ✆ (0 497) 38 33 00, Fax (0 497) 38 59 22.
Amsterdam 141 – Eindhoven 26 – 's-Hertogenbosch 52 – Antwerpen 67.

- **Bladel**, Europalaan 77, ✉ 5531 BE, ✆ (0 497) 38 33 19, Fax (0 497) 38 36 30, 🍴, 🚴 – TV – 🚗 25. AE ⓘ ⓜ VISA JCB. ⌘ ch
  Repas Lunch 35 – 48/58 – **14 ch** 🍽 115/160 – ½ P 120/135.

- **Aub. Central**, Europalaan 28a, ✉ 5531 BH, ✆ (0 497) 36 69 28, Fax (0 497) 38 57 83, 🍴 – TV 📞 AE ⓜ VISA JCB. ⌘
  fermé 1 sem. en juil. – **Repas** (dîner pour résidents seult) – **5 ch** 🍽 90/120 – ½ P 90/120.

- **De Hofstee**, Sniederslaan 121, ✉ 5531 EK, ✆ (0 497) 38 15 00, Fax (0 497) 38 80 93, 🍴, « Ancienne fermette avec terrasse et jardin » – 📞 ⓜ VISA
  fermé 2 dern. sem. juil., 28 déc.-4 janv., merc., sam. midi et dim. midi – **Repas** Lunch 60 – 70/93.

BLARICUM Noord-Holland 210 Q 9, 211 Q 9 et 908 G 5 – 9 642 h.

Amsterdam 34 – Apeldoorn 63 – Hilversum 9 – Utrecht 24.

- **Rust Wat**, Schapendrift 79, ✉ 1261 HP, ✆ (0 35) 538 32 86, rustwatrestaurant@planet.nl, Fax (0 35) 533 44 93, 🍴, « Auberge avec terrasse au bord de l'eau » – 📞 AE ⓘ ⓜ VISA. ⌘
  fermé dern. sem. déc.-prem. sem. janv. – **Repas** Lunch 49 – carte 82 à 95.

- **Nelson's**, Huizerweg 1, ✉ 1261 AR, ✆ (0 35) 531 56 93, nelsons@planet.nl, 🍴, Produits de la mer, « Terrasse ombragée » – AE ⓘ ⓜ VISA JCB. ⌘
  fermé lundi – **Repas** (dîner seult) carte 84 à 108.

- **De Goede Gooier**, Crailoseweg 151 (près A 1 - E 231, sortie ⑧ direction Huizen), ✉ 1261 AA, ✆ (0 35) 691 93 04, Fax (0 35) 692 05 91, ≤, 🍴, « Ancienne auberge en bordure du Blaricumse heide » – 📞 AE ⓘ ⓜ VISA
  fermé 25, 26 et 31 déc. – **Repas** carte 72 à 89.

BLOEMENDAAL Noord-Holland 210 M 8, 211 M 8 et 908 E 4 – voir à Haarlem.

BLOKZIJL Overijssel C Brederwiede 12 437 h. 210 U 6 et 908 I 3.

Voir Grande Église (Grote Kerk) : intérieur★.
Amsterdam 102 – Assen 66 – Leeuwarden 65 – Zwolle 33.

- **Kaatje bij de Sluis** ⌘, Brouwerstraat 20, ✉ 8356 DV, ✆ (0 527) 29 18 33, kaatje@planet.nl, Fax (0 527) 29 18 36, ≤, 🍴, « Terrasse et jardin le long d'un croisement de canaux », 🍴, 🎵 – 🛏 TV 📞 AE ⓘ ⓜ VISA
  fermé fév., 1 sem. après Noël, lundi, mardi et sam. midi – **Repas** Lunch 90 – 125/160, carte 128 à 160 – 🍽 38 – **8 ch** 238/305 – ½ P 350/370
  Spéc. Brochette et salade de homard sauce mousseline. Sandre grillé aux girolles sauce à la ciboulette. Trois préparations d'huîtres.

- **Hof van Sonoy** avec ch, Kerkstraat 9, ✉ 8356 DN, ✆ (0 527) 29 17 08, Fax (0 527) 29 17 09, 🍴, « Dans une ancienne école du 19ᵉ s. » – TV AE ⓘ ⓜ VISA JCB. ⌘
  fermé 2 sem. en mars, 2 sem. en nov. et merc. – **Repas** (dîner seult) 58/79 – 🍽 15 – **4 ch** 130/165 – ½ P 135/150.

BODEGRAVEN Zuid-Holland 211 N 10 et 908 F 5 – 19 495 h.

Amsterdam 48 – Rotterdam 36 – Den Haag 45 – Utrecht 30.

- **AC Hotel**, Goudseweg 32 (près A 12, sortie ⑫), ✉ 2411 HL, ✆ (0 172) 65 00 03, bodegraven@autogrill.net, Fax (0 172) 61 81 01, 🚴 – 🛗 ⌘, 🛏 rest, TV 🚗 📞 – 🚗 25 à 250. AE ⓘ ⓜ VISA
  Repas (Avec buffet) Lunch 25 – 45 – **64 ch** 🍽 180/200 – ½ P 123/135.

BOEKEL Noord-Brabant 211 T 13 et 908 I 7 – 9 109 h.
Amsterdam 119 – Eindhoven 29 – 's-Hertogenbosch 31 – Nijmegen 43.

XX **Brabants Hof,** Erpseweg 16 (Ouest : 1 km), ⊠ 5427 PG, ℘ (0 492) 32 20 03, Fax (0 492) 32 46 60, 龠, « Ferme du 18ᵉ s., terrasse et jardin anglais » – 🅿. 🖭 ⓞ ⓜⓞ 𝗩𝗜𝗦𝗔. ✶
fermé 2 dern. sem. juil.-prem. sem. août et lundi – **Repas** Lunch 55 – carte 97 à 112.

BOEKELO Overijssel 211 Z 9 et 908 L 5 – voir à Enschede.

BOLLENVELDEN (CHAMPS DE FLEURS) ★★★ Zuid-Holland 210 L 9 à N 5, 211 J 10 à M 8 – 908 E 5 à G 3 G. Hollande.

BOLSWARD Fryslân 210 S 4 et 908 H 2 – 9 334 h.
Voir Hôtel de ville★ (Stadhuis) – Stalles★ et chaire★ de l'église St-Martin (Martinikerk).
Exc. au Sud-Ouest : Digue du Nord★★ (Afsluitdijk).
🖪 Marktplein 1, ⊠ 8701 KG, ℘ (0 515) 57 27 27, Fax (0 515) 57 77 18.
Amsterdam 114 – Leeuwarden 29 – Zwolle 85.

🏛 **Hid Hero Hiem** 🍃, Kerkstraat 51, ⊠ 8701 HR, ℘ (0 515) 57 52 99, hidherohiem@t ip.nl, Fax (0 515) 57 30 52, 龠, 🌳, 🚲 – 📺 ♿ 🅿 – 🛎 30. ⓜⓞ 𝗩𝗜𝗦𝗔. ✶ rest
Repas (fermé fév.) (dîner seult) 45/75 – **14 ch** ⋍ 147/192 – ½ P 192/237.

🏛 **De Wijnberg,** Marktplein 5, ⊠ 8701 KG, ℘ (0 515) 57 22 20, Fax (0 515) 57 26 65, 龠, 🚭 – 🛗 📺 🅿 – 🛎 25 à 75. 🖭 ⓞ ⓜⓞ 𝗩𝗜𝗦𝗔. ✶
Repas (fermé après 19 h) Lunch 25 – carte 48 à 95 – **26 ch** ⋍ 100/150 – ½ P 100/140.

BOORNBERGUM (BOARBURGUM) Friesland 210 V 4 et 908 J 2 – voir à Drachten.

BORCULO Gelderland 211 Y 10 et 908 K 5 – 10 274 h.
🖪 Hofstraat 5, ⊠ 7271 AP, ℘ (0 545) 27 19 66, Fax (0 545) 27 19 66.
Amsterdam 134 – Apeldoorn 48 – Arnhem 61 – Enschede 34.

XX **De Stenen Tafel** (Prinsen), Het Eiland 1, ⊠ 7271 BK, ℘ (0 545) 27 20 30, mail@de
❀ stenentafel.nl, Fax (0 545) 27 33 36, 龠, « Moulin à eau du 17ᵉ s., terrasse ombragée »
– 🅿. 🖭 ⓜⓞ 𝗩𝗜𝗦𝗔
fermé 3 sem. en fév., fin août-début sept., sam. midi, dim. midi, lundi et mardi – **Repas** Lunch 55 – 100, carte 104 à 127
Spéc. Foie d'oie poêlé à l'oignon et à la truffe. Homard et ris de veau croquant à la crème de pommes de terre et jus de crustacés. Crème brûlée à la vanille.

BORGER Drenthe Ⓒ Borger-Odoorn 26 084 h. 210 Z 5 et 908 L 3.
Voir Hunebed★ (dolmen).
🖪 au Nord-Est : 8 km à Gasselternijveen, Nieuwe Dijk 1, ⊠ 9514 BX, ℘ (0 599) 56 53 53, Fax (0 599) 56 55 94.
Amsterdam 198 – Groningen 40 – Assen 22.

🏛 **Bieze,** Hoofdstraat 21, ⊠ 9531 AA, ℘ (0 599) 23 43 21, info@hotel-bieze.nl, Fax (0 599) 23 61 45 – 📺 🅿 – 🛎 25 à 150. 🖭 ⓞ ⓜⓞ 𝗩𝗜𝗦𝗔 𝗝𝗖𝗕. ✶ rest
fermé 1ᵉʳ janv. – **Repas** Lunch 38 – 58 – **26 ch** ⋍ 88/145 – ½ P 113/130.

à Ees Sud-Est : 3,5 km Ⓒ Borger-Odoorn :

🏛 **Ees,** Dorpsstraat 2, ⊠ 9536 PD, ℘ (0 599) 23 42 27, hcr.ees@tref.nl, Fax (0 599) 23 41 58, 龠, 🌳, 🚲 – 📺 ♿ 🅿 – 🛎 25 à 130. ⓜⓞ 𝗩𝗜𝗦𝗔 𝗝𝗖𝗕
Repas (fermé après 20 h 30) carte env. 45 – **15 ch** ⋍ 80/140 – ½ P 90.

BORN Limburg 211 T 16 et 908 I 8 – 14 630 h.
Amsterdam 190 – Eindhoven 62 – Maastricht 28 – Roermond 23 – Aachen 43.

🏛 **Born,** Langereweg 21 (Est : 2 km près A 2 - E 9), ⊠ 6121 SB, ℘ (0 46) 485 16 66, hote l-born@planet.nl, Fax (0 46) 485 12 23, 龠, ✿ – 🛗 ⇄ 🍴 📺 🅿 – 🛎 25 à 200. ⓞ ⓜⓞ 𝗩𝗜𝗦𝗔. ✶ rest
Repas Lunch 49 – 56/68 – ⋍ 27 – **59 ch** 144/155 – ½ P 139.

BORNE Overijssel 210 Z 9, 211 Z 9 et 908 L 5 – 22 268 h.
🖪 Nieuwe Markt 8, ⊠ 7622 DD, ℘ (0 74) 266 65 02, Fax (0 74) 266 93 01.
Amsterdam 145 – Apeldoorn 64 – Arnhem 83 – Groningen 135 – Munster 77.

XXX **Dorset Mansion House,** Grotestraat 167, ⊠ 7622 GE, ℘ (0 74) 266 19 25, info @dorset.nl, Fax (0 74) 267 05 53, 龠 – 🅿. 🖭 ⓞ ⓜⓞ 𝗩𝗜𝗦𝗔. ✶
fermé 27 déc.-prem. sem. janv., lundi et mardi – **Repas** Lunch 60 – 90/110.

BORNE

à Hertme Nord : 3 km [C] Borne :

Jachtlust ⌘, Weerselosestraat 306, ✉ 7626 LJ, ☎ (0 74) 266 16 65, Fax (0 74) 266 81 50, 🍽, ✕, 🚲 – TV P – 🛁 25 à 150. AE ⊙ VISA JCB. ✕
21 ch ⊇ 125/150 – ½ P 100/125.

Den BOSCH P Noord-Brabant – voir 's-Hertogenbosch.

BOSCH EN DUIN Utrecht 211 Q 10 et 908 G 5 – voir à Zeist.

BOSSCHENHOOFD Noord-Brabant 211 M 13 et 908 E 7 – voir à Roosendaal.

BOXMEER Noord-Brabant 211 U 13 et 908 I 7 – 28 606 h.
Amsterdam 139 – Eindhoven 46 – 's-Hertogenbosch 57 – Nijmegen 31.

van Diepen, Spoorstraat 74, ✉ 5831 CM, ☎ (0 485) 57 13 45, hotelvandiepen@wo rldmail.nl, Fax (0 485) 57 62 13, 🍸 – 📶 TV P – 🛁 25 à 125. AE ⊙ ⊙ VISA
fermé 24 déc.-1er janv. – **Repas** carte 45 à 64 – **22 ch** ⊇ 120/155.

't Wapen van Boxmeer avec ch, Stationsweg 12, ✉ 5831 CR, ☎ (0 485) 57 70 17, Fax (0 485) 52 21 05 – TV P – 🛁 25 à 100. ⊙ VISA. ✕ ch
Repas (fermé carnaval et du 27 au 31 déc.) Lunch 53 – carte 69 à 97 – **10 ch** (fermé 31 déc.) ⊇ 105/150.

BOXTEL Noord-Brabant 211 Q 13 et 908 G 7 – 29 204 h.
Amsterdam 101 – Eindhoven 21 – Breda 48 – 's-Hertogenbosch 12.

De Ceulse Kaar, Eindhovenseweg 41 (Sud-Est : 2 km), ✉ 5283 RA, ☎ (0 411) 67 62 82, Fax (0 411) 68 52 12, 🍽, « Auberge du 18e s. » – P. AE ⊙ ⊙ VISA JCB
fermé 27 déc.-début janv., lundi et mardi – **Repas** Lunch 45 – 55/70.

De Negenmannen, Fellenoord 8, ✉ 5281 CB, ☎ (0 411) 67 85 64, negenmannen @zonnet.nl, Fax (0 411) 67 26 73 – 🔲. AE ⊙ ⊙ VISA JCB. ✕
fermé carnaval, 15 juil.-10 août et merc. – **Repas** (dîner seult) carte 61 à 87.

Aub. van Boxtel, Stationsplein 2, ✉ 5281 GH, ☎ (0 411) 67 22 37, info@auberge.nl, Fax (0 411) 67 41 24, 🍸 – 🛁 30. AE ⊙ ⊙ VISA JCB
fermé du 24 au 27 fév., du 24 au 26 déc., 31 déc. et 1er janv. – **Repas** Lunch 45 – carte 64 à 92.

BRAAMT Gelderland 211 W 11 – voir à Zeddam.

BREDA Noord-Brabant 211 N 13 et 908 F 7 – 159 042 h. – Casino B, Bijster 30, ✉ 4817 HX, ☎ (0 76) 525 11 00, Fax (0 76) 522 50 29.

Voir Carnaval★ – Grande église ou Église Notre-Dame★ (Grote of O.-L.-Vrouwkerk) : clocher★, tombeau★ d'Engelbert II de Nassau C R – Valkenberg★ D.

Env. au Nord par ①, Parc national De Biesbosch★ : promenade en bateau★.

Exc. par ① : 15 km à Raamsdonksveer, Musée national de l'Automobile★.

🏌 par ② : 4 km à Molenschot, Veenstraat 89, ✉ 5124 NC, ☎ (0 161) 41 12 00, Fax (0 161) 41 17 15 et 🏌 Bavelseweg 153, ✉ 5124 PX, ☎ (0 161) 43 18 11, Fax (0 161) 45 35 54 – 🏌 au Nord-Ouest : 4 km à Prinsenbeek, Wiemersedreef 19, ✉ 4841 KG, ☎ (0 76) 541 94 49, Fax (0 76) 541 43 85.

🛈 Willemstraat 17, ✉ 4811 AJ, ☎ (0 76) 522 24 44, Fax (0 76) 521 85 30.

Amsterdam 103 ① – Rotterdam 52 ⑦ – Tilburg 22 ② – Utrecht 72 ① – Antwerpen 56 ⑤

Plans pages suivantes

Mercure, Stationsplein 14, ✉ 4811 BB, ☎ (0 76) 522 02 00, h1316@accor-hotels.com, Fax (0 76) 521 49 67, 🚲 – 📶 ✕ 🔲 TV P – 🛁 25 à 150. AE ⊙ ⊙ VISA JCB. ✕ rest
Repas Lunch 35 – carte env. 65 – ⊇ 28 – **40 ch** 240 – ½ P 288/301.
CD b

Novotel, Dr. Batenburglaan 74, ✉ 4837 BR, ☎ (0 76) 565 92 20, h0516@accor-hote ls.com, Fax (0 76) 565 87 58, 🍸, 🏊, 🌳, ✕, 🚲 – 📶 ✕ 🔲 TV & P – 🛁 25 à 150 AE ⊙ ⊙ VISA
A m
Repas (fermé 25 et 26 déc.) (Ouvert jusqu'à 23 h) Lunch 35 – carte 45 à 80 – ⊇ 27 – **106 ch** 220/250 – ½ P 200/281.

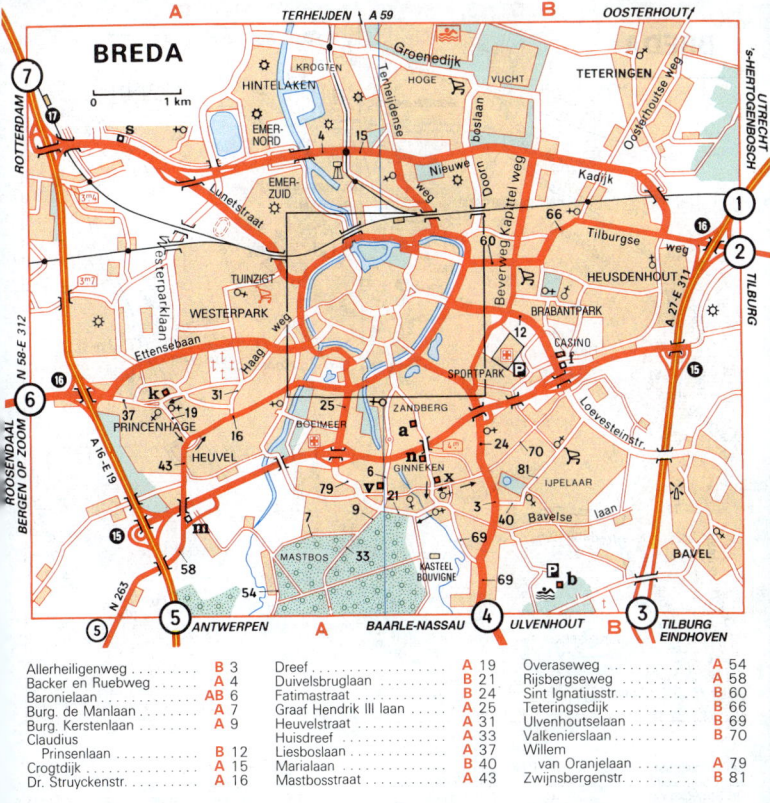

Allerheiligenweg	B 3	Dreef	A 19
Backer en Ruebweg	A 4	Duivelsbruglaan	B 21
Baronielaan	AB 6	Fatimastraat	B 24
Burg. de Manlaan	A 7	Graaf Hendrik III laan	A 25
Burg. Kerstenlaan	A 9	Heuvelstraat	A 31
Claudius Prinsenlaan	B 12	Huisdreef	A 33
Crogtdijk	A 15	Liesboslaan	A 37
Dr. Struyckenstr.	A 16	Marialaan	B 40
		Mastbosstraat	A 43

Overaseweg	A 54
Rijsbergseweg	A 58
Sint Ignatiusstr.	B 60
Teteringsedijk	B 66
Ulvenhoutselaan	B 69
Valkeniersslaan	B 70
Willem van Oranjelaan	A 79
Zwijnsbergenstr.	B 81

Brabant, Heerbaan 4, ✉ 4817 NL, ✆ (0 76) 522 46 66, *brabant@smits.nl*, Fax (0 76) 521 95 92, 🍽, 🏊, ▭, -🛗 TV -🚴 ♨ 25 à 300. AE ① ⓜⓞ VISA. ❀ B f
Repas *(fermé 26 déc. et 1er janv.)* Lunch 30 – 45 – **71 ch** ⊑ 205/266 – ½ P 243.

Keyser, Keizerstraat 5, ✉ 4811 HL, ✆ (0 76) 520 51 73, *info@hotel-keyser.nl*, Fax (0 76) 520 52 25, 🚴, – 🛗 TV – 🚴 30. AE ① ⓜⓞ VISA. ❀ D h
Repas *(fermé sam. midi et dim. midi)* 45/86 – ⊑ 20 – **20 ch** 205.

Bastion, Lage Mosten 4, ✉ 4822 NJ, ✆ (0 76) 542 04 03, *bastion@bastionhotel.nl*, Fax (0 76) 542 06 03 – TV 🅿. AE ① ⓜⓞ VISA. ❀ A s
Repas *(Grillades, ouvert jusqu'à 23 h)* 45 – ⊑ 18 – **40 ch** 135.

Le Canard, Haagsemarkt 22 (Princenhage), ✉ 4813 BB, ✆ (0 76) 522 16 40, *le.canard@planet.nl*, Fax (0 76) 522 68 03, 🍽, « Terrasse » – AE ① ⓜⓞ VISA A k
fermé carnaval, 2 dern. sem. juil.-prem. sem. août, 31 déc.-4 janv., sam. midi et dim. – **Repas** Lunch 50 – 70/98.

De Graaf, Baronielaan 320, ✉ 4837 BJ, ✆ (0 76) 56 58 00, *info@restaurantdegraaf.nl*, Fax (0 416) 54 32 83, 🍽 – ▭. AE ① ⓜⓞ VISA. ❀ A v
fermé du 10 au 30 juill., 27 déc.-9 janv., dim. et lundi – **Repas** Lunch 60 – 90/125.

Brasserie Boschlust, Oosterhoutseweg 139 (Nord-Est : 2,5 km à Teteringen), ✉ 4847 DB, ✆ (0 76) 571 33 83, Fax (0 76) 571 17 47, 🍽 – 🅿. AE ① ⓜⓞ VISA JCB. ❀
fermé 31 juil.-11 août, dim. et lundi – **Repas** Lunch 60 – 53/90.

de Stadstuin, Ginnekenweg 138, ✉ 4818 JK, ✆ (0 76) 530 96 36, *destadstuin@cs.com*, Fax (0 76) 530 97 77, 🍽 – AE ① ⓜⓞ VISA B a
fermé carnaval, dern. sem. juil.-2 prem. sem. août, 27 déc.-prem. sem. janv. et merc. – **Repas** Lunch 50 – 55/100.

BREDA

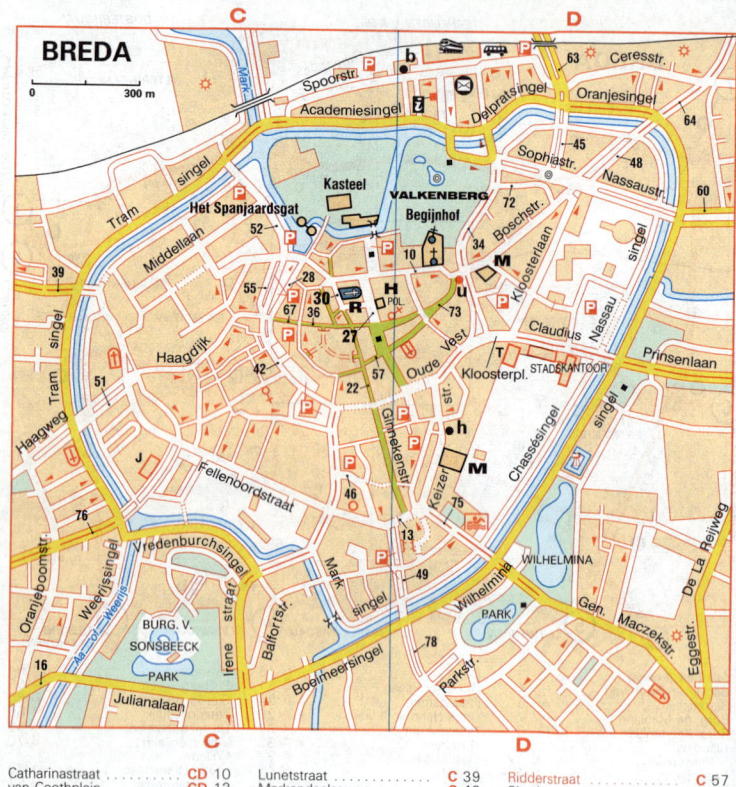

Catharinastraat .... **CD** 10	Lunetstraat .... **C** 39	Ridderstraat .... **C** 57
van Coothplein .... **CD** 13	Markendaalseweg .... **C** 42	Sint Ignatiusstraat ..... **D** 60
Dr. Struyckenstr. .... **C** 16	Mauritsstraat .... **D** 45	Terheijdenstraat .... **D** 63
Eindstraat .... **C** 22	Mr. Dr. Frederickstr. .... **C** 46	Teteringenstraat ...... **D** 64
Ginnekenstraat .... **C**	Nieuwe Boschstraat .... **D** 48	Tolbrugstraat .... **C** 67
Grote Markt .... **C** 27	Nieuwe	Valkenstraat .... **C** 72
Haven .... **C** 28	Ginnekenstraat ..... **CD** 49	Veemarktstraat .... **D** 73
Havermarkt .... **C** 30	Nieuwe Haagdijk .... **C** 51	Vierwindenstraat ...... **C** 75
J. F. Kennedylaan ...... **D** 34	Nieuwe Prinsenkade .... **C** 52	Vincent van Goghstr. ... **C** 76
Lange Brugstraat .... **C** 36	Prinsenkade .... **C** 55	Wihlelminastraat ...... **D** 78

XX **Boswachter Liesbosch**, Nieuwe Dreef 4 (par ⑥ : 8 km), ⊠ 4839 AJ, ℘ (0 76) 521 27 36, Fax (0 76) 520 06 34, 😀, « Dans les bois » - 🅿 - 🕭 25. 🆎 ⓞ 🆎 VISA JCB. ⚙
fermé lundi - **Repas** *Lunch* 53 - 67/88.

XX **Vivaldi**, Ginnekenweg 309 (Ginneken), ⊠ 4835 NC, ℘ (0 76) 560 02 01, rest.vivaldi@planet.nl, Fax (0 76) 565 20 42, 😀 - 🍽. 🆎 ⓞ 🆎 VISA. ⚙ B x
fermé du 23 au 28 fév., du 13 au 26 août, du 24 au 27 déc., 1er janv. et dim. - **Repas** *Lunch* 60 - 70.

XX **Salon de Provence**, Ginnekenweg 172 (Ginneken), ⊠ 4835 NH, ℘ (0 76) 561 59 69, Fax (0 76) 561 59 65 - 🆎 VISA. ⚙ B n
fermé dern. sem. juil.-prem. sem. août et lundi - **Repas** *Lunch* 50 - 79.

XX **Wolfslaar**, Wolfslaardreef 100, ⊠ 4803 EV, ℘ (0 76) 560 80 80, restaurant@wolfslaar.com, Fax (0 76) 560 80 81, 😀, « Maisonnette du 19e s. dans un parc public » - 🅿 - 🕭 25 à 40. 🆎 ⓞ 🆎 VISA. ⚙ B b
fermé dim. et lundi - **Repas** *Lunch* 50 - carte env. 95.

X **da Nino**, Vlaszak 2, ⊠ 4811 GR, ℘ (0 76) 522 79 55, 😀, Cuisine italienne - 🆎 🆎 VISA D u
fermé carnaval, mi-juil.-mi-août, Noël, lundi et mardi - **Repas** (dîner seult) 55/78.

BREDA

à Bavel par ③ : 5 km 🅒 Breda :

XX **Vanouds de Brouwers**, Gilzeweg 24, ⊠ 4854 SG, ℘ (0 161) 43 22 72, Fax (0 161) 43 39 67, 🌿, « Terrasse » – 🅿. 🖭 ⓜ ⓥⓘⓢⓐ. ⋘
fermé sam. midi, dim. midi et lundi – **Repas** Lunch 54 – 64/86.

à Ulvenhout par ④ : 7 km 🅒 Breda :

X **'t Jagthuijs**, Dorpstraat 3, ⊠ 4851 CJ, ℘ (0 76) 565 69 56, jagthuijs@wxs.nl, Fax (0 76) 565 48 21, 🌿, « Terrasse » – 🅿. 🖭 ⓜ ⓥⓘⓢⓐ. ⋘
fermé carnaval, dim. et lundi – **Repas** Lunch 58 – carte 78 à 93.

BRESKENS Zeeland 🅒 Oostburg 17 732 h. 211 G 14 et 908 B 7.

🛳 vers Vlissingen : Prov. Stoombootdiensten Zeeland ℘ (0 117) 38 16 63. Durée de la traversée : 20 min. Prix passager : gratuit (en hiver) et 1,50 Fl (en été) ; voiture : 13,00 Fl (en hiver) et 18,00 Fl (en été).
🛈 Boulevard 14, ⊠ 4511 AC, ℘ (0 117) 38 18 88, Fax (0 117) 38 38 67.
Amsterdam 205 – Middelburg (bac) 8 – Antwerpen 87 – Brugge 41.

🏨 **de Milliano** 🌿 sans rest, Promenade 4, ⊠ 4511 RB, ℘ (0 117) 38 18 55, info@milliano.nl, Fax (0 117) 38 35 92, < embouchure de l'Escaut (Schelde), 🚗 – 📺 🅿. 🖭 ⓞ ⓜ ⓥⓘⓢⓐ
24 ch ⊇ 150/225.

🏨 **Scaldis**, Langeweg 3, ⊠ 4511 GA, ℘ (0 117) 38 24 20, Fax (0 117) 38 60 21 – 🅿. – 🎿 30. ⓜ ⓥⓘⓢⓐ. ⋘ ch
fermé 3 dern. sem. oct. – **Repas** (fermé merc.) Lunch 35 – carte env. 65 – **10 ch** ⊇ 130/145 – ½ P 103/113.

XX **de Milliano**, Scheldekade 27, ⊠ 4511 AW, ℘ (0 117) 38 18 12, info@milliano.nl, Fax (0 117) 38 35 92, Produits de la mer – 🅿. 🖭 ⓞ ⓜ ⓥⓘⓢⓐ
fermé 8 janv.-15 fév. et lundi – **Repas** 50/120.

BREUGEL Noord-Brabant 🅒 Son en Breugel 14 543 h. 211 S 13 et 908 H 7.
Amsterdam 114 – Eindhoven 13 – 's-Hertogenbosch 27.

XX **de Gertruda Hoeve**, Van den Elsenstraat 23, ⊠ 5694 ND, ℘ (0 499) 47 10 37, info@gertrudahoeve.nl, Fax (0 499) 47 68 84, 🌿, « Ferme du 17ᵉ s. » – 🅿. 🖭 ⓞ ⓜ ⓥⓘⓢⓐ. ⋘
fermé carnaval, du 10 au 31 juil. et lundi – **Repas** Lunch 50 – carte env. 95.

BREUKELEN Utrecht 211 P 9 et 908 G 5 – 14 173 h.
Env. au Sud : route ≤★.
Amsterdam 27 – Utrecht 12.

🏨 **Breukelen**, Stationsweg 91 (près A 2), ⊠ 3621 LK, ℘ (0 346) 26 58 88, Fax (0 346) 26 28 94, 🌿, « Pavillon et jardin chinois », 🛁 – 📱 ⋘ 📺 🅿. – 🎿 25 à 180. 🖭 ⓞ ⓜ ⓥⓘⓢⓐ. ⋘ ch
Repas (Ouvert jusqu'à minuit) carte env. 45 – ⊇ 18 – **137 ch** 148, 4 suites – ½ P 130.

XX **Slangevegt**, Straatweg 40, ⊠ 3621 BN, ℘ (0 346) 25 00 11, restaurant@slangevegt.nl, Fax (0 346) 25 04 11, <, 🌿, « Demeure du 18ᵉ s. au bord de l'eau, terrasses », 🅻 – ≡ 🅿. ⓜ ⓥⓘⓢⓐ
fermé 31 déc. – **Repas** 63.

XX **L'Escargot**, Stationsweg 1, ⊠ 3621 LJ, ℘ (0 346) 26 32 22, Fax (0 346) 26 39 48, 🌿, Ouvert jusqu'à 23 h – ⓜ ⓥⓘⓢⓐ
fermé du 9 au 30 juil., 25, 26 et 31 déc., 1ᵉʳ janv. et merc. – **Repas** Lunch 55 – carte 88 à 105.

X **Bisantiek**, Stationsweg 16, ⊠ 3621 LL, ℘ (0 346) 26 34 40, Fax (0 346) 26 34 40, 🅻 – 🖭 ⓜ. ⋘
fermé 23 juil.-12 août et dim. – **Repas** (dîner seult) 58/80.

BREUKELEVEEN Utrecht 211 P 9 et 908 G 5 – voir à Oud-Loosdrecht.

BRIELLE Zuid-Holland 211 J 11 - ㊳ S et 908 D 6 – ㉓ S – 15 795 h.
🏌 Krabbeweg 9, ⊠ 3231 NB, ℘ (0 181) 41 78 09, Fax (0 181) 41 00 26.
🛈 Markt 1, ⊠ 3231 AH, ℘ (0 181) 47 54 75, Fax (0 181) 47 54 70.
Amsterdam 100 – Rotterdam 29 – Breda 75 – Den Haag (bac) 37.

🏨 **De Zalm**, Voorstraat 6, ⊠ 3231 BJ, ℘ (0 181) 41 33 88, Fax (0 181) 41 77 12 – 📺 🅿. 🖭 ⓞ ⓜ ⓥⓘⓢⓐ. ⋘
fermé Noël – **Repas** *De Gekroonde Zalm* (fermé dim.) carte 45 à 78 – **32 ch** ⊇ 145/185.

409

BRIELLE

- **Bastion,** Amer 1, ⊠ 3232 HA, ✆ (0 181) 41 65 88, *bastion@bastionhotel.nl, Fax (0 181) 41 01 15* – 📺 🅿 AE ⓄⒹ ⓂⒸ VISA. ✂
  Repas (Grillades, ouvert jusqu'à 23 h) 45 – ⊇ 18 – **66 ch** 135.

- **Pablo,** Voorstraat 89, ⊠ 3231 BG, ✆ (0 181) 41 29 60, *Fax (0 181) 41 02 06,* Cuisine indonésienne – 🔲, AE ⓂⒸ
  fermé 24 sept.-23 oct. et lundis non fériés – **Repas** 48.

- **Paraplu Parasol,** Voorstraat 41, ⊠ 3231 BE, ✆ (0 181) 41 80 84, 🌿 – AE ⓂⒸ VISA
  fermé lundi et mardi – **Repas** (dîner seult) 53.

BROEKHUIZEN Limburg 211 V 14 *et* 908 J 7 – *1 921 h.*

Amsterdam 167 – Eindhoven 60 – Nijmegen 60 – Venlo 28.

- **'t Veerhuis** ⚞, Veerweg 11, ⊠ 5872 AE, ✆ (0 77) 463 21 14, *het.veerhuis@wxs.nl, Fax (0 77) 463 28 67,* 🌿, « Terrasse au bord de la Meuse (Maas) », 🚲 – 📺 🅿 AE ⓄⒹ ⓂⒸ VISA JCB. ✂
  fermé carnaval – **Repas** Lunch 55 – 65/85 – **10 ch** ⊇ 175/195, 2 suites – ½ P 165.

à Broekhuizenvorst Nord : *3 km* 🄲 Broekhuizen :

- **Kasteel Ooyen,** Blitterswijckseweg 2, ⊠ 5871 CE, ✆ (0 77) 463 23 32, *kasteelooije n@planet.nl, Fax (0 77) 463 82 13* – 🅿 AE ⓂⒸ VISA. ✂
  fermé du 5 au 16 mars et lundi – **Repas** (dîner seult) carte env. 90.

BROEKHUIZENVORST Limburg 211 V 14 *et* 908 J 7 – *voir à Broekhuizen.*

BROEK OP LANGEDIJK Noord-Holland 🄲 Langedijk *23 591 h.* 210 N 6 *et* 908 F 3.

Amsterdam 48 – Alkmaar 11 – Den Helder 38 – Hoorn 25.

- **Akkers,** Stationsweg 3, ⊠ 1721 CD, ✆ (0 226) 32 03 28, *info@restaurantakkers.nl, Fax (0 226) 34 04 64,* 🌿 – 🅿 – 🏛 25. ⓂⒸ VISA. ✂
  fermé fin déc., sam. midi, dim. midi, lundi et mardi – **Repas** Lunch 49 – carte env. 70.

BRONKHORST Gelderland 🄲 Steenderen *4 888 h.* 211 W 10 *et* 908 J 5.

Amsterdam 119 – Arnhem 25 – Apeldoorn 33 – Enschede 67.

- **Herberg de Gouden Leeuw** avec ch, Bovenstraat 2, ⊠ 7226 LM, ✆ (0 575) 45 12 31, *Fax (0 575) 45 25 66,* 🌿, « Auberge du 17ᵉ s. », 🚲 – 📺 🅿 AE ⓄⒹ ⓂⒸ VISA JCB.
  fermé 28 janv.-10 fév. et lundi de sept. à mars – **Repas** Lunch 63 – 80/118 – **6 ch** ⊇ 150.

BROUWERSHAVEN Zeeland 🄲 Schouwen-Duiveland *33 222 h.* 211 I 12 *et* 908 C 6.

Amsterdam 143 – Middelburg 57 – Rotterdam 79.

- **De Brouwerie,** Molenstraat 31, ⊠ 4318 BS, ✆ (0 111) 69 18 80, *Fax (0 111) 69 25 51,* 🌿 – 🅿 AE ⓂⒸ VISA JCB
  fermé nov., janv., mardi et merc. sauf en juil.-août et jeudi d'oct. à avril – **Repas** (dîner seult) 45/70.

BRUINISSE Zeeland 🄲 Schouwen-Duiveland *33 222 h.* 211 J 13 *et* 908 D 7.

Amsterdam 156 – Breda 95 – Middelburg 56 – Rotterdam 81.

- **De Vluchthaven,** Zijpe 1, ⊠ 4311 RK, ✆ (0 111) 48 12 28, *Fax (0 111) 48 12 28,* ≤, 🌿, 🛥 – 🅿 ⓂⒸ VISA
  fermé 1 sem. en juin, 2 sem. en sept., janv., mardi sauf en juil.-août et lundi – **Repas** (dîner seult sauf en juil.-août, sam. et dim.) 50.

BRUMMEN Gelderland 211 V 10 *et* 908 J 5 – *21 420 h.*

Amsterdam 113 – Arnhem 22 – Apeldoorn 25 – Enschede 63.

- **Kasteel Landgoed Engelenburg** ⚞, Eerbeekseweg 6, ⊠ 6971 LB, ✆ (0 575) 56 99 99, *info@engelenburg.com, Fax (0 575) 56 99 92,* ≤, 🌿, « Manoir sur îlot dans un parc centenaire avec ⛳, 🐎, 🌿, ✂, 🚲 – ⚛, 🔲 ch, 📺 🅿 – 🏛 25 à 80. AE ⓄⒹ ⓂⒸ VISA. ✂
  fermé 24 déc.-6 janv. – **Repas** Lunch 65 – carte 89 à 112 – ⊇ 35 – **27 ch** 270 – ½ P 235/475.

BUNNIK Utrecht 211 Q 10 et 908 G 5 – 13 938 h.
Amsterdam 49 – Utrecht 9 – Arnhem 52.

- **Mercure H. Postiljon**, Kosterijland 8 (sur A 12), ✉ 3981 AJ, ℘ (0 30) 656 92 22, h2113@accor-hotels.com, Fax (0 30) 656 40 74, 🚲 – 🛌 ≼, ■ rest, 📺 &, P – 🅿 25 à 300. AE ⓘ ⓜ VISA JCB.
  Repas Lunch 30 – carte env. 55 – ⌧ 23 – **80 ch** 250 – ½ P 115/313.

BUNSCHOTEN Utrecht 211 R 9 et 908 H 5 – 19 077 h.
Voir Costumes traditionnels★.
🛈 Oude Schans 90 à Spakenburg, ✉ 3752 AH, ℘ (0 33) 298 21 56, Fax (0 33) 299 62 35.
Amsterdam 46 – Utrecht 32 – Amersfoort 12 – Apeldoorn 52.

à Spakenburg Nord : 2,5 km © Bunschoten :

- **De Mandemaaker**, Kerkstraat 103, ✉ 3751 AT, ℘ (0 33) 298 02 55, Fax (0 33) 298 03 55 – AE ⓘ ⓜ VISA JCB.
  fermé dim. – **Repas** 50/58.

BUREN Fryslân 210 T 2 et 908 I 1 – voir à Waddeneilanden (Ameland).

BUREN Gelderland 211 R 11 et 908 H 6 – 24 846 h.
🛈 à l'Est : 4 km à Zoelen, Oost Kanaalweg 1, ✉ 4011 LA, ℘ (0 344) 62 43 70, Fax (0 344) 61 30 96.
🛈 Herenstraat 18, ✉ 4116 BK, ℘ (0 344) 57 19 22, Fax (0 344) 57 25 58.
Amsterdam 74 – Utrecht 37 – 's-Hertogenbosch 29 – Nijmegen 48.

- **Gravin van Buren**, Kerkstraat 4, ✉ 4116 BL, ℘ (0 344) 57 16 63, Fax (0 344) 57 21 81, 🍽, « Terrasse » – AE ⓘ ⓜ VISA
  fermé 15 juill.-6 août, 5 déc., 23 déc.-1er janv., sam. midi, dim. et lundi – **Repas** Lunch 99 – 85/125.

- **Brasserie Floris**, Kerkstraat 5, ✉ 4116 BL, ℘ (0 344) 57 27 70, Fax (0 344) 57 21 81, 🍽 – AE ⓘ ⓜ VISA
  fermé 15 juill.-6 août, 5 déc., 23 déc.-1er janv., dim. et lundi – **Repas** (dîner seult) 43/65.

Den BURG Noord-Holland 210 N 4 et 908 F 2 – voir à Waddeneilanden (Texel).

BURGH-HAAMSTEDE Zeeland © Schouwen-Duiveland 33 222 h. 211 H 12 et 908 C 6.
Amsterdam 142 – Middelburg 37 – Rotterdam 69.

- **Duinhotel** ⑤, Torenweg 1, ✉ 4328 JC, ℘ (0 111) 88 77 66, info@duinhotel.nl, Fax (0 111) 88 77 55, ≤, 🍽, F₆, ≘s, ✕, 🚲 – 🛌 ≼, ■ rest, 📺 P – 🅿 25 à 250. AE ⓘ ⓜ VISA JCB. ✕
  Repas 50/73 – **41 ch** ⌧ 175/260 – ½ P 170/180.

BUSSUM Noord-Holland 210 P 9, 211 P 9 et 908 G 5 – 31 012 h.
🛈 au Sud : 7 km à Hilversum, Soestdijkerstraatweg 172, ✉ 1213 XJ, ℘ (0 35) 685 86 88, Fax (0 35) 685 38 13.
Amsterdam 21 – Apeldoorn 66 – Utrecht 30.

- **Jan Tabak**, Amersfoortsestraatweg 27, ✉ 1401 CV, ℘ (0 35) 695 99 11, sales@gtj antabak.goldentulip.nl, Fax (0 35) 695 94 16, 🍽, 🚲 – 🛌 ≼, ■ rest, 📺 & 🚗 P – 🅿 25 à 350. AE ⓘ ⓜ VISA JCB. ✕
  Repas The Garden (fermé sam. midi et dim.) carte env. 85 – ⌧ 32 – **86 ch** 408/496, 1 suite.

- **Man Wah**, Havenstraat 9, ✉ 1404 EK, ℘ (0 35) 691 06 66, Fax (0 35) 692 03 29, Cuisine chinoise – ■. AE ⓘ ⓜ VISA
  Repas carte 45 à 68.

CADZAND Zeeland © Oostburg 17 732 h. 211 F 14 et 908 B 7.
🛈 Boulevard de Wielingen 44d à Cadzand-Bad, ✉ 4506 JK, ℘ (0 117) 39 12 98, Fax (0 117) 39 25 60.
Amsterdam 218 – Middelburg (bac) 21 – Brugge 29 – Gent 53 – Knokke-Heist 12.

à Cadzand-Bad Nord-Ouest : 3 km © Oostburg :

- **De Blanke Top** ⑤, Boulevard de Wielingen 1, ✉ 4506 JH, ℘ (0 117) 39 20 40, blanketop@silencehotel.nl, Fax (0 117) 39 14 27, ≤ mer et dunes, 🍽, F₆, ≘s, 🖻 – 🛌, ■ rest, 📺 P – 🅿 25 à 70. AE ⓘ ⓜ VISA JCB. ✕
  fermé 8 janv.-20 fév. – **Repas** 68/75 – **44 ch** ⌧ 145/370 – ½ P 163/253.

CADZAND

Strandhotel, Boulevard de Wielingen 49, ⊠ 4506 JK, ☏ (0 117) 39 21 10, info@strandhotel.nl, Fax (0 117) 39 15 35, ≤, 余, 14, ≦s, ⊠, %, - ⊠, ■ rest, 📺 Ⓟ - 🅰 25 à 40. 🆎 ① ⓂⒸ 🆅🅸🆂🅰 % rest
fermé 19 nov.-19 déc. - **Repas** (fermé après 20 h 30) 60 - **42 ch** ⊇ 140/250.

De Wielingen, Kanaalweg 1, ⊠ 4506 KN, ☏ (0 117) 39 15 11, wielingen@xs4all.nl, Fax (0 117) 39 16 30, ≤, 余, ≦s, ⊠, - ⊠, ■ rest, 📺 ⅙ Ⓟ - 🅰 25 à 40. 🆎 ⓂⒸ 🆅🅸🆂🅰
Repas Lunch 35 - 48/125 - **31 ch** ⊇ 155/220 - ½ P 119/390.

Noordzee, Noordzeestraat 2, ⊠ 4506 KM, ☏ (0 117) 39 18 10, info@hotelnoordzee.com, Fax (0 117) 39 14 16, ≤, 余, ≦s, ⊠, - ⊠, ■ rest, 📺 Ⓟ - 🅰 30. 🆎 ⓂⒸ 🆅🅸🆂🅰
fermé 8 janv.-2 fév.. - **Repas** (fermé après 20 h 30) 43 - **34 ch** ⊇ 180/260 - ½ P 125/170.

De Schelde, Scheldestraat 1, ⊠ 4506 KL, ☏ (0 117) 39 17 20, info@hoteldeschelde.nl, Fax (0 117) 39 22 24, 余, ≦s, ⊠, - 📺 Ⓟ - 🅰 30. 🆎 ① ⓂⒸ 🆅🅸🆂🅰 🅹🅲🅱
Repas 55/68 - **29 ch** ⊇ 130/230 - ½ P 120/150.

CALLANTSOOG Noord-Holland Ⓒ Zijpe 11 186 h. 210 N 5 et 908 F 3.

🛈 Jewelweg 8, ⊠ 1759 HA, ☏ (0 224) 58 15 41, Fax (0 224) 58 15 40.
Amsterdam 67 - Alkmaar 27 - Den Helder 22.

Strandhotel de Horn, sans rest, Previnaireweg 4a, ⊠ 1759 GX, ☏ (0 224) 58 12 42, strandhoteldehorn@planet.nl, Fax (0 224) 58 25 18, ≤, 余, 🐎, 🚲 - 📺 Ⓟ - 🅰 25. ⓂⒸ 🆅🅸🆂🅰 %
30 ch ⊇ 130/185.

CAMPERDUIN Noord-Holland 210 M 6 et 908 E 3 – voir à Schoorl.

CAPELLE AAN DEN IJSSEL Zuid-Holland 211 M 11 - ④ N et 908 E 6 - ㉕ N – voir à Rotterdam, environs.

CASTRICUM Noord-Holland 210 M 7 et 908 E 4 – 22 936 h.

Amsterdam 33 - Alkmaar 11 - Haarlem 20.

Le Moulin, Dorpsstraat 96, ⊠ 1901 EN, ☏ (0 251) 65 15 00, 余, « Rustique » - 🆎 ① ⓂⒸ 🆅🅸🆂🅰 %
fermé 3 sem. en août, 2 prem. sem. janv., lundi et mardi - **Repas** (dîner seult) 70.

CHAAM Noord-Brabant Ⓒ Alphen-Chaam 9 385 h. 211 O 13 et 908 F 7.

Amsterdam 112 - Breda 16 - Eindhoven 65 - 's-Hertogenbosch 54 - Antwerpen 56 - Turnhout 65.

Huis Ten Bosch, Bredaseweg 72 (Nord-Ouest : 2 km), ⊠ 4861 TD, ☏ (0 161) 49 12 75, Fax (0 161) 49 31 81, 余, « Auberge rustique avec terrasse » - Ⓟ. 🆎 ① ⓂⒸ 🆅🅸🆂🅰 🅹🅲🅱
fermé du 5 au 22 mars, du 3 au 19 sept., lundi et mardi - **Repas** 45/90.

CHAMPS DE FLEURS – voir Bollenvelden.

De COCKSDORP Noord-Holland 210 O 4 et 908 F 2 – voir à Waddeneilanden (Texel).

COEVORDEN Drenthe 210 Z 7 et 908 L 4 – 34 522 h.

🛈 Haven 2, ⊠ 7741 JV, ☏ (0 524) 52 51 50, Fax (0 524) 51 19 23.
Amsterdam 163 - Assen 54 - Enschede 72 - Groningen 75 - Zwolle 53.

Gasterie Het Kasteel, Kasteel 29, ⊠ 7741 GC, ☏ (0 524) 51 21 70, Fax (0 524) 51 57 80, 余, « Dans une cave voûtée » - 🆎 ① ⓂⒸ 🆅🅸🆂🅰 🅹🅲🅱 %
fermé du 18 au 25 mars, 2 prem. sem. vacances bâtiment, dim. de sept. à avril et lundi - **Repas** Lunch 40 - 70/82.

Les hôtels ou restaurants agréables sont indiqués dans le guide par un signe rouge.
Aidez-nous en nous signalant les maisons où, par expérience, vous savez qu'il fait bon vivre.
Votre guide Michelin sera encore meilleur.

🏛🏛🏛🏛 ... 🏛   XXXXX ... X

CUIJK Noord-Brabant 211 U 12 et 908 I 6 – 2 745 h.

Amsterdam 130 – Arnhem 41 – Eindhoven 58 – 's-Hertogenbosch 46 – Nijmegen 22.

Cuijk, Raamweg 10, ⊠ 5431 NH, ℘ (0 485) 33 51 23, info@cuijk.valk.nl, Fax (0 485) 33 51 24, 😊, 🚲 – |🛗| 📺 🅿 – 🛝 25 à 400. AE ⓞ ⓜⓞ VISA. ✼ ch
Repas (Ouvert jusqu'à 23 h) Lunch 27 – carte 52 à 83 – ⊡ 33 – **70 ch** 135, 3 suites – ½ P 120/230.

Carpe Diem, Kerkstraat 1, ⊠ 5431 DS, ℘ (0 485) 31 88 90, restaurantcarpediem@h etnet.nl, Fax (0 485) 31 88 90, 😊 – ⓜⓞ VISA
fermé 1 sem. carnaval, 3 dern. sem. mai et mardi – **Repas** (dîner seult) 65.

DALFSEN Overijssel 210 W 7 et 908 J 4 – 17 434 h.

🅱 Prinsenstraat 18, ⊠ 7721 AJ, ℘ (0 529) 43 37 11, Fax (0 529) 43 46 27.
Amsterdam 130 – Assen 64 – Enschede 64 – Zwolle 20.

Hof van Dalfsen, Haersolteweg 3, ⊠ 7722 SE, ℘ (0 529) 43 18 18, hofvandalfsen @planet.nl, Fax (0 529) 43 48 92, 😊, 🐎, 🚲 – 📺 ♿ 🅿 – 🛝 25 à 300. AE ⓞ ⓜⓞ VISA JCB
Repas (fermé 31 déc.-1er janv.) 43 – **17 ch** ⊡ 110/170 – ½ P 110/145.

Pien, Kerkplein 23, ⊠ 7721 AD, ℘ (0 529) 43 44 44, info@pien.nl, Fax (0 529) 43 47 44, 😊 – AE ⓜⓞ VISA JCB
fermé du 16 au 19 avril, 29 juil.-21 août, 30 déc.-8 janv., dim. et lundi – **Repas** (dîner seult) 70/100 bc.

De Witte Gans, Heinoseweg 30 (Sud : 5,5 km), ⊠ 7722 JP, ℘ (0 529) 43 05 15, Fax (0 529) 43 59 75, 😊, « Terrasse, cadre champêtre » – 🅿 AE ⓞ ⓜⓞ VISA
fermé mardi – **Repas** (dîner seult) 53/65.

De – voir au nom propre.

DEIL Gelderland Ⓒ Geldermalsen 23 977 h. 211 Q 11 et 908 G 6.

Amsterdam 63 – Utrecht 33 – Arnhem 56 – Gorinchem 28 – 's-Hertogenbosch 25.

de Os en het Paard 🦢 avec ch, Deilsedijk 73, ⊠ 4158 EG, ℘ (0 345) 65 16 13, osenp@tref.nl, Fax (0 345) 65 22 87, 🚲, 🛗 – 📺 🅿. AE ⓞ ⓜⓞ VISA JCB. ✼ ch
fermé 28 juil.-19 août – **Repas** (fermé dim.) Lunch 53 – 68/95 – **4 ch** ⊡ 160/220 – ½ P 163.

DELDEN Overijssel Ⓒ Stad Delden 7 343 h. 210 Z 9, 211 Z 9 et 908 L 5.

🔒 au Nord-Ouest : 5 km à Bornerbroek, Almeloseestraat 17, ⊠ 7495 TG, ℘ (0 74) 384 11 67, Fax (0 74) 384 10 67.
🅱 Langestraat 29, ⊠ 7491 AA, ℘ (0 74) 376 63 63, Fax (0 74) 376 63 64.
Amsterdam 144 – Apeldoorn 59 – Enschede 17 – Zwolle 60.

Carelshaven, Hengelosestraat 30, ⊠ 7491 BR, ℘ (0 74) 376 13 05, info@carelshav en.nl, Fax (0 74) 376 12 91, 😊, « Terrasse et jardin fleuri », 🚲 – 📺 🚗 🅿 – 🛝 40. AE ⓞ ⓜⓞ VISA JCB
fermé 27 déc.-6 janv. – **Repas** 65/80 – ⊡ 20 – **20 ch** 120/185 – ½ P 200/330.

In den Drost van Twenthe avec ch, Hengelosestraat 8, ⊠ 7491 BR, ℘ (0 74) 376 40 55, rubicon.hem@wxs.nl, Fax (0 74) 376 54 12, 😊, 🛁, 🐎, 🍴, 🚲 – 📺 🅿. AE ⓞ ⓜⓞ VISA. ✼ rest
fermé du 5 au 19 fév. – **Repas** (fermé sam. midi et dim.) Lunch 68 – 80/115 – **6 ch** ⊡ 125/195 – ½ P 195/215.

In den Weijenborg, Spoorstraat 16, ⊠ 7491 CK, ℘ (0 74) 376 30 79, info@resta urant-weijenborg.nl, Fax (0 74) 376 13 27, 😊 – AE ⓞ ⓜⓞ VISA JCB
fermé 22 juil.-3 août, du 1er au 11 janv. et merc. – **Repas** (dîner seult) 45/75.

à Deldenerbroek Nord : 3 km sur la rte de Bornerbroek Ⓒ Ambt Delden 5 444 h :

't Schaafje, Almelosestraat 23, ⊠ 7495 TG, ℘ (0 74) 384 12 30, Fax (0 74) 384 11 28, 😊 – 🅿. AE ⓜⓞ VISA
fermé 30 janv.-22 fév., merc. et jeudi – **Repas** (dîner seult) carte 65 à 93.

DELDENERBROEK Overijssel – voir à Delden.

413

DELFT Zuid-Holland 211 L 10 - 39 N et 908 E 5 - 24 N - 95 268 h.

Voir Nouvelle Église★ (Nieuwe Kerk) : mausolée de Guillaume le Taciturne★, de la tour ≤★ CDY – Vieux canal★ (Oude Delft) CYZ – Pont de Nieuwstraat ≤★ CY – Porte de l'Est★ (Oostpoort) DZ – Promenade sur les canaux★ – CZ – Centre historique et canaux★★.
Musées : Prinsenhof★ CY – Museum Lambert van Meerten★ : collection de carreaux de faïence★ CY M² – Royal de l'Armée des Pays-Bas★ (Koninklijk Nederlands Legermuseum-) CZ M¹.

🏌 à l'Est : 12 km à Bergschenhoek, Rottebandreef 40, ✉ 2661 JK, ☏ (0 10) 522 07 03, Fax (0 10) 521 93 50.

🛈 Markt 85, ✉ 2611 GS, ☏ (0 15) 212 61 00, Fax (0 15) 215 86 95.

Amsterdam 58 ④ – Rotterdam 16 ① – Den Haag 13 ④ – Utrecht 62 ④

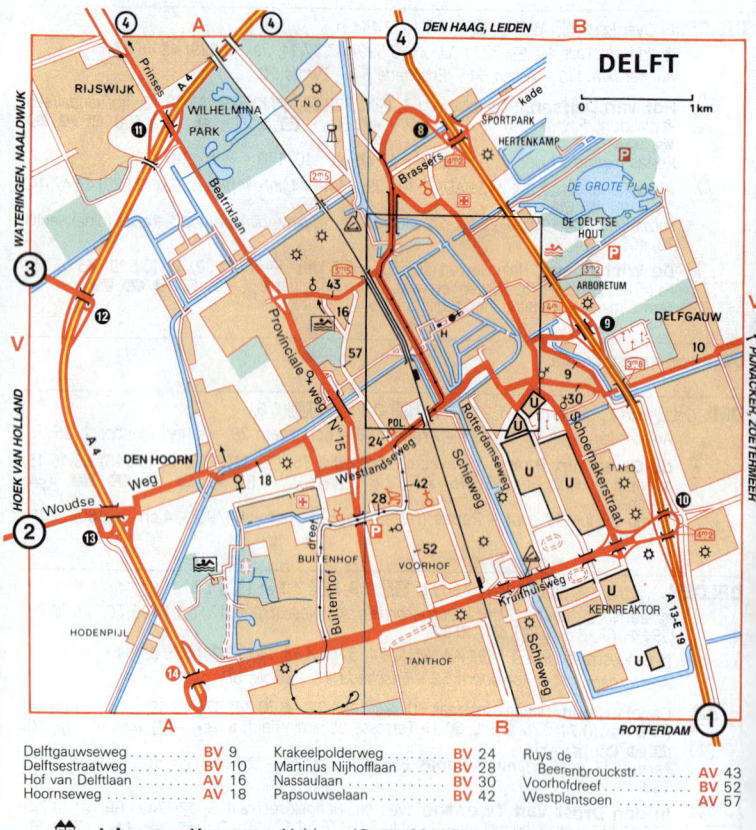

Delftgauwseweg	BV 9	Krakeelpolderweg	BV 24	Ruys de
Delftsestraatweg	BV 10	Martinus Nijhofflaan	BV 28	Beerenbrouckstr... AV 43
Hof van Delftlaan	AV 16	Nassaulaan	BV 30	Voorhofdreef... BV 52
Hoornseweg	AV 18	Papsouwselaan	BV 42	Westplantsoen... AV 57

🏨 **Johannes Vermeer,** Molslaan 18, ✉ 2611 RM, ☏ (0 15) 212 64 66, hotelvermeer @hotelnet.nl, Fax (0 15) 213 48 35, 🌿, « Collection de reproductions du peintre Vermeer » – ⚿, 🖥 ch, TV, ⚓ 25. AE ① ◉◉ VISA. ❄ ch
Repas (fermé dim.) 57/90 – **25 ch** ⊆ 195 – ½ P 230. **DY t**

🏨 **Museumhotel** (annexe Residence 🏨 – 21 ch et 2 suites) sans rest, Oude Delft 189, ✉ 2611 HD, ☏ (0 15) 214 09 30, info@museumhotel.nl, Fax (0 15) 214 09 35, « Collection de céramiques contemporaines » – 🛗 |✿| TV. AE ① ◉◉ VISA JCB
fermé 23 déc.-2 janv. – ⊆ 25 – **28 ch** 225/375. **CY a**

🏨 **De Koophandel** sans rest, Beestenmarkt 30, ✉ 2611 GC, ☏ (0 15) 214 23 02, hdk@w irehub.nl, Fax (0 15) 212 06 74 – TV. AE ① ◉◉ VISA JCB. ❄
21 ch ⊆ 136/165. **DY z**

🏨 **Bridges House** sans rest, Oude Delft 74, ✉ 2611 CD, ☏ (0 15) 212 40 36, bridges @casema.net, Fax (0 15) 213 36 00 – TV. AE ① ◉◉ VISA. ❄
7 ch ⊆ 265/465. **CZ k**

DELFT

Brabantse Turfmarkt	DZ	3
Breestraat	CZ	4
Camaretten	CY	6
Choorstraat	CY	7
Doelenstraat	CY	12
Havenstraat	CZ	13
Hippolytusbuurt	CY	15
Jacob Gerritstr.	CYZ	19
Koornmarkt	CZ	22
Lange Geer	CDZ	25
Markt	CY	27
Nassaulaan	DZ	30
Nieuwe Langendijk	DY	33
Nieuwstraat	CY	34
Noordeinde	CY	36
Oostpoortweg	DZ	37
Oude Kerkstraat	CY	39
Oude Langendijk	CYZ	40
Schoemakerstraat	DZ	45
Schoolstraat	CY	46
Sint Agathaplein	CY	48
Sint Jorisweg	DY	49
Stalpaert v. d. Wieleweg	DY	50
Voldersgracht	CY	51
Voorstraat	CY	54
Westlandseweg	CZ	55
Wijnhaven	CYZ	58

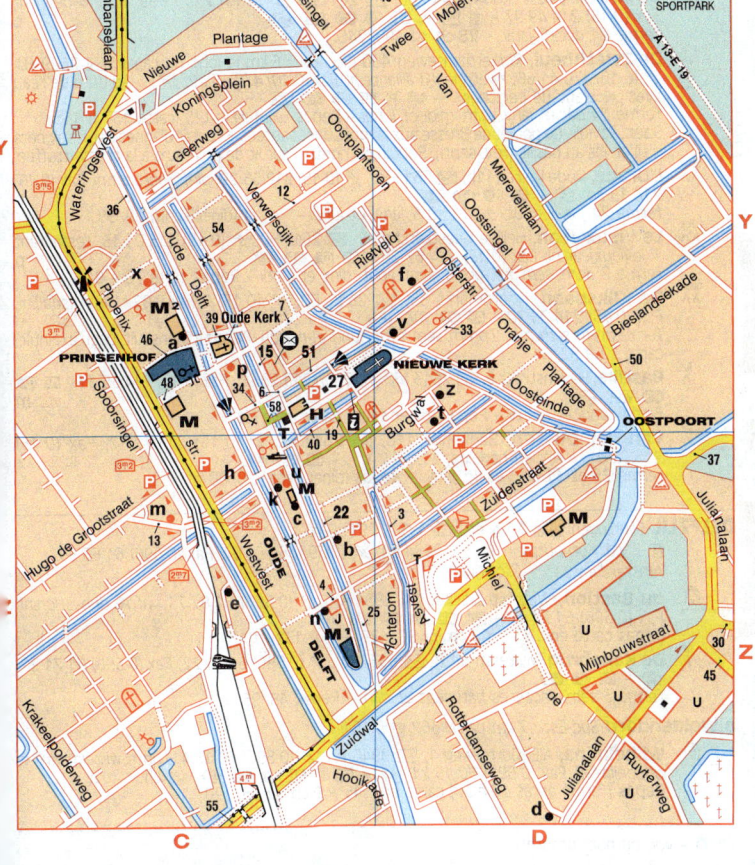

Les Compagnons "Grand Canal" sans rest, Breestraat 1, ⊠ 2611 CB, ℘ (0 15) 215 71 33, Fax (0 15) 215 71 33 – ⚒ 📺 🅰🅴 ⓪ ⓜⓞ 🆅🅸🆂🅰 🅹🅲🅱 CZ **n**
⊇ 25 – **25 ch** 250/295 – ½ P 175/195.

De Kok sans rest (annexe 🏠 Special De Kok - 9 ch), Houttuinen 14, ⊠ 2611 AJ, ℘ (0 15) 212 21 25, hotelkok@casema.net, Fax (0 15) 212 21 25, 🚲 – 📺 – 🅰 25. 🅰🅴 ⓪ ⓜⓞ CZ **e**
🆅🅸🆂🅰. ⚒
30 ch ⊇ 150/185.

Leeuwenbrug sans rest, Koornmarkt 16, ⊠ 2611 EE, ℘ (0 15) 214 77 41, sales@l eeuwenbrug.nl, Fax (0 15) 215 97 59 – 📶 📺 – 🅰 40. 🅰🅴 ⓪ ⓜⓞ 🆅🅸🆂🅰 CZ **b**
🅹🅲🅱. ⚒
36 ch ⊇ 145/175.

DELFT

Herberg de Emauspoort sans rest, Vrouwenregt 11, ✉ 2611 KK, ℘ (0 15) 219 02 19, emauspoort@emauspoort.nl, Fax (0 15) 214 82 51 – TV, &, P, AE, MC, VISA, JCB, ※
14 ch ⊇ 150/165.   DY v

De Vlaming sans rest, Vlamingstraat 52, ✉ 2611 KZ, ℘ (0 15) 213 21 27, Fax (0 15) 212 20 06 – TV, AE, ①, MC, VISA, JCB
12 ch ⊇ 180/210.   DY f

Juliana sans rest, Maerten Trompstraat 33, ✉ 2628 RC, ℘ (0 15) 256 76 12, juliana@hotelnet.nl, Fax (0 15) 256 57 07 – TV, AE, ①, MC, VISA, ※
27 ch ⊇ 135/175.   DZ d

De Ark sans rest, Koornmarkt 65, ✉ 2611 EC, ℘ (0 15) 215 79 99, hotel@deark.nl, Fax (0 15) 214 49 97 – ⌷, TV, P, AE, ①, MC, VISA, JCB
fermé 21 déc.-5 janv. – **28 ch** ⊇ 190/245.   CZ c

De Zwethheul, Rotterdamseweg 480 (Sud-Est : 6 km le long du canal), ✉ 2629 HJ, ℘ (0 10) 470 41 66, zwethheul@alliance.nl, Fax (0 10) 470 65 22, 斤, « Au bord de l'eau avec ≼ trafic de péniches » – ⌷, P, AE, ①, MC, VISA   BV
fermé 24 déc.-8 janv., dim. midi et lundi – **Repas** Lunch 90 – 125, carte 137 à 165
Spéc. Raviolis de poulet de Bresse aux langoustines sautées. Éventail d'agneau aux beignets d'ail et jus au basilic (fév.-sept.). Boudin de homard sur lit de poireaux, à la crème truffée.

L'Orage, Oude Delft 111b, ✉ 2611 BE, ℘ (0 15) 212 36 29, pim@euronet.nl, Fax (0 15) 214 19 34, 斤 – AE, ①, MC, VISA   CZ h
fermé 24 juil.-5 août, du 1er au 6 janv. et lundi – **Repas** (dîner seult) 59/99.

Le Vieux Jean, Heilige Geestkerkhof 3, ✉ 2611 HP, ℘ (0 15) 213 04 33, restaurant@levieuxjean.nl, Fax (0 15) 214 67 20 – AE, ①, MC, VISA   CY p
fermé 2 dern. sem. juil.-prem. sem. août, dim. et lundi – **Repas** carte 76 à 91.

De Klikspaan, Koornmarkt 85, ✉ 2611 ED, ℘ (0 15) 214 15 62, klik@xs4all.nl, Fax (0 15) 214 74 30 – AE, MC, VISA, JCB   CZ u
fermé prem. sem. mai, 2 prem. sem. sept., lundi et mardi – **Repas** (dîner seult jusqu'à minuit) carte 72 à 92.

Bastille, Havenstraat 6, ✉ 2613 VK, ℘ (0 15) 213 23 90, Fax (0 15) 214 65 31 – AE, ①, MC, VISA, JCB   CZ m
fermé lundi et mardi – **Repas** (dîner seult) carte env. 75.

Van der Dussen, Bagijnhof 118, ✉ 2611 AS, ℘ (0 15) 214 72 12, Fax (0 15) 215 95 01, « Ancien béguinage du 13e s. » – AE, ①, MC, VISA, ※   CY x
fermé 25 et 31 déc. et 1er janv. – **Repas** (dîner seult) 70/80.

DELFZIJL Groningen 210 AA 3 et 908 L 1 – 29 596 h.

🛈 J. v.d. Kornputplein 1a, ✉ 9934 EA, ℘ (0 596) 61 81 04, Fax (0 596) 61 65 50.
Amsterdam 213 – Groningen 30.

du Bastion, Waterstraat 78, ✉ 9934 AX, ℘ (0 596) 61 87 71, info@dubastion.nl, Fax (0 596) 61 71 47 – TV, AE, ①, MC, VISA, JCB
Repas carte env. 55 – **40 ch** ⊇ 99/125 – ½ P 132.

De Kakebrug, Waterstraat 8, ✉ 9934 AV, ℘ (0 596) 61 71 22, Fax (0 596) 61 71 22, 斤 – AE, ①, MC
fermé 3 sem. vacances bâtiment et dim. – **Repas** 48/95.

à Woldendorp Sud-Est : 7 km par N 362 ⊚ Delfzijl :

Wilhelmina, A.E. Gorterweg 1, ✉ 9946 PA, ℘ (0 596) 60 16 41, hotel.wilhelmina@worldonline.nl, Fax (0 596) 60 15 21, 🚴 – TV, P, AE, ①, MC, VISA, ※ ch
Repas (fermé après 20 h 30) carte env. 45 – **9 ch** ⊇ 95/120.

Den – voir au nom propre.

DENEKAMP Overijssel 210 AB 8 et 908 M 4 – 12 357 h.

🛈 Kerkplein 2, ✉ 7591 DD, ℘ (0 541) 35 12 05, Fax (0 541) 35 57 42.
Amsterdam 169 – Apeldoorn 85 – Enschede 19 – Zwolle 77.

De Watermolen, Schiphorstdijk 4 (près château Singraven), ✉ 7591 PS, ℘ (0 541) 35 13 72, ≼, 斤, « Ancien moulin à eau avec musée » – P, MC
fermé 3 dern. sem. nov. – **Repas** Lunch 35 – carte 65 à 100.

à Beuningen Sud-Ouest : 2 km ⊚ Losser 22 461 h :

Dinkeloord, Denekamperstraat 48, ✉ 7588 PW, ℘ (0 541) 35 13 87, Fax (0 541) 35 38 75, 斤, ≘s, ⌷, 🚴 – ⌷, TV, P – ⚑ 25 à 200, AE, ①, MC, VISA, ※ rest
Repas Lunch 40 – carte env. 85 – ⊇ 20 – **50 ch** 128/190 – ½ P 188/250.

DEURNE Noord-Brabant **211** T 14 et **908** I 7 – 31 924 h.
Amsterdam 136 – Eindhoven 25 – 's-Hertogenbosch 51 – Venlo 33.

%% **Hof van Deurne,** Haageind 29, ⌧ 5751 BB, ✆ (0 493) 31 21 41, info@hofvandeur
ne.nl, Fax (0 493) 31 21 41, 🍴, « Ancienne ferme » – 🔲 🅿 – 🔔 40 à 125. ⓞ ⓜⓞ 𝗩𝗜𝗦𝗔
fermé carnaval, 2 sem. vacances bâtiment, 27 déc.-1er janv. et lundi – **Repas** Lunch 50 –
63/80.

DEVENTER Overijssel **210** W 9, **211** W 9 et **908** J 5 – 82 621 h.

Voir Ville★ – Bergkwartier★★ (Vieux Quartier) Z – Poids public★ (Waag).

🛫 au Nord : 4 km à Diepenveen, Golfweg 2, ⌧ 7431 PR, ✆ (0 570) 59 32 69, Fax (0 570)
59 32 69.

🅘 Keizerstraat 22, ⌧ 7411 HH, ✆ (0 570) 61 31 00, Fax (0 570) 64 33 38.
Amsterdam 106 ④ – Arnhem 44 ④ – Apeldoorn 16 ⑤ – Enschede 59 ④ – Zwolle 38 ②

DEVENTER

Amstellaan	**X** 3
Brinkgreverweg	**W** 13
Deensestraat	**X** 18
Europaplein	**W** 21
Henri Dunantlaan	**W** 30
Herman Boerhaavelaan	**W** 31
Joh. van Vlotenlaan	**W** 37
Lebuinuslaan	**W** 48
Margijnenenk	**W** 51
Mr. H. F. de Boerlaan	**X** 54
van Oldenielstr	**W** 58
Oosterwechelsweg	**W** 60
Snipperlingsdijk	**X** 66
Zamenhofplein	**X** 76
Zutphenselaan	**X** 79
Zutphenseweg	**X** 81

🏨 **Mercure H. Postiljon,** Deventerweg 121 (par ④ : 2 km près A 1), ⌧ 7418 DA,
✆ (0 570) 62 40 22, H2110@accor-hotels.com, Fax (0 570) 62 53 46, 🍴, 🚴 – 🛗 ⇄
📺 🅿 – 🔔 25 à 250. 🆀🅴 ⓞ ⓜⓞ 𝗩𝗜𝗦𝗔
Repas Lunch 30 – carte 45 à 63 – ⌧ 24 – **99 ch** 165/185 – ½ P 216/309.

🏨 **Gilde** sans rest, Nieuwstraat 41, ⌧ 7411 LG, ✆ (0 570) 64 18 46, gilde@hsij.nl,
Fax (0 570) 64 18 19, « Ancien cloître », 🚴 – 🛗 📺 – 🔔 25 à 45. 🆀🅴 ⓞ ⓜⓞ 𝗩𝗜𝗦𝗔. 🍴
24 ch ⌧ 170.   YZ a

🏨 **De Leeuw** sans rest, Nieuwstraat 25, ⌧ 7411 LG, ✆ (0 570) 61 02 90, deleeuw@ho
me.nl, Fax (0 570) 64 16 49, « Ancienne demeure avec façade du 17e s. » – 📺. 🆀🅴
ⓜⓞ 𝗩𝗜𝗦𝗔   Z r
fermé 31 déc.-1er janv. – **11 ch** ⌧ 135/230.

%%% **'t Diekhuus,** Bandijk 2 (Ouest : 6 km par Lage Steenweg, à Terwolde), ⌧ 7396 NB,
✆ (0 571) 27 39 68, info@diekhuus.nl, Fax (0 571) 27 04 07, ≤, 🍴 – 🔲 🅿. 🆀🅴 ⓞ
ⓜⓞ 𝗩𝗜𝗦𝗔   W
fermé sam. midi, dim. midi, lundi et mardi – **Repas** Lunch 55 – carte 79 à 104.

DEVENTER

Bagijnenstraat	Y 3	Grote Kerkhof	Z 25	Noordenbergstr	Z 57
Bergkerkplein	Z 6	Grote Overstraat	Z 27	Ossenweerdstraat	Y 61
Binnensingel	Y 9	Grote Poot	Z 28	Pontsteeg	Z 63
Bokkingshang	Z 10	Hofstraat	Z 33	Roggestraat	Z 64
Brink	Z	Hoge Hondstraat	Y 34	Sijzenbaanpl	Y 65
Brinkpoortstr	Y 15	Industrieweg	Z 36	Snipperlingsdijk	Z 66
Broederenstr	Z 16	Kapjeswelle	Y 39	Spijkerboorsteeg	Z 67
Burseplein	Z 17	Kleine Overstr	Z 40	Stromarkt	Z 69
Engestraat	Z 19	Kleine Poot	Z 42	T. G. Gibsonstraat	Y 71
Gedempte Gracht	Y 22	Korte Bisschopsstr	Z 45	van Twickelostraat	Z 72
Golstraat	Z 23	Lange Bisschopsstr	Z 46	Verlengde Kazernestr	Z 73
Graven	Z 24	Leeuwenbrug	Y 49	Verzetslaan	Z 75
		Menstraat	Z 52	Walstraat	Z
		Nieuwstraat	YZ	Zandpoort	Z 78

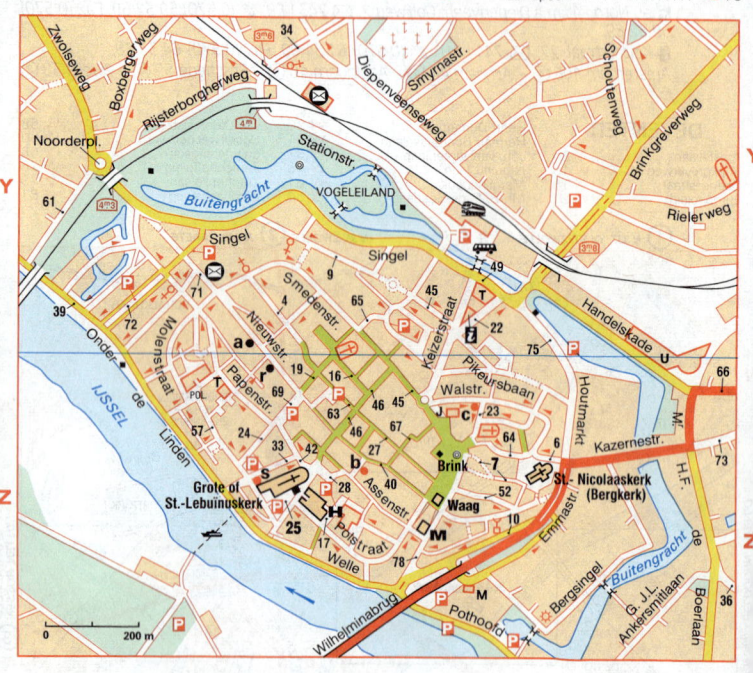

✕ **de Bistro**, Golstraat 6, ⊠ 7411 BP, ✆ (0 570) 61 95 08, strik@daxis.nl, Fax (0 570) 64 44 33, 🍽, « Cadre rustique » – 🏛 25 à 60. AE ⓘ ⓜ VISA. ⌾   Z c
    Repas carte env. 65.

✕ **'t Arsenaal**, Nieuwe Markt 33, ⊠ 7411 PC, ✆ (0 570) 61 64 95, robemaus@hotmail.com, Fax (0 570) 61 57 52, 🍽 – AE ⓘ ⓜ VISA. ⌾   Z s
    fermé dim. et après 20 h – **Repas** Lunch 55 – 65/73.

✕ **da Mario**, Vleeshouwerstraat 6, ⊠ 7411 JN, ✆ (0 570) 61 93 93, Fax (0 570) 64 44 33, 🍽, Cuisine italienne – 🍴 AE ⓘ ⓜ VISA. ⌾   Z b
    fermé lundi – **Repas** (dîner seult) 45.

à Diepenveen Nord : 5 km C Deventer :

✕✕✕ **De Roetertshof**, Kerkplein 6, ⊠ 7431 EE, ✆ (0 570) 59 25 28, aroetert@roetertshof.nl, Fax (0 570) 59 32 60, 🍽, « Auberge rustique à l'ombre du clocher » – AE ⓘ ⓜ VISA JCB
    fermé 25 juil.-9 août, 27 déc.-7 janv. et merc. – **Repas** (dîner seult sauf dim.) 89/190.

DIEPENHEIM Overijssel 211 Y 9 et 908 K 5 – 2 753 h.
    Amsterdam 137 – Apeldoorn 47 – Arnhem 72 – Enschede 31 – Zwolle 53.

✕✕ **Den Haller**, Watermolenweg 34, ⊠ 7478 PW, ✆ (0 547) 35 12 87, denhaller@wanadoo.nl, Fax (0 547) 35 24 34, 🍽, « Dans une ancienne ferme saxonne, terrasse avec ≤ moulin à eau » – 🅿. ⓜ VISA
    fermé 3 dern. sem. janv., lundi et mardi – **Repas** 50/60.

418

DIEPENVEEN Overijssel 210 V 9 et 908 J 5 – voir à Deventer.

DIEVER Drenthe C Westerveld 18 689 h 210 W 5 et 908 J 3.
Amsterdam 159 – Assen 27 – Groningen 52 – Leeuwarden 69 – Zwolle 49.

※ **De Walhof** ⏃, avec ch, Hezenes 6, ✉ 7981 LC, ℘ (0 521) 59 17 93, dewalhof@tref.nl, Fax (0 521) 59 25 57, 佘, « Environnement boisé » – 📺 🅿 🖭 ⓞ 🆖 🆅🅸🆂🅰, ⌘ fermé 3 prem. sem. janv. – **Repas** (fermé après 20 h 30) Lunch 39 – carte env. 75 – **9 ch** ⌑ 165 – ½ P 193/208.

DIFFELEN Overijssel 210 Y 7 – voir à Hardenberg.

DIGUE DU NORD – voir Afsluitdijk.

DOENRADE Limburg 211 U 17 – voir à Sittard.

DOETINCHEM Gelderland 211 W 11 et 908 J 6 – 46 246 h.
🛈 au Nord-Ouest : 8 km à Hoog-Keppel, Oude Zutphenseweg 15, ✉ 6997 CH, ℘ (0 314) 38 14 16, Fax (0 314) 36 65 23.
🅱 IJsselkade 30, ✉ 7001 AP, ℘ (0 314) 32 33 55, Fax (0 314) 34 50 27.
Amsterdam 130 – Arnhem 33 – Apeldoorn 43 – Enschede 60.

🏨 **de Graafschap**, Simonsplein 12, ✉ 7001 BM, ℘ (0 314) 32 45 41, Fax (0 314) 32 58 63, 佘, 🚲 – 📺 🅿 – 🛋 25 à 70. 🖭 ⓞ 🆖 🆅🅸🆂🅰 🅹🅲🅱. ⌘ rest
Repas Lunch 38 – carte env. 50 – **27 ch** ⌑ 118/188 – ½ P 118/138.

DOKKUM Fryslân C Dongeradeel 24 372 h. 210 V 3 et 908 I 2.
Env. à l'Ouest : Hoogebeintum, 16 armoiries funéraires★ dans l'église.
🅱 Op de Fetze 13, ✉ 9101 LE, ℘ (0 519) 29 38 00, Fax (0 519) 29 80 15.
Amsterdam 163 – Leeuwarden 27 – Groningen 58.

🏨 **De Abdij van Dockum** ⏃, Markt 30, ✉ 9101 LS, ℘ (0 519) 22 04 22, info@abdijvandockum.nl, Fax (0 519) 22 04 14, « Ancien orphelinat avec façade de style Renaissance », 🚲 – 📺 ♿ 🅿 – 🛋 45. 🖭 ⓞ 🆖 🆅🅸🆂🅰 – fermé 31 janv.-18 fév. et 31 déc.-1er janv. – **Repas** voir rest **De Regentenkamers** ci-après – **13 ch** ⌑ 195/255, 3 suites – ½ P 150/185.

💥 **De Regentenkamers** – H. De Abdij van Dockum, Markt 30, ✉ 9101 LS, ℘ (0 519) 22 04 22, info@abdijvandockum.nl, Fax (0 519) 22 04 14, 佘 – 🖭 ⓞ 🆖 🆅🅸🆂🅰 🅹🅲🅱. ⌘ fermé mardi – **Repas** (dîner seult jusqu'à 20 h 30) 60/105.

Den DOLDER Utrecht 211 Q 10 et 908 G 5 – voir à Zeist.

DOMBURG Zeeland C Veere 22 096 h. 211 F 13 et 908 B 7 – Station balnéaire.
🛈 Schelpweg 26, ✉ 4357 BP, ℘ (0 118) 58 61 08, Fax (0 118) 58 61 09.
🅱 Schuitvlotstraat 32, ✉ 4357 EB, ℘ 0 900-202 02 80, Fax (0 118) 58 35 45.
Amsterdam 190 – Middelburg 16 – Rotterdam 111.

🏨 **Badhotel** M ⏃, Domburgseweg 1a, ✉ 4357 BA, ℘ (0 118) 58 88 88, info@badhotel.com, Fax (0 118) 58 88 99, 佘, 🏊, ⚕, 🏖, 🚲 – 🛗 🐾 ♿ 🅿 – 🛋 25 à 120. 🆖 🆅🅸🆂🅰. ⌘ rest
fermé 2 sem. en janv. – **Repas** (dîner seult) carte 78 à 111 – **113 ch** ⌑ 248/373, 3 suites – ½ P 228/253.

🏨 **The Wigwam** ⏃, Herenstraat 12, ✉ 4357 AL, ℘ (0 118) 58 12 75, wigwam@zeelandnet.nl, Fax (0 118) 58 25 25 – 🛗 📺 🅿. 🆖 🆅🅸🆂🅰. ⌘ 22 fév.-18 nov. – **Repas** (dîner pour résidents seult) – **31 ch** ⌑ 200/250 – ½ P 100/150.

🏨 **Wilhelmina** ⏃, sans rest, Noordstraat 20, ✉ 4357 AP, ℘ (0 118) 58 12 62, wilduin@zeelandnet.nl, Fax (0 118) 58 41 10, 🏖 – 📺 🅿 🖭 🆖 🆅🅸🆂🅰
16 ch ⌑ 200/270, 4 suites.

🏨 **Strandhotel Duinheuvel** sans rest, Badhuisweg 2, ✉ 4357 AV, ℘ (0 118) 58 12 82, wilduin@zeelandnet.nl, Fax (0 118) 58 33 45 – 🛗 📺 🅿 🖭 🆖 🆅🅸🆂🅰
20 ch ⌑ 175/245.

🏨 **De Burg**, Ooststraat 5, ✉ 4357 BE, ℘ (0 118) 58 13 37, burgdomb@zeelandnet.nl, Fax (0 118) 58 20 72 – 🛗 📺 🅿 🖭 🆖 🆅🅸🆂🅰 🅹🅲🅱
carnaval-5 nov. – **Repas** carte 43 à 63 – **22 ch** ⌑ 73/140 – ½ P 83/100.

💥 **In den Walcherschen Dolphijn**, Markt 9, ✉ 4357 BG, ℘ (0 118) 58 28 39, dolphijn@zeelandnet.nl, Fax (0 118) 58 66 00 – ⓞ 🆖 🆅🅸🆂🅰
fermé 8 janv.-5 fév. et merc. d'oct. à mai – **Repas** Lunch 55 – carte 81 à 95.

※ **Mondriaan**, Ooststraat 6, ✉ 4357 AD, ℘ (0 118) 58 44 34, mondriaan@tip.nl, Fax (0 118) 58 39 23 – 🖨. 🖭 ⓞ 🆖 🆅🅸🆂🅰 🅹🅲🅱 – fermé 8 janv.-14 fév., du 4 au 26 déc. et lundi sauf en juil.-août – **Repas** (dîner seult) carte 58 à 73.

DORDRECHT Zuid-Holland 211 N 12 et 908 F 6 – 119 462 h.

Voir La Vieille Ville★ – Grande Église ou église Notre-Dame★ (Grote of O.-L.-Vrouwekerk) : stalles★, de la tour ≤★★ CV R – Groothoofdspoort : du quai ≤★ DV.

Musée : Mr. Simon van Gijn★ CV M².

🏌 Baanhoekweg 50, ⊠ 3313 LP, ℘ (0 78) 621 12 21, Fax (0 78) 616 10 36 - 🏌 au Sud-Ouest : 20 km à Numansdorp, Veerweg 26, ⊠ 3281 LX, ℘ (0 186) 65 44 55, Fax (0 186) 65 46 81.

✈ au Nord-Ouest : 23 km par ④ à Rotterdam-Zestienhoven ℘ (0 10) 446 34 44, Fax (0 10) 446 34 99.

🛈 Stationsweg 1, ⊠ 3311 JW, ℘ (0 78) 613 28 00, Fax (0 78) 613 17 83.

Amsterdam 95 ① – Rotterdam 28 ④ – Arnhem 106 ① – Breda 29 ② – Den Haag 53 ④ – Utrecht 58 ①.

DORDRECHT

Brouwersdijk	AZ 10
Burgemeester Jaslaan	BZ 12
Dubbelsteynlaan	BZ 15
Jan Vethkade	AZ 24
Kapteynweg	BZ 27
Kotterstr.	AZ 28
Krispijnseweg	AZ 30
Laan de Verenigde Naties	AZ 31
Maarten Harpertszoon Trompweg	AZ 33
Overkampweg	BZ 37
Pieter Zeemanstr.	AY 40
Rechte Zandweg	BZ 43
Reeweg Oost	BY 45
S.M. Hugo van Gijnweg	BZ 49
Stevensweg	BZ 54
Viottakade	AZ 57
Weeskinderendijk Beneden	AY 58

DORDRECHT

Achterhakkers . . . . **CX** 3	Groothoofd . . . . **DV** 18	Schefferspl. . . . . **CDV** 48
Aert de Gelderstr. . . . . **CX** 4	Grote Kerksbuurt . . . . **CV** 19	Spuiweg . . . . **CX**
Bagijnhof . . . . **DV** 6	Grote Spuistr. . . . . **CV** 21	Stationsweg . . . . **DX** 51
Blauwpoortspl. . . . . **CV** 7	Hoogstratensingel . . . . **DVX** 22	Steegoversloot . . . . **DV** 52
Bleijenhoek . . . . **DV** 9	Johan de Wittstr. . . . . **DX** 25	Twintighuizen . . . . **CX** 55
Dubbeldamseweg . . . . **DX** 13	Museumstr. . . . . **DV** 34	Visstr. . . . . **CV** 57
Groenmarkt . . . . **CV** 16	Oranjelaan . . . . **DV** 36	Voorstr. . . . . **CDV**
	Papeterspad . . . . **CX** 39	Vriesestr. . . . . **DV**
	Prinsenstr. . . . . **CV** 42	Wilgenbos . . . . **CX** 60
	Riedijk . . . . **DV** 46	Wolwevershaven . . . . **CV** 61

🏨 **Dordrecht**, Achterhakkers 72, ⊠ 3311 JA, ✆ (0 78) 613 60 11, Fax (0 78) 613 74 70, 🌿, 🍽 – 📺 ch, TV 🅿 AE ⓘ ⓜⓞ VISA JCB ❄ rest **CX** d
fermé 24 déc.-1er janv. – **Repas** (fermé vend., sam. et dim.) (dîner seult) carte 45 à 69 –
21 ch ⊇ 200/270 – ½ P 217/294.

🏨 **Mercure H. Postiljon**, Rijksstraatweg 30 ('s-Gravendeel), ⊠ 3316 EH, ✆ (0 78)
618 44 44, h2106@accor-hotels.com, Fax (0 78) 618 79 40, 🚲 – ⫸ ❄, 📺 rest, TV 🅿
– 🛎 25 à 500. AE ⓘ ⓜⓞ VISA **AZ** u
Repas Lunch 49 à 69 – ⊇ 24 – **96 ch** 175/206 – ½ P 210/227.

🏨 **Bellevue**, Boomstraat 37, ⊠ 3311 TC, ✆ (0 78) 613 79 00, info@bellevuedordrecht.nl,
Fax (0 78) 613 79 21, ≤ confluent de rivières et port de plaisance, 🌿 – 📺 rest, TV 🅿
– 🛎 25 à 50. AE ⓘ ⓜⓞ VISA **DV** b
Repas Lunch 40 – carte env. 80 – **26 ch** ⊇ 160/195, 1 suite.

🏨 **Bastion**, Laan der Verenigde Naties 363, ⊠ 3318 LA, ✆ (0 78) 651 15 33, bastion@b
astionhotel.nl, Fax (0 78) 617 81 63 – TV 🅿 AE ⓘ ⓜⓞ VISA ❄ **BZ** a
Repas (Grillades, ouvert jusqu'à 23 h) 45 – ⊇ 18 – **40 ch** 135.

🍽 **Hein en Hoogvliet**, Toulonselaan 12, ⊠ 3312 ET, ✆ (0 78) 613 50 09, Fax (0 78)
631 57 37, 🌿 – AE ⓘ VISA JCB **DX** u
fermé lundi – **Repas** 60.

421

DORDRECHT

- **De Hoff'nar**, Talmaweg 10, ⊠ 3317 RB, ℘ (0 78) 618 04 66, crabbehoff@dordt.nl, Fax (0 78) 618 45 54, « Dans les dépendances du château Crabbehoff » – 🅿 – 🏛 25 à 125. 🖭 ⓘ ⓜ VISA. ✺
  ABZ z
  fermé vacances bâtiment, lundi et mardi – **Repas** (dîner seult) 60/80.

- **Bonne Bouche**, Groenmarkt 8, ⊠ 3311 BE, ℘ (0 78) 614 05 00, Fax (0 78) 631 25 36 – 🖃. 🖭 ⓘ ⓜ VISA
  CV a
  fermé 3 sem. vacances bâtiment, Noël-début janv., mardi et dim. – **Repas** 58/98.

- **De Stroper**, Wijnbrug 1, ⊠ 3311 EV, ℘ (0 78) 613 00 94, Fax (0 78) 631 86 74, 🍴, Produits de la mer – 🖃. 🖭 ⓘ ⓜ VISA
  DV v
  fermé 24 et 31 déc. – **Repas** Lunch 55 – carte env. 80.

- **Marktzicht**, Varkenmarkt 17, ⊠ 3311 BR, ℘ (0 78) 613 25 84, Fax (0 78) 613 61 69, Produits de la mer – 🖃. 🖭 ⓘ ⓜ VISA. ✺
  CV e
  fermé dern. sem. juil.-2 prem. sem. août, dim. et lundi – **Repas** 58/80.

à Papendrecht Nord-Est : 4 km – 29 204 h.

- **Mercure**, Lange Tiendweg 2, ⊠ 3353 CW, ℘ (0 78) 615 20 99, info@hotelmercure.nl, Fax (0 78) 615 85 97, 🍴, 🚲 – 🛗 🍽 🖃 📺 🅿 – 🏛 25 à 200. 🖭 ⓘ ⓜ VISA. ✺ rest
  BY h
  Repas (fermé vend. midi, sam. midi et dim. midi) carte env. 70 – 🛏 26 – **76 ch** 215/400 – ½ P 208/285.

DRACHTEN Fryslân Ⓒ Smallingerland 51 693 h. **210** V 4 et **908** J 2.

🛈 Museumplein 4, ⊠ 9203 DD, ℘ (0 512) 51 77 71, Fax (0 512) 53 24 13.

Amsterdam 147 – Groningen 38 – Leeuwarden 27 – Zwolle 85.

- **Golden Tulip**, Zonnedauw 1, ⊠ 9202 PE, ℘ (0 512) 52 07 05, hodra@a7.nl, Fax (0 512) 52 32 32, 🍴, 🚲 – 🛗 🍽 📺 🅿 – 🏛 25 à 200. 🖭 ⓘ ⓜ VISA JCB. ✺ rest
  Repas Lunch 35 – 50/70 – 🛏 25 – **48 ch** 160/190 – ½ P 110/125.

- **De Wilgenhoeve**, De Warren 2, ⊠ 9203 HT, ℘ (0 512) 51 25 10, Fax (0 512) 53 14 19, 🍴, « Ancienne ferme » – 🅿 🖭 ⓘ ⓜ VISA
  fermé 31 déc.-4 janv., sam. midi, dim. midi et lundi – **Repas** Lunch 48 – 63/88.

- **Koriander** (Gaastra), Burgemeester Wuiteweg 18, ⊠ 9203 KK, ℘ (0 512) 54 88 50, Fax (0 512) 54 81 24, 🍴 – 🖭 ⓘ ⓜ VISA
  fermé 23 juil.-14 août, 27 déc.-9 janv., sam. midi, dim. midi, lundi et mardi – **Repas** Lunch 45 – 93, carte env. 65
  Spéc. Pot-au-feu de langoustines au fenouil et gingembre. Filet de sandre sauté au concombre, pomme de terre et beurre au citron. Salade et sorbet de pêches.

à Boornbergum (Boarburgum) Sud-Ouest : 5 km Ⓒ Smallingerland :

- **Het Spijshuys**, Westerbuorren 2, ⊠ 9212 PL, ℘ (0 512) 38 30 47, Fax (0 512) 38 17 80, 🍴 – 🖭 ⓘ ⓜ VISA
  fermé vacances bâtiment, 31 déc.-1er janv. et lundi – **Repas** Lunch 50 – 65/75.

à Rottevalle Nord : 4 km Ⓒ Smallingerland :

- **De Herberg van Smallingerland**, Muldersplein 2, ⊠ 9221 SP, ℘ (0 512) 34 20 64, Fax (0 512) 34 22 39, 🍴, « Auberge du 18e s. » – 🅿 – 🏛 25 à 40. ⓜ VISA JCB
  fermé lundi – **Repas** (dîner seult) carte env. 70.

DRIEBERGEN-RIJSENBURG Utrecht **210** Q 10 et **908** G 5 – 18 345 h.

🛈 Hoofdstraat 87a, ⊠ 3971 KE, ℘ (0 343) 51 31 62, Fax (0 343) 53 24 11.

Amsterdam 54 – Utrecht 15 – Amersfoort 22 – Arnhem 49.

- **De Koperen Ketel** ⌘ sans rest, Welgelegenlaan 28, ⊠ 3971 HN, ℘ (0 343) 51 61 74, Fax (0 343) 53 24 65, « Jardin » – 🅿 🖭 ⓘ ⓜ VISA
  12 ch 🛏 140/180.

- **Lai Sin**, Arnhemse Bovenweg 46, ⊠ 3971 MK, ℘ (0 343) 51 68 58, Fax (0 343) 51 17 17, 🍴, Cuisine chinoise – 🖭 ⓘ ⓜ VISA JCB. ✺
  fermé 25 fév.-5 mars, 29 juil.-20 août, sam. midi, dim. midi et lundi – **Repas** Lunch 90 – 110/175, carte env. 110
  Spéc. Sandwich croquant de racine de lotus au foie gras et kumquats. St-Jacques sautées aux germes de soya, pignons de pin et zeste de citron. Poulet de ferme dit des mendiants.

- **La Provence**, Hoofdstraat 109, ⊠ 3971 KG, ℘ (0 343) 51 29 20, Fax (0 343) 52 08 33 – 🅿 🖭 ⓘ ⓜ VISA JCB
  fermé dern. sem. juil.-2 prem. sem. août et lundi – **Repas** carte env. 90.

DRONRIJP (DRONRYP) Fryslân Ⓒ Menaldumadeel 13 789 h. 210 S 3 et 908 H 2.
Amsterdam 138 – Leeuwarden 11 – Sneek 23 – Zwolle 110.

- **Op Hatsum**, Hatsum 13 (Sud : 2 km), ⊠ 9035 VK, ℘ (0 517) 23 16 88, *Fax (0 517) 23 21 63*, Anguilles – P. AE ⓘ MC VISA JCB
  fermé lundi et mardi – **Repas** (dîner seult jusqu'à minuit) carte 65 à 92.

DRONTEN Flevoland 210 T 7 et 908 I 4 – 34 588 h.
Amsterdam 72 – Apeldoorn 51 – Leeuwarden 94 – Lelystad 23 – Zwolle 31.

à Ketelhaven Nord : 8 km Ⓒ Dronten :

- **Lands-End**, Vossemeerdijk 23, ⊠ 8251 PM, ℘ (0 321) 31 33 18, ≤, 佘, ⬜ – P. MC VISA
  fermé 22 janv.-15 fév. et lundi – **Repas** carte 59 à 80.

DRUNEN Noord-Brabant Ⓒ Heusden 42 402 h. 211 P 12 et 908 G 6.
Amsterdam 101 – Breda 34 – 's-Hertogenbosch 15 – Rotterdam 73.

- **de Duinrand** M ⚘, Steegerf 2 (Sud : 2 km), ⊠ 5151 RB, ℘ (0 416) 37 24 98, *info @deduinrand.nl, Fax (0 416) 37 49 19*, ≤, 佘, « Élégants pavillons à l'orée du bois », 矢, 龙, 爺 – ≣ rest, TV P. – 益 25 à 40. AE ⓘ MC VISA JCB
  fermé 19 fév.-3 mars, 27 juil.-13 août, 31 déc. et 1er janv. – **Repas** (fermé dim. et lundi) Lunch 60 – 90/110 – ⊇ 25 – **10 ch** 195/225, 5 suites – ½ P 300/425.

- **Royal**, Raadhuisplein 13, ⊠ 5151 JH, ℘ (0 416) 37 23 81, *Fax (0 416) 37 88 63*, 佘 – TV AE ⓘ MC VISA JCB
  fermé carnaval et 26 déc.-2 janv. – **Repas** carte 54 à 78 – **15 ch** ⊇ 170 – ½ P 155/230.

- **Gelagkamer Busio**, Grotestraat 148a, ⊠ 5151 BN, ℘ (0 416) 37 33 93, *Fax (0 416) 37 33 93*, 佘, Taverne-rest – ☰. AE ⓘ MC VISA
  fermé 25 fév.-6 mars, 30 juil.-14 août, 31 déc.-1er janv. et mardi – **Repas** Lunch 55 – 65/90.

MICHELIN NEDERLAND N.V., Bedrijvenpark Groenewoud II, Huub van Doorneweg 2 – ⊠ 5151 DT, ℘ (0 416) 38 41 00, *Fax (0 416) 38 41 26*

DUIVEN Gelderland 211 V 11 et 908 J 6 – voir à Arnhem.

DWINGELOO Drenthe Ⓒ Westerveld 18 689 h. 210 X 5 et 908 K 3.
🛈 Brink 46, ⊠ 7991 CJ, ℘ (0 521) 59 13 31, *Fax (0 521) 59 37 11*.
Amsterdam 158 – Assen 30 – Groningen 50 – Leeuwarden 70 – Zwolle 50.

- **Wesseling**, Brink 26, ⊠ 7991 CH, ℘ (0 521) 59 15 44, *Fax (0 521) 59 25 87*, 佘 – ⌷ TV ⚒ P. – 益 25. AE ⓘ MC VISA
  fermé du 1er au 16 janv. – **Repas** (fermé après 20 h 30) Lunch 36 – 68 – **23 ch** ⊇ 103/165 – ½ P 110/223.

- **De Brink**, Brink 30, ⊠ 7991 CH, ℘ (0 521) 59 13 19, *info@hoteldebrink.nl, Fax (0 521) 59 25 87*, 佘 – P. MC VISA
  fermé 15 janv.-1er mars et nov.-15 déc. – **Repas** (fermé après 20 h 30) Lunch 35 – 48/60 – **6 ch** ⊇ 80/130 – ½ P 85.

à Lhee Sud-Ouest : 1,5 km Ⓒ Westerveld :

- **De Börken** ⚘, Lhee 76, ⊠ 7991 PJ, ℘ (0 521) 59 72 00, *info@deborken.nl, Fax (0 521) 59 72 87*, 佘, 𝄞, ≘s, ☐, 龙, 騎 – TV P. – 益 25 à 100. AE ⓘ MC VISA, ⚘ rest
  fermé 1er janv. – **Repas** Lunch 55 – 65/90 – **42 ch** ⊇ 160/215 – ½ P 110/143.

EARNEWÂLD Fryslân – voir Eernewoude.

ECHT Limburg 211 U 16 et 908 I 8 – 19 008 h.
Amsterdam 180 – Maastricht 36 – Eindhoven 51 – Venlo 37.

à Peij Est : 3 km Ⓒ Echt :

- **Hof van Herstal**, Pepinusbrug 8, ⊠ 6102 RJ, ℘ (0 475) 48 41 50, *Fax (0 475) 48 85 63*, 佘 – P. AE MC VISA, ⚘
  fermé 19 fév.-8 mars, du 13 au 24 août, lundi et sam. midi – **Repas** 55/95.

EDAM Noord-Holland Ⓒ Edam-Volendam 27 136 h. 210 P 7 et 908 G 4.
🛈 Damplein 1, ⊠ 1135 BK, ℘ (0 299) 31 51 25, *Fax (0 299) 37 42 36*.
Amsterdam 22 – Alkmaar 28 – Leeuwarden 116.

- **De Fortuna**, Spuistraat 3, ⊠ 1135 AV, ℘ (0 299) 37 16 71, *fortuna@fortuna-edam.nl, Fax (0 299) 37 14 69*, 佘, « Maisonnettes typiques dans un jardin fleuri », 龙 – TV. AE ⓘ MC VISA JCB, ⚘
  Repas (dîner seult) 60 – **23 ch** ⊇ 148/198.

423

EDE
Gelderland **211** S 10 et **908** I 5 – 101 542 h.

Env. au Nord-Est : 13 km, Parc National de la Haute Veluwe★★★ (Nationaal Park De Hoge Veluwe) : Parc★★★, Musée national (Rijksmuseum) Kröller-Müller★★★ – Parc à sculptures★★ (Beeldenpark).

🛈 De Manenberg, Molenstraat 80, ⌂ 6711 AW, ℘ (0 318) 61 44 44, Fax (0 318) 65 03 35.
Amsterdam 81 – *Arnhem* 23 – Apeldoorn 32 – Utrecht 43.

- **De Reehorst**, Bennekomseweg 24, ⌂ 6717 LM, ℘ (0 318) 64 11 88, hotel@reehorst.nl, Fax (0 318) 64 13 49 – 🛗 📺 📞 – 🅿 25 à 600. 🆎 ⓞ ⓜ ⓥⓘⓢⓐ. 💱
  Repas Lunch 28 – carte 45 à 65 – ⌂ 15 – **90 ch** 141/180.

- **La Façade**, Notaris Fischerstraat 31, ⌂ 6711 BB, ℘ (0 318) 61 62 54, Fax (0 318) 65 19 80, 🌿 – 🔲 🆎 ⓞ ⓜ ⓥⓘⓢⓐ – fermé 22 janv.-8 fév., du 5 au 15 août, lundi du 17 juil. au 1er sept. et mardi – **Repas** (dîner seult) 63.

- **Het Pomphuis**, Klinkenbergerweg 41, ⌂ 6711 MJ, ℘ (0 318) 65 31 33, Fax (0 318) 65 39 24, 🌿, « Terrasse » – 📞 🆎 ⓞ ⓜ ⓥⓘⓢⓐ. 💱
  Repas Lunch 53 – 55/79.

EEMNES
Utrecht **211** Q 9 et **908** G 5 – 8 381 h.
Amsterdam 34 – *Utrecht* 22 – Apeldoorn 61 – Hilversum 5.

- **De Witte Bergen**, Rijksweg 2 (sur A 1), ⌂ 3755 MV, ℘ (0 35) 538 67 54, Fax (0 35) 531 38 48, 🌿, 🚴 – 🔽 📺 📞 – 🅿 25 à 300. 🆎 ⓞ ⓜ ⓥⓘⓢⓐ
  Repas (Ouvert jusqu'à 23 h) Lunch 33 – carte env. 55 – ⌂ 18 – **111 ch** 125/140.

EERBEEK
Gelderland © Brummen 21 420 h. **211** V 10 et **908** J 5.
Amsterdam 107 – *Apeldoorn* 23 – Arnhem 26 – Enschede 71.

- **Landgoed Het Huis te Eerbeek** 🌿, Prof. Weberlaan 1, ⌂ 6961 LX, ℘ (0 313) 65 91 35, Fax (0 313) 65 41 75, « Parc », 🌿, 🚴 – 📺 📞 – 🅿 25 à 80. 🆎 ⓞ ⓜ ⓥⓘⓢⓐ. 💱
  Repas carte env. 50 – **48 ch** ⌂ 195/235 – ½ P 125/400.

EERNEWOUDE
(EARNEWÂLD) Fryslân © Tytsjerksteradiel 31 111 h. **210** U 4 et **908** I 2.
Amsterdam 148 – *Leeuwarden* 19 – Drachten 18 – Groningen 50.

- **Princenhof** 🌿, P. Miedemaweg 15, ⌂ 9264 TJ, ℘ (0 511) 53 92 06, info@princen hof.nl, Fax (0 511) 53 93 19, ≤, 🌿, 🔲, 🛁 – 🛗 📺 ♿ – 🅿 25 à 120. 🆎 ⓞ ⓜ ⓥⓘⓢⓐ. 💱 15 mars-oct. – **Repas** Lunch 43 – carte 61 à 82 – **43 ch** ⌂ 125/220 – ½ P 128/143.

EERSEL
Noord-Brabant **211** Q 14 et **908** G 7 – 18 224 h.
🛈 Markt 30a, ⌂ 5521 AN, ℘ (0 497) 51 31 63, Fax (0 497) 51 41 32.
Amsterdam 136 – *Eindhoven* 19 – 's-Hertogenbosch 47 – Antwerpen 72.

- **de Acht Zaligheden**, Markt 3, ⌂ 5521 AJ, ℘ (0 497) 51 28 11, rest.de.achtzaligh eden@planet.nl, Fax (0 497) 53 05 09 – 🔲, 🆎 ⓞ ⓜ ⓥⓘⓢⓐ ⓙⓒⓑ fermé 24 fév.-4 mars, 15 juil.-6 août, dim. et lundi – **Repas** Lunch 53 – 88/98.

- **Aub. La Cave**, Markt 5, ⌂ 5521 AJ, ℘ (0 497) 53 05 10, Fax (0 497) 53 05 09, 🌿 – 🆎 ⓞ ⓜ ⓥⓘⓢⓐ ⓙⓒⓑ – fermé du 24 au 27 fév. et lundi – **Repas** (dîner seult) 65.

EES
Drenthe **210** Z 5 – voir à Borger.

EGMOND AAN ZEE
Noord-Holland © Egmond 11 341 h. **210** M 7 et **908** E 4.
🛈 Voorstraat 82a, ⌂ 1931 AN, ℘ (0 72) 506 13 62, Fax (0 72) 506 50 54.
Amsterdam 46 – Alkmaar 10 – Haarlem 34.

- **Bellevue**, Strandboulevard A 7, ⌂ 1931 CJ, ℘ (0 72) 506 10 25, Fax (0 72) 506 11 16, ≤, 🌿 – 🛗, 🔲 rest, 📺 – 🅿 40 à 60. 🆎 ⓞ ⓜ ⓥⓘⓢⓐ. 💱 rest
  Repas 53/70 – **51 ch** ⌂ 89/231 – ½ P 126/153.

- **De Boei**, Westeinde 2, ⌂ 1931 AB, ℘ (0 72) 506 93 93, deboei@deboei.nl, Fax (0 72) 506 24 54, 🌿 – 🛗 📺 – 🅿. 🚴 ⓞ ⓜ ⓥⓘⓢⓐ
  Repas (dîner seult) carte 43 à 62 – ⌂ 17 – **37 ch** 92/153 – ½ P 123/133.

- **Golfzang**, Boulevard Ir. de Vassy 19, ⌂ 1931 CN, ℘ (0 72) 506 15 16, golfzang@wxs.nl Fax (0 72) 506 22 22 – 🛗 📺. 🆎 ⓞ ⓜ ⓥⓘⓢⓐ. 💱
  fermé 15 déc.-10 janv. – **Repas** (dîner pour résidents seult) – **24 ch** ⌂ 160 – ½ P 98/113

- **De Vassy** sans rest, Boulevard Ir. de Vassy 3, ⌂ 1931 CN, ℘ (0 72) 506 15 73, info @vassy.nl, Fax (0 72) 506 53 06 – 📺. 💱
  2 mars-28 oct., week-end et vacances scolaires ; fermé nov.-26 déc. – **17 ch** ⌂ 80/165

- **La Châtelaine**, Smidstraat 7, ⌂ 1931 EX, ℘ (0 72) 506 23 55, Fax (0 72) 506 69 26, « Rustique » – 🆎 ⓞ ⓜ ⓥⓘⓢⓐ
  fermé janv. et merc. – **Repas** (dîner seult) 50/60.

EIBERGEN Gelderland 211 Y 10 et 908 K 5 – 16 527 h.
Amsterdam 146 – Apeldoorn 60 – Arnhem 71 – Enschede 24.

- **De Greune Weide**, Lutterweg 1 (Sud : 2 km), ✉ 7152 CC, ✆ (0 545) 47 16 92, Fax (0 545) 47 74 15, 余, « Cadre champêtre », 余, 圆, – 劇 TV P – 益 25. AE ① ⓜ VISA. ✼ rest
  Repas (fermé lundi et mardi) carte env. 90 – **13 ch** ⊔ 105/160 – ½ P 105/115.

- **Belle Fleur**, J.W. Hagemanstraat 85, ✉ 7151 AE, ✆ (0 545) 47 21 49, Fax (0 545) 47 59 53, 余 – P. ⓜ VISA.
  fermé 30 juil.-16 août, 27 déc.-10 janv. et lundi – **Repas** (dîner seult) 80.

- **The Green House**, Haaksbergseweg 27, ✉ 7151 AR, ✆ (0 545) 47 29 23, Fax (0 545) 47 50 25, 余, Cuisine asiatique – P. AE ① ⓜ VISA.
  Repas Lunch 13 – carte env. 100.

EINDHOVEN Noord-Brabant 211 S 14 et 908 H 7 – 199 877 h. – Casino BY, Heuvel Galerie 134, ✉ 5611 DK, ✆ (0 40) 235 73 57, Fax (0 40) 235 73 60.
Musée : Van Abbe★ (Stedelijk Van Abbemuseum) BZ **M'**.

ᓥ Ch. Roelslaan 15, ✉ 5644 HX, ✆ (0 40) 252 09 62, Fax (0 40) 221 38 99 – ᓥ Welschapsedijk 164, ✉ 5657 BB, ✆ (0 40) 251 57 97, Fax (0 40) 252 92 97 - ᓥ par ④ : 11 km à Valkenswaard, Eindhovenseweg 300, ✉ 5533 VB, ✆ (0 40) 201 27 13, Fax (0 40) 207 61 77 – ᓥ à l'Ouest : 5 km à Veldhoven, Locht 140, ✉ 5504 RP, ✆ (0 40) 253 44 44, Fax (0 40) 254 97 47.

✈ 5 km par Noord Brabantlaan AV ✆ (0 40) 291 98 18, Fax (0 40) 291 98 20.

🛈 Stationsplein 17, ✉ 5611 AC, ✆ 0 900-112 23 63, Fax (0 40) 243 31 35.
Amsterdam 122 ⑦ – Duisburg 99 ③ – 's-Hertogenbosch 35 ⑦ – Maastricht 86 ③ – Tilburg 36 ⑥ – Antwerpen 86 ④

- **Holiday Inn**, Veldm. Montgomerylaan 1, ✉ 5612 BA, ✆ (0 40) 243 32 22, holidayinn.eindhoven@basshotels.com, Fax (0 40) 244 92 35, ᵴ₆, ≦s, 🔲 – 劇 ✼ 目 TV 춚 P – 益 40 à 200. AE ① ⓜ VISA JCB. ✼ BY t
  Repas carte 66 à 79 – ⊔ 35 – **199 ch** 360/410.

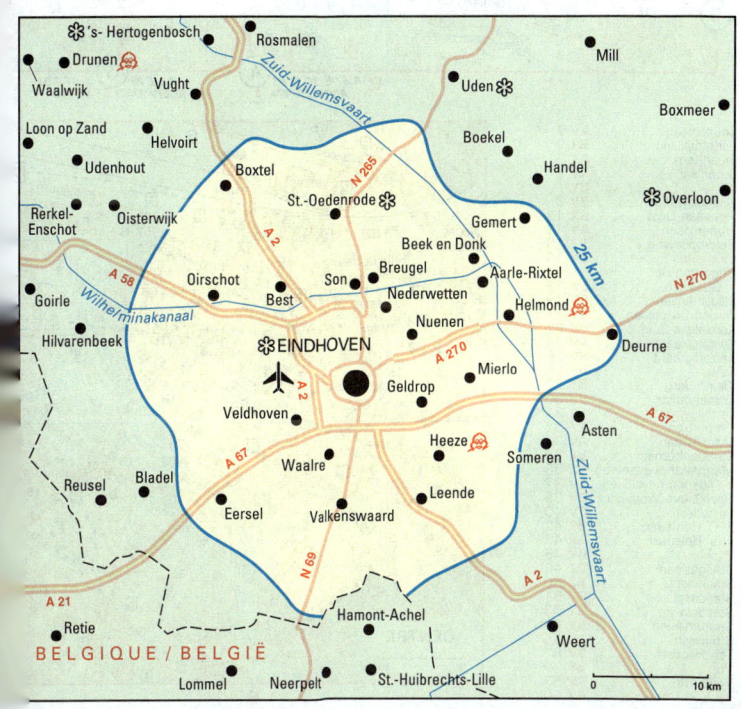

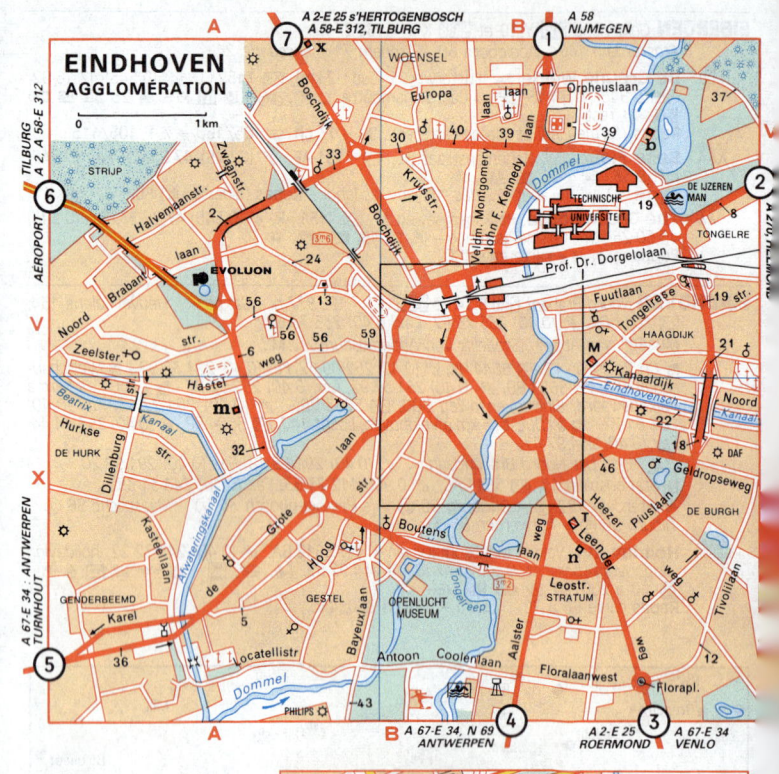

EINDHOVEN AGGLOMÉRATION

Beukenlaan	AV	2
Bilderdijklaan	BZ	3
Blaarthemseweg	AX	5
Botenlaan	AV	6
Demer	BY	
Eisenhowerlaan	BV	8
Floralaan Oost	BX	12
Frederiklaan	AV	13
Geldropseweg	BZ	15
Hermanus Boexstr.	BY	16
Hugo van der Goeslaan	BX	18
Insulindelaan	BV	19
Jeroen Boschlaan	BV	21
Kanaaldijk Zuid	BX	22
Kastanjelaan	AV	24
Keizersgracht	BY	25
Kerkstr.	BY	28
Kleine Berg	BY	27
Kronehoefstr.	BV	30
Lardinoisstr.	Y	31
Limburglaan	AX	32
Marconilaan	AX	33
Mecklenburgstr.	BZ	34
Meerveldhovenseweg	AX	36
v. Oldenbarneveltlaan	BV	37
Onze Lieve Vrouwstr.	BY	39
Pastoriestr.	BV	40
P. C. Hooftlaan	BZ	42
Prof. Holstlaan	AX	43
Rechtestr.	BY	45
St. Jorislaan	BZ	48
Stadhuispl.	BZ	50
Stationspl.	BY	51
Stationsweg	BY	53
Stratumseind	BY	54
Strijpsestr.	AV	56
Ten Hagestr.	BY	57
Vrijstr.	BY	
Willemstr.	AV	59
18 Septemberpl.	BY	60

EINDHOVEN

Dorint, Vestdijk 47, ✉ 5611 CA, ℰ (0 40) 232 61 11, info@dhe.dorint.nl, Fax (0 40) 244 01 48, ℔, ⇌, 🏊 – 🛗 ⚞ ▤ TV ⛐ 🅿 – 🕿 25 à 450. 🆎 ⓘ ⓜⓞ VISA JCB. ⚞ ch
Repas Lunch 40 – 60/90 – ⌣ 35 – **256 ch** 355/390, 4 suites – ½ P 390/500. BY h

Mandarin Park Plaza, Geldropseweg 17, ✉ 5611 SC, ℰ (0 40) 212 50 55 et 212 12 25 (rest), mppres@parkplazahotels.nl, Fax (0 40) 212 15 55 et 211 66 67 (rest), ⇌, 🏊 – 🛗 ⚞ ▤ TV ⛐ 🅿. 🆎 ⓘ ⓜⓞ VISA JCB. BZ y
Repas **Mandarin Garden** (Cuisine chinoise, dîner seult) 68/120 – **Mei Ling** (Cuisine asiatique, ouvert jusqu'à 23 h) Lunch 35 – 45/90 – **Momoyama** (Cuisine japonaise avec Teppan-Yaki, dîner seult jusqu'à 23 h) 62/130 – ⌣ 33 – **100 ch** 375/475, 2 suites.

Pierre, Leenderweg 80, ✉ 5615 AB, ℰ (0 40) 212 10 12, pierre@bestwestern.nl, Fax (0 40) 212 12 61, ⛲ – 🛗 ⚞, ▤ rest, TV 🅿 – 🕿 25 à 150. 🆎 ⓘ ⓜⓞ VISA. ⚞ rest BX n
Repas (fermé vend.) (dîner seult) 45/75 – ⌣ 20 – **60 ch** 206 – ½ P 195/245.

Tulip Inn, Markt 35, ✉ 5611 EC, ℰ (0 40) 245 45 45, Fax (0 40) 243 56 45 – 🛗 ▤ TV. 🆎 ⓘ ⓜⓞ VISA JCB. ⚞ BY f
Repas (dîner seult) carte 45 à 63 – **75 ch** ⌣ 235/265.

Motel Eindhoven, Aalsterweg 322 (par ④ : 3 km), ✉ 5644 RL, ℰ (0 40) 211 60 33, eindhoven@valk.com, Fax (0 40) 212 07 74, ⛲, ℔, 🏊, ⚞, ⛲ – 🛗 ⚞ TV 🅿 – 🕿 25 à 500. 🆎 ⓘ ⓜⓞ VISA
Repas (Ouvert jusqu'à 23 h 30) Lunch 25 – carte env. 50 – ⌣ 28 – **177 ch** 135.

Campanile, Noord-Brabantlaan 309 (près A 2, sortie ㉛), ✉ 5657 GB, ℰ (0 40) 254 54 00, eindhoven@campanile.nl, Fax (0 40) 254 44 10, ⛲ – 🛗 ⚞ TV ⚑ 🅿 – 🕿 40. 🆎 ⓘ ⓜⓞ VISA JCB
Repas (Brasserie) Lunch 25 – 45 – ⌣ 17 – **83 ch** 130.

Parkzicht ⚞, Alb. Thijmlaan 18, ✉ 5615 EB, ℰ (0 40) 211 41 00, parkzicht@cs.com, Fax (0 40) 211 41 00, ⛲ – TV 🅿 – 🕿 30 à 60. 🆎 ⓘ ⓜⓞ VISA JCB. ⚞ rest BZ c
Repas (fermé 25 et 26 déc.) Lunch 25 – 45/80 – **44 ch** ⌣ 160/175 – ½ P 155/175.

De Karpendonkse Hoeve, Sumatralaan 3, ✉ 5631 AA, ℰ (0 40) 281 36 63, info @karpendonkse.nl, Fax (0 40) 281 11 45, ⛲, « Terrasse avec ≤ parc et lac » – 🅿. 🆎 ⓘ ⓜⓞ VISA. ⚞ BV b
fermé 25 fév.-5 mars, 13 avril, 28 mai, 24 et 31 déc., sam. midi et dim. – **Repas** Lunch 90 – 125/170, carte env. 150
Spéc. Blanc de barbue farci d'huîtres, sauce Noilly Prat. Côtes d'agneau au four avec échalotes, ail et couscous aux légumes. Caille rôtie farcie de pommes-fruits, sauce au Cidre.

De Luytervelde, Jo Goudkuillaan 11 (Nord-Ouest : 7 km par ⑦ à Acht), ✉ 5626 GC, ℰ (0 40) 262 31 11, Fax (0 40) 262 20 90, ⛲, « Terrasses et jardin fleuri » – 🅿. 🆎 ⓘ ⓜⓞ VISA. ⚞
fermé carnaval, vacances bâtiment et dim. – **Repas** Lunch 43 – 90.

Willem van Oranje, Willemstraat 43a, ✉ 5611 HC, ℰ (0 40) 296 38 19, Fax (0 40) 296 38 20 – ▤. 🆎 ⓘ ⓜⓞ VISA. ⚞ BY a
fermé 15 juil.-5 août, 27 déc.-1er janv. et dim. non fériés – **Repas** Lunch 55 – 65/75.

Bali, Keizersgracht 13, ✉ 5611 GC, ℰ (0 40) 244 56 49, Fax (0 40) 246 01 90, Cuisine indonésienne – ▤. 🆎 ⓘ ⓜⓞ VISA BY d
Repas 55.

De Blauwe Lotus, Limburglaan 20, ✉ 5652 AA, ℰ (0 40) 251 48 76, Fax (0 40) 251 15 25, Cuisine asiatique, « Décor oriental » – ▤. 🆎 ⓘ ⓜⓞ VISA. ⚞ AX m
fermé sam. midi et dim. – **Repas** Lunch 45 – 60/98.

De Waterkers, Geldropseweg 4, ✉ 5611 SH, ℰ (0 40) 212 49 99, de.waterkers@pl anet.nl – ▤. 🆎 ⓘ ⓜⓞ VISA JCB BZ b
fermé 25 fév.-2 mars, 17 juil.-9 août, 27 déc.-4 janv., dim. et lundi – **Repas** (dîner seult) carte env. 80.

The Old Valley, Sint Antoniusstraat 18, ✉ 5616 RT, ℰ (0 40) 257 39 39, Fax (0 40) 256 92 31 – ▤. 🆎 ⓘ ⓜⓞ VISA JCB. ⚞ BY e
fermé du 16 au 27 juil. et lundis non fériés – **Repas** (dîner seult) Lunch 50 – carte env. 80.

Djawa, Keldermansstraat 58, ✉ 5622 PJ, ℰ (0 40) 244 37 86, Fax (0 40) 245 48 07, Cuisine indonésienne – ▤. ⚞ AV x
fermé 4 juil.-8 août, 25 déc. et merc. – **Repas** (dîner seult) 45/55.

l'aéroport Ouest : 5 km :

Novotel, Anthony Fokkerweg 101, ✉ 5657 EJ, ℰ (0 40) 252 65 75, H1018@accor-h otels.com, Fax (0 40) 252 28 50, ⛲, 🏊, ⛲ – 🛗 ⚞ ▤ TV ⚑ 🅿 – 🕿 25 à 200. 🆎 ⓘ ⓜⓞ VISA
Repas Lunch 50 – 45/90 – ⌣ 27 – **92 ch** 223 – ½ P 295.

427

ELSLOO Limburg © Stein 26 303 h. **211** T 17 et **908** I 9.
Amsterdam 205 – Maastricht 20 – Eindhoven 70.

- **Kasteel Elsloo**, Maasberg 1, ⊠ 6181 GV, ℰ (0 46) 437 76 66, kasteelelsloo@planet.nl, Fax (0 46) 437 75 70, ㈜, « Terrasse sur parc », ≠, ℅, ℅ – TV P – 🅰 25 à 90. AE ① ④ VISA JCB ℅ rest
  fermé 27 déc.-3 janv. – **Repas** (fermé sam. midi et dim. midi) Lunch 59 – 70/95 – **24 ch** ⊇ 135/185 – ½ P 143/168.

EMMELOORD Flevoland © Noordoostpolder 42 224 h. **210** T 6 et **908** I 3.
🖪 De Deel 25a, ⊠ 8302 EK, ℰ (0 527) 61 20 00, Fax (0 527) 61 44 57.
Amsterdam 89 – Groningen 94 – Leeuwarden 66 – Zwolle 36.

- **Emmeloord**, Het Hooiveld 9 (sortie ⑮ sur A 6), ⊠ 8302 AE, ℰ (0 527) 61 23 45, info@emmeloord.valk.nl, Fax (0 527) 61 28 45, ㈜, 𝐼₆, ≘s, ℅, ⊡ – 🛗 TV – 🅰 25 à 350. AE ① ④ VISA JCB
  Repas carte env. 60 – ⊇ 13 – **107 ch** 113/125.

- **'t Voorhuys**, De Deel 20, ⊠ 8302 EK, ℰ (0 527) 61 28 70, info@voorhuys.nl, Fax (0 527) 61 79 03, ㈜, ♨, 🛗, ■ rest, TV – 🅰 25 à 520. AE ① ④ VISA JCB
  fermé 1er janv. – **Repas** (Taverne-rest) 53/63 – **25 ch** (fermé 31 déc.) ⊇ 113/163.

- **Le Mirage** 2e étage, Beursstraat 2, ⊠ 8302 CW, ℰ (0 527) 69 91 04, lemirage@zonnet.nl, Fax (0 527) 69 80 35 – ■. AE ① ④ VISA ℅
  fermé 3 sem. en août et lundi – **Repas** 55/65.

EMMEN Drenthe **210** AA 6 et **908** L 3 – 105 497 h.
Voir Dolmen d'Emmer Dennen★ (hunebed) – Jardin zoologique★ (Noorder Dierenpark).
Env. à l'Ouest : 6,5 km à Noordsleen : Dolmen★ (hunebed) – au Nord-Ouest : 18 km à Orvelte★.
🛫₁₈ à l'Ouest : 12 km à Aalden, Gebbeveenweg 1, ⊠ 7854 TD, ℰ (0 591) 37 17 84, Fax (0 591) 37 24 22.
🖪 Marktplein 9, ⊠ 7811 AM, ℰ (0 591) 61 30 00, Fax (0 591) 64 41 06.
Amsterdam 180 – Assen 44 – Groningen 57 – Leeuwarden 97 – Zwolle 70.

- **Tulip Inn Ten Cate**, Noordbargerstraat 44, ⊠ 7812 AB, ℰ (0 591) 61 76 00, tulip.inn.ten.cate@wxs.nl, Fax (0 591) 61 84 32, ㈜ – TV P – 🅰 35 à 65. AE ① ④ VISA
  fermé 26 et 31 déc. et 1er janv. – **Repas** (fermé dim. midi) carte 50 à 80 – ⊇ 18 – **37 ch** 120/150 – ½ P 130/175.

- **De Giraf**, Van Schaikweg 55, ⊠ 7811 HN, ℰ (0 591) 64 20 02, giraf@bestwestern.nl, Fax (0 591) 64 96 54, ㈜, 𝐼₆, ≘s, ℅, ℅ – 🛗 ℅ TV P – 🅰 25 à 1000. AE ① ④ VISA ℅ rest
  Repas Lunch 20 – carte env. 50 – ⊇ 18 – **43 ch** 123/133 – ½ P 113/168.

- **La Couronne**, Zuidbargerstraat 108 (Sud : 3 km à Zuidbarge), ⊠ 7812 AK, ℰ (0 591) 63 08 13, info@lacouronne.nl, Fax (0 591) 63 04 38, ㈜, « Terrasse » – P – 🅰 25. AE ④ VISA JCB
  fermé dim. – **Repas** Lunch 58 – 65/78.

ENGELEN Noord-Brabant **211** Q 12 et **908** G 6 – voir à 's-Hertogenbosch.

ENKHUIZEN Noord-Holland **210** Q 6 et **908** G 3 – 16 713 h.

Voir La vieille ville★ – Jubé★ dans l'église de l'Ouest ou de St-Gommaire (Wester of St Gomaruskerk) AB – Drommedaris★ : du sommet ※★, du quai ≤★ B.
Musée : du Zuiderzee★ (Zuiderzeemuseum) : Binnenmuseum★ en Buitenmuseum★★ B.
⛴ vers Stavoren : Rederij Naco B.V., De Ruyterkade, Steiger 7 à Amsterdam ℰ (0 20) 626 24 66, Fax (0 20) 624 40 61. Durée de la traversée : 1 h 25. Prix AR : 18,00 Fl, bicyclette : 10,00 Fl. - vers Urk : Rederij F.R.O. à Urk ℰ (0 527) 68 34 07, Fax (0 527) 68 47 82. Durée de la traversée : 1 h 30. Prix AR : 18,50 Fl, bicyclette : 10,50 Fl.
🖪 Tussen Twee Havens 1, ⊠ 1601 EM, ℰ (0 228) 31 31 64, Fax (0 228) 31 55 31.
Amsterdam 62 ① – Hoorn 19 ② – Leeuwarden 113 ①

Plan page ci-contre

- **Villa Oude Enkhuizen** sans rest, Westerstraat 217, ⊠ 1601 AH, ℰ (0 228) 31 42 66, villa_oud@wxs.nl, Fax (0 228) 31 81 71, « Terrasse », ℅ – TV ⚒ – 🅰 25. AE ① ④ VISA JCB ℅ rest
  14 ch ⊇ 110/175.

A

ENKHUIZEN

Bocht	B 3	Melkmarkt	B 12	Venedie	B 25
Driebanen	B 4	Nieuwstraat	B 13	Vijzelstr.	B
Hoornseveer	A 6	Noorder Havendijk	B 15	Waagstraat	B 27
Kaasmarkt	B 7	Oosterhavenstr.	B 16	Wegje	B 28
Karnemelksluis	B 9	St. Janstraat	B 19	Westerstraat	AB
Klopperstraat	A 10	Spijtbroeksburgwal	A 21	Zuider Boerenvaart	A 30
		Staeleversgracht	B 22	Zuider Havendijk	B 31
		Sijbrandsplein	B 24	Zuiderspui	B 33
				Zwaanstraat	B 34

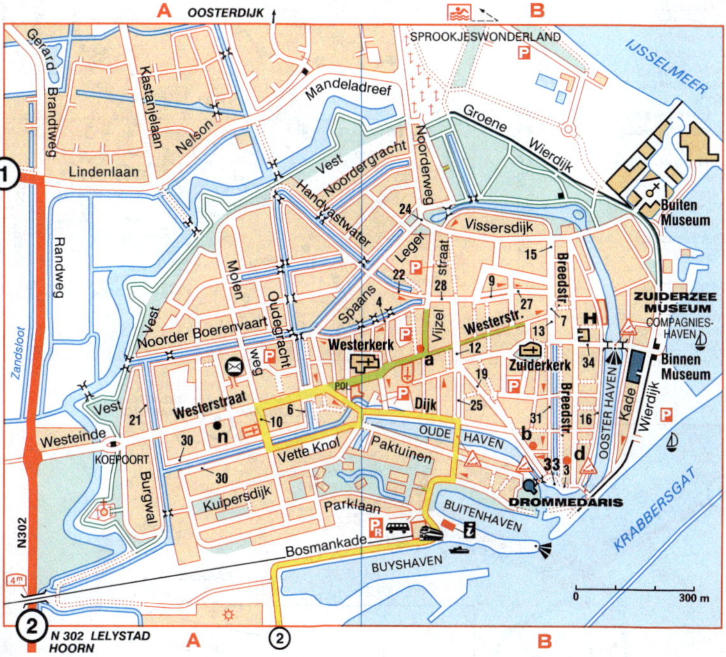

XX **Die Drie Haringhe**, Dijk 28, ✉ 1601 GJ, ℰ (0 228) 31 86 10, Fax (0 228) 32 11 35, ≤, 🍴, « Entrepôt du 17ᵉ s. » – AE ① ◎ VISA ⚡
fermé 1 sem. en oct., lundi de nov. à mars et mardi – **Repas** Lunch 58 – 60/88. **B b**

XX **d'Alsace**, Westerstraat 116, ✉ 1601 AM, ℰ (0 228) 31 52 25, Fax (0 228) 31 52 25, 🍴, « Terrasse fleurie » – AE ◎ VISA
fermé lundi – **Repas** Lunch 60 – carte 80 à 97. **B a**

X **De Smederij**, Breedstraat 158, ✉ 1601 KG, ℰ (0 228) 31 46 04, Fax (0 228) 32 30 79, « Rustique » – AE ① ◎ VISA
fermé jeudi d'oct. à mars et merc. – **Repas** (dîner seult) carte env. 75. **B d**

ENSCHEDE Overijssel 210 AA 9, 211 AA 9 et 908 L 5 – 148 814 h.

Musée : de la Twente★ *(Rijksmuseum Twenthe)* V.

🛣 par ① : Veendijk 100, ✉ 7525 PZ, ℰ (0 541) 53 03 31, Fax (0 541) 53 16 90 - 🛣 par ③ : 9 km à Hengelo, Enschedesestraat 381, ✉ 7552 CV, ℰ (074) 250 84 66, Fax (0 74) 250 93 88.

✈ Twente ℰ (0 53) 486 22 22, Fax (0 53) 435 96 91.

🛈 Oude Markt 31, ✉ 7511 GB, ℰ (0 53) 432 32 00, Fax (0 53) 430 41 62.

Amsterdam 160 ⑤ – Groningen 148 ① – Zwolle 73 ⑥ – Düsseldorf 141 ④ – Münster 64 ②

Plan page suivante

🏨 **De Broeierd** M, Hengelosestraat 725 (par ⑥ : 3 km), ✉ 7521 PA, ℰ (0 53) 850 65 00, info@broeierd.nl, Fax (0 53) 850 65 10, 🍴, « Terrasse », 🚲 - 📱 TV P - 🔔 25 à 150. AE ① ◎ VISA ⚡
Repas Lunch 58 – carte 59 à 86 - ⌂ 28 - **61 ch** 210 - ½ P 180.

ENSCHEDE

Achter 't Hofje		Z 3
Bisschopstr.		X 4
Blijdensteinlaan		V 6
Brammelerstr.		Y 7
Gronausestr.		X 9
Haverstraatpassage		Z 10
Hendrik Jan van Heekpl.		Z 12
Hengelosestr.		V
Hofpassage		Z 13
Kalanderstr.		Z 16
Klokkenplas		YZ 18
Korte Haaksbergerstr.		YZ 19
Korte Hengelosestr.		Y 21
Langestr.		Y 22
Lochemstr.		Y 24
van Loenshof		Y 25
Marktstr.		V 27
Minkaatstr.		Y 28
Nijverheidstr.		Z 31
Piet Heinstr.		Y 33
Pijpenstr.		Z 34
Raadhuisstr.		Z 36
Schouwinkstr.		V 37
Stadsgravenstr.		Y 39
Visserijstr.		Y 40
Volksparksingel		X 42
Walstr.		YZ 43
Windbrugstr.		Z 46

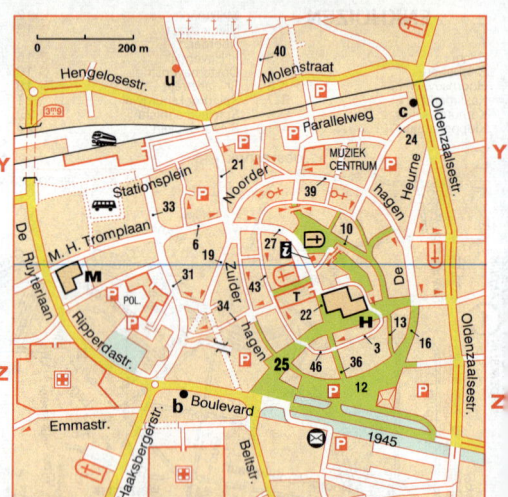

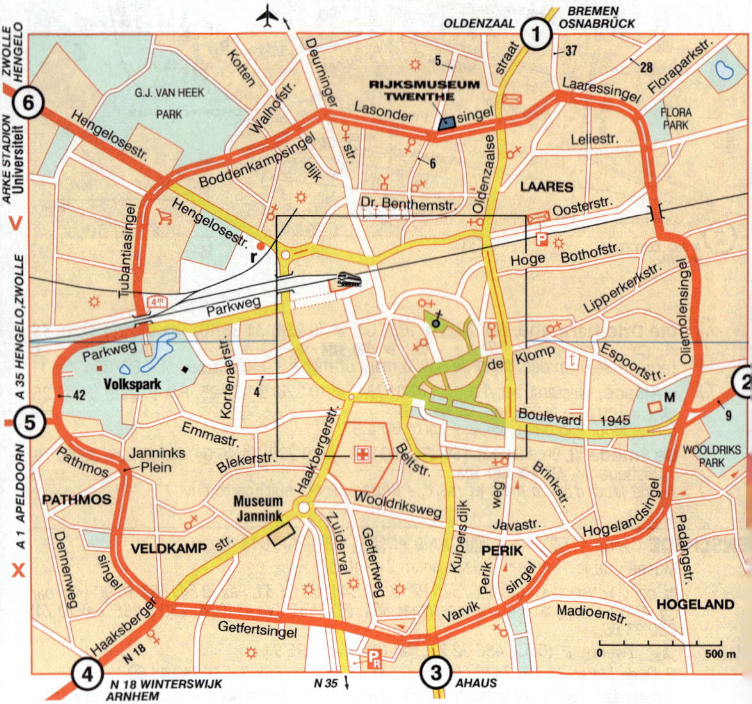

Bediening en belasting

In België, in Luxemburg en in Nederland zijn bediening en belasting bij de prijzen inbegrepen.

ENSCHEDE

- **Dish**, Boulevard 1945 n° 2, ⊠ 7511 AE, ℘ (0 53) 850 66 00, info@dish.nl, Fax (0 53) 850 66 10 – 🛗, 🍽 rest, TV 🅿 – 🍴 25 à 250. AE ⓘ MC VISA. ⁂ Z b
  Repas 50 – ⊡ 25 – **76 ch** 165/280, 4 suites.

- **Amadeus** sans rest, Oldenzaalsestraat 103, ⊠ 7511 DZ, ℘ (0 53) 435 74 86, amadeus@hetnet.nl, Fax (0 53) 430 43 83 – TV 🅿. AE ⓘ MC VISA JCB. ⁂ Y c
  12 ch ⊡ 125/160.

- **Het Koetshuis Schuttersveld**, Hengelosestraat 111, ⊠ 7514 AE, ℘ (0 53) 432 28 66, koetshuis@alliance.nl, Fax (0 53) 433 39 57, 🌿 – 🅿. AE ⓘ MC VISA. ⁂ V r
  fermé 15 juil.-1er août, 23 déc.-8 janv., sam. midi, dim. et lundi – **Repas** 85/115.

- **La Petite Bouffe**, Deurningerstraat 11, ⊠ 7514 BC, ℘ (0 53) 430 30 40, Fax (0 53) 436 23 72, 🌿 – 🍽. AE ⓘ MC VISA Y u
  fermé dern. sem. juil.-prem. sem. août, lundi et mardi – **Repas** (dîner seult) 80.

à Boekelo par ④ : 8 km © Enschede :

- **Bad Boekelo** ⑳, Oude Deldenerweg 203, ⊠ 7548 PM, ℘ (0 53) 428 30 05, info@bad-boekelo.nl, Fax (0 53) 428 30 35, 🌿, « Environnement boisé », ≦s, 🅿, 🌳, ⁂, 🚲 – ⁂ TV ⚑ 🅿. – 🍴 25 à 220. AE ⓘ MC VISA JCB. ⁂
  Repas carte env. 70 – **76 ch** ⊡ 150/198, 2 suites – ½ P 144.

à Usselo par ④ : 4 km © Enschede :

- **Hanninkshof**, Usselohofweg 5, ⊠ 7548 RZ, ℘ (0 53) 428 31 29, Fax (0 53) 428 21 29, 🌿 – 🅿. ⓘ MC VISA
  Repas 45/90.

ENTER Overijssel © Wierden 23 197 h. 210 Y 9, 211 Y 9 et 908 K 5.
Amsterdam 131 – Apeldoorn 45 – Enschede 33 – Zwolle 45.

- **bistro T-bone**, Dorpsstraat 154, ⊠ 7468 CS, ℘ (0 547) 38 12 59, Fax (0 547) 38 27 67, 🌿, Grillades – 🅿. AE ⓘ MC VISA JCB. ⁂
  fermé 23 juil.-18 août, mardi et merc. – **Repas** (dîner seult jusqu'à 23 h) carte env. 80.

EPE Gelderland 210 U 8, 211 U 8 et 908 I 4 – 33 235 h.
🅱 Pastoor Somstraat 6, ⊠ 8162 AK, ℘ (0 578) 61 26 96, Fax (0 578) 61 55 81.
Amsterdam 97 – Apeldoorn 21 – Arnhem 44 – Zwolle 25.

- **Golden Tulip** ⑳, Dellenweg 115, ⊠ 8161 PW, ℘ (0 578) 61 28 14, sales@gtepe.goldentulip.nl, Fax (0 578) 61 54 93, 🌿, ≦s, 🅿, ⁂, 🚲 – 🛗, 🍽 rest, TV 🅿 – 🍴 25 à 275. AE ⓘ MC VISA JCB.
  Repas carte env. 70 – ⊡ 28 – **138 ch** 286 – ½ P 161/237.

- **Dennenheuvel**, Heerderweg 27 (Nord : 2 km), ⊠ 8161 BK, ℘ (0 578) 61 23 26, dennenheuvel@dennenheuvel.nl, Fax (0 578) 67 76 99, 🌿, ≦s, 🚲 – 🍽 rest, TV 🅿 – 🍴 25 à 50. AE ⓘ MC VISA
  fermé du 1er au 8 janv. – **Repas** (fermé dim.) 55/80 – **34 ch** ⊡ 165/195 – ½ P 115/125.

- **'t Soerel**, Soerelseweg 22 (Ouest : 7 km, direction Nunspeet), ⊠ 8162 PB, ℘ (0 578) 68 82 76, info@soerel.nl, Fax (0 578) 68 82 86, 🌿, « Environnement boisé » – 🅿. AE ⓘ MC VISA JCB
  fermé du 5 au 17 fév., du 4 au 15 sept. et lundis non fériés – **Repas** Lunch 63 – 65/80.

- **Affiloir**, Dellenweg 109, ⊠ 8161 AJ, ℘ (0 578) 61 37 55, info@affiloir.nl, Fax (0 578) 61 37 55, 🌿, « Pavillon dans les bois » – 🅿. AE ⓘ MC VISA JCB
  fermé 3 sem. en mars, lundi et mardi – **Repas** Lunch 54 – carte 73 à 89.

- **De Veldhoeve**, Dellenweg 1, ⊠ 8161 AH, ℘ (0 578) 61 50 00, veldhoeve.rest@wxs.nl, Fax (0 578) 61 34 58, 🌿 – 🅿. MC VISA
  fermé mardi et merc. – **Repas** (dîner seult) 45/93.

PEN Limburg © Gulpen-Wittem 15 537 h. 211 U 18 et 908 I 9.
Voir Route de Epen à Slenaken ≤★.
🅱 Julianastraat 15, ⊠ 6285 AG, ℘ (0 43) 455 13 46, Fax (0 43) 455 24 33.
Amsterdam 235 – Maastricht 24 – Aachen 15.

- **Zuid Limburg**, Julianastraat 23a, ⊠ 6285 AH, ℘ (0 43) 455 18 18, sales@gtzuidlimburg.goldentulip.nl, Fax (0 43) 455 24 15, ≤, 🌿, ≦s, 🅿, 🌳, 🚲 – TV 🅿 – 🍴 25 à 50. AE ⓘ MC VISA JCB. ⁂
  Repas (fermé après 20 h 30) Lunch 26 – carte env. 75 – **77 ch** ⊡ 215/276 – ½ P 182/193.

EPEN

Creusen ⓢ, Wilhelminastraat 50, ✉ 6285 AW, ☏ (0 43) 455 12 15, *creusen@heuv elland.com*, Fax (0 43) 455 21 01, ≼, 🐎 – 🛗, 🍽 rest, 📺 🚗 **P** – 🎿 25. AE ⓂⓈ VISA JCB. ⚡
mars-nov. – **Repas** (dîner pour résidents seult) – **19 ch** 🍴 125/190 – ½ P 133.

Ons Krijtland, Julianastraat 22, ✉ 6285 AJ, ☏ (0 43) 455 15 57, *info@krijtland.nl*, Fax (0 43) 455 21 45, ≼, 🚴 – 🛗 📺 **P** – 🎿 30. ⓂⓈ ⚡
fermé Noël-1er janv. – **Repas** (fermé lundi et après 20 h) 45/60 – **32 ch** 🍴 160/200.

Alkema ⓢ, Kap. Houbenstraat 12, ✉ 6285 AB, ☏ (0 43) 455 13 35, *hotel.alkema@i ae.nl*, Fax (0 43) 455 27 44 – 🛗 📺 **P** ⓂⓈ VISA ⚡ rest
fermé janv.-fév. – **Repas** (dîner pour résidents seult) – **18 ch** 🍴 80/105.

Os Heem Ⓜ, Wilhelminastraat 19, ✉ 6285 AS, ☏ (0 43) 455 16 23, *osheem@bestw estern.nl*, Fax (0 43) 455 22 85, 🚴 – 🛗, 🍽 rest, 📺 ⚓, AE ⓞ ⓂⓈ VISA JCB. ⚡ rest
Repas (dîner pour résidents seult) – **24 ch** 🍴 190/300 – ½ P 130/365.

Landgoed Schoutenhof ⓢ, sans rest, Molenweg 1, ✉ 6285 NJ, ☏ (0 43) 455 20 02, Fax (0 43) 455 26 05, ≼ campagne vallonnée, 🐎, 🚴 – 📺 **P**. AE ⓞ ⓂⓈ VISA JCB. ⚡
10 ch 🍴 125/220.

Berg en Dal, Roodweg 18, ✉ 6285 AA, ☏ (0 43) 455 13 83, *info@bergendalepen.com*, Fax (0 43) 455 27 05, 🍽, 🐎, 🚴 – 🛗 🍽 📺 **P**. ⓂⓈ VISA JCB. ⚡
Repas (fermé après 20 h) Lunch 33 – 45 – **35 ch** 🍴 140/160 – ½ P 85/105.

ERMELO Gelderland 210 S 9, 211 S 9 et 908 H 5 – 26 762 h.
Amsterdam 75 – Apeldoorn 33 – Arnhem 60 – Utrecht 51.

Heerlickheijd van Ermelo ⓢ, Staringlaan 1, ✉ 3852 LA, ☏ (0 341) 56 85 85, *sale s@heerlickheijd.nl*, Fax (0 341) 56 85 00, 🍽, 🛁, 🏊, 🏊, 🐎, 🚴 – 🛗 ⚡, 🍽 rest, 📺 ⚓ **P** – 🎿 25 à 600. AE ⓞ ⓂⓈ VISA ⚡ rest
Repas *(fermé dim. et lundi)* Lunch 35 – carte 85 à 105 – 🍴 30 – **127 ch** 245/295.

ESCAUT ORIENTAL (Barrage de l'), Stormvloedkering – voir Oosterscheldedam, Stormvloedkering.

ETTEN-LEUR Noord-Brabant 211 M 13 et 908 E 7 – 36 106 h.
Amsterdam 115 – Breda 13 – 's-Hertogenbosch 63 – Rotterdam 56 – Antwerpen 59.

Huis Ten Bosch sans rest, Oude Bredaseweg 2, ✉ 4872 AE, ☏ (0 76) 501 23 40, Fax (0 76) 503 81 22 – 📺. AE ⓞ ⓂⓈ VISA
25 ch 🍴 145/175.

De Zwaan, Markt 7, ✉ 4875 CB, ☏ (0 76) 501 26 96, *info@restaurant-dezwaan.nl*, Fax (0 76) 501 73 59, « Collection de tableaux » – 🍽. AE ⓞ ⓂⓈ VISA JCB
fermé 16 juil.-6 août, 1 sem. après Noël, sam. midi, dim. midi et lundi – **Repas** Lunch 90 – 125/150, carte 100 à 130
Spéc. Paupiette de sole aux foie gras et chanterelles. Asperges à la brabançonne (avril-juin). Crème caramel, Irish coffee et glace moka.

De Hooghe Neer, Hoge Neerstraat 1 (par A 58 - E 312, sortie ⑱, direction Rijsbergen), ✉ 4873 LM, ☏ (0 76) 503 10 64, Fax (0 76) 504 02 88, 🍽, « Ancienne ferme du 19e s. » – **P** – 🎿 25 à 200. AE ⓂⓈ VISA
Repas Lunch 50 – 59/100.

EXLOO Drenthe 210 AA 5 et 908 L 3 – voir à Odoorn.

FRANEKER (FRJENTSJER) Fryslân Ⓒ Franekeradeel 20 062 h. 210 S 3 et 908 H 2.
Voir Hôtel de Ville★ (Stadhuis) – Planetarium★.
Amsterdam 122 – Leeuwarden 19.

Tulip Inn De Valk, Hertog van Saxenlaan 78, ✉ 8802 PP, ☏ (0 517) 39 80 00, *inf @tulipinn-franeker.nl*, Fax (0 517) 39 31 11, 🍽, 🚴 – 🛗 📺 ⚓ **P** – 🎿 25 à 350. AE ⓞ ⓂⓈ VISA
Repas Lunch 40 – carte 60 à 75 – **42 ch** 🍴 128/168 – ½ P 122.

FREDERIKSOORD Drenthe Ⓒ Westerveld 18 689 h. 210 W 5 et 908 J 3.
Amsterdam 154 – Assen 37 – Groningen 62 – Leeuwarden 62 – Zwolle 44.

Frederiksoord, Maj. van Swietenlaan 20, ✉ 8382 CG, ☏ (0 521) 38 55 55, *hotel@ rederiksoord.demon.nl*, Fax (0 521) 38 15 24, 🐎 – **P**. AE ⓞ ⓂⓈ VISA ⚡
fermé 27 déc.-4 janv. et lundi d'oct. à mars – **Repas** 48 – **11 ch** 🍴 85/150 – ½ P 115/12

ARDEREN Gelderland C Barneveld 47 271 h. 211 T 9 et 908 I 5.
Amsterdam 72 – Arnhem 47 – Apeldoorn 20 – Utrecht 54.

Résidence Groot Heideborgh M, Hogesteeg 50 (Sud : 1,5 km), ⊠ 3886 MA, ℘ (0 577) 46 27 00, heideborgh@bilderberg.nl, Fax (0 577) 46 28 00, « Bois et landes de bruyères », Fa, ≘s, ⊠, ≋, ℅, ℅ – ⊡ ≒ TV & P – 🅿 25 à 300. AE ⓄⒸ VISA. rest
fermé 30 déc.-2 janv. – **Repas** Lunch 53 – carte env. 85 – ⊡ 32 – **84 ch** 335/395.

't Speulderbos, Speulderbosweg 54, ⊠ 3886 AP, ℘ (0 577) 46 15 46, speulderbos@bilderberg.nl, Fax (0 577) 46 11 24, « Dans les bois », ≘s, ⊠, ≋, ℅, ℅ – ⊡ ≒ TV & P – 🅿 25 à 250. AE ⓄⒸ VISA. rest
fermé 31 déc. et 3 janv. – **Repas** Lunch 60 – carte 81 à 106 – ⊡ 29 – **100 ch** 293, 2 suites – ½ P 203/285.

Overbosch, Hooiweg 23 (Sud : 1,5 km), ⊠ 3886 PM, ℘ (0 577) 46 13 14, info@overbosch-horeca.nl, Fax (0 577) 46 20 79, ≘s, ≋, ℅ – TV P – 🅿 25 à 500. AE ⓄⒸ VISA.
Repas Lunch 34 – carte 69 à 100 – **47 ch** ⊡ 121/176 – ½ P 121/132.

Camposing, Oud Milligenseweg 7, ⊠ 3886 MB, ℘ (0 577) 46 22 88, Fax (0 577) 40 29 80, Cuisine chinoise – ■ P. ⓒ VISA.
fermé lundi sauf en juil.-août – **Repas** 55/65.

Wenn Sie ein sehr ruhiges Hotel suchen,
benutzen Sie zuerst die Karte in der Einleitung
oder wählen Sie im Text ein Hotel mit dem Zeichen oder

EERTRUIDENBERG Noord-Brabant 211 O 12 et 908 F 6 – 21 069 h.
 au Nord : 6 km à Hank, Kurenpolderweg 33, ⊠ 4273 LA, ℘ (0 162) 40 28 20.
Amsterdam 90 – Breda 20 – 's-Hertogenbosch 36 – Rotterdam 55.

't Weeshuys, Markt 52, ⊠ 4931 BT, ℘ (0 162) 51 36 98, Fax (0 162) 51 60 02, « Dans une chapelle du 14ᵉ s. » – AE ⓄⒸ VISA.
fermé carnaval, du 9 au 28 juil., 24 déc. et 27 déc.-1ᵉʳ janv. – **Repas** Lunch 65 – carte 77 à 98.

EERVLIET Zuid-Holland C Bernisse 12 785 h. 211 K 11 - ㊳ S et 908 D 6 - ㉓ S.
Amsterdam 93 – Rotterdam 19 – Den Haag 41.

In de Bernisse Molen, Spuikade 1, ⊠ 3211 BG, ℘ (0 181) 66 12 92, bernisse@publishnet.nl, Fax (0 181) 64 14 55, « Moulin du 19ᵉ s. » – P. AE ⓄⒸ VISA JCB
fermé dim. et lundi – **Repas** Lunch 60 – carte 92 à 105.

ELDROP Noord-Brabant 211 S 14 et 908 H 7 – 27 318 h.
Amsterdam 137 – Eindhoven 7 – 's-Hertogenbosch 49 – Venlo 48 – Aachen 106.

Golden Tulip, Bogardeind 219 (près A 67), ⊠ 5664 EG, ℘ (0 40) 286 75 10, sales@gtgeldrop.goldentulip.nl, Fax (0 40) 285 57 64, Fa, ≘s, ⊠, ≋, ℅, ℅ – ⊡ ≒, ■ rest, TV & P – 🅿 25 à 200. AE ⓄⒸ VISA JCB. rest
Repas Lunch 31 – carte env. 70 – **131 ch** ⊡ 296/398.

De Gouden Leeuw sans rest, Korte Kerkstraat 46, ⊠ 5664 HH, ℘ (0 40) 286 23 93, Fax (0 40) 285 69 41 – TV – 🅿 25 à 60. AE ⓒ VISA.
16 ch ⊡ 90/150.

ELEEN Limburg 211 U 17 et 908 I 9 – 34 117 h.
Amsterdam 202 – Eindhoven 74 – Maastricht 23 – Aachen 33.

Bastion, Rijksweg Zuid 301, ⊠ 6161 BN, ℘ (0 46) 474 75 17, bastion@bastion.nl, Fax (0 46) 474 89 33 – TV P. AE ⓄⒸ VISA.
Repas (Grillades, ouvert jusqu'à 23 h) 45 – ⊡ 18 – **40 ch** 105.

de lijster, Rijksweg Zuid 172, ⊠ 6161 BV, ℘ (0 46) 474 39 57, i.sleypen@wxs.nl, Fax (0 46) 474 38 38, – ■ P. AE ⓄⒸ VISA
fermé 24 fév.-4 mars, 1 sem. vacances bâtiment, mardi, sam. midi et dim. midi – **Repas** Lunch 58 – carte 70 à 85.

Angelique's, Rijksweg Centrum 24, ⊠ 6161 EE, ℘ (0 46) 474 22 63, Fax (0 46) 474 22 63 – ■. ⓒ VISA
fermé du 15 au 28 août, du 1ᵉʳ au 5 janv. et lundi – **Repas** (dîner seult) 48/68.

GEMERT
Noord-Brabant ⓒ Gemert-Bakel 27 363 h. **211** T **13** et **908** I **7**.
Amsterdam 111 – Eindhoven 24 – Nijmegen 54.

- **Kastanjehof,** Heuvel 4, ⊠ 5421 CN, ℘ (0 492) 36 19 12, Fax (0 492) 36 81 00, 😊
  – **P**. AE ⓞ ⓜ VISA JCB
  fermé sem. carnaval et merc. – **Repas** (dîner seult) carte 76 à 97.

à Handel Nord-Est : 3,5 km ⓒ Gemert-Bakel :

- **Handelia,** Past. Castelijnsstraat 1, ⊠ 5423 SP, ℘ (0 492) 32 12 90, hotel.handelia@t
  ip.nl, Fax (0 492) 32 38 41, ≾, 🎿, 🚴, – TV P. VISA. ⋇
  fermé 25 déc.-1er janv. – **Repas** (résidents seult) – **9 ch** ⊇ 100/150 – ½ P 105/130.

GEYSTEREN Limburg **211** V **13** et **908** J **7** – voir à Wanssum.

GIETHOORN Overijssel ⓒ Brederwiede 12 437 h. **210** V **6** et **908** J **3**.
Voir Village lacustre★★.
🛥 (bateau) Beulakerweg 114a, ⊠ 8355 AL, ℘ (0 521) 36 12 48, Fax (0 521) 36 22 81.
Amsterdam 135 – Assen 63 – Leeuwarden 63 – Zwolle 28.

- **De Harmonie** ⋙, Beulakerweg 55 (Nord : 2 km), ⊠ 8355 AB, ℘ (0 521) 36 13 72,
  info@harmonie-giethoorn.nl, Fax (0 521) 36 10 82, 😊, 🚴, 🎱 – TV P – 🔨 25 à 100.
  AE ⓞ ⓜ VISA. ⋇
  Repas (fermé après 20 h 30) Lunch 38 – 48/125 – **16 ch** ⊇ 145/165 – ½ P 130.

- **De Pergola,** Ds. T.O. Hylkemaweg 7, ⊠ 8355 CD, ℘ (0 521) 36 13 21, hotel-depergo
  la@planet.nl, Fax (0 521) 36 24 08, 😊, 🎱 – TV P
  Repas (avril-oct. ; fermé jeudi du 15 sept. à mai et après 20 h 30) (Taverne-rest) Lunch 22
  – 33/50 – **15 ch** ⊇ 125.

- **De Lindenhof** (Kruithof), Beulakerweg 77 (Nord : 1,5 km), ⊠ 8355 AC, ℘ (0 521)
  36 14 44, Fax (0 521) 36 05 95, 😊, « Maison typique à toit de chaume » – P. AE ⓞ ⓜ
  VISA JCB
  fermé 2 prem. sem. mars, 2 dern. sem. oct. et jeudi – **Repas** (dîner seult) 89/135, carte
  env. 140
  Spéc. Foie gras d'oie mariné aux pommes et Calvados. Solettes en vinaigrette tiède de
  truffes. Parfait aux noisettes et caramel au Whisky.

à Wanneperveen Sud : 6 km ⓒ Brederwiede :

- **Prinsenije** ⋙, Veneweg 294, ⊠ 7946 LX, ℘ (0 522) 28 11 85, mail@prinsenije.nl,
  Fax (0 522) 28 14 93, ≤, ≘s, ⧈, 🚴, 🎱 – TV P – 🔨 25 à 175. AE ⓜ VISA
  Repas Lunch 33 – carte 57 à 71 – ⊇ 25 – **15 ch** 165.

GILZE Noord-Brabant ⓒ Gilze en Rijen 24 026 h. **211** O **13** et **908** F **7**.
Amsterdam 105 – Breda 15 – 's-Hertogenbosch 37 – Tilburg 10.

- **Gilze-Rijen,** Klein Zwitserland 8 (près A 58), ⊠ 5126 TA, ℘ (0 161) 45 49 51, recept
  ie@hotelgilzerijen.nl, Fax (0 161) 45 21 71, 😊, 🎾, ≘s, ⧈, ⋇, 🚴 – 🛗 TV P – 🔨 25
  à 450. AE ⓞ ⓜ VISA
  Repas (Ouvert jusqu'à 23 h) Lunch 20 – 45 – ⊇ 18 – **132 ch** 110, 5 suites.

GLIMMEN Groningen **210** Y **4** et **908** K **2** – voir à Haren.

GOEDEREEDE Zuid-Holland **211** I **12** et **908** C **6** – 11 169 h.
Amsterdam 118 – Rotterdam 44 – Den Haag 66 – Middelburg 76.

- **De Gouden Leeuw,** Markt 11, ⊠ 3252 BC, ℘ (0 187) 49 13 71, Fax (0 187) 49 39 4
  – AE ⓜ
  fermé 3 prem. sem. janv. et lundi – **Repas** 45/90.

GOES Zeeland **211** I **13** et **908** C **7** – 35 381 h.
Voir Grande Église★ (Grote Kerk).
🏌 🏌 Golfpark 52, ⊠ 4465 BH, ℘ (0 113) 22 95 56, Fax (0 113) 22 95 54.
🛈 Stationsplein 3, ⊠ 4461 HP, ℘ 0 900-168 16 66, Fax (0 113) 25 13 50.
Amsterdam 165 ② – Breda 78 – Middelburg 22 – Rotterdam 87 – Antwerpen 68.

- **Bolsjoi,** Grote Markt 28, ⊠ 4461 AJ, ℘ (0 113) 23 23 23, bolsjoi@zeelandnet.r
  Fax (0 113) 25 17 55, 😊 – TV P – 🔨 25 à 60. AE ⓞ ⓜ VISA JCB. ⋇
  fermé 25 et 26 déc. et 1er janv. – **Repas** (Taverne-rest) Lunch 33 – carte 48 à 73 – **12 c**
  ⊇ 135/160.

GOES

XX **De Stadsschuur,** Schuttershof 32, ✉ 4461 DZ, ℘ (0 113) 21 23 32, stadsschuur@z
eelandnet.nl, Fax (0 113) 25 02 29, 🍴, « Grange aménagée avec terrasse ombragée » –
AE ① ◎ VISA
fermé 31 déc.-2 janv., sam. midi et dim. midi – **Repas** 55/85.

XX **Bon Vivant,** Dam 2, ✉ 4461 HV, ℘ (0 113) 23 00 66, Fax (0 113) 23 00 66, 🍴,
« Terrasse au bord de l'eau » – 🍽. AE ① ◎ VISA JCB
fermé lundi – **Repas** Lunch 50 – 60/110.

X **Het Binnenhof,** De Bocht van Guinea 6 (accès par St-Jacobstraat), ✉ 4461 BC,
℘ (0 113) 22 74 05, Fax (0 113) 22 25 52, 🍴 – AE ① ◎ VISA
fermé merc. – **Repas** (dîner seult) carte 83 à 113.

X **De Witte Lelie,** Opril Grote Markt 8, ✉ 4461 AK, ℘ (0 113) 22 02 76, Fax (0 113)
25 23 43 – AE ① ◎ VISA JCB
fermé 26 fév.-5 mars, 30 juil.-14 août, lundi et mardi – **Repas** (dîner seult) 49/
89.

Ne confondez pas :
    Confort des hôtels   : 🏨🏨🏨 ... 🏠
    Confort des restaurants   : XXXXX ... X
    Qualité de la table   : ✿✿✿, ✿✿, ✿, **Repas** ✿

GOIRLE Noord-Brabant 📗 P 13 et 📘 G 7 – voir à Tilburg.

GORINCHEM Zuid-Holland 📗 O 11 et 📘 F 6 – 33 248 h.

🎣 au Nord : 3 km à Spijk, Haarweg 3, ✉ 4212 KJ, ℘ (0 183) 62 80 77.
🅱 Grote Markt 17, ✉ 4201 EB, ℘ (0 183) 63 15 25, Fax (0 183) 63 40 40.
Amsterdam 74 – Utrecht 37 – Breda 41 – Den Haag 68 – 's-Hertogenbosch 40 – Rotterdam 42.

🏨 Gorinchem, Van Hogendorpweg 10 (échangeur A 27/A 15, sortie ㉗), ✉ 4204 XW,
℘ (0 183) 62 24 00, Fax (0 183) 62 29 48, 🍴 – 📺 🅿 – 🚪 25 à 250. ✤
25 ch.

🏠 **Campanile,** Franklinweg 1 (sur A 15, sortie ㉘), ✉ 4207 HX, ℘ (0 183) 62 58 77, gori
nchem@campanile.nl, Fax (0 183) 62 95 36, 🍴 – 📺 🅿 – 🚪 25. AE ①
◎ VISA
Repas (Avec buffet) Lunch 20 bc – 45 – ⌑ 17 – **52 ch** 115.

XX **Solo,** Zusterhuis 1, ✉ 4201 EH, ℘ (0 183) 63 77 90, restaurantsolo@wxs.nl, Fax (0 183)
63 77 91 – 🍽 – 🚪 35. AE ◎ VISA
fermé dern. sem. juil.-2 prem. sem. août, sam. midi et dim. midi – **Repas** Lunch 58 –
65.

X **Bistro de Poort,** Eind 19, ✉ 4201 CP, ℘ (0 183) 66 05 22, Fax (0 183) 66 09 91, 🍴,
« Terrasse sur écluse, ≤ Merwede » – AE ① ◎ VISA
fermé sam. midi et dim. midi – **Repas** carte 52 à 74.

GOUDA Zuid-Holland 📗 N 10 et 📘 F 5 – 71 576 h.

Voir Le Cœur de la ville★ – Hôtel de Ville★ (Stadhuis) BY H¹ – Vitraux★★★ de l'église
St-Jean★ (St. Janskerk) BY A.
Musée : Het Catharina Gasthuis★ BY M¹.
Env. par ① : Étangs de Reeuwijk★ (Reeuwijkse Plassen) – de Gouda à Oudewater route
de digue ≤★ par Goejanverwelledijk BZ.
🅱 Markt 27, ✉ 2801 JJ, ℘ (0 182) 51 36 66, Fax (0 182) 58 32 10.
Amsterdam 53 ④ – Rotterdam 27 ③ – Den Haag 30 ④ – Utrecht 36 ④.

Plan page suivante

XX **Rôtiss. l'Etoile,** Blekerssingel 1, ✉ 2806 AA, ℘ (0 182) 51 22 53, l.etoile@planet.nl,
Fax (0 182) 51 22 53, 🍴 – 🍽 – 🚪 80. AE ① ◎ VISA   BY a
fermé du 1ᵉʳ au 10 janv., dim. et lundi – **Repas** Lunch 60 – 43/85.

XX **Jean Marie,** Oude Brugweg 4, ✉ 2808 NP, ℘ (0 182) 51 62 62, restjeanmarie@hot
net.nl, Fax (0 182) 54 89 15, 🍴 – 🅿. AE ① ◎ VISA   BZ e
fermé 2 dern. sem. juil.-2 prem. sem. août, dim. et lundi – **Repas** (dîner seult) carte 75 à
100.

435

GOUDA

Boelekade	BY 2
Doelenstr.	BZ 4
Dubbele Buurt	BY 5
Goejanverwelledijk	BZ 6
Hoogstr.	BY 7
Jeruzalemstr.	BY 8
Kerkhoflaan	BZ 9
Kleiweg	BY
Korte Groenendaal	BY 10
Korte Tiendeweg	BY 12
Lange Noodgodsstr.	BZ 13
Lange Tiendeweg	BY 14
Lazaruskade	AYZ
Nieuwe Markt	BY 1
Nieuwe Veerstal	BZ 1
Onder de Boompjes	AY 2
Reigerstr.	AZ 2
Sint Anthoniestr.	BY 2
Vossenburchkade	BY 2
Vredebest	BY 2
Walestr.	BZ 2
Wijdstr.	BY 2

XX **Brunel**, Hoge Gouwe 23, ⊠ 2801 LA, ℘ (0 182) 51 89 79, brunel@planet.nl, Fax (0 182) 58 60 08, 🍽 – AE ◉ ⦿ VISA
   BZ r
   fermé 24 déc. – **Repas** (dîner seult) 63.

XX **De Mallemolen**, Oosthaven 72, ⊠ 2801 PG, ℘ (0 182) 51 54 30, Fax (0 182) 51 54 30
   🍽 – 🗏. AE ◉ ⦿ VISA
   BZ b
   fermé mardi en juil.-août et lundi – **Repas** (dîner seult) carte 75 à 90.

X **De Zes Sterren**, Achter de Kerk 14 (dans le musée municipal M¹), ⊠ 2801 JX, ℘ (0 182) 51 60 95, Fax (0 182) 51 97 27, 🍽, Avec cuisine traditionelle hollandaise – 🗏. AE ◉ ⦿ VISA JCB
   BY
   fermé 3 sem. en juil., dim. et lundi – **Repas** Lunch 50 – carte 75 à 93.

X **La Grenouille**, Oosthaven 20, ⊠ 2801 PC, ℘ (0 182) 51 27 31, Fax (0 182) 51 27 3
   – 🗏. AE ◉ ⦿ VISA JCB
   BZ
   fermé lundi et mardi – **Repas** (dîner seult) carte 75 à 90.

à Reeuwijk par ① : 6 km – 12 905 h.

XX **Kaagjesland**, Kaagjesland 60 (par N 207, au pont-levis direction Reeuwijk), ⊠ 2811 K
   ℘ (0 182) 39 64 21, kaagjesland@planet.nl, ≤, 🍽, « Villa au milieu des polders » – ⊡
   VISA. ⦸ – fermé 23 juil.-13 août, 31 déc.-14 janv. et lundi – **Repas** (dîner seult) 65/7

GRAVE Noord-Brabant 211 T 12 et 908 I 6 – 12 608 h.

Amsterdam 115 – Arnhem 33 – Eindhoven 47 – 's-Hertogenbosch 33 – Nijmegen 15.

× **Het Wapen van Grave**, Arnoud van Gelderweg 61, ⊠ 5361 CV, ℘ (0 486) 47 59 75, wapenvangrave@tref.nl, Fax (0 486) 42 16 39, 佘 – ℙ. 𝔸𝔼 ⓞ ⓜⓞ 𝕍𝕀𝕊𝔸
fermé carnaval, du 1er au 15 oct. et lundi – **Repas** Lunch 20 – 72/88.

's-GRAVELAND Noord-Holland 211 P 9 et 908 G 5 – voir à Hilversum.

's-GRAVENHAGE ℙ Zuid-Holland – voir Den Haag.

> **Les Bonnes Tables**
>
> Gourmets...
>
> Nous distinguons à votre intention
> certains hôtels (🏨 ... 🏠) et restaurants (XXXXX ... X)
> par ✿✿✿, ✿✿, ✿ ou Repas ☺.

's GRAVENMOER Noord-Brabant ⓒ Dongen 24 613 h. 211 O 13 et 908 F 7.

Amsterdam 97 – Breda 24 – 's-Hertogenbosch 34 – Tilburg 32.

XX **Le Bouc**, Hoofdstraat 75, ⊠ 5109 AB, ℘ (0 162) 45 08 88, Fax (0 162) 43 76 13, 佘,
« Brasserie avec aménagement design » – ℙ. ⓜⓞ 𝕍𝕀𝕊𝔸
fermé lundi – **Repas** 55/75.

's-GRAVENZANDE Zuid-Holland 211 J 10 - ㊳ N et 908 D 5 - ㉓ N – 18 990 h.

Amsterdam 77 – Rotterdam 32 – Den Haag 17.

× **De Spaansche Vloot**, Langestraat 137, ⊠ 2691 BD, ℘ (0 174) 41 24 95, de.spaansche.vloot@planet.nl, Fax (0 174) 41 71 24, 佘 – ℙ. 𝔸𝔼 ⓞ ⓜⓞ 𝕍𝕀𝕊𝔸 𝕁𝕔𝕓
fermé dim. sauf en mai-juin – **Repas** 45/83.

× **Hoeve de Viersprong**, Nieuwlandsedijk 10 (Sud-Ouest : 1 km), ⊠ 2691 KW, ℘ (0 174) 41 33 22, info@viersprong.nl, Fax (0 174) 41 77 24, 佘 – ▬ ℙ. 𝔸𝔼 ⓞ ⓜⓞ 𝕍𝕀𝕊𝔸. ⌘
fermé fév., lundi et mardi – **Repas** (dîner seult jusqu'à 23 h) carte 80 à 100.

GROEDE Zeeland ⓒ Oostburg 17 732 h. 211 G 14 et 908 B 7.

Amsterdam 209 – Middelburg (bac) 12 – Antwerpen 89 – Brugge 33 – Knokke-Heist 22.

🏠 **Het Vlaemsche Duyn** ☺, Gerard de Moorsweg 4, ⊠ 4503 PD, ℘ (0 117) 37 12 10, Fax (0 117) 37 17 28, 佘, 🌿, 🚲 – ℙ. ⓞ ⓜⓞ 𝕍𝕀𝕊𝔸. ⌘ rest
fermé 23 déc.-janv. – **Repas** (fermé merc.) (dîner seult) carte 70 à 85 – **14 ch** ⊇ 125/150 – ½ P 110/115.

GROESBEEK Gelderland 211 U 12 et 908 I 6 – voir à Nijmegen.

GRONINGEN ℙ 210 Y 3 et 908 K 2 – 171 193 h. – Casino Z, Gedempte Kattendiep 150, ⊠ 9711 PV, ℘ (0 50) 312 34 00, Fax (0 50) 312 98 31.

Voir Goudkantoor★ Z B – Tour★ (Martinitoren) de l'église St-Martin (Martinikerk) Z.

Musée : maritime du Nord★ (Noordelijk Scheepvaartmuseum) Z M² – Groninger Museum★ Z M¹.

Env. par ② à Loppersum : Les Églises rurales★ (fresques★ dans l'église) – par ② à Zeerijp : coupoles★ dans l'église – par ⑦ à Uithuizen : château Menkemaborg★★ – par ⑥ à Leens : buffet d'orgues★ dans l'église St-Pierre (Petruskerk).

Exc. par ② à Garmerwolde : église★.

🎿 par ④ : 12 km à Glimmen (Haren), Pollselaan 5, ⊠ 9756 CJ, ℘ (0 50) 406 20 04, Fax (0 50) 406 19 22.

✈ par ④ : 12 km à Eelde ℘ (0 50) 309 34 00, Fax (0 50) 309 50 11.

🛈 Gedempte Kattendiep 6, ⊠ 9711 PN, ℘ 0 900-202 30 50, Fax (0 50) 311 02 58.

Amsterdam 181 ⑤ – Leeuwarden 59 ⑥ – Bremen 181 ③

GRONINGEN

🏨 **Mercure,** Expositielaan 7 (Sud : 2 km près N 7), ✉ 9727 KA, ☏ (0 50) 525 84 00, H1241@accor-hotels.com, Fax (0 50) 527 18 28, 🍴, 🔲, 🏊 – 🛗 ✱ 📺 🅿 – 🛎 30 à 60. 🅰🅴 ⓘ 🆘 𝗩𝗜𝗦𝗔 JCB. ✽ rest   X v
Repas Lunch 30 – carte 48 à 70 – ☐ 28 – **155 ch** 183/230, 2 suites.

🏨 **Hotel de Ville** Ⓜ 🌿, Oude Boteringestraat 43, ✉ 9712 GD, ☏ (0 50) 318 12 22, hotel@deville.nl, Fax (0 50) 318 17 77, 🍴 – 🛗 ✱ 📺 ♿ 🚗. 🅰🅴 ⓘ 🆘 𝗩𝗜𝗦𝗔   Z r
Repas *Bistro 't Gerecht* (fermé 31 déc.-prem. sem. janv. et dim. et lundi en juil.-août) (dîner seult) carte 55 à 88 – ☐ 25 – **45 ch** 233/440.

🏨 **Schimmelpenninck Huys,** Oosterstraat 53, ✉ 9711 NR, ☏ (0 50) 318 95 02, info@schimmelpenninckhuys.nl, Fax (0 50) 318 31 64, 🍴, « Maison classée » – 📺 – 🛎 25 à 70. 🅰🅴 ⓘ 🆘 𝗩𝗜𝗦𝗔 JCB   Z h
Repas 68/78 – ☐ 23 – **56 ch** 165/199 – ½ P 266/299.

🏨 **Cityhotel** Ⓜ sans rest, Gedempte Kattendiep 25, ✉ 9711 PM, ☏ (0 50) 588 65 65, Fax (0 50) 311 51 00, 🍴 – 🛗 ✱ 📺 ♿ 🚗. 🅰🅴 🆘 𝗩𝗜𝗦𝗔.   Z b
☐ 18 – **93 ch** 170/200.

🏠 **Aub. Corps de Garde,** Oude Boteringestraat 74, ✉ 9712 GN, ☏ (0 50) 314 54 37, info@corpsdegarde.nl, Fax (0 50) 313 63 20 – 📺. 🅰🅴 ⓘ 🆘 𝗩𝗜𝗦𝗔 ✽ rest   Y r
Repas (fermé août, dim. et lundi) (dîner seult) carte 76 à 101 – ☐ 18 – **21 ch** 150/185 – ½ P 205/280.

🏠 **Bastion,** Bornholmstraat 99 (par ③ : 5 km), ✉ 9723 AW, ☏ (0 50) 541 49 77, bastion@bastionhotel.nl, Fax (0 50) 541 30 12 – 📺 🅿. 🅰🅴 ⓘ 🆘 𝗩𝗜𝗦𝗔 ✽
Repas (Grillades, ouvert jusqu'à 23 h) 45 – ☐ 18 – **40 ch** 115.

🍴🍴 **Muller** (Hengge), Grote Kromme Elleboog 13, ✉ 9712 BJ, ☏ (0 50) 318 32 08, Fax (0 50) ✿ 312 58 76 – 🔳. 🅰🅴 ⓘ 🆘 𝗩𝗜𝗦𝗔 JCB   Z e
fermé 29 juil.-20 août, 30 déc.-14 janv., sam. midi, dim., lundi et mardi midi – **Repas** 85/140
Spéc. Ballottine de foie d'oie et de canard. St-Jacques en pâte feuilletée. Aile de pigeon farcie au foie et jus de cuisson truffé.

GRONINGEN

Asingastraat	X	6
Emmaviaduct	X	13
Europaweg	X	16
Helperbrink	X	1
Helperzoom	X	21
Hoendiep	X	24
van Iddekingeweg	X	25
Ieperlaan	X	27
Julianaplein	X	28
Julianaweg	X	30
Kastanjelaan	X	31
Metaallaan	X	36
Noorderstationsstr.	X	40
Oosterhamriklaan	X	42
Overwinningsplein	X	48
Paterswoldseweg	X	49
Pleiadenlaan	X	52
Prof. Dr. J. C. Kapteijnlaan	X	54
Sontweg	X	61
Sumatralaan	X	64
Weg der Verenigde Naties	X	69
Winsumerweg	X	73
Zonnelaan	X	75

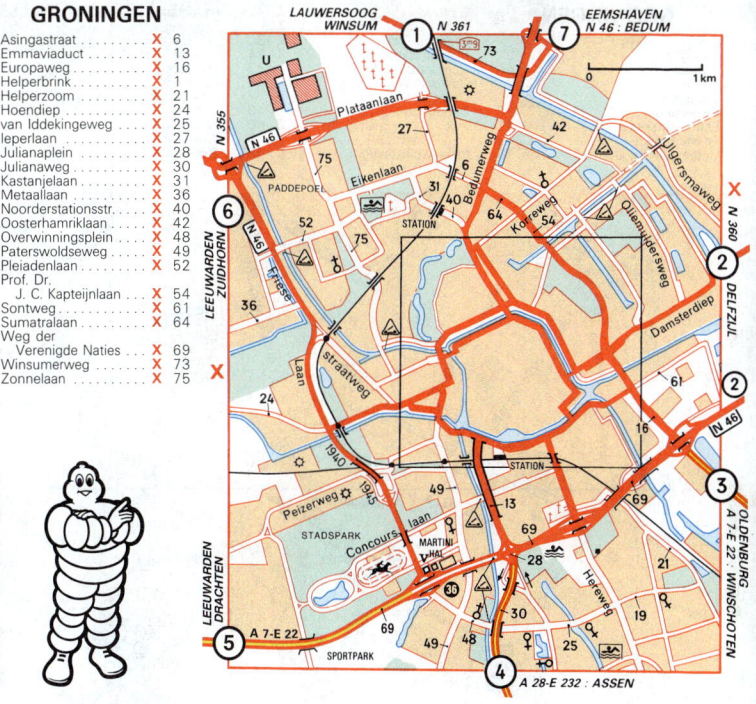

XX **De Pauw**, Gelkingestraat 52, ✉ 9711 NE, ☎ (0 50) 318 13 32, *restaurant@depauw.nl*, Fax (0 50) 313 34 63 – ■. AE ⓘ MO VISA JCB Z e
fermé 27 déc.-9 janv. et lundi et mardi en juil.-août – **Repas** (dîner seult) 60/75.

XX **Le Jardin Français**, Steentilstraat 38, ✉ 9711 GP, ☎ (0 50) 311 21 26, Fax (0 50) 318 99 08, 😊 – AE ⓘ MO VISA ✸ Z d
fermé 2 sem. vacances bâtiment, 2 sem. après Noël et dim. – **Repas** Lunch 55 – carte env. 80.

XX **Ni Hao**, Hereweg 1, ✉ 9726 AA, ☎ (0 50) 318 14 00, *nihao@mediaport.org*, Fax (0 50) 313 11 37, Cuisine chinoise – ■ P. AE ⓘ MO VISA JCB ✸ Z a
Repas 40/108.

X **Ganga**, Carolieweg 11, ✉ 9711 LP, ☎ (0 50) 313 32 20, Fax (0 50) 313 34 80, Cuisine indienne – AE ⓘ MO VISA JCB ✸ Z f
Repas (dîner seult jusqu'à 23 h) carte env. 50.

à Aduard par ⑧ : 6 km C Zuidhorn 17 885 h :

🏠 **Aduard**, Friesestraatweg 13 (sur N 355), ✉ 9831 TB, ☎ (0 50) 403 14 00, *aduard@horecagids.nl*, Fax (0 50) 403 12 16, 😊 – TV & P – 🍽 80. AE ⓘ MO VISA ✸ rest
Repas Lunch 18 – 45 – **22 ch** ⊆ 65/140 – ½ P 78/108.

XXX **Herberg Onder de Linden** (Slenema) 😊 avec ch, Burg. van Barneveldweg 3, ✉ 9831 RD, ☎ (0 50) 403 14 06, *onder.linden@slenema.nl*, Fax (0 50) 403 18 14, 😊 « Auberge typique frisonne du 18e s. avec jardin » – TV P. AE ⓘ MO VISA JCB
fermé fin déc.-début janv., sam. midi, dim. et lundi – **Repas** (pendant vacances scolaires dîner seult) 95/135, carte env. 140 – **5 ch** ⊆ 160/190 – ½ P 225/235
Spéc. Brochette de réglisse au ris de veau, poire caramélisée au vinaigre balsamique. Dégustation de délicatesses d'agneau (fév.-sept.). 3 préparations d'asperges et homard (avril-juin).

GRONINGEN

A-Kerkhof	Z 3	Grote Markt	Z	Rademarkt	Z 55
A-Straat	Z 4	Herestraat	Z	Radesingel	Z 57
de Brink	Z 7	Lopende Diep	Y 33	Schuitendiep	Z 58
Brugstraat	Z 9	Martinikerkhof	Z 34	St. Jansstraat	Z 60
Eeldersingel	Z 10	Noorderhaven N. Z.	Z 37	Spilsluizen	Y 63
Eendrachtskade	Z 12	Noorderhaven Z. Z.	Z 39	Verlengde	
Emmaviaduct	Z 13	Oosterstraat	Z	Oosterstr.	Z 66
Gedempte Zuiderdiep	Z 18	Ossenmarkt	Z 43	Vismarkt	Z 67
		Oude Boteringestr.	Z 45	Westerhaven	Z 70
		Oude Ebbingestr.	Y 46	Westersingel	Z 72
		Paterswoldseweg	Z 49	Zuiderpark	Z 76

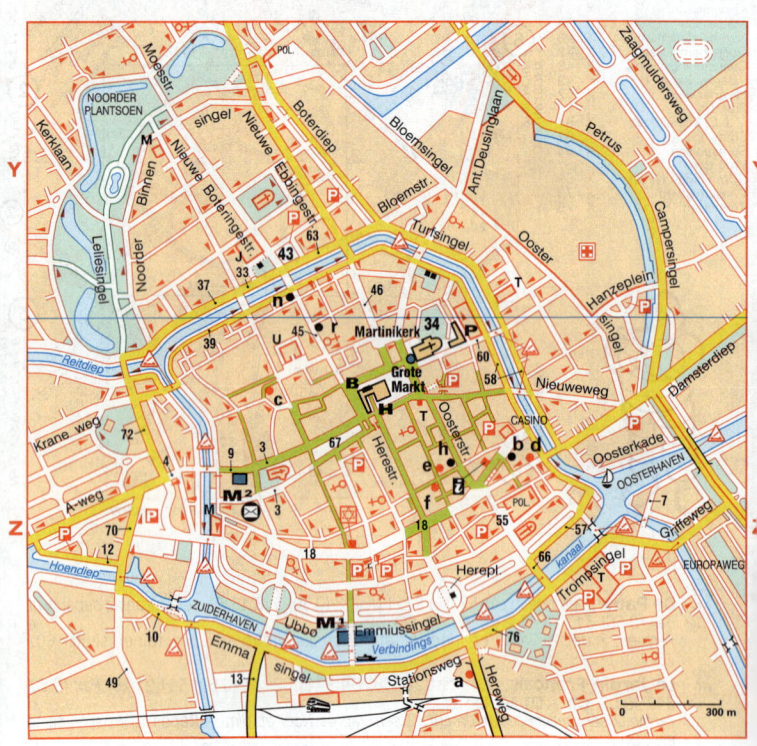

à Paterswolde Sud : 5 km par Paterswoldseweg X ⓒ Haren 18 589 h :

    Golden Tulip, Groningerweg 19, ✉ 9765 TA, ℘ (0 50) 309 54 00, info@goldentulip paterswolde.nl, Fax (0 50) 309 11 57, ≋, ⬛, ✗, ⚲, ⬜, – ⧊ ⬌ 📺 ⧫ ℗ – ⚛ 25 à 150. AE ⓘ ⓜⓢ VISA JCB. ✗ rest
    Repas Lunch 48 – carte env. 65 – ⎵ 25 – **71 ch** 255/280, 2 suites – ½ P 213/223.

GRONSVELD Limburg ⓒ Eijsden 12 038 h. 211 T 18 et 908 I 9.
    Amsterdam 217 – Maastricht 8 – Aachen 31.

    De Keizerskroon, Europapark 1, ✉ 6247 AX, ℘ (0 43) 408 15 32, Fax (0 43) 408 35 55, ⛲, « Terrasse avec ≤ jardin fleuri » – ⬛ ℗. AE ⓘ ⓜⓢ VISA ✗ fermé 24 déc.-1er janv., lundi et sam. midi – **Repas** Lunch 58 – 85/99.

> De taal die u ziet op de borden langs de wegen,
> is de taal van de streek waarin u zich bevindt.
>
> In deze gids zijn de plaatsen vermeld onder hun officiële naam :
> **Liège** voor Luik, **Huy** voor Hoei.

GULPEN Limburg © Gulpen-Wittem 15 537 h. 211 U 18 et 908 I 9.
 au Sud-Est : 6 km à Mechelen, Dalbissenweg 22, ✉ 6281 NC, ✆ (0 43) 455 13 97, Fax (0 43) 455 15 76.
Amsterdam 229 – Maastricht 16 – Aachen 16.

De Oude Geul, Oude Rijksweg 20, ✉ 6271 AA, ✆ (0 43) 450 39 88, info@deoudegeul.nl, Fax (0 43) 450 38 44, 😊, 🚲 – 📺 ⇔ 🅿 – 🔺 25 à 40. AE ⓘ ⓜ VISA. ⚞ rest
fermé 27 déc.-3 janv. – **Repas** 45/73 – **21 ch** ⇌ 98/125 – ½ P 98.

Le Sapiche (Cremers), Rijksweg 12, ✉ 6271 AE, ✆ (0 43) 450 38 33, lesapiche@introweb.nl, Fax (0 43) 450 20 97, 😊 – AE ⓜ VISA. ⚞
fermé 2 sem. carnaval, 2 sem. en août, mardi et merc. – **Repas** (dîner seult) 80/95, carte 99 à 128
Spéc. Foie d'oie poêlé sauce aux pignons de pin (sept.-oct.). Risotto à la tomate et homard sauté (juil.-sept.). Tartare tiède de bar à la crème de poivrons (21 mars-21 juin).

L'Atelier, Markt 9, ✉ 6271 BD, ✆ (0 43) 450 44 90, hans.kinkartz@tip.nl, Fax (0 43) 450 29 62, 😊 – ⓜ VISA. ⚞
fermé 1 sem. carnaval, 2 sem. en nov. et lundi – **Repas** 63/88.

DEN HAAG

P Zuid-Holland 211 K 10 - ① ② et 908 D 5 - 440 743 h.

Amsterdam 55 ② – Bruxelles 182 ④ – Rotterdam 27 ④ – Delft 13 ④.

Plans de Den Haag	
Agglomération	p. 2 et 3
Den Haag – Plan général	p. 4 et 5
Den Haag Centre	p. 6
Scheveningen	p. 7
Liste alphabétique des hôtels et des restaurants	p. 8 et 9
Nomenclature des hôtels et des restaurants	
Den Haag	p. 10 et 11
Scheveningen	p. 11 et 12
Périphérie et environs	p. 12 et 13

RENSEIGNEMENTS PRATIQUES

🛈 Kon. Julianaplein 30. ⊠ 2595 AA. ✆ 0 900-340 35 05, Fax (070) 347 21 02.

✈ Amsterdam-Schiphol Nord-Est : 37 km ✆ (020) 601 91 11, Fax (020) 604 14 75 – Rotterdam-Zestienhoven Sud-Est : 17 km ✆ (010) 446 34 44, Fax (020) 446 34 99.

🏌 à Rijswijk (BR), Delftweg 58 ⊠ 2289 AL ✆ (070) 319 24 24, Fax (070) 399 50 40 – 🏌 au Nord-Est : 11 km à Wassenaar, Groot Haesebroekseweg 22, ⊠ 2243 EC, ✆ (070) 517 96 07, Fax (070) 514 01 71 et 🏌 Dr Mansveltkade 15, ⊠ 2242 TZ, ✆ (070) 517 88 99, Fax (0 70) 551 93 02 – 🏌 à Leidschendam (CQ), Elzenlaan 31, ⊠ 2267 AT, ✆ (070) 399 10 96, Fax (070) 399 86 15.

CURIOSITÉS

Voir Binnenhof★ : salle des Chevaliers★ (Ridderzaal) JY – Étang de la Cour (Hofvijver) ⩽★ HJY – Lange Voorhout★ HJX – Madurodam★★ ET – Scheveningen★★.

Musées : Mauritshuis★★★ JY – Galerie de peintures Prince Guillaume V★ (Schilderijengalerij Prins Willem V) HY M^2 – Panorama Mesdag★ HX – Musée Mesdag★ EU – Municipal★★ (Gemeentemuseum) DEU – Bredius★ JY – Museum Beelden aan Zee★★ (Musée de la sculpture) à Scheveningen DS.

Den HAAG p. 2

RÉPERTOIRE DES RUES DU PLAN DE DEN HAAG

Street	Page	Grid
Alexanderstr.	p. 6	HX
van Alkemadelaan	p. 3	BQ
Amaliastr.	p. 6	HX 3
Amsterdamse Veerkade	p. 6	JZ 4
Anna Paulownastr.	p. 5	FU 6
Annastr.	p. 6	HY 7
Ary van der Spuyweg	p. 4	ETU 9
Badhuiskade	p. 7	DS 10
Badhuisweg	p. 7	ES
Bankastr.	p. 5	FTU
Beatrixlaan	p. 5	GU
Beeklaan	p. 4	DUV
Belgischepl.	p. 7	ES
Benoordenhoutseweg	p. 5	GTU
Binckhorstlaan	p. 5	GV
Bleijenburg	p. 6	JY 12
Boekhorststr.	p. 6	HZ
van Boetzelaerlaan	p. 4	DU
Breedstr.	p. 6	HY
Buitenhof	p. 6	HY
Buitenom	p. 5	FV
Burg. de Monchyplein	p. 5	FU 15
Burg. Patijnlaan	p. 5	FU
Carnegielaan	p. 4	EU 18
Conradkade	p. 4	DEU
Delftselaan	p. 4	EV
Denneweg	p. 6	JX
Dierenselaan	p. 4	EV
Dr. Lelykade	p. 7	DT
Dr. de Visserpl.	p. 7	DS 21
Doornstr.	p. 7	DT
Drie Hoekjes	p. 6	HY 22
Duinstr.	p. 7	DT
Duinweg	p. 7	ET
Dunne Bierkade	p. 6	JZ
Eisenhowerlaan	p. 4	DET
Elandstr.	p. 4	EUF
Erasmusweg	p. 2	AR
Escamplaan	p. 2	AR
Fahrenheitstr.	p. 4	DUV
Fluwelen Burgwal	p. 6	JY 24
Frankenslag	p. 7	DT
Fred. Hendriklaan	p. 7	DT
Geest	p. 6	HY
Gentsestr.	p. 7	ES
Gevers Deynootplein	p. 7	DES 27
Gevers Deynootweg	p. 7	DES
Goeverneurlaan	p. 3	BR
Goudenregenstr.	p. 4	DV
Groen van Prinstererlaan	p. 2	AR 30
Groene Wegje	p. 6	JZ 31
Groenmarkt	p. 6	HZ
Groot Hertoginnelaan	p. 4	DEU
Grote Marktstr.	p. 6	HJZ
Haringkade	p. 7	EST
Harstenhoekweg	p. 7	ES
Herengracht	p. 6	JY
Hobbemastr.	p. 5	FV
Hoefkade	p. 5	FV
Hofweg	p. 6	HJY
Hofzichtlaan	p. 3	CQ
van Hogenhoucklaan	p. 5	FT
Hogewal	p. 6	HX
Hoogstr.	p. 6	HY
Hooikade	p. 6	JX 33
Houtmarkt	p. 6	JZ
Houtrustweg	p. 4	DU
Houtwijklaan	p. 2	AR 34
Houtzagerssingel	p. 5	FV
Hubertusviaduct	p. 5	FT
Huygenspark	p. 6	JZ
Jacob Catslaan	p. 4	EU
Jacob Catsstr.	p. 5	FV
Jacob Pronkstr.	p. 7	DS 36
Jan Hendrikstr.	p. 6	HZ
Jan van den Heydenstr.	p. 3	BR 39
Jan van Nassaustr.	p. 5	FU
Javastr.	p. 5	FU
Johan de Wittlaan	p. 4	ETU 40
Jozef Israëlslaan	p. 5	GU
Juliana van Stolberglaan	p. 5	GU 42
Jurriaan Kokstr.	p. 7	S
Kalvermarkt	p. 6	JY
Kanaalweg	p. 7	ET
Kazernestr.	p. 6	HJ
Keizerstr.	p. 7	DS
Kempstr.	p. 5	EV
Kijkduinsestr.	p. 2	AR 43
Kneuterdijk	p. 6	HY 45
Koningin Emmakade	p. 5	EUV
Koningin Julianaplein	p. 5	GU 48
Koningin Marialaan	p. 5	GU 51
Koninginnegracht	p. 5	FTU
Koningspl.	p. 5	EU
Koningstr.	p. 5	FV
Korte olenstr.	p. 6	HY 52
Korte Poten	p. 6	JY 54
Korte Vijverberg	p. 6	JY 55
Kranenburgweg	p. 4	DU
Laan Copes van Cattenburch	p. 5	FU 57
Laan van Eik en Duinen	p. 4	DV
Laan van Meerdervoort	p. 4	DVE
Laan van Nieuw Oost Indie	p. 5	GU
Landscheidingsweg	p. 3	BQ
Lange Houtstr.	p. 6	JY
Lange Poten	p. 6	JY
Lange Vijverberg	p. 6	HJY 6
Lange Voorhout	p. 6	JX
Leidsestraatweg	p. 3	BCQ
Lekstr.	p. 5	GV
Leyweg	p. 2	AR
Lisztstr.	p. 2	AR 6
Loevesteinlaan	p. 2	AR
Loosduinsekade	p. 4	DEV
Lozerlaan	p. 2	AR
Luthersе Burgwal	p. 6	HZ 6

Maanweg	p. 3	**CR**	66
Machiel Vrijenhoeklaan	p. 2	**AR**	67
Mauritskade	p. 6	**HX**	
Melis Stokelaan	p. 2	**AR**	
Meppelweg	p. 2	**AR**	
Mercuriusweg	p. 5	**GV**	
Middachtenweg	p. 3	**BR**	69
Mient	p. 4	**DV**	
Moerweg	p. 3	**BR**	
Molenstr.	p. 6	**HY**	70
Monsterscstr.	p. 4	**EV**	
van Musschenbroek straat	p. 3	**BR**	72
Muzenstr.	p. 6	**JY**	
Nassauplein	p. 5	**FU**	
Neherkade	p. 3	**BR**	
Nieboerweg	p. 3	**DU**	
Nieuwe Duinweg	p. 7	**ES**	73
Nieuwe Parklaan	p. 7	**EST**	
Nieuwe Schoolstr.	p. 6	**HJX**	75

Nieuwestr.	p. 6	**HZ**	
Nieuweweg	p. 2	**AR**	
Noordeinde	p. 6	**HXY**	
Noord West Buitensingel	p. 4	**EV**	76
Noordwal	p. 6	**EFU**	
Ockenburghstr.	p. 2	**AR**	78
Oostduinlaan	p. 5	**FT**	
Oranjeplein	p. 5	**FV**	
Oranjestr.	p. 6	**HX**	
Oude Haagweg	p. 2	**AR**	
Oude Haagweg	p. 4	**DV**	
Paleispromenade	p. 6	**HXY**	82
Paleisstr.	p. 6	**HY**	84
Papestr.	p. 6	**HY**	
Parallelweg	p. 5	**FGV**	
Parkstr.	p. 6	**HX**	
de Passage	p. 6	**HY**	85
Paul Krugerlaan	p. 6	**EV**	
Paviljoensgracht	p. 6	**JZ**	
Piet Heinstr.	p. 4	**EUF**	

Pisuissestr.	p. 2	**AR**	87
Plaats	p. 6	**HY**	
Plein	p. 6	**JY**	
Plein 1813	p. 5	**HX**	
Plesmanweg	p. 5	**FT**	
Pletterijkade	p. 5	**GV**	88
President Kennedylaan	p. 4	**DU**	
Prins Bernhard viaduct	p. 5	**GU**	
Prins Hendrikpl.	p. 4	**EU**	
Prins Hendrikstr.	p. 4	**EU**	
Prins Mauritslaan	p. 7	**DT**	93
Prins Willemstr.	p. 7	**DT**	94
Prinsegracht	p. 6	**HZ**	
Prinsessegracht	p. 6	**JXY**	
Prisestr.	p. 6	**HY**	
Prof. B. M. Teldersweg	p. 4	**ET**	

Den HAAG p. 4

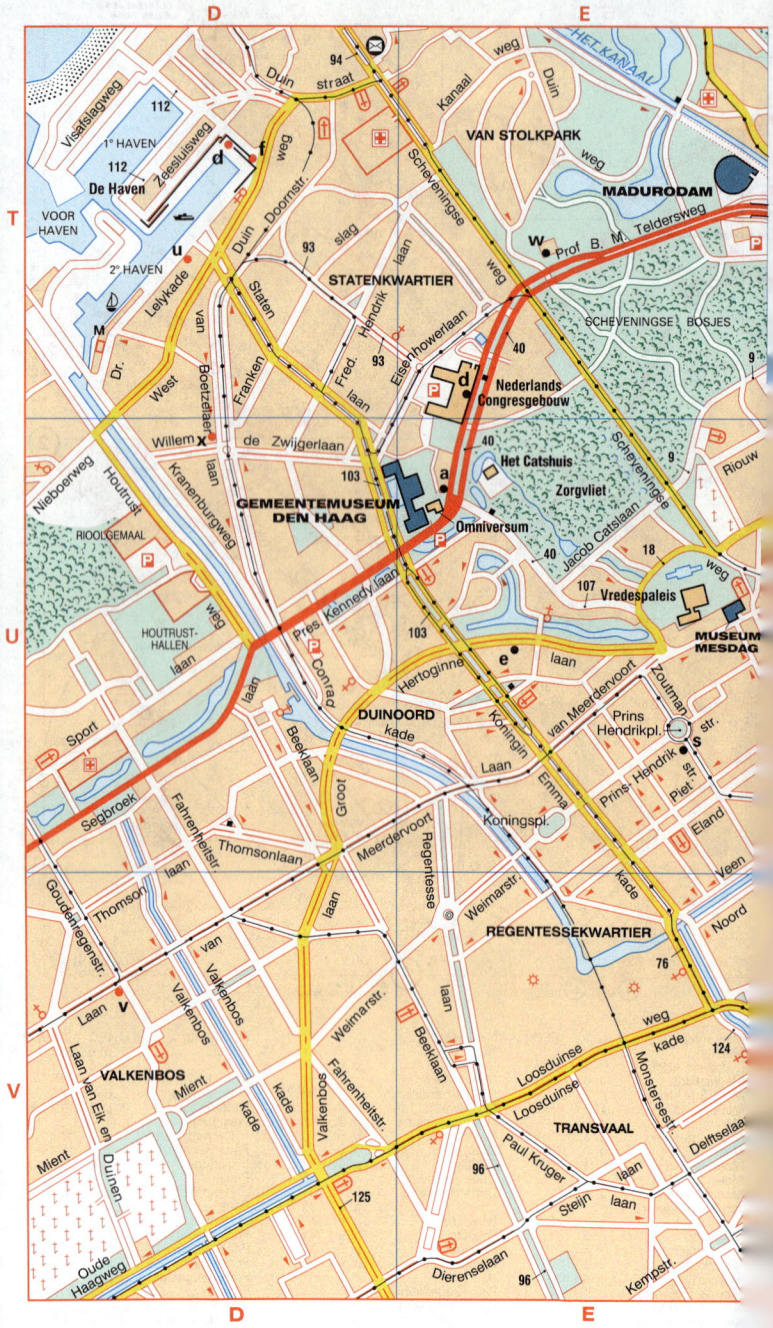

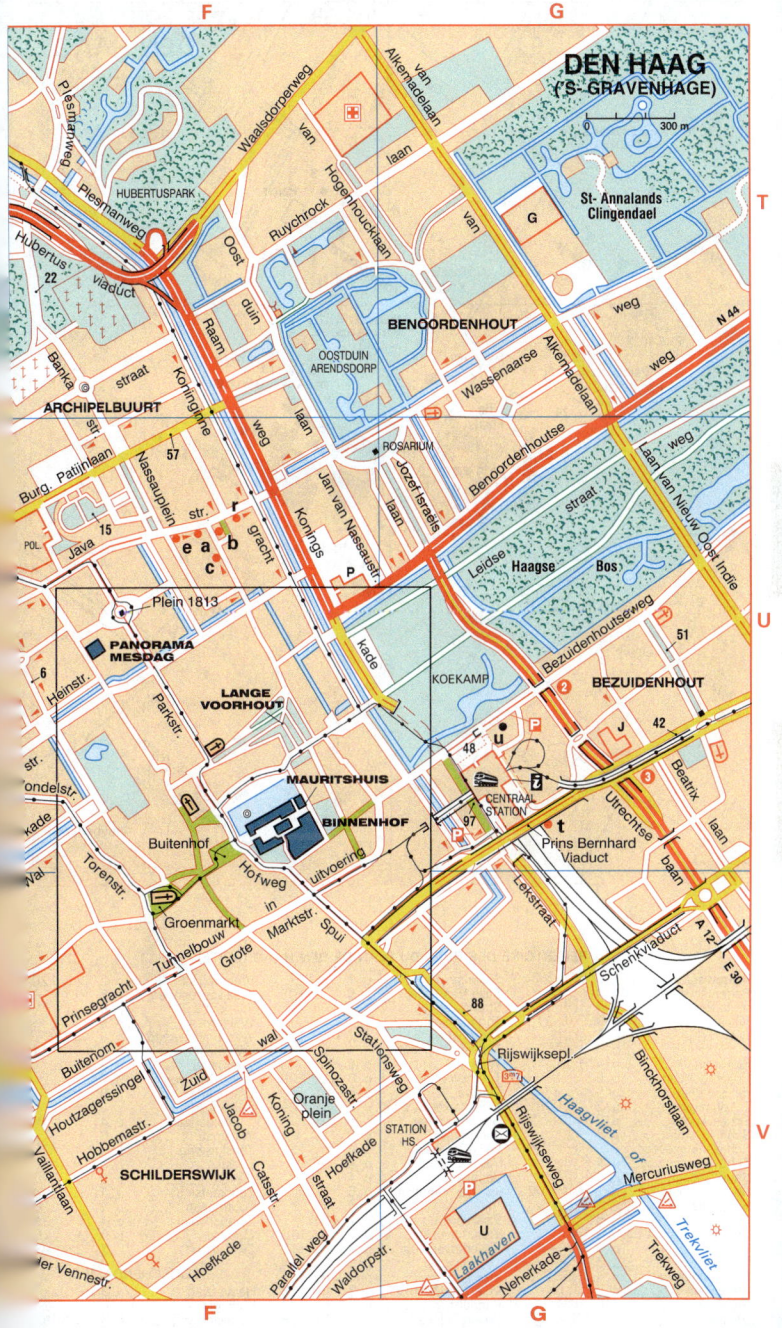

RÉPERTOIRE DES RUES DU PLAN DE DEN HAAG (SUITE)

Raamweg . . . . p. 5 **FTU**	Stevinstr. . . . . p. 7 **ES**	Vreeswijkstr. . . . . . . p. 2 **AR** 120
Regentesselaan . . . . p. 4 **EUV**	Stille Veerkade . . . . . p. 6 **JZ** 105	Waalsdorperweg . . . p. 5 **FT**
de la Reyweg . . . . . . p. 4 **EV** 96	Strandweg . . . . p. 7 **DS**	Wagenstr. . . . . p. 6 **JZ**
Rijnstr. . . . . p. 5 **GU** 97	Thomsonlaan . . . . . . p. 4 **DUV**	Waldorpstr. . . . . p. 5 **FGV**
Rijswijksepl. . . . . p. 5 **GV**	Thorbeckelaan . . . . . p. 2 **AR** 106	Wassenaarseweg . . . p. 5 **GT**
Rijwijkseweg . . . . p. 5 **GV**	Tobias Asserlaan . . . p. 4 **EU** 107	Wassenaarsestr. . . . . p. 7 **DS** 121
Riouwstr. . . . . p. 5 **EUF**	Torenstr. . . . . p. 6 **HY**	Weimarstr. . . . . p. 4 **DEV**
Ruychrocklaan . . . . . p. 5 **FGT**	Tournooiveld . . . . . . p. 5 **JXY** 108	West Duinweg . . . . . p. 7 **DT**
de Savornin	Trekweg . . . . p. 5 **GV**	Westeinde . . . . p. 6 **HZ**
Lohmanlaan . . . . . p. 2 **AR** 99	Troelstrakade . . . . . . p. 3 **BR** 109	Willem de
Schenkkade . . . . p. 3 **BCR**	Utrechtsebaan . . . . . p. 5 **GUV**	Zwijgerlaan . . . . . . p. 4 **DU**
Schenkviaduct . . . . . p. 5 **GV**	Vaillantlaan . . . . p. 5 **FV**	Willemstr. . . . . p. 6 **HX**
Scheveningseveer . . p. 6 **HX** 100	Valkenboskade . . . . . p. 4 **DV**	Zeesluisweg . . . . p. 7 **DT**
Scheveningseweg . . p. 4 **TEU**	Valkenboslaan . . . . . p. 4 **DV**	Zeestr. . . . . p. 6 **HX**
Segbroeklaan . . . . . . p. 4 **DU**	Veenkade . . . . p. 6 **EUV**	Zieken . . . . p. 6 **JZ**
Soestdijksekade . . . . p. 2 **AR** 102	van der Vennestr. . . . p. 5 **FV**	Zoutkeetsingel . . . . . p. 4 **EV** 124
Sophialaan . . . . p. 6 **HX**	Venestr. . . . . p. 6 **HYZ**	Zoutmanstr. . . . . p. 4 **EU**
Spinozastr. . . . . p. 5 **FV**	Visafslagweg . . . . . . p. 7 **DT**	Zuidparklaan . . . . . . p. 4 **DV** 125
Sportlaan . . . . p. 2 **AR**	Visserhavenstr. . . . . . p. 7 **DS** 110	Zuidwal . . . . p. 5 **FV**
Spuistr. . . . . p. 6 **JYZ**	Visserhavenweg . . . . p. 7 **DT** 112	Zwolsestr. . . . . p. 7 **ES**
Spui . . . . p. 6 **JZ**	Vlamingstr. . . . . p. 6 **HZ** 114	
Stadhouderslaan . . . p. 4 **DEU** 103	Vleerstr. . . . . p. 6 **HZ**	**LEIDSCHENDAM**
Statenlaan . . . . p. 7 **DT**	Volendamlaan . . . . . p. 2 **AR** 115	Heuvelweg . . . . p. 3 **CQ**
Stationsweg . . . . p. 5 **FGV**	Vondelstr. . . . . p. 6 **FU**	Koningin
Steijnlaan . . . . p. 4 **EV**	Vos in Tuinstr. . . . . . p. 6 **JX** 118	Julianaweg . . . . . . p. 3 **CQ** 49

RÉPERTOIRE DES RUES DU PLAN DE DEN HAAG (FIN)

Noordsingel . . . . p. 3 **CQ**	Jan Thijssenweg . . . . p. 3 **CR** 37	Laan van Nieuw
Oude Trambaan . . . p. 3 **CQ** 79	Lindelaan . . . . p. 3 **BR** 61	Oost Einde . . . . . . p. 3 **CR** 58
Voorburgseweg . . . . p. 3 **CQ** 117	Prinses	Mgr. van Steelaan . . p. 3 **CQR**
Westvlietweg . . . . . . p. 3 **CR**	Beatrixlaan . . . . . . p. 3 **BR**	Oosteinde . . . . p. 3 **CR**
RIJSWIJK	Schaapweg . . . . . . p. 3 **BR**	Parkweg . . . . p. 3 **CR**
Burg. Elsenlaan . . . p. 3 **BR** 16	Sir Winston	Potgieterlaan . . . . . p. 3 **CR** 90
Delftweg . . . . p. 3 **BR**	Churchilllaan . . . . p. 3 **BR**	Prins Bernhardlaan . p. 3 **CR** 91
Geestbrugweg . . . . p. 3 **BR** 25	**VOORBURG**	Prinses
Gen. Spoorlaan . . . p. 3 **BR**	Koningin	Mariannelaan . . . . p. 3 **CR** 95
Haagweg . . . . p. 3 **BR**	Julianalaan . . . . . . p. 3 **CR** 46	Rodelaan . . . . p. 3 **CR**
		Westeinde . . . . p. 3 **CR** 123

De taal die u ziet op de borden langs de wegen,
is de taal van de streek waarin u zich bevindt.

In deze gids zijn de plaatsen vermeld onder hun officiële naam :
Liège voor Luik, **Huy** voor Hoei.

Liste alphabétique des hôtels et restaurants
Alfabetische lijst van hotels en restaurants
Alphabetisches Hotel- und Restaurantverzeichnis
Alphabetical list of hotels and restaurants

A

- 12 Atlantic
- 13 Aub. de Kieviet
- 10 Aubergerie

B

- 12 Badhotel
- 13 Barbaars (De)
- 13 Barquichon (Le)
- 10 Bel Air
- 11 Bistro-mer
- 10 Bistroquet (Le)
- 11 Bistrot Danton
- 11 Bistrot de la Place Chez Norbert (Le)
- 12 Bon Mangeur (Le)

C

- 10 Calla's
- 10 Carlton Ambassador
- 11 Carlton Beach
- 11 Chez Pierrette
- 12 China Delight
- 12 Christian van der Linden
- 10 Corona
- 10 Crowne Plaza Promenade

D – E

- 10 Da Roberto
- 11 Djawa
- 10 Dorint
- 13 Duinoord
- 11 Europa

F – G

- 11 Fouquet
- 12 Galleria (La)
- 12 Ganzenest ('t)
- 12 Ginza
- 12 Green Park

H

- 10 Hoogwerf (De)

I – J

- 12 Ibis
- 10 Indes (Des)
- 10 It Rains Fishes
- 11 Julien

K

- 12 Kandinsky (H. Kurhaus)
- 13 Keuken van Waarde (De)
- 11 Koesveld
- 11 Kurhaus

M

- 13 Markiezen van Wassenaer (De)
- 10 Mercure Central
- 13 Mövenpick

N – O

- 10 Novotel
- 11 Ombrelles (Les)

P

- 13 Papermoon
- 10 Parkhotel
- 10 Petit

R

- 12 Radèn Mas
- 11 Raffles (The)
- 11 Ramakiën
- 12 Rederserf
- 11 Roma
- 11 Rousseau

S – T

- 11 Sapphire
- 11 Saur
- 12 Savarin
- 13 Savelberg
- 10 Sebel
- 12 Seinpost
- 11 Shirasagi
- 10 Sofitel

V – W

- 13 Villa la Ruche
- 12 Villa Rozenrust
- 12 Westbroekpark

Den HAAG p. 10

Quartiers du Centre - plans p. 5 et 6 sauf indication spéciale :

🏨 **Des Indes,** Lange Voorhout 54, ⊠ 2514 EG, ℘ (0 70) 361 23 45, hague@intercontі.com, Fax (0 70) 361 23 50, « Demeure fin 19ᵉ s. » – |≡| 🆆 🅿 – 🕿 25 à 75. AE ⓘ ⓜ VISA JCB. ⌘
JX s
Repas *Le Restaurant* (fermé sam. midi et dim.) Lunch 65 – 75/135 – ⌤ 39 – **70 ch** 650/750, 6 suites.

🏨 **Crowne Plaza Promenade,** van Stolkweg 1, ⊠ 2585 JL, ℘ (0 70) 352 51 61, info@crowneplazapromenade.nl, Fax (0 70) 354 10 46, ≼, 🍽, « Collection de peintures néerlandaises modernes », 🛁, ⇌, 🚴 – |≡| 🆆 🅿 – 🕿 25 à 400. AE ⓘ ⓜ VISA JCB
Repas *Brasserie Promenade* Lunch 58 – 65 – *Trattoria dell'Arte* (Cuisine italienne, ouvert jusqu'à minuit et dîner seult en juil.-août) Lunch 53 – carte 75 à 93 – ⌤ 40 – **94 ch** 525/575.
plan p. 4 ET w

🏨 **Dorint** Ⓜ, Johan de Wittlaan 42, ⊠ 2517 JR, ℘ (0 70) 416 91 11, info@dorint.nl, Fax (0 70) 416 91 00, 🛁, ⇌, 🚴 – |≡| ⌘, ≡ ch, 🆆 ⏚ ⇌ – 🕿 25 à 2000. AE ⓘ ⓜ VISA JCB. ⌘ rest
Repas Lunch 33 – carte 73 à 87 – ⌤ 35 – **214 ch** 445/505, 2 suites – ½ P 530.
plan p. 4 ET d

🏨 **Carlton Ambassador** Ⓜ ⌘, Sophialaan 2, ⊠ 2514 JP, ℘ (0 70) 363 03 63, sales.ambassador@carlton.nl, Fax (0 70) 360 05 35, 🍽, « Aménagement de style hollandais ou anglais » – |≡| ⌘ ≡ 🆆 🅿 – 🕿 25 à 150. AE ⓘ ⓜ VISA JCB. ⌘
HX c
Repas *Henricus* Lunch 53 – 60/85 – ⌤ 43 – **78 ch** 495/575, 1 suite.

🏨 **Sofitel,** Koningin Julianaplein 35, ⊠ 2595 AA, ℘ (0 70) 381 49 01, h0755@accor-hotels.com, Fax (0 70) 382 59 27 – |≡| ⌘ ≡ 🆆 ⏚ 🅿 – 🕿 25 à 150. AE ⓘ ⓜ VISA JCB
Repas Lunch 55 – 50 – ⌤ 34 – **143 ch** 395/430.
GU u

🏨 Bel Air, Johan de Wittlaan 30, ⊠ 2517 JR, ℘ (0 70) 352 53 54, info@belairhotel.nl, Fax (0 70) 352 53 53, 🅿, 🚴 – |≡|, ≡ ch, 🆆 🅿 – 🕿 25 à 250. AE ⓘ ⓜ VISA
⌤ 29 – **350 ch** 400.
plan p. 4 EU a

🏨 **Mercure Central** sans rest, Spui 180, ⊠ 2511 BW, ℘ (0 70) 363 67 00, h1317@accor-hotels.com, Fax (0 70) 363 93 98 – |≡| ⌘ ≡ 🆆 ⏚ 🅿 – 🕿 25 à 130. AE ⓘ ⓜ VISA JCB. ⌘
JZ v
⌤ 28 – **156 ch** 295/305, 3 suites.

🏨 **Corona,** Buitenhof 42, ⊠ 2513 AH, ℘ (0 70) 363 79 30, info@corona.nl, Fax (0 70) 361 57 85, 🍽 – |≡|, ≡ rest, 🆆 ⇌ – 🕿 30 à 100. AE ⓘ ⓜ VISA JCB. ⌘ rest   HY v
Repas *Brasserie Buitenhof* Lunch 28 – 55/100 – ⌤ 30 – **26 ch** 295/340 – ½ P 370/435.

🏨 **Parkhotel** sans rest, Molenstraat 53, ⊠ 2513 BJ, ℘ (0 70) 362 43 71, receptie@parkhoteldenhaag.nl, Fax (0 70) 361 45 25 – |≡| 🆆 🅿 – 🕿 25 à 100. AE ⓘ ⓜ VISA
114 ch ⌤ 240/650.
HY a

🏨 **Novotel,** Hofweg 5, ⊠ 2511 AA, ℘ (0 70) 364 88 46, h1180@accor-hotels.com, Fax (0 70) 356 28 89, 🍽 – |≡| ⌘, ≡ rest, 🆆 ⇌ – 🕿 25 à 100. AE ⓘ ⓜ VISA JCB
Repas (Ouvert jusqu'à 23 h) carte 33 à 68 – ⌤ 27 – **106 ch** 295.
HJY e

🏠 **Petit** sans rest, Groot Hertoginnelaan 42, ⊠ 2517 EH, ℘ (0 70) 346 55 00, petit@worldonline.nl, Fax (0 70) 346 32 57 – |≡| 🆆 🅿 AE ⓘ ⓜ VISA JCB
plan p. 4 EU e
20 ch ⌤ 145/195.

🏠 **Sebel** sans rest, Zoutmanstraat 40, ⊠ 2518 GR, ℘ (0 70) 345 92 00, info@hotelsebel.nl, Fax (0 70) 345 58 55 – 🆆 ⇌. AE ⓘ ⓜ VISA JCB. ⌘
plan p. 4 EU w
27 ch ⌤ 140/165.

XXX **De Hoogwerf,** Zijdelaan 20, ⊠ 2594 BV, ℘ (0 70) 347 55 14, info@hoogwerf.nl, Fax (0 70) 381 95 96, 🍽, « Ferme du 17ᵉ s., jardin » – AE ⓘ ⓜ VISA. ⌘
fermé dim. et jours fériés sauf Noël – **Repas** Lunch 60 – 70.
plan p. 3 CQ a

XXX **Da Roberto,** Noordeinde 196, ⊠ 2514 GS, ℘ (0 70) 346 49 77, Fax (0 70) 362 52 86, Cuisine italienne – ≡ 🅿. AE ⓘ ⓜ VISA
HX k
fermé sam. midi, dim. et lundi midi – **Repas** Lunch 63 – carte 83 à 103.

XXX **Calla's,** Laan van Roos en Doorn 51a, ⊠ 2514 BC, ℘ (0 70) 345 58 66, Fax (0 70) 345 57 10 – AE ⓘ ⓜ VISA. ⌘
JX u
fermé mi-juil.-début août, 25 déc.-3 janv., sam. midi, dim. midi et lundi – **Repas** Lunch 63 – 85/125.

XX **Aubergerie,** Nieuwe Schoolstraat 19, ⊠ 2514 HT, ℘ (0 70) 364 80 70, Fax (0 70) 360 73 38, 🍽 – AE ⓘ ⓜ VISA
JX b
fermé dim. et lundi – **Repas** Lunch 48 – 55/98.

XX **It Rains Fishes,** Noordeinde 123, ⊠ 2514 GG, ℘ (0 70) 365 25 98, fusioncuisine@itrainsfishes.nl, Fax (0 70) 365 25 22, Avec cuisine asiatique, ouvert jusqu'à 23 h – ≡. AE ⓘ ⓜ VISA
HX k
fermé lundi – **Repas** (dîner seult) 75/85.

XX **Le Bistroquet,** Lange Voorhout 98, ⊠ 2514 EJ, ℘ (0 70) 360 11 70, info@bistroquet.nl, Fax (0 70) 360 55 30, 🍽 – ≡. AE ⓘ ⓜ VISA JCB
JX c
fermé 24 déc.-1ᵉʳ janv. et dim. – **Repas** Lunch 58 – 70/90.

Den HAAG p. 11

XX **Saur,** Lange Voorhout 47, ⌧ 2514 EC, ℰ (0 70) 346 25 65, Fax (0 70) 362 13 13, 🍽,
Produits de la mer – 🍴. AE ① ⓂⓄ VISA JCB   JX h
fermé dim. et jours fériés – **Repas** Lunch 68 – carte 96 à 120.

XX **Rousseau,** Van Boetzelaerlaan 134, ⌧ 2581 AX, ℰ (0 70) 355 47 43, 🍽 – AE ① ⓂⓄ VISA
fermé sam. midi, dim. et lundi – **Repas** Lunch 45 – 55/98.   plan p. 4 DU x

XX **Julien,** Vos in Tuinstraat 2a, ⌧ 2514 BX, ℰ (0 70) 365 86 02, *info@julien.nl, Fax (0 70)
365 31 47*, « Décor Art Nouveau » – AE ① ⓂⓄ VISA JCB   JX s
fermé 2 prem. sem. août et dim. – **Repas** Lunch 45 – 55/75.

XX **Roma,** Papestraat 22, ⌧ 2513 AW, ℰ (0 70) 346 23 45, *roma.ristorante@wxs.nl,
Fax (0 70) 365 28 18*, Cuisine italienne – AE ① ⓂⓄ VISA JCB. ✻   HY y
fermé août et mardi – **Repas** (dîner seult) carte 45 à 79.

XX **The Raffles,** Javastraat 63, ⌧ 2585 AG, ℰ (0 70) 345 85 87, Cuisine indonésienne –
🍴. AE ① ⓂⓄ VISA JCB   FU r
fermé 27 juil.-5 août, du 1er au 5 janv. et dim. – **Repas** (dîner seult) carte 61 à 80.

XX **Sapphire,** 25e étage, Jan van Riebeekstraat 571, ⌧ 2595 TZ, ℰ (0 70) 383 67 67,
Fax (0 70) 347 50 54, ✻ ville, Cuisine chinoise – 🛗 🍴 AE ① ⓂⓄ VISA. ✻   GU t
fermé sam. midi, dim. midi et jours fériés midis – **Repas** Lunch 33 – 55.

XX **Shirasagi,** Spui 170, ⌧ 2511 BW, ℰ (0 70) 346 47 00, Fax (0 70) 346 26 01, Cuisine
japonaise avec Teppan-Yaki – 🍴. AE ① ⓂⓄ VISA JCB. ✻   JZ v
fermé 31 déc.-3 janv., sam. midi, dim. midi et lundi midi – **Repas** Lunch 40 – 75/150.

X **Koesveld,** Maziestraat 10, ⌧ 2514 GT, ℰ (0 70) 360 27 23, Fax (0 70) 360 27 23, 🍽
– AE ① ⓂⓄ VISA   HX u
fermé dern. sem. juil.-2 prem. sem. août, 31 déc.-1er janv., dim. et lundi – **Repas** (dîner seult) 60.

X **Le Bistrot de la Place Chez Norbert,** Plaats 27, ⌧ 2513 AD, ℰ (0 70) 364 33 27,
Fax (0 70) 364 33 27, 🍽 – AE ① ⓂⓄ VISA   HY b
fermé fin juil.-mi-août, 24 déc.-7 janv., sam. midi et dim. – **Repas** Lunch 55 – carte env. 70.

X **Bistrot Danton,** Groenewegje 115, ⌧ 2515 LP, ℰ (0 70) 380 19 86, *danton@bart.nl*,
Taverne-rest   JZ r
fermé 3 prem. sem. août – **Repas** (dîner seult) carte 59 à 72.

X **Les Ombrelles,** Hooistraat 4a, ⌧ 2514 BM, ℰ (0 70) 365 87 89, *info@lesombrelles.nl*,
Fax (0 70) 365 87 89, 🍽, Produits de la mer – 🅿. AE ① ⓂⓄ VISA JCB   JX r
fermé dim. – **Repas** Lunch 48 – carte 72 à 96.

X **Fouquet,** Javastraat 31a, ⌧ 2585 AC, ℰ (0 70) 360 62 73, Fax (0 70) 386 55 92, 🍽
– AE ① ⓂⓄ VISA JCB   FU a
Repas (dîner seult) 50/70.

X **Bistro-mer,** Javastraat 9, ⌧ 2585 AB, ℰ (0 70) 360 73 89, Fax (0 70) 360 73 89, Pro-
duits de la mer, ouvert jusqu'à 23 h – AE ① ⓂⓄ VISA JCB   FU e
fermé 24 déc.-3 janv. – **Repas** 60.

X **Chez Pierrette,** Frederikstraat 56, ⌧ 2514 LL, ℰ (0 70) 360 61 67, Fax (0 70)
360 61 67, Bistrot, ouvert jusqu'à 23 h – 🍴. AE ① ⓂⓄ VISA. ✻   FU c
fermé dern. sem. déc.-prem. sem. janv., sam. midi et dim. – **Repas** carte env. 60.

X **Djawa,** Mallemolen 12a, ⌧ 2585 XJ, ℰ (0 70) 363 57 63, Fax (0 70) 362 30 80, 🍽,
Cuisine indonésienne – 🍴. AE ① ⓂⓄ VISA JCB   FU b
fermé Pâques, Pentecôte, 5 déc., du 24 au 26 déc. et 31 déc. – **Repas** (dîner seult) 50/85.

X **Ramakiën,** Laan van Meerdervoort 542c, ⌧ 2563 BL, ℰ (0 70) 356 23 52, *info@ramakie
n.nl, Fax (0 70) 364 07 79*, Cuisine thaïlandaise – 🍴. AE ① ⓂⓄ VISA   plan p. 4 DV v
fermé 31 déc.-1er janv. et mardi – **Repas** (dîner seult) 48/65.

à Scheveningen - *plan p. 7* – Ⓒ 's-Gravenhage – Station balnéaire★★ – Casino ES, Kurhausweg 1,
⌧ 2587 RT, ℰ (0 70) 306 77 77, Fax (0 70) 306 88 88.

🛈 *Gevers Deijnootweg 1134, ⌧ 2586 BX, ℰ 0 900-340 35 05, Fax (0 70) 352 04 26*

🏨 **Kurhaus,** Gevers Deijnootplein 30, ⌧ 2586 CK, ℰ (0 70) 416 26 36, *info@kurhaus.nl,
Fax (0 70) 416 26 46*, ≤, 🍽, « Ancienne salle de concert fin 19e s. », 🎭 – 🛗 ≒ 🛌 📺
– 🚗 35 à 480. AE ① ⓂⓄ VISA JCB. ✻ rest   ES d
Repas voir rest **Kandinsky** ci-après – **Kurzaal** (Buffets) Lunch 63 – 75 – ⇌ 38 – **247 ch**
395/545, 8 suites – ½ P 278/398.

🏨 **Europa,** Zwolsestraat 2, ⌧ 2587 VJ, ℰ (0 70) 416 95 95, *europa@bilderberg.nl,
Fax (0 70) 416 95 55*, 🍽, 🎭, ≒, 🏊, – 🛗 ≒ 📺 ⟷ – 🚗 25 à 460. AE ① ⓂⓄ VISA
JCB. ✻ rest   ES r
Repas Oxo (dîner seult jusqu'à 23 h) 63/73 – ⇌ 39 – **174 ch** 370/410 – ½ P 466/626.

🏨 **Carlton Beach,** Gevers Deijnootweg 201, ⌧ 2586 HZ, ℰ (0 70) 354 14 14, *beach@c
arlton.nl, Fax (0 70) 352 00 20*, ≤, 🎭, ≒, 🏊, – 🛗 ≒ 📺 🅿. – 🚗 25 à 250. AE ① ⓂⓄ
VISA JCB. ✻ rest   ES p
Repas (Ouvert jusqu'à minuit) Lunch 40 – carte 62 à 79 – ⇌ 35 – **183 ch** 350/575 –
½ P 195/380.

Den HAAG p. 12

Badhotel, Gevers Deijnootweg 15, ✉ 2586 BB, ℘ (0 70) 351 22 21, info@badhotel scheveningen.nl, Fax (0 70) 355 58 70, 🚴 – 📶 ✱ ■ ch, 📺 🅿 – 🔔 25 à 150. 🆎 ◉ 🅜 VISA. ✱ rest DS b
Repas (dîner seult) 45/73 – 🛏 25 – **90 ch** 220.

Ibis, Gevers Deijnootweg 63, ✉ 2586 BJ, ℘ (0 70) 354 33 00, h1153@accor-hotels.com, Fax (0 70) 352 39 16 – 📶 ✱ 📺 🅿 – 🔔 25 à 80. 🆎 ◉ 🅜 VISA. ✱ rest ES a
Repas (dîner seult) carte env. 45 – 🛏 20 – **87 ch** 150/200.

Kandinsky - H. Kurhaus, Gevers Deijnootplein 30, ✉ 2586 CK, ℘ (0 70) 416 26 34, info@kurhaus.nl, Fax (0 70) 416 26 46, ≼, 🍴 – ■ 🅿. 🆎 ◉ 🅜 VISA JCB. ✱ ES d
fermé sam. midi et dim. – **Repas** (en juil.-août dîner seult) Lunch 70 – 75/115.

Seinpost, Zeekant 60, ✉ 2586 AD, ℘ (0 70) 355 52 50, cuisinedelamer@seinpost.nl, Fax (0 70) 355 50 93, ≼, Produits de la mer – ■. 🆎 ◉ 🅜 VISA JCB DS y
fermé sam. midi, dim. et jours fériés – **Repas** Lunch 69 – carte 90 à 168.

Radèn Mas, Gevers Deijnootplein 125, ✉ 2586 CR, ℘ (0 70) 354 54 32, Fax (0 70) 350 60 42, Avec cuisine indonésienne – ■. 🆎 ◉ 🅜 VISA JCB. ✱ ES v
Repas Lunch 33 – 48.

Rederserf, Schokkerweg 37, ✉ 2583 BH, ℘ (0 70) 350 50 23, rederserf@worldonli ne.nl, Fax (0 70) 350 84 54, ≼, 🍴, « Dominant les bassins avec en toile de fond le port de plaisance » – ■. 🆎 ◉ 🅜 VISA. ✱ DT d
fermé du 27 au 31 déc. – **Repas** Lunch 59 – 89/115.

China Delight, Dr Lelykade 116, ✉ 2583 CN, ℘ (0 70) 355 54 50, info@chinadelight.nl, Fax (0 70) 354 66 52, Cuisine chinoise – ◉ 🅜 VISA JCB DT u
Repas Lunch 25 – carte 55 à 92.

Ginza, Dr Lelykade 28b, ✉ 2583 CM, ℘ (0 70) 358 96 63, Fax (0 70) 358 55 48, Cuisine japonaise avec Teppan-Yaki – ■. ✱ DT f

Westbroekpark, Kapelweg 35, ✉ 2587 BK, ℘ (0 70) 354 60 72, Fax (0 70) 354 85 60, ≼, 🍴, « Parc, parterres de roses » – 🅿. 🆎 ◉ 🅜 VISA. ✱ ES s
fermé 24 déc.-3 janv. et lundi – **Repas** 50.

La Galleria, Strandweg 51 (boulevard), ✉ 2586 JL, ℘ (0 70) 355 50 06, sales@entr ada.restaurants.nl, Fax (0 70) 350 19 99, ≼, 🍴, Cuisine italienne, ouvert jusqu'à minuit – 🆎 ◉ 🅜 VISA ES e
Repas Lunch 35 – 45/58.

Le Bon Mangeur, Wassenaarsestraat 119, ✉ 2586 AM, ℘ (0 70) 355 92 13, mang eur@worldonline.nl – 🆎 ◉ 🅜 VISA. ✱ DS a
fermé 24 juil.-14 août, 24 déc.-2 janv., dim. et lundi – **Repas** (dîner seult) 58/75.

à Kijkduin Ouest : 4 km - plan p. 2 - 🄲 's-Gravenhage :

Atlantic, Deltaplein 200, ✉ 2554 EJ, ℘ (0 70) 448 24 82, info@atlantichotel.nl, Fax (0 70) 368 67 21, ≼, 🍴, ≋s, 🏊, 🚴 – 📶 ✱ 📺 🅿 – 🔔 25 à 300. 🆎 ◉ 🅜 VISA. ✱ rest AR e
Repas (Buffet) 53/88 – 🛏 28 – **142 ch** 298/383 – ½ P 345/510.

Environs

à Leidschendam - plan p. 3 – 36 299 h.

Green Park, Weigelia 22, ✉ 2262 AB, ℘ (0 70) 320 92 80, info@greenpark.nl, Fax (0 70) 327 49 07, ≼, 🏋, – 📶 ✱ 📺 🅿 – 🔔 25 à 250. 🆎 ◉ 🅜 VISA JCB CQ n
Repas *The Greenery* Lunch 55 – carte 60 à 83 – 🛏 30 – **92 ch** 310/340, 3 suites – ½ P 175.

Villa Rozenrust, Veursestraatweg 104, ✉ 2265 CG, ℘ (0 70) 327 74 60, info@villa-roze nrust.nl, Fax (0 70) 327 50 62, 🍴, « Terrasse » – 🅿. 🆎 ◉ 🅜 VISA JCB CQ s
fermé 27 déc.-6 janv. et lundi – **Repas** Lunch 68 – carte 94 à 125.

Christian van der Linden, Veursestraatweg 8, ✉ 2265 CD, ℘ (0 70) 327 34 79, info@restaurantchristian.nl, Fax (0 70) 327 02 51 – ■ 🅿. 🆎 ◉ 🅜 VISA CQ z
fermé du 13 au 30 août, 27 déc.-8 janv. et lundi – **Repas** Lunch 58 – 70/135.

à Rijswijk - plan p. 3 – 50 658 h.

't Ganzenest (Visbeen), Delftweg 58 (près A 4 - E 19, sortie ⑨), ✉ 2289 AL, ℘ (0 70) 414 06 02, ganzenest@w.x.s..nl, Fax (0 70) 414 07 05, ≼, 🍴, « En bordure d'un terrain de golf » – 🅿. 🆎 ◉ 🅜 VISA. ✱ BCR a
fermé 2 sem. en août, prem. sem. janv., dim. et lundi – **Repas** Lunch 60 – 85/115, carte 80 à 106
Spéc. Paupiette de thon mariné aux petits légumes. Aubergine à la grecque, fromage de chèvre frais et taboulé. Velouté d'endives aux St-Jacques poêlées (oct.-avril).

Savarin, Haagweg 114, ✉ 2282 AG, ℘ (0 70) 399 36 35, Fax (0 70) 307 07 74, 🍴 🆎 ◉ 🅜 VISA JCB. ✱ BR v
fermé 27 déc.-prem. sem. janv. – **Repas** Lunch 55 – carte env. 100.

Den HAAG p. 13

à Voorburg - plan p. 3 – 38 549 h.

🏨 **Mövenpick** [M], Stationsplein 8, ⌧ 2275 AZ, ℰ (0 70) 337 37 37, hotel.den-haag@m
oevenpick.com, Fax (0 70) 337 37 00, 🍽, 🚲 – 📶 🏊 ⊟ 📺 ⚒ 🚗 – 🅿 25 à 160. 🖭
⑩ 🐵 VISA JCB   CR u
Repas (fermé 31 déc. soir) (Buffets) Lunch 29 – 45 – ⊇ 23 – **125 ch** 250 – ½ P 308/366.

🍴🍴🍴🍴 **Savelberg** 🌿 avec ch, Oosteinde 14, ⌧ 2271 EH, ℰ (0 70) 387 20 81, Fax (0 70)
387 77 15, ≤, 🍽, « Maison du 17ᵉ s. avec terrasse sur parc public » – 📶 🏊 📺 🅿 –
🅿 35. 🖭 ⑩ 🐵 VISA JCB   CR p
fermé 27 déc.-3 janv. – **Repas** (fermé dim. et lundi) Lunch 75 – 93/165, carte 130 à 160
– ⊇ 35 – **14 ch** 250 – ½ P 263
Spéc. Salade de homard maison. Papillote de turbot à la truffe, sauce hollandaise (nov.-avril).
Filet d'agneau en croûte de sel aux fines herbes.

🍴🍴 **Villa la Ruche**, Prinses Mariannelaan 71, ⌧ 2275 BB, ℰ (0 70) 386 01 10, Fax (0 70)
387 68 48, 🍽 – ⊟. 🖭 ⑩ 🐵 VISA   CR e
fermé 25 déc.-5 janv. et dim. – **Repas** Lunch 59 – carte 88 à 115.

🍴🍴 **De Barbaars**, Kerkstraat 52, ⌧ 2271 CT, ℰ (0 70) 386 29 00, marcel@debarbaars.nl,
Fax (0 70) 387 70 31, 🍽, Ouvert jusqu'à 23 h, « Maisons classées du 19ᵉ s. » – ⊟. 🖭
⑩ 🐵 VISA JCB   CR t
fermé dim. et lundi – **Repas** Lunch 53 – carte 81 à 114.

🍴 **Papermoon**, Herenstraat 175, ⌧ 2271 CE, ℰ (0 70) 387 31 61, Fax (0 70) 387 75 20,
🍽 – ⊟. 🐵 VISA   CR c
fermé 26 et 31 déc., 1ᵉʳ janv. et lundi – **Repas** (dîner seult) 50/70.

🍴 **Le Barquichon**, Kerkstraat 6, ⌧ 2271 CS, ℰ (0 70) 387 11 81, 🍽 – ⊟. 🖭 🐵 VISA JCB
fermé dern. sem. juil.-2 prem. sem. août, 25 et 26 déc., 1ᵉʳ janv. et merc. – **Repas** (dîner
seult) carte env. 85.   CR v

à Wassenaar au Nord-Est : 11 km – 26 063 h.

🏨 **Aub. de Kieviet** 🌿, Stoeplaan 27, ⌧ 2243 CX, ℰ (0 70) 511 92 32, Fax (0 70) 511 09 69,
🍽, « Terrasse fleurie », 🚲 – 📶 🏊 📺 ⚒ 🅿 – 🅿 25 à 90. 🖭 ⑩ 🐵 VISA JCB
fermé 31 déc. et 1ᵉʳ janv. – **Repas** Lunch 70 – carte 90 à 115 – ⊇ 38 – **23 ch** 300/500,
1 suite – ½ P 250/300.   plan p. 3 CQ r

🏨 **Duinoord**, Wassenaarseslag 26 (Ouest: 3 km), ⌧ 2242 PJ, ℰ (0 70) 511 91 32, info@hote
lduinoord.nl, Fax (0 70) 511 22 10, ≤, 🍽, « Dans les dunes » – 📺 🅿 – 🅿 25. 🖭 🐵
VISA – **Repas** (fermé lundis midis non fériés) 45/58 – **20 ch** ⊇ 95/170 – ½ P 110/188.

🍴 **De Keuken van Waarde**, Waalsdorperlaan 43 (près hippodrome Duindigt),
⌧ 2244 BN, ℰ (0 70) 328 11 67, infoculinair@dekeukenvanwaarde.nl, Fax (0 70)
324 36 30, 🍽, « Terrasse » – 🅿. 🖭 🐵 VISA   plan p. 3 BQ n
fermé 27 déc.-1ᵉʳ janv. – **Repas** 58/90.

🍴 **De Markiezen van Wassenaer**, Langstraat 10, ⌧ 2242 KM, ℰ (0 70) 514 34 18,
markiezen@zonnet.nl, Fax (0 70) 514 34 04, 🍽 – 🖭 ⑩ 🐵 VISA
fermé 1 sem. en juil. – **Repas** Lunch 45 – carte 72 à 100.

HAAKSBERGEN Overijssel ⏻ **Z 10** et ⏻ **L 5** – 23 730 h.
Amsterdam 163 – Apeldoorn 78 – Arnhem 78 – Enschede 21.

🏨 Morssinkhof 't Hoogeland, Eibergsestraat 157 (N 18), ⌧ 7481 HJ, ℰ (0 53) 573 10 20,
Fax (0 53) 573 10 25, 🍽, 🚲 – 📶 📺 🅿 – 🅿 25 à 350. 🏊
36 ch.

🍴🍴🍴 **de Blanckenborgh**, Enschedesestraat 65, ⌧ 7481 CL, ℰ (0 53) 574 11 55, info@b
lanckenborgh.nl, Fax (0 53) 574 11 65, 🍽, « Villa début du siècle sur parc public » – 🅿.
🖭 ⑩ 🐵 VISA JCB
fermé du 7 au 14 août, 27 déc.-14 janv., lundi, et sam. midi – **Repas** Lunch 65 bc – 90/100.

HAARLEM 🅿 Noord-Holland ⏻ **M 8**, ⏻ **M 8** et ⏻ **E 4** – 148 262 h.

Voir Grand-Place★ (Grote Markt) BY – Grande église ou église St-Bavon★★ (Grote of
St-Bavokerk) : grille★ du chœur, grandes orgues★, tour-lanterne★ BCY – Hôtel de Ville★
(Stadhuis) BY H – Halle aux viandes★ (Vleeshal) BY.
Musées : Frans Hals★★★ BZ – Teylers★ : dessins★★ CY M³.

Env. par ③ : 7,5 km, Champs de fleurs★★ – par ③ : 13 km, Parc de Keukenhof★★ (fin mars
à mi-mai), passerelle du moulin ⇐★★ – au Nord : 16 km par ⑦, Écluses★ d'IJmuiden.

🛫 par ⑦ : 10 km à Velsen-Zuid, Recreatieoord Spaarnwoude, Het Hoge Land ℰ ⑦,
⌧ 1981 LT, ℰ (0 23) 538 27 08, Fax (0 23) 538 72 74.

✈ au Sud-Est : 14 km par ⑤ à Amsterdam-Schiphol ℰ (0 20) 601 91 11, Fax (0 20)
604 14 75.

🛈 Stationsplein 1, ⌧ 2011 LR, ℰ 0 900-616 16 00, Fax (0 23) 534 05 37.
Amsterdam 20 ⑥ – Den Haag 59 ⑤ – Rotterdam 79 ⑤ – Utrecht 54 ⑤.

455

HAARLEM

Amerikaweg	**AV** 3
Amsterdamse Vaart	**AU** 4
Anegang	**BCY**
Bakenessergracht	**CY** 6
Barrevoetestr.	**BY** 7
Bartelorisstr.	**BY** 9
Binneweg	**AV** 10
Bloemendaalseweg	**ATU** 12
Botermarkt	**BYZ** 13
Cesar Francklaan	**AV** 15
Cruquiusweg	**AV** 16
Damstr.	**CY** 18
Donkere Spaarne	**CY** 19
Duinlustweg	**AU** 21
Europaweg	**AV** 22
Fonteinlaan	**AV** 24
Frans Halsstr.	**CX** 25
Friese Varkenmarkt	**CXY** 27
Gasthuisvest	**BZ** 28
Ged. Voldersgracht	**BY** 30
Gierstr.	**BZ** 31
Groot Heiligland	**BZ** 33
Grote Houtstr.	**BYZ**
Hagestr.	**CZ** 34
Hartenlustlaan	**AT** 36
Hoge Duin en Daalseweg	**AT** 37
Hoogstr.	**CZ** 39
Jacobstr.	**BY** 40
Julianapark	**AT** 42
Kamperlaan	**AV** 43
Keizerstr.	**BY** 45
Kennemerweg	**AT** 46
Klokhuispl.	**CY** 48
Koningstr.	**BY** 49
Kruisstr.	**BY**
Lanckhorstlaan	**AV** 51
van Merlenlaan	**AV** 52
Nassaustr.	**BY** 54
Nieuwe Groenmarkt	**BY** 55
Ostadestr.	**BX** 57
Oude Groenmarkt	**BCY** 58
Paviljoenslaan	**AV** 60
Prins Bernhardlaan	**AU** 61
Raadhuisstr.	**AV** 63
Schoterweg	**AU** 64
Smedestr.	**BY** 66
Spaardamseweg	**CX** 67
Spaarnwouderstr.	**CZ** 69
Spanjaardslaan	**AV** 70
Tuchthuisstr.	**BZ** 72
Verspronckweg	**AU** 73
Verwulft	**BYZ** 75
Westergracht	**AV** 76
Zandvoortselaan	**AU** 78
Zijlsingel	**BY** 79
Zijlstr.	**BY**
Zijlweg	**AU** 81
Zomerzorgerlaan	**AT** 82
Zuiderhoutlaan	**AV** 84

🏨🏨	**Carlton Square**, Baan 7, ✉ 2012 DB, ✆ (0 23) 531 90 91, square@carlton.nl, Fax (0 23) 532 98 53, 🍽, 🎱, 🛋 – 🛗 ✳, 🍴 ch, 📺 – 🅿 25 à 200. ⓐ ⓓ ⓜ ⓋⒾⓈⒶ ⒿⒸⒷ BZ d
	Repas Lunch 40 – carte env. 70 – ⊂ 33 – **123 ch** 370/550, 1 suite.
🏨	**Lion d'Or**, Kruisweg 34, ✉ 2011 LC, ✆ (0 23) 532 17 50, reservations@hotelliondor.nl, Fax (0 23) 532 95 43 – 🛗, 🍴 ch, 📺 – 🅿 25 à 100. ⓐⓔ ⓜ ⓥⓘⓢⓐ ⓙⓒⓑ. ⅘ BCX d
	Repas carte env. 70 – **36 ch** ⊂ 275/325 – ½ P 185/202.
🏨	**Haarlem Zuid**, Toekanweg 2, ✉ 2035 LC, ✆ (0 23) 536 75 00, info@haarlemzuid.valk.nl, Fax (0 23) 536 79 80, 🍽, 🎱, 🛋 – 🛗 📺 🅿 – 🅿 25 à 500. ⓐⓔ ⓓ ⓜ ⓥⓘⓢⓐ AV b
	Repas (Ouvert jusqu'à 23 h 30) Lunch 25 – carte env. 45 – ⊂ 18 – **287 ch** 177/198, 6 suites – ½ P 129.
XXX	**De Componist**, Korte Veerstraat 1, ✉ 2011 CL, ✆ (0 23) 532 88 53, info@componist.nl, Fax (0 23) 532 73 00, 🍽, « Décor style Art Nouveau » – 🍴. ⓐⓔ ⓜ ⓥⓘⓢⓐ CZ c
	fermé 31 déc. – **Repas** (dîner seult) carte 99 à 116.

456

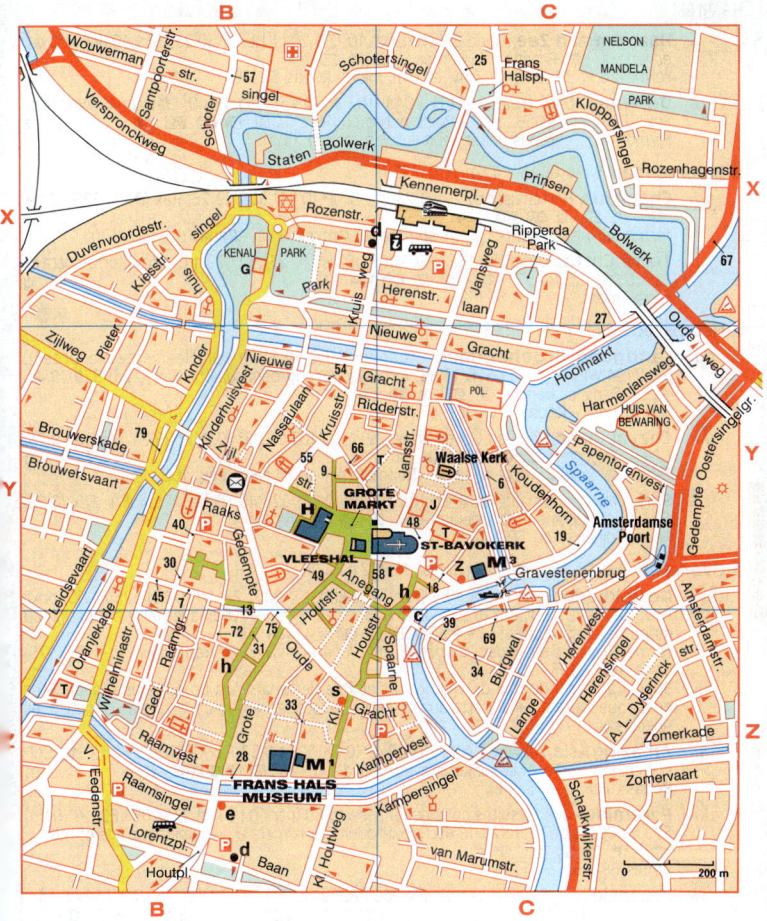

XX **Peter Cuyper,** Kleine Houtstraat 70, ✉ 2011 DR, ✆ (0 23) 532 08 85, Fax (0 23) 534 33 85, 😊 « Demeure du 17ᵉ s. » – AE ⓘ MC VISA   BZ s
fermé 16 juil.-6 août, sam. midi, dim. et lundi – **Repas** Lunch 55 – 60/73.

XX **de Eetkamer van Haarlem,** Lange Veerstraat 45, ✉ 2011 DA, ✆ (0 23) 531 22 61, 😊 – AE ⓘ MC VISA   CY h
fermé lundi et mardi – **Repas** (dîner seult jusqu'à 23 h) 50/65.

XX **De Gekroonde Hamer,** Breestraat 24, ✉ 2011 ZZ, ✆ (0 23) 531 22 43, Fax (0 23) 525 63 25, 😊 – AE ⓘ MC VISA. ✽   BZ h
fermé 27 déc.-1ᵉʳ janv. et dim. – **Repas** (dîner seult) 59.

X **Wisma Hilda,** Wagenweg 214, ✉ 2012 NM, ✆ (0 23) 531 28 71, Fax (0 23) 532 86 28, 😊, Cuisine indonésienne – 🅟 MC VISA. ✽   AV f
fermé lundi – **Repas** (dîner seult) carte env. 45.

X **Napoli,** Houtplein 1, ✉ 2012 DD, ✆ (0 23) 532 44 19, napolibox@planet.nl, Fax (0 23) 532 02 38, 😊, Cuisine italienne, ouvert jusqu'à 23 h – AE ⓘ MC VISA   BZ e
fermé 24 et 31 déc., 1ᵉʳ janv., sam. midi et dim. midi – **Repas** 60/125.

X **Bronkhorst en Bruyns,** Twijnderslaan 7, ✉ 2012 BG, ✆ (0 23) 531 07 17, Fax (0 23) 531 87 96, 😊 – 🅟. AE ⓘ MC VISA   AU p
fermé 2 dern. sem. fév., 2 dern. sem. juil. et mardi – **Repas** Lunch 60 – carte env. 80.

HAARLEM

Haarlem aan Zee, Oude Groenmarkt 10, ✉ 2011 HL, ℘ (0 23) 531 48 84, *info@p echerie.nl*, 😀, Produits de la mer – AE ⓪ ⓜ VISA BCY r
fermé 24 et 31 déc., 1ᵉʳ janv. et dim. midi – **Repas** 58/78.

De Waag, Damstraat 29, ✉ 2011 HA, ℘ (0 23) 531 16 40, *dewaag@wynbar.nl*, *Fax (0 23) 534 33 56*, 😀, « Poids public du 16ᵉ s. ». AE ⓪ ⓜ VISA. ✂ CY z
fermé merc. – **Repas** (dîner seult jusqu'à minuit) 75.

à Bloemendaal *Nord-Ouest : 4 km – 16 782 h.*

Chapeau !, Hartenlustlaan 2, ✉ 2061 HB, ℘ (0 23) 525 29 25, *Fax (0 23) 525 53 19*, 😀 – ℗. AE ⓪ ⓜ VISA. ✂ AT r
fermé dern. sem. août-2 prem. sem. sept., dim. et lundi – **Repas** Lunch 60 – 70.

Terra Cotta, Kerkplein 16a, ✉ 2061 JD, ℘ (0 23) 527 79 11, *info@terra-cotta.nl*, *Fax (0 23) 525 89 97*, 😀 – 🍴. AE ⓪ ⓜ VISA JCB. ✂ AT g
fermé merc. – **Repas** 53/60.

à Heemstede *Sud : 4 km – 25 875 h.*

Landgoed Groenendaal, Groenendaal 3 (1,5 km par Heemsteedse Dreef), ✉ 2104 WP, ℘ (0 23) 528 15 55, *info@landgoedgroenendaal.nl*, *Fax (0 23) 529 18 41*, 😀, « Dans les bois » – ℗. AE ⓪ ⓜ VISA. ✂
fermé lundi – **Repas** Lunch 45 – 55/65.

Cheval Blanc, Jan van Goyenstraat 29, ✉ 2102 CA, ℘ (0 23) 529 31 73, *Fax (0 23) 529 61 83*, 😀 – AE ⓜ VISA JCB. ✂ AV n
fermé 30 avril, 25 déc. et lundi – **Repas** (dîner seult) carte env. 100.

Sari, Valkenburgerlaan 48, ✉ 2103 AP, ℘ (0 23) 528 45 36, *sari@xs4all.nl*, *Fax (0 23) 528 14 16*, Cuisine indonésienne – 🍴. AE ⓪ ⓜ VISA. ✂
Repas (dîner seult) 50.

à Overveen *Ouest : 4 km* Ⓒ *Bloemendaal 16 782 h :*

De Bokkedoorns, Zeeweg 53 (par ① : 2 km), ✉ 2051 EB, ℘ (0 23) 526 36 00, *bokk edoorns@alliance.nl*, *Fax (0 23) 527 31 43*, ≤ lac, 😀, « Pavillon avec intérieur design au milieu de dunes boisées » – 🍴. ℗. AE ⓪ ⓜ VISA JCB. ✂
fermé 30 avril, 5 et 24 déc., 27 déc.-8 janv., lundi et sam. midi – **Repas** Lunch 90 – 125/175, carte 160 à 195
Spéc. Carpaccio de foie de veau confit et foie de canard à la brunoise de rognon. Filet de barbue sauté et vinaigrette au vin rouge. St-Jacques grillées et tartare de langoustines (juin-sept.).

Amazing Asia, Zeeweg 3, ✉ 2051 EB, ℘ (0 23) 525 60 57, *Fax (0 23) 525 34 32*, 😀, Cuisine chinoise, « Terrasse sur jardin avec pièce d'eau » – ℗. AE ⓪ ⓜ VISA. ✂ AU m
Repas Lunch 50 – 75/135.

Pyramides avec 6 suites en annexe, Zeeweg 80 (par ① : 7 km), ✉ 2051 EC, ℘ (0 23) 573 17 00, *Fax (0 23) 573 18 40*, 😀, Produits de la mer, « ≤ dominant plage et mer », ≘ – ℗. AE ⓜ VISA. ✂ ch
Repas 68/95.

Kraantje Lek, Duinlustweg 22, ✉ 2051 AB, ℘ (0 23) 524 12 66, *Fax (0 23) 524 82 54*, 😀, Avec crêperie, « Petite auberge historique adossée à une dune » – ℗. AE ⓜ VISA
Repas 48 bc/88 bc. AU x

HAELEN Limburg 211 U 15 et 908 I 8 – 9 875 h.

Amsterdam 176 – Eindhoven 48 – Maastricht 54 – Roermond 10 – Venlo 23.

De Vogelmolen, Kasteellaan 15, ✉ 6081 AN, ℘ (0 475) 59 42 00, *restaurant@dev ogelmolen.demon.nl*, *Fax (0 475) 59 52 00*, 😀, « Terrasse ombragée » – ℗. AE ⓪ ⓜ VISA
fermé 2 prem. sem. août et sam. midi – **Repas** Lunch 60 – 70/100.

HANDEL Noord-Brabant 211 T 13 et 908 I 7 – *voir à Gemert.*

HARDENBERG Overijssel 210 Y 7 et 908 K 4 – 35 073 h.

🛈 Badhuisweg 2, ✉ 7772 XA, ℘ (0 523) 26 20 00, Fax (0 523) 26 65 95.
Amsterdam 149 – Assen 59 – Enschede 58 – Zwolle 39.

à Diffelen *Sud-Ouest : 7 km* Ⓒ *Hardenberg :*

De Gloepe, Rheezerweg 84a, ✉ 7795 DA, ℘ (0 523) 25 12 31, *rutger.koeslag@wxs.nl*, *Fax (0 523) 25 20 61*, 😀, « Ancienne ferme typique » – ℗. ⓜ VISA JCB
fermé lundi et mardi – **Repas** 63.

HARDENBERG

à Heemse Ouest : 1 km © Hardenberg :

- **De Bokkepruik** (Istha) avec ch, Hessenweg 7, ⊠ 7771 CH, ℘ (0 523) 26 15 04, bokkepruik@alliance.nl, Fax (0 523) 26 74 73, 斎, « Jardin fleuri », ᗡ – ⌷ TV P – 🅿 25 à 150. AE ⓞ ⓜ VISA JCB
  fermé 28 déc.-7 janv. – **Repas** (fermé dim.) Lunch 90 – 70/125, carte 93 à 129 – **23 ch** ⊆ 120/170 – ½ P 125/170
  Spéc. St-Jacques mi-cuites à la fondue de poireaux. Terrine de foie de canard et mousse de choucroute douce (sept.-mars). Turbot aux cèpes, sauce homardine (août-sept.).

HARDERWIJK Gelderland 210 S 8, 211 S 8 et 908 H 4 – 39 204 h.

Voir Dolfinarium★.

Exc. Polders de l'Est et Sud Flevoland★ (Oostelijk en Zuidelijk Flevoland).
🏌 18 🏌 5 à l'Ouest : à Zeewolde, Golflaan 1, ⊠ 3896 LL, ℘ (0 36) 522 20 73, Fax (0 36) 522 41 00 et 🏌 5 Pluvierenweg 7, ⊠ 3898 LL, ℘ (0 320) 28 81 16, Fax (0 320) 28 80 09.
🅱 Havendam 58, ⊠ 3841 AA, ℘ (0 341) 42 66 66, Fax (0 341) 42 77 13.
Amsterdam 72 – Apeldoorn 32 – Arnhem 71 – Utrecht 54 – Zwolle 42.

- **Baars**, Smeepoortstraat 52, ⊠ 3841 EJ, ℘ (0 341) 41 20 07, baars@bestwestern.nl, Fax (0 341) 41 87 22, 斎, ᗡ – ⌷ TV 🚗 P – 🅿 25 à 40. AE ⓞ ⓜ VISA JCB
  Repas (fermé dim. d'oct. à avril) Lunch 28 – carte 48 à 84 – **43 ch** ⊆ 205/221 – ½ P 122/184.

- **Klomp**, Markt 8, ⊠ 3841 CE, ℘ (0 341) 41 30 32, info@hotelmarktzicht-klomp.nl, Fax (0 341) 41 32 30, 斎, 🚗 – TV ⓞ ⓜ VISA
  Repas du Marché (Taverne-rest.) Lunch 35 – 45/58 – ⊆ 13 – **26 ch** 115/130 – ½ P 103/145.

- **Olivio**, Vischmarkt 57a, ⊠ 3841 BE, ℘ (0 341) 41 52 90, info@olivio.nl, Fax (0 341) 43 35 10, 斎 – AE ⓜ VISA
  fermé dern. sem. juil-prem. sem. août, dern. sem. déc.-prem. sem. janv., dim. et lundi – **Repas** Lunch 60 – 85/130

- **'t Nonnetje**, Vischmarkt 38, ⊠ 3841 BG, ℘ (0 341) 41 58 48, info@hetnonnetje.nl, Fax (0 341) 42 25 78, 斎 – AE ⓞ ⓜ VISA JCB
  fermé 30 janv.-15 fév., du 1er au 18 oct. et mardi – **Repas** (dîner seult) 65/90.

- **Zeezicht**, Strandboulevard West 2, ⊠ 3841 CS, ℘ (0 341) 41 20 58, Fax (0 341) 42 14 90, 斎 – AE ⓞ ⓜ VISA
  Repas carte 45 à 70.

HARDINXVELD-GIESSENDAM Zuid-Holland 211 N 12 et 908 F 6 – 17 687 h.

Amsterdam 78 – Utrecht 42 – Arnhem 87 – Breda 45 – Den Haag 58 – Rotterdam 32.

- **Kampanje**, Troelstrastraat 5, ⊠ 3371 VJ, ℘ (0 184) 61 26 13, Fax (0 184) 61 19 53, 斎, 🎱 – P – 🅿 25 à 250. AE ⓞ ⓜ VISA. ⌘
  fermé 23 juil.-6 août, dim. et jours fériés – **Repas** Lunch 60 – 50/100.

HAREN Groningen 210 Y 3 et 908 K 2 – 18 589 h.

🏌 18 au Sud : 2 km à Glimmen, Pollselaan 5, ⊠ 9756 CJ, ℘ (0 50) 406 20 04, Fax (0 50) 406 19 22.
Amsterdam 207 – Groningen 8 – Zwolle 99.

- **Mercure H. Postiljon**, Emmalaan 33 (Sud-Ouest : 1 km sur A 28), ⊠ 9752 KS, ℘ (0 50) 534 70 41, h2107@accor-hotels.com, Fax (0 50) 534 01 75, 斎, ᗡ – ⌷ ⌚ TV P – 🅿 25 à 450. AE ⓞ ⓜ VISA
  Repas 45 – ⊆ 24 – **97 ch** 145/165 – ½ P 125.

- **Rôtiss. de Rietschans**, Meerweg 221 (Ouest : 2 km), ⊠ 9752 XC, ℘ (0 50) 309 13 65, Fax (0 50) 309 39 34, ≤, 斎, « Terrasse au bord du lac », 🎱 – P. AE ⓞ ⓜ VISA
  fermé sam. midi, dim., lundi et jours fériés – **Repas** 60/80.

à Glimmen Sud : 2 km © Haren :

- **Le Grillon**, Rijksstraatweg 10, ⊠ 9756 AE, ℘ (0 50) 406 13 92, Fax (0 50) 406 31 69, 斎, « Terrasse » – P. AE ⓞ ⓜ VISA JCB
  fermé 21 juil.-5 août, du 5 au 20 janv., sam. midi et dim. – **Repas** Lunch 53 – 60/68.

HARICH Fryslân 210 S 5 – voir à Balk.

HARLINGEN Fryslân 210 R 3 et 908 H 2 – 15 438 h.

Voir Noorderhaven★ (bassin portuaire).

🚢 vers Terschelling : Rederij Doeksen, Willem Barentszkade 21 à West-Terschelling ℘ (0 562) 44 21 41, Fax (0 562) 44 32 41. Durée de la traversée : 1 h 45. Prix AR : 43,45 Fl, voiture : 22,90 Fl par 0,50 m de longueur. Il existe aussi un service rapide (pour passagers uniquement). Durée de la traversée : 50 min.

🚢 vers Vlieland : Rederij Doeksen, Willem Barentszkade 21 à West-Terschelling ℘ (0 562) 44 21 41, Fax (0 562) 44 32 41. Durée de la traversée : 1 h 45. Prix AR : 39,20 Fl, bicyclette : 18,15 Fl. Il existe aussi un service rapide. Durée de la traversée : 45 min.

Amsterdam 113 – Leeuwarden 27.

🏨 **Zeezicht**, Zuiderhaven 1, ⊠ 8861 CJ, ℘ (0 517) 41 25 36, zeezicht@hollandhotels.nl, Fax (0 517) 41 90 01, 😊 – 📺 🅿 – 🛎 50. 🆎 ① 🆎 VISA
ferme 18 déc.-8 janv. – **Repas** Lunch 18 – 55/75 – **24 ch** ⊇ 180 – ½ P 143/223.

🏨 **Anna Casparii**, Noorderhaven 69, ⊠ 8861 AL, ℘ (0 517) 41 20 65, annacasparii@h etnet.nl, Fax (0 517) 41 45 40, 😊, 🚲 – 📺 🅿 – 🛎 40. 🆎 ① 🆎 VISA. ⊗
Repas Lunch 40 – carte 53 à 98 – **16 ch** ⊇ 115/145 – ½ P 154.

🍴 **De Gastronoom**, Voorstraat 38, ⊠ 8861 BM, ℘ (0 517) 41 21 72, gastronoom@w xs.nl, Fax (0 517) 41 39 26, 😊, Taverne-rest – 🆎 ① 🆎 VISA
ferme lundi d'oct. à mai – **Repas** (dîner seult) carte env. 80.

HARMELEN Utrecht 211 O 10 et 908 F 5 – 8 018 h.

🛣 au Nord : 7 km à Vleuten, Parkweg 5, ⊠ 3451 RH, ℘ (0 30) 677 28 60, Fax (0 30) 677 39 03.

Amsterdam 44 – Utrecht 13 – Den Haag 54 – Rotterdam 49.

🍴🍴🍴 **Kloosterhoeve**, Kloosterweg 2, ⊠ 3481 XC, ℘ (0 348) 44 40 40, info@kloosterho eve.nl, Fax (0 348) 44 42 35, 😊, « Ancienne ferme du 18ᵉ s. » – 🍴 🅿 – 🛎 25 à 120. 🆎 ① 🆎 VISA JCB
Repas Lunch 65 – 90/115.

HASSELT Overijssel 210 V 7 et 908 J 4 – 7 543 h.

Amsterdam 111 – Meppel 20 – Zwolle 20.

🍴🍴 **De Herderin**, Hoogstraat 1, ⊠ 8061 HA, ℘ (0 38) 477 33 00, info@herderin.nl, Fax (0 38) 477 23 05, 😊 – 🆎 🆎 VISA
ferme 27 déc.-14 janv., dim. et lundi – **Repas** 50 bc/150 bc.

HATTEM Gelderland 210 V 8 et 908 J 4 – 11 623 h.

🛣 Veenwal 11, ⊠ 8051 AS, ℘ (0 38) 444 19 09.

Amsterdam 116 – Assen 83 – Enschede 80 – Zwolle 7.

🍴🍴 **Herberg Molecaten** ⊗ avec ch, Molecaten 7, ⊠ 8051 PN, ℘ (0 38) 444 69 59, Fax (0 38) 444 68 49, 😊, « Auberge du 19ᵉ s. avec moulin à eau, dans les bois », 🚲 – 📺 🅿 🆎 ① 🆎 VISA JCB. ⊗
ferme vacances bâtiment et 3 sem. après Noël – **Repas** 65/115 – **6 ch** ⊇ 150/165 – ½ P 165.

à Hattemerbroek Ouest : 4 km © Oldebroek 22 278 h :

🍴🍴 **Host. Vogelesangh**, Hanesteenseweg 50, ⊠ 8094 PM, ℘ (0 38) 376 16 14, Fax (0 38) 376 25 04, 😊, « Pavillon dans sapinière » – 🅿 🆎 ① 🆎 VISA JCB
ferme dim. – **Repas** Lunch 55 – carte 70 à 105.

HATTEMERBROEK Gelderland – voir à Hattem.

HAUTE VELUWE (Parc National de la) – voir Hoge Veluwe.

HAZERSWOUDE-RIJNDIJK Zuid-Holland © Rijnwoude 19 377 h. 211 M 10 et 908 E 5.

Amsterdam 48 – Rotterdam 40 – Den Haag 25 – Utrecht 47.

🏨 **Groenendijk**, Rijndijk 96 (sur N 11), ⊠ 2394 AJ, ℘ (0 71) 341 90 06, info@hotelgr oenendijk.nl, Fax (0 71) 341 38 02, 😊, 🍴 – 📺 📺 🅿 – 🛎 25 à 150. 🆎 ① 🆎 VISA
ferme 25 déc. – **Repas** 54/57 – **49 ch** ⊇ 115/150 – ½ P 148.

HEELSUM
Gelderland © Renkum 32 076 h. 211 T 11 et 908 I 6.
Amsterdam 90 – Arnhem 13 – Utrecht 52.

Klein Zwitserland, Klein Zwitserlandlaan 5, ✉ 6866 DS, ℰ (0 317) 31 91 04, klein-zwitserland@bilderberg.nl, Fax (0 317) 31 39 43, 🍴, 🍽, 🔲, ✖, 🚲 – 📶 ✱ TV 🛁 🅿 – 🅿 25 à 200. AE ⓘ ⓜ VISA. ✖ rest
Repas voir rest **De Kromme Dissel** ci-après – **De Kriekel** (fermé 27 déc.-2 janv.) carte env. 95 – ☐ 35 – **72 ch** 285/335 – ½ P 225.

De Kromme Dissel – H. Klein Zwitserland, Klein Zwitserlandlaan 5, ✉ 6866 DS, ℰ (0 317) 31 31 18, klein-zwitserland@bilderberg.nl, Fax (0 317) 31 39 43, 🍴, « Ancienne ferme saxonne avec intérieur rustique » – 🅿 AE ⓘ ⓜ VISA. ✖
fermé sam. midi, dim. et lundi – **Repas** Lunch 90 – 125/155, carte 133 à 172
Spéc. Risotto et sandre au witlof (avril-janv.). Crème de cèpes aux langoustines. Gigue de daim au chou vert et mousseline d'ail (oct.-janv.).

HEEMSE
Overijssel 210 Y 7 et 908 K 4 – voir à Hardenberg.

HEEMSKERK
Noord-Holland 210 N 7 et 908 F 4 – 35 734 h.
🏌 Communicatieweg 18, ✉ 1967 PR, ℰ (0 251) 25 00 88, Fax (0 251) 24 16 27.
Amsterdam 28 – Alkmaar 18 – Haarlem 18.

De Vergulde Wagen, Rijksstraatweg 161 (Nord : 1,5 km, direction Castricum), ✉ 1969 LE, ℰ (0 251) 23 24 17, Fax (0 251) 25 35 94, 🍴 – AE ⓘ ⓜ VISA JCB. ✖
fermé dim. et lundi – **Repas** Lunch 65 – carte env. 95.

HEEMSTEDE
Noord-Holland 210 M 8, 211 M 8 et 908 E 4 – voir à Haarlem.

HEERENVEEN
Fryslân 210 U 5 et 908 I 3 – 40 329 h.
🏌 Heidemeer 2, ✉ 8445 SB, ℰ (0 513) 63 65 19.
🅱 Van Kleffenslaan 6, ✉ 8442 CW, ℰ (0 513) 62 55 55, Fax (0 513) 65 06 09.
Amsterdam 129 – Groningen 59 – Leeuwarden 30 – Zwolle 62.

De Heide, Golflaan 1 (Sud : 3 km), ✉ 8445 SR, ℰ (0 513) 63 02 00, deheide@bestwestern.nl, Fax (0 513) 63 02 01, 🍴, ✖, 🚲 – 📶 TV 🅿 – 🅿 25 à 200. AE ⓘ ⓜ VISA
Repas Lunch 30 – carte 58 à 78 – ☐ 20 – **42 ch** 170/195 – ½ P 135/225.

Mercure H. Postiljon, Schans 65 (Nord : 2 km sur A 7), ✉ 8441 AC, ℰ (0 513) 61 86 18, H2108@accor-hotels.com, Fax (0 513) 62 91 00 – 📶 ✱ TV 🅿 – 🅿 25 à 300. AE ⓘ ⓜ VISA
Repas Lunch 30 – carte env. 60 – ☐ 24 – **55 ch** 130/190 – ½ P 106/154.

Sir Sèbastian, Herenwal 186, ✉ 8441 BG, ℰ (0 513) 65 04 08, info@sirsebastian.nl, Fax (0 513) 65 05 62, 🍴 – ⓜ VISA. ✖
fermé 23 juil.-14 août et dim. – **Repas** Lunch 48 – 70.

à Katlijk Est : 8 km © Heerenveen :

De Grovestins, W.A. Nyenhuisweg 7, ✉ 8455 JS, ℰ (0 513) 54 19 93, Fax (0 513) 54 18 84, 🍴, « Ancienne ferme » – 🅿 AE ⓘ ⓜ VISA
fermé lundi – **Repas** (dîner seult) carte env. 85.

à Oranjewoud Sud : 4 km © Heerenveen :

Tjaarda M ✺, Koningin Julianaweg 98, ✉ 8453 WH, ℰ (0 513) 62 36 51, info@tjaarda.nl, Fax (0 513) 63 12 44, 🍴, « Dans les bois », 🍽, 🚲 – 📶 ✱ TV 🛁 🅿 – 🅿 25 à 450. AE ⓘ ⓜ VISA JCB
Repas (fermé sam. midi et dim. midi) (dîner seult sauf en juil.-août) Lunch 53 – carte env. 70 – ☐ 28 – **70 ch** 203/276 – ½ P 160.

HEERLEN
Limburg 211 U 17 et 908 I 9 – 95 367 h.
🏌 (2 parcours) 🏌 au Nord : 7 km à Brunssum, Rimburgerweg 50, ✉ 6445 PA, ℰ (0 45) 527 09 68, Fax (0 45) 525 12 80 - 🏌 au Sud-Ouest : 5 km à Voerendaal, Hoensweg 17, ✉ 6367 GN, ℰ (0 45) 575 44 88, Fax (0 45) 575 09 00.
🅱 Bongerd 22, ✉ 6411 JM, ℰ (0 45) 571 62 00, Fax (0 45) 571 83 83.
Amsterdam 214 – Maastricht 25 – Roermond 47 – Aachen 18.

Grand H., Groene Boord 23, ✉ 6411 GE, ℰ (0 45) 571 38 46, heerlen@bestwestern.nl, Fax (0 45) 574 10 99, 🍴, 🚲 – 📶 ✱, 🍽 rest, TV 🅿 – 🅿 25 à 180. AE ⓘ ⓜ VISA JCB. ✖ rest
Repas Lunch 35 – 53/65 – ☐ 25 – **100 ch** 175/240, 6 suites – ½ P 185/210.

HEERLEN

Kasteel Ter Worm ⚑, Terworm 5 (direction Heerlen-Noord, sortie zoning In de Cramer), ✉ 6411 RV, ℰ (0 45) 400 11 11, Fax (0 45) 400 11 22, ≤, « Château néo-classique fin 19e s. avec dépendances, entouré de douves » 🚴 – 🛗 TV 🅿 – 🔑 25. 🆎 ⓞ ⓜ VISA JCB. ✿
Repas 68/115 – ⊑ 20 – **29 ch** 200, 12 suites – ½ P 180/250.

Heerlen, Terworm 10 (direction Heerlen-Noord, sortie zoning In de Cramer), ✉ 6411 RV, ℰ (0 45) 571 94 50, heerlen@valk.com, Fax (0 45) 571 51 96, 🍽, ƒ₆, ⩲ₛ, 🏊, 🚴 – 🛗, 🔲 rest, TV ♿ 🅿 – 🔑 25 à 500. 🆎 ⓞ ⓜ VISA. ✿
Repas (Ouvert jusqu'à 23 h 30) Lunch 40 – carte 51 à 74 – ⊑ 18 – **146 ch** 130/155.

de la Station, Stationstraat 16, ✉ 6411 NH, ℰ (0 45) 571 90 63, delastation@westerkant-groep.nl, Fax (0 45) 571 18 82, 🍽, ⩲ₛ – 🛗 ✧ TV 🅿 – 🔑 25 à 60. 🆎 ⓞ ⓜ VISA JCB. ✿ rest
Repas 68/115 (dîner seult) 45/85 – ⊑ 30 – **42 ch** 130/185 – ½ P 183/254.

Bastion, In de Cramer 199 (direction Heerlen-Noord, sortie zoning In de Cramer), ✉ 6412 PM, ℰ (0 45) 575 45 40, bastion@bastionhotel.nl, Fax (0 45) 575 45 44, 🍽 – TV 🅿. 🆎 ⓞ ⓜ VISA. ✿
Repas (Grillades, ouvert jusqu'à 23 h) 45 – ⊑ 18 – **40 ch** 105.

De Boterbloem (Winthaegen), Laanderstraat 27, ✉ 6411 VA, ℰ (0 45) 571 42 41, Fax (0 45) 574 37 73, 🍽 – 🅿. 🆎 ⓞ ⓜ VISA. ✿
fermé 2 sem. en fév., 2 sem. en août, 31 déc.-1er janv., sam. midi et dim. – **Repas** Lunch 65 – 63/95, carte env. 100
Spéc. Jambon persillé aux asperges marinées. Suprême de turbot poché aux mange-tout. Fraises régionales au sabayon de gingembre.

Geleenhof, Valkenburgerweg 54, ✉ 6419 AV, ℰ (0 45) 571 80 00, Fax (0 45) 571 80 86, 🍽, « Ferme du 18e s. » – 🅿. 🆎 ⓜ VISA JCB. ✿
fermé lundi – **Repas** Lunch 59 – 75/125.

à Hoensbroek Nord-Ouest : 5 km ⓒ Heerlen :

De Marquis, Klinkertstraat 110 (dans les dépendances du château), ✉ 6433 PB, ℰ (0 45) 563 11 85, info@vanmelick.nl, Fax (0 45) 563 11 84, 🍽, « Château entouré de douves » – 🅿. 🆎 ⓞ ⓜ VISA. ✿
fermé 2 dern. sem. juil., sam. midi, dim. midi et lundi – **Repas** Lunch 55 – 78/100.

à Welten Sud : 2 km ⓒ Heerlen :

In Gen Thún, Weltertuynstraat 31, ✉ 6419 CS, ℰ (0 45) 571 16 16, igt@cuci.nl, Fax (0 45) 571 09 74, 🍽 – 🔲 – 🔑 25 à 50. 🆎 ⓞ ⓜ VISA. ✿
Repas (dîner seult) carte env. 90.

HEESWIJK Noord-Brabant ⓒ Bernheze 28 345 h. **211** R 13 et **908** H 7.
Amsterdam 102 – Eindhoven 31 – Breda 63 – 's-Hertogenbosch 16 – Nijmegen 39.

De Leygraaf, Meerstraat 45a (Nord : 2 km), ✉ 5473 VX, ℰ (0 413) 29 30 16, info@leygraaf.nl, Fax (0 413) 29 37 08, 🍽, 🚴 – TV 🅿 – 🔑 25 à 125. 🆎 ⓜ VISA. ✿
Repas Lunch 50 – carte env. 75 – **9 ch** ⊑ 108/128 – ½ P 165.

HEEZE Noord-Brabant ⓒ Heeze-Leende 15 306 h. **211** S 14 et **908** H 7.
Amsterdam 139 – Eindhoven 13 – 's-Hertogenbosch 50 – Roermond 42 – Venlo 50.

Host. Van Gaalen avec ch, Kapelstraat 48, ✉ 5591 HE, ℰ (0 40) 226 35 15, van.gaalen@alliance.nl, Fax (0 40) 226 38 76, 🍽, « Terrasse et jardin » – 🔲 rest, TV 🅿 – 🔑 25. 🆎 ⓞ ⓜ VISA
Repas (fermé sem. carnaval, dern. sem. juil.-prem. sem. août, 28 déc.-3 janv., dim. et lundi) Lunch 55 – 65/110 – ⊑ 20 – **13 ch** 170/195, 1 suite – ½ P 175/220.

D'n Doedelaer, Jan Deckersstraat 7, ✉ 5591 HN, ℰ (0 40) 226 32 32, doedelaer.ribote@planet.nl, Fax (0 40) 226 50 77, 🍽 – 🆎 ⓜ VISA JCB
fermé carnaval, 2 sem. vacances bâtiment, mardi et merc. – **Repas** (dîner seult) 85/98.

HEIJEN Limburg ⓒ Gennep 16 769 h. **211** U 12 et **908** I 6.
Amsterdam 140 – Eindhoven 67 – Maastricht 115 – Nijmegen 26 – Venlo 38.

Mazenburg, Boxmeerseweg 61 (Sud-Ouest : 3 km, Zuidereiland), ✉ 6598 MX, ℰ (0 485) 51 71 71, info@mazenburg.nl, Fax (0 485) 51 87 87, ≤, 🍽, 🎣 – 🔲 – 🅿. 🆎 ⓞ ⓜ VISA. ✿
fermé 2e quinz. oct., merc. d'oct. à avril, sam. midi et dim. midi – **Repas** Lunch 59 – 75/150.

HEILLE Zeeland **211** F 15 – voir à Sluis.

HEILOO Noord-Holland 210 N 7 et 908 F 4 – 21 580 h.
Amsterdam 36 – Alkmaar 5 – Haarlem 27.

Golden Tulip, Kennemerstraatweg 425, ⊠ 1851 PD, ℘ (0 72) 505 22 44, golden.tul ip.heiloo@inter.nl.net, Fax (0 72) 505 37 66, 😊, ⬜, ⚙ – ≡ rest, 📺 🄿 – 🏋 40 à 800. 🄰🄴 ① 🅼🄾 🆅🅸🆂🅰
Repas carte env. 50 – **42 ch** ⊇ 140/185.

De Loocatie, 't Loo 20 (dans centre commercial), ⊠ 1851 HT, ℘ (0 72) 533 33 52, info@loocatie.nl, Fax (0 72) 533 33 52, 😊 – 🅼🄾 🆅🅸🆂🅰 🅹🅲🅱
fermé lundi – **Repas** Lunch 45 – 70.

HELDEN Limburg 211 V 15 et 908 I 8 – 19 258 h.
Amsterdam 174 – Eindhoven 46 – Maastricht 68 – Roermond 24 – Venlo 15.

Antiek, Mariaplein 1, ⊠ 5988 CH, ℘ (0 77) 306 72 00, info@antiek-helden.nl, Fax (0 77) 306 72 19, 😊, ⚙ – 📺 🄿 – 🏋 40. 🄰🄴 ① 🅼🄾 🆅🅸🆂🅰. ✂
fermé du 26 au 28 fév., du 15 au 29 juil. et 27 déc.-3 janv. – **Repas** (fermé dim.) Lunch 49 – 110 – **12 ch** ⊇ 120/160.

Den HELDER Noord-Holland 210 N 5 et 908 F 3 – 59 590 h.
🎣 au Sud : 7 km à Julianadorp, Van Foreestweg, ⊠ 1787 PS, ℘ (0 223) 64 01 25, Fax (0 223) 64 01 26.
⛴ vers Texel : Rederij Teso, Pontweg 1 à Den Hoorn (Texel) ℘ (0 222) 36 96 00, Fax (0 222) 36 96 59. Durée de la traversée : 20 min. Prix AR : 8,25 Fl (en hiver) et 10,00 Fl (en été), voiture : 40,50 Fl (en hiver) et 48,50 Fl (en été).
🛈 Bernhardplein 18, ⊠ 1781 HH, ℘ (0 223) 62 55 44, Fax (0 223) 61 48 88.
Amsterdam 79 – Alkmaar 40 – Haarlem 72 – Leeuwarden 90.

Forest 1er étage, Julianaplein 43, ⊠ 1781 HA, ℘ (0 223) 61 48 58, Fax (0 223) 61 81 41 – 🛗 📺 – 🏋 25. 🄰🄴 ① 🅼🄾 🆅🅸🆂🅰 🅹🅲🅱. ✂
Repas (fermé sam.) (dîner seult) carte env. 45 – **25 ch** ⊇ 110/150 – ½ P 113.

Lands End, Havenplein 1, ⊠ 1781 AB, ℘ (0 223) 62 15 70, lands@end.etrade.nl, Fax (0 223) 62 85 40, ≤, 😊 – 🛗 📺. 🄰🄴 ① 🅼🄾 🆅🅸🆂🅰
Repas carte 45 à 67 – **24 ch** ⊇ 108/145 – ½ P 145.

à Huisduinen Ouest : 2 km © Den Helder :

Beatrix 🌳, Badhuisstraat 2, ⊠ 1783 AK, ℘ (0 223) 62 40 00, gtbeaho@xs4all.nl, Fax (0 223) 62 73 24, ≤, 🏋, ⚓, ⬜, ⚙ – 🛗, ≡ rest, 📺 🄿 – 🏋 25 à 100. 🄰🄴 ① 🅼🄾 🆅🅸🆂🅰 🅹🅲🅱. ✂
Repas (Ouvert jusqu'à 23 h) Lunch 50 – 65/115 – **46 ch** ⊇ 165/225 – ½ P 125/155.

HELLENDOORN Overijssel 210 X 8 et 908 K 4 – 35 578 h.
Amsterdam 142 – Enschede 42 – Zwolle 35.

Tulip Inn, Johanna van Burenstraat 9, ⊠ 7447 HB, ℘ (0 548) 65 54 25, ti.hellendoo rn@worldonline.nl, Fax (0 548) 65 58 33, 😊, ⚓, ⚙ – 🛗 📺 🄿 – 🏋 25 à 80. 🄰🄴 ① 🅼🄾 🆅🅸🆂🅰
Repas (fermé après 20 h) Lunch 35 – 45/75 – **28 ch** ⊇ 135/200 – ½ P 125/135.

HELLEVOETSLUIS Zuid-Holland 211 J 12 - ㊳ S et 908 D 6 - ㉓ S – 37 753 h.
Env. à l'Ouest : 10 km, Barrage du Haringvliet★★ (Haringvlietdam).
Amsterdam 101 – Rotterdam 31 – Breda 74 – Den Haag 51.

Hazelbag, Rijksstraatweg 151, ⊠ 3222 KC, ℘ (0 181) 31 22 10, hazelbag@zonnet.nl, Fax (0 181) 31 26 77, 😊 – ≡ 🄿. 🄰🄴 ① 🅼🄾 🆅🅸🆂🅰. ✂
fermé fév., lundi et mardi – **Repas** (dîner seult) carte env. 80.

HELMOND Noord-Brabant 211 T 14 et 908 I 7 – 79 340 h.
Voir Château★ (Kasteel).
🎣 Verliefd Laantje 3b, ℘ (0 492) 52 78 77, Fax (0 492) 52 78 77.
🛈 Markt 211, ⊠ 5701 RJ, ℘ (0 492) 54 31 55, Fax (0 492) 54 68 66.
Amsterdam 124 – Eindhoven 15 – 's-Hertogenbosch 39 – Roermond 47.

West-Ende, Steenweg 1, ⊠ 5707 CD, ℘ (0 492) 52 41 51, info@westende.nl, Fax (0 492) 54 32 95, 😊 – 🛗 ≡ 📺 🄿 – 🏋 25 à 100. 🄰🄴 ① 🅼🄾 🆅🅸🆂🅰 🅹🅲🅱
✂ rest
Repas Lunch 38 – carte 50 à 76 – **28 ch** ⊇ 170/225.

HELMOND

De Hoefslag, Warande 2 (Nord-Ouest : 1 km), ✉ 5707 GP, ℘ (0 492) 53 63 61, *hoefslag@tref.nl*, Fax (0 492) 52 26 15, 斎, « Terrasse avec ≤ parc et étang » – 🅿 🆎 ⓞ 🆎 VISA. ✂
fermé 2 dern. sem. juil., sam. midi et dim. – **Repas** Lunch 99 – 115/125.

de Raymaert, Mierloseweg 130, ✉ 5707 AR, ℘ (0 492) 54 18 18, *raymaert@talkline.nl*, Fax (0 492) 50 75 05, 斎, « Terrasse » – 🅿 🆎 VISA. ✂
fermé 2 prem. sem. août, lundi et mardi – **Repas** (dîner seult) 47/70.

de Steenoven, Steenovenweg 21, ✉ 5708 HN, ℘ (0 492) 50 75 07, Fax (0 492) 50 75 05, 斎 – 🅿 🆎 VISA. ✂
fermé 2 dern. sem. juil., merc. et dim. – **Repas** Lunch 45 bc – 47/65.

HELVOIRT Noord-Brabant 🇨 Haaren 13 968 h. 211 Q 13 et 908 G 7.
Amsterdam 98 – Eindhoven 36 – 's-Hertogenbosch 9 – Tilburg 13.

De Helvoirtse Hoeve, Margrietweg 9 (Nord-Ouest : 5,5 km), ✉ 5268 LW, ℘ (0 411) 64 16 61, *info@dehelvoirtsehoeve.nl*, Fax (0 411) 64 38 67, 斎 – 🅿 🆎 ⓞ 🆎 VISA JCB. ✂
fermé mardi de sept. à avril et lundi – **Repas** Lunch 53 – 68/99 bc.

De Zwarte Leeuw, Oude Rijksweg 20, ✉ 5268 BT, ℘ (0 411) 64 12 66, *dezwarteleeuw@hetnet.nl*, Fax (0 411) 64 22 51, 斎 – ▤ 🅿 🆎 ⓞ 🆎 VISA. ✂
fermé 2e quinz. juil., dern. sem. déc., mardi, merc. et dim. midi – **Repas** Lunch 45 – 68.

HENDRIK-IDO-AMBACHT Zuid-Holland 211 M 11 et 908 E 6 – 20 816 h.
Amsterdam 94 – Rotterdam 17 – Arnhem 111 – Breda 43 – Den Haag 45.

Sandelingen, Kerkstraat 30, ✉ 3341 LE, ℘ (0 78) 681 65 65, *postmaster@sandelingen.nl*, Fax (0 78) 682 32 46, 斎, « Jardin » – 🆎 ⓞ 🆎 VISA
fermé 14 août-4 sept., 27 déc.-5 janv. et lundi – **Repas** 83/128.

HENGELO Overijssel 211 Z 9, 211 Z 9 et 908 L 5 – 78 908 h. – Ville industrielle.
🔥 Enschedesestraat 381, ✉ 7552 CV, ℘ (0 74) 250 84 66, Fax (0 74) 250 93 88.
✈ au Nord-Est : 6 km à Enschede-Twente ℘ (0 53) 486 22 22, Fax (0 53) 435 96 91.
🅱 Molenstraat 26, ✉ 7551 DC, ℘ (0 74) 242 11 20, Fax (0 74) 242 17 80.
Amsterdam 149 – Apeldoorn 62 – Enschede 9 – Zwolle 61.

Hengelo, Bornsestraat 400 (près A 1, direction Borne), ✉ 7556 BN, ℘ (0 74) 255 50 55, Fax (0 74) 255 50 10, 斎, 🚴 – 📶 ☎ 📺 🅿 – 🧖 25 à 1000. 🆎 ⓞ 🆎 VISA
Repas (Ouvert jusqu'à 23 h) Lunch 20 – carte env. 50 – ⊆ 15 – **136 ch** 125 – ½ P 160.

't Lansink, C.T. Storkstraat 18, ✉ 7553 AR, ℘ (0 74) 291 00 66, *info@lansinkhotel.nl*, Fax (0 74) 243 58 91, 斎, 🚴 – 📺 🅿 – 🧖 25 à 80. 🆎 ⓞ 🆎 VISA. ✂ rest
fermé 25 déc.-2 janv. – **Repas le Rossignol** (fermé dim.) Lunch 48 – 63/75 – **16 ch** ⊆ 145/195.

De Bourgondiër, Langestraat 29, ✉ 7551 DX, ℘ (0 74) 243 31 33, *bourgondier@introweb.nl*, Fax (0 74) 243 32 63, 斎 – 🆎 ⓞ 🆎 VISA JCB
fermé lundi – **Repas** (dîner seult) 48/63.

HENGEVELDE Overijssel 🇨 Ambt Delden 5 444 h. 211 Y 9 et 908 K 5.
Amsterdam 135 – Apeldoorn 53 – Arnhem 32 – Enschede 18 – Zwolle 63.

Pierik, Goorsestraat 25 (sur N 347), ✉ 7496 AB, ℘ (0 547) 33 30 00, *pierik@hotelpierik.nl*, Fax (0 547) 33 36 56, 斎, 🚴 – 📺 🅿 🆎 ⓞ 🆎 VISA. ✂
fermé 23 déc.-3 janv. – **Repas** Lunch 35 – 45/60 – **40 ch** ⊆ 108/145 – ½ P 98/103.

HERKENBOSCH Limburg 211 V 16 et 908 J 8 – voir à Roermond.

HERTME Overijssel 210 Z 9 et 211 Z 9 – voir à Borne.

Pleasant hotels and restaurants are shown in the Guide by a red sign.
Please let us know the places where you have enjoyed your stay.
Your Michelin Guide will be even better.

's-HERTOGENBOSCH ou Den BOSCH ℙ Noord-Brabant 211 Q 12 et 908 G 6 – 128 009 h.

Voir Cathédrale St-Jean★★ (St-Janskathedraal) : retable★ Z.

Musée : du Brabant Septentrional★ (Noordbrabants Museum) Z M³.

Env. au Nord-Est : 3 km à Rosmalen, collection de véhicules★ dans le musée du transport Autotron – a l'Ouest : 25 km à Kaatsheuvel, De Efteling★★ (parc récréatif).

🛫 par ④ : 10 km à St-Michielsgestel, Zegenwerp 12, ⌧ 5271 NC, ✆ (0 73) 551 23 16, Fax (0 73) 551 91 68 – 🛫 au Nord : 8 km à Kerkdriel, Piekenwaardweg 3, ✆ (0 418) 63 48 03, Fax (0 418) 63 46 30.

✈ par ④ : 32 km à Eindhoven-Welschap ✆ (0 40) 291 98 18, Fax (0 40) 291 98 20.

🚆 lignes directes France, Suisse, Italie, Autriche, Yougoslavie et Allemagne ✆ 0 900-92 96.

🅱 Markt 77, ⌧ 5211 JX, ✆ 0 900-112 23 34, Fax (0 73) 612 89 30.

Amsterdam 83 ⑦ – *Eindhoven* 33 ④ – Nijmegen 47 ② – Tilburg 23 ⑤ – Utrecht 51 ⑦

[map of 's-Hertogenbosch]

Aartshertogenlaan .... V 2	Hambakenweg .... V 21	Pettelaarseweg .... X 49
Balkweg .... V 3	Jacob v. Maerlantstr. .... X 27	Rietveldenweg .... V 51
Bosscheweg .... X 6	Lagelandstr. .... V 33	Rijksweg-West .... V 52
Gestelseweg .... X 13	Maastrichtseweg ...... X 34	Simon Stevinweg .... V 55
Graafsebaan .... V 15	Merwedelaan .... V 37	Taalstr. .... X 63
Graafseweg .... V 16	Orthenseweg .... V 46	Vughterweg .... V 70
van Grobbendonckplaan . V 19	Oude Vlijmenseweg ... VX 48	Zandzuigerstr. .... V 78

 Central, Burg. Loeffplein 98, ⌧ 5211 RX, ✆ (0 73) 692 69 26, info@hotel-central.nl, Fax (0 73) 614 56 99 – 📶 ⋈, ≣ rest, 📺 🚗 – 🚿 25 à 325. 𝔸𝔼 ⓂⒸ **VISA** JCB. ⚡

Repas *Leeuwenborgh* carte 63 à 83 – ⊇ 25 – **123 ch** 223/276, 1 suite.

Z c

's-HERTOGENBOSCH

Bethaniestr. **Z** 4	Hinthamerstr. **Z**	Sint-Jacobstr. **Z** 57
de Bossche Pad **Z** 7	Hoge Steenweg **Z** 25	Sint-Josephstr. **Z** 58
Burg. Loeffpl. **YZ** 9	Jan Heinsstr. **Y** 28	Spinhuiswal **Z** 60
Emmaplein **Y** 10	Kerkstr. **Y** 30	Stationsweg **YZ** 61
Geert	Koninginnenlaan **Y** 31	Torenstr. **Z** 66
van Woustr. **Y** 12	Maastrichtseweg **Y** 34	Visstraat **Z** 67
Graafseweg **Y** 16	Muntelbolwerk **Y** 39	Vlijmenseweg **Z** 69
Havensingel **Y** 22	van Noremborghstr. **Y** 40	Vughterstr. **Z**
Hinthamereinde **Z** 24	Oostwal **Y** 42	Vughterweg **Z** 70
	Oranje Nassaulaan **Y** 43	van der Weeghensingel **Y** 73
	Orthenstr. **Y** 46	Wilhelminaplein **Z** 75
	Schapenmarkt **Z** 54	Willemsplein **Z** 76

🏨 **Mövenpick**, Pettelaarpark 90, ✉ 5216 PH, ✆ (0 73) 687 46 74, *denbosch@moevenpick.nl*, Fax (0 73) 687 46 35, ≼, 🍴, 🏊, 🚲 – 🛗 💺, 📺 ch, 📺 🕭 🅿 – 🚗 25 à 85. 🅰🅴 ⓘ 🆘 **VISA** **JCB**
    Repas (Taverne-rest) Lunch 30 – carte 49 à 68 – 🍽 25 – **92 ch** 225. X a

🏨 **Eurohotel** sans rest, Hinthamerstraat 63, ✉ 5211 MG, ✆ (0 73) 613 77 77, Fax (0 73) 612 87 95 – 🛗 📺 ⚓ – 🚗 25 à 150. 🅰🅴 ⓘ 🆘 **VISA** **JCB**. ⚭
    fermé 24 déc.-2 janv. – 🍽 15 – **30 ch** 120/160. Z d

🏨 **Campanile**, Goudsbloemvallei 21 (Maaspoortweg), ✉ 5237 MH, ✆ (0 73) 642 25 25, *denbosch@campanile.nl*, Fax (0 73) 641 00 48, 🍴 – 📺 🅿 – 🚗 25 à 40. 🅰🅴 ⓘ 🆘 **VISA** **JCB**
    Repas (Avec buffet) 45 – 🍽 15 – **46 ch** 105 – ½ P 147. V u

🏨 **Bark**, Zandzuigerstraat 101, ✉ 5231 XW, ✆ (0 73) 644 14 00, Fax (0 73) 644 13 37, 🍴 – 📺 🅿. 🅰🅴 ⓘ 🆘 **VISA** **JCB**. ⚭ ch
    Repas (Avec cuisine espagnole) Lunch 25 – 45 – **40 ch** 135/150 – ½ P 165. V

's-HERTOGENBOSCH

Chalet Royal (Greveling), Wilhelminaplein 1, ✉ 5211 CG, ✆ (0 73) 613 57 71, *chalet @alliance.nl*, Fax *(0 73) 614 77 82*, 🍽, « Terrasse, ≤ campagne et douves » – 🅿 – 🚗 25. AE ① ⓜ VISA ⚹
Z f
fermé 24 juil.-6 août, 27 déc.-2 janv., sam. midi, dim. et lundi – **Repas** Lunch 75 – 95/185, carte 112 à 137
Spéc. Cannelloni de homard et gambas, sauce aux truffes. Raviolis au chocolat amer et glace aux truffes (sept.-mars). Foie d'oie poêlé aux nouilles d'asperges en sauce au Riesling (mai-juin).

de Veste, Uilenburg 2, ✉ 5211 EV, ✆ (0 73) 614 46 44, Fax *(0 73) 612 49 34*, 🍽 – AE ① ⓜ VISA
Z k
fermé 17 juil.-28 août et dim. – **Repas** Lunch 55 – carte 70 à 101.

Aub. De Koets, Korte Putstraat 23, ✉ 5211 KP, ✆ (0 73) 613 27 79, Fax *(0 73) 614 62 52*, 🍽 – 🔳. AE ① ⓜ VISA ⚹
Z h
fermé lundi – **Repas** Lunch 55 – 75/85.

Paradis-Pettelaar, Pettelaarseschans 1, ✉ 5216 CG, ✆ (0 73) 613 73 51, Fax *(0 73) 613 56 05*, 🍽 – 🔳 🅿. AE ① ⓜ VISA JCB ⚹
X g
Repas Lunch 45 – 48/80.

De Raadskelder, Markt 1a, ✉ 5211 JV, ✆ (0 73) 613 69 19, Fax *(0 73) 613 00 46*, « Cave du 16ᵉ s. » – AE ① ⓜ VISA ⚹
Z m
fermé 15 juil.-15 août, 22 déc.-4 janv., dim. et lundi – **Repas** Lunch 26 – 55/88.

Het Nieuwe Oosten, Rompert(winkel)centrum 7, ✉ 5233 RG, ✆ (0 73) 641 23 15, *nieuwe.oosten@tref.nl*, Fax *(0 73) 641 61 36*, Cuisine chinoise, ouvert jusqu'à 23 h – 🔳 🅿. AE ① ⓜ VISA JCB ⚹
V p
Repas Lunch 42 – carte 45 à 82.

De Heer Kocken, Postelstraat 79, ✉ 5211 DX, ✆ (0 73) 614 27 83, 🍽 – AE ⓜ VISA ⚹
Z v
fermé 1 sem. carnaval, mi-juil.-mi-août, dim. et lundi – **Repas** (dîner seult) carte 78 à 113.

Shiro, 1ᵉʳ étage, Uilenburg 4, ✉ 5211 EV, ✆ (0 73) 612 76 00, Fax *(0 73) 612 49 34*, Cuisine japonaise – AE ⓜ VISA JCB
Z k
fermé du 26 au 28 fév., 29 juil.-13 août, 31 déc.-3 janv. et dim. – **Repas** (dîner seult) 75/150.

Da Peppone, Kerkstraat 77, ✉ 5211 KE, ✆ (0 73) 614 78 94, 🍽, Cuisine italienne – AE ① ⓜ VISA
Z q
Repas (dîner seult) carte env. 65.

De Truffel, Korte Putstraat 14, ✉ 5211 KP, ✆ (0 73) 614 27 42, Fax *(0 73) 612 02 09*, 🍽 – AE ① ⓜ VISA
Z r
Repas (dîner seult) 45/63.

■ **Engelen** *Nord-Ouest : 3 km* ⓒ *'s-Hertogenbosch* :

Riverside, Graaf van Solmsweg 85, ✉ 5221 BM, ✆ (0 73) 631 16 07, *riverside.rest @wxs.nl*, Fax *(0 73) 633 03 29*, ≤, 🍽 – AE ① ⓜ VISA
V b
fermé 2 sem. en juil., 27 déc.-3 janv., lundi et mardi – **Repas** (dîner seult) carte 77 à 93.

■ **Rosmalen** *Est : 3 km* ⓒ *'s-Hertogenbosch* :

Mercure H. Postiljon, Burg. Burgerslaan 50 (près A 2), ✉ 5245 NH, ✆ (0 73) 521 91 59, Fax *(0 73) 521 62 15*, ≤, 🍽, 🚲 – 📶 ⚹ TV 🛁 🅿 – 🚗 25 à 250. AE ① ⓜ VISA ⚹ rest
V e
Repas Lunch 30 – carte 45 à 73 – ⚂ 24 – **82 ch** 170/205 – ½ P 116/126.

Die Heere Sewentien, Sparrenburgstraat 9, ✉ 5244 JC, ✆ (0 73) 521 77 44, Fax *(0 73) 521 00 75*, 🍽, « Terrasse et jardin » – 🅿. AE ① ⓜ VISA JCB
fermé 22 janv.-6 fév., 16 juil.-6 août, lundi et mardi – **Repas** Lunch 55 – 65/75.

Heerenbeek, Graafsebaan 42, ✉ 5242 JN, ✆ (0 73) 521 22 06, *1.heerenbeek@wxs.nl*, Fax *(0 73) 521 99 41*, 🍽, « Terrasse ombragée » – 🅿. AE ① ⓜ VISA ⚹
Repas Lunch 55 – 60/95.

■ **Vught** *Sud : 4 km* – 25 106 h.

Vught, Bosscheweg 2, ✉ 5261 AA, ✆ (0 73) 658 77 77, *hotelvught@worldmail.nl*, Fax *(0 73) 658 77 00*, 🍽, 🏋, 🌊, 🏊, ⚹ – 📶, 🔳 rest, TV 🛁 🅿 – 🚗 25 à 500. AE ① ⓜ VISA ⚹
X n
Repas (Ouvert jusqu'à 23 h) Lunch 23 – carte env. 55 – ⚂ 20 – **116 ch** 185 – ½ P 140.

Kasteel Maurick, Maurick 3 (sur N 2), ✉ 5261 NA, ✆ (0 73) 657 91 08, *info@maurick.nl*, Fax *(0 73) 656 04 40*, 🍽, « Terrasse et jardin » – 🅿 – 🚗 25 à 200. AE ① ⓜ VISA ⚹
X y
fermé 24 juil.-6 août et dim. – **Repas** Lunch 55 – carte 93 à 113.

Ons Kabinet, Kampdijklaan 78, ✉ 5263 CK, ✆ (0 73) 657 17 10, *info@onskabinet.nl*, Fax *(0 73) 656 41 75*, 🍽 – 🅿 – 🚗 25 à 70. AE ① ⓜ VISA JCB
X t
fermé 26 fév.-5 mars, 23 juil.-7 août et dim. – **Repas** Lunch 45 – 50/90.

HEUSDEN Noord-Brabant 211 P 12 et 908 G 6 – 42 402 h.
 🖪 Pelsestraat 17, ✉ 5256 AT, ℘ (0 416) 66 21 00, Fax (0 416) 66 33 80.
 Amsterdam 96 – Utrecht 57 – Breda 43 – 's-Hertogenbosch 19 – Rotterdam 67.

 XXX **In den Verdwaalde Koogel** avec ch, Vismarkt 1, ✉ 5256 BC, ℘ (0 416) 66 19 3
 Fax (0 416) 66 12 95, 😀, « Maison du 17e s. à l'intérieur d'une ville bastion », 🚲
 ≡ rest, 📺 – 🏋 30. 🆎 ⓘ ⓜⓞ VISA JCB
 fermé prem. sem. janv. et dim. – **Repas** Lunch 58 – carte 85 à 102 – **11 ch** ⊆ 150/17
 – ½ P 145/165.

HILLEGERSBERG Zuid-Holland 211 M 11 - ④ N et 908 E 6 - ㉕ N – voir à Rotterdam, périphéri

---

HILLEGOM Zuid-Holland 210 M 9, 211 M 9 et 908 E 5 – 20 674 h.
 Amsterdam 36 – Den Haag 33 – Haarlem 10.

 🏨 **Flora,** Hoofdstraat 55, ✉ 2181 EB, ℘ (0 252) 51 51 00, hotelflora@hetnet.r
 Fax (0 252) 52 93 14 – 🛗 📺 🅿 – 🏋 25 à 250. 🆎 ⓘ ⓜⓞ VISA JCB. ❀
 Repas (fermé 24 et 25 déc., 30 déc.-2 janv. et dim. midi) 48 – **26 ch** ⊆ 150/190.

HILVARENBEEK Noord-Brabant 211 P 14 et 908 G 7 – 14 496 h.
 Amsterdam 120 – Eindhoven 30 – 's-Hertogenbosch 31 – Tilburg 12 – Turnhout 33.

 🏩 **Herberg Sint Petrus,** Gelderstraat 1, ✉ 5081 AA, ℘ (0 13) 505 21 66, Fax (0 13
 😀 505 46 19, 😀 – 📺. 🆎 ⓘ ⓜⓞ VISA. ❀ ch
 fermé vacances Noël – **Repas** 45/55 – **6 ch** ⊆ 90/150 – ½ P 135/145.

 XXX **van Groeninge et Brasserie De Egelantier,** Vrijthof 26, ✉ 5081 CB, ℘ (0 13
 ❀ 505 45 04, Fax (0 13) 505 39 82, 😀, « Sur place historique entourée de tilleuls » – 🅓
 🆎 ⓘ ⓜⓞ VISA. ❀
 fermé 23 juil.-7 août, 31 déc.-8 janv., lundi, mardi et sam. midi – **Repas** Lunch 63 – 83/110
 carte env. 125
 Spéc. Foie d'oie poêlé en robe d'asperges croustillantes. Poussin demi-deuil cuit en vessie
 Gâteau de noix de pécan et compote de dattes.

 XX **Aub. Het Kookhuys,** Vrijthof 27, ✉ 5081 CB, ℘ (0 13) 505 14 33, Fax (0 13
 505 49 23, 😀, « Terrasse » – ≡. VISA. ❀
 fermé carnaval et lundi – **Repas** (dîner seult sauf dim.) carte 72 à 99.

 XX **Pieter Bruegel,** Gelderstraat 7, ✉ 5081 AA, ℘ (0 13) 505 17 58, wagemakerszo@
 onnet.nl, Fax (0 13) 505 46 77 – ≡. 🆎 ⓘ ⓜⓞ VISA. ❀
 fermé carnaval, vacances bâtiment, du 26 au 31 déc., lundi et mardi – **Repas** (dîner seult
 carte 67 à 107.

HILVERSUM Noord-Holland 211 Q 9 et 908 G 5 – 82 308 h.
 Voir Hôtel de ville★ (Raadhuis) Y H – Le Gooi★ (Het Gooi).
 Env. par ④ : 7 km, Étangs de Loosdrecht★★ (Loosdrechtse Plassen).
 🏌 Soestdijkerstraatweg 172, ✉ 1213 XJ, ℘ (0 35) 685 86 88, Fax (0 35) 685 38 13.
 🖪 Noordse Bosje 1, ✉ 1211 BD, ℘ (0 35) 624 17 51, Fax (0 35) 623 74 60.
 Amsterdam 34 ⑤ – Utrecht 20 ③ – Apeldoorn 65 ① – Zwolle 87 ①

 Plan page ci-contre

 🏨 **Lapershoek,** Utrechtseweg 16, ✉ 1213 TS, ℘ (0 35) 623 13 41, info@lapershoek.n
 Fax (0 35) 628 43 60, 😀, 🚲 – 🛗 ⇆ 📺 🅿 – 🏋 25 à 300. 🆎 ⓘ ⓜⓞ VISA. ❀ X
 Repas Lunch 40 – 65 – ⊆ 28 – **80 ch** 275/300.

 🏨 **Hilfertsom** ⌂, Koninginneweg 30, ✉ 1217 LA, ℘ (0 35) 623 24 44, hilfert@xs4all.n
 Fax (0 35) 623 49 76, 🚲 – 🛗 📺 🅿 – 🏋 25 à 110. 🆎 ⓘ ⓜⓞ VISA JCB. ❀ Y
 fermé 27 déc.-2 janv. – **Repas** (dîner seult) carte env. 45 – **46 ch** ⊆ 185/235.

 🏩 **Ravel** sans rest, Emmastraat 35, ✉ 1213 AJ, ℘ (0 35) 621 06 85, info@ravel.n
 Fax (0 35) 624 37 77 – 📺. 🆎 ⓘ ⓜⓞ VISA JCB. ❀ Z
 19 ch ⊆ 195/265.

 XX **Spandershoeve,** Bussumergrintweg 46, ✉ 1217 BS, ℘ (0 35) 621 11 30, Fax (0 35
 ❀ 623 51 53, 😀, Cuisine indonésienne – ≡. 🆎 ⓘ ⓜⓞ VISA. ❀ V
 fermé sem. Noël – **Repas** 53/78, carte 64 à 87
 Spéc. Oedang boemboe Bali (crevettes). Kambing Ketjap Pedis (agneau). Bistik Mentega
 (bœuf).

 XX **Joffers,** Vaartweg 33, ✉ 1211 JD, ℘ (0 35) 621 45 56, Fax (0 35) 624 41 21, 😀 – 🅿
 🆎 ⓘ ⓜⓞ VISA Z
 fermé 25 juil.-7 août, 23 déc.-8 janv. et dim. – **Repas** Lunch 50 – carte 85 à 98.

HILVERSUM

Achterom	**Z**	2
Berkenlaan	**X**	3
Bosdrift	**X**	4
Bussumergrintweg	**V**	7
Eikenlaan	**X**	8
Geert van Mesdagweg	**V**	9
van Ghentlaan	**X**	12
Godelindeweg	**V**	13
Groest	**Z**	
Havenstr.	**Z**	
Hilvertsweg	**X**	14
Hoge Naarderweg	**Y**	17
Insulindelaan	**V**	18
Jan van der Heijdenstr.	**V**	19
Kerkstr.	**YZ**	
Kolhornseweg	**X**	22
Krugerweg	**X**	23
Lage Naarderweg	**V**	24
Langestr.	**Z**	26
Larenseweg	**V**	27
Leeuwenstr.	**Y**	28
Loosdrechtse bos	**X**	29
Loosdrechtseweg	**X**	32
Minckelersstr.	**V**	34
Noorderweg	**Y**	37
Oostereind	**X**	38
Oosterengweg	**X**	39
Prins Bernhardstr.	**Z**	42
Prof. Kochstr.	**Y**	43
Schapenkamp	**YZ**	44
Schoutenstr.	**Y**	47
Soestdijkerstraatweg	**X**	48
Spoorstr.	**Z**	49
Stationsstr.	**Y**	52
Vaartweg	**V**	53
Veerstr.	**Z**	54
Vreelandseweg	**X**	57
Zuiderweg	**YZ**	58

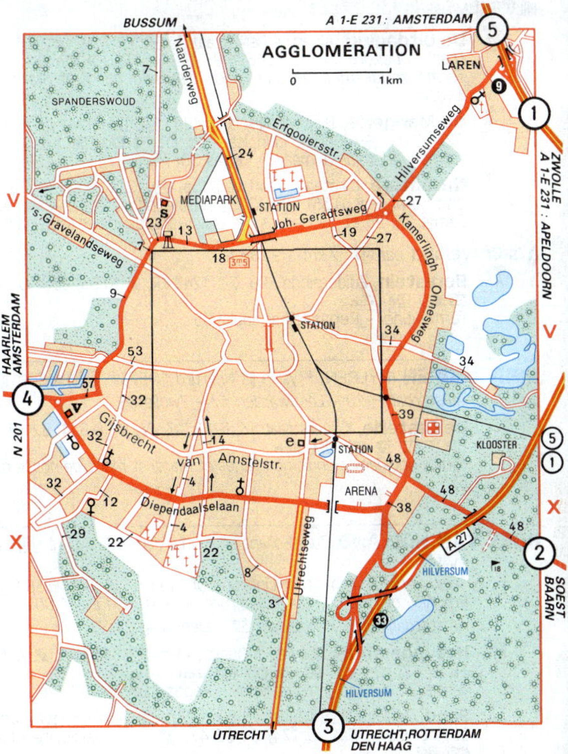

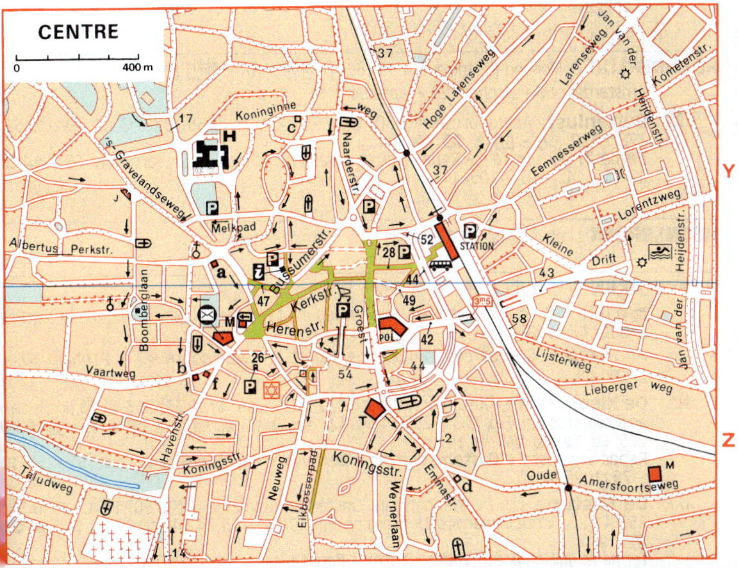

AGGLOMÉRATION

CENTRE

HILVERSUM

De Uitdaging, Albertus Perkstraat 3, ⌧ 1217 NK, ℘ (0 35) 624 93 13, uitdaging@nl.packardbell.org, Fax (0 35) 624 93 13 – 🖃. AE ⓞ MC VISA. ✶ Y a
fermé mi-juil.-mi-août, sam. midi, dim. midi, lundi et mardi – **Repas** Lunch 55 – 63/110.

de Mangerie, Diependaalselaan 490, ⌧ 1215 KM, ℘ (0 35) 628 41 98, Fax (0 35) 623 02 87, 🍴, Cuisine chinoise – 🖃. AE ⓞ MC VISA. ✶ X v
fermé lundi midi et mardi – **Repas** 58/75.

Nusantara 1er étage, Vaartweg 15a, ⌧ 1211 JD, ℘ (0 35) 623 23 67, nusantara@worldmail.nl, Fax (0 35) 623 70 72, Cuisine indonésienne – 🖃. ✶ Z f
fermé 25, 26 et 31 déc. et 1er janv. – **Repas** (dîner seult) carte 45 à 85.

à 's-Graveland par ④ : 7 km – 9 288 h.

Berestein, Zuidereinde 208, ⌧ 1243 KR, ℘ (0 35) 656 10 30, Fax (0 35) 656 98 44 – AE MC VISA JCB
fermé lundi – **Repas** (dîner seult) 55.

HINDELOOPEN (HYLPEN) Fryslân Ⓒ Nijefurd 10 673 h. 210 R 5 et 908 H 3.
Amsterdam 118 – Leeuwarden 47 – Zwolle 86.

De Gasterie, Kalverstraat 13, ⌧ 8713 KV, ℘ (0 514) 52 19 86, Fax (0 514) 52 20 53, 🍴 – AE ⓞ MC VISA JCB
fermé déc.-janv., lundis non fériés et mardi et merc. de nov. à mars – **Repas** (dîner seult) 55.

HOEK VAN HOLLAND Zuid-Holland Ⓒ Rotterdam 592 665 h. 211 J 11 - ㊳ N et 908 O 6 - ㉓ N.

🚢 vers Harwich : Stena Line, Stationsweg 10, ℘ (0 174) 38 93 33, Fax (0 174) 38 70 47. Prix AR : de 140,00 Fl, avec voiture de 520,00 Fl à 830,00 Fl.
Amsterdam 80 – *Rotterdam* 32 – Den Haag 24.

Het Jagershuis, Badweg 1 (Ouest : 1 km), ⌧ 3151 HA, ℘ (0 174) 38 22 51, Fax (0 174) 38 27 67, 🍴 – P. AE ⓞ MC VISA JCB
fermé 27 déc.-10 janv. et lundi. – **Repas** Lunch 30 – 55/70.

Sand, Zeekant 125 (Ouest : 1,5 km, Strand), ⌧ 3151 HW, ℘ (0 174) 38 25 03, puckao@ibmail.nl, Fax (0 174) 31 02 47, 🍴, « ≤ estuaire et trafic maritime » – AE MC VISA
fermé dern. sem. déc.-3 prem. sem. janv., sam. midi, dim. midi et lundi – **Repas** Lunch 60 – 63/84.

HOENDERLOO Gelderland Ⓒ Apeldoorn 152 860 h. 211 U 10 et 908 I 5.
Amsterdam 88 – *Arnhem* 21 – Apeldoorn 14.

Buitenlust, Apeldoornseweg 30, ⌧ 7351 AB, ℘ (0 55) 378 13 62, Fax (0 55) 378 17 29, 🚲 – TV P. MC VISA. ✶
fermé 21 déc.-1er fév. – **Repas** (fermé après 20 h 30) Lunch 15 – carte env. 65 – **14 ch** ⌂ 130/145 – ½ P 105/110.

HOENSBROEK Limburg 211 U 17 et 908 I 9 – voir à Heerlen.

HOEVELAKEN Gelderland Ⓒ Nijkerk 27 367 h. 211 R 9 et 908 H 5.
à l'Est : 10 km à Voorthuizen, Hunneweg 16, ⌧ 3781 NN, ℘ (0 342) 47 38 32, Fax (0 342) 47 10 37.
Amsterdam 50 – *Utrecht* 28 – Amersfoort 8 – Apeldoorn 42 – Arnhem 57 – Zwolle 66.

De Klepperman, Oosterdorpsstraat 11, ⌧ 3871 AA, ℘ (0 33) 253 41 20, klepperman@bilderberg.nl, Fax (0 33) 253 74 34, 🛁, 🏊, 🚲 – 🛗, 🖃 rest, TV ♿ P. 🛎 25 à 225. AE ⓞ MC VISA. ✶ rest
Repas voir rest **De Gasterie** ci-après – **Eethuys 't Backhuys** (dîner seult) 55 – ⌂ 30 – **79 ch** 285/320.

De Gasterie - H. De Klepperman, Oosterdorpsstraat 11, ⌧ 3871 AA, ℘ (0 33) 253 41 20, klepperman@bilderberg.nl, Fax (0 33) 253 74 34, 🍴 – P. AE ⓞ MC VISA. ✶
fermé mi-juil.-mi-août, fin déc. et dim. – **Repas** Lunch 60 – carte 90 à 123.

De HOGE VELUWE (Nationaal Park) (Parc National de la HAUTE VELUWE) ★★★ : Musée Kröller-Müller★★★ *Gelderland* 211 U 10 et 908 I 5 G. *Hollande.*

HOLLANDSCHE RADING *Utrecht* 211 Q 9 et 908 G 5 – *voir à Maartensdijk.*

HOLLUM *Fryslân* 210 S 2 et 908 H 1 – *voir à Waddeneilanden (Ameland).*

HOLTEN *Overijssel* 210 X 9, 211 X 9 et 908 K 5 – *8 826 h.*

Voir *Natuurdiorama★ sur le Holterberg.*

🛈 *Dorpsstraat 27,* ✉ *7451 BR,* ✆ *(0 548) 36 15 33, Fax (0 548) 36 69 54.*
Amsterdam 124 – Apeldoorn 40 – Enschede 42 – Zwolle 40.

AC Hotel, *Langstraat 22 (sur A 1, sortie Struik),* ✉ *7451 ND,* ✆ *(0 548) 36 26 80, Fax (0 548) 36 45 50,* 🚲 *–* 📶 📺 🅿 *–* 🅐 *25 à 250.* AE ⓘ ⓜ VISA
Repas *(Avec buffet) Lunch 25 –* carte 50 à 65 *–* ⊑ *20 –* **58 ch** *150/198, 2 suites –* ½ P *205/225.*

sur le Holterberg :

't Lösse Hoes ⑤, *Holterbergweg 14,* ✉ *7451 JL,* ✆ *(0 548) 36 33 33, Fax (0 548) 36 47 90,* 🍴*,* « *Dans les bois »,* 🚲 *–* 📺 🅿 *–* 🅐 *25.* AE ⓘ ⓜ VISA. 🐾 rest
fermé 23 déc.-6 janv. – **Repas** *(dîner seult) 53/110 –* **16 ch** ⊑ *100/200 –* ½ P *90/135.*

Hoog Holten ⑤*, avec ch, Forthaarsweg 7,* ✉ *7451 JS,* ✆ *(0 548) 36 13 06, hoogholten@A1.nl, Fax (0 548) 36 30 75,* 🍴*,* « *Dans les bois »,* ⚘*,* ✕*,* 🚲 *–* 📺 🅿 *–* 🅐 *30.* AE ⓘ ⓜ VISA JCB. 🐾 rest
fermé 27 déc.-5 janv. – **Repas** *Lunch 55 –* carte 79 à 95 *–* ⊑ *23 –* **21 ch** *140/170 –* ½ P *155/210.*

Bistro de Holterberg, *Forthaarsweg 1,* ✉ *7451 JS,* ✆ *(0 548) 36 38 49, Fax (0 548) 36 51 12,* 🍴*,* « *Intérieur convivial, terrasse avec* ≤ *» –* 🅿. AE ⓘ ⓜ VISA
fermé 2 sem. après Noël, lundi et mardi – **Repas** *(dîner seult) 54/64.*

HOOFDDORP *Noord-Holland* ⓒ *Haarlemmermeer 109 377 h.* 210 N 9, 211 N 9 et 908 F 5.
🛈 *Raadhuisplein 5,* ✉ *2131 TZ,* ✆ *(0 23) 563 33 90, Fax (0 23) 562 77 59.*
Amsterdam 23 – Den Haag 45 – Haarlem 12 – Rotterdam 62 – Utrecht 42.

Crowne Plaza Amsterdam-Schiphol, *Planeetbaan 2,* ✉ *2132 HZ,* ✆ *(0 23) 565 00 00, lea.hennus@basshotels.com, Fax (0 23) 565 05 21,* 🏋*,* ≘*,* 🏊*,* 🚲 *–* 📶 ✕ ☰ 📺 ♿ 🅿 *–* 🅐 *25 à 350.* AE ⓘ ⓜ VISA. 🐾 rest
Repas *La Vie en Rose Lunch 65 –* carte 60 à 96 *–* ⊑ *44 –* **233 ch** *565/595, 10 suites.*

Golden Tulip Schiphol, *Kruisweg 495 (près A 4, De Hoek),* ✉ *2132 NA,* ✆ *(0 20) 655 05 50, sales@gtschiphol.goldentulip.nl, Fax (0 20) 653 49 99,* 🍴*,* 🏋*,* ≘*,* 🏊*,* ✕ *–* 📶 ✕ ☰ 📺 ♿ 🅿 *–* 🅐 *30 à 250.* AE ⓘ ⓜ VISA JCB. 🐾
Repas *Lunch 47 –* carte env. 65 *–* ⊑ *36 –* **417 ch** *573, 2 suites.*

Schiphol A 4, *Rijksweg A 4 n° 3 (Sud : 4 km, Den Ruygen Hoek),* ✉ *2132 MA,* ✆ *(0 252) 67 53 35, Fax (0 252) 68 69 78,* 🍴*,* 🏊 *–* 📶 📺 🅿 *–* 🅐 *25 à 1500.* AE ⓘ ⓜ VISA. 🐾 rest
Repas *(Ouvert jusqu'à 23 h) Lunch 25 –* carte 49 à 78 *–* ⊑ *28 –* **320 ch** *185, 2 suites –* ½ P *250/285.*

De Beurs, *Kruisweg 1007,* ✉ *2131 CR,* ✆ *(0 23) 563 42 34, Fax (0 23) 561 68 00,* 🍴 *–* 📶*,* ☰ rest, 📺 🅿 *–* 🅐 *200.* AE ⓘ ⓜ VISA JCB. 🐾
Repas *Lunch 43 –* 48/58 *–* ⊑ *20 –* **44 ch** *162/205.*

Bastion Airport, *Vuursteen 1 (près A 4, De Hoek),* ✉ *2132 LZ,* ✆ *(0 20) 653 26 11, bastion@bastionhotel.nl, Fax (0 20) 653 34 78 –* 📺 🅿. AE ⓘ ⓜ VISA. 🐾
Repas *(Grillades, ouvert jusqu'à 23 h) 45 –* ⊑ *18 –* **80 ch** *150.*

Bastion Schiphol, *Adrianahoeve 8 (Ouest : 5 km près N 201),* ✉ *2131 MN,* ✆ *(0 23) 562 36 32, bastion@bastionhotel.nl, Fax (0 23) 562 28 48 –* 📺 🅿. AE ⓘ ⓜ VISA. 🐾
Repas *(Grillades, ouvert jusqu'à 23 h) 45 –* ⊑ *18 –* **80 ch** *150.*

Marktzicht, *Marktplein 31,* ✉ *2132 DA,* ✆ *(0 23) 561 24 11, Fax (0 23) 563 72 91,* 🍴 *–* AE ⓘ ⓜ VISA
Repas *Lunch 65 –* carte env. 90.

HOOFDPLAAT Zeeland C Oostburg 17 732 h. 211 G 14 et 908 C 7.

Amsterdam 225 – Middelburg 14 – Terneuzen 18 – Brugge 50.

XXX **De Kromme Watergang**, Slijkplaat 6 (Ouest : 4 km, Slijkplaat), ⊠ 4513 KK, ℘ (0 117) 34 86 96, kromme.watergang@wxs.nl, Fax (0 117) 34 86 79, 🍽, « Terrasse avec jardin paysagé autour de petits étangs » – P. MC VISA
fermé 2 dern. sem. juin, dern. sem. oct., mardi du 15 sept. à juin et lundi – **Repas** Lunch 65 – 100/140.

HOOGERHEIDE Noord-Brabant C Woensdrecht 20 879 h. 211 K 14 et 908 E 7.

Amsterdam 148 – Bergen op Zoom 10 – Breda 46 – 's-Hertogenbosch 96 – Antwerpen 33.

XX **La Castelière**, Nijverheidsstraat 28, ⊠ 4631 KS, ℘ (0 164) 61 26 12, Fax (0 164) 61 31 09, 🍽, « Cadre de verdure » – P. AE ① MC VISA. ❀
fermé dim., lundi et mardi – **Repas** (dîner seult) carte env. 85.

Sur la route :

la signalisation routière est rédigée

dans la langue de la zone linguistique traversée.

Dans ce guide,

les localités sont classées selon leur nom officiel :

Antwerpen pour Anvers, **Mechelen** pour Malines.

HOOGEVEEN Drenthe 210 X 6 et 908 K 3 – 53 019 h.

☼ au Nord-Est : 7 km à Tiendeveen, Haarweg 22, ⊠ 7936 TP, ℘ (0 528) 33 15 58, Fax (0 528) 33 14 77.

🛈 Hoofdstraat 13, ⊠ 7902 EA, ℘ (0 528) 26 83 73, Fax (0 528) 22 11 35.
Amsterdam 155 – Assen 34 – Emmen 32 – Zwolle 45.

🏨 **Tulip Inn**, Mathijsenstraat 1 (Sud-Ouest : 2 km sur A 28), ⊠ 7909 AP, ℘ (0 528) 26 33 03, ti.hoogeveen@wxs.nl, Fax (0 528) 26 49 25, 🍽 – ☐ rest, TV & P – 🔔 25 à 300. AE ① MC VISA. ❀ rest
fermé 30 déc.-1er janv. – **Repas** carte 45 à 63 – **39 ch** ☐ 145/165 – ½ P 105.

XX **De Herberg**, Hoogeveenseweg 27 (Nord : 2 km, Fluitenberg), ⊠ 7931 TD, ℘ (0 528) 27 59 83, Fax (0 528) 22 07 30, 🍽 – P. AE ① MC VISA
fermé vacances bâtiment et lundi – **Repas** Lunch 58 – 60/90.

XX **Spaarbankhoeve** avec ch, Hoogeveenseweg 5 (Nord : 2 km, Fluitenberg), ⊠ 7931 TD, ℘ (0 528) 26 21 89, Fax (0 528) 27 58 12, 🍽, 🚴 – ☐ rest, TV P – 🔔 25 à 120. AE ① MC VISA JCB
fermé sam. midi et dim. – **Repas** (fermé après 20 h 30) 47/55 – **4 ch** ☐ 120/140.

HOOG-SOEREN Gelderland 211 U 9 et 908 I 5 – voir à Apeldoorn.

HOORN Noord-Holland 210 P 7 et 908 G 4 – 63 405 h.

Voir Le vieux quartier★ YZ – Rode Steen★ Z – Façade★ du musée de la Frise Occidentale (Westfries Museum) Z M¹ – Veermanskade★ Z.

☼ au Nord-Est : 8 km à Westwoud, Zittend 19, ⊠ 1617 KS, ℘ (0 228) 56 31 28, Fax (0 228) 56 27 40.

🛈 Veemarkt 4, ⊠ 1621 JC, ℘ 0 900-403 10 55, Fax (0 229) 21 50 23.
Amsterdam 40 ② – Alkmaar 26 ② – Enkhuizen 19 ① – Den Helder 52 ③

Plan page ci-contre

🏨 **Petit Nord**, Kleine Noord 53, ⊠ 1621 JE, ℘ (0 229) 21 27 50, Fax (0 229) 21 57 45 – 📞 ❀ TV – 🔔 25 à 80. AE ① MC VISA   Y r
Repas (Taverne-rest, ouvert jusqu'à 23 h) 50 – **33 ch** ☐ 155/200.

XXX **L'Oasis de la Digue**, De Hulk 16, ⊠ 1622 DZ, ℘ (0 229) 55 33 44, info@loasis, Fax (0 229) 55 31 64, ≤, 🍽 – P. AE ① MC VISA. ❀   par Westerdijk   X
fermé dim. – **Repas** Lunch 53 – 55/97.

XX **Azië**, Veemarkt 49, ⊠ 1621 JB, ℘ (0 229) 21 85 55, Fax (0 229) 24 96 04, Cuisine chinoise, ouvert jusqu'à 23 h – ☐. AE ① MC VISA   Y a
Repas Lunch 25 – 45/75.

HOORN

Achterstraat	Y	2
Berkhouterweg	X	3
Bierkade	Z	5
Breed	Y	
Breestraat	Y	6
van Dedemstraat	X	8
Gedempte Turfhaven	Y	9
Gouw	Y	
Grote Noord	YZ	
Hoge Vest	Y	10
Joh. Messchaerstr.	Y	12
Joh. Poststraat	X	14
Keern	Y	15
Kerkplein	Z	17
Kerkstraat	Y	18
Koepoortsplein	Y	20
Koepoortsweg	X	21
Korenmarkt	Z	23
Korte Achterstr.	Y	24
Lange Kerkstraat	Z	26
Lionestraat	X	27
Muntstraat	Y	29
Nieuwendam	Z	30
Nieuwsteeg	Y	32
Nieuwstraat	YZ	33
Noorderstraat	Y	35
Noorderveemarkt	Y	36
Onder de Boompjes	Y	38
Oude Doelenkade	Z	39
Scharloo	Y	41
Slapershaven	Z	42
Spoorsingel	Y	44
Stationweg	Y	45
Veermanskade	Z	47
Westerdijk	Z	48
Wijdebrugsteen	Z	50
Zon	Z	51
Zwaagmergouw	X	53

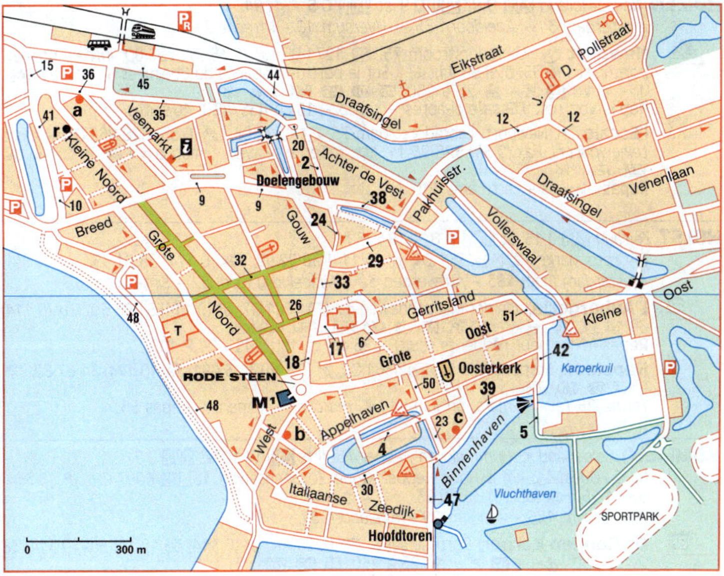

※ **Hendrickje Stoffels**, Oude Doelenkade 5, ✉ 1621 BH, ✆ (0 229) 21 04 17, info@hendrickje-stoffels.nl, Fax (0 229) 26 95 42, 🍴 – AE ⓓ ⓜⓞ VISA. ⌀ Z b
fermé 2 sem. fin fév. et jeudi – **Repas** (dîner seult) 48/53.

※ **De Zomertuin**, West 52, ✉ 1621 AW, ✆ (0 229) 21 56 57 – ⓜⓞ VISA. ⌀ Z c
fermé lundi et mardi – **Repas** (dîner seult) 50.

HOORN (HOARNE) Fryslân 210 R 2 et 908 H 1 – *voir à Waddeneilanden (Terschelling).*

Den HOORN Noord-Holland 210 N 4 et 908 F 2 – *voir à Waddeneilanden (Texel).*

HORN Limburg 211 U 15 et 908 I 8 – voir à Roermond.

HORST Limburg 211 V 14 et 908 J 7 – 19 468 h.
Amsterdam 160 – Eindhoven 53 – Maastricht 86 – Roermond 41 – Venlo 13.
- XX **Het Groene Woud**, Jacob Merlostraat 6, ⊠ 5961 AB, ℰ (0 77) 398 38 20, Fax (0 77) 398 77 55, 😀, « Jardin avec expositions permanentes de sculptures » – ⌴ ⓘ ⓜ VISA JCB
  fermé 1 sem. carnaval, 2 dern. sem. juil. et dim. – **Repas** Lunch 55 – 63/98.

HOUTEN Utrecht 211 P 10 et 908 G 5 – 32 959 h.
Amsterdam 38 – Utrecht 12 – Rotterdam 63.
- XX **de hofnar**, Plein 22 (Oude Dorp), ⊠ 3991 DL, ℰ (0 30) 637 37 44, Fax (0 30) 637 32 33, 😀 – 🍽 P. ⌴ ⓜ VISA JCB
  fermé 18 juil.-5 août, sam. midi et dim. – **Repas** Lunch 53 – 60/70.
- XX **Coco Pazzo**, Plein 20 (Oude Dorp), ⊠ 3991 DL, ℰ (0 30) 637 14 03, Fax (0 30) 637 18 23, 😀, Avec cuisine italienne – 🍽 P. ⌴ ⓜ VISA. ✄
  fermé 22 juil.-8 août, 23 déc.-2 janv., dim. et lundi – **Repas** 59/85.

HOUTHEM Limburg 211 T 17 – voir à Valkenburg.

HUISDUINEN Noord-Holland 210 N 5 – voir à Den Helder.

HUIZEN Noord-Holland 210 Q 9, 211 Q 9 et 908 G 5 – 41 942 h.
Amsterdam 31 – Apeldoorn 65 – Hilversum 10 – Utrecht 27.
- 🏨 **Newport** ⚓, Labradorstroom 75, ⊠ 1271 DE, ℰ (0 35) 528 96 00, info@hotelnewport.nl, Fax (0 35) 528 96 11, ≤, « Sur le port de plaisance du Gooimeer », Fa, ≦s, 🚲, 🆓 – 🛗 🍽 📺 P. – 🔑 25 à 250. ⌴ ⓘ ⓜ VISA JCB. ✄
  Repas voir rest *l'Escale* ci-après – ⌷ 33 – **15 ch** 455/730, 46 suites.
- XX **l'Escale** - H. Newport, Labradorstroom 75, ⊠ 1271 DE, ℰ (0 35) 528 96 00, info@hotelnewport.nl, Fax (0 35) 528 96 11, 😀, « Terrasse avec ≤ marina » – 🍽 P. ⌴ ⓘ ⓜ VISA JCB. ✄
  Repas Lunch 65 – carte env. 110.

HULST Zeeland 211 J 15 et 908 D 8 – 19 568 h.
🛈 Grote Markt 19, ⊠ 4561 EA, ℰ (0 114) 38 92 99, Fax (0 114) 38 91 35.
Amsterdam (bac) 183 – Antwerpen 32 – Middelburg (bac) 52 – Sint-Niklaas 16.
- 🏨 **L'Aubergerie**, van der Maelstedeweg 4a, ⊠ 4561 GT, ℰ (0 114) 31 98 30, Fax (0 114) 31 14 31, 😀, 🚲 – 📺 P. ⌴ ⓘ ⓜ VISA JCB. ✄ rest
  Repas (dîner pour résidents seult) – **26 ch** ⌷ 100/145 – ½ P 103.
- X **Napoleon**, Stationsplein 10, ⊠ 4561 GC, ℰ (0 114) 31 37 91, Fax (0 114) 31 67 82, 😀 – ⌴ ⓘ ⓜ VISA
  fermé 26 fév.-1er mars, fin juin-mi-juil., mardi soir et merc. – **Repas** 55.

HUMMELO Gelderland ⓒ Hummelo en Keppel 4 501 h. 211 W 10 et 908 J 5.
🏌 à l'Ouest : 3 km à Hoog-Keppel, Oude Zutphenseweg 15, ⊠ 6997 CH, ℰ (0 314) 38 14 16, Fax (0 314) 36 65 23.
Amsterdam 126 – Arnhem 29 – Apeldoorn 37.
- 🏨 **De Gouden Karper**, Dorpsstraat 9, ⊠ 6999 AA, ℰ (0 314) 38 12 14, Fax (0 314) 38 22 38, 😀, 🚲 – 📺 P. – 🔑 25 à 250. ⌴ ⓜ VISA
  Repas carte 54 à 73 – **15 ch** ⌷ 160.

HYLPEN Fryslân – voir Hindeloopen.

IJMUIDEN Noord-Holland ⓒ Velsen 66 077 h. 210 M 8 et 908 E 4.
Voir Écluses★.
🏌 à Velsen-Zuid, Het Hoge Land 2, ⊠ 1981 LT, Recreatieoord Spaarnwoude ℰ (0 23) 538 27 08, Fax (0 23) 538 72 74.
⛴ vers Newcastle : DFDS Seaways, Felison Terminal, Sluisplein 33 ℰ (0 255) 53 45 46, Fax (0 255) 53 53 49.
🛈 Plein 1945 nr 105, ⊠ 1971 GC, ℰ (0 255) 51 56 11, Fax (0 255) 52 42 26.
Amsterdam 25 – Alkmaar 26 – Haarlem 14.

IJMUIDEN

- **Holiday Inn Seaport Beach** M, Kennemerboulevard 250 (Strand), ⊠ 1976 EG, ℘ (0 255) 56 69 99, *Fax (0 255) 56 69 00*, ≤, 佘, ₤₅, ≘s, ♣, ⊡ - ⌽ ⅍ ▤ ⊡ ₺ ⋥ - 益 25 à 400. ﬃ ⓌⒺ 𝖵𝖨𝖲𝖠 ⒿⒸⒷ, ⅍ rest
  Repas *Lunch 48* – carte env. 70 – ⊋ 30 – **146 ch** 375.

- **Augusta**, Oranjestraat 98 (direction Sluizen), ⊠ 1975 DD, ℘ (0 255) 51 42 17, *info@augusta.nl, Fax (0 255) 51 42 17*, « Maison début 20ᵉ s. décorée de style Art Déco » – ⊡ – 益 25 à 100. ﬃ ⓌⒺ 𝖵𝖨𝖲𝖠 ⅍
  Repas *(fermé 22 juil.-13 août et 25 déc.-7 janv.) Lunch 50* – 60 – **25 ch** ⊋ 140/235.

- **Imko's** (Binnerts) 3ᵉ étage, Halkade 9c (port de pêche), ⊠ 1976 DC, ℘ (0 255) 51 75 26, *info@imkos.nl, Fax (0 255) 51 92 64*, ≤, 佘, Produits de la mer – ⌽ ⋥ ﬃ ⓌⒺ 𝖵𝖨𝖲𝖠 ⒿⒸⒷ, ⅍
  fermé 31 déc. soir et sam. midi – **Repas** *Lunch 70* – carte 84 à 130
  Spéc. Salade de langoustines et pied de porc farci. Salade niçoise maison au thon frais. Turbot sauce béarnaise.

à Velsen-Zuid *sortie IJmuiden sur A 9* © *Velsen* :

- **Het Roode Hert**, Zuiderdorpstraat 15, ⊠ 1981 BG, ℘ (0 255) 51 57 97, *info@roodehert.nl, Fax (0 255) 52 31 55*, 佘, « Auberge du 17ᵉ s. dans un environnement typique » – ▤. ⓌⒺ 𝖵𝖨𝖲𝖠 ⅍
  fermé du 15 au 31 août, 27 déc.-6 janv., sam. midi, dim. midi et lundi – **Repas** carte 85 à 103.

- **Beeckestijn**, Rijksweg 136, ⊠ 1981 LD, ℘ (0 255) 51 44 69, *Fax (0 255) 51 12 66*, ≤, 佘, « Dans les dépendances d'une résidence du 18ᵉ s., parc » – ⋥ – 益 80. ﬃ ⓌⒺ 𝖵𝖨𝖲𝖠
  fermé lundi et mardi – **Repas** carte env. 75.

IJSSELSTEIN *Utrecht* 211 P 10 *et* 908 G 5 – *27 127 h*.

Amsterdam 47 – *Utrecht 14* – *Breda 61* – *'s-Hertogenbosch 45* – *Rotterdam 60*.

- **Epping**, Utrechtsestraat 44, ⊠ 3401 CW, ℘ (0 30) 688 31 14, *epping@kabelfoon.nl, Fax (0 30) 687 01 04* – ⊡ – 益 30. ﬃ ⓌⒺ 𝖵𝖨𝖲𝖠 ⒿⒸⒷ
  fermé 25 et 26 déc. et 1ᵉʳ janv. – **Repas** *Lunch 18* – 45/63 – **35 ch** ⊋ 113/150 – ½ P 110/143.

- **Les Arcades**, Weidstraat 1, ⊠ 3401 DL, ℘ (0 30) 688 39 01, *Fax (0 30) 687 15 74*, « Cave voûtée du 16ᵉ s. » – ﬃ ⓌⒺ 𝖵𝖨𝖲𝖠 ⒿⒸⒷ
  fermé dern. sem. juil.-prem. sem. août, sam. midi et dim. – **Repas** 68/88.

IJZENDIJKE *Zeeland* © *Oostburg 17 732 h*. 211 G 15 *et* 908 B 8.

Amsterdam (bac) 218 – *Middelburg (bac) 21* – *Terneuzen 19* – *Brugge 40*.

- **Hof van Koophandel**, Markt 23, ⊠ 4515 BB, ℘ (0 117) 30 12 34, *Fax (0 117) 30 21 27* – ▤. ⅍
  Repas 59/75.

JOURE (DE JOUWER) *Fryslân* © *Skarsterlân 26 429 h*. 210 T 5 *et* 908 I 3.

- ⓘ *au Sud : 7,5 km à Sint Nicolaasga, Legemeersterweg 16*, ⊠ 8527 DS, ℘ (0 513) 49 94 66, *Fax (0 513) 49 97 77*.
- ⓑ *Douwe Egbertsplein 6*, ⊠ 8501 AB, ℘ (0 513) 41 60 30, *Fax (0 513) 41 52 82*.

Amsterdam 122 – *Leeuwarden 37* – *Sneek 14* – *Zwolle 67*.

- **'t Plein**, Douwe Egbertsplein 1a, ⊠ 8501 AB, ℘ (0 513) 41 70 70, *plein@euronet.nl, Fax (0 513) 41 72 21*, 佘 – ▤. ﬃ ⓌⒺ 𝖵𝖨𝖲𝖠 ⒿⒸⒷ
  fermé du 16 au 25 oct., du 1ᵉʳ au 14 janv., sam. midi et dim. – **Repas** *Lunch 30* – 60/90.

KAAG *Zuid-Holland* © *Alkemade 14 466 h*. 211 M 9.

Amsterdam 42 – *Rotterdam 60* – *Den Haag 25* – *Haarlem 22*.

- **Tante Kee**, Julianalaan 14 (par bac), ⊠ 2159 LA, ℘ (0 252) 54 42 06, *hlucas@wxs.nl, Fax (0 252) 54 52 90*, ≤, 佘, « Terrasse au bord de l'eau », ⊡ – ⋥. ﬃ ⓌⒺ 𝖵𝖨𝖲𝖠
  Repas *Lunch 55* – 68/78.

KAART *Fryslân* 210 Q 2 – *voir à Waddeneilanden (Terschelling)*.

KAATSHEUVEL Noord-Brabant [C] Loon op Zand 22 629 h. 211 P 13 et 908 G 7.

Voir De Efteling★★.

🛏 Veldstraat 6, ⊠ 5176 NB, ℰ (0 416) 28 83 99, Fax (0 416) 28 84 39.
Amsterdam 107 – Breda 25 – 's-Hertogenbosch 26 – Tilburg 12.

🏨 **Efteling** [M], Horst 31, ⊠ 5171 RA, ℰ (0 416) 28 20 00, informatie@efteling.nl, Fax (0 416) 28 15 15, 🍽, 🚲 – 📶 ⚡, 🍴 ch, 📺 ♿ 🅿 – 🛏 25 à 200. 🆎 ⓘ ⓜ VISA JCB ⌀
Repas Lunch 38 – 62 – ⊇ 25 – **120 ch** 175/200.

If you write to a hotel abroad, enclose an International Reply Coupon (available in Post Offices).

KAMPEN Overijssel 210 U 7 et 908 I 4 – 32 188 h.

Voir Rive droite de l'IJssel ≤★ Y – Ancien hôtel de ville★ (Oude Raadhuis) : cheminée★ dans la salle des échevins★ (Schepenzaal) Y **H** – Hanap★ dans le musée municipal (Stedelijk Museum) Y **M** – Cellebroederspoort★ Z.

🛈 Botermarkt 5, ⊠ 8261 GR, ℰ (0 38) 331 35 00, Fax (0 38) 332 89 00.
Amsterdam 115 ③ – Leeuwarden 86 ① – Zwolle 14 ②

Boven Havenstr.	Z 2
Broederstr.	Y 3
Broederweg	Y 4
Cellebroedersweg	Z 6
van Diggelenkade	Y 8
Ebbingestr. (3e)	Y 9
Engelenbergplantsoen	Z 12
Engelenbergstr.	Z 13
Geerstr.	Z 14
Graafschap	Z 16
Hendrik van Viandenstr.	Z 17
Muntplein	Z 19
Nieuwe Markt	Y 20
Oostzeestr.	Y 21
Oudestr.	Y
de la Sablonièrekade	Z 23

KAMPEN

🏠 **De Stadsherberg,** IJsselkade 48, ✉ 8261 AE, ✆ (0 38) 331 26 45, Fax (0 38) 332 78 14, ≤ - 🛗 📺 ♿ - 🍽 25 à 200. 🆎 ① ⓂⓈ 💳 Y a
fermé 1er janv. – **Repas** Lunch 29 – carte 55 à 97 – ⊇ 15 – **16 ch** 70/130 – ½ P 118/122.

🏠 **Van Dijk** sans rest, IJsselkade 30, ✉ 8261 AC, ✆ (0 38) 331 49 25, l.wessels@worlo
nline.nl, Fax (0 38) 331 65 08, 🚲 – 📺 – 🍽 25 à 40. 🆎 ① ⓂⓈ 💳 JCB Y r
fermé 22 déc.-5 janv. – **20 ch** ⊇ 120/140.

XXX **De Roggebot** (Delpeut), Flevoweg 85 (par ④ : 5 km, à l'écluse), ✉ 8264 PA, ✆ (0 38)
🌿 333 22 44, deroggebot@cs.com, Fax (0 38) 333 03 61, ≤ petit port de plaisance et lac,
☂, « Pavillon actuel avec intérieur scandinave », 🈸 – 🍽 🅿 – 🍽 25 à 60. 🆎 ① ⓂⓈ
💳 JCB
fermé 31 juil.-12 août et lundi – **Repas** Lunch 50 – 75, carte 90 à 135
Spéc. Marbré de foie de canard au chutney de mangues. Maquereau au four à la vinaigrette de tomates. Lasagne de lotte aux épinards.

XX **De Bottermarck,** Broederstraat 23, ✉ 8261 GN, ✆ (0 38) 331 95 42, bottermarck
@worldmail.nl, Fax (0 38) 332 89 95 – 🆎 ① ⓂⓈ 💳 JCB Y s
fermé du 4 au 12 mars, 22 juil.-13 août, dim. et lundi – **Repas** Lunch 48 – carte 74 à 95.

X **d'Olde Vismark,** IJsselkade 45, ✉ 8261 AE, ✆ (0 38) 331 34 90, info@vismarkt.nl,
Fax (0 38) 332 96 63 – 💳. ❅ Y b
Repas Lunch 45 – 50/64.

KATLIJK Fryslân **210** V 5 – voir à Heerenveen.

KATWIJK AAN ZEE Zuid-Holland Ⓒ Katwijk 40 585 h. **211** L 9 et **908** E 5.
🛈 Vuurbaakplein 11, ✉ 2225 JB, ✆ (0 71) 407 54 44, Fax (0 71) 407 63 42.
Amsterdam 44 – Rotterdam 43 – Den Haag 19 – Haarlem 34.

🏨 **Noordzee,** Boulevard 72, ✉ 2225 AG, ✆ (0 71) 401 57 42, Fax (0 71) 407 51 65, ≤,
☂ – 🛗 🈸 📺 🅿. 🆎 ① ⓂⓈ 💳. ❅ ch
fermé 17 déc.-8 janv. – **Repas** carte 45 à 76 – **46 ch** ⊇ 145/175.

🏠 **Zeezicht** sans rest, Boulevard 50, ✉ 2225 AD, ✆ (0 71) 401 40 55, parlevliet@hote
l-zeezicht.nl, Fax (0 71) 407 58 52 – 🛗 📺. ❅
28 ch ⊇ 120/240.

X **De Zwaan,** Boulevard 111, ✉ 2225 HC, ✆ (0 71) 401 20 64, info@restaurantdezwa
an.nl, Fax (0 71) 407 48 86, ≤, ☂ – 🆎 ① ⓂⓈ 💳. ❅
fermé lundi – **Repas** Lunch 55 – 73/83.

KATWOUDE Noord-Holland **210** P 8 – voir à Volendam.

KERKRADE Limburg **211** V 17 et **908** J 9 – 51 762 h.
Voir Abbaye de Rolduc★ (Abdij Rolduc) : chapiteaux★ de la nef.
🛈 Kapellaan 13a, ✉ 6461 EH, ✆ (0 45) 535 48 45, Fax (0 45) 535 51 91.
Amsterdam 225 – Maastricht 33 – Heerlen 12 – Aachen 12.

🏛 **Brughof** ⚜, Oud Erensteinerweg 6, ✉ 6468 PC, ✆ (0 45) 546 13 33, info@erenste
in.chateauhotels.nl, Fax (0 45) 546 07 48, « Ferme du 18e s. », ⩬, 🚲 – 📺 🅿 – 🍽 25
à 230. 🆎 ① ⓂⓈ 💳 JCB
Repas voir rest **Kasteel Erenstein** ci-après – ⊇ 35 – **44 ch** 220/280 – ½ P 255/275.

🏛 **Winseler Hof** ⚜, Tunnelweg 99 (Ouest : 2 km à Landgraaf), ✉ 6372 XH, ✆ (0 45)
546 43 43, Fax (0 45) 535 27 11, ☂, « Ferme du 16e s. », 🚲 – 🍳 📺 🅿 – 🍽 25 à 120.
🆎 ① ⓂⓈ 💳 JCB
Repas **Pirandello** (fermé sam. midi) Lunch 100 bc – 88/120 – ⊇ 35 – **48 ch** 220/280, 1 suite
– ½ P 215/265.

XXX **Kasteel Erenstein** - H. Brughof, Oud Erensteinerweg 6, ✉ 6468 PC, ✆ (0 45)
546 13 33, info@erenstein.chateauhotels.nl, Fax (0 45) 546 07 48, ☂, « Château du
14e s. dans un parc » – 🅿. 🆎 ① ⓂⓈ 💳 JCB
fermé dim. non fériés – **Repas** (dîner seult) carte env. 115.

KESSEL Limburg **211** V 15 et **908** J 8 – 4 179 h.
Amsterdam 178 – Eindhoven 50 – Maastricht 65 – Roermond 21 – Venlo 14.

XX **De Neerhof** ⚜ avec ch, Kasteelhof 1, ✉ 5995 BX, ✆ (0 77) 462 28 98, info@den
eerhof.nl, Fax (0 77) 462 29 56, ≤, ☂, « Dans les ruines d'un château du 12e s., en bord
de Meuse (Maas) », 🈸 – 📺 🅿 – 🍽 30. 🆎 ⓂⓈ 💳. ❅
fermé carnaval, du 25 au 27 juin et 31 déc.-3 janv. – **Repas** Lunch 65 – 75/110 – **6 ch**
⊇ 155/275 – ½ P 165/220.

KETELHAVEN Flevoland 210 T 7 et 908 I 4 – voir à Dronten.

KEUKENHOF ★★ Zuid-Holland 211 M 9 et 908 E 5 G. Hollande.

KIJKDUIN Zuid-Holland 211 K 10 - ① et 908 D 5 – voir à Den Haag.

KINDERDIJK (Molens van) (Moulins de KINDERDIJK) ★★ Zuid-Holland 211 M 11 et 908 E 6 G. Hollande.

De KOOG Noord-Holland 210 N 4 et 908 F 2 – voir à Waddeneilanden (Texel).

KORTENHOEF Noord-Holland C 's-Graveland 9 288 h. 211 P 9 et 908 G 5.
Amsterdam 26 – Utrecht 23 – Hilversum 7.

XX **De Nieuwe Zuwe** 1er étage, Zuwe 20 (Ouest : 2 km sur N 201), ✉ 1241 NC, ✆ (0 35) 656 33 63, nieuwe-zuwe@planet.nl, Fax (0 35) 656 40 41, ≤, 斧 – P. AE ① MC VISA
fermé 27 déc.-5 janv., dim. soir d'oct. à avril et lundi – **Repas** Lunch 53 – carte 81 à 101.

KORTGENE Zeeland C Noord-Beveland 6 864 h. 211 H 13 et 908 C 7.
Amsterdam 165 – Goes 11 – Middelburg 26 – Rotterdam 82.

De Korenbeurs, Kaaistraat 12, ✉ 4484 CS, ✆ (0 113) 30 13 42, Fax (0 113) 30 23 94, 斧, TV – 🍴 rest, ▲ 25 à 100. AE MC VISA
fermé du 6 au 21 fév. – **Repas** *(fermé dim. du 26 nov. au 18 fév.)* Lunch 50 – carte 61 à 129 – **7 ch** ⊇ 120/170 – ½ P 120/130.

KOUDEKERKE Zeeland 211 G 14 et 908 B 7 – voir à Vlissingen.

KOUDUM Fryslân C Nijefurd 10 673 h. 210 R 5 et 908 H 3.
Amsterdam 129 – Bolsward 22 – Leeuwarden 50 – Zwolle 76.

Galamadammen ⚓, Galamadammen 1, ✉ 8723 CE, ✆ (0 514) 52 13 46, info@galamadammen.nl, Fax (0 514) 52 24 01, ≤, 斧, « Au bord du lac avec port de plaisance privé », ≋, ▨, 🚲, ⌘ – 🍴 TV P – ▲ 25 à 200. AE ① MC VISA
Repas 45/88 – **48 ch** ⊇ 95/225.

KRAGGENBURG Flevoland C Noordoostpolder 42 224 h. 210 U 7 et 908 I 4.
Amsterdam 96 – Emmeloord 16 – Zwolle 32.

Van Saaze, Dam 16, ✉ 8317 AV, ✆ (0 527) 25 23 53, Fax (0 527) 25 25 59, 斧, Fs, ≋s, 🚲 – TV P – ▲ 40 à 200. AE MC VISA
Repas carte env. 60 – **23 ch** ⊇ 90/125 – ½ P 90/110.

KRALINGEN Zuid-Holland 908 ㉕ N – voir à Rotterdam, périphérie.

KRIMPEN AAN DEN IJSSEL Zuid-Holland 211 M 11 - ㊵ N et 908 E 6 - ㉕ N – voir à Rotterdam, environs.

KRÖLLER-MÜLLER (Musée) ★★★ Gelderland 211 U 10 et 908 I 5 G. Hollande.

KRUININGEN Zeeland C Reimerswaal 20 426 h. 211 J 14 et 908 D 7.
🛢 au Sud-Est : 13 km à Rilland Bath, Grensweg 21, ✉ 4411 ST, ✆ (0 113) 55 12 65, Fax (0 113) 55 12 64.
⛴ vers Perkpolder : Prov. Stoombootdiensten Zeeland ✆ (0 113) 38 14 66. Durée de la traversée : 20 min. Prix passager : gratuit, voiture : 13,00 Fl (en hiver) et 18,00 Fl (en été).
Amsterdam 169 – Breda 67 – Middelburg 34 – Antwerpen 56.

Le Manoir ⚓, Zandweg 2 (Ouest : 1 km), ✉ 4416 NA, ✆ (0 113) 38 17 53, inter.scaldes@alliance.nl, Fax (0 113) 38 17 63, ≤, 斧, 🚲 – TV P. AE ① MC VISA. ⌘
fermé prem. sem. oct. et janv. – **Repas** voir rest **Inter Scaldes** ci-après – ⊇ 33 – **10 ch** 285/470, 2 suites – ½ P 365/663.

ƒƒƒ **Inter Scaldes** (Mme Boudeling) - H. Le Manoir, Zandweg 2 (Ouest : 1 km), ✉ 4416 NA
✿✿ ✆ (0 113) 38 17 53, inter.scaldes@alliance.nl, Fax (0 113) 38 17 63, 斧
« Terrasse-véranda ouvrant sur un jardin anglais » – P. AE ① MC VISA JCB. ⌘
fermé prem. sem. oct., janv., lundi et mardi – **Repas** Lunch 90 – 160/198, carte 185 à 210
Spéc. St-Jacques marinées et terrine d'amandes à la truffe. Huîtres chaudes de Zélande vinaigrette à la rose (sept.-mai). Turbot en robe de truffes et son beurre.

KUDELSTAART Noord-Holland 211 N 9 – voir à Aalsmeer.

LAAG-KEPPEL Gelderland C Hummelo en Keppel 4501 h. 211 W 11 et 908 J 6.

🛈 au Nord-Ouest : 2 km à Hoog-Keppel, Oude Zutphenseweg 15, ✉ 6997 CH, 𝒫 (0 314) 38 14 16, Fax (0 314) 36 65 23.
Amsterdam 125 – Arnhem 27 – Doetinchem 5.

🏠 **De Gouden Leeuw**, Rijksweg 91, ✉ 6998 AG, 𝒫 (0 314) 38 21 41, info@degoude nleeuw.nl, Fax (0 314) 38 16 55, 🚲 – 📶, 🍽 rest, 📺 🅿 – 🎿 25 à 100. 🆎 ⓜ⓪ VISA JCB. ❄ rest
Repas (fermé sam. midi et après 20 h 30) carte 53 à 85 – **9 ch** ⊇ 120/175 – ½ P 175.

LAGE-VUURSCHE Utrecht 211 Q 9 et 908 G 5 – voir à Baarn.

LANDSMEER Noord-Holland 211 O 8 - ㉙ N et 908 F 4 - ㉘ N – voir à Amsterdam, environs.

LANGWEER (LANGWAR) Fryslân C Skarsterlân 26429 h. 211 T 5 et 908 I 3.

Amsterdam 122 – Leeuwarden 51 – Sneek 13 – Zwolle 68.

XX **'t Jagertje**, Buorren 7, ✉ 8525 EB, 𝒫 (0 513) 49 92 97, Fax (0 513) 49 95 26, 🌳 – 🍽 🆎 ⓞ VISA
fermé déc.-janv., mardi d'oct. à avril et merc. – **Repas** (dîner seult) carte env. 75.

LAREN Noord-Holland 211 Q 9 et 908 G 5 – 11 540 h.

Env. à l'Ouest : Le Gooi★ (Het Gooi).
🛈 au Sud-Ouest : 6 km à Hilversum, Soestdijkerstraatweg 172, ✉ 1213 XJ, 𝒫 (0 35) 685 86 88, Fax (0 35) 685 38 13.
Amsterdam 29 – Utrecht 23 – Apeldoorn 61 – Hilversum 6.

XX **De Vrije Heere**, Naarderstraat 46, ✉ 1251 BD, 𝒫 (0 35) 538 68 58, Fax (0 35) 538 95 88, 🌳 – 🅿 🆎 ⓞ VISA. ❄
fermé lundi – **Repas** (dîner seult) 63.

X **Le Mouton**, Krommepad 5, ✉ 1251 HP, 𝒫 (0 35) 531 04 27, msbon@worldonline.nl, Fax (0 35) 531 04 27 – 🆎 ⓜ⓪ VISA JCB. ❄
fermé dim. et lundi – **Repas** Lunch 63 – carte env. 85.

LATTROP Overijssel 211 AA 8 et 908 L 4 – voir à Ootmarsum.

LEEK Groningen 211 X 3 et 908 K 2 – 18 716 h.

Amsterdam 170 – Groningen 17 – Leeuwarden 52.

🏠 **Leek**, Euroweg 1, ✉ 9351 EM, 𝒫 (0 594) 51 88 00, hotelleek@kies.nu, Fax (0 594) 51 74 55, 🌳, 🚲 – 📺 🅿 – 🎿 25 à 200. 🆎 ⓞ ⓜ⓪ VISA. ❄
Repas Lunch 25 – carte env. 50 – **35 ch** ⊇ 110/150 – ½ P 105/140.

LEENDE Noord-Brabant C Heeze-Leende 15 306 h. 211 S 14 et 908 H 7.

🛈 Maarheezerweg N. 11, ✉ 5595 ZG, 𝒫 (0 40) 206 18 18.
Amsterdam 139 – Eindhoven 15 – 's-Hertogenbosch 51 – Roermond 38 – Venlo 54.

XX **in den Muzerick**, Dorpstraat 42, ✉ 5595 CH, 𝒫 (0 40) 206 17 31, Muzerick@bart.nl, Fax (0 40) 206 19 15, 🌳, « Terrasse » – 🅿 🆎 ⓜ⓪ VISA JCB
fermé du 5 au 20 juin, mardi et merc. – **Repas** Lunch 55 – 70/85.

XX **Jagershorst**, Valkenswaardseweg 44 (près A 2, sortie ㉞), ✉ 5595 XB, 𝒫 (0 40) 206 13 86, Fax (0 40) 206 27 55, 🌳, « Environnement boisé » – 🅿 – 🎿 25 à 60. 🆎 ⓞ ⓜ⓪ VISA. ❄
fermé 31 déc. soir – **Repas** Lunch 59 – 83/130.

XX **Herberg De Scheuter**, Dorpstraat 52, ✉ 5595 CJ, 𝒫 (0 40) 206 16 86, info@sch euter.com, Fax (0 40) 206 14 24, 🌳, 🚲 – 🍽 – 🎿 25 à 80. 🆎 ⓞ VISA
Repas 60/75 – **8 ch** ⊇ 150 – ½ P 130.

LEENS Groningen C De Marne 10 845 h. 211 X 2 et 908 K 1.

Amsterdam 196 – Groningen 27 – Assen 51 – Leeuwarden 52.

XX **Het Schathoes Verhildersum**, Wierde 42, ✉ 9965 TB, 𝒫 (0 595) 57 22 04, Fax (0 595) 57 26 07, 🌳, « Ancienne ferme » – 🅿 🆎 ⓞ ⓜ⓪ VISA
fermé fin déc., mardi en hiver et lundi – **Repas** (dîner seult) 60/100.

LEEUWARDEN P Fryslân 210 T 3 et 908 I 2 – 88 762 h.
  Musées : Frison★★ (Fries Museum/Verzetsmuseum) **CY** – Het Princessehof, Musée néerlandais de la céramique★★ (Nederlands Keramiek Museum) **BY**.
  par ①, Woelwijk 101, ⊠ 8926 XD, ℘ (0 511) 43 22 99.
  Stationsplein 1, ⊠ 8911 AC, ℘ 0 900-202 40 60, Fax (0 58) 215 35 93.
  Amsterdam 139 ④ – Groningen 59 ① – Sneek 24 ③.

Paleis het Stadhouderlijk Hof sans rest, Hofplein 29, ⊠ 8911 HJ, ℘ (0 58) 216 21 80, info@stadhouderlijkhof.nl, Fax (0 58) 216 38 90, ≤, « Ancienne résidence des gouverneurs frisons », 佘 – ⌊⌊ TV & P – 25 à 60. AE ⓪ ⓜ VISA   BY v
fermé 23 déc.-2 janv. – – ⊇ 25 – **28 ch** 193/603, 4 suites.

Oranje, Stationsweg 4, ⊠ 8911 AG, ℘ (0 58) 212 62 41, oranjehotel@bilderberg.nl, Fax (0 58) 212 14 41, ⊛ – ⌊⌊ ⊁ ≡ rest, TV 🚗 – 25 à 350. AE ⓪ ⓜ VISA JCB.
⊁ rest   BZ a
fermé 22 déc.-3 janv. – **Repas** Lunch 48 – 55/77 – ⊇ 37 – **76 ch** 178/254 – ½ P 230/343.

Wyswert ⊛ (Établissement d'application hôtelière), Rengerslaan 8, ⊠ 8917 DD, ℘ (0 58) 215 77 15, hotel@chn.nl, Fax (0 58) 212 32 11 – ⊁ TV & P. AE ⓪ ⓜ VISA JCB. ⊛   AV d
fermé du 13 au 17 avril, 24 et 25 mai, 3 et 4 juin, 9 juil.-1er sept., 25 déc.-8 janv., vacances scolaires, sam. soir et dim. – **Repas** Lunch 25 – 45/68 – ⊇ 13 – **28 ch** 105/125 – ½ P 88.

Bastion, Legedijk 6, ⊠ 8935 DG, ℘ (0 58) 289 01 12, bastion@bastionhotel.nl, Fax (0 58) 289 05 12 – TV P. AE ⓪ ⓜ VISA ⊛   AX u
Repas (Grillades, ouvert jusqu'à 23 h) 45 – ⊇ 18 – **40 ch** 105.

LEEUWARDEN

Bagijnestr.	BYZ	3
Blokhuispl.	CZ	4
de Brol	CZ	6
Drachtsterweg	AX	7
Druifstreek	CZ	9
Europaplein	AV	10
Franklinstr.	AX	12
Groningerstraatweg	CY	13
Harlingersingel	BY	15
Harlingerstraatweg	BY	16
Hoeksterend	CY	18
Julianastr.	AX	19
Kleine Kerkstr.	BY	21
Monnikemuurstr.	CY	22
Naauw	CZ	24
Nieuwe Kade	CY	25
Nieuwestad	BZ	
Over de Kelders	CYZ	27
Peperstr.	CZ	28
Pieter Stuyvesantweg	AX	30
Prins Hendrikstr.	BZ	31
Prof. M. Gerbrandweg	AV	33
Schoenmakersperk	BY	34
St. Jacobsstr.	CY	36
Sophialaan	CY	37
Speelmansstr.	CY	39
Stephenson viaduct	AX	40
Tesselschadestr.	BZ	42
Torenstr.	BY	43
Tuinen	CY	44
Turfmarkt	CY	45
Tweebaksmarkt	CY	46
Voorstreek	CY	
Waagplein	CZ	48
Westerplantage	BYZ	49
W. Lodewijkstr.	CZ	51
Wirdumerdijk	CZ	53

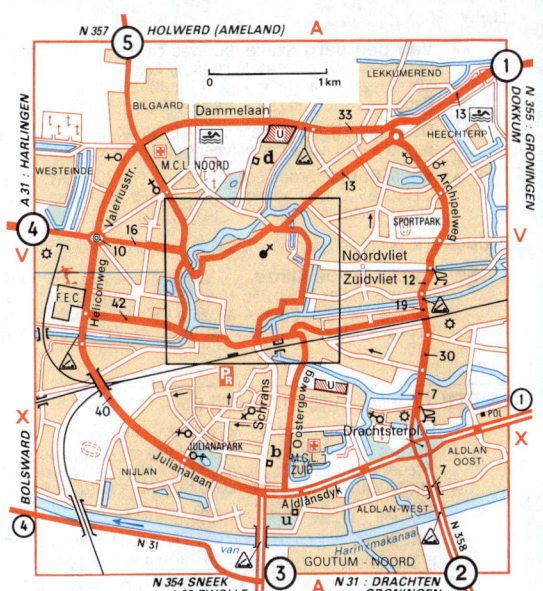

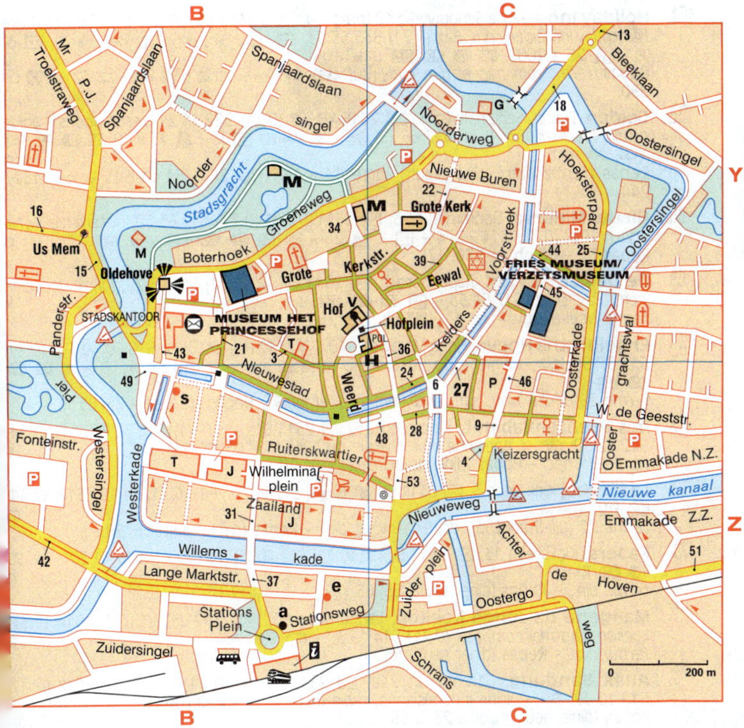

LEEUWARDEN

Van den Berg State ⊗ avec ch, Verlengde Schrans 87, ⊠ 8932 NL, ℘ (0 58) 280 05 84, bergstate@le-relais.nl, Fax (0 58) 288 34 22, 佘, « Gentilhommière fin 19e s. », ⊛, – ⌾ ⊤⊽ ℘ – 🖉 25 à 450. ⒶⒺ ⓄⒸ ⓋⒾⓈⒶ
Repas Lunch 70 – 82/92 – ⊇ 28 – **6 ch** 185/230 – ½ P 245/450.
AX b

De Mulderij, Baljeestraat 19, ⊠ 8911 AK, ℘ (0 58) 213 48 02 – ▣. ⒶⒺ ⓂⓄ ⓋⒾⓈⒶ
fermé 3 sem. vacances bâtiment et dim. – **Repas** 58.
BZ e

Kota Radja, Groot Schavernek 5, ⊠ 8911 BW, ℘ (0 58) 213 35 64, Fax (0 58) 213 72 83, Cuisine asiatique – ▣. ⒶⒺ ① ⓂⓄ ⓋⒾⓈⒶ
Repas carte env. 45.
BZ s

à Oudkerk (Aldtsjerk) par ① : 12 km © Tytsjerksteradiel 31 111 h :

Landgoed De Klinze ⊗, Van Sminiaweg 32, ⊠ 9064 KC, ℘ (0 58) 256 10 50, klinze@wxs.nl, Fax (0 58) 256 10 60, 佘, « Demeure du 17e s. dans un parc », ≘s, ⊠, ⊛, ⚓, – ⌽, ▤ rest, ⊤⊽ ℘ – 🖉 25 à 250. ⒶⒺ ① ⓂⓄ ⓋⒾⓈⒶ. ※ rest
Repas Lunch 55 – carte 70 à 98 – ⊇ 23 – **26 ch** 245/465, 1 suite – ½ P 175/325.

LEIDEN Zuid-Holland 211 L 10 et 908 E 5 – 117 389 h.

Voir La vieille ville et ses Musées★★ – Rapenburg★ CZ.

Musées : National d'Ethnologie★★ (Rijksmuseum voor Volkenkunde) CY M⁴ – Municipal (Stedelijk Museum) De Lakenhal★★ DY M⁵ – National des Antiquités★★ (Rijksmuseum van Oudheden) CYZ M³ – Boerhaave★ DY M¹ – Naturalis★★ AU.

Env. par ⑥ : 10 km, Champs de fleurs★★.

Exc. par ③ Alphen aan den Rijn : Archeon★ (parc à thèmes archéologiques).
🛈 Stationsweg 2d, ⊠ 2312 AV, ℘ 0 900-222 23 33, Fax (0 71) 516 12 27.
Amsterdam 41 ⑤ – Rotterdam 36 ③ – Den Haag 19 ② – Haarlem 32 ⑥

Plans pages suivantes

Holiday Inn, Haagse Schouwweg 10 (près A 44), ⊠ 2332 KG, ℘ (0 71) 535 55 55, hotel@holiday.inn.leiden.com, Fax (0 71) 535 55 53, ≘s, ⊠, ※, ⊛, – ⌽ ⇌, ▤ ch, ⊤⊽ ⎈, ℘ – 🖉 25 à 2000. ⒶⒺ ① ⓂⓄ ⓋⒾⓈⒶ ⒿⒸⒷ
Repas (fermé sam. midi et dim. midi) (Buffets) Lunch 38 – carte 63 à 80 – ⊇ 32 – **200 ch** 390.
AU u

Golden Tulip, Schipholweg 3, ⊠ 2316 XB, ℘ (0 71) 522 11 21, reservations@golden-tulip-leiden.nl, Fax (0 71) 522 66 75, ⊛ – ⌽ ⇌ ▤ ⊤⊽ ℘ – 🖉 25 à 40. ⒶⒺ ① ⓂⓄ ⓋⒾⓈⒶ ⒿⒸⒷ. ※ rest
Repas (fermé dim.) (dîner seult) carte 63 à 78 – ⊇ 25 – **51 ch** 345 – ½ P 152/244.
CX c

Nieuw Minerva, Boommarkt 23, ⊠ 2311 EA, ℘ (0 71) 512 63 58, hotel@nieuwminerva.nl, Fax (0 71) 514 26 74 – ⊤⊽ – 🖉 25 à 80. ⒶⒺ ① ⓂⓄ ⓋⒾⓈⒶ ⒿⒸⒷ. ※
Repas 55 – **39 ch** ⊇ 130/175.
DY p

De Doelen sans rest, Rapenburg 2, ⊠ 2311 EV, ℘ (0 71) 512 05 27, info@dedoelen.com, Fax (0 71) 512 84 53 – ⊤⊽. ⒶⒺ ⓂⓄ ⓋⒾⓈⒶ. ※
fermé Noël-8 janv. – ⊇ 13 – **15 ch** 125/250.
CYZ k

Engelbertha Hoeve, Hoge Morsweg 140, ⊠ 2332 HN, ℘ (0 71) 576 50 00, Fax (0 71) 532 37 80, 佘, « Ferme du 18e s. avec terrasse au bord de l'eau », 🅹 – ℘. ⒶⒺ ① ⓂⓄ ⓋⒾⓈⒶ
fermé 28 déc.-9 janv., sam. midi, dim. midi et lundi – **Repas** Lunch 55 – 75/85.
AV s

het Prentenkabinet, Klokksteeg 25, ⊠ 2311 SK, ℘ (0 71) 512 66 66, Fax (0 71) 512 52 50, 佘, « Ancienne bibliothèque du 18e s. » – ⒶⒺ ⓂⓄ ⓋⒾⓈⒶ. ※
fermé 31 déc. – **Repas** (dîner seult) carte env. 90.
DZ s

La Cloche, Klokksteeg 3, ⊠ 2311 SK, ℘ (0 71) 512 30 53, Fax (0 71) 514 60 51 – ⒶⒺ ① ⓂⓄ ⓋⒾⓈⒶ ⒿⒸⒷ
fermé 22 juil.-5 août, 31 déc.-7 janv. et dim. – **Repas** (dîner seult) 68/98.
CDZ m

Fabers, Klokksteeg 13, ⊠ 2311 SK, ℘ (0 71) 512 40 12, Fax (0 71) 513 11 20 – ▣. ⒶⒺ ① ⓂⓄ ⓋⒾⓈⒶ
fermé dim. – **Repas** (dîner seult) 55/65.
CDZ n

Mangerie de Jonge Koekop, Lange Mare 60, ⊠ 2312 GS, ℘ (0 71) 514 19 37, koekop@hotmail.com, Fax (0 71) 514 19 37 – ⓂⓄ ⓋⒾⓈⒶ ⒿⒸⒷ
fermé dim. – **Repas** (dîner seult) 55/65.
DY a

Anak Bandung, Garenmarkt 24a, ⊠ 2311 PJ, ℘ (0 71) 512 53 03, Fax (0 71) 512 10 49, 佘, Cuisine indonésienne, table de riz – ⒶⒺ ① ⓂⓄ ⓋⒾⓈⒶ
Repas (dîner seult jusqu'à 23 h) 55.
DZ z

van Diepeningenlaan	**BV** 10
Geversstr.	**AU** 15
Haagse Schouwweg	**AU** 16
Koningin Julianalaan	**AV** 24
Lammenschansweg	**ABV** 27
Leidsestraatweg	**AU** 28
Oegstgeesterweg	**AU** 36
Persant Snoepweg	**BV** 42
Rijnsburgerweg	**AU** 52
Rijnzichtweg	**AU** 54
Warmonderweg	**AU** 66
Willem de Zwijgerlaan	**BU** 69

à Leiderdorp Sud-Est : 2 km – 24 819 h.

AC Hotel, Persant Snoepweg 2 (près A 4, sortie ⑥), ✉ 2353 KA, ✆ (0 71) 589 93 02, Fax (0 71) 541 56 69, 🚲 – 🛗 📺 ♿ 🅿 – 🔔 25 à 250. 𝔸𝔼 ⓞ 𝕄𝕆 𝕍𝕀𝕊𝔸
Repas (Avec buffet) 45 – **60 ch** ⚂ 200/220 – ½ P 215/235.

In Den Houtkamp, Van Diepeningenlaan 2, ✉ 2352 KA, ✆ (0 71) 589 12 88, Fax (0 71) 541 73 15, 🌿, « Ferme du 19ᵉ s. » – 🅿. 𝔸𝔼 ⓞ 𝕄𝕆 𝕍𝕀𝕊𝔸   BV r
fermé fin déc., lundi et mardi – **Repas** (dîner seult) 50/115.

à Oegstgeest Nord : 3 km – 20 183 h.

Bastion, Rijnzichtweg 97, ✉ 2342 AX, ✆ (0 71) 515 38 41, bastion@bastionhotel.nl, Fax (0 71) 515 49 81 – 📺 𝔸𝔼 ⓞ 𝕄𝕆 𝕍𝕀𝕊𝔸. ✂   AU a
Repas (Grillades, ouvert jusqu'à 23 h) 45 – ⚂ 18 – **40 ch** 115.

De Beukenhof, Terweeweg 2, ✉ 2341 CR, ✆ (0 71) 517 31 88, sales@debeukenho f.nl, Fax (0 71) 517 61 69, 🌿, « Terrasses et jardin fleuris » – 🅿 – 🔔 40. 𝔸𝔼 ⓞ 𝕄𝕆 𝕍𝕀𝕊𝔸   AU h
fermé 30 déc.-3 janv., dim. et lundi midi – **Repas** Lunch 75 – 90/135.

De Moerbei, Lange Voort 11 B/E, ✉ 2343 CA, ✆ (0 71) 515 68 98, Fax (0 71) 515 68 98 – 𝔸𝔼 𝕄𝕆 𝕍𝕀𝕊𝔸 JCB   AU q
fermé 29 janv.-12 fév., 23 juil.-13 août, 25 et 31 déc. et 1ᵉʳ janv. – **Repas** (dîner seult) 60/73.   AU q

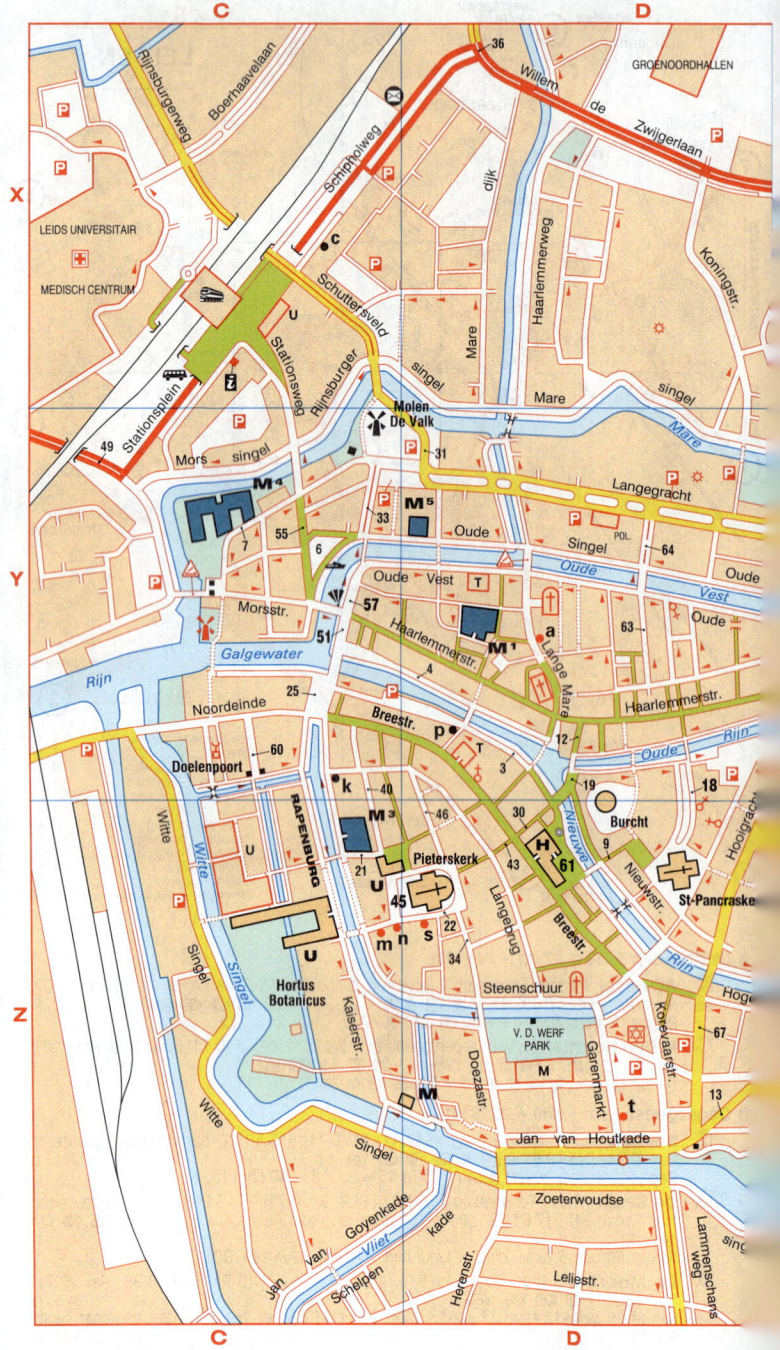

LEIDEN

Street	Grid	No.
Aalmarkt	DY	3
Apothekersdijk	DY	4
Beestenmarkt	CY	6
Bernhardkade	EX	
Binnenvestgracht	CY	7
Boerhaavelaan	CX	
Breestraat	DYZ	
Burggravenlaan	EZ	
Burgsteeg	DZ	9
Doezastr.	DZ	
Donkersteeg	DY	12
Evertsenstr.	EZ	
Garenmarkt	DZ	
Geregracht	DZ	13
Haarlemmerstr.	DEY	
Haarlemmerweg	DX	
Haven	EY	
Herensingel	EY	
Herenstr.	DZ	
Hogerijndijk	EZ	
Hogewoerd	DEZ	
Hooglandse Kerkgracht	DYZ	18
Hoogstraat	DY	19
Hooigracht	DZ	
Houtstraat	CZ	21
Jan van Goyenkade	CZ	
Jan van Houtkade	DZ	
Kaiserstr.	CZ	
Kloksteeg	DZ	22
Koningstr.	DX	
Kooilaan	EXY	
Korevaarstr.	DZ	
Kort Rapenburg	CY	25
de Laat de Kanterstr.	EZ	
Lammenschansweg	DZ	
Langebrug	DZ	
Langegracht	DY	
Langemare	DY	
Leiliestr.	DZ	
Levendaal	EZ	
Maarsmansteeg	CYZ	30
Maredijk	DX	
Maresingel	DEX	
Marnixstr.	EX	
Molenstr.	EX	
Molenwerf	CDY	31
Morssingel	CY	
Morsstr.	CY	
Nieuwe Beestenmarkt	CY	33
Nieuwerijn	EZ	
Nieuwsteeg	DZ	34
Nieuwstr.	DZ	
Noordeinde	CY	
Oegstgeesterweg	DX	36
Oosterkerkstr.	EZ	
Oude Herengracht	EY	39
Oudesingel	DEY	
Oudevest	DEY	
Papengracht	CYZ	40
Pieterskerkchoorsteeg	DZ	43
Pieterskerkhof	CDZ	45
Pieterskerkstr.	DYZ	46
Plantagelaan	EZ	48
Plesmanlaan	CY	49
Prinsessekade	CY	51
Rapenburg	CZ	
Rijnsburgersingel	CDX	
Rijnsburgerweg	CX	
Schelpenkade	CZ	
Schipholweg	CX	
Schuttersveld	CX	
Sophiastr.	EX	
Stationsplein	CX	
Stationsweg	CX	
Steenschuur	DZ	
Steenstr.	CY	55
Trompstr.	EZ	
Turfmarkt	CY	57
Uiterstegracht	EZ	
Utrechtsebrug	EZ	58
Varkenmarkt	CY	60
Vismarkt	DZ	61
Vollersgracht	DY	63
Volmolengracht	DY	64
Watersteeg	DZ	67
Willem de Zwijgerlaan	DEX	
Wittesingel	CZ	
Zoeterwoudsesingel	DEZ	

LEIDEN

à Voorschoten Sud-Ouest : 5 km – 22 801 h.

- **De Gouden Leeuw**, Veurseweg 180, ✉ 2252 AG, ℘ (0 71) 561 59 16, sales@goud enleeuw.valk.nl, Fax (0 71) 561 27 94, 😀 – 📶 📺 ₺ 🚗 🅿 – 🔥 25 à 200. 🆎 ① 🆎 𝕍𝕀𝕊𝔸, ✂
  AV f
  Repas Lunch 17 – carte 45 à 60 – ⊆ 15 – **100 ch** 150.

- **Allemansgeest**, Hofweg 55, ✉ 2251 LP, ℘ (0 71) 576 41 75, Fax (0 71) 531 55 54, ≤, 😀, « Auberge avec terrasse au bord de l'eau », 🅸 – 🟰 🅿 🆎 🆎 𝕍𝕀𝕊𝔸, ✂ AV g
  fermé 24 déc.-1er janv., sam. midi, dim. et lundi – **Repas** Lunch 65 – 83/98.

- **De Knip**, Kniplaan 22 (4 km par Veurseweg), ✉ 2251 AK, ℘ (0 71) 561 25 73, Fax (0 71) 561 40 96, ≤, 😀, « Terrasse ombragée au bord de l'eau » – 🅿 🆎 𝕍𝕀𝕊𝔸. ✂ AV
  fermé lundi – **Repas** 60/90.

- **Gasterij Floris V**, Voorstraat 12, ✉ 2251 BN, ℘ (0 71) 561 84 70, « Ancienne maison de corporation du 17e s. » – 🆎 ① 🆎 𝕍𝕀𝕊𝔸 𝕁ℂ𝔹
  AV a
  fermé 31 juil.-13 août, dim. et lundi – **Repas** (dîner seult) 65/83.

LEIDERDORP Zuid-Holland 211 M 10 et 908 E 5 – voir à Leiden.

LEIDSCHENDAM Zuid-Holland 211 L 10 - ② et 908 E 5 – voir à Den Haag, environs.

LEKKERKERK Zuid-Holland ⓒ Nederlek 14 870 h. 211 N 11 908 F 6.
Amsterdam 102 – Rotterdam 19 – Utrecht 45.

- **De Witte Brug**, Kerkweg 138, ✉ 2941 BP, ℘ (0 180) 66 33 44, Fax (0 180) 66 13 35, 😀, ≋, 🅙, 🚴 – 📶 📺 🅿 – 🔥 25 à 50. 🆎 ① 🆎 𝕍𝕀𝕊𝔸 𝕁ℂ𝔹
  Repas (fermé 26 déc.-6 janv.) (Ouvert jusqu'à minuit) carte env. 70 – **37 ch** ⊆ 165/195.

LELYSTAD 🅿 Flevoland 210 R 7 et 908 H 4 – 61 545 h.
🏌 Bosweg 98, ✉ 8231 DZ, ℘ (0 320) 23 00 77, Fax (0 320) 23 09 32 - 🏌 🏌 au Sud : 20 km à Zeewolde, Golflaan 1, ✉ 3896 LL, ℘ (0 36) 522 20 73, Fax (0 36) 522 41 00 et 🏌 Pluvierenweg 7, ✉ 3898 LL, ℘ (0 320) 28 81 16, Fax (0 320) 28 80 09.
🅱 Stationsplein 186, ✉ 8232 VT, ℘ (0 320) 24 34 44, Fax (0 320) 28 02 18.
Amsterdam 57 – Amersfoort 55 – Arnhem 96 – Zwolle 49.

- **Mercure**, Agoraweg 11, ✉ 8224 BZ, ℘ (0 320) 24 24 44, h1657@accor-hotels.com, Fax (0 320) 22 75 69, 😀 – 📶 ✂, 🟰 ch, 📺 – 🔥 25 à 150. 🆎 ① 🆎 𝕍𝕀𝕊𝔸. ✂
  Repas (fermé sam. et dim.) 48 – ⊆ 25 – **86 ch** 175/198 – ½ P 172.

- **Raedtskelder**, Maerlant 14 (Centre Commercial), ✉ 8224 AC, ℘ (0 320) 22 23 25, Fax (0 320) 22 80 32 – 🆎 ① 🆎 𝕍𝕀𝕊𝔸 𝕁ℂ𝔹
  fermé vacances scolaires, dim. et jours fériés – **Repas** Lunch 50 bc – 60 bc.

à Lelystad-Haven ⓒ Lelystad :

- **'t Dijkhuysje**, Oostvaardersdijk 57, ✉ 8244 PB, ℘ (0 320) 26 20 22, Fax (0 320) 21 29 48, ≤ Markermeer, 😀, Taverne-rest, 🅸 – 🆎 𝕍𝕀𝕊𝔸. ✂
  Repas carte 57 à 77.

LEMMER Fryslân ⓒ Lemsterland 12 464 h. 210 T 5 et 908 I 3.
🅱 Nieuwburen 1, ✉ 8531 EE, ℘ (0514) 56 16 19, Fax (0 514) 56 16 64.
Amsterdam 106 – Leeuwarden 49 – Zwolle 51.

- **De Connoisseur**, Vuurtorenweg 15, ✉ 8531 HJ, ℘ (0 514) 56 55 59, connoisseu. @wanadoo.nl, Fax (0 514) 56 53 49, 😀 – 🟰 🅿. 🆎 ① 🆎 𝕍𝕀𝕊𝔸
  fermé janv., lundi et mardi – **Repas** (dîner seult) 75/105.

LEUSDEN Utrecht 211 R 10 et 908 H 5 – voir à Amersfoort.

LEUVENUM Gelderland ⓒ Ermelo 26 762 h. 210 T 9, 211 T 9 et 908 I 5.
Amsterdam 80 – Apeldoorn 24 – Arnhem 46 – Zwolle 38.

- **Het Roode Koper** 🌿, Jhr. Sandbergweg 82, ✉ 3852 PV Ermelo, ℘ (0 577) 40 73 9: Fax (0 577) 40 75 61, 😀, 🦌, « Dans les bois », 🅙, 🌳, ✂, 🚴, 🐎, – 📺 🅿 – 🔥 25 à 5 🆎 ① 🆎 𝕍𝕀𝕊𝔸. ✂ rest
  Repas Lunch 38 – carte env. 70 – **26 ch** ⊆ 290/390 – ½ P 175/270.

LHEE Drenthe ²¹⁰ X 6 et ⁹⁰⁸ K 3 – voir à Dwingeloo.

LIES Fryslân ²¹⁰ Q 2 – voir à Waddeneilanden (Terschelling).

LINSCHOTEN Utrecht ²¹¹ O 10 et ⁹⁰⁸ F 5 – voir à Montfoort.

LISSE Zuid-Holland ²¹¹ M 9 et ⁹⁰⁸ E 5 – 21 967 h.

Voir Parc de Keukenhof★★ (fin mars à mi-mai), passerelle du moulin ≤★★.

🛈 Grachtweg 53, ✉ 2161 HM, ℘ (0 252) 41 42 62, Fax (0 252) 41 86 39.
Amsterdam 36 – Den Haag 29 – Haarlem 16.

De Nachtegaal, Heereweg 10 (Nord : 2 km), ✉ 2161 AG, ℘ (0 252) 43 30 30, info@nachtegaal.nl, Fax (0 252) 43 30 10, 😚, ⇌s, 🏊, 🌳, ❀, 🚲 – 🛗, ≡ rest, 📺 ₽ – 🎿 25 à 350. 🅰🅴 ⓘ ⓜⓞ 🆅🅸🆂🅰 🅹🅲🅱
Repas Lunch 39 – 58/110 – ⇌ 28 – **142 ch** 231/286, 2 suites – ½ P 314/534.

De Duif, Westerdreef 49, ✉ 2161 GN, ℘ (0 252) 41 00 76, Fax (0 252) 41 09 99 – 📺 – 🎿 50. 🅰🅴 ⓘ ⓜⓞ 🆅🅸🆂🅰. ❀
Repas (fermé lundi) (dîner seult) carte 51 à 71 – ⇌ 25 – **27 ch** 195/285, 12 suites.

Het Lisser Spijshuis, Heereweg 234, ✉ 2161 BR, ℘ (0 252) 41 16 65, Fax (0 252) 41 97 77, 😚 – ≡. 🅰🅴 ⓘ ⓜⓞ 🆅🅸🆂🅰 🅹🅲🅱
fermé 31 déc.-1ᵉʳ janv., sam. midi, dim. midi et lundi – **Repas** Lunch 53 – 60/75.

à Lisserbroek Est : 1 km © Haarlemmermeer 109 377 h :

Het Oude Dykhuys, Lisserdijk 567, ✉ 2165 AL, ℘ (0 252) 41 89 77, 😚, 🎺 – ₽. 🅰🅴 ⓘ ⓜⓞ 🆅🅸🆂🅰
fermé 2 sem. en juil. et lundi – **Repas** Lunch 65 – carte 88 à 124.

LISSERBROEK Noord-Holland ²¹¹ M 9 – voir à Lisse.

LOCHEM Gelderland ²¹¹ X 10 et ⁹⁰⁸ K 5 – 19 058 h.

🛈ₛ Sluitdijk 4, ✉ 7241 RR, ℘ (0 573) 25 43 23, Fax (0 573) 25 84 50.
🛈 Tramstraat 4, ✉ 7241 CJ, ℘ (0 573) 25 18 98, Fax (0 573) 25 68 85.
Amsterdam 121 – Apeldoorn 37 – Arnhem 49 – Enschede 42.

De Scheperskamp ❀, Paasberg 3 (Sud-Ouest : 1 km), ✉ 7241 JR, ℘ (0 573) 25 40 51, info@scheperskamp.nl, Fax (0 573) 25 71 50, 😚, « Environnement boisé », ⇌s, 🏊, 🌳, 🚲 – 🛗 ✳, ≡ rest, 📺 ₽ – 🎿 25 à 120. 🅰🅴 ⓘ ⓜⓞ 🆅🅸🆂🅰. ❀
Repas 65/85 – **50 ch** ⇌ 170/320 – ½ P 165/215.

't Hof van Gelre ❀, Nieuweweg 38, ✉ 7241 EW, ℘ (0 573) 25 33 51, info@hofgelre.nl, Fax (0 573) 25 42 45, 😚, 🏊, 🌳, 🚲 – 🛗, ≡ rest, 📺 ₽ – 🎿 25 à 120. 🅰🅴 ⓜⓞ 🆅🅸🆂🅰. ❀
Repas Lunch 30 – 45/60 – **48 ch** ⇌ 120/280 – ½ P 250/340.

Alpha ❀, Paasberg 2 (Sud-Ouest : 1 km), ✉ 7241 JR, ℘ (0 573) 25 47 51, info@buitenhotel-alpha.nl, Fax (0 573) 25 33 41, ≤, 🌳, 🚲 – 🛗 📺 ₽ – 🎿 25 à 100. 🅰🅴 ⓘ ⓜⓞ 🆅🅸🆂🅰 🅹🅲🅱. ❀
Repas (fermé après 20 h) Lunch 35 – 45/85 – **36 ch** ⇌ 165/240 – ½ P 140/165.

de Vijverhof ❀, sans rest, Mar. Naeffiaan 11, ✉ 7241 GC, ℘ (0 573) 25 10 24, Fax (0 573) 25 18 50, 🌳, 🚲 – 🛗 ₽. ❀
14 ch ⇌ 80/100.

De Lochemse Berg, Lochemseweg 42 (Sud-Ouest : 2,5 km), ✉ 7244 RS, ℘ (0 573) 25 13 77, info@delochemseberg.nl, Fax (0 573) 25 82 24, 🌳, 🚲 – 🛗 📺 ₽. ⓜⓞ 🆅🅸🆂🅰. ❀ rest
6 avril-oct. et du 21 au 31 déc. – **Repas** (résidents seult) – **15 ch** ⇌ 100/180 – ½ P 135/146.

Kawop, Markt 23, ✉ 7241 AA, ℘ (0 573) 25 33 42, kawop@tref.nl, Fax (0 573) 25 88 60, 😚 – 🅰🅴 ⓜⓞ 🆅🅸🆂🅰
fermé fin janv. et jeudi – **Repas** (dîner seult) 60/75.

Barchem Sud-Est : 4 km © Lochem :

Bon'Aparte, Lochemseweg 37, ✉ 7244 RR, ℘ (0 573) 25 71 96, info@hotelbonaparte.nl, Fax (0 573) 25 62 38, 😚, ⇌s, 🏊, 🚲 – 🛗 📺 ₽. ⓜⓞ 🆅🅸🆂🅰. ❀ rest
fermé du 5 au 8 janv. – **Repas** carte env. 60 – **38 ch** ⇌ 160/270 – ½ P 163/170.

LOENEN Gelderland ▯ Apeldoorn 152 860 h. **211** V 10 et **908** J 5.
Amsterdam 104 – Arnhem 25 – Apeldoorn 16 – Enschede 80.

De Loenermark, Eerbeekseweg 4, ✉ 7371 CG, ℘ (0 55) 505 13 28, ⛩, ⛵ – 📺 🅿.
🅰🅴 ⓜ 🆅🅸🆂🅰. ✂ ch
fermé 31 déc. et 1ᵉʳ janv. – **Repas** (fermé après 20 h 30) carte env. 45 – **9 ch** ⇌ 85/125.

LOENEN Utrecht **211** P 9 et **908** G 5 – 8 523 h.
Amsterdam 22 – Utrecht 17 – Hilversum 14.

Tante Koosje, Kerkstraat 1, ✉ 3632 EL, ℘ (0 294) 23 32 01, Fax (0 294) 23 46 13,
⛩, « Bistrot typique à l'ombre du clocher » – 🔲. 🅰🅴 ⓞ ⓜ 🆅🅸🆂🅰. ✂
fermé 31 déc.-1ᵉʳ janv., sam. midi, dim. midi et merc. – **Repas** Lunch 65 – carte env. 90
Spéc. Terrine de foie de canard et marmelade d'abricots. Petit braisé au risotto de champignons, sauce aux truffes. Faisan à la choucroute, sauce aux truffes (15 oct.-janv.).

't Amsterdammertje, Rijksstraatweg 119, ✉ 3632 AB, ℘ (0 294) 23 48 48,
Fax (0 294) 23 21 68, ⛩ – 🔲. ⓜ 🆅🅸🆂🅰
fermé lundi – **Repas** (dîner seult) 53/70.

De Proeverij, Kerkstraat 5a, ✉ 3632 EL, ℘ (0 294) 23 47 74, Fax (0 294) 23 46 13,
⛩ – 🅰🅴 ⓞ ⓜ 🆅🅸🆂🅰. ✂
fermé 31 déc.-1ᵉʳ janv., lundi et mardi – **Repas** (dîner seult) carte env. 75.

à Nieuwersluis Sud : 2 km ▯ Loenen :

't Stoute Soldaatje, Rijksstraatweg 35, ✉ 3631 AA, ℘ (0 294) 23 14 96, Fax (0 294)
23 19 51, 🍴 – 🅿. ⓜ 🆅🅸🆂🅰
fermé du 24 au 31 déc. – **Repas** (dîner seult) carte env. 60.

LOON OP ZAND Noord-Brabant **211** P 13 et **908** G 7 – 22 629 h.
Env. au Nord : Kaatsheuvel, De Efteling★★.
Amsterdam 104 – Breda 29 – 's-Hertogenbosch 29 – Tilburg 9.

à De Moer Est : 5 km ▯ Loon op Zand :

Aub. De Moerse Hoeve, Heibloemstraat 12, ✉ 5176 NM, ℘ (0 13) 515 92 36, mhoe
ve.planet.nl@planet.nl, Fax (0 13) 515 95 75, ⛩ – 📺 ♿ 🅿 – 🅰 25 à 70. 🅰🅴
ⓜ 🆅🅸🆂🅰
fermé 23 déc.-3 janv. – **Repas** (fermé sam.) carte 48 à 68 – **17 ch** ⇌ 115/130 –
½ P 153/170.

LOPPERSUM Groningen **210** Z 3 et **908** L 2 – 11 068 h.
Voir Fresques★ dans l'église.
Amsterdam 216 – Groningen 21 – Appingedam 8.

't Regthuys, Fromaweg 1 (Sud-Est : 3 km à Wirdum), ✉ 9917 PK, ℘ (0 596) 57 18 90,
Fax (0 596) 57 30 54, ⛩ – 🅿. 🅰🅴 ⓞ ⓜ 🆅🅸🆂🅰 🅹🅲🅱. ✂
fermé 31 déc.-11 janv. et lundi – **Repas** Lunch 35 – 51/61.

LUNTEREN Gelderland ▯ Ede 101 542 h. **211** S 10 et **908** H 5.
Amsterdam 69 – Arnhem 29 – Apeldoorn 43 – Utrecht 46.

Host. De Lunterse Boer ⚘, Boslaan 87, ✉ 6741 KD, ℘ (0 318) 48 36 57, lunte
seboer@goudreinet.nl, Fax (0 318) 48 55 21, ⛩, « Dans les bois », 🌳, ⛵ – 📺 🅿 –
🅰 25. 🅰🅴 ⓞ ⓜ 🆅🅸🆂🅰
fermé 31 déc. – **Repas** Lunch 43 – carte 46 à 86 – **16 ch** ⇌ 111/189 – ½ P 147/173.

De LUTTE Overijssel ▯ Losser 22 461 h. **210** AA 9, **211** AA 9 et **908** L 5.
🅱 Plechelmusstraat 14, ✉ 7587 AM, ℘ (0 541) 55 17 77, Fax (0 541) 55 22 11.
Amsterdam 165 – Enschede 15 – Zwolle 78.

Landgoed de Wilmersberg ⓂⓁ ⚘, Rhododendronlaan 7, ✉ 7587 NL, ℘ (0 541)
58 55 55, info@wilmersberg.nl, Fax (0 541) 58 55 65, ≤, ⛩, « Terrasses et jardin », ≘,
🅶, ❄, ⛵ – ⛛ 🍴 ✂ 📺 ♿ 🅿 – 🅰 25 à 180. 🅰🅴 ⓞ ⓜ 🆅🅸🆂🅰 ✂
Repas Lunch 50 – carte 65 à 93 – ⇌ 30 – **64 ch** 165/295, 2 suites – ½ P 200/225.

Bloemenbeek ⚘, Beuningerstraat 6 (Nord-Est : 1 km), ✉ 7587 LD, ℘ (0 54
55 12 24, bloemenbeek@silencehotel.nl, Fax (0 541) 55 22 85, ⛩, 🅵🆂, ≘, 🅶, 🌳, ✦
⛵ – ⛛ 🍴 🅿 – 🅰 25 à 250. 🅰🅴 ⓞ ⓜ 🆅🅸🆂🅰. ✂ rest
fermé 28 déc.-8 janv. – **Repas** Lunch 35 – 63/135 – **55 ch** ⇌ 165/475, 5 suites
½ P 165/275.

De LUTTE

- **'t Kruisselt**, Kruisseltlaan 3, ✉ 7587 NM, ℘ (0 541) 55 15 67, info@kruisselt.nl, Fax (0 541) 55 18 62, 😊, « Terrasse avec ⇐ bois et 🐎 », 🐟, 🔲, 🐎, ♣️ – ↔ TV
  🅿 – 🏛 25 à 100. AE ① MO VISA, ✂ rest
  Repas Lunch 25 – carte 46 à 66 – **43 ch** ⇌ 145/205 – ½ P 138/143.

- **De Lutt**, Beuningerstraat 20 (Nord-Est : 2 km), ✉ 7587 LD, ℘ (0 541) 55 25 25, info@delutt.nl, Fax (0 541) 55 22 55, 😊, « Parc avec pièce d'eau », 🐟, 🐢, ♣️ – 🛗, 🛏 rest, TV 🅿. AE ① MO VISA ✂
  fermé du 1er au 15 janv. – **Repas** Lunch 48 – carte 66 à 98 – **25 ch** ⇌ 135/275 – ½ P 115/189.

- **Berg en Dal** avec ch, Bentheimerstraat 34, ✉ 7587 NH, ℘ (0 541) 55 12 02, bergendal@tref.nl, Fax (0 541) 55 15 54, 😊, 🍴, ♣️ – TV 🅿. AE ① MO VISA JCB ✂
  fermé du 27 au 31 déc. – **Repas** Lunch 55 – 50/63 – **12 ch** ⇌ 90/145 – ½ P 110/135.

MAARSSEN Utrecht 211 P 10 et 908 G 5 – 40 814 h.
Amsterdam 32 – Utrecht 9.

- **Carlton President**, Floraweg 25 (Sud : 2 km près A 2), ✉ 3608 BW, ℘ (0 30) 241 41 82, president@carlton.nl, Fax (0 30) 241 05 42, 🎿, 🐟, 🐎, ♣️ – 🛗 ↔ 🛏 TV 🅿 – 🏛 25 à 300. AE ① MO VISA JCB, ✂ ch
  Repas (Ouvert jusqu'à 23 h) Lunch 50 – carte env. 80 – ⇌ 35 – **172 ch** 425.

- **Auguste**, Straatweg 144, ✉ 3603 CS, ℘ (0 346) 56 56 66, Fax (0 346) 56 56 66, 😊 – 🛏 AE ① MO VISA
  fermé lundi – **Repas** (dîner seult) 67/85.

- **De Nonnerie**, Langegracht 51, ✉ 3601 AK, ℘ (0 346) 56 22 01, restaurant@nonnerie.nl, Fax (0 346) 56 18 24, 😊 – 🛏 🅿 – 🏛 25 à 80. AE ① MO VISA
  fermé 27 déc.-5 janv. et lundi – **Repas** Lunch 68 – carte 70 à 93.

MAARTENSDIJK Utrecht 211 Q 10 et 908 G 5 – 9 551 h.
Amsterdam 53 – Utrecht 19 – Apeldoorn 70.

- **Martinique**, Dorpsweg 153, ✉ 3738 CD, ℘ (0 346) 21 26 27, Fax (0 346) 21 43 20, 😊 – 🅿. AE ① MO VISA
  fermé 3 sem. après Noël et lundi – **Repas** (dîner seult) 60/80.

à Hollandsche Rading Nord : 3 km © Maartensdijk :

- **De Fazantenhof**, Karnemelkseweg 1, ✉ 3739 LA, ℘ (0 35) 577 14 64, Fax (0 35) 577 11 28, 😊, « Dans les bois » – 🅿. 🏛 25 à 40. AE ① MO VISA JCB
  fermé dern. sem. déc. et lundi soir – **Repas** Lunch 60 – carte env. 75.

MAASBRACHT Limburg 211 U 16 et 908 I 8 – 13 603 h.
Amsterdam 176 – Eindhoven 48 – Maastricht 39 – Venlo 40.

- **Da Vinci** (Mme Reuten), Havenstraat 27 (au port des péniches), ✉ 6051 CS, ℘ (0 475) 46 59 79, davinci@alliance.nl, Fax (0 475) 46 66 11, « Aménagement design » – AE ① MO VISA ✂
  fermé 1 sem. carnaval, 3 sem. vacances bâtiment, 1 sem. après Noël, lundi, mardi et sam. midi – **Repas** Lunch 75 – 125, carte env. 130
  Spéc. Carpaccio de langoustines, pommes de terre et caviar. Turbot meunière à la truffe et au foie gras. Parfait glacé au moka.

MAASDAM Zuid-Holland © Binnenmaas 18 970 h. 211 M 12 - ③⑧ N et 908 E 6.
Amsterdam 100 – Rotterdam 21 – Breda 35 – Dordrecht 14.

- **De Hoogt** 😊, Raadhuisstraat 5, ✉ 3299 AP, ℘ (0 78) 676 18 11, hoteldehoogt@wxs.nl, Fax (0 78) 676 47 25, 😊, 🍴 – 🛏 TV 🅿. AE ① MO VISA
  fermé 25 déc.-1er janv. – **Repas** (fermé dim. soir en juil.-août, sam. midi et dim. midi) 60 – ⇌ 18 – **10 ch** 143/160 – ½ P 128/190.

MAASSLUIS Zuid-Holland 211 K 11 - ③⑧ N et 908 D 6 - ㉓ N – 33 060 h.
🚢 vers Rozenburg : van der Schuyt-van den Boom-Stanfries B.V., Burg. v.d. Lelykade 4 ℘ (0 10) 591 22 12, Fax (0 10) 592 85 55. Durée de la traversée : 10 min. Prix : 0,85 Fl, voiture 7,00 Fl.
Amsterdam 81 – Rotterdam 17 – Den Haag 26.

- **De Ridderhof**, Sportlaan 2, ✉ 3141 XN, ℘ (0 10) 591 12 11, Fax (0 10) 591 37 80, 😊, Ouvert jusqu'à 23 h, « Ferme du 17e s. » – 🅿. AE ① MO VISA
  Repas Lunch 40 – 70.

MAASTRICHT P Limburg 211 T 17 et 908 I 9 – 121 479 h.

Voir *La vieille ville*★ - *Basilique St-Servais*★★ *(St. Servaasbasiliek)* : *Portail royal*★, *chœur*★, *chapiteaux*★, *trésor*★★ *(kerkschat)* CY B – *Basilique Notre-Dame*★ *(O. L. Vrouwebasiliek)* : *chœur*★★ CZ A – *Remparts Sud*★ *(Walmuur)* CZ – *Carnaval*★ – au Sud : 2 km, *St. Pietersberg*★ AX.

Musée : *des Bons Enfants*★★ *(Bonnefantenmuseum)* DZ M¹.

✈ par ① : 11 km à Beek ℘ (0 43) 358 99 99, Fax (0 43) 358 99 88.
🛈 Kleine Staat 1, ✉ 6211 ED, ℘ (0 43) 325 21 21, Fax (0 43) 321 37 46.
Amsterdam 213① – Bruxelles 124⑤ – Liège 33⑤ – Aachen 36② – Mönchengladbach 81①

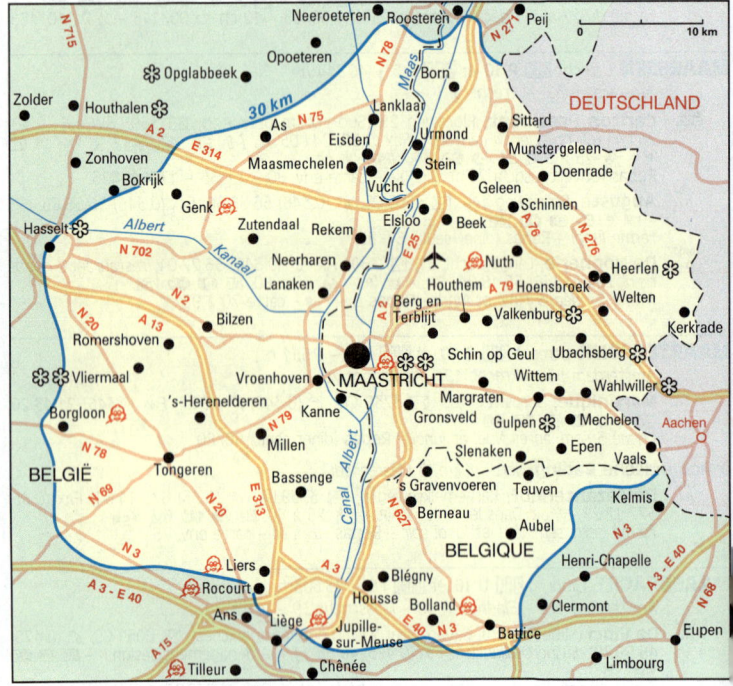

Quartiers du Centre :

Derlon, O.L.Vrouweplein 6, ✉ 6211 HD, ℘ (0 43) 321 67 70, derlon@hospitality.n Fax (0 43) 325 19 33, 😊, « *Exposition de vestiges romains en sous-sol* » – 🛗 ♿ 📺
🚗 – 🚪 25 à 50. ⏺ ⓘ ⓜ 💳 JCB. ⚑ ch
Repas (Brasserie) carte 66 à 81 – ⌾ 38 – **42 ch** 495/600.   CZ

de Pauwenhof, Boschstraat 70, ✉ 6211 AX, ℘ (0 43) 350 33 33, Fax (0 43 350 33 39, 😊, « *Demeure fin 19ᵉ s. avec terrasse intérieure* » – 🛗 📺 Ⓟ ⏺ ⓜ JCB. ⚑
Repas (fermé sam. midi, dim. et lundi) Lunch 55 – carte 90 à 110 – ⌾ 35 – **15 ch** 255 355.   CY

Botticelli 🌿 sans rest, Papenstraat 11, ✉ 6211 LG, ℘ (0 43) 352 63 00, receptic @botticellihotel.nl, Fax (0 43) 352 63 36, « *Terrasse clos de murs avec pièce d'eau* » – 📺 ♿ 🚗. ⏺ ⓘ ⓜ 💳. ⚑
fermé 24 fév.-1ᵉʳ mars et 30 déc.-2 janv. – **18 ch** ⌾ 172/353.   CZ

Pauw, Boschstraat 27, ✉ 6211 AS, ℘ (0 43) 321 22 22, hpauw@wxs.r Fax (0 43) 321 34 32 – 🛗 ♿ 📺 🚗 – 🚪 25 à 120. ⏺ ⓘ ⓜ 💳 JC ⚑ rest
Repas 45/55 – **124 ch** ⌾ 192/250.   CY

Ambyerweg	**BV** 5	John Kennedysingel	**BX** 29	Noorderbrug	**AX** 54
Burg. Cortenstr.	**BX** 9	Koningin Emmapl.	**AX** 38	Oranjepl.	**BX** 56
Carl Smulderssingel	**AV** 12	Koningspl.	**BX** 39	President Rooseveltlaan	**BV** 61
Dr. van Kleefstr.	**AV** 14	Luikerweg	**AX** 40	St. Annalaan	**AX** 63
Franciscus Romanusweg	**ABV** 17	Mergelweg	**AX** 49	Statensingel	**AV** 73
Hertogsingel	**AX** 24	Nassaulaan	**BX** 52	Vijverdalseweg	**BX** 78

Mabi, Kleine Gracht 24, ⊠ 6211 CB, ℘ (0 43) 351 44 44, info@hotel-mabi.nl, Fax (0 43) 351 44 55, 😊 – 🛗 ⎅, 🍽 rest, 📺 🅿 – 🔔 35. 🅰🅴 🅼🅾 VISA. 🛇   CY q
Repas (fermé sam. midi et dim. midi) (Brasserie) Lunch 48 – carte env. 65 – ⊇ 26 – **55 ch** 185/275 – ½ P 175.

d'Orangerie sans rest, Kleine Gracht 4, ⊠ 6211 CB, ℘ (0 43) 326 11 11, info@hotel-orangerie.nl, Fax (0 43) 326 12 87, « Maison bourgeoise du 18ᵉ s. » – 📺 🚗. 🅰🅴 ⓪ 🅼🅾 VISA JCB.   CY d
⊇ 23 – **25 ch** 174/184.

Du Casque sans rest, Helmstraat 14, ⊠ 6211 TA, ℘ (0 43) 321 43 43, ducasque@bestwestern.nl, Fax (0 43) 325 51 55 – 🛗 📺 🚗. 🅰🅴 ⓪ 🅼🅾 VISA JCB   CY m
⊇ 24 – **38 ch** 200/250.

Les Charmes sans rest, Lenculenstraat 18, ⊠ 6211 KR, ℘ (0 43) 321 74 00, info@hotelles charmes.nl, Fax (0 43) 325 85 74 – ⎅ 📺. 🅰🅴 ⓪ 🅼🅾 VISA JCB. 🛇   CZ t
⊇ 20 – **17 ch** 175/275.

Toine Hermsen, St-Bernardusstraat 2, ⊠ 6211 HL, ℘ (0 43) 325 84 00, Fax (0 43) 325 83 73 – ▪. 🅰🅴 ⓪ 🅼🅾 VISA JCB. 🛇   CZ b
fermé carnaval, dern. sem. déc., sam. midi, dim. et lundi – **Repas** Lunch 75 – 150/200, carte 130 à 185
Spéc. Gratin d'huîtres de Zélande au basilic (oct.-mars). Cuisses de grenouilles à la crème d'épinards parfumée à l'ail. Perdreau sauvage rôti au naturel (sept.-nov.).

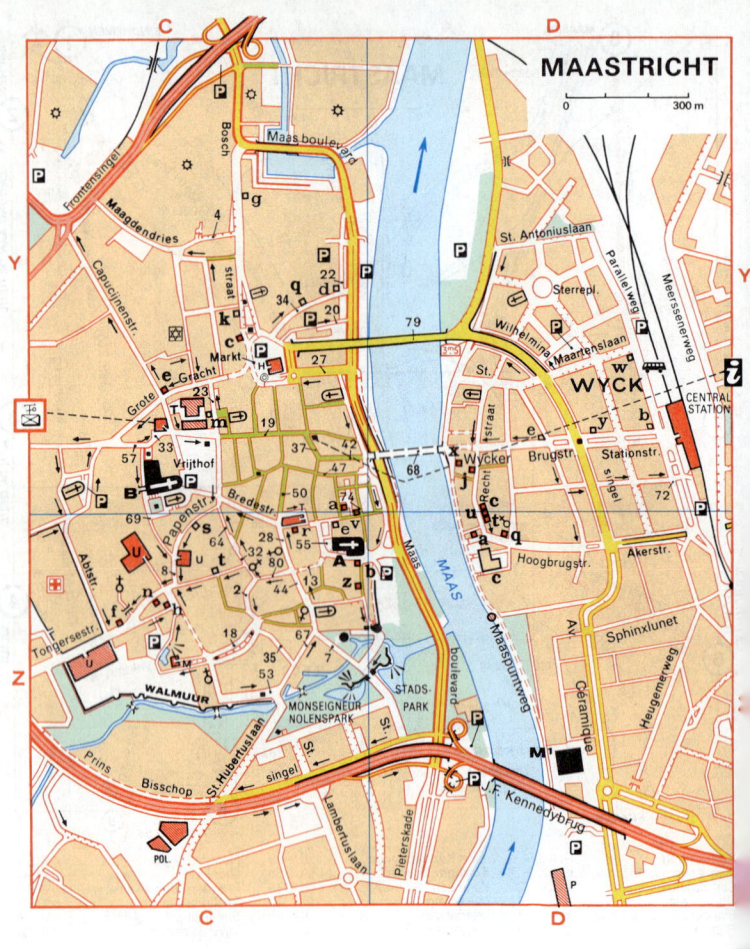

Achter de Molens	**CZ** 2	Hondstr.	**CZ** 28	Onze Lieve Vrouweplein	**CZ** 55
A. D. Barakken	**CY** 4	Kapoenstr.	**CZ** 32	Oude Tweebergenpoort	**CY** 57
Begijnenstr.	**CZ** 7	Keizer Karelpl.	**CZ** 33	St. Jacobstr.	**CY** 64
Bouillonstr.	**CZ** 8	Kleine Gracht	**CY** 34	St. Pieterstr.	**CZ** 67
Cortenstr.	**CZ** 13	Kleine Looiersstr.	**CZ** 35	St. Servaasbrug	**DY** 68
Grote Looiersstr.	**CZ** 18	Kleine Staat	**CY** 37	St. Servaasklooster	**CY** 69
Grote Staat	**CY** 19	Maastr. Brugstr.	**CY** 42	Spoorweglaan	**DY** 72
Gubbelstr.	**CY** 20	Maastr. Heidenstr.	**CZ** 44	Stokstr.	**CY** 74
van Hasseltkade	**CY** 22	Maastr. Smedenstr.	**CZ** 47	Wilhelminabrug	**DY** 77
Helmstr.	**CY** 23	Mickelersstr.	**CY** 50	Witmakersstr.	**CZ** 8
Hoenderstr.	**CY** 27	Nieuwenhofstr.	**CZ** 53	Wycker Brugstr.	**DY**

XX **'t Plenkske**, Plankstraat 6, ⊠ 6211 GA, ℘ (0 43) 321 84 56, plenkske@wxs.n
Fax (0 43) 325 81 33, 🍴, « Jardin d'hiver » – AE ⓘ ⓜⓔ VISA   CYZ
fermé dim. – **Repas** Lunch 45 – carte env. 70.

XX **Beluga** (Van Wolde), Havenstraat 19 (transfert prévu), ⊠ 6211 GJ, ℘ (0 43) 321 33 6
Fax (0 43) 326 03 56, 🍴 – AE ⓘ ⓜⓔ VISA, ⚙
fermé carnaval, 2 prem. sem. sept., 24 déc.-1er janv., dim. et lundi – **Repas** Lunch 65
110/170, carte env. 125   CYZ
Spéc. Carpaccio de langoustines à la truffe et mousse de salsifis. Roulade de thon à la crèm
d'amandes. Gratin de witlof et homard au Pecorino.

MAASTRICHT

Au Coin des Bons Enfants, Ezelmarkt 4, ✉ 6211 LJ, ℘ (0 43) 321 23 59, mail@a ucoindesbonsenfants.nl, Fax (0 43) 325 82 52, 🍽 – 🗏. AE ① ⓜ VISA JCB   CZ h
fermé du 18 au 31 juil., 31 déc.-15 janv. et mardi – **Repas** Lunch 50 – 60/115.

le bon vivant, Capucijnenstraat 91, ✉ 6211 RP, ℘ (0 43) 321 08 16, info@lebonvi vant.nl, Fax (0 43) 325 37 82, « Salle voûtée » – 🗏. AE ⓜ VISA   CY e
fermé sem. carnaval, 16 juil.-16 août, dim. et lundi – **Repas** (dîner seult) 70/85.

Jean La Brouche, Tongersestraat 9, ✉ 6211 LL, ℘ (0 43) 321 46 09 – 🗏. AE ①
ⓜ VISA JCB   CZ n
fermé 2 dern. sem. juil., dim. et lundi – **Repas** (dîner seult) 75.

Sagittarius, Bredestraat 7, ✉ 6211 HA, ℘ (0 43) 321 14 92, Grillades – AE ① ⓜ
VISA JCB   CZ r
fermé dim. et lundi – **Repas** (dîner seult) carte env. 85.

Paparazzi, Boschstraat 98, ✉ 6211 AZ, ℘ (0 43) 351 08 93, Fax (0 43) 327 06 13 –
AE ① ⓜ VISA   CY c
fermé 1 sem. en fév. – **Repas** Lunch 48 – 55/75.

't Drifke, Lage Kanaaldijk 22, ✉ 6212 AE, ℘ (0 43) 321 45 81, Fax (0 43) 321 45 81,
🍽 – ⓜ VISA   AX b
fermé 3 sem. avant carnaval, lundi et mardi – **Repas** (dîner seult) carte env. 70.

Sukhothai, Tongersestraat 54, ✉ 6211 LP, ℘ (0 43) 321 79 46, sukhothai@home.nl,
Fax (0 43) 325 89 59, 🍽, Cuisine thaïlandaise – AE ① ⓜ VISA JCB   CZ f
fermé lundi – **Repas** (dîner seult) 48/95.

't Liewke, Grote Gracht 62, ✉ 6211 SX, ℘ (0 43) 321 04 59, « Maisonette ancienne »
– 🗏. AE ⓜ VISA JCB   CY e
fermé août, prem. sem. janv., lundi et mardi – **Repas** (dîner seult jusqu'à minuit) 75.

Tout à Fait, St-Bernardusstraat 16, ✉ 6211 HL, ℘ (0 43) 350 04 05, Fax (0 43)
350 05 35, Avec rôtisserie – 🗏. AE ① ⓜ VISA, 🍽.   CZ z
fermé 23 fév.-7 mars, 16 juil.-8 août, 27 déc.-2 janv., lundi et mardi – **Repas** Lunch 58 – carte 76 à 113.

Rive droite (Wyck - Station - MECC) :

Crowne Plaza, De Ruiterij 1, ✉ 6221 EW, ℘ (0 43) 350 91 91, cpmaastricht@bilde rberg.nl, Fax (0 43) 350 91 92, ≤, 🍽, « Terrasse au bord de l'eau » – ⌘ ⊁ 🗏 &,
⇔ P – 🏛 25 à 500. AE ① ⓜ VISA JCB. ⋇ rest   DZ m
Repas Lunch 50 – carte 72 à 90 – ⊇ 38 – **145 ch** 395/515, 16 suites – ½ P 350/488.

Golden Tulip, Forum 110, ✉ 6229 GV, ℘ (0 43) 383 82 81, info@gtmaastricht.gold entulip.nl, Fax (0 43) 361 58 62, 🍽, 🛋, 🛋, 🚲 – ⌘ ⊁, 🗏 rest, TV ⇔ – 🏛 25 à
300. AE ① ⓜ VISA. ⋇   BX e
Repas Lunch 70 – carte 79 à 96 – ⊇ 30 – **170 ch** 326/408, 2 suites.

Gd H. de l'Empereur, Stationsstraat 2, ✉ 6221 BP, ℘ (0 43) 321 38 38, emperer r@bestwestern.nl, Fax (0 43) 321 68 19, 🛋, – ⌘ – 🖳 🗏 TV ⇔ – 🏛 25 à 100. AE ①
ⓜ VISA JCB. ⋇   DY b
Repas (fermé sam. midi et dim. midi) Lunch 65 – carte 79 à 116 – ⊇ 27 – **87 ch** 240/255
– ½ P 204/219.

Beaumont H. Résidence, Wycker Brugstraat 2, ✉ 6221 EC, ℘ (0 43) 325 44 33,
info@beaumont.nl, Fax (0 43) 325 36 55 – ⌘ ⊁, 🗏 rest, TV ⇔ – 🏛 25 à 75. AE ①
ⓜ VISA JCB. ⋇   DY e
Repas (fermé dim. midi) (Avec cuisine alsacienne) Lunch 65 – 55/98 – ⊇ 25 – **117 ch**
195/275.

Tulip Inn, Forum 112, ✉ 6229 GV, ℘ (0 43) 382 45 45, info@gtmaastricht.goldentu lip.nl, Fax (0 43) 382 45 00, 🛋, 🛋, 🚲 – ⌘ ⊁, 🗏 rest, TV ⇔ – 🏛 25 à 300. AE
① ⓜ VISA. ⋇   BX r
Repas Lunch 70 – carte 79 à 96 – ⊇ 30 – **99 ch** 226/276, 4 suites – ½ P 248/265.

Apple Park M, Pierre de Coubertinweg 3, ✉ 6225 XT, ℘ (0 43) 352 90 00, info@applepa rk.nl, Fax (0 43) 352 02 24, 🍽 – ⌘ ⊁ 🗏 TV & P – 🏛 25 à 100. AE ① ⓜ VISA. ⋇
Repas (Ouvert jusqu'à 23 h) carte env. 50 – ⊇ 30 – **116 ch** 275/330.   BV u

Novotel, Sibemaweg 10, ✉ 6227 AH, ℘ (0 43) 361 18 11, H0991@accor.com,
Fax (0 43) 361 60 44, 🍽, 🏊, 🚲 – ⌘ ⊁ 🗏 TV & P – 🏛 25 à 200. AE ① ⓜ
VISA JCB   BX b
Repas (Ouvert jusqu'à 23 h) Lunch 40 – carte 54 à 67 – ⊇ 27 – **92 ch** 220/240.

Bergère sans rest, Stationsstraat 40, ✉ 6221 BR, ℘ (0 43) 328 25 25, bergere@wxs.nl,
Fax (0 43) 328 25 26 – ⌘ TV & ⇔. AE ① ⓜ VISA JCB. ⋇   DY y
⊇ 25 – **66 ch** 245/295.

In den Hoof, Akersteenweg 218, ✉ 6227 AE, ℘ (0 43) 361 06 00, gebr.visser@ind enhoof.nl, Fax (0 43) 361 80 40, 🍽 – 🖳 P. – 🏛 25. AE ⓜ VISA   BX s
fermé du 24 au 26 déc. et 31 déc.-1er janv. – **Repas** (fermé après 20 h 30) carte 64 à 77
– **24 ch** ⊇ 125/195 – ½ P 160/185.

MAASTRICHT

Le Roi sans rest, St-Maartenslaan 1, ⌧ 6221 AV, ℘ (0 43) 325 38 38, info@hotelleroi.nl, Fax (0 43) 321 08 35 – |‡| ⎕ ⏀ ⇐⇒ – 🛋 35. AE ⓞ ⓜⓔ VISA JCB. ※
⌕ 23 – **42 ch** 185/275. DY w

't Pakhoes, Waterpoort 4, ⌧ 6221 GB, ℘ (0 43) 325 70 00, Fax (0 43) 325 59 61, ☕,
« Ancien entrepôt » – AE ⓞ ⓜⓔ VISA DZ a
fermé 1 sem. carnaval, lundi en juil.-août et dim. – **Repas** (dîner seult) 75/125.

Ca' del Biro, Hoogbrugstraat 16, ⌧ 6221 CS, ℘ (0 43) 326 41 52, Fax (0 43) 326 41 54,
Avec cuisine italienne – AE ⓞ ⓜⓔ VISA JCB DZ q
fermé sem. carnaval, 2 sem. en juil. et dim. – **Repas** Lunch 65 – 95/120.

Mediterraneo, Rechtstraat 73, ⌧ 6221 EH, ℘ (0 43) 325 50 37, Fax (0 43) 325 88 74,
Cuisine italienne – ⎕. AE ⓞ ⓜⓔ VISA DZ c
fermé 1 sem. carnaval, 2 sem. en août et merc. – **Repas** (dîner seult jusqu'à 23 h) 79/110.

Chez Jacques, Rechtstraat 83, ⌧ 6221 EH, ℘ (0 43) 351 00 15, Fax (043) 351 00 81,
☕ – ⎕. AE ⓞ ⓜⓔ VISA. ※ DZ t
fermé sem. carnaval, dern. sem. août-prem. sem. sept. et mardi – **Repas** (dîner seult) carte env. 85.

Fines Claires, Cörversplein 9, ⌧ 6221 EZ, ℘ (0 43) 325 25 25, Fax (0 43) 321 14 56,
☕ – AE ⓜⓔ VISA. ※ DY x
fermé 27 fév.-5 mars, 2 sem. en juil., du 1er au 7 janv., dim. et lundi – **Repas** Lunch 55 – carte 79 à 118.

Le Courage, Rechtstraat 81, ⌧ 6221 EH, ℘ (0 43) 321 17 27, Fax (0 43) 326 39 56,
☕ – AE ⓞ ⓜⓔ VISA JCB DYZ u
fermé dim. et lundi – **Repas** (dîner seult) 65/90.

Gadjah Mas, Rechtstraat 42, ⌧ 6221 EK, ℘ (0 43) 321 15 68, gadjahmas@hotmail. com, Fax (0 43) 326 47 10, Cuisine indonésienne – AE ⓞ ⓜⓔ VISA DY j
fermé 1 sem. carnaval et 24, 25 et 31 déc. – **Repas** (dîner seult) 43/75.

De Burght, Burghtstraat 25a (Heer), ⌧ 6227 RR, ℘ (0 43) 367 08 45, restaurantde burght@planet.nl, Fax (0 43) 367 27 40, ☕, « Cave voûtée d'une ancienne demeure entourée de douves » – ℗. AE ⓜⓔ VISA. ※ BX a
fermé carnaval, vacances bâtiment, lundi et mardi – **Repas** Lunch 55 – 65/90.

au Sud : 5 km par Bieslanderweg :

Château Neercanne, Cannerweg 800, ⌧ 6213 ND, ℘ (0 43) 325 13 59, info@nee rcanne.com, Fax (0 43) 321 34 06, ☕, « Château du 17e s., jardin en terrasses, ≤ vallée et campagne » – ℗. AE ⓞ ⓜⓔ VISA
fermé lundi et sam. midi – **Repas** 125/155, carte 110 à 145
Spéc. Salade de homard à la tête de porc croustillante et poireaux en aigre-doux. Pigeon de Bresse rôti, sauce au foie gras d'oie. Parfait glacé aux noisettes et sauce au Sherry.

L'Auberge, Cannerweg 800 (cour intérieure du château), ⌧ 6213 ND, ℘ (0 43) 325 13 59, auberge@neercanne.com, Fax (0 43) 321 34 06, ☕, « Ancienne chapelle voûtée » – ℗. AE ⓞ ⓜⓔ VISA
fermé sam. et dim. – **Repas** (déjeuner seult) 105 bc.

à Beek par ① : 15 km – 17 145 h.

Mercure, Vliegveldweg 19 (Sud : 2,5 km à l'aéroport), ⌧ 6191 SB, ℘ (0 43) 364 21 31, H1243@accor-hotels.com, Fax (0 43) 364 46 68, ≤, 🚲 – ⇐⇒, ⎕ ch, ⓣⓥ ℗ – 🛋 35 à 100. AE ⓞ ⓜⓔ VISA. ※
Repas Lunch 33 – 45/63 – ⌕ 23 – **62 ch** 225/250 – ½ P 205/305.

De Bokkerijer avec ch, Prins Mauritslaan 22, ⌧ 6191 EG, ℘ (0 46) 437 13 19, Fax (0 46) 437 47 47 – ℗. AE ⓞ ⓜⓔ VISA. ※
fermé 27 déc.-3 janv. et lundi – **Repas** Lunch 53 – 58/88 – **6 ch** ⌕ 88/160.

Pasta e Vino, Brugstraat 2, ⌧ 6191 KC, ℘ (0 46) 437 99 94, Fax (0 46) 436 03 79
☕, Cuisine italienne – ⎕. ⓜⓔ VISA. ※
fermé 2 sem. carnaval, 3 sem. en août, lundi et mardi – **Repas** (dîner seult) carte 71 à 97.

La Bergerie, Geverikerstraat 42 (Sud-Ouest : 1 km à Geverik), ⌧ 6191 RP, ℘ (0 46) 437 47 27, bergerie@globalxs.nl, Fax (0 46) 437 47 27, ☕ – ⎕. AE ⓞ ⓜⓔ VISA. ※
fermé lundi et mardi – **Repas** Lunch 55 – carte env. 85.

à Margraten par ④ : 10 km – 13 780 h.

Groot Welsden ⌘, Groot Welsden 27, ⌧ 6269 ET, ℘ (0 43) 458 13 94, Fax (0 43) 458 23 55, « Aménagement cossu, jardin avec pièce d'eau » – ⓣⓥ ℗. AE ⓜⓔ VISA. ※
Repas 45 – ⌕ 15 – **14 ch** (fermé carnaval) 132/165 – ½ P 123/143.

Wippelsdaal ⌘, Groot Welsden 13, ⌧ 6269 ET, ℘ (0 43) 458 18 91, info@wipp sdaal.nl, Fax (0 43) 458 27 15, ≤, « Cadre champêtre » – ⓣⓥ ℗. ⓜⓔ VISA. ※ rest
Repas (fermé du 3 au 10 juil., 27 déc.-21 janv. et mardi) (dîner pour résidents seult) – **14 c** (fermé 27 déc.-21 janv.) ⌕ 95/150 – ½ P 100/103.

MADE Noord-Brabant 🆑 Drimmelen 26 582 h. 📙 N 12 et 📕 F 6.
Amsterdam 94 – Bergen op Zoom 45 – Breda 13 – 's-Hertogenbosch 40 – Rotterdam 46.

De Korenbeurs, Kerkstraat 13, ⊠ 4921 BA, ℘ (0 162) 68 21 50, hotel.korenbeurs @worldonline.nl, Fax (0 162) 68 46 47, 🍴 – 📶 📺 📞 – 🛏 25 à 350. 🆎 ⓞ ⓜ 💳 ⓙ
Repas (fermé 24 déc. soir et 31 déc. soir) 45 – **54 ch** ⌂ 160/190 – ½ P 195.

MARGRATEN Limburg 📙 T 18 et 📕 I 9 – voir à Maastricht.

MARKELO Overijssel 📘 X 9, 📙 X 9 et 📕 K 5 – 7 147 h.
🛈 Goorseweg 1, ⊠ 7475 BB, ℘ (0 547) 36 15 55, Fax (0 547) 36 38 81.
Amsterdam 125 – Apeldoorn 41 – Arnhem 59 – Enschede 34 – Zwolle 50.

In de Kop'ren Smorre 🍴 avec ch, Holterweg 20, ⊠ 7475 AW, ℘ (0 547) 36 13 44, markelo@koprensmorre.nl, Fax (0 547) 36 22 01, 🍴, « Ancienne ferme, intérieur décoré de faïences de Delft, jardin paysagé » – 📺 📞 🆎 ⓜ 💳 ⓙ ❀
fermé 24 et 31 déc., 1er janv. et lundi – **Repas** 75/93 – **4 ch** ⌂ 125/165 – ½ P 130/175.

MECHELEN Limburg 🆑 Gulpen-Wittem 15 537 h. 📙 U 18 et 📕 I 9.
🛈 Dalbissenweg 22, ⊠ 6281 NC, ℘ (0 43) 455 13 97, Fax (0 43) 455 15 76.
Amsterdam 235 – Maastricht 21 – Aachen 14.

Brull 🍴, Hoofdstraat 26, ⊠ 6281 BD, ℘ (0 43) 455 12 63, Fax (0 43) 455 23 00, « Cour intérieure décorée de colombages », 🍴 – 📶 📺 – 🛏 25. 💳 ❀
Repas (dîner pour résidents seult) – **26 ch** ⌂ 95/210 – ½ P 140/155.

't Hilleshagerhofke, Hilleshagerweg 33b, ⊠ 6281 AD, ℘ (0 43) 455 19 50, mcma honp@wxs.nl, Fax (0 43) 455 19 50, 🍴, « Terrasse avec ≤ dominant la vallée » – 📞 🆎 ⓜ 💳 ⓙ ❀
fermé 19 fév.-8 mars, mardi, merc. et après 20 h de nov. à mars et lundi – **Repas** carte 48 à 64.

MEDEMBLIK Noord-Holland 📘 P 6 et 📕 G 3 – 7 462 h.
Voir Oosterhaven★.
Amsterdam 58 – Alkmaar 36 – Enkhuizen 21 – Hoorn 19.

Tulip Inn Het Wapen van Medemblik, Oosterhaven 1, ⊠ 1671 AA, ℘ (0 227) 54 38 44, tulipinn.medemblik@wxs.nl, Fax (0 227) 54 23 97, 🍴, 🚲 – 📶 📺 – 🛏 40 à 80. 🆎 ⓞ ⓜ 💳. ❀ ch
fermé 24 et 31 déc. et 1er janv. – **Repas** carte 50 à 70 – **26 ch** ⌂ 115/175 – ½ P 108.

MEERKERK Zuid-Holland 🆑 Zederik 13 629 h. 📙 O 11 et 📕 F 6.
Amsterdam 55 – Utrecht 24 – Arnhem 76 – Breda 46 – Den Haag 80 – Rotterdam 50.

AC Hotel, Energieweg 116 (près A 27, sortie ㉕), ⊠ 4231 DJ, ℘ (0 183) 35 21 98, meer kerk@autogrill.net, Fax (0 183) 35 22 99, 🚲 – 📶 ❀, ■ rest, 📺 ♿ 📞 – 🛏 25 à 250. 🆎 ⓞ ⓜ 💳
Repas (Avec buffet) Lunch 17 – 45 – ⌂ 22 – **64 ch** 145/185.

MEGEN Noord-Brabant 🆑 Oss 65 168 h. 📙 S 12 et 📕 H 6.
Amsterdam (bac) 103 – Arnhem 45 – 's-Hertogenbosch 30 – Nijmegen 28.

Den Uiver, Torenstraat 3, ⊠ 5366 BJ, ℘ (0 412) 46 25 48, Fax (0 412) 46 30 41, 🍴, « Grange du 19e s. » – 🆎 ⓞ ⓜ 💳
fermé 24 fév.-6 mars, sam. midi, dim. midi et lundi – **Repas** 55/95.

MEPPEL Drenthe 📘 W 6 et 📕 J 3 – 29 423 h.
🛈 à Havelte : 10 km, Kolonieweg 2, ⊠ 7971 RA, ℘ (0 521) 34 22 00.
🛈 Kromme Elleboog 2, ⊠ 7941 KC, ℘ (0 522) 25 28 88, Fax (0 522) 25 96 88.
Amsterdam 135 – Assen 55 – Groningen 82 – Leeuwarden 68 – Zwolle 25.

De Wijk Est : 7,5 km 🆑 De Wolden 23 344 h :

De Havixhorst 🍴 avec ch, Schiphorsterweg 34 (De Schiphorst), ⊠ 7957 NV, ℘ (0 522) 44 14 87, havixhorst@hospitality.nl, Fax (0 522) 44 14 89, 🍴, « Demeure du 18e s., jardin », 🚲 – 📺 📞 – 🛏 25 à 100. 🆎 ⓞ ⓜ 💳 ⓙ ❀
fermé dim. et lundi – **Repas** Lunch 80 – carte 98 à 113 – ⌂ 23 – **8 ch** 185/325 – ½ P 255/345.

MIDDELBURG P *Zeeland* 211 G 14 *et* 908 B 7 – 44 481 h.
Voir *Hôtel de ville★ (Stadhuis)* AYZ H – *Abbaye★ (Abdij)* ABY.
Musée : *de Zélande★ (Zeeuws Museum)* AY M¹.
🛈 *Nieuwe Burg 40,* ⌧ *4331 AH,* ✆ *(0 118) 65 99 44, Fax (0 118) 65 99 60.*
Amsterdam 194① – Breda 98① – Rotterdam 106① – Antwerpen 91① – Brugge (bac) 47②

MIDDELBURG

Achter de Houttuinen ..... **AZ** 3	Koorkerkstr. ..... **BZ** 15	Nieuwstr. ..... **BZ** 28
Bierkaai ..... **BZ** 4	Korte Burg ..... **AY** 16	Plein 1940 ..... **AZ** 30
Damplein ..... **BY** 6	Korte Delft ..... **BYZ** 18	Rotterdamsekaai ..... **BY** 31
Groenmarkt ..... **AYZ** 7	Korte Noordstr. ..... **AY** 19	Segeerstr. ..... **BZ** 33
Hoogstr. ..... **AZ** 9	Lange Delft ..... **ABZ**	Sint Pieterstr. ..... **BY** 34
Houtkaai ..... **BZ** 10	Lange Noordstr. ..... **AY** 21	Stadhuisstr. ..... **AY** 36
Koepoortstr. ..... **BY** 12	Langeviele ..... **AZ**	Vismarkt ..... **ABZ** 37
Koestr. ..... **AZ** 13	Londensekaai ..... **BZ** 22	Vlissingsestr. ..... **AZ** 39
	Markt ..... **AZ**	Volderijlaagte ..... **AY** 40
	Nieuwe Burg ..... **AZ** 24	Wagenaarstr. ..... **AY** 42
	Nieuwe Haven ..... **AZ** 25	Walensingel ..... **AYZ** 43
	Nieuwe Vlissingseweg ..... **AZ** 27	

🏨 **Arneville,** Buitenruststraat 22 (par ①), ⌧ 4337 EH, ✆ (0 118) 63 84 56, arneville@eelandnet.nl, Fax (0 118) 61 51 54, 佘, ᐊᑯ – ᛚ 🖳 P – 🕸 25 à 250. 🖭 ⊙ 🕥 VISA JCB. ⛉ rest
ferme 26 déc.-2 janv. – **Repas** Lunch 48 – 55/125 – **44 ch** ⇌ 165/220 – ½ P 155/165 BZ

🏨 **De Nieuwe Doelen,** Loskade 3, ⌧ 4331 HV, ✆ (0 118) 61 21 21, Fax (0 118) 63 66 93, 佘 – ᛚ 🖳 🖭 🕥 VISA JCB. ⛉
Repas (dîner pour résidents seult) – **26 ch** ⇌ 145/225. BZ

🏨 **Middelburg,** Bosschaartsweg 2 (par ① : 2 km), ⌧ 4336 PB, ✆ (0 118) 64 00 44, Fax (0 118) 64 00 55, 佘 – 🖳 P. 🖭 ⊙ 🕥 VISA JCB. ⛉ ch
ferme du 24 au 27 déc. et 31 déc.-2 janv. – **Repas** (Taverne-rest, dîner seult) carte env. 60 – **40 ch** ⇌ 112/144.

496

MIDDELBURG

Gd H. Du Commerce, Loskade 1, ⊠ 4331 HV, ℘ (0 118) 63 60 51, info@hotelducommerce.nl, Fax (0 118) 62 64 00, 斎, 砧 – ϕ 📺 ⒶⒺ ⓂⓄ 🆅🅸🆂🅰 🅹🅲🅱. 鰺 rest   BZ x
Repas carte env. 65 – **46 ch** ⊇ 110/200 – ½ P 115/145.

Le Beau Rivage sans rest, Loskade 19, ⊠ 4331 HW, ℘ (0 118) 63 80 60, Fax (0 118) 62 96 73, 濡 – 📺 ⒶⒺ ⓄⓂⓄ 🆅🅸🆂🅰   BZ b
9 ch ⊇ 100/300.

Het Groot Paradijs (Henderikse), Damplein 13, ⊠ 4331 GC, ℘ (0 118) 65 12 00, Fax (0 118) 65 12 21, 斎 – ⒶⒺ ⓄⓂⓄ 🆅🅸🆂🅰   BY d
ξ3
fermé 17 avril-1er mai, du 5 au 19 nov., fin déc., sam. midi, dim. et lundi – **Repas** Lunch 80 – 125/138, carte env. 110
Spéc. St-Jacques au witlof et à l'orange (oct.-avril). Cabillaud au beurre rouge. Suprême de canard sauvage aux champignons des bois (août-déc.).

de Gespleten Arent, Vlasmarkt 25, ⊠ 4331 PC, ℘ (0 118) 63 61 22, gespletenarent@zeelandnet.nl, Fax (0 118) 61 80 35, 斎 – ⒶⒺ ⓄⓂⓄ 🆅🅸🆂🅰   AZ e
fermé mardi et merc. – Repas (dîner seult) 55/69.

De Eetkamer, Wagenaarstraat 13, ⊠ 4331 CX, ℘ (0 118) 63 56 76, Fax (0 118) 61 70 41 – ⒶⒺ ⓂⓄ 🆅🅸🆂🅰. 鰺   AY f
fermé prem. sem. juin, 27 déc.-4 janv., lundi et jeudi – **Repas** (dîner seult) carte 85 à 100.

Nummer 7, Rotterdamsekaai 7, ⊠ 4331 GM, ℘ (0 118) 62 70 77 – 🍽. ⒶⒺ ⓄⓂⓄ 🆅🅸🆂🅰   BY h
fermé janv. et lundi – **Repas** (dîner seult) 42.

MIDDELHARNIS Zuid-Holland 211 J 12 et 908 D 6 – 16 449 h.
🛈 Kade 9, ⊠ 3241 CE, ℘ (0 187) 48 48 70, Fax (0 187) 48 78 15.
Amsterdam 133 – Rotterdam 49 – Breda 65 – Den Haag 83 – Zierikzee 22.

De Hooge Heerlijkheid avec ch, Voorstraat 21, ⊠ 3241 EE, ℘ (0 187) 48 32 64, resthh@tref.nl, Fax (0 187) 48 53 29, 斎, « Maisonnettes hollandaises du 17e s. avec terrasse » – 📺. ⒶⒺ ⓄⓂⓄ 🆅🅸🆂🅰. 鰺 ch
fermé 2 sem. en juin, 2 sem. en oct., 2 sem. en janv., mardi et merc. – **Repas** (dîner seult) 55/135 – ⊇ 15 – **4 ch** 80/140.

Brasserie 't Vingerling, Vingerling 23, ⊠ 3241 EB, ℘ (0 187) 48 33 33, restnn@tref.nl, Fax (0 187) 48 33 33, ≼, 斎, Ouvert jusqu'à 23 h, « Entrepôt du 18e s. sur le port de plaisance », 🍽. 🆅🅸🆂🅰
fermé 2 sem. en fév., 1 sem. en mai, 2 sem. en oct., lundi sauf en juil.-août et jeudi – **Repas** 50/60.

MIDDELSTUM Groningen © Loppersum 11 068 h. 210 Y 2 et 908 K 1.
Amsterdam 201 – Groningen 20 – Appingedam 17.

Herberg "in de Valk", Burchtstraat 12, ⊠ 9991 AB, ℘ (0 595) 55 22 16, klever012@wxs.nl, Fax (0 595) 55 22 04, 斎 – 🅿. ⒶⒺ ⓂⓄ 🆅🅸🆂🅰. 鰺 ch
fermé 27 déc.-4 janv. et lundi – Repas (dîner seult) 60/85.

MIDSLAND (MIDSLÂN) Fryslân 210 Q 2 et 908 G 1 – voir à Waddeneilanden (Terschelling).

MIERLO Noord-Brabant 211 S 14 et 908 H 7 – 10 173 h.
🛈 Heiderschoor 26, ⊠ 5731 RG, ℘ (0 492) 59 22 84, Fax (0 492) 66 76 73.
Amsterdam 129 – Eindhoven 16 – Helmond 5 – 's-Hertogenbosch 44.

Carlton De Brug, Arkweg 3, ⊠ 5731 PD, ℘ (0 492) 67 89 11, debrug@carlton.nl, Fax (0 492) 66 48 95, ᒻ6, 舎, 🔲, 鰺, 砧 – ϕ ⇌, ≡ rest, 📺 🅿 – 🛆 25 à 850. ⒶⒺ ⓄⓂⓄ 🆅🅸🆂🅰 🅹🅲🅱
Repas Lunch 35 – 53/60 – ⊇ 28 – **149 ch** 350 – ½ P 220/423.

De Cuijt, Burg. Termeerstraat 50 (Nord-Ouest : 1 km, direction Nuenen), ⊠ 5731 SE, ℘ (0 492) 66 13 23, decuijt@worldonline.nl, Fax (0 492) 66 57 41, 斎, « Auberge rustique » – 🅿. ⓂⓄ 🆅🅸🆂🅰. 鰺
fermé 24 fév.-5 mars, 30 juil.-13 août, 24 déc.-8 janv., dim. et lundi – **Repas** Lunch 45 – carte 50 à 77.

MILL Noord-Brabant © Mill en Sint Hubert 10 998 h. 211 T 12 et 908 I 6.
Amsterdam 123 – Eindhoven 48 – 's-Hertogenbosch 41 – Nijmegen 25.

Aub. de Stoof, Kerkstraat 14, ⊠ 5451 BM, ℘ (0 485) 45 11 37 – ⒶⒺ ⓂⓄ 🆅🅸🆂🅰. 鰺
fermé merc. – **Repas** (dîner seult) carte env. 50.

't Centrum, Kerkstraat 4, ⊠ 5451 BM, ℘ (0 485) 45 19 04, Fax (0 485) 47 05 40 – ⓂⓄ 🆅🅸🆂🅰. 鰺
fermé vacances bâtiment et sam. – **Repas** Lunch 25 – carte env. 60.

497

MILLINGEN AAN DE RIJN Gelderland 211 V 11 et 908 J 6 – 5 915 h.
Amsterdam 134 – Arnhem 32 – Nijmegen 17.

Millings Centrum, Heerbaan 186, ⊠ 6566 EW, ℰ (0 481) 43 12 04, info@millings
centrum.nl, Fax (0 481) 43 27 19, 🍽, 🚲, 📺, &, 🅿, – 🅐 25 à 300. VISA JCB ❀
Repas (fermé après 20 h) Lunch 18 – 40 – **29 ch** (fermé 31 déc. et 1er janv.) ⊇ 85/145
– ½ P 110.

De MOER Noord-Brabant 211 P 13 – voir à Loon op Zand.

MOERDIJK Noord-Brabant 211 M 12 et 908 E 6 – 36 342 h.
Amsterdam 107 – Breda 20 – 's-Hertogenbosch 55 – Rotterdam 35.

Express by Holiday Inn sans rest, Sebastiaansweg 1 (sur A 17, sortie ㉗), ⊠ 4781 PE,
ℰ (0 168) 41 66 41, hiexmoerdijk@wxs.nl, Fax (0 168) 41 29 10 – 🛗 ✲ 📺 & 🅿 🅐 ⓞ
🅜🅢 VISA JCB ❀
62 ch ⊇ 200.

MONNICKENDAM Noord-Holland 🄲 Waterland 17 434 h. 210 P 8 - ㉙ N et 908 G 4 - ㉘ N.
Env. à l'Est : 8 km, Marken★ : village★, costumes traditionnels★.
🄱 Nieuwpoortslaan 15, ⊠ 1141 BT, ℰ (0 299) 65 19 98, Fax (0 299) 65 52 68.
Amsterdam 16 – Alkmaar 34 – Leeuwarden 122.

De Volle Maan, Galgeriet 5a, ⊠ 1141 GA, ℰ (0 299) 65 46 41, Fax (0 20) 403 84 65,
🍽, « Au port de plaisance » – 🅿 🅐 ⓞ 🅜🅢 VISA JCB
fermé 2 prem. sem. nov., 27 déc.-1er janv., lundi et mardi – **Repas** (dîner seult) carte 65
à 82.

Four Seasons, Haringburgwal 5a, ⊠ 1141 AT, ℰ (0 299) 65 55 84, Fax (0 299)
65 51 99, Cuisine chinoise – ▤. 🅐 ⓞ VISA
fermé 31 déc. et lundi – **Repas** (dîner seult jusqu'à 23 h) carte env. 70.

De Roef, Noordeinde 40, ⊠ 1141 AN, ℰ (0 299) 65 18 60, Fax (0 299) 65 45 41, Gril-
lades – ▤. 🅐 🅜🅢 VISA
fermé 1 sem. en oct., 2 prem. sem. janv. et merc. – **Repas** (dîner seult) carte 59 à 74.

MONSTER Zuid-Holland 211 K 10 - ㊳ N et 908 D 5 - ㉓ N – 20 234 h.
Amsterdam 73 – Rotterdam 33 – Den Haag 13.

Elzenduin ⚘, Strandweg 18 (Nord : 1 km à Terheyde aan Zee), ⊠ 2684 VT, ℰ (0 174)
21 42 00, Fax (0 174) 21 42 04, 🍽 – 🛗, ▤ rest, 📺 🅿 – 🅐 30. 🅐 ⓞ 🅜🅢 VISA JCB
Repas Lunch 30 – carte 60 à 110 – **27 ch** ⊇ 166/277 – ½ P 150/250.

MONTFOORT Utrecht 211 O 10 et 908 F 5 – 13 254 h.
Amsterdam 33 – Utrecht 15 – Den Haag 52 – Rotterdam 48.

Kasteel Montfoort 1er étage, Kasteelplein 1, ⊠ 3417 JG, ℰ (0 348) 47 27 27, info
@kasteelmontfoort.nl, Fax (0 348) 47 27 28, 🍽 – ▤ – 🅐 25 à 80. 🅐 ⓞ 🅜🅢 VISA
fermé 27 déc.-4 janv. et dim. – **Repas** Lunch 66 – carte 70 à 94.

de Schans, Willeskop 87 (Sud-Ouest : 4,5 km sur N 228), ⊠ 3417 MC, ℰ (0 348)
56 23 09, Fax (0 348) 56 73 07, 🍽 – ▤ 🅿 🅐 ⓞ 🅜🅢 VISA JCB
fermé lundi – **Repas** Lunch 65 – 68/98.

à Linschoten Nord-Ouest : 3 km 🄲 Montfoort :

De Burgemeester, Raadhuisstraat 17, ⊠ 3461 CW, ℰ (0 348) 41 40 40, Fax (0 348)
43 25 95 – 🅿 🅐 25 à 40. 🅐 ⓞ 🅜🅢 VISA JCB ❀
fermé 24 juil.-13 août, 22 déc.-7 janv., dim. et lundi – **Repas** Lunch 65 – 75/100.

MOOK Limburg 🄲 Mook en Middelaar 7 597 h. 211 U 12 et 908 I 6.
Amsterdam 129 – Arnhem 30 – 's-Hertogenbosch 48 – Maastricht 133 – Nijmegen 12 –
Venlo 54.

De Plasmolen, Rijksweg 170 (Sud-Est : 3 km sur N 271), ⊠ 6586 AB, ℰ (0 24) 696 14 44,
Fax (0 24) 696 22 71, 🍽, « Jardins au bord de l'eau », ⇌, ⚒, 🚲 – 📺 🅿 – 🅐 25 à
80. ❀
36 ch.

Motel De Molenhoek, Rijksweg 1 (Nord : 1 km), ⊠ 6584 AA, ℰ (0 24) 358 01 55,
info@motelmolenhoek.nl, Fax (0 24) 358 21 75, 🍽, ⇌, 🚲 – 🛗 ✲ 📺 🅿 – 🅐 25 à
150. 🅐 ⓞ 🅜🅢 VISA
Repas Lunch 15 – 45 – **56 ch** ⊇ 125/145.

MOOK

XXX **Jachtslot de Mookerheide** ⌘ avec ch, Heumensebaan 2 (Nord-Est : 2 km), ⊠ 6584 CL, ℰ (0 24) 358 30 35, info@mookerheide.nl, Fax (0 24) 358 43 55, 斎, « Dans un vaste parc, intérieur Art Nouveau », 霖, ⚲ – TV P – 益 25 à 150. AE ① ⓜ VISA, ⌘
Repas Lunch 58 – carte 75 à 110 – ⊇ 28 – **15 ch** 160/350, 6 suites – ½ P 185/248.

MUIDEN Noord-Holland 210 P 9, 211 P 9 et 908 G 5 – 6 848 h.
Voir Château★ (Muiderslot).
Amsterdam 18 – Hilversum 22.

XXX **De Doelen**, Sluis 1, ⊠ 1398 AR, ℰ (0 294) 26 32 00, r.verwey@wxs.nl, Fax (0 294) 26 48 75, ≤, 斎, « Intérieur rustique, terrasse le long des écluses » – P. AE ① ⓜ VISA
Repas Lunch 55 – carte 96 à 127.

MUNSTERGELEEN Limburg 211 U 17 – voir à Sittard.

NAALDWIJK Zuid-Holland 211 K11 – ㊳ N et 908 D 6 – ㉓ N – 28 856 h.
Amsterdam 77 – Rotterdam 26 – Den Haag 13.

🏰 **Carlton**, Tiendweg 20, ⊠ 2671 SB, ℰ (0 174) 27 26 25, reserveringen@gtcarlton.nl, Fax (0 174) 27 26 26, 斎, ⚲ – ⟦ ⚹, ▤ rest, TV P – 益 30 à 150. AE ① ⓜ VISA JCB
Repas 45/70 – ⊇ 28 – **80 ch** 360/400.

NAARDEN Noord-Holland 210 P 9, 211 P 9 et 908 G 5 – 16 875 h.
Voir Fortifications★.
🅱 Adriaan Dorstmanplein 1-B, ⊠ 1411 RC, ℰ (0 35) 694 28 36, Fax (0 35) 694 34 24.
Amsterdam 21 – Apeldoorn 66 – Utrecht 30.

🏨 **Tulip Inn**, IJsselmeerweg 3 (près A 1, sortie ⑥ - Gooimeer), ⊠ 1411 AA, ℰ (0 35) 695 15 14, info@tinaarden.goldentulip.nl, Fax (0 35) 695 10 89, 斎, ƒb, ≘s, ⚲ – ⟦ ⚹ TV ⚙ P – 益 25 à 150. AE ① ⓜ VISA, ⌘ ch
Repas Lunch 35 – carte 57 à 83 – ⊇ 28 – **107 ch** 276/298, 20 suites.

XX **Het Arsenaal**, Kooltjesbuurt 1, ⊠ 1411 RZ, ℰ (0 35) 694 91 48, Fax (0 35) 694 03 69, 斎 – ▤ P. AE ① ⓜ VISA
fermé 25 déc.-2 janv. et lundi – **Repas** Lunch 55 – 80/95.

XX **Aub. Le Bastion**, St. Annastraat 3, ⊠ 1411 PE, ℰ (0 35) 694 66 05, Fax (0 35) 694 66 05, 斎 – AE ① ⓜ VISA JCB
fermé sam. midi, dim. midi et mardi – **Repas** Lunch 63 – carte env. 85.

X **Chef's**, Cattenhagestraat 9, ⊠ 1411 CR, ℰ (0 35) 694 88 03, Fax (0 35) 694 88 03, 斎 – AE ① ⓜ VISA
fermé 31 déc. – **Repas** 45/55.

NECK Noord-Holland 210 O 7 – voir à Purmerend.

NEDERWETTEN Noord-Brabant 211 S 14 – voir à Nuenen.

NES Fryslân 210 T 2 et 908 I 1 – voir à Waddeneilanden (Ameland).

NIEUWEGEIN Utrecht 211 P 10 et 908 G 5 – 62 678 h.
🅱 Blokhoeve 7, ⊠ 3438 LC, ℰ (0 30) 604 07 69, Fax (0 30) 604 21 92.
Amsterdam 50 – Utrecht 11 – Rotterdam 65.

🏨 **Mercure**, Buizerdlaan 10 (Ouest : 1 km), ⊠ 3435 SB, ℰ (0 30) 604 48 44, H1164@accor-hotels.com, Fax (0 30) 603 83 74, ƒb, ≘s, ▤ – ⟦ ⚹ TV ⚙ P – 益 25 à 450. AE ① ⓜ VISA
Repas carte 54 à 87 – ⊇ 28 – **78 ch** 275 – ½ P 352/382.

XX **De Middenhof**, Duetlaan 1 (par Nedereindseweg), ⊠ 3438 TA, ℰ (0 30) 603 37 71, info@demiddenhof.nl, Fax (0 30) 603 53 02, 斎, « Ferme du 19ᵉ s. » – P. AE ① ⓜ VISA
fermé 2 dern. sem. juil.-prem. sem. août, sam. midi et dim. midi – **Repas** Lunch 53 – carte env. 85.

XX **De Bovenmeester**, Dorpsstraat 49 (Est : 1,5 km, Vreeswijk), ⊠ 3433 CL, ℰ (0 30) 606 66 22, Fax (0 30) 606 61 08, 斎 – ▤. AE ① ⓜ VISA
fermé 24 déc.-4 janv. et lundi – **Repas** Lunch 53 – 48/63.

499

NIEUWERKERK AAN DEN IJSSEL Zuid-Holland 211 M 11 - ㊵ N et 908 E 6 - ㉕ N – 20 747 h.

Blaardorpsweg 1, ⊠ 2911 BC, ℘ (0 180) 31 71 88, Fax (0 180) 39 02 12.
Amsterdam 53 – Rotterdam 17 – Gouda 12 – Den Haag 42.

Nieuwerkerk a/d IJssel, Parallelweg Zuid 185 (près A 20, sortie ⑰), ⊠ 2914 LE, ℘ (0 180) 32 11 03, info@nieuwerkerk.valk.nl, Fax (0 180) 32 11 84, 🍽 – 🛗 ⇔ TV 🚿 ℙ – 🏛 25 à 125. 🆎 ⓪ ⓪ 🆅🆂🅰 ⊗ ch
Repas Lunch 28 – 45 – ☐ 25 – **102 ch** 145, 1 suite – ½ P 125.

NIEUWERSLUIS Utrecht 211 P 9 – voir à Loenen.

NIEUWESCHANS Groningen C Reiderland 6 996 h. 210 AC 3 et 908 M 2.

Amsterdam 243 – Groningen 49 – Assen 60.

Fontana, Weg naar de Bron 7, ⊠ 9693 GA, ℘ (0 597) 52 77 77, info@fontananieuweschans.nl, Fax (0 597) 52 85 85, 🍽, ☎, ☒, 🏊, ⚒, 🚲 – 🛗 ⇔ TV 🚿 ℙ – 🏛 30 à 100. 🆎 ⓪ ⓪ 🆅🆂🅰. ⊗
Repas carte env. 65 – **67 ch** ☐ 165/180 – ½ P 134.

NIEUW-VENNEP Noord-Holland C Haarlemmermeer 109 377 h. 211 M 9 et 908 E 5.

Amsterdam 31 – Den Haag 36 – Haarlem 17.

De Rustende Jager, Venneperweg 471, ⊠ 2153 AD, ℘ (0 252) 62 93 33, rustend e_jager@planet.nl, Fax (0 252) 62 93 34, 🍽 – 🛗, 🍴 rest, TV ℙ – 🏛 25 à 300. 🆎 ⓪ ⓪ 🆅🆂🅰. ⊗
Repas 60/65 – ☐ 15 – **42 ch** 135/165 – ½ P 193.

NIEUWVLIET Zeeland C Oostburg 17 732 h 211 F 14 et 908 B 7.

Amsterdam 185 – Middelburg (bac) 17 – Antwerpen 84 – Brugge 31 – Knokke-Heist 21.

à Nieuwvliet-Bad Nord-Ouest : 3 km C Oostburg :

Delta Residence, Zouterik 2, ⊠ 4504 RX, ℘ (0 117) 37 20 20, deltaresidence@cs.com, Fax (0 117) 37 20 07, 🍽, 🧖, ☎, ⚒, 🚲 – 🛗 TV ℙ – 🏛 25 à 250. 🆎 ⓪ ⓪ 🆅🆂🅰. ⊗ rest
Repas Lunch 43 – carte 61 à 91 – **35 ch** ☐ 140/280 – ½ P 98/165.

NIJKERK Gelderland 211 R 9 et 908 H 5 – 27 367 h.

Amsterdam 60 – Utrecht 34 – Apeldoorn 53 – Zwolle 57.

Ampt van Nijkerk, Berencamperweg 4, ⊠ 3861 MC, ℘ (0 33) 247 16 16, sales@ampt vannijkerk.nl, Fax (0 33) 247 16 00, 🍽, ☎, ☒, 🚲 – 🛗 TV 🚿 ℙ – 🏛 25 à 250. 🆎 ⓪ ⓪ 🆅🆂🅰 🆃🅲🅱. ⊗ rest
Repas (Ouvert jusqu'à 23 h) Lunch 45 – 50 – ☐ 30 – **110 ch** 225/275 – ½ P 115/275.

de Salentein, Putterstraatweg 7 (Nord-Est : 1,5 km), ⊠ 3862 RA, ℘ (0 33) 245 41 14, info@de-salentein.nl, Fax (0 33) 246 20 18, 🍽 – ℙ – 🏛 25 à 175. 🆎 ⓪ ⓪ 🆅🆂🅰
fermé dim. – **Repas** Lunch 65 – 75/145.

NIJMEGEN Gelderland 211 T 11 et 908 I 6 – 151 864 h. – Casino Y, Waalkade 68, ⊠ 6511 XP, ℘ (0 24) 360 00 00, Fax (0 24) 360 16 02.

Voir Poids public★ (Waag) BC – Chapelle St-Nicolas★ (St. Nicolaaskapel) C R.
Musée : Nationaal Fietsmuseum Velorama★ C M⁵.
(2 parcours) au Sud-Est : 9 km à Groesbeek, Postweg 17, ⊠ 6561 KJ, ℘ (0 24) 397 66 44, Fax (0 24) 397 69 42.
🛈 Keizer Karelplein 2, ⊠ 6511 NC, ℘ 0 900-112 23 44, Fax (0 24) 329 78 79.
Amsterdam 119 ① – Arnhem 19 ① – Duisburg 114 ②

Plan page ci-contre

Mercure, Stationsplein 29, ⊠ 6512 AB, ℘ (0 24) 323 88 88, H1356@accor-hotels.com Fax (0 24) 324 20 90, 🧖, ☎, 🚲 – 🛗 ⇔, 🍴 ch, TV 🚿 ℙ – 🏛 25 à 90. 🆎 ⓪ ⓪ 🆅🆂🅰 🆃🅲🅱
Repas (fermé dim. midi) 45/70 – ☐ 26 – **104 ch** 240/270 – ½ P 191/206.   B

Belvoir, Graadt van Roggenstraat 101, ⊠ 6522 AX, ℘ (0 24) 323 23 44, info@belvoir.n Fax (0 24) 323 99 60, ☎, ☒, 🚲 – 🛗 TV ℙ – 🏛 25 à 350. 🆎 ⓪ ⓪ 🆅🆂🅰. ⊗ rest
Repas (dîner seult) 43/73 – ☐ 25 – **74 ch** 230/270.   C

Bastion, Neerbosscheweg 614, ⊠ 6544 LL, ℘ (0 24) 373 01 00, bastion@bastionh tel.nl, Fax (0 24) 373 03 73, 🍽 – TV ℙ. 🆎 ⓪ ⓪ 🆅🆂🅰. ⊗
Repas (Grillades, ouvert jusqu'à 23 h) 45 – ☐ 18 – **40 ch** 150.   A

NIJMEGEN

Almaraseweg	A	3
Augustinenstr.	B	4
Barbarossastr.	C	6
van Berchenstr.	B	7
Bloemerstr.	B	
Broerstr.	BC	
Burchtstr.	B	
in de Betouwstr.	B	9
Bisschop Hamerstr.	B	10
van Broeckhuysenstraat	C	12
van Demerbroeckstraat	B	13
Gerard Noodstr.	C	15
Graadt Roggenstr.	C	16
Groesbeekseweg	B	18
Grote Markt	B	19
Grotestr.	C	21
Heyendaalseweg	A	22
Houtlaan	A	24
Industrieweg	A	25
Jonkerbospl.	A	27
Julianapl.	C	28
Keizer Traianusplein	C	30
Kelfkenbos	C	31
Kwakkenbergweg	A	33
Lange Hezelstr.	B	
Molenstr.	B	
Mr. Franckenstr.	C	34
Muntweg	A	36
Nassausingel	B	37
Nieuwe Ubbergseweg	A	39
Nonnenstr.	B	40
van Oldenbarneveltstraat	B	42
Oude Kleefse Baan	A	43
Passage Molenpoort	B	45
Plein 1944	B	
Prins Bernhardstr.	C	46
Prins Hendrikstr.	C	48
Regulierstr.	B	49
van Schevichaven straat	C	51
Sionsweg	A	52
Slotemaker de Brüineweg	A	54
Stationspl.	B	55
Stikke Hezelstr.	B	57
van Triestr.	B	58
Tunnelweg	B	60
Tweede Walstr.	B	61
Weg door Jonkerbos	A	63
Wilhelminasingel	A	64
Ziekerstr.	BC	

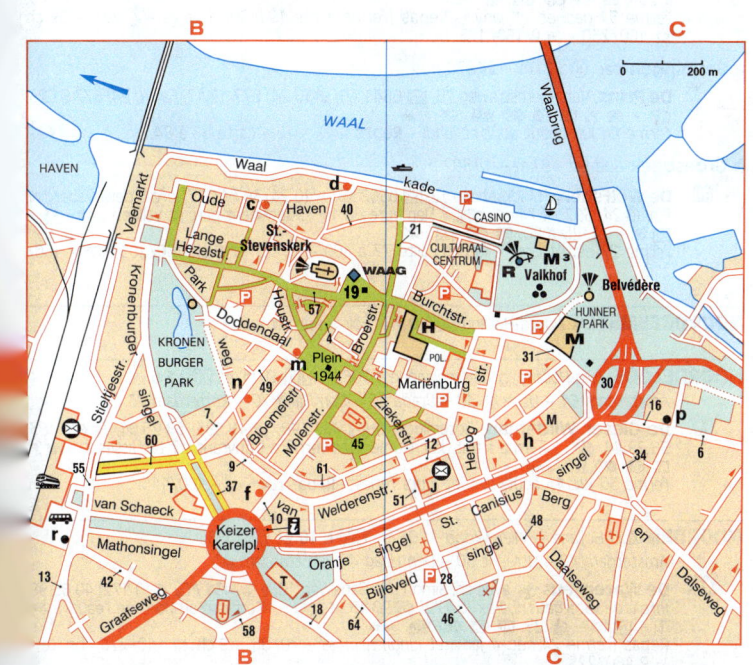

501

NIJMEGEN

Chalet Brakkestein, Driehuizerweg 285, ✉ 6525 PL, ℰ (0 24) 355 39 49, Fax (0 24) 356 46 19, ≤, 🍴, « Demeure du 18ᵉ s., parc » – 🅿. 𝔸𝔼 ⓞ ⓜⓢ VISA   A n
fermé 31 déc. et 1ᵉʳ janv. – **Repas** (dîner seult) carte 79 à 98.

Het Heimwee, Oude Haven 76, ✉ 6511 XH, ℰ (0 24) 322 22 56, Fax (0 24) 323 98 12,
🍴 – ▪, 𝔸𝔼 ⓞ ⓜⓢ VISA   B c
fermé 31 déc. et 1ᵉʳ janv. – **Repas** Lunch 45 – carte 63 à 85.

De Schat, Lage Markt 79, ✉ 6511 VK, ℰ (0 24) 322 40 60, Fax (0 24) 360 88 88, 🍴,
Ouvert jusqu'à 23 h – ▪. 𝔸𝔼 ⓞ ⓜⓢ VISA   B d
fermé 24 déc.-1ᵉʳ janv. et lundi – **Repas** Lunch 45 – carte 84 à 107.

Het Savarijn, Van der Brugghenstraat 14, ✉ 6511 SL, ℰ (0 24) 323 26 15, post@s
avarijn.nl, Fax (0 24) 360 51 67, 🍴 – ▪. 𝔸𝔼 ⓞ ⓜⓢ VISA ⱼcb ✻   C h
fermé du 14 au 22 juil., 24 et 31 déc., 1ᵉʳ janv., sam. midi et dim. – **Repas** Lunch 60 – carte 56 à 73.

Hoo Wah 1ᵉʳ étage, Plein 1944 nʳ 52, ✉ 6511 JE, ℰ (0 24) 322 01 52, Fax (0 24) 324 16 97, Cuisine asiatique – ▪. 𝔸𝔼 ⓞ ⓜⓢ VISA   B m
fermé lundi de carnaval, 23 juil.-2 août, mardis non fériés et dim. midi – **Repas** 56/82.

Jansen en de Vries, Regulierstraat 59, ✉ 6511 DP, ℰ (0 24) 322 90 77, Fax (0 24) 360 31 03 – 𝔸𝔼 ⓞ ⓜⓢ VISA ⱼcb   B n
fermé 16 juil.-8 août, 27 déc.-10 janv., lundi et mardi – **Repas** (dîner seult) 53/78.

Claudius, Bisschop Hamerstraat 12, ✉ 6511 NB, ℰ (0 24) 322 14 56, restaurant.clau
dius@inter.nl.net, Fax (0 24) 322 14 56, 🍴, Grillades – 𝔸𝔼 ⓞ ⓜⓢ VISA   B f
fermé lundi – **Repas** (dîner seult jusqu'à 23 h) carte env. 75.

à Berg en Dal C *Groesbeek* 19 302 h :

Val-Monte ⋗, Oude Holleweg 5, ✉ 6572 AA, ℰ (0 24) 684 20 00, g.t.valmonte@m
olyvos.net, Fax (0 24) 684 33 53, ≤, 🍴, « Jardin », ⊠, 🚲 – ⧗ 🛇 📺 🅿. – 🛋 25 à 140. 𝔸𝔼 ⓞ ⓜⓢ VISA ✻   A y
Repas Lunch 44 – carte 59 à 74 – ⊇ 21 – **98 ch** 85/280, 1 suite – ½ P 133/163.

Erica ⋗, Molenbosweg 17, ✉ 6571 BA, ℰ (0 24) 684 35 14, erica@bestwestern.nl,
Fax (0 24) 684 36 13, « Environnement boisé », ≘s, ⊠, 🚣, 🍴, 🚲 – ⧗ 📺 🛇 🅿. – 🛋 25 à 250. 𝔸𝔼 ⓞ ⓜⓢ VISA ✻ rest   A x
fermé 31 déc. et 1ᵉʳ janv. – **Repas** (fermé après 19 h 30) Lunch 23 – 45/75 – **59 ch** ⊇ 160/230 – ½ P 150/175.

à Beuningen par ⑤ : 7 km – 24 970 h :

De Prins, Van Heemstraweg 19, ✉ 6641 AB, ℰ (0 24) 677 12 17, Fax (0 24) 677 81 26,
🍴 – ▪ 𝔸𝔼 ⓞ ⓜⓢ VISA ✻
fermé fin juil.-début août et lundi – **Repas** Lunch 35 bc – carte 58 à 84.

à Groesbeek Sud-Est : 9 km – 19 302 h :

De Wolfsberg, Mooksebaan 12, ✉ 6562 KB, ℰ (0 24) 397 13 27, info@dewolfsberg.nl,
Fax (0 24) 397 74 74, ≤, 🍴, « Demeure du 19ᵉ s. dominant parc et vallée », 🚣, 🚲 – 📺 🅿. – 🛋 25 à 80. 𝔸𝔼 ⓞ ⓜⓢ VISA ✻
fermé 27 déc.-4 janv. – **Repas** carte 77 à 100 – ⊇ 23 – **18 ch** 160/205 – ½ P 160/210.

NOORDBEEMSTER *Noord-Holland* 𝟚𝟙𝟙 O 7 – voir à Purmerend.

NOORDELOOS *Zuid-Holland* C *Giessenlanden* 14 062 h. 𝟚𝟙𝟙 O 11 et 𝟡𝟘𝟠 F 6.
Amsterdam 61 – Utrecht 30 – Breda 45 – Den Haag 70 – Rotterdam 43.

De Gieser Wildeman, Botersloot 1, ✉ 4225 PR, ℰ (0 183) 58 25 01, Fax (0 183) 58 29 44, 🍴, « Ferme à toit de chaume avec verrière s'ouvrant sur terrasses » – ▪ 🅿.
𝔸𝔼 ⓞ ⓜⓢ VISA ⱼcb
fermé 30 juil.-13 août, dim. et jours fériés – **Repas** Lunch 66 – 100/115.

NOORDEN *Zuid-Holland* C *Nieuwkoop* 11 067 h. 𝟚𝟙𝟙 N 10 et 𝟡𝟘𝟠 F 5.
Amsterdam 42 – Utrecht 50 – Den Haag 48 – Rotterdam 47.

De Watergeus ⋗ avec ch, Simon van Capelweg 10, ✉ 2431 AG, ℰ (0 172) 40 83 98
info@dewatergeus.nl, Fax (0 172) 40 92 15, ≤, 🍴, « Terrasse au bord de l'eau », 🚣
⊡ – 📺 🅿. – 🛋 25. 𝔸𝔼 ⓞ ⓜⓢ VISA ⱼcb
Repas (fermé 24 déc.-4 janv. et lundi) Lunch 55 – 70/85 – **9 ch** ⊇ 110/225, 1 suite
½ P 160/225.

NOORDGOUWE Zeeland 🆔 Schouwen-Duiveland 33 222 h. 211 I 12 et 908 C 6.
Amsterdam 150 – Rotterdam 74 – Zierikzee 10.

🏠 **Van der Weijde**, Brouwerijstraat 1, ✉ 4317 AC, ☏ (0 111) 40 14 91, Fax (0 111) 40 21 29, 🍴 – 📺 🅰🅴 ⓘ ⓜⓒ 💳 ✳ rest
  fermé du 1ᵉʳ au 15 oct. – **Repas** (fermé dim. d'oct. à avril) Lunch 35 – carte 54 à 75 – **7 ch** ⊆ 80/135 – ½ P 103/108.

NOORD-SCHARWOUDE Noord-Holland 210 N 6 – voir à Alkmaar.

NOORDWIJK AAN ZEE Zuid-Holland 🆔 Noordwijk 25 115 h. 211 L 9 et 908 E 5 – Station balnéaire.
  ⛳ Randweg 25, ✉ 2204 AL, ☏ (0 252) 37 37 61, Fax (0 252) 37 00 44.
  🛈 De Grent 8, ✉ 2202 EK, ☏ 0 900-202 04 04, Fax (0 71) 361 69 45.
  Amsterdam 42 ① – Den Haag 26 ① – Haarlem 28 ①

Plan page suivante

🏨🏨🏨🏨 **Gd H. Huis ter Duin** ⚜, Koningin Astrid bd 5, ✉ 2202 BK, ☏ (0 71) 361 92 20, info@huisterduin.com, Fax (0 71) 361 94 01, ≤, 🍴, « Dominant dunes, plage et mer », 🛁, ⋈, ⊠, 🍴, ✳, 🚴 – 📲 ✳ 📺 ☎ 🅿 – 🅰 25 à 1000. 🅰🅴 ⓘ ⓜⓒ 💳 🄲🄱 ✳ rest
  Repas voir rest **Latour** ci-après – **la Terrasse** (Ouvert jusqu'à 23 h) Lunch 28 – carte env. 85 – **239 ch** ⊆ 463/529, 22 suites. AX **a**

🏨🏨🏨 **Oranje**, Koningin Wilhelmina bd 20, ✉ 2202 GV, ☏ (0 71) 367 68 69 et 367 68 52 (rest), info@hotelsvanoranje.nl, Fax (0 71) 367 68 00, ≤, 🛁, ⋈, ⊠, 🚴 – 📲, 🌐 rest, 📺 ✳ ☎ 🅿 – 🅰 25 à 1200. 🅰🅴 ⓘ ⓜⓒ 💳 🄲🄱 ✳ rest
  Repas **De Orangerie** Lunch 55 – 65/85 – **De Harmonie** (Grillades, dîner seult) carte 47 à 77 – **192 ch** ⊆ 505, 2 suites. AX **d**

🏨🏨 **Beach**, Koningin Wilhelmina bd 31, ✉ 2202 GW, ☏ (0 71) 367 68 69, info@hotelsvanoranje.nl, Fax (0 71) 367 68 00, ≤, 🛁, ⋈, ⊠, 🚴 – 📲, 🌐 rest, 📺 ☎ 🅿 – 🅰 25 à 75. 🅰🅴 ⓘ ⓜⓒ 💳 ✳ rest
  Repas **De Mangerie** 60/85 – **84 ch** ⊆ 335/415. AX **e**

🏨🏨 **Alexander**, Oude Zeeweg 63, ✉ 2202 CJ, ☏ (0 71) 361 89 00, info@alexanderhotel.nl, Fax (0 71) 361 78 82, ⋈, 🚴 – 📲, 🌐 rest, 📺 ☎ 🅿 – 🅰 50 à 200. 🅰🅴 ⓘ ⓜⓒ 💳 🄲🄱 ✳
  Repas Lunch 30 – 45/140 – **62 ch** ⊆ 195/260 – ½ P 180/190. AX **b**

🏨🏨 **Mercure**, Koningin Wilhelmina bd 8, ✉ 2202 GS, ☏ (0 71) 361 92 05, H2085@accor-hotels.com, Fax (0 71) 361 67 96, ≤, 🍴, ⋈, ⊠ – 📲 📺 ☎ 🅿 – 🅰 25 à 120. 🅰🅴 ⓘ ⓜⓒ 💳 🄲🄱 ✳ rest
  Repas Lunch 33 – carte env. 75 – ⊆ 36 – **82 ch** 290/340 – ½ P 288/338. AX **h**

🏨🏨 **Marie Rose** ⚜, Emmaweg 25, ✉ 2202 CP, ☏ (0 71) 361 73 00, info@marieroseho tel.nl, Fax (0 71) 361 73 01 – 📲 📺 🅰🅴 ⓘ ⓜⓒ 💳 ✳ rest
  Repas (dîner pour résidents seult) – **32 ch** ⊆ 150/175 – ½ P 148/203. AX **c**

🏨🏨 **Prominent Inn**, Koningin Wilhelmina bd 4, ✉ 2202 GR, ☏ (0 71) 361 22 53, promin n@planet.nl, Fax (0 71) 361 13 65, ≤, 🍴, ⋈ – 📲 📺 🅿 – 🅰 25. 🅰🅴 ⓘ ⓜⓒ 💳
  Repas Lunch 35 – carte 45 à 70 – **32 ch** ⊆ 175/250 – ½ P 130/165. AX **m**

🏨🏨 **Zonne**, Rembrandtweg 17, ✉ 2202 AT, ☏ (0 71) 361 96 00, Fax (0 71) 362 06 02, 🍴, ⊠, ✳, 🚴 – 🅰 25. 🅰🅴 ⓘ ⓜⓒ 💳 ✳ rest
  Repas (fermé dim. de nov. à mi-fév. et après 20 h 30) Lunch 50 – carte 50 à 67 – **27 ch** (fermé 20 déc.-4 janv.) ⊆ 225/280 – ½ P 128/138. AZ **z**

🏨🏨 **Belvedere** ⚜, Beethovenweg 5, ✉ 2202 AE, ☏ (0 71) 361 29 29, hotelbelv@astro n.nl, Fax (0 71) 364 60 61, 🚴 – 📲, 🌐 rest, 📺 🅿 – 🅰 35. 🅰🅴 ⓘ ⓜⓒ 💳 ✳ rest
  fermé 10 déc.-1ᵉʳ fév. – **Repas** (dîner pour résidents seult) – **32 ch** ⊆ 205 – ½ P 225/265. AZ **h**

🏨🏨 **De Witte Raaf** ⚜, Duinweg 117 (Nord-Est : 4,5 km), ✉ 2204 AT, ☏ (0 252) 37 59 84, witteraaf@silencehotel.nl, Fax (0 252) 37 75 78, 🍴, ⊠, 🍴, ✳, 🚴 – 📲 ✳ 🅿 – 🅰 25 à 100. 🅰🅴 ⓘ ⓜⓒ 💳 🄲🄱 ✳ rest
  Repas (fermé 31 déc. et 1ᵉʳ janv.) 73/93 – ⊆ 30 – **45 ch** 115/240 – ½ P 210/290. BY

🏨 **Fiankema** ⚜, Julianastraat 12, ✉ 2202 KD, ☏ (0 71) 362 03 40, fiankemahotel@c ompuserve.com, Fax (0 71) 362 03 70, 🛁, ⋈, 🚴 – 📺 🅿
  mi-mars-sept. – **Repas** (dîner pour résidents seult) – **30 ch** ⊆ 150/190 – ½ P 95/125. AX **f**

🏨 **De Admiraal**, Quarles van Uffordstraat 81, ✉ 2202 ND, ☏ (0 71) 361 24 60, admir aalnw@cistron.nl, Fax (0 71) 361 68 14, ⋈ – 📲 📺 🅿 🅰🅴 ⓘ ⓜⓒ 💳 ✳ ch AX **s**
  Repas (fermé vend. d'oct. à mars) (dîner seult) carte 46 à 62 – **26 ch** (fermé mi-déc.-mi-janv.) ⊆ 115/180 – ½ P 120/136.

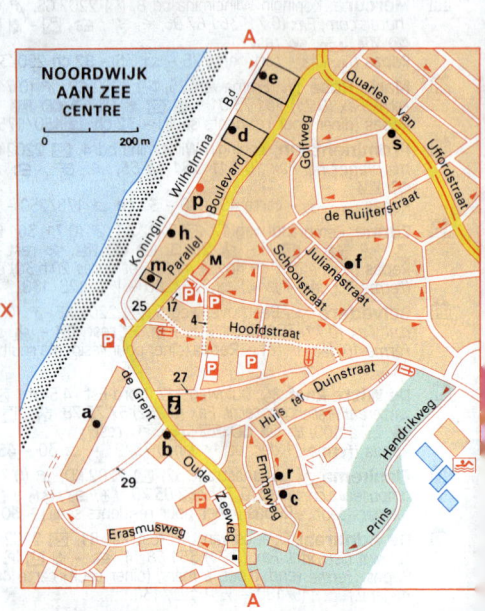

Bomstraat	**AX** 4
Bronckhorststraat	**BZ** 6
Douzastraat	**BZ** 7
Heilige Geestweg	**BZ** 10
Herenweg	**BZ** 12
Hoofdstraat	**AX**
Kerkstraat	**BZ** 15
Kroonsplein (Jan)	**AX** 17
Limburg Stirumstraat (van)	**BZ** 19
Lindenhofstraat	**BZ** 21
Lindenplein	**BZ** 22
Palaceplein	**AX** 25
Royenstraat (Abraham van)	**AX** 27
Tappenbeckweg (Rudolf)	**AX** 29
Tramsteeg	**BZ** 31

Aux Pays-Bas,
le petit déjeuner est
généralement inclus
dans le prix
de la chambre.

In Nederland
is het ontbijt
in het algemeen
bij de kamerprijs
inbegrepen.

NOORDWIJK AAN ZEE

Edelman, Koningin Astrid bd 48, ⊠ 2202 BE, ℘ (0 71) 361 31 24, Fax (0 71) 361 07 73, ≤, 🍴 – 📺, AE ① ⓂⓄ VISA
Repas carte 69 à 88 – **26 ch** ⊡ 129/206 – ½ P 208/278. AZ k

Astoria ⚓, Emmaweg 13, ⊠ 2202 CP, ℘ (0 71) 361 00 14, info@hotelastoria.nl, Fax (0 71) 361 66 44, 🚲 – 📱 📺 🅿 – 🔒 30. AE ⓂⓄ VISA. ⚓
Repas (résidents seult) – **34 ch** ⊡ 150/180 – ½ P 180/220. AX r

Latour - H. Gd H. Huis ter Duin, 1er étage, Koningin Astrid bd 5, ⊠ 2202 BK, ℘ (0 71) 365 12 39, info@huisterduin.com, Fax (0 71) 361 94 01, ≤ – 🅿. AE ① ⓂⓄ VISA JCB. ⚓
Repas (fermé sam. midi, dim. et lundi) Lunch 48 – 95/135. AX a

Petit Blanc, Koningin Wilhelmina bd 16a, ⊠ 2202 GT, ℘ (0 71) 361 48 75, Fax (0 71) 361 48 75, 🍴 – 📱. AE ① ⓂⓄ VISA
fermé du 1er au 21 janv. et merc. – **Repas** Lunch 53 – 65. AX p

Noordwijk-Binnen C Noordwijk :

Het Hof van Holland, Voorstraat 79, ⊠ 2201 HP, ℘ (0 71) 361 22 55, hof@tref.nl, Fax (0 71) 362 06 01, 🍴, 🚲 – 🔴 rest, 📺 🅿 – 🔒 25 à 100. AE ① ⓂⓄ VISA BZ a
fermé 26 déc.-5 janv. – **Repas** carte 80 à 110 – **33 ch** ⊡ 175/325, 2 suites – ½ P 190/227.

Cleyburch, Herenweg 225 (Sud : 2 km), ⊠ 2201 AG, ℘ (0 71) 364 84 48, Fax (0 71) 364 63 66, 🍴, « Ancienne ferme à fromages » – 🅿. AE ① ⓂⓄ VISA BZ
fermé lundi – **Repas** (dîner seult) 70/93.

Noordwijkerhout Nord-Est : 5 km – 15 409 h.

Mangerie Zegers, Herenweg 78 (Nord-Est : 1,5 km), ⊠ 2211 CD, ℘ (0 252) 37 25 88, Fax (0 252) 34 15 65, 🍴 – 🔴 rest – 🔒 25 à 125. AE ① ⓂⓄ VISA
fermé 30 juil.-21 août, 2 sem. en janv., lundi et mardi – **Repas** (dîner seult) 55/75.

NOORDWIJK-BINNEN Zuid-Holland 211 G 9 et 908 E 5 – voir à Noordwijk aan Zee.

NOORDWIJKERHOUT Zuid-Holland 211 L 9 et 908 E 5 – voir à Noordwijk aan Zee.

NUENEN Noord-Brabant C Nuenen, Gerwen en Nederwetten 23 584 h. 211 S 14 et 908 H 7.
Amsterdam 125 – Eindhoven 7 – 's-Hertogenbosch 39.

de Collse Hoeve, Collse Hoefdijk 24 (à Eeneind, Sud : 3 km), ⊠ 5674 VK, ℘ (0 40) 283 81 11, Fax (0 40) 283 42 55, 🍴, 🚲 – 🔴 rest, 📺 ♿ 🅿 – 🔒 25 à 150. AE ① ⓂⓄ VISA – fermé 27 et 31 déc. et 1er janv. – **Repas** (fermé sam. midi et dim. midi) Lunch 58 – 60/125 – **45 ch** ⊡ 100/325 – ½ P 145/205.

De Lindehof, Beekstraat 1, ⊠ 5671 CS, ℘ (0 40) 283 73 36, Fax (0 40) 284 01 16 – 🔴. AE ⓂⓄ VISA
fermé 16 juil.-8 août, 31 déc.-9 janv., mardi et merc. – **Repas** (dîner seult) 75/90.

de Zonnewende, Park 63, ⊠ 5671 GC, ℘ (0 40) 284 00 60, zonnewen@worldonlin e.nl, Fax (0 40) 284 20 45, 🍴 – AE ① ⓂⓄ VISA JCB
fermé 23 fév.-1er mars, du 12 au 29 juil. et dim. – **Repas** (dîner seult) carte env. 100.

Nederwetten Nord-Ouest : 3 km C Nuenen, Gerwen en Nederwetten :

Heerendonck, Hoekstraat 21, ⊠ 5674 NN, ℘ (040) 283 39 27, heerendonck@capi tolonline.nl, Fax (0 40) 284 01 85, 🍴 – 🅿. ⓂⓄ VISA
fermé 3 sem. en août, 2 sem. en janv., lundi, mardi et merc. – **Repas** (dîner seult) 55/68.

NUTH Limburg 211 U 17 et 908 I 9 – 16 642 h.
Amsterdam 207 – Maastricht 19 – Heerlen 8 – Aachen 24.

Pingerhof, Pingerweg 11, ⊠ 6361 AL, ℘ (0 45) 524 17 99, Fax (0 45) 524 20 23, 🍴, « Rustique, terrasse et jardin » – 🅿. AE ① ⓂⓄ VISA
fermé merc. – **Repas** (dîner seult sauf sam. et dim.) 85/95.

In De'n Dillegaard, Dorpstraat 89, ⊠ 6361 EK, ℘ (0 45) 524 55 94, Fax (0 45) 567 08 44, 🍴 – 🅿. ⓂⓄ VISA
fermé du 16 au 31 juil., lundi et mardi – **Repas** Lunch 63 – 60/95.

ODOORN Drenthe C Borger-Odoorn 26 084 h. 210 AA 5 et 908 L 3.
Amsterdam 185 – Assen 32 – Emmen 8 – Groningen 49.

De Oringer Marke, Hoofdstraat 9, ⊠ 7873 BB, ℘ (0 591) 51 28 88, Fax (0 591) 51 28 11, 🚲 – 📱 📺 🅿 – 🔒 30 à 150. AE ⓂⓄ VISA. ⚓ rest
Repas carte env. 60 – **31 ch** ⊡ 125/175 – ½ P 105/165.

De Stee, Hoofdstraat 24, ⊠ 7873 BC, ℘ (0 591) 51 22 63, Fax (0 591) 51 36 18 – 📺 🅿 – 🔒 30. ⓂⓄ VISA. ⚓ ch
Repas (résidents seult) – **11 ch** ⊡ 90/140.

505

ODOORN

à Exloo Nord : 4 km 🖸 Borger-Odoorn :

🏛 **De Meulenhoek**, Hoofdstraat 61, ⌧ 7875 AB, ☏ (0 591) 54 91 88, Fax (0 591) 54 96 49, 😊, 🚲 – 📺 ♿ 🅿 🆎 ⓞ 🆎 VISA JCB, ⌘ ch
Repas Lunch 33 – carte env. 55 – **14 ch** ⌬ 140/160 – ½ P 215.

à Valthe Est : 3 km 🖸 Borger-Odoorn :

🍴 **De Gaffel**, Oodornerweg 1, ⌧ 7872 PA, ☏ (0 591) 51 35 36, Fax (0 591) 51 31 85, 😊,
« Ancienne ferme saxonne » – 🅿 🆎 ⓞ JCB
fermé du 9 au 27 juil., lundi, mardi et sam. midi – **Repas** 60/85.

OEFFELT Noord-Brabant 🖸 Boxmeer 28 606 h. **211** U **12** et **908** I **6**.
Amsterdam 135 – Eindhoven 52 – 's-Hertogenbosch 62 – Nijmegen 26.

🍴 **'t Veerhuis** 😊 avec ch, Veerweg 2 (direction Gennep, puis 2ᵉ rte à gauche), ⌧ 5441 PL,
☏ (0 485) 36 13 13, Fax (0 485) 36 28 14, 😊, « Terrasse avec ≤ Meuse (Maas) », 🚲
– 🅿 🆎 ⓞ 🆎 VISA, ⌘
Repas Lunch 50 – 58 – **6 ch** (fermé merc. en hiver, lundi et mardi) ⌬ 125/150.

OEGSTGEEST Zuid-Holland **211** L **9** et **908** E **5** – voir à Leiden.

OERLE Noord-Brabant **211** R **14** et **908** H **7** – voir à Veldhoven.

OHÉ en LAAK Limburg 🖸 Maasbracht 13 603 h. **211** T **16** - U **16** et **908** I **8**.
Amsterdam 182 – Eindhoven 56 – Maastricht 29 – Roermond 14.

🏛 **Lakerhof** 😊, Walburgisstraat 3 (Laak), ⌧ 6109 RE, ☏ (0 475) 55 16 54, lakerhof@w orldonline.nl, Fax (0 475) 55 21 44, 😊, 🚲 – 🅿 🆎 ⓞ 🆎 VISA, ⌘ rest
fermé 26 fév.-4 mars et 23 et 24 déc. – **Repas** Lunch 43 – carte 60 à 95 – ⌬ 13 – **8 ch**
90/145 – ½ P 130.

OIRSCHOT Noord-Brabant **211** Q **13** et **908** G **7** – 17 591 h.

🛈 St-Odulphusstraat 11, ⌧ 5688 BA, ☏ (0 499) 55 05 99, Fax (0 499) 57 76 33.
Amsterdam 117 – Eindhoven 18 – 's-Hertogenbosch 28 – Tilburg 21.

🏛 **De Kroon**, Rijksesluisstraat 6, ⌧ 5688 ED, ☏ (0 499) 57 10 95, info@hoteldekroon.nl,
Fax (0 499) 57 57 85, 😊 – 📺 ⓞ 🅿 🆎 VISA, ⌘ ch
fermé dern. sem. déc.-prem. sem. janv. – **Repas** (fermé mardi soir) Lunch 39 – 57/65 – **12 ch**
⌬ 138/220 – ½ P 173.

🍴🍴 **De Zwaan**, Markt 4, ⌧ 5688 AJ, ☏ (0 499) 55 14 14, zwaan@le-relais.nl, Fax (0 499)
55 14 15, 😊 – ▤, 🆎 ⓞ 🆎 ⌘
fermé mardi – **Repas** Lunch 40 – carte env. 80.

🍴🍴 **La Fleurie**, Rijkesluisstraat 4, ⌧ 5688 ED, ☏ (0 499) 57 41 36, info@fleurie.nl,
Fax (0 499) 57 49 68, 😊 – 🆎 ⓞ 🆎 VISA, ⌘
fermé lundi – **Repas** Lunch 40 – 55.

🍴🍴 **De Meulen**, Korenaar 49, ⌧ 5688 TS, ☏ (0 499) 57 51 92, Fax (0 499) 57 50 22, 😊,
« Moulin du 19ᵉ s. » – 🅿 🆎 ⓞ 🆎 VISA JCB, ⌘
fermé 2 sem. carnaval, 2 sem. vacances bâtiment, lundi et mardi – **Repas** (dîner seult)
60/80.

OISTERWIJK Noord-Brabant **211** Q **13** et **908** G **7** – 25 270 h.

Voir Site★.
🛈 De Lind 57, ⌧ 5061 HT, ☏ (0 13) 528 23 45.
Amsterdam 106 – Eindhoven 38 – 's-Hertogenbosch 17 – Tilburg 10.

🏛🏛 **De Swaen**, De Lind 47, ⌧ 5061 HT, ☏ (0 13) 523 32 33, swaen@swaen.nl, Fax (0 13)
528 58 60, 😊, « Terrasse et jardin fleuri », 🚲 – 🛗 ▤ 📺 🅿 – 🔔 25 à 200. 🆎 ⓞ
🆎 VISA
fermé 2 sem. en juil. et lundi et mardi de carnaval – **Repas** (fermé dim. et lundi) Lunch 75
– 98/165 – **Amuserij De Jonge Swaen** Lunch 45 – carte env. 85 – ⌬ 35 – **22 ch** 285/325
2 suites – ½ P 275/375.

🏛🏛 **Landgoed De Rosep** 😊, Oirschotsebaan 15 (Sud-Est : 3 km), ⌧ 5062 TE, ☏ (0 13)
523 21 00, info@rosep.com, Fax (0 13) 523 21 99, 😊, « Terrasse et pièce d'eau », 🐎
🏊, 🎾, 🎳, 🚲 – ▤ rest, 📺 🅿 – 🔔 25 à 350. 🆎 ⓞ 🆎 VISA JCB, ⌘
Repas 63/110 – **73 ch** ⌬ 270/385 – ½ P 180/235.

OISTERWIJK

Bos en Ven ⚘, Klompven 26, ✉ 5062 AK, ✆ (0 13) 528 88 56, info@bos-ven.nl, Fax (0 13) 528 68 10, ≤, ⛲, « Terrasse », 🌳 – 📶, ▬ rest, TV P – 🅿 25 à 150. AE ⓿ ⓜ VISA
Repas Lunch 55 – 75/95 – **31 ch** ⇌ 270/350 – ½ P 195/285.

Bosrand, Gemullehoekenweg 60, ✉ 5062 CE, ✆ (0 13) 521 90 15, info@hotelbosrand.nl, Fax (0 13) 528 63 66, ⛲, 🌳, 🚲 – TV P – 🅿 25 à 45. AE ⓿ ⓜ VISA JCB. ❊ rest
Repas (résidents seult) – **25 ch** ⇌ 120/165 – ½ P 115/155.

De Blauwe Kei ⚘, Rosepdreef 4 (Sud-Est : 3 km), ✉ 5062 TB, ✆ (0 13) 528 23 14, Fax (0 13) 528 22 21, ⛲, « Dans les bois » – TV P. AE ⓿ ⓜ VISA. ❊
fermé janv. et lundi, mardi et merc. de nov. à mars – **Repas** 45/90 – **14 ch** ⇌ 85/150 – ½ P 108/115.

De Jonge Hertog, Moergestelseweg 123 (Sud-Ouest : 3 km), ✉ 5062 SP, ✆ (0 13) 528 22 20, rest.jonge.hertog@wxs.nl, Fax (0 13) 528 73 16, ⛲ – P. AE ⓿ ⓜ VISA
fermé lundi – **Repas** Lunch 53 – 77.

Rasa Senang, Gemullehoekenweg 127, ✉ 5062 CC, ✆ (0 13) 528 60 86, rasa.senang@tip.nl, Fax (0 13) 528 30 40, ⛲, Cuisine indonésienne – P. AE ⓿ ⓜ VISA
fermé 24, 25 et 31 déc. et lundi d'oct. à mars – **Repas** (dîner seult) 45/85.

De Parel ⚘, avec ch, Scheibaan 17 (Sud-Est : 4,5 km), ✉ 5062 TM, ✆ (0 13) 528 25 25, info@pareloisterwijk.nl, Fax (0 13) 528 54 14, ⛲, ≦, 🏊, 🌳, 🚲 – ▬ rest, TV P – 🅿 25 à 80. AE ⓿ ⓜ VISA. ❊
Repas (fermé 31 déc. et 1ᵉʳ janv.) 58/70 – **7 ch** ⇌ 145/250 – ½ P 125/470.

Roberto, Burg. Verwielstraat 11, ✉ 5061 JA, ✆ (0 13) 528 23 12, ⛲, Cuisine italienne, « Terrasse fleurie » – AE ⓿ ⓜ VISA
fermé carnaval et lundi – **Repas** (dîner seult) carte env. 60.

Bunga Muda, Gemullehoekenweg 5, ✉ 5061 MA, ✆ (0 13) 521 02 68, Fax (0 13) 521 01 45, Cuisine indonésienne – ▬. AE ⓿ ⓜ VISA JCB. ❊
fermé lundi – **Repas** (dîner seult) 33/69.

OLDEBERKOOP Fryslân © Ooststellingwerf 25 602 h. **210** V 5 et **908** J 3.
Amsterdam 127 – Groningen 61 – Assen 41 – Leeuwarden 50 – Steenwijk 23.

Lunia avec ch, Molenhoek 2, ✉ 8421 PG, ✆ (0 516) 45 10 57, Fax (0 516) 45 10 20, ⛲, ❊ – 🌳 P. AE ⓿ 30. AE ⓿ ⓜ VISA
fermé 3 prem. sem. janv. – **Repas** (fermé mardi sauf en juil.-août) Lunch 50 – 53/95 – **18 ch** ⇌ 85/135 – ½ P 100/115.

OLDENZAAL Overijssel **210** AA 9, **211** AA 9 et **908** L 5 – 30 754 h.
🛈 St-Plechtmusplein 5, ✉ 7571 EG, ✆ (0 541) 51 40 23, Fax (0 541) 51 75 42.
Amsterdam 161 – Enschede 11 – Zwolle 74.

Herberg de Gulden Kroes, Marktstraat 1, ✉ 7571 ED, ✆ (0 541) 51 21 02, Fax (0 541) 52 12 08, ⛲ – TV – 🅿 25 à 450. ⓿ ⓜ VISA. ❊
fermé du 1ᵉʳ au 4 janv. – **Repas** (Taverne-rest) carte 53 à 76 – **14 ch** ⇌ 108/158 – ½ P 147.

De Kroon, Steenstraat 17, ✉ 7571 BH, ✆ (0 541) 51 24 02, Fax (0 541) 52 06 30, 🚲 – 📶 TV – 🅿 30. AE ⓿ ⓜ VISA
Repas (dîner pour résidents seult) – **20 ch** ⇌ 113/175 – ½ P 125/150.

OLTERTERP Fryslân **210** V 4 – voir à Beetsterzwaag.

OMMEN Overijssel **210** X 7 et **908** K 4 – 16 478 h.
🛈 au Nord-Est : 2 km à Arriën, Hessenweg Oost 3a, ✉ 7735 KP, ✆ (0 529) 45 59 99, Fax (0 529) 45 57 77.
🛈 Markt 1, ✉ 7731 DB, ✆ (0 529) 45 16 38, Fax (0 529) 45 14 50.
Amsterdam 134 – Assen 59 – Enschede 59 – Zwolle 24.

De Herbergier, Hammerweg 40, ✉ 7731 AK, ✆ (0 529) 45 15 92, info@deherbergier.nl, Fax (0 529) 45 51 92, ⛲, 🏊, 🌳, 🚲 – TV P – 🅿 60. ⓜ VISA
fermé 20 déc.-31 janv. – **Repas** 45 – **21 ch** ⇌ 90/150 – ½ P 115/130.

De Zon avec ch, Voorbrug 1, ✉ 7731 BB, ✆ (0 529) 45 55 50, info@hoteldezon.nl, Fax (0 529) 45 62 35, ⛲, « Terrasse en bordure de rivière », 🅵, ≦, 🌳, 🚲 – 📶 TV P – 🅿 25 à 100. AE ⓿ ⓜ VISA. ❊ rest
Repas Lunch 33 – 65/85 – **35 ch** ⇌ 160/295 – ½ P 140/195.

507

OOSTBURG Zeeland 211 F 15 et 908 B 8 – 17 732 h.

🛈 Brugsevaart 10, ✉ 4501 NE, ✆ (0 117) 45 34 10, Fax (0 117) 45 55 11.
Amsterdam (bac) 217 – Middelburg (bac) 20 – Brugge 27 – Knokke-Heist 18.

XXX **De Eenhoorn**, Markt 1, ✉ 4501 CJ, ✆ (0 117) 45 27 28, Fax (0 117) 45 33 94, 😊 –
AE ⓘ MC VISA JCB
fermé du 15 au 25 juin, janv., vend., sam. midi et après 20 h 30 – **Repas** 70/125.

OOSTERBEEK Gelderland C Renkum 32 076 h. 211 U 11 et 908 I 6.
Amsterdam 97 – Arnhem 6.

🏨 **De Bilderberg** 🌿, Utrechtseweg 261, ✉ 6862 AK, ✆ (0 26) 339 63 33, bilderberg
@bilderberg.nl, Fax (0 26) 339 63 96, 😊, « Environnement boisé », 🛎, ⬜, 🍴, 🚴 –
🛗 TV 🅿 – 🛎 25 à 200. AE ⓘ MC VISA 🐾 rest
fermé 28 déc.-1er janv. – **Repas** Lunch 60 – carte 59 à 75 – ☕ 33 – **144 ch** 320/375.

OOSTEREND (AASTEREIN) Fryslân 210 R 2 et 908 H 1 – voir à Waddeneilanden (Terschelling).

OOSTEREND Noord-Holland 210 S 4 et 908 F 2 – voir à Waddeneilanden (Texel).

OOSTERHOUT Gelderland C Valburg 13 022 h. 211 U 11 et 908 I 6.
Amsterdam 113 – Arnhem 22 – Nijmegen 8.

XX **De Altena**, Waaldijk 38, ✉ 6678 MC, ✆ (0 481) 48 21 96, Fax (0 481) 48 21 96, ≤, 😊
– 🟦 AE MC VISA 🐾
fermé 31 déc.-9 janv. – **Repas** Lunch 50 – 65/90.

OOSTERHOUT Noord-Brabant 211 O 13 et 908 F 7 – 51 723 h.

🛈 Dukaatstraat 21, ✉ 4903 RN, ✆ (0 162) 45 87 59, Fax (0 162) 43 32 85.
🅱 Bouwlingplein 1, ✉ 4901 KZ, ✆ (0 162) 44 44 59, Fax (0 162) 43 10 48.
Amsterdam 92 – Breda 8 – 's-Hertogenbosch 38 – Rotterdam 58.

🏨 **AC Hotel**, Beneluxweg 1 (sur A 27, sortie ⑰), ✉ 4904 SJ, ✆ (0 162) 45 36 43, bert
.van.esch@autogrill.net, Fax (0 162) 43 46 62, 🚴 – 🛗 TV 📞 🅿 – 🛎 25 à 250. AE ⓘ
MC VISA JCB
Repas (Avec buffet) Lunch 18 – 50/65 – ☕ 20 – **63 ch** 195 – ½ P 190.

🏨 **Golden Tulip**, Waterlooplein 50, ✉ 4901 EN, ✆ (0 162) 45 20 03, Fax (0 162) 43 50 03,
😊, 🛎 – 🛗 🅆 TV – 🛎 25 à 300. AE ⓘ MC VISA 🐾
Repas Lunch 43 – **51 ch** ☕ 165/220, 1 suite – ½ P 205/210.

XX **La Colline**, Heuvel 15, ✉ 4901 KB, ✆ (0 162) 46 27 09, colline@euronet.nl, Fax (0 162)
46 14 62, 😊, « Terrasse sur parc public » – MC VISA JCB 🐾
fermé du 15 au 22 août, 28 déc.-7 janv., dim. et lundi – **Repas** (dîner seult) 55.

X **De Vrijheid**, Heuvel 11, ✉ 4901 KB, ✆ (0 162) 43 32 43, colline@euronet.nl,
Fax (0 162) 46 14 62, 😊, Taverne-rest, « Terrasse sur parc public » – VISA
fermé 27 déc.-6 janv. – **Repas** 45.

OOSTERSCHELDEDAM, Stormvloedkering (Barrage de l'ESCAUT ORIENTAL) ★★★
Zeeland 211 H 3 et 908 C 7 G. Hollande.

OOSTERWOLDE Fryslân C Ooststellingwerf 25 602 h. 210 W 5 et 908 J 3.
Amsterdam 194 – Groningen 40 – Assen 30 – Leeuwarden 46.

🏨 **De Zon**, Stationsstraat 1, ✉ 8431 ET, ✆ (0 516) 51 24 30, oosterwolde@hollandinn.nl,
Fax (0 516) 51 30 68, 🚴 – 🛗 TV 🅿 – 🛎 25 à 300. AE ⓘ MC VISA JCB 🐾 rest
Repas (fermé après 20 h 30) Lunch 12 – carte 45 à 73 – **34 ch** ☕ 130/165 – ½ P 97/102.

XX **De Kienstobbe**, Houtwal 4, ✉ 8431 EW, ✆ (0 516) 51 55 55, « Rustique » – 🟦
MC 🐾
fermé mi-juil.-mi-août, dim. et lundi – **Repas** 60/80.

OOSTKAPELLE Zeeland C Veere 22 096 h. 211 G 13 et 908 B 7.
Amsterdam 186 – Middelburg 12 – Rotterdam 107.

🏨 **Villa Magnolia** 🌿 sans rest, Oude Domburgseweg 20, ✉ 4356 CC, ✆ (0 118) 58 19 80,
troy@zeelandnet.nl, Fax (0 118) 58 40 18, « Jardin fleuri », 🚴 – 🟥 TV 🅿. VISA 🐾
15 fév.-oct. – **16 ch** ☕ 100/170.

OOST-VLIELAND Fryslân 210 P 3 et 908 G 2 – voir à Waddeneilanden (Vlieland).

OOSTVOORNE Zuid-Holland © Westvoorne 13 924 h. 211 J 11 - ㊲ S et 908 D 6 - ㉒ S.
Amsterdam 106 – Rotterdam 37 – Brielle 6 – Den Haag 43.

XXX **Parkzicht**, Stationsweg 61, ✉ 3233 CS, ℘ (0 181) 48 22 84, parkzicht@publishnet.nl, Fax (0 181) 48 56 16 – AE ⓘ ⓜ VISA
fermé 2 dern. sem. fév., dim. et lundi – **Repas** Lunch 65 – carte env. 85.

OOTMARSUM Overijssel 210 AA 8 et 908 L 4 – 4 461 h.
Voir Village★.
🛈 Markt 1, ✉ 7631 BW, ℘ (0 541) 29 21 83, Fax (0 541) 29 18 84.
Amsterdam 165 – Enschede 28 – Zwolle 67.

De Wiemsel ⌘, Winhofflaan 2 (Est : 1 km), ✉ 7631 HX, ℘ (0 541) 29 21 55, info@wiemsel.nl, Fax (0 541) 29 32 95, 🍴, « Terrasse avec ⚓ et jardin fleuris », ≋, 🟦, ℵ, 🚲, 🐎 – 🔲 P – 🔥 25 à 90. AE ⓘ ⓜ VISA
Repas voir rest **De Wanne** ci-après – **De Gouden Korenaar** Lunch 85 – 100/175 – **44 ch** ⚏ 335/455, 5 suites – ½ P 270/375.

Twents Gastenhoes ⌘, Molenstraat 22, ✉ 7631 AZ, ℘ (0 541) 29 30 85, Fax (0 541) 29 20 67, 🟦, ⌘ – 🔲 P – 🔥 30. AE ⓘ ⓜ VISA
fermé du 2 au 26 janv. – **Repas** (fermé après 20 h) carte 45 à 67 – **38 ch** ⚏ 82/285 – ½ P 102/132.

Van der Maas, Grotestraat 7, ✉ 7631 BT, ℘ (0 541) 29 12 81, info@vandermaas.nl, Fax (0 541) 29 34 62, 🍴, 🚲 – ▪ rest, 🔲 – 🔥 30 à 100. AE ⓘ ⓜ VISA
Repas (fermé après 20 h 30) carte env. 70 – **20 ch** ⚏ 95/139 – ½ P 100.

de Landmarke, Rossummerstraat 5, ✉ 7636 PK, ℘ (0 541) 29 12 08, info@landmarke.nl, Fax (0 541) 29 22 15, 🍴, 🚲, 🟦, 🚴 – 🏧 🔲 & P – 🔥 40. AE ⓘ ⓜ VISA ✻ rest
fermé 30 déc.-15 janv. – **Repas** carte 56 à 75 – **37 ch** ⚏ 120/190 – ½ P 130/135.

Résidence Wyllandrie, Tichelwerk 1, ✉ 7631 CJ, ℘ (0 541) 29 17 05, Fax (0 541) 29 27 49, 🍴, « Terrasses dans un écrin de verdure », 🌊, 🚲 – 🏧 🔲 & P – 🔥 25 à 40. AE ⓘ ⓜ VISA
Repas Lunch 45 – carte env. 60 – **43 ch** ⚏ 125/200 – ½ P 125/140.

XXX **De Wanne** - H. De Wiemsel, Winhofflaan 2 (Est : 1 km), ✉ 7631 HX, ℘ (0 541) 29 21 55, ⌘ info@wiemsel.nl, Fax (0 541) 29 32 95, 🍴, « Terrasse et jardin » – P. AE ⓘ ⓜ VISA ✻
fermé du 1ᵉʳ au 23 juil., dim. et lundi – **Repas** (dîner seult, nombre de couverts limité - prévenir) 115, carte 140 à 165
Spéc. Ragoût de homard au gnocchi et langue de veau. Cuisses de grenouilles et gambas à l'ail. Poussin en croûte de sel, jus aux poireaux.

à Lattrop Nord-Est : 6 km © Denekamp 12 357 h :

De Holtweijde ⌘, Spiekweg 7, ✉ 7635 LP, ℘ (0 541) 22 92 34, holtweijde@knoware.nl, Fax (0 541) 22 94 45, 🍴, « Environnement campagnard boisé », ≋, 🟦, ⚗, 🌊, ℵ, 🚲 – 🏧 🔲 & P – 🔥 25 à 200. AE ⓜ VISA JCB ✻
Repas Lunch 49 – 93/110 – ⚏ 33 – **52 ch** 270/325, 12 suites – ½ P 220/450.

ORANJEWOUD Fryslân 210 U 5 et 908 I 3 – voir à Heerenveen.

OSS Noord-Brabant 211 S 12 et 908 H 6 – 65 168 h.
🛈 au Sud-Est : 7 km à Nistelrode, Slotenseweg 11, ✉ 5388 RC, ℘ (0 412) 61 19 92, Fax (0 412) 61 28 98.
🛈 Spoorlaan 24, ✉ 5348 KB, ℘ (0 412) 63 36 04, Fax (0 412) 65 20 93.
Amsterdam 102 – Arnhem 49 – Eindhoven 51 – 's-Hertogenbosch 20 – Nijmegen 29.

De Weverij, Oostwal 175, ✉ 5341 KM, ℘ (0 412) 69 46 46, info@deweverij.nl, Fax (0 412) 69 46 47, 🚲 – 🏧 ✻ 🔲 P – 🔥 25 à 150. AE ⓘ ⓜ VISA JCB
Repas voir rest **Cordial** ci-après – ⚏ 28 – **45 ch** 175/395, 3 suites – ½ P 165/180.

City, Raadhuislaan 43, ✉ 5341 GL, ℘ (0 412) 63 33 75, cityhotel-oss@wxs.nl, Fax (0 412) 62 26 55 – 🏧 ✻ 🔲 P – 🔥 25 à 130. AE ⓘ ⓜ VISA JCB ✻
Repas Lunch 70 bc – 45/73 – ⚏ 18 – **45 ch** 155/185 – ½ P 218/250.

XXX **Cordial** - H. De Weverij, Oostwal 175, ✉ 5341 KM, ℘ (0 412) 69 46 46, info@deweverij.nl, Fax (0 412) 69 46 47 – ▪ P. AE ⓘ ⓜ VISA JCB
fermé 29 juil.-12 août, sam. midi et dim. midi – **Repas** Lunch 50 – carte 90 à 120.

XXX **De Amsteleindse Hoeve**, Amsteleindstraat 15 (Sud-Ouest : 3 km par Raadhuislaan et Kromstraat), ✉ 5345 HA, ℘ (0 412) 63 26 00, amsteleind-hoeve@tref.nl, Fax (0 412) 69 15 07, 🍴, « Rustique » – P. AE ⓘ ⓜ VISA ✻
fermé 16 juil.-5 août, 27 déc.-6 janv., dim. et lundi – **Repas** (dîner seult) 63.

509

OSSENZIJL Overijssel [C] IJsselham 5551 h. 210 U 6 et 908 I 3.
Amsterdam 116 – Leeuwarden 53 – Zwolle 57.

XX **Kolkzicht**, Hoofdstraat 30, ✉ 8376 HG, ℰ (0 561) 47 72 52, kolkzicht@restaurantk olkzicht.nl, Fax (0 561) 47 74 24, ≤, 龠, « Terrasse au bord de l'eau » – ⓒ VISA
fermé 2 prem. sem. mars, 2 prem. sem. nov. et merc. – **Repas** (dîner seult) 53/88.

OTTERLO Gelderland [C] Ede 101542 h. 211 T 10 et 908 I 5.
Voir Parc National de la Haute Veluwe★★★ (Nationaal Park De Hoge Veluwe) : Musée Kröller-Müller★★★ – Parc à sculptures★★ (Beeldenpark).
Amsterdam 79 – Arnhem 33 – Apeldoorn 22.

🏨 **Sterrenberg**, Houtkampweg 1, ✉ 6731 AV, ℰ (0 318) 59 12 28, info@sterrenberg.nl, Fax (0 318) 59 16 93, 龠, ≘s, ◻, ℛ – 🛗 TV 🅿 – 🔏 35. ⓐ◉ⓒ VISA JCB. ℅
Repas Lunch 33 – carte env. 55 – **30 ch** ⇌ 160/220 – ½ P 130/155.

🏨 **Carnegie's Cottage** ⓢ, Onderlangs 35, ✉ 6731 BK, ℰ (0 318) 59 12 20, ≤, 龠, « En bordure du Parc National », 🐎 – 🅿. ℅ ch
mars-20 déc. – **Repas** (fermé après 20 h) carte env. 75 – **12 ch** ⇌ 118/190.

🏨 **Kruller**, Dorpsstraat 19, ✉ 6731 AS, ℰ (0 318) 59 12 31, Fax (0 318) 59 20 34, 龠 – TV 🅿 – 🔏 25 à 40. ⓐ◉ⓒ VISA. ℅ ch
fermé 31 déc.-7 janv. – **Repas** (Taverne-rest) carte env. 55 – **17 ch** ⇌ 120/160 – ½ P 103/133.

🏨 **'t Witte Hoes**, Dorpsstraat 35, ✉ 6731 AS, ℰ (0 318) 59 13 92, wittehoes@hollan dhotels.nl, Fax (0 318) 59 15 04, 🚴 – TV 🅿. ⓒ VISA. ℅
fermé déc.-janv. – **Repas** (fermé lundi de sept. à mars et après 19 h 30) carte 48 à 70 – **10 ch** ⇌ 120/195 – ½ P 117/137.

OUDDORP Zuid-Holland [C] Goedereede 11169 h. 211 I 12 et 908 C 6.
🅱 Bosweg 2, ✉ 3253 XA, ℰ (0 187) 68 17 89, Fax (0 187) 68 37 83.
Amsterdam 118 – Den Haag 56 – Middelburg 51 – Rotterdam 52.

X **Havenzicht**, Ouddorpse Haven 13 (Sud : 2 km), ✉ 3253 LM, ℰ (0 187) 68 17 67, have nzic@xs4all.nl, Fax (0 187) 68 22 94, ≤, 龠, Avec taverne-rest – 🅿. ⓐⓒ VISA
fermé 3 prem. sem. nov., 2 sem. en janv., mardi sauf en juil.-août et lundi – **Repas** 60.

OUDENBOSCH Noord-Brabant [C] Halderberge 29593 h. 211 M 13 et 908 E 7.
Amsterdam 119 – Breda 22 – Roosendaal 9 – Rotterdam 51 – Antwerpen 58.

🏨 **Tivoli**, Markt 68, ✉ 4731 HR, ℰ (0 165) 31 24 12, info@hotel-tivoli.nl, Fax (0 165) 32 04 44, 龠, « Ancien cloître », 🚴 – 🛗 TV 🅿 – 🔏 25 à 400. ⓐ◉ⓒ VISA
Repas Lunch 39 – 49/93 – **50 ch** ⇌ 145/375 – ½ P 140/188.

OUDERKERK AAN DE AMSTEL Noord-Holland 210 O 9 - ㉙ S, 211 O 9 et 908 F 5 - ㉘ S
– voir à Amsterdam, environs.

OUDESCHILD Noord-Holland 210 O 4 et 908 F 2 – voir à Waddeneilanden (Texel).

OUDEWATER Utrecht 211 O 10 et 908 F 5 – 9840 h.
Amsterdam 39 – Utrecht 21 – Den Haag 58 – Rotterdam 54.

X **Joia**, Havenstraat 2, ✉ 3421 BS, ℰ (0 348) 56 71 50, Fax (0 348) 56 79 48, Brasserie – ⓐ◉ⓒ VISA JCB
fermé sem. carnaval, fin déc., mardi d'oct. à avril et lundi – **Repas** Lunch 43 – 53/63.

OUDKERK (ALDTSJERK) Fryslân 210 T 3 et 908 I 2 – voir à Leeuwarden.

OUD-LOOSDRECHT Utrecht [C] Loosdrecht 8819 h. 211 P 9 et 908 G 5.
Voir Étangs★★ (Loosdrechtse Plassen).
🅱 Oud Loosdrechtsedijk 198, ✉ 1231 NG, ℰ (0 35) 582 39 58, Fax (0 35) 582 72 04.
Amsterdam 27 – Utrecht 23 – Hilversum 7.

🏨 **Golden Tulip**, Oud Loosdrechtsedijk 253, ✉ 1231 LZ, ℰ (0 35) 582 49 04, sales@g tloosdrecht.goldentulip.nl, Fax (0 35) 582 48 74, ≤, 龠, 🚴, ◻ – 🛗 TV 🅿 – 🔏 25 à 100. ⓐ◉ⓒ VISA
Repas Lunch 35 – carte env. 80 – **68 ch** ⇌ 287/353.

OUD-LOOSDRECHT

à Breukeleveen Sud : 11 km © Loosdrecht :

XX **De Veenhoeve,** Herenweg 37, ✉ 3625 AB, ✆ (0 35) 582 43 99, Fax (0 35) 582 32 80, 😊, « Terrasse » – 📺 AE ① ⓜ VISA
fermé mardi et merc. sauf en juil.-août – **Repas** (dîner seult) carte 92 à 108.

OUD-ZUILEN Utrecht 211 P 10 et 908 G 5 – *voir à Utrecht.*

OVERLOON Noord-Brabant © Boxmeer 28 606 h. 211 U 13 et 908 I 7.
Amsterdam 157 – Eindhoven 47 – 's-Hertogenbosch 72 – Nijmegen 42.

XX **Onder de Boompjes** (Brienen), Irenestraat 1, ✉ 5825 CA, ✆ (0 478) 64 22 27, info
ఆ @boompjes.nl, Fax (0 478) 64 26 30, 😊, « Terrasses » – 📺 AE ⓜ VISA 🐾
fermé 2 sem. carnaval, 2 sem. en août, lundi et mardi – **Repas** Lunch 70 – 148, carte 115 à 150
Spéc. St-Jacques, saumon fumé, huîtres et lard en salade au caviar. Ris de veau poêlé au curry et légumes sautés. Filets de sole frits en panure piquante, sauce aux fines herbes et ail.

OVERVEEN Noord-Holland 210 M 8, 211 M 8 et 908 E 4 – *voir à Haarlem.*

PAPENDRECHT Zuid-Holland 211 N 12 et 908 F 6 – *voir à Dordrecht.*

PATERSWOLDE Drenthe 211 Y 4 et 908 K 2 – *voir à Groningen.*

PEIJ Limburg 211 U 16 et 908 I 8 – *voir à Echt.*

PHILIPPINE Zeeland © Sas van Gent 8669 h. 211 H 15 et 908 C 8.
Amsterdam (bac) 204 – Middelburg (bac) 34 – Gent 35 – Sint-Niklaas 43.

🏨 **Au Port,** Waterpoortstraat 1, ✉ 4553 BG, ✆ (0 115) 49 18 55, auport@zeelandnet.nl, Fax (0 115) 49 17 65, 😊, 🐾, 🛌 25 à 350. AE ① ⓜ VISA
Repas (*fermé 15 mai-13 juin, 29 déc.-14 janv., mardi et merc.*) 51/60 – **7 ch** (*fermé du 1er au 13 juin et 29 déc.-14 janv.*) ⌚ 103/135 – ½ P 113/148.

XX **Aub. des Moules,** Visserskade 3, ✉ 4553 BE, ✆ (0 115) 49 12 65, Fax (0 115) 49 16 56, 😊, Produits de la mer – 📺 AE ① ⓜ VISA 🐾
fermé 15 mai-5 juin, 22 déc.-7 janv. et lundi – **Repas** 53/78.

X **De Fijnproever,** Visserslaan 1, ✉ 4553 BE, ✆ (0 115) 49 13 13, Moules en saison – 🍴 📺 AE ① ⓜ VISA
fermé du 7 au 28 juin, du 15 au 31 janv., merc. soir et jeudi – **Repas** carte env. 65.

PURMEREND Noord-Holland 210 O 7 et 908 F 4 – 68 431 h.
🚗 🅿 Westerweg 60, ✉ 1445 AD, ✆ (0 299) 48 16 66, Fax (0 299) 64 70 81 - 🚗 au Sud-Ouest : 5 km à Wijdewormer (Wormerland), Zuiderweg 68, ✉ 1456 NH, ✆ (0 299) 47 91 23.
🅱 Koestraat 9, ✉ 1441 CV, ✆ (0 299) 41 86 01, Fax (0 299) 43 44 40.
Amsterdam 19 – Alkmaar 25 – Leeuwarden 117.

🏨 **Golden Tulip** 🐾, Westerweg 60 (Est : 3 km, direction Volendam), ✉ 1445 AD, ✆ (0 299) 48 16 66, sales@gtpurmerend.goldentulip.nl, Fax (0 299) 64 46 91, ≤, « Sur le parcours de golf », 😊, 🏊, 🚴, 🍴 📺 🅿 – 🛌 25 à 200. AE ① ⓜ VISA JCB 🐾 rest
Repas Lunch 33 – carte env. 70 – ⌚ 28 – **90 ch** 230/258.

XX **Sichuan Food,** Tramplein 9, ✉ 1441 GP, ✆ (0 299) 42 64 50, Fax (0 20) 627 72 81, Cuisine chinoise – 🍴 AE ① ⓜ VISA 🐾
fermé 18 déc. – **Repas** (dîner seult) 53/75.

X **Rozemarijn,** Kerkstraat 37, ✉ 1441 BL, ✆ (0 299) 41 45 15, Fax (0 299) 41 45 15, 😊 – AE ① ⓜ VISA 🐾
fermé 26 déc.-4 janv., lundi et mardi – **Repas** (dîner seult) carte env. 75.

à Neck Sud-Ouest : 2 km © Wormerland 14 935 h :

X **Mario Uva** avec ch, Dorpstraat 15, ✉ 1456 AA, ✆ (0 299) 42 39 49, Fax (0 299) ఆ 42 37 62, « Petite auberge avec collection de faïences en décoration », 🚴 – 🛏, 🍴 rest, 📺 📺 AE ① ⓜ VISA JCB 🐾
fermé 27 déc.-10 janv. – **Repas** (*fermé lundi*) (Cuisine italienne, dîner seult) (menu unique) 110 – **4 ch** ⌚ 160/230
Spéc. Ravioli au ricotta à la sauge et à la truffe. Tronçon de lotte sur parmentière de ruccola et persil plat. Tiramisu.

X **Trattoria Il Grappolo,** Onderdijk 20, ✉ 1456 AA, ✆ (0299) 42 42 64, Fax (0 299) 42 37 62, 😊, Cuisine italienne, « Pergola couverte de vignes » – 📺 AE ① ⓜ VISA JCB 🐾
fermé 27 déc.-2 janv., lundi et mardi – **Repas** (dîner seult) 78.

PURMEREND

à Noordbeemster Nord : 10 km direction Hoorn — Beemster 8 364 h :

XX **De Beemster Hofstee**, Middenweg 48, ⊠ 1463 HC, ℘ (0 299) 69 05 22, beemsterhofstee@planet.nl, Fax (0 299) 69 05 04, 佘, « Terrasse » – 🅿. 🆎 ① 🆎 VISA JCB
fermé dern. sem. juil.-prem. sem. août en 2002 – **Repas** carte env. 80.

à Zuidoostbeemster Nord : 2 km — Beemster 8 364 h :

🏨 **Purmerend**, Purmerenderweg 232, ⊠ 1461 DN, ℘ (0 299) 43 68 58, info@purmerend.valk.nl, Fax (0 299) 43 69 54, 佘, 🚲 – 📶, 🖥 rest, 📺 ఈ 🅿. – 🛄 25 à 80. 🆎 ① 🆎 VISA
Repas Lunch 30 – carte env. 60 – **40 ch** ⊡ 140/154 – ½ P 117/177.

XX **La Ciboulette**, Kwadijkerweg 7 (dans l'ancienne forteresse), ⊠ 1461 DW, ℘ (0 299) 68 35 25, Fax (0 299) 68 42 54, 佘, « Terrasse » – 🅿. 🆎 ① 🆎 VISA
fermé lundi et mardi – **Repas** (dîner seult) carte 94 à 108.

PUTTEN Gelderland 210 S 9, 211 S 9 et 908 H 5 – 22 394 h.
🛈 Kerkplein 15, ⊠ 3881 BH, ℘ (0 341) 35 17 77, Fax (0 341) 35 30 40.
Amsterdam 66 – Arnhem 57 – Apeldoorn 41 – Utrecht 48 – Zwolle 49.

🏨 **Mercure H. Postiljon**, Strandboulevard 3 (Ouest : 4 km sur A 28), ⊠ 3882 RN, ℘ (0 341) 35 64 64, h2111@accor-hotels.com, Fax (0 341) 35 85 16, ≤, 佘, 🚲 – 📶 ⇆, 🖥 rest, 📺 ఈ 🅿. – 🛄 25 à 400. 🆎 ① 🆎 VISA
Repas (Ouvert jusqu'à minuit) Lunch 23 – carte env. 65 – ⊡ 20 – **84 ch** 160/250.

PUTTERSHOEK Zuid-Holland — Binnenmaas 18 970 h. 211 M 12 et 908 E 6.
Amsterdam 103 – Rotterdam 20 – Dordrecht 17.

XX **De Wijnzolder** 1er étage, Schouteneinde 60, ⊠ 3297 AV, ℘ (0 78) 676 18 32, Fax (0 78) 676 35 42 – 🅿. 🆎 ① 🆎 VISA
fermé lundi et mardi – **Repas** (dîner seult) 59/89.

RAALTE Overijssel 210 W 8, 211 W 8 et 908 J 4 – 28 246 h.
🛈 Varkensmarkt 8, ⊠ 8102 EG, ℘ (0 572) 35 24 06, Fax (0 572) 35 23 43.
Amsterdam 124 – Apeldoorn 35 – Enschede 50 – Zwolle 21.

🏨 **De Zwaan**, Kerkstraat 2, ⊠ 8102 EA, ℘ (0 572) 36 37 38, dezwaan@euronet.nl, Fax (0 572) 36 37 39, 佘, ⇆s, 🔲, 🚲 – 📺 🅿. – 🛄 25 à 60. 🆎 ① 🆎 VISA JCB. ✻ ch
fermé 31 déc. et 1er janv. – **Repas** Lunch 35 – carte 45 à 75 – **21 ch** ⊡ 150/250 – ½ P 125/175.

RAAMSDONKSVEER Noord-Brabant — Geertruidenberg 21 069 h. 211 O 12 et 908 F 6.
Amsterdam 90 – Breda 16 – 's-Hertogenbosch 34 – Rotterdam 42.

XX **d'Omslag**, Maasdijk 20, ⊠ 4941 TD, ℘ (0 162) 52 32 55, omslag@worldonline.nl, Fax (0 162) 51 20 21, 佘 – 🅿. 🆎 🆎 VISA JCB. ✻
fermé 1er janv., sam. midi et dim. midi – **Repas** Lunch 45 – carte env. 80.

RAVENSTEIN Noord-Brabant 211 S 12 et 908 H 6 – 8 492 h.
Amsterdam 110 – Arnhem 36 – 's-Hertogenbosch 31 – Nijmegen 17.

XX **Rôtiss. De Ravenshoeve**, Mgr. Zwijsenstraat 5, ⊠ 5371 BS, ℘ (0 486) 41 28 03, deravenshoeve.hetnet.nl, Fax (0 486) 41 28 03, 佘, « Ferme du 19e s., terrasse » – 🅿. 🆎 🆎 VISA
fermé carnaval et lundi – **Repas** (dîner seult) 55/68.

REEK Noord-Brabant — Landerd 14 261 h. 211 T 12 et 908 I 6.
Amsterdam 120 – Arnhem 34 – Eindhoven 48 – 's-Hertogenbosch 30 – Nijmegen 10.

X **in De Witte Molen**, Rijksweg 76, ⊠ 5375 KZ, ℘ (0 486) 47 62 66, Fax (0 486) 47 63 09, 佘, « Moulin à vent du 19e s. » – 🅿. 🆎 VISA. ✻
fermé 2 sem. en fév. et mardi – **Repas** (dîner seult) carte 84 à 103.

REEUWIJK Zuid-Holland 211 N 10 et 908 F 5 – voir à Gouda.

RENESSE Zeeland — Schouwen-Duiveland 33 222 h. 211 H 12 et 908 C 6.
🛈 Zeeanemoonweg 4a, ⊠ 4325 BZ, ℘ (0 111) 46 03 60, Fax (0 111) 46 14 36.
Amsterdam 140 – Middelburg 37 – Rotterdam 68.

🏨 **De Zeeuwse Stromen**, Duinwekken 5, ⊠ 4325 GL, ℘ (0 111) 46 20 40, info@zeeuwsestromen.nl, Fax (0 111) 46 20 65, 佘, 🏋, ⇆s, 🔲, 🛋, 🚲 – 📶 ⇆ 📺 ఈ 🅿. – 🛄 25 à 400. 🆎 ① 🆎 VISA
Repas Lunch 35 – carte 57 à 83 – **130 ch** ⊡ 153/425 – ½ P 192/420.

RENKUM Gelderland **211** T 11 et **908** I 6 – 32 076 h.
Amsterdam 89 – Arnhem 14 – Utrecht 52.

XX **Campman**, Hartenseweg 23 (Nord-Ouest : 1,5 km), ✉ 6871 NB, ℘ (0 317) 31 22 21, Fax (0 317) 31 74 33, 🍴, « Environnement boisé » – 🅿 – 🔒 25 à 100. 🆎 ⓓ ⓜ ⓥⓘⓢⓐ 🆓
fermé du 24 au 26 déc. – **Repas** 58/68.

RETRANCHEMENT Zeeland **211** F 14 et **908** B 7 – *voir à Sluis.*

REUSEL Noord-Brabant Ⓒ Reusel-De Mierden 12 384 h. **211** P 14 et **908** G 7.
Amsterdam 135 – Eindhoven 30 – 's-Hertogenbosch 45 – Antwerpen 63.

XX **De Nieuwe Erven**, Mierdseweg 69, ✉ 5541 EP, ℘ (0 497) 64 33 76, info@nieuwe-erven.nl, Fax (0 497) 64 54 08, 🍴, « Terrasse fleurie » – 🅿. 🆎 ⓓ ⓜ ⓥⓘⓢⓐ. 🆓
fermé lundi et mardi – **Repas** Lunch 30 – 57/69.

RHEDEN Gelderland **211** V 10 et **908** J 5 – 44 320 h.
Amsterdam 110 – Arnhem 11 – Apeldoorn 34 – Enschede 80.

🏨 **De Roskam**, Arnhemsestraatweg 62, ✉ 6991 JG, ℘ (0 26) 495 48 41, info@roskamhotel.nl, Fax (0 26) 495 29 25, 🍴, 🏋, 🍃, 🏊, 🍴, 🚴 – 🛗 📺 🅿 – 🔒 25 à 200. 🆎 ⓓ ⓜ ⓥⓘⓢⓐ 🆓. 🆓 rest
fermé déc.-début janv., vend. soir, sam. et dim. – **Repas** *(fermé lundi midi)* Lunch 35 – carte env. 50 – **58 ch** ⚏ 215/255 – ½ P 150/175.

XX **de Bronckhorst**, Arnhemsestraatweg 251, ✉ 6991 JG, ℘ (0 26) 495 22 07, 🍴 – 🍽 🅿. 🆎 ⓓ ⓜ ⓥⓘⓢⓐ
fermé lundi – **Repas** 55/70.

RHENEN Utrecht **211** S 11 et **908** H 6 – 17 111 h.
🅱 Markt 20, ✉ 3911 LJ, ℘ (0 317) 61 23 33, Fax (0 317) 61 34 10.
Amsterdam 79 – Arnhem 26 – Nijmegen 33 – Utrecht 41.

🏩 **'t Paviljoen**, Grebbeweg 103, ✉ 3911 AV, ℘ (0 317) 61 90 03, info@paviljoen.nl, Fax (0 317) 61 72 13, 🍴, 🍃, 🍴, 🚴 – 🛗, 🍽 rest, 📺 🅿 – 🔒 25 à 80. 🆎 ⓓ ⓜ ⓥⓘⓢⓐ 🆓 rest – *fermé 29 déc. et 31 déc.-2 janv.* – **Repas** *(dîner seult)* 75 – ⚏ 28 – **32 ch** 175/260 – ½ P 160/215.

XX **'t Kalkoentje**, Utrechtsestraatweg 143 (Nord-Ouest : 2 km), ✉ 3911 TS, ℘ (0 317) 61 23 44, info@kalkoentje.nl, Fax (0 317) 61 65 00, ≼, 🍴, « Terrasse sur verger au bord de l'eau » – 🅿. 🆎 ⓓ ⓜ ⓥⓘⓢⓐ
fermé 3 prem. sem. janv. et dim. – **Repas** Lunch 63 – 95.

RHOON Zuid-Holland **211** L 11 - ㊴ S et **908** E 6 - ㉔ S – *voir à Rotterdam, environs.*

RIIS Fryslân – *voir Rijs.*

De RIJP Noord-Holland Ⓒ Graft-De Rijp 6 246 h. **210** O 7 et **908** F 4.
Amsterdam 31 – Alkmaar 17.

XX **Het Rijperwapen**, Oosteinde 33, ✉ 1483 AC, ℘ (0 299) 67 15 23, info@rijperwapen.nl, Fax (0 299) 67 44 16, 🍴 – 🆎 ⓓ ⓜ ⓥⓘⓢⓐ
fermé mardi – **Repas** *(dîner seult)* carte 65 à 98.

RIJS (RIIS) Fryslân Ⓒ Gaasterlân-Sleat 9 961 h. **210** S 5 et **908** H 3.
Amsterdam 124 – Leeuwarden 50 – Lemmer 18 – Sneek 26.

🏨 **Jans** ⚜, Mientwei 1, ✉ 8572 WB, ℘ (0 514) 58 12 50, info@hoteljans.nl, 🍴, « Cadre champêtre », 🍃, 🚴 – 📺 🅿 – 🔒 25 à 40. 🆎 ⓓ ⓜ ⓥⓘⓢⓐ. 🆓
fermé 27 déc.-4 janv. et dim. du 22 oct. à avril – **Repas** 65/85 – **21 ch** ⚏ 110/170 – ½ P 110/130.

RIJSOORD Zuid-Holland Ⓒ Ridderkerk 46 794 h. **211** M 11 - ㊵ N et **908** E 6 - ㉕ S.
Amsterdam 90 – Rotterdam 14 – Breda 39 – Den Haag 40.

XXX **Hermitage** (Klein), Rijksstraatweg 67 (par A 16 - E 19, sortie ㉓), ✉ 2988 BB, ℘ (0 180) 42 09 96, info@restaurant-hermitage-etrade.nl, Fax (0 180) 43 33 03, 🍴, « Au bord de l'eau » – 🍽 🅿. 🆎 ⓓ ⓜ ⓥⓘⓢⓐ. 🆓
✧ *fermé dern. sem. juil.-prem. sem. août, 27 déc.-8 janv., dim. et jours fériés sauf Noël* – **Repas** Lunch 70 – 93/160, carte 107 à 143
Spéc. Foie d'oie poêlé au coulis de fruits de la passion. Homard sauté, sauce à l'orange safranée (mai-août). Tarte aux figues et amandes (sept.-oct.).

RIJSSEN Overijssel 210 Y 9, 211 Y 9 et 908 K 5 – 26 121 h.
🛈 Oranjestraat 131, ✉ 7461 DK, ✆ (0 548) 52 00 11, Fax (0 548) 52 14 29.
Amsterdam 131 – Apeldoorn 45 – Enschede 36 – Zwolle 40.

Rijsserberg ⚘, Burg. Knottenbeltlaan 77 (Sud : 2 km sur rte de Markelo), ✉ 7461 PA, ✆ (0 548) 51 69 00, rijsserberg@bilderberg.nl, Fax (0 548) 52 02 30, 🍴, « Dans les bois », ≦s, 🅢, 🎾, ℘, 🚲 – 📶 ✻ TV ₰ 🅿 – 🏛 25 à 150. 🆎 ⓞ ⓜⓞ VISA. ✻ rest
Repas Lunch 55 – carte env. 80 – ≡ 33 – **50 ch** 250/410, 4 suites – ½ P 195/275.

RIJSWIJK Zuid-Holland 211 K 10 - ② et 908 D 5 – voir à Den Haag, environs.

RINSUMAGEEST (RINSUMAGEAST) Fryslân Ⓒ Dantumadeel 19 854 h. 210 U 3 et 908 I 2.
Amsterdam 157 – Leeuwarden 21 – Dokkum 5 – Groningen 59.

XX **Het Rechthuis**, Rechthuisstraat 1, ✉ 9105 KH, ✆ (0 511) 42 31 00, info@hetgerechthuis.nl, Fax (0 511) 42 50 15, 🍴, – 🆎 ⓞ ⓜⓞ VISA JCB fermé lundi et mardi – **Repas** (dîner seult) 53/100.

ROCKANJE Zuid-Holland Ⓒ Westvoorne 13 924 h. 211 J 11 - ㊲ S et 908 D 6 – ㉒ S.
Amsterdam 111 – Rotterdam 38 – Den Haag 48 – Hellevoetsluis 10.

Badhotel, Tweede Slag 1 (Ouest : 1 km), ✉ 3235 CR, ✆ (0 181) 40 17 55, info@badhotel.nl, Fax (0 181) 40 39 33, 🍴, ≦s, 🅢, ℘, – TV 🅿 – 🏛 25 à 75. 🆎 ⓞ ⓜⓞ VISA JCB
Repas Lunch 35 – carte env. 60 – ≡ 20 – **68 ch** 125/175.

RODEN Drenthe Ⓒ Noordenveld 30 802 h. 210 X 4 et 908 K 2.
🛈 Oosteinde 7a, ✉ 9301 ZP, ✆ (0 50) 501 51 03, Fax (0 50) 501 36 85.
Amsterdam 205 – Groningen 14 – Leeuwarden 56 – Zwolle 94.

Langewold, Ceintuurbaan-Noord 1, ✉ 9301 NR, ✆ (0 50) 501 38 50, gt-langewold@hetnet.nl, Fax (0 50) 501 38 18, 🍴, ≦s, 🚲 – 📶 ✻ TV ₰ 🅿 – 🏛 25 à 100. 🆎 ⓞ ⓜⓞ VISA JCB. ✻ rest
Repas (dîner seult) 45/70 – ≡ 20 – **29 ch** 170/195 – ½ P 125/130.

ROERMOND Limburg 211 V 15 et 908 I 8 – 44 708 h.
🏌 au Sud-Est : 10 km à Herkenbosch, Stationsweg 100, ✉ 6075 CD, ✆ (0 475) 52 95 29, Fax (0 475) 53 35 80.
✈ par ④ : 34 km à Beek ✆ (0 43) 358 99 99, Fax (0 43) 358 99 88.
🛈 Kraanpoort 1, ✉ 6041 EG, ✆ 0 900-202 55 88, Fax (0 475) 33 50 68.
Amsterdam 178 ⑤ – Eindhoven 50 ⑤ – Maastricht 47 ④ – Venlo 25 ① – Düsseldorf 65 ②.

Plan page ci-contre

TheaterHotel De Oranjerie, Kloosterwandplein 12, ✉ 6041 JA, ✆ (0 475) 39 14 91, Fax (0 475) 31 71 88, 🍴, ≦s, 🚲 – 📶 ✻ TV ₰ 🅿 – 🏛 25 à 750. 🆎 ⓞ ⓜⓞ VISA. ✻ rest
Repas Lunch 33 – carte env. 75 – **98 ch** ≡ 165/180 – ½ P 135. Z b

Kasteel Hattem, Maastrichterweg 25, ✉ 6041 NZ, ✆ (0 475) 31 92 22, kasteel.hattem@worldonline.nl, Fax (0 475) 31 92 92, 🍴, « Elégante rotonde avec ≤ parc », 🎾 – TV 🅿 – 🏛 40. 🆎 ⓞ ⓜⓞ VISA. ✻
fermé carnaval, 3 sem. en juil., du 24 au 26 déc., 31 déc. et 1er janv. – **Repas** Lunch 60 – 100/125 – **8 ch** ≡ 290/375 – ½ P 350/415. Z a

Landhotel Cox, Maalbroek 102 (par ② sur N 68, à la frontière), ✉ 6042 KN, ✆ (0 475) 34 88 99, gtcox@roermond.com, Fax (0 475) 32 51 42, 🚲, 🐎 – 📶 ✻, ≡ rest, TV 🅿 – 🏛 25 à 100. 🆎 ⓞ ⓜⓞ VISA JCB. ✻ rest
Repas 45/65 – **54 ch** ≡ 185/249 – ½ P 150/255.

à Herkenbosch 6 km par Keulsebaan Z Ⓒ Roerdalen 10 412 h :

Kasteel Daelenbroeck ⚘, Kasteellaan 2, ✉ 6075 EZ, ✆ (0 475) 53 24 65, info@daelenbroeck.nl, Fax (0 475) 53 60 30, 🍴, « Dans les dépendances d'un château-ferme entouré de douves », 🎾, 🚲 – TV 🅿 – 🏛 25 à 180. 🆎 ⓞ ⓜⓞ VISA. ✻ rest
Repas (fermé dim. soir) Lunch 65 – carte 86 à 128 – ≡ 8 – **17 ch** 215/240 – ½ P 218/303.

ROERMOND

Bergstr.	Y	2
Brugstr.	Y	
Dr. Leursstr.	Z	5
Hamstr.	Z	
Julianalaan	Y	6
Kapellerpoort	Z	7
Kloosterwandstr.	Z	9
Kraanpoort	Y	10
Leliestr.	YZ	12
Lindanusstr.	Y	14
Markt	Y	
Marktstr.	Y	15
Molenstr.	Z	16
Mgr. Driessenstr.	Z	18
Mgr. Evertsstr.	Z	19
Munsterpl.	Z	
Neerstr.	Z	
Notenboomlaan	YZ	21
Parédisstr.	Z	22
Pollartstr.	Y	23
Roerkade	Y	25
Roersingel	Z	26
St. Christoffelstr.	Z	28
Slachthuisstr.	Z	29
Spoorlaan-Zuid	Z	30
Steegstr.	Z	31
Steenweg	Y	32
Thorbeckestr.	Y	33
Varkensmarkt	Y	35

Les cartes Michelin sont constamment tenues à jour.

ROERMOND

à Horn par ⑤ : 3 km © Haelen 9 875 h :

- **De Abdij** sans rest, Kerkpad 5, ⊠ 6085 BA, ℘ (0 475) 58 12 54, de@abdij.etrade.nl, Fax (0 475) 58 31 31, ≈ − TV P − 🅰 25. 🆎 ⓘ ⓜ VISA.
  27 ch ⊇ 95/145.

à Vlodrop 8 km par Keulsebaan Z © Roerdalen 10 412 h :

- **Boshotel**, Boslaan 1 (près de la frontière), ⊠ 6063 NN, ℘ (0 475) 53 49 59, Fax (0 475) 53 47 80, ☎, ≡s, ⊠, 🚲 − 📱, ≡ rest, TV & P − 🅰 25 à 300. 🆎 ⓘ ⓜ VISA JCB. rest
  Repas Lunch 55 – carte 69 à 90 – **60 ch** ⊇ 150/255 – ½ P 155/180.

ROOSENDAAL Noord-Brabant 211 **L 13** et 908 **E 7** – 74 069 h.
🄱 Markt 71, ⊠ 4701 PC, ℘ (0 165) 55 44 00, Fax (0 165) 56 75 22.
Amsterdam 127 – Breda 25 – 's-Hertogenbosch 75 – Rotterdam 56 – Antwerpen 44.

- **the Goderië**, Stationsplein 5b, ⊠ 4702 VX, ℘ (0 165) 55 54 00, hotel@goderie.com, Fax (0 165) 56 06 60 – 📱 TV & − 🅰 25 à 200. 🆎 ⓘ ⓜ VISA JCB.
  Repas Lunch 40 – 68 – ⊇ 25 – **49 ch** 165/295 – ½ P 245/285.

- **Central**, Stationsplein 9, ⊠ 4702 VZ, ℘ (0 165) 53 56 57, sistermans@hotelcentral.nl, Fax (0 165) 56 92 94, ☎ − ≡ rest, TV − 🅰 45. 🆎 ⓘ ⓜ VISA JCB.
  fermé 31 déc. et 1er janv. – **Repas** Lunch 33 – 63/95 – **20 ch** ⊇ 150/185, 1 suite – ½ P 135.

- **Bastion**, Bovendonk 23 (sur A 58, sortie ㉔), ⊠ 4707 ZH, ℘ (0 165) 54 94 19, bastion@bastionhotel.nl, Fax (0 165) 54 96 54 – TV P. 🆎 ⓘ ⓜ VISA.
  Repas (Grillades, ouvert jusqu'à 23 h) 45 – ⊇ 18 – **40 ch** 115.

- **Vroenhout**, Vroenhoutseweg 21 (Ouest : 4 km sur A 17, sortie ⑲, direction Wouw), ⊠ 4703 SG, ℘ (0 165) 53 26 32, Fax (0 165) 53 52 31, ☎, « Ferme du 18e s. » – ≡ P. 🆎 ⓘ ⓜ VISA
  fermé 2 sem. vacances bâtiment, prem. sem. janv. et merc. – **Repas** Lunch 68 – 75.

- **Van der Put**, Bloemenmarkt 9, ⊠ 4701 JA, ℘ (0 165) 53 35 04, Fax (0 165) 54 61 61, ☎ − 🆎 ⓘ ⓜ VISA JCB
  fermé 2 prem. sem. août et lundi – **Repas** 48/80.

à Bosschenhoofd Nord-Est : 4 km © Halderberge 29 593 h :

- **De Reiskoffer**, Pastoor van Breugelstraat 45, ⊠ 4744 AA, ℘ (0 165) 31 63 10, info@reiskoffer.nl, Fax (0 165) 31 82 00, ☎, « Dans un ancien couvent », ≡s, ℘, 🚲 − 📱 🛒 TV & P − 🅰 25 à 300. 🆎 ⓘ ⓜ VISA JCB.
  Repas (fermé du 25 au 31 déc.) (Taverne-rest) Lunch 25 – carte 60 à 78 – **55 ch** ⊇ 190/225 – ½ P 235/245.

ROOSTEREN Limburg © Susteren 13 033 h. 211 **T 16** et 908 **I 8**.
Amsterdam 186 – Maastricht 33 – Eindhoven 57 – Roermond 18.

- **De Roosterhoeve**, Hoekstraat 29, ⊠ 6116 AW, ℘ (0 46) 449 31 31, Fax (0 46) 449 44 00, ≡s, ⊠, ≈, 🚲 − 📱 TV P − 🅰 25 à 150. 🆎 ⓘ ⓜ VISA JCB.
  Repas (fermé sam. midi) 50/130 – **60 ch** ⊇ 140/245 – ½ P 118/145.

ROSMALEN Noord-Brabant 211 **Q 13** et 908 **H 6** – voir à 's-Hertogenbosch.

ROSSUM Gelderland © Maasdriel 22 934 h. 211 **R 12** et 908 **H 6**.
Amsterdam 80 – Utrecht 46 – Arnhem 62 – 's-Hertogenbosch 16

- **De Gouden Molen**, Waaldijk 5, ⊠ 5328 EZ, ℘ (0 418) 61 13 06, info@de-gouden-molen.nl, Fax (0 418) 66 21 88, ≤, ☎, « Ancienne auberge en contrebas de la digue du Waal », 🚲 − TV P. ⓜ VISA.
  Repas Lunch 30 – 63 – **9 ch** ⊇ 125/175 – ½ P 145/235.

ROTTERDAM

Zuid-Holland **211** L 11 - ㊵ ㊵ et **908** E 6 - ㉕ N - 592 665 h.

Amsterdam 76 ① - Den Haag 24 ① - Antwerpen 103 ③ - Bruxelles 148 ③ - Utrecht 57 ②.

Carte de voisinage	p. 3
Plans de Rotterdam	
Agglomération	p. 4 et 5
Rotterdam Centre	p. 6 et 7
Agrandissement partie centrale	p. 8
Répertoire des rues	p. 8 et 9
Nomenclature des hôtels et des restaurants	
Ville	p. 10 et 11
Périphérie et environs	p. 11 et 12

RENSEIGNEMENTS PRATIQUES

🛈 Coolsingel 67, ✉ 3012 AC, ℘ 0 900-403 40 65, Fax (010) 413 01 24 et Centraal Station, Stationsplein 1, ✉ 3013 AJ, ℘ 0 900-403 40 65.

✈ Zestienhoven (BR) ℘ (010) 446 34 44, Fax (010) 446 34 99.

⛴ Europoort vers Hull : P and O North Sea Ferries ℘ (0181) 25 55 00 (renseignements) et (0181) 25 55 55 (réservations), Fax (0181) 25 52 15.

Casino JY, Plaza-Complex, Weena 624, ✉ 3012 CN, ℘ (010) 206 82 06, Fax (010) 206 85 00.

🏌 Kralingseweg 200, ✉ 3062 CG (DS), ℘ (010) 452 22 83 - 🏌₁₈ à Capelle aan den IJssel (DR), 's Gravenweg 311, ✉ 2905 LB, ℘ (010) 442 21 09, Fax (010) 284 06 06 - 🏌₁₈ à Rhoon (AT), Veerweg 2a, ✉ 3161 EX, ℘ (010) 501 80 58.

CURIOSITÉS

Voir Lijnbaan★ JY - Intérieur★ de l'Église St-Laurent (Grote of St-Laurenskerk) KY - Euromast★ (❄★★, ≤★) JZ - Le port★★ (Haven) ⛴ KZ - Willemsbrug★★ HV - Erasmusbrug★★ KZ - Delftse Poort (bâtiment)★ JY C - World Trade Centre★ KY Y - Nederlands Architectuur Instituut★ JZ W - Boompjes★ KZ - Willemswerf (bâtiment)★ KY.

Musées : Historique (Historisch Museum) Het Schielandshuis★ KY M⁴ - Boijmans Van Beuningen★★★ JZ - Historique « De Dubbelde Palmboom »★ EV.

Env. par ③ : 7 km : Moulins de Kinderdijk★★.

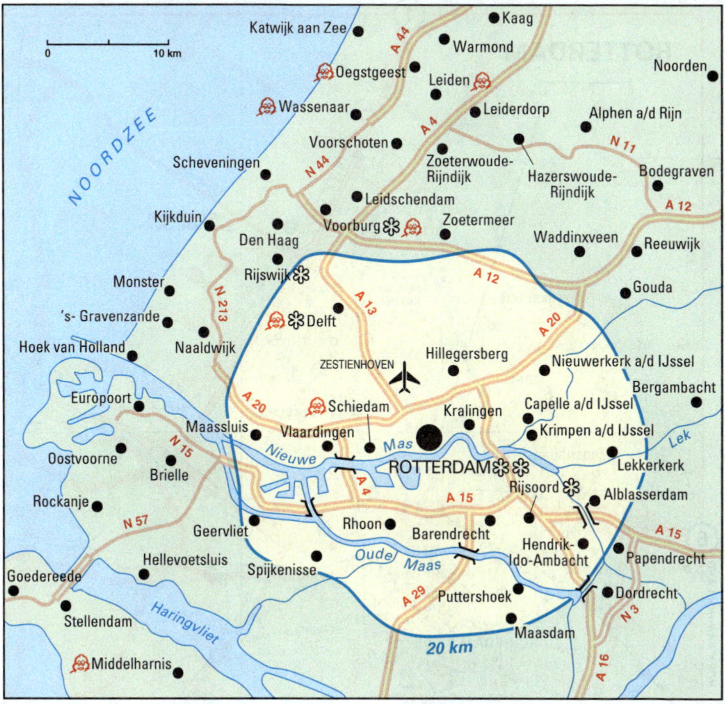
0
10 km
NOORDZEE
Katwijk aan Zee
Kaag
Warmond
Oegstgeest
Leiden
Noorden
Wassenaar
Leiderdorp
Alphen a/d Rijn
Voorschoten
Scheveningen
Zoeterwoude-Rijndijk
Hazerswoude-Rijndijk
Bodegraven
Leidschendam
Kijkduin
Voorburg
Zoetermeer
Den Haag
Waddinxveen
Reeuwijk
Rijswijk
Monster
Gouda
's- Gravenzande
Delft
Hoek van Holland
Naaldwijk
ZESTIENHOVEN
Hillegersberg
Nieuwerkerk a/d IJssel
Bergambacht
Europoort
Schiedam
Kralingen
Capelle a/d IJssel
Maassluis
Vlaardingen
Krimpen a/d IJssel
Oostvoorne
Nieuwe
Mas
Lek
Brielle
ROTTERDAM
Lekkerkerk
Rockanje
Rijsoord
Alblasserdam
Geervliet
Rhoon
Barendrecht
Hendrik-Ido-Ambacht
Papendrecht
Hellevoetsluis
Spijkenisse
Oude
Maas
Goedereede
Puttershoek
Dordrecht
Stellendam
Haringvliet
Maasdam
20 km
Middelharnis
A 44
A 4
N 44
N 11
A 12
N 213
A 13
A 20
N 15
N 57
A 15
A 29
N 3
A 16

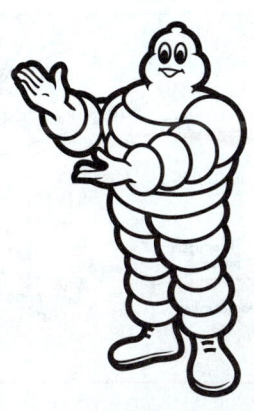

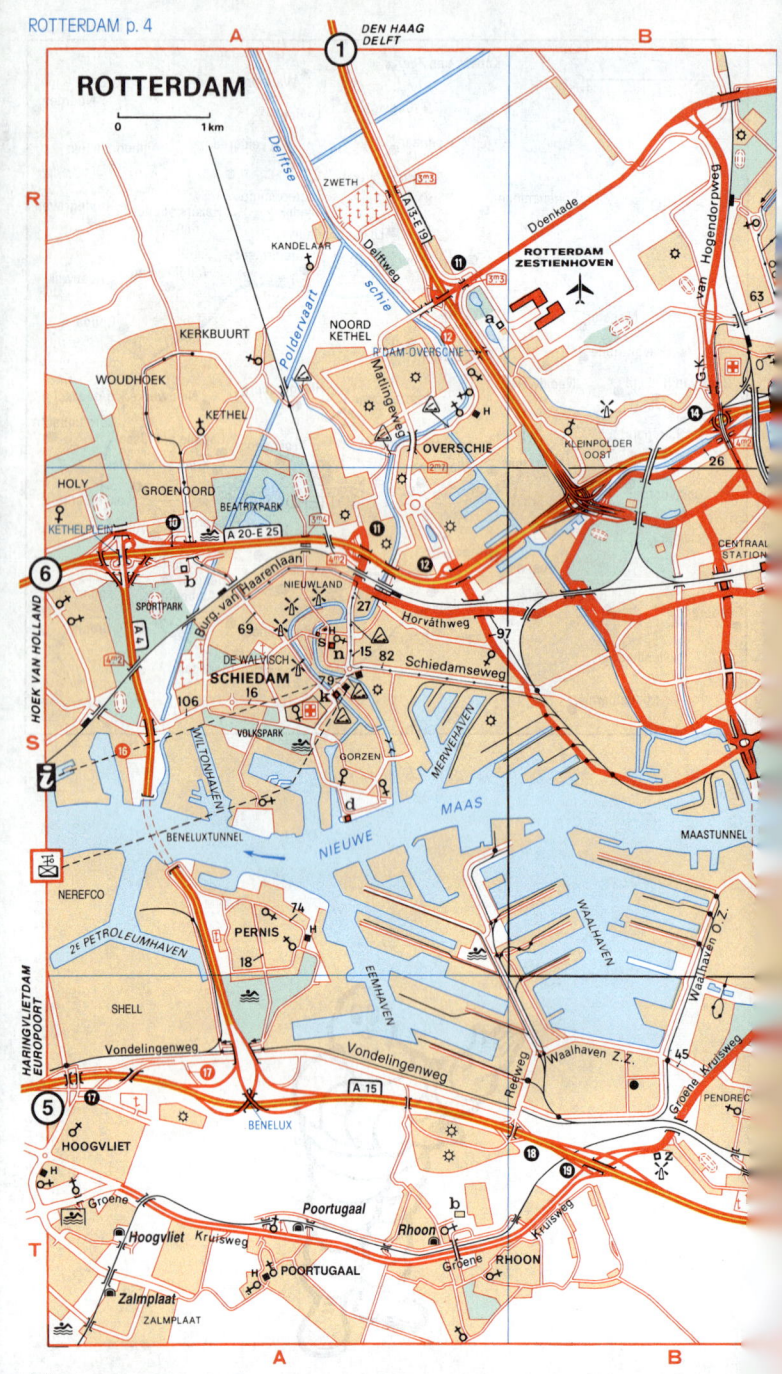

ROTTERDAM
RÉPERTOIRE DES RUES

Abraham van Stolkweg	p. 6	EU
Abram van Rijckevorselweg	p. 6	DS
Adriaan Volkerlaan	p. 5	DS 3
Aelbrechtskade	p. 6	EV
Aelbrechtspl.	p. 6	EU
van Aerssenlaan	p. 6	FU
Aert van Nesstr.	p. 8	JKY 4
Avenue Concordia	p. 7	HU
Beijerlandselaan	p. 7	HX
Bentincklaan	p. 6	FU 6
Bergse Dorpsstr.	p. 5	CR 7
Bergweg	p. 5	CRS
Beukelsdijk	p. 6	EFU
Beukelsweg	p. 6	EU
Beukendaal	p. 7	HX
Beursplein	p. 8	KY 9
Binnenweg	p. 8	JY
Binnenwegpl.	p. 8	JY 10
Blaak	p. 8	KY
Boergoensevliet	p. 8	FX
Boezembocht	p. 5	CR 12
Boezemlaan	p. 5	CR
Boezemsingel	p. 7	HU
Boezemstr.	p. 7	HU
Boompjes	p. 8	KZ
Boompjeskade	p. 8	KZ
Bosdreef	p. 5	CR
Boszoom	p. 5	DR
Botersloot	p. 8	KY 13
Brede Hilledijk	p. 7	GHX
Bree	p. 7	HX
Breeplein	p. 7	HX
Brielselaan	p. 7	GX
Burg. van Esstr.	p. 4	AS 18
Burg. van Walsumweg	p. 7	HU 19
Capelseweg	p. 5	DR
Carnissesingel	p. 7	GX
Churchillpl.	p. 8	KY
van Citterstr.	p. 6	EV
Claes de Vrieselaan	p. 6	FV
Colosseumweg	p. 7	HX
Coolsingel	p. 8	JKY
Crooswijkseweg	p. 7	GHU
Delftsepl.	p. 8	JY 21

524

ROTTERDAM p. 9

Street	Page	Grid	No.
Delftsestr.	p.8	JY	22
Delftweg	p.4	AR	
Doenkade	p.4	BR	
Doklaan	p.6	EX	
Dordtselaan	p.7	HX	
Dordtsestraatweg	p.5	CT	23
Dorpsweg	p.6	FX	
Droogleever Fortuynpl.	p.8	JZ	
Eendrachtspl.	p.8	JZ	
Eendrachtsweg	p.8	JKZ	
Erasmusbrug	p.8	KZ	
Feijenoordkade	p.7	HV	
Geldersekade	p.8	KY	24
G.J. de Jonghweg	p.6	FV	25
G.K. van Hogendorpweg	p.4	BR	
Gerdesiaweg	p.7	HU	
Glashaven	p.8	KYZ	
Goereesestr.	p.7	GX	
Gordelweg	p.4	BCR	26
Goudse Rijweg	p.7	GHU	
Goudsesingel	p.8	KY	
Gouvernestr.	p.8	JY	
's-Gravendijkwal	p.8	FV	
's-Gravenweg	p.5	DS	
Grindweg	p.5	CR	
Groene Hilledijk	p.7	HX	
Groene Kruisweg	p.4	ABT	
Groeninx van Zoelenlaan	p.5	DST	28
Grotekerkpl.	p.8	KY	30
Gruttostr	p.6	FX	31
Haagseveer	p.8	KY	33
Havenstr.	p.6	EV	34
Heemraadsingel	p.6	FV	
Hilledijk	p.7	HX	
Hillevliet	p.7	HX	
Hofdijk	p.8	KY	
Hoflaan	p.7	HU	
Hofplein	p.8	JY	
Hoofdweg	p.5	DR	
Hoogstr.	p.8	KY	
Horváthweg	p.4	AS	
Hudsonstr.	p.6	EV	
IJsselmondse Randweg	p.5	DT	
Jasonweg	p.5	CR	
Jericholaan	p.7	HU	37
Jonker Fransstr.	p.8	KY	39
Kanaalweg	p.6	EU	
Karel Doormanstr.	p.8	JY	
Katshoek	p.8	KY	
Keizerstr.	p.8	KY	40
Kievitslaan	p.8	JZ	
Klein Nieuwland	p.5	DT	42
Kleinpolderpl.	p.6	EU	
Koninginnebrug	p.7	HV	43
Korperweg	p.4	BT	45
Korte Hoogstr.	p.8	KY	46
Kortekade	p.7	HU	
Korte Lijnbaan	p.8	JY	48
Kralingse Plaslaan	p.7	HU	
Kralingse Zoom	p.5	DS	
Kralingsepl.	p.5	DS	
Kralingseweg	p.5	DS	
Kreekhuizenlaan	p.5	DT	49
Kruiskade	p.8	JKY	51
Kruisplein	p.8	JY	52
Laan op Zuid	p.7	HVX	
Lange Hilleweg	p.7	HX	
Lijnbaan	p.8	JY	
Linker Rottekade	p.7	GU	54
Lloydstr.	p.6	FX	55
Maasboulevard	p.7	HU	
Maashaven O.Z.	p.7	GHY	57
Maaskade	p.8	KZ	
Maastunnel	p.6	FX	
Maastunnelpl.	p.6	FGX	58
Marathonweg	p.5	DS	60
Marconiplein	p.6	EV	
Mariniersweg	p.8	KY	
Markerstr.	p.8	GX	61
Mathenesserdijk	p.6	EV	
Mathenesserlaan	p.8	JZ	
Mathenesserpl.	p.6	EV	
Mathenesserweg	p.6	EV	
Matlingeweg	p.4	AR	
Mauritssweg	p.8	JY	
Meent	p.8	KY	
Melanchtonweg	p.4	BR	63
Middellandstr. (1e)	p.6	FV	64
Middellandstr. (2e)	p.6	FV	65
Mijnsherenlaan	p.7	GX	67
Molenlaan	p.5	CR	
Nassauhaven	p.7	HV	
Nieuwe Binnenweg	p.8	JYZ	
Nieuwe Leuvebrug	p.8	KZ	
Nieuwstr.	p.8	KY	70
Noordpl.	p.7	GU	
Noordsingel	p.7	GU	
Oldegaarde	p.5	CT	
van Oldenbarneveltplaats	p.8	JY	72
Olympiaweg	p.5	DS	
Oostplein	p.7	HU	
Oostzeedijk	p.7	HU	
Oranjeboomstr.	p.7	HV	
Oudedijk	p.7	HU	
P.C. Hooftpl.	p.6	EV	
Parallelweg	p.8	KZ	
Parklaan	p.8	JZ	
Pastoriedijk	p.4	AS	74
Paul Krugerstr.	p.7	HX	
Pelgrimsstr.	p.6	EV	
Persoonshaven	p.7	HV	
Pieter de Hoochweg	p.6	FV	75
Plein 1940	p.8	KY	
Pleinweg	p.7	FGX	76
Polderlaan	p.7	HX	
Pompenburg	p.8	JY	78
Posthoornstr.	p.8	KY	79
Pres. Rooseveltweg	p.5	DR	
Pres. Wilsonweg	p.5	DR	
Pretorialaan	p.7	HX	81
Prins Alexanderlaan	p.5	DR	
Prins Hendrikkade	p.7	HV	
Prinsenlaan	p.7	DR	
Provenierspl.	p.8	JY	
Putsebocht	p.7	HX	
Putselaan	p.7	HX	
Randweg	p.7	HX	
Reeweg	p.4	BT	
Regentessebrug	p.8	KY	82
Reyerdijk	p.5	DT	
Ringdijk	p.5	CR	
Rochussenstr.	p.8	JZ	
Rosestraat	p.7	HVX	
Rozenlaan	p.5	CR	84
Ruyslaan	p.5	HU	
Sandelingstr.	p.7	HX	
Scheeps-timmermanslaan	p.8	JY	85
Schepenstr.	p.8	FU	87
Schiedamsedijk	p.8	KYZ	
Schiedamsevest	p.8	JKZ	
Schiedamseweg	p.6	EV	
Schiekade	p.8	FGU	
Schouwburgplein	p.8	JY	88
Slaak	p.8	HU	
Slaghekstr.	p.7	HX	
Slinge	p.5	CT	
Sluisjesdijk	p.6	EX	
Spaansekade	p.8	KY	89
Spangesekade	p.6	EUV	
Spanjaardstr.	p.6	EV	90
van Speykstr.	p.8	JY	
Spinozaweg	p.5	CDT	
Spoorsingel	p.8	JY	
Stadhouderspl.	p.6	EFU	91
Stadhoudersweg	p.6	FU	
Stadhuispl.	p.8	JY	93
Stadionweg	p.7	HX	
Statentunnel	p.6	FU	
Statenweg	p.6	FU	
Stationspl.	p.8	JY	
Stationssingel	p.8	JY	
Stieltjesstr.	p.7	HV	
Straatweg	p.5	CR	
Strevelsweg	p.7	HX	
van der Takstr.	p.7	HV	94
Terbregseweg	p.5	DR	96
Tjalklaan	p.4	ABS	97
Utenhagestr.	p.7	GX	99
Vaanweg	p.5	CT	
Vasteland	p.8	JKZ	
Veerhaven	p.8	JKY	102
Veerkade	p.8	JKY	103
Vierambachtsstr.	p.6	EV	
Vierhavensstr.	p.6	EV	
Vinkenbaan	p.5	CT	
Vlietlaan	p.7	HU	
van Vollenhovenstr.	p.8	JY	107
Vondelingenweg	p.4	AT	
Vondelweg	p.8	KY	
Voorhaven	p.6	EV	108
Voorschoterlaan	p.7	HU	
Vroesenlaan	p.6	EFU	
Vuurplaat	p.7	HV	
Waalhaven N.Z.	p.6	EX	
Waalhaven O.Z.	p.6	FX	
Waalhaven Z.Z.	p.4	BT	
Walenburgerweg	p.6	FU	
Warande	p.8	KY	
Weena	p.8	JY	
Weissenbruchlaan	p.5	CR	109
West Kruiskade	p.8	JY	
Westblaak	p.8	JZ	
Westerkade	p.8	JZ	
Westerlaan	p.8	JZ	
Westersingel	p.8	JYZ	
Westewagenstr.	p.8	KY	110
Westplein	p.8	JZ	
Westzeedijk	p.8	JZ	
Wijnbrug	p.8	KY	112
Wijnhaven	p.8	KY	
Willem Buytewechtstr.	p.6	FV	
Willemsbrug	p.7	HV	
Willemskade	p.8	KZ	
Willemspl.	p.8	KZ	
Witte de Withstr.	p.8	JZ	
Wolphaertsbocht	p.6	FGX	
Zuiderparkweg	p.5	CT	114
Zuidplein	p.7	GHX	

SCHIEDAM

Street	Page	Grid	No.
Broersvest	p.4	AS	15
Burg. van Haarenlaan	p.4	AS	
Burg. Knappertlaan	p.4	AS	16
Churchillweg	p.4	ARS	
's-Gravelandseweg	p.4	AS	27
Nieuwe Damlaan	p.4	AS	69
Oranjestr.	p.4	AS	73
Rotterdamsedijk	p.4	AS	82
Vlaardingerdijk	p.4	AS	106

Sur la route :
la signalisation routière est rédigée
dans la langue de la zone linguistique traversée.

Dans ce guide,
les localités sont classées selon leur nom officiel :
Antwerpen pour Anvers, **Mechelen** pour Malines.

ROTTERDAM p. 10

Quartiers du Centre - plan p. 6 sauf indication spéciale :

Parkhotel [M], Westersingel 70, ⊠ 3015 LB, ℰ (0 10) 436 36 11, parkhotel@bilderb
erg.nl, Fax (0 10) 436 42 12, 斎, Fa, ⇔ – 圉 ⊁ ■ ⊤⊻ ℙ – 益 25 à 60. ஊ ⊙ ☺ ⅤⅠⅤ
ᴊсв. ⅍ rest
JZ a
Repas Lunch 40 – carte env. 85 – ⊇ 42 – **187 ch** 280/465, 2 suites.

The Westin [M], Weena 686, ⊠ 3012 CN, ℰ (0 10) 430 20 00, rotterdam.westin@w
estin.com, Fax (0 10) 430 20 01, Fa, – 圉 ⊁ ■ ⊤⊻ Ġ, ⇔ – 益 25 à 100. ஊ ⊙ ☺
ⅤⅠⅤ ᴊсв. ⅍
JY z
Repas Lunch 45 – carte env. 80 – ⊇ 40 – **227 ch** 510/625, 4 suites.

Hilton sans rest, Weena 10, ⊠ 3012 CM, ℰ (0 10) 710 80 00, info.rotterdam@hilton.com,
Fax (0 10) 710 80 80 – 圉 ⊁ ■ ⊤⊻ Ġ, ℙ – 益 25 à 365. ஊ ⊙ ☺ ⅤⅠⅤ ᴊсв JY s
⊇ 39 – **246 ch** 495/690, 8 suites.

Golden Tulip, Aert van Nesstraat 4, ⊠ 3012 CA, ℰ (0 10) 206 78 00, sales@gtrott
erdam.goldentulip.nl, Fax (0 10) 413 53 20 – 圉 ⊁ ⊤⊻ Ġ, ⇔ – 益 25 à 325. ஊ ⊙ ☺
ⅤⅠⅤ ᴊсв
JY r
Repas 50 – ⊇ 31 – **213 ch** 324/338, 2 suites – ½ P 382/404.

Holiday Inn City Centre, Schouwburgplein 1, ⊠ 3012 CK, ℰ (0 10) 206 25 55, info
@hircc.nl, Fax (0 10) 206 25 50 – 圉 ⊁ ■ ⊤⊻ – 益 25 à 300. ஊ ⊙ ☺ ⅤⅠⅤ ᴊсв. ⅍ rest
Repas Lunch 53 – 60/90 – ⊇ 35 – **98 ch** 360/410, 2 suites – ½ P 440/540. JY e

New York, Koninginnehoofd 1 (Wilhelminapier), ⊠ 3072 AD, ℰ (0 10) 439 05 00,
Fax (0 10) 484 27 01, ≤, 斎, « Ancien siège de la compagnie maritime Holland-America
Line » – 圉 ⊤⊻ – 益 25 à 120. ஊ ⊙ ☺ ⅤⅠⅤ. ⅍ ch
KZ m
Repas (Ouvert jusqu'à 23 h) 45 – ⊇ 20 – **72 ch** 205/280.

Inntel, Leuvehaven 80, ⊠ 3011 EA, ℰ (0 10) 413 41 39, inforotterdam@hotelintel.c
om, Fax (0 10) 413 32 22, ≤, Fa, 圓, 圀 – 圉 ⊁ ■ ⊤⊻ ℙ – 益 25 à 250. ஊ ⊙ ☺
ⅤⅠⅤ ᴊсв
KZ d
Repas Lunch 40 – 50 – ⊇ 35 – **149 ch** 375 – ½ P 380/560.

Tulip Inn, Willemsplein 1, ⊠ 3016 DN, ℰ (0 10) 413 47 90, tulipinnrotterdam@plane
t.nl, Fax (0 10) 412 78 90, ≤ – 圉 ⊁ ⊤⊻ – 益 25 à 60. ஊ ⊙ ☺ ⅤⅠⅤ ᴊсв. ⅍ KZ s
Repas (fermé vacances bâtiment, vend., sam. et dim.) (dîner seult) 45 – **112 ch** (fermé
fin déc.) ⊇ 180/215 – ½ P 143/270.

Van Walsum, Mathenesserlaan 199, ⊠ 3014 HC, ℰ (0 10) 436 32 75, walsum@go.nl,
Fax (0 10) 436 44 10 – 圉 ⊤⊻ ℙ. ஊ ⊙ ☺ ⅤⅠⅤ ᴊсв. ⅍ rest
FV e
fermé 23 déc.-1er janv. – Repas (résidents seult) – **29 ch** ⊇ 160/225 – ½ P 128/195.

Pax sans rest, Schiekade 658, ⊠ 3032 AK, ℰ (0 10) 466 33 44, Fax (0 10) 467 52 78 –
圉 ⊤⊻ ℙ. ஊ ⊙ ☺ ⅤⅠⅤ ᴊсв. ⅍
plan p. 4 FU m
124 ch ⊇ 225/325.

Breitner, Breitnerstraat 23, ⊠ 3015 XA, ℰ (0 10) 436 02 62, hotelbreitner@hetnet,
Fax (0 10) 436 40 91 – 圉 ⊤⊻ ⇔. ஊ ⊙ ☺ ⅤⅠⅤ. ⅍ rest
JZ d
Repas (dîner pour résidents seult) – **36 ch** ⊇ 135/210 – ½ P 160/260.

Emma sans rest, Nieuwe Binnenweg 6, ⊠ 3015 BA, ℰ (0 10) 436 55 33, info@hotel
emma.nl, Fax (0 10) 436 76 58 – 圉 ⊤⊻ ℙ. ஊ ⊙ ☺ ⅤⅠⅤ ᴊсв
JY w
24 ch ⊇ 175/210.

Parkheuvel (Helder), Heuvellaan 21, ⊠ 3016 GL, ℰ (0 10) 436 07 66, Fax (0 10)
436 71 40, 斎, « Terrasse et ≤ trafic maritime » – ℙ. ஊ ⊙ ☺ ⅤⅠⅤ ᴊсв
JZ n
fermé 30 juil.-11 août, 27 déc.-3 janv., sam. midi et dim. – Repas Lunch 85 – 115/180, carte
120 à 155
Spéc. St-Jacques poêlées et sole pochée aux asperges, caviar et saladelle (mars-mi-juin).
Turbot grillé à la crème d'anchois et basilic. Côtelettes et filet de chevreuil en persillade
de poivre noir et amandes (20 oct.-26 déc.).

Old Dutch, Rochussenstraat 20, ⊠ 3015 EK, ℰ (0 10) 436 03 44, Fax (0 10) 436 78 26,
斎 – ℙ. ஊ ⊙ ☺ ⅤⅠⅤ
JZ r
fermé sam. en juil.-août, dim. et jours fériés – Repas Lunch 63 – carte 88 à 115.

Radèn Mas 1er étage, Kruiskade 72, ⊠ 3012 EH, ℰ (0 10) 411 72 44, Fax (0 10)
411 97 11, Cuisine indonésienne – ■. ஊ ⊙ ☺ ⅤⅠⅤ ᴊсв. ⅍
JY a
Repas Lunch 38 – carte env. 80.

Brasserie La Vilette, Westblaak 160, ⊠ 3012 KM, ℰ (0 10) 414 86 92, Fax (0 10)
414 33 91 – ■. ஊ ⊙ ☺ ⅤⅠⅤ ᴊсв. ⅍
JY t
fermé 23 juil.-12 août, 23 déc.-1er janv. et dim. – Repas Lunch 60 – 70/80.

de Castellane, Eendrachtsweg 22, ⊠ 3012 LB, ℰ (0 10) 414 11 59, castellane@le-r
elais.nl, Fax (0 10) 214 08 97, 斎, « Terrasse » – ஊ ⊙ ☺ ⅤⅠⅤ
JZ b
fermé 3 prem. sem. août, 24 déc.-4 janv., sam. midi, dim. et lundi – Repas Lunch 60 – carte
env. 105.

Brancatelli, Boompjes 264, ⊠ 3011 XD, ℰ (0 10) 411 41 51, Fax (0 10) 404 57 34,
Cuisine italienne, ouvert jusqu'à 23 h – ■. ஊ ⊙ ☺ ⅤⅠⅤ. ⅍
KZ n
Repas Lunch 70 – 80.

ROTTERDAM p. 11

XX **Chalet Suisse**, Kievitslaan 31, ⊠ 3016 CG, ℘ (0 10) 436 50 62, chalet.suisse@world online.nl, Fax (0 10) 436 54 62, ≤, 🍴, Avec fondue et raclette, « Terrasse sur parc public » – 🚭. AE ⓘ ⓜ VISA JZ f
fermé dim. et lundi – **Repas** 68/83.

XX **ZeeZout**, Westerkade 11b, ⊠ 3016 CL, ℘ (0 10) 436 50 49, Fax (0 10) 225 18 47, 🍴, Produits de la mer – AE ⓘ ⓜ VISA JZ e
fermé 25 et 26 déc., dim. et lundi – **Repas** Lunch 50 – carte 77 à 93.

X **de Engel** (den Blijker), Eendrachtsweg 19, ⊠ 3012 LB, ℘ (0 10) 413 82 56, *restaurant@engel.nl*, Fax (0 10) 412 51 96 – AE ⓘ ⓜ VISA JZ h
❀ *fermé 24, 25 et 31 déc. et dim.* – **Repas** (dîner seult) carte 87 à 120
Spéc. Velouté de truffes au ris de veau croquant. Côte de bœuf aux pommes fondantes et ail. Bar à la mousseline de céleri-rave et artichaut (août-déc.).

X **De Harmonie**, Westersingel 95, ⊠ 3015 LC, ℘ (0 10) 436 36 10, Fax (0 10) 436 36 08, 🍴, « Terrasse » – AE ⓜ VISA JZ c
fermé sam. midi et dim. – **Repas** Lunch 58 – carte env. 75.

X **Kip**, Van Vollenhovenstraat 25, ⊠ 3016 BG, ℘ (0 10) 436 99 23, kip@crimson.nl, Fax (0 10) 436 27 02, 🍴, « Terrasse » – AE ⓘ ⓜ VISA JCB JZ p
fermé 31 déc. – **Repas** (dîner seult) carte 77 à 102.

X **Brasserie De Tijdgeest**, Oost-Wijnstraat 14, ⊠ 3011 TZ, ℘ (0 10) 233 13 11, Fax (0 10) 433 06 19, 🍴, Taverne-rest – 🏛 35. AE ⓘ ⓜ VISA JCB. ✄ KY a
Repas 48.

X **Engels**, Stationsplein 45, ⊠ 3013 AK, ℘ (0 10) 411 95 50, engels@engels.rotterdam.nl, Fax (0 10) 413 94 21, Cuisines de différentes nationalités – 🅿 – 🏛 25 à 800. AE ⓘ ⓜ VISA JCB. ✄ JY v
fermé 24 déc. soir – **Repas** Lunch 45 – 50.

X **Anak Mas**, Meent 72a, ⊠ 3011 JN, ℘ (0 10) 414 84 87, pterina@hotmail.com, Fax (0 10) 412 44 74, Cuisine indonésienne – 🚭. AE ⓘ ⓜ VISA JCB KY s
fermé dim. – **Repas** (dîner seult) carte env. 60.

X **Fuji-Benkei** en sous-sol, Kruiskade 26, ⊠ 3012 EH, ℘ (0 10) 414 33 38, Fax (0 10) 404 69 09, Cuisine japonaise – 🚭. AE ⓘ ⓜ VISA JCB. ✄ JY u
fermé fin juil.-début août, dim. et lundi – **Repas** 68/128.

Périphérie - *plans p. 2 et 3 sauf indication spéciale* :

à l'Aéroport :

🏨 **Airport**, Vliegveldweg 59, ⊠ 3043 NT, ℘ (0 10) 462 55 66, info@airporthotel.nl, Fax (0 10) 462 22 66, 🍴, 🚲 – 📶 ≒ 📺 & 🅿 – 🏛 25 à 425. AE ⓘ ⓜ VISA. ✄ AR a
Repas Lunch 65 bc – 65 – ⊇ 30 – **97 ch** 259, 1 suite.

au Sud :

🏨 **Bastion**, Driemanssteenweg 5 (près A 15), ⊠ 3084 CA, ℘ (0 10) 410 10 00, bastion@bastionhotel.nl, Fax (0 10) 410 31 94 – 📺 🅿. AE ⓘ ⓜ VISA. ✄ BT z
Repas (Grillades, ouvert jusqu'à 23 h) 45 – ⊇ 18 – **80 ch** 150.

à Hillegersberg ⓒ Rotterdam :

X **Mangerie Lommerrijk**, Straatweg 99, ⊠ 3054 AB, ℘ (0 10) 422 00 11, info@lommerrijk.nl, Fax (0 10) 422 64 96, ≤, 🍴, 🈁 – 🅿 – 🏛 25 à 250. AE ⓘ ⓜ VISA CR y
fermé lundi – **Repas** (dîner seult) 45/95 bc.

à Kralingen ⓒ Rotterdam :

🏨🏨 **Novotel Brainpark**, K.P. van der Mandelelaan 150 (près A 16), ⊠ 3062 MB, ℘ (0 10) 253 25 32, H1134@accor-hotels.com, Fax (0 10) 253 25 71, 🍴 – 📶 ≒ 🚭 📺 & 🅿 – 🏛 25 à 400. AE ⓘ ⓜ VISA DS
Repas Lunch 40 – carte 51 à 80 – ⊇ 27 – **196 ch** 235/260.

XX **In den Rustwat**, Honingerdijk 96, ⊠ 3062 NX, ℘ (0 10) 413 41 10, info@indenrustwat.nl, Fax (0 10) 404 85 40, 🍴, « Auberge du 16ᵉ s. sur jardin fleuri » – 🚭 🅿. AE ⓘ ⓜ VISA JCB
plan p. 5 HV e
fermé 25 déc.-7 janv., dim. et lundi – **Repas** Lunch 63 – carte env. 95.

Zone Europoort par ⑤ : 25 km :

🏨 **De Beer Europoort**, Europaweg 210 (N 15), ⊠ 3198 LD, ℘ (0 181) 26 23 77, info@hoteldebeer.nl, Fax (0 181) 26 29 23, ≤, 🍴, 🈁, ✄, 🚲 – 📶 📺 🅿 – 🏛 25 à 180. AE ⓘ ⓜ VISA
Repas Lunch 50 – carte env. 65 – **78 ch** ⊇ 157/190 – ½ P 192.

527

ROTTERDAM p. 12

Environs

à Barendrecht - plan p. 3 - 26 355 h.

Bastion, Van der Waalsweg 27 (près A 15), ✉ 2991 XN, ℰ (0 10) 479 22 04, *bastion @bastionhotel.nl*, Fax *(0 10) 479 23 85* – 📺 🅿 AE ⓘ ⓜ VISA. ⋇ DT t
Repas (Grillades, ouvert jusqu'à 23 h) 45 – ⊇ 18 – **40 ch** 150.

à Capelle aan den IJssel - plan p. 3 - 63 877 h.

Barbizon 🅼, Barbizonlaan 2 (près A 20), ✉ 2908 MA, ℰ (0 10) 456 44 55, *sales@g tbcapelle.goldentulip.nl*, Fax *(0 10) 456 78 58*, ≤, 😊 – 📳 ⇔ 📺 🅿 – 🔔 30 à 250. AE ⓘ ⓜ VISA JCB DR c
Repas carte env. 70 – ⊇ 37 – **100 ch** 395, 1 suite – ½ P 373.

Bastion, Rhijnspoor 300, ✉ 2901 LC, ℰ (0 10) 202 01 04, *bastion@bastionhotel.nl*, Fax *(0 10) 202 02 47* – 📺 🅿 AE ⓘ ⓜ VISA. ⋇ DS a
Repas (Grillades, ouvert jusqu'à 23 h) 45 – ⊇ 18 – **40 ch** 150.

Johannahoeve, 's Gravenweg 347, ✉ 2905 LB, ℰ (0 10) 450 38 00, Fax *(0 10) 442 07 34*, 😊, « Ferme du 17e s » – 🅿 AE ⓘ ⓜ VISA DR g
fermé lundi et mardi pendant vacances bâtiment et dim. midi – **Repas** Lunch 60 – 55.

à Krimpen aan den IJssel - plan p. 3 - 28 373 h.

De Schelvenaer, Korenmolen 1, ✉ 2922 BS, ℰ (0 180) 51 29 11, Fax *(0 180) 55 21 32*, 😊, « Moulin avec terrasse au bord de l'eau », 🚤 – 🅿 ⋇ DS m

à Rhoon - plan p. 2 - Ⓒ Albrandswaard 15 805 h :

Het Kasteel van Rhoon, Dorpsdijk 63, ✉ 3161 KD, ℰ (0 10) 501 88 96, *rhoonka s@.euronet.nl*, Fax *(0 10) 506 72 59*, ≤, 😊, « Dans les dépendances du château » – 🅿 AE ⓘ ⓜ VISA. ⋇ AT b
Repas Lunch 80 – 65/118.

à Schiedam - plan p. 2 - 75 169 h.

🛈 Buitenhavenweg 9, ✉ 3113 BC, ℰ (0 10) 473 30 00, Fax (0 10) 473 66 95

Novotel, Hargalaan 2 (près A 20), ✉ 3118 JA, ℰ (0 10) 471 33 22, *H0517@accor-h otels.com*, Fax *(0 10) 470 06 56*, 😊, 🏊, 🌳, 🚴 – 📳 ⇔ 🔲 📺 ♿ 🅿 – 🔔 25 à 200. AE ⓘ ⓜ VISA. ⋇ rest AS b
Repas (Ouvert jusqu'à 23 h) Lunch 28 – 55 – ⊇ 25 – **134 ch** 220/245.

Duchesse, Maasboulevard 7, ✉ 3114 HB, ℰ (0 10) 426 46 26, *duchesse@planet.nl*, Fax *(0 10) 473 25 01*, ≤ Nieuwe Maas (Meuse), 😊 – 🅿 AE ⓘ ⓜ VISA JCB AS d
fermé 31 déc. et dim. – **Repas** Lunch 68 – 78.

Le Pêcheur, Nieuwe Haven 97, ✉ 3116 AB, ℰ (0 10) 273 11 55, 😊, « Entrepôt du 19e s. » – 🔲 AE ⓘ ⓜ VISA JCB AS k
email@le-pecheur.nl,
fermé 27 déc.-4 janv. et lundi en juil.-août – **Repas** Lunch 47 – carte 71 à 91.

Bistrot Hosman Frères, Korte Dam 10, ✉ 3111 BG, ℰ (0 10) 426 40 96, Fax *(0 10) 426 90 41* – 🔲 AE ⓘ ⓜ VISA AS s
fermé 31 déc.-1er janv. et lundi – **Repas** 55/85.

Orangerie Duchesse, Maasboulevard 7, ✉ 3114 HB, ℰ (0 10) 426 46 26, *duchess e@planet.nl*, Fax *(0 10) 473 25 01*, ≤ Nieuwe Maas (Meuse), 😊 – 🅿 AE ⓘ ⓜ VISA JCB AS d
fermé 31 déc. et dim. – **Repas** (dîner seult) 60.

Italia, Hoogstraat 118, ✉ 3111 HL, ℰ (0 10) 473 27 56, *info@italia.nu*, Cuisine italienne – AE ⓘ ⓜ VISA AS n
fermé 18 juil.-8 août, 27 déc.-9 janv., lundi et mardi – **Repas** (dîner seult) 58/75.

ROTTEVALLE Fryslân **210** V 4 – voir à Drachten.

ROZENDAAL Gelderland **211** U 10 et **908** I 5 – voir à Arnhem.

RUINEN Drenthe Ⓒ De Wolden 23 344 h. **210** X 6 et **908** K 3.

🛈 Brink 3, ✉ 7963 AA, ℰ (0 522) 47 17 00, Fax (0 522) 47 30 45.
Amsterdam 154 – Assen 36 – Emmen 51 – Zwolle 41.

De Stobbe, Westerstraat 84, ✉ 7963 BE, ℰ (0 522) 47 12 24, *hotelstobbe@rendo. dekooi.nl*, Fax *(0 522) 47 27 47*, 🅿s, 🔲, 🚴 – 📳, 🔲 rest, 📺 ♿ 🅿 ⓜ VISA. ⋇
Repas 45 – **24 ch** ⊇ 110/175 – ½ P 120/145.

RUURLO Gelderland 211 X 10 et 908 K 5 – 7 906 h.
Amsterdam 134 – Apeldoorn 45 – Arnhem 53 – Doetinchem 21 – Enschede 39.

XX **De Tuinkamer en De Herberg** ⓈⓀ avec ch, Hengeloseweg 1 (Sud-Ouest : 3 km), ✉ 7261 LV, ℘ (0 573) 45 21 47, deherberg@hollandhotels.nl, Fax (0 573) 45 21 47, 🍴,
« Ferme-auberge avec véranda sur jardin », 🚲 – 📺 🅿️ 🆎 ⓞ ⓜⓞ 💳 JCB ch
fermé 27 déc.-6 janv. – **Repas** (fermé lundi et mardi) (dîner seult) carte env. 70 – **9 ch**
(fermé lundi et mardi de sept. à mai) ⌑ 90/130 – ½ P 100/123.

SANTPOORT Noord-Holland Ⓒ Velsen 66 077 h. 210 M 8, 211 M 8 et 908 E 4.
Amsterdam 24 – Haarlem 7.

🏨 **De Weyman** sans rest, Hoofdstraat 248, ✉ 2071 EP, ℘ (0 23) 537 04 36, deweyman@xs4all.nl, Fax (0 23) 537 06 53 – 🛗 📺 🆎 ⓞ ⓜⓞ 💳 JCB
20 ch ⌑ 140/160.

🏨 **Bastion**, Vlietweg 20, ✉ 2071 KW, ℘ (0 23) 538 74 74, bastion@bastionhotel.nl, Fax (0 23) 538 43 34 – 📺 🅿️ 🆎 ⓞ ⓜⓞ 💳 🛇
Repas (Grillades, ouvert jusqu'à 23 h) 45 – ⌑ 18 – **40 ch** 135.

SASSENHEIM Zuid-Holland 211 M 9 et 908 E 5 – 14 591 h.
Amsterdam 35 – Den Haag 25 – Haarlem 20.

🏨 **Motel Sassenheim**, Warmonderweg 8 (près A 44), ✉ 2171 AH, ℘ (0 252) 21 90 19, receptie@sassenheim.valk.com, Fax (0 252) 21 68 29, 🍴, 🚲 – 🛗 📺 🅿️ – 🎩 25 à 200.
🆎 ⓞ ⓜⓞ 💳
Repas 38 – ⌑ 15 – **72 ch** 135 – ½ P 182.

X **de Gelegenheid**, Kastanjelaan 1, ✉ 2171 GJ, ℘ (0 252) 23 10 53, Fax (0 71) 362 17 42 – 🆎 ⓞ ⓜⓞ 💳 🛇
fermé prem. sem. mars, 3 prem. sem. août, mardi et merc. – **Repas** (dîner seult) 60/75.

SAS VAN GENT Zeeland 211 H 15 et 908 C 8 – 8 669 h.
Amsterdam (bac) 202 – Gent 25 – Middelburg (bac) 49 – Antwerpen 49 – Brugge 46.

🏨 **Royal** (avec annexes), Gentsestraat 12, ✉ 4551 CC, ℘ (0 115) 45 18 53, Fax (0 115) 45 17 96, 🍴, 🔲, 🖂 rest, 📺 🅿️ 🆎 ⓞ ⓜⓞ 💳 🛇
Repas (fermé 26 déc.-1ᵉʳ janv. et sam.) 55/83 – **48 ch** ⌑ 100/165 – ½ P 135/180.

SCHAARSBERGEN Gelderland 211 U 10 et 908 I 5 – voir à Arnhem.

SCHAGEN Noord-Holland 210 N 6 et 908 F 3 – 17 184 h.
Amsterdam 64 – Alkmaar 19 – Den Helder 23 – Hoorn 29.

🏨 **Igesz**, Markt 22, ✉ 1741 BS, ℘ (0 224) 21 48 24, hotel.igesz@wxs.nl, Fax (0 224) 21 20 86, 🍴, 🚲 – 📺 – 🎩 25 à 250. 🆎 ⓞ ⓜⓞ 💳 🛇 ch
Repas carte 60 à 83 – **20 ch** ⌑ 145/200 – ½ P 185/283.

XX **De Eetkamer,** Molenstraat 21, ✉ 1741 GJ, ℘ (0 224) 21 58 17, Fax (0 224) 29 59 39, 🍴 – 🆎 ⓞ ⓜⓞ 💳 JCB
fermé lundi – **Repas** (dîner seult) carte 76 à 97.

SCHAIJK Noord-Brabant Ⓒ Landerd 14 261 h. 211 S 12 et 908 H 6.
Amsterdam 99 – Arnhem 44 – 's-Hertogenbosch 25 – Nijmegen 22.

XX **De Peppelen**, Schutsboomstraat 43, ✉ 5374 CB, ℘ (0 486) 46 35 48, info@peppelen.nl, 🍴, « Terrasse » – 🅿️ ⓜⓞ 💳
fermé 2ᵉ quinz. janv., mardi et merc. – **Repas** 58/98.

SCHERPENZEEL Gelderland 211 R 10 et 908 H 5 – 9 029 h.
Amsterdam 64 – Utrecht 29 – Amersfoort 13 – Arnhem 34.

🏨 **De Witte Holevoet**, Holevoetplein 282, ✉ 3925 CA, ℘ (0 33) 277 91 11, witteholevoet@tip.nl, Fax (0 33) 277 26 13, 🍴, 🍴, 🚲 – 🛗 📺 🅿️ – 🎩 25 à 100. 🆎 ⓞ ⓜⓞ 💳 JCB 🛇
Repas (fermé dim.) Lunch 53 – 75/93 – **22 ch** ⌑ 165/195.

SCHEVENINGEN Zuid-Holland 211 K 10 - ① et 908 D 5 – voir à Den Haag (Scheveningen).

SCHIEDAM Zuid-Holland 211 L 11 - ㊴ N et 908 E 6 - ㉔ N – voir à Rotterdam, environs.

SCHIERMONNIKOOG (Ile de) Fryslân 210 W 2 et 908 J 1 – voir à Waddeneilanden.

529

SCHINNEN Limburg 211 U 17 et 908 I 9 – 13 759 h.
Amsterdam 206 – Maastricht 20 – Aachen 25.

XX Aan Sjuuteeänjd, Dorpsstraat 74, ⊠ 6365 BH, ℘ (0 46) 443 17 67, Fax (0 46) 443 49 30, 霖, « Ferme rustique avec cour fleurie », – 🅿. ⓂⓈ 🆅🅸🆂🅰. ⋘
fermé dern. sem. juin-prem. sem. juil., 1 sem. en janv. et merc. – **Repas** Lunch 55 bc – 63/85.

SCHIN OP GEUL Limburg C Valkenburg aan de Geul 17 908 h. 211 U 17 et 908 I 9.
Amsterdam 217 – Maastricht 19 – Liège 47 – Aachen 21.

🏠 **Oud Schin,** Strucht 21, ⊠ 6305 AE, ℘ (0 43) 459 12 92, Fax (0 43) 459 13 01, ☎ – 📺 🅿. ⓂⓈ 🆅🅸🆂🅰. ⋘ rest
mars-oct. – **Repas** (fermé après 20 h) Lunch 28 – carte env. 50 – **13 ch** ⇌ 105 – ½ P 78/88.

SCHIPHOL Noord-Holland 210 N 9 - ㉘ S, 211 N 9 et 908 F 5 - ㉗ N – voir à Amsterdam, environs.

SCHOONDIJKE Zeeland C Oostburg 17 732 h. 211 G 14 et 908 B 7.
Amsterdam (bac) 237 – Brugge 34 – Middelburg (bac) 14 – Terneuzen 28.

🏠 **de Zwaan,** Prinses Beatrixstraat 1, ⊠ 4507 AH, ℘ (0 117) 40 20 02, ulijn@zeelandnet.nl, Fax (0 117) 40 12 12, 霖, 🚲 – 📺. 🅰🅴 ⓞ ⓂⓈ 🆅🅸🆂🅰. ⋘ rest
fermé prem. sem. janv. – **Repas** carte 63 à 83 – **11 ch** ⇌ 100/180 – ½ P 113/155.

SCHOONEBEEK Drenthe C Emmen 105 497 h. 210 AA 7 et 908 L 4.
Amsterdam 165 – Assen 48 – Groningen 73 – Zwolle 56.

🏠 **De Wolfshoeve,** Europaweg 132, ⊠ 7761 AL, ℘ (0 524) 53 24 24, wolfshoeve@hollandhotels.nl, Fax (0 524) 53 12 02, 🚲 – 📺 🅿 – 🔏 50 à 300. 🅰🅴 ⓞ ⓂⓈ 🆅🅸🆂🅰. ⋘
Repas (fermé 15 juil.-15 août, dim. et après 20 h) carte 45 à 60 – **21 ch** ⇌ 85/135 – ½ P 110.

SCHOONHOVEN Zuid-Holland 211 O 11 et 908 F 6 – 11 779 h.
Voir Collection d'horloges murales★ dans le musée d'orfèvrerie et d'horlogerie (Nederlands Goud-, Zilver- en Klokkenmuseum) – route de digue de Gouda à Schoonhoven : parcours★.
🛈 Stadhuisstraat 1, ⊠ 2871 BR, ℘ (0 182) 38 50 09, Fax (0 182) 38 74 46.
Amsterdam 62 – Utrecht 32 – Den Haag 55 – Rotterdam 28.

🏠 **Belvédère** ⋙, Lekdijk West 4, ⊠ 2871 MK, ℘ (0 182) 32 52 52, info@hotelbelvedere.nl, Fax (0 182) 32 52 29, ≤, 霖, « Sur une digue avec terrasse ombragée », 🚲 – 📶 📺 🅿 – 🔏 25 à 80. 🅰🅴 ⓞ ⓂⓈ 🆅🅸🆂🅰
Repas Lunch 28 – 53/73 – **12 ch** ⇌ 140/175 – ½ P 145.

X **Brasserie de Hooiberg,** Van Heuven Goedhartweg 1 (Est : 1 km), ⊠ 2871 AZ, ℘ (0 182) 38 36 01, trudy@silverdinner.nl, Fax (0 182) 38 63 40, 霖 – 🅿. ⓂⓈ 🆅🅸🆂🅰
fermé lundi et mardi – **Repas** (dîner seult) 53.

SCHOORL Noord-Holland 210 N 6 et 908 F 3 – 6 591 h.
🛈 Duinvoetweg 1, ⊠ 1871 EA, ℘ (0 72) 509 15 04, Fax (0 72) 509 10 24.
Amsterdam 49 – Alkmaar 10 – Den Helder 32.

🏠 **Merlet,** Duinweg 15, ⊠ 1871 AC, ℘ (0 72) 509 36 44, merlet@worldonline.nl, Fax (0 72) 509 14 06, ≤, 霖, « Terrasse dans un cadre champêtre », ☎, 🅻, 🚲 – 📶 📺 🅿 – 🔏 25 à 45. 🅰🅴 ⓞ ⓂⓈ 🆅🅸🆂🅰
fermé du 1er au 14 janv. – **Repas** Lunch 68 – 90, carte env. 120 – **14 ch** ⇌ 145/195 – ½ P 160/280
Spéc. Turbot braisé aux champignons et mousseline de truffes. Grenadin de veau au jus de morilles et ravioli de foie gras (juil.-sept.). Filet, ris et langue d'agneau au jus de tomates et olives (mai-juin).

🏠 **Jan van Scorel,** Heereweg 89, ⊠ 1871 ED, ℘ (0 72) 509 44 44, janvanscorel@etrade.nl, Fax (0 72) 509 29 41, 霖, ☎, 🅻, 🚲 – 📶 📺 🅿 – 🔏 25 à 150. 🅰🅴 ⓞ ⓂⓈ 🆅🅸🆂🅰 ⋘ rest
Repas Lunch 28 – carte env. 70 – **44 ch** ⇌ 265/300, 12 suites – ½ P 155/190.

XXX **De Schoorlse Heeren,** Heereweg 215, ⊠ 1871 EG, ℘ (0 72) 509 13 80, schoorlseheeren@zonnet.nl, Fax (0 72) 509 42 04, 霖, « Ancienne ferme à toit de chaume » – 🅿. 🅰🅴 ⓞ ⓂⓈ 🆅🅸🆂🅰 🅹🅲🅱
fermé prem. sem. août et lundi – **Repas** 68/115.

SCHOORL

à Camperduin Nord-Ouest : 6 km [C] Schoorl :

🏨 **Strandhotel** ⚘, Heereweg 395, ✉ 1871 GL, ✆ (0 72) 509 14 36, jos.strandhotelc
@wxs.nl, Fax (0 72) 509 41 66, 🕿, 🚗, 🚲, – 📺 P – 🛎 25. AE ① ⓜ VISA. ※ rest
Repas (fermé dim. et lundi d'oct. à avril) 45/58 – **21 ch** ⊇ 125/185, 3 suites –
½ P 120/138.

SCHUDDEBEURS Zeeland 211 J 15 et 908 C 6 – voir à Zierikzee.

SEROOSKERKE (Schouwen) Zeeland [C] Schouwen-Duiveland 33 222 h. 211 H 12 et 908 C 6.
Amsterdam 137 – Middelburg 54 – Rotterdam 69.

※※ **De Waag**, Dorpsplein 6, ✉ 4327 AG, ✆ (0 111) 67 15 70, Fax (0 111) 67 29 08, 🍽 –
P. AE ① ⓜ VISA. ※
fermé 27 déc.-4 janv., lundi et mardi – **Repas** Lunch 96 bc – 95/135.

SEVENUM Limburg 211 V 14 et 908 J 7 – 7 253 h.
🐦 Maasduinenweg 1, ✉ 5977 NP, ✆ (0 77) 467 80 30, Fax (0 77) 467 80 31.
Amsterdam 172 – Eindhoven 44 – Maastricht 80 – Venlo 12.

🏨 **AC Hotel**, Kleefsedijk 29 (Sud-Ouest : 5 km, près A 67 - E 34, sortie ㊳), ✉ 5975 NV,
✆ (0 77) 467 20 02, Fax (0 77) 467 30 85, 🍽, 🚲 – 📶 ↮ 📺 ⅙ P. – 🛎 25 à 250. AE
① ⓜ VISA JCB
Repas (Avec buffet) carte env. 45 – **61 ch** ⊇175/195, 3 suites.

SINT ANNA TER MUIDEN Zeeland 211 F 15 et 908 B 8 – voir à Sluis.

SINT-OEDENRODE Noord-Brabant 211 R 13 et 908 H 7 – 16 970 h.
🐦 Schootsedijk 18, ✉ 5491 TD, ✆ (0413) 47 92 56, Fax (0 413) 47 96 85.
Amsterdam 107 – Eindhoven 17 – Nijmegen 48.

※※※ **Wollerich**, Heuvel 23, ✉ 5492 AC, ✆ (0 413) 47 33 33, wollerich@alliance.nl,
⃝ Fax (0 413) 49 00 07, 🍽 – ▬ P. AE ① ⓜ VISA
fermé 31 déc.-14 janv., dim. et lundi – **Repas** Lunch 90 – 75/135, carte env. 125
Spéc. Foie d'oie sauté, compote douce d'échalotes. Le trio de potages. Turbot à la purée
de petits pois et jus de champignons à la truffe blanche (fin juin-sept.).

※※ **de Rooise Boerderij**, Schijnelseweg 2, ✉ 5491 TB, ✆ (0 413) 47 49 01, derooise
boerderij@hetnet.nl, Fax (0 413) 47 65 65, 🍽 – P. AE ① ⓜ VISA JCB. ※
fermé 3 sem. vacances bâtiment et lundi – **Repas** Lunch 45 – 53/85.

SITTARD Limburg 211 U 17 et 908 I 8 – 49 524 h.
✈ au Sud : 8 km à Beek ✆ (0 43) 358 99 99, Fax (0 43) 358 99 88.
🛈 Rosmolenstraat 2, ✉ 6131 HX, ✆ (0 46) 452 41 44, Fax (0 46) 458 05 55.
Amsterdam 194 – Maastricht 29 – Eindhoven 66 – Roermond 27 – Aachen 36.

🏨 **De Limbourg**, Markt 22, ✉ 6131 EK, ✆ (0 46) 451 81 51, 🍽, 🚲 – 📺 P – 🛎 25
à 60. AE ① ⓜ VISA JCB
Repas (Taverne-rest) Lunch 50 – carte 63 à 78 – **18 ch** ⊇ 150/200 – ½ P 175/200.

🏨 **De Prins**, Rijksweg Zuid 25, ✉ 6131 AL, ✆ (0 46) 451 50 41, hoteldeprinssittard@h
etnet.nl, Fax (0 46) 451 46 41 – 📺 P – 🛎 25 à 60. AE ① ⓜ VISA. ※ rest
Repas (fermé dim.) Lunch 40 – 45/70 – **23 ch** ⊇ 146/200 – ½ P 160/175.

※※ **Walraven's**, Paardestraat 25, ✉ 6131 HA, ✆ (0 46) 451 12 24, Fax (0 46) 458 48 66,
🍽 – AE ① ⓜ VISA
fermé 1 sem. en fév. et dim. – **Repas** 55/100.

à Doenrade Sud : 6 km par N 276 [C] Schinnen 13 759 h :

🏨 **Kasteel Doenrade** ⚘, Limpensweg 20 (Klein-Doenrade), ✉ 6439 BE, ✆ (0 46)
442 41 41, Fax (0 46) 442 40 30, 🍽, « Environnement champêtre », 🕿, ※, 🚲 – 📶,
▬ ch, 📺 P – 🛎 25 à 50. AE ① ⓜ VISA
Repas (fermé du 1er au 15 janv.) Lunch 48 – 68/80 – **23 ch** ⊇ 175/390, 1 suite –
½ P 235/280.

à Munstergeleen Sud : 3 km [C] Sittard :

※※ **Zelissen**, Houbeneindstraat 4, ✉ 6151 CR, ✆ (0 46) 451 90 21, Fax (0 46) 411 14 47
⃝ – AE ⓜ VISA JCB
fermé carnaval, 2 sem. en juil., mardi soir et merc. – **Repas** 42/65.

SLENAKEN Limburg C Gulpen-Wittem 15 537 h. 211 U 18 et 908 I 9.

Voir *Route de Epen* ≤★.

Amsterdam 230 – Maastricht 19 – Aachen 20.

Klein Zwitserland, Grensweg 11, ⊠ 6277 NA, ℘ (0 43) 457 32 91, info@klein zwitserland.com, Fax (0 43) 457 32 94, ≤ campagne, 🚗 – 🛏, 🍴 rest, TV P. AE MC VISA. ⚒
Repas *(mars-mi-nov. et week-end ; fermé fin déc.-fév.)* (dîner seult) 60 – **25 ch** ⊇ 216/282, 1 suite.

't Gulpdal, Dorpsstraat 40, ⊠ 6277 NE, ℘ (0 43) 457 33 15, info@gulpdal.nl, Fax (0 43) 457 33 16, ≤, « Jardin paysagé avec pièce d'eau », 🏋, 🍽, 🏊, 🚗, ⚒, 🚴 – 🛏 🍴 TV P. AE ① MC VISA JCB. ⚒
fermé janv.-fév. – **Repas** (résidents seult) – **19 ch** ⊇ 170/240, 5 suites – ½ P 179.

Slenaker Vallei, Dorpsstraat 1, ⊠ 6277 NC, ℘ (0 43) 457 26 35, Fax (0 43) 457 26 28, ≤, 🍽 – 🛏 TV P. – 🏊 25 à 50. AE ① MC VISA. ⚒ rest
mars-déc. – **Repas** 60/95 – **20 ch** ⊇ 110/200 – ½ P 135/185.

Tulip Inn, Heyenratherweg 4, ⊠ 6276 PC, ℘ (0 43) 457 35 46, info@tislenaken.gold entulip.nl, Fax (0 43) 457 20 92, 🚴 – 🛏 TV P. AE ① MC VISA. ⚒ rest
Repas (fermé après 20 h) Lunch 18 – 45/50 – **37 ch** ⊇ 188/265 – ½ P 137/175.

SLUIS Zeeland C Sluis-Aardenburg 6 477 h. 211 F 15 et 908 B 8.

🛈 St-Annastraat 15, ⊠ 4524 JB, ℘ (0 117) 46 17 00, Fax (0 117) 46 26 84.

Amsterdam (bac) 225 – Brugge 21 – Middelburg (bac) 29 – Knokke-Heist 9.

Oud Sluis (Herman), Beestenmarkt 2, ⊠ 4524 EA, ℘ (0 117) 46 12 69, oudsluis@alli ance.nl, Fax (0 117) 46 30 05, 🍽, Produits de la mer, « Petite auberge typique » – AE ① MC VISA. ⚒
fermé 2 sem. en juin, 2 sem. en oct., dern. sem. déc., lundi et mardi – **Repas** Lunch 90 – 125/155, carte env. 180
Spéc. Turbot grillé à l'orange, witlof et sabayon à la bière (oct.-mars). Salade de homard à l'italienne. Moelleux au chocolat, verveine et sabayon aux pistaches (juil.-sept.).

Gasterij Balmoral, Kaai 16, ⊠ 4524 CK, ℘ (0 117) 46 14 98, Fax (0 117) 46 18 07, 🍽 – AE ① MC VISA JCB
fermé 2 dern. sem. janv.-prem. sem. fév., du 15 au 25 juin, vend. et après 20 h 30 – **Repas** 40/57.

Lindenhoeve, Beestenmarkt 4, ⊠ 4524 EA, ℘ (0 117) 46 18 10, Fax (0 117) 46 26 00, 🍽, Taverne-rest. – 🍴 P. AE MC VISA
fermé 3 sem. en fév., 1 sem. en sept. et jeudi – **Repas** 45.

à Heille Sud-Est : 5 km C Sluis-Aardenburg :

De Schaapskooi, Zuiderbruggeweg 23, ⊠ 4524 KH, ℘ (0 117) 49 16 00, Fax (0 117) 49 22 19, 🍽, « Ancienne bergerie dans cadre champêtre » – P. AE ① MC VISA. ⚒
fermé 2 prem. sem. fév., 2 sem. en oct., lundi soir et mardi – **Repas** carte 75 à 109.

à Retranchement Nord : 6 km C Sluis-Aardenburg :

De Witte Koksmuts, Kanaalweg 8, ⊠ 4525 NA, ℘ (0 117) 39 16 87, Fax (0 117) 39 20 30, ≤, 🍽 – P. AE ①
fermé du 4 au 30 nov., merc. sauf en juil.-août et jeudi – **Repas** carte 64 à 93.

à Sint Anna ter Muiden Nord-Ouest : 2 km C Sluis-Aardenburg :

De Vijverhoeve, Greveningseweg 2, ⊠ 4524 JK, ℘ (0 117) 46 13 94, 🍽, « Terrasse et jardin dans cadre champêtre » – P. AE ① MC VISA
fermé merc. et jeudi – **Repas** 65/130.

SNEEK Fryslân 210 T 4 et 908 I 2 – 31 104 h.

Voir *Porte d'eau★ (Waterpoort)* A A.

Exc. *Circuit en Frise Méridionale★* - par ④ à *Sloten★* (ville fortifiée).
🛈 Marktstraat 18, ⊠ 8601 CV, ℘ (0 515) 41 40 96, Fax (0 515) 42 37 03.
Amsterdam 125 ④ – Leeuwarden 27 ① – Groningen 78 ② – Zwolle 74 ③.

Plan page ci-contre

Hanenburg, Wijde Noorderhorne 2, ⊠ 8601 EB, ℘ (0 515) 41 25 70, hotel-hanenbu rg@wxs.nl, Fax (0 515) 42 58 95, 🍽 – TV P. – 🏊 25 à 60. AE ① MC VISA. ⚒ A e
fermé 31 déc. et 1er janv. – **Repas** (fermé dim. midi) Lunch 45 – 69/85 – **20 ch** ⊇ 115/215 – ½ P 112/152.

Onder de Linden, Marktstraat 30, ⊠ 8601 CV, ℘ (0 515) 41 26 54, onderdelinden .serrerest@planet.nl, Fax (0 515) 42 77 15 – MC VISA   B b
fermé 27 déc.-14 janv. et lundi – **Repas** Lunch 30 – 40/50.

Dr. Boumaweg	A 3	Hoogend	B 13	Oosterdijk	B 24
Dr. Kuyperlaan	B 4	Jachthavenstr.	B 15	Oude Koemarkt	A 25
Dr. P. Sipmastr.	A 6	Jousterkade	B 16	Oudkerkhof	A 27
Gedempte Pol	B 7	Kerkgracht	A 17	Parkstr.	A 28
Gedempte Poortezijlen	B 8	Kleinzand	B 18	Peperstr.	B 29
Goeman		Kruizebroederstr.	B 19	Steenklip	B 31
Borgesiuslaan	B 10	Marktstr.	A 20	Waterpoorts-	
Grootzand	B	Martinipl.	A 21	gracht	A 33
Grote Kerkstr.	A 12	Noorderhorne	A 23	Wyde Burgstr.	B 36

SOEST Utrecht 211 Q 9 et 908 G 5 – 44 139 h.

🛈 Steenhoffstraat 9a, ✉ 3764 BH, ✆ (0 35) 601 20 75, Fax (0 35) 602 80 17.

Amsterdam 42 – *Utrecht* 18 – Amersfoort 7.

🏨 **Het Witte Huis** (avec annexe), Birkstraat 138 (Sud-Ouest : 3 km sur N 221), ✉ 3768 HN, ✆ (0 33) 461 71 47, info@h-r-wittehuis.nl, Fax (0 33) 465 05 66, 🚲 – 🛗 📺 🅿 – 🛁 25 à 160. AE ⓓ Ⓜ VISA JCB.
fermé 27 déc.-4 janv. - **Repas** carte env. 60 – **68 ch** ⚏ 168/215 – ½ P 163/210.

🍴 **Van den Brink**, Soesterbergsestraat 122, ✉ 3768 EL, ✆ (0 35) 601 27 06, eetvilla @zonnet.nl, Fax (0 35) 601 97 18, 🌳 – 🅿 – 🛁 25 à 40. AE Ⓜ VISA
fermé prem. sem. janv. - **Repas** Lunch 53 – 70.

à Soestdijk Ⓒ Soest :

🍴🍴🍴 **'t Spiehuis**, Biltseweg 45 (sur N 234), ✉ 3763 LD, ✆ (0 35) 666 82 36, spiehuis@he tnet.nl, Fax (0 35) 666 84 76, 🌳, « Auberge en lisière des bois » – 🅿 AE ⓓ Ⓜ VISA. ✄
fermé 27 juil.-8 août, 27 déc.-9 janv. et mardi - **Repas** Lunch 60 – carte 77 à 101.

SOESTDIJK Utrecht 211 Q 9 et 908 G 5 – *voir à Soest.*

SOMEREN Noord-Brabant 211 T 14 et 908 I 7 – 18 069 h.
Amsterdam 151 – Eindhoven 26 – Helmond 13 – 's-Hertogenbosch 52 – Venlo 37.

XX **Gasterij De Zeuve Meeren** avec ch, Wilhelminaplein 14, ⊠ 5711 EK, ℘ (0 493) 49 27 28, info@gasterij-dezeuvemeeren.nl, Fax (0 493) 47 01 12, ⚙ – TV AE ① ⓜ VISA JCB. ※
fermé fin sept. – **Repas** Lunch 50 – 70/100 – **5 ch** ⊇ 90/130 – ½ P 130/210.

SON Noord-Brabant ℂ Son en Breugel 14 543 h. 211 R 13 et 908 H 7.
Amsterdam 114 – Eindhoven 10 – Helmond 17 – Nijmegen 53.

🏨 **la Sonnerie**, Nieuwstraat 45, ⊠ 5691 AB, ℘ (0 499) 46 02 22, receptie@sonnerie.nl, Fax (0 499) 46 09 75, ⛲, « Ancien cloître », ⚙ – ⊟ TV P – 🅰 25 à 100. AE ① ⓜ VISA JCB. ※
Repas (fermé 24 fév.-2 mars et 31 déc.-1er janv.) (dîner seult) carte env. 105 – ⊇ 23 – **30 ch** 150/260 – ½ P 223/273.

SPAARNDAM Noord-Holland ℂ Haarlemmerliede en Spaarnwoude 5 203 h. 211 N 8 et 908 F 4.
🛶 🛶 au Nord : 8 km à Velsen-Zuid, Het Hoge Land 2, ⊠ 1981 LT, Recreatieoord Spaarnwoude ℘ (0 23) 538 27 08, Fax (0 23) 538 72 74.
Amsterdam 18 – Alkmaar 28 – Haarlem 11.

X **Het Stille Water**, Oostkolk 19, ⊠ 2063 JV, ℘ (0 23) 537 13 94, Fax (0 23) 539 59 64, ⛲ – AE ⓜ VISA JCB
fermé mardi – **Repas** (dîner seult) carte 69 à 84.

SPAKENBURG Utrecht 211 R 9 et 908 H 5 – voir à Bunschoten-Spakenburg.

SPIER Drenthe 210 X 6 et 908 K 3 – voir à Beilen.

SPIJKENISSE Zuid-Holland 211 K 11 - ㊴ S et 908 D 6 - ㉔ S – 71 831 h.
Amsterdam 92 – Rotterdam 16.

🏨 **Carlton Oasis**, Curieweg 1 (Sud : 1 km), ⊠ 3208 KJ, ℘ (0 181) 62 52 22, oasis@carlton.nl, Fax (0 181) 61 10 94, 🏋, ⇌, 🏊, – ⊟ ⇌, ≣ ch, TV P – 🅰 40 à 250. AE ① ⓜ VISA JCB
Repas (Ouvert jusqu'à minuit) Lunch 35 – carte env. 65 – ⊇ 32 – **139 ch** 395/440 – ½ P 210/462.

X **'t Ganzengors**, Oostkade 4, ⊠ 3201 AM, ℘ (0 181) 61 25 78, ganzengors@mepro be.nl, Fax (0 181) 61 77 32, ⛲, Avec brasserie – P AE ① ⓜ VISA
fermé lundi – **Repas** 48/75.

STAPHORST Overijssel 210 W 7 et 908 J 4 – 15 227 h.
Voir Ville typique★ : fermes★, costume traditionnel★.
Amsterdam 128 – Groningen 83 – Leeuwarden 74 – Zwolle 18.

🏨 **Waanders**, Rijksweg 12, ⊠ 7951 DH, ℘ (0 522) 46 18 88, Fax (0 522) 46 10 93 – ⊟, ≣ rest, TV P – 🅰 25 à 230. AE ① ⓜ VISA JCB
Repas (Ouvert jusqu'à 23 h) Lunch 30 – carte 68 à 95 – **24 ch** ⊇ 110/165.

XX **Het Boerengerecht**, Middenwolderweg 2, ⊠ 7951 EC, ℘ (0 522) 46 19 67, Fax (0 522) 46 11 66, ⛲, « Ferme du 17e s. » – P AE ① ⓜ VISA
fermé fin juil.-début août, 1 sem. en janv., dim. et lundi – **Repas** Lunch 45 – carte env. 80.

X **De Molenmeester**, Gemeenteweg 364 (Est : 3 km), ⊠ 7951 PG, ℘ (0 522) 46 31 16, demolenmeester@hetnet.nl, ⛲, Ouvert jusqu'à 23 h – P AE ⓜ VISA JCB
fermé lundi et mardi – **Repas** 55/63.

STEENWIJK Overijssel 210 V 6 et 908 J 3 – 22 740 h.
🅱 Markt 60, ⊠ 8331 HK, ℘ (0 521) 51 20 10, Fax (0 521) 51 17 79.
Amsterdam 148 – Assen 55 – Leeuwarden 54 – Zwolle 38.

🏨 **De "Eese"** ⤵, Duivenslaagte 2 (Nord : 5,5 km, direction Frederiksoord à De Bult), ⊠ 8346 KH, ℘ (0 521) 51 14 54, info@eese.nl, Fax (0 521) 51 13 16, ⛲, ⇌, 🏊, ※, ⚙ – ⊟, ≣ rest, TV P – 🅰 80 à 250. AE ① ⓜ VISA JCB ※ ch
Repas Lunch 29 – 53/125 – **56 ch** ⊇ 140/190 – ½ P 158/193.

🏨 **Hiddingerberg**, Woldmeentherand 15 (près A 32, sortie ⑥), ⊠ 8332 JE, ℘ (0 521) 51 23 11, balie@hiddingerberg.nl, Fax (0 521) 51 20 64, ⛲, ⚙ – TV P – 🅰 25 à 500. AE ⓜ VISA ※ ch
fermé 31 déc. et 1er janv. – **Repas** carte 55 à 78 – **12 ch** ⊇ 117/143 – ½ P 150.

STEIN Limburg 211 T 17 et 908 I 9 – 26 303 h.
Amsterdam 197 – Maastricht 21 – Roermond 30 – Aachen 36.

- **François**, Mauritsweg 96, ⌧ 6171 AK, ℘ (0 46) 433 14 52, rest.francois@planet.nl, Fax (0 46) 433 28 06 – AE ⓞ ⓜ VISA
fermé 22 fév.-7 mars, mardi, merc. et sam. midi – **Repas** 49/70.

à Urmond Nord : 3 km © Stein :

- **Stein-Urmond**, Mauritslaan 65 (près A 2), ⌧ 6129 EL, ℘ (0 46) 433 85 73, frontdsk@stein.valk.com, Fax (0 46) 433 86 86, 佘, ⓛ, ⓨ – 厞 ⌱ TV ℗ – 盔 25 à 400. AE ⓞ ⓜ VISA
Repas (Ouvert jusqu'à 23 h) Lunch 25 – carte 46 à 73 – ⊑ 23 – **165 ch** 135.

STELLENDAM Zuid-Holland © Goedereede 11 169 h. 211 J 12 et 908 D 6.
Amsterdam 115 – Rotterdam 43 – Den Haag 67 – Middelburg 60.

- **de Gard**, Meester Iman Caustraat 4, ⌧ 3251 AR, ℘ (0 187) 49 90 92 – ⓜ VISA JCB
fermé 23 juil.-14 août, 25 et 26 déc., lundi et mardi – **Repas** (dîner seult) 80.

STEVENSWEERT Limburg © Maasbracht 13 603 h. 211 U 16 et 908 I 8.
Amsterdam 184 – Eindhoven 58 – Maastricht 37 – Venlo 39.

- **Herberg Stadt Stevenswaert**, Veldstraat Oost 1, ⌧ 6107 AS, ℘ (0 475) 55 23 76, restaurantherbergstadtstevenswaert@hetnet.nl, Fax (0 475) 55 23 76, 佘 – AE ⓜ VISA
fermé janv., 1 sem. en oct. et lundi – **Repas** 55/75.

TEGELEN Limburg 211 V 14 et 908 J 7 – voir à Venlo.

TERBORG Gelderland © Wisch 19 706 h. 211 X 11 et 908 K 6.
Amsterdam 135 – Arnhem 37 – Enschede 58.

- **'t Hoeckhuys**, Stationsweg 16, ⌧ 7061 CT, ℘ (0 315) 32 39 33, info@hoeckhuys.nl, Fax (0 315) 33 04 97, 佘 – ℗, AE ⓞ ⓜ VISA
fermé mi-juil.-prem. sem. août et merc. – **Repas** (dîner seult) 58/77.

TERNEUZEN Zeeland 211 I 14 et 908 C 7 – 34 687 h.
🛈 Markt 11, ⌧ 4531 EP, ℘ (0 115) 69 59 76, Fax (0 115) 64 87 70.
Amsterdam (bac) 196 – Middelburg (bac) 39 – Antwerpen 56 – Brugge 58 – Gent 39.

- **L'Escaut**, Scheldekade 65, ⌧ 4531 EJ, ℘ (0 115) 69 48 55, lescaut@zeelandnet.nl, Fax (0 115) 62 09 81, 佘, ⓨ – 厞 ⌱ TV – 盔 25 à 80. AE ⓞ ⓜ VISA JCB. ⋇ rest
fermé 31 déc. et 1ᵉʳ janv. – **Repas** (fermé sam. midi et dim. midi) Lunch 60 – carte 93 à 110 – ⊑ 25 – **28 ch** 225/250 – ½ P 235/290.

- **Winston Churchill**, Churchilllaan 700, ⌧ 4532 JB, ℘ (0 115) 62 11 20, hotel@winstonchurchill.nl, Fax (0 115) 69 73 93, ⛐, ⌖, ⓨ – 厞 ⌱ TV ⚒ ℗ – 盔 25 à 125. AE ⓞ ⓜ VISA JCB. ⋇ rest
Repas 50/63 – **48 ch** ⊑ 160/195 – ½ P 185.

- **Triniteit**, Kastanjelaan 2 (angle Axelsestraat), ⌧ 4537 TR, ℘ (0 115) 61 41 50, Fax (0 115) 61 44 69, 佘 – ⌱ TV ℗. AE ⓞ ⓜ VISA. ⋇
fermé jours fériés – **Repas** (dîner pour résidents seult) – **16 ch** ⊑ 140/175.

- **De Kreek**, Notenseeweg 28 (Otheense Kreek), ⌧ 4535 AS, ℘ (0 115) 62 08 17, Fax (0 115) 62 08 19, ≤, 佘, « Terrasse au bord de l'eau » – ℗. AE ⓞ ⓜ VISA
fermé 1 sem. en fév., dern. sem. juil.-prem. sem. août, lundi et mardi – **Repas** Lunch 55 – carte 71 à 95.

- **d'Ouwe Kercke**, 1ᵉʳ étage, Noordstraat 77a (rue piétonne), ⌧ 4531 GD, ℘ (0 115) 69 72 27, Fax (0 155) 69 70 60 – AE ⓞ ⓜ VISA
fermé mardi et dim. midi – **Repas** carte env. 100.

- **'t Arsenaal**, Nieuwstraat 27, ⌧ 4531 CV, ℘ (0 115) 61 30 00, info@hetarsenaal.com, Fax (0 115) 64 82 25, 佘, « Ancienne forteresse de 1840 » – 🝙. AE ⓜ VISA
fermé merc., sam. midi et dim. midi – **Repas** carte env. 75.

TERSCHELLING (Ile de) Fryslân 210 R 2 et 908 H 1 – voir à Waddeneilanden.

TEXEL (Ile de) Noord-Holland 210 N 4 et 908 F 2 – voir à Waddeneilanden.

THOLEN Zeeland 211 J 13 et 908 D 7 – 23 595 h.
Amsterdam 133 – Bergen op Zoom 9 – Breda 51 – Rotterdam 56.

- **Hof van Holland**, Kaaij 1, ⌧ 4691 EE, ℘ (0 166) 60 25 90, Fax (0 166) 60 43 58, Produits de la mer – AE ⓞ ⓜ VISA
fermé 2 prem. sem. janv. et lundi – **Repas** Lunch 45 bc – carte 70 à 86.

THORN Limburg 211 U 16 et 908 I 8 – 2 659 h.

Voir Bourgade★.

🛈 Wijngaard 14, ✉ 6017 AG, ✆ (0 475) 56 27 61.

Amsterdam 172 – Eindhoven 44 – Maastricht 44 – Venlo 35.

Host. La Ville Blanche, Hoogstraat 2, ✉ 6017 AR, ✆ (0 475) 56 23 41, mjoosten@worldonline.nl, Fax (0 475) 56 28 28, 🐾 – 📺 TV 🅿 – 🛎 25 à 90. 🆎 ① ⓜⓞ 🆅🅸🆂🅰. 🛇 rest

Repas Lunch 48 – carte 73 à 95 – **23 ch** ⚏ 135/185 – ½ P 130/185.

Host. Crasborn, Hoogstraat 6, ✉ 6017 AR, ✆ (0 475) 56 12 81, p.jmparren@freeler.nl, Fax (0 475) 56 22 33, 🐾, 🐾 – 📺 🅿 🆎 ① ⓜⓞ 🆅🅸🆂🅰 🇯🇨🇧
fermé 3 sem. en janv. – **Repas** carte env. 65 – ⚏ 18 – **12 ch** 105/145 – ½ P 1065/205.

TIEL Gelderland 211 R 11 et 908 H 6 – 37 436 h.

🇫🇸 au Nord-Ouest : 4 km à Zoelen, Oost Kanaalweg 1, ✉ 4011 LA, ✆ (0 344) 62 43 70, Fax (0 344) 61 30 96.

🛈 Korenbeursplein 4, ✉ 4001 KX, ✆ (0 344) 61 64 41, Fax (0 344) 61 56 49.

Amsterdam 80 – Utrecht 49 – Arnhem 44 – 's-Hertogenbosch 38 – Nijmegen 41 – Rotterdam 76.

Tiel, Laan van Westroyen 10 (près A 15, sortie ㊳), ✉ 4003 AZ, ✆ (0 344) 62 20 20, tiel@valk.com, Fax (0 344) 61 21 28, 🐾, 🏋, 🌊, 🎱, 🚲 – 📺 🛇 📺 🅿 – 🛎 25 à 2000. 🆎 ① ⓜⓞ 🆅🅸🆂🅰
Repas (Ouvert jusqu'à 23 h) Lunch 35 – carte env. 50 – **124 ch** ⚏ 148/190 – ½ P 108/123.

Lotus, Westluidensestraat 49, ✉ 4001 NE, ✆ (0 344) 61 57 02, Fax (0 344) 62 07 65, Cuisine chinoise – 🍽 🅿 🆎 ① ⓜⓞ 🆅🅸🆂🅰 🇯🇨🇧. 🛇**Repas** Lunch 40 – carte env. 55.

TILBURG Noord-Brabant 211 P 13 et 908 G 7 – 190 559 h.

Voir De Pont (Stichting voor Hedendaagse Kunst)★★ V.

Musée : Nederlands Textielmuseum★ V M'.

Env. au Sud-Est : 4 km par ②, Domaine récréatif de Beekse Bergen★.

🇫🇸 Gilzerbaan 400, ✉ 5032 VC, ✆ (0 13) 467 23 32, Fax (0 13) 467 78 23 – 🇫🇸 Reeshofweg 55, ✉ 5044 VC, ✆ (0 13) 571 14 13, Fax (0 13) 572 04 94 - 🇫🇸 au Sud : 5 km à Goirle, Nieuwkerksedijk Zuid 50, ✉ 5051 DD, ✆ (0 13) 534 20 29, Fax (0 13) 534 53 60.

🛪 par ② : 32 km à Eindhoven-Welschap ✆ (0 40) 291 98 18, Fax (0 40) 291 98 20.

🛈 Stadhuisplein 132, ✉ 5038 TC, ✆ 0 800-023 40 04, Fax (0 13) 542 80 15.

Amsterdam 110 ① – Breda 22 ③ – Eindhoven 36 ② – 's-Hertogenbosch 23 ①

Plan page ci-contre

Aub. du Bonheur Ⓜ, Bredaseweg 441 (par ② : 3 km), ✉ 5036 NA, ✆ (0 13) 468 69 42, auberge@dubonheur.nl, Fax (0 13) 590 09 59, 🐾, « Environnement boisé », 🐾, 🚲 – 🛇 📺 🅿 – 🛎 25 à 80. 🆎 ① ⓜⓞ 🆅🅸🆂🅰 🇯🇨🇧. 🛇
Repas (fermé dim.) Lunch 50 – carte 84 à 123 – **26 ch** ⚏ 195/260 – ½ P 263.

De Postelse Hoeve, Dr. Deelenlaan 10, ✉ 5042 AD, ✆ (0 13) 463 63 35, Fax (0 13) 463 93 90, 🐾 – 📺, 🍽 rest, 📺 🅿 – 🛎 25 à 200. 🆎 ① ⓜⓞ 🆅🅸🆂🅰. 🛇 ch   V v
Repas Lunch 38 – carte env. 85 – **35 ch** ⚏ 155/225 – ½ P 190/210.

Mercure, Heuvelpoort 300, ✉ 5038 DT, ✆ (0 13) 535 46 75, h1239@accor-hotels.com, Fax (0 13) 535 58 75, 🐾, 🚲 – 📺 🛇, 🍽 rest, 📺 ⚁ – 🛎 25 à 175. 🆎 ① ⓜⓞ 🆅🅸🆂🅰 🇯🇨🇧. 🛇 rest   Y b
Repas Lunch 33 – 45 – ⚏ 25 – **61 ch** 193, 2 suites – ½ P 250.

De Lindeboom sans rest, Heuvelring 126, ✉ 5038 CL, ✆ (0 13) 535 13 55, Fax (0 13) 536 10 85 – 📺 📺. 🆎 ① ⓜⓞ 🆅🅸🆂🅰. 🛇   Y c
18 ch ⚏ 165/187.

Bastion, Kempenbaan 2, ✉ 5018 TK, ✆ (0 13) 544 19 99, bastion@bastionhotel.nl, Fax (0 13) 543 89 10 – 📺 🅿. 🆎 ① ⓜⓞ 🆅🅸🆂🅰. 🛇   X f
Repas (Grillades, ouvert jusqu'à 23 h) 45 – ⚏ 18 – **40 ch** 115.

Ibis, Dr. Hub. van Doorneweg 105, ✉ 5026 RB, ✆ (0 13) 463 64 65, H0647@accor-hotels.nl, Fax (0 13) 468 16 24, 🐾, 🚲 – 📺 🛇 📺 🅿 – 🛎 25 à 200. 🆎 ① ⓜⓞ 🆅🅸🆂🅰
Repas Lunch 22 – 45 – **71 ch** ⚏ 143/171 – ½ P 178/241.   X p

Schouwburg, Schouwburgring, ✉ 5000 DA, ✆ (0 13) 543 25 15, restaurant@sctilburg.nl, Fax (0 13) 543 09 57, 🐾 – 🛎 25 à 60. 🆎 ① ⓜⓞ 🆅🅸🆂🅰   Z e
fermé 2 dern. sem. juil.-2 prem. sem. août et lundi – **Repas** (dîner seult) carte env. 105.

Valentijn, Heuvel 43, ✉ 5038 CS, ✆ (0 13) 543 33 86, Fax (0 13) 544 14 19, 🐾 – 🍽
📺 🆎 ⓜⓞ 🆅🅸🆂🅰 🇯🇨🇧.   Y a
Repas (dîner seult) 55/99.

536

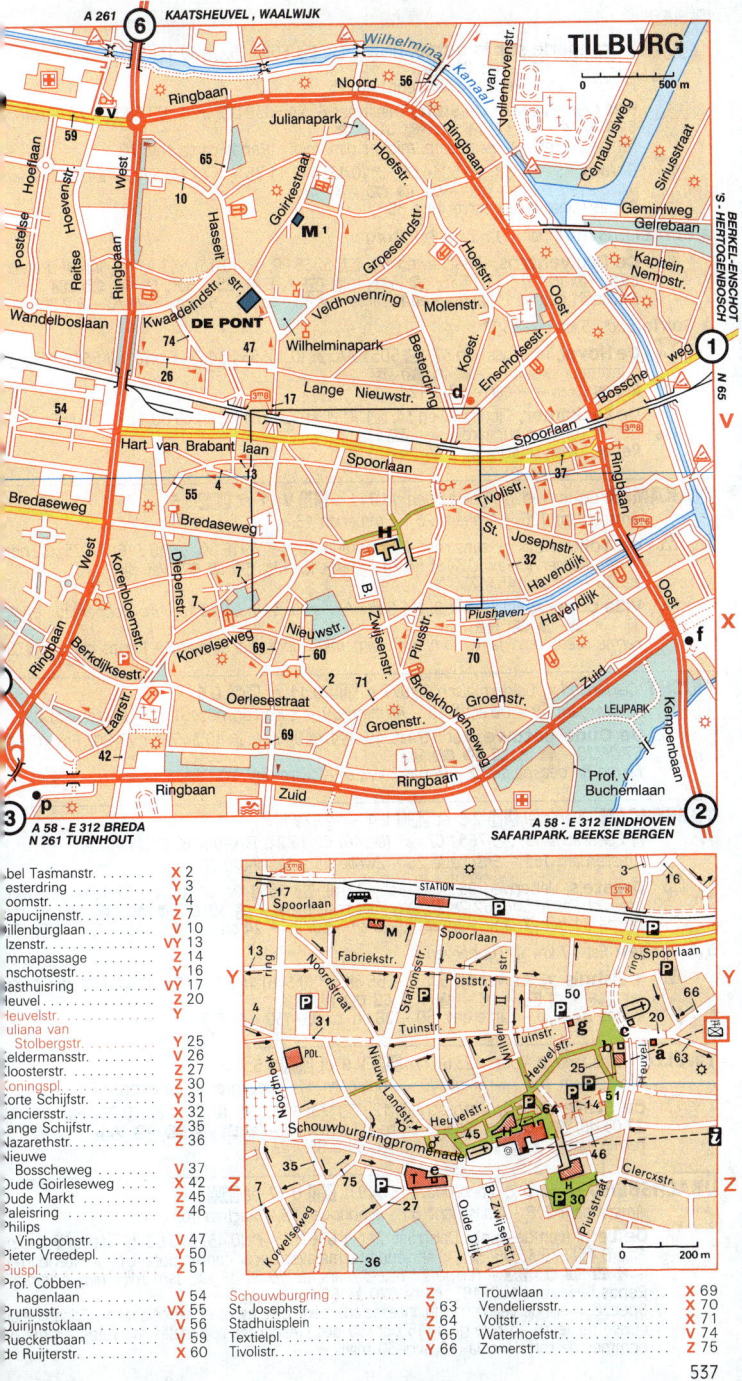

TILBURG

✗ **L'Orangerie sur la butte,** Heuvel 39, ✉ 5038 CS, ☎ (0 13) 543 11 32, Fax (0 13) 542 54 65, 🍴 – 🍽. 🆎 VISA
fermé merc. – **Repas** (dîner seult) 48/75.
Y a

✗ **Het Geheim van de Smit,** Tuinstraat 6, ✉ 5038 DC, ☎ (0 13) 580 16 73, Fax (0 13) 580 16 74 – 🍽. ᴀᴇ ⓞ 🆎 VISA JCB. ✗
fermé 24 fév.-1er mars, sam. midi et dim. midi – **Repas** carte env. 70.
Y g

✗ **Osaka,** NS Plein 38, ✉ 5014 DC, ☎ (0 13) 542 11 75, Fax (0 13) 544 37 24, Cuisine japonaise avec Teppan-Yaki – ᴀᴇ ⓞ 🆎 VISA. ✗
Repas (dîner seult) carte 49 à 85.
V d

à Berkel-Enschot par ① : 5 km © Tilburg :

🏨 **De Druiventros,** Bosscheweg 11, ✉ 5056 PP, ☎ (0 13) 533 91 15, info@druiventros.nl, Fax (0 13) 533 14 35, 🍴, 🚲 – 🍽 – 🔒 🅿 – 🔔 25 à 600. ᴀᴇ ⓞ 🆎 VISA
fermé 31 déc. et 1er janv. – **Repas** carte env. 65 – ☑ 20 – **56 ch** 150/170 – ½ P 205/425.

à Goirle Sud : 5 km – 22 307 h.

✗✗✗ **De Hovel,** Tilburgseweg 37, ✉ 5051 AA, ☎ (0 13) 534 54 74, Fax (0 13) 534 03 54, 🍴, « Intérieur design » – 🍽 🅿. 🆎 VISA
Repas Lunch 68 – carte 97 à 124.

✗ **De Eetkamer,** Tilburgseweg 34, ✉ 5051 AH, ☎ (0 13) 534 49 00, Fax (0 13) 534 11 58, 🍴, « Terrasse sur jardin » – VISA
Repas (dîner seult) 45.

TOLKAMER Gelderland © Rijnwaarden 11 011 h. ███ V 11 et ███ J 6.
Amsterdam 126 – Arnhem 26 – Emmerich 13.

🏨 **de Tolkamer** ⚑ sans rest, Europakade 10, ✉ 6916 BG, ☎ (0 316) 54 75 25, hotel@detolkamer.nl, Fax (0 316) 54 74 73, 🚲, 🔒 – 🔒 📺. ᴀᴇ ⓞ 🆎 VISA. ✗
☑ 20 – **18 ch** 145/175.

✗ **Villa Copera,** Spijksedijk 2, ✉ 6917 AC, ☎ (0 316) 54 28 16, info@copera.nl, ≤, 🍴, 🔒 – 🅿. ᴀᴇ ⓞ 🆎 VISA
fermé prem. sem. janv., sam. midi, dim. midi, lundi midi et mardi – **Repas** carte env. 80.

TRICHT Gelderland © Geldermalsen 23 977 h. ███ Q 11 et ███ G 6.
Amsterdam 68 – Utrecht 39 – Arnhem 59 – 's-Hertogenbosch 25 – Rotterdam 68.

✗ **De Oude Betuwe,** Kerkstraat 19, ✉ 4196 AA, ☎ (0 345) 57 77 00, Fax (0 345) 57 06 70 – 🍽 🅿. ᴀᴇ ⓞ 🆎 VISA
fermé fin déc. et mardi – **Repas** Lunch 60 – carte env. 90.

TUBBERGEN Overijssel ███ Z 8 et ███ L 4 – 19 879 h.
ℹ Eendracht 19, ✉ 7651 CC, ☎ (0 546) 62 16 27, Fax (0 546) 62 36 40.
Amsterdam 162 – Enschede 28 – Zwolle 65 – Nordhorn 28.

🏨 **Droste's,** Uelserweg 95 (Nord-Est : 2 km), ✉ 7651 KV, ☎ (0 546) 62 12 64, info@drostes.nl, Fax (0 546) 62 28 28, 🚲 – 🍽 rest, 📺 🅿 – 🔔 30. ᴀᴇ ⓞ 🆎 VISA JCB. ✗ rest
fermé 31 déc.-7 janv. – **Repas** Lunch 50 – 60/95 – **24 ch** ☑ 113/135 – ½ P 120/155.

à Albergen Est : 7 km © Tubbergen :

🏨 **'t Elshuis** ⚑, Gravendijk 6, ✉ 7665 SK, ☎ (0 546) 44 21 61, Fax (0 546) 44 20 53, ⛲s, 🍴, 🚲 – 🔒 📺 ♿ 🅿 – 🔔 100. ᴀᴇ 🆎 VISA. ✗
Repas Lunch 30 – carte env. 60 – **28 ch** ☑ 95/130 – ½ P 95.

TWELLO Gelderland © Voorst 23 647 h. ███ V 9 et ███ J 5.
Amsterdam 104 – Arnhem 40 – Apeldoorn 11 – Deventer 7 – Enschede 66.

✗✗ **de Statenhoed,** Dorpsstraat 12, ✉ 7391 DD, ☎ (0 571) 27 70 23, Fax (0 571) 27 03 48, 🍴, Ouvert jusqu'à 23 h, « Terrasse » – 🅿. ᴀᴇ ⓞ 🆎 VISA JCB
fermé lundi – **Repas** Lunch 55 – carte 65 à 85.

UBACHSBERG Limburg © Voerendaal 13 049 h. ███ U 17 et ███ I 9.
Amsterdam 218 – Maastricht 31 – Eindhoven 88 – Aachen 16.

✗✗ **De Leuf** (van de Bunt), Dalstraat 2, ✉ 6367 JS, ☎ (0 45) 575 02 26, deleuf@cuci.nl, Fax (0 45) 575 35 08, 🍴, « Ancienne ferme avec décor contemporain, cour intérieure » – 🅿. ᴀᴇ ⓞ 🆎 VISA – fermé 27 fév.-3 mars, du 10 au 28 juil., sam. midi, dim. et lundi –
Repas Lunch 90 – 100/165, carte 120 à 168
Spéc. Cervelle de veau croustillante, salade tiède d'épinards et sauce choron. Fricassée de cuisse de lièvre au foie gras (15 oct.-30 déc.). Asperges régionales marinées, crème de pommes de terre Nicola (15 avril-30 mai).

UDDEL Gelderland ⓒ Apeldoorn 152 860 h. **211** T 9 et **908** I 5.
Amsterdam 80 – Arnhem 46 – Apeldoorn 17 – Zwolle 43.

✕ **Uddelermeer**, Uddelermeer 5, ✉ 3852 NR Ermelo, ℘ (0 577) 40 12 02, restaurant
@uddelermeer.nl, Fax (0 577) 40 12 05, 🐧 – 🅿, 🖭 🝋 🎫
fermé 2 sem. après Noël et lundi – **Repas** 60/80.

UDEN Noord-Brabant **211** S 13 et **908** H 7 – 39 384 h.
🛈 Mondriaanplein 14a, ✉ 5401 HX, ℘ (0 413) 25 07 77, Fax (0 413) 25 52 02.
Amsterdam 113 – Eindhoven 32 – 's-Hertogenbosch 28 – Nijmegen 33.

🏨 **Arrows** Ⓜ sans rest, St. Janstraat 14, ✉ 5401 BB, ℘ (0 413) 26 85 55, hotel.arrow
s@biscon.nl, Fax (0 413) 26 16 15, 🚲 – 📶, 📺 📡 🅿 🖭 🝋 🎫 JCB. ❄
fermé 23 déc.-1ᵉʳ janv. – **38 ch** ⊇ 188/225.

🍴🍴🍴 **Helianthushof** (Brevet), Boekelsedijk 17 (au Sud par N 264, derrière le parc sportif),
✉ 5404 NK, ℘ (0 413) 26 01 01, Fax (0 413) 25 18 93, 🐧, « Ferme rustique et terrasse
avec tonnelle » – 🅿, 🖭 🝋 🎫
fermé 23 juil.-6 août, sam. midi, dim. et lundi – **Repas** Lunch 75 – carte 95 à 116
Spéc. Sole limande cuite à l'arête. Pigeon fermier en croûte de sel. Soufflé de fromage
blanc au citron et vanille.

🍴🍴 **Villa ter Linde**, Kerkstraat 49, ✉ 5401 BD, ℘ (0 413) 27 00 00, Fax (0 413) 25 28 51,
🐧 – 🅿, 🖭 🝋 🎫 JCB. ❄
Repas Lunch 50 – carte env. 90.

🍴🍴 **'t Raadhuis**, Markt 1a (dans la mairie), ✉ 5401 GN, ℘ (0 413) 25 70 00, Fax (0 413)
25 67 22, 🐧 – 🖭 🝋 🎫 JCB
fermé du 5 au 18 mars et du 9 au 23 juil. – **Repas** Lunch 40 bc – 55 bc/90 bc.

UDENHOUT Noord-Brabant ⓒ Tilburg 190 559 h. **211** P 13 et **908** G 7.
Amsterdam 103 – Eindhoven 40 – 's-Hertogenbosch 18 – Tilburg 10.

✕ **L'Abeille**, Kreitenmolenstraat 59, ✉ 5071 BB, ℘ (0 13) 511 36 12, Fax (0 13) 511 00 65,
🐧 – 🖭 🝋 🎫 JCB
fermé 1 sem. carnaval, fin juil.-début août, lundi et mardi – **Repas** (dîner seult) 63/90.

UITHOORN Noord-Holland **211** N 9 et **908** F 5 – 25 945 h.
Amsterdam 24 – Den Haag 54 – Haarlem 23 – Utrecht 31.

✕ **La Musette**, Wilhelminakade 39h, ✉ 1421 AB, ℘ (0 297) 56 09 00 – 🖭 🝋 🎫
❄
fermé 28 déc.-20 janv., lundi et mardi – **Repas** (dîner seult jusqu'à 23 h) 73.

ULVENHOUT Noord-Brabant **211** N 13 – voir à Breda.

URK Flevoland **210** S 7 et **908** H 4 – 15 451 h.
Voir Site★.
⛴ vers Enkhuizen : Rederij F.R.O. ℘ (0 527) 68 34 07, Fax (0 527) 68 47 82. Durée de la
traversée : 1 h 30. Prix AR : 18,50 Fl, bicyclette : 10,50 Fl.
Amsterdam 84 – Emmeloord 12 – Zwolle 42.

Hôtels et restaurants voir : Emmeloord Nord-Est : 12 km

URMOND Limburg **211** T 17 et **908** I 9 – voir à Stein.

USSELO Overijssel **211** Z 9 et **908** L 5 – voir à Enschede.

UTRECHT 🅿 **211** P 10 et **908** G 5 – 232 718 h.
Voir La vieille ville★★ – Tour de la Cathédrale★★ (Domtoren) ✻★★ BY – Ancienne
cathédrale★ (Domkerk) BY B – Vieux canal★ (Oudegracht) : ≼★ ABXY – Bas reliefs★ et
crypte★ dans l'église St-Pierre (Pieterskerk) BY – Maison (Huis) Rietveld Schröder★★ CY.
Musées : Catharijneconvent★★ BY – Central★★ (Centraal Museum) BZ – Université★ (Uni-
versiteitsmuseum) BZ M⁵ – Chemin de fer★ (Nederlands Spoorwegmuseum) CY M⁴.
Env. par ⑥ : 10 km, Château de Haar : collections★ (mobilier, tapisseries, peinture).
⛳ par ② : 13 km à Bosch en Duin, Amersfoortseweg 1, ✉ 3735 LJ, ℘ (0 30) 695 52 23,
Fax (0 30) 696 37 69 – ⛳ à l'Ouest : 8 km à Vleuten, Parkweg 5, ✉ 3451 RH, ℘ (0 30)
677 28 60, Fax (0 30) 677 93 03.
✈ par ⑥ : 37 km à Amsterdam-Schiphol ℘ (0 20) 601 91 11, Fax (0 20) 604 14 75.
🛈 Vredenburg 90, ✉ 3511 BD, ℘ 0 900-414 14 14, Fax (0 30) 233 14 17.
Amsterdam 36 ⑥ – Den Haag 61 ⑤ – Rotterdam 57 ⑤

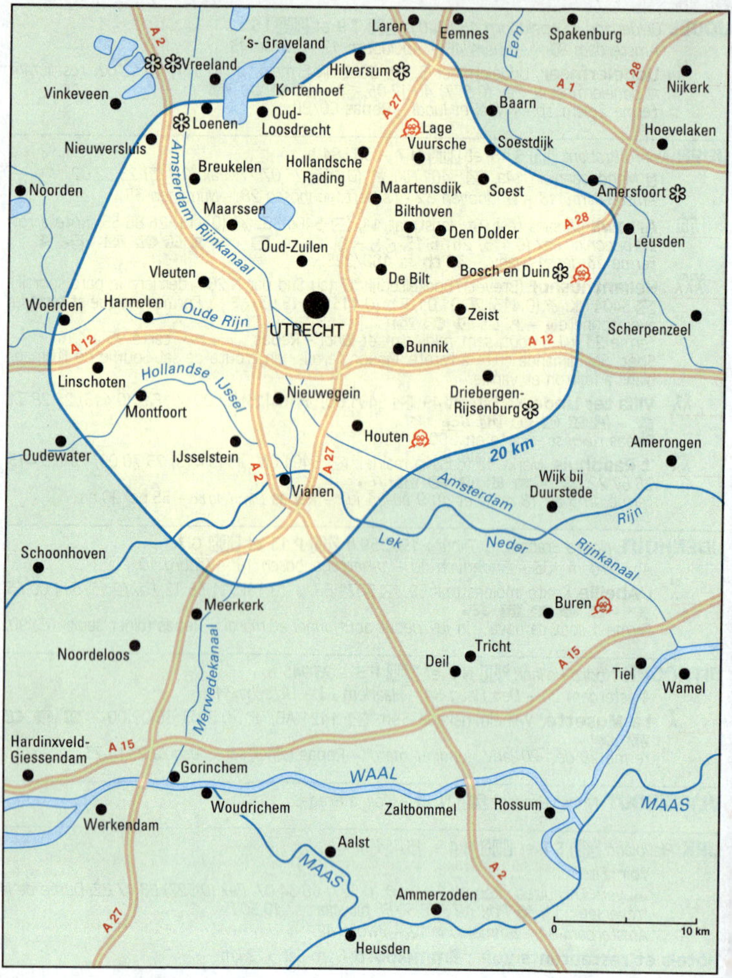

- **Gd H. Karel V** ⚜, Geertebolwerk 1, ✉ 3511 XA, ☎ (0 30) 233 75 55, info@karelv.nl, Fax (0 30) 233 75 00, ☕, « Ancienne commanderie de l'ordre Teutonique sur jardin clos de murs », ⛨, 🌿, ♿ – 📶 ✱ ▦ 📺 🅿 – 🛋 25 à 120. AE ① MC VISA JCB ✱ BY q
  Repas *Karel V* (fermé 2 dern. sem. juil.-prem. sem. août, sam. midi et dim.) Lunch 63 – 110/135 – **Brasserie Goeie Louisa** (Rôtissoire en salle) carte env. 65 – ☕ 33 – **38 ch** 395/525, 5 suites.

- **Holiday Inn**, Jaarbeursplein 24, ✉ 3521 AR, ☎ (0 30) 297 79 77, hiucc@hiutrecht.nl, Fax (0 30) 297 79 99, ≤, ☕, ⛨ – 📶 ✱ ▦ 📺 ♿ 🚗 – 🛋 25 à 250. AE ① MC VISA JCB ✱
  AY s
  Repas (Cuisine italienne) Lunch 50 – 60 – ☕ 30 – **275 ch** 381/414, 1 suite.

- **Park Plaza**, Westplein 50, ✉ 3531 BL, ☎ (0 30) 292 52 00, ppures@parkplazahotels.nl, Fax (0 30) 292 51 99, ⛨, ✻ – 📶 ✱ ▦ 📺 ♿ 🅿 – 🛋 25 à 170. AE ① MC VISA JCB ✱
  AY b
  Repas Lunch 43 – carte env. 75 – ☕ 33 – **120 ch** 375/410.

- **Mitland**, Ariënslaan 1, ✉ 3573 PT, ☎ (0 30) 271 58 24, info@amitland.nl, Fax (0 30) 271 90 03, ≤, ☕, ✻, ◻ – ✱ 📺 🅿 – 🛋 25 à 250. AE ① MC VISA ✱ CX t
  Repas Lunch 30 – 58/68 – **92 ch** ☕ 169/289.

UTRECHT

Ahornstr.	**FU** 7
Antonius Matthaeuslaan	**GU** 9
Biltse Rading	**GU** 13
Biltsestraatweg	**GU** 15
Blauwkapelseweg	**GU** 18
Blauwkapelseweg	**GU** 24
Brailledreef	**FU** 27
Burg. van Tuyllkade	**GU** 28
Carnegiedreef	**FU** 30
Cartesiusweg	**FUV** 34
Damstr.	**GU** 36
Darwindreef	**GU** 36
Ds. Martin Luther Kinglaan	**FV** 42
van Egmondkade	**FU** 44
Einthovendreef	**GV** 45
't Goy laan	**GV** 46
Graadt van Roggenweg	**FV** 47
Herculeslaan	**GV** 48
van Hoornekade	**FU** 51
J. M. de Muinck Keizerlaan	**FU** 52
Joseph Haydnlaan	**FV** 58
Koningin Wilhelminalaan	**FV** 64
Laan van Chartroise	**FU** 72
Lessinglaan	**FV** 81
Marnixlaan	**FU** 85
Omloop	**GU** 94
Oudenoord	**GU** 96
Overste den Oudenlaan	**FV** 99
Pieter Nieuwlandstr.	**GU** 102
Pijperlaan	**FV** 105
Prins Bernhardlaan	**FU** 109
Rio Brancodreef	**FU** 112
Royaards van den Hamkade	**FU** 114
Sint Josephlaan	**FU** 118
Socrateslaan	**GV** 120
Spinozaweg	**FU** 121
Sweder van Zuylenweg	**FU** 125
Talmalaan	**GU** 126
Thomas à Kempisweg	**FU** 127
Verlengde Vleutenseweg	**FU** 132
W. A. Vultostr.	**GV** 136
Weg der Verenigde Naties	**FV** 138
Weg tot de Wetenschap	**GV** 139
Zamenhofdreef	**GU** 147

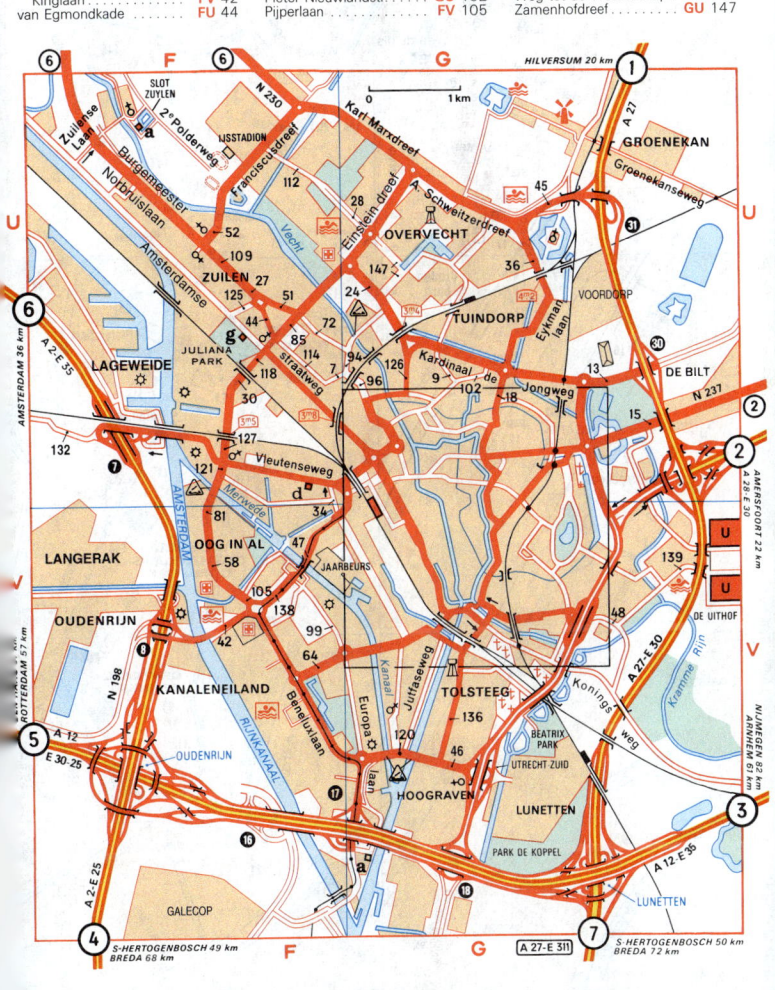

Ne confondez pas :
Confort des hôtels
Confort des restaurants
Qualité de la table

541

UTRECHT

Achter de Dom	**BY**	3
Achter St.-Pieter	**BY**	4
Agnietenstr.	**BZ**	6
van Asch van Wijckskade	**BX**	10
Badenpowellweg	**BZ**	11
Bakkerbrug	**BY**	12
Biltsestraatweg	**CX**	15
Blauwkapelseweg	**BX**	18
Bleekstr.	**BZ**	21
Bosboomstr.	**CZ**	22
Briljantlaan	**BZ**	25
Catharijnebaan	**AY**	31
Catharijnekade	**AX**	33
Dav. van Mollemstr.	**AX**	37
Domplein	**BY**	39
Domstr.	**BY**	40
Duifstr.	**BX**	43
Herculeslaan	**CZ**	48
Jansbrug	**ABY**	54
Janskerkhof	**BX**	55
Johannes de Bekastr.	**BX**	57
Kaatstr.	**AX**	60
Kleinesingel	**BX**	61
Koekoekstr.	**BX**	63
Koningin Wilhelminalaan	**AZ**	64
Korte Jansstr.	**BY**	67
Korte nieuwstr.	**BY**	69
Kromme Nieuwegracht	**BY**	70
Kruisstr.	**CX**	72
Lange Jansstr.	**BX**	73
Lange Smeestr.	**BY**	75
Lange Viestr.	**AX**	76
Ledig Erf	**BZ**	78
Leidseveer	**AXY**	79
Maliesingel	**BCYZ**	82
Mariaplaats	**BY**	84
Mecklenburglaan	**CYZ**	87
Moreelsepark	**AY**	90
Nachtegaalstr.	**CY**	
Neude	**BXY**	91
Nicolaasstr.	**BZ**	93
Oudegracht	**BXYZ**	
Oudkerkhof	**BY**	97
Pausdam	**BY**	100
Pieterskerkhof	**BY**	103
Potterstr.	**BX**	106
Predikherenkerkhof	**BX**	108
Prins Hendriklaan	**CY**	110
Servetstr.	**BY**	115
van Sijpesteijnkade	**AY**	116
Stadionlaan	**CZ**	122
Stationsplein	**AY**	123
Steenweg	**ABY**	124
Twijnstr.	**BZ**	128
Valkstr.	**BX**	129
Venuslaan	**BCZ**	130
Vismarkt	**BY**	133
Voetiusstr.	**BY**	135
Voorstr.	**BX**	
Vredenburg	**AY**	
Westplein	**AY**	141
Willem van Noortstr.	**BX**	142
Wittevrouwenstr.	**BX**	144
Wolvenplein	**BX**	145
Zuilenstr.	**BY**	148

UTRECHT

Malie sans rest, Maliestraat 2, ⊠ 3581 SL, ℰ (0 30) 231 64 24, info@maliehotel.nl, Fax (0 30) 234 06 61, 🐎, 🚲 – 📶 📺 📱 AE ① ⓜ VISA JCB. ⋇ CX e
45 ch ⊆ 185/280.

Tulip Inn sans rest, Janskerkhof 10, ⊠ 3512 BL, ℰ (0 30) 231 31 69, tiutrecht@wxs.nl, Fax (0 30) 231 01 48 – 📶 📺 📱 AE ① ⓜ VISA JCB BX k
45 ch ⊆ 260/285.

Smits, Vredenburg 14, ⊠ 3511 BA, ℰ (0 30) 233 12 32, smits@smits.nl, Fax (0 30) 232 84 51 – 📶 📺 – 🔼 25 à 55. AE ① ⓜ VISA. ⋇ AX c
Repas (fermé juil.-août) (dîner seult) 45 – **86 ch** ⊆ 295/325 – ½ P 338.

Bastion, Mauritiuslaan 1 (angle Europalaan), ⊠ 3526 LD, ℰ (0 30) 287 14 00, bastion@bastionhotel.nl, Fax (0 30) 287 10 12 – 📶 📺 📱 AE ① ⓜ VISA. ⋇ GV a
Repas (Grillades, ouvert jusqu'à 23 h) 45 – ⊆ 18 – **80 ch** 170.

Wilhelminapark, Wilhelminapark 65, ⊠ 3581 NP, ℰ (0 30) 251 06 93, Fax (0 30) 254 07 64, ≤, 🌿, « Pavillon au milieu d'un parc centenaire » – 📱 AE ① ⓜ VISA CY f
fermé 24 déc.-1er janv., sam. et dim. – **Repas** Lunch 75 – carte env. 95.

Jean d'Hubert, Vleutenseweg 228, ⊠ 3532 HP, ℰ (0 30) 294 59 52, jdhubert@wxs.nl, Fax (0 30) 296 48 35 – 📶. AE ① ⓜ VISA. ⋇ FU d
fermé vacances bâtiment, sam. et dim. – **Repas** Lunch 59 bc – carte env. 80.

Juliana, Amsterdamsestraatweg 464, ⊠ 3553 EL, ℰ (0 30) 244 00 32, Fax (0 30) 244 55 45, 🌿, Cuisine asiatique – 📶 📱 AE ① ⓜ VISA. ⋇ FU g
fermé lundis non fériés – **Repas** (dîner seult) 45/130.

het Grachtenhuys, Nieuwegracht 33, ⊠ 3512 LD, ℰ (0 30) 231 74 94, Fax (0 30) 236 70 25 – 📶. AE ① ⓜ VISA JCB. ⋇ BY u
fermé 27 déc.-4 janv. – **Repas** (dîner seult) 60/90.

Bistro Chez Jacqueline, Korte Koestraat 4, ⊠ 3511 RP, ℰ (0 30) 231 10 89, Fax (0 30) 232 18 55, 🌿 – AE ① ⓜ VISA AX n
fermé 24 juil.-15 août, 25, 26 et 31 déc., 1er janv., dim. et lundi – **Repas** carte 62 à 85.

Sardegna, Massegast 1a, ⊠ 3511 AL, ℰ (0 30) 231 15 90, Fax (0 30) 231 15 90, 🌿, Cuisine italienne – 📶. AE ① ⓜ VISA. ⋇ BY m
fermé 2 dern. sem. juil., 2 dern. sem. déc. et dim. – **Repas** (dîner seult) carte 55 à 97.

Kaatje's, A. van Ostadelaan 67a, ⊠ 3583 AC, ℰ (0 30) 251 11 82, Fax (0 348) 55 09 22. ⓜ CZ p
fermé 25 juil.-13 août, 27 déc.-6 janv., sam. et dim. – **Repas** (dîner seult) 60.

à Oud-Zuilen © Maarssen 40814 h :

Belle, Dorpsstraat 12, ⊠ 3611 AE, ℰ (0 30) 244 17 90, zuylen@dds, Fax (0 30) 243 72 90, 🌿, « Dans une demeure du 18e s. » – 📶 📱 ⓜ VISA FU a
fermé du 24 au 31 déc. – **Repas** 62.

VAALS Limburg 211 V 18 et 908 J 9 – 10 981 h.
Voir au Sud : 1,5 km, Drielandenpunt★, ≤★, de la tour Baudouin ※★ (Boudewijntoren).
🛈 Maastrichterlaan 73a, ⊠ 6291 EL, ℰ (0 43) 306 29 18, Fax (0 43) 306 44 00.
Amsterdam 229 – Maastricht 27 – Aachen 4.

Vaalsbroek M, Vaalsbroek 1, ⊠ 6291 NH, ℰ (0 43) 308 93 08, info@vaalsbroek.nl, Fax (0 43) 308 93 33, 🌿, « Terrasse au bord de l'eau », 🏋, ⊆s, 🏊, 🐎, 🚲 – 📶 📺 📱 – 🔼 25 à 220. AE ① ⓜ VISA. ⋇ rest
Repas (dîner seult) carte 80 à 103 – ⊆ 30 – **125 ch** 285/415, 5 suites – ½ P 220/315.

Kasteel Bloemendal, Bloemendalstraat 150, ⊠ 6291 CM, ℰ (0 43) 306 66 00, info@maastricht.valk.nl, Fax (0 43) 306 66 12, 🌿, « Château du 18e s. sur jardin », ⋇, 🚲 – 📶 📺 📱 – 🔼 25 à 175. AE ① ⓜ VISA. ⋇
Repas Lunch 50 – carte env. 70 – ⊆ 20 – **73 ch** 185, 3 suites – ½ P 160/185.

Ambiente, Lindenstraat 1, ⊠ 6291 AE, ℰ (0 43) 306 59 39, 🌿
fermé 2 sem. carnaval, merc. et jeudi – **Repas** (dîner seult) carte env. 65.

VAASSEN Gelderland © Epe 33 235 h. 210 U 9, 211 U 9 et 908 I 5.
Amsterdam 98 – Apeldoorn 10 – Arnhem 36 – Zwolle 33.

De Leest, Kerkweg 1, ⊠ 8171 VT, ℰ (0 578) 57 13 82, d.vlaanderen@worldonline.nl Fax (0 578) 57 74 88, 🌿 – AE ① ⓜ VISA JCB
fermé lundi et mardi – **Repas** Lunch 28 – 55/70.

VALKENBURG Limburg C Valkenburg aan de Geul 17 908 h. 211 U 17 et 908 I 9 – Station thermale – Casino Y, Kuurpark Cauberg 28, ⊠ 6301 BT, ℘ (0 43) 609 96 00, Fax (0 43) 609 96 99.

Musée : de la mine★ *(Steenkolenmijn Valkenburg)* Z.

Exc. Circuit Zuid-Limburg★ *(Limbourg Méridional)*.

🛈 *Theodoor Dorrenplein 5,* ⊠ *6301 DV,* ℘ *(0 43) 609 86 00, Fax (0 43) 609 86 08.*
Amsterdam 212 ① – *Maastricht* 15 ① – Liège 40 ③ – Aachen 26 ①

Prinses Juliana (annexe Residentie – 3 ch et 5 suites), Broekhem 11, ⊠ 6301 HD, ℘ (0 43) 601 22 44, info@juliana.nl, Fax (0 43) 601 44 05, 🚗 – 📶 TV 🚙 P – 🛁 50.
AE ① MO VISA   Y m
fermé 28 fév.-1er mars et du 1er au 11 janv. – **Repas** voir rest *Juliana* ci-après – ⊇ 33
– **17 ch** 285/375 – ½ P 275/325.

VALKENBURG

Berkelstr.	Z 3
Dr. Erensstr.	Y 4
Emmalaan	Y 6
Grendelpl.	Z 7
Grotestr.	Z 9
Halderstr.	Z 10
Hekerbeekstr.	Y 12
Jan Dekkerstr.	Y 13
Kerkstr.	Z 15
Kloosterweg	Y 16
Louis van der Maessenstr.	Y 18
Muntstr.	Z 19
Oranjelaan	Y 21
Palankastr.	Z 22
Plenkertstr.	YZ
Poststr.	Y 24
Prinses Margrietlaan	Y 25
Sittarderweg	Y 27
Theodoor Dorrenpl.	Y 28
Walrampl.	Z 30
Walravenstr.	Z 31
Wilhelminalaan	YZ

545

VALKENBURG

Grand-Hotel, Walramplein 1, ⊠ 6301 DC, ℘ (0 43) 601 28 41, hotel.voncken.valkenburg@wxs.nl, Fax (0 43) 601 62 45 – 🛗 TV P – 🔧 25 à 100. AE ⓞ ⓜⓞ VISA JCB. ⚹   Z s
Repas voir rest **Voncken** ci-après – **37 ch** ⊇ 180/300, 2 suites – ½ P 165/220.

Parkhotel Rooding, Neerhem 68, ⊠ 6301 CJ, ℘ (0 43) 601 32 41, parkhotel@rooding.com, Fax (0 43) 601 32 40, 🍴, 🌊, 🌿, 🚴 – 🛗 TV ⇔ P – 🔧 25 à 140. AE ⓜⓞ VISA JCB. ⚹   Z n
avril-oct. – **Repas** (fermé après 20 h) Lunch 30 – 45/110 – **93 ch** ⊇ 200/270, 1 suite – ½ P 170/170.

Tummers, Stationsstraat 21, ⊠ 6301 EZ, ℘ (0 43) 601 37 41, hotum@worldonline.nl, Fax (0 43) 601 36 47, 🍴 – 🛗 TV P. AE ⓞ ⓜⓞ VISA JCB. ⚹   Y e
Repas 70 – **28 ch** ⊇ 310, 1 suite – ½ P 135/200.

Walram, Walramplein 37, ⊠ 6301 DC, ℘ (0 43) 601 30 47, Fax (0 43) 601 42 00, 🛌, 🌊, 🚴 – 🛗, 🕭 ch, TV P – 🔧 35. AE ⓜⓞ VISA. ⚹   Z x
Repas (dîner seult jusqu'à 20 h) carte 45 à 65 – **81 ch** ⊇ 115/210 – ½ P 220.

Atlanta, Neerhem 20, ⊠ 6301 CH, ℘ (0 43) 601 21 93, hotelatlanta@wxs.nl, Fax (0 43) 601 35 29 – 🛗 TV P. AE ⓞ ⓜⓞ VISA JCB. ⚹   Z y
Repas (dîner pour résidents seult) – **33 ch** ⊇ 125/185 – ½ P 113/125.

Monopole, Nieuweweg 22, ⊠ 6301 ET, ℘ (0 43) 601 35 45, Fax (0 43) 601 47 11 – 🛗 TV P. ⓜⓞ VISA. ⚹   Y b
avril-déc. ; fermé 2 sem. en nov. – **Repas** (fermé après 20 h) carte 57 à 78 – **46 ch** ⊇ 110/160 – ½ P 84/94.

Limburgia sans rest, Grendelplein 19, ⊠ 6301 BS, ℘ (0 43) 601 00 80, info@hotel-limburgia.nl, Fax (0 43) 609 00 39 – 🛗 TV P – 🔧 40. AE ⓜⓞ VISA. ⚹   Z t
17 ch ⊇ 90/170.

Kasteelsteeg, Grendelplein 15, ⊠ 6301 BS, ℘ (0 43) 609 00 43, Fax (0 43) 601 28 20, 🍴 – TV. ⓜⓞ VISA   Z z
fermé janv.-fév. et mardi et merc. hors saison – **Repas** (Taverne-rest) carte env. 45 – **12 ch** ⊇ 98/150 – ½ P 78/98.

Juliana - H. Prinses Juliana, Broekhem 11, ⊠ 6301 HD, ℘ (0 43) 601 22 44, info@juliana.nl, Fax (0 43) 601 44 05, 🍴, « Terrasse et jardin fleuri » – ■ P. AE ⓞ ⓜⓞ VISA. ⚹   Y m
fermé 25 fév.-1er mars et sam. midi – **Repas** Lunch 90 – 125/175, carte 125 à 160
Spéc. Turbot grillé aux tomates et brandade de morue fraîche. Bar de ligne au vinaigre de Champagne. Carré d'agneau frotté au romarin.

Voncken - H. Grand-Hotel, Walramplein 1, ⊠ 6301 DC, ℘ (0 43) 601 28 41, hotel.voncken.valkenburg@wxs.nl, Fax (0 43) 601 62 45, 🍴 – P. AE ⓞ ⓜⓞ JCB. ⚹   Z s
fermé 27 déc.-5 janv., sam. midi et dim. midi – **Repas** Lunch 53 – carte env. 100.

't Mergelheukske 1er étage, Berkelstraat 13a, ⊠ 6301 CB, ℘ (0 43) 601 63 50, Fax (0 43) 601 63 50, 🍴 – P. AE ⓜⓞ VISA. ⚹   Z a
fermé 2 sem. après carnaval, 2 prem. sem. oct., lundi et mardi – **Repas** (dîner seult) 44/64.

à Berg en Terblijt Ouest : 5 km Ⓒ Valkenburg aan de Geul :

Kasteel Geulzicht 🌿, Vogelzangweg 2, ⊠ 6325 PN, ℘ (0 43) 604 04 32, mail@kasteelgeulzicht.nl, Fax (0 43) 604 20 11, ≤, 🍴, « Atmosphère de vie de château début 20e s. », 🚗 – 🛗 TV P. AE ⓞ ⓜⓞ VISA. ⚹ rest
Repas (dîner pour résidents seult) – **9 ch** ⊇ 400.

à Houthem Ouest : 3,5 km Ⓒ Valkenburg aan de Geul :

Château St. Gerlach 🌿, Joseph Corneli Allée 1, ⊠ 6301 KK, ℘ (0 43) 608 88 88, reservations@stgerlach.chateauhotels.nl, Fax (0 43) 604 28 83, 🍴, « Anciennes dépendances, ≤ campagne boisée », 🛌, 🌊, 🚗, 🚴 – ■ ch, TV P – 🔧 25 à 200. AE ⓞ ⓜⓞ VISA JCB. ⚹ rest
Repas voir rest **Les Trois Corbeaux** ci-après – **Bistrot de Liège** (fermé après 20 h 30 90 bc – ⊇ 38 – **58 ch** 350/695, 39 suites – ½ P 325/365.

Les Trois Corbeaux - H. Château St. Gerlach, Joseph Corneli Allée 1, ⊠ 6301 KK ℘ (0 43) 608 88 88, reservations@stgerlach.chateauhotels.nl, Fax (0 43) 604 28 83, ≤, 🍴, « Dans le château de style Renaissance avec parc » – P. AE ⓞ ⓜⓞ VISA JCB. ⚹
Repas (dîner seult sauf dim.) 120/140.

ALKENSWAARD Noord-Brabant 211 R 14 et 908 H 7 – 31 090 h.

🛐 Eindhovenseweg 300, ✉ 5553 VB, ℰ (0 40) 201 27 13, Fax (0 40) 207 61 77.
🖪 Bakkerstraat 8, ✉ 5554 EE, ℰ (0 40) 201 51 15, Fax (0 40) 204 08 05.
Amsterdam 135 – Eindhoven 12 – 's-Hertogenbosch 46 – Venlo 58 – Turnhout 41.

🏨 **de Valk**, Frans van Beststraat 1, ✉ 5554 EA, ℰ (0 40) 201 23 69, hotel.devalk@12m ove.nl, Fax (0 40) 204 03 65 – 📶 📺 🅿 – 🛋 25 à 80. 🆎 ⓘ ⓜⓞ 🆅🅸🆂🅰. ✂
fermé Noël – **Repas** Lunch 38 – 45/68 – **23 ch** ☷ 120/150 – ½ P 113/158.

XXX **Normandie**, Leenderweg 4, ✉ 5554 CL, ℰ (0 40) 201 88 80, normandie@lerelais.nl, Fax (0 40) 204 75 66, 🌿 – 🟰. 🆎 ⓘ ⓜⓞ 🆅🅸🆂🅰. ✂ – *fermé carnaval, du 12 au 29 juil., 5, 24 et 31 déc., 1er janv., sam. midi et dim. midi* – **Repas** Lunch 58 – 85/95.

ALTHE Drenthe 211 AA 5 et 908 L 3 – *voir à Odoorn*.

EENDAM Groningen 211 AA 4 et 908 L 2 – 28 217 h.

🛐 Ontspanningslaan 1, ℰ (0 598) 62 70 06, Fax (0 598) 63 43 85.
Amsterdam 213 – Groningen 35 – Assen 33.

🏨 **Parkzicht**, Winkler Prinsstraat 3, ✉ 9641 AD, ℰ (0 598) 62 64 64, info@parkzicht.com, Fax (0 598) 61 90 37, 🌿, 🚲 – 📶 📺 🅿 – 🛋 25 à 500. 🆎 ⓜⓞ 🆅🅸🆂🅰 🅹🅲🅱. ✂
Repas Lunch 18 – carte 50 à 66 – **50 ch** ☷ 113/175 – ½ P 135/200.

Wildervank *Sud : 7 km* ⓒ Veendam :

🏨 **de Veenkoloniën**, K.J. de Vriezestraat 1, ✉ 9648 HA, ℰ (0 598) 61 84 80, h-r-vee nkolonien@kabelnetvisit.nl, Fax (0 598) 61 96 58, 🎾, 🌿, 🚲 – 📺 🅿. 🆎 ⓘ ⓜⓞ 🆅🅸🆂🅰 🅹🅲🅱
fermé 31 déc. et 1er janv. – **Repas** (*fermé dim. et après 20 h 30*) carte 54 à 75 – **14 ch** ☷ 95/140 – ½ P 108.

EENENDAAL Utrecht 211 S 10 et 908 H 5 – 59 149 h.

🛐 *au Sud-Est : 10 km à Maarsbergen*, Woudenbergseweg 13a, ✉ 3953 ME, ℰ (0 343) 43 19 11, Fax (0 343) 43 20 62.
🖪 Kerkewijk 10, ✉ 3901 EG, ℰ (0 318) 52 98 00, Fax (0 318) 55 31 33.
Amsterdam 74 – Arnhem 35 – Utrecht 36.

XX **De Vendel**, Vendelseweg 69, ✉ 3905 LC, ℰ (0 318) 52 55 06, Fax (0 318) 52 25 02, 🌿, *Ouvert jusqu'à 23 h* – 🅿. 🆎 ⓘ ⓜⓞ 🆅🅸🆂🅰
fermé sam. midi et dim. – **Repas** Lunch 60 – carte 77 à 97.

EERE Zeeland 211 G 13 et 908 C 7 – 22 096 h.

Voir Maisons écossaises★ (Schotse Huizen) **A** – Ancien hôtel de ville★ (Oude stadhuis).
Amsterdam 181 ② – Middelburg 7 ① – Zierikzee 38 ②

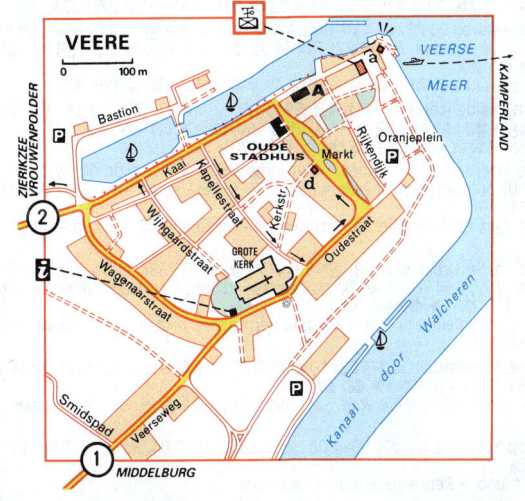

VEERE

De Campveerse Toren avec ch en annexe, Kaai 2, ⊠ 4351 AA, ℘ (0 118) 50 12 91, campveer@zeelandnet.nl, Fax (0 118) 50 16 95, ≤, « Bastion du 15ᵉ s. donnant accès au Veerse Meer », 🚲, 🔲 – 📺 🖭 🔤 ⓘ ⓜ VISA
fermé 8 janv.-2 fév. – **Repas** (fermé lundi et mardi de nov. à avril) Lunch 65 – 85/135 –
14 ch ⊇ 125/285 – ½ P 190/420.

't Waepen van Veere avec ch, Markt 23, ⊠ 4351 AG, ℘ (0 118) 50 12 31, info @waepen.nl, Fax (0 118) 50 60 09, 😊 – 📺 🖭 🔤 ⓘ ⓜ VISA JCB. ※ rest
fermé du 1ᵉʳ au 10 fév. et lundi et mardi de 15 nov. à mars – **Repas** Lunch 55 – 58/78 –
11 ch ⊇ 125/165 – ½ P 123/140.

In den Struyskelder, Kaai 25, ⊠ 4351 AA, ℘ (0 118) 50 13 92, struyskelder@ze elandnet.nl, Fax (0 118) 50 16 95, 😊, Taverne-rest, « Dans une cave » – 🖭 ⓘ ⓜ VISA
fermé janv.-fév. – **Repas** Lunch 45 – 60.

VELDHOVEN Noord-Brabant 211 R 14 et 908 H 7 – 41 767 h.

🏌 Locht 140, ⊠ 5504 RP, ℘ (0 40) 253 44 44, Fax (0 40) 254 97 47.
Amsterdam 129 – *Eindhoven* 8 – Venlo 67 – Turnhout 45.

The Fisherman, Kruisstraat 23, ⊠ 5502 JA, ℘ (0 40) 254 58 38, janrook@wynplein.nl, Fax (0 40) 254 58 57, 😊, Produits de la mer – 🖭 🔤 ⓘ ⓜ VISA JCB. ※
fermé 2 dern. sem. juil., dern. sem. déc., dim. et lundi – **Repas** Lunch 45 – carte 68 à 106.

à Oerle Nord-Ouest : 2 km ⓒ Veldhoven :

De "Dorps Herberg", Zandoerle 5 (Sud-Ouest : 3 km), ⊠ 5507 RJ, ℘ (0 40) 205 19 52, Fax (0 40) 205 29 50, 😊, « Auberge dans un village pittoresque » – 🖭 ⓜ VISA. ※
fermé 31 déc.-12 janv. et lundi – **Repas** carte 57 à 73.

VELP Gelderland 211 U 10 et 908 I 6 – voir à Arnhem.

VELSEN Noord-Holland 210 N 8 et 908 E 4 – voir à IJmuiden.

VENLO Limburg 211 W 14 et 908 J 7 – 64 580 h.

Voir Mobilier★ de l'église St-Martin (St. Martinuskerk) Y.
🏌 par ⑦ : 30 km à Geysteren, Het Spekt 2, ⊠ 5862 AZ, ℘ (0 478) 53 25 92, Fax (0 478) 53 29 63.
🛈 Koninginneplein 2, ⊠ 5911 KK, ℘ (0 77) 354 38 00, Fax (0 77) 320 77 70.
Amsterdam 181 ⑥ – Eindhoven 51 ⑥ – Maastricht 73 ④ – Nijmegen 65 ⑧

Plan page ci-contre

De Bovenste Molen 🦢, Bovenste Molenweg 12, ⊠ 5912 TV, ℘ (0 77) 359 14 14, bovenste-molen@bilderberg.nl, Fax (0 77) 354 82 57, 😊, « Terrasse et étang », ≦s, 🔲, 🏊, ※, 🚲 – 🛗 ⇆ 📺 🖭 – 🏛 30 à 80. 🖭 ⓘ ⓜ VISA JCB. ※ rest
Repas Lunch 75 – carte 92 à 125 – ⊇ 33 – **82 ch** 268/370 – ½ P 275/295.

Venlo, Nijmeegseweg 90 (Nord : 4 km près A 67 - E 34, sortie ㊵), ⊠ 5916 PT, ℘ (0 77) 354 41 41, venlo@valk.com, Fax (0 77) 354 31 33, 😊 – 🛗 ⇆, ≡ rest, 📺 🖭 – 🏛 25 à 400. 🖭 ⓘ ⓜ VISA
Repas (Ouvert jusqu'à 23 h) Lunch 23 – carte 45 à 73 – **147 ch** ⊇ 125/165.

Wilhelmina, Kaldenkerkerweg 1, ⊠ 5913 AB, ℘ (0 77) 351 62 51, Fax (0 77) 351 22 52, 🚲 – 🛗, ≡ rest, 📺 🖭 – 🏛 25 à 150. 🖭 ⓘ ⓜ VISA
Repas Lunch 53 – carte env. 75 – **43 ch** ⊇ 130/170 – ½ P 80/100.

Campanile, Noorderpoort 5 (Nord : 4 km près A 67 - E 34, sortie ㊵), ⊠ 5916 PJ, ℘ (0 77) 351 05 30, venlo@campanile.nl, Fax (0 77) 354 80 57, 😊 – ⇆ 📺 ♿ 🖭 – 🏛 30. 🖭 ⓘ ⓜ VISA
Repas (fermé sam. et dim.) (Avec buffet) Lunch 20 – carte env. 45 – ⊇ 20 – **48 ch** 99 – ½ P 116.

Valuas avec ch, St. Urbanusweg 9, ⊠ 5914 CA, ℘ (0 77) 354 11 41, valuas.hr@wor donline.nl, Fax (0 77) 354 70 22, ≤, 😊, « Terrasse au bord de la Meuse (Maas) » – 🛗 📺 🖭 – 🏛 25 à 125. 🖭 ⓘ ⓜ VISA. ※
fermé vacances bâtiment et fin déc. – **Repas** (fermé sam. midi et dim.) Lunch 68 – 75/91 – **18 ch** ⊇ 145/195.

La Mangerie, Nieuwstraat 58, ⊠ 5911 JV, ℘ (0 77) 351 79 93, mangerie@mangerie.r Fax (0 77) 351 72 61 – 🖭 🔤 ⓘ ⓜ VISA. ※
fermé 23 fév.-6 mars, 24 juil.-14 août, sam. midi, dim., lundi et jours fériés – **Repas** Lunc 65 – 68/98.

Chez Philippe, Parade 61, ⊠ 5911 CB, ℘ (0 77) 354 89 01, Fax (0 77) 352 31 77 🖭 ⓘ ⓜ VISA
fermé dim. et lundi – **Repas** Lunch 45 bc – carte env. 85.

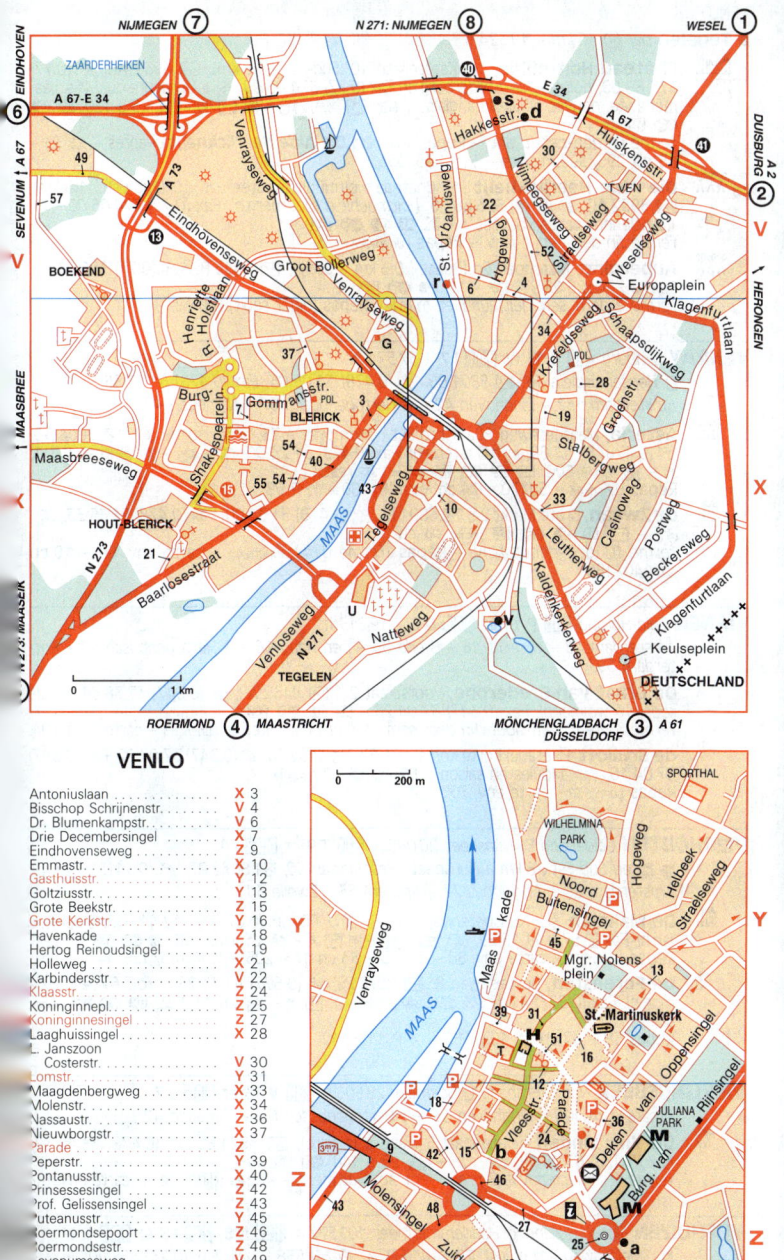

VENLO

Street	Ref
Antoniuslaan	X 3
Bisschop Schrijnenstr.	V 4
Dr. Blumenkampstr.	V 6
Drie Decembersingel	X 7
Eindhovenseweg	Z 9
Emmastr.	X 10
Gasthuisstr.	Y 12
Goltziusstr.	Y 13
Grote Beekstr.	Z 15
Grote Kerkstr.	Y 16
Havenkade	Y 18
Hertog Reinoudsingel	X 19
Holleweg	X 21
Karbinderstr.	Y 22
Klaasstr.	Z 24
Koninginnepl.	Z 25
Koninginnesingel	Z 27
Laaghuissingel	X 28
L. Janszoon Costerstr.	V 30
Lomstr.	Y 31
Maagdenbergweg	X 33
Molenstr.	X 34
Nassaustr.	Z 36
Nieuwborgstr.	Z 37
Parade	Z
Peperstr.	Y 39
Pontanusstr.	X 40
Prinsessesingel	Z 42
Prof. Gelissensingel	Z 43
Puteanusstr.	Y 45
Roermondsepoort	Z 46
Roermondsestr.	Z 48
Sevenumseweg	Y 49
Sint-Jorisstr.	Y 51
Veldenseweg	V 52
Sleestr.	Z
Vliegenkampstr.	X 54
Willem de Zwijgerstr.	V 55
De Romerweg	V 57

VENLO

à Tegelen par ④ : 5 km – 19 324 h.

- **Château Holtmühle**, Kasteellaan 10 (Sud-Est : 1,5 km), ⊠ 5932 AG, ℘ (0 77) 373 88 00, holtmuehle@bilderberg.nl, Fax (0 77) 374 05 00, ≤, « Demeure du 14ᵉ s. réaménagée, douves et jardin anglais », ⇌, ▣, ℀, ⚲ – ⚙ 〒 ℙ – ♨ 25 à 120. ⁂ ⓘ ⓜ VISA
  fermé fin déc.-début janv. – **Repas** voir rest **Die Alde Heerlickheijt** ci-après – ⇌ 33 – **65 ch** 295/395, 1 suite – ½ P 235/335.

- **Die Alde Heerlickheijt** - H. Château Holtmühle, Kasteellaan 10 (Sud-Est : 1,5 km), ⊠ 5932 AG, ℘ (0 77) 373 88 00, holtmuehle@bilderberg.nl, Fax (0 77) 374 05 00, ㍺, « Anciennes caves voûtées » – ℙ. ⁂ ⓘ ⓜ VISA. ℀
  fermé fin déc.-début janv. – **Repas** Lunch 55 – 73.

- **Aubergine**, Maashoek 2a (Ouest : 0,5 km à Steijl), ⊠ 5935 BJ, ℘ (0 77) 326 03 90, Fax (0 77) 326 03 91, ㍺ – ⁂ ⓘ ⓜ VISA
  fermé 2 dern. sem. juil., lundi et mardi – **Repas** (dîner seult) 68/98.

VENRAY Limburg ⓘ U 13 et ⓘ I 7 – 37 571 h.

🛈 Henseniusplein 13, ⊠ 5801 BB, ℘ (0 478) 51 05 05, Fax (0 478) 51 27 36.
Amsterdam 157 – Eindhoven 42 – 's-Hertogenbosch 67 – Nijmegen 47.

- **Asteria**, Maasheseweg 80a (Nord-Est : 2 km près A 73 - E 31, sortie ⑧), ⊠ 5804 AD, ℘ (0 478) 51 14 66, info@asteria.nl, Fax (0 478) 51 23 00, ㍺, ⚲ – ⚙, ▤ rest, 〒 ⅙ ℙ – ♨ 25 à 600. ⁂ ⓘ ⓜ VISA JCB. ℀ rest
  Repas Lunch 43 – 50/70 – **74 ch** ⇌ 140/160 – ½ P 98.

- **de Zwaan**, Grote Markt 2a, ⊠ 5801 BL, ℘ (0 478) 51 34 00, Fax (0 478) 51 35 33, ㍺, ⚲ – 〒. ⁂ ⓘ ⓜ VISA JCB. ℀ ch
  fermé fin déc.-début janv. – **Repas** (fermé dim.) Lunch 43 – carte env. 60 – **10 ch** ⇌ 140/180.

VIANEN Zuid-Holland ⓘ P 11 et ⓘ G 6 – 19 213 h.

Amsterdam 48 – Utrecht 16 – Breda 56 – Den Haag 66 – 's-Hertogenbosch 40 – Rotterdam 59.

- **De Graaf van Brederode**, Voorstraat 26, ⊠ 4132 AR, ℘ (0 347) 37 38 34, brederode.nl@wolmail.nl, Fax (0 347) 37 04 26 – ⁂ ⓘ ⓜ VISA
  fermé 3 prem. sem. août, fin déc., sam. midi et dim. – **Repas** Lunch 63 – carte 84 à 104.

- **de Bruiloft**, 1ᵉʳ étage, Korte Kerkstraat 27, ⊠ 4132 BJ, ℘ (0 347) 37 07 02, Fax (0 347) 37 04 10, ㍺, Moules en saison – ⁂ ⓘ ⓜ VISA JCB
  Repas Lunch 38 – carte env. 70.

VIERHOUTEN Gelderland © Nunspeet 26 085 h. ⓘ T 9 et ⓘ I 4.

☏ ☏ au Sud-Est : 8 km à Nunspeet, Plesmanlaan 30, ⊠ 8072 PT, ℘ (0 341) 26 11 49.
Amsterdam 88 – Apeldoorn 27 – Arnhem 53 – Zwolle 34.

- **De Mallejan**, Nunspeterweg 70, ⊠ 8076 PD, ℘ (0 577) 41 12 41, info@demallejan.nl, Fax (0 577) 41 16 29, ㍺, ⇌, ⚲ – ⚙ 〒 ℙ – ♨ 25 à 100. ⁂ ⓘ ⓜ VISA, ℀ rest
  Repas Lunch 35 – carte env. 80 – ⇌ 25 – **33 ch** 175/205 – ½ P 145/155.

- **De Foreesten**, Gortelseweg 8, ⊠ 8076 PS, ℘ (0 577) 41 13 23, info@foreesten.demon.nl, Fax (0 577) 41 17 03, ㍺, ㍺, ⚲ – ⚙ 〒 ℙ – ♨ 25 à 50. ⁂ ⓘ ⓜ VISA JCB. ℀
  Repas 58 – **37 ch** ⇌ 108/160 – ½ P 115/142.

VIERLINGSBEEK Noord-Brabant © Boxmeer 28 606 h. ⓘ V 13 et ⓘ J 7.

Amsterdam 149 – Eindhoven 53 – 's-Hertogenbosch 66 – Nijmegen 42.

- **De Vier Linden**, Soetendaal 5 (face à la gare), ⊠ 5821 BL, ℘ (0 478) 63 16 37, Fax (0 478) 63 15 99, ㍺ – ℙ. ♨ 25 à 140. ⓜ VISA
  fermé 1 sem. carnaval, 2 prem. sem. août et merc. – **Repas** (dîner seult) carte env. 80

VIJFHUIZEN Noord-Holland © Haarlemmermeer 109 377 h. ⓘ N 8, ⓘ I 8 et ⓘ F 4.

☏ Spieringweg (Cruquius), ⊠ 2141 ED, ℘ (0 23) 558 90 01, Fax (0 23) 558 90 09.
Amsterdam 15 – Haarlem 5.

- **De Ouwe Meerpaal**, Vijfhuizerdijk 3, ⊠ 2141 BA, ℘ (0 23) 558 12 89, meerpaal@xs.nl, Fax (0 23) 558 36 92, ㍺, ▣ – ℙ. ⁂ ⓘ ⓜ VISA
  fermé fin déc.-mi-janv. – **Repas** Lunch 60 – carte 87 à 143.

VINKEVEEN Utrecht © De Ronde Venen 34 072 h. 211 O 9 et 908 F 5.

🛈 au Sud-Ouest : 4 km à Wilnis, Bovendijk 16a, ✉ 3648 NM, ℘ (0 297) 28 11 43, Fax (0 297) 27 34 35.

🛈 Herenweg 144, ✉ 3645 DT, ℘ (0 297) 21 42 31, Fax (0 297) 21 42 35.

Amsterdam 23 – Utrecht 24 – Den Haag 61 – Haarlem 32.

Résidence Vinkeveen, Groenlandsekade 1 (Est : 3 km près A 2), ✉ 3645 BA, ℘ (0 294) 29 30 66, vinkeveen@bilderberg.nl, Fax (0 294) 29 31 01, ≤, 🍽, 🛋, 🏊, 🚿 – 📺 🅿 – 🅰 25 à 120. 🆎 ⓞ 🆎 VISA. 🍽 rest
Repas voir rest *Le Canard Sauvage* ci-après – 🍽 33 – **59 ch** 360/380.

Le Canard Sauvage – H. Résidence Vinkeveen, Groenlandsekade 1 (Est : 3 km près A 2), ✉ 3645 BA, ℘ (0 294) 29 31 01, vinkeveen@bilderberg.nl, Fax (0 294) 29 31 01, ≤, 🍽, 🛋 – 🍽 🅿 🆎 ⓞ 🆎 VISA. 🍽
Repas Lunch 69 – carte 62 à 96.

De Lokeend avec ch, Groenlandsekade 61 (Est : 3 km près A 2), ✉ 3645 BB, ℘ (0 294) 29 15 44, webmaster@delokeend.nl, Fax (0 294) 29 30 01, 🍽, 🛋 – 📺 🅿 🆎 ⓞ 🆎 VISA JCB. 🍽
fermé 19 fév.-5 mars – **Repas** (fermé lundi) Lunch 60 – 70/95 – 🍽 25 – **7 ch** 150/200.

Buitenlust, Herenweg 75, ✉ 3645 DG, ℘ (0 297) 26 13 60, ol.lauffer@planet.nl, Fax (0 297) 26 62 73, 🍽, « Terrasse » – 🆎 ⓞ 🆎 VISA JCB
fermé lundi et mardi – **Repas** (dîner seult) carte 73 à 100.

De Eetkamer van Vinkeveen, Vinkenkade 2, ✉ 3645 AR, ℘ (0 294) 29 54 50, Fax (0 294) 29 59 15, 🍽, « Terrasse » – 🅿 🆎 VISA. 🍽
fermé merc. – **Repas** 53.

VLAARDINGEN Zuid-Holland 211 L 11 - ㊴ S et 908 E 6 - ㉔ S – 73 728 h.

🛈 Watersportweg 100, ✉ 3138 HD, ℘ (0 10) 249 55 55, Fax (0 10) 249 55 79.

🛈 Westhavenkade 39, ✉ 3131 AD, ℘ (0 10) 434 66 66, Fax (0 10) 435 89 97.

Amsterdam 78 – Rotterdam 13 – Den Haag 28.

Delta, Maasboulevard 15, ✉ 3133 AK, ℘ (0 10) 434 54 77, deltahotel@wxs.nl, Fax (0 10) 434 95 25, ≤ Meuse (Maas), 🍽, 🛋 – 🛗 🐾 📺 🅿 – 🅰 25 à 150. 🆎 ⓞ 🆎 VISA
Repas *Nautique* 55/70 – 🍽 28 – **78 ch** 225.

Campanile, Kethelweg 220 (près A 20, sortie ⑩), ✉ 3135 GP, ℘ (0 10) 470 03 22, vlaardingen@campanile.nl, Fax (0 10) 471 34 30, 🍽 – 🐾 📺 🅿 – 🅰 30. 🆎 ⓞ 🆎 VISA
Repas (Avec buffet) Lunch 20 – 45 – 🍽 15 – **48 ch** 115.

Taveerne D'Ouwe Haven, Westhavenkade 10, ✉ 3131 AB, ℘ (0 10) 435 30 00, Fax (0 10) 460 10 50, Ouvert jusqu'à 23 h, 🛋 – 🍽. 🆎 ⓞ 🆎 VISA JCB
fermé lundi – **Repas** Lunch 60 – 75.

VLEUTEN Utrecht © Vleuten-De Meern 19 421 h. 211 P 10 et 908 G 5.

🛈 au Nord-Ouest : 2 km, Parkweg 5, ✉ 3451 RH, ℘ (0 30) 677 28 60, Fax (0 30) 677 39 03.

Amsterdam 32 – Utrecht 11 – Den Haag 63 – Rotterdam 49.

't Claeverblat, Schoolstraat 15, ✉ 3451 AA, ℘ (0 30) 677 47 70, Fax (0 30) 677 47 24, 🍽 – 🍽. 🆎 VISA. 🍽
fermé 19 juil.-19 août, lundi et mardi – **Repas** (dîner seult) 55.

VLIELAND (Ile de) Fryslân 210 O 3 - P 3 et 908 F 2 - G 2 – voir à Waddeneilanden.

VLIJMEN Noord-Brabant © Heusden 42 402 h. 211 Q 12 et 908 G 6.

Amsterdam 94 – Breda 40 – 's-Hertogenbosch 8.

Prinsen 🛋, Julianastraat 21, ✉ 5251 EC, ℘ (0 73) 511 91 31, hr.prinsen@wolmail.nl, Fax (0 73) 511 79 75, 🍽, « Terrasse et jardin », 🚲 – 🍽 rest, 📺 🅿 – 🅰 25 à 200. 🆎 ⓞ 🆎 VISA. 🍽 rest
Repas carte 75 à 95 – 🍽 20 – **28 ch** 125/145 – ½ P 168.

Do not mix up :

    Comfort of hotels   : 🏨🏨🏨🏨 ... 🏠

    Comfort of restaurants : XXXXX ... X

    Quality of the cuisine : ✤✤✤, ✤✤, ✤, **Repas** 🍴

VLISSINGEN Zeeland 211 G 14 et 908 B 7 – 44 530 h.

🚢 vers Breskens : Prov. Stoombootdiensten Zeeland, Prins Hendrikweg 10 ℘ (0 118) 46 59 05. Durée de la traversée : 20 min. Prix passager : gratuit (en hiver) et 1,50 Fl (en été) ; voiture : 12,50 Fl (en hiver) et 17,25 Fl (en été).

🛈 Oude Markt 3, ✉ 4381 ER, ℘ (0 118) 42 21 90, Fax (0 118) 42 21 91.
Amsterdam 205 – Middelburg 6 – Brugge (bac) 43 – Knokke-Heist (bac) 32.

Arion, Boulevard Bankert 266, ✉ 4382 AC, ℘ (0 118) 41 05 02, info@hotelarion.nl, Fax (0 118) 41 63 62, ≤, 😀, 🚭, 🚲 – 🛗, 🍽 rest, 📺 🎾 🅿 – 🎯 25 à 400. AE ⓓ MC VISA JCB. ℀ rest
Repas 45/70 – **64 ch** ⊡ 220/300 – ½ P 250/275.

De Leugenaar, Boulevard Bankert 132, ✉ 4382 AC, ℘ (0 118) 41 25 00, info@hot eldeleugenaar.nl, Fax (0 118) 41 25 58, 🚲 – 🛗 📺. AE ⓓ MC VISA. ℀ ch
Repas (Taverne-rest) carte 51 à 77 – **15 ch** ⊡ 138/180 – ½ P 122/131.

De Bourgondiër, Boulevard Bankert 280, ✉ 4382 AC, ℘ (0 118) 41 38 91, lchuise r@zeelandnet.nl, Fax (0 118) 41 61 85, ≤, 😀 – AE MC VISA
fermé 25 et 26 déc. et dim. soir d'oct. à mai – **Repas** Lunch 65 – 73/115.

Solskin, Boulevard Bankert 58, ✉ 4382 AC, ℘ (0 118) 41 73 50, solskin@tref.nl, Fax (0 118) 44 00 72, ≤ – AE VISA JCB
fermé 2 sem. en janv. et lundi – **Repas** 55.

Figaro, Nieuwendijk 14, ✉ 4381 BX, ℘ (0 118) 41 64 50, 😀, « Terrasse avec ≤ port de plaisance » – AE ⓓ MC VISA JCB
fermé lundi sauf en juil.-août – **Repas** (dîner seult) 48.

De Gevangentoren 1er étage, Boulevard de Ruyter 1a, ✉ 4381 KA, ℘ (0 118) 41 70 76, « Dans une tour du 15e s. » – MC VISA
fermé 27 déc.-5 janv. et merc. – **Repas** (dîner seult) carte 45 à 70.

Bleij, Bellamypark 16, ✉ 4381 CJ, ℘ (0 118) 41 25 24, Fax (0 118) 41 25 24, 😀 – AE MC VISA JCB
fermé fév. sauf week-end, mardi de nov. à fév. et lundi – **Repas** (dîner seult) carte env. 70.

à Koudekerke Nord-Ouest : 3 km © Veere 22 096 h :

Westduin ⚐, Westduin 1 (Dishoek), ✉ 4371 PE, ℘ (0 118) 55 25 10, westduin@ze elandnet.nl, Fax (0 118) 55 27 76, 😀, 🏊, 🚭, 🏊, ℀ – 🛗 📺 🅿 – 🎯 25 à 80. AE ⓓ MC VISA. ℀
Repas 50/65 – **89 ch** ⊡ 159/255 – ½ P 145/159.

VLODROP Limburg 211 V 16 et 908 J 8 – voir à Roermond.

VOLENDAM Noord-Holland © Edam-Volendam 27 136 h. 210 P 8 et 908 G 4.

Voir Costume traditionnel★.

🛈 Zeestraat 37, ✉ 1131 ZD, ℘ (0 299) 36 37 47, Fax (0 299) 36 84 84.
Amsterdam 23 – Alkmaar 33 – Leeuwarden 121.

Spaander, Haven 15, ✉ 1131 EP, ℘ (0 299) 36 35 95, Fax (0 299) 36 96 15, « Collection de tableaux », 🏊, 🚭, 🏊, 🚲 – 🛗, 🍽 rest, 📺 🅿 – 🎯 25 à 70. AE ⓓ MC VISA JCB. ℀
Repas Lunch 25 – carte 70 à 87 – **80 ch** ⊡ 110/155 – ½ P 95/170.

Van Den Hogen avec ch, Haven 106, ✉ 1131 EV, ℘ (0 299) 36 37 75, Fax (0 299) 36 94 98 – 🍽 rest, 📺. AE ⓓ MC VISA. ℀ ch
fermé du 6 au 10 sept. – **Repas** 45/70 – **5 ch** ⊡ 110/160.

Van Diepen arrière-salle, Haven 35, ✉ 1131 EP, ℘ (0 299) 36 37 05, Fax (0 299) 36 45 29, ≤, 😀 – 🅿. AE ⓓ MC VISA JCB. ℀
Repas Lunch 50 bc – 53/105.

à Katwoude Sud-Ouest : 3 km © Waterland 735 h :

Motel Katwoude, Wagenweg 1, ✉ 1145 PW, ℘ (0 299) 36 56 56, katwoude@val .com, Fax (0 299) 36 83 19, 😀, 🚭, 🏊, ℀ – 🛗 📺 🅿 – 🎯 40 à 250. AE ⓓ MC VISA
Repas (Ouvert jusqu'à 23 h) carte env. 60 – ⊡ 22 – **84 ch** 116/128.

VOLLENHOVE Overijssel © Brederwiede 12 437 h. 210 U 6 et 908 I 3.
Amsterdam 103 – Emmeloord 14 – Zwolle 26.

Seidel, Kerkplein 3, ✉ 8325 BN, ℘ (0 527) 24 12 62, info@seidel.nl, Fax (0 527) 24 42 72, 😀, « Dans l'ancien hôtel de ville du 17e s. » – ⓓ MC VISA JCB
fermé fév. et lundi – **Repas** Lunch 18 – 55/135.

VOORBURG Zuid-Holland ₂₁₁ L 10 - ② ₉₀₈ E 5 – voir à Den Haag, environs.

VOORSCHOTEN Zuid-Holland ₂₁₁ L 10 et ₉₀₈ E 5 – voir à Leiden.

VORDEN Gelderland ₂₁₁ W 10 et ₉₀₈ J 5 – 8 358 h.
  au Sud : 6 km à Hengelo, Vierblokkenweg 1, ⌧ 7255 MZ, ℘ (0 575) 46 75 33, Fax (0 575) 46 75 62.
  🛈 Kerkstraat 1, ⌧ 7251 BC, ℘ (0 575) 55 32 22, Fax (0 575) 55 22 76.
  Amsterdam 117 – Arnhem 41 – Apeldoorn 31 – Enschede 51.

🏠 **Bakker** (annexe), Dorpsstraat 24, ⌧ 7251 BB, ℘ (0 575) 55 13 12, Fax (0 575) 55 13 12, 😊, 🍽, 🚲 – 🛏 rest, 📺 🅿 – 🔔 25 à 200. 🆎 ⓜ ⓜ 🆅🆂🅰. 🎀
  Repas Lunch 30 – carte env. 70 – **12 ch** ⌕ 100 – ½ P 125/150.

🏠 **Bloemendaal**, Stationsweg 24, ⌧ 7251 EM, ℘ (0 575) 55 12 27, info@hotelbloemendaal.nl, Fax (0 575) 55 38 55, 😊, 🍽, 🚲 – 📺. ⓜ 🆅🆂🅰. 🎀
  fermé 24 déc.-2 janv. – **Repas** (dîner pour résidents seult) – **15 ch** ⌕ 130/220 – ½ P 103/138.

VREELAND Utrecht © Loenen 8 523 h. ₂₁₁ P 9 et ₉₀₈ G 5.
  Amsterdam 22 – Utrecht 24 – Hilversum 11.

✕✕✕ **De Nederlanden** (de Wit) 😊, avec ch, Duinkerken 3, ⌧ 3633 EM, ℘ (0 294) 23 23 26,
❄❄ info@denederlanden.nl, Fax (0 294) 23 14 07, ≤, 🍽, « Au bord d'une rivière à côté d'un pont-levis typique », 🚲, 🍴 – 🛏 rest, 📺 🅿 – 🔔 30. 🆎 ⓜ ⓜ 🆅🆂🅰.
  fermé 2 dern. sem. juil.-prem. sem. août, dern. sem. déc.-prem. sem. janv., dim. et lundi – **Repas** (dîner seult) 150, carte 123 à 160 – ⌕ 35 – **7 ch** 245/385 – ½ P 375
  Spéc. Filet de rouget-barbet cuit au four, écrasé de topinambours aux tourteaux. Ris de veau rôti aux épinards, marrons et jus de truffe. Biscuit tiède au chocolat, jus de fruits exotiques à la glace de vin rouge.

VUGHT Noord-Brabant ₂₁₁ Q 13 et ₉₀₈ G 7 – voir à 's-Hertogenbosch.

De WAAL Noord-Holland ₂₁₀ N 4 et ₉₀₈ F 2 – voir à Waddeneilanden (Texel).

WAALRE Noord-Brabant ₂₁₁ R 14 et ₉₀₈ H 7 – 16 183 h.
  Amsterdam 128 – Eindhoven 9 – Venlo 56 – Turnhout 47.

✕✕✕ **De Treeswijkhoeve**, Valkenswaardseweg 14 (sur N 69), ⌧ 5582 VB, ℘ (0 40) 221 55 93, treeswijkhoeve@hetnet.nl, Fax (0 40) 221 75 32, 🍽, « Terrasse et jardin » – 🅿. 🆎 ⓓ ⓜ 🆅🆂🅰
  fermé 27 fév., 13 avril, 5 juin, 23 juil.-7 août, 27 déc.-7 janv., lundi et sam. midi – **Repas** Lunch 60 – 65/100.

WAALWIJK Noord-Brabant ₂₁₁ P 12 et ₉₀₈ G 6 – 45 198 h.
  🛈 Vredesplein 14, ⌧ 5142 RA, ℘ (0 416) 33 22 28, Fax (0 416) 65 13 13.
  Amsterdam 100 – Breda 30 – 's-Hertogenbosch 18 – Tilburg 17.

🏠 **Waalwijk**, Burg. van der Klokkenlaan 55, ⌧ 5141 EG, ℘ (0 416) 33 60 45, info@hotelwaalwijk.nl, Fax (0 416) 33 59 68, 🍽, 🚲 – 📶 📺 🅿 – 🔔 25 à 300. 🆎 ⓓ ⓜ 🆅🆂🅰 🅹🅲🅱. 🎀
  Repas 45 – ⌕ **62 ch** ⌕ 170/205 – ½ P 215/250.

✕✕ **Aub. De Pepermolen**, Olympiaweg 8, ⌧ 5143 NA, ℘ (0 416) 33 93 08, Fax (0 416) 34 34 00, 🍽 – 🛏 🅿. – 🔔 25 à 200. ⓜ 🆅🆂🅰
  fermé 2 sem. vacances bâtiment et merc. – **Repas** Lunch 50 – 65.

✕✕ **Het Heerenhuys**, Grotestraat 283, ⌧ 5141 JT, ℘ (0 416) 65 03 15, Fax (0 416) 65 16 91, 🍽 – 🆎 ⓓ ⓜ 🆅🆂🅰. 🎀
  fermé jours fériés sauf Noël et dim. en janv. – **Repas** 55/88.

WADDENEILANDEN
ILES DES WADDEN★★

210 – N 5 à X 1
908 – F 2 à J 1

● *Les îles des Wadden comprennent Texel (province de Hollande du Nord) et les îles Frisonnes (Vlieland, Terschelling, Ameland et Schiermonnikoog). Elles constituent une réserve naturelle exceptionnelle, peuplée de nombreux oiseaux. Sur Vlieland et Schiermonnikoog, les voitures ne sont pas admises.*

● *Texel (provincie Noord-Holland) en de Friese eilanden (Vlieland, Terschelling, Ameland en Schiermonnikoog) zijn de belangrijkste Nederlandse Waddeneilanden. Samen vormen zij een uitzonderlijk natuurreservaat met ontelbare vogels. Op Vlieland en Schiermonnikoog zijn geen auto's toegelaten.*

● *Die Westfriesischen Inseln mit Texel (Provinz Nordholland) und die Friesischen Inseln (Vlieland, Terschelling, Ameland und Schiermonnikoog) bilden ein außergewöhnliches Naturschutzgebiet, welches von zahlreichen Seevögeln bewohnt wird. Auf Vlieland und Schiermonnikoog sind Autos nicht zugelassen.*

● *The Wadden islands are made up of Texel (province of Northern Holland) and the Frisonnes islands (Vlieland, Terschelling, Ameland and Schiermonnikoog). These islands are areas of outstanding natural beauty, and are home to many different species of birds. Cars are not allowed on Vlieland or Schiermonnikoog.*

WADDENEILANDEN (ILES DES WADDEN) ★★ *Fryslân - Noord-Holland* 210 **N 5** à **X 1** et 908 **F 2** à **J 1** *G. Hollande.*

La plupart des hôteliers ne louent qu'à partir de 2 nuitées.
De meeste hotelhouders verhuren maar vanaf 2 overnachtingen.

AMELAND *Fryslân* 210 **O 2** - P 2 *et* 908 **I 1** – *3 477 h.*

vers Holwerd : Wagenborg Passagiersdiensten B.V., Reeweg 4 à Nes ℘ *(0 519) 54 61 11. Durée de la traversée : 45 min. Prix AR : 17,25 Fl (en hiver) et 20,50 Fl (en été), voiture 115,65 Fl (en hiver) et 138,80 Fl (en été).*
Amsterdam (bac) 169 – Dokkum (bac) 14 – Leeuwarden (bac) 30.

Nes

🛈 *Rixt van Doniastraat 2 (transfert prévu),* ✉ *9163 GR,* ℘ *(0 519) 54 65 46, Fax (0 519) 54 65 50.*

Hofker sans rest, Johannes Hofkerweg 1, ✉ 9163 GW, ℘ (0 519) 54 20 02, *info@hotel-hofker.nl, Fax (0 519) 54 28 65,* ⇌, 🔲, ※ – 🛗 📺 🅿 – 🔑 25 à 50. ※
40 ch ⇌ 98/180.

Ameland, Strandweg 48 (Nord : 1 km), ✉ 9163 GN, ℘ (0 519) 54 21 50, *Fax (0 519) 54 31 06,* 🚲 – 📺 🅿 🌑 VISA JCB. ※
Repas (dîner pour résidents seult) – **21 ch** ⇌ 113/165 – ½ P 100.

De Klimop, Johannes Hofkerweg 2, ✉ 9163 GW, ℘ (0 519) 54 22 96, 🍽, « Taverne rustique » – 🅿. 🅰🅴 🌑 VISA
fermé 26 nov.-20 déc., 8 janv.-3 fév. et mardi – **Repas** carte env. 50.

Ballum

Nobel ♦, Gerrit Kosterweg 16, ✉ 9162 EN, ℘ (0 519) 55 41 57, *nobe@xs4all.nl, Fax (0 519) 55 45 15,* 🍽, « Dans un village à architecture typique locale 18ᵉ s. », ⇌, 🚲 – 🟰 rest, 📺 🅿 – 🔑 25. 🅰🅴 ⓞ 🌑 VISA. ※
Repas Lunch 25 – carte env. 80 – **23 ch** ⇌ 109/168 – ½ P 112/152.

Buren

De Klok, Hoofdweg 11, ✉ 9164 KL, ℘ (0 519) 54 21 81, *Fax (0 519) 54 24 97,* 🎯, ⇌ – 🛗 📺 🅿 – 🔑 80. 🅰🅴 🌑 VISA
Repas Lunch 17 – carte 50 à 67 – **25 ch** ⇌ 104/158 – ½ P 129.

Hollum

🛈 *Oosterhiemweg,* ✉ *9160 AA,* ℘ *(0 519) 55 42 19, Fax (0 519) 55 48 09.*

d'Amelander Kaap, Oosterhiemweg 1, ✉ 9161 CZ, ℘ (0 519) 55 46 46, *info@amelander-kaap.nl, Fax (0 519) 55 48 09,* 🔲, ≋, ※, 🚲 – 🛗 📺 🅿 – 🔑 40 à 250. 🅰🅴 ⓞ 🌑 VISA. ※
40 ch ⇌ 97/194 – ½ P 136/140.

SCHIERMONNIKOOG *Fryslân* 210 **W 2** *et* 908 **J 1** – *1 004 h.*

Voir *Het Rif*★, ≤★.

vers Lauwersoog : Wagenborg Passagiersdiensten B.V., Zeedijk 9 à Lauwersoog ℘ *(0 519) 54 61 11. Durée de la traversée : 45 min. Prix AR : 18,45 Fl (en hiver) et 21,70 Fl (en été), bicyclette : 8,10 Fl (en hiver) et 9,70 Fl (en été).*
Amsterdam (bac) 181 – Groningen (bac) 44 – Leeuwarden (bac) 42.

Schiermonnikoog

🛈 *Reeweg 5,* ✉ *9166 PW,* ℘ *(0 519) 53 12 33, Fax (0 519) 53 13 25.*

Graaf Bernstorff avec appartements, Reeweg 1, ✉ 9166 PW, ℘ (0 519) 53 20 00, *bernstor@globalxs.nl, Fax (0 519) 53 20 50,* 🍽 – 🛗 📺 – 🔑 70. 🅰🅴 ⓞ 🌑 VISA JCB. ※
Repas Lunch 20 – carte 70 à 90 – ⇌ 28 – **17 ch** 205/325 – ½ P 335/435.

Duinzicht ♦, Badweg 17, ✉ 9166 ND, ℘ (0 519) 53 12 18, *Fax (0 519) 53 14 25,* 🍽 – 📺 – 🔑 30. 🅰🅴 ⓞ 🌑 VISA
Repas 70 – **35 ch** ⇌ 160/184 – ½ P 98/108.

Van der Werff, Reeweg 2, ✉ 9166 PX, ℘ (0 519) 53 12 03, *Fax (0 519) 53 17 48,* « Évocation de l'histoire touristique locale », ※ – 🛗 📺 – 🔑 25. ⓞ 🌑 VISA ※ rest
Repas Lunch 32 – carte 45 à 77 – **53 ch** ⇌ 93/185 – ½ P 110/120.

WADDENEILANDEN

TERSCHELLING Fryslân 210 R 2 et 908 G 1 - H 1 – 4 761 h.

Voir Site★★ – *De Boschplaat*★ *(réserve d'oiseaux).*

🚢 vers Harlingen : Rederij Doeksen, Willem Barentszkade 21 à West-Terschelling ℘ (0 562) 44 21 41, Fax (0 562) 44 32 41. Durée de la traversée : 1 h 45. Prix AR : 37,45 Fl, voiture : 22,90 Fl par 0,50 m de longueur. Il existe aussi un service rapide (pour passagers uniquement). Durée de la traversée : 50 min.

Amsterdam (bac) 115 – Leeuwarden (bac) 28 – (distances de West-Terschelling).

West-Terschelling (West-Skylge).

🛈 Willem Barentszkade 19a, ✉ 8881 BC, ℘ (0 562) 44 30 00, Fax (0 562) 44 28 75.

Schylge, Burg. van Heusdenweg 37, ✉ 8881 ED, ℘ (0 562) 44 21 11, schylge@terschelling.net, Fax (0 562) 44 28 00, ≤, 🛎, « Dominant la Waddenzee et le port de plaisance », ≘s, 🔲, 🚴 – 📶, 🍽 rest, 🛋 🕭 – 🔔 25 à 200. 🆎 ⓞ ⓜ VISA. ⁒
Repas carte 53 à 90 – **97 ch** ⊋ 194/308 – ½ P 174/204.

Nap, Torenstraat 55, ✉ 8881 BH, ℘ (0 562) 44 32 10, info@hotelnap.nl, Fax (0 562) 44 33 15, 🛎, 🚴 – 📺 📳 🆎 ⓞ ⓜ VISA
Repas (fermé après 20 h 30) Lunch 15 – 45/85 – **33 ch** ⊋ 130/280 – ½ P 130/190.

Bornholm, Hoofdweg 6, ✉ 8881 HA, ℘ (0 562) 44 22 66, Fax (0 562) 44 22 77, 🚴 – 📺 📳 🆎 ⓞ ⓜ VISA
Repas (fermé après 20 h) (Taverne-rest) 45 – **27 ch** ⊋ 113/175.

Europa, Europalaan 35, ✉ 8881 EJ, ℘ (0 562) 44 22 41, europa@euronet.nl, Fax (0 562) 44 31 25, 🚴 – 📳 📳 – 🔔 25 à 80. ⓜ VISA. ⁒ ch
avril-oct. – **Repas** (fermé après 20 h) Lunch 15 – carte 45 à 60 – **66 ch** ⊋ 96/192 – ½ P 110/118.

Oepkes, De Ruyterstraat 3, ✉ 8881 AM, ℘ (0 562) 44 20 05, hotel@oepkes, Fax (0 562) 44 33 45, 🚴 – 📳 – 🔔 40. 🆎 ⓞ ⓜ VISA JCB
fermé 7 janv.-fév. – **Repas** (fermé après 20 h 30) Lunch 38 – 48 – **19 ch** ⊋ 105/165 – ½ P 120/125.

De Brandaris, Boomstraat 3, ✉ 8881 BS, ℘ (0 562) 44 25 54, Fax (0 562) 44 35 66, 🛎, Taverne-rest – 🍽. 🆎 ⓞ ⓜ VISA
mars-nov. ; fermé mardi de sept. à mai – **Repas** Lunch 28 – carte 53 à 77.

Kaart

De Horper Wielen ⌂ sans rest, Kaart 4, ✉ 8883 HD, ℘ (0 562) 44 82 00, Fax (0 562) 44 82 45, 🌿 – 📳
12 ch ⊋ 55/75.

Midsland (Midslân).

Claes Compaen ⌂ sans rest, Heereweg 36 (Midsland-Noord), ✉ 8891 HT, ℘ (0 562) 44 80 10, Fax (0 562) 44 94 49, ≘s, 🌿 – 📺 📳 ⁒
7 ch ⊋ 198, 2 suites.

Lies

De Walvisvaarder, Lies 23, ✉ 8895 KP, ℘ (0 562) 44 90 00, Fax (0 562) 44 86 77, ≘s, 🌿, 🚴 – 📺 📳 ⁒
15 mars-déc. – **Repas** (résidents seult) – **63 ch** ⊋ 150/170, 1 suite – ½ P 98/118.

Hoorn (Hoarne).

De Millem, Dorpsstraat 58, ✉ 8896 JG, ℘ (0 562) 44 84 24, Fax (0 562) 44 83 14, 🛎, « Ancienne ferme régionale » – 📳 ⓜ VISA
fermé 3 janv.-20 fév. et lundi – **Repas** carte env. 70.

Oosterend (Aasterein).

De Grië (van Scheppingen), Hoofdstraat 43, ✉ 8897 HX, ℘ (0 562) 44 84 99, degrie@euronet.nl, Fax (0 562) 44 83 22, 🛎 – 📳 🆎 ⓞ ⓜ VISA
17 mars-1er janv. ; fermé mardi – **Repas** (dîner seult) carte env. 95
Spéc. Petite soupe de langoustines, gambas et huîtres sauvages aux légumes. Barbue meunière à la mousseline de céleri truffée. Sorbet de sureau, mûres et poires à la cannelle (21 sept.-21 déc.).

TEXEL Noord-Holland 210 N 4 et 908 F 2 – 13 343 h.

Voir Site★★ – *Réserves d'oiseaux*★ – *De Slufter* ≤★.

🚢 vers Den Helder : Rederij Teso, Pontweg 1 à Den Hoorn ℘ (0 222) 36 96 00, Fax (0 222) 36 96 59. Durée de la traversée : 20 min. Prix AR : 8,25 Fl (en hiver) et 10,00 Fl (en été), voiture 40,50 Fl (en hiver) et 48,50 Fl (en été).

Amsterdam (bac) 85 – Haarlem (bac) 78 – Leeuwarden (bac) 96 – (distances de Den Burg).

WADDENEILANDEN

Den Burg

Emmalaan 66, ⊠ 1791 AV, ℘ (0 222) 31 47 41, Fax (0 222) 31 00 54.

De Smulpot, Binnenburg 5, ⊠ 1791 CG, ℘ (0 222) 31 27 56, smulpot.texel@planet.nl, ⮞ – TV. AE. VISA. ch
Repas Lunch 25 – carte env. 60 – **7 ch** ⊇ 110/185 – ½ P 115.

Het Vierspan, Gravenstraat 3, ⊠ 1791 CJ, ℘ (0 222) 31 31 76, Fax (0 222) 31 39 55 – AE MC VISA
fermé du 1er au 21 mars, lundi et mardi – **Repas** (dîner seult) carte 86 à 107.

De Cocksdorp

Roggeslootweg 3, ⊠ 1795 JV, ℘ (0 222) 31 65 39, Fax (0 222) 31 60 19.

Molenbos M ⋙, Postweg 224, ⊠ 1795 JT, ℘ (0 222) 31 64 76, molenbos@tref.nl, Fax (0 222) 31 63 77, ≤, « En bordure d'une réserve naturelle », ⮞ – TV ⓖ P. AE ⓞ MC VISA
fermé 8 janv.-fév. et 12 nov.-14 déc. – **Repas** (fermé après 20 h 30) Lunch 19 – carte 47 à 76 – **27 ch** ⊇ 120/215 – ½ P 116/151.

Nieuw Breda, Postweg 134 (Sud-Ouest : 4 km), ⊠ 1795 JS, ℘ (0 222) 31 12 37, Fax (0 222) 31 16 01, ⓛ₆, ⓡ, 🅜, ⋙, ⮞ – TV P. – ⓐ 25. AE MC VISA. ⋙
Repas (dîner pour résidents seult) – **20 ch** ⊇ 144/250 – ½ P 216/316.

Den Hoorn

Het Kompas, Herenstraat 7, ⊠ 1797 AE, ℘ (0 222) 31 93 60, Fax (0 222) 31 93 56 – AE ⓞ MC VISA. ⋙
fermé 15 janv.-15 fév. et mardi – **Repas** (dîner seult) carte env. 75.

Bij Jef avec ch, Herenstraat 53, ⊠ 1797 AJ, ℘ (0 222) 31 96 23, bijjef@planet.nl, Fax (0 222) 31 55 98 – P. AE ⓞ MC VISA. ⋙ ch
Repas (fermé mardi) carte env. 80 – **8 ch** ⊇ 150/175 – ½ P 240/270.

De Koog

Opduin M ⋙, Ruyslaan 22, ⊠ 1796 AD, ℘ (0 222) 31 74 45, info@opduin.nl, Fax (0 222) 31 77 77, « En bordure des dunes », ⓡ, ⓛ, ⋙, ⮞ – ⓘ ⓝ TV ⓞ P – ⓐ 25 à 120. AE ⓞ MC VISA JCB. ⋙ rest
fermé 4 janv.-13 fév. – **Repas** Lunch 40 – carte 66 à 101 – **100 ch** ⊇ 249/498, 3 suites – ½ P 216/288.

Boschrand, Bosrandweg 225, ⊠ 1796 NA, ℘ (0 222) 31 72 81, Fax (0 222) 31 74 59, ⓡ, ⮞ – ⓘ TV P. ⋙
fermé déc.-janv. – **Repas** (dîner pour résidents seult) – **51 ch** ⊇ 149/179 – ½ P 90/110.

Zeerust, Boodtlaan 5, ⊠ 1796 BD, ℘ (0 222) 31 72 61, Fax (0 222) 31 78 39 – TV P. MC VISA. ⋙
fermé 15 nov.-15 déc. et 8 janv.-15 fév. – **Repas** (dîner pour résidents seult) – **16 ch** ⊇ 90/160 – ½ P 100/108.

Alpha, Boodtlaan 84, ⊠ 1796 BG, ℘ (0 222) 31 76 77, alpha@texel.to, Fax (0 222) 31 72 75 – TV P. AE ⓞ MC VISA. ⋙
15 fév.-15 nov. – **Repas** (dîner pour résidents seult) – **12 ch** ⊇ 134/154.

Oosterend

Rôtiss.'t Kerckeplein, Oesterstraat 6, ⊠ 1794 AR, ℘ (0 222) 31 89 50, Fax (0 222) 32 90 32 – P. AE ⓞ MC VISA
fermé 15 janv.-15 fév. et lundi – **Repas** carte 77 à 91.

Oudeschild

't Pakhuus, Haven 8, ⊠ 1792 AE, ℘ (0 222) 31 35 81, texel@pakhuus.myweb.nl, Fax (0 222) 31 04 04, ≤, Produits de la mer, « Ancien entrepôt » – AE MC VISA JCB
fermé 2 prem. sem. déc. – **Repas** carte 59 à 85.

De Waal

Rebecca, Hogereind 39, ⊠ 1793 AE, ℘ (0 222) 31 27 45, Fax (0 222) 31 58 47, ⓡ, ⮞ – P. MC VISA. ⋙ rest
fermé 7 nov.-27 déc. – **Repas** (dîner pour résidents seult) – **19 ch** ⊇ 88/136 – ½ P 94/104.

VLIELAND Fryslân ████ O 3 - P 3 et ████ F 2 - G 2 – 1 150 h.

⛴ vers Harlingen : Rederij Doeksen, Willem Barentskade 21 à West-Terschelling ℘ (0 562) 44 21 41, Fax (0 562) 44 32 41. Durée de la traversée : 1 h 45. Prix AR : 37,45 Fl, bicyclette : 18,15 Fl. Il existe aussi un service rapide. Durée de la traversée : 45 min.

Havenweg 10, ⊠ 8899 BB, ℘ (0 562) 45 11 11, Fax (0 562) 45 13 61.
Amsterdam (bac) 115 – Leeuwarden (bac) 28.

WADDENEILANDEN

Oost-Vlieland
Voir *Phare (Vuurtoren)* ≤★.

🏨 **Strandhotel Seeduyn** ⊗ avec appartements, Badweg 3 (Nord : 2 km), ⊠ 8899 BV, ℘ (0 562) 45 15 60, info@strandhotel.seeduyn.nl, Fax (0 562) 45 11 15, ≤, 🌺, « Dominant dunes et mer », ≘s, 🔲, ※, 🚲, 🐴 – 🛗 TV – 🏊 25 à 200. AE ⓘ ⓜ VISA, ※
Repas Lunch 25 – carte 64 à 89 – **102 ch** ⊇ 229/328 – ½ P 159/214.

🏨 **De Wadden**, Dorpsstraat 61, ⊠ 8899 AD, ℘ (0 562) 45 26 26, Fax (0 562) 45 26 23, « Aménagement cossu », 🌺, 🚲 – TV. ⓘ ⓜ VISA ※ ch
Repas Lunch 33 – carte 56 à 85 – **20 ch** ⊇ 130/239 – ½ P 132/162.

🏨 **Bruin**, Dorpsstraat 88, ⊠ 8899 AL, ℘ (0 562) 45 13 01, Fax (0 562) 45 12 27, 🌺, 🚲 – TV – 🏊 25 à 100. AE ⓘ ⓜ VISA. ※ rest
Repas Lunch 40 bc – 45/75 – **36 ch** ⊇ 110/200 – ½ P 148/158.

🏨 **Zeezicht**, Havenweg 1, ⊠ 8899 BB, ℘ (0 562) 45 13 24, zeehotel@worldonline.nl, Fax (0 562) 45 11 99, ≤, 🌺, 🚲 – TV. VISA. ※ ch
avril-oct. – Repas Lunch 40 – carte env. 60 – **18 ch** ⊇ 125/240 – ½ P 115/140.

✕ **Het Armhuis**, Kerkplein 6, ⊠ 8899 AW, ℘ (0 562) 45 19 35, armhuis@xs4all.nl, Fax (0 562) 45 19 35, 🌺, « Refuge du 17e s. » – AE ⓘ ⓜ VISA
fermé janv.-fév. – Repas carte env. 80.

WADDINXVEEN Zuid-Holland 211 M 10 et 908 E 5 – 26 803 h.
Amsterdam 46 – Rotterdam 26 – Den Haag 29 – Utrecht 37.

✕✕ **Bibelot**, Limaweg 54, ⊠ 2743 CD, ℘ (0 182) 61 66 95, Fax (0 182) 63 09 55, 🌺 – 🍴 P. AE ⓘ ⓜ VISA JCB
fermé lundi – Repas Lunch 60 – 65.

✕✕ **de Gouwe Dis**, Zuidkade 22 (près du pont), ⊠ 2741 JB, ℘ (0 182) 61 20 26, gouwedis@le-relais.nl, Fax (0 182) 61 09 99 – AE ⓘ ⓜ VISA
fermé vacances bâtiment, dim. et lundi – Repas Lunch 65 – carte env. 80.

✕✕ **'t Baarsje**, Zwarteweg 6 (Est : 2 km, direction Reeuwijk), ⊠ 2741 LC, ℘ (0 182) 39 44 60, baarsje@dinnersite.nl, Fax (0 182) 39 27 47, 🌺 – 🍴 P. AE ⓘ ⓜ VISA JCB
fermé 2 prem. sem. août, prem. sem. janv. et mardi – Repas Lunch 65 – carte 85 à 102.

✕✕ **Akkeroord**, Akkeroord 1 (Sud : 3 km direction Gouda), ⊠ 2741 PZ, ℘ (0 182) 61 61 01, Fax (0 182) 63 21 05, 🌺, « Jardin » – P. AE ⓘ ⓜ VISA JCB
fermé merc. – Repas Lunch 55 – carte env. 85.

WAGENINGEN Gelderland 211 S 11 et 908 I 6 – 33 340 h.
🛈 Stadsbrink 1-G, ⊠ 6707 AA, ℘ (0 317) 41 07 77, Fax (0 317) 42 31 86.
Amsterdam 85 – Arnhem 19 – Utrecht 47.

🏨 **Nol in 't Bosch** ⊗, Hartenseweg 60 (Nord-Est : 2 km), ⊠ 6704 PA, ℘ (0 317) 31 91 01, Fax (0 317) 31 91 01, 🌺, « Dans les bois », 🌳, ※, 🚲 – 🛗 TV P – 🏊 25 à 150. AE ⓘ ⓜ VISA JCB. ※ rest
Repas Lunch 30 bc – carte 55 à 78 – **33 ch** ⊇ 140/225 – ½ P 135/205.

✕ **'t Gesprek**, Grintweg 247, ⊠ 6704 AN, ℘ (0 317) 42 37 01, Fax (0 317) 42 58 26, 🌺 – 🍴 P. AE ⓘ ⓜ VISA JCB
Repas (en juil.-août dîner seult) Lunch 44 – carte 61 à 92.

WAHLWILLER Limburg 211 U 18 – voir à Wittem.

WAMEL Gelderland © West Maas en Waal 17 928 h. 211 R 11 et 908 H 6.
Amsterdam 94 – Utrecht 60 – Arnhem 48 – 's-Hertogenbosch 30 – Nijmegen 31.

✕ **d'Oude Weeghbrug**, Dorpsstraat 126, ⊠ 6659 CH, ℘ (0 487) 50 12 73, Fax (0 487) 50 15 26, 🌺 – P. AE ⓘ ⓜ VISA JCB
fermé mardi – Repas (dîner seult) carte env. 85.

WANNEPERVEEN Overijssel 210 V 6 et 908 J 3 – voir à Giethoorn.

Benutzen Sie die Grünen Michelin-Reiseführer,
wenn Sie eine Stadt oder Region kennenlernen wollen.

WANSSUM Limburg C Meerlo-Wanssum 7 453 h. 211 V 13 et 908 J 7.
Amsterdam 159 – Eindhoven 51 – Maastricht 104 – Nijmegen 48.

- **Verstraelen**, Geysterseweg 7, ⊠ 5861 BK, ℘ (0 478) 53 25 41, Fax (0 478) 53 26 48, 🚲 – TV P – 🛁 60. AE ⓘ ⓜ VISA JCB
  fermé 20 déc.-10 janv. – **Repas** *(fermé dim.)* 45/60 – **15 ch** ⊇ 110/145.

- **De Kooy**, De Kooy 15, ⊠ 5861 EH, ℘ (0 478) 53 12 27, 5861eh.de.kooy-wanssum@12move.nl, Fax (0 478) 53 26 30, 🍴, « Terrasse en bord de la Meuse (Maas) » – P. AE ⓘ ⓜ VISA JCB
  fermé 2 prem. sem. août, lundi et mardi – **Repas** (dîner seult) 73/85.

à Geysteren Nord-Est : 3 km C Meerlo-Wanssum :

- **Eethoeve de Boogaard**, Wanssumseweg 1, ⊠ 5862 AA, ℘ (0 478) 53 90 70, Fax (0 478) 53 90 71, 🍴, « Ancienne ferme typique avec cour fleurie » – P. AE VISA. 🚫
  fermé 2 sem. vacances carnaval, 3 sem. fin juil.-début août et lundis et mardis non fériés – **Repas** (dîner seult) 53/88.

WARMOND Zuid-Holland 211 M 9 et 908 E 5 – 5 302 h.
- Veerpolder, ⊠ 2360 AA, ℘ (0 71) 305 88 10, Fax (0 71) 301 21 26.
- Dorpsstraat 4a, ⊠ 2361 BB, ℘ (0 71) 301 06 31, Fax (0 71) 301 26 99.
Amsterdam 39 – Rotterdam 46 – Den Haag 20 – Haarlem 25.

- **De Stad Rome**, De Baan 4, ⊠ 2361 GH, ℘ (0 71) 301 01 44, informatie@stadrome.nl, Fax (0 71) 301 25 17, 🍴, Grillades – P. AE ⓘ ⓜ VISA
  fermé 2 sem. en fév., août et lundi – **Repas** (dîner seult) 58/80.

WARNSVELD Gelderland 211 W 10 et 908 J 5 – 9 021 h.
Amsterdam 110 – Arnhem 30 – Apeldoorn 21 – Enschede 59 – Zwolle 58.

- **'t Jachthuis** avec ch, Vordenseweg 2 (N 319), ⊠ 7231 PA, ℘ (0 575) 52 33 28, info@jachthuis.nl, Fax (0 575) 52 36 82, 🍴, 🌳 – P – 🛁 60. AE ⓘ ⓜ VISA
  Repas *(fermé lundi)*(dîner seult sauf dim.) 60/75 – **10 ch** *(fermé dim. et lundi)* ⊇ 125/190 – ½ P 160.

WASSENAAR Zuid-Holland 211 L 10 et 908 D 5 – voir à Den Haag, environs.

WEERT Limburg 211 T 15 et 908 I 8 – 47 711 h.
- Laurabosweg 8, ⊠ 6006 VR, ℘ (0 495) 51 84 38, Fax (0 475) 56 41 36.
- Maasstraat 18, ⊠ 6001 EC, ℘ (0 495) 53 68 00, Fax (0 495) 54 14 94.
Amsterdam 156 – Eindhoven 28 – Maastricht 57 – Roermond 21.

- **Host. Munten**, Wilhelminasingel 276, ⊠ 6001 GV, ℘ (0 495) 53 10 57, Fax (0 495) 54 45 96, 🚲 – ⓘ TV P. AE ⓘ ⓜ VISA JCB. 🚫
  fermé 3 sem. vacances bâtiment et fin déc.-début janv. – **Repas** *(fermé dim. non fériés et sam. midi)* carte env. 80 – **14 ch** ⊇ 195/235 – ½ P 230/250.

- **Golden Tulip**, Driesveldlaan 99, ⊠ 6001 KC, ℘ (0 495) 53 96 55, gtweert@cistrom.nl, Fax (0 495) 54 08 07, 🚲 – ⓘ, ≡ rest, TV 📞 ⇔ – 🛁 25 à 300. AE ⓘ ⓜ VISA JCB. 🚫 rest
  Repas carte 65 à 87 – **60 ch** ⊇ 215/250 – ½ P 170/260.

- **De Brookhut**, Heugterbroekdijk 2 (Nord : 3 km à Laar), ⊠ 6003 RB, ℘ (0 495) 53 13 91, Fax (0 495) 54 33 05, 🍴 – TV P – 🛁 30. AE ⓘ ⓜ VISA. 🚫
  fermé 2 prem. sem. juil. – **Repas** *(fermé dim.)* Lunch 48 – 67/85 – **8 ch** ⊇ 135/165 – ½ P 170.

- **Bretelli**, Hoogstraat 8, ⊠ 6001 EV, ℘ (0 495) 45 20 28, Fax (0 495) 45 20 38, Ouvert jusqu'à minuit – AE ⓘ ⓜ VISA – *fermé carnaval, dern. sem. sept.-prem. sem. oct., 31 déc.-1er janv. et dim.* – **Repas** Lunch 50 – 60/135.

WEIDUM Friesland C Littenseradiel 10 450 h. 210 T 4 et 908 I 2.
Amsterdam 142 – Leeuwarden 13 – Sneek 16 – Zwolle 91.

- **De Vijf Sinnen**, Hegedijk 2, ⊠ 9024 EA, ℘ (0 58) 251 92 17, Fax (0 58) 251 99 94, 🍴 – P. AE ⓘ ⓜ VISA JCB
  fermé mardi et merc. – **Repas** (dîner seult) 75.

WELL Limburg C Bergen 13 364 h. 211 V 13 et 908 J 7.
Amsterdam 156 – Eindhoven 59 – Maastricht 99 – Nijmegen 42 – Venlo 24.

- **Het Ankertje**, Grotestraat 38, ⊠ 5855 AN, ℘ (0 478) 50 12 34, Fax (0 478) 50 27 65, 🍴, « Jardin d'hiver » – ≡. AE ⓘ ⓜ VISA
  fermé carnaval, dern. sem. août, mardi, merc. et jeudi – **Repas** (dîner seult) carte env. 45

WELLERLOOI Limburg © Bergen 13 364 h. 211 V 13 et 908 J 7.
Amsterdam 160 – Eindhoven 54 – Maastricht 95 – Nijmegen 46 – Venlo 20.

XXXX **Host. de Hamert** ⊗, avec ch, Hamert 2 (rte Nijmegen-Venlo), ⊠ 5856 CL,
℘ (0 77) 473 12 60, hamert@alliance.nl, Fax (0 77) 473 25 03, « Au bord de l'eau, ≤ trafic fluvial (Meuse-Maas) et campagne », 🌳, ⚲ – 🛗, ☰ ch, ⏹ ⇔ 🅿 ⛵ 35. ⎈ ⊙ ⦾ VISA. ⚖
fermé fin déc.-prem. sem. janv. et mardi et merc. de nov. à avril – **Repas** Lunch 85 – 115/145 – **10 ch** ⊇ 215/325 – ½ P 260.

WELTEN Limburg 211 U 17 – voir à Heerlen.

WERKENDAM Noord-Brabant 211 O 12 et 908 F 6 – 25 884 h.
🅱 au Sud : 7 km à Almkerk, Hoekje 7b, ⊠ 4286 LN, ℘ (0 183) 40 35 92, Fax (0 183) 40 21 65.
Amsterdam 76 – Utrecht 43 – Breda 35 – 's-Hertogenbosch 43 – Rotterdam 46.

X **De Brabantse Biesbosch**, Spieringsluis 6 (Sud-Ouest : 10 km, près Kop van 't Land), ⊠ 4251 MR, ℘ (0 183) 50 42 48, Fax (0 183) 50 56 73, 🌳 – 🅿. ⎈ ⊙ ⦾ VISA
fermé lundi – **Repas** carte 51 à 86.

WERVERSHOOF Noord-Holland 210 P 6 et 908 G 3 – 8 359 h.
Amsterdam 55 – Alkmaar 40 – Enkhuizen 11 – Hoorn 14.

XXX **d'Entrée**, Droge Wijmersweg 5 (Nord-Ouest : 3 km par N 240, direction Medemblik et suivre Vooroever), ⊠ 1693 HP, ℘ (0 228) 58 44 36, Fax (0 228) 58 53 03, 🌳 – ☰ 🅿. ⎈ ⊙ ⦾ VISA. ⚖
Repas Lunch 55 – 55/95.

WESTKAPELLE Zeeland © Veere 22 096 h. 211 F 13 et 908 B 7.
Amsterdam 219 – Middelburg 18.

🏨 **Zuiderduin** ⊗, De Buckszweg 2 (Sud : 3 km), ⊠ 4361 SM, ℘ (0 118) 56 18 10, Fax (0 118) 56 22 61, « En bordure des dunes », ≘s, ☒, 🌳, ⚒, ⚲ – ⏹ 🅿. ⛵ 25 à 240. ⚖ ⚖ rest
fermé du 1ᵉʳ au 15 janv. – **Repas** carte 70 à 108 – **67 ch** ⊇ 255 – ½ P 160/177.

X **Badmotel**, Grindweg 2, ⊠ 4361 JG, ℘ (0 118) 57 13 57, Fax (0 118) 57 13 59, ≤, 🌳, « Pavillon au bord de l'eau » – 🅿. ⦾ VISA
Pâques-oct. ; fermé lundi et mardi – **Repas** (dîner seult) carte env. 65.

WEST-TERSCHELLING (WEST-SKYLGE) Fryslân 210 Q 2 et 908 G 1 – voir à Waddeneilanden (Terschelling).

WIERDEN Overijssel 210 Y 8 et 908 K 4 – 23 197 h.
Amsterdam 142 – Almelo 7 – Apeldoorn 54 – Enschede 33 – Zwolle 43.

X **De Oude Brink**, Marktstraat 18, ⊠ 7642 AL, ℘ (0 546) 57 12 89, Fax (0 546) 57 87 93, 🌳 – ⎈ ⊙ ⦾ VISA JCB. ⚖
fermé 2 sem. en juil., 28 déc.-4 janv. et lundi – **Repas** 60.

WIJCHEN Gelderland 211 T 12 et 908 I 6 – 37 516 h.
🅱 Weg door de Berendonck 40, ⊠ 6603 LP, ℘ (0 24) 641 98 38, Fax (0 24) 641 12 54.
Amsterdam 122 – Arnhem 30 – 's-Hertogenbosch 38 – Nijmegen 10.

X **'t Wichlant**, Kasteellaan 16, ⊠ 6602 DE, ℘ (0 24) 642 01 01, Fax (0 24) 645 13 38, 🌳, « Patio fleuri » – ⦾ VISA
fermé lundi – **Repas** Lunch 30 – 45/65.

WIJDEWORMER Noord-Holland 210 O 8 – voir à Zaandam.

De WIJK Drenthe 210 W 6 et 908 J 3 – voir à Meppel.

WIJK AAN ZEE Noord-Holland © Beverwijk 35 737 h. 210 M 8 et 908 E 4.
Amsterdam 29 – Alkmaar 27 – Haarlem 18.

🏨 **Residentie Zeeduin** ⊗, Relweg 59, ⊠ 1949 EC, ℘ (0 251) 37 61 61, info@zeeduin.nl, Fax (0 251) 37 61 00, 🌳, « Dans les dunes », 🎾, ≘s – 🛗 ⏹ 🅿 ⛵ 25 à 80. ⎈ ⊙ ⦾ VISA. ⚖ rest
Repas Lunch 28 – carte 81 à 146 – **55 ch** ⊇ 203/245 – ½ P 148/165.

WIJK AAN ZEE

🏠 **de Klughte** sans rest, Van Ogtropweg 2, ⊠ 1949 BA, ℘ (0 251) 37 43 04, hotel@h oteldeklughte.nl, Fax (0 251) 37 52 24, « Villa début 20ᵉ s. en bordure des dunes », 🌳 – 📺 🅿 ⓂⓄ 𝒱𝐼𝒮𝒜
17 ch ⊆ 98/165.

🏠 **Noordzee**, Julianaweg 27, ⊠ 1949 AM, ℘ (0 251) 37 42 04, hotel.noordzee@wxs.nl, Fax (0 251) 37 54 36, 🚴 – 📺 🆎 ⓞ ⓂⓄ 𝒱𝐼𝒮𝒜, ⌁ rest
Repas (dîner pour résidents seult) – **35 ch** ⊆ 75/135 – ½ P 93/100.

WIJK BIJ DUURSTEDE Utrecht 𝟚𝟙𝟙 R 11 et 𝟡𝟘𝟠 H 6 – 23 094 h.

🅱 Markt 24, ⊠ 3961 BC, ℘ (0 343) 57 59 95, Fax (0 343) 57 10 67.
Amsterdam 62 – *Utrecht* 24 – Arnhem 54 – 's-Hertogenbosch 48.

🏠 **De Oude Lantaarn**, Markt 2, ⊠ 3961 BC, ℘ (0 343) 57 13 72, Fax (0 343) 57 37 96 – 📺 🆎 ⓞ ⓂⓄ 𝒱𝐼𝒮𝒜, ⌁ rest
fermé 27 déc.-3 janv. – **Repas** (fermé lundi) Lunch 58 – carte env. 75 – **20 ch** ⊆ 155 – ½ P 190.

WILDERVANK Groningen 𝟚𝟙𝟘 AA 4 et 𝟡𝟘𝟠 L 2 – voir à Veendam.

WILHELMINADORP Zeeland ⓒ Goes 35 381 h. 𝟚𝟙𝟙 I 13 et 𝟡𝟘𝟠 C 7.

Amsterdam 163 – Goes 4 – Middelburg 27.

🍴🍴 **Katseveer**, Katseveerweg 2 (direction Roodewijk puis route parallèle à la N 256), ⊠ 4475 PB, ℘ (0 113) 22 79 55, restaurant.katseveer@hetnet.nl, Fax (0 113) 23 20 47, ≼ digue et plages, 🌳, 🞍 – 🅿 🆎 ⓞ ⓂⓄ 𝒱𝐼𝒮𝒜
fermé 27 déc.-18 janv. et lundi – **Repas** carte 76 à 130.

WILLEMSTAD Noord-Brabant ⓒ Moerdijk 36 342 h. 𝟚𝟙𝟙 L 12 et 𝟡𝟘𝟠 E 6.

Amsterdam 117 – Bergen op Zoom 29 – Breda 45 – 's-Hertogenbosch 97 – Rotterdam 38.

🍴🍴 **Het Wapen van Willemstad** avec ch, Benedenkade 12 (Vesting), ⊠ 4797 AV, ℘ (0 168) 47 34 50, Fax (0 168) 47 37 05, 🌳 – 📺 – 🅰 25 à 60. 🆎 ⓞ ⓂⓄ 𝒱𝐼𝒮𝒜, ⌁
fermé début nov. – **Repas** (fermé mardi de fin oct. à mi-mars) Lunch 45 – carte 72 à 115 – **6 ch** ⊆ 133/175 – ½ P 168/195.

WINSCHOTEN Groningen 𝟚𝟙𝟘 AB 4 et 𝟡𝟘𝟠 M 2 – 18 695 h.

🅱 Stationsweg 21a, ⊠ 9671 AL, ℘ (0 597) 41 22 55, Fax (0 597) 42 40 62.
Amsterdam 230 – *Groningen* 41 – Assen 49.

🏨 **Royal York**, Stationsweg 21, ⊠ 9671 AL, ℘ (0 597) 41 43 00, Fax (0 597) 42 32 24 – 📺 ✎ 📺 🅿 – 🅰 25 à 60. 🆎 ⓞ ⓂⓄ 𝒱𝐼𝒮𝒜
Repas (Grillades) Lunch 25 – carte 53 à 75 – **39 ch** ⊆ 112/150 – ½ P 178/188.

🍴 **In den Stallen** avec ch, Oostereinde 10 (Nord-Est : 3 km, près A 7), ⊠ 9672 TC, ℘ (0 597) 41 40 73, imming@worldonline.nl, Fax (0 597) 42 26 53, 🌳 – 📺 🅿 🆎 ⓞ ⓂⓄ 𝒱𝐼𝒮𝒜, ⌁ ch
fermé 31 déc. et 1ᵉʳ janv. – **Repas** Lunch 30 – 45/55 – ⊆ 15 – **10 ch** 115 – ½ P 160/180.

WINTERSWIJK Gelderland 𝟚𝟙𝟙 Z 11 et 𝟡𝟘𝟠 L 6 – 28 481 h.

🚉 Vredenseweg 150, ⊠ 7113 AE, ℘ (0 543) 56 25 25.
🅱 Markt 17a, ⊠ 7101 DA, ℘ (0 543) 51 23 02, Fax (0 543) 52 40 81.
Amsterdam 152 – Apeldoorn 66 – Arnhem 67 – Enschede 43.

🏨 **De Frerikshof**, Frerikshof 2 (Nord-Ouest : 2 km), ⊠ 7103 CA, ℘ (0 543) 51 77 55, hotel@frerikshof.nl, Fax (0 543) 52 20 35, 🌳, ≋s, 🞍, 🚴 – 🛗 ✎ 📺 🚗 🅿 – 🅰 25 à 200. 🆎 ⓞ ⓂⓄ 𝒱𝐼𝒮𝒜, ⌁ rest
Repas carte 63 à 118 – ⊆ 24 – **66 ch** 180/230 – ½ P 145/165.

🏨 **Stad Munster**, Markt 11, ⊠ 7101 DA, ℘ (0 543) 51 21 21, info@hotelstadmunster.nl, Fax (0 543) 52 24 15, 🌳, 🚴 – 🛗 📺 🆎 ⓞ ⓂⓄ 𝒱𝐼𝒮𝒜, ⌁
fermé 3 prem. sem. janv. – **Repas** (fermé dim. midi) Lunch 53 – 60/85 – ⊆ 13 – **20 ch** 95/195 – ½ P 115/130.

🍴🍴 **De Beukenhorst**, Markt 27, ⊠ 7101 DA, ℘ (0 543) 52 28 94, beukenhorst@gelre vision.nl, Fax (0 543) 51 35 95, 🌳 – 🆎 ⓂⓄ 𝒱𝐼𝒮𝒜
fermé 2 prem. sem. janv. et mardi – **Repas** (dîner seult) carte 70 à 96.

WITTEM — Limburg — Gulpen-Wittem 15 537 h. **211** U 18 et **908** I 9.

au Sud : 2 km à Mechelen, Dalbissenweg 22, ⊠ 6281 NC, ℘ (0 43) 455 13 97, Fax (0 43) 455 15 76.

Amsterdam 225 – Maastricht 19 – Aachen 13.

In den Roden Leeuw van Limburg, Wittemer Allee 28, ⊠ 6286 AB, ℘ (0 43) 450 12 74, roden-leeuw@wxs.nl, Fax (0 43) 450 23 62, 余 – TV P. ⦿ ⦿ VISA ⦿
Repas (fermé lundi et après 20 h) Lunch 38 – 53 – **10 ch** 立 55/135 – ½ P 85/165.

Kasteel Wittem ⦿, avec ch, Wittemer Allee 3, ⊠ 6286 AA, ℘ (0 43) 450 12 08, wittem@alliance.nl, Fax (0 43) 450 12 60, ≤, 余, « Château du 15ᵉ s. avec parc », ⦿ –
TV P. – ⦿ 30. ⦿ ⦿ ⦿ VISA JCB. ⦿
Repas (dîner seult sauf les vend., sam. et dim.) Lunch 99 – 125/175 – 立 40 – **10 ch** 275/375, 2 suites – ½ P 288/313.

à Wahlwiller Est : 1,5 km — Wittem :

Der Bloasbalg (Waghemans), Botterweck 3, ⊠ 6286 DA, ℘ (0 43) 451 13 64, roger@derbloasbalg.nl, Fax (0 43) 451 25 15, 余, « Cadre champêtre » – P. ⦿ ⦿ ⦿ VISA
fermé 18 fév.-7 mars, 17 sept.-3 oct., 24 déc., mardi, merc. et sam. midi – **Repas** Lunch 90 – 125/145, carte 115 à 150
Spéc. Brochette de langoustines, turbot, artichaut et tomate au romarin, sauce au gingembre. Trio de foie gras. Risotto de homard et sa béarnaise à l'huile de basilic.

't Klauwes, Oude Baan 1, ⊠ 6286 BD, ℘ (0 43) 451 15 48, info@klauwes.nl, Fax (0 43) 451 22 55, 余, « Ferme du 18ᵉ s. » – P. ⦿ ⦿ ⦿ VISA
fermé lundi et sam. midi – **Repas** Lunch 63 – 85/95.

WOERDEN — Utrecht **211** O 10 et **908** F 5 – 37 629 h.

🚉 Molenstraat 40, ⊠ 3441 BA, ℘ (0 348) 41 44 74, Fax (0 348) 41 78 43.

Amsterdam 52 – Utrecht 21 – Den Haag 46 – Rotterdam 41.

Tulip Inn sans rest, Utrechtsestraatweg 25, ⊠ 3445 AL, ℘ (0 348) 41 25 15, tiwoerden@hetnet.nl, Fax (0 348) 42 18 53 – ⦿ TV P. ⦿ ⦿ ⦿ VISA JCB. ⦿
60 ch 立 175/195.

Floyds, Groenendaal 28, ⊠ 3441 BD, ℘ (0 348) 41 53 00, info@floyds.nl, Fax (0 348) 43 45 73, 余 – 🍽. ⦿ ⦿ VISA
fermé 23 déc.-6 janv. et dim. – **Repas** (dîner seult) 65/73.

WOLDENDORP — Groningen **210** AB 3 et **908** M 2 – voir à Delfzijl.

WOLFHEZE — Gelderland — Renkum 32 076 h. **211** T 10 et **908** I 5.

Amsterdam 93 – Arnhem 10 – Amersfoort 41 – Utrecht 57.

De Buunderkamp ⦿, Buunderkamp 8, ⊠ 6874 NC, ℘ (0 26) 482 11 66, Fax (0 26) 482 18 98, 余, « Dans les bois », ≤s, ⦿, 🌳, ⦿, 🚴 – 🛗, 🍽 rest, TV ⦿ P. – ⦿ 25 à 120. ⦿ ⦿ ⦿ VISA. ⦿ rest
Repas Lunch 55 bc – carte env. 95 – 立 33 – **75 ch** 240/315, 19 suites – ½ P 205/220.

Wolfheze ⦿, Wolfhezerweg 17, ⊠ 6874 AA, ℘ (0 26) 333 78 52, wolfheze@bilderberg.nl, Fax (0 26) 333 62 11, 余, « Environnement boisé avec 🌳 », ⦿, ⦿, 🚴 – 🛗, 🍽 rest, TV ⦿ P. – ⦿ 25 à 120. ⦿ ⦿ ⦿ VISA ⦿ rest
Repas Bistro de Foresterie (fermé lundi et mardi) (dîner seult jusqu'à minuit) 50 – 立 33 – **68 ch** 275/325, 2 suites – ½ P 165/205.

WOLPHAARTSDIJK — Zeeland — Goes 35 381 h. **211** H 13 et **908** C 7.

Amsterdam 186 – Middelburg 26 – Goes 6.

't Veerhuis, Wolphaartsdijkseveer 1 (Nord : 2 km, au bord du Veerse Meer), ⊠ 4471 ND, ℘ (0 113) 58 13 26, Fax (0 113) 58 10 92, ≤, 余 – 🍽 P. ⦿ ⦿ ⦿ VISA
fermé 20 déc.-20 janv., mardi sauf en juil.-août, merc. et sam. midi – **Repas** 88/123.

WORMERVEER — Noord-Holland **211** N 8 et **908** F 4 – voir à Zaandam.

WOUDRICHEM — Noord-Brabant **211** P 12 et **908** G 6 – 13 974 h.

Amsterdam 79 – Utrecht 40 – Breda 49 – 's-Hertogenbosch 32 – Rotterdam 48.

De Gevangenpoort, Kerkstraat 3, ⊠ 4285 BA, ℘ (0 183) 30 20 34, « Tour du 16ᵉ s. » – 🍽. ⦿ ⦿ ⦿ VISA JCB
fermé lundi – **Repas** Lunch 52 – 66/78 bc.

WOUW Noord-Brabant ⓒ Roosendaal 74 069 h. **211** L 13 et **908** E 7.
Amsterdam 130 – Breda 32 – Rotterdam 53 – Antwerpen 60.

XX **Mijn Keuken**, Markt 1, ✉ 4724 BK, ☎ (0 165) 30 22 08, Fax (0 165) 30 32 95, 🍴 –
AE ⓘ ⓜ VISA
fermé fin juil., fin déc., lundi et mardi – **Repas** (dîner seult) 80/98.

YERSEKE Zeeland ⓒ Reimerswaal 20 426 h. **211** J 14 et **908** D 7.
🛈 Kerkplein 1, ✉ 4401 ED, ☎ (0 113) 57 18 64, Fax (0 113) 57 43 74.
Amsterdam 173 – Bergen op Zoom 35 – Goes 14 – Middelburg 35.

XXX **Nolet-Het Reymerswale**, 1er étage, Burg. Sinkelaan 5, ✉ 4401 AL, ☎ (0 113)
❀ 57 16 42, *nolet@alliance.nl*, Fax (0 113) 57 16 42, Produits de la mer et huîtres,
« Hostellerie avec terrasse fleurie et homarium » – 🅿 AE ⓘ ⓜ VISA
fermé fév., 2 sem. en juin, mardi et merc. – **Repas** Lunch 90 – 125/135, carte 112 à
153
Spéc. Homard régional à ma façon (15 avril-sept.). Turbot grillé, sauce à la moutarde.
Carpaccio de bar au basilic et caviar (mai-oct.).

X **Oesterbeurs**, Wijngaardstraat 2, ✉ 4401 CS, ☎ (0 113) 57 22 11, Fax (0 113)
57 16 15, Produits de la mer – ⓜ VISA
fermé dern. sem. janv. et jeudi – **Repas** carte 60 à 77.

X **Nolet**, Lepelstraat 7, ✉ 4401 EB, ☎ (0 113) 57 13 09, Fax (0 113) 57 43 48, Produits
de la mer et huîtres – AE ⓜ VISA JCB
fermé 3 dern. sem. juin et lundis non fériés – **Repas** carte 68 à 115.

X **Nolet's Vistro**, Burg. Sinkelaan 6, ✉ 4401 AL, ☎ (0 113) 57 21 01, Fax (0 113)
57 25 05, 🍴, Produits de la mer –
fermé 2 sem. en mai, janv. et lundi sauf en juil.-août – **Repas** 59.

ZAANDAM Noord-Holland ⓒ Zaanstad 135 126 h. **210** N 8 - ㉘ N et **908** F 4 - ㉗ N.
Voir La région du Zaan⋆ (Zaanstreek) – La redoute Zanoise⋆ (De Zaanse Schans).
🛪 au Nord : 5 km à Wijdewormer (Wormerland), Zuiderweg 68, ✉ 1456 NH, ☎ (0 299)
47 91 23, Fax (0 299) 43 81 99.
🛈 Gedempte Gracht 76, ✉ 1506 CJ, ☎ (0 75) 616 22 21, Fax (0 75) 670 53 81.
Amsterdam 9 – Alkmaar 28 – Haarlem 27.

🏨 **Inntel**, Provincialeweg 15, ✉ 1506 MA, ☎ (0 75) 631 17 11, *infozaandam@hotelinnt
el.com*, Fax (0 75) 670 13 79, 🚴 – 📶 ✱ 🗎 TV 🅿 – 🔬 25 à 175. AE ⓘ ⓜ VISA JCB
✽ rest
Repas Lunch 33 – 48 – ⊇ 25 – **71 ch** 285 – ½ P 300/350.

🏨 **Bastion**, Wibautstraat 278, ✉ 1505 HR, ☎ (0 75) 670 63 31, *bastion@bastionhotel.nl*,
Fax (0 75) 670 12 81 – TV 🅿 AE ⓘ ⓜ VISA ✽
Repas (Grillades, ouvert jusqu'à 23 h) 45 – ⊇ 18 – **80 ch** 150.

XXXX **De Hoop Op d'Swarte Walvis**, Kalverringdijk 15 (Zaanse Schans), ✉ 1509 BT,
☎ (0 75) 616 56 29, *de.walvis@alliance.nl*, Fax (0 75) 616 24 76, ≼, 🍴, « Maison du 18e s.
dans un village musée, pergolas le long de la rivière De Zaan », 🏛 – 🗎 🅿 AE ⓘ ⓜ
VISA JCB
fermé sam. midi et dim. – **Repas** Lunch 99 – 125/135.

à Wijdewormer Nord : 5 km ⓒ Wormerland 14 935 h :

X **'t Heerenhuis**, Zuiderweg 74, ✉ 1456 NH, ☎ (0 75) 616 21 02, 🍴, « Terrasse » –
🅿 ⓜ VISA JCB
Repas Lunch 50 – carte env. 75.

à Wormerveer Nord : 6 km ⓒ Zaanstad :

XX **De Rijcke Jonker**, Zaanweg 10, ✉ 1521 DH, ☎ (0 75) 628 55 88, *info@de-rijcke-j
onker.nl*, Fax (0 75) 628 55 88 – AE ⓘ ⓜ VISA ✽
fermé 27 déc.-3 janv. – **Repas** (dîner seult) carte env. 75.

à Zaandijk Nord-Ouest : 5 km ⓒ Zaanstad :

🏨 **Sans Pareil**, Lagedijk 32, ✉ 1544 BG, ☎ (0 75) 621 19 11, Fax (0 75) 621 85 61, ≼,
🍴, « Au bord de la rivière De Zaan », 🚴 – 🗎 ch, TV. AE ⓘ ⓜ VISA
✽ ch
Repas (Ouvert jusqu'à 23 h) Lunch 50 – carte env. 80 – ⊇ 30 – **15 ch** 235/
255.

ZAANDIJK Noord-Holland **210** N 8 - ㉘ N et **908** F 4 - ㉗ N – voir à Zaandam.

ZALTBOMMEL Gelderland 211 Q 12 et 908 G 6 – 25 312 h.

🚉 Markt 15, ✉ 5301 AL, ℘ (0 418) 51 81 77.
Amsterdam 73 – *Utrecht* 44 – Arnhem 64 – 's-Hertogenbosch 15.

🏨 **Golden Tulip** M, Hogeweg 75 (sortie ⑰ sur A 2 - E 25), ✉ 5301 LK, ℘ (0 418) 57 50 25, info@gtzaltbommel.nl, Fax (0 418) 57 50 20, 🛋, 🏊, 🚴 – 📶 🎧 📺 📶 📶 – 🏌 25 à 120. 🅰🅴 ⓘ ⓜⓞ 🆅🅸🆂🅰 . 🍽 rest
Repas Lunch 40 – carte env. 75 – ➗ 25 – **69 ch** 214/237.

🍴🍴 **La Provence**, Gamersestraat 81, ✉ 5301 AR, ℘ (0 418) 51 40 70, Fax (0 418) 54 10 77, 🌳 – 🅿. 🅰🅴 ⓘ ⓜⓞ 🆅🅸🆂🅰 🅹🅲🅱
fermé 3 sem. vacances bâtiment, fin déc., dim. et lundi – **Repas** Lunch 50 – 70/125.

🍴 **De Eetgelegenheid**, Waterstraat 31, ✉ 5301 AH, ℘ (0 418) 51 50 18, Fax (0 418) 51 05 94, 🌳 – 🅰🅴 ⓜⓞ 🆅🅸🆂🅰
fermé carnaval, 2 sem. en sept. et mardi – **Repas** Lunch 53 – 55.

ZANDVOORT Noord-Holland 210 M 8, 211 M 8 et 908 E 4 – 15 568 h. – Station balnéaire★ –

Casino AX, Badhuisplein 7, ✉ 2042 JB, ℘ (0 23) 574 05 74, Fax (0 23) 571 62 26.
🏌 (3 parcours) par ②, Kennemerweg 78, ✉ 2042 XT, ℘ (0 23) 571 28 36, Fax (0 23) 571 95 20.
🚉 Schoolplein 1, ✉ 2042 VD, ℘ (0 23) 571 79 47, Fax (0 23) 571 70 03.
Amsterdam 29 ① – Den Haag 49 ② – Haarlem 11 ①

ZANDVOORT

Corn. van der Werfsstr.	BZ 2
Cort van den Lindenstr.	BZ 3
Diaconiehuisstr.	AX 4
Dr. J. G. Mezgerstr.	BX 6
Emmaweg	BY 7
Gasthuispl.	AX 8
Grote Krocht	AX 10
Haarlemmerstr.	BY 12
Haltestr.	AX 13
J. van Heemskerckstr.	BX 15
Julianaweg	BY 16
Kerkstr.	AX 17
Kleine Krocht	AX 19
Koninginneweg	BY 20
Louis Davidsstr.	AX 21
Lijsterstr.	BZ 23
Marisstr.	BZ 24
Oosterstr.	AX 25
Oranjestr.	AX 27
van Ostadestr.	AX 28
Prinsenhofstr.	AX 31
Raadhuispl.	AX 32
Sophiaweg	BY 33
Thorbeckestr.	AX 35
Tollensstr.	BY 36
Tolweg	BZ 37
Wagenmakerspad	AX 39
Zandvoortselaan	BZ 40

ZANDVOORT

Strandhotel Gran Dorado, Trompstraat 2, ✉ 2041 JB, ℘ (0 23) 574 11 00, *strandhotel@gdgzv.deman.nl*, Fax (0 23) 574 11 03, ≤, ≦, ⌧, ※, ♦, - ⊟ ⇆ ⊞ ⌶ - 🚗 25 à 1000. ᴀᴇ ⓞ ⓜⓞ ⱽⁱˢᵃ. ※
Repas Lunch 28 – 45 – **118 ch** ⌑ 200/255 – ½ P 162/235. BX d

Golden Tulip, Burg. van Alphenstraat 63, ✉ 2041 KG, ℘ (0 23) 576 07 60, *sales@gtzandvoort.goldentulip.nl*, Fax (0 23) 571 90 94, ≤, ⇌, ≦, ♦, - ⊟ ⊞ ⌶ - 🚗 25 à 180. ᴀᴇ ⓞ ⓜⓞ ⱽⁱˢᵃ. ※ rest BX a
Repas Lunch 33 – 50/80 – ⌑ 14 – **195 ch** 150, 14 suites – ½ P 128/168.

Hoogland sans rest, Westerparkstraat 5, ✉ 2042 AV, ℘ (0 23) 571 55 41, *info@hotelhoogland.nl*, Fax (0 23) 571 42 00 – ⊞. ᴀᴇ ⓞ ⓜⓞ ⱽⁱˢᵃ. ※ AX b
27 ch ⌑ 130/220.

Zuiderbad, bd Paulus Loot 5, ✉ 2042 AD, ℘ (0 23) 571 26 13, *info@hotelzuiderbad.nl*, Fax (0 23) 571 31 90, ≤, ⇌ – ⌶ ⊞. ᴀᴇ ⓜⓞ ⱽⁱˢᵃ BY e
Repas (mars-15 oct. et 27 déc.-2 janv.) (Taverne-rest, dîner seult jusqu'à 19 h 30) 45 – **21 ch** (fermé 18 nov.-27 déc. et 7 janv.-1ᵉʳ fév.) ⌑ 154/205 – ½ P 100/133.

Amare sans rest, Hogeweg 70, ✉ 2042 GJ, ℘ (0 23) 571 22 02, *hotel.amare@planet.nl*, Fax (0 23) 571 43 74 – ⊞. ᴀᴇ ⓜⓞ ⱽⁱˢᵃ AX p
15 ch ⌑ 75/140.

à Bentveld par ② : 3 km 🅲 Zandvoort :

Beaulieu, Zandvoortselaan 363, ✉ 2116 EN, ℘ (0 23) 524 00 29, *beaulieu@zonnet.nl*, Fax (0 23) 524 74 01, ⇌ – ⌶. ᴀᴇ ⓞ ⓜⓞ ⱽⁱˢᵃ ᴊᴄʙ. ※
Repas Lunch 60 – carte 71 à 119.

ZEDDAM Gelderland 🅲 Bergh 18 285 h. 🔢 W 11 et 🔢 J 6.

🚩 Kilderseweg 1, ✉ 7038 BW, ℘ (0 314) 65 14 86, Fax (0 314) 65 14 86.
Amsterdam 129 – Arnhem 29 – Doetinchem 8 – Emmerich 8.

Landgoed Montferland ⤸, Montferland 1, ✉ 7038 EB, ℘ (0 314) 65 14 44, *hzinger@hetnet.nl*, Fax (0 314) 65 26 75, ⇌, « Dans les bois », 🐎 – ⊞ ⌶ – 🚗 25 à 60. ᴀᴇ ⓞ ⓜⓞ ⱽⁱˢᵃ ᴊᴄʙ. ※
fermé 27 déc.-25 janv. – **Repas** 56/93 – ⌑ 30 – **8 ch** 125/180 – ½ P 142.

Palissade, Kilderseweg 17, ✉ 7038 EH, ℘ (0 314) 65 11 28, *j.vrijbergen@hi.nl*, Fax (0 314) 65 23 34, ⇌ – ⌶. ⓜⓞ ⱽⁱˢᵃ. ※
fermé 23 juil.-5 août – **Repas** 95/100.

à Braamt Nord : 3 km 🅲 Bergh :

Host. Hettenheuvel, Hooglandseweg 6, ✉ 7047 CN, ℘ (0 314) 65 14 52, *hettenheuvel-hostellerie@planet.nl*, Fax (0 314) 65 12 65, ⇌, 🐎, ♦, 🐎 – ⊞ ⌶. ᴀᴇ ⓞ ⓜⓞ ⱽⁱˢᵃ ᴊᴄʙ
Repas Lunch 43 – carte 57 à 73 – **8 ch** ⌑ 98/165 – ½ P 95/110.

ZEEGSE Drenthe 🅲 Tynaarlo 31 456 h. 🔢 Y 4 et 🔢 K 2.

Amsterdam 203 – Groningen 21 – Assen 16.

Drenthe ⤸, Schipborgerweg 8, ✉ 9483 TL, ℘ (0 592) 54 39 00, Fax (0 592) 54 39 19, ⇌, « Environnement boisé », ≦, ⌧, ※, ♦ – ⊟ ⊞ ♿ ⌶ – 🚗 25 à 250. ᴀᴇ ⓞ ⓜⓞ ⱽⁱˢᵃ
Repas Lunch 43 – carte 75 à 90 – ⌑ 18 – **51 ch** 185/225, 2 suites – ½ P 160/230.

ZEIST Utrecht 🔢 Q 10 et 🔢 G 5 – 59 820 h.

🏌 au Nord : 2 km à Bosch en Duin, Amersfoortseweg 1, ✉ 3735 LJ, ℘ (0 30) 695 52 23, Fax (0 30) 696 37 69.
🚩 Slotlaan 24, ✉ 3701 GL, ℘ 0 900-109 10 13, Fax (0 30) 692 00 17.
Amsterdam 55 – Utrecht 10 – Amersfoort 17 – Apeldoorn 66 – Arnhem 50.

Figi 🅼, Het Rond 2, ✉ 3701 HS, ℘ (0 30) 692 74 00, *info@figi.nl*, Fax (0 30) 692 74 68, ⇌, « Collection de vitraux Art Déco de 1925 » – ⊟ ⇆, ⊟ rest, ⊞ ⌫ – 🚗 25 à 500. ᴀᴇ ⓞ ⓜⓞ ⱽⁱˢᵃ. ※
Repas *Walkart Park* Lunch 58 – carte 80 à 98 – ⌑ 37 – **94 ch** 340/390, 3 suites.

Oud London, Woudenbergseweg 52 (Est : 3 km sur N 224), ✉ 3707 HX, ℘ (0 343) 49 12 45, Fax (0 343) 49 12 44, ⇌, ≦, ⌧, ※, ♦ – ⊟, ⊟ rest, ⊞ ⌶ – 🚗 25 à 350. ᴀᴇ ⓞ ⓜⓞ ⱽⁱˢᵃ ᴊᴄʙ. ※
Repas carte env. 45 – *La Fine Bouche* Lunch 55 – carte 92 à 115 – ⌑ 25 – **91 ch** 250/344, 1 suite.

ZEIST

Kasteel 't Kerckebosch ⚜, Arnhemse Bovenweg 31 (Sud-Est : 1,5 km), ⊠ 3708 AA, ℘ (0 30) 691 47 34, kerckebosch@bilderberg.nl, Fax *(0 30) 691 31 14*, 🍴, « Demeure ancienne », 🐴, ✂, 🚴 – 🏊 – 📺 🅿 – 🛏 25 à 135. 🆎 ① ⓜ ⓥ𝓘𝓢𝓐 ❀ rest
Repas *De kamer van Lintelo* (fermé 27 déc.-3 janv., sam. midi et dim.) Lunch 63 – 75/95 – ⊇ 30 – **30 ch** (fermé 31 déc. et 1ᵉʳ janv.) 235/550 – ½ P 185/295.

Hermitage, Het Rond 7, ⊠ 3701 HS, ℘ (0 30) 693 31 59, 🍴 – 🅿 – 🛏 25 à 45. 🆎 ① ⓜ ⓥ𝓘𝓢𝓐
Repas 45/73.

Beyerick, Jagerlaan 1, ⊠ 3701 XG, ℘ (0 30) 692 34 05, beyerick@hetnet.nl – 🖼. 🆎 ① ⓜ ⓥ𝓘𝓢𝓐
fermé prem. sem. fév., 3 sem. en août, lundi et mardi – **Repas** (dîner seult) 79.

à Bosch en Duin Nord : 2 km ⓒ Zeist :

de Hoefslag ⚜, Vossenlaan 28, ⊠ 3735 KN, ℘ (0 30) 225 10 51, info@hoefslag.nl, Fax *(0 30) 228 58 21*, « Environnement boisé », 🐴 – 🛗, 🖼 ch, 📺 ⎈ 🅿 – 🛏 25. 🆎 ① ⓜ ⓥ𝓘𝓢𝓐 𝓙𝓒𝓑
fermé 31 déc. et 1ᵉʳ janv. – **Repas** voir rest *de Hoefslag* ci-après – **Repas** *Bistro de Ruif* (fermé 31 déc.-1ᵉʳ janv.) (dîner seult) 55 – ⊇ 38 – **26 ch** 325/400, 4 suites.

de Hoefslag, Vossenlaan 28, ⊠ 3735 KN, ℘ (0 30) 225 10 51, info@hoefslag.nl, Fax *(0 30) 228 58 21*, 🍴, « Terrasse dans un environnement boisé » – 🅿. 🆎 ① ⓜ ⓥ𝓘𝓢𝓐 𝓙𝓒𝓑
fermé 31 déc.-1ᵉʳ janv. et dim. – **Repas** Lunch 90 – 125, carte 140 à 180
Spéc. Filets de sole pochés et queues de langoustines aux betteraves rouges, sauce mousseuse. Canard sauvage rôti au céleri et à la sauge (sept.-déc.). Grand dessert à la rhubarbe (avril-juil.).

à Den Dolder Nord : 7 km ⓒ Zeist :

Salle à Manger, Dolderseweg 77, ⊠ 3734 BD, ℘ (0 30) 225 20 00, Fax *(0 30) 225 15 12*, 🍴. 🆎 ① ⓜ ⓥ𝓘𝓢𝓐 𝓙𝓒𝓑
fermé 27 déc.-12 janv., 24 juil.-8 août, lundi et mardi – **Repas** (dîner seult) carte 85 à 115.

Anak Dèpok, Dolderseweg 85, ⊠ 3734 BD, ℘ (0 30) 229 29 15, Fax *(0 30) 228 11 26*, Cuisine indonésienne – 🖼. 🆎 ① ⓜ ⓥ𝓘𝓢𝓐. ❀
fermé mardi – **Repas** (dîner seult) 53/83.

ZELHEM Gelderland 𝟚𝟙𝟙 X 10 et 𝟡𝟘𝟠 K 5 – 11 301 h.
Amsterdam 139 – Arnhem 39 – Enschede 52.

't Wolfersveen, Ruurloseweg 38 (Nord-Est : 4 km), ⊠ 7021 HC, ℘ (0 314) 62 13 75, 🍴 – 🅿. 🆎 ① ⓜ ⓥ𝓘𝓢𝓐
fermé 2 prem. sem. janv. et lundi – **Repas** (dîner seult sauf dim.) 55/88.

ZEVENAAR Gelderland 𝟚𝟙𝟙 V 11 et 𝟡𝟘𝟠 J 6 – 26 506 h.
Amsterdam 114 – Arnhem 15 – Emmerich 21.

Campanile, Hunneveldweg 2a (près A 12 - E 35), ⊠ 6903 ZM, ℘ (0 316) 52 81 11, zevenaar@campanile.nl, Fax *(0 316) 33 12 32*, 🍴 – ✂ 📺 🅿 – 🛏 35. 🆎 ① ⓜ ⓥ𝓘𝓢𝓐 𝓙𝓒𝓑
Repas 45 – ⊇ 15 – **52 ch** 110.

ZEVENBERGEN Noord-Brabant ⓒ Moerdijk 36 342 h. 𝟚𝟙𝟙 M 13 et 𝟡𝟘𝟠 E 7.
Amsterdam 111 – Bergen op Zoom 30 – Breda 17 – Rotterdam 43.

De 7 Bergsche Hoeve, Schansdijk 3, ⊠ 4761 RH, ℘ (0 168) 32 41 66, Fax *(0 168) 32 38 72*, 🍴, « Ancienne ferme » – 🅿. 🆎 ① ⓜ ⓥ𝓘𝓢𝓐 𝓙𝓒𝓑
fermé 19 fév.-5 mars et lundi – **Repas** Lunch 65 – 45/69.

ZIERIKZEE Zeeland ⓒ Schouwen-Duiveland 33 222 h. 𝟚𝟙𝟙 I 13 et 𝟡𝟘𝟠 C 7.
Voir Noordhavenpoort★ Z C.
Env. par ③ : Pont de Zélande★ (Zeelandbrug).
🎣 à l'Est : 12 km à Bruinisse, Oudendijk 3, ⊠ 4311 NA, ℘ (0 111) 48 26 50, Fax *(0 111) 48 15 66*.
ℹ Meelstraat 4, ⊠ 4301 EC, ℘ (0 111) 41 24 50, Fax *(0 111) 41 72 73*.
Amsterdam 149 ② – Breda 81 ② – Middelburg 44 ③ – Rotterdam 66 ②.

Plan page suivante

De Drie Morianen, Kraanplein 12, ⊠ 4301 CH, ℘ (0 111) 41 29 31, j.kosters@wxs.nl, Fax *(0 111) 41 79 36*, 🍴 – 🖼. 🆎 ① ⓜ ⓥ𝓘𝓢𝓐 𝓙𝓒𝓑   Z c
fermé mardi d'oct. à mars – **Repas** Lunch 35 – carte 54 à 85.

ZIERIKZEE

Appelmarkt	Z	2
Basterstr.	Z	3
Dam	Z	5
Fonteine	Z	7
Hoofdpoortstr.	Z	12
Julianastr.	Z	14
Karsteil	Z	16
Kerkhof N.Z.	Z	17
Kerkhof Z.Z.	Z	18
Klokstr.	Z	20
Korte Nobelstr.	Z	22
Lange Nobelstr.	Y	25
Lange St. Janstr.	Z	26
Meelstr.	Z	
Melkmarkt	Z	28
Minderbroederstr.	Z	30
Oude Haven	Z	32
P.D. de Vosstr.	Y	34
Poststr.	Z	
Ravestr.	Z	36
Schuitaven	Z	38
Schuurbeque Boeyestr.	Z	39
Verrenieuwstr.	Y	42
Watermolen	Z	44
Wevershoek	Z	45
Zevengetijstr.	Y	48
Zuidwellestr.	Y	50

Les plans de villes sont orientés le Nord en haut.

à Schuddebeurs Nord : 4 km ⌂ Schouwen-Duiveland :

Host. Schuddebeurs, Donkereweg 35, ⌂ 4317 NL, ℘ (0 111) 41 56 51, *schuddebeurs@horecagids.nl*, Fax (0 111) 41 31 03, 🍴, « Auberge campagnarde », 🌳, 🚲 – 📺 – 🏠 25 à 40. AE ⓘ ⓜⓞ VISA. ❋ rest
fermé 23 déc.-12 janv. – **Repas** Lunch 60 – 85/100 – **21 ch** ⌂ 175/250, 3 suites – ½ P 200/250.

Pour les voyages d'affaires ou de tourisme, guide Rouge MICHELIN : EUROPE.

ZOETERMEER Zuid-Holland 211 L 10 et 908 E 5 – 108 899 h.

🚉 Heuvelweg 3, ⌂ 2716 DZ, ℘ (0 79) 351 35 36, Fax (0 79) 352 13 35.
🅱 Zuidwaarts 7, ⌂ 2711 HA, ℘ 0 900-202 02 24, Fax (0 79) 341 53 81.
Amsterdam 64 – Rotterdam 24 – Den Haag 14.

Golden Tulip [M], Danny Kayelaan 20 (près A 12 - E 30, wijk 19), ⌂ 2719 EH, ℘ (0 79) 361 02 02, Fax (0 79) 361 63 49 – 📺 ❋ 🅿 – 🏠 25 à 200. AE ⓘ ⓜⓞ VISA JCB. ❋
Repas *(fermé dim.)* (dîner seult) carte env. 95 – ⌂ 31 – **104 ch** 309.

Zoetermeer, Boerhaavelaan (près A 12 - E 30, wijk 13), ⌂ 2713 HB, ℘ (0 79) 321 92 28, *info@bwhotelzoetermeer.nl*, Fax (0 79) 321 15 01, 🍴, 🚲 – 📺 ❋ 🅿 – 🏠 30 à 200. AE ⓘ ⓜⓞ VISA JCB. ❋ rest
Repas *(fermé dim.)* Lunch 38 – carte env. 55 – **60 ch** ⌂ 240/260.

Bastion, Zilverstraat 6 (près A 12- -E 30, sortie ⑦, wijk 18), ⌂ 2718 RL, ℘ (0 79) 361 10 71, *bastion@bastionhotel.nl*, Fax (0 79) 361 13 50, 🍴 – ❋ 📺 🅿 AE ⓘ ⓜⓞ VISA. ❋
Repas (Grillades, ouvert jusqu'à 23 h) carte env. 45 – ⌂ 18 – **40 ch** 135.

de Sniep, Broekwegschouw 211 (wijk 26), ⌂ 2726 LC, ℘ (0 79) 330 09 80, *info@sniep.nl*, Fax (0 79) 330 09 81, 🍴, « Terrasse » – 🅿 – 🏠 25 à 300. AE ⓘ ⓜⓞ VISA. ❋
Repas carte env. 70.

ZOETERWOUDE-RIJNDIJK Zuid-Holland ⓒ Zoeterwoude 8 601 h. 211 M 10 et 908 E 5.
Amsterdam 42 – Rotterdam 34 – Den Haag 22 – Leiden 3.

Meerbourgh, Hoge Rijndijk 123 (Nord-Est : 4 km sur N 11), ⌂ 2382 AD, ℘ (0 71) 589 56 16, Fax (0 71) 589 54 83, 🍴 – 🅿 AE ⓜⓞ VISA JCB
fermé 3 sem. vacances bâtiment et lundi – **Repas** 53/63.

ZOUTELANDE Zeeland C Veere 22 096 h. 211 F 14 et 908 B 7.

🖪 Bosweg 2, ⊠ 4374 EM, ℘ 0 900-202 02 80, Fax (0 118) 56 12 38.
Amsterdam 213 – Middelburg 12 – Vlissingen 13.

De Distel, Westkapelseweg 1, ⊠ 4374 BA, ℘ (0 118) 56 20 40, Fax (0 118) 56 12 22, 佘, Ló, 金, ⊇ – 陶 TV AE ⓘ 🞅 VISA. ※ rest
en hiver ouvert week-end seult – **Repas** 45 – **31 ch** ⊇ 135/205 – ½ P 110/140.

Willebrord, Smidsstraat 17, ⊠ 4374 AT, ℘ (0 118) 56 12 15, Fax (0 118) 56 26 86, 佘 – TV 🄿 🞅 VISA. ※
avril-oct., vacances scolaires, vend. et sam. ; fermé janv. – **Repas** Lunch 29 – 45 – **21 ch** ⊇ 145 – ½ P 95/104.

ZUIDBROEK Groningen C Menterwolde 12 570 h. 210 AA 3 et 908 L 2.

Amsterdam 200 – Groningen 24 – Assen 39.

Zuidbroek, Burg. Omtaweg 2, ⊠ 9636 EM, ℘ (0 598) 45 37 87, Fax (0 598) 45 38 31, 佘, ⊡, ※, 砧 – ⫞ TV & 🄿 – 名 25 à 1200. ※
120 ch.

ZUIDDORPE Zeeland 211 I 15 et 908 C 8 – voir à Axel.

ZUIDLAREN Drenthe C Tynaarlo 31 456 h. 210 Z 4 et 908 L 2.

Env. au Sud-Est : 13 km à Eexterhalte : Hunebed★ (dolmen).
🛅 au Nord-Ouest : 8 km à Glimmen (Haren), Pollselaan 5, ⊠ 9756 CJ, ℘ (0 50) 406 20 04, Fax (0 50) 406 19 22.
🖪 Stationsweg 69, ⊠ 9471 GL, ℘ (0 50) 409 23 33, Fax (0 50) 409 23 33.
Amsterdam 207 – Groningen 20 – Assen 18 – Emmen 42.

Tulip Inn Brinkhotel, Brink O.Z. 6, ⊠ 9471 AE, ℘ (0 50) 409 12 61, brinkhotel@x s4all.nl, Fax (0 50) 409 60 11, 金, 砧 – ⫞ TV & 🄿 – 名 30 à 150. AE ⓘ 🞅 VISA JCB
Repas Lunch 30 – 50 – **54 ch** ⊇ 166/225 – ½ P 120/142.

de Vlindertuin, Stationsweg 11, ⊠ 9471 GK, ℘ (0 50) 409 45 31, Fax (0 50) 409 57 53, 佘, « Ferme du 19ᵉ s. » – 🗏 🄿 AE ⓘ 🞅 VISA JCB
fermé 23 juil.-14 août et dim. – **Repas** (dîner seult) carte 75 à 105.

Ni Hao Panorama, Stationsweg 11, ⊠ 9471 GJ, ℘ (0 50) 409 04 39, nihao@media port.org, Fax (0 50) 409 67 81, 佘, Cuisine asiatique – 🗏. AE ⓘ 🞅 VISA. ※
Repas (dîner seult sauf sam. et dim.) 45/90.

Ni Hao Buitenpaviljoen, Hondsrugstraat 14, ⊠ 9471 GE, ℘ (0 50) 409 67 93, niha o@mediaport.org, Fax (0 50) 409 67 81, 佘, Cuisine japonaise avec Teppan-Yaki et Sushi-bar – AE ⓘ 🞅 VISA JCB. ※
Repas (dîner seult jusqu'à 23 h) 60/98.

ZUIDOOSTBEEMSTER Noord-Holland 210 O 7 – voir à Purmerend.

ZUIDWOLDE Drenthe C De Wolden 23 344 h. 210 X 6 et 908 K 3.

Amsterdam 157 – Assen 38 – Emmen 38 – Zwolle 36.

In de Groene Lantaarn, Hoogeveenseweg 17 (Nord : 2 km), ⊠ 7921 PC, ℘ (0 528) 37 29 38, indegroenelantaarn@indegroenelantaarn.nl, Fax (0 528) 37 20 47, 佘, « Ferme du 18ᵉ s., jardin fleuri » – 🄿 ⓘ 🞅 VISA JCB
fermé 27 déc.-6 janv. et mardi – **Repas** (dîner seult jusqu'à minuit) 58/125.

ZUTPHEN Gelderland 211 W 10 et 908 J 5 – 34 447 h.

Voir La vieille ville★ – Bibliothèque★ (Librije) et lustre★ dans l'église Ste-Walburge (St. Walburgskerk) – Drogenapstoren★ – Martinetsingel ≤★.
🖪 Stationsplein 39, ⊠ 7201 MH, ℘ (0 900) 269 28 88, Fax (0 575) 51 79 28.
Amsterdam 112 – Arnhem 30 – Apeldoorn 21 – Enschede 58 – Zwolle 53.

Museumhotel, 's Gravenhof 6, ⊠ 7201 DN, ℘ (0 575) 54 61 11, Fax (0 575) 54 59 99, « Demeure du 17ᵉ s. », 砧 – ⫞ 🕪 TV & – 名 35. AE ⓘ 🞅 VISA. ※ rest
Repas (fermé dim.) (dîner seult) 50/70 – **65 ch** ⊇ 188/315.

Inntel, De Stoven 37 (Sud-Est : 2 km sur N 348), ⊠ 7206 AZ, ℘ (0 575) 52 55 55, info zutphen@hotelinntel.com, Fax (0 575) 52 96 76, 佘, 金, ⊡, ※, 砧 – ⫞ 🕪, 🗏 rest, TV 🄿 – 名 25 à 200. AE ⓘ 🞅 VISA. ※ rest
Repas (fermé sam. midi et dim. midi) Lunch 28 – 45 – ⊇ 20 – **67 ch** 220/260 – ½ P 148/326.

ZUTPHEN

XX **Galantijn**, Stationsstraat 9, ⊠ 7201 MC, ℘ (0 575) 51 72 86, Fax (0 575) 51 19 61 – AE ⓘ ⓜ VISA
fermé dim. et lundi – **Repas** Lunch 60 – 70/93.

XX **Jan van de Krent**, Burg. Dijckmeesterweg 27b, ⊠ 7201 AJ, ℘ (0 575) 54 30 98, Fax (0 575) 54 17 76, Produits de la mer – 🔲 P. AE ⓘ ⓜ VISA
fermé dern. sem. juil.-prem. sem. août, 2 sem. après Noël et mardi – **Repas** (dîner seult) 45.

XX **André**, IJsselkade 22, ⊠ 7201 HD, ℘ (0 575) 51 44 36, Fax (0 575) 54 38 96 – AE ⓘ ⓜ VISA
fermé août, sam., dim. et après 20 h 30 – **Repas** Lunch 45 – carte 47 à 71.

ZWARTSLUIS Overijssel 210 V 7 et 908 J 4 – 4 430 h.
Amsterdam 123 – Meppel 12 – Zwolle 18.

🏠 **Zwartewater**, De Vlakte 20, ⊠ 8064 PC, ℘ (0 38) 386 64 44, info@hotel-zwartew ater.nl, Fax (0 38) 386 62 75, ≤, « Terrasse au bord de l'eau », 🔲, 🍴, 🚲, 🅻 – 🛗, 🔲 rest, TV P – 🔔 25 à 2500. AE ⓘ ⓜ VISA
Repas 45 – **51 ch** ⊇ 100/205 – ½ P 110.

ZWEELOO Drenthe C Coevorden 34 522 h. 210 Z 6 et 908 L 3.
🏌 au Sud-Ouest : 2 km à Aalden, Aelderholt 4, ⊠ 7854 TZ, ℘ (0 591) 37 24 50.
Amsterdam 184 – Assen 34 – Emmen 13 – Groningen 60.

XX **Idylle** (Zwiep), Kruisstraat 21, ⊠ 7851 AE, ℘ (0 591) 37 18 57, restaurantidylle@wor ldmail.nl, Fax (0 591) 37 24 04, 🌿, « Ancienne ferme typique avec jardin » – P. AE ⓘ ⓜ VISA JCB. 🌿
fermé 26 fév.-12 mars, 27 août-10 sept., lundi et sam. midi – **Repas** Lunch 58 – 73, carte env. 105
Spéc. Aile de raie meunière sauce à l'orange. Foie d'oie poêlé et soupe de figues. Filet de veau et ravioli de fromage de chèvre à la tomate séchée et romarin.

ZWOLLE P Overijssel 210 V 7 et 908 J 4 – 104 431 h.
Voir Hôtel de ville (Stadhuis) sculptures★ du plafond dans la salle des Échevins (Schepenzaal) BYZ H – Sassenpoort★ CZ.
Musées : Stedelijk Museum Zwolle★ BY M³ – Museum De Stadshof★ BZ.

🏌 Zalnéweg 75, ⊠ 8026 PZ, ℘ (0 38) 453 42 70 - 1g par ④ : 7 km à Hattem, Veenwal 11, ⊠ 8051 AS, ℘ (0 38) 444 19 09.
🅱 Grote Kerkplein 14, ⊠ 8011 PK, ℘ 0 900-112 23 75, Fax (0 38) 422 26 79.
Amsterdam 111 ④ – Apeldoorn 44 ④ – Enschede 73 ② – Groningen 102 ① – Leeuwarden 94 ①.

Plan page ci-contre

🏨 **Gd H. Wientjes**, Stationsweg 7, ⊠ 8011 CZ, ℘ (0 38) 425 42 54, wientjes@bilderb erg.nl, Fax (0 38) 425 42 60, 🌿, 🚲 – 🛗 🔄 TV 🔔 P – 🔔 25 à 200. AE ⓘ ⓜ VISA JCB. 🌿 rest   BZ s
fermé 27 déc.-2 janv. – **Repas Bon Aparte** (fermé sam. midi et dim.) Lunch 75 – carte 97 à 124 – ⊇ 33 – **57 ch** 320/340 – ½ P 185/315.

🏨 **Mercure H. Postiljon**, Hertsenbergweg 1 (Sud-Ouest : 2 km), ⊠ 8041 BA, ℘ (0 38) 421 60 31, H2109@accor-hotels.com, Fax (0 38) 422 30 69, 🚲 – 🛗 🔄, 🔲 rest, TV P – 🔔 25 à 450. AE ⓘ ⓜ VISA. 🌿 ch   AX a
Repas Lunch 29 – carte 52 à 69 – ⊇ 24 – **72 ch** 165/205 – ½ P 226.

🏨 **Fidder** sans rest, Koningin Wilhelminastraat 6, ⊠ 8019 AM, ℘ (0 38) 421 83 95, Fax (0 38) 423 02 98, 🌿 – TV AE ⓘ ⓜ VISA JCB. 🌿   AX b
fermé 21 déc.-1er janv. – **22 ch** ⊇ 168/305.

🏨 **Campanile**, Schuttevaerkade 40, ⊠ 8021 DB, ℘ (0 38) 455 04 44, zwolle@campanile.nl, Fax (0 38) 455 07 50, 🌿 – 🛗 🔄 TV 🔔 P – 🔔 25 à 70. AE ⓘ ⓜ VISA   BY c
Repas (Avec buffet) Lunch 22 bc – 45 – ⊇ 15 – **69 ch** 120/150 – ½ P 159/193.

XXX **De Librije** (Boer), Broerenkerkplein 15, ⊠ 8011 TW, ℘ (0 38) 421 20 83, librije@allia nce.nl, Fax (0 38) 423 23 29, « Dans une aile d'un ancien couvent du 15ᵉ s. » – P. AE ⓘ ⓜ VISA JCB   CY z
fermé du 1ᵉʳ au 23 août, fin déc.-prem. sem. janv., sam. midi, dim., lundi et mardi midi – **Repas** Lunch 90 – 125/150, carte env. 125
Spéc. Foie d'oie à la viande saumurée et langoustines. Sandre laqué au sirop de pommes (sept.-mars). Pain perdu à la compote de pêches et glace au parfum de clou de girofle (sept.-janv.).

ZWOLLE

Achter de Broeren	BCY 3
Bagijnesingel	CY 6
Bisschop Willebrandlaan	AX 7
Buitenkant	BY 8
Deventerstraatweg	AX 9
Diezerpoortenplas	CY 10
Diezerstr.	CY
Grote Kerkplein	BY 12
Hanekamp	AX 13
Harm Smeengekade	BZ 15
Ittersumallee	AX 16
Kamperstr.	BY 18
Luttekestr.	BY 19
Meppelerstraatweg	AX 21
Middelweg	AX 22
Nieuwe Markt	CYZ 24
Oude Vismarkt	BY 25
Potgietersingel	BZ 27
Rhijnvis Feithlaan	AX 28
Roggenstr.	BY 30
Sassenstr.	BYZ 31
Spoolderbergweg	AX 33
Ter Pelkwijkstr.	CY 34
Thomas a Kempisstr.	CY 36
Veerallee	AX 37
Voorsterweg	AX 38
Voorstr.	BY 39
van Wevelinkhovenstr.	CY 40
Wipstrikerallee	AX 42
Zuidbroek	AX 43

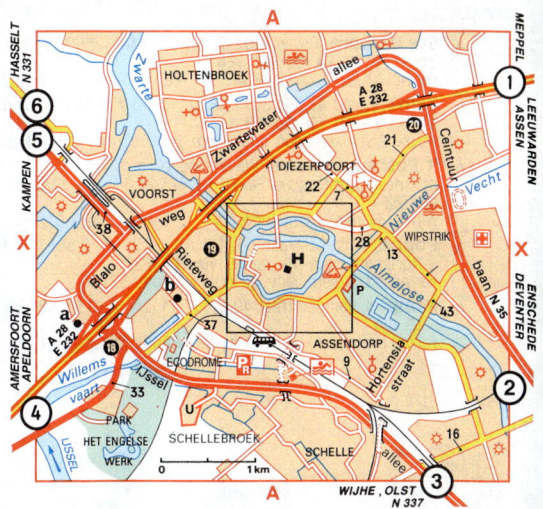

ZWOLLE

XXXX **Ste Barbara,** Ossenmarkt 7, ✉ 8011 MR, ☏ (0 38) 421 19 48, Fax (0 38) 421 11 28, 🍽 – 🅴. AE ⓘ MC VISA JCB BY e
fermé 22 juil.-12 août et mardi – **Repas** Lunch 55 – carte 70 à 85.

XX **Tiën's,** Eiland 42, ✉ 8011 XR, ☏ (0 38) 421 35 75, Fax (0 38) 423 17 56, Avec cuisine asiatique – AE ⓘ MC VISA CY d
fermé 2 sem. en août, prem. sem. janv., dim. et lundi – **Repas** (dîner seult) carte env. 70.

X **'t Pestengasthuys,** Weversgildeplein 1, ✉ 8011 XN, ☏ (0 38) 423 39 86, *restaurant@pestengasthuys.nl*, Fax (0 38) 423 26 56, 🍽, « Maison historique du 15ᵉ s. » – AE ⓘ MC VISA CY k
fermé 31 déc.-4 janv. et lundi – Repas Lunch 48 – 63/98.

X **Poppe,** Luttekestraat 66, ✉ 8011 LS, ☏ (0 38) 421 30 50, Fax (0 38) 338 81 64, « Ancienne forge » – 🅴. AE ⓘ MC VISA BZ r
fermé prem. sem. janv. et lundi – **Repas** 58/80.

X **Pampus,** Kamperstraat 40, ✉ 8011 LM, ☏ (0 38) 421 30 97, Fax (0 38) 421 30 97, 🍽 – AE MC BY f
fermé prem. sem. janv. et lundi – **Repas** (dîner seult) 47.

Principales marques
automobiles
Belangrijkste
auto-importeurs
Wichtigsten Automarken
Main car manufacturers

Belgique
België
Belgien

Grand-Duché
de
Luxembourg

Audi S.A. D'Ieteren N.V.
Porsche Rue du Mail, 50
Volkswagen Maliestraat, 50
1050 Bruxelles – Brussel
Tél. : 0 2 536 51 11

B.M.W. S.A. B.M.W./
Lodderstraat, 16
2880 Bornem
Tél. : 0 3 90 97 11

Citroën S.B.A. Citroën
Place de l'Yser, 7
Ijzerplein, 7
1000 Bruxelles – Brussel
Tél. : 0 2 206 06 11

Daewoo Daewoo Motor Belgium N.V.
Mechelsesteenweg, 309
1800 Vilvoorde
Tél. : 0 2 257 29 50

Daihatsu N.V Autoproducts
Kipdorp, 57
2000 Antwerpen
Tél. : 0 3 206 02 02

Ferrari Garage Francorchamps
Lozenberg, 13
1932 Sint Stevens Woluwe
Tél. : 0 2 725 67 60

Fiat S.A. Fiat Belgio N.V.
Lancia Rue de Genève 175
Alfa-Romeo Genèvestraat 175
1140 Bruxelles – Brussel
Tél. : 0 2 702 65 11

Ford Ford Motor CY
Groenenborgerlaan 16
2610 Wilrijk
Tél. : 0 3 821 20 00

Honda S.A. Honda Belgium N.V.
Wijngaardveld, 1
9300 Aalst
Tél. : 0 53 72 51 11

Hyundai S.A. Korean Motor CY N.V.
Pierstraat, 231
2550 Kontich
Tél. : 0 3 450 06 11

Jaguar Jaguar Belgium
Sint Bernardsesteenweg, 534
2660 Antwerpen
Tél. : 0 3 830 18 80

Kia N.V. Kia Belgium
Seoelstraat 2-4
2321 Meer-Hoogstraten
Tél. : 0 3 315 09 19

Lada S.A. Lada-Belux N.V.
Avenue Galilée 5
1300 Wavre
Tél. : 0 10 28 89 93

Mazda Beherman European
Industrieweg, 3
2880 Bornem
Tél. : 0 3 890 91 11

Daimler- Daimler-Chrysler Belgium
Chrysler Avenue du Péage, 68
Tollaan, 68
1200 Bruxelles – Brussel
Tél. : 0 2 724 12 11

Mitsubishi Moorkens Car Division
Pierstraat, 229
2550 Kontich
Tél. : 0 3 450 02 11

Nissan S.A. Nissan Belgium N.V.
Boomsesteenweg, 42
2630 Aartselaar
Tél. : 0 3 870 32 11

Opel Opel Belgium N.V.
Marketing Division
Prins Boudewijnlaan 30
2550 Kontich
Tél. : 0 3 450 63 11

Peugeot S.A. Peugeot Talbot
Belgique N.V.
Rue de l'Industrie, 22
1400 Nivelles
Tél. : 0 67 88 02 11

Renault S.A. Renault Belgique
Luxembourg N.V.
Avenue W.A. Mozart, 20
W.A.Mozartlaan, 20
1620 Drogenbos
Tél. : 0 2 334 76 11

Saab Beherman European
Distribution
Industrieweg 3
2880 Bornem
Tél. : 0 3 890 91 11

Seat Seat Import
Boulevard Industriel, 51
Industrielaan, 51
1070 Bruxelles – Brussel
Tél. : 0 2 556 35 11

Skoda Skoda Import
Avenue A. Giraud 29-35
A. Giraudlaan 29-35
1030 Bruxelles – Brussel
Tél. : 0 2 240 69 11

Ssangyong Beherman European
Industrieweg 3
2880 Bornem
Tél. : 0 3 890 91 11

Subaru S.A. Subaru
Belgium N.V.
Mechelsesteenweg, 588 d
1800 Vilvoorde
Tél. : 0 2 254 75 11

Suzuki S.A. Suzuki
Belgium N.V.
Satenrozen, 8
2550 Kontich
Tél. : 0 3 450 04 11

Toyota S.A. Toyota
Belgium N.V.
Avenue du Japon 51
1420 Braine-l'Alleud
Tél. : 0 2 386 72 11

Volvo Volvo Cars Belgium
Chaussée de Zellik, 30
Zelliksesteenweg, 30
1082 Bruxelles – Brussel
Tél. : 0 2 482 51 11

Nederland
Pays-Bas

BMW BMW Nederland B.V.
Einsteinlaan 5
2289 CC Rijswijk
Tél. : (070) 395 62 22

Citroën Citroën Nederland B.V.
Stadionplein 26-30
1076 CM Amsterdam
Tél. : (020) 570 19 11

Chrysler Chrysler Holland Import B.V.
Lange Dreef 12
4131 NH Vianen
Tél. (0347) 36 34 00

Daewoo Daewoo Motor Benelux B.V.
Jupiterstraat 210
2132 HJ Hoofddorp
Tél. : (023) 563 17 12

Daihatsu Daihatsu Holland B.V.
Witboom 2
4131 PL Vianen ZH
Tél. : (0347) 37 05 05

Ferrari Kroymans B.V.
Soestdijkerstr. wg. 64
1213 XE Hilversum
Tél. : (035) 685 51 51

Fiat Hullenbergweg 1-3
Lancia 1101 BW Amsterdam
Alfa-Romeo Tél. : (020) 652 07 00

Ford Ford Nederland B.V.
Amsteldijk 217
1079 LK Amsterdam
Tél. : (020) 540 99 11

Honda Honda Nederland B.V.
Nikkelstraat 17
2984 AM Ridderkerk
Tél. : (0180) 45 73 33

Hyundai Greenib Car B.V.
H. v. Doorneweg 14
2171 KZ Sassenheim
Tél. : (0252) 21 33 94

Kia Kia Motors
Marconiweg 2
4131 PD Vianen
Tél. : (0347) 37 44 54

Mazda Autopalace De Binckhorst B.V.
Binckhorstlaan 312-334
2516 BL Den Haag
Tél. : (070) 348 94 00

Daimler- Daimler-Chrysler
Chrysler Nederland BV
Reactorweg 25
3542 AD Utrecht
Tél. : (030) 247 19 11

Mitsubishi Mitsubishi Motor Sales NL B.V.
Diamantlaan 29
2132 WV Hoofddorp
Tél. : (023) 555 52 22

Nissan Nissan Motor Nederland B.V.
Hornweg 32
1044 AN Amsterdam
Tél. : (020) 516 31 11

Opel Opel Nederland B.V.
Baanhoek 188
3361 GN Sliedrecht
Tél. : (078) 642 21 00

Peugeot Peugeot Nederland N.V.
Uraniumweg 25
3542 AK Utrecht
Tél. : (030) 247 54 75

Rover Rover Nederland B.V.
Sportlaan 1
4131 NN Vianen ZH
Tél. : (0347) 36 66 00

Renault Renault Nederland N.V.
Boeingavenue 235
1119 PD Schiphol-Rijk
Tél. : (020) 561 91 91

Saab A.I.M. B.V.
Jr. D.S. Tuynmanweg 7
4131 PN Vianen
Tél. : (0347) 37 26 04

Seat Seat Importeur Pon Car B.V.
Klepelhoek 2
3833 GZ Leusden
Tél. : (033) 495 15 50

Ssangyong Ssangyoung Nederland cv
Savannahweg 69C
3542 AW Utrecht
Tél. : (030) 241 40 42

Suzuki Nimag B.V. – Reedijk 9
3274 KE Heinenoord
Tél. : (0186) 60 79 11

Toyota Louwman & Parqui
Steurweg 8
4941 VR Raamsdonksveer
Tél. : (0162) 58 59 00

VW Pon's Automobielhandel
Audi Zuiderinslag 2
3833 BP Leusden
Tél. : (033) 494 99 44

Volvo Volvo Nederland B.V.
Stationsweg 2
4153 RD Beesd
Tél. : (0345) 68 88 88

Jours fériés en 2001
Feestdagen in 2001
Feiertage im Jahre 2001
Bank Holidays in 2001

Belgique – België – Belgien

1er janvier	Jour de l'An
15 avril	Pâques
16 avril	lundi de Pâques
1er mai	Fête du Travail
24 mai	Ascension
3 juin	Pentecôte
4 juin	lundi de Pentecôte
21 juillet	Fête Nationale
15 août	Assomption
1er novembre	Toussaint
11 novembre	Fête de l'Armistice
25 décembre	Noël

Grand-Duché de Luxembourg

1er janvier	Jour de l'An
26 février	lundi de Carnaval
15 avril	Pâques
16 avril	lundi de Pâques
1er mai	Fête du Travail
24 mai	Ascension
3 juin	Pentecôte
4 juin	lundi de Pentecôte
23 juin	Fête Nationale
15 août	Assomption
1er novembre	Toussaint
25 décembre	Noël
26 décembre	Saint-Étienne

Nederland – Pays-Bas

1er janvier	Jour de l'An
15 avril	Pâques
16 avril	lundi de Pâques
30 avril	Jour de la Reine
5 mai	Jour de la Libération
24 mai	Ascension
3 juin	Pentecôte
4 juin	lundi de Pentecôte
25 décembre	Noël
26 décembre	2e jour de Noël

Indicatifs Téléphoniques Internationaux
Internationale landnummers

de/van/ von/from \ vers/naar nach/to	A	B	CH	CZ	D	DK	E	FIN	F	GB	GR
A Austria		0032	0041	00420	0049	0045	0034	00358	0033	0044	0030
B Belgium	0043		0041	00420	0049	0045	0034	00358	0033	0044	0030
CH Switzerland	0043	0032		00420	0049	0045	0034	00358	0033	0044	0030
CZ Czech Republic	0043	0032	0041		0049	0045	0034	00358	0033	0044	0030
D Germany	0043	0032	0041	00420		0045	0034	00358	0033	0044	0030
DK Denmark	0043	0032	0041	00420	0049		0034	00358	0033	0044	0030
E Spain	0043	0032	0041	00420	0049	0045		00358	0033	0044	0030
FIN Finland	0043	0032	0041	00420	0049	0045	0034		0033	0044	0030
F France	0043	0032	0041	00420	0049	0045	0034	00358		0044	0030
GB United Kingdom	0043	0032	0041	00420	0049	0045	0034	00358	0033		0030
GR Greece	0043	0032	0041	00420	0049	0045	0034	00358	0033	0044	
H Hungary	0043	0032	0041	00420	0049	0045	0034	00358	0033	0044	0030
I Italy	0043	0032	0041	00420	0049	0045	0034	00358	0033	0044	0030
IRL Ireland	0043	0032	0041	00420	0049	0045	0034	00358	0033	0044	0030
J Japan	00143	00132	00141	001420	00149	00145	00134	001358	00133	00144	00130
L Luxembourg	0043	0032	0041	00420	0049	0045	0034	00358	0033	0044	0030
N Norway	0043	0032	0041	00420	0049	0045	0034	00358	0033	0044	0030
NL Netherlands	0043	0032	0041	00420	0049	0045	0034	00358	0033	0044	0030
PL Poland	0043	0032	0041	00420	0049	0045	0034	00358	0033	0044	0030
P Portugal	0043	0032	0041	00420	0049	0045	0034	00358	0033	0044	0030
RUS Russia	81043	81032	81041	810420	81049	81045	*	810358	81033	81044	*
S Sweden	0043	0032	0041	00420	0049	0045	0034	00358	0033	0044	0030
USA	01143	01132	01141	011420	01149	01145	01134	01358	01133	01144	01130

* *Pas de sélection automatique* * *Geen automatische selektie*

Important : pour les communications internationales, le zéro (0) initial de l'indicatif interurbain n'est pas à composer (excepté pour les appels vers l'Italie).
Aux Pays-Bas on n'utilise pas le préfixe dans la zone.
Appel d'urgence : Belgique : 100 ; Luxembourg : 112 ; Pays-Bas : 112

Belangrijk: bij internationale telefoongesprekken moet de eerste nul (0) van het netnummer worden weggelaten (behalve als u naar Italië opbelt). In Nederland moet men binnen eenzelfde zone geen kengetal draaien of intoetsen. Hulpdiensten : België : 100 ; Luxemburg : 112 ; Nederland : 112.

Internationale Telefon-Vorwahlnummern
International dialling codes

H	I	IRL	J	L	N	NL	PL	P	RUS	S	USA	
0036	0039	00353	0081	00352	0047	0031	0048	00351	007	0046	001	**Austria A**
0036	0039	00353	0081	00352	0047	0031	0048	00351	007	0046	001	**Belgium B**
0036	0039	00353	0081	00352	0047	0031	0048	00351	007	0046	001	**Switzerland CH**
0036	0039	00353	0081	00352	0047	0031	0048	00351	007	0046	001	**Czech CZ Republic**
0036	0039	00353	0081	00352	0047	0031	0048	00351	007	0046	001	**Germany D**
0036	0039	00353	0081	00352	0047	0031	0048	00351	007	0046	001	**Denmark DK**
0036	0039	00353	0081	00352	0047	0031	0048	00351	007	0046	001	**Spain E**
0036	0039	00353	0081	00352	0047	0031	0048	00351	007	0046	001	**Finland FIN**
0036	0039	00353	0081	00352	0047	0031	0048	00351	007	0046	001	**France F**
0036	0039	00353	0081	00352	0047	0031	0048	00351	007	0046	001	**United GB Kingdom**
0036	0039	00353	0081	00352	0047	0031	0048	00351	007	0046	001	**Greece GR**
	0039	00353	0081	00352	0047	0031	0048	00351	007	0046	001	**Hungary H**
0036		00353	0081	00352	0047	0031	0048	00351	*	0046	001	**Italy I**
0036	0039		0081	00352	0047	0031	0048	00351	007	0046	001	**Ireland IRL**
00136	00139	001353		001352	00147	00131	001480	001351	*	00146	0011	**Japan J**
0036	0039	00353	0081		0047	0031	0048	00351	007	0046	001	**Luxembourg L**
0036	0039	00353	0081	00352		0031	0048	00351	007	0046	001	**Norway N**
0036	0039	00353	0081	00352	0047		0048	00351	007	0046	001	**Netherlands NL**
0036	0039	00353	0081	00352	0047	0031		00351	007	0046	001	**Poland PL**
0036	0039	00353	0081	00352	0047	0031	0048		007	0046	001	**Portugal P**
81036	*	*	*	*	*	81031	81048	*		*	*	**Russia RUS**
0036	0039	00353	0081	00352	0047	0031	0048	00351	007		001	**Sweden S**
01136	01139	011353	01181	011352	01147	01131	01148	011351	*	01146		**USA**

* *Automatische Vorwahl nicht möglich*   * *Direct dialling not possible*

Wichtig: bei Auslandsgesprächen darf die Null (0) der Ortsnetzkennzahl nicht gewählt werden (ausser bei Gesprächen nach Italien).
In den Niederlanden benötigt man keine Vorwahl innerhalb einer Zone.
Notruf : Belgien : 100 ; Luxembourg : 112 ; Niederlanden : 112.

Note: when making an international call, do not dial the first "0" of the city codes (except for calls to Italy).
The dialling code is not required for local calls in the Netherlands.
Emergency phone numbers : Belgium : 100 ; Luxembourg : 112 ; Netherlands : 112.

Distances

Quelques précisions
Au texte de chaque localité vous trouverez la distance de sa capitale d'état et des villes environnantes. Les distances intervilles du tableau les complètent.
La distance d'une localité à une autre n'est pas toujours répétée en sens inverse : voyez au texte de l'une ou de l'autre.
Utilisez aussi les distances portées en bordure des plans.
Les distances sont comptées à partir du centre-ville et par la route la plus pratique, c'est-à-dire celle qui offre les meilleures conditions de roulage, mais qui n'est pas nécessairement la plus courte.

Afstanden

Toelichting
In de tekst bij elke plaats vindt U de afstand tot de hoofdstad en tot de grotere steden in de omgeving. De afstandstabel dient ter aanvulling.
De afstand tussen twee plaatsen staat niet altijd onder beide plaatsen vermeld ; zie dan bij zowel de ene als de andere plaats. Maak ook gebruik van de aangegeven afstanden rondom de plattegronden.
De afstanden zijn berekend vanaf het stadscentrum en via de gunstigste (niet altijd de kortste) route.

Entfernungen

Einige Erklärungen
Die Entfernungen zur Landeshauptstadt und zu den nächstgrößeren Städten in der Umgebung finden Sie in jedem Ortstext.
Die Kilometerangaben der Tabelle ergänzen somit die Angaben des Ortstextes.
Da die Entfernung von einer Stadt zu einer anderen nicht immer unter beiden Städten zugleich aufgeführt ist, sehen Sie bitte unter beiden entsprechenden Ortstexten nach. Eine weitere Hilfe sind auch die am Rande der Stadtpläne erwähnten Kilometerangaben.
Die Entfernungen gelten ab Stadtmitte unter Berücksichtigung der güngstigsten (nicht immer kürzesten) Streckte.

Distances

Commentary
Each entry indicates how far the town or locality is from the capital and other nearby towns. The distances in the table complete those given under individual town headings for calculating total distances.
To avoid excessive repetition some distances have only been quoted once. You may, therefore, have to look under both town headings. Note also that some distances appear in the margins of the town plans.
Distances are calculated from town centres and along the best roads from a motoring point of view – not necessarily the shortest.

Distances entre principales villes
Afstanden tussen de balangrijkste steden
Entfernungen zwischen den größeren Städten
Distances between major towns

Gent - Rotterdam : 150 km

Amsterdam	Antwerpen	Apeldoorn	Arlon	Arnhem	Bastogne	Breda	Brugge	Bruxelles/Brussel	Charleroi	's-Gravenhage	Dinant	Eindhoven	Enschede	Gent	Groningen	Haarlem	Hasselt	's-Hertogenbosch	Kortrijk	Leeuwarden	Liège	Luxembourg	Maastricht	Mechelen	Middelburg	Mons	Namur	Nijmegen	Oostende	Rotterdam	Tilburg	Tournai	Turnhout	Utrecht	Zwolle
159																																			
92	191																																		
370	230	348																																	
101	164	30	314																																
331	189	308	39	274																															
102	57	134	289	116	249																														
266	107	244	299	271	258	164																													
213	51	294	188	218	147	111	98																												
272	108	312	137	277	133	171	153	61																											
60	132	137	364	125	324	82	213	186	246																										
295	134	312	111	278	79	200	258	93	56	269																									
123	88	120	242	62	205	62	195	132	192	146	182																								
164	262	74	369	96	329	99	268	316	354	206	209	189																							
217	59	249	255	203	214	116	47	57	112	350	159	149	321																						
186	312	140	489	171	450	255	358	408	425	56	237	262	147	371																					
20	173	110	385	116	345	116	257	287	237	149	47	137	181	232	204																				
190	77	188	169	163	101	101	227	227	47	102	35	81	256	139	329	205																			
87	100	91	280	57	240	48	200	190	214	110	106	64	139	33	232	101	100																		
258	66	290	282	263	241	157	56	56	122	237	110	237	160	362	48	273	100	178																	
137	288	134	483	155	443	231	383	342	401	236	190	168	347	412	65	317	213	387																	
246	119	223	127	189	88	142	197	95	122	169	236	93	156	365	260	43	155	358	192	141															
404	257	385	32	349	88	317	323	216	249	425	73	118	283	524	419	203	314	517	310	330	161														
218	90	196	156	156	88	113	215	113	123	235	139	276	120	171	203	33	128	31	211	31	189														
187	25	218	162	191	116	85	113	29	95	120	139	90	361	337	233	77	211	128	330	109	235	109													
174	82	208	232	167	167	100	29	89	216	235	235	106	68	340	201	158	330	109	235	109	343	191	109													
282	117	316	275	275	216	180	48	197	197	120	201	290	132	353	170	147	128	316	329	191	130	235	111													
267	105	313	209	286	180	153	137	50	256	96	162	303	97	435	168	158	98	411	236	130	236	158	206												
117	283	132	249	165	91	171	64	197	240	201	177	149	321	420	149	281	73	158	149	300	158	49	98												
282	143	295	241	295	233	95	197	256	140	29	75	118	130	191	223	273	208	148	396	223	91	143	83	191	70										
75	282	313	314	286	274	180	53	172	259	214	239	202	202	66	131	143	46	223	184	171	328	171	194	261	230										
110	101	129	336	116	295	53	179	217	27	241	117	120	386	202	223	202	243	46	411	341	216	34	69	149	202										
282	74	244	283	244	244	26	158	187	110	27	110	201	66	435	71	72	234	72	221	341	207	132	69	190	120	225	82								
123	114	283	286	283	164	82	87	187	41	181	133	251	179	125	84	179	363	207	131	126	212	266	197												
133	313	253	22	286	180	83	87	93	150	213	385	255	90	26	78	317	131	121	222	120	69	225	99												
46	123	144	228	119	189	91	150	259	213	385	72	435	169	223	29	411	280	202	102	192	225	172	30												
40	125	228	336	189	296	39	150	118	48	213	48	108	285	147	223	56	49	173	262	49	121	182	99	266	90	197									
133	46	144	228	119	189	153	91	173	118	48	108	285	147	223	56	128	102	207	155	30	172														
40	70	336	63	296	67	153	220	118	68	141	191	54	156	224	52	128	145	166	76	60	99														
114	213	41	389	72	350	155	308	266	326	159	162	73	271	103	132	229	96	265	240	254	320	91	151	156	185										

Amsterdam	Antwerpen	Bruxelles/Brussel	Luxembourg	Rotterdam	City
1555	1408	1366	1154	1492	**Barcelona**
702	586	545	332	693	**Basel**
670	728	777	766	707	**Berlin**
798	682	641	428	789	**Bern**
687	528	522	737	631	**Birmingham**
1089	931	896	930	1033	**Bordeaux**
2049	1934	1892	1679	2040	**Brindisi**
1551	1392	1357	1392	1495	**Burgos**
760	601	585	718	703	**Cherbourg**
931	772	738	607	875	**Clermont-Ferrand**
430	383	386	237	434	**Frankfurt am Main**
909	763	721	508	869	**Genève**
1163	1005	998	1213	1107	**Glasgow**
470	559	587	618	507	**Hamburg**
387	445	494	484	424	**Hannover**
784	873	901	932	821	**København**
285	126	114	312	229	**Lille**
2294	2135	2100	2134	2237	**Lisboa**
482	323	317	532	426	**London**
922	775	734	521	882	**Lyon**
1785	1626	1591	1625	1728	**Madrid**
2314	2155	2120	2111	2258	**Málaga**
1235	1088	1047	834	1195	**Marseille**
1046	930	889	676	1037	**Milano**
836	774	734	511	825	**München**
890	732	697	731	834	**Nantes**
1823	1708	1666	1453	1814	**Napoli**
1117	1206	1234	1265	1154	**Oslo**
1830	1715	1673	1460	1617	**Roma**
1331	1172	1137	1172	1274	**San Sebastián**
1460	1549	1577	1608	1497	**Stockholm**
589	474	432	219	580	**Strasbourg**
1106	991	949	736	1097	**Torino**
1205	1046	1012	1055	1149	**Toulouse**
1901	1755	1713	1500	1838	**Valencia**
1250	1184	1142	929	1290	**Venezia**
1152	1105	1108	931	1156	**Wien**
1350	1302	1306	1083	1353	**Zagreb**

Bruxelles/Brussel - Madrid

1591 km

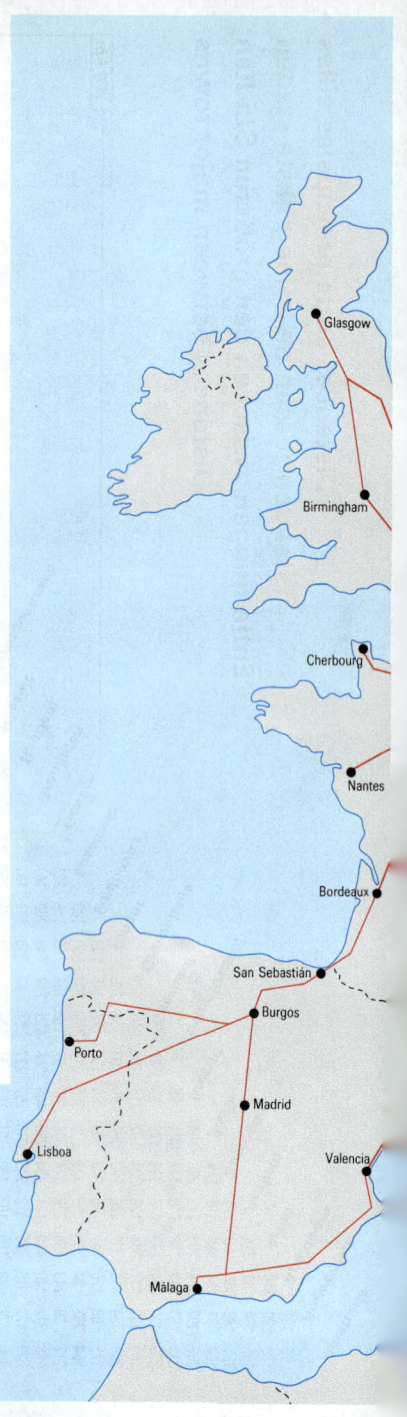

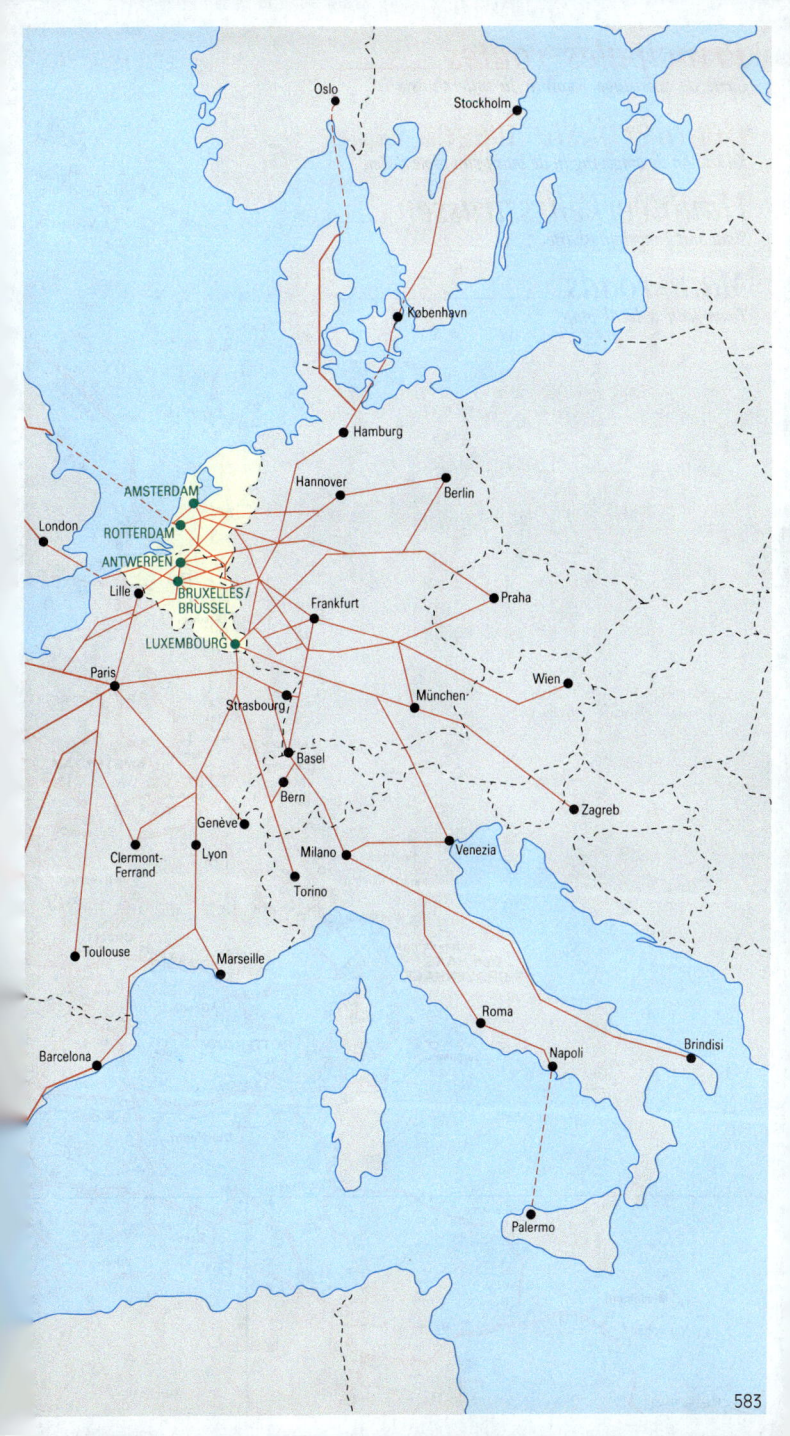

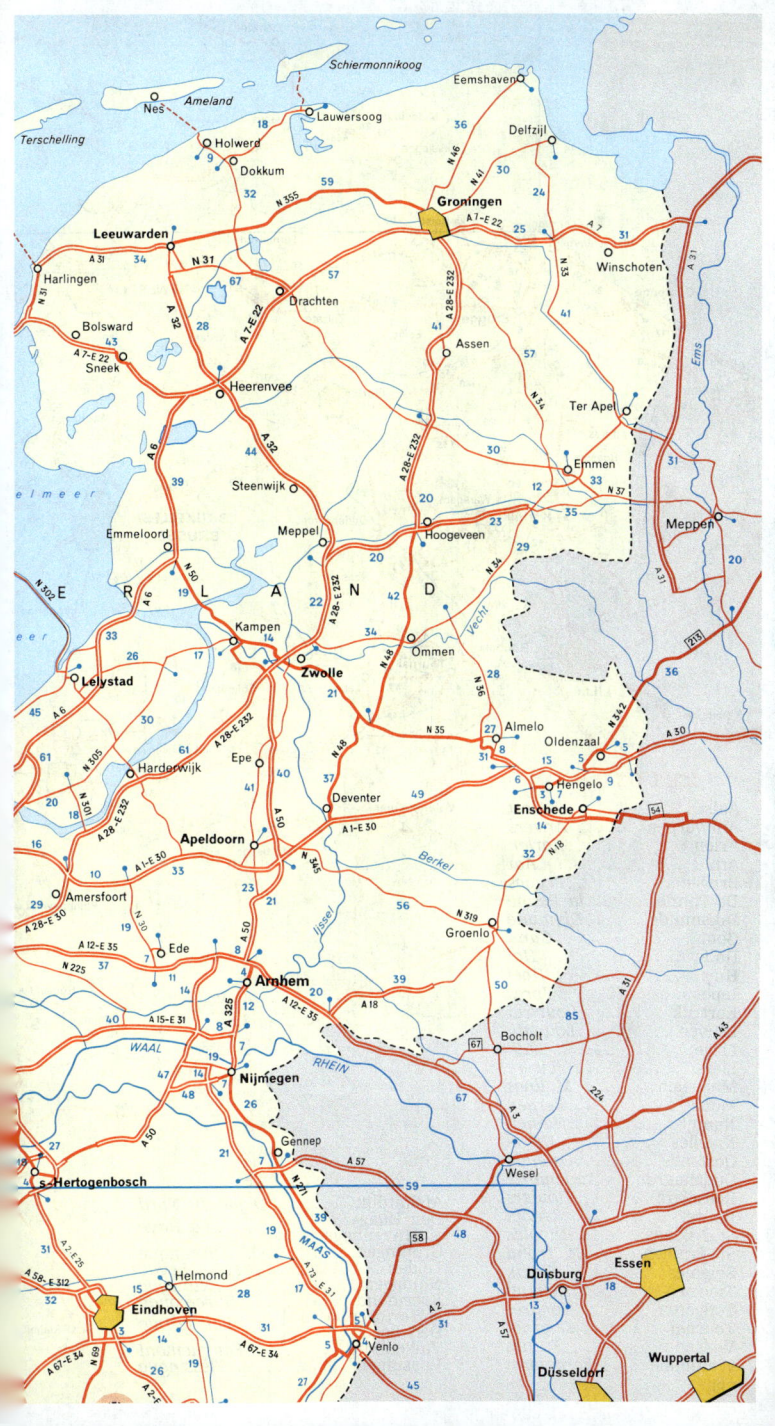

BELGIQUE

Aalst	Alost
Antwerpen	Anvers
Arlon	Aarlen
Ath	Aat
Brugge	Bruges
De Panne	la Panne
Diksmuide	Dixmude
Gent	Gand
Halle	Hal
Huy	Hoei
Ieper	Ypres
Kortrijk	Courtrai
Leuven	Louvain
Liège	Luik
Lier	Lierre
Mechelen	Malines
Mons	Bergen
Namur	Namen
Nivelles	Nijvel
Oostende	Ostende
Oudenaarde	Audenarde
Roeselare	Roulers
Ronse	Renaix
St.-Niklaas	St. Nicolas
St.-Truiden	St. Trond
Soignies	Zinnik
Tienen	Tirlemont
Tongeren	Tongres
Tournai	Doornik
Veurne	Furnes
Waremme	Borgworm

PAYS-BAS

Afsluitdijk	Digue du Nord
Den Haag / 's-Gravenhage	La Haye
Groningen	Groningue
Leiden	Leyde
Nijmegen	Nimègue
Roermond	Ruremonde
's-Hertogenbosch / Den Bosch	Bois-le-Duc
Valkenburg	Fauquemont
Vlissingen	Flessingue

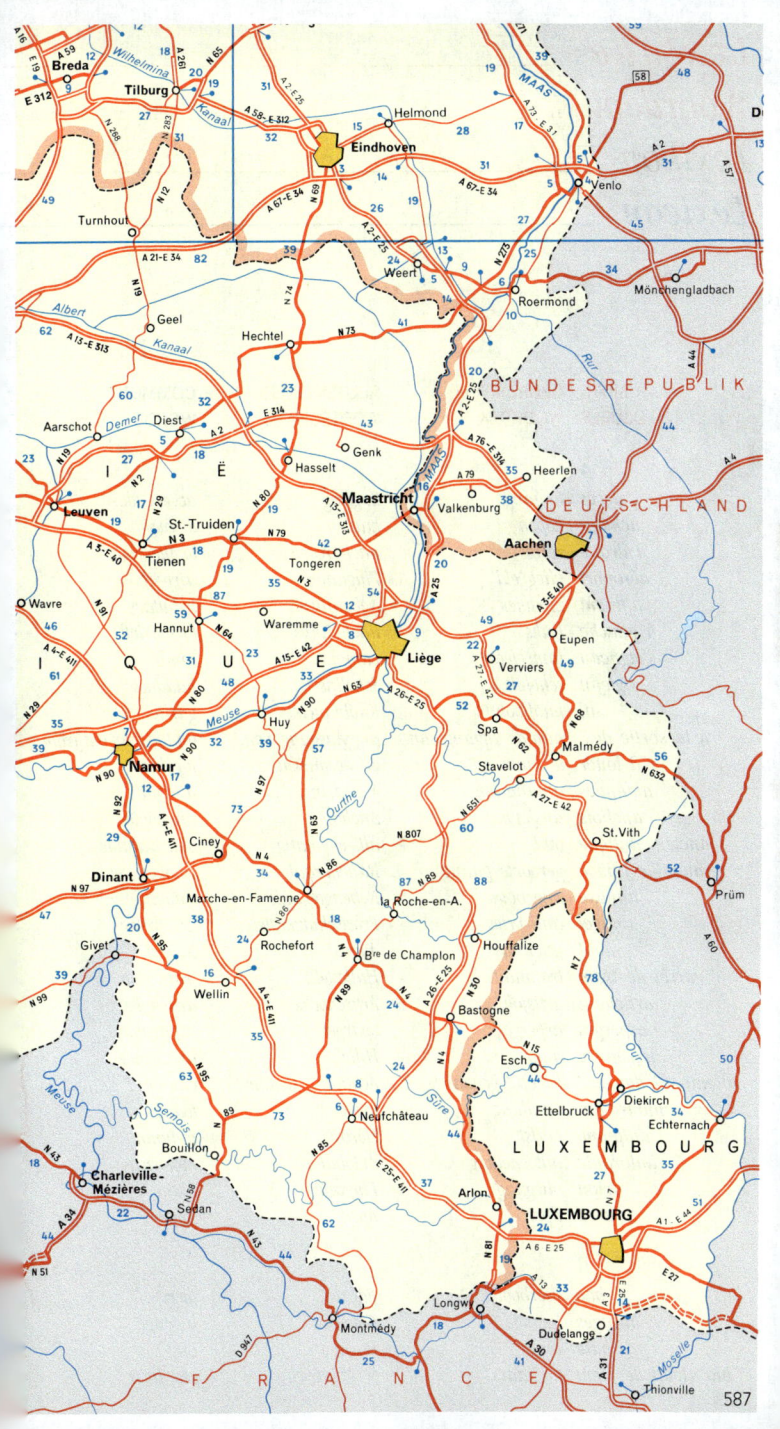

Lexique
Woordenlijst
Lexikon
Lexicon

MOTS USUELS	GEBRUIKELIJKE WOORDEN	ALLGEMEINER WORTSCHATZ	COMMON WORDS
A			
accès	toegang	Zugang	access to...
acheter	kopen	kaufen	to buy
à droite	rechts	nach rechts	to the right
aéroport	vliegveld	Flughafen	airport
affluent	zijrivier	Nebenfluss	tributary
à gauche	links	nach links	to the left
agneau	lamsvlees	Lamm	lamb
aiglefin	schelvis	Schellfisch	haddock
ail	knoflook	Knoblauch	garlic
à la sortie de...	aan de uitgang van...	am Ausgang von...	on the way out from...
à louer	te huur	zu vermieten	for hire
amandes	amandelen	Mandeln	almonds
anchois	ansjovis	Anchovis	anchovies
ancien, antique	oud	alt, ehemalig	old, antique
anguille fumée	gerookte paling	Räucheraal	smoked eel
annexe	bijgebouw	Nebengebäude	annex
antigel	anti-vries	Frostschutzmittel	antifreeze
août	augustus	August	August
arrêt de tram	tramhalte	Haltestelle	tram stop
artichaut	artisjok	Artischocke	artichoke
asperges	asperges	Spargel	asparagus
assistance	hulp	Hilfe	assistance
attention ! danger !	let op ! gevaar !	Achtung ! Gefahr !	caution ! danger !
aujourd'hui	vandaag	heute	today
automne	herfst	Herbst	autumn
autoroute	autosnelweg	Autobahn	motorway
avion	vliegtuig	Flugzeug	plane
avril	april	April	April
B			
bac	veerboot	Fähre	ferry
bagages	bagage	Gepäck	luggage
baie	baai	Bucht	bay
bar (loup de mer)	zeebaars	Wolfsbarsch	sea bass

barbue	griet	Butte	brill
barque, canot	boot, roeiboot	Ruderboot	rowing boat
bas-côté non stabilisé	zachte berm	nicht befestigter Seitenstreifen	soft shoulder
bateau d'excursions	rondvaartboot	Ausflugsdampfer	pleasure boat
beau	mooi	schön	pretty, beautiful
bécasse	houtsnip	Waldschnepfe	woodcock
betterave	biet	rote Rübe	beetroot
beurre	boter	Butter	butter
bicyclette	fiets	Fahrrad	bicycle
bien, bon	goed	gut	good, well
bière	bier	Bier	beer
bifurcation	tweesprong	Gabelung	road fork
billet d'entrée	toegangsbewijs	Eintrittskarte	admission ticket
biscotte	beschuit	Zwieback	rusk
blanchisserie	wasserij	Wäscherei	laundry
boudin noir	bloedworst	Blutwurst	black pudding
bouillon	heldere soep	Fleischbrühe	clear soup
bouteille	fles	Flasche	bottle
boutique	winkel	Laden	shop
brasserie	café	Gastwirtschaft	brasserie
brochet	snoek	Hecht	pike
brochette	spies	kleiner Bratspiess	on a skewer
brouillard	mist	Nebel	fog
bureau de police	politiebureau	Polizeiwache	police station
bureau de tabac	tabakswinkel	Tabakladen	tobacconist
bureau de voyages	reisbureau	Reisebüro	travel bureau

C

cabillaud	kabeljauw	Kabeljau, Dorsch	cod
café au lait	koffie met melk	Milchkaffee	coffee with milk
café crème	koffie met room	Kaffee mit Sahne	coffee with cream
caille	kwartel	Wachtel	quail
caisse	kassa	Kasse	cash desk
campagne	platteland	Land	country
canard	eend	Ente	duck
câpres	kappers	Kapern	capers
carottes	wortelen	Karotten	carrots
carpe	karper	Karpfen	carp
carrelet	schol	Scholle	plaice
carte postale	briefkaart	Postkarte	postcard
cédez le passage	voorrang geven	Vorfahrt beachten	give way
céleri	selderij	Sellerie	celery
cerf	hert	Hirsch	stag
cerises	kersen	Kirschen	cherries
champignons	paddestoelen	Pilze	mushrooms
change	wisselkantoor	Geldwechsel	exchange
charcuterie	vleeswaren	Aufschnitt	pork-butchers' meats
château	kasteel	Burg, Schloss	castle
château d'eau	watertoren	Wasserturm	water tower
chaussée déformée	slecht wegdek	schlechte Wegstrecke	road subsidence

chaussée glissante	glad wegdek	Rutschgefahr	slippery road
chemin privé	private weg	Privatweg	private road
chevreuil	ree	Reh	venison
chicorée, endive, chicon	witlof	Endivie	chicory
chou	kool	Kraut, Kohl	cabbage
choucroute	zuurkool	Sauerkraut	sauerkraut
chou-fleur	bloemkool	Blumenkohl	cauliflower
chou de Bruxelles	spruitjes	Rosenkohl	Brussels sprouts
cimetière	begraafplaats	Friedhof	cemetery
cinéma	bioscoop	Kino	cinema
circuit	rondrit	Rundfahrt	round tour
citron	citroen	Zitrone	lemon
clé	sleutel	Schlüssel	key
cochon de lait	speenvarken	Sauferkel	suckling pig
coiffeur	kapper	Friseur	hairdresser, barber
collection	verzameling	Sammlung	collection
combien ?	hoeveel ?	wieviel ?	how much ?
commissariat	hoofdbureau van politie	Polizeirevier	police headquarters
concombre	komkommer	Gurke	cucumber
confiture	jam	Konfitüre	jam
coquillages	schelpdieren	Schalentiere	shellfish
coquille St-Jacques	jakobsschelp	Jakobsmuschel	scallops
côte	kust	Küste	coast
côtelette	kotelet	Kotelett	chop, cutlet
cour	binnenplaats	Hof	courtyard
couverture	deken	Decke	blanket
crabe	krab	Krabbe	crab
crème	room	Sahne	cream
crème fouettée	slagroom	Schlagsahne	whipped cream
crevaison	lekke band	Reifenpanne	puncture
crevettes	garnalen	Garnelen	shrimps
croûtons	croûtons	geröstetes Brot	croûtons
crudités	rauwkost	Rohkost	crudités
cuissot	...bout	...keule	haunch (of venison)

D

danger !	gevaar !	Gefahr !	danger !
dattes	dadels	Datteln	dates
daurade	goudbrasem	Goldbrassen	sea bream
décembre	december	Dezember	December
défense de doubler	inhaalverbod	Überholen verboten	no overtaking
défense de fumer	verboden te roken	Rauchen verboten	no smoking
défense d'entrer	verboden toegang	Zutritt verboten	no admittance
déjeuner, dîner	lunch, diner	Mittag-, Abendessen	lunch, dinner
demain	morgen	morgen	tomorrow
demander	vragen	bitten, fragen	to ask for
dentiste	tandarts	Zahnarzt	dentist
départ	vertrek	Abfahrt	departure
descente	afdaling	Gefälle	steep hill

descente dangereuse	*gevaarlijke afdaling*	*gefährliches Gefälle*	*dangerous hill*
digue	*dijk*	*Damm*	*dike*
dimanche	*zondag*	*Sonntag*	*Sunday*
dinde	*kalkoen*	*Truthenne*	*turkey*
docteur	*dokter*	*Arzt*	*doctor*
douane	*douane, tol*	*Zoll*	*customs*

E

eau minérale	*mineraalwater*	*Mineralwasser*	*mineral water*
écrevisse	*rivierkreeft*	*Flusskrebs*	*crayfish*
église	*kerk*	*Kirche*	*church*
en construction	*in aanbouw*	*im Bau*	*under construction*
en cours d'aménagement	*wordt verbouwd*	*im Umbau*	*in course of rearrangement*
en daube, en sauce	*gestoofd, met saus*	*geschmort, mit Sauce*	*braised, with sauce*
en dessous	*lager dan, onder*	*unter*	*below*
en plein air	*in de openlucht*	*im Freien*	*outside*
entrée	*ingang*	*Eingang*	*entrance*
entrecôte	*tussenrib*	*Rumpsteak*	*entrecôte*
enveloppes	*enveloppen*	*Briefumschläge*	*envelopes*
environ... km	*ongeveer... km*	*etwa... km*	*approx... km*
environs	*omgeving*	*Umgebung*	*surroundings*
épinards	*spinazie*	*Spinat*	*spinach*
escalope panée	*wienerschnitzel*	*Wiener Schnitzel*	*escalope in breadcrumbs*
escargots	*slakken*	*Schnecken*	*snails*
étage	*verdieping*	*Stock, Etage*	*floor*
été	*zomer*	*Sommer*	*summer*
exclus, non compris	*niet inbegrepen*	*nicht inbegriffen*	*excluded*
excursion	*uitstapje*	*Ausflug*	*excursion*
exposition	*tentoonstelling*	*Ausstellung*	*exhibition*

F

façade	*gevel*	*Fassade*	*façade*
faisan	*fazant*	*Fasan*	*pheasant*
farci	*gevuld*	*gefüllt*	*stuffed*
fermé	*gesloten*	*geschlossen*	*closed*
fèves	*bonen*	*dicke Bohnen*	*broad beans*
février	*februari*	*Februar*	*February*
filet de boeuf, de porc	*ossehaas, varkenshaasje*	*Filetsteak, Schweinefilet*	*fillet of beef, of pork*
fleurs	*bloemen*	*Blumen*	*flowers*
fleuve	*stroom*	*Fluss*	*river*
foie de veau	*kalfslever*	*Kalbsleber*	*calf's liver*
foie gras	*ganzenlever*	*Gänseleber*	*goose liver*
foire	*jaarbeurs*	*Messe, Markt*	*...show, exhibition*
fontaine	*fontein*	*Brunnen*	*fountain*
forêt, bois	*woud, bos*	*Wald, Wäldchen*	*forest, wood*
forteresse	*vesting*	*Festung*	*fortress*
fouilles	*opgravingen*	*Ausgrabungen*	*excavations*
fraises	*aardbeien*	*Erdbeeren*	*strawberries*

fresques	fresco's	Fresken	frescoes
frit	gebakken	gebraten (Pfanne)	fried
fromage	kaas	Käse	cheese
frontières	grens	Grenze	frontier
fumé	gerookt	geräuchert	smoked

G

garçon ! serveuse !	ober ! juffrouw !	Ober ! Fräulein !	waiter ! waitress !
gare	station	Bahnhof	station
gâteau	gebak	Kuchen	cake
genièvre	jenever	Wacholderschnaps	juniper, gin
gibier	wild	Wild	game
gigot	lamsbout	Lammkeule	leg of lamb
gingembre	gember	Ingwer	ginger
glace	ijs	Speiseeis	ice-cream
gorge	bergengte, kloof	Schlucht	gorge
graissage, lavage	doorsmeren, wassen	Abschmieren, Waschen	greasing, car wash
grand magasin	warenhuis	Kaufhaus	department store
grand'place	grote markt	Hauptplatz	main square
gravillons	steenslag	Rollsplitt	gravel
grenouille	kikker	Frosch	frog
grillé	geroosterd	gegrillt	grilled
groseilles	aalbessen	Johannisbeeren	redcurrents
grotte	grot	Höhle	cave

H

hachis	gehakt	gehackt	chopped
hameau	gehucht	Weiler	hamlet
hareng (frais)	haring (nieuwe)	Hering (grün)	herring (raw)
haricots blancs	witte bonen	weisse Bohnen	haricot beans
haricots verts	sperziebonen	grüne Bohnen	French beans
hebdomadaire	wekelijks	wöchentlich	weekly
hier	gisteren	gestern	yesterday
hiver	winter	Winter	winter
homard	kreeft	Hummer	lobster
hôpital	ziekenhuis	Krankenhaus	hospital
hôtel de ville	stadhuis	Rathaus	town hall
huile	olie	Öl	oil
huîtres	oesters	Austern	oysters

I - J

île	eiland	Insel	island
impasse	doodlopende weg	Sackgasse	no through road
interdit	verboden	verboten	prohibited
jambon (cru ou cuit)	ham (rauwe of gekookte)	Schinken (roh oder gekocht)	ham (raw or cooked)
janvier	januari	Januar	January
jardin, parc	tuin, park	Garten, park	garden, park
jardin botanique	botanische tuin	botanischer Garten	botanical garden
jeudi	donderdag	Donnerstag	Thursday

jeux	*spelen*	*Spiele*	*games*
jour férié	*feestdag*	*Feiertag*	*holiday*
journal	*krant*	*Zeitung*	*newspaper*
juillet	*juli*	*Juli*	*July*
juin	*juni*	*Juni*	*June*
jus de fruit	*vruchtensap*	*Fruchtsaft*	*fruit juice*

L

lac	*meer*	*See*	*lake*
lait	*melk*	*Milch*	*milk*
laitue	*kropsla*	*Kopfsalat*	*lettuce*
langouste	*pantserkreeft-langoest*	*Languste*	*langouste*
langoustines	*doornkreeften*	*Langustinen*	*langoustines*
langue	*tong*	*Zunge*	*tongue*
lapereau	*jong konijn*	*junges Kaninchen*	*young rabbit*
lapin	*konijn*	*Kaninchen*	*hare, rabbit*
librairie	*boekhandel*	*Buchhandlung*	*bookshop, news agent*
lièvre	*haas*	*Hase*	*hare*
lit	*bed*	*Bett*	*bed*
lit d'enfant	*kinderbed*	*Kinderbett*	*child's bed*
localité	*plaats*	*Stadt*	*town*
lotte	*zeeduivel*	*Seeteufel*	*monkfish*
lundi	*maandag*	*Montag*	*Monday*

M

mai	*mei*	*Mai*	*May*
maison	*huis*	*Haus*	*house*
mandarines	*mandarijnen*	*Mandarinen*	*mandarins*
manoir	*landhuis, ridderhofstede*	*Herrensitz*	*manor house*
maquereau	*makreel*	*Makrele*	*mackerel*
mardi	*dinsdag*	*Dienstag*	*Tuesday*
mars	*maart*	*März*	*March*
mauvais	*slecht*	*schlecht*	*bad*
médiéval	*middeleeuws*	*mittelalterlich*	*mediaeval*
mer	*zee*	*Meer*	*sea*
mercredi	*woensdag*	*Mittwoch*	*Wednesday*
merlan, colin	*wijting, koolvis*	*Weissling, Kohlfisch*	*whiting, hake*
miel	*honing*	*Honig*	*honey*
môle, quai	*havenhoofd, kade*	*Mole, Kai*	*mole, quay*
monastère	*klooster*	*Kloster*	*monastery*
montée	*helling*	*Steigung*	*hill*
morue séchée	*stokvis*	*Stockfisch*	*salt cod*
moules	*mosselen*	*Muscheln*	*mussels*
moulin	*molen*	*Mühle*	*windmill*
moutarde	*mosterd*	*Senf*	*mustard*

N

navire	*schip*	*Schiff*	*ship*
neige	*sneeuw*	*Schnee*	*snow*
Noël	*Kerstmis*	*Weihnachten*	*Christmas*

noisettes	hazelnoten	Haselnüsse	hazelnuts
noix	noten	Nüsse	walnuts
note, addition	rekening	Rechnung	bill, check
novembre	november	November	November

O

octobre	oktober	Oktober	October
oeuvre d'art	kunstwerk	Kunstwerk	work of art
office de tourisme	dienst voor toerisme, V.V.V.	Verkehrsverein	tourist information centre
oie	gans	Gans	goose
oignons	uien	Zwiebeln	onions
oeuf à la coque	zacht gekookt ei	weiches Ei	soft-boiled egg
ombragé	schaduwrijk	schattig	shady
oranges	sinaasappels	Orangen	oranges
oreiller	hoofdkussen	Kopfkissen	pillow
ouvert	geopend	offen	open

P

pain	brood	Brot	bread
palais de justice	gerechtshof	Gerichtsgebäude	Law Courts
palais royal	koninklijk paleis	Königsschloss	royal palace
panne	pech	Panne	breakdown
papier à lettres	briefpapier	Briefpapier	writing paper
Pâques	Pasen	Ostern	Easter
parc d'attractions	pretpark	Vergnügungspark	amusement park
pâté en croûte	pastei in korstdeeg	Pastete	meat pie
pâtisseries	banketgebak	Feingebäck, Süssigkeiten	pastries
patron	eigenaar	Besitzer	owner
payer	betalen	bezahlen	to pay
péage	tol	Mautgebühr	toll
pêches	perziken	Pfirsiche	peaches
peintures, tableaux	schilderijen	Malereien, Gemälde	paintings
perdrix, perdreau	patrijs	Rebhuhn	partridge
petit déjeuner	ontbijt	Frühstück	breakfast
petits pois	doperwten	junge Erbsen	petits pois
phare	vuurtoren	Leuchtturm	lighthouse
pharmacien	apotheker	Apotheker	chemist
piétons	voetgangers	Fussgänger	pedestrians
pigeon	duif	Taube	pigeon
pinacothèque	schilderijengalerij	Gemäldegalerie	picture gallery
pintade	parelhoen	Perlhuhn	guinea fowl
pistaches	pistache-nootjes	Pistazie	pistachio
pittoresque	schilderachtig	malerisch	picturesque
place du marché	marktplein	Marktplatz	market place
place publique	plein	Platz	square
plage	strand	Strand	beach
plaine verdoyante, pré	weide	grüne Ebene, Wiese	green open country, meadow

poireau	prei	Lauch	leek
poires	peren	Birnen	pears
poivre	peper	Pfeffer	pepper
pommes	appels	Apfel	apples
pommes de terre (sautées)	aardappelen (gebakken)	Kartoffeln (gebraten)	potatoes (fried)
pont	brug	Brücke	bridge
port	haven	Hafen	harbour
porteur	kruier	Gepäckträger	porter
poste de secours	hulppost	Unfall-Hilfsposten	first aid station
potager	groententuin, moestuin	Gemüsegarten	kitchen garden
pourboire	drinkgeld, fooi	Trinkgeld	tip
pot-au-feu	stoofpot	Rindfleischsuppe	boiled meat and vegetables
poulet	kip	Hühnchen	chicken
prêtre	priester	Geistlicher	priest
primeurs	jonge groenten	Frühgemüse	early vegetables
printemps	lente	Frühling	spring (season)
promenade	wandeling	Spaziergang, Promenade	walk, promenade
proximité	nabijheid	Nähe	proximity
prunes	pruimen	Pflaumen	plums

Q - R

quotidien	dagelijks	täglich	daily
raccordement	verbindingsweg	Zufahrtsstrasse	access road
raie	rog	Rochen	skate
raisin	druiven	Traube	grapes
raisins secs	rozijnen	Rosinen	raisins
recommandé	aangetekend	Einschreiben	registered
régime	dieet	Diät	diet
remorquer	wegslepen	abschleppen	to tow
renseignements	inlichtingen	Auskünfte	information
réparer	repareren	reparieren	to repair
repas	maaltijd	Mahlzeit	meal
repassage	(het) strijken	Büglerei	pressing, ironing
réservé aux piétons	alleen voor voetgangers	nur für Fussgänger	pedestrians only
ris de veau	kalfszwezerik	Kalbsbries	sweetbreads
rive, bord	kant, oever	Ufer	shore
rivière	rivier	Fluss	river
riz	rijst	Reis	rice
roches, rochers	rotsen	Felsen	rocks
rognons	nieren	Nieren	kidneys
rôti (au four)	gebraden (in oven)	gebraten (Backofen)	roasted (in oven)
rôtisserie	rôtisserie	Rotisserie	rotisserie
rouget	knorhaan, rode poon	Barbe, Rötling	red mullet
roulez prudemment	voorzichtig rijden	voorsichtig fahren	drive carefully
route barrée	afgesloten rijweg	gesperrte Strasse	road closed
route nationale	rijksweg	Staatsstrasse	State road

route, rue en mauvais état	weg, straat met slecht wegdek	Weg, Strasse in schlechtem Zustand	road, street in bad condition
rue	straat	Strasse	street
rue de traversée	doorgaand verkeer	Durchgangsverkehr	through traffic
rustique	landelijk	ländlich	rustic

S

saignant	kort gebakken	englisch gebraten	rare
St-Pierre	zonnevis	Sankt-Peters Fisch	John Dory (fish)
salade	sla	Salat	green salad
salle à manger	eetzaal	Speisesaal	dining room
salle de bain	badkamer	Badezimmer	bathroom
samedi	zaterdag	Samstag	Saturday
sandre	snoekbaars	Zander	zander
saucisse	saucijs	Würstchen	sausage
saucisson	worst	Wurst	sausage
saumon	zalm	Lachs	salmon
sculptures	beeldhouwkunst	Schnitzwerk	carvings
sel	zout	Salz	salt
septembre	september	September	September
service compris	inclusief bediening	Bedienung inbegriffen	service included
site, paysage	landschap	Landschaft	site, landscape
soir	avond	Abend	evening
sole	tong (vis)	Seezunge	sole
sortie	uitgang	Ausgang	exit
sortie de camions	uitrit vrachtwagens	Lkw-Ausfahrt	truck exit
sortie de secours	nooduitgang	Notausgang	emergency exit
source	bron	Quelle	source, stream
station d'essence	benzinestation	Tankstelle	petrol station
stationnement interdit	parkeren verboden	Parkverbot	no parking
sucre	suiker	Zucker	sugar
sur demande	op verzoek	auf Verlangen	on request

T

tapisseries	wandtapijten	Wandteppiche	tapestries
tarte	taart	Torte	tart
thé	thee	Tee	tea
thon	tonijn	Thunfisch	tuna
timbre-poste	postzegel	Briefmarke	stamp
toiles originales	originele doeken	Originalgemälde	original paintings
tombeau	grafsteen	Grabmal	tomb
tour	toren	Turm	tower
train	trein	Zug	train
tramway	tram	Strassenbahn	tram
travaux en cours	werk in uitvoering	Strassenbauarbeiten	road works
traversée de piste cyclable	overstekende wielrijders	Radweg kreuzt	cycle track crossing
trésor	schat	Schatz	treasure, treasury
truffe	truffel	Trüffel	truffle

truite	*forel*	*Forelle*	*trout*
turbot	*tarbot*	*Steinbutt*	*turbot*

V

veau	*kalf*	*Kalb*	*veal*
vedette	*motorboot*	*Motorboot*	*motorboat*
vendredi	*vrijdag*	*Freitag*	*Friday*
verre	*glas*	*Glas*	*glass*
verrière, vitrail	*glazen dak; glas-in-loodraam*	*Kirchenfenster*	*stained glass window*
vignes, vignobles	*wijnranken, wijngaarden*	*Reben, Weinberg*	*vines, vineyard*
village	*dorp*	*Dorf*	*village*
vinaigre	*azijn*	*Essig*	*vinegar*
vin blanc sec	*droge witte wijn*	*herber Weisswein*	*dry white wine*
vin rouge, rosé	*rode wijn, rosé wijn*	*Rotwein, Rosé*	*red wine, rosé*
virage dangereux	*gevaarlijke bocht*	*gefährliche Kurve*	*dangerous bend*
voûte	*gewelf*	*Gewölbe, Wölbung*	*arch*

L'Euro

1999 a vu l'avènement de la monnaie européenne commune : l'EURO.

Onze pays de l'Union Européenne ont d'ores et déjà adopté l'EURO : l'Allemagne, l'Autriche, la Belgique, l'Espagne, la Finlande, la France, l'Irlande, l'Italie, le Luxembourg, les Pays-Bas et le Portugal.

Dans ces pays, les prix sont désormais affichés en monnaies nationales et en euros.

Toutefois, les billets de banque et pièces en euros n'étant disponibles qu'en 2002, seuls les réglements par chèques bancaires ou cartes de crédit pourront être libellés en euros.

Dans cette édition, nous avons choisi de mentionner les prix dans la monnaie nationale.

Le tableau ci-après indique la parité fixe entre l'euro et les devises européennes.

De Euro

In 1999 werd de Europese eenheidsmunt ingevoerd : de EURO.

Elf landen van de Europese Unie hebben nu al de EURO ingevoerd : België, Duitsland, Finland, Frankrijk, Ierland, Italië, Luxemburg, Nederland, Oostenrijk, Portugal en Spanje.

In deze landen worden de prijzen voortaan aangegeven in de nationale munteenheid en in euro.

De bankbiljetten en munten in euro zullen echter pas in 2002 beschikbaar zijn. Voorlopig kunnen alleen betalingen per cheque of creditcard in euro worden uitgedrukt.

In deze uitgave hebben wij ervoor gekozen de prijzen in de nationale munteenheid te vermelden.

De tabel hierna geeft de vaste pariteit tussen de euro en de Europese deviezen aan.

Der Euro

1999 war das Jahr der Einführung der einheitlichen europäischen Währung: der Euro.

Elf Länder der europäischen Vereinigung haben den Euro eingeführt: Deutschland, Österreich, Belgien, Spanien, Finnland, Frankreich, Irland, Italien, Luxemburg, die Niederlande und Portugal.

Die Preise werden in diesen Ländern in der nationalen Währung und in Euro ausgezeichnet.

Banknoten und Münzen in Euro sind jedoch erst ab 2002 erhältlich. Die Bezahlung in Euro kann bis zu diesem Zeitpunkt nur per Scheck oder per Kreditkarte erfolgen.

Aus diesem Grund haben wir uns entschieden in dieser Ausgabe, die Preise in der nationalen Währung anzugeben.

Die folgende Tabelle zeigt die festgelegte Parität zwischen dem Euro und den europäischen Währungen.

The Euro

1999 saw the launch of the European single currency : the EURO.

11 countries in the European Union are already using the EURO : Austria, Belgium, Finland, France, Germany, Ireland, Italy, Luxembourg, Netherlands, Portugal and Spain.

In each of these countries, prices will today be displayed in the local currency and in Euros.

However, as Euro notes and coins will not be available until 2002, payment in Euros is currently only possible by bank or credit cards.

We have therefore retained the local currency prices only for entries in this year's guide.

The following table shows the fixed rates between the Euro and other European currencies.

1 € = 13,7603 ATS	A	1 ATS = 0,0726728 €
1 € = 40,3399 BEF	B	1 BEF = 0,0247893 €
1 € = 1,9583 DEM	D	1 DEM = 0,5112918 €
1 € = 166,386 ESP	E	1 ESP = 0,0060101 €
1 € = 6,55957 FRF	F	1 FRF = 0,152449 €
1 € = 5,94573 FIM	FIN	1 FIM = 0,1681879 €
1 € = 1936,27 ITL	I	1 ITL = 0,0005164 €
1 € = 0,787564 IEP	IRL	1 IEP = 1,269738 €
1 € = 40,3399 LUF	L	1 LUF = 0,0247893 €
1 € = 2,20371 NLG	NL	1 NLG = 0,4537802 €
1 € = 200,482 PTE	P	1 PTE = 0,0049879 €

Manufacture française des pneumatiques Michelin
Société en commandite par actions au capital de 2 000 000 000 de francs
Place des Carmes-Déchaux – 63 Clermont-Ferrand (France)
R.C.S. Clermont-Fd B 855 200 507

Michelin et Cie, propriétaires-éditeurs, 2001
Dépôt légal 02-2001 – ISBN 2-06-000298-2

Toute reproduction, même partielle et quel qu'en soit le support
est interdite sans autorisation préalable de l'éditeur.

Printed in France : 12-2000/1

Compogravure : Maury Imprimeur S.A., Malesherbes.

Impression : CASTERMAN, Tournai (Belgique).

Reliure : A.G.M., Forges-les-Eaux.

Illustrations : Introduction, Cécile Imbert/MICHELIN et
  Narratif Systèmes/Genclo.
  Nomenclature, Rodolphe Corbel

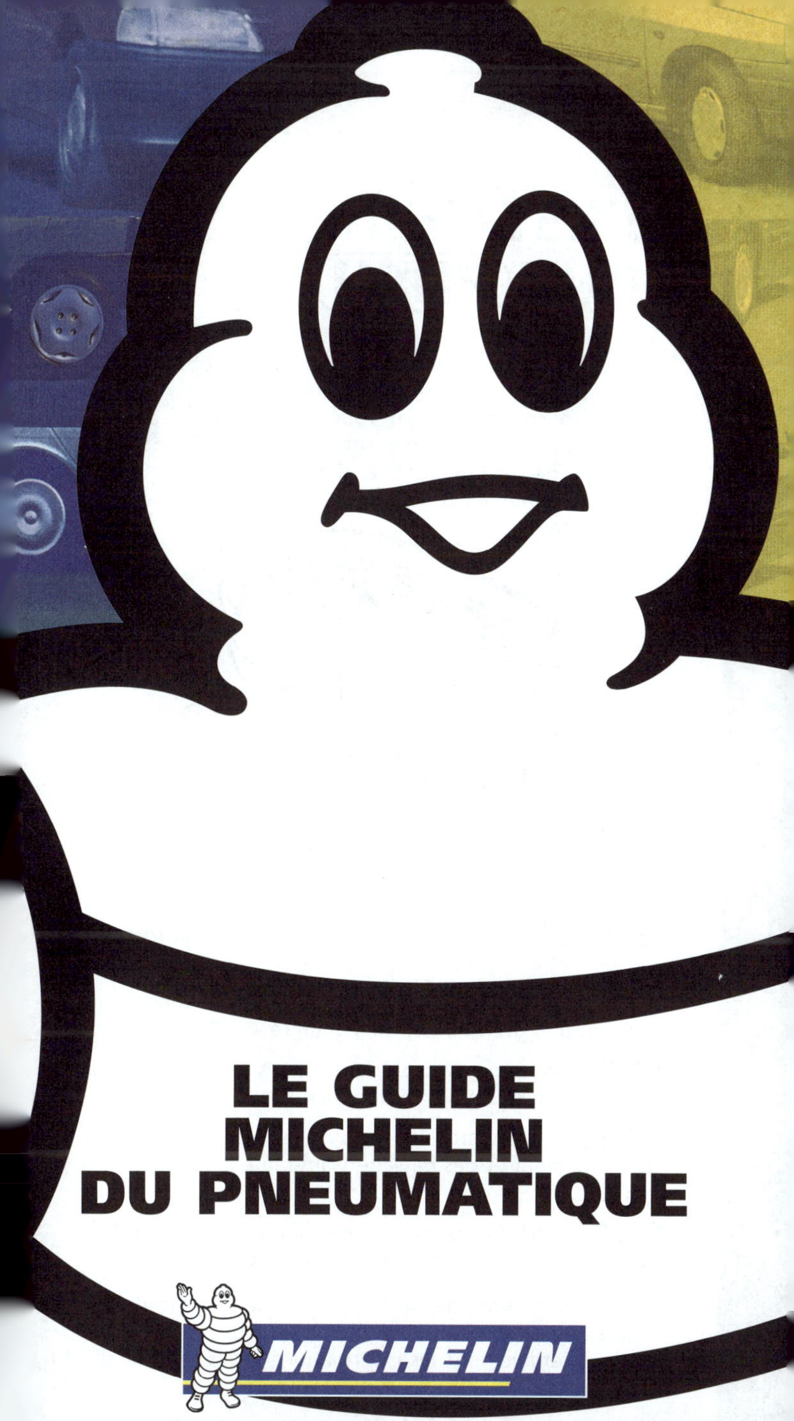

LE GUIDE MICHELIN DU PNEUMATIQUE

QU'EST-CE QU'UN PNEU ?

Produit de haute technologie, le pneu constitue le seul point de liaison de la voiture avec le sol.
Ce contact correspond, par roue, à une surface équivalente à celle d'une carte postale. Le pneu doit donc se contenter de ces quelques centimètres carrés de gomme au sol pour remplir un grand nombre de tâches souvent contradictoires :

Porter le véhicule à l'arrêt, mais aussi résister aux transferts de charge considérables à l'accélération et au freinage.

Transmettre la puissance utile du moteur, les efforts au freinage et en courbe.

Rouler régulièrement, plus sûrement, plus longtemps pour un plus grand plaisir de conduire.

Guider le véhicule avec précision, quels que soient l'état du sol et les conditions climatiques.

Amortir les irrégularités de la route, en assurant le confort du conducteur et des passagers ainsi que la longévité du véhicule.

Durer, c'est-à-dire garder au meilleur niveau ses performances pendant des millions de tours de roue.

■ Afin de vous permettre d'exploiter au mieux toutes les qualités de vos pneumatiques, nous vous proposons de lire attentivement les informations et les conseils qui suivent.

LE PNEU
EST LE SEUL POINT DE LIAISON
DE LA VOITURE AVEC LE SOL

COMMENT LIT-ON UN (PNEU) ?

ENERGY : nom de la gamme

Largeur du pneu : ≃ 195 mm

Série du pneu : rapport hauteur sur largeur de section H/S. 0,65

Structure : R (Radial)

Diamètre intérieur : 15 pouces

Indice de charge : 91 = 615 Kg

Code de vitesse : H = 210 Km/h

Pneu : XH1

Bib repérant l'emplacement de l'indicateur d'usure

Marque enregistrée

Tubeless : pneu sans chambre

Marque enregistrée : nom du fabricant

CODES DE VITESSE MAXIMUM :

		S	180 km/h	V	240 km/h
		T	190 km/h	W	270 km/h
Q	160 km/h	H	210 km/h	Y	300 km/h
R	170 km/h	VR	> 210 km/h	ZR	> 240 km/h

(dans la dimension)

POURQUOI VERIFIER LA PRESSION DE VOS PNEUS ?

POUR EXPLOITER AU MIEUX
LEURS **PERFORMANCES** ET ASSURER
VOTRE **SECURITE**

Contrôlez la pression de vos pneus, sans oublier la roue de secours, dans de bonnes conditions.
Un pneu perd régulièrement de la pression.

Les pneus doivent être contrôlés

une fois toutes les 2 semaines

à froid, c'est-à-dire une heure au moins après l'arrêt de la voiture ou après avoir parcouru 2 à 3 kilomètres à faible allure.
En roulage, la pression augmente ; ne dégonflez donc jamais un pneu qui vient de rouler : considérez que, pour être correcte, sa pression doit être au moins supérieure de 0,3 bar à celle préconisée à froid.

■ VERIFIEZ LA PRESSION DE VOS PNEUS
REGULIEREMENT ET AVANT CHAQUE VOYAGE

LE SURGONFLAGE

Si vous devez effectuer un long trajet à vitesse soutenue, ou si la charge de votre voiture est particulièrement importante, il est généralement conseillé de majorer la pression de vos pneus. Attention : l'écart de pression avant-arrière nécessaire à l'équilibre du véhicule doit être impérativement respecté. Consultez les tableaux de gonflage Michelin chez tous les professionnels de l'automobile et chez les spécialistes du pneu. N'hésitez pas à leur demander conseil.

LE SOUS-GONFLAGE

Lorsque la pression de gonflage est insuffisante, les flancs du pneu travaillent anormalement. Il en résulte une fatigue excessive de la carcasse, une élévation de température et une usure anormale. Le pneu subit alors des dommages irréversibles qui peuvent entraîner sa destruction immédiate ou future.

En cas de perte de pression, il est impératif de consulter un spécialiste qui en recherchera la cause et jugera de la réparation éventuelle à effectuer.

LE BOUCHON DE VALVE

En apparence, il s'agit d'un détail ; c'est pourtant un élément essentiel de l'étanchéité. Aussi, n'oubliez pas de le remettre en place après vérification de la pression, en vous assurant de sa parfaite propreté.

VOITURE TRACTANT

CARAVANE, BATEAU...

Dans ce cas particulier, il ne faut jamais oublier que le poids de la remorque accroît la charge du véhicule. Il est donc nécessaire d'augmenter la pression des pneus arrière de votre voiture, en vous conformant aux indications des tableaux de gonflage Michelin.

Pour de plus amples renseignements, demandez conseil à votre revendeur de pneumatiques, c'est un véritable spécialiste.

COMMENT FAIRE DURER VOS (PNEUS) ?

Afin de préserver longtemps les qualités de vos pneus, il est impératif de les faire contrôler régulièrement, et avant chaque grand voyage. Il faut savoir que la durée de vie d'un pneu peut varier dans un rapport de 1 à 4, et parfois plus, selon son entretien, l'état du véhicule, le style de conduite et l'état des routes !

L'ensemble roue-pneumatique doit être parfaitement équilibré pour éviter les vibrations qui peuvent apparaître à partir d'une certaine vitesse. Pour supprimer ces vibrations et leurs désagréments, vous confierez l'équilibrage à un professionnel du pneumatique, car cette opération nécessite un savoir-faire et un outillage très spécialisé.

● LES FACTEURS QUI INFLUENT SUR L'USURE ET LA DUREE DE VIE DE VOS PNEUMATIQUES :

Les caractéristiques du véhicule (poids, puissance...), le profil des routes (rectilignes, sinueuses), le revêtement (granulométrie : sol lisse ou rugueux), l'état mécanique du véhicule (réglage des trains avant, arrière, état des suspensions et des freins...), le style de conduite (accélérations, freinages, vitesse de passage en courbe...), la vitesse (en ligne droite à 120 km/h un pneu s'use deux fois plus vite qu'à 70 km/h), la pression des pneumatiques (si elle est incorrecte, les pneus s'useront beaucoup plus vite et de manière irrégulière).

D'autres événements de nature accidentelle (chocs contre trottoirs, nids de poule...), en plus du risque de déréglage et de détérioration de certains éléments du véhicule, peuvent provoquer des dommages internes au pneumatique dont les conséquences ne se manifesteront parfois que bien plus tard.

LES CHOCS CONTRE LES TROTTOIRS, LES NIDS DE POULE... PEUVENT ENDOMMAGER GRAVEMENT VOS PNEUS

Un contrôle régulier de vos pneus vous permettra donc de détecter puis de corriger rapidement les anomalies (usure anormale, perte de pression...). A la moindre alerte, adressez-vous immédiatement à un revendeur spécialiste qui interviendra pour préserver les qualités de vos pneus, votre confort et votre sécurité.

● SURVEILLEZ L'USURE DE VOS PNEUMATIQUES :

Comment ? Tout simplement en observant la profondeur de la sculpture. C'est un facteur de sécurité, en particulier sur sol mouillé. Tous les pneus possèdent des indicateurs d'usure de 1,6 mm d'épaisseur. Ces indicateurs sont repérés par un Bibendum situé aux "épaules" des pneus MICHELIN. Un examen visuel suffit pour connaître le niveau d'usure de vos pneumatiques.

Attention : même si vos pneus n'ont pas encore atteint la limite d'usure légale (en France, **la profondeur restante de la sculpture doit être supérieure à 1,6 mm** sur l'ensemble de la bande de roulement), leur capacité à évacuer l'eau aura naturellement diminué avec l'usure.

COMMENT CHOISIR VOS (PNEUS) ?

Le type de pneumatique qui équipe d'origine votre véhicule a été déterminé pour optimiser ses performances. Il vous est cependant possible d'effectuer un autre choix en fonction de votre style de conduite, des conditions climatiques, de la nature des routes et des trajets effectués.
Dans tous les cas, il est indispensable de consulter un spécialiste du pneumatique, car lui seul pourra vous aider à trouver la solution la mieux adaptée à votre utilisation dans le respect de la législation.

**MONTAGE, DEMONTAGE,
EQUILIBRAGE DU PNEU ;
C'EST L'AFFAIRE D'UN PROFESSIONNEL.**

Un mauvais montage ou démontage du pneu peut le détériorer et mettre en cause votre sécurité.
Sauf cas particulier et exception faite de l'utilisation provisoire de la roue de secours,

▶ **les pneus montés sur un essieu donné doivent être identiques.**

▶ **Il est conseillé de monter les pneus neufs ou les moins usés à l'arrière pour assurer la meilleure tenue de route en situation difficile**

(freinage d'urgence ou courbe serrée) principalement sur chaussée glissante.

En cas de crevaison, seul un professionnel du pneu saura effectuer les examens nécessaires et décider d'une éventuelle réparation.
Il est recommandé de changer la valve ou la chambre à air à chaque intervention.

▶ IL EST DECONSEILLE DE MONTER UNE CHAMBRE A AIR DANS UN ENSEMBLE TUBELESS.

▶ L'utilisation de pneus cloutés est strictement réglementée ; il est important de s'informer avant de les faire monter.

Attention : la capacité de vitesse des pneumatiques Hiver "M+S" peut être inférieure à celle des pneus d'origine. Dans ce cas, la vitesse de roulage devra être adaptée à cette limite inférieure.
Une étiquette de rappel de cette vitesse sera apposée à l'intérieur du véhicule à un endroit aisément visible du conducteur.

LES CLEFS DU SUCCES DE MICHELIN : SA PASSION POUR LE PROGRES ET L'INNOVATION

"Battre aujourd'hui le pneu de demain", c'est ce qui permet à MICHELIN d'être toujours à la pointe de l'innovation pour être toujours plus proche de ses clients.

LE GROUPE MICHELIN EN BREF :

- Plus de 120 000 personnes à travers le monde.
- Une présence commerciale dans plus de 170 pays.
- Plus de 80 sites implantés dans 19 pays - Europe, Amérique du Nord/Sud, Afrique et Asie.
- Des centres de technologie en Europe, aux U.S.A. et au Japon.
- 6 plantations d'hévéas au Brésil et au Nigéria.

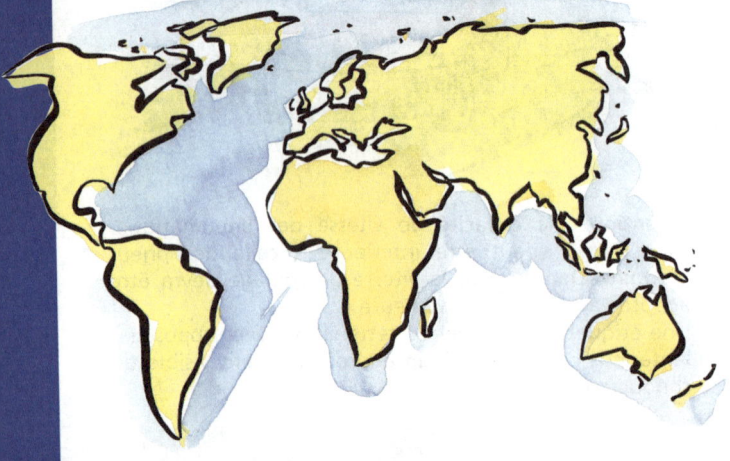

DERNIER FRUIT DES RECHERCHES DE MICHELIN : LE PNEU MICHELIN ENERGY.

Pour répondre à une des attentes principales de ses clients - **la Sécurité** - MICHELIN a notamment fait évoluer sa gamme de pneumatiques Energy.

Le pneu MICHELIN ENERGY est le pneu ETE qui peut être utilisé dans des conditions hivernales (sols gras, mouillés, enneigés en plaine) en conservant des qualités d'adhérence et de comportement exceptionnelles.
Grâce à une faible résistance au roulement, donc une moindre consommation d'énergie, le pneu MICHELIN ENERGY contribue également à un meilleur respect de l'environnement.

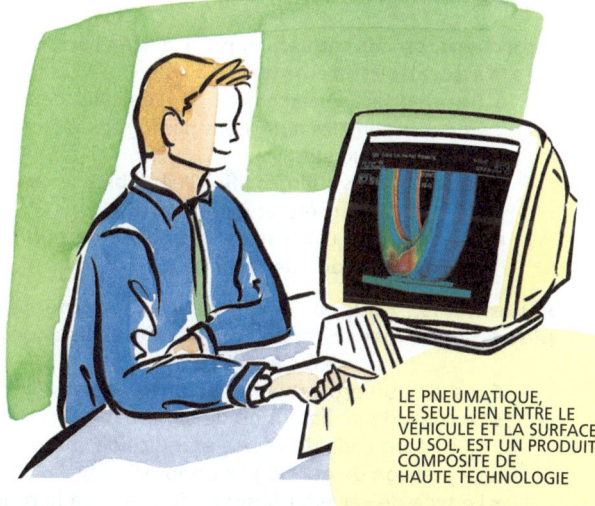

LE PNEUMATIQUE, LE SEUL LIEN ENTRE LE VÉHICULE ET LA SURFACE DU SOL, EST UN PRODUIT COMPOSITE DE HAUTE TECHNOLOGIE

INFORMATIONS SUPPLÉMENTAIRES

Les pneumatiques comportent sur leurs flancs, en dehors des inscriptions réglementaires, un certain nombre d'indications destinées à répondre à des usages internes aux manufacturiers ou à certains pays.
Tel le **"Safety Warning"** propre aux USA, dont la traduction est :

Avertissement de Sécurité

"D'importants dommages peuvent résulter d'une défaillance pneumatique provoquée par un sous-gonflage, une surcharge, une mauvaise association pneu/jante (ne jamais dépasser 275 KPa pour positionner les talons sur la jante).
Seules les personnes spécialement formées doivent démonter et monter les pneumatiques."
Ces consignes sont précisées dans nos documentations commerciales et techniques.
Consultez un professionnel du pneu.

CAMPING CARS

Ce type de véhicule offre une modularité et un volume de rangement qui peuvent le placer, ainsi que ses pneumatiques, dans des conditions d'utilisation anormalement pénalisantes.
Par la suite, des dégradations irréversibles pourront se manifester sur les pneumatiques même si, depuis, les conditions normales d'utilisation ont été parfaitement rétablies.

 Il convient, en conséquence, pour éviter tout risque de détériorations prématurées :

- De charger correctement le véhicule dans les limites maximales autorisées par la réglementation et les constructeurs.
- De répartir les charges afin d'équilibrer le chargement : avant/arrière et gauche/droite.
- De vérifier régulièrement la pression de gonflage (y compris la roue de secours).

 Par ailleurs, nous préconisons des équipements plus adaptés aux conditions réelles d'utilisation :
XC CAMPING

Consultez un professionnel du pneu pour :
- Le choix de la dimension de pneumatique (y compris code de vitesse et indice de charge)
- La pression de gonflage à adopter
- Le type de valve à utiliser en fonction de la roue.

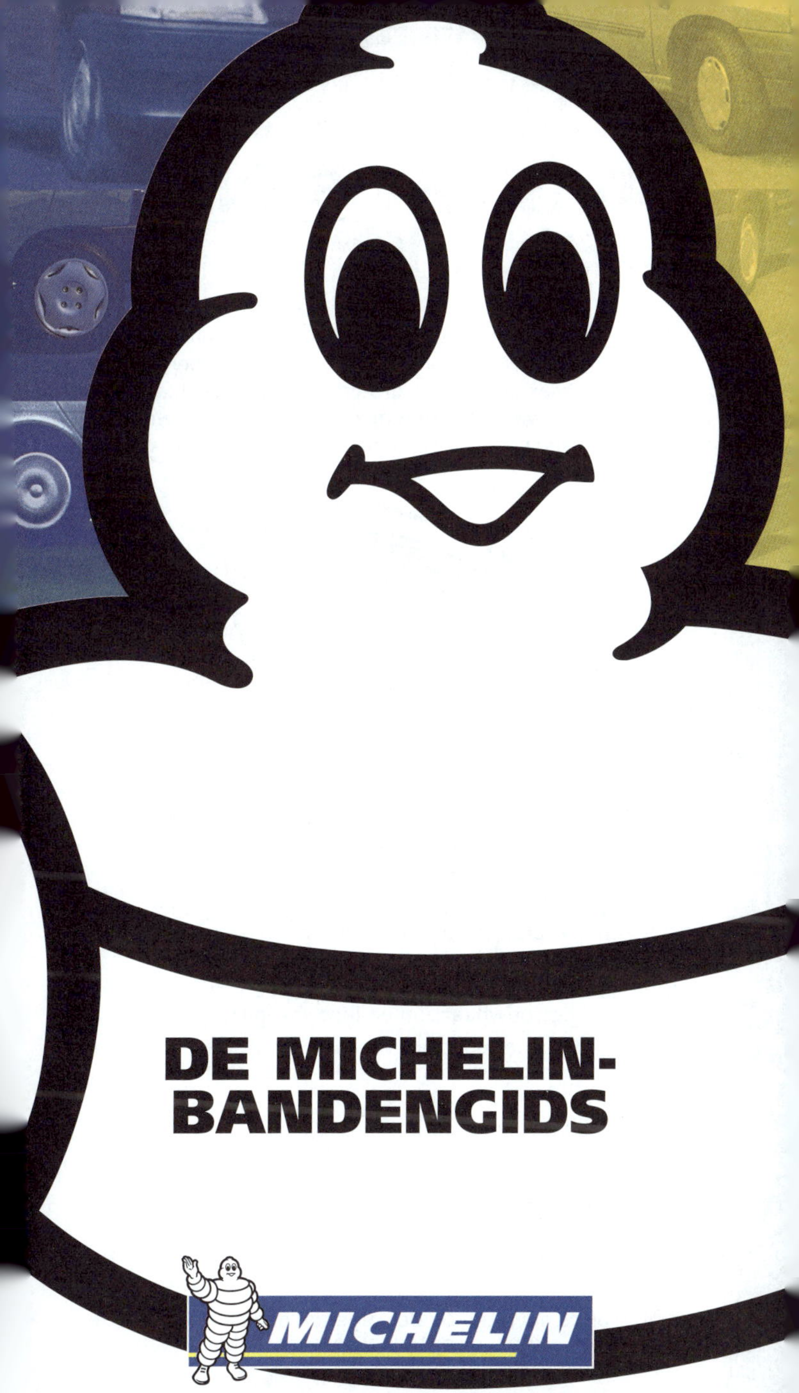

DE MICHELIN-BANDENGIDS

WAT IS EEN (BAND) EIGENLLIJK?

Een band is een hoogwaardig technologisch product; het enige contact tussen de auto en de weg. Qua oppervlakte is dit contactvlak echter niet groter dan een ansichtkaart. En met die paar vierkante centimeters rubber op het wegdek, moet de band een groot aantal - vaak tegenstrijdige - taken uitvoeren.

Dragen: hij moet niet alleen het gewicht van de stilstaande auto dragen, maar ook opgewassen zijn tegen de forse belasting die wordt overgebracht bij het optrekken en afremmen.

Overbrengen: de band moet zowel het nuttig motorvermogen overbrengen als de krachten die optreden bij het afremmen en in bochten.

Rollen: voor het rijcomfort moet een band soepel afrollen, betrouwbaar zijn en lang meegaan.

Sturen: de band moet het voertuig de grootst mogelijke stuurprecisie geven, ongeacht de staat van het wegdek en de weersomstandigheden.

Dempen: voor het comfort van de inzittenden en om de levensduur van de auto te verlengen, moet de band oneffenheden in het wegdek opvangen.

Duurzaamheid: hij moet een lange levensduur hebben. Dus topprestaties blijven leveren tijdens miljoenen omwentelingen.

■ Door de adviezen op de volgende pagina's ter harte te nemen, kunt u optimaal profijt hebben van uw Michelin-banden.

DE BAND IS HET ENIGE
CONTACT TUSSEN DE AUTO
EN DE WEG.

WAT BETEKENEN DE MARKERINGEN OP EEN (BAND) ?

Energy: de naam van het gamma

Breedte van de band (hier ongeveer 195 mm)

Hoogte/Breedteverhouding van de band (hier H/B = 0,65)

Structuur van het karkas: R (radiaal)

Hieldiameter: 15 inch (komt overeen met velgdiameter)

Belastingsindex: 91 = 615 kg
Snelheidssymbool: H = 210 km/u

Profieltype: XH1

Bibendum, het Michelin-mannetje, geeft de plaats van de slijtagegraad-indicator in het profiel aan

Geregistreerd symbool

Tubeless: band zonder binnenband

Geregistreerd handelsmerk: naam van de fabrikant

AANDUIDING VOOR DE MAXIMUM SNELHEID:	S	180 km/u	V	240 km/u
	T	190 km/u	W	270 km/u
Q 160 km/h	H	210 km/u	Y	300 km/u
R 170 km/h	VR	> 210 km/u	ZR	> 240 km/u
				(bij de afmeting)

WAAROM ZOU U DE BANDENSPANNING CONTROLEREN?

OM ZOVEEL MOGELIJK PROFIJT TE HEBBEN VAN DE KWALITEIT VAN DE BANDEN EN VOOR UW EIGEN VEILIGHEID.

Controleer de bandenspanning steeds onder de juiste omstandigheden. Vergeet daarbij de reserveband niet! Elke band verliest geleidelijk wat spanning.

Banden moeten elke 14 dagen worden gecontroleerd.

Dat moet gebeuren als ze koud zijn; dus als ze minstens één uur hebben stilgestaan of hooguit 2 tot 3 kilometers hebben gereden met een lage snelheid.
Tijdens het rijden loopt de spanning altijd op. Verlaag nooit de spanning als de banden nog warm zijn! Bij een warme band moet de spanning altijd minimaal 0,3 bar hoger zijn dan de voor een koude band geadviseerde spanning.

■ CONTROLEER DE SPANNING VAN UW BANDEN REGELMATIG EN VOOR IEDERE LANGERE RIT.

TE HOGE SPANNING

In het algemeen wordt een hogere bandenspanning geadviseerd als u langere afstanden wilt afleggen met een constant hoge snelheid. Dat geldt ook voor het rijden met een zwaar beladen auto. Maar pas op: het spanningsverschil tussen de voor- en de achterbanden is noodzakelijk voor het evenwicht van de auto en moet absoluut worden gehandhaafd. Raadpleeg voor de juiste spanning de Michelin-spanningstabel bij uw garage of uw bandenspecialist. Schroom niet om daar een persoonlijk advies te vragen.

TE LAGE SPANNING

Bij een te lage spanning krijgen de zijwanden het abnormaal zwaar te verduren. Daardoor kan het karkas oververmoeid raken, loopt de temperatuur van de band sterk op, en kan een abnormale slijtage optreden. Zo ontstaan onherstelbare beschadigingen waardoor de band vroeg of laat kapot gaat. Schakel bij spanningsverlies altijd een specialist in. Die zal de oorzaak opzoeken en de mogelijkheden tot reparatie beoordelen.

HET VENTIELDOPJE

Het lijkt hier om een detail te gaan. Toch is het ventieldopje essentieel voor een luchtdichte band. Vergeet daarom niet het dopje na de controle weer op het ventiel te draaien. En check eerst even of er geen vuil in het dopje of in het ventiel zit...

EEN AUTO MET AANHANGER
(CARAVAN, BOOT...)

Door het gewicht van de aanhanger wordt de auto zwaarder belast. Daarom hebben de achterbanden van de auto in zo'n geval een hogere spanning nodig.
De Michelin-spanningstabel geeft aan wat in zo'n geval de juiste spanning is. Voor een uitgebreider advies kunt u terecht bij uw bandenspecialist.

HOE VERLENGT U DE LEVENSDUUR VAN UW BANDEN ?

Om de banden lang in goede staat te houden, moeten ze regelmatig en voor elke lange rit worden gecontroleerd. Afhankelijk van het onderhoud aan de band, de staat van de auto, de rijstijl en de conditie van de wegen, kan een band tot 4 keer langer meegaan. Soms zelfs nog langer! Het is van belang dat de band-wielcombinatie goed is uitgebalanceerd. Zo kunt u voorkomen dat er boven een bepaalde snelheid trillingen gaan optreden. Laat het uitbalanceren altijd over aan professionele mensen, want hiervoor is vakkennis en uiterst gespecialiseerde apparatuur nodig.

● **FACTOREN DIE DE SLIJTAGE EN DE LEVENSDUUR VAN UW BANDEN BEÏNVLOEDEN:**

De eigenschappen van uw auto (gewicht, vermogen...), de wegen (recht of bochtig), het wegdek (glad of ruw), de mechanische conditie van uw auto (afstelling van voor- en achteras, toestand van wielophanging en remmen), uw rijstijl (optrekken, remmen, snelheid in bochten), de snelheid (bij een snelheid van 120 km/u slijt een band op een rechte weg twee maal zo snel als bij 70 km/u), de bandenspanning (bij een verkeerde spanning slijten de banden sneller en onregelmatiger).

Verder zijn er de 'ongelukjes' zoals 'chocs' door stoepranden en kuilen in de weg. Daardoor kunnen onderdelen van de auto ontregeld of beschadigd raken en kunnen er binnenin de band beschadigingen ontstaan waarvan de gevolgen zich soms pas veel later manifesteren.

Stoepranden en kuilen in de weg kunnen uw banden ernstig beschadigen.

Door een regelmatige controle van uw banden is het mogelijk om afwijkingen (bijvoorbeeld abnormale slijtage, spanningsverlies) sneller te signaleren en te verhelpen. Ga bij de minste aanleiding daartoe onmiddellijk naar een specialist. Die zal al het mogelijke doen voor het behoud van uw banden, van uw comfort en van uw veiligheid.

 LET OP DE SLIJTAGE VAN UW BANDEN

Hoe doet u dat? Heel eenvoudig: door de profieldiepte te controleren. Want die is van wezenlijk belang voor uw veiligheid; zeker op natte wegen. Alle banden hebben een slijtagegraadindicator op een diepte van 1,6 mm (gezien vanaf de profielbodem). Bij de Michelin-banden is op de schouders een Bibendum aangebracht die de plaats van deze indicatoren aangeeft. Zo is in één oogopslag te zien hoe ver de banden zijn versleten.
Let op: ook als het profiel nog niet het wettelijke minimum heeft bereikt wordt de grip op nat wegdek minder naarmate de band verder slijt.

HOE KIEST U DE JUISTE (BANDEN)?

De autofabrikant heeft de banden destijds speciaal geselecteerd om uw auto zo goed mogelijk te laten presteren. Maar soms kunnen er ook andere banden mogelijk zijn die beter passen bij uw rijstijl, de weersomstandigheden en de wegen.
Bespreek zoiets altijd met een specialist in banden. Alleen hij kan u helpen een oplossing te vinden die het best past bij uw persoonlijke gebruiksomstandigheden en in overeenstemming is met de nationale wetgeving.

Montage, demontage, het balanceren; werk voor een specialist
Ondeskundig monteren of demonteren van een band kan beschadigingen veroorzaken en uw veiligheid in gevaar brengen.

Uitgezonderd incidentele situaties waarin het reservewiel nodig is:

▶ nooit twee verschillende typen banden op dezelfde as monteren,

▶ altijd de nieuw(st)e en beste banden op de achteras monteren om ook onder moeilijke omstandigheden een goed weggedrag te behouden,

(bijvoorbeeld bij een noodstop of scherpe bocht). Dat is vooral van belang op gladde wegen!

Bij een lekke band kan alleen een specialist de band goed onderzoeken en de reparatiemogelijkheden beoordelen. Vervang dan tegelijk het ventiel en eventueel de binnenband.

▶ MONTAGE VAN EEN BINNENBAND IN EEN TUBELESS BAND WORDT AFGERADEN.

▶ Voor de toepassing van spikes bestaan strenge regels. Laat spikes dus pas monteren als u op de hoogte bent van alle wettelijke bepalingen.

Let op: (M+S) winterbanden hebben soms een lagere snelheidslimiet dan de oorspronkelijk op uw auto gemonteerde banden. Pas dan altijd uw snelheid aan en ga nooit harder dan de voor die banden geldende limiet! In zulke gevallen wordt overigens altijd een snelheidssticker aangebracht op een voor de bestuurder goed zichtbare plaats in de auto.

DE SLEUTEL TOT HET SUCCES VAN MICHELIN: VOORUITGANG EN (INNOVATIE) ZIJN DE (DRIJFVEREN)

"Vandaag de band van morgen overtreffen." Daarom verlegt Michelin telkens de grenzen van de innovatie zodat zo goed mogelijk voldaan kan worden aan de wensen van de klanten.

De Michelin-groep in het kort:

- meer dan 120.000 medewerkers over de hele wereld
- verkoopkantoren in meer dan 170 landen
- meer dan 80 productiebedrijven in 19 landen (Europa, Noord- en Zuid-Amerika, Afrika en Azië)
- technologiecentra in Europa, de USA en Japan
- 6 rubberplantages in Brazilië en Nigeria

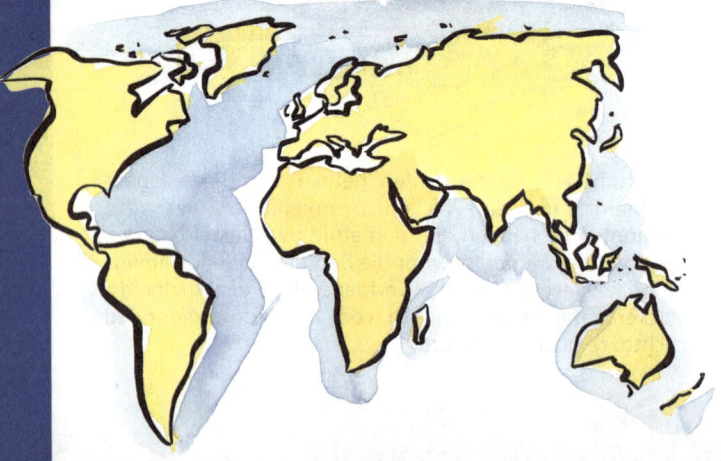

**NIEUWSTE PRODUCT VAN HET
MICHELIN-ONDERZOEK: DE MICHELIN ENERGY.**

Om aan de meest belangrijke verwachtingen van de klanten - veiligheid - te kunnen voldoen heeft Michelin het Energy-gamma in belangrijke mate verbeterd.

De Michelin Energy is een zomerband die tevens onder licht winterse omstandigheden (glad, nat en licht besneeuwd wegdek) gebruikt kan worden met behoud van kwaliteiten als grip en uitzonderlijk weggedrag.
Dankzij een lagere rolweerstand, dus minder brandstofverbruik, draagt de Michelin Energy bij tot een betere zorg voor het milieu.

DE BAND, HET ENIGE CONTACT TUSSEN DE AUTO EN DE WEG, IS EEN TECHNOLOGISCH HOOGWAARDIG PRODUCT.

AANVULLENDE INFORMATIE

Op de zijwand van een band staan, naast de verplichte aanduidingen, ook codes voor intern gebruik door de bandenfabrikant.
Zoals de 'Safety Warning' voor de Verenigde Staten. Dit betekent:

'Veiligheidswaarschuwing'.

"Er kan ernstige schade ontstaan door gebreken aan een band veroorzaakt door een te lage bandenspanning, een te zware belasting, een verkeerde band/wielcombinatie (nooit meer dan 275 Kpa gebruiken om de hiel op de velg te bevestigen). Alleen speciaal daartoe opgeleide mensen mogen banden monteren en demonteren."
Deze instructies staan in onze commerciële en technische documentatie.
Raadpleeg een specialist in banden.

CAMPERS

Een camper heeft een speciale opbouw en gewichtsverdeling waardoor er zich voor het voertuig en de banden snel abnormaal zware gebruiksomstandigheden voordoen.
Daardoor kunnen onherstelbare beschadigingen aan de banden ontstaan, zelfs als er weer sprake is van normale gebruiksomstandigheden.

Om het risico van vroegtijdige beschadiging te voorkomen is het daarom aan te bevelen:
- het voertuig correct te beladen alsmede de door de wet en de fabrikant aangegeven maximale belading niet te overschrijden,
- de belading evenwichtig te verdelen over de voor- en de achteras alsmede over de linker- en de rechterzijde,
- regelmatig de bandenspanning te controleren (inclusief die van het reservewiel).

Overigens adviseren wij een band die beter is afgestemd op zulke gebruiksomstandigheden: de XC CAMPING

Raadpleeg een specialist in banden voor:
- de juiste afmeting van de band (inclusief snelheidssymbool en belastingsindex),
- de te hanteren bandenspanning,
- het voor dat wiel geschikte ventiel.